DIREITO CIVIL
Família e Sucessões

O GEN | Grupo Editorial Nacional – maior plataforma editorial brasileira no segmento científico, técnico e profissional – publica conteúdos nas áreas de concursos, ciências jurídicas, humanas, exatas, da saúde e sociais aplicadas, além de prover serviços direcionados à educação continuada.

As editoras que integram o GEN, das mais respeitadas no mercado editorial, construíram catálogos inigualáveis, com obras decisivas para a formação acadêmica e o aperfeiçoamento de várias gerações de profissionais e estudantes, tendo se tornado sinônimo de qualidade e seriedade.

A missão do GEN e dos núcleos de conteúdo que o compõem é prover a melhor informação científica e distribuí-la de maneira flexível e conveniente, a preços justos, gerando benefícios e servindo a autores, docentes, livreiros, funcionários, colaboradores e acionistas.

Nosso comportamento ético incondicional e nossa responsabilidade social e ambiental são reforçados pela natureza educacional de nossa atividade e dão sustentabilidade ao crescimento contínuo e à rentabilidade do grupo.

gen | atlas

5

DIREITO CIVIL
Família e Sucessões

SÍLVIO DE SALVO **VENOSA**

25ª edição revista e atualizada

- O autor deste livro e a editora empenharam seus melhores esforços para assegurar que as informações e os procedimentos apresentados no texto estejam em acordo com os padrões aceitos à época da publicação, e todos os dados foram atualizados pelo autor até a data de fechamento do livro. Entretanto, tendo em conta a evolução das ciências, as atualizações legislativas, as mudanças regulamentares governamentais e o constante fluxo de novas informações sobre os temas que constam do livro, recomendamos enfaticamente que os leitores consultem sempre outras fontes fidedignas, de modo a se certificarem de que as informações contidas no texto estão corretas e de que não houve alterações nas recomendações ou na legislação regulamentadora.

- Fechamento desta edição: *01.11.2024*

- O Autor e a editora se empenharam para citar adequadamente e dar o devido crédito a todos os detentores de direitos autorais de qualquer material utilizado neste livro, dispondo-se a possíveis acertos posteriores caso, inadvertida e involuntariamente, a identificação de algum deles tenha sido omitida.

- **Atendimento ao cliente:** (11) 5080-0751 | faleconosco@grupogen.com.br

- Direitos exclusivos para a língua portuguesa
  Copyright © 2025 by
  Editora Atlas Ltda.
  Uma editora integrante do GEN | Grupo Editorial Nacional
  Travessa do Ouvidor, 11 – Térreo e 6º andar
  Rio de Janeiro – RJ – 20040-040
  www.grupogen.com.br

- Reservados todos os direitos. É proibida a duplicação ou reprodução deste volume, no todo ou em parte, em quaisquer formas ou por quaisquer meios (eletrônico, mecânico, gravação, fotocópia, distribuição pela Internet ou outros), sem permissão, por escrito, da Editora Atlas Ltda.

- Capa: Danilo Oliveira

CIP-BRASIL. CATALOGAÇÃO NA PUBLICAÇÃO
SINDICATO NACIONAL DOS EDITORES DE LIVROS, RJ

V575d
25. ed.
v. 5

Venosa, Sílvio de Salvo, 1945-
Direito civil : família e sucessões / Sílvio de Salvo Venosa. - 25. ed., rev., atual. e reform. - Barueri [SP]: Atlas, 2025.
840 p. ; 24 cm.   (Direito civil ; 5)

Inclui bibliografia
Inclui índice remissivo
ISBN 978-65-5977-681-8

1. Direito de família - Brasil. 2. Herança e sucessão - Brasil. I. Título. II. Série.

24-94697   CDU: 347.65(81)

Meri Gleice Rodrigues de Souza - Bibliotecária - CRB-7/6439

*Para Eduardo,
o caçula,
com muito afeto.*

SOBRE O AUTOR

Foi juiz no Estado de São Paulo por 25 anos. Aposentou-se como membro do extinto Primeiro Tribunal de Alçada Civil, passando a integrar o corpo de profissionais de grande escritório jurídico brasileiro. Atualmente, é sócio-consultor desse escritório. Atua como árbitro em entidades nacionais e estrangeiras. Redige pareceres em todos os campos do Direito Privado. Foi professor em várias faculdades de Direito no Estado de São Paulo. É professor convidado e palestrante em instituições docentes e profissionais em todo o País. Membro da Academia Paulista de Magistrados. Autor de diversas obras jurídicas.

APRESENTAÇÃO

A partir da 19ª edição de nossa coleção de *Direito Civil*, optamos por apresentar os *Direitos de Família e Sucessões* em um único volume. Essa solução é prática não só porque as matérias se entrosam com frequência, facilitando a consulta e o estudo, como também, materialmente, apresentam vantagens.

O Direito de Família tem se destacado por um dinamismo ímpar, tanto por constantes julgados inovadores e criativos dos tribunais como por normas que vêm sendo alteradas, no que é seguido diretamente pelo campo das sucessões.

Temos procurado atualizar, a cada edição, os textos, com a jurisprudência mais recente e referência às constantes modificações legislativas.

Esperamos que esta alteração agrade nossos leitores que há tantos anos nos acompanham, dinamizando seu estudo e sua consulta a esses importantes compartimentos do Direito Civil.

O Autor

SUMÁRIO

Parte I
Direito de Família

1	**Introdução ao Direito de Família**	3
1.1	Compreensão	3
1.2	Lineamentos históricos	4
1.3	Família contemporânea. Novos fenômenos sociais	6
1.4	Natureza jurídica da família	9
1.5	Direito de família	10
	1.5.1 Características peculiares	13
1.6	Direito de família no Brasil. Constituição de 1988	15
1.7	Estado de família	18
	1.7.1 Ações de Estado	19
2	**Casamento e União Estável**	21
2.1	Introdução. Justificação do presente título	21
2.2	Lineamentos históricos	22
2.3	Casamento no Direito brasileiro. Conceito	24
	2.3.1 Natureza jurídica do casamento	24
	2.3.2 Características do casamento. Finalidades. Pressupostos	25
	2.3.3 Casamento civil e religioso	27
	2.3.4 Esponsais: promessa de casamento	28
	2.3.5 Corretagem matrimonial	32
2.4	União de fato. União estável. Concubinato	32
	2.4.1 Natureza jurídica da união estável. Conceito e compreensão. Elementos constitutivos	36
	2.4.2 União estável e casamento. Aspectos legais da união estável	42
2.5	Mosaico familiar	46

3	**Formalidades Preliminares. Habilitação para o Casamento**	49
	3.1 Lineamentos históricos	49
	3.2 Habilitação	50
	3.3 Suprimento do consentimento	56
	3.4 Procedimento de habilitação	58
	3.4.1 Dispensa de proclamas	60
4	**Impedimentos Matrimoniais. Causas de Anulação e Causas Suspensivas**	61
	4.1 Legitimação e capacidade para o casamento	61
	4.2 Aspectos gerais dos impedimentos	62
	4.3 Impedimentos no Código de 2002	63
	4.4 Casamento anulável. Impedimentos relativos	69
	4.5 Causas suspensivas	73
	4.6 Oposição de impedimentos	75
5	**Celebração e Prova do Casamento**	77
	5.1 Ritos matrimoniais	77
	5.2 Cerimônia do casamento	78
	5.2.1 Suspensão da cerimônia	80
	5.2.2 Casamento perante autoridade diplomática	81
	5.3 Casamento por procuração	82
	5.4 Casamento sob moléstia grave. Casamento nuncupativo	83
	5.5 Casamento religioso com efeitos civis	85
	5.6 Prova do casamento. Posse de estado de casado	87
6	**Casamento Inexistente, Nulo e Anulável**	89
	6.1 Casamento inexistente	89
	6.2 Nulidade e inexistência do casamento	92
	6.3 Nulidades do casamento	92
	6.3.1 Legitimação para arguir nulidade	94
	6.3.2 Casos de nulidade	94
	6.4 Casamento anulável. Legitimação. Prazos	96
	6.4.1 Hipóteses de anulação. Coação	96
	6.4.2 Erro essencial sobre a pessoa	98
	6.4.3 Erro quanto a identidade, honra e boa fama	99
	6.4.4 Ignorância de crime	102
	6.4.5 Defeito físico irremediável ou moléstia grave. Doença mental	102
	6.4.6 Prazos para ação de anulação	104
	6.5 O dolo não é causa de anulação	105

7	Casamento Putativo...		107
	7.1	Conceito..	107
	7.2	Condições do casamento putativo	108
		7.2.1 Erro de direito e erro de fato no casamento putativo	109
	7.3	Efeitos do casamento putativo	112
	7.4	Declaração de putatividade...	113
8	Eficácia do Casamento. Direitos e Deveres dos Cônjuges. Introdução ao Direito Conjugal Patrimonial..		115
	8.1	Introdução..	115
		8.1.1 Eficácia do casamento	117
		8.1.2 Princípios gerais do direito patrimonial entre os cônjuges. Alteração de regime...	118
	8.2	Deveres dos cônjuges	126
	8.3	Direitos e deveres do marido no Código de 1916. Os direitos homogêneos no Código de 2002	129
9	Separação e Divórcio...		135
	9.1	Introdução..	135
	9.2	Separação e divórcio. Aspectos legais comparativos......................	138
		9.2.1 Nome da mulher. Nome dos cônjuges...............................	141
	9.3	Separação judicial. Modalidades (leitura complementar)	145
		9.3.1 Processo de separação, divórcio por mútuo consentimento. Possibilidade de realização por escritura pública............	148
		9.3.1.1 Alimentos. Renúncia aos alimentos na separação.........	151
		9.3.1.2 Guarda e proteção dos filhos na separação e nas várias situações assemelhadas. Guarda compartilhada e suas particularidades...	157
		9.3.1.3 Partilha. Promessa de doação...	162
		9.3.2 Separação litigiosa	165
	Leitura Complementar..		165
		9.3.2.1 O dano moral no rompimento da sociedade conjugal e no direito de família..	167
		9.3.2.2 Separação por conduta desonrosa ou grave violação dos deveres do casamento (leitura complementar)	168
		9.3.2.3 Separação por ruptura da vida em comum (leitura complementar)...	169
		9.3.2.4 Separação por grave doença mental (leitura complementar)	170
		9.3.2.5 Indeferimento da separação na forma do art. 6º da Lei nº 6.515/77. Cláusula de dureza. Dispositivo ausente no Código Civil de 2002 (leitura complementar)	170

	9.3.2.6	Efeitos patrimoniais na forma do § 3º do art. 1.572 (leitura complementar)	171
	9.3.2.7	Proteção à pessoa dos filhos na separação litigiosa e no divórcio. Guarda dos filhos. Direito de visitas	172
9.3.3	Reconciliação. Efeitos		175
9.3.4	Separação de corpos e outras medidas cautelares		176

9.4 Divórcio 177
    9.4.1 Modalidades de divórcio. Processo 178
    9.4.2 Conversão da separação judicial em divórcio 179
        9.4.2.1 Partilha no divórcio 181
    9.4.3 Divórcio direto. Consensual e litigioso 181
    9.4.4 Efeitos do divórcio 183

10 Parentesco 185
10.1 Conceito e compreensão 185
10.2 Modalidades de parentesco 189
10.3 Contagem de graus 190
10.4 Afinidade 191
10.5 Efeitos do parentesco 192

11 Filiação 195
11.1 Conceito 195
11.2 Filiação legítima. Paridade na filiação 196
    11.2.1 Conceito de filiação legítima 198
    11.2.2 Provas de paternidade. Os filhos provenientes de inseminação artificial. A reprodução assistida 207
    11.2.3 Biogenética e paternidade 210
11.3 Ação de filiação legítima 214
    11.3.1 Ação negatória de maternidade 216

12 Filiação Fora do Casamento 217
12.1 Evolução legislativa 217
12.2 Reconhecimento de filiação 219
    12.2.1 Reconhecimento voluntário. Lei nº 8.560/92. Atual Código 219
    12.2.2 Averiguação oficiosa de paternidade 223
    12.2.3 Oposição ao reconhecimento 225
    12.2.4 Anulação do reconhecimento 226
12.3 Investigação de paternidade 229
    12.3.1 Provas científicas de paternidade 234

12.4	Efeitos do reconhecimento	235
12.5	Investigação de maternidade	236

13 Adoção ... 237
13.1	Conceito	237
13.2	Lineamentos históricos	239
13.3	Natureza jurídica	240
13.4	Adoção no Estatuto da Criança e do Adolescente. Evolução legislativa. A Lei da Adoção	241
13.5	Guarda	244
13.6	Adoção no Estatuto da Criança e do Adolescente. Lei da Adoção. Requisitos	246
	13.6.1 Estágio de convivência	253
	13.6.2 Adoção internacional	254
	13.6.3 Sentença e registro	256
	13.6.4 Efeitos da adoção	257
	13.6.5 Cadastro de crianças e adolescentes para adoção	258
13.7	Adoção: o Estatuto da Criança e do Adolescente e o atual Código Civil. Lei da Adoção	259

14 Poder Familiar. Alienação Parental ... 261
14.1	Introdução. Lineamento histórico. Compreensão	261
14.2	Titularidade do poder familiar. Sujeitos	263
14.3	Conteúdo do poder familiar ou da autoridade parental	265
14.4	Particularidades	266
14.5	Poder familiar quanto à pessoa dos filhos	266
14.6	Usufruto e administração dos bens de filhos menores	269
14.7	Suspensão, perda e extinção do poder familiar	271
14.8	Alienação parental	275

15 Regimes de Bens ... 281
15.1	Introdução	281
15.2	Princípios gerais. Requisitos do pacto antenupcial	285
	15.2.1 Separação obrigatória de bens	285
	15.2.1.1 Comunhão de aquestos na separação legal no sistema de 1916. O atual Código	287
	15.2.2 Redução a termo. Escritura pública	289
15.3	Comunhão parcial	291
	15.3.1 Bens excluídos da comunhão parcial	292
	15.3.2 Bens que ingressam na comunhão	295
	15.3.3 Administração dos bens na comunhão parcial	295

15.4 Comunhão universal de bens 297
    15.4.1 Bens excluídos da comunhão universal 298
15.5 Regime de participação final nos aquestos 302
15.6 Separação de bens... 306
15.7 Regime dotal 307
15.8 Outros regimes... 307
15.9 Doações antenupciais... 308
15.10 Disciplina patrimonial entre companheiros ou conviventes. Contrato de convivência na união estável.. 309

16 Alimentos.. 313
16.1 Introdução. Conceito. Origens 313
16.2 Pressupostos da obrigação alimentar... 316
16.3 Modalidades. Características 320
16.4 Sujeitos da obrigação alimentícia 328
    16.4.1 Alimentos aos filhos menores. Alimentos à mulher gestante 331
    16.4.2 Alimentos aos filhos maiores, pais e irmãos........................... 333
    16.4.3 Alimentos decorrentes do casamento...................................... 335
    16.4.4 Alimentos na união estável.. 338
16.5 Transmissão da obrigação alimentar 339
16.6 Conteúdo e condições da prestação alimentícia 341
16.7 Ação de alimentos. Lei nº 5.478/68 341
    16.7.1 Execução de alimentos. Prisão do devedor............................. 343

17 Bem de Família.. 347
17.1 Origem histórica... 347
17.2 Legislação. Conceituação. Natureza jurídica 347
17.3 A Lei nº 8.009, de 29-3-90.. 349
17.4 Objeto e valor do bem de família 352
17.5 Legitimação para a instituição e destinação do bem 354
17.6 Requisitos 355
17.7 Inalienabilidade e impenhorabilidade do bem de família. Aplicação na Lei nº 8.009/1990 356
17.8 Duração 359
17.9 Processo de constituição.. 360
17.10 O bem de família no Código Civil de 2002..................................... 361

18 União estável. Uniões homoafetivas... 365
18.1 União estável e direito de família 365
18.2 Reconhecimento da união estável 370

18.3	Apontamentos sobre a polêmica legislação	370
18.4	Convenções entre os conviventes	371
18.5	Contratos afetivos	371
18.6	Dissolução da união estável. Patrimônio	374
18.7	União de pessoas do mesmo sexo. Homoafetividade e o direito	377
	18.7.1 Introdução	377
	18.7.2 Escorço histórico	381
	18.7.3 Aspectos	382
	18.7.4 Direitos	382
	18.7.5 Homoafetividade e união	383
	18.7.6 Homoafetividade e adoção	385

19 Tutela ... 389

19.1	introdução. Conceito. Origens	389
19.2	Particularidades da tutela. Responsabilidade do tutor	393
19.3	Fontes da tutela	394
	19.3.1 Requisitos da tutela	397
19.4	Os tutores. Tutela e poder familiar	397
	19.4.1 Nomeação de casal para o encargo de tutores	399
19.5	Incapazes de exercer a tutela	399
	19.5.1 Proibições legais	400
19.6	Escusa dos tutores	400
19.7	Garantia da tutela	401
19.8	Exercício da tutela	403
19.9	Bens dos órfãos	405
19.10	Prestação de contas	406
19.11	Cessação da tutela	407
19.12	Processo de interdição	408

20 Curatela ... 409

20.1	Introdução. Conceito	409
20.2	Princípios da curatela. Quem pode ser curador	412
	20.2.1 Administração provisória	415
20.3	Pessoas com deficiência	415
20.4	Aqueles que por causa transitória ou permanente não puderem exprimir sua vontade	416
20.5	Ébrios habituais e viciados em tóxicos	416
20.6	Pródigos	417
20.7	Nascituros	418

20.8	Tomada de decisão apoiada. Mentores ou preceptores	418
20.9	Legitimidade para requerer a interdição	421
20.10	Processo de interdição	422
20.11	Sentença de interdição	424
20.12	Levantamento de interdição. Internamento	425

21 Ausência 427

21.1	Introdução	427
21.2	Curadoria do ausente	428
21.3	Sucessão provisória	430
21.4	Sucessão definitiva	432
21.5	Consequências para o direito de família	433

Parte II
Direito das Sucessões

22 Noções Introdutórias 437

22.1	Sucessão. Compreensão do vocábulo. O direito das sucessões	437
22.2	Direito das sucessões no Direito Romano	438
22.3	Ideia central do direito das sucessões	439
22.4	Noção de herança. Herança digital	440
22.5	Sucessão legítima e testamentária. Lei aplicável. Legado não se confunde com herança	444

23 Abertura da Sucessão. Transmissão da Herança. Aceitação e Renúncia da Herança. Cessão da Herança 447

23.1	fato que determina a sucessão	447
23.2	Momento da abertura da sucessão. A comoriência	447
23.3	Transmissão e aceitação da herança. Lei que regula a sucessão e a legitimação para suceder	449
23.4	Aceitação da herança. Conteúdo. Formas. Renúncia	452
	23.4.1 Direito de deliberar	463
	23.4.2 Aceitação da herança sob benefício de inventário	463
23.5	Cessão de direitos hereditários (venda ou alienação da herança ou de bens da herança)	465

24 Inventário: Noção. Posse dos Herdeiros e Posse do Inventariante. Indivisibilidade da Herança. Capacidade para Suceder. Pactos Sucessórios 469

24.1	inventário e indivisibilidade da herança	469
	24.1.1 Foro competente	472

	24.1.2	Inventariança	474
	24.1.3	Nomeação e remoção do inventariante	476
		24.1.3.1 Leitura complementar	478
24.2	Indivisibilidade da herança		479
24.3	Capacidade para suceder		480
24.4	Pactos sucessórios		482

25 Capacidade para Suceder. Indignidade. Aparência e Herdeiro Aparente ... 485

25.1	capacidade para suceder	485
25.2	Indignidade para suceder	489
25.3	Características da indignidade	490
25.4	Efeitos da indignidade	491
25.5	Reabilitação do indigno	493
25.6	Casos de indignidade	494
25.7	Aparência e herdeiro aparente. O art. 1.817 do Código Civil. Posição do herdeiro aparente no Código de 2002	497

26 Herança Jacente. Herança Vacante. Sucessão do Estado. Sucessão do Ausente 501

26.1	herança sem herdeiros. Jacência	501
26.2	Casos de herança jacente	502
26.3	Arrecadação dos bens da herança jacente	504
26.4	Herança vacante	506
26.5	Sucessão do estado	508
26.6	Sucessão do ausente. Sucessão provisória e definitiva	509

27 Inventários e Arrolamentos. Processo. Petição de Herança 513

27.1	Inventário e partilha. Judicialidade e extrajudicialidade do inventário. Lei nº 11.441/07. Questões de alta indagação	513
	27.1.1 Inventário e partilha extrajudicial. Aspectos do inventário judicial	514
27.2	Dispensa do processo de inventário. Alvarás	516
27.3	Inventário negativo	518
27.4	Legitimidade para requerer o inventário. Prazos	519
27.5	Foro do inventário	520
27.6	Questões relativas à inventariança	522
27.7	Primeiras declarações	523
27.8	Citações no inventário	524
27.9	Fase das impugnações no inventário	525
27.10	Fase de avaliação e cálculo do imposto. Últimas declarações	526
27.11	Imposto *causa mortis*	527

27.12 Arrolamentos 529
27.13 Petição de herança 531

28 Vocação Hereditária. Sucessão Legítima e Testamentária. Ordem de Vocação Hereditária 535

28.1 Sucessão legítima e testamentária 535
28.2 Origens históricas 536
28.3 Sucessão em linha reta: sucessão dos descendentes 537
28.4 Igualdade de direito sucessório dos descendentes na atualidade. O art. 227, § 6º, da Constituição Federal de 1988 539
28.5 Direito de representação. Representação na classe dos descendentes 541
    28.5.1 Fundamento do instituto da representação 544
    28.5.2 Requisitos da representação 544
    28.5.3 Efeitos da representação 545
28.6 Sucessão dos ascendentes 545
28.7 Sucessão do cônjuge sobrevivente 546
    28.7.1 Meação do cônjuge 547
    28.7.2 Sucessão do cônjuge. Evolução na posição sucessória da mulher ... 547
        28.7.2.1 A sucessão do cônjuge no Código de 2002 550
        28.7.2.2 Legitimidade do cônjuge para suceder 554
28.8 União estável. Direito sucessório dos companheiros 555
    28.8.1 Direitos sucessórios dos companheiros no Código de 2002 561
28.9 Sucessão dos colaterais 561
28.10 Sucessão do estado 563
28.11 Sucessão do cônjuge. Direito real de habitação 563
    28.11.1 Antecedentes. Princípios 563
    28.11.2 Direito de habitação e união estável 565
    28.11.3 Aspectos do direito real de habitação sucessório. Soluções ... 565

29 Herdeiros Necessários. Porção Legítima. Inalienabilidade e Outras Cláusulas Restritivas 567

29.1 Restrição à liberdade de testar. Histórico. Fundamento 567
    29.1.1 Cálculo das doações no cômputo das legítimas 570
29.2 Restrições que pode sofrer a legítima. A cláusula de inalienabilidade 571
    29.2.1 Conceito da cláusula de inalienabilidade 574
    29.2.2 Espécies de inalienabilidade 574
    29.2.3 Efeitos da inalienabilidade. Exceções 575
29.3 Cláusula de incomunicabilidade 577
29.4 Cláusula de impenhorabilidade 578

29.5	Cláusula de conversão de bens da legítima	578
29.6	Cláusula de administração de bens à mulher herdeira no Código de 1916	579
29.7	Sub-rogação de vínculos	580
29.8	Cláusulas restritivas no Código Civil de 2002	581

30 Testamento ... 585

30.1	Introdução	585
30.2	Aspectos históricos	586
30.3	Definição, conceito e seus elementos constitutivos	587
	30.3.1 O testamento é negócio jurídico	589
	30.3.2 O testamento é ato unilateral	589
	30.3.3 O testamento é ato de última vontade ou *causa mortis*	589
	30.3.4 O testamento é negócio jurídico revogável	589
	30.3.5 O testamento é ato solene	590
	30.3.6 O testamento é ato personalíssimo	591
30.4	Disposições não patrimoniais do testamento	593
30.5	Gratuidade do testamento	594

31 Capacidade de Testar e Capacidade de Adquirir por Testamento ... 595

31.1	Capacidade de testar (capacidade testamentária ativa)	595
	31.1.1 Incapacidade em razão da idade	596
	31.1.2 Incapacidade por falta de discernimento ou enfermidade mental	597
	31.1.3 Diferença entre incapacidade de testar e vícios de vontade	601
	31.1.4 Surdos-mudos	602
31.2	Sobre outras incapacidades	603
31.3	Capacidade de adquirir por testamento (capacidade testamentária passiva)	604
	31.3.1 Situação do nascituro	605
	31.3.2 Atribuição testamentária à prole eventual	606
31.4	Incapacidade relativa ou falta de legitimação para adquirir por testamento	608
31.5	Simulação de contrato oneroso e interposição de pessoas	609

32 Formas de Testamento. Testemunhas. Codicilos ... 611

32.1	Introdução	611
32.2	Perda, extravio ou destruição do testamento	613
32.3	Testamento público	614
	32.3.1 Registro e cumprimento do testamento público (disposições processuais)	619
32.4	Testamento cerrado (secreto ou místico)	620
	32.4.1 Atividade notarial no testamento cerrado	622

	32.4.2	Testador e sua posição no testamento cerrado..................	624
	32.4.3	Abertura, registro e cumprimento do testamento cerrado (disposições processuais)........................	627
32.5	Testamento particular......................................		628
	32.5.1	Testamento particular excepcional.................	632
	32.5.2	Publicação e confirmação do testamento particular (disposições processuais)........................	634
32.6	Testamentos especiais......................................		635
32.7	Testemunhas testamentárias no Código de 1916.................		636
	32.7.1	Testemunhas no testamento no Código de 2002........	638
32.8	Codicilos..		639
32.9	Testamentos digitais......................................		641

33 Disposições Testamentárias: Conteúdo, Interpretação e Análise 643

33.1	Conteúdo do testamento..	643
33.2	Interpretação da vontade testamentária........................	644
33.3	Disposições simples, condicionais, com encargo, por certa causa e a termo.......	647
33.4	Identificação dos beneficiários. Disposições nulas. Pluralidade de sucessores. Disposições testamentárias anuláveis................	650

34 Legados. Modalidades 653

34.1	Interação do conceito...	653
34.2	Legado de coisa alheia..	656
34.3	Legado de usufruto e direitos reais limitados.................	658
34.4	Legado de imóvel..	658
34.5	Legado de alimentos...	659
34.6	Legado de crédito...	660

35 Efeitos dos Legados e seu Pagamento 663

35.1	Forma de aquisição dos legados................................	663
35.2	Quem efetua o pagamento dos legados...........................	665
35.3	Efeitos...	666

36 Caducidade dos Legados 669

36.1	Introdução..	669
36.2	Modificação da coisa legada...................................	670
36.3	Alienação da coisa legada.....................................	671
36.4	Perecimento ou evicção da coisa legada........................	672
36.5	Caducidade por indignidade....................................	674
36.6	Caducidade pela pré-morte do legatário........................	674

37	**Direito de Acrescer entre Herdeiros e Legatários**...	675
	37.1 Introdução. Conceito	675
	37.2 Direito de acrescer entre coerdeiros	677
	37.3 Direito de acrescer entre legatários	680
	37.4 Direito de acrescer no usufruto	681
38	**Substituições. Fideicomisso**	683
	38.1 Substituições. Conceito. Origem. Vontade do testador e limites legais ...	683
	38.2 Substituição vulgar e recíproca	686
	38.3 Fideicomisso	687
	38.3.1 Histórico do fideicomisso	688
	38.3.2 Modalidades de fideicomisso. Objeto. Duração. Fideicomisso residual	689
	38.3.3 Fideicomitente, fiduciário e fideicomissário. Direitos e deveres. Caducidade e extinção do fideicomisso	691
	38.3.4 Fideicomisso e usufruto	694
	38.3.5 Utilidade do fideicomisso	695
39	**Deserdação**	697
	39.1 Exclusão dos herdeiros necessários	697
	39.2 Origens históricas	701
	39.3 Requisitos da deserdação	702
	39.4 Prova da causa da deserdação	703
	39.5 Casos de deserdação	706
	39.6 Efeitos da deserdação	708
	39.6.1 Os efeitos não passam da pessoa do deserdado	708
	39.6.2 Diferenças na situação jurídica do indigno e na situação jurídica do deserdado	710
	39.6.3 Destino dos bens que caberiam ao deserdado	710
40	**Redução das disposições testamentárias**	713
	40.1 Conceito	713
	40.2 Procedimento para a redução	715
	40.3 Cálculo da parte inoficiosa	719
	40.3.1 Doações e parte inoficiosa	720
	40.4 Regras para a redução	721
41	**Nulidades do Testamento. Revogação e Caducidade**	723
	41.1 Nulidades em matéria de testamento	723
	41.2 Revogação do testamento	727

        41.2.1 Revogação pela abertura ou dilaceração do testamento cerrado 731
        41.2.2 Revogação presumida (ruptura do testamento)............................. 731
    41.3 Caducidade dos testamentos... 733

42 Testamenteiro 735
    42.1 Conceito. Origens... 735
    42.2 Natureza jurídica 735
    42.3 Da necessidade da testamentaria... 736
    42.4 Escolha e nomeação do testamenteiro... 737
    42.5 Posse dos bens da herança... 738
    42.6 Obrigações do testamenteiro 740
    42.7 Testamenteiros simultâneos.. 743
    42.8 Remuneração do testamenteiro (a vintena)... 743
    42.9 Extinção da testamentaria 746

43 Sonegados 749
    43.1 Conceito.. 749
    43.2 Requisitos da sonegação 752
    43.3 Quem pode praticar a sonegação 754
    43.4 Momento em que ocorre a sonegação... 755
    43.5 Quem pode mover ação de sonegados 756
    43.6 Ação de sonegados 757
    43.7 Efeitos da sonegação. Penas 758

44 Colações 761
    44.1 Conceito. Fundamento 761
    44.2 Colação e redução das liberalidades 764
    44.3 Quem deve colacionar 766
    44.4 Momento da colação. Procedimento 767
    44.5 Valor da colação... 768
    44.6 Objeto da colação. Bens que não são colacionados 769

45 Partilha. Garantia dos Quinhões. Invalidade da Partilha 771
    45.1 Partilha. Conceito. Início do procedimento 771
    45.2 Espécies de partilha.. 773
    45.3 Regras a serem observadas para uma melhor partilha.......................... 776
    45.4 Frutos dos bens hereditários... 777
    45.5 Partilha feita em vida 778
    45.6 Sobrepartilha.. 779
    45.7 Garantia dos quinhões hereditários. Responsabilidade pela evicção 781
    45.8 Invalidade da partilha: nulidade e anulação. Rescisão da sentença de partilha... 782

46 Encargos de Herança. Pagamento das Dívidas 787

    46.1   Espólio. Encargos da massa hereditária 787

    46.2   Procedimento para o pagamento das dívidas do espólio 788

    46.3   Dívidas da massa hereditária: dívidas póstumas. Dívidas com privilégio geral 791

    46.4   Responsabilidade dos herdeiros 793

    46.5   Pedido de separação de patrimônios feito por legatários e credores 794

Bibliografia 795

Índice Remissivo 803

Parte I
DIREITO DE FAMÍLIA

1

INTRODUÇÃO AO DIREITO DE FAMÍLIA

1.1 COMPREENSÃO

A conceituação de família oferece, de plano, um paradoxo para sua compreensão. O Código Civil não a define. Por outro lado, não existe identidade de conceitos para o Direito, para a Sociologia e para a Antropologia. Não bastasse ainda a flutuação de seu conceito, como todo fenômeno social, no tempo e no espaço, a extensão dessa compreensão difere nos diversos ramos do direito. Assim, sua extensão não é coincidente no direito penal e fiscal, por exemplo. Nos diversos direitos positivos dos povos e mesmo em diferentes ramos de direito de um mesmo ordenamento, podem coexistir diversos significados de família. Por vezes, no mesmo sistema, a noção de família sofre um alargamento de natureza econômica, como ocorre na Lei do Inquilinato (Lei nº 8.245/91), ao proteger como sucessores do locatário as pessoas residentes no imóvel que viviam na dependência econômica do falecido (art. 11, I); em outras oportunidades, a lei restringe o alcance do conceito familiar apenas a pais e filhos (art. 47, III).

Como regra geral, porém, o Direito Civil contemporâneo apresenta uma definição mais restrita, considerando membros da família as pessoas unidas por relação conjugal ou de parentesco. As várias legislações definem, por sua vez, o âmbito do parentesco. O direito de família estuda, em síntese, as relações das pessoas unidas pelo matrimônio, bem como daqueles que convivem em uniões sem casamento; dos filhos e das relações destes com os pais, da sua proteção por meio da tutela e da proteção dos incapazes por meio da curatela. Dentro do campo legal, há normas que tratam, portanto, das relações pessoais entre os familiares, bem como das relações patrimoniais, bem como de relações assistenciais entre os membros da família. O direito de família possui forte conteúdo moral e ético, em constante mutação. As relações patrimoniais nele contidas são secundárias, pois são absolutamente dependentes da compreensão ética e moral da família. O casamento ainda é o centro gravitador do direito de família, embora as uniões sem casamento tenham recebido parcela importante dos julgados nos tribunais, nas últimas décadas, o que se refletiu decididamente na legislação.

Desse modo, importa considerar a família em conceito amplo, como parentesco, ou seja, o conjunto de pessoas unidas por vínculo jurídico de natureza familiar. Nesse sentido, compreende os ascendentes, descendentes e colaterais de uma linhagem, incluindo-se os ascendentes, descendentes e colaterais do cônjuge, que se denominam parentes por afinidade ou afins. Nessa compreensão, inclui-se o cônjuge, ou convivente, que não é considerado parente. Em conceito restrito, família compreende somente o núcleo formado por pais e filhos que vivem sob o poder familiar. Nesse particular, a Constituição Federal estendeu sua tutela inclusive para a entidade familiar formada por apenas um dos pais e seus descendentes, a denominada família monoparental, conforme disposto no § 4º do art. 226: "Entende-se, também, como entidade familiar a comunidade formada por qualquer dos pais e seus descendentes".

O Código Civil de 2002 não se preocupou, contudo, com essa modalidade de família, algo que é feito pelo Projeto nº 2.285/2007, o Estatuto das Famílias (orientado pelo IBDFAM – Instituto Brasileiro de Direito de Família), o qual definitivamente fará por abandonar os paradigmas da vetusta família patriarcal, insistentemente presente no mais recente Código de 2002. Muitas outras alterações em conceitos estão programadas no projeto de reforma do Código Civil em curso no Senado. Estamos no limiar de modificações profundas no Código Civil, as quais certamente enfrentarão o tema. Aliás, o estatuto de 2002 perdeu excelente oportunidade de reger ou ao menos dar notícia de várias modalidades de agrupamentos familiares fora do casamento. Tanto que se defende a caracterização legal das famílias e não mais família no singular, em um estatuto ou microssistema, fora dos grilhões de um Código Civil.

Pode ainda ser considerada a família sob o conceito sociológico, integrada pelas pessoas que vivem sob um mesmo teto, sob a autoridade de um titular. Essa noção, sempre atual e frequentemente reconhecida pelo legislador, coincide com a clássica posição do *pater familias* do Direito Romano, descrita no Digesto por Ulpiano. Temos clara noção dessa compreensão quando, por exemplo, o art. 1.412, § 2º, do atual Código, ao tratar do instituto do uso, dentro do livro de direitos reais, descreve que "as necessidades da família do usuário compreendem as de seu cônjuge, dos filhos solteiros e das pessoas de seu serviço doméstico". Nem sempre, contudo, a família tem um titular varão ou varoa, nem sempre será o pai ou a mãe o condutor do ente familiar, podendo, por exemplo, ser um irmão ou irmã mais velho. A realidade sempre se posta fora da lei e por vezes muito além da ficção, cabendo as soluções ao poder criador da jurisprudência.

O jurista Ulpiano, do terceiro século de nossa era, definiu família como o grupo plural de pessoas que, pela natureza ou pelo direito, vive sob o poder de outra. Como lembra Jean Carbonnier (1999:3), essa poderia ser a definição de uma monarquia ou de uma república autoritária, sendo a noção apresentada pelo Código de 1916. A noção atual de família nas civilizações ocidentais afasta-se cada vez mais da ideia de poder, principalmente de cunho econômico, colocando em supremacia a vontade de seus membros, igualando-se os direitos familiares. É fato, porém, que persiste a noção de poder e supremacia do chefe familiar em várias civilizações atuais, mais ou menos primitivas, inclusive naquelas nas quais as mulheres sofrem restrições de direito e de fato.

1.2 LINEAMENTOS HISTÓRICOS

Entre os vários organismos sociais e jurídicos, o conceito, a compreensão e a extensão de família são os que mais se alteraram no curso dos tempos. Neste século XXI, a sociedade de mentalidade urbanizada, embora não necessariamente urbana, cada vez mais globalizada pelos meios de comunicação, pressupõe e define uma modalidade conceitual de família bastante distante daquela regulada pelo Código de 1916 e das civilizações do passado. Como uma entidade orgânica, a família deve ser examinada, primordialmente, sob o ponto de vista exclusivamente sociológico e afetivo, antes de sê-lo como fenômeno jurídico. No curso das primeiras civilizações de importância, tais como a assíria, hindu, egípcia, grega e romana, o conceito de família foi de uma entidade ampla e hierarquizada, retraindo-se hoje, fundamentalmente, para o âmbito quase exclusivo de pais e filhos menores, que vivem no mesmo lar.

Conforme descrição feita por Friedrich Engels (1997:31 ss), em sua obra sobre a origem da família, editada no século XIX, no estado primitivo das civilizações o grupo familiar não se assentava em relações individuais. As relações sexuais ocorriam entre todos os membros que integravam a tribo (endogamia). Disso decorria que sempre a mãe era conhecida, mas se desconhecia o pai, o que permite afirmar que a família teve de início um caráter matriarcal, porque a criança ficava sempre junto à mãe, que a alimentava e a educava. Caio Mário da Silva Pereira (1996:17) aponta que essa posição antropológica que sustenta a promiscuidade não é isenta de dúvidas, entendendo ser pouco provável que essa estrutura fosse homogênea em todos os povos. Posteriormente, na vida primitiva, as guerras, a carência de mulheres e talvez uma inclinação natural levaram os homens a buscarem relações com mulheres de outras tribos, antes do que em seu próprio grupo. Os historiadores fixam nesse fenômeno a primeira manifestação contra o incesto no meio social (exogamia). Nesse diapasão, no curso da história, o homem marcha para relações individuais, com caráter de exclusividade, embora algumas civilizações mantivessem concomitantemente situações de poligamia, como ocorre até o presente. Desse modo, atinge-se a organização atual de inspiração monogâmica.

A monogamia, sustentada sempre pela Igreja, desempenhou um papel de impulso social em benefício da prole, ensejando o exercício da autoridade paterna. A família monogâmica converte-se, portanto, em um fator econômico de produção, pois se restringe quase exclusivamente ao interior dos lares, nos quais existem pequenas oficinas. Essa situação vai reverter somente com a Revolução Industrial, que faz surgir um novo modelo de família. Com a industrialização, a família perde sua característica de unidade de produção. Perdendo seu papel econômico, sua função relevante transfere-se ao âmbito espiritual, fazendo-se da família a instituição na qual mais se desenvolvem os valores morais, afetivos, espirituais e de assistência recíproca entre seus membros (Bossert-Zannoni, 1996:5).

Na Babilônia, por exemplo, a família fundava-se no casamento monogâmico, mas o direito, sob influência semítica, autorizava esposas secundárias. O marido podia, por exemplo, procurar uma segunda esposa, se a primeira não pudesse conceber um filho ou em caso de doença grave. Com a devida mitigação, essa permissão não difere muito do que hoje se admite para a procriação, como fecundação de proveta e úteros de aluguel. Naquela época histórica, a procriação surge como a finalidade principal do matrimônio (Gaudemet, 1967:35). Os pais têm papel importante no casamento. Geralmente, são eles que dão a noiva em núpcias, como ainda ocorre em algumas culturas do planeta.

Em Roma, o poder do *pater* exercido sobre a mulher, os filhos e os escravos é quase absoluto. A família como grupo é essencial para a perpetuação do culto familiar. No Direito Romano, assim como no grego, o afeto natural, embora pudesse existir, não era o elo de ligação entre os membros da família. Nem o nascimento nem a afeição foram fundamento da família romana. O *pater* podia nutrir o mais profundo sentimento por sua filha, mas bem algum de seu patrimônio lhe poderia legar (Coulanges, 1958, v. 1:54). A instituição funda-se no poder paterno ou poder marital. Essa situação deriva do culto familiar. Os membros da família antiga eram unidos por vínculo mais poderoso que o nascimento: a religião doméstica e o culto dos antepassados. Esse culto era dirigido pelo *pater*. A mulher, ao se casar, abandonava o culto do lar de seu pai e passava a cultuar os deuses e antepassados do marido, a quem passava a fazer oferendas. Por esse largo período da antiguidade, família era um clã, um grupo de pessoas sob o mesmo lar, que invocava os mesmos antepassados. Por essa razão, havia necessidade de que nunca desaparecesse, sob pena de não mais serem cultuados os antepassados, que cairiam em desgraça. Por isso, era sempre necessário que um descendente do sexo masculino continuasse o culto familiar. Daí a importância da adoção no velho direito, como forma de perpetuar o culto, na impossibilidade de assim fazer o filho de sangue. Da mesma forma, o celibato era considerado uma desgraça, porque o celibatário colocava em risco a continuidade do culto. Não bastava, porém, gerar um filho: este deveria ser fruto de um casamento religioso. O filho bastardo ou natural não poderia ser o continuador da religião doméstica. As uniões livres não possuíam o status de casamento, embora se lhes atribuísse certo reconhecimento jurídico. O Cristianismo condenou as uniões livres e instituiu o casamento como sacramento, pondo em relevo a comunhão espiritual entre os nubentes, cercando-a de solenidades perante a autoridade religiosa. Era uma forma, também, de concentrar a economia no grupo familiar coeso.

Por muito tempo na história, inclusive durante a Idade Média, nas classes nobres, o casamento esteve longe de qualquer conotação afetiva. A instituição do casamento sagrado era um dogma da religião doméstica. Várias civilizações do passado incentivavam o casamento da viúva, sem filhos, com o parente mais próximo de seu marido, e o filho dessa união era considerado filho do falecido. O nascimento de filha não preenchia a necessidade, pois ela não poderia ser continuadora do culto de seu pai, quando contraísse núpcias. Reside nesse aspecto a origem histórica dos direitos mais amplos, inclusive em legislações mais modernas, atribuídos ao filho e em especial ao primogênito, a quem incumbiria manter unido o patrimônio em prol da unidade religioso-familiar.

> *"O casamento era assim obrigatório. Não tinha por fim o prazer; o seu objeto principal não estava na união de dois seres mutuamente simpatizantes um com o outro e querendo associarem-se para a felicidade e para as canseiras da vida. O efeito do casamento, à face da religião e das leis, estaria na união de dois seres no mesmo culto doméstico, fazendo deles nascer um terceiro, apto para continuador desse culto"* (Coulanges, 1958, v. 1:69).

Desaparecida a família pagã, a cristã guardou esse caráter de unidade de culto, que na verdade nunca desapareceu por completo, apesar de o casamento ser tratado na história mais recente apenas sob o prisma jurídico e não mais ligado à religião oficial do Estado. A família sempre foi considerada como a célula básica da Igreja. Recorda Diogo Leite Campos que a família se mostrou como a própria Igreja em miniatura, com sua hierarquia, seu local destinado ao culto, uma pequena capela, uma imagem ou um crucifixo ainda encontráveis em muitos lares (Teixeira, 1993:16).

A ciência do direito demonstrou nos últimos séculos o caráter temporal do casamento, que passou a ser regulamentado pelo Estado, que o inseriu nas codificações a partir do século XIX como baluarte da família.

1.3 FAMÍLIA CONTEMPORÂNEA. NOVOS FENÔMENOS SOCIAIS

A célula básica da família, formada por pais e filhos, não se alterou muito com a sociedade urbana. A família atual, contudo, difere das formas antigas no que concerne a suas finalidades, composição e papel de pais e mães.

Atualmente, a escola e outras instituições de educação, esportes e recreação preenchem atividades dos filhos que originalmente eram de responsabilidade dos pais. Os ofícios não mais são transmitidos de pai para filho dentro dos lares e das corporações de ofício. A educação cabe ao Estado ou a instituições privadas por ele supervisionadas. A religião não mais é ministrada em casa e a multiplicidade de seitas e credos cristãos ou não, desvinculados das crenças originais, por vezes oportunistas, não mais permite uma definição homogênea. Também as funções de assistência a crianças, adolescentes, necessitados e idosos têm sido assumidas pelo Estado, com maior ou menor eficiência.

A passagem da economia agrária à economia industrial atingiu irremediavelmente a família. A industrialização transforma drasticamente a composição da família, restringindo o número de nascimentos nos países mais desenvolvidos. A família deixa de ser uma unidade de produção na qual todos trabalhavam sob a autoridade de um chefe. O homem vai para a fábrica e a mulher lança-se para o mercado de trabalho. No século XX, o papel da mulher transforma-se profundamente, com sensíveis efeitos no meio familiar. Na maioria das legislações, a mulher, não sem superar enormes resistências, alcança os mesmos direitos do marido. Com isso, transfigura-se a convivência entre pais e filhos. Estes passam mais tempo na escola e em atividades fora do lar. A longevidade maior decorrente de melhores condições de vida permite que gerações diversas convivam. Em futuro próximo, será comum a convivência de pais, avós, netos, bisnetos, o que gerará igualmente problemas sociais e previdenciários nunca dantes enfrentados.

Os conflitos sociais gerados pela nova posição social dos cônjuges, as pressões econômicas, a desatenção e o desgaste das religiões tradicionais fazem aumentar o número de divórcios. As uniões sem casamento, apesar de serem muito comuns em muitas civilizações do passado, passam a ser regularmente aceitas pela sociedade e pela legislação. A unidade familiar, sob o prisma social e jurídico, não mais tem como baluarte exclusivo o matrimônio. A nova família estrutura-se independentemente das núpcias. Coube à ciência jurídica acompanhar legislativamente essas transformações sociais, que se fizeram sentir mais acentuadamente em nosso país na segunda metade do século XX, após a Segunda Guerra. Na década de 1970, em toda a civilização ocidental, fez-se sentir a família conduzida por um único membro, o pai ou a mãe, ou mesmo irmã ou irmão mais velho. Novos casamentos dos cônjuges separados formam uma simbiose de proles.

O controle e o descontrole de natalidade são facetas do mesmo fenômeno. Quanto mais sofisticada a sociedade, maior o controle de natalidade e menor o seu índice. Com isso, agravam-se os problemas sociais decorrentes do mesmo fenômeno, aumentando a miséria das nações pobres e dificultando, com a retração populacional, a sustentação do Estado e da família nas nações desenvolvidas.

Por isso, as emigrações étnicas para os países desenvolvidos criam novas células familiares, com outros valores, com dificuldade de assimilação para as primeiras gerações nas novas terras.

Casais homoafetivos vão paulatinamente obtendo reconhecimento judicial e legislativo. Em poucas décadas, portanto, os paradigmas do direito de família são diametralmente modificados. O princípio da indissolubilidade do vínculo do casamento e a ausência de proteção jurídica aos filhos naturais, por exemplo, direito positivo em nosso ordenamento até muito recentemente, pertencem definitivamente ao passado e à História do Direito do nosso país.

Atualmente, o jurista defronta-se com um novo direito de família, que contém surpresas e desafios trazidos pela ciência.

Nesse quadro, superficialmente traçado, há inexoravelmente novos conceitos desafiadores a incitar o legislador e o jurista, com premissas absolutamente diversas daquelas encontradas no início do século passado em nosso país, quando da promulgação do Código Civil de 1916. Basta dizer, apenas como introito, que esse Código pretérito, entrando em vigor no século XX, mas com todas as ideias ancoradas no século anterior, em momento algum preocupou-se com os direitos da filiação havida fora do casamento e com as uniões sem matrimônio, nem com os órfãos sem patrimônio, em um Brasil cuja maioria da população encontrava-se nessa situação. Era um Código tecnicamente muito bem elaborado, mas que nascera socialmente defasado, preocupado apenas com o individualismo e o patrimônio. Lembrando a magnífica e essencial obra de Gilberto Freyre, o Código Civil brasileiro de 1916 foi dirigido para a minoria da *Casa--Grande*, esquecendo da *Senzala*. Esse, de qualquer forma, era o pensamento do século XIX.

De outra face, o desenvolvimento tecnológico demonstra hoje ser possível a certeza da paternidade biológica, a fecundação artificial, a clonagem de seres humanos etc. em questões que superam as mais imaginosas ficções científicas de passado não distante.

Em nosso país, a Constituição de 1988 representou, sem dúvida, o grande divisor de águas do direito privado, especialmente, mas não exclusivamente, nas normas de direito de família. O reconhecimento da união estável como entidade familiar (art. 226, § 7º) representou um grande passo jurídico e sociológico em nosso meio. É nesse diploma que se encontram princípios expressos acerca do *respeito à dignidade da pessoa humana* (art. 1º, III). Nesse campo, situam-se os institutos do direito de família, o mais humano dos direitos, como a proteção à pessoa dos filhos, direitos e deveres entre cônjuges, igualdade de tratamento entre estes etc.

Foi essa Carta Magna que também alçou a princípio constitucional da *igualdade jurídica dos cônjuges e dos companheiros* (art. 226, § 5º) e *igualdade jurídica absoluta dos filhos*, não importando sua origem ou a modalidade de vínculo (art. 227, § 6º). Ainda, a Constituição de 1988 escreve o princípio da paternidade responsável e o respectivo planejamento familiar (art. 226, § 7º). O Código Civil de 2002 complementou e estendeu esses princípios, mas, sem dúvida, a verdadeira revolução legislativa em matéria de direito privado e especificamente de direito de família já ocorrera antes, com essa Constituição.

Não ousou, porém, o Código de 2002 abandonar arraigados princípios clássicos da família patriarcal, para compreender os novos fenômenos da família contemporânea, algo que o Estatuto das Famílias busca com sucesso (Projeto nº 2.285/2007), assim como o atual projeto de reforma do Código Civil enviado ao Senado. Certamente, as modificações do Código Civil de 2002, que estão por vir, preocupar-se-ão com o fenômeno.

A sociedade enfrenta doravante o posicionamento das chamadas relações homoafetivas. Discute-se o alcance dos direitos de pessoas do mesmo sexo que convivem. Sem dúvida, o século XXI traz importantes modificações em tema que cada vez mais ganha relevância. A seu tempo, quando a sociedade absorver os reclamos desses direitos haverá a resposta legislativa e judicial mais adequada. Nesse sentido, o projeto do Estatuto das Famílias já se apresenta atual e adequado.

Como lembra Rolf Madaleno, tocando em ponto nevrálgico que atinge frontalmente os mais conservadores, há evidente equívoco *"imaginar pudesse o texto constitucional restringir sua proteção estatal exclusivamente ao citado trio de entidades familiares (casamento, união estável e relação monoparental), olvidando-se de sua função maior, de dar abrigo ao sistema democrático e garantir a felicidade através da plena realização dos integrantes de qualquer arquétipo de ente familiar, lastreado na consecução do afeto, pois, como prescreve a Carta Política, a família como base da sociedade, tem especial proteção do Estado (CF, art. 226) e um Estado Democrático de Direito tem como parte integrante de seu fundamento e existência a dignidade da pessoa humana (CF, art. 1º, inc. III), que sob forma alguma pode ser taxada, restringida ou discriminada e prova disso foi a consagração do reconhecimento pelo Supremo Tribunal Federal da união homoafetiva como entidade familiar"* (2013:5).

Desse modo, não estão os tribunais impedidos de reconhecer, por exemplo, uniões estáveis concomitantes, como ocorre ora e vez, nem outras formas de convivência conjugal que só a realidade pode atestar, sob o prisma que se convencionou denominar *poliamor*.

Se, por um lado, a Constituição de 1988 começou a desconstruir a noção de poder patriarcal do Código de 1916, não trouxe em suas linhas, e certamente não era o caso de fazê-lo, outras manifestações de entidades familiares.

O afeto, com ou sem vínculos biológicos, deve ser sempre o prisma mais amplo da família, longe da velha asfixia do sistema patriarcal do passado, sempre em prol da dignidade humana. Sabido é que os sistemas legais do passado não tinham compromisso com o afeto e com a felicidade.

A família informal foi a resposta hodierna à evolução, não podendo mais ser tratada como uma entidade marginalizada. O concubinato, termo que a legislação atual brasileira evita, preferindo mencionar a união estável ou convivência, cria essas relações informais. Na verdade, a Constituição de 1988 elevou a dignidade do concubinato, passando a denominá-lo união estável.

Os tribunais, sem poder fugir a uma realidade sociológica, por vezes reconhecem uniões concomitantes, relacionamentos afetivos paralelos ou adulterinos, que no passado seriam tachados de concubinatos impuros. Como sempre afirmamos, a realidade sempre estará além da ficção. O caso concreto dará a solução, inclusive com repercussões no direito sucessório, algo que também deve ser atualizado. Nem sempre a letra fria da lei socorrerá as surpresas da afetividade. Nunca se deve deixar de ter em mira, contudo, que a noção fundamental da família ocidental, célula menor do próprio Estado, é a *monogamia*. As exceções devem ser exclusivamente tratadas como tal.

A família monoparental, referida na Constituição (art. 226, § 4º), é aquela na qual um progenitor vive sem a presença do outro na convivência e criação dos filhos. Esse núcleo geralmente é formado pela mãe, mas não é estranho que seja conduzido pelo pai. Há também que se reconhecer a família quando outro membro do grupo familiar, como um irmão ou irmã, tio ou tia, assume essa função. São vários os fatores que fazem surgir esse fenômeno social, não se resumindo às situações das chamadas mães solteiras. O Código Civil e a legislação ordinária ignoraram simplesmente o aceno constitucional, embora o conjunto de normas de direito de família seja suficiente, em princípio, para dirimir as dificuldades práticas.

Rolf Madaleno ratifica o que falamos referindo-se também à que denomina *família anaparental*, aquela na qual estão ausentes o pai e a mãe, havendo convivência apenas entre irmãos. Essa entidade deve ser protegida da mesma forma que os demais núcleos familiares (2012:10).

Da mesma forma, a proteção do Estado deve ser dirigida às famílias reconstituídas, que com frequência abrangem filhos de duas estirpes, padrastos e madrastas, depois de uma nova união dos cônjuges. O Código Civil não traçou um desenho claro dessas famílias, cujas questões ficam a cargo dos tribunais que sempre devem ter em mira a afetividade e a dignidade da pessoa humana. Nosso direito não define as prerrogativas parentais dos padrastos, nem seu eventual dever alimentar ao enteado.

Da família homoafetiva cuidaremos mais adiante neste trabalho.

1.4 NATUREZA JURÍDICA DA FAMÍLIA

No passado, defendeu-se a ideia de que a família constituía uma pessoa jurídica. Essa personalidade seria conferida à família, tendo em vista ser ela detentora de direitos extrapatrimoniais, como o nome, o pátrio poder, hoje poder familiar no vigente Código, e direitos patrimoniais, como a propriedade de bem de família, sepulcros. Essa posição foi prontamente superada pela imprecisão do conceito.

Em nosso direito e na tradição ocidental, a família não é considerada uma pessoa jurídica, pois lhe falta evidentemente aptidão e capacidade para usufruir direitos e contrair obrigações. Os pretensos direitos imateriais a ela ligados, o nome, o poder familiar, a defesa da memória dos mortos, nada mais são do que direitos subjetivos de cada membro da família. Com maior razão, da mesma forma se posicionam os direitos de natureza patrimonial. A família nunca é titular de direitos. Os titulares serão sempre seus membros individualmente considerados.

Defendeu-se também que a família constituía um organismo jurídico. Contudo, apresenta-se como um dado sociológico e biológico de caráter natural reconhecido pelo Estado. O direito imposto pelo Estado não pode abstrair o fenômeno natural da família, que é preexistente.

A doutrina majoritária, longe de ser homogênea, conceitua família como *instituição*. Embora essa conclusão seja repetida por muitos juristas, trata-se de conceito por demais vago e impreciso. Essa teoria foi enunciada na França por Maurice Hauriou e desenvolvida em seguida. Como instituição, a família é uma coletividade humana subordinada à autoridade e condutas sociais. Uma instituição deve ser compreendida como uma forma regular, formal e definida de realizar uma atividade. Nesse sentido, família é uma união associativa de pessoas, sendo uma instituição da qual se vale a sociedade para regular a procriação e educação dos filhos (Belluscio, 1987, v. 1:10). Sob a perspectiva sociológica, família é uma instituição permanente integrada por pessoas cujos vínculos derivam da união de pessoas de sexos diversos. Desse modo, como sociologicamente a família é sem dúvida uma instituição, o Direito, como ciência social, assim a reconhece e a regulamenta. Recordemos que as instituições jurídicas são um universo de normas de direito organizadas sistematicamente para regular direitos e deveres de determinado fenômeno ou esfera social. Não sem muita controvérsia, esse o sentido da família como instituição jurídica.

Ao estudarmos as pessoas jurídicas, ressaltamos que existem entidades com muitas características das pessoas morais, mas que não chegam a receber personalidade. Faltam-lhes os requisitos imprescindíveis à personificação, embora, na maioria das vezes, tenham representantes processuais, isto é, podem agir no processo ativa e passivamente (Venosa, *Direito civil: parte geral*, seção 14.5). Denominamos essas entidades de *grupos com personificação anômala*, incluindo a família. No entanto, ao contrário de outras situações transitórias patrimoniais, como a massa falida, a herança jacente e o espólio, a família, como instituição, nem mesmo possui representação processual, tendo em vista que essa atividade deve ser exercida por seus membros. Não há interesse em atribuir personalidade à família, tendo em vista que suas atividades jurídicas, de natureza patrimonial ou não, podem ser realizadas sem esse atributo.

1.5 DIREITO DE FAMÍLIA

Beviláqua (1937:6) definiu de forma perene:

> *"Direito de família é o complexo das normas, que regulam a celebração do casamento, sua validade e os efeitos, que dele resultam, as relações pessoais e econômicas da sociedade conjugal, a dissolução desta, as relações entre pais e filhos, o vínculo do parentesco e os institutos complementares da tutela e da curatela".*

Faltou ao mestre, na época, referir-se às uniões sem casamento que o imitam e representam um vasto campo jurídico e sociológico. A colonização brasileira foi feita em torno da união informal. A família, como vimos, é um fenômeno fundado em dados biológicos, psicológicos e sociológicos regulados pelo direito. Na definição do grande Beviláqua há que se acrescentar, hoje, as normas reguladoras das uniões sem casamento. É interessante observar que no passado qualquer referência jurídica à família tomava por base o casamento. Só mais recentemente a família foi observada pelos juristas sob prisma de instituição, abrangendo as uniões sem casamento e até mesmo as chamadas famílias monoparentais. A Constituição de 1988 ampliou, entre nós, o conceito de família, para reconhecer *"como entidade familiar a comunidade formada por qualquer dos pais e seus descendentes"*, bem como a união estável entre o homem e a mulher (art. 226). Destarte, como visto, a família é um gênero que comporta várias espécies (Pereira, 2003:8).

O casamento, tal como o conhecemos, somente se estrutura na História quando o homem atinge determinado grau de cultura. A família preexiste à estruturação jurídica, antecede ao Direito.

Como o Direito e o legislador agem diretamente sobre os fenômenos derivados da família, é inseparável do Direito qualquer estudo da família. Durante muitos séculos acreditou-se que esses dados biológicos eram imutáveis. No entanto, o século XX demonstrou o contrário, com a evolução da ciência genética, bem como com questões geradas pelo transexualismo, homossexualismo etc.[1]

O direito canônico, ou sob inspiração canônica, que regulou a família até o século XVIII e inspirou as leis civis que se seguiram, não era um direito civil na acepção técnica do termo. O direito de família canônico era constituído por normas imperativas, inspiradas na vontade de Deus ou na vontade do monarca. Era constituído por cânones, regras de convivência impostas aos membros da família e sancionadas com penalidades rigorosas. O casamento, segundo os cânones, era a pedra fundamental, ordenado e comandado pelo marido:

> "O pai/marido transforma-se, assim, numa verdadeira fonte de criação de Direito, de normas de organização interna da família que se impõem aos dependentes. A vontade do pai é lei" (Diogo Leite de Campos. In: Teixeira, 1993:20).

Nesses preceitos, o casamento tinha caráter de perpetuidade com o dogma da indissolubilidade do vínculo, tendo como finalidade a procriação e criação dos filhos. A desvinculação do matrimônio da Igreja abriu caminho para a revisão dessa dogmática.

O direito de família, ramo do direito civil com características peculiares, é integrado pelo conjunto de normas que regulam as relações jurídicas familiares, orientado por elevados interesses morais e bem-estar social.

Originalmente, em nosso país, o direito de família vinha regulado exclusivamente pelo Código Civil. Princípios constitucionais e numerosas leis complementares derrogaram parcialmente vários dispositivos do Código de 1916, além de disciplinar outros fenômenos e fatos jurídicos relacionados direta ou indiretamente com a família.

O Código Civil de 2002 procura fornecer uma nova compreensão da família, adaptada ao novo século, embora tenha ainda vindo com passos tímidos e lacunosos nesse sentido. Muito há que ser feito na legislação.

Seguindo o que já determinara a Constituição de 1988, o atual estatuto procura estabelecer a mais completa igualdade jurídica dos cônjuges e dos companheiros, do homem e da mulher. Da mesma forma, o vigente diploma civil contempla o princípio da igualdade jurídica de todos os filhos, independentemente de sua origem. Nesse diapasão, não mais se refere o Código ao pátrio poder, denominação derivada do caudilhesco *pater familias* do Direito Romano, mas ao *poder familiar*, aquele que é exercido como um poder-dever em igualdade de condições por ambos os progenitores.

O organismo familiar passa por constantes mutações e é evidente que o legislador, e mormente o julgador, devem estar atentos às necessidades de alterações legislativas que devem ser feitas no curso deste século. Não pode também o Estado deixar de cumprir sua permanente função social de proteção à família, como sua célula *mater*, sob pena de o próprio Estado desaparecer, cedendo lugar ao caos. Daí porque a intervenção do Estado na família é fundamental, embora deva preservar os direitos básicos de autonomia. Essa intervenção deve ser sempre protetora, nunca invasiva da vida privada.

---

[1] Sobre o tema: VIEIRA, Tereza Rodrigues. *Mudança de sexo*: aspectos médicos, psicológicos e jurídicos. São Paulo: Santos, 1996. Atualmente já existe vasta bibliografia sobre a matéria.

Desse modo, o direito de família, por sua própria natureza, é ordenado por grande número de normas de ordem pública. Essa situação, contudo, não converte esse ramo em direito público. Parte da doutrina procurou situar o direito de família como integrante do direito público. As normas de ordem pública no direito privado têm por finalidade limitar a autonomia de vontade e a possibilidade de as partes disporem sobre suas próprias normas nas relações jurídicas. A ordem pública resulta, portanto, de normas imperativas, em contraposição às normas supletivas. Isso não significa, contudo, que as relações assim ordenadas deixem de ser de direito privado.

No direito de família, a ordem pública prepondera dispondo sobre as relações pessoais dos cônjuges, relações entre pais e filhos, regimes matrimoniais, celebração e dissolução do casamento etc. Tal se deve ao interesse permanente do Estado no direcionamento da família como sua célula básica, dedicando-lhe proteção especial (art. 226, *caput*, da CF). Por outro lado, esse ramo também possui normas supletivas que permitem, por exemplo, acordos entre cônjuges no divórcio a respeito de seu patrimônio, visita e guarda de filhos etc.

Desse modo, embora o direito de família se utilize majoritariamente de normas imperativas para ordenar as relações entre seus membros, como afirma Guillermo A. Borda (1993, v. 1:9), a pretensão de deslocar a família do direito privado representa um contrassenso. Não se pode conceber nada mais privado, mais profundamente humano do que a família, em cujo seio o homem nasce, vive, ama, sofre e morre. O direito de família visto como direito público prepara o terreno para um intervencionismo intolerável do Estado na vida íntima, como tantos que ocorrem ordinariamente. Acrescenta o autor argentino, com propriedade, ser sintomático que os únicos regimes que trataram da família como direito público foram os falecidos e não saudosos regimes comunistas da Rússia, a desaparecida Iugoslávia, Bulgária e a extinta Tchecoslováquia. Desse modo, não há como se admitir o direito de família como direito público em um Estado democrático, porque cabe a ele tutelar e proteger a família, intervindo de forma indireta apenas quando essencial para sua própria estrutura.

Levando em conta suas particularíssimas características, talvez seja melhor considerar, no futuro bem próximo, o direito de família como um microssistema jurídico, integrante do denominado direito social, embora essa denominação seja redundante, na zona intermediária entre o direito público e o privado, possibilitando a elaboração de um Código ou Estatuto da Família ou das Famílias, como em outras legislações.

Daí por que legislativamente seria melhor, já atualmente, que tivéssemos um estatuto próprio da família, que albergasse todos os seus princípios, bem como regulasse também o direito sucessório, intimamente ligado à família, e o direito do menor e institutos correlatos. Não foi a posição do Código de 2002 que manteve o compartimento dedicado a esse campo jurídico. De qualquer forma, sente-se na atualidade que o Direito de Família desgarra-se cada vez mais do Direito Civil tradicional, ganhando autonomia de estudos e consequentemente de especialistas. Como regra geral, os novos mestres e autores de direito de família em nosso país, a exemplo do que já ocorria em países estrangeiros, tendem a especializar-se exclusivamente nesse campo, não se dedicando mais aos outros campos do direito privado. A essa situação agrega-se o fato de que o juiz de uma Corte de família deve ter vocação e preparo emocional diverso do magistrado que decide questões exclusivamente patrimoniais. Daí porque, sempre que possível, a organização judiciária dos Estados cria varas especializadas em direito de família, com serviços auxiliares de ordem sociológica e psicológica. A mediação e conciliação, com profissionais habilitados, vêm ganhando amplo espaço, evitando-se contendas processuais inúteis e depreciativas da honra de membros da família, e convertem-se no grande palco de soluções para os problemas da família.

Conciliação, mediação e *arbitragem*, embora tenham origens e vertentes comuns, apresentam características próprias. A conciliação possui longa tradição em nosso direito processual. Nesta, polarizam-se os pontos controversos em busca de um consenso, acordo ou transação. O acordo, com ou sem transação, é o ponto que se busca na conciliação. A mediação é algo mais flexível, que se apresenta com característica e linguagem própria. A mediação permite a argumentação ampla, que por vezes extrapola o conflito que primitivamente a motivou. O mediador deve ser uma pessoa neutra e treinada que procura despertar soluções pessoais entre os envolvidos. Não haverá necessariamente um acordo na mediação.

> "O mediador não decide pelos mediandos, já que a essência dessa dinâmica é permitir que as partes envolvidas em conflito ou impasse fortaleçam-se, resgatando a responsabilidade por suas próprias escolhas" (Águida Arruda Barbosa, in Pereira, coord., 2004:33).

Na arbitragem existe uma lide ou conflito de interesses. Nesse caso, as partes se valem do compromisso para permitir que julgadores não togados, os árbitros, decidam as pendências substituindo o juiz. É muito restrito o âmbito da arbitragem no direito de família uma vez que não pode ser utilizada para direitos indisponíveis e a maioria dos direitos no campo ora visto o são. Não fica totalmente afastada, porém. Nada impede que os interessados releguem ao juízo arbitral a fixação do *quantum* de alimentos, por exemplo. Veja o que falamos sobre a arbitragem em nossa obra dedicada aos contratos.

Sem sombra de dúvida, na mediação, conciliação e arbitragem reside um dos fatores mais importantes para a tão decantada reforma do Judiciário.

1.5.1 Características Peculiares

O direito de família, por sua natureza, apresenta características que o afastam dos demais ramos do direito privado, como já apontamos. A sociedade procura regular e tutelar a família da forma mais aceitável possível no tempo e no espaço. O Estado intervém na estrutura da família em prol da preservação da célula que o sustenta, em última análise.

Ainda, cabe ao Estado estruturar os meios assistenciais e judiciais, legais e materiais para o acesso à Justiça, a fim de que o ideal da família seja obtido nas situações de conflito. Há, de plano, necessidade de especialização. O juiz e os tribunais de família devem possuir um perfil absolutamente diverso das cortes destinadas a dirimir conflitos patrimoniais. Como sabemos, os conflitos sociais e os de família são os mais sensíveis; não se resolvem com um decreto judicial, que somente pode advir como último escolho. Mais do que em qualquer outro campo do processo, os conflitos de família podem compor-se tecnicamente pela sentença, mas com ela não se solucionam. Pelo contrário, com frequência o comando judicial, muitas vezes, agrava um problema sem resolvê-lo. Avulta a importância nesse campo do mediador e da mediação, do juiz conciliador e dos corpos profissionais auxiliares das cortes, pedagogos, psicólogos, sociólogos e assistentes sociais. Toda essa estrutura requer pesados investimentos para dotar os organismos de eficiência, o que infrequentemente é atendido pelo Estado. Não apenas os órgãos do Estado devem ser vocacionados para os conflitos de família, mas também do advogado é exigido perfil nesse árduo campo. O tradicional papel do advogado litigante cede lugar ao do advogado conciliador e negociador, o qual juntamente com o juiz conciliador aponta ao interessado o modo mais conveniente para obter a solução do conflito que o aflige.

> "O advogado, nesse caso, deve esforçar-se para fazer entender a quem se enfrenta por ocasião de um conflito familiar, que muito mais eficaz será o que as partes concordam do que o que o juiz imponha" (Bossert e Zannoni, 1996:19).

Deve sempre ser lembrado pelo juiz e pelo advogado, bem como pelo membro do Ministério Público, que toda sentença decorrente de um conflito de família é parte de um trágico drama. Deve ser criado um amplo espaço de atuação para os mediadores e conciliadores.

Por outro lado, nenhum outro campo do Direito exige mais do jurista, do legislador, do juiz, do Ministério Público e do advogado uma mentalidade aberta e um perfil próprio, suscetível para absorver prontamente as modificações e pulsações sociais que os rodeiam. Quem não acompanha a evolução social certamente se conduzirá em desarmonia com as necessidades de seu tempo. A jurisprudência deve dar pronta e apropriada resposta aos anseios da sociedade. Exige-se do operador do Direito que seja pleno conhecedor da sociedade e do meio em que vive. Neste Brasil, não há como dirimir o conflito familiar da mesma natureza com idênticas soluções no meio rural e no meio urbano, na região norte e na região sul, nas pequenas e nas grandes comunidades etc. As questões de família abrem palco para o advogado e o juiz conciliador e mediador.

Do mesmo modo, as facilidades de comunicação geram atualmente problemas de difícil solução, que implicam utilização de normas externas e de cooperação internacional, situação que ainda é absolutamente anacrônica sob o sofisma de uma hoje discutível soberania e não acompanha os avanços tecnológicos. Depender de uma carta rogatória, com a série de entraves burocráticos que ela apresenta, para obter uma medida de urgência é a própria negação da Justiça. O direito internacional de família é um desafio para este milênio. Há necessidade de métodos mais realistas e menos abstratos. Tratados e acordos bilaterais já existentes ainda não alteraram o quadro pessimista. As codificações nacionais estão ainda distantes de uma harmonização.

Como relatamos, trata-se do campo do direito mais bafejado e influenciado por ideias morais e religiosas. Os chamados direitos de família constituem na verdade um complexo de direitos e deveres, como o pátrio poder ou poder familiar. O direito de família está centrado nos deveres, enquanto nos demais campos do direito de índole patrimonial o centro orientador reside nos direitos, ainda que também orientados pelo cunho social, como a propriedade.

Por conseguinte, o papel da vontade é mais restrito, pois quase todas as normas de família são imperativas. Com frequência, a vontade limita-se à mera expressão de um consentimento, sem condição ou termo, com todas as consequências dessa manifestação expressas em lei, como acontece no casamento, na adoção e no reconhecimento de filiação.

Como outro corolário, os direitos de família puros, regulados por norma cogente, são irrenunciáveis, como o direito a alimentos. Nos alimentos, a transação se limitará a seu valor.

No mesmo diapasão, como veremos, os direitos derivados do estado de família são imprescritíveis. Assim, não prescrevem os direitos de pleitear alimentos e de pedir o reconhecimento de filiação, por exemplo.

O direito de família disciplina a relação básica entre os cônjuges, se casados, ou entre companheiros, na ausência de núpcias. A sociedade conjugal tem proteção do Estado com ou sem casamento, nos termos de nossa Constituição de 1988. Essas relações absorvem vários aspectos pessoais e patrimoniais. Delas decorrem também os direitos relativos à filiação e ao parentesco direto (membros de um mesmo tronco), ou por afinidade (relação do cônjuge com os parentes do outro cônjuge). Como modalidade de filiação, a adoção sofreu no curso de nossa história legislativa lenta, mas gradual, evolução. Além dessa regulamentação direta, a lei também se preocupa com normas de caráter protetivo da família, bem como previdenciárias, estas de direito público.

Outra característica presente dos direitos de família, quando examinados sob o prisma individual e subjetivo, é sua natureza personalíssima. Esses direitos são, em sua maioria, intransferíveis, intransmissíveis por herança e irrenunciáveis. Aderem indelevelmente à personalidade da pessoa em virtude de sua posição na família durante toda a vida. Desse modo, o pátrio poder ou poder familiar e o estado de filiação são irrenunciáveis: ninguém pode ceder o direito de pedir alimentos, ninguém pode renunciar ao direito de pleitear o estado de filiação.

1.6 DIREITO DE FAMÍLIA NO BRASIL. CONSTITUIÇÃO DE 1988

Os Códigos elaborados a partir do século XIX dedicaram normas sobre a família. Naquela época, a sociedade era eminentemente rural e patriarcal, guardando traços profundos da família da Antiguidade. A mulher dedicava-se aos afazeres domésticos e a lei não lhe conferia os mesmos direitos do homem. O marido era considerado o chefe, o administrador e o representante da sociedade conjugal. Nosso Código Civil de 1916 foi fruto direto dessa época. Os filhos submetiam-se à autoridade paterna, como futuros continuadores da família, em uma situação muito próxima da família romana.

O Estado, não sem muita resistência, absorve da Igreja a regulamentação da família e do casamento, quando esta não mais interfere na direção daquele. No entanto, pela forte influência religiosa e como consequência da moral da época, o Estado não se afasta muito dos cânones, assimilando-os nas legislações com maior ou menor âmbito. Manteve-se a indissolubilidade do vínculo do casamento e durante muito tempo a *capitis deminutio*, incapacidade relativa, da mulher, bem como a distinção legal de filiação legítima e ilegítima.

No direito brasileiro, a partir da metade do século XX, paulatinamente, o legislador foi vencendo barreiras e resistências, atribuindo direitos aos filhos ilegítimos e tornando a mulher plenamente capaz, até o ponto culminante que representou a Constituição de 1988, que não mais distingue a origem da filiação, equiparando os direitos dos filhos, nem mais considera a preponderância do varão na sociedade conjugal. A Lei nº 4.121, de 27-8-62, Estatuto da Mulher Casada, que eliminou a incapacidade relativa da mulher casada, inaugura entre nós a era da igualdade entre os cônjuges, sem que, naquele momento, a organização familiar deixasse de ser preponderantemente patriarcal, pois muitas prerrogativas ainda foram mantidas com o varão.

A batalha legislativa foi árdua, principalmente no tocante à emenda constitucional que aprovou o divórcio. O atual estágio legislativo teve que suplantar barreiras de natureza ideológica, sociológica, política, religiosa e econômica. Muito ainda, sem dúvida, será feito em matéria de atualização no campo da família. Nessa ebulição social, mostrava-se custosa uma codificação, tanto que o Projeto de 1975 que redundou no Código Civil de 2002 dormitou por muitos anos no Congresso.

A Emenda Constitucional nº 66/2010 finalmente extinguiu o sistema de separação judicial prévia, restando somente o divórcio em nosso ordenamento para desfazimento da sociedade conjugal.

Novos temas estão hoje a desafiar o legislador, como as várias modalidades de famílias, as inseminações e fertilizações artificiais, os úteros de aluguel, as cirurgias de mudança de sexo, os relacionamentos afetivos entre pessoas do mesmo sexo, a clonagem de células e de pessoas, a transexualidade etc. A ciência evolui com rapidez e por saltos e hoje se esperam respostas mais rápidas do Direito, o que não ocorria no passado, quando as alterações eram quase exclusivamente de ordem sociológica, e, portanto, gradativas. Nesse avanço tecnológico e jurídico, o legislador pátrio promulgou, por exemplo, a Lei nº 9.263, de 12-1-96, que regula o § 7º do art. 226 da Constituição, que trata do planejamento familiar, entendendo como tal *"o conjunto de ações de regulação da fecundidade que garanta direitos iguais de constituição, limitação ou aumento da prole pela mulher, pelo homem ou pelo casal"* (art. 2º).[2]

Essa norma complementa a disposição constitucional pela qual cabe à pessoa natural a livre decisão sobre planejamento familiar, fundado nos princípios da dignidade da pessoa humana e da paternidade responsável, cabendo ao Estado fornecer recursos educacionais e científicos para operacionalizar a norma, estando proibida qualquer atividade coercitiva de instituições oficiais ou privadas. Essa posição legislativa seria inimaginável apenas algumas décadas passadas, quando ainda era ponderável a pressão de alguns setores da Igreja. Nesse mesmo sentido, o art. 1.513 do presente Código Civil estatui que *"é defeso a qualquer pessoa, de direito público ou privado, interferir na comunhão de vida instituída pela família"*.

---

[2] "Agravo de instrumento – Ação de obrigação de fazer – Pretensão à realização da cirurgia de laqueadura junto com o parto do quinto filho da Agravante – Tutela de urgência indeferida – Inadmissibilidade – No caso dos autos houve a expressa manifestação de vontade da interessada em sede do planejamento familiar, bem como a gestação é considerada de alto risco – Possibilidade do acolhimento do pleito em sede de tutela liminar – Inteligência dos artigos 1º, inciso III e 226, parágrafo 7º, da Constituição Federal em conjunto com a Lei nº 9.263/1996 – Precedentes desta C. Corte de Justiça - R. Decisão reformada. Recurso provido" (TJSP – AI 2013403-02.2023.8.26.0000, 12-5-2023, Rel. Carlos Eduardo Pachi).

"Apelação. Fornecimento de cirurgia de reversão de vasectomia. Sentença de improcedência. Recurso do autor. **Planejamento familiar** – direito assegurado na Constituição Federal, no seu artigo 226, § 7º, e regulamentado pela Lei 9.263/1996. Paciente há mais de 2 (dois) anos aguardando na fila de espera para a realização da cirurgia. Expressa indicação de que o procedimento deve ser realizado o mais breve possível. Sentença reformada. Recurso provido". (TJSP – Ap 1006845-82.2020.8.26.0114, 8-2-2022, Rel. Antonio Celso Faria).

"Apelação cível. Processo civil e civil. Reparação de danos. Plano de saúde. Fertilização *in vitro*. Lúpus. Planejamento familiar. Cobertura. Custeio. Não obrigatoriedade. Procedimento excluído do rol da ANS. Inexistência do dever de reparar. Honorários advocatícios. Sucumbência. Recurso não provido. 1. Embora o artigo 35-C, inciso III, da Lei 9.656/1998, que dispõe sobre os planos e seguros privados de assistência à saúde, tenha estabelecido a obrigatoriedade de cobertura de atendimento em caso de planejamento familiar, a Agência Nacional de Saúde regulamentou referido dispositivo, através das Resoluções Normativas nº 192/2009 e 387/2015, e excluiu a cobertura aos procedimentos de inseminação artificial. 2. A fertilização *in vitro* é uma técnica de reprodução humana mais complexa e de custo mais elevado do que a inseminação artificial, motivo pelo qual, se há exclusão de cobertura da técnica menos complexa, não existe, igualmente, obrigatoriedade de cobertura de procedimento mais complexo. 2.1. Descabe impor ao plano de saúde a obrigatoriedade de custear procedimento que não está incluído nas hipóteses previstas na Resolução Normativa da Agência Nacional de Saúde Suplementar – ANS, sob pena de desequilíbrio econômico-financeiro do plano. Jurisprudência consolidada do Superior Tribunal de Justiça. 3. Em relação aos honorários advocatícios, o artigo 85, do Código de Processo Civil, prevê que a Sentença condenará o vencido ao pagamento de honorários ao advogado do vencedor, ou seja, a legislação processual adota como regra geral para condenação aos honorários sucumbenciais o Princípio da Sucumbência, critério objetivo para sua fixação. 4. Recurso conhecido e não provido" (TJDFT – Ap. 07124036420198070020 – (1283032), 23-9-2020, Rel. Eustáquio de Castro).

"Plano de saúde – Fertilização *in vitro* – Ação de obrigação de fazer – Autora portadora de infertilidade – Prescrição médica de fertilização 'in vitro' – Negativa abusiva – **Planejamento familiar** – Cobertura obrigatória, nos termos do art. 35-C, III da Lei nº 9.656/98 e do art. 2º da Lei 9.263/96. Aplicação da Súmula nº 102 desta C. Corte. Precedentes. Sentença reformada. Ação procedente. Recurso provido." (TJSP – AC 1032274-17.2017.8.26.0224, 21-5-2019, Rel. Alexandre Marcondes).

"**Direito de família** – Direito processual civil – Agravo de instrumento – Encargo alimentar – Redução do quantum alimentar – Ausência de demonstração de inadequação do encargo alimentar ao trinômio necessidade, possibilidade e proporcionalidade – Superveniência de nova família que, por si só, não tem o condão de autorizar e/ou justificar a redução do encargo alimentar – 1 – O art. 1.695 da Lei nº 10.406/2002 (Código Civil) prevê que os alimentos são devidos quando 'quem os pretende não tem bens suficientes, nem pode prover pelo seu trabalho, à própria mantença, e aquele, de quem se reclamam, pode fornecê-los, sem desfalque do necessário ao seu sustento'.2. A formação de nova família não é circunstância que, por si só, autoriza e/ou justifica a redução do quantum alimentar. Até porque, o planejamento familiar, nos termos do § 7º do art. 226 da Constituição da República de 1988, é de livre decisão do casal, observando-se os princípios da dignidade da pessoa humana e o da paternidade responsável. 3 – Recurso de agravo de instrumento conhecido, e, no mérito, não provido" (TJPR – AI 1665629-6, 13-3-2018, Rel. Des. Mario Luiz Ramidoff).

A Constituição de 1988 consagra a proteção à família no art. 226, compreendendo tanto a família fundada no casamento, como a união de fato, a família natural e a família adotiva. De há muito, o país sentia necessidade de reconhecimento da célula familiar independentemente da existência de matrimônio:

> *"A família à margem do casamento é uma formação social merecedora de tutela constitucional porque apresenta as condições de sentimento da personalidade de seus membros e à execução da tarefa de educação dos filhos. As formas de vida familiar à margem dos quadros legais revelam não ser essencial o nexo família-matrimônio: a família não se funda necessariamente no casamento, o que significa que casamento e família são para a Constituição realidades distintas. A Constituição apreende a família por seu aspecto social (família sociológica). E do ponto de vista sociológico inexiste um conceito unitário de família"* (Francisco José Ferreira Muniz. In: Teixeira, 1993:77).

Por outro lado, além da igualdade dos filhos, a igualdade de tratamento constitucional do marido e da mulher, bem como dos conviventes, é elevada à condição de princípio normativo fundamental no direito de família.

José Sebastião de Oliveira (2002:273) apresenta rol de princípios constitucionais do direito de família na atual Constituição Federal, advertindo que não é exaustivo, pois outros podem ser inferidos de princípios gerais ou implícitos:

> *"proteção de todas as espécies de família (art. 226, caput); reconhecimento expresso de outras formas de constituição familiar ao lado do casamento, como as uniões estáveis e as famílias monoparentais (art. 226, §§ 3º e 4º); igualdade entre os cônjuges (art. 5º, caput, I, e art. 226, § 5o); dissolubilidade do vínculo conjugal e do matrimônio (art. 226, § 6º); dignidade da pessoa humana e paternidade responsável (art. 226, § 5º); assistência do estado a todas as espécies de família (art. 226, § 8º); dever de a família, a sociedade e o Estado garantirem à criança e ao adolescente direitos inerentes à sua personalidade (art. 227, §§ 1º, 2º, 3º, 4º, 5º, 7º); igualdade entre os filhos havidos ou não do casamento, ou por adoção (art. 227, § 6º); respeito recíproco entre pais e filhos; enquanto menores é dever daqueles assisti-los, criá-los e educá-los, e destes o de amparearem os pais na velhice, carência ou enfermidade (art. 229); dever da família, sociedade e Estado, em conjunto, amparearem as pessoas idosas, velando para que tenham uma velhice digna e integrada à comunidade (art. 230, CF)".*

Ressaltemos, por fim, a grande influência do direito de família sobre outros campos do direito privado e público, mormente no que toca à estrutura dos graus de parentesco e ao vínculo conjugal e da união estável.

Como observamos, o Código Civil de 1916 de há muito já não retratava o panorama atual da família brasileira e ocidental, derrogado em grande parte por inúmeras leis complementares, que dificultavam sobremaneira o estudo sistemático da matéria. De qualquer modo, para fins didáticos, é conveniente observar, por ora, tanto quanto possível a ordem de fenômenos tratada por nosso provecto estatuto. Nesta obra, procuramos sempre estabelecer um paradigma de comparação do mais recente Código com o direito anterior, que por muito tempo ainda vai deixar reflexos.

O Código de 1916 disciplinava o direito de família no Livro I, Parte Especial. Não era a melhor colocação didática e técnica, pois a matéria deveria ser estudada não somente após a parte geral, mas sim depois de conhecidos os princípios dos direitos reais e das obrigações, que antecede o direito das sucessões. O direito de família pressupõe o conhecimento dessas outras áreas. Essa, aliás, a ordem lógica de estudo do Direito Civil para os iniciantes na ciência jurídica, adotada pelo Código de 2002 e pela maioria das codificações mais recentes. O Código de 1916 versava sobre três grandes temas: a primeira parte regulava o casamento, a segunda, as relações de parentesco, e a terceira, os denominados direitos protetivos (tutela, curatela e ausência). Essa mesma estrutura, com inúmeras inovações, é mantida pelo atual Código Civil.

Lembre-se, por último, do Estatuto da Criança e do Adolescente (Lei nº 8.069, de 13-7-90). A proteção à criança é questão preocupante para todos os povos. A ONU já aprovara em 1959 a "Declaração Universal dos Direitos da Criança", visando à conscientização global. Esse organismo internacional aprovou em 1989 a "Convenção sobre os Direitos da Criança", ratificada pelo Brasil em 1990.

Nossa Constituição de 1988 dispunha, no art. 227, sob a forma de norma programática, proteção à criança e ao adolescente. O Estatuto da Criança e do Adolescente veio regulamentar com minúcias esse dispositivo constitucional, no âmbito de proteção e assistência, substituindo a lei anterior (Código de Menores, Lei nº 6.697/79). A mais recente lei representou uma mudança de filosofia com relação ao menor. Desaparece a conceituação do *"menor infrator"*, substituída pela ideia de *"proteção integral à criança e ao adolescente"*, presente em seu art. 1º. Esse diploma, em 267 artigos, regula extensivamente a problemática assistencial social e jurídica do menor, inclusive vários institutos originalmente tratados exclusivamente pelo Código Civil, como a perda e suspensão do poder familiar, tutela e adoção, que serão aqui examinados.

A reforma e os acréscimos que serão feitos pelo projeto de alteração do Código Civil atual vão, certamente, inserir contemporaneidade ao nosso direito de família.

1.7 ESTADO DE FAMÍLIA

No Direito Romano, o *status familiae* (o estado familiar), ao lado do *status civitatis* e *status libertatis* (estado de cidadania e estado de liberdade), era importante para estabelecer direitos e obrigações. *Sui iuris* era o *pater familias*, o que não possuía ascendentes masculinos e estava livre do poder familiar. *Alieni iuris* eram todas as demais pessoas sujeitas ao poder do *pater* que não tinham direitos próprios nem podiam adquiri-los. Nesse mesmo conceito clássico, entende-se como estado das pessoas o conjunto de qualidades que a lei leva em consideração para atribuir-lhes efeitos jurídicos. Estado de família é a posição e a qualidade que a pessoa ocupa na entidade familiar. No direito civil, portanto, o Estado considera a pessoa em si mesma e com relação à família. Disso decorre a definição do maior capaz, menor incapaz, casado, solteiro etc. Sob aspecto genérico, a profissão também pode ser considerada um atributo do Estado.

O estado de família é um dos atributos da personalidade das pessoas naturais. É atributo personalíssimo. É conferido pelo vínculo que une uma pessoa às outras: casado, solteiro. Também pode ser considerado sob o aspecto negativo: ausência de vínculo conjugal, familiar, filho de pais desconhecidos.

Esses vínculos jurídicos familiares são de duas ordens: vínculo conjugal, que une a pessoa com quem se casou, e vínculo de parentesco, que a une com as pessoas de quem descende (parentesco em linha reta), com as que descendem de um ancestral comum (parentesco colateral), com os parentes do outro cônjuge (parentesco por afinidade), além de com o parentesco adotivo. Desse estado de família decorrem deveres e direitos disciplinados pelo direito de família com reflexos em todos os campos jurídicos (processual, penal, tributário, previdenciário etc.).

O estado de família apresenta características distintas que se traduzem em:

1. *intransmissibilidade*: esse *status* não se transfere por ato jurídico, nem entre vivos nem por causa da morte. É personalíssimo, porque depende da situação subjetiva da

pessoa com relação à outra. Como consequência da intransmissibilidade, o estado de família também é intransigível;

2. *irrenunciabilidade*: ninguém pode despojar-se por vontade própria de seu estado. O estado de filho ou de pai depende exclusivamente da posição familiar. Ninguém pode renunciar ao pátrio poder, agora denominado poder familiar, por exemplo;

3. *imprescritibilidade*: o estado de família, por sua natureza, é imprescritível, como decorrência de seu caráter personalíssimo. Não se pode adquirir por usucapião, nem se perde pela prescrição extintiva;

4. *universalidade*: é universal porque compreende todas as relações jurídico-familiares;

5. *indivisibilidade*: o estado de família é indivisível, de modo que será sempre o mesmo perante a família e a sociedade. Não se admite, portanto, que uma pessoa seja considerada casada para determinadas relações e solteira para outras;

6. *correlatividade*: o estado de família é recíproco, porque se integra por vínculos entre pessoas que se relacionam. Desse modo, ao estado de marido antepõe-se o de esposa; ao de filho, o de pai, e assim por diante;

7. *oponibilidade*: é oponível pela pessoa perante todas as outras. O casado assim é considerado perante toda a sociedade.

A definição de estado de família tem grande importância, principalmente para estabelecer a capacidade e os vícios do casamento.

Como regra geral, prova-se o estado de família com o título formal do registro público, oponível *erga omnes*. Contudo, pode ser provado por outros meios, na falta de título hábil, inclusive por ação judicial. Tem importância no aspecto probatório a posse de estado de família. Tal é o caso de alguém que se diz filho, mas não possui título. Nesse caso, dizemos que há posse de estado, que poderá ter reflexos em vários aspectos das relações jurídicas familiares, mormente a posse de estado de casado, como trataremos neste volume. A união estável é uma situação de fato e admite prova por todos os meios permitidos.

1.7.1 Ações de Estado

As denominadas ações de Estado são aquelas nas quais a pretensão é de obtenção de um pronunciamento judicial sobre o estado de família de uma pessoa. Podem ser positivas, para se obter um estado de família diverso do atual, ou negativas, para excluir determinado estado. Por exemplo, as ações de investigação de paternidade e negatória de filiação. Desse modo, as ações de estado são todas as que buscam proteger o estado de família de forma positiva ou negativa. Podem controverter a relação filial, conjugal ou de parentesco em geral. A denominada família socioafetiva ganha corpo nessa área e nunca mais poderá ser descartada.

As ações de Estado puras não se confundem com as que visam ao exercício do estado de família. A ação de alimentos, por exemplo, exercita o direito do estado de filiação ou conjugal, mas não é uma ação de estado. Assim também as ações de guarda e regulamentação de visitas de filhos. Também não são ações de estado as de mera retificação do registro civil.

Decorrentes do estado de família, essas ações de estado guardam as mesmas características de intransmissibilidade, imprescritibilidade, irrenunciabilidade, sendo também personalíssimas.

2

CASAMENTO E UNIÃO ESTÁVEL

2.1 INTRODUÇÃO. JUSTIFICAÇÃO DO PRESENTE TÍTULO

O legislador do Código Civil de 1916 ignorou a família ilegítima, aquela constituída sem casamento, fazendo apenas raras menções ao então chamado concubinato unicamente no propósito de proteger a família legítima, nunca reconhecendo direitos à união de fato. O estágio social da época impedia o legislador de reconhecer que a grande maioria das famílias brasileiras era unida sem o vínculo do casamento. O estudioso tradicional de nosso direito de família no passado sempre evitou tratar do casamento ao lado da união concubinária. Muitos foram os que entenderam, até as últimas décadas, que a união sem casamento era fenômeno estranho ao direito de família, gerando apenas efeitos obrigacionais. O grande Pontes de Miranda (1971, v. 7:211) chegou a afirmar textualmente:

> *"O concubinato não constitui, no direito brasileiro, instituição de direito de família. A maternidade e a paternidade ilegítimas o são. Isso não quer dizer que o direito de família e outros ramos do direito civil não se interessem pelo fato de existir, socialmente, o concubinato".*

Washington de Barros Monteiro sempre declinou sua posição de repulsa à proteção legislativa do concubinato, reafirmando o que com candor prelecionava, em suas saudosas aulas, nas tradicionais Arcadas, que a indulgência com as uniões ilegítimas concorria indiretamente para a desagregação da família legítima. Concluiu, porém, Monteiro (1996:19):

> *"inegável, todavia, a generalização do fato social, que terminou por ser reconhecida juridicamente, embora sem definição precisa dos deveres correspondentes aos direitos introduzidos".*

Essas posições revelavam as ideias de outra época, emanadas de juristas de elevado nível, ainda presas ao velho Código de 1916.

Sílvio Rodrigues, outro renomado mestre da Faculdade de Direito da Universidade de São Paulo, contemporâneo de Barros Monteiro, sempre se mostrara mais indulgente com o fenômeno da união livre, quiçá por sua diuturna prática de advocacia nesse campo. Ao comentar o dispositivo do art. 226, § 3º, da Constituição de 1988, observou Rodrigues (1999:268):

> *"a despeito da indiferença do legislador no passado, a família constituída fora do casamento de há muito constituía uma realidade inescondível".*

Pois com a dicção constitucional de 1988, reconhecendo o Estado a união estável entre o homem e a mulher como entidade familiar, e com a legislação ordinária que se seguiu outorgando direito de alimentos e sucessórios aos companheiros (Leis nos 8.971/94 e 9.278/96), devem ser superadas as ideias que nortearam parte de nossa dogmatizada doutrina por tantas décadas, ainda ligada às origens culturais de nosso Código Civil. Como recorda Caio Mário da Silva Pereira (1996:44), a Constituição Federal retirou da união estável o aspecto estigmatizante, quando a colocou sob *"proteção do Estado"*.

Se, por um lado, o casamento ainda guarda posição de proeminência sociológica e jurídica em nosso meio, não é menos verdadeiro que a entidade familiar sem casamento goza do beneplácito da sociedade e de proteção constitucional, o que enseja o estudo paralelo que o título deste capítulo sugere.

Recorde-se ainda de que o legislador constitucional, traduzindo um quadro social cada vez mais frequente, foi mais além ao reconhecer também sob proteção do Estado a chamada família monoparental no § 4º do art. 226, qual seja a comunidade formada por qualquer dos pais e seus descendentes.

O Código de 2002 traça dispositivos que visam regular a entidade familiar sem matrimônio, tanto no direito de família, como no direito das sucessões, nem sempre com a eficiência necessária, de forma muito lacunosa, tanto que já se acenava com modificações nesse campo, durante o período de *vacatio legis*. É o que sugeriu o Projeto nº 6.960/2002, e certamente outros que se seguirão. Não é o melhor dos mundos do Direito para nós, mas é o que os nossos legisladores conseguiram até aqui no universo jurídico pátrio. Acena-se com reformas. Aguardemos.

O Projeto do Estatuto das famílias (nº 2.285/2007) organizado pelo IBDFAM – Instituto Brasileiro de Direito de Família, faz o que o atual Código Civil nem mesmo tentou, isto é, disciplina em capítulos apropriados e bem colocados o reconhecimento da união estável e da união homoafetiva e a dissolução da entidade familiar, incluindo a dissolução dessas duas formas de união. Muitas modificações advirão em breve no nosso atual Código Civil.

É fato que a entidade familiar contemporânea pode tomar as mais variadas formas e matizes, desde a união sob matrimônio do homem e da mulher sem filhos, até a convivência sem casamento com filhos biológicos e não biológicos, passando por todas as situações intermediárias, com ou sem impedimento de casamento como as uniões homoafetivas. Esse quadro social é um desafio enorme para o sociólogo, o antropólogo, o legislador, o jurista, o aplicador do Direito em geral, em especial os magistrados.

2.2 LINEAMENTOS HISTÓRICOS

As sociedades primitivas tinham como preocupação básica a satisfação das necessidades primárias. Com meios técnicos rudimentares para enfrentar os rigores da natureza, o problema central do homem primitivo era prover sua própria subsistência. O homem e a mulher dividiam as tarefas, por isso o indivíduo solteiro era uma calamidade para a sociedade dessa época (Mizrahi, 1998:23). Para os povos primitivos, o solteiro é uma raridade. Aponta Engels (1997), em sua obra sobre a origem da família, que nas sociedades primitivas não existe propriamente uma relação conjugal individualizada, mas relações familiares grupais promíscuas. A família é entidade sociológica que independe do tempo e do espaço.

Embora seja importante a estrutura histórica da família nas civilizações mais antigas, como a egípcia, a assíria e a hebraica, nosso estudo jurídico deve partir necessariamente do casamento romano, tendo em vista a origem de nosso Direito Civil. Como apontamos anteriormente, a família romana não era necessariamente unida pelo vínculo de sangue, mas pela identidade de culto. Era um grupo numeroso formado por um ramo principal e ramo secundário, este formado por serviçais e clientes que conservavam sua unidade baseada na religião comum. Essa união religiosa se mantinha ao largo de muitas gerações. Nem a morte separava seus membros, pois cultuavam os mortos em sepulcros próximos aos lares, como parte integrante deles. O *pater* exercia a chefia da família como orientador maior do culto dos deuses Lares, acumulando as funções de sacerdote, legislador, juiz e proprietário. Dele era o *jus puniendi* com relação aos integrantes da família.

A mulher romana apenas participava do culto do pai ou do marido, porque a descendência era fixada pela linha masculina. Durante a infância e a puberdade, era subordinada ao pai; após o casamento, ao marido. O pai tinha o direito de lhe designar um tutor ou marido para após sua morte. A viúva subordinava-se aos filhos e, na ausência destes, aos parentes próximos do marido falecido.

Nesse cenário, o matrimônio solene era o laço sagrado por excelência. Nessa modalidade de casamento, a *confarreatio* era uma cerimônia religiosa e levava essa denominação porque uma torta de cevada era dividida entre os esposos como símbolo da vida comum que se iniciava. Daí a origem do bolo de noiva.

Além do casamento religioso, também era conhecida a *coemptio*. Essa forma de união do casal era uma modalidade da *mancipatio*, negócio jurídico formal utilizado para vasto número de negócios, a começar pela compra e venda (ver nosso *Direito civil: parte geral*, seção 17.3). Consistia em uma venda da mulher por quem exercia o poder familiar. Essa alienação era real a princípio, passando a ser ficta posteriormente. Por fim, outra possibilidade de união era o *usus*, pelo qual a mulher se submetia ao poder do marido decorrido um ano de convivência. Como os eventuais vícios de uma *mancipatio* em uma compra e venda podiam ser supridos pela usucapião, os eventuais vícios da *coemptio* e até mesmo a falta dela poderiam ser supridos pelo *usus*, ou seja, a vida comum ininterrupta por um ano (Arangio-Ruiz, 1973:488). Esses matrimônios denominados *cum manum* faziam com que a mulher perdesse toda relação e parentesco da família do pai, submetendo-se à família do marido, inclusive seu culto.

Posteriormente, para assegurar herança que proviesse da família originária à mulher, buscou-se uma modalidade de convivência que não produzisse o efeito *cum manum*. Para isso, evitava-se a *coemptio* e impedia-se que o *usus* se completasse. A Lei das XII Tábuas dispunha que para isso a mulher poderia ausentar-se do lar conjugal por três noites consecutivas em cada ano (*usurpatio trinoctii*). Em seguida, a lei reconhece o casamento *sine manu*, sem qualquer outra exigência, nem mesmo de convivência. Essa modalidade de casamento, que desonera a mulher dos vínculos estreitos com a família do marido, passa a ocupar lugar predominante nos matrimônios a partir do período da República. Na época clássica, os casamentos *cum manum* passam a ser excepcionais, abolindo-se definitivamente o *usus*. A *confarreatio* ficou limitada a um reduzido número de pessoas, pois os aspirantes a altos cargos sacerdotais deveriam provir por nascimento dessa modalidade de casamento.

Tendo em vista as origens históricas e os largos efeitos do usus, esse casamento romano tem sido comparado com a posse e seus efeitos, pois ambos os institutos possuem a noção de aquisição por decurso de tempo. No entanto, de há muito foi agregada aos requisitos do casamento a affectio maritalis, que o distingue da simples posse. A natureza do vínculo do casamento romano desgarrado do sentido religioso original o aproxima do concubinato. Somente o Cristianismo transforma essa noção, ao considerar o matrimônio um sacramento.

O casamento romano incentivava a prole, impondo perdas patrimoniais aos solteiros e aos casados sem filhos. Desse modo, o Direito não era contrário às segundas núpcias.

2.3 CASAMENTO NO DIREITO BRASILEIRO. CONCEITO

Inúmeras são as definições de casamento, instituto que permite divagações históricas, políticas e sociológicas. Não há, por consequência, uniformidade nas legislações e na doutrina. O Direito Romano legou-nos duas definições clássicas. Segundo Modestino, jurista do período clássico: *"nuptiae sunt coniunctio maris et feminae, comnsortium omnis vitae, divini et humani iuris communicatio"*[1] (*Digesto*, 23, II, fr. I). Essa definição destaca o caráter religioso e a perenidade da união. Nas Institutas, está presente a definição mais recente, da época de Justiniano, que foi adotada pela Igreja: *"nuptiae autem sive matrimonium est viri et mulieris coniunctio individuam vitae consetudinem continens"* (Livro I, t. IX, § 1º). Nessa época, desaparece a alusão à divindade, bem como à perenidade do vínculo. Essas definições levavam mais em consideração a relação jurídica do que propriamente a celebração.

Guillermo Borda (1993:45) definiu o casamento de forma lapidar: *"é a união do homem e da mulher para o estabelecimento de uma plena comunidade de vida"*. Outros preferem definição mais descritiva. Washington de Barros Monteiro (1996:12) conceitua o matrimônio como sendo *"a união permanente entre o homem e a mulher, de acordo com a lei, a fim de se reproduzirem, de se ajudarem mutuamente e de criarem os seus filhos"*. Sílvio Rodrigues (1999:18), declarando já sua preferência pela natureza jurídica do fenômeno, com base na lei e na palavra de Modestino, define:

> *"Casamento é o contrato de direito de família que tem por fim promover a união do homem e da mulher, de conformidade com a lei, a fim de regularem suas relações sexuais, cuidarem da prole comum e se prestarem mútua assistência".*

Evidentemente, a conceituação de casamento não pode ser imutável. No passado, por exemplo, quando inexistente o divórcio entre nós, cabível nas definições a referência à indissolubilidade do vínculo. Destarte, a noção de casamento não pode ser imutável, como sói acontecer com a compreensão de todos os fenômenos sociais que se modificam no tempo e no espaço.

O casamento é o centro do direito de família. Dele irradiam suas normas fundamentais. Sua importância, como negócio jurídico formal, vai desde as formalidades que antecedem sua celebração, passando pelo ato material de conclusão até os efeitos do negócio que deságuam nas relações entre os cônjuges, os deveres recíprocos, a criação e assistência material e espiritual recíproca e da prole etc.

2.3.1 Natureza Jurídica do Casamento

A natureza jurídica do casamento é dos temas nos quais medram tradicionalmente muitas opiniões doutrinárias.

Para o Direito Canônico, o casamento é um sacramento e também um contrato natural, decorrente da natureza humana. Os direitos e deveres que dele derivam estão fixados na natureza e não podem ser alterados nem pelas partes nem pela autoridade, sendo perpétuo e indissolúvel.

Quando surgiu o casamento de Direito Civil, as opiniões sustentaram o caráter contratualista dessa relação. Continuam vivas as opiniões que ora propendem pelo contrato ora afirmam que o casamento é uma instituição. A teoria da instituição teve desenvolvimento na França a partir do início do século XX (Belluscio, 1987:145).

---

[1] As núpcias são a união do marido e da mulher em consórcio para toda a vida, pelo direito humano e pelo direito divino.

A união do homem e da mulher preexiste à noção jurídica. O casamento amolda-se à noção de negócio jurídico bilateral, na teoria geral dos atos jurídicos. Possui as características de um acordo de vontades que busca efeitos jurídicos. Desse modo, por extensão, o conceito de negócio jurídico bilateral de direito de família é uma especificação do conceito contrato. Nesse sentido, com propriedade, Sílvio Rodrigues (1999:19) o conceitua como *contrato de direito de família*. Não resta dúvida de que a celebração, conclusão material do negócio jurídico familiar, tem essa natureza. Se visto o casamento, porém, como um todo extrínseco sob o ponto de vista da vida em comum, direitos e deveres dos cônjuges, assistência recíproca, educação da prole, ressaltamos o aspecto institucional, que é muito mais sociológico do que jurídico. O casamento faz com que os cônjuges adiram a uma estrutura jurídica cogente predisposta. Nesse sentido apresenta-se a conceituação institucional. Trata-se, pois, de negócio complexo, com características de negócio jurídico e de instituição. Simples conceituação como contrato reduz por demais sua compreensão. Eduardo dos Santos (1999:135), citando Cimbali, anota que o matrimônio é um

> *"contrato* sui generis *de caráter pessoal e social: sendo embora um contrato, o casamento é uma instituição ético-social, que realiza a reprodução e a educação da espécie humana".*

O que confere a um ato a natureza contratual não é a determinação de seu conteúdo pelas partes, mas sua formação por manifestação de vontade livre e espontânea. Orlando Gomes (1983:48) conclui que o casamento é, porém, um contrato com feição especial,

> *"a que não se aplicam as disposições legais dos negócios de direito patrimonial que dizem respeito: (a) à capacidade dos contraentes; (b) aos vícios de consentimento; (c) aos efeitos".*

Em uma síntese das doutrinas, pode-se afirmar que o casamento-ato é um negócio jurídico; o casamento-estado é uma instituição.

2.3.2 Características do Casamento. Finalidades. Pressupostos

O casamento, negócio jurídico que dá margem à família legítima, expressão atualmente, aliás rejeitada, é ato *pessoal* e *solene*. É pessoal, pois cabe unicamente aos nubentes manifestar sua vontade, embora se admita casamento por procuração. Não é admitido, como ainda em muitas sociedades, que os pais escolham os noivos e obriguem o casamento. Ato sob essa óptica, no direito brasileiro, padece de vício. Tratando-se igualmente de negócio puro e simples, não admite termo ou condição.

Trata-se, também, ao lado do testamento, do ato mais solene do direito brasileiro e assim é na maioria das legislações. A lei o reveste de uma série de formalidades perante autoridade do Estado que são de sua própria essência para garantir a publicidade, outorgando com isso garantia de validade ao ato. A solenidade inicia-se com os editais, desenvolve-se na própria cerimônia de realização e prossegue em sua inscrição no registro público.

Como examinamos, durante muitos séculos foi considerado ato de natureza religiosa e privativo da Igreja. No mundo ocidental, o papel da Igreja Católica foi fundamental nessa questão. A liberdade de crença e a multiplicidade de cultos prepararam terreno para a secularização do matrimônio. Hoje, embora ainda existam países de religião oficial na qual tem proeminência o conteúdo religioso, entre nós é negócio eminentemente *civil*.

Sob o prisma do direito, o casamento estabelece um vínculo jurídico entre o homem e a mulher, objetivando uma convivência de auxílio e de integração físico-psíquica, além da criação e amparo da prole. Há um sentido ético e moral no casamento, quando não metafísico, que extrapola posições que veem nele, de forma piegas, mera regularização de relações sexuais. Outra sua característica fundamental é a *diversidade de sexos*. Não há casamento senão na união de duas pessoas de sexo oposto. Cuida-se de elemento natural do matrimônio. A sociedade e os tribunais passaram a admitir mais recentemente casamentos homoafetivos, concluindo pensamento que de há muito se solidificava. Ainda que se defenda mais recentemente a proteção à relação afetiva de pessoas do mesmo sexo, a relação homoafetiva, qualquer legislação nesse sentido deve alterar o preceito constitucional, o qual, tanto para o casamento, como para a união estável, estabelece a diversidade de sexos (art. 226, § 3º). De qualquer modo, tudo é no sentido de que já houve um momento histórico no qual essa modalidade de relacionamento passou a ser admitida.

Durante muito tempo, o vínculo do casamento foi indissolúvel por princípio constitucional em nosso sistema, até que a legislação admitisse o divórcio. A Emenda Constitucional nº 9, de 28-6-1977, aboliu o *princípio da indissolubilidade* do matrimônio ensejando a promulgação da Lei nº 6.515, de 26-12-1977, que regulamentou o divórcio. Na atualidade, no mundo ocidental, poucos países são antidivorcistas. A Emenda Constitucional nº 66/2010 extinguiu o último resquício que ainda nos prendia ao sistema passado, abolindo a separação judicial prévia, antecedente ao divórcio.

Quanto às múltiplas finalidades do matrimônio, situam-se mais no plano sociológico do que no jurídico. Conforme estabelecido tradicionalmente pelo Direito Canônico, o casamento tem por finalidade a procriação e educação da prole, bem como a mútua assistência e satisfação sexual, tudo se resumindo na comunhão de vida e de interesses.

Para que exista casamento válido e eficaz é necessário que se reúnam pressupostos de fundo e de forma. A diversidade de sexos é tradicionalmente fundamental para sua existência, bem como o consentimento, ou seja, a manifestação da vontade. A ausência desses pressupostos induz a inexistência do ato, cujas consequências são as de nulidade em nosso sistema. Os vícios de consentimento, por aplicação da regra geral, tornam o negócio anulável. Há outros requisitos impostos pela lei cuja desobediência ocasionam sanções menos graves sem anular o ato, como veremos.

A teoria do casamento inexistente surge na França sob fundamento de que não pode haver nulidade de casamento sem expressa menção legal. Por essa razão, analisamos o plano da inexistência, anterior ao plano da validade do negócio jurídico. Tratamos dessa matéria em nosso *Direito civil: parte geral* (seção 28.5). Em matéria de casamento, se levadas em conta unicamente as nulidades textuais, aquelas presentes no texto legal, restariam situações absurdas que não se amoldam à noção primeira e fundamental de matrimônio. Por isso, é apresentada a teoria dos atos inexistentes para justificar a ineficácia absoluta dos atos a que faltem requisitos elementares a sua existência. É o que sucede na união de pessoas do mesmo sexo, no casamento no qual falta a manifestação de vontade e perante a ausência de autoridade celebrante. Tais atos são um nada jurídico e, portanto, não devem produzir efeitos. Como, todavia, podem restar efeitos materiais, a teoria das nulidades amolda-se perfeitamente a suas consequências. No entanto, no tocante à inexistência do casamento, há particularidades que estudaremos ao tratar do casamento nulo e anulável.

Outras aptidões de direito e de fato relativas aos nubentes são declinadas pela lei, a qual também reveste o ato do casamento de um rol de solenidades prévias intrínsecas e extrínsecas para garantia de sua validade e eficácia. De outro lado, o sistema de nulidades no campo matrimonial apresenta aplicação específica, modificado em relação ao sistema aplicável às nulidades dos negócios jurídicos em geral.

Cumpre lembrar, como mencionamos, que a união de pessoas do mesmo sexo se encontra atualmente em outro patamar de admissibilidade. Há muitos exemplos na legislação internacional. Houve jurisprudência inovadora entre nós a esse respeito, outorgando amplos efeitos às uniões duradouras entre pessoas do mesmo sexo. Não cabe aqui adentrarmos em divagações sociológicas, psicológicas ou biológicas sobre o tema. De qualquer modo, encarado como um fato social, qualquer que seja o sentido dessas relações de *lege ferenda*, ou seja, seu valor axiológico, seu nível jurídico nunca poderá ser o de matrimônio, ainda que alguns de seus efeitos secundários sejam conferidos, como, por exemplo, o direito à herança, a benefícios previdenciários, a planos de saúde, devendo a relação ficar acentuadamente no plano do direito das obrigações, fora do sublime e histórico conceito de família e casamento.[2]

2.3.3 Casamento Civil e Religioso

Nosso direito anterior, na época do Império, apenas conhecia o casamento católico, por ser essa religião a oficial do Estado. Com a presença crescente da imigração e de pessoas que professavam religiões diversas, instituiu-se, ao lado do casamento eclesiástico, o de natureza civil, permitindo a união de casais de seitas dissidentes, por lei de 1861. A partir de então, passou-se a permitir, além do casamento religioso católico oficial do Estado, o casamento misto, entre católicos e não católicos, realizado também sob disciplina canônica, e o casamento de pessoas de outras religiões, em obediência às respectivas seitas.

---

[2] "Apelação cível – Pedido de habilitação de casamento – **União homoafetiva** – homologação e autorização na origem – impugnação do representante do Ministério Público – Decisão do Supremo Tribunal Federal que reconhece a possibilidade de união estável de pessoas do mesmo sexo. ADPF 132/RJ e ADI 4.277/DF. Efeito *erga omnes* e Vinculante. Resolução nº 175 do Conselho Nacional de Justiça. Possibilidade de casamento ou da conversão de união estável em casamento. Ausência de vedação na legislação infraconstitucional. Princípios da dignidade da pessoa humana e da não discriminação. Sentença mantida. Recurso desprovido". (TJSC – AC 0000727-12.2015.8.24.0091, 18-9-2019, Rel. Des. Fernando Carioni).

"Apelação cível – Direito constitucional e civil – Família – **Habilitação para casamento** – Relação Homoafetiva – Sentença homologatória na origem – Insurgência do órgão ministerial – Alegada impossibilidade legal do reconhecimento do casamento entre pessoas do mesmo sexo. Insubsistência. Matéria pacificada pelo Supremo Tribunal Federal. Extensão à união homoafetiva dos direitos decorrentes da união estável. Interpretação conforme a constituição. Facilitação da conversão em casamento. Dever do estado. Sentença mantida. Recurso conhecido e desprovido" (TJSC – AC 0050296-60.2013.8.24.0023, 5-9-2018, Rel. Des. Jairo Fernandes Gonçalves).

"Apelação cível – Direito constitucional e civil – **Habilitação para casamento – União Homoafetiva** – Sentença homologatória – Insurgência do Ministério Público – Alegada impossibilidade legal do reconhecimento do casamento entre pessoas do mesmo sexo. Afastamento. Matéria pacificada pelo Supremo Tribunal Federal. Extensão à união homoafetiva de todos os direitos decorrentes da união estável. Interpretação conforme a constituição. Facilitação da conversão em casamento. Dever do estado. Comando constitucional. Sentença mantida. Recurso conhecido e desprovido" (TJSC – Ap 0032578-16.2014.8.24.0023, 16-9-2016, Rel. Des. Jairo Fernandes Gonçalves).

"Agravo de instrumento – Ação de inventário – Decisão que indeferiu pedido de habilitação de herdeiros colaterais nos autos do inventário, tendo em vista que ao companheiro caberia a integralidade da herança. Inconformismo. Ação com pedido de reconhecimento de união estável julgada parcialmente procedente, **reconhecida sociedade de fato em detrimento da união estável homoafetiva**. Coisa julgada, inafastável por maior que seja a discordância desta Relatoria e da novel jurisprudência (inclusive do STF) a respeito do tema. Direito dos agravantes ao seu quinhão da herança. Habilitação nos autos admitida. Recurso provido" (TJSP – AI 2021683-06.2016.8.26.0000, 28-7-2016, Rel. Piva Rodrigues).

"**Ação de conversão de união estável em casamento civil** – Efeitos retroativos do casamento – Pedido das partes – Possibilidade – Considerando o intuito do art. 226, § 3º da Constituição Federal que determina a facilitação da conversão da união estável em casamento civil, e diante da ausência de Lei regulamentando o procedimento da conversão, o Provimento nº 190/CGJ/2009, previu que feito o pedido ao juiz, diante do silêncio da lei, e frente ao caso concreto, seria possível que este se manifestasse acerca dos efeitos da sentença declaratória da conversão da união estável em casamento, permitindo, assim, que diante do pedido das partes fosse declarada como data do casamento a mesma data de início da união estável convertida, surtindo efeitos desde então" (TJMG – AC 1.0105.12.024795-9/001, 28-5-2014, Rel. Duarte de Paula).

Apenas no período republicano é introduzido o casamento civil obrigatório, pelo Decreto nº 181, de 24-1-1890, como consequência da separação da Igreja do Estado, situação consolidada pela promulgação do Código Civil. Houve dificuldade de assimilação do sistema pelo clero e pela população de maioria católica na época. Com isso, generalizou-se no país o costume do duplo casamento, civil e religioso, que persiste até hoje.

O legislador buscou modificar a situação, procurando atribuir efeitos civis ao casamento religioso, conforme a Constituição de 1934. A Constituição de 1988 também trata da questão (art. 226, § 2º). A Lei nº 1.110/50 disciplina que o casamento religioso equivale ao civil quando os consortes promoverem o devido processo de habilitação perante o oficial de registro, na forma da lei civil. Ultimado o casamento religioso, sua inscrição poderá ser efetivada. O legislador foi mais além, contudo, ao permitir que a habilitação ocorra posteriormente ao casamento religioso, com a apresentação dos documentos legalmente exigidos, sem a prévia habilitação civil.

> "Válido o matrimônio oficiado por ministro de confissão religiosa reconhecida (católico, protestante, muçulmano, israelita). Não se admite, todavia, o que se realiza em terreiro de macumba, centros de baixo espiritismo, seitas umbandistas, ou outras formas de crendices populares, que não tragam a configuração de seita religiosa reconhecida como tal" (Pereira, 1996:42).

Essas modalidades não caíram na preferência generalizada de nosso povo, cujo costume de duplo casamento mostra-se enraizado e persistente.

Washington de Barros Monteiro sintetiza os quatro sistemas na legislação mundial na atualidade: (a) países nos quais apenas o casamento civil é válido, ressalvada a possibilidade de realização do casamento religioso, como ocorre no Brasil e em quase todos os países latino-americanos; (b) países que permitem a escolha entre o casamento civil e o religioso, ambos com o mesmo valor legal, como ocorre nos Estados Unidos; (c) países que mantêm a proeminência do casamento religioso, na religião oficial do Estado, facultando às pessoas de outras religiões o casamento civil (Espanha e países escandinavos); e (d) países nos quais persiste apenas o casamento religioso, como Líbano e Grécia. A tendência universal, contudo, é da secularização do matrimônio conforme o primeiro sistema.

Mantendo a mesma ideia e seguindo a trilha já apontada, o Código de 2002 estabelece no art. 1.515 a validade do casamento religioso que atender às exigências da lei para a validade do casamento civil, equiparando-se a este, desde que registrado, produzindo efeitos a partir da data de sua celebração. Nem por isso há que se imaginar que nossa sociedade passe a adotar com mais frequência esse procedimento.

2.3.4 Esponsais: Promessa de Casamento

Denomina-se esponsais o compromisso matrimonial contraído por um homem ou uma mulher, geralmente entendido como noivado. Trata-se, na realidade, de promessa de contratar. O termo provém de *sponsalia*, do Direito Romano, relativo à promessa que o *sponsor* (promitente, esposo) fazia à *sponsa* (esposa, prometida). No Direito Romano os esponsais eram um momento necessário para a formação do casamento. Trata-se, em síntese, da promessa de casamento, de um negócio preliminar. O negócio jurídico do casamento somente é concluído no momento da celebração. Até lá, existe mera promessa. Importa saber seus respectivos efeitos jurídicos. O Código Civil brasileiro anterior e o de 2002 não trataram expressamente da questão, o que não significa que a matéria seja estranha ao nosso Direito, pois não há proibição expressa, como ocorre em outras legislações. O Direito Canônico sempre atribuiu relevância aos esponsais, mostrando-se zeloso para o fiel cumprimento do compromisso nupcial. No direito pré-codificado, os esponsais tinham a natureza contratual cujo inadimplemento gerava possibilidade de indenização.

O Código Civil de 1916 cuidara lateralmente da questão no art. 1.548, demonstrando que a situação era conhecida do legislador, quando dispunha que a mulher, agravada em sua honra, podia reclamar de seu ofensor um dote correspondente à sua condição e estado, se fora seduzida com promessa de casamento e o agente não desejara ou não pudera reparar o mal pelo casamento.[3]

Toda promessa de contratar frustrada gera, em princípio, efeitos na hipótese de inexecução culposa. A quebra da promessa séria de casamento por culpa, aquela em que a noiva ou o noivo fizeram os préstimos e preparativos para o ato e para a futura vida em comum, é fato gerador, sem dúvida, do dever de indenizar com base nos princípios gerais da responsabilidade civil subjetiva, traduzida na regra geral do art. 186.[4] Leve-se em conta, ainda, que a quebra da promessa de casamento pode ocasionar distúrbios psicológicos que deságuam nos danos morais, o que deve ser examinado no caso concreto.

Vimos que o casamento-ato é um negócio jurídico e o casamento-estado é uma instituição. Evidentemente, a promessa de casamento não pertence ao campo obrigacional, não tendo cunho patrimonial. Em se tratando de ato pessoal de direito de família, não é possível a execução específica da promessa de emissão de vontade e adesão à instituição do matrimônio, porque essa ideia conflita com a liberdade individual. O Código português refere-se expressamente a essa proibição. Como tal, a frustração culposa da promessa de concluir esse negócio deve ser indenizada na medida do que dispõe o ordenamento a respeito dos lucros cessantes e dos danos emergentes: o que efetivamente se perdeu e o que razoavelmente se deixou de lucrar (art. 402).

No entanto, a possibilidade de esse inadimplemento gerar indenização por "lucros" cessantes deve ser vista com restrições, pois qualquer conotação de ganho ou vantagem deve ser afastada da noção e compreensão de casamento, o qual assenta suas bases na afetividade. Por outro lado, no cômputo da indenização desse jaez, é forte o conteúdo emocional a possibilitar a indenização por danos morais. A Constituição de 1988 admitiu expressamente a indenização por dano moral (art. 5º, X), no que foi seguida pelo art. 186 do atual Código. O mais dependerá do caso concreto. O nubente que se veja frustrado com o abandono do outro às portas da igreja ou do local da celebração, aquele que responde "não" no momento da cerimônia, o que se casa

---

[3] "Os tribunais também têm demonstrado a aplicação do art. 1.548. O Tribunal de Justiça de São Paulo já decidiu pela existência de dano moral quando há ruptura unilateral de promessa de casamento arbitrando o respectivo dote necessário para recompor a situação anterior das partes" (TJSP – Ap. Cível 81.499-4, 24-9-98, Rel. Octavio Helene).

[4] "Responsabilidade civil. Danos materiais. **Promessa de casamento.** Rompimento injustificado. Sentença de parcial procedência que condenou o réu a pagar indenização por danos materiais à autora no valor de R$ 11.697,50. Insurgência do réu. Preliminar de cerceamento de defesa. Não acolhimento. Prova testemunhal desnecessária na hipótese, considerando as alegações do réu e demais provas produzidas pela autora. Mérito. Promessa de casamento. Rompimento do relacionamento pelo réu 7 meses antes da data marcada. Ausência de justo motivo. Abuso do direito pela quebra da boa-fé objetiva. Responsabilidade civil por ato ilícito (arts. 187 e 927 do CC). Danos materiais suportados pela autora. Gastos com moradia e com a festa de casamento. Dever de indenizar do réu. Recurso desprovido". (TJSP – Ap. 1018748-18.2018.8.26.0007, 9-8-2020, Rel.: Carlos Alberto de Salles).

"Apelação – **Promessa de casamento** – Danos morais – Meros dissabores e contrariedade – Indenização – Improcedência – Aborrecimento, dissabor, mágoa, irritação e sensibilidade exacerbada estão fora da órbita do dano moral." (TJMG – AC 1.0479.14.020557-2/001, 20-9-2019, Rel. Maurílio Gabriel).

"Indenização – **Frustração de promessa de casamento** – Dano moral que não é automático, dependendo de prova de especial circunstância que tenha causado singular exposição ou abalo à parte, mas o que no caso não se demonstrou. Improcedência. Sentença mantida. Recurso desprovido" (TJSP – Ap 0012874-29.2013.8.26.0562, 20-3-2018, Rel. Claudio Godoy).

com outra pessoa na mesma época que fizera a promessa a outrem etc. são situações extremas que inelutavelmente ensejariam uma reparação por danos morais. Afora isso, os préstimos para o casamento, despesas com preparativos, compras de imóvel e pertenças para o futuro lar; abandono de emprego, mudança de domicílio etc. são questões que podem ser computadas no valor dos danos. Não se esqueça, porém, que estamos no campo da responsabilidade subjetiva. É imperioso provar a culpa ou dolo do noivo ou da noiva que se recusou a ingressar no estado de casado. Situações de caso fortuito e força maior e culpa do outro nubente, em obediência à regra geral, afastam o dever de indenizar. Os tribunais têm-se mostrado rigorosos nesse sentido.[5] Caberá ao caso concreto definir se houve proposta séria de casamento e não simples

---

[5] "Agravo de instrumento. Ação de indenização. Decisão que indeferiu a denunciação da lide. Inconformismo. Não cabimento. Denunciação da lide (art. 125, CPC). Alegação de obrigação de terceiro com relação ao pagamento de valores. Introdução de fundamento novo na ação originária, alheio à discussão dos eventuais danos devidos pelo **rompimento de noivado**. Impossibilidade. Decisão mantida. Recurso não provido" (*TJSP* – AI 2323191-64.2023.8.26.0000, 1-3-2024, Rel. Pedro de Alcântara da Silva Leme Filho).

"Apelação. **Rompimento de noivado**. Sentença que julgou improcedentes os pedidos da autora e a reconvenção. Recurso do réu/reconvinte. Danos materiais e morais não vislumbrados. Ausência de prova de que o apelante foi humilhado e menosprezado dentro da residência da apelada, impedido de sair do local, ter sido ameaçado com uma faca e agredido fisicamente pelo pai da noiva. Rompimento de noivado em data próxima ao casamento que é causador de profundo abalo nas partes. Não se verificou a ocorrência de danos morais passíveis de indenização. Sentença mantida pelos próprios fundamentos. Inteligência do artigo 252 do RITJSP. Recurso não provido" (*TJSP* – Ap 1010065-90.2021.8.26.0005, 3-3-2023, Rel. Emerson Sumariva Júnior).

Apelação – ação indenizatória e reconvenção – **Rompimento de noivado**. Recurso do réu em face de sentença que julgou parcialmente procedente ação principal, e improcedente a reconvenção – Insurgência recursal que se acolhe parcialmente – Danos materiais – Alegação de rateio de despesas – Impossibilidade de reconhecimento – Ausência de comprovação – Requerido que descumpre seu ônus processual previsto no artigo 373, II, do CPC – Dano moral – Inocorrência – **Rompimento de noivado**, que, por si só, não implica no reconhecimento da ofensa extrapatrimonial – Inexistência de situação vexatória excepcional que justifique a condenação – Precedentes – Litigância de má-fé – Manutenção da condenação – Autor que altera deliberadamente a verdade dos fatos. Recurso parcialmente provido" (*TJSP* – Ap. 1004430-27.2014.8.26.0506, 19-11-2020, Rel. Costa Netto).

"Danos materiais e morais – **Fim de noivado** – Autora que reclama indenizações em razão dos prejuízos suportados por culpa do réu – Pedidos de ressarcimento dos valores perdidos em razão do cancelamento de serviços contratados para a festa de casamento, de indenização das parcelas de IPTU pagas, tocantes a imóvel do réu, e de indenização por danos morais julgados improcedentes – Narrativa produzida na petição inicial que, por si só, já revela ausência de nexo de causalidade entre o fim da relação e os prejuízos materiais elencados, quanto à festa – Adiamento e posterior cancelamento dos contratos que, segundo a própria demandante, ocorreram de comum acordo, a pedido do réu e com o que concordou, em razão de a residência comum não ter ficado pronta – Fim do relacionamento que somente se deu cerca de 7 meses depois dos distratos, por motivos outros – Não bastasse, ausentes provas documentais no sentido de que o réu tenha consentido (ou mesmo tinha conhecimento) dos serviços contratados pela autora, o que nega, havendo, diga-se, disparidade de datas nos contratos e na petição inicial, certo que sequer as testemunhas da autora souberam afirmar qual seria o suposto dia marcado para o casório, a indicar tenha a estipulação do evento e arranjos sido fruto de decisões unilaterais da noiva – Pagamentos de IPTU que, da mesma forma, não comportam indenização – Comprovantes que não demonstram qual das partes efetivamente arcou com cada prestação – Réu que assume ter a autora pago 4 parcelas somente, já tendo sido ressarcida extrajudicialmente – Danos morais, por fim, não configurados – Rompimento de relacionamento que não configura ilícito civil, sequer descrita situação de vexame e constrangimento exorbitantes do aborrecimento naturalmente acarretado pelo fim do noivado – Sentença mantida – Honorários recursais devidos. Recurso desprovido." (*TJSP* – AC 1007006-48.2017.8.26.0292, 11-11-2019, Relª Angela Lopes).

"**Responsabilidade civil – Dano Moral** – Sentença de improcedência – Apelo da parte autora – Separação das partes após promessa de casamento e mesmo tendo a autora relevado episódios de infidelidade do noivo. Término de relacionamento que por si só não configura dano indenizável. Risco inerente ao relacionamento amoroso. Inexistência de dano. Ausência dos requisitos caracterizadores da responsabilidade civil. Sentença de improcedência mantida. Recurso desprovido" (*TJSP* – Ap 1009235-91.2017.8.26.0320, 21-5-2018, Rel. Coelho Mendes).

"Ação de indenização por danos materiais e morais – **Rompimento do noivado** na proximidade do casamento – Ação julgada parcialmente procedente para condenar o réu a arcar com 50% dos valores dispendidos com os preparativos do casamento, descontando-se o valor por ele pago – Sentença que determinou a apuração do valor em fase de liquidação de sentença com a possibilidade de a autora juntar os comprovantes dos pagamentos efetivos e já fixou o valor custeado pelo réu – Inconformismo do réu – Cabimento – Princípio da igualdade e da vedação do enriquecimento sem causa – Possibilidade de ambas as partes juntarem os comprovantes de pagamento na fase

namoro ou relacionamento inconsequente, no qual o casamento fora uma possibilidade distante ou nunca ventilada. O forte conteúdo emocional dessas situações, que pode desencadear um espírito de retaliação por parte do partícipe frustrado, recomenda a máxima cautela do juiz e dos advogados que assistem as partes. A matéria não pode ser tratada com a mesma índole com que se trata a responsabilidade civil em geral.

Tendo em vista a natureza dessa problemática, torna-se conveniente que o Estado, de *lege ferenda*, regulamente os contornos e limites dessa questão, a exemplo de outras legislações. O Código italiano, por exemplo, restringe o alcance dos esponsais, exigindo que haja promessa por escrito, e limita o ressarcimento aos danos ocasionados por gastos e obrigações contraídas dentro de limites razoáveis, segundo a condição das partes. A lei peninsular também permite que se devolvam as doações feitas em razão do casamento frustrado, sem necessidade de prova escrita, nem propriamente de promessa.

O Código paraguaio admite a indenização, inclusive por danos morais. Na França, perante o silêncio do Código, a jurisprudência admite a indenização. Notável, por outro lado, a instituição do *common law marriage* vigente em vários Estados norte-americanos: para contrair casamento basta a convivência comum, sempre que ambos os companheiros se apresentem socialmente como marido e mulher. Nessa situação, a óptica transfere-se para o desfazimento do casamento, não se cuidando mais de simples promessa.

O Código português exige que a promessa seja bilateral dos noivos, não admitindo efeitos à promessa unilateral. No Direito brasileiro, na falta de texto expresso, a promessa unilateral de casamento deve ser examinada com extremo cuidado. Guillermo Borda, porém, observa que nas legislações que restringiram o âmbito das indenizações, a jurisprudência e a doutrina encarregaram-se de alargá-las, inclusive para danos não patrimoniais.

Sujeito ativo dessa pretensão indenizatória é o nubente inocente, bem como os pais ou eventuais terceiros que tenham contraído obrigações *propter nuptias*. Há que se demonstrar o prejuízo e o nexo causal. Sujeito passivo é o noivo que rompeu a promessa sem justo motivo. O direito português também permite colocar no polo passivo o terceiro que deu margem e motivo para que o noivo desistisse da promessa.

Tratando-se de aplicação da responsabilidade subjetiva, são requisitos a serem provados nessa ação: a existência da promessa de casamento; a recusa injustificada de contraí-lo e a

---

de liquidação de sentença para real apuração do valor dispendido após o cancelamento do casamento, montante a ser dividido por ambos – Expedição de ofício ao banco visando a obtenção de cópia de cheque – Medida que cabe à parte sem a necessidade de intervenção do judiciário – Inocorrência de cerceamento de defesa – Dano moral não configurado – Término do relacionamento que não ocorreu em situações vexatórias e humilhantes – Direito que possui o nubente de repensar sobre sua promessa de matrimônio – Ausência de ato ilícito a ensejar reparação por dano extrapatrimonial – Resultado: apelação da autora desprovida e apelação do réu provida em parte" (*TJSP* – Ap 1024097-53.2014.8.26.0100, 1-6-2016, Rel. Alexandre Coelho).

"Apelação – Indenização – Decisão *extra petita* – Preliminar rejeitada – Compra conjunta de imóvel – **Rompimento de noivado** – Indenização proporcional ao investimento realizado – Valorização do imóvel – Honorários de sucumbência – critérios de fixação – A decisão, em verdade, não declara a constituição de uma sociedade de fato, mas apenas reconhece que a aquisição do bem foi de forma conjunta, mediante o esforço de ambas as partes. Eis o fundamento da sentença para acolher o pedido de restituição do que despendeu para a compra do imóvel. Assim, não vejo que a sentença foi proferida com vício de julgamento. Havendo esforço conjunto do casal, cabe a cada parte retirar o valor correspondente à contribuição que prestou para a consecução do resultado econômico ou patrimonial, sob pena de configurar enriquecimento sem causa. E tendo a noiva comprovado os valores que investiu para o negócio, por certo que deve ser ressarcida, considerando ainda a valorização do lote, da mesma forma que o noivo irá se beneficiar deste acréscimo. Os honorários de sucumbência devem ser fixados considerando o grau de zelo do profissional, o lugar da prestação do serviço, a natureza e importância da causa, o trabalho realizado pelo advogado e o tempo exigido para o seu serviço" (*TJMG* – AC 1.0372.11.001968-7/001, 16-3-2015, Rel. Mota e Silva).

existência do dano além do nexo causal. Não há necessidade, como em outras legislações, de prova escrita da promessa, que pode ser evidenciada pelos meios ordinários. A promessa deve provir do nubente, não sendo idônea para a pretensão aquela emanada de seus pais ou de outros parentes e interessados. A ruptura injustificada a ser provada é aquela que concluirá pela culpa do renitente. Nesse aspecto, avulta a importância das circunstâncias da recusa e o quadro social e cultural dos envolvidos. Provados esses requisitos, deve ser quantificado o montante dos danos, como assinalamos.

Existindo óbices e impedimentos legais para o casamento, a promessa pode ser considerada nula por ausência de objeto idôneo. A omissão do proponente em declinar uma causa de impedimento por ele conhecida, porém desconhecida da outra parte, por outro lado, pode agravar a conduta dolosa do agente. Nossa jurisprudência não apresenta muitos exemplos nessa matéria.

2.3.5 Corretagem Matrimonial

Essa denominação refere-se à atividade de pessoas naturais ou jurídicas que se dedicam à aproximação de casais para fins de casamento, ou de união estável, comumente denominadas agências matrimoniais. A expressão *corretagem matrimonial* decorre do mesmo princípio do contrato de corretagem em geral e leva em conta a aproximação útil. Nada existe em nossa lei que proíba o negócio, embora existam doutrinadores que entendem que a atividade não é moral. Por outro lado, é preciso levar em conta que a relação pode ser socialmente útil porque incentiva o casamento, desde que se limite o corretor a dar informações e a colocar em contato os interessados, como em qualquer outra corretagem ordinária. Há situações de moralidade muito mais duvidosa regularmente aceitas pela sociedade. Por outro lado, distorções podem ocorrer como em qualquer outro negócio jurídico. A finalidade da negociação pode ser unicamente a mera aproximação, fazendo o corretor jus ao preço, à comissão, independentemente da realização do casamento ou então pode ser acertado o pagamento apenas na hipótese de ocorrer efetivamente o matrimônio.

2.4 UNIÃO DE FATO. UNIÃO ESTÁVEL. CONCUBINATO

Paralelamente ao casamento contrapõe-se a união livre que também gera efeitos jurídicos. A união de fato só passa a apresentar relevância de negação jurídica a partir da instituição do casamento sob forma legal no século XVI (Bittencourt, 1985:1). O fato é que a família é um fenômeno social preexistente ao casamento, um fato natural. A sociedade, em determinado momento histórico, institui o casamento como regra de conduta. A partir daí surge a problemática da união conjugal sem casamento.

De qualquer forma, durante muito tempo nosso legislador viu no casamento a única forma de constituição da família, negando efeitos jurídicos à união livre, mais ou menos estável, traduzindo essa posição em nosso Código Civil do século passado. Essa oposição dogmática, em um país no qual largo percentual da população é historicamente formado de uniões sem casamento, persistiu por tantas décadas em razão de inescondível posição e influência da Igreja católica. Coube por isso à doutrina, a partir da metade do século XX, tecer posições em favor dos direitos dos concubinos, preparando terreno para a jurisprudência e para a alteração legislativa. Com isso, por longo período, os tribunais passaram a reconhecer direitos aos concubinos na esfera obrigacional. Advirta-se, de início, que, contemplada a terminologia *união estável* e *companheiros* na legislação mais recente, a nova legislação colocou os termos *concubinato* e *concubinos* na posição de uniões de segunda classe, ou aquelas para as quais há impedimentos para o casamento. Isso fica muito claro no vigente Código Civil quando, no art. 1.727 descreve:

"As relações não eventuais entre o homem e a mulher, impedidos de casar, constituem concubinato". Trata-se do outrora denominado concubinato impuro. Concubinato apresenta o sentido etimológico de comunhão de leito: *cum* (com) *cubare* (dormir).

Como anota Edgard de Moura Bittencourt (1985:3), em obra clássica e pioneira sobre a matéria, união livre e concubinato são ideias semelhantes, abrangendo uma e outra a relação entre homem e mulher fora do matrimônio, citando Savatier, para quem as expressões são uma questão de mero estilo, nobre para a união livre, e menos nobre para o concubinato. Sob essa óptica, nosso legislador fez sua opção e cabe agora distinguir juridicamente o concubinato da união estável.

Necessidades da vida e razões de equidade prepararam caminho para decisões homogêneas e solidificadas em matéria de concubinato ou união estável e estas para a posição legislativa definitiva de proteção aos efeitos da união livre na Constituição e legislação atuais.

Assim como para o casamento, o conceito de união livre ou concubinato também é variável. Importa analisar seus elementos constitutivos. A união estável ou concubinato, por sua própria terminologia, não se confunde com a mera união de fato, relação fugaz e passageira.

Na união estável existe a convivência do homem e da mulher sob o mesmo teto ou não, mas *more uxorio*, isto é, convívio como se marido e esposa fossem.[6] Há, portanto, um sentido amplo de união de fato, desde a aparência ou posse de estado de casado, a notoriedade social, até a ligação adulterina. Nesse sentido, a união estável é um fato jurídico, qual seja, um fato social que gera efeitos jurídicos. Para fugir à conotação depreciativa que o concubinato teve no passado, com frequência, a lei, a doutrina e a jurisprudência já não se referiam a *concubinos*, mas a *companheiros*. Como vimos, essa opção é a vencedora na lei e na doutrina e assim deveremos tratar da problemática doravante.

> "*Companheira é a designação elevada que se dá à mulher unida por longo tempo a um homem, como se fosse sua esposa; mas, como não existem os laços do casamento civil, é concubina*" (Bittencourt, 1985:17).

---

[6] "Remessa necessária – Ação sob o procedimento comum – Pensão por morte – **União estável** – Pretensão ao recebimento de pensão por morte decorrente de convívio em união estável com o falecido, servidor público estadual – Situação comprovada com documentos idôneos – Tendo a companheira preenchido o requisito da convivência *more uxorio* à data do falecimento do ex-servidor, faz jus ao recebimento da pensão pleiteada – Sentença mantida – Recurso oficial desprovido" (TJSP – Remessa Necessária Cível 1026767-21.2023.8.26.0562, 30-8-2024, Rel. Renato Delbianco).
"União estável. Reconhecimento *post mortem*. Sentença de improcedência. Inexistência de prova de convivência contínua, pública e duradoura até o falecimento da genitora dos requeridos. Requisitos cumulativos do art. 1.723 do Código Civil ausentes. Prova dos autos indicativa somente de relacionamento afetivo intenso, mas que não ultrapassa os contornos de namoro qualificado. Ausência de prova de convivência *more uxorio*, com comunhão de vida e gestão doméstica comum. Descabimento de partilha com fundamento no regime da comunhão parcial. Documentos juntados aos autos extemporaneamente com as razões de apelação, ainda que fossem admitidos, não seriam capazes de infirmar a conclusão. Sentença de improcedência mantida. Recurso improvido" (TJSP – Ap 1001912-47.2016.8.26.0198, 27-2-2023, Rel. Francisco Loureiro).
"Apelação. Ação declaratória de reconhecimento e dissolução de união estável com partilha de bens. Sentença de parcial procedência. Inconformismo do réu. Coabitação que não é indispensável à caracterização da união estável. Súmula 382 do STF. Conjunto probatório que demonstra que as partes mantiveram convivência '*more uxorio*', tendo sido estável, contínua e prolongada a união do casal, tendo, ainda, o requisito da notoriedade. Requerido que adquiriu bem imóvel e registrou em nome da autora, sendo evidente seu propósito de constituir família. Elementos nos autos que autorizam o reconhecimento da união estável pelo período declinado na sentença. Recurso a que se nega provimento". (TJSP – Ap 1015874-34.2019.8.26.0554, 13-10-2022, Rel. José Rubens Queiroz Gomes).
"Ação de reconhecimento de **união estável** *post mortem* – Evidenciada a existência de relações afetivas paralelas – Inexistência de propósito de constituição de família, em especial pela inobservância ao dever de fidelidade exigido pelo sistema monogâmico adotado pelo ordenamento jurídico pátrio – Inteligência dos arts. 1.566, I, e 1.723 do Código Civil – Precedente do Superior Tribunal de Justiça – Sentença mantida – Inclusão de honorários recursais, observada a isenção da gratuidade – Recurso não provido" (TJSP – Ap. 1014196-82.2015.8.26.0114, 13-10-2020, Rel. César Peixoto).

Como anotamos, foi longa a escalada para a assimilação legal da união estável pelo direito pátrio. A jurisprudência, de início, reconheceu direitos obrigacionais no desfazimento da sociedade conjugal concubinária, determinando a divisão entre os cônjuges do patrimônio amealhado pelo esforço comum. Em outras situações, quando isso não era possível, para impedir o desamparo da concubina, os tribunais concediam a ela (ou excepcionalmente a ele) uma indenização por *serviços domésticos*, eufemismo que dizia muito menos do que se pretendeu.[7] O Supremo Tribunal Federal acentuava que esses efeitos patrimoniais decorriam de relações obrigacionais criadas pela convivência do casal, repelindo efeitos de Direito de Família. Essa posição foi sintetizada na Súmula 380:

> *"Comprovada a existência da sociedade de fato entre os concubinos, é cabível a sua dissolução judicial com a partilha do patrimônio adquirido pelo esforço comum".*

A partir de então, gradualmente foram sendo concedidos direitos, principalmente à concubina ou companheira.[8] Recordemos alguns dispositivos a seguir.

---

[7] O STJ, julgou caso que tratava de relação concubinária anterior à Constituição Federal e à legislação ordinária pertinente e, em voto basilar, o Min. Rel. Eduardo Ribeiro afirmou: "É mais que conhecido o paciente labor pretoriano em relação ao tratamento jurídico a ser emprestado às ligações decorrentes de concubinato, notadamente se duradouras. Orientou-o o evidente propósito de não permitir que, após vida em comum, às vezes por décadas, pudesse a mulher ser simplesmente despedida, ficando ao desamparo. Havendo a formação de patrimônio, que se pudesse reputar fruto do esforço comum, a partilha daquele, não necessariamente em partes iguais. Isso, entretanto, nem sempre era possível, pois o rendimento auferido poderia não ensejar poupança. Entretanto, percebendo o varão renda de trabalho, continuaria a manter-se, enquanto a mulher ficava em situação de carência. Teve-se em conta que, segundo os costumes brasileiros, a ela cabia arcar com os cuidados do lar, enquanto o homem dedicava-se a misteres profissionais, o que lhe proporcionaria sustento, nada importando persistisse ou não a vida em comum. Considerou-se, então, que aqueles trabalhos domésticos mereceriam ser remunerados" (STJ – Resp. nº 132.826 – 6-12-99 – Rel. Eduardo Ribeiro).

[8] **"Direito de família** – Ação de reconhecimento e dissolução de sociedade de fato c/c alimentos e indenização por danos morais. Alegação de convivência com o réu por mais de trinta anos. Afirmação de dependência econômica durante o período. Invocação do regime da união estável para a pretensão. Improcedência na origem. Insurgência da autora. União estável não evidenciada. Ausência dos requisitos legais (art. 1.723 do CC). Ligação afetiva simultânea ao casamento. Impossibilidade de reconhecimento frente aos impedimentos do art. 1.521 do CC. Mero concubinato. Aplicação da Súmula 380/STF restrita à partilha do patrimônio adquirido pelo esforço comum dos concubinos. Impossibilidade de estender-se à obrigação alimentar. Ademais, impossibilidade de obrigação alimentar entre concubinos, frente à inexistência de vínculo familiar ou de parentesco. Pretensão indenizatória em virtude do dano psicológico sofrido pela autora, frente ao abandono. Descabimento. Concubino sabidamente já casado quando do estabelecimento do relacionamento. Consensualidade na manutenção do relacionamento extraconjugal, a afastar a possibilidade de abandono e, por conseguinte, do dano moral. Sentença mantida. Recurso conhecido e desprovido". (TJSC – AC 0300091-55.2014.8.24.0075, 15-10-2019, Rel. Des. Saul Steil).
"Apelação Cível – Família e processual civil – **Ação de reconhecimento de união estável** – Improcedência na origem (1) união estável – Impossibilidade – Impedimento matrimonial – Concubinato – Separação de fato – Inocorrência – 'A união estável pressupõe ou ausência de impedimentos para o casamento ou, ao menos, separação de fato, para que assim ocorram os efeitos análogos aos do casamento, o que permite aos companheiros a salvaguarda de direitos patrimoniais, conforme definido em lei' (STJ. REsp 988.090/MS, rel. Min. Luis Felipe Salomão. j. em 02/02/2010) – Incontestável a existência de casamento, óbice à configuração da união estável (CC, art. 1.723, par. único), e ausente separação de fato, sequer alegada, o relacionamento havido caracteriza-se como concubinato (2) indenização. Serviços prestados – excepcionalidade não verificada – impossibilidade – 'Inviável a concessão de indenização à concubina, que mantivera relacionamento com homem casado, uma vez que tal providência eleva o concubinato a nível de proteção mais sofisticado que o existente no casamento e na união estável, tendo em vista que nessas uniões não se há falar em indenização por serviços domésticos prestados, porque, verdadeiramente, de serviços domésticos não se cogita, senão de uma contribuição mútua para o bom funcionamento do lar, cujos benefícios ambos experimentam ainda na constância da união. 3 – Na verdade, conceder a indigitada indenização consubstanciaria um atalho para se atingir os bens da família legítima, providência rechaçada por doutrina e jurisprudência. 4 – Com efeito, por qualquer ângulo que se analise a questão, a concessão de indenizações nessas hipóteses testilha com a própria lógica jurídica adotada pelo Código Civil de 2002, protetiva do patrimônio familiar, dado que a família é a base da sociedade e recebe especial proteção do Estado (art. 226 da CF/88), não podendo o Direito conter o germe da destruição da própria família' (STJ. REsp 988090 / MS, rel. Min. Luis Felipe Salomão.

Modernamente, após a Constituição de 1988 e o Código Civil de 2002, trata-se de companheirismo e companheiros os casais em união estável, sem impedimento para o matrimônio. O concubinato não é mais sinônimo de união estável, mas se refere àquelas situações do passado, tratadas como concubinato impuro ou adulterino.

Concedeu-se à companheira o direito de perceber a indenização do companheiro morto por acidente de trabalho e de trânsito, desde que não fosse casado e a tivesse incluído como beneficiária (revogado Decreto-lei nº 7.036/44; Lei nº 8.213/91). No mesmo diapasão foram consolidados os direitos previdenciários da companheira na legislação respectiva (Leis nos 4.297/63, revogada pela Lei nº 5.698/71, e 6.194/74), permitindo que ela fosse designada beneficiária do contribuinte falecido, tendo-se a orientação jurisprudencial encarregado de alargar o conceito, permitindo o mesmo direito também na falta de designação expressa, se provada a convivência ou a existência de filhos comuns. Nesse sentido, permitiu-se a divisão da pensão entre a esposa legítima e a companheira (Súmula 159 do extinto TFR).

A Lei dos Registros Públicos (Lei nº 6.015/73), no art. 57, §§ 2º e 3º, com redação dada pela Lei nº 6.216/75, autorizou a companheira a adotar o sobrenome do companheiro, após cinco anos de vida em comum ou na existência de prole, desde que nenhum dos consortes tivesse vínculo matrimonial. O novo texto desse dispositivo, trazido pela Lei nº 14.382/2022, aumentou sobremaneira as possibilidades de ampliação ou modificação de sobrenomes, atendendo a uma tendência social, já então observada pelos nossos tribunais.

A legislação do inquilinato, a atual Lei nº 8.245/91, e as anteriores permitem que o companheiro sobrevivente que resida no imóvel nele permaneça na posição de locatário, na hipótese de morte deste, bem como na dissolução da sociedade de fato ou união estável.[9]

A mesma evolução legislativa foi notada de forma gradual no tocante aos direitos e reconhecimento dos filhos ilegítimos, desamparados ao extremo pelo Código Civil, iniciada efetivamente com a Lei nº 883/49, como veremos no curso de nosso estudo.

---

j. em 02/02/2010). Sentença mantida. Recurso desprovido" (*TJSC* – AC 0009266-74.2011.8.24.0036, 6-6-2018, Rel. Des. Henry Petry Junior).

[9] "Agravo de instrumento – Locação de imóvel residencial – Ação de despejo por denúncia vazia em cumulação com cobrança de alugueres – Contrato firmado entre o autor/agravado e o companheiro da agravante – Relação de natureza obrigacional e a vincular apenas os contratantes – Prova de propriedade desnecessária – Falecimento do locatário no curso da relação "ex locato"– Obrigação que se transfere ao cônjuge sobrevivente – Exegese do artigo 11 da Lei n. 8.245/91- Asseverada aquisição da propriedade por usucapião – Inocorrência – Posse clandestina – Inteligência do artigo 1.028, "caput", do Código Civil- decisão preservada – Recurso improvido" (*TJSP* – Agravo de Instrumento 2017636-47.2020.8.26.0000, 30-4-2020, Rel. Tercio Pires).

"Embargos de declaração – Locação de imóvel para fins residenciais – Ação de despejo por falta de pagamento c.c – Cobrança – Propositura em face dos herdeiros do locatário falecido, os quais apresentaram defesa assentada na sub-rogação da locação à companheira sobrevivente do de cujus que permaneceu no imóvel locado. Citação da companheira que, por sua vez, apresentou contestação. Autora que, embora admitindo que era ela (a companheira) a detentora do imóvel, não requereu expressamente sua integração à lide no polo passivo. Situação que levou a erro o julgador, proferindo sentença obscura quanto à determinação da responsabilidade pelo pagamento dos aluguéis. Acórdão que (a) proveu o recurso de apelação interposto pelos herdeiros do cujus, para o fim de reconhecer a improcedência da demanda em relação a eles, impondo-se à autora os ônus da sucumbência respectivos; E, (b) negou provimento ao recurso interposto pela ora embargante (companheira do locatário falecido que permaneceu ocupando o imóvel), mantendo-se a condenação imposta na sentença. Pretensão ao reconhecimento do julgamento extra petita. Viabilidade. Como matéria de ordem pública, a ocorrência de decisão extra petita pode ser reconhecida em qualquer tempo e grau de jurisdição. No caso concreto, tem-se evidenciada a ocorrência desse vício, pois, efetivamente, a companheira do de cujus, ora embargante, não foi integrada à lide pela autora e, por esta razão, não pode ser condenada ao pagamento dos aluguéis, nestes autos. Improcedência da demanda que se mantém em relação aos herdeiros do *de cujus*. Embargos acolhidos com efeito infringente, afastando-se a condenação da embargante ao pagamento dos aluguéis e encargos da locação, porquanto, apesar de citada, a autora não a integrou à lide no polo passivo" (*TJSP* – EDcl 1107359-61.2015.8.26.0100, 7-8-2018, Rel. Mourão Neto).

Os desenvolvimentos legislativo e jurisprudencial demonstram que, sem concorrer com o casamento, a união de fato passou a ser reconhecida como relação válida, produzindo efeitos independentemente da problemática da divisão patrimonial decorrente do esforço comum dos consortes.

Atualmente, a discussão jurisprudencial e doutrinária gravita em torno do alcance do art. 226, § 3º, da Constituição Federal em vigor. Lembre-se, de plano, como faz Antônio Carlos Mathias Coltro (In: Wambier, 1996:30),

> "*que ao mencionar* união estável entre o homem e a mulher, *afastou a Constituição, para os efeitos previstos no artigo 226, § 3º, o conceito genérico de concubinato, abrangente de toda ligação do homem com a mulher fora do casamento e, também, o do* stuprum, *empregado, no âmbito do estudo da união de fato, para indicar o comércio carnal, a união passageira...*".

2.4.1 Natureza Jurídica da União Estável. Conceito e Compreensão. Elementos Constitutivos

O concubinato ou a união estável são fatos sociais e fatos jurídicos. Essa é sua natureza (Bittencourt, 1985:15). Ainda que exista um contrato de convivência, nem por isso a união estável se torna um negócio jurídico, mediante esse fato jurídico estampado no pacto. Por outro lado, como vimos, o casamento é um fato social e um negócio jurídico. Fato jurídico é qualquer acontecimento que gera consequências jurídicas. A união estável é um fato do homem que, gerando efeitos jurídicos, torna-se um fato jurídico.

O § 3º do art. 226 da Constituição Federal confere proteção do Estado à *união estável entre o homem e a mulher como entidade familiar*. A lei não define essa união, referindo-se apenas a alguns de seus elementos idôneos para galgar a juridicidade pretendida.

O conceito de concubinato ou união estável é sem dúvida dúctil e não cabe à lei, como regra geral, definir. No entanto, a Lei nº 9.278/96 disciplinou, no art. 1º:

> "*É reconhecida como entidade familiar à convivência duradoura, pública e contínua, de um homem e uma mulher, estabelecida com objetivo de constituição de família*".

Essa definição é mantida, em linhas gerais, pelo art. 1.723 do presente Código. Portanto, o legislador ordinário forneceu outros requisitos para estabelecer os limites que permitam atribuir direitos à união de fato. Como decorrência do ponto de vista legal, podemos enumerar os elementos constitutivos do concubinato no direito pátrio:

1. Se levarmos em consideração o texto constitucional, nele está presente o requisito da *estabilidade* na união entre o homem e a mulher. Não é qualquer relacionamento fugaz e transitório que constitui a união protegida; não podem ser definidas como concubinato simples relações sexuais, ainda que reiteradas. O legislador deseja proteger as uniões que se apresentam com os elementos norteadores do casamento, tanto que a dicção constitucional determina que o legislador ordinário facilite sua *conversão em casamento*. Consequência dessa estabilidade é a característica de ser *duradoura*, como menciona o legislador ordinário. Não há como conceituar uma relação concubinária como estável, se não tiver se protraído no tempo. O decurso por um período mais ou menos longo é o retrato dessa estabilidade na relação do casal. A questão do lapso temporal não é absoluta, pois a Constituição Federal não estabeleceu um tempo determinado e sim que deveria haver o *animus* de constituir família. Sendo assim,

apesar da importância do fator tempo para a constatação da união estável, esse fator não é absoluto, pois existem casos em que, independentemente do tempo da união, a entidade familiar fica caracterizada, como, por exemplo, nos casos em que há o nascimento de prole.[10]

---

[10] "Apelação – **Ação de reconhecimento de união estável** – Autora que possuía com o réu convivência pública, contínua e duradoura, com intenção de constituir família – Conjunto probatório suficiente para o reconhecimento da união – Insurgência do réu – Discordância quanto ao reconhecimento da união e fixação de alimentos – Requisitos comprovados – Art. 1.723 do Código Civil – Entidade familiar dotada de proteção especial – Dependência econômica da parte autora caracterizada – Alimentos fixados em atendimento ao binômio necessidade – Possibilidade – Sentença mantida – Recurso não provido" (TJSP – Ap 1002436-50.2018.8.26.0238, 27-6-2024, Rel. Mônica Rodrigues Dias de Carvalho).

"Pensão por morte/companheira Pretensão de pagamento da pensão mensal por morte – Cabimento – União estável comprovada – Provas juntadas aos autos que demonstram a existência da união estável – Aplicação do art. 147, inciso I, da Lei Complementar nº 180/78, com a redação dada pela Lei 1.012/07 – Direito que já era assegurado pelo texto constitucional – Reconhecimento da união estável como entidade familiar pela Constituição Federal (art. 226, §§ 3º), e também pelo art. 1.723 do Código Civil – Sentença de procedência em parte mantida – Precedentes deste Egrégio Tribunal. Reexame necessário desprovido" (TJSP – Remessa Necessária Cível 0004646-30.2019.8.26.0053, 28-2-2023, Rel. Oscild de Lima Júnior).

"**Reconhecimento de união estável** anterior ao casamento. Sentença que reconheceu a existência de união estável pretérita ao casamento, pelo período de agosto de 2011 a 04 de abril de 2013. Irresignação do requerido desacolhida. I. Cerceamento de defesa. Inocorrência. Alegação genérica no sentido de que as provas produzidas pelo recorrente não foram consideradas. Sentença que apreciou todo o conjunto probatório. II. Situação, na espécie, que evidencia o ânimo de constituição do núcleo familiar nesse período. Elementos de prova que se mostram consistentes a evidenciar relacionamento duradouro e público, não se aproximando do quadro fático do simples namoro entre as partes: A) Autora e réu que negociaram em conjunto, entre 2011 e 2012, a compra do imóvel que residiram após o matrimônio, com participação ativa da apelada nas negociações. B) Troca de mensagens entre as partes que indica a constituição de entidade familiar no período. C) Declaração da médica obstétrica indicando a participação ativa do apelante durante a gestação da prole comum, concebida antes do matrimônio. D) Uso de aliança conjunta desde agosto de 2011. E) Residência em comum desde meados de 2011 comprovada por meio de diversas declarações. III. Presença de affectio maritalis que indica o reconhecimento da união estável, nos termos do artigo 1.723 do Código Civil. Sentença mantida. Recurso desprovido" (TJSP – Ap. 1001732-67.2015.8.26.0650, 19-10-2021, Rel. Donegá Morandini).

"Apelação – Ação de reconhecimento e dissolução de união estável *post mortem* – Sentença de procedência – Insurgência do réu – Legitimidade ativa de todos os herdeiros – Convivência da autora no período pré-nupcial – Provas documentais e testemunhais de que o requerente mantinha com a autora relacionamento público, com reconhecimento dos companheiros em seu meio social, principalmente perante filhos, amigos, parentes e colegas de trabalho, com a intenção de constituir família, tanto assim que se casaram, e com ela permaneceu até seu falecimento. Relacionamentos paralelos com outras mulheres que se deram de forma secreta, atuando como amantes e não companheiras. Reconhecimento da união pelo período indicado na inicial, com partilha dos bens onerosamente adquiridos determinada. Sentença mantida. Recurso improvido" (TJSP – Ap. 0068810-04.2012.8.26.0100, 20-11-2020, Rel. Pedro de Alcântara da Silva Leme Filho).

"Civil e processual civil – Ação de reconhecimento e dissolução de união estável – Convivência more uxorio – Configuração. Regime aplicável. Comunhão parcial de bens. Imóvel adquirido no programa PRÓ-DF no período da união estável – Partilha – Cabimento. 1. Para fins de reconhecimento da união estável, nos termos da Lei n. 9.278/96, corroborado pelo artigo 1.723 do Código Civil, deve ser comprovada a convivência duradoura, pública e contínua entre homem e mulher, estabelecida com objetivo de constituir família. 2. Emergindo do acervo probatório constante dos autos, a conclusão de que as partes litigantes conviveram de forma duradoura, pública e contínua, se comportando como se fossem casados perante a sociedade, correto se mostra o reconhecimento da união estável e a sua dissolução na forma vindicada na inicial. 3. O bem imóvel incorporado ao patrimônio das partes no período de convivência em união estável deve ser objeto de partilha entre os conviventes. 4. Recurso de Apelação conhecido e não provido" (TJDFT – Proc. 00028510820178070014 – (1283014), 05-10-2020, Rel. Nídia Corrêa Lima).

"**União estável** – Ação de reconhecimento e dissolução de união estável – Entidade familiar constituída por aqueles que convivem em posse do estado de casado, ou com aparência de casamento. Ato-fato jurídico. Desnecessidade de qualquer manifestação de vontade para que produza seus efeitos. Basta sua configuração fática para que haja incidência das normas constitucionais e legais. Art. 226, § 3º da Constituição Federal e art. 1.723 do Código Civil. Período de convivência corretamente estabelecido em sentença. Partilha. Regime de comunhão parcial de bens. Art. 5º, da Lei 9.278/1996 e art. 1.725 cumulado com art. 1.658, ambos do Código Civil. Comunicação de todos os bens adquiridos, por ambos, onerosamente, durante o curso da relação. Sentença mantida. Recurso desprovido." (TJSP – Ap 0001111-49.2013.8.26.0071, 15-8-2019, Relª Mary Grün).

2. A *continuidade* da relação é outro elemento citado pela lei. Trata-se também de complemento da estabilidade. Esta pressupõe que a relação de fato seja contínua, isto é, sem interrupções e sobressaltos. Esse elemento, porém, dependerá muito da prova que apresenta o caso concreto. Nem sempre uma interrupção no relacionamento afastará o conceito de concubinato.[11]

3. A Constituição, assim como o art. 1.723 do Código Civil, também se refere expressamente à diversidade de sexos, à união do homem e da mulher. Como no casamento, a união do homem e da mulher tem, entre outras finalidades, a geração de prole, sua educação e assistência. Desse modo, afastava-se de plano qualquer ideia que permita considerar a união de pessoas do mesmo sexo como união estável nos termos da lei. O relacionamento homossexual, modernamente denominado homoafetivo, acabou por ser admitido em nosso meio. A tendência contemporânea é atribuir cada vez

---

[11] "**Ação declaratória de reconhecimento e dissolução de união estável** – I – Controvérsia limitada à partilha de bens decorrente do reconhecimento da entidade familiar convencional. Defesa, apresentada em contestação, neste ponto, que rechaçou o pedido da autora de que o varão deixasse a residência familiar, reforçando a convicção de que o bem deveria ser dividido igualitariamente. II – Alegação de nova tese limitativa do pedido autoral, em sede recursal. Réu que pretende a adjudicação do bem comum, com compensação à autora pelas parcelas pagas durante a união. Questões que não foram adequadamente suscitadas em contestação (artigo 336, CPC). Preclusão operada. Incidência do artigo 507 do Código de Processo Civil. Indevida inovação recursal. Aplicação do artigo 1.014 do Código de Processo Civil. Recurso não conhecido" (*TJSP* – Ap 1002141-05.2016.8.26.0619, 23-2-2018, Rel. Donegá Morandini).

"Apelação Cível – **Ação de reconhecimento e dissolução de união estável** – Sentença de procedência – Apelação da demandada – Inconformismo quanto à partilha de bem imóvel, sob a alegação de que a aquisição respectiva se deu por seu esforço exclusivo. Inconsistência. Apelante que não logrou êxito em demonstrar que a aquisição do imóvel decorreu de seu único esforço. Direito de habitação que não se aplica à hipótese dos autos. Manutenção da r. sentença por seus próprios fundamentos nos termos do artigo 252 do Regimento Interno deste E. Tribunal de Justiça. Negado provimento ao recurso" (*TJSP* – Ap 1002724-43.2016.8.26.0084, 29-6-2017, Rela Viviani Nicolau).

"Apelação. Ação de reconhecimento e dissolução de união estável 'post mortem'. Direito de herança. Procedência parcial. Sucumbência recíproca e compensação de honorários. Inconformismo de ambas as partes. **Convivência incontroversa**. Termo final. Provas testemunhais que corroboram a tese da autora, no sentido de que a união foi extinta somente com a morte do convivente. Brigas e pequenas separações que não têm o condão de, na hipótese, descaracterizar o relacionamento contínuo. regime de bens. Comunhão parcial. Direito à herança e meação. Matéria que deve ser enfrentada pelo Juízo Universal do Inventário, descabendo invadir a competência daquele l. Juízo. basta o reconhecimento da união estável que seus desdobramentos serão aplicados na ação de inventário. Sucumbência. Ínfimo decaimento da autora. Custas, despesas e honorários aos réus atribuídos, com exclusividade. Decisão reformada, neste ponto. Recurso dos réus não provido. Provido parcialmente o apelo da autora" (TJSP – Ap. 1002923-39.2018.8.26.0361, 15-7-2020, Rela Rosangela Telles).

"**União estável** – Ação de reconhecimento – Conjunto probatório produzido nos autos que comprova que o relacionamento das partes era público, contínuo e estável, a configurar união estável, no período compreendido entre 2014 e a data do falecimento do companheiro varão. Regime de separação obrigatória de bens, em razão da idade do 'de cujus' ao tempo do início da convivência. Partilha dos bens que deve ser objeto de discussão nos autos da ação de inventário já em curso. Litigância de má-fé afastada. Recurso da autora parcialmente provido. União estável. Ação de reconhecimento. Falta de interesse recursal. Sentença proferida que vai ao encontro da pretensão do réu. Recurso do réu não conhecido." (TJSP – AC 1000388-84.2016.8.26.0369, 28-11-2019, Rela Maria Cláudia Bedotti)."

"Apelação cível – **Ação de reconhecimento e dissolução de união estável** – União homoafetiva – É reconhecida a união estável quando comprovada a existência de convivência pública, contínua, duradoura e estabelecida com objetivo de constituir família. Prova dos autos que demonstra que a autora e a de cujus viviam relacionamento típico de união estável. Apelação desprovida" (TJRS – AC 70076611011, 25-4-2018, Rel. Des. Jorge Luís Dall'agnol).

"Alimentos – **Ação de reconhecimento e dissolução de união estável** – Fixação provisória – Obrigação arbitrada *initio litis* tendo em vista aparente necessidade momentânea da autora que, apesar de jovem e com formação profissional, teve o desemprego diretamente vinculado ao fim do relacionamento – Decurso de mais de três anos desde então que, no entanto, não justifica a manutenção de elevada obrigação, sob pena de risco de dano inverso ao réu – Cabimento da redução da pensão até final decisão de mérito – Recurso provido em parte" (*TJSP* – AI 2102059-47.2014.8.26.0000, 16-7-2015, Rel. Galdino Toledo Júnior).

mais um estado jurídico à união de pessoas do mesmo sexo, reconhecendo-se efeitos semelhantes ao casamento. Cuida-se de tendência universal no mundo ocidental.[12]

---

[12] "Apelação cível. Civil e processo civil. Ação de reconhecimento e dissolução de **união estável homoafetiva** *post mortem*. Prova. Ausência. Requisitos previstos no art. 1.723 do CC/02. Sentença mantida. 1. O legislador ordinário apontou a convivência pública, contínua, duradoura e estabelecida com o objetivo de constituição de família como requisitos para estipular os limites que permitam atribuir direitos a uma união de fato (**art. 1.723 do CC/02**). 2. No reconhecimento da união estável homoafetiva, o Supremo Tribunal Federal, no julgamento conjunto da Arguição de Descumprimento de Preceito Fundamental, ADPF nº 132/RJ e da ADI nº 4.277/DF, quando conferiu interpretação conforme o art. 1.723 do CC/02, exigiu a presença desses mesmos requisitos para garantir aos casais homoafetivos todos os efeitos decorrentes de uma entidade familiar. 3. É ônus da parte autora comprovar os fatos constitutivos de seu direito, conforme estabelece o art. 373, I, do CPC/15. 4. A prova contida nos autos não demonstra que as partes detiveram uma relação pública e como entidade familiar, o que torna improcedente o pedido de reconhecimento de união estável. 5. Apelação conhecida e não provida" (TJDFT – Ap 07125406420238070001, 2-7-2024, Rel. Robson Teixeira de Freitas).

"Apelação cível. Ação de reconhecimento de união estável *post mortem* c/c partilha de bens. União estável *post mortem*. Reconhecimento. Requisitos do artigo 1.723 do Código Civil preenchidos. Relação pública, contínua e duradoura. Prova documental e oral que corroboram a alegação de convivência das partes pelo período de janeiro de 2012 a 07/04/2020. Demonstração da plausibilidade na *affectio maritalis*. União homoafetiva. Mitigação dos rigores da prova quanto requisito da publicidade. União notória no ambiente social do casal e familiar ao tempo da finalização. Julgamento sob perspectiva histórico-cultural-social em cenário de restrição discriminatória nos rigores do meio militar à época do relacionamento. Partilha do veículo Ford Ka freestyle. Cabimento. Aquisição na vigência da união estável. Comunhão parcial de bens. Presunção de esforços mútuos. Inteligência do artigo 1.658 do Código Civil. Saldo em contas bancárias. Partilha cabível. Direitos adquiridos e recebidos na vigência da união estável. Composição da meação. Presunção de esforços mútuos. Investimentos em ações. Não comprovação da existência ou do termo inicial da aplicação. Inteligência do artigo 373, I, do Código de Processo Civil. Jazigo. Partilha descabida. Aquisição onerosa anterior à união estável. Artigo 1.659, I, do Código Civil. (...) 1. A união estável homoafetiva como núcleo familiar é realidade no Brasil a partir do julgamento do Supremo Tribunal Federal em 05 de maio de 2011 (Ação Direta de Inconstitucionalidade – ADI - 4.277 e Arguição de Descumprimento de Preceito Fundamental – ADPF – 132). 2. Ao julgador incumbe apreciar ações de reconhecimento de união estável homoafetiva recorrendo à perspectiva histórico-cultural do meio em que viveu o casal, convalidando a publicidade da relação afetiva no meio social de convivência restrita à época, entre de 2012 a 2020. 3. Os rigores da comprovação do requisito da publicidade em uniões estáveis homoafetivas devem ser mitigados conforme as peculiaridades do caso concreto, ante o sigilo imposto pelos conviventes, inconscientemente ou não, muitas vezes como forma de sobrevivência e manutenção da integridade física, moral e psicológica na sociedade ao tempo de seu relacionamento. Admite-se entender o requisito de forma menos rigorosa em face da evolução histórico-social-cultural que a sociedade brasileira e a legislação pertinente permitiu ao tempo da união em concreto, razão pela que reconhece-se estar comprovada a publicidade da relação dos conviventes de forma plena no espaço e ambiente social em que o casal convivia, levando-se em conta que a publicização da união necessitou também sofrer restrições dentro do contexto laboral no serviço militar, assim como parcial ocultação no ambiente familiar preexistente, decorrente de anterior casamento com a mãe dos filhos do *cujus*" (TJPR – Ap 0011045-03.2020.8.16.0188, 19-4-2023, Rel. Lenice Bodstein).

"**União estável homoafetiva.** Reconhecimento e dissolução. O reconhecimento da união estável depende de comprovação da convivência duradoura, pública e contínua, estabelecida com o objetivo de constituição familiar (art. 1.723 do Cód. Civil). Sentença de procedência. Tese de que as partes não conviviam maritalmente, mas sim mantinham mero namoro, que não encontra sustentação no quociente probatório. Inexistência do elemento anímico caracterizador da entidade familiar não evidenciada. Discrição sobre a união homoafetiva insuficiente para desconstituir o intuito de constituição de família. Publicidade não é requisito absoluto para a declaração de união estável. Precedentes. Entidade familiar reconhecida. Temática recursal desacompanhada de qualquer fato impeditivo, modificativo ou extintivo do direito da convivente (art. 373, II, do CPC). Incidência do brocardo *Allegare nihil et allegatum non probare paria sunt*. Sentença mantida. Partilha de bens. Regime da comunhão parcial de bens que se aplica à união estável, à ausência de contrato escrito (art. 1.725 do Cód. Civil). Incidência parcial de hipótese de incomunicabilidade (art. 1.659 do Cód. Civil). Financiamento do imóvel pago por ambas as partes durante a união. Bens havidos na constância da união estável que se presumem tenham decorrido do esforço comum das conviventes. Precedentes. Presunção não quebrantada. Sentença mantida. Recurso desprovido". (TJSP – Ap. 1005081-59.2018.8.26.0590, 28-4-2021, Rel. Rômolo Russo).

"Apelação cível. Reconhecimento e dissolução de união estável homoafetiva *post mortem*. Elementos do artigo 1.723 do Código Civil. **União homoafetiva reconhecida e qualificada como entidade familiar.** Requisitos para a configuração da união estável. Elemento anímico. Prova documental e testemunhal. Demonstração. A união estável, como entidade familiar, é conceituada pelo artigo 1.723, do Código Civil, nos seguintes termos: é reconhecida como entidade familiar a união estável entre o homem e a mulher, configurada na convivência pública, contínua e duradoura e estabelecida com o objetivo de constituição de família. Em razão da demanda social decorrente

4. A *publicidade* é outro elemento da conceituação legal. Ganha realce, portanto, a notoriedade da união. A união de fato que gozará de proteção é aquela na qual o casal se apresenta como se marido e mulher fossem perante a sociedade, situação que se avizinha da posse de estado de casado. A relação clandestina, velada, à socapa, não merece a proteção da lei.[13]

---

das mudanças nas relações familiares, em que pese a legislação brasileira tratar apenas de união entre homem e mulher, a união homoafetiva é reconhecida e qualificada como entidade familiar, nos termos do decidido pelo Supremo Tribunal Federal, no julgamento da ADPF nº 132 e ADI nº 4277, no qual conferiu-se efeito vinculante e eficácia *erga omnes*. O objetivo de constituir família, elemento anímico que distingue a referida relação de um simples relacionamento de namoro, ainda que qualificado e de longa duração, reside especialmente na mútua assistência, material e imaterial, e na manutenção de propósitos e objetivos comuns. No caso, presentes os requisitos do artigo 1.723 e seguintes, do Código Civil de 2002, lastreados na prova documental e testemunhal, impõe-se o reconhecimento da união estável homoafetiva, para todos os fins legais" (*TJDFT* – Proc. 00164454120168070009 – (1232041), 10-3-2020, Rel. Esdras Neves).

[13] "Reconhecimento e dissolução de união estável post mortem. Insurgência contra sentença de improcedência. Manutenção. Ausência de comprovação dos requisitos necessários à configuração da união estável. Art.1.723 do CC. Comprovação de **mero relacionamento amoroso sem publicidade**, nem intenção de constituir família. Ausência de prova robusta o suficiente a amparar as alegações da inicial, como fotos, correspondências, boletos bancários. Existência de 3 testemunhas, com depoimentos frágeis. União estável não reconhecida. Recurso não provido" (*TJSP* – Ap 1003661-68.2019.8.26.0045, 4-4-2024, Rel. Carlos Alberto de Salles).

"Apelação – ação de reconhecimento *post mortem* de união estável – Conjunto probatório informado por documentos e depoimentos que evidenciam a união estável reconhecida em sentença – Relacionamento homoafetivo envolvendo policial militar que justifica a decisão da família do falecido não ser informada sobre a união estável durante os 10 anos de sua existência, em razão de preconceito – **Publicidade comprovada no local onde o casal residia** – Atendimentos dos requisitos do art. 1.723, do CC – negaram provimento ao recurso". (*TJSP* – Ap 1003108-41.2021.8.26.0048, 19-7-2022, Rel. Alexandre Coelho).

"Apelação cível. Reconhecimento e dissolução de união estável. Insurgência da requerida. Alegação de que a convivência iniciou-se no ano de 2007 e não no ano de 2001 como determinado pelo juízo de origem. Descabimento. **União estável que passou a ser pública e notória desde o ano de 2001** conforme depoimento das testemunhas arroladas. Gravidez da recorrente que se deu durante o ano de 2001 e que, em conjunto com as demais provas, indica a vontade de constituir família das partes a partir de tal data. Aplicação do regime da comunhão parcial de bens. Partilha dos bens adquiridos durante a constância da união estável. Necessidade de reforma da sentença apenas no tocante ao percentual do imóvel de matrícula nº 24.397 que não pertence em sua integralidade à recorrente. Alegação de doação de parte da quantia utilizada para a compra de imóvel. Ausência de provas aptas a corroborarem tal alegação. Imóvel que deve ser integralmente partilhado. Recurso conhecido e parcialmente provido" (*TJPR* – Proc. 0000823-10.2019.8.16.0188, 27-10-2020, Rel. Luis Espíndola).

"Agravo interno no agravo em recurso especial – Previdência Privada – **União Homoafetiva** – Pensão por morte do ex-companheiro – Desnecessidade de perícia atuarial e de indicação prévia – Revisão do julgado – Impossibilidade – Súmula 7 /STJ – Acórdão em harmonia com a jurisprudência desta corte – Súmula 83/STJ – agravo interno improvido – 1- A jurisprudência desta Corte é no sentido de que 'a ausência de prévia designação do companheiro como beneficiário de pensão não impede a concessão do benefício, se a união estável resta devidamente comprovada por outros meios idôneos de prova' (AgRg no REsp 1130058/RS, Rel. Ministro Napoleão Nunes Maia Filho, Quinta Turma, julgado em 10/08/2010, DJe 06/09/2010). 2- O Tribunal de origem consignou pela desnecessidade de perícia atuarial. Infirmar tais conclusões demandaria o revolvimento do conjunto fático-probatório dos autos. Súmula 7 /STJ. 3- Agravo interno improvido." (*STJ*, 3ª T. – AGInt-AG-REsp 1300881/SC – *DJe* 01-02-2019, Rel. Min. Marco Aurélio Bellizze).

"Pensão por morte – **União Estável** – Comprovação de qualidade de companheira – Benefício devido – 'Previdenciário. Pensão por morte. União estável. Comprovação de qualidade de companheira. Correção monetária. A autora objetiva a concessão de pensão por morte, na qualidade de companheira. A prova material juntada aos autos demonstra a existência da União entre a Autora e o segurado, verificando-se que a ela figurava como dependente do instituidor, desde 1999, junto ao Clube X, consoante declarações acostadas ao feito. Além disso, observa-se que foi requerente quem assinou, como responsável, o termo de internação do instituidor no hospital da Unimed, bem como foi sua acompanhante até o seu óbito, na qualidade de sua companheira, havendo também nos autos documentos que comprovam que o instituidor foi sepultado no jazigo pertencente à autora, e que ela, também, arcou com as despesas de funeral. Foram colhidos em juízo depoimentos coerentes e harmônicos entre si, consoante se verificou da oitiva da mídia (CD) requisitada ao juízo sentenciante por esta egrégia 1a Turma Especializada, que permitiram a formação do convencimento do julgador acerca do relacionamento estável entre a autora e o instituidor da pensão ora vindicada. Em face do julgamento pelo STF – RE 870947-RG, Rel. Min. Luiz Fux, realizado em 20.9.2017 – DJ no 216, dia 25.09.2017, para correção monetária dos débitos judiciais da Fazenda

5. O *objetivo de constituição de família* é corolário de todos os elementos legais antecedentes. Não é necessário que o casal de fato tenha prole comum, o que se constituiria elemento mais profundo para caracterizar a entidade familiar. Contudo, ainda que sem filhos comuns, a união tutelada é aquela *intuitu familiae*, que se traduz em uma comunhão de vida e de interesses. Sem o objetivo de constituir família, a entidade de fato poderá ser um mero relacionamento afetivo entre os amantes, gerando, no máximo, sociedade de fato em relação a bens adquiridos por esforço efetivo de ambos (*TJSP* – Ap. 167.994-1, 10-9-91, Rel. Almeida Ribeiro).

Descritos esses cinco elementos presentes em nossa legislação para a conceituação de união estável, advertimos que, no caso concreto, fortes razões de ordem moral e social fazem com que, mesmo perante traços tênues ou ausência de algum dos requisitos, juízes têm admitido o concubinato ou união estável.[14] Não bastasse isso, além dos elementos descritos na lei, há outros requisitos normalmente apontados pela doutrina, que, inexoravelmente, são considerados em uma avaliação conjunta no caso concreto. É o que ocorre, por exemplo, com o dever de fidelidade. A quebra desse dever pode, dependendo de sua amplitude, fazer cair por terra a comunhão de vida, de interesses e de sentimentos. Como recorda Edgard de Moura Bittencourt (1985:27),

> "outro aspecto do dever de fidelidade está em que sua quebra deverá ser invocada pelo concubino e não por terceiros. Seria impróprio, por exemplo, que em um concubinato, com os demais requisitos de valor, pudesse um herdeiro invocar a infidelidade da concubina do

---

Pública, deve ser adotado o índice oficial da remuneração básica da caderneta de poupança (TR) para as parcelas vencidas entre 01.07.2009 e 25.09.2017, data da publicação do julgado do referido RE 870947, a partir de quando deve ser adotado o Índice de Preços ao Consumidor Amplo Especial (IPCA-E); e quanto aos juros de mora, restou hígido o referido art. 1º-F da Lei nº 9.494/1997 , no sentido de se aplicar o índice de remuneração da poupança em relação aos débitos de natureza não tributária. Apelação do INSS provida parcialmente." (*TRF-2ª R.* – AC 0172416-95.2016.4.02.5116, 26-3-2018, Rel. Des. Fed. Paulo Espirito Santo).
"Apelação cível – **Ação de reconhecimento e dissolução de sociedade de fato com partilha de bens** – Sentença de procedência que corretamente aprecia as circunstâncias e provas dos autos. Ré que em sua peça de defesa não impugna a existência da sociedade de fato e da relação homoafetiva pelo período alegado. Prova testemunhal no sentido de que as partes trabalhavam juntas com a venda de bijuterias e posteriormente com o comércio de açaí. Comprovado o esforço mútuo e a aquisição do patrimônio durante o período de convivência. Sentença mantida. Negado provimento ao recurso" (*TJRJ* – AC 0012433-32.2008.8.19.0202, 20-7-2017, Rel. Eduardo de Azevedo Paiva).

[14] "**Reconhecimento de união estável homoafetiva** – Existência de vida comum more uxório – Presença dos requisitos exigidos pelo artigo 1723 do Código Civil – Entidade caracterizada – Regime da comunhão universal de bens – Inteligência dos artigos 1667 e 1668 do Código Civil – Réu que inovou em sede recursal formulando pedido não ventilado anteriormente na demanda – Ação parcialmente procedente - Sentença mantida – Recurso não provido." (*TJSP* – AC 1104042-55.2015.8.26.0100, 4-11-2019, Rel. Erickson Gavazza Marques)."
"Civil e processual civil – **Reconhecimento de união estável** *post mortem* – Relação homoafetiva – Conjunto probatório apto a demonstrar a existência de convivência more uxorio entre as partes. Publicidade, continuidade e durabilidade do relacionamento. Vida em comum. Manutenção da sentença que se impõe. Recurso conhecido e desprovido" (*TJRN* – AC 2015.001305-8, 19-1-2018, Relª Desª Judite Nunes).
"Direito civil – Apelação – Família – **Ação de reconhecimento e dissolução de sociedade post mortem** – Preenchimento dos requisitos autorizadores – Convivência pública, contínua e duradoura caracterizada – Período de vigência – Termo final – Separação de fato – Provimento parcial – 1 – São requisitos para identificação da união estável, como entidade ou núcleo familiar, a convivência duradoura e pública, ou seja, com notoriedade e continuidade, por meio de apoio mútuo, ou assistência mútua, no intuito de constituir família, com os deveres de guarda, sustento e de educação dos filhos comuns, se houver, bem como os deveres de lealdade e respeito. 2 – No caso em exame, o contexto probatório aponta que a convivência do casal findou antes do óbito do companheiro. 3 – Apelo parcialmente provido" (*TJAC* – Ap 0703400-57.2012.8.01.0001(15.932), 14-7-2015, Rel. Des. Laudivon Nogueira).

morto, para tolhê-la dos direitos reclamados, quando o companheiro em vida procedia de modo a reconhecer sua fidelidade".

O art. 1.724 do Código estabelece que as relações entre os companheiros devem pautar-se por lealdade, respeito e assistência, e de guarda, sustento e educação dos filhos. O dever de lealdade não se identifica perfeitamente, como é patente, com o dever de fidelidade.

Outro elemento que pode ser levado em consideração é a *habitação comum*. O legislador não a mencionou, no que andou bem. A Súmula 382 do Supremo Tribunal Federal já dispunha que *"a vida em comum sob o mesmo teto, more uxorio, não é indispensável à caracterização do concubinato"*. A experiência social demonstra que há uniões sólidas, duradouras e notórias sem que o casal resida sob o mesmo teto. O próprio casamento pode conter uma separação material dos cônjuges por motivos de saúde, trabalho, estudo etc. Não se trata, portanto, de elemento conclusivo.

A relação de *unicidade do companheiro ou companheira* também é lembrada pela doutrina. A ideia central é no sentido de que a pluralidade de relações pressupõe imoralidade e instabilidade. Como já exposto, porém, qualquer posição apriorística e inflexível é arriscada, principalmente em matéria de família, que possui enorme conteúdo emocional e afetivo.

Não se pode afastar aprioristicamente a proteção à família plúrima. Por essa e outras razões melhor denominar entidades familiares a todas essas formas de relacionamento, como faz o Projeto do Estatuto das Famílias. Não há mais uma única família a ser analisada e compreendida, mas inúmeras entidades familiares.

Outro aspecto importante no tema é a *existência de casamento religioso*. Como, perante nosso sistema, somente é válido o casamento civil, o singelo casamento religioso estampa uma relação de fato. No entanto, estabelecida a relação derivada dessa união como concubinária, não resta dúvida de que a bênção religiosa define uma relação de moralidade e respeito que auxilia o julgador para a tipificação de uma união estável.

Na linguagem peculiar de Álvaro Villaça Azevedo, a união estável sempre foi vista como um casamento de fato no curso da História. Nessa união os companheiros vivem como marido e mulher, *"mas sem o serem na verdade"* (2002:270).

2.4.2 União Estável e Casamento. Aspectos Legais da União Estável

Introduzida a dicção constitucional a respeito da união estável reconhecida como entidade familiar (art. 226, § 3º), duas sortes distintas de interpretação têm sido percebidas na doutrina e nos julgados (Tepedino, 1999:336). A primeira orientação é no sentido de entendermos o companheirismo como equiparado ao casamento; ou seja, que os direitos da união estável não diferem do casamento. Contudo, majoritariamente, concluímos que o constituinte, no art. 226, não cria direitos subjetivos exigíveis de plano, autoexecutáveis, mas vinculando apenas o legislador ordinário. A Constituição determinou que os companheiros devessem ser protegidos por norma futura. Outro argumento acrescentado refere-se à exortação do constituinte ao legislador ordinário no sentido de facilitar a conversão da união estável em casamento. Não há razão em converter uma coisa em outra, salvo se forem desiguais. Destarte, acentuemos que a natureza jurídica de ambos os fenômenos é diversa: enquanto o casamento é negócio jurídico, a união estável é fato jurídico. Esse aspecto fica bem claro no tratamento legislativo. Por isso já se decidiu, por exemplo, que

"a convivência concubinária não transmite ao convivente o estado civil de casado, não sendo impediente ao casamento com outra pessoa, inocorrendo a hipótese prevista no CCB, art. 183, VI" (*TJMG*, Ap. Civ. 111.669/8, 18-3-99, Rel. Des. Corrêa Martins).

A Lei nº 8.971, de 29-12-94, com redação defeituosa, atribuiu direito de alimentos à companheira comprovada de um homem solteiro, separado judicialmente ou viúvo, que com ele vivesse há mais de cinco anos, ou dele tenha prole, enquanto não constituir nova união e desde que provasse necessidade. Igual direito foi conferido nas mesmas condições ao companheiro. Esse diploma também estabeleceu modalidade de direito sucessório aos companheiros (art. 2º):

"I – *o(a) companheiro(a) sobrevivente terá direito enquanto não constituir nova união, ao usufruto da quarta parte dos bens do* de cujus, *se houver filhos deste ou comuns;*

II – *o(a) companheiro(a) sobrevivente terá direito, enquanto não constituir nova união, ao usufruto da metade dos bens do* de cujus, *se não houver filhos, embora sobrevivam ascendentes;*

III – *na falta de descendentes e de ascendentes, o(a) companheiro(a) sobrevivente terá direito à totalidade da herança".*

O art. 3º desse diploma reconheceu o direito de metade dos bens do companheiro falecido ao sobrevivente, com relação aos bens que resultarem da atividade de colaboração mútua, ratificando a jurisprudência sumulada.

Os aspectos sucessórios da lei deverão ser examinados no estudo do direito das sucessões. No entanto, a primeira dúvida que aflora com relação a essa lei é a permanência de sua vigência tendo em vista a promulgação da Lei nº 9.278, de 10-5-96, de redação não menos canhestra que a primeira, que conferiu aos companheiros direitos mais amplos. Este último diploma, como já referido, conceituou o concubinato como entidade familiar (art. 1º); estabeleceu o rol de direitos e deveres iguais dos conviventes (art. 2º); redefiniu e reafirmou a possibilidade de divisão de patrimônio adquirido pelo esforço comum (art. 5º); mencionou a possibilidade de conversão da união estável em casamento (art. 8º) e estabeleceu que toda matéria relativa à união estável é de competência do juízo da Vara de Família, assegurado o segredo da justiça.

O legislador poderia ter poupado o intérprete, mas não o fez. Evidente que a regra básica de hermenêutica do § 1º do art. 2º da Lei de Introdução às Normas do Direito Brasileiro aponta que a lei posterior derroga a anterior quando assim for expressamente declarado, quando seja com ela incompatível ou quando regule inteiramente a matéria da lei anterior. A lei de 1996 não revogou expressamente a de 1994. As matérias tratadas não são idênticas, embora intimamente relacionadas, trazendo perplexidade ao intérprete. Há matérias referentes ao direito sucessório que no momento oportuno devem ser examinadas. Há dúvidas acerca do direito a alimentos. A Lei nº 8.971/94 cria regra geral de atribuição dos benefícios da Lei nº 5.478/68 (Lei de Alimentos), enquanto a Lei nº 9.278/96, no art. 7º, reporta-se ao direito a alimentos unicamente na hipótese de dissolução da união estável *"por rescisão"* (sic), sugerindo necessidade de culpa de um dos companheiros. A referência à rescisão no texto legal é sumamente infeliz. A jurisprudência majoritária tem reagido de forma a alargar o conceito de molde a conferi-lo na mesma extensão do casamento, mas a questão dá margem a discussões motivadas pelo descuido do legislador. Toda interpretação é no sentido de que a lei mais recente visou complementar e esclarecer a lei anterior (Tepedino, 1999:360).

A lei de 1996 conceitua a união estável no art. 1º, já por nós referido, de forma mais abrangente do que a referência feita no diploma anterior no tocante à convivência por mais de cinco anos ou a existência de prole comum, dando indícios de que, efetivamente, o intuito da Lei nº 9.278/96 foi, embora com técnica deficiente, complementar o estabelecido na lei anterior.

No entanto, essa interpretação deve ser vista *cum granum salis*. Sílvio Rodrigues (1999:271) aponta que, no cotejo de ambos os diplomas legislativos, estão conceituadas duas modalidades de união estável. A primeira, definida pela lei de 1994, representada pela união com mais de cinco anos ou com prole comum, entre pessoas desimpedidas (solteiras, separadas, divorciadas ou viúvas) e a segunda referente à união sem qualquer restrição, a não ser a exigência de ser provado o *animus* de constituir família. É óbvio que nessa última hipótese admitiu-se implicitamente o concubinato adulterino. Essa interpretação é lógica. No entanto, se aplicada estritamente, levará também à conclusão de que a Lei nº 8.971/94 somente se aplica aos casos de união estável da primeira modalidade e a Lei nº 9.278/96 aplica-se apenas à segunda modalidade, aumentando as dúvidas acerca dos direitos sucessórios e alimentares. É árdua a tarefa da jurisprudência na integração dessas normas, pois o legislador não foi claro.

Ainda, a lei de 1996 colocou-se de forma mais ampla no tocante aos bens móveis e imóveis adquiridos por um ou ambos os conviventes, na constância da união estável e a título oneroso, presumindo-os adquiridos em mútua colaboração, passando a pertencer a ambos em condomínio, *"salvo estipulação contrária em contrato escrito"* (art. 5º). Desse modo, os concubinos podem estipular por escrito, no ato de aquisição ou em documento à parte, a destinação dos bens em sua união, se pretenderem derrubar a presunção legal. Houve veto presidencial no tocante à possibilidade de pacto para regular a união estável, mas persistiu essa possibilidade na lei, o que dificulta também sua interpretação. Perante a permanência dessa válvula no texto legal, parece-nos que não pode ser considerado nulo um pacto anteconcubinário no sentido da lei. Como regra geral, porém, trata-se de um avanço com relação à Lei nº 8.971/94, que deferia a metade dos bens ao companheiro sobrevivente, que deveria provar a aquisição decorrente de esforço comum (art. 3º).

Também é confusa a Lei nº 9.278 quando procurou regular o dispositivo constitucional, afirmando que os conviventes poderão a qualquer tempo requerer a conversão da união estável em casamento, por requerimento ao Oficial do Registro Civil. Ora, o intérprete desavisado poderia supor que esse artigo atropela os requisitos que antecedem a celebração do casamento. É evidente que o companheiro casado não pode contrair novo matrimônio. É curial que não podem se casar pessoas legalmente impedidas. É claro que não se dispensam proclamas. Ou dispensam-se? Ainda que se entenda que a união duradoura seja merecedora da conversão em casamento, como determinou o legislador constitucional, a matéria carece de regulamentação. É irritante essa posição legislativa de molde a solucionar de forma piegas e simplista o ato mais solene de toda lei civil. A jurisprudência tem demonstrado a tendência de reconhecer direitos à concubina nesses casos, desde que comprovado o concurso de esforços para a formação do patrimônio. O art. 70-A da Lei nº 6.015/73, inserido pela Lei nº 14.382/22, especifica de forma mais clara a conversão da união estável em casamento.

Ainda, determinando a Lei nº 9.278/96 que a matéria acerca de união estável é de competência das Varas de Família, o diploma resolveu pendência presente em vários Estados da Federação, nos quais os processos ora eram atribuídos a varas cíveis, ora a varas especializadas, com desnecessários conflitos de competência. Por outro lado, a disposição interfere na organização judiciária dos Estados, conflitando com o art. 125 da Constituição Federal.

De qualquer modo, voltaremos à análise de aspectos dos direitos dos companheiros ou concubinos nos capítulos próprios, mormente no tocante aos alimentos e ao direito sucessório.

Era de se aguardar que o Código Civil de 2002, ao disciplinar a união estável, resolvesse essas questões, pois, em princípio, derroga as leis anteriores sobre a matéria. O Projeto originário de 1975 deveria ser adaptado às novas normas constitucionais e não o foi a contento. Como veremos no curso de nossa exposição, aqui e no direito das sucessões, remanescerão problemas, ainda porque o legislador não revogou expressamente os diplomas anteriores. No livro dedicado à família, a união estável é regulada em poucos dispositivos (arts. 1.723 a 1.727). O reconhecimento da união estável segue os mesmos princípios estabelecidos na Constituição, reportando-se à convivência pública, contínua e duradoura entre o homem e a mulher, estabelecida com o objetivo de constituição de família (art. 1.723). A existência de impedimentos para o casamento (art. 1.521) será obstáculo, em princípio, para o reconhecimento dessa entidade familiar, salvo a exceção do art. 1.521, VI, quando a pessoa achar-se separada de fato ou judicialmente (art. 1.723, § 1º). As causas suspensivas do art. 1.523, antigos impedimentos impedientes, não impedirão o reconhecimento da união estável. O futuro Estatuto das Famílias procura espancar as maiores dúvidas.

O CNJ, na ausência de normas, tem baixado provimentos para preencher lacunas legais, o que não é a melhor solução. Esperemos que as reformas prometidas para o Código Civil restrinjam essa prática.

O art. 1.724 dispõe que as relações pessoais entre os companheiros obedecerão aos deveres de lealdade, respeito e assistência, e de guarda, sustento e educação dos filhos, no que se aproxima e se identifica a união estável do casamento em tudo que disser respeito à responsabilidade dos companheiros com relação à prole e a si próprios.

Conforme o art. 1.725, permite-se que os companheiros contratem acerca de seu regime patrimonial e, na ausência desse negócio, aplicar-se-á, no que couber, o regime da comunhão parcial de bens. Cuida-se do denominado contrato de convivência, que permite uma série de normas de cunho patrimonial, a exemplo dos pactos antenupciais, como veremos. O art. 1.726 dispõe que a união estável poderá converter-se em casamento, mediante pedido dos companheiros ao juiz e assento no Registro Civil.

O art. 1.727, já citado, define como concubinato as relações não eventuais entre o homem e a mulher impedidos de casar. Tal, por si só, não retira dessa modalidade de união todo o rol de direitos atribuídos à união estável, assim definida em lei. Não é essa a conclusão a que se há de chegar. Impõe-se verificar em cada caso, ainda que a situação seja de concubinato na concepção legal, quais os direitos de união estável que podem ser atribuídos aos concubinos, mormente a divisão de patrimônio adquirido pelo esforço comum. Aliás, essa vinha sendo a posição da jurisprudência acerca do relacionamento conjugal que, no passado, denominou-se concubinato impuro.

Essas disposições são péssimo exemplo legislativo e longe estão de estarem isentas de dúvidas e requererão intenso trabalho interpretativo e jurisprudencial, consoante analisaremos no curso dos vários capítulos deste volume.

O Projeto do Estatuto das Famílias sugeriu no art. 63 a seguinte conceituação da união estável.

> "É reconhecida como entidade familiar a união estável entre o homem e a mulher, configurada na convivência pública, contínua, duradoura e estabelecida com o objetivo de constituição de família.
>
> Parágrafo único. A união estável constitui estado civil de convivente, independentemente de registro, e deve ser declarado em todos os atos da vida civil".

Note que o texto do parágrafo único é de fulcral importância e enfrenta talvez o maior problema jurídico da união estável, que por ser fato, necessita a ser declinada e provada a todo tempo. Inafastavelmente vista como estado civil, a união estável deve ser de conhecimento de terceiros, para todos os fins de Direito. Sempre há, sem dúvida, como tudo no campo jurídico, uma zona cinzenta, que exigirá a perspicácia do intérprete e poderá ocasionar dificuldades na vida social dos conviventes. O legislador deverá estar atento a esse aspecto, inclusive cominando como crime a omissão do estado civil na forma desse parágrafo, cujos termos devem ser seguidos ainda que perante a ausência de texto legal expresso.

Quanto à compreensão da união estável, descrita no "*caput*" desse artigo, a lei projetada sintetiza tudo o que a doutrina e a jurisprudência vinham conceituando.

2.5 MOSAICO FAMILIAR

O nosso sistema legal reconhece fundamentalmente duas modalidades de família, o casamento e a união estável, tal como está na Constituição.

No entanto, no ordenamento ou fora dele há muitas formas familiares que refogem totalmente à família ortodoxa, algumas até à primeira vista parecem contra a lei. Temos sempre afirmado que a realidade em muitas oportunidades se coloca além da própria ficção. Nenhuma forma de convivência pode ser aprioristicamente condenada. As estruturas familiares devem ser compreendidas, na maioria das vezes, caso a caso, o que a jurisprudência brasileira tem feito com perspicácia nestas últimas décadas. Por isso se exige que o operador do Direito de Família tenha um perfil peculiar, não podendo se portar como um jurista que transita pelo direito das obrigações ou direitos reais, por exemplo. Daí reconhecer que existe um mosaico na classificação familiar que não pode seguir regras rígidas.

O casamento, como um negócio jurídico de direito de família, corresponde ao sacramento religioso, possui suas normas e solenidades solidificadas constituindo a denominada família legítima.

No final do século passado a nossa Constituição colocou a união estável do lado da família com casamento. É opção dos cônjuges casar ou não e o Estado passou a respeitar oficialmente essa posição. Com ou sem união estável, a família informal progride na sociedade, estando sempre a criar novos laços, por vezes surpreendentes.

Desde quando o concubinato foi alçado à terminologia de união estável em 1988, antigo concubinato puro, as uniões conhecidas dantes como concubinato impuro, aqueles que não se podiam tornar união oficial, foi colocado em outro patamar.

A sociedade brasileira adaptou e acolheu significativamente a união estável como demonstram as estatísticas.

Há, porém, outras estruturas da família que devem ser mencionadas.

A família monoparental é aquela em que apenas um progenitor, geralmente a mãe, a conduz. Usualmente, mas não exclusivamente, provém de mãe solteira ou abandonada pelo varão. A Constituição de 1988 menciona a família monoparental no art. 226, § 4º, sem tecer maiores digressões. Sua proteção, evidentemente, deve decorrer de todo o sistema.

A doutrina se refere também à família anaparental, que não pode ser desprovida de proteção legal. Como informa Rolf Madaleno, cuida-se da estrutura familiar que se caracteriza pela ausência de pessoa que ocupe posição de ascendente, como na hipótese de convivência apenas entre irmãos (2013:10). Os vínculos entre seus partícipes devem ter caráter de permanência com liames de afetividade, não bastando apenas uma reunião amorfa entre eles. Ademais, pode ocorrer família anaparental quando outro parente mais distante assuma sua coordenação, como um tio ou primo, ou mesmo um estranho, o que deve ser examinado no caso concreto em prol da proteção dessa entidade.

Há que se mencionar também o fenômeno das famílias reconstituídas, pais que se unem novamente após o desfazimento de sua primitiva relação conjugal, em novo matrimônio ou nova união estável. Tal faz com que filhos de mais de uma união passem a conviver, com problemas complexos a serem resolvidos. Nem sempre a convivência de duas proles será eficaz e tranquila. As figuras de padrastos e madrastas, enteados e enteadas são algo que sempre está a aguçar psicólogos, assistentes sociais, juristas e tribunais. Nem sempre o ordenamento terá a melhor resposta, dependendo sempre do cuidadoso exame do caso que se apresenta.

Ao lado de todas essas figuras que, em princípio, não colidem com princípios legais, há que se lembrar de situações excêntricas. Famílias paralelas, uniões estáveis ou casamentos que convivem com concubinato. Na letra da lei essa última união não deveria ser reconhecida. Não é, porém, o que demonstra a realidade, pois situações existem que exigem o reconhecimento de direitos na dupla relação, o que os exemplos jurisprudenciais evidenciam com muita frequência. A sociedade deve ser compreendida em todos os seus fenômenos.

A união poliafetiva é outra situação que ora e vez é informada pelos meios de comunicação, e já chegou aos tribunais. Esses relacionamentos plúrimos não podem ser levados aos cartórios, a fim de ser lavradas escrituras públicas para registar uniões poliafetivas, conforme decisão mais recente do CNJ, tendo em vista suas competências administrativas e não jurisdicionais, mais fortemente, pela falta de respaldo deste documento na legislação pátria (http://www.cnj.jus.br/noticias/cnj/87073-cartorios-sao-proibidos-de-fazer-escrituras-publicas-de-relacoes-poliafetiva). União de homens com mais de uma mulher concomitantemente, ou até mesmo mulheres com mais de um companheiro. Com propriedade diz Rolf Madaleno de forma ímpar:

> "É o poliamor na busca do justo equilíbrio, que não identifica infiéis quando homens e mulheres convivem abertamente relações afetivas envolvendo mais de duas pessoas" (2013:26).

Desse modo, até mesmo o consagrado princípio da monogamia pode desabar.

A família homoafetiva ganha espaço na sociedade com discussões acaloradas e reconhecimento cada vez mais amplo de nossos tribunais em todos os níveis, seguido pela legislação. O Supremo Tribunal Federal deu respostas diretas aos anseios dessas uniões, com reconhecimento da parceria homoafetiva, com possibilidade de casamento. Tratamos dessa entidade familiar no Capítulo 18 desta obra.

3

FORMALIDADES PRELIMINARES. HABILITAÇÃO PARA O CASAMENTO

3.1 LINEAMENTOS HISTÓRICOS

Como já apontamos, o casamento é o ato com maior número de solenidades no direito civil, no que é secundado pelo testamento. A lei procura envolvê-lo de pompa, publicidade e solenidade, de molde que garanta sua validade, bem como demonstrar sua importância no seio da sociedade. As exigências formais incluem um procedimento prévio, que antecede à celebração.

Desde a antiguidade, o casamento foi cercado de formas e solenidades, bem como de festividades. Explicam-se esses cuidados, segundo Guillermo Borda (1993:127), por três razões fundamentais: (a) evitam-se os perigos de um consentimento afoito; (b) obrigam os noivos a refletir sobre a transcendência do ato que vai ser realizado, despertando a consciência das obrigações e responsabilidades futuras; e (c) o formalismo contribui poderosamente para a vitalidade e a estabilidade das instituições. Por outro lado, a solenidade sempre foi instituto observado pelas religiões, às quais o casamento sempre esteve ligado.

Como persiste até hoje, em Roma, para que o cidadão se habilitasse ao casamento, deveria reunir certas qualidades e condições e estar isento de impedimentos. Na *confarreatio* já referida, à semelhança do que ocorria na Grécia, o casamento constava de três etapas sucessivas. A *traditio* era formalidade cumprida no lar paterno da mulher pela qual o *pater* a desligava de sua família. A *deductio in domum* era a condução da noiva até a casa do noivo. A noiva ia coberta com véu e grinalda, portando um archote, acompanhada de um cortejo que entoava hinos religiosos. Perante a casa do noivo, o cortejo detinha-se e era apresentado à noiva o fogo, representativo dos deuses do novo lar, e a água utilizada para os atos religiosos. Simulava-se um rapto, por tradição de épocas mais antigas. O noivo carregava-a nos braços e assim ingressava em seu lar. A noiva emitia gritos que eram acompanhados pelas mulheres de seu séquito. Já dentro do lar do noivo, os nubentes ofereciam um sacrifício perante o fogo sagrado dos deuses-lares, faziam uma libação, pronunciavam frases solenes e comiam juntos de um pão (*panis farreus*), ligando-se então definitivamente a mulher ao culto do marido, perante o pontífice máximo e dez testemunhas (Belluscio, 1987:228). Como se nota, as solenidades dessa época histórica tinham as mesmas finalidades modernas, quais sejam, atribuir seriedade e validade ao ato, além de torná-lo público.

A *coemptio*, também já por nós referida, no capítulo 2, desenvolvida por intermédio da *mancipatio*, assemelhava-se a uma compra e venda fictícia. A *mancipatio* também era um ato formal.

O Direito Canônico sempre tentou imprimir formalidades preliminares mais ou menos amplas ao matrimônio. Um decreto papal de 1907 determinou que essas formalidades fossem incluídas no rito matrimonial, com participação ativa do sacerdote. Essa disposição ingressou no Código Canônico de 1917 e persiste atualmente no Código de 1983, embora sem obrigatoriedade, porque cabe às conferências episcopais locais o estabelecimento das normas de habilitação. Pela disposição católica, o casamento deve ser precedido de diligências prévias para assegurar que não existe obstáculo para sua realização, validade e eficácia. Dentre essas formalidades está a publicação de proclamas.

Cita-se a Holanda, em 1580, como o país que possibilitou pela primeira vez, como opção, o casamento civil, para permitir o matrimônio dos católicos, pois a igreja holandesa era dissidente de Roma.

Após a Revolução Francesa, surge a ideia de que o casamento deveria ser regulado exclusivamente pela lei civil, como instituição que interessava à sociedade e ao Estado. Com o Código de Napoleão, o casamento civil difunde-se para outros países.

3.2 HABILITAÇÃO

Para os atos da vida civil em geral presume-se a aptidão. Alguns atos e a posição subjetiva das partes perante estes podem exigir um *plus* na capacidade que dessa forma se conceitua como legitimação. O casamento é daqueles atos de direito privado para os quais os interessados devem demonstrar uma aptidão específica, legitimação para contrair matrimônio. Nosso Código de 1916, sob a epígrafe "Das formalidades preliminares", disciplinava o procedimento que devia ser seguido pelos cônjuges a fim de se legitimarem à celebração do casamento. O Código de 2002 trata da matéria sob a epígrafe "Do processo de habilitação para o casamento" (arts. 1.525 ss). A matéria também é regulada pela Lei dos Registros Públicos, Lei nº 6.015/73, arts. 67 a 69, devendo permanecer somente nessa última lei, se admitida a sugestão do projeto de reforma do Código Civil enviado ao Senado. Os procedimentos desses dispositivos foram substancialmente simplificados e atualizados pela Lei nº 14.382/2022.

Trata-se de um procedimento, pois devem ser apresentados vários documentos que seguem um caminho em busca da habilitação para o ato. Apesar de sua ineficiência material, o sistema de publicação de proclamas persiste praticamente de forma geral no direito ocidental. Esse procedimento preparatório tem três fases distintas: a *habilitação*, que se processa nas circunscrições do registro civil perante o juiz; a *publicidade* nos órgãos locais; e por fim a almejada *celebração*.

O art. 1.526 do Código Civil determina que a habilitação se faz perante o oficial do Registro Civil, com a audiência do Ministério Público. O Projeto nº 6.960/2002 colocava em termos mais lógicos essa disposição ao estatuir:

> "A habilitação será feita perante o oficial do registro Civil e, se o órgão do Ministério Público impugnar o pedido ou a documentação, os autos serão encaminhados ao juiz, que decidirá sem recurso".

A nova redação do parágrafo único desse artigo dispõe que, ocorrendo a impugnação do oficial, do Ministério Público ou de terceiro, a habilitação será submetida ao juiz (alteração da Lei nº 12.133/2009).

Justifica-se a redação sugerida pelo fato de ser a homologação judicial uma medida burocrática e sem maior utilidade. A atuação do magistrado deverá ocorrer somente quando houver impugnação; esse o sentido do vigente texto.

O art. 1.525, do mesmo diploma, estipula que o requerimento de habilitação será firmado por ambos os nubentes, de próprio punho, ou a seu pedido, por procurador, devendo ser instruído com os seguintes documentos:

"I – certidão de nascimento ou documento equivalente".

Impõe-se que os pretendentes comprovem a idade núbil. No sistema de 1916 era 16 anos para as mulheres e 18 anos para os homens (art. 183, XII).[1] No Código de 2002, os nubentes podem casar-se a partir dos 16 anos (art. 1.517), exigindo-se a autorização de ambos os pais, ou seus representantes legais, enquanto não atingida a maioridade civil, que passou a ser atingida aos dezoito anos (art. 1.517).

Esse documento era importante não apenas para esse item, mas também para comprovar o estado e a qualificação dos nubentes, pois devia-se verificar se estavam sujeitos ao pátrio poder ou poder familiar, tutela ou curatela (art. 183, XI do CC/1916 e art. 1.517 do presente Código), ou se estavam inseridos na restrição do art. 258, parágrafo único, II, do Código de 1916 se ele fosse maior de 60 anos e ela maior de 50. No mais recente Código, essa restrição atinge o nubente em geral, se maior de 70 anos (art. 1.641, II).

A prova é feita mediante a apresentação do termo de nascimento. Como a Lei nº 765/49 autorizou o registro de nascimento serôdio com parcas formalidades, não são mais admitidas justificações para tal, pois esse singelo procedimento as substitui. Desse modo, com essa facilidade de ser obtido o registro, cai por terra a dicção "termo equivalente" presente na lei, e mantida no atual Código, pois as justificações de idade não têm mais sentido. A única possibilidade de prova equivalente, rara é verdade, é para os nascidos antes do advento do registro civil, permitindo-se que se prove o nascimento pela certidão batismal, proveniente dos livros eclesiásticos. O presente ordenamento manteve a dicção que pode ter aplicação eventual, por exemplo, para estrangeiros cuja legislação admita outra prova de nascimento.

"II – autorização por escrito das pessoas sob cuja dependência legal estiverem, ou ato judicial que a supra".

Os incapazes necessitam de autorização de seus representantes legais para contrair matrimônio.

---

[1] Ainda sob a vigência do Código de 1916, havia entendimento na jurisprudência no sentido de que, em virtude da nova ordem constitucional, não há mais que fazer a diferenciação de idade entre homens e mulheres. Nesse sentido, o Des. Tupinambá Miguel Castro do Nascimento, completando o raciocínio do Relator, afirma: "Tenho sustentado que, a partir de 5-10-88, devemos repensar todas as áreas do nosso Direito, porque há um ordenamento jurídico novo a partir da nova Constituição. Quando a maturidade existe como simples ficção de direito, ela é presumível e o que tem que se provar é a imaturidade. Hoje, na Constituição de 1988, a maturidade está ao menor de 16 anos, tanto que ele tem condições de ser uma parcela da soberania popular para votar para Presidente e Governador etc. Então, tenho que, por força da idade de 16 anos, o apelante tem presumida maturidade, e o que se deveria fazer no processo era o contrário, comprovar a imaturidade. Estou utilizando-me de um princípio que é tranquilo no Direito, só que o termo não é maturidade, é capacidade: capacidade presume-se, a incapacidade deve-se provar. O segundo elemento é a isonomia entre homem e mulher. Celso Ribeiro Bastos, no 2º vol. dos *Comentários à Constituição do Brasil*, quando comenta o art. 5º, I, da Constituição de 1988, diz não ser possível mais fazer diferença, em termos de direitos e obrigações, entre homens e mulheres. Por lei só a Constituição é que pode fazer..." (TJRS – Ap. 589007053, 18-4-89).

É necessário consentimento de ambos os pais para os menores de 18 anos no atual Código (art. 1.517).² Se analfabetos os genitores, da mesma forma autorizarão com assinatura a rogo.

---

² "Apelação cível. Direito de família. União estável iniciada com adolescente de 14 (quatorze) anos. Juíza de primeiro grau que não reconheceu a convivência até o alcance da idade núbil. Confirmação que se impõe. Capacidade para o casamento que se aplica à união estável. **Artigo 1.517 do Código Civil**. Norma destinada à proteção da criança e do adolescente. Eventuais reflexos patrimoniais que devem ser discutidos no âmbito da responsabilidade civil, dada a ilicitude da conduta do abusador. Um dos primeiros interditos morais de qualquer sociedade que se considere minimamente civilizada é o absoluto repúdio a qualquer relação amorosa e sexual com alguém despreparado, do ponto de vista físico e emocional, para tanto. A norma do artigo 1.517 do Código Civil – que trata da idade núbil para o casamento – se aplica também à união estável, independentemente da ausência de vedação nesse sentido, no artigo 1.723 do mesmo diploma. Recurso não provido" (TJPR – Ap 0007966-16.2020.8.16.0188, 3-5-2023, Rel. Vilma Régia Ramos de Rezende).

"Apelação cível – **Emancipação para casamento** – Autora, nascida em 25/03/2004, pretende suprimento judicial da autorização paterna para que possa se casar, apontando já contar com a anuência já genitora – Apelo voltado à sentença de improcedência – Não acolhimento – Pela inteligência do art. 1.517, do CC, os maiores de dezesseis anos podem casar, exigindo-se autorização de ambos os pais, ou de seus representantes legais, enquanto não atingida a maioridade civil – Já o art. 1.519, do mesmo diploma, preconiza que "a denegação do consentimento, quando injusta, pode ser suprida pelo juiz" – Na espécie, a menor não apresenta motivos relevantes a justificar o casamento nesta idade, sendo que sequer completou o ensino médio, não trabalha e não possui fonte de renda própria – O genitor, por sua vez, apresenta justas razões para ser contrário à pretensão da filha, pois se preocupa com o fato de ainda ser nova, não ter condições de se manter pelos próprios meios e pelas referências negativas que possui do noivo – Sentença mantida - recurso desprovido". (TJSP – Ap. 1010332-62.2020.8.26.0566, 23-7-2021, Rel. Rodolfo Pellizari).

"**Apelação cível** – Ação de anulação de negócio jurídica, cumulada com indenização – Alienação de bens realizada por apenas um dos cônjuges na constância do casamento – Regime da comunhão parcial – Preliminar de nulidade da sentença, por *extra petita*, analisada com o mérito e afastada. Inexistindo consentimento do cônjuge que não participou do negócio jurídico ou suprimento judicial, é anulável a venda, apenas pela mulher, de bem imóvel adquirido durante a constância do casamento celebrado no regime da comunhão parcial de bens. Intelecção dos arts. 1.647, I e 1.649 do CC. Considerando o disposto nos arts. 1.658 e 1.660, I, do CC, havendo a alienação, apenas por um dos cônjuges, sem o consentimento do outro, de bem móvel adquirido durante o casamento, de rigor a condenação daquele que obteve vantagem com a venda, a restituir metade do valor recebido, corrigido monetariamente e acrescido de juros de mora. Indenização por abalo moral inocorrente, pois ausente demonstração efetiva do dano sofrido. Apelo da ré desprovido e apelo do autor provido em parte. Unânime." (TJRS – AC 70078413762, 30-1-2019, Rel. Des. Dilso Domingos Pereira).

"Família – Apelação Cível – **Ação de suprimento de consentimento para casar** – Critério etário – Idade Núbil – Art. 1.517 do Código Civil – Exceções taxativamente previstas no art. 1.520 do Código Civil. Estudo psicossocial realizado. A postulante, ao tempo da contração da demanda, possuía 14 anos de idade, completando 15 anos no último dia 16 de julho; situação fática que não se amolda ao disposto no art. 1.517, do Código Civil; situações excepcionais elencadas no art. 1.520, do Código Civil. Inobservância na hipótese; Estudo social que sugere que o pleito de suprimento não seja deferido, posto que a menor encontra-se numa etapa não compatível com a realidade e as responsabilidades advindas de um casamento; sentença fundamentada no caráter biopsicológico; julgado que merece ser mantido; recurso conhecido e desprovido à unanimidade" (TJSE – AC 201800718933 – (21818/2018), 26-9-2018, Relª Ana Bernadete Leite de Carvalho Andrade).

"Apelação Cível – Alvará Judicial – **Suprimento de consentimento ao matrimônio** – Menor impúbere (13 anos) representada pelos genitores – 16 anos completados no curso do procedimento – Inteligência do art. 1.517 do Código Civil – Perda de objeto – Superveniente falta de interesse de agir – Carência de ação – Extinção do feito, de ofício, sem resolução de mérito – Exegese do art. 485, VI, do CPC/15 – Nos termos do art. 1.517 do Código Civil, o homem e a mulher com dezesseis anos podem casar, desde que autorizados por ambos os pais, ou seus representantes legais, enquanto não atingida a maioridade civil. Excepcionalmente, contudo, será permitido o casamento de quem ainda não alcançou a idade núbil (desde que autorizado judicialmente), para evitar a imposição ou cumprimento de pena criminal em caso de gravidez (inteligência do art. 1.520 do Código Civil). Ou seja, somente necessitam de autorização judicial para contração de núpcias, os menores de 16 (dezesseis) anos. *In casu*, tendo a Interessada completado 16 (dezesseis) anos no curso do procedimento, manifesta é a perda de objeto diante da superveniente falta de interesse de agir, razão pela qual, nessa hipótese, deve ser, de ofício, declarada a carência de ação e, por conseguinte, extinto o feito, sem resolução do mérito, com fulcro no art. 485, VI, do novo Código de Processo Civil" (TJSC – AC 0300271-42.2014.8.24.0020, 29-6-2017, Rel. Des. Joel Figueira Júnior).

"Apelação cível – **Suprimento judicial para constituição de matrimônio** – Menor sem idade núbil – Sentença de extinção do feito sem resolução do mérito – Inconformismo da requerente – Pretensão de evitar a imposição de pena criminal, nos termos da primeira parte do art. 1.520 do Código Civil – Permissivo legal tacitamente derrogado em razão da revogação da norma criminal justificadora que concedia a extinção da punibilidade pelo casamento da vítima com o seu ofensor – Intento Descabido – Sentença Mantida – Recurso Desprovido – Não mais se enquadrando o casamento como causa de extinção da punibilidade criminal, tornou-se inaplicável o permissivo civil que admite a constituição de núpcias por quem ainda não completou a idade núbil a fim de evitar a imposição ou cumprimento de pena criminal (CC, art. 1.520)" (TJSC – AC 2015.010050-2, 15-4-2016, Rel. Des. Subst. Luiz Antônio Zanini Fornerolli).

Se um dos progenitores estiver ausente do lar conjugal e em local não sabido, tem sido admitida a autorização de um só dos progenitores. As dúvidas devem ser sopesadas pelo Ministério Público no caso concreto que as apresentará ao juiz, se necessário.

Visto que a idade núbil é de 16 anos, os menores de 18 anos necessitarão da autorização. Ambos os pais devem autorizar e, em caso de divergência, aplicar-se-á o disposto no art. 1.631. O poder familiar cabe aos pais; na falta ou impedimento de um deles, o outro o exercerá com exclusividade. Se divergirem os pais a respeito da autorização, pode qualquer um deles recorrer à decisão judicial. Não mais se admite qualquer diferença de tratamento entre os cônjuges a partir da vigência da Constituição de 1988, cabendo iguais direitos ao pai e à mãe, razão pela qual a jurisprudência já vinha sufragando essa solução, não se aplicando mais, destarte, a solução do art. 186 do antigo Código. A mesma solução preponderará se os pais não forem casados. No sistema anterior, se os pais não fossem casados, constando apenas a mãe no registro civil, bastava sua autorização (art. 186, parágrafo único).

O menor não reconhecido pelo pai deverá ser autorizado pela mãe (art. 1.633). Se apenas o pai for conhecido e o reconheceu, dele deverá ser o consentimento. Se o menor estiver sob tutela, será necessário o consentimento do tutor. O mesmo se diga do interdito por prodigalidade, que não está inibido de contrair matrimônio e necessita da autorização do curador. O pródigo mantém plena capacidade nupcial, pois a lei não a restringe (Monteiro, 1996:36).

Note que a autorização para contrair matrimônio expedida pelos pais ou tutores pode ser revogada até a celebração do casamento (art. 1.518 do atual Código, com a redação da Lei nº 13.146/2015).

Quanto aos surdos-mudos, ou pessoas que apresentem outro grau de deficiência, que de *per si* não podem ser considerados de plano incapazes, há necessidade de avaliar se têm condições de manifestar sua vontade.

A Lei nº 13.146/2015 (Lei Brasileira de Inclusão da Pessoa com Deficiência – Estatuto da Pessoa com Deficiência) deve ser doravante consultada nesse aspecto, pois o legislador procurou conceder todos os direitos possíveis à pessoa com deficiência. Se houver dúvida se pessoa nessas condições pode manifestar cabalmente sua vontade, deverá ser feita uma avaliação, na forma do art. 2º dessa lei. O texto desse diploma refere-se à avaliação biopsicossocial, a fim de que seja definido o grau de limitação da pessoa com deficiência (§ 1º).

O Ministério Público pode requerer sua audiência. Há que se verificar também o âmbito da curatela, se decretada, examinando-se se o juiz não impôs como necessária a anuência de seu curador para o ato. Como essa deficiência da capacidade apresenta gradações, se o surdo-mudo, ou pessoa que apresentar outra deficiência, estiver impossibilitado de discernir, não poderá igualmente contrair casamento, porque não poderá manifestar sua vontade. O § 2º do art. 1.550, introduzido pelo Estatuto da Pessoa com Deficiência, dispôs que *"a pessoa com deficiência mental ou intelectual em idade núbia poderá contrair matrimônio, expressando sua vontade diretamente ou por meio de seu responsável ou curador"*. O caso concreto poderá apresentar dificuldades que serão dirimidas pelo juiz se necessário, com auxílio de técnicos.

Ambos os progenitores devem necessariamente outorgar sua anuência. Havendo recusa, os interessados devem ingressar com pedido de suprimento judicial do consentimento.[3] O juiz

---

[3] O art. 185 do Código anterior estatuía que na hipótese de divergência entre os progenitores para autorizar o casamento de filho menor, prevaleceria a vontade do pai, ou, sendo o casal separado, divorciado ou tivesse sido seu casamento anulado, prevaleceria a vontade do cônjuge com quem estivessem os filhos. Essa disposição, como vimos, já não podia prevalecer perante os rumos dados pelo diploma constitucional de 1988, que pôs em situação de igualdade o homem e a mulher.

deverá examinar se a recusa foi injusta, outorgando então o suprimento do consentimento, nos termos do art. 1.519. Importa notar que aquele que nega o consentimento deve justificar e provar suas razões. O caso concreto definirá a justiça ou injustiça da recusa no consentimento. De acordo com o art. 1.537 do presente Código, o instrumento de autorização para casar deve ser integralmente transcrito na escritura antenupcial.

> *"III – declaração de duas testemunhas maiores, parentes ou não, que atestem conhecê-los e afirmem não existir impedimento, que os iniba de casar".*

Esse documento é mais um adminículo probatório e busca atestar a idoneidade dos consortes e de suas declarações. Essa declaração pode ser assinada por parentes ou estranhos, derrogando a restrição do art. 228, V, que proíbe o testemunho de parentes próximos. A Lei dos Registros Públicos é expressa nesse sentido (Lei nº 6.015/73, art. 42). O valor desse documento, como se percebe, é relativo, pois pode ser facilmente obtido.

> *"IV – declaração do estado civil, do domicílio e da residência atual dos contraentes e de seus pais, se forem conhecidos".*

Essa declaração, denominada memorial, deve ser apresentada pelos próprios interessados e por eles assinada, em conjunto ou separadamente. Com ela esclarece-se seu estado civil: casados, solteiros, viúvos ou divorciados, situação de eventual desfazimento do casamento anterior, existência de filhos etc. O local do domicílio respectivo também é importante, porque, se os nubentes residirem em diversas circunscrições do registro civil, em uma e em outra publicar-se-ão os editais. Se o Ministério Público entender necessário, havendo suspeita de tentativa de fraude para evitar a oposição de impedimento ou expedição de duplos editais, poderá requerer atestado de residência emitido pela autoridade policial. Pode ser exigida justificação ou atestado de duas testemunhas, se o pretendente tiver residido a maior parte do último ano em outro Estado, provando que de lá partiu sem qualquer impedimento matrimonial. O mesmo é exigível, e com maior razão, se o interessado residiu no exterior.

Não deve ser exigido do estrangeiro prova de situação regular no Brasil. Essa exigência não consta da lei, cuja interpretação não pode ser ampliativa, não se podendo restringir também o direito natural ao casamento (Monteiro, 1996:38). Ficará ele apenas sujeito às reprimendas administrativas e penais.

Se o requerente foi casado, deverá apresentar certidão da sentença de divórcio ou anulação de casamento ou atestado de óbito do cônjuge falecido.

> *"V – certidão de óbito do cônjuge falecido, de sentença declaratória de nulidade ou de anulação de casamento, transitada em julgado, ou do registro da sentença do divórcio".*

Esses documentos objetivam evitar o casamento de pessoas já casadas. Enquanto não provada a morte do cônjuge, persiste o estado de casado. Na hipótese de morte ocorrida em naufrágio ou outra catástrofe, quando não foi possível localizar o cadáver e estiver provada a presença da pessoa no local, pode ser admitida a justificação para o assento de óbito. Ademais, o Código autoriza a decretação de morte presumida, além da hipótese de ausência, as situações descritas no art. 7º. Veja o que comentamos a esse respeito no primeiro volume desta obra.

Falecimento ocorrido no exterior prova-se pelo documento idôneo no país estrangeiro.

Na hipótese de cônjuge divorciado ou que teve casamento anterior anulado, como referido, deve ser juntada certidão da sentença, o que somente se admite com trânsito em julgado. Há questões de relevo que podem surgir nas segundas núpcias do divorciado.

Será idônea a certidão de divórcio proferida pela Justiça de país estrangeiro que o admita, ficando porém subordinada doravante à respectiva homologação pelo Superior Tribunal de Justiça, em consonância com a emenda constitucional nº 45, de 8 de dezembro de 2004 (não mais pelo STF, como anteriormente), pois se trata de sentença desconstitutiva e não meramente declaratória (art. 15 da Lei de Introdução ao Código Civil, atual Lei de Introdução às Normas do Direito Brasileiro, Lei nº 12.376 de 30-12-2010). Essa é a posição de nosso tribunal maior. Muitos autores entenderam que essa sentença era de natureza declaratória, não necessitando de homologação pelo Tribunal Superior. Não foi o que prevaleceu na jurisprudência, no entanto.[4] Barros Monteiro (1996:40) comenta:

> *"Urge não perder de vista, no entanto, que há três espécies de ação de estado: constitutivas, destrutivas e declarativas. As primeiras são aquelas que se baseiam num julgamento, como o divórcio, a separação judicial, a interdição e a destituição do pátrio poder; as segundas, as que desfazem determinada situação, como a de nulidade ou anulação de casamento; as terceiras, finalmente, as que reconhecem certa situação, como a investigação de paternidade e a contestação de filiação".*

Nesse diapasão, não são sentenças de mera declaração as que decretam o divórcio, mas constitutivas, porque modificam o estado civil.

O § 6º do art. 7º da Lei de Introdução ao Código Civil, atual Lei de Introdução às normas do Direito Brasileiro, Lei nº 12.376 de 30-12-2010 dispunha que o divórcio realizado no estrangeiro, se um ou ambos os cônjuges forem brasileiros, só seria reconhecido no Brasil depois de três anos da data da sentença, salvo se houver sido antecedida de separação judicial por igual prazo, caso em que a homologação produzirá efeito imediato, obedecidas as condições estabelecidas para eficácia das sentenças estrangeiras no país. A Lei nº 12.036, de 2009, estabelecera o prazo de um ano, em consonância com o disposto na Constituição Federal. A Emenda Constitucional nº 66/2010 extinguiu o último resquício que ainda nos prendia ao sistema passado, abolindo a separação judicial prévia, antecedente ao divórcio.

Nossa lei não exige como documento prévio para o matrimônio, como regra, exame pré-nupcial. A Constituição de 1934 chegou a mencionar essa exigência, que não foi regulamentada. Muitas legislações a exigem, como forma de atenuar deficiências congênitas da prole e evitar moléstias hereditárias. Em nosso direito, apenas se exige esse exame no casamento de colaterais de terceiro grau, ou seja, tio com sobrinha ou tia com sobrinho (Decreto-lei nº 3.200/41). Essa lei é minuciosa para regrar o procedimento do exame. Os pretendentes devem requerer ao juiz da habilitação que nomeie dois médicos que atestem sua sanidade, afirmando não verificar inconveniente quanto à saúde deles e da prole para contrair núpcias. Sem esse

---

[4] "Divórcio direto – Inicial indeferida – Partes que já tiveram o divórcio decretado na Austrália – Alegação de dificuldades para homologação da sentença estrangeira – Descabimento – Publicação Conselho Nacional de Justiça (CNJ), do ano de 2016, no sentido de que sentença estrangeira de divórcio consensual já pode ser averbada diretamente em Cartórios de Registro Civil das Pessoas Naturais, sem a necessidade de homologação judicial do Superior Tribunal de Justiça (STJ) – Regra que, ademais, encontra previsão no Provimento nº 53, de 16 de maio de 2016, editado pela então Corregedora Nacional de Justiça, ministra Nancy Andrighi – Ainda de acordo com a referida publicação, a Corregedoria do Conselho Nacional de Justiça (CNJ) regulamenta a averbação direta de sentença estrangeira de divórcio, atendendo à nova redação do artigo 961, parágrafo 5º, do CPC, seguindo o qual "a sentença estrangeira de divórcio consensual produz efeitos no Brasil, independentemente de homologação pelo Superior Tribunal de Justiça (STJ) – Inicial corretamente indeferida – Sentença mantida – Recurso improvido" (*TJSP* – Ap. 1123476-88.2019.8.26.0100, 19-6-2020, Relator Salles Rossi).
Corroborando com o afirmado, o STF tem sempre reconhecido sua competência para realizar a homologação de sentenças de divórcio proferidas por tribunais alienígenas (*STF* – Proc-Sec 4615, 17-4-98, Rel. Carlos Velloso).

exame, que nessa situação é requisito para as bodas, o casamento é nulo (Monteiro, 1996:44). Se o atestado médico declarar a inconveniência do casamento, prevalecerá em toda plenitude o impedimento matrimonial. Nesse ponto, o Projeto nº 6.960/2002 sugere que se acrescente parágrafo ao art. 1.521 com a seguinte redação:

> "Poderá o juiz, excepcionalmente, autorizar o casamento dos colaterais de terceiro grau, quando apresentado laudo médico que assegure inexistir risco à saúde dos filhos que venham a ser concebidos".

3.3 SUPRIMENTO DO CONSENTIMENTO

Quando o representante do incapaz nega o consentimento para o casamento, pode ser pleiteado seu suprimento judicial, na forma do art. 1.519: *"A denegação do consentimento, quando injusta, pode ser suprida pelo juiz".*[5] O art. 1.517, como citamos, determina que se aplique o art. 1.631 do Código. Desse modo, esse suprimento de consentimento também pode ser promovido contra apenas um dos progenitores, quando o outro está de acordo com o matrimônio.

Essa ação, não tendo rito especial, deveria obedecer ao procedimento comum, ordinário, pois a lei não lhe imprimiu outro. Evidente que esse rito não atende às finalidades de presteza desse pedido. No sistema anterior, o estatuto processual disciplinava o procedimento de outorga judicial nos arts. 625 ss. Sílvio Rodrigues (1999:28) opina que deverá ser obedecido o rito do processo cautelar, pois o pedido de suprimento do consentimento é preparatório do

---

[5] "Apelação Cível – Ação de suprimento judicial de idade para casamento – Preliminar de cerceamento ao direito de defesa, em razão da não intimação da parte manifestar-se sobre o parecer ministerial – inocorrência – mérito – situação dos autos que se enquadra na hipótese prevista no art. 1520 do código civil – recurso conhecido e provido – sentença reformada – I – O ordenamento jurídico vigente permite o suprimento da idade para fins de matrimônio, desde que demonstrado o intuito de evitar a imposição ou cumprimento de pena criminal ou, ainda, na hipótese de gravidez da nubente. II – Na hipótese vertente, a menor cujo suprimento para casar se busca nesta demanda possui, atualmente, 14 anos de idade, já estando convivendo com seu companheiro há algum tempo, inclusive tendo com ele um filho. III – O impedimento matrimonial da imaturidade fisiológica não pode se sobrepor à realidade fática/cultural apresentada pela relação existente entre a adolescente e seu pretenso marido" (TJMS – Ap 0801580-16.2015.8.12.0028, 27-3-2018, Rel. Des. Alexandre Bastos).
"Civil e processual civil – **Ação de suprimento de idade para casamento** c/c modificação do regime de bens pleito de alteração de regime de bens impossibilidade – Art. 1.641, III, do CC/2002 recurso conhecido e improvido sentença mantida. Casamento realizado através de suprimento judicial, tendo em vista ser a autora menor, à época com 15 anos de idade, em virtude de constatada gravidez; obrigatoriedade do regime de separação obrigatória de bens, nos termos do art. 1.641, III, do CC/2002; necessidade de tutela estatal do menor e impossibilidade de esvaziamento da norma; ausência de direito dos autores de escolha do regime legal de separação de bens, vez que, a observância da norma em tais casos é obrigatória; possibilidade posterior de alteração do regime de bens, quando da maioridade da autora, não havendo qualquer prejuízo às partes; recurso conhecido e improvido. Sentença mantida incólume" (TJSE – AC 201500827416 – (14518/2016), 15-8-2016, Rel. Des. Alberto Romeu Gouveia Leite).
"**Suprimento de idade** – Casamento – Menor de 16 anos – Admissibilidade – Jovem que de fato já convive maritalmente com noivo – Concordância, ademais, dos genitores da menor – Suprimento concedido – Recurso a que se dá provimento" (TJSP – Ap 0004275-67.2014.8.26.0368,17-9-2015, Rel. Mauro Conti Machado).
"**Suprimento de idade** – Art. 1.520, C. Civil – Gravidez comprovada – Convivência em união estável – Convolação em matrimônio – Garantia constitucional (art. 226, § 3º) – Sentença reformada – Revela-se possível o suprimento de idade com a finalidade de efetivar o matrimônio, ao abrigo do art. 1.520, última parte, do C. Civil, em razão de gravidez, observando-se ainda os princípios constitucionais para a manutenção da entidade familiar e a facilitação para conversão da união estável em casamento" (TJMT – Ap 102431/2013, Rel. Des. Carlos Alberto Alves da Rocha, DJe 24-2-2014, p. 197).
"Civil – ECA – **Suprimento de idade para casamento** – Art. 1.520 do Código Civil – Recurso desprovido – A autora possui 15 (quinze) anos, não está grávida, e o pedido de suprimento judicial de idade não encontra amparo no art. 1.520 do Código Civil, hipótese de exceção a quem não alcançou a idade núbil e neste caso o consentimento dos genitores é insuficiente" (TJDFT – Proc. 20110510115480 – (611049), 31-8-2012, Rel. Des. Lecir Manoel da Luz).

processo de habilitação do casamento, solução engenhosa e que tem encontrado respaldo na prática. Caberá aos juízes, de qualquer modo, zelar pela celeridade que o caso exige. Não será possível a antecipação de tutela, pois, realizado o matrimônio, não mais poderá ser revertido, e a natureza do ato não permite condição.

O magistrado deverá analisar a motivação da denegação por ambos os pais ou um deles ou pelos responsáveis. A recusa pode ter sido justa. Os motivos são os mais variados: o nubente tem vida pregressa irregular com condenação criminal; vício em tóxicos; homossexualismo; grave risco à saúde e à eventual prole. Importará o caso concreto e o prudente arbítrio do juiz.

O fato de o dispositivo legal de 1916 mencionar que a sentença ficava sujeita a recurso causava certa perplexidade. Primeiramente porque toda decisão é, em princípio, recorrível. A lei não faz referência ao recebimento desse recurso tão somente no efeito devolutivo. Ora, subordinada a decisão a ambos os efeitos, dificilmente a decisão de segunda instância atenderá ao clamor de urgência da pretensão. Certamente, melhor será para os interessados aguardar sua maioridade. Por outro lado, a doutrina ainda discutia se a lei se referia ao recurso *de ofício*. Nada autorizava essa conclusão, no entanto, considerando-se, ainda, que o art. 496 do CPC não se refere a essa hipótese. Melhor seria que essa decisão não ficasse sujeita a recurso.

Legitimado para a ação será o nubente que teve a autorização recusada. Pode também a ação ser promovida contra um dos pais, se somente este recusa a autorização. Já nos reportamos sobre a aplicação do art. 1.631 do presente código.

Deve ser entendido que sua legitimação processual independe de representação ou assistência, embora, tecnicamente, devesse ser nomeado curador especial para o ato, pois irá litigar contra o interesse do pai, da mãe ou do responsável. Entende-se que também o Ministério Público e outros parentes têm legitimidade concorrente para essa ação, no interesse do menor (Rizzardo 1994:48).

Uma vez deferido o suprimento do consentimento, o casamento será realizado obrigatoriamente sob o regime de separação de bens (art. 1.641, III). O legislador procura proteger a situação patrimonial dos cônjuges em todos os casamentos realizados com suprimento judicial, procurando isolá-lo da noção de cupidez.

O art. 1.518 permite, por outro lado, que os pais ou tutores retratem seu consentimento até a celebração do casamento. O Estatuto da Pessoa com Deficiência retirou desse dispositivo a menção aos curadores, que ganham disciplina própria nessa lei.

Permite-se que o juiz ordene, como medida cautelar, o afastamento do menor autorizado a contrair o casamento contra a vontade dos pais, medida que é de duvidosa utilidade e não vigora, a nosso ver, no vigente Código Civil.

O suprimento do consentimento não se confunde com a *suplementação de idade* que podia ser conferida, no sistema de 1916, ao menor de 18 anos e à menor de 16 para casar.[6] Como acentuamos, a idade núbil para ambos os cônjuges no Código é de 16 anos. O art. 214 do Código de 1916 dispunha que esses menores podiam casar-se para evitar imposição ou cumprimento de pena criminal. Cuida-se de casos nos quais o casamento tem o condão de extinguir a punibilidade. Por extensão, entendia-se que essa suplementação também podia ser concedida para evitar que o menor se submeta às disposições punitivas da legislação de menores. Para ser tipificada essa situação, mister que tivesse sido praticada uma infração penal contra o menor ou a menor ou ato equivalente, descrito na legislação do menor e do adolescente. Não se exige a instauração de processo penal. Tratava-se de situação em que o juiz podia dispensar

---

6   Ver nota 1 deste capítulo.

os proclamas. A natureza da ação, contudo, como veremos a seguir, é diversa do suprimento. Nessa ação, a sentença suplementa a idade núbil; na outra, supre o consentimento.

O art. 1.520 do vigente Código com a redação da Lei 13.811/2019 passou a dispor:

> *"Não será permitido, em qualquer caso, o casamento de quem não atingiu a idade núbil, observado o disposto no art. 1.517 deste Código".*

Cuida-se, portanto, da suplementação da idade núbil, para o menor ou a menor de dezesseis anos.[7] De acordo com o art. 1.520 do CC, 16 anos é considerada a "idade núbil", ou seja, a idade mínima para se casar legalmente, mediante autorização dos pais ou representantes legais. O novo texto confere nova redação a este artigo do Código Civil. Desta forma, estas alterações suprimem definitivamente exceções legais permissivas do casamento infantil. Eram exceções que acarretavam prejuízos discriminatórios, uma vez que incide de modos distintos sobre meninos e meninas, atentam tanto contra a dignidade das crianças, acarretam "prejuízos psicológicos e sociais", em razão do "nível de desenvolvimento psicossocial" dos menores envolvidos.

Conforme o art. 1.641, III, o regime de bens obrigatório para o casamento em caso de suprimento judicial também é o da separação de bens (arts. 1.687 e 1.688).

3.4 PROCEDIMENTO DE HABILITAÇÃO

A habilitação processa-se pessoalmente perante o oficial do Registro:

> *"Art. 1.526. A habilitação será feita pessoalmente perante o oficial do Registro Civil, com a audiência do Ministério Público.*

---

[7] "Menor. **Suprimento de idade núbil.** Autora, nascida em maio de 2006, e que completou recentemente 15 anos de idade, que pretende casar-se com seu atual namorado. Autora que aduz haver engravidado e estar na iminência de dar à luz o filho do casal. Alegação de que o casamento, na espécie, privilegiaria os interesses do nascituro, bem como o de sua família. Inadmissibilidade. Autora que não alcançou a idade núbil de 16 anos prevista pelo art. 1.517 do CC. Ademais, embora o art. 1.520 do CC autorizasse excepcionalmente o casamento antes do alcance da idade núbil para evitar-se imposição ou cumprimento de pena criminal, ou na hipótese de gravidez, referido dispositivo foi revogado com o advento da lei 13.811/2019. Atual redação do art. 1.520 do cc que veda, em caráter absoluto, o casamento de quem não atingiu a idade núbil. Sentença de improcedência mantida. Recurso improvido". (TJSP – Ap. 1007581-69.2020.8.26.0286, 7-7-2021, Rel. Vito Guglielmi).

"Agravo de instrumento – Ação de medidas de proteção – Decisão recorrida que indeferiu o desacolhimento da menor Jessica de 15 anos e de sua filha Agatha de apenas 1 ano de vida – irresignação da genitora – pleito de entrega das menores ao namorado da adolescente, ao argumento de que eles tem um relacionamento estável e saudável – impossibilidade – Adolescente que não se encontra em **idade núbil** – Pretensão que viola a regra do artigo 1.520 do CC – Agravante que reconhece que o namorado da menor não reúne condições de cuidar da adolescente e da bebê – estudos técnicos que recomendam a manutenção do acolhimento das menores – decisão mantida. Recurso conhecido e desprovido. O pleito para o desacolhimento de Jessica de 15 anos, juntamente com sua filha Agatha de apenas 1 ano de idade, para que passem a residir com o atual namorado da adolescente, o Sr. Diego, ao contrário do que sustenta a Agravante, não representa a melhor adequada a garantir o melhor interesse das menores. Assim, considerando que os estudos técnicos concluem pela manutenção do acolhimento institucional das infantes, esta é, por ora, a medida adotada, pelo que deve ser mantida a decisão recorrida" (TJPR – Proc. 0021972-10.2020.8.16.0000, 22-7-2020, Rel. Roberto Antônio Massaro).

"Civil. Família. **Alvará judicial para suprimento da idade núbil.** Menor de 16 anos grávida. Improcedência do pedido diante da pendência de decisão criminal sobre estupro de vulnerável supostamente cometido contra ela pelo nubente. Absolvição criminal posterior à sentença civil. Exceção do art. 1.520 do CC configurada. Sentença reformada. Recurso provido. Age cautelosamente o magistrado que, ante a possibilidade da condenação criminal do nubente, por estupro de vulnerável, julga improcedente o pedido de expedição de alvará judicial para suprimento da idade núbil. Entretanto, a absolvição acerca do crime supracitado dá margem à reforma da sentença. De outro lado, o artigo 1.520 do Código Civil prevê a possibilidade do suprimento da idade núbil, mediante alvará judicial, se houver gravidez" (TJSC – Acórdão Apelação Cível 2011.042888-6, 25-10-2012, Rel. Des. Luiz Carlos Freyesleben).

Parágrafo único. Caso haja impugnação do oficial, do Ministério Público ou de terceiro, a habilitação será submetida ao juiz" (Com a redação da nova Lei nº 12.133, de 17 de dezembro de 2009).

Apresentados os documentos ao oficial pelos interessados ou seus procuradores, os pretendentes requererão certidão de que estão habilitados para o casamento (art. 67 da Lei dos Registros Públicos). De acordo com o art. 1.527, o oficial do registro civil deverá lavrar os proclamas, mediante edital, que será afixado em local ostensivo, durante 15 dias onde são celebrados os casamentos e se publicará pela imprensa onde a houver. O edital será fixado nas circunscrições do Registro Civil de ambos os nubentes se residirem em circunscrições diversas do registro civil (art. 1.527). O edital tem por finalidade dar conhecimento aos terceiros para oposição de impedimento.

Trata-se de cognição sumária. Se indeferida a habilitação, os interessados deverão recorrer à ação judicial. Imaginemos que, por exemplo, uma certidão foi considerada falsa ou há dúvidas sobre divórcio obtido no exterior. A matéria deve ser vertida no processo próprio. O Ministério Público, como fiscal da lei, também tem legitimidade para essa ação.

Decorrido prazo de 15 dias da fixação do edital, se ninguém opuser impedimento e não se tratar de caso de oposição de ofício, o oficial certificará que os pretendentes estão habilitados para se casar dentro dos três meses imediatos. O art. 1.532 do corrente Código estipula que a eficácia da habilitação será de 90 dias, a contar da data em que foi extraído o certificado. O mais recente diploma prefere, como regra, disciplinar os prazos em dias e não mais em meses, como fazia o diploma anterior. Esse prazo é de caducidade. Não se realizando o matrimônio nesse período, a habilitação deve ser renovada. Outras legislações conferem prazo mais longo nessa hipótese.

"O direito brasileiro restringe-o a um trimestre para conservar mais viva na memória a publicação dos editais, franquear a denúncia de impedimento, e resguardar de maiores riscos a núpcias pretendida" (Pereira, 1996, v. 5:55).

Observe que essa certidão do registro civil habilita os pretendentes para o casamento civil ou religioso com efeitos civis. Lembre-se que, de acordo com o art. 1.512, parágrafo único, a habilitação para o casamento, o registro e a primeira certidão serão isentos de selos, custas e emolumentos, para as pessoas cuja pobreza for declarada. Sob as penas da lei.

O procedimento de habilitação completa-se com o registro dos editais no cartório que os houver publicado, para garantia e segurança do ato, podendo ser fornecida certidão a quem solicitar. Como tem apontado a jurisprudência, irregularidade no processo de habilitação não leva à nulidade do casamento. O oficial do registro civil que transgredir seu dever de ofício nesse procedimento pode sujeitar-se às reprimendas administrativas e criminais.

O Código traz outras disposições acerca desse procedimento que não alteram seu sentido principal.

O art. 1.528 estipula que é dever do oficial do registro esclarecer os nubentes a respeito dos fatos que podem invalidar o casamento, bem como sobre os diversos regimes de bens. O Código anterior não possuía dispositivo semelhante. É essencial que esclareça que na ausência de pacto antenupcial, o casamento será regido pelo regime da comunhão parcial de aquestos. Deve esclarecer os nubentes sobre os principais efeitos desse regime ou de qualquer outro que seja escolhido.

O procedimento de habilitação, inclusive o da oposição de impedimentos, é regulado pelo art. 67 da Lei dos Registros Públicos, que deverá ser examinado em conjunto com as normas do presente Código. O art. 1.529 complementa que tanto os impedimentos quanto as causas suspensivas serão opostos em declaração escrita e assinada, instruída com as provas do fato alegado, ou com a indicação do lugar onde possam ser obtidas. O vigente Código dá o nome de causas suspensivas aos antigos impedimentos descritos no art. 1.523. O oficial dará aos nubentes ou a seus representantes a nota de oposição, indicando os fundamentos, as provas e o nome de quem ofereceu (art. 1.530). Pelo parágrafo único desse dispositivo, os nubentes podem requerer prazo razoável para fazer contraprova, bem como promover as ações civis e criminais contra o oponente de má-fé. Pela Lei dos Registros Públicos, esse prazo é doravante de 24 horas (art. 67, § 5º, com redação dada pela Lei nº 14.382/2022). A decisão será do juiz, após a oitiva dos interessados e do Ministério Público.

Por outro lado, estando em ordem o processo de habilitação, decorrido o prazo de edital e verificada a inexistência de fato obstativo, o oficial extrairá o certificado de habilitação (art. 1.531), que, como vimos, terá a validade de 90 dias a contar da data em que foi extraído, segundo o presente Código.

3.4.1 Dispensa de Proclamas

Dispõe o parágrafo único do art. 1.527 que a autoridade competente, havendo urgência, poderá dispensar a publicação dos editais, desde que apresentados os documentos exigidos, como é evidente.

Cabe ao juiz de direito da circunscrição, que é a autoridade competente, decidir acerca do pedido.[8] A urgência deve ser examinada no caso concreto. A matéria está regulada pelo art. 1.046, § 3º, do CPC/2015. De qualquer forma, deve haver manifestação judicial. A Lei dos Registros Públicos disciplina a matéria no art. 69, agora de forma mais singela na Lei nº 14.382/2022). Note que o CPC de 2015 inseriu capítulo para ações de família, no qual se destaca que todos os esforços serão empreendidos para a solução consensual de controvérsia (art. 694).

Esse processo exige celeridade. Frisemos, porém, que o pedido deve apresentar fundados motivos, e não mero capricho para os pretendentes dispensar os proclamas. Cabe que a solução leve em consideração os aspectos do caso concreto.

---

[8] "**Casamento** – Nubentes residentes em diversas circunscrições de registro civil. Edital de proclamas publicado a tempo apenas na sede em que realizado o casamento. Omissão da serventia que resultou na publicação do edital na outra circunscrição de registro civil somente após a realização do ato. Dispensa autorizada pelo juiz de direito, na forma do artigo 199, I do Código Civil – Mandado de segurança impetrado pelo Ministério Público para anulação do ato – Segurança denegada" (TJSP – Mandado de Segurança nº 111.022-4 – São Paulo, 1ª Câmara de Direito Privado, Rel. Luís de Macedo, 20-8-99).
"**Pedido de dispensa do prazo** e da publicação do edital de proclamas para casamento, com fundamento em que o casal convive maritalmente há mais de quatro anos, com nascimento de dois filhos – Pedido deferido pelo juiz – Apelação da curadoria de registros públicos – Entrementes, o casamento se realizou – A reforma da decisão não desconstituiria o ato solene do casamento, o que carece de ação própria – A recorrente perdeu o interesse de agir – Apelação conhecida e julgada prejudicada. Decisão: conhecer e julgar prejudicada. unânime" (TJDF – Ap. Cível 2878692, 21-6-93, Rel. Campos Amaral).

4

IMPEDIMENTOS MATRIMONIAIS. CAUSAS DE ANULAÇÃO E CAUSAS SUSPENSIVAS

4.1 LEGITIMAÇÃO E CAPACIDADE PARA O CASAMENTO

Como já enfatizamos, o casamento é um negócio jurídico complexo. Sob sua denominação é designado não somente o negócio jurídico bilateral de direito de família, de índole contratual, como também o estado que lhe sucede. Por outro lado, não se ultima unicamente pelo consentimento dos cônjuges e as formalidades de celebração, mas depende de um procedimento prévio de habilitação perante o oficial do registro civil. Nesse diapasão, os pretendentes ao casamento devem posicionar-se subjetivamente, de molde que tenha legitimidade para o ato. Para tal, a lei fixa um rol de situações que torna o casamento nulo ou anulável ou o sujeita a algum tipo de sanção. Nesse sentido, sinteticamente, podemos afirmar que se denominam impedimentos matrimoniais as proibições que a lei atribui a pessoas que pretendem contrair determinado casamento. Cuida-se de fatos ou situações que afetam um ou ambos os contraentes ao lado dos elementos essenciais ou intrínsecos, quais sejam, a diferença de sexos, o consentimento e a manifestação de vontade. Vistos *a contrario sensu*, os impedimentos estampam requisitos para os nubentes, proibindo que se casem se não estiverem legitimados. Se, a despeito das proibições, os consortes contraírem casamento, o ordenamento reage com gradações, com a nulidade do ato, sua anulabilidade ou a imposição de sanção de outra natureza, como veremos.

Os impedimentos matrimoniais, dessa forma, operam como um obstáculo para a realização do casamento, e, se desobedecidos, o ordenamento, no presente Código, reage com sanção de nulidade (art. 1.548, II).[1]

---

[1] Na antiga denominação, conforme o Código de 1916, os *impedimentos dirimentes* são os que constituem obstáculo para a celebração de um casamento válido. Os oito primeiros impedimentos do antigo art. 183 eram *absolutamente dirimentes*, porque levavam à nulidade do ato. Os quatro seguintes eram os *relativamente dirimentes*, porque tornavam o casamento anulável. Os últimos quatro impedimentos do artigo eram os *proibitivos ou impedientes*, que o corrente Código denomina "causas suspensivas", cuja infração não torna o ato nulo ou anulável, mas sujeita os nubentes a alguma sanção, atualmente a separação obrigatória de bens.

O impedimento cuida, na verdade, de *proibição de casar dirigida a uma pessoa em relação a outras predeterminadas* (Gomes, 1983:78). O conceito é de legitimação, modalidade de capacidade em sentido estrito.

A crítica constante da doutrina sobre esse posicionamento é que a lei confunde incapacidade com impedimento matrimonial propriamente dito, que se traduz em *legitimação*.

A incapacidade estampa o conceito amplo de falta de aptidão para os atos da vida civil e inibe qualquer pessoa de casar, como o menor de 18 anos e a menor de 16, no sistema de 1916; e o menor de 16 anos em geral no Código de 2002.[2] Lembremos que a capacidade matrimonial não coincide com a capacidade em geral. A noção de impedimento está ligada à de legitimação, importada da ciência processual. Assim, por exemplo, o ascendente não tem legitimidade para casar com o descendente, mas pode casar-se com outra pessoa, pois tem capacidade para tal. Ocorre, na hipótese, que a relação de parentesco a inibe de casar com o parente. O Código de 2002 procurou ordenar a matéria distinguindo situações de *capacidade matrimonial*, os *impedimentos* (art. 1.521), antes referidos como dirimentes absolutos, e as *causas suspensivas* (art. 1.523), os quais no estatuto anterior eram os impedimentos de menor força, os chamados impedientes. Os impedimentos que eram conhecidos como dirimentes relativos no Código anterior são doravante tratados como causas de anulação do casamento.

Destarte, os impedimentos não se confundem com os pressupostos de existência e validade do casamento já mencionados. A pessoa impedida de casar não está incapacitada de fazê-lo, como regra geral: não pode apenas contrair casamento com certas pessoas. O impedimento é meramente circunstancial, enquanto a incapacidade é geral. Daí porque o conceito processual da legitimação explica com clareza essa "incapacidade especial" para contrair matrimônio. Orlando Gomes (1983:79) recorda ainda outra particularidade na distinção entre impedimentos e incapacidade: a ilegitimidade é correspectiva, isto é, atinge o grupo de pessoas, ascendentes e descendentes, sogro e nora etc., jamais é de uma só das partes. A incapacidade, por seu lado, atinge apenas o indivíduo isoladamente, como na menoridade. O impedimento matrimonial deve ser tratado, por conseguinte, como ausência de legitimação para o ato; falha essa que ocasiona sua nulidade.

4.2 ASPECTOS GERAIS DOS IMPEDIMENTOS

A teoria dos impedimentos teve origem no Direito Canônico. Partia-se do princípio pelo qual qualquer pessoa tem o direito natural de se casar. Por isso, o lógico não é fixar as condições ou qualidades necessárias para o casamento, mas o oposto, isto é, estabelecer quais os casos em que o casamento não pode ser realizado. Enunciam-se as proibições e não os requisitos. A lei canônica sempre foi muito minuciosa no campo dos impedimentos, tendo influenciado todas legislações ocidentais. A lei civil suprimiu os impedimentos de índole religiosa, mantendo os que interessam à essência do instituto em prol da família e da estabilidade social.

A lei civil absorveu o sistema, partindo do pressuposto de que todas as pessoas são aptas para o casamento; somente as exceções devem ser descritas. Por exceção, não podem casar-se os que se encontram nas situações de proibição expressas. Os impedimentos estão, portanto, taxativamente enumerados e não podem ser ampliados por via interpretativa. Sob esse aspecto, os impedimentos podem ser conceituados como a ausência de requisitos para o casamento.

---

[2] Ver nota 1 do Capítulo 3.

É nítido o caráter preventivo dos impedimentos. O oficial do registro civil deve se negar a celebrar o matrimônio tendo conhecimento das restrições de nulidade. Por outro lado, os impedimentos abrem margem a sua oposição, cuja finalidade é de impedir a realização do ato, como denota a denominação.

É sempre oportuno advertir que nossa lei não consagrou impedimentos matrimoniais relativos à eugenia e à saúde dos cônjuges e da prole, salvo a hipótese de casamentos de colaterais de terceiro grau (tio e sobrinha, tia e sobrinho) (Decreto-lei nº 3.200/41). Há dúvida na doutrina, mas o entendimento propende por entender que esse decreto-lei continua em vigor. A discussão está em aberto.

Algumas legislações exigem laudo médico pré-nupcial e impedem o matrimônio ou suspendem a habilitação até final de tratamento de pretendentes com determinadas moléstias, como enfermidades venéreas. Essas restrições, no estágio atual de nossa sociedade e em face dos avanços científicos, não mais se justificam. No entanto, a exigência de exames pré-nupciais como prevenção social, não constituindo impedimento, é altamente aconselhável, desde que o Estado coloque à disposição dos nubentes os meios necessários, como forma de prevenir moléstias às proles, que certamente trazem mais um fardo para a Administração.

No tocante ao casamento de estrangeiros em nosso país, aplicar-se-á a lei brasileira, quanto aos impedimentos dirimentes e às formalidades da celebração (art. 7º, § 1º da *Lei de Introdução às normas do Direito Brasileiro,* Lei nº 12.376/2010). Como as causas de anulação, no mais recente Código, equivalem aos impedimentos dirimentes relativos e a Lei de Introdução não faz distinção, também se aplicam a esses casamentos. As causas suspensivas não se aplicam se o ordenamento pátrio desses estrangeiros nada dispuser.

Devemos acentuar que o livro sobre a família no Código Civil será, sem dúvida, o mais afetado pelos textos do projeto de reforma em curso no Senado, em toda sua extensão.

4.3   IMPEDIMENTOS NO CÓDIGO DE 2002

Como mencionamos, cumpre analisar os impedimentos presentes no art. 1.521. Esses impedimentos, se transgredidos, tornam nulo o casamento. Desse modo, não podem se casar:

"I – os ascendentes com os descendentes, seja o parentesco natural ou civil;

II – os afins em linha reta".

Tendo em vista motivos eugênicos, éticos e morais, o parentesco é um obstáculo para o casamento. A noção intuitiva da restrição dispensa maiores digressões. A extensão dessa restrição para os colaterais varia nas legislações, mas está sempre presente. No tocante aos ascendentes e descendentes de qualquer grau, porém, é uma constante na cultura ocidental.

O impedimento relativo ao parentesco decorre da consanguinidade, da afinidade e de adoção. Doravante, não podem ser afastados os aspectos da socioafetividade em torno dos impedimentos. O Estatuto das Famílias, em projeto, ao definir parentesco afirma que este decorre da consanguinidade, da socioafetividade e da afinidade (art. 10). Nesse primeiro dispositivo, o parentesco em linha reta consanguínea persiste ao infinito, independentemente do grau. Desse modo, atinge permanentemente pais e filhas, avós e netas, netos e bisnetas etc. que não podem casar-se entre si.

O vínculo da afinidade conta-se a partir do esposo ou esposa, atingindo os sogros. A pessoa que se casa adquire o parentesco por afinidade com os parentes do outro cônjuge. A afinidade limita-se ao primeiro grau, pois afinidade não gera afinidade. Assim, são afins em linha reta o sogro e a nora, a sogra e o genro, o padrasto e a enteada, a madrasta e o enteado.

Falecendo a filha, a sogra não pode casar-se com o genro. Trata-se de impedimento que só ocorre na linha reta, não existindo na linha colateral. A dissolução conjugal extingue a afinidade na linha colateral, de modo que os cunhados não estão impedidos de se casar. Em linha reta, porém, a afinidade nunca se extingue.

O parentesco civil é o decorrente da adoção, terminologia que deve ser afastada no atual direito de família, pois a adoção é tratada como filiação para todos os efeitos. O casamento de pessoas ligadas pela adoção desnaturaria completamente esse vínculo que equivale à família consanguínea. O mesmo deve ser dito a respeito da socioafetividade: quem se insere na família como pai ou como filho por vínculos afetivos estará dentro dos impedimentos para o casamento. O parentesco natural, por outro lado, é o derivado da união sem casamento, titulação que contemporaneamente também será afastada.

Pelo espírito e cunho moral da lei, seria irrelevante a natureza do parentesco. Mesmo na hipótese de uniões estáveis, ligações concubinárias ou esporádicas, o impedimento deveria persistir, pois esse o sentido da lei (Pereira, 1996, v. 5:59). No entanto, a maioria dos autores entende que essa não é uma restrição textual e, portanto, a interpretação não pode ser ampliativa. Justifica-se essa posição pelo fato de a união de fato, o concubinato ou o adultério não produzirem afinidade (Monteiro, 1996:52). Conclui esse autor que, pela mesma razão, nada impede que um homem despose a filha de sua amante (loc. cit.). No entanto, tendo em vista o atual estágio de proteção constitucional à união estável, é indiscutível que essa situação deve gerar os efeitos impeditivos, devendo o legislador e a jurisprudência preocuparem-se com a questão, como já faz o citado projeto. De qualquer forma, a união mais ou menos estável entre um homem e uma mulher é uma situação de fato: os impedimentos exigiriam prova, nem sempre plena, o que inviabilizaria, em muitas situações, o casamento.[3]

O parentesco espiritual, decorrente do batismo cristão e de atos equivalentes em outras religiões, que no direito canônico obstava o casamento de padrinhos e afilhadas e afilhados e madrinhas, não é levado em conta por nossa lei civil.

No parentesco considerado tecnicamente como ilegítimo, nem sempre é fácil identificar o impedimento. Se o filho é reconhecido pelo pai, não haverá dificuldade. Se não há reconhecimento, somente a prova de filiação poderia constatar o impedimento. Atualmente, em caso de dúvida, os exames científicos permitem a quase total certeza de paternidade, o que não ocorria no passado.

A afinidade somente é obstáculo para casamento quando em linha reta, não podendo casar sogra e genro, sogro e nora, padrasto e enteada etc. De acordo com o art. 1.595, § 2º, a afinidade em linha reta não se extingue com a dissolução do casamento e da união estável. O Código foi expresso ao estabelecer nesse ponto também impedimento com relação à união estável. A questão é de ordem moral. Desse modo, por exemplo, o viúvo não poderá casar-se com a mãe ou filha de sua finada esposa, assim como o filho não pode casar com a mulher de seu pai. A afinidade na linha colateral extingue-se com o desfazimento do casamento, desaparecendo o cunhadio. Desse modo, nada impede que o viúvo se case com a irmã de sua finada mulher. Aliás, civilizações antigas incentivavam essa modalidade de matrimônio.

No tocante ao impedimento agora presente quanto ao vínculo de afinidade, bem andou o atual estatuto ao ampliar o conceito para reconhecer que o impedimento também se estabelece

---

[3] O parentesco decorrente da filiação anteriormente denominada espúria, proveniente de adultério ou incesto, pode ser evidenciado por todos os meios de prova. O art. 184 do antigo Código se referia à confissão espontânea dos ascendentes da pessoa impedida, assegurando-lhes o segredo de justiça. Não se tratava de reconhecimento de paternidade, mas de declaração destinada unicamente ao impedimento matrimonial. Lembre-se de que para a prova do parentesco podem ser admitidas todas as provas legais.

entre cada cônjuge ou companheiro e os parentes do outro. Como apontamos, trata-se de matéria de fato que deve ser evidenciada.

> "E como em linha reta a afinidade não se extingue com a dissolução do casamento ou da união estável (§ 2º do art. 1.595) que a originou, tem-se por arremate que subsiste esse impedimento matrimonial também no caso de parentesco por afinidade decorrente de união estável" (Oliveira, 2003:144).
>
> "III – o adotante com o cônjuge do adotado e o adotado com quem o foi do adotante".

Esse dispositivo deve ser examinado em conjunto com o de número V, que impede o casamento do *adotado com o filho do adotante*. Na verdade, no sistema geral, a proibição já consta do inciso II do dispositivo porque se trata de afinidade em linha reta. Desse modo, a presente dicção mostra-se desnecessária. No entanto, a lei procurou enfatizar essa situação.

A lei procura preservar o sentido ético e moral da família, independentemente da natureza do vínculo. A adoção procura imitar a natureza. As restrições relativas à adoção devem ser idênticas às da família biológica.

Existente a adoção, existe o impedimento. Não havendo adoção, mas mera convivência de fato da pessoa, como se filho adotivo fosse, não há impedimento para o casamento na lei atual, mas é importante que se refaça o conceito em torno da família socioafetiva. O casamento nessa situação não é ético ou moral. Lembre-se de que a adoção formalizada ainda pelo Código Civil de 1916 admite dissolução. Essa rescisão do estado familiar, porém, não tem o condão de fazer desaparecer o impedimento. Todavia, a adoção regulada pelo Estatuto da Criança e do Adolescente (Lei nº 8.069/90) e pelo Código é irrevogável e em tudo se assemelha à relação natural, não se admitindo tratamento diferenciado.

> "IV – os irmãos, unilaterais ou bilaterais, e demais colaterais, até o terceiro grau inclusive".

Esse dispositivo cuida dos impedimentos derivados do parentesco na linha colateral. As razões que os justificam são as mesmas referentes ao parentesco em linha reta. Da mesma forma, o ambiente familiar ficaria desestabilizado com a união de colaterais próximos. Assim, estão proibidos os casamentos entre consanguíneos (irmão e irmã), entre afins (cunhado e cunhada) enquanto perdurar o cunhadio. As restrições aos casamentos na linha colateral foram no passado mais extensas, estando hoje reduzidas ao terceiro grau, hipótese, porém, autorizada mediante parecer médico, como vimos. De fato, o impedimento entre colaterais de terceiro grau, isto é, entre tios e sobrinhos, não é mais insuperável em face da alteração introduzida na legislação (Decreto-lei nº 3.200/41).[4] Permite-se o casamento desses colaterais se apresentado atestado de sanidade que

---

[4] "Direito civil. Família. Apelação cível. Ação declaratória de união estável *post mortem*. Parentes colaterais. Sentença de improcedência em razão de impeditivo legal para o **casamento entre parentes colaterais de 3º grau** desconstituição da sentença. Enfrentamento do mérito. Presença satisfatória dos requisitos do art. 1.723 do Código Civil aptos a ensejar reconhecimento de união estável. Parte autora que comprova satisfatoriamente a existência da união estável por meio de prova documental e prova oral produzida em juízo. Réus que não comprovam fato impeditivo, modificativo ou extintivo do direito da parte autora, ônus que lhes incumbia (art. 373, II, do CPC). Sentença reformada. Ação de origem julgada procedente. Inversão da sucumbência.(...) 1. Postulação de reconhecimento de união estável post mortem havido entre sobrinha e tio, em que o relacionamento teve início quando ela tinha 44 anos e ele 67 anos de idade, tendo perdurado por quase 20 (vinte) anos. 2. Apesar da vedação prevista no § 1º do art. 1.723, cumulado com o inciso IV do art. 1521, ambos do CC, é possível, com base na exceção prevista no art. 2º do Decreto-Lei nº. 3.200/41 (aplicável, por analogia, à união estável), o processamento da ação para enfrentamento do mérito. 2. Reforma da sentença que julgou improcedente o pedido, com fundamento no impedimento legal para casamento entre colaterais. 3. Para o reconhecimento de união estável é necessária a demonstração robusta de seus elementos caracterizadores

afirme não existir inconveniente para o matrimônio sob o ponto de vista da saúde dos cônjuges e da prole. Sem esse documento, todavia, o casamento será nulo. Se o laudo médico concluir pela inconveniência do casamento, prevalecerá o impedimento. O Projeto nº 6.960, como referimos no capítulo 3, sugeriu acrescentar parágrafo a esse dispositivo para mencionar essa possibilidade de laudo médico, a permitir o casamento de colaterais de terceiro grau.

"V – o adotado com o filho do adotante".

A lei anterior entendia não haver impedimento de o adotado casar com filho anterior à adoção, pois nesse caso não haveria vínculos familiares mais profundos. Levava-se em conta a adoção formalizada na forma do Código Civil. No entanto, há que ser considerada a natureza da adoção decorrente do Estatuto da Criança e do Adolescente e do vigente Código. Por essa modalidade, a adoção atribui a condição de filho ao adotado, com os mesmos direitos e deveres (art. 41). Portanto, pelo presente dispositivo o adotado estará impedido de se casar com as irmãs anteriores ou posteriores à adoção. A restrição imposta a esse filho adotivo é de igual magnitude imposta à família biológica. Sua falta de legitimação é mais ampla, porque também persistem para ele as restrições matrimoniais decorrentes da consanguinidade por expressa menção desse mesmo art. 41 do ECA. Nesse mesmo sentido, dispunha o revogado art. 1.626 que

> "a adoção atribui a situação de filho ao adotado, desligando-o de qualquer vínculo com os pais e parentes consanguíneos, salvo quanto aos impedimentos para o casamento".

Destarte, deixa de ter sentido um impedimento expresso em torno da adoção no direito atual, pois em tudo a adoção equipara-se à filiação.

---

essenciais, quais sejam, a publicidade, a continuidade, a estabilidade e o objetivo de constituição de família (art. 1.723 do Código Civil), ônus do qual se desincumbiu satisfatoriamente a parte autora, o que culminou na reforma da sentença e acolhimento do seu pedido. Recurso conhecido e provido" (TJPR – Ap 0004158-44.2017.8.16.0079, 12-8-2024, Rel. Desembargadora Ivanise Maria Tratz Martins).

"Apelação cível. Alvará judicial. **Casamento avuncular**. Autorização não concedida na origem. Irresignação. Acolhimento. Decreto-Lei nº 3.200/41. Vigência. Enunciado nº 98 da I Jornada de Direito Civil. Precedentes. Recurso conhecido e provido. 1. 'A possibilidade de casamento avuncular é descrita pelo art. 1º e regulamentada pelo art. 2º, do Decreto-Lei 3200/41. Tal norma foi editada com o precípuo propósito de proteger a prole, advinda do casamento, de possível malformação genética, afastando-se a possibilidade de defeitos eugênicos dos eventuais descendentes' (TJRJ – APL: 00129926320118190208, Rel.: Ricardo Rodrigues Cardozo, Data de Julgamento: 15/01/2013). 2. '[...] segundo o entendimento majoritário, continua em vigor o Decreto-Lei 3.200/1941, que autoriza o casamento entre tios e sobrinhos se uma junta médica apontar que não há risco biológico (nesse sentido: Enunciado n. 98 do CJF/STJ. [...]'. (TARTUCE, Flávio. Manual de Direito Civil. 8 ed. São Paulo: Método, 2018, p. 1.348)". (TJPR – Ap 0007067-44.2016.8.16.0160, 6-3-2023, Rel. Rogério Etzel).

"Apelação cível. Alvará Judicial – Autorização para conversão de união estável em casamento entre tio e sobrinha - Sentença de Improcedência – Inconformismo que prospera – **Casamento avuncular** – Impedimento previsto no art. 1.521, IV, do CCB que deve ser interpretado nos termos do Decreto-lei n. 3.200/41 – Aplicação do Enunciado nº 98, do "CJF" - Casamento entre colaterais de 3º grau que pode ser procedido mediante comprovação médica de inexistência de risco à eventual prole – Instrução probatória produzida a contento – Interessada que se encontra em período de menopausa, que impede a concepção pelas vias ordinárias - sentença de primeiro grau reformada. Recurso parcialmente provido, para se autorizar a conversão da união estável em matrimônio". (TJSP – Ap. 1004177-36.2019.8.26.0224, 1-12-2021, Rel. Penna Machado).

"Apelação cível. Alvará Judicial – Autorização para conversão de união estável em casamento entre tio e sobrinha – Sentença de Improcedência – Inconformismo que prospera – **Casamento avuncular** – Impedimento previsto no art. 1.521, IV, do CCB que deve ser interpretado nos termos do Decreto-lei n. 3.200/41 – Aplicação do Enunciado nº 98, do CJF – Casamento entre colaterais de 3º grau que pode ser procedido mediante comprovação médica de inexistência de risco à eventual prole – Instrução probatória produzida a contento – Interessada que se encontra em período de menopausa, que impede a concepção pelas vias ordinárias – Sentença de Primeiro Grau reformada. Recurso parcialmente provido, para se autorizar a conversão da união estável em matrimônio" (TJSP – Ap. 1004177-36.2019.8.26.0224, 01-2-2021, Rel. Penna Machado).

"*VI – as pessoas casadas*".

Enquanto persistir válido o casamento anterior, persiste o impedimento.⁵ Trata-se do princípio do casamento monogâmico que domina a civilização cristã. O Código Penal pune

---

5 "Direito de família. Ação de nulidade de casamento. Procedência. Insurgência do requerido quanto à ausência de análise do pedido reconvencional, para condenação da autora ao ressarcimento de despesas relativas a honorários advocatícios contratuais. Comportamento contraditório, uma vez que concordou, expressamente, com o pedido de nulidade do matrimônio, formulado em sede de aditamento da peça exordial. Rateio dos ônus sucumbenciais, tendo em vista a necessidade de pronunciamento judicial para fins de declaração da nulidade do **matrimônio firmado em país estrangeiro** e a concordância entre as partes. Enlace que gera efeitos jurídicos no brasil, ainda que não tenha sido registrado em cartório ou repartição consular. Precedente do e. Superior Tribunal de Justiça. Ato praticado pelas partes, de forma livre e consciente acerca do impedimento legal do ex-cônjuge varão (art. 1.521, VI, CC). Afastamento da condenação ao pagamento de honorários advocatícios. 1. 'O casamento realizado no exterior produz efeitos no Brasil, ainda que não tenha sido aqui registrado' (REsp n. 440.443/RS, relator Ministro Ari Pargendler, Terceira Turma, julgado em 26/11/2002, DJ de 26/5/2003, p. 360.) 2. Recurso de apelação conhecido e parcialmente provido" (*TJPR* – Ap 0012175-25.2023.8.16.0058, 8-7-2024, Rel. Desembargador Ruy Muggiati).
"Declaratória de nulidade de casamento. Cônjuge já casado na Alemanha. Sentença de procedência (art. 1.521, VI, c.c. art. 1.548, II, do Código Civil. Inconformismo. Razões recursais que não atacam especificamente os fundamentos do julgado de mérito. Cópia integral da peça contestatória. Violação ao princípio da dialeticidade. Impossibilidade de conhecimento. Inteligência do artigo 1.010, incisos II e III, do CPC. Falta de pressuposto de admissibilidade recursal. Precedentes. Apelo não conhecido" (*TJSP* – Ap. 1007466-24.2019.8.26.0079, 20-11-2020, Rel. Rômolo Russo).
"Apelação cível – **Pedido de habilitação para casamento entre pessoas do mesmo sexo** - Sentença homologatória – Apelo do Ministério Público – Argumento de impossibilidade de casamento homoafetivo – Ausência de previsão legal – Insubsistência – Posicionamento do Supremo Tribunal Federal no sentido de estender às uniões estáveis entre pessoas do mesmo sexo o mesmo tratamento jurídico dispensado às famílias heteroafetivas (ADPF nº 132 e adi nº 4.277) - entendimento aplicável também ao casamento - Matéria pacificada no âmbito do Superior Tribunal de Justiça e desta corte – Aplicação dos princípios constitucionais da igualdade e da dignidade da pessoa humana – sentença mantida – '[...] o direito à igualdade somente se realiza com plenitude se é garantido o direito à diferença. Conclusão diversa também não se mostra consentânea com um ordenamento constitucional que prevê o princípio do livre planejamento familiar (§ 7º do art. 226). E é importante ressaltar, nesse ponto, que o planejamento familiar se faz presente tão logo haja a decisão de duas pessoas em se unir, com escopo de constituir família, e desde esse momento a Constituição lhes franqueia ampla liberdade de escolha pela forma em que se dará a união' (REsp nº 1183378/RS, rel. Min. Luis Felipe Salomão, j. 25-10-2011). Recurso conhecido e desprovido." (*TJSC* – AC 0005515-35.2016.8.24.0091, 22-8-2019, Rel. Des. Carlos Roberto da Silva).
"**Conversão de união estável em casamento** – Habilitação do casamento obstada por se tratar de relacionamento homoafetivo – Viabilidade jurídica inquestionável – A conversão da união estável em casamento é garantida pelo § 3º do art. 226 da Constituição Federal, segundo a qual 'para efeito da proteção do Estado, é reconhecida a união estável entre o homem e a mulher como entidade familiar, devendo a lei facilitar sua conversão em casamento'. O fato de o relacionamento ser homoafetivo já foi superado pela decisão do Supremo Tribunal Federal na ADPF 132-RJ e na ADI 4.277-DF, que tem efeito *erga omnes*, de modo que reconhecimento da união estável entre pessoas do mesmo sexo é constitucionalmente viável e, frise-se, socialmente justo. A conversão da união estável em casamento foi garantida pela Resolução nº 175 do CNJ que veda, às autoridades competentes, a recusa de habilitação, celebração de casamento civil ou de conversão de união estável em casamento entre pessoas de mesmo sexo (art. 1º). Apelo conhecido. Provimento negado" (*TJSC* – AC 2012.060613-9, 1-7-2015, Rel. Des. Gilberto Gomes de Oliveira).
"Apelação cível – Direito de família – **Casamento civil entre pessoas do mesmo sexo** – Impugnação de registro pelo Ministério Público – Lei de registros públicos. Cabimento de recurso – Ausência de permissivo legal – Interpretação do artigo 1.514, do CC – Autorização para homem e mulher – Orientação conferida pelo STF no julgamento da ADPF nº 132/RJ e da adi nº 4.277/DF e pelo STJ no RESP 1183378/RS – Recurso não provido – I – Considerando os termos da Lei de Registros Públicos e a divergência existente sobre o cabimento de recurso contra a decisão que julga a impugnação do registro de casamento e em atenção aos precedentes de nosso Tribunal sobre o tema, admite-se a pretensão recursal, mesmo porque necessário se faz firmar o entendimento de nossa Corte Estadual quanto ao tema aqui em debate. II – A união de pessoas do mesmo sexo reverberou em nossa sociedade com o julgamento relativamente recente na Suprema Corte da ADPF nº 132/RJ e ADI 4.277/DF, sob a Relatoria do iluminado Min. Carlos Ayres Britto. A interpretação conferida pelo STF ao tema já ressoou nos Tribunais pátrios e no âmbito do CNJ, a ponto de se impor aos Cartorários do Registro Civil, a aceitação indistinta de habilitação de casamento de pessoas do mesmo sexo, tal como ocorreu em nosso Estado, por meio do Ofício-Circular nº 59/2012, oriundo da Corregedoria-Geral da Justiça. III – No julgamento da ADPF nº 132/RJ e ADI 4.277/DF, cuidou o Supremo Tribunal Federal em conferir interpretação conforme à constituição ao artigo 1.723 do Código Civil, a entender como família a união homoafetiva. Assim, há de se considerar que a Constituição Federal, em seu artigo 226, confere à família

a bigamia no art. 235. Desaparecido o vínculo por morte, anulação ou divórcio, desaparece a proibição. O que a lei impede é o casamento enquanto perdurar o estado de casado do nubente. A separação judicial, extinta pela Emenda Constitucional nº 66/2010, não libera o impedimento, porque não extingue o vínculo conjugal, mas apenas a sociedade conjugal, como não o fazia o desquite. Sua conversão em divórcio faz desaparecer o vínculo e o impedimento. Essa compreensão do dispositivo tornou-se possível após o permissivo do divórcio em nossa legislação.

O cônjuge ausente, não importando o tempo da ausência, não pode contrair novo matrimônio.[6] O Código de 2002 passou a admitir a morte presumida nos casos de abertura de sucessão definitiva (art. 6º) e nas hipóteses do art. 7º, sem decretação de ausência. Essa presunção de morte opera, portanto, para todos os efeitos. Veja o que expusemos a esse respeito em nosso primeiro volume.

O casamento vigente no Brasil e no exterior pelas leis civis tipifica também esse impedimento. Casamento religioso, sem reconhecimento de efeitos civis, será irrelevante para a proibição. O desfazimento do vínculo conjugal em país estrangeiro deverá provar-se segundo as leis daquele país.

"VII – o cônjuge sobrevivente com o condenado por homicídio, ou tentativa de homicídio, contra o seu consorte".

Também nesse dispositivo é exigida a condenação criminal, não bastando a mera irrigação em processo. A proibição atinge, evidentemente, tanto o autor intelectual, como o autor material do delito. O conteúdo moral da norma é claríssimo e dispensa maiores digressões. Presume-se que ao homicida de seu cônjuge o consorte reaja com repugnância e não com afeto. O impedimento vigora na hipótese de homicídio doloso; não se aplicando ao homicídio culposo. Não se exige também a codelinquência do cônjuge supérstite, como dispunha a legislação anterior e algumas legislações do direito comparado. Irrelevante também a prescrição do crime ou reabilitação do condenado: persiste o impedimento em ambas situações.

Com a união estável sob proteção legal a partir da Constituição de 1988, o impedimento deve ser estendido a ela.

O Código de 1916 ainda dizia que não podiam se casar *"o cônjuge adúltero com o seu corréu, por tal condenado"* (art. 183, VII). O Código erigia em impedimento a condenação

---

especial proteção do Estado, incluindo neste albergue o casamento civil, e é por esta razão, que se estende, ou melhor, se confere aos casais homossexuais, enquanto família, o direito ao casamento. IV – 'Os arts. 1.514, 1.521, 1.523, 1.535 e 1.565, todos do Código Civil de 2002, não vedam expressamente o casamento entre pessoas do mesmo sexo, e não há como se enxergar uma vedação implícita ao casamento homoafetivo sem afronta a caros princípios constitucionais, como o da igualdade, o da não discriminação, o da dignidade da pessoa humana e os do pluralismo e livre planejamento familiar' (REsp 1183378/RS). V – A interpretação conferida pelo STF e pelo STJ ao tema, visa conferir efetividade a regras basilares do estado democrático de direito, alçadas como valores supremos de nossa sociedade, como a dignidade da pessoa humana, direito à liberdade, inclusive a sexual, à igualdade e a vedação ao preconceito. VI – Recurso conhecido, mas não provido" (*TJES* – Ap 0000201-61.2013.8.08.0026, 12-2-2014, Rel. Des. Jorge Henrique Valle dos Santos).

"Agravo regimental – Decisão mantida por seus próprios fundamentos – Administrativo – Pensão estatutária – Companheira – **Concubinato** – Impossibilidade – Precedentes – 1 – Não há como abrigar agravo regimental que não logra desconstituir os fundamentos da decisão atacada. 2 – A relação concubinária, paralela ao casamento válido, não pode ser reconhecida como união estável, salvo se configurada a separação de fato ou judicial entre os cônjuges. 3 – Existência de impedimento para a convolação da relação concubinária em união estável. 4 – Agravo regimental improvido" (*STJ* – AgRg-REsp 1.147.046 (2009/0185672-7), 26-5-2014, Rel. Min. Sebastião Reis Júnior).

[6] A presunção de morte, no sistema de 1916, que possibilitava a sucessão provisória e definitiva não tinha efeito em matéria matrimonial. A morte presumida não dissolvia o casamento. Nessa situação, somente restaria ao cônjuge a possibilidade de obter o divórcio.

por adultério e não a simples infidelidade. O alcance prático da disposição era insignificante, mormente em tempos atuais em que houve a descriminação do adultério. Ainda que se pretendesse tipificar na prática o obstáculo, esbarrava-se em dois entraves, a dificuldade de prova e a necessidade de condenação penal por adultério. A jurisprudência era praticamente inexistente. Sustentou-se não ser necessária a condenação penal, bastando que o cônjuge fosse considerado adúltero no processo de divórcio, o que na sistemática do divórcio é também, em princípio, insustentável. A Emenda Constitucional nº 66/2010 elimina a noção de culpa no desfazimento do casamento.

O projeto do Estatuto das Famílias simplifica o rol dos impedimentos, não mais se reportando à adoção, nem mais trazendo os impedimentos relativos, mas fazendo apenas referência à validade do casamento.

4.4   CASAMENTO ANULÁVEL. IMPEDIMENTOS RELATIVOS

Como já expusemos, os impedimentos dirimentes relativos no Código de 1916 tornavam o ato anulável. Eram proibições em prol dos próprios interessados, de modo que o ordenamento deferia somente a eles a iniciativa de anulá-los. Tinham por objeto proteger pessoas que se encontram sob determinadas situações subjetivas, sob condução de vontade ou em estado etário que denota imaturidade para o matrimônio. De forma mais técnica, o vigente Código transplantou essas situações para casos específicos de anulabilidade, no art. 1.550. Desse modo, não há mais que se falar em impedimentos, mas em causas de anulação. Assim, dispõe esse dispositivo que é anulável o casamento:

"*I – de quem não completou a idade mínima para casar;*

II – do menor em idade núbil, quando não autorizado por seu representante legal;

III – por vício da vontade, nos termos dos arts. 1.556 a 1.558;

IV – do incapaz de consentir ou manifestar, de modo inequívoco, o consentimento;

V – realizado pelo mandatário, sem que ele ou o outro contraente soubesse da revogação do mandato, e não sobrevindo coabitação entre os cônjuges;

VI – por incompetência da autoridade celebrante".

Devemos voltar a esses dispositivos quando do exame das nulidades do casamento em geral. No entanto, é importante que já sejam fixadas as noções básicas ditadas pela lei.

"*I – de quem não completou a idade mínima para casar*".

Quem não atingiu a idade núbil não pode casar-se. A idade núbil é determinada em prol dos próprios nubentes, pois o ato e o ingresso no estado de casados implicam em responsabilidades que exigem maturidade. O direito comparado nos dá exemplos de diversas idades mínimas para o casamento. Trata-se de opção do legislador. O direito anterior ao Decreto nº 181/1890 estabelecia a idade matrimonial em 12 anos para a mulher e 14 anos para o homem. O Código Civil de 1916 fixou-a em 16 anos para a mulher e 18 anos para o homem. O Código de 2002 reduziu-a, para ambos os sexos, para 16 anos (art. 1.517). A presunção é que nessa idade os nubentes já atingiram a maturidade biológica e sociológica suficiente para o matrimônio. Se, por um lado, há uma idade mínima, não existe idade máxima, nada impedindo que pessoas de idade provecta contraiam matrimônio. Nessa última hipótese, o ordenamento apenas opõe restrições quanto ao regime de bens. Também não existe impedimento algum relativo à diferença de idade entre os cônjuges. No sistema anterior, a diferença de idade núbil para o homem e para a mulher devia-se ao fato de a mulher atingir mais cedo o desenvolvimento fisiológico. O novel legislador, porém, houve por bem igualar a idade núbil para ambos os sexos, seguindo o princípio geral de igualdade entre o homem e a mulher.

Já nos referimos no Capítulo 2 quanto ao pedido de suplementação de idade para os sujeitos que ainda não atingiram a idade matrimonial. Os julgados sempre realçaram, nessas hipóteses, o aspecto social e moral para possibilitar o casamento (TJSP, Ap. N° 234.273, Rel. Eduardo Braga, 17-8-95).[7] Nesse mesmo diapasão, estatui o art. 1.551 que não se anulará, por motivo de idade, o casamento de que resultou gravidez. O legislador prefere que a família seja regularizada, independentemente da idade núbil. Do mesmo modo, também a idade matrimonial pode ser suplementada judicialmente na hipótese de gravidez. As decisões também têm sido flexíveis a esse respeito. Já se decidiu, por exemplo, que menor de 16 anos que não está grávida, mas já conviva com o noivo, pode ter suplementada sua idade, não havendo que esperar que engravide, mormente se os pais estão de acordo para o casamento (TJSP, Ap. 202.371-1, Rel. Des. José Osório, 2-3-94). Compete, em princípio, aos juízes da Infância e da Juventude processar esses pedidos (TJSP, Ap. 19.665-0, Rel. Des. Lair Loureiro, 6-12-93). No sistema do Código de 1916, nessas situações, o juiz podia ordenar a separação de corpos até que os cônjuges atingissem a idade legal. Esse dispositivo se mostrara inócuo, contra a natureza do casamento e não mais é repetido pelo Código de 2002. Recorde-se, ainda, que todo casamento realizado mediante autorização judicial seguirá o regime de separação obrigatória de bens (art. 1.641, III; antigo, art. 258, IV).

Se o casamento se realizou antes da idade matrimonial de um ou de ambos os nubentes, com subterfúgio de documento falso ou outro estratagema, será negócio jurídico anulável. O sistema de nulidades no campo do direito de família e especificamente em sede de direto matrimonial afasta-se bastante das regras aplicadas para o negócio jurídico em geral. Sob esse prisma, diz o art. 1.553 que o menor que não atingiu a idade núbil poderá, depois de completá-la, confirmar seu casamento, com a autorização de seus representantes legais, se necessária, ou com suprimento judicial. Trata-se de ratificação do ato. Como se trata de negócio anulável, ao completar a maioridade o ato continuará gerando todos os efeitos, ainda que o sujeito não confirme o casamento. Destarte, se já maior, pode confirmar o casamento a qualquer momento, inclusive quando o matrimônio for questionado por terceiros. A intenção legal é aproveitar o casamento como negócio eficaz sempre que isso for possível. Somente se decretará sua invalidade em situação absolutamente definida.

Contempla ainda o art. 1.552 que a anulação do casamento dos menores de 16 anos somente pode ser requerida pelo próprio cônjuge, por seus representantes legais e por seus ascendentes.

Os prazos para as ações de anulação de casamento em geral são firmados pelo art. 1.560 do presente Código Civil. No caso dos menores de 16 anos, o direito de anular o casamento extingue-se em 180 dias, contado o prazo do dia em que o menor completou essa idade, e da data do casamento, para seus representantes legais ou ascendentes.

"II – do menor em idade núbil não autorizado por seu representante legal".

---

[7] **"Suprimento judicial de idade para casamento** – Pretendente varoa sem idade núbil – Sentença de extinção por impossibilidade jurídica – Inviabilidade – Inteligência do art. 1.520 do Código Civil – O homem não foi feito para o sábado e sim o sábado para o homem – Deferimento da pretensão – Judiciário há que prestigiar a constituição legal da sociedade conjugal – Decisão reformada – Autorização concedida – Apelo provido" (*TJSP* – Ap 4004851-44.2013.8.26.0362, 10-6-2015, Rel. Giffoni Ferreira).

Os que se acharem sob o poder familiar ou sob poder tutelar ou curatelar necessitam de anuência dos responsáveis. Pai e mãe devem autorizar. Se divergirem entre si, deve ser obtida a autorização judicial, quando injusta a denegação (art. 1.519), assim como quando impossível de ser obtida a autorização. Os menores emancipados não necessitam autorização. A autorização pode ser revogada até a celebração do casamento (art. 1.518). O Estatuto da Pessoa Deficiente retirou desse dispositivo a menção aos curadores, que ganham disciplina própria nessa lei. Já estudamos aspectos acerca dessa autorização judicial no Capítulo 3.

Há outras pessoas que se colocam em situação de necessidade de autorização de autoridade para se casar, como, por exemplo, os diplomatas que pretendam casar-se com estrangeiros, mas a omissão não inquina o casamento, apenas sujeitando o agente a reprimendas administrativas. O casamento de funcionários diplomáticos e militares é regido pelo Decreto nº 93.325/86 e pela Lei nº 6.880/80, com as alterações posteriores.

O art. 1.555 do Código Civil de 2002 estatui que o casamento do menor em idade núbil, quando não autorizado por seu representante legal, só poderá ser anulado se a ação for proposta em 180 dias, por iniciativa do incapaz, ao deixar de sê-lo, de seus representantes legais ou de seus herdeiros necessários. Ninguém mais terá legitimidade para inquinar esse casamento. Esse prazo, conforme o § 1º do art. 1.555, será contado do dia em que cessou a incapacidade, quando por iniciativa do próprio nubente, a partir do casamento, quando por iniciativa dos representantes legais e, por fim, no caso dos herdeiros, a partir da morte do incapaz. Ainda, segundo o § 2º desse artigo, não se anulará o casamento quando a sua celebração houverem assistido os representantes legais do incapaz, por qualquer modo, manifestando sua aprovação. O silêncio do representante do menor presente ao ato do casamento gerará, em princípio, salvo prova em contrário, a aprovação do ato. Da mesma forma, não poderá voltar-se contra a higidez do ato o representante do incapaz que o auxiliou nos préstimos do casamento e se manifestou, por atitudes ou conduta, sua aquiescência tática ou implícita ao casamento do incapaz. Verifica-se, portanto, que nessas situações o legislador deixa intencionalmente estreitos os caminhos para ser anulado o casamento.

"III – por vício de vontade, nos termos dos arts. 1.556 a 1.558."

Quanto aos vícios de vontade, a manifestação dessa vontade, ou seja, o consentimento, é pressuposto intrínseco do casamento. Sem ele, o ato inexiste, como afirmamos. Não basta, porém, que esse consentimento exista; é necessário que seja livre e espontâneo, não viciado, a fim de que tenha eficácia. O dispositivo em análise reporta-se aos arts. 1.556 a 1.558. Como veremos a seguir, esses artigos referem-se ao erro essencial e à coação, aplicação especialíssima dos vícios de vontade ao casamento.

"IV – do incapaz de consentir ou manifestar, de modo inequívoco, o consentimento."

A lei refere-se aos incapazes de consentir e de manifestar seu consentimento, de modo inequívoco. O Código trata dos incapazes, relativamente a certos atos ou à maneira de os exercer, que, por causa transitória ou permanente, não puderem exprimir sua vontade no art. 4º. Era nulo o casamento daquele que é portador de moléstia mental permanente (art. 1.548, inciso I, revogado pela Lei nº 13.146/2015). Será anulável o casamento daquele que, no momento do consentimento, não tinha o devido discernimento, estando, por exemplo, sob efeito de drogas ou em estado de inconsciência. É evidente que nessas situações não há necessidade de decreto de interdição. Na nomenclatura do Código de 1916, inseriam-se nesses dispositivos os decantados loucos de todo o gênero e os que, ainda que transitoriamente, não podiam exprimir sua vontade. Como apontamos no estudo da parte geral, não há incapacidade dos surdos-mudos ou dos deficientes visuais que puderem exprimir sua vontade.

O prazo para a anulação de casamento nessa circunstância é de 180 dias da data da celebração (art. 1.560, I).

> "V – realizado pelo mandatário, sem que ele ou o outro contraente soubesse da revogação do mandato, e não sobrevindo coabitação entre os cônjuges."

A situação retrata hipótese de casamento por procuração. Não vemos muita utilidade nessa modalidade, presente também no direito anterior, ainda porque, como se vê, abre-se mais uma possibilidade de anulação no matrimônio. A revogação do mandato retira a legitimidade para o ato e deve ser comunicada ao mandatário e ao outro nubente. Cai por terra essa possibilidade de anulação se o matrimônio consumou-se pela coabitação.

O art. 1.542 ocupa-se do casamento celebrado por procuração. O instrumento deve ser público com poderes especiais. O Código de 1916 silenciava a respeito do instrumento público, o que gerava dúvidas. O § 1º desse dispositivo estatui que a revogação do mandato não necessita chegar ao conhecimento do mandatário, mas, celebrado sem que o mandatário ou o outro contraente tivesse ciência da revogação, responderá o mandante por perdas e danos. Na verdade, na prática incumbe que o mandante tome todas as providências para comunicar a revogação ao mandatário ou ao outro contraente. Acrescentam ainda os §§ 3º e 4º do artigo que esse mandato somente poderá ter eficácia por 90 dias e que sua revogação somente se fará por instrumento público. O § 1º do art. 1.550 equipara à revogação a decisão judicial que decreta a invalidade do mandato, pois os efeitos são idênticos.

Nada impede, também, que cada nubente seja representado por um mandatário, pois não há proibição no ordenamento. Mas, devem ser dois os mandatários para que possa ocorrer o encontro de vontades.

São tantos os problemas que podem advir de um mandato para casamento, que melhor seria que o instituto fosse banido do ordenamento, pois não seria sentida sua omissão. Voltaremos ainda ao tema. Poder-se-ia unicamente mantê-lo para o cônjuge que estivesse em risco de vida no casamento nuncupativo, a ser estudado.

De acordo com o art. 1.560, § 2º, o prazo decadencial para a anulação desse casamento é de 180 dias, a partir da data em que o mandante tiver conhecimento da celebração.

> "VI – por incompetência da autoridade celebrante".

A infração refere-se à incompetência relativa ou em razão do lugar (*ratione loci*) do juiz de casamentos. Só terá validade, em princípio, o casamento realizado pelo juiz do distrito onde se processou o procedimento de habilitação. Será anulável o casamento realizado por juiz que não está em exercício ou o celebra fora dos limites de seu distrito. No entanto, o próprio ordenamento protege o estado de aparência, ao declinar no art. 1.554 que subsiste o casamento celebrado por quem, sem possuir a competência exigida na lei, exercer publicamente as funções de juiz de casamento, e, nessa qualidade, tiver registrado o ato no Registro Civil.[8]

---

[8] No direito de 1916, a matéria não estava bem-posta, pois esse ato era considerado nulo, mas tornar-se-ia hígido e a nulidade sanada, se não fosse alegada em dois anos da celebração (art. 208). Tratava-se de hipótese peculiar de nulidade relativa. O vigente Código enquadra devidamente a hipótese entre os casamentos anuláveis.

Será de dois anos, a contar da data da celebração, o prazo para ser intentada a anulação de casamento nessa hipótese (art. 1.560, II).

A origem do dispositivo encontra-se no direito canônico que atribuía a competência para celebrar casamentos ao pároco, ao sacerdote ordinário do local ou a outro sacerdote delegado.

No sistema anterior, a hipótese também cuidava de incompetência relativa. No entanto, se o casamento é celebrado por um impostor ou autoridade não relacionada com o instituto do casamento, delegado de polícia, ministro de Estado, prefeito municipal, por exemplo, a situação é de inexistência e não de nulidade. Desse modo, somente na hipótese de juiz de casamentos incompetente, tal matrimônio se convalidará se não alegado no prazo de dois anos de sua celebração, como menciona a lei. No entanto, a hipótese em questão deve ser examinada com cautela. Sempre que o casamento, ainda que realizado por autoridade absolutamente incompetente, tiver um assento no Registro Civil, necessário faz-se ação de anulação para afastar esse efeito material, levando-se em conta também a hipótese de aparência aqui declinada. Se estiverem os cônjuges de boa-fé e tudo levando-os a crer na existência do matrimônio, não há como tê-lo por inexistente. Como completa nesse mesmo raciocínio Sílvio Rodrigues (1999:80): se os nubentes *"procuram deliberadamente autoridade incompetente a fim de celebrar seu casamento, é evidente que não podem alegar o vício que o inquina"*. Recordemos que nosso próprio ordenamento abre válvulas à validade do casamento até mesmo na ausência de autoridade celebrante, como é o caso do casamento nuncupativo e o casamento religioso com efeitos civis sem prévia habilitação. O prazo de dois anos do dispositivo é decadencial, como todos os prazos referentes a direito de família e da parte especial no atual Código.

4.5 CAUSAS SUSPENSIVAS

Finalmente, os anteriormente denominados impedimentos impedientes ou proibitivos não dirimem ou inquinam o casamento. O Código de 2002, de forma mais técnica, passa a denominá-los de *"causas suspensivas"*. Estas objetivam apenas impedir sua realização. Se realizado o consórcio com sua infringência, o casamento é válido, impondo, contudo, a lei apenas sanções de natureza diversa. O projeto do Estatuto das Famílias preferiu não contemplar essas causas. O atual ordenamento denomina causa suspensiva porque sua arguição, na forma do art. 1.524, suspende a realização do casamento, até que a causa seja eliminada. Ocorrendo o casamento com inobservância das causas suspensivas, o regime de bens será obrigatoriamente o da separação (art. 1.641, I). Ainda, o art. 1.489, II, dispõe que os filhos terão hipoteca legal sobre os imóveis do pai ou da mãe que passar a outras núpcias, antes de fazer o inventário do casal anterior.

Dispõe o art. 1.523 do Código que não devem casar-se:

> *"I – o viúvo ou a viúva que tiver filho do cônjuge falecido, enquanto não fizer inventário dos bens do casal e der partilha aos herdeiros".*

A razão desse impedimento ou causa suspensiva é evitar a confusão de patrimônios. Casamento dessas pessoas antes do inventário e da partilha poderia trazer dificuldades para identificação do patrimônio das distintas proles por dificuldade de sua identificação. Por outro lado, a proibição visa também evitar que o novo casamento do agente proporcione proteção patrimonial maior à nova prole.[9]

---

[9] No sistema anterior, a infração a esse dispositivo fazia com que o nubente perdesse o direito ao usufruto dos bens de filho do leito anterior (art. 225), além de submeter-se a união ao regime obrigatório de bens (art. 226).

O parágrafo único do art. 1.523 permite que, nessa hipótese, os nubentes solicitem ao juiz que não seja aplicada a causa suspensiva, provando a inexistência de prejuízo para os herdeiros.[10] Se não houver patrimônio a ser partilhado, por exemplo, não há qualquer prejuízo. A hipótese equivale àquele procedimento que, no passado, equivaleria ao chamado "inventário negativo", isto é, um inventário para provar que nada havia a ser partilhado. A situação aplica-se, porém, a critério do juiz que examinará o pedido, a todas as situações nas quais se comprove que não há prejuízo ao herdeiro.

> "II – a viúva, ou a mulher cujo casamento se desfez por ser nulo ou ter sido anulado, até dez meses depois do começo da viuvez, ou da dissolução da sociedade conjugal."

A restrição busca impedir a confusão de sangue (*turbatio sanguinis*). A previsão do legislador segue a mesma linha do dispositivo anterior, acrescentando-se que aqui se procura evitar dificuldade de identificação da paternidade. Nada que hoje a ciência genética não possa superar. Esse impedimento deve ser aplicado também nos casos de divórcio, em princípio, pois as razões são idênticas. Caio Mário da Silva Pereira (1996:68) lembra que se deve abrir exceção para o caso de o casamento anterior ter sido anulado por impotência *coeundi*, desde que absoluta e anterior ao matrimônio, ou quando fica evidente das circunstâncias a impossibilidade física de coabitação dos cônjuges na união anterior.[11]

---

[10] "Apelação cível – **Declaratória de inexistência de cláusula suspensiva para casamento** – parágrafo único artigo 1.523 do CC – Nulidade citação por edital – Inocorrência – Embora não tenham sido requisitadas informações junto a todos os órgãos apontados no apelo, descabido o acolhimento da alegação de nulidade da citação editalícia, pois há informações de que a requerida encontra-se em local incerto e não sabido há quase trinta anos. Tal conclusão resulta da documentação extraída dos autos da anterior ação de divórcio cuja sentença fora proferida em outubro de 2008, dando conta de que a separação de fato do casal já havia ocorrido há vinte anos. Feito o qual remonta há 1988, já tendo a apelante sido citada por edital, posto que não conhecido o paradeiro da requerida. Adequada a citação por edital. Negaram provimento." (TJRS – AC 70080154248, 22-8-2019, Rel. Des. Rui Portanova).

[11] "Apelação cível – **Anulação de casamento** – Preliminar – Cerceamento de defesa – Rejeitada – Erro essencial quanto à pessoa – Impotência *coeundi* – Defeito físico irremediável – Inexistente – Honorários Recursais – Majoração – 1- O juiz é o destinatário da prova. A ele cabe verificar a necessidade, ou não, da sua realização, não havendo cerceamento de defesa se a prova indeferida foi considerada desnecessária diante das demais produzidas. 2- Admite-se a anulação do casamento por vício de vontade, quando restar caracterizado erro essencial quanto à pessoa do cônjuge, para o que se exige que preexista ao casamento, que a descoberta da verdade se dê após o enlace matrimonial e que tal conhecimento torne intolerável a vida em comum. 3- A doutrina e a jurisprudência entendem que configura hipótese de erro essencial quanto à pessoa a impotência *coeundi*, revelada apenas após o casamento, e que inviabilize a manutenção da vida conjugal. 4- Não tendo o exame médico constatado qualquer anormalidade irremediável apresentada pelo réu, não há que se falar em anulação do casamento por impotência *coeundi*. 5- Ante a sucumbência recursal, devem os honorários advocatícios ser majorados, nos termos do art. 85 § 11º do CPC. 6- Recurso conhecido, preliminar rejeitada, e no mérito, improvido." (TJDFT – Proc. 07014135320198070007 – (1210759), 29-10-2019, Relª Ana Cantarino).
"Apelação – Ação de anulação de casamento – Erro essencial sobre a pessoa – Alegação de infidelidade – Causa para separação e não para anulação – Excepcionalidade da medida – 1 – Discute-se no presente recurso se houve erro essencial quanto à pessoa do outro cônjuge a justificar a anulação do casamento. 2 – O descumprimento dos deveres conjugais como o da fidelidade recíproca, respeito e consideração mútuos (artigo 1.566, do Código Civil) enseja o divórcio entre as partes (artigo 1.573, do Código Civil), e não a anulação de casamento (artigos 1.556 e 1.557, ambos do Código Civil). 3 – Apelação conhecida e não provida" (TJMS – AC 0802958-54.2016.8.12.0001, 15-8-2018, Rel. Des. Paulo Alberto de Oliveira).
"Processo civil – Apelação Cível – **Ação de anulação de casamento** – Ausência de prova de erro essencial – Apelo desprovido – 1 – Segundo os arts. 1.556 e 1.557, I, do Código Civil, para a anulação do casamento necessária é a ocorrência de erro essencial de questão relativa à identidade, à honra e à boa fama do cônjuge que, se conhecida anteriormente, obstaria a realização do casamento. 2 – Não tendo sido comprovada a ocorrência do erro, correta é a sentença singular que julgou improcedente o pleito. Apelo desprovido" (TJGO – AC 201491049073, 20-7-2016, Rel. Marcus da Costa Ferreira).
"Civil – Processual civil – Apelação cível – Ação de anulação de casamento sob a alegação de erro essencial quanto à pessoa do outro. Sentença de improcedência. Cônjuge varão acometido de moléstia grave e transmissível.

Assim como no direito anterior, pode ser dispensada a causa impeditiva se a nubente provar nascimento de filho, ou inexistência de gravidez, na fluência desse prazo de 10 meses (art. 1.523, parágrafo único, segunda parte).

> "III – o divorciado, enquanto não houver sido homologada ou decidida a partilha dos bens do casal".

Trata-se de inovação no novel ordenamento. Nessa situação, também o que se busca evitar é a confusão de patrimônios de ambos os consórcios. Na forma do parágrafo único do art. 1.523 já mencionado, aqui também é permitido que os nubentes requeiram dispensa da causa suspensiva, se provarem que não haverá prejuízo para o ex-cônjuge. Não há óbice ao divórcio sem a partilha de bens no atual sistema, mas, nessa hipótese, vigorará, em princípio, a causa suspensiva para o novo casamento.

> "IV – o tutor ou o curador e os seus descendentes, ascendentes, irmãos, cunhados ou sobrinhos, com a pessoa tutelada ou curatelada, enquanto não cessar a tutela ou curatela, e não estiverem saldadas as respectivas contas".

A razão desse impedimento justifica-se pela eventual possibilidade de o incapaz ser jungido a contrair matrimônio para isentar o administrador de seus bens da prestação de contas. A restrição é intuitiva. A lei exige que ocorra a prestação de contas devidamente homologada, não bastando a mera quitação pelo interessado.

No Código de 1916, o impedimento superava-se, no entanto, com a permissão paterna ou materna por escrito autêntico ou testamento, presumindo-se que ninguém melhor que os pais para defenderem os interesses dos filhos. Para evitar conluios e tendo em vista o pequeno alcance da norma, não foi ela repetida no mais recente diploma.

No Código revogado, não podiam casar o juiz ou escrivão e seus descendentes, ascendentes, irmãos, cunhados ou sobrinhos, com órfão ou viúva, da circunscrição territorial, onde um ou outro tivesse exercício, salvo licença especial do presidente do Tribunal de Justiça, sob pena de ser adotado o regime de separação de bens. O objetivo era evitar que houvesse eventual aproveitamento dessas situações narradas por parte dos servidores referidos. Essa causa suspensiva não mais está presente no presente ordenamento.

4.6 OPOSIÇÃO DE IMPEDIMENTOS

A função dos impedimentos, como a própria denominação está a denotar, é suspender a realização do matrimônio. Se esse se concretiza com sua infração, cabíveis serão as ações de nulidade ou anulação.

O art. 1.522 do Código mantém orientação no sentido de que os impedimentos elencados no art. 1.521 podem ser opostos até o momento da celebração do casamento, por qualquer pessoa capaz. Da mesma forma, de acordo com o parágrafo único do art. 1.522, o juiz ou o oficial de registro que tiver conhecimento da existência de algum impedimento será obrigado

---

Descoberta após a celebração das núpcias. Requisitos para anulação que se mostram evidentes diante do acervo probatório. Desconhecimento prévio da nubente. Hipótese que autoriza a anulação do casamento, nos termos do art. 1.557, III, do CC. Apelação conhecida e provida. Sentença reformada" (TJCE – Ap 0099125-81.2009.8.06.0001, 17-6-2015, Rel. Paulo Airton Albuquerque Filho).

a declará-lo. Se esses servidores se omitirem a esse respeito, responderão civil, administrativa e criminalmente.

As causas suspensivas podem ser arguidas pelos parentes em linha reta de um dos nubentes, sejam consanguíneos ou afins, e pelos colaterais em segundo grau, sejam também consanguíneos ou afins (art. 1.524).

Tanto os impedimentos quanto as causas suspensivas serão opostos em declaração escrita e assinada, instruída com as provas do fato alegado, ou com a indicação do lugar onde possam ser obtidas (art. 1.529). Como apontamos no capítulo 3, o oficial do registro civil dará aos nubentes, ou a seus representantes, nota oficial da oposição, indicando os fundamentos, as provas, e, se não se tratar de oposição de ofício, deverá declinar o nome do oponente (art. 1.530). Aos nubentes é deferido fazer prova contrária. O efeito da oposição é suspender a celebração, que não poderá ocorrer enquanto não decidido o incidente. Se julgado improcedente, levanta-se a proibição, devendo ser extraído certificado de habilitação. Julgado procedente, o casamento não se realizará, ressalvado às partes recorrer às vias ordinárias.

O procedimento é sumário, regulado pelo art. 67, § 5º, da Lei dos Registros Públicos. Os nubentes, pela lei registrária, devem indicar suas provas em 24 horas. Esse prazo exíguo, de acordo com o vigente Código, pode ser dilatado, como vimos no Capítulo 3, podendo ser concedido prazo razoável aos nubentes (art. 1.530, parágrafo único). Desse procedimento participará necessariamente o Ministério Público. Se os nubentes não se conformarem com a decisão contrária, a matéria pode ser versada em processo judicial. Por outro lado, autorizado e consumado o casamento, os fatos dos impedimentos e suas provas respectivas poderão lastrear ação de nulidade ou anulação.

Impedimentos opostos por má-fé dão margem à possibilidade de os responsáveis serem acionados por perdas e danos, que no caso serão fortemente de índole moral, como expressamente permite a atual Constituição. Essa ação indenizatória submete-se aos princípios gerais de responsabilidade aquiliana.

Lembre-se, por fim, de que nosso ordenamento não autoriza a dispensa dos impedimentos como o Direito Canônico e outras legislações.

5

CELEBRAÇÃO E PROVA DO CASAMENTO

5.1 RITOS MATRIMONIAIS

Em nenhum outro ato da vida são necessários tantos formalismos e solenidades como no casamento. Os mistérios do amor, do afeto, da vida em comum, do nascimento e criação da prole sempre desafiaram a imaginação humana, colocando o casamento em um estágio de transcendência entre o humano e o divino, rodeado de toda pompa e circunstância. O casamento solene é uma constante das civilizações e permanece até o presente, no nascimento de um novo século, época marcada pelo açodamento das atividades e desprezo das formas. No momento atual, são poucos os ordenamentos que aceitam um casamento informal, sem maior solenidade, como ocorre nos Estados Unidos da América, com o *common law marriage*. De fato, nessa modalidade de união conjugal, basta que duas pessoas vivam publicamente juntas, com tratamento de marido e mulher, para que exista o matrimônio. Esse reconhecimento legal, contudo, é excepcional nas legislações. Por outro lado, o reconhecimento legal das uniões sem casamento, como ocorre exemplificativamente em nossa Constituição, coloca em xeque a importância e a vitalidade do casamento solene.

As solenidades do casamento, juntamente com o procedimento formal de habilitação que o antecede, encontram sua razão de ser em mais de um aspecto: impedem que decisões apressadas levem os nubentes a um ato superficial do qual possam arrepender-se; obrigam os interessados a meditar sobre o novo estado familiar no qual pretendem ingressar, realçando as responsabilidades; e contribuem para a vitalidade da instituição e da família perante a sociedade que dele toma público conhecimento. Carbonnier (1999:425) sintetiza que os ritos do casamento possuem um duplo objeto: manifestar à sociedade a fundação de um novo lar e, mais utilitariamente, fornecer aos nubentes uma prova do ato. Os ritos do casamento constituem, portanto, ao mesmo tempo, uma forma e uma prova. Se, por um lado, não guardam mais a pompa da antiguidade nem a solenidade dos rituais eclesiásticos, a forma atual é suficiente para demonstrar a relevância social do ato.

O agente do Estado, o juiz de casamentos, como substituto do sacerdote na esfera civil, participa do ato como elemento essencial na solenidade. Seu papel é peculiar, diverso da participação de outros oficiais públicos. Nos atos registrais ordinários, a participação do oficial público ou notário é passiva, pois se limita a dar notícia e fé pública do ato de que participa. No casamento, o agente intervém ativamente, integrando o ato com sua participação, porque é ele quem finalmente pronuncia que os nubentes estão casados em nome da lei.

A presença da autoridade celebrante, assim como a vontade dos nubentes, são requisitos essenciais, cuja ausência acarreta a inexistência do ato. Como vimos, a autoridade celebrante, o consentimento e a diversidade de sexos são elementos de existência do casamento que antecedem o exame de sua validade. O rito solene dá ênfase à importância dessa vontade matrimonial, exigindo que se manifeste externamente, na presença de testemunhas, no sentido de que ambos pretendem tomar-se como marido e mulher. Interessante observar que, nos primórdios do Direito Romano, não bastava o consentimento expresso no momento da celebração; era necessário que perdurasse durante toda a existência do casamento. Havia necessidade, portanto, de um consentimento contínuo, razão pela qual era conhecido como *affectio* e não somente *consensus*. Na observação de Belluscio (1987:187), o casamento traduzia-se em um elemento material, a coabitação, e um elemento moral, a *affectio maritalis*. O desaparecimento de um ou de outro colocava fim ao casamento, pois o consentimento não era requisito do matrimônio-ato, mas sim do matrimônio-estado. Coube ao Cristianismo dar realce ao consentimento para o ato, em prol da futura manutenção do estado, relegando a coabitação para efeito secundário. Como ato fundamental do direito de família, o consentimento deve ser puro e simples, não admitindo termo ou condição.

5.2 CERIMÔNIA DO CASAMENTO

De posse da certidão de habilitação, expedida pelo oficial do registro civil, os interessados requererão ao juiz competente pela legislação estadual que designe dia, hora e local para a cerimônia. No Estado de São Paulo, a autoridade competente para celebrar o casamento ainda é o juiz de casamentos, até quando o legislador organizar a Justiça de Paz, como determina a Constituição estadual. No Estado do Rio de Janeiro, é o juiz do Registro Civil; em alguns Estados, o juiz de direito, embora na maioria dos Estados a função seja atribuída ao juiz de paz. Essa autoridade, designada pela lei, não pode ser substituída por outra, ainda que de maior grau (juiz de direito, desembargador), salvo pelo seu substituto legal, sob pena de nulidade. O juiz de casamentos competente é o do local onde foi processada a habilitação. Juiz de outro distrito será incompetente, como apontamos no Capítulo 4.

A celebração do casamento é gratuita (art. 1.512).

O casamento será celebrado em dia, hora e lugar designados (art. 1.533). Admite-se que a cerimônia tenha lugar à noite, embora os autores apontem que casamento a desoras levanta suspeitas e é desaconselhável. O ato, como os demais do Registro Civil, pode ser realizado inclusive aos domingos e dias feriados.

O local será a casa das audiências, geralmente situada junto ao Cartório de Registro Civil, com toda a publicidade, com portas abertas, na presença de pelo menos duas testemunhas, parentes ou não dos contraentes (art. 1.534). Para resguardar a vontade nupcial, bem como para possibilitar que qualquer interessado possa ingressar no recinto para apresentar impedimentos, as portas devem permanecer abertas durante toda a cerimônia. As testemunhas podem ser parentes dos consortes, ao contrário do sistema geral, como já ocorre na habilitação. Ninguém melhor do que os parentes dos noivos para atestar a higidez do ato. Esse mesmo dispositivo autoriza que o casamento se realize em outro edifício, público ou particular, em caso de força maior, ou assim desejando as partes, e consentindo a autoridade celebrante, o que ocorre com frequência, inclusive nos templos, antes ou depois da cerimônia religiosa. Quando o casamento for celebrado em casa particular, assim se entendendo todo edifício não público, deverá ficar também com as portas abertas durante o ato (§ 1º do art. 1.534) e, nesse caso, bem como se algum dos contraentes não souber escrever, serão quatro as testemunhas (§ 2º do art. 1.534). O Estatuto das Famílias suprime essa exigência, já que não tem mesmo maior sentido, pois o mais usual é que os casamentos se realizem fora das dependências cartorárias.

A presença dos nubentes é essencial, ressalvada a possibilidade de casamento por procuração, como já mencionamos. O celebrante perguntará a eles, presentes as testemunhas representando a sociedade, se persistem no livre propósito de casar. Deverão então os noivos, cada um de per si, responder o "sim", de forma inequívoca, sem qualquer qualificativo, termo ou condição, declarando em seguida o juiz efetuado o casamento, proferindo as palavras estatuídas pelo art. 1.535:

> "De acordo com a vontade que ambos acabais de afirmar perante mim, de vos receberdes por marido e mulher, eu, em nome da lei, vos declaro casados".

As palavras sacramentais também deixam de existir no Estatuto, embora o sentido da atividade do juiz de paz permaneça o mesmo. Trata-se de resquício do ato solene formular do Direito Romano, que emprestava sentido de validade a palavras sacramentais.

A exigência da presença dos nubentes inviabiliza qualquer forma de casamento a distância em nosso direito, por correspondência, telefone ou meio eletrônico mais moderno. A presença dos interessados perante a autoridade é aspecto relevante da solenidade. Se não puderem expressar verbalmente sua vontade, porém, poderão fazê-lo de forma inequívoca, por escrito ou sinais. A omissão na manifestação de vontade ou qualquer titubeio implicará suspensão imediata do ato.

A seguir, será lavrado o assento no livro de registro (art. 1.536). Para efeito prático, geralmente o registro já estará lavrado no livro, aguardando-se apenas o consentimento e a formalização do ato pelo juiz, para que seja assinado por ambos os contraentes e pelas testemunhas. Na prática, também, a autoridade já terá as respectivas certidões prontas, que serão entregues aos nubentes após sua assinatura. Nulidade alguma existe nessa prática, que visa facilitar os trâmites para os noivos. Se, por qualquer motivo, o ato não se concretizar, cancelam-se os assentos.

Nos termos do art. 70 da Lei dos Registros Públicos, contudo, logo após o matrimônio será lavrado o assento, assinado pelo presidente do ato, os cônjuges, as testemunhas e o oficial. Nesse assento, serão exarados: (1) os prenomes, sobrenomes, datas de nascimento, profissão, domicílio e residência atual dos cônjuges; (2) os prenomes, sobrenomes, datas de nascimento ou de morte, domicílio e residência atual dos pais; (3) o prenome e o sobrenome do cônjuge precedente e a data da dissolução do casamento anterior; (4) a data da publicação dos proclamas e da celebração do casamento; (5) a relação dos documentos apresentados ao oficial do registro; (6) o prenome, o sobrenome, profissão, domicílio e residência atual das testemunhas; (7) o regime de casamento, com declaração da data e do cartório em cujas notas foi tomada a escritura antenupcial, quando o regime não for o da comunhão parcial, ou o obrigatoriamente estabelecido (art. 1.536). Se o regime de bens decorre da lei, ou seja, o de separação obrigatória, o oficial deverá fazer constar do assento, se assim tiver conhecimento.

O Código anterior citava que o assento também deveria mencionar o nome a ser adotado pela mulher. No sistema atual de igualdade plena entre os cônjuges, se houver alteração de nome de qualquer dos nubentes, assumindo o nome do outro, tal também deve ser mencionado, embora a nova lei não o diga expressamente nesse dispositivo. Nos termos do art. 1.565, § 1º, qualquer dos nubentes, querendo, poderá acrescer ao seu o sobrenome do outro. Não é de nossa cultura que o marido venha a acrescentar o nome da esposa. O assento de casamento fornecerá a prova hábil para alterar os documentos pessoais respectivos.[1] O art. 70 da Lei dos

---

[1] "**Ação de retificação de registro civil** – Autor nascido aos 04.06.1972, em Israel – Pretensão de alterar o nome dos genitores junto ao Registro Civil. Extinção sem resolução de mérito. Apela o autor, alegando que possui interesse processual; optou pela cidadania brasileira, devendo ser observadas as leis pátrias; Pretensão de prestigiar

Registros Públicos substituiu a dicção do art. 195 do Código civil antigo, com exceção do inciso VII, cuja redação foi dada pela Lei do Divórcio (Lei nº 6.515/77), que se refere à inserção no assento do regime do casamento, com a declaração da data e do cartório em cujas notas foi passada a escritura antenupcial, quando o regime não for o de comunhão parcial ou o legal.

A doutrina questiona se o casamento ultima-se no momento em que o juiz pronuncia sua declaração, ou no momento em que os noivos manifestam seu consentimento. A dúvida pode ter efeitos práticos, pois qualquer um dos circunstantes pode morrer nesse ínterim. É importante saber se morreram no estado de casados. Caio Mário da Silva Pereira (1996:75) entende que o casamento está perfeito com o consentimento, levando em conta a tradição romana, sustentando que a presença do juiz é fundamental, mas sua declaração não é indispensável à validade do ato. Há opiniões em contrário, que não abalam a afirmação desse autor, porque com o consentimento, após todo o procedimento prévio de habilitação, em prol da segurança, há que se ter o casamento como concluído. Recorda-se ainda, em abono a essa conclusão, que o próprio ordenamento admite o casamento sem a presença do celebrante no casamento nuncupativo e, da mesma forma, atribui efeitos civis ao casamento realizado perante autoridade eclesiástica. Washington de Barros Monteiro (1996:68) posiciona-se em sentido contrário, entendendo que, por nossa lei, a manifestação da autoridade é essencial para a existência do casamento. O art. 1.514 do atual Código mantém acesa a controvérsia, embora pareça ter adotado a última opinião, estabelecendo expressamente

> *"que o casamento se realiza no momento em que o homem e a mulher manifestam, perante o juiz, a sua vontade de estabelecer vínculo conjugal e o juiz os declara casados".*

5.2.1 Suspensão da Cerimônia

O ato será imediatamente sobrestado se algum dos contraentes deixar de manifestar sua concordância, titubear ou ficar reticente; declarar que sua manifestação não é espontânea, ou

---

a entidade familiar; possui domicílio no Brasil, devendo prevalecer as regras brasileiras; Pertinência da inclusão dos nomes dos genitores em seus assentos de acordo com a certidão de casamento lavrada no Brasil. Cabimento. Interesse processual. Caracterizado. Necessidade do autor assegurar a correta transcrição dos nomes de seus genitores em seus documentos. Retificação de registro civil. Ausência do documento original, não sendo possível aferir se houve incorreção na transcrição. Indícios de que as alegações do autor estão revestidas de veracidade. Afastamento da extinção, para prosseguimento da lide. Recurso provido, para afastar a sentença e determinar o retorno dos autos à origem." (TJSP – AC 1041715-69.2018.8.26.0100, 26-6-2019, Rel. James Siano).

"**Ação de retificação de registro** – Assento de casamento – Pretensão de inclusão do sobrenome do marido e exclusão do sobrenome que ocasiona transtornos e constrangimento à autora. Manifestação de improcedência pelo Ministério Público. Sentença de procedência. Apela o Ministério Público, alegando que as justificativas apresentadas não se enquadram nas hipóteses legais que permitam a flexibilização da regra de imutabilidade do prenome e sobrenome; A alteração do nome não pode prejudicar os apelidos de família; pelo casamento lhe seria possível somente incluir o patronímico do consorte. Descabimento. Pretensão de inclusão e substituição do sobrenome do marido. Possibilidade. Inteligência do art. 1.565, § 1º, CC. Sobrenome capaz de ocasionar constrangimento à autora, caracterizando exceção justa e motivada apta a embasar a alteração pretendida, nos termos do art. 58 da Lei nº 6.015/73, até porque nem sequer é o sobrenome dos genitores da autora, mas sim de seu avô materno. Inexistência de prejuízo, pois a autora preservará o sobrenome materno (o nome do pai não consta no registro de nascimento). Reconhecimento de que a modificação facilitará a identificação do núcleo familiar da autora, após o casamento, sobretudo na hipótese de nascimento de filhos dessa união. Recurso improvido" (TJSP – Ap 1005895-78.2017.8.26.0405, 22-1-2018, Rel. James Siano).

"**Retificação de registro público** – Pretensão de alteração do nome da autora na certidão de casamento e de óbito de seu esposo – Sentença de improcedência – Insurgência da autora – Aplicação do princípio 'tempus regit actum' – Permitida apenas a averbação, à margem, dos respectivos assentos, em observância ao disposto nos arts. 80, § 4º, e 109, ambos da Lei nº 6.015/73 – Ausência de prejuízo a terceiros – Recurso provido em parte" (TJSP – Ap 0006552-10.2014.8.26.0642, 1-2-2016, Relª Marcia Dalla Déa Barone).

mostrar-se arrependido (art. 1.538). A liberdade de vontade matrimonial deve ser absolutamente livre e indene de suspeitas.

Segundo o parágrafo único desse dispositivo, o nubente que der margem à suspensão não poderá retratar-se no mesmo dia. Nesse caso, o casamento somente poderá realizar-se a partir do dia seguinte. Entendemos que, a partir do dia seguinte, a vontade estará livre da emoção anterior, permitindo que o nubente retorne após um período de meditação. A suspensão impõe-se, ainda que a negativa ou reticência tenha sido manifestada por chacota. A seriedade do ato não se harmoniza com o escárnio.

Também será suspenso o ato se houver a oposição de qualquer impedimento, ou a autoridade celebrante tiver, por qualquer modo, conhecimento de óbice. A autoridade celebrante não está obrigada a aceitar qualquer impugnação, podendo indeferir aquelas que lhe pareçam inócuas, meramente emulativas ou desprovidas de seriedade. Como aduz Caio Mário da Silva Pereira (1996:75), *"não procederá por mera suspeita; será prudente e cauteloso"*.

Lembramos que o ato também pode ser suspenso por revogação do consentimento outorgado pelos pais, tutor ou curador, quando este era necessário, como permite o ordenamento. Caberá aos nubentes recorrer ao processo de suprimento do consentimento.

5.2.2 Casamento perante Autoridade Diplomática

A matéria não recebe tratamento homogêneo nas várias legislações. O Decreto nº 181/1890 e a antiga Lei de Introdução ao Código Civil permitiam que cônsul estrangeiro celebrasse casamentos de seus súditos. A vigente Lei de Introdução, atual Lei de Introdução às Normas do Direito Brasileiro, Lei nº 12.376 de 30-12-2010, dispõe, no art. 7º, § 2º: *"O casamento de estrangeiros poderá celebrar-se perante autoridades diplomáticas ou consulares do país de ambos os nubentes"*. O casamento pode ser realizado no consulado ou fora dele, segundo as normas e solenidades do país estrangeiro, mas os efeitos do ato obedecem à lei brasileira. O assento desse casamento não é passível de registro no Cartório Civil. Não terá competência, porém, a autoridade consular, se um dos nubentes for brasileiro, ou tiver nacionalidade diversa do país consular, pois a atual redação do dispositivo citado está de acordo com a Lei nº 3.238/57. A dicção original desse § 2º referia-se à possibilidade de casamento consular, quando um só dos nubentes fosse domiciliado em país estrangeiro, o que permitia interpretação ampla.

Por outro lado, os brasileiros também podem se casar no exterior, perante as autoridades consulares brasileiras, que praticam os atos de registro civil, desde a habilitação (art. 18 da Lei de Introdução ao Código Civil, atual Lei de Introdução às Normas do Direito Brasileiro, Lei nº 12.376 de 30-12-2010). O Decreto nº 24.113/34, não derrogado pela LINDB, disciplina, no entanto, que

> *"os Consulados de carreira só poderão celebrar casamentos quando ambos os nubentes forem brasileiros e a legislação local reconhecer efeitos civis aos casamentos assim celebrados"* (art. 13, parágrafo único).

Esse casamento deve ser registrado no Brasil nos cartórios do 1º Ofício do domicílio do interessado ou no 1º Ofício do Distrito Federal, quando os interessados não tiverem domicílio conhecido, quando tiver que gerar efeitos no país (art. 32, § 1º, da Lei dos Registros Públicos).

Os casamentos de brasileiros celebrados no exterior, segundo a lei do país respectivo, serão considerados autênticos, nos termos da lei do local, legalizadas as certidões pelos cônsules (art. 32 da LRP).

5.3 CASAMENTO POR PROCURAÇÃO

Nossa lei permite, como já pontilhamos, que o casamento seja realizado por procuração, o que não é prática adotada por muitas legislações. No passado, em que existia maior dificuldade com transportes, locomoção e até em comunicações, o instituto foi útil. Não há atualmente maior utilidade nessa modalidade, que não se coaduna com o espírito personalista da realização do matrimônio e a convivência dos cônjuges que lhe segue e é inerente. Dispõe o art. 1.542 do Código de 2002:

> "O casamento pode celebrar-se mediante procuração, por instrumento público, com poderes especiais".

O art. 201 do Código anterior também autorizava a procuração, não se referindo, porém, ao instrumento público. O projeto de reforma do Código Civil em curso mantém essa possibilidade. Embora a lei antiga não fosse expressa, a doutrina propendia, com parca divergência, no sentido de que a procuração deveria ser outorgada por instrumento público, tendo em vista a solenidade do ato a que se propõe. Os poderes devem ser especiais, indicando o nome da pessoa com quem o outorgante vai consorciar-se. Evidentemente, a natureza do ato não permite que a outorga seja para casar com quem desejar. A lei não exige justificação para esse casamento mediante representação voluntária.

A lei antiga também era omissa no tocante ao prazo do mandato, o que era altamente inconveniente. O presente Código foi expresso, limitando a eficácia do mandato a 90 dias (art. 1.542, § 3º). As partes podem, evidentemente, convencionar prazo mais reduzido. Como o mandato é essencialmente revogável, o retrato ou revogação pode ocorrer até o momento da celebração. Também somente por instrumento público se poderá revogar o mandato (art. 1.542, § 4º). Como apontamos no Capítulo 4, o § 1º desse artigo menciona que a revogação do mandato não necessita chegar ao conhecimento do mandatário; mas, celebrado o casamento sem que o mandatário ou o outro contraente tivessem ciência da revogação, responderá o mandante por perdas e danos. Como expusemos, o casamento realizado pelo mandatário, sem que ele ou o outro contraente soubesse da revogação do mandato, é anulável, segundo opção tomada pelo legislador (art. 1.550, V), não se anulando o negócio, porém, se tiver havido coabitação entre os cônjuges. A disposição é óbvia, pois se o mandante passa a viver sob o mesmo teto com o outro nubente, aceitou tacitamente o casamento.

Também não deve ser admitido que os dois nubentes confiram poderes à mesma pessoa, porque desvirtuaria a natureza do consentimento. A lei não o diz expressamente, mas dela se infere quando menciona no texto *"o outro contraente"* (Gomes, 1983:102), expressão que é mantida no § 1º do artigo do vigente Código. Se os dois nubentes casarem por procuração, deverão ser dois os procuradores. Interessante notar que Pontes de Miranda (1971:306) não vê qualquer óbice no procurador único. Por outro lado, o sexo do procurador é indiferente e, de forma canhestra, pode-se presenciar duas pessoas do mesmo sexo, ao menos *ictu oculi*, contraírem matrimônio. Por outro lado, nada impede que o outorgante, a qualquer momento, enquanto não ultimada a cerimônia, insira-se no ato e dela participe pessoalmente.

O âmbito da vontade outorgada ao procurador é restrito ao consentimento, razão pela qual sua posição mais se coaduna com a de núncio, mero transmitente da vontade. Se a procuração mencionar o regime de bens, a outorga é mais ampla e também é conferida para firmar o pacto antenupcial.

Tantos são os inconvenientes e dúvidas gerados pelo casamento mediante representação voluntária, que tudo leva a crer que o legislador ainda não a extirpou da legislação porque o seu desuso não ocasiona maiores problemas práticos. Ademais, o argumento de que é útil quando os cônjuges residem em países diversos ou distantes não se justifica mais em um mundo de comunicações rápidas e econômicas. Talvez a utilidade maior seja para o casamento nuncupativo, segundo inclusive admitido pelo corrente Código (art. 1.542, § 2º): *"o nubente que não estiver em iminente risco de vida poderá fazer-se representar no casamento nuncupativo".*

O projeto do Estatuto das Famílias, contra nossa expressa sugestão, mantém a possibilidade de casamento por procuração. Enfrenta a questão da revogação da procuração, estabelecendo o art. 151, § 2º, que "celebrado o casamento, sem que a revogação chegue ao conhecimento do mandatário, o ato é inexistente, devendo ser cancelado". Não nos parece ser a melhor solução, podendo-se imaginar a problemática que pode surgir de um ato inexistente desse juiz. Como sempre nos temos posicionado, melhor que o legislador simplesmente extinga a possibilidade de casamento por procuração, salvo a excepcional hipótese de matrimônio nuncupativo.

5.4   CASAMENTO SOB MOLÉSTIA GRAVE. CASAMENTO NUNCUPATIVO

Em duas oportunidades, o Código permite que as formalidades do casamento sejam simplificadas. Ocorrendo doença grave de um dos nubentes e quando estiver sob iminente risco de vida. Nessas duas hipóteses, com características peculiares respectivas, o legislador procura facilitar o casamento, para harmonizar situações preexistentes, legitimar filhos naturais, mormente casais que mantinham união duradoura e nunca chegaram a formalizá-la pelo vínculo civil.

O art. 1.539 contempla a hipótese de moléstia grave. Nesse caso, o presidente do ato irá celebrá-lo na casa do nubente impedido, à noite inclusive se necessário, perante duas testemunhas que saibam ler e escrever. O número de testemunhas no Código anterior era quatro. O dispositivo refere-se à moléstia de um dos nubentes, mas é evidente que também se aplica na eventualidade de ambos estarem acometidos de moléstia. Nesse mesmo diapasão, o casamento será realizado na casa do nubente ou em outro local onde o noivo se encontre, hospital ou casa de saúde, por exemplo. A lei anterior mencionava que o casamento seria realizado na casa do impedido, por evidente lapso do legislador de 1916. A urgência do ato dispensa os atos preparatórios da habilitação e proclamas.

Complementa o § 1º do art. 1.539, que, na falta ou impedimento da autoridade competente, poderão realizar o ato seus substitutos legais, e o oficial do registro civil poderá ser substituído por nomeado *ad hoc*, pelo celebrante. Tratando-se de oficial *ad hoc*, este lavrará termo avulso, que será levado a registro em cinco dias, perante duas testemunhas, ficando arquivado (2º). O Código anterior não especificava prazo, apenas mencionando que o registro deveria ser feito no prazo mais breve possível, o que poderia dar uma elasticidade indesejada ao fenômeno. Não registrado o casamento nesse quinquídio, não haverá casamento.

Outra situação de supressão de formalidades ocorre quando algum dos contraentes estiver em iminente risco de vida (art. 1.540). Cuida-se do chamado casamento nuncupativo ou *in extremis*. Aplica-se a essa modalidade de casamento *in extremis* o mesmo comentário acerca do dispositivo anterior: embora a lei refira-se ao risco de vida de um dos nubentes, com maior razão admite-se quando ambos estiverem nessa situação. Para qualquer das hipóteses de moléstia grave ou risco de vida, é evidente que os nubentes devem estar na plenitude do discernimento.[2] Moléstia que os afete mentalmente tornará írrito seu consentimento.

---

[2] "Processo civil – Agravo de instrumento – Inventário e partilha extrajudicial sem a participação de companheira de herdeiro falecido. Ação reivindicatória. Sobrestamento da ação para verificação da existência da união estável. Decisão amparada no art. 313, V, do CPC/2015. Agravo conhecido e desprovido. 1 – Compromete a validade de inventário e partilha extrajudicial a exclusão de herdeiros, tal como é o caso da companheira de um falecido herdeiro. Conforme o art. 313, V, do CPC/2015, é cabível, no curso da ação reivindicatória, a parte interessada ajuizar ação

Esta última modalidade de casamento permite que até mesmo a presença da autoridade celebrante seja suprimida, quando não for possível obtê-la, nem a de seu substituto. Nesse caso, os próprios contraentes conduzem o ato de matrimônio manifestando seu desejo perante seis testemunhas, que com eles não tenham parentesco em linha reta, ou, na colateral, em segundo grau (art. 1.540). Essas testemunhas devem comparecer dentro em 10 dias perante a autoridade judicial mais próxima, pedindo que lhes sejam tomadas declarações por termo (art. 1.541). Essas testemunhas não devem ter parentesco, a fim de cercar de maiores garantias o ato, ao contrário da regra geral para o matrimônio. Se não comparecerem, podem ser intimadas a requerimento de qualquer interessado. A autoridade judicial de que fala a lei é o juiz de direito da circunscrição. Nem sempre o juiz da circunscrição será o mais próximo. Não se inquinará o ato se nesse caso o comparecimento for perante juiz de comarca vizinha. Nessas declarações, deverão as testemunhas afirmar: I – que foram convocadas por parte do enfermo; II – que este parecia em perigo de vida, mas em seu juízo; III – que em sua presença declararam os contraentes livre e espontaneamente receber-se por marido e mulher. A seguir, na forma dos parágrafos do art. 1.541, o juiz, com oitiva do Ministério Público, procederá às diligências necessárias para verificar se os contraentes poderiam ter-se habilitado regularmente, ouvirá os interessados que o requereram dentro em 15 dias, para após acolher ou rejeitar a pretensão. Estatui o § 2º do art. 1.541 que o juiz verificará a idoneidade dos cônjuges para o casamento. A decisão fica sujeita a recurso em ambos os efeitos (art. 76, § 4º da Lei dos Registros Públicos) e, uma vez transitada em julgado, o juiz mandará transcrevê-la, se for o caso, no livro de registro de casamentos. Esse assento retroagirá, quanto aos efeitos do casamento à data da celebração (art. 1.541, § 4º).

---

de reconhecimento de união estável e postular, no âmbito da ação reivindicatória, a suspensão até que se resolva a demanda cível (art. 313, V, do CPC/2015).2 – Além disso, a natureza da tutela provisória concedida é cautelar, visando resguardar o estado de coisas existente, inclusive o fato de a ré, ora agravada, residir na casa em que vivia em alegada união estável, enquanto a instrução processual não permite esclarecer os fatos controvertidos. 3 – No caso, é provável a existência da alegada união estável, inclusive com realização de **casamento nuncupativo**. Assim, cabível a tutela provisória de urgência cautelar deferida no juízo de primeiro grau, conforme precedentes do TJCE. 4 – Não se vê perigo de irreversibilidade da tutela provisória concedida, mas, caso fosse provido o presente agravo de instrumento, determinando a imediata desocupação do imóvel pela parte ré, ora agravada, aí sim surgiria o risco de lesão grave ou desaparecimento do resultado útil do processo. 5 – Todo o contexto de fato e de direito, em cognição sumária, afasta a probabilidade do direito alegado pelo agravante. 6 – Agravo de instrumento conhecido e não provido" (*TJCE* – AI 0000935-42.2016.8.06.0000, 26-6-2017, Rel. Teodoro Silva Santos).

"Civil e processual civil – Recurso especial – **Casamento nuncupativo** – Validade – Comprovação de vício quanto à manifestação da vontade inequívoca do moribundo em convolar núpcias – comprovação – 1 – Ação de decretação de nulidade de casamento nuncupativo ajuizada em novembro de 2008. Agravo no recurso especial distribuído em 22-3-2012. Decisão determinando a reautuação do agravo em recurso especial, publicada em 12-6-2012. 2 – Recurso especial que discute a validade de casamento nuncupativo realizado entre tio e sobrinha com o falecimento daquele, horas após o enlace. 3 – A inquestionável manifestação da vontade do nubente enfermo, no momento do casamento, fato corroborado pelas 6 testemunhas exigidas por lei, ainda que não realizada de viva voz, supre a exigência legal quanto ao ponto. 4 – A discussão relativa à nulidade preconizada pelo art. 1.548 do CC/2002, que se reporta aos impedimentos, na espécie, consignados no art. 1.521, IV, do CC/2002 (casamento entre colaterais, até o terceiro grau, inclusive) fenece por falta de escopo, tendo em vista que o quase imediato óbito de um dos nubentes não permitiu o concúbito pós-casamento, não havendo que se falar, por conseguinte, em riscos eugênicos, realidade que, na espécie, afasta a impositividade da norma, porquanto lhe retira seu lastro teleológico. 5 – Não existem objetivos pré-constituídos para o casamento, que descumpridos, imporiam sua nulidade, mormente naqueles realizados com evidente possibilidade de óbito de um dos nubentes – casamento nuncupativo –, pois esses se afastam tanto do usual que, salvaguardada as situações constantes dos arts. 166 e 167 do CC/2002, que tratam das nulidades do negócio jurídico, devem, independentemente do fim perseguido pelos nubentes, serem ratificados judicialmente. 6 – E no amplo espectro que se forma com essa assertiva, nada impede que o casamento nuncupativo realizado tenha como motivação central, ou única, a consolidação de meros efeitos sucessórios em favor de um dos nubentes – pois essa circunstância não macula o ato com um dos vícios citados nos arts. 166 e 167 do CC/2002: incapacidade; ilicitude do motivo e do objeto; malferimento da forma, fraude ou simulação. Recurso ao qual se nega provimento" (*STJ* – REsp 1330023/RN, 29-11-2013, Relª Min. Nancy Andrighi).

Todavia, se o enfermo convalescer e puder ratificar o ato em presença do magistrado e do oficial do registro, fá-lo-á pessoalmente nesse mesmo prazo de 10 dias, não havendo necessidade de comparecimento das testemunhas (art. 1.541, § 5º). Observe que, se nem as testemunhas nem os nubentes comparecerem perante a autoridade nesse prazo, o casamento não se ratifica, tendo-se por inexistente. Por outro lado, não significa que o casamento só vale se o nubente falecer: se continuar impedido de comparecer perante a autoridade e o fizerem as testemunhas, o casamento será idôneo. De qualquer forma, o juiz deve agir com a máxima cautela nessas situações, a fim de evitar que casamentos oportunistas se concretizem, sem o devido consentimento. É própria a crítica de Sílvio Rodrigues (1999:58), que entende ser essa modalidade de casamento uma velharia do Código, que preserva em demasia o interesse individual, abrindo brecha para a fraude e a simulação.[3]

De qualquer modo, a dispensa de processo de habilitação e de proclamas somente deve ser concedida em casos excepcionais, que de fato se justifiquem, princípio que deve manter-se no atual diploma, tanto que o art. 1.527, parágrafo único, do Código de 2002 admite a dispensa de editais. No entanto, tratando-se de situação excepcional, é necessário que a lei registrária discipline essa possibilidade, pois dúvidas ocorrerão. Note-se que esse procedimento de dispensa somente deve ser utilizado no caso de moléstia dos nubentes que exijam casamento imediato e permitam o procedimento de dispensa de habilitação e proclamas. No entanto, se não houver tempo para a apresentação de documentos e para a dispensa de editais, a proximidade do passamento aconselha que se ultime o casamento, com habilitação posterior.

5.5 CASAMENTO RELIGIOSO COM EFEITOS CIVIS

Já nos referimos a esse instituto em nosso estudo. Até a promulgação do Decreto nº 181/1890, o casamento em nosso país seguia o ritual da Igreja. A tradição cristã do Brasil, a influência da Igreja Católica e a tradição de nosso povo levaram o legislador a considerar o casamento religioso como um ato com reflexos jurídicos. Visto de per si, apenas o casamento religioso não gera qualquer efeito civil, equivalendo ao concubinato. No entanto, o casamento religioso com efeitos civis, engendrado pelo legislador desde a Lei nº 379/37, não caiu no gosto popular. A prática não tem relevância jurídica. Nossa sociedade persiste no costume de realizar duas cerimônias, perante sua Igreja e perante a autoridade civil. Em apertada síntese, podemos afirmar que o casamento no Brasil é regido pelas leis civis, mas admite-se que o casamento religioso tenha efeitos civis. Os raros casos de registro civil de casamento religioso são os efetuados por autoridades religiosas em situação de matrimônio nuncupativo.

A lei não distingue a modalidade de religião, todos os credos moralmente aceitos, que não contrariam a ordem pública, são válidos. A Constituição atual manteve o instituto no art. 226, § 2º. A proteção legal à união estável poderá dar novos rumos ao casamento exclusivamente religioso, dependendo da postura do legislador. A disposição é regulamentada pela Lei nº 1.110/50, determinando que o registro obedeça a princípios da Lei dos Registros Públicos.

---

[3] O art. 199 do antigo Código tratava também de matéria que não se referia diretamente ao casamento nuncupativo. Dispunha que o oficial do registro, mediante autorização judicial, à vista dos documentos exigidos para a habilitação, independentemente de proclamas, dará a certidão de habilitação *"Quando ocorrer motivo urgente que justifique a imediata celebração do casamento"*. Essa hipótese abarcava também o risco de vida e a moléstia grave, mas também outras situações, que, a critério do juiz, tipificavam-se como motivo urgente para a imediata celebração. Esses motivos podiam ser de várias naturezas: militar que parte para missão de guerra, viagem para o exterior para assumir posto profissional etc. Desse modo, o Código de 1916 tratou de assuntos diversos, embora análogos, no mesmo art. 199.

Esta última lei (Lei nº 6.015/73), por sua vez, disciplina a matéria nos arts. 71 a 75. O Código deste século, no art. 1.515, dispõe que

> "o casamento religioso, que atender às exigências da lei para a validade do casamento civil, equipara-se a este, desde que registrado no registro próprio, produzindo efeitos a partir da data de sua celebração".

O procedimento de habilitação segue os princípios determinados pela lei. Os nubentes, devidamente habilitados, pedirão a certidão ao oficial, com prazo de validade, para se casarem perante a autoridade religiosa (art. 71).[4] O termo ou assento de casamento religioso, assinado pelos nubentes, pela autoridade religiosa e por duas testemunhas, conterá os mesmos requisitos do assento de matrimônio civil, relacionados no art. 70, com exceção do item 5 (art. 72). No prazo de trinta dias a contar da celebração, o celebrante ou qualquer interessado poderá requerer o registro do casamento ao oficial do Registro Civil (art. 73). Entende a doutrina que esse prazo é decadencial: se os nubentes ou alguém por eles não promover o registro, conclui-se que se desinteressaram dos efeitos civis do casamento. Sob tal opinião, se os interessados desejarem, terão que se submeter a novo procedimento de habilitação e nova celebração. No entanto, há entendimento em sentido contrário, dando como existente o casamento com efeitos civis, se foi feita a devida habilitação prévia. Essa posição foi acolhida pelo Supremo Tribunal Federal:

> "O casamento religioso, desde que feita a habilitação prévia, para efeitos civis, no cartório competente, não está sujeito, para sua inscrição, ao prazo de três meses, nem depende, para esse ato, da autorização de ambos os cônjuges" (Embargos em REsp. nº 83.859, de 16-5-79, Rel. Min. Cunha Peixoto; no mesmo sentido, REsp 88.324 de 27-11-79, rel. Min. Thompson Flores).

---

[4] "Apelação cível. Civil. Registro público. **Ato de registro de casamento**. Prazo decadencial. Necessidade de nova habilitação. Efeitos a partir da data da celebração. Recurso provido. 1. Na presente hipótese a questão submetida ao conhecimento deste Egrégio Tribunal de Justiça consiste em examinar a possibilidade de reconhecimento dos efeitos jurídicos desde a data da celebração ao ato de registro de casamento promovido fora do prazo legal. 2. O art. 1º da Lei nº 1.110/1950 preceitua que o casamento religioso equivalerá ao Civil, desde que atenda às exigências previstas nas normas jurídicas aplicáveis, uma vez que diante da redação do aludido dispositivo legal, o 'casamento religioso só existe, para todos os efeitos civis, depois do registro'. 3. O art. 73 da Lei nº 6.015/1973, estabelece o prazo decadencial de 30 (trinta) dias, a contar da celebração do casamento religioso, para que seja promovida a lavratura do respectivo assento. O art. 1532 do Código Civil em vigor, no entanto, aumentou o prazo decadencial para 90 (noventa) dias. 3.1. Na hipótese em exame o respectivo registro não foi promovido no prazo decadencial de 30 (trinta) dias. Afigura-se necessária, portanto, nova habilitação, nos termos do art. 74 da Lei nº 6.015/1973 e art. 1516, § 1º, do Código Civil. 4. A despeito de ter ocorrido a celebração do casamento religioso em questão aos 3 de dezembro de 1994, é preciso esclarecer a distinção entre a norma jurídica que rege a validade do negócio jurídico em si, e a que regerá seus efeitos, como devidamente elucidado pelo Código Civil em seu art. 2035. 4.1. Apesar de ter ocorrido a celebração do casamento religioso antes da entrada em vigor do Código Civil de 2002, a necessidade do respectivo registro subordina sua produção de efeitos a evento futuro e incerto. 5. Convém observar, portanto, que de acordo com a regra prevista no art. 1.516, § 2º, do Código Civil de 2002, 'o casamento religioso, celebrado sem as formalidades exigidas neste Código, terá efeitos civis se, a requerimento do casal, for registrado, a qualquer tempo, no registro civil'. 5.1. Assim, é possível o registro do casamento religioso tanta na hipótese de habilitação prévia, quanto na hipótese de habilitação posterior. 6. O art. 75 da Lei nº 6.015/1973 e o art. 1515 do Código Civil de 2002 estabelecem, portanto, efeito ao registro do casamento religioso desde o momento de sua celebração. 6.1. A mencionada regra, como visto, não preceitua qualquer distinção entre o casamento religioso celebrado na hipótese de habilitação prévia ou de habilitação posterior. 6.2. Com efeito, a norma apreendida a partir da interpretação do referido texto deve estar em harmonia com o princípio da segurança jurídica e da estabilidade das relações sociais. 7. Recurso conhecido e provido" (TJDFT – Ap 07274609820238070015, 10-7-2024, Rel. Alvaro Ciarlini).
"Apelação – **Registro civil tardio de casamento de ascendentes falecidos**, com o único objetivo de instruir pedido de obtenção de cidadania italiana – Legitimidade do descendente – Comprovação do casamento religioso em 1899, com a formação de prole – Pretensão que não viola direito público – Ausência de prejuízo a terceiro – Recurso provido." (TJSP – AC 1023398-86.2018.8.26.0564, 3-10-2019, Rel. Luis Mario Galbetti).

Há até mesmo quem dispense o registro para dar ao casamento religioso efeitos civis (Rizzardo, 1994, v. 1:111). Nesses julgados, aplica-se o princípio *in dubio pro matrimonio*. Na verdade, razão não há para negar-se validade ao casamento religioso, se o processo legal de habilitação lhe precedeu. De qualquer modo, como podemos verificar, não há dificuldades maiores nessa celebração. O desuso da prática entre nós reside certamente em razões sociológicas.

A lei vai ainda mais além no tocante ao casamento religioso, permitindo que até mesmo a habilitação seja feita *posteriormente* à celebração religiosa, contanto que os nubentes apresentem ao oficial de registro toda a documentação necessária e a prova do casamento religioso (art. 74). De posse dessa documentação, serão publicados os editais. Não havendo imposição de impedimentos, será lavrado o respectivo assento. Esse registro produzirá efeitos retroativos à data da celebração do casamento (art. 75). Como observamos, portanto, segundo a Lei nº 1.110/50 e a Lei dos Registros Públicos, há duas modalidades de habilitação para o casamento religioso com efeitos civis, anterior e posterior à celebração. Quanto ao regime de bens, aplicam-se as regras gerais do Código: não havendo pacto antenupcial e silenciando o registro, prevalecerá o regime da comunhão parcial.

5.6 PROVA DO CASAMENTO. POSSE DE ESTADO DE CASADO

A celebração do casamento é provada pela certidão do registro (art. 1.543). Em princípio, ninguém pode alegar estado de casado sem essa prova. No entanto, o registro não é essencial, pois mesmo em sua ausência, o casamento pode ser provado. O registro, por qualquer razão, pode ter sido perdido ou mesmo não ter sido lavrado. Nessas premissas, aceitam-se provas pelos meios admitidos em direito para justificar a perda ou a falta do documento (art. 1.543, parágrafo único). Primeiramente, o interessado deve provar que o registro não mais existe ou nunca existiu. A prova do casamento pode decorrer também de sentença judicial em processo movido para esse fim. Nesse caso, a ação declaratória é o meio hábil. A sentença daí decorrente deverá ser inscrita no Registro. Esse registro produzirá, tanto no que toca aos cônjuges como no que respeita aos filhos, todos os efeitos desde a data do casamento (art. 1.546). O início de prova, nessa premissa, porém, deve partir do reconhecimento do *estado de casado*, como veremos, situação pela qual os cônjuges mostram-se como marido e mulher em seu meio social. Outros documentos e provas devem ser acrescidos, para evidenciar a existência do casamento.

O casamento celebrado no exterior prova-se de acordo com a lei do local da celebração. Se realizado perante autoridade consular, como vimos, a prova é feita pela certidão do assento no registro do consulado. O art. 1.544, repetindo disposição tradicional em nossa legislação, dispõe que o casamento de brasileiro, celebrado no estrangeiro perante as autoridades ou cônsules brasileiros, deverá ser registrado em 180 dias, a contar da volta de um ou de ambos os cônjuges ao Brasil, no cartório do respectivo domicílio, ou, em sua falta, no 1º Ofício da capital do Estado em que passarem a residir. Esse retorno de um ou de ambos os cônjuges ao território nacional implica volta definitiva com residência e não em simples passagem pelo país.

A posse de estado de casado é a melhor prova do casamento, na ausência de registro, embora não seja peremptória, pois deve vir cercada de circunstâncias que induzam a existência do matrimônio. Sua utilização, contudo, é excepcional na lei. O ordenamento protege o estado de casado na hipótese de cônjuges que não possam manifestar sua vontade e de falecimento dos cônjuges nesse estado, em benefício da prole comum. A presunção de casamento somente não ocorrerá mediante certidão do registro civil, provando que algum dos cônjuges falecidos já era casado quando contraiu o matrimônio impugnado (art. 1.545). A finalidade do dispositivo é beneficiar a prole comum. Nessa situação, presume-se o casamento, impedindo-se sua contestação se há filhos do casal falecido. Para que essa presunção opere, há necessidade de quatro requisitos: (1) que os pais tenham falecido ou que não possam manifestar sua vontade; (2) que tenham vivido na posse de estado de casados; (3) a existência de prole comum e (4) a inexistência de certidão do registro que ateste ter algum dos pais já contraído casamento anteriormente. Desse modo, não há que se admitir a presunção, se não há filhos e se um dos cônjuges ainda sobrevive ou pode validamente manifestar sua vontade. Interessante notar que o art. 1.545 não exige que os interessados aleguem perda ou falta do registro. A intenção do legislador foi proteger a prole comum, favorecendo a legitimidade da filiação. Somente os filhos podem alegar essa posse de estado, depois da morte dos pais. Trata-se, no entanto, de exceção à regra geral, somente aplicável na hipótese descrita: pela regra geral, casamento se prova por sua realização e, mais que isso, pela certidão respectiva. Lembramos que a doutrina equiparava analogicamente as situações de alienação mental dos pais e ausência à sua morte, para fins de permitir o uso dessa prova. O atual Código preencheu a lacuna ao mencionar, nessa hipótese, também as pessoas que não possam manifestar sua vontade.

Por outro lado, o legislador adota ainda o princípio *in dubio pro matrimonio* no art. 1.547, ao estatuir:

> *"Na dúvida entre as provas favoráveis e contrárias, julgar-se-á pelo casamento, se os cônjuges, cujo casamento se impugna, viverem ou tiverem vivido na posse do estado de casados".*

A regra é dirigida ao juiz. Trata-se de mais uma possibilidade de aplicação da posse do estado de casados.

Já estudamos que o estado de família significa a posição que uma pessoa ocupa no grupo familiar em relação às demais: pai, filho, irmão, cônjuge etc. Esse é o sentido inicial para o entendimento da posse do estado de casados. Lembra Belluscio (1987:50) que o estado de família pode ser aparente. Há estado de família aparente quando existe posse de estado, mas não há título (estado aparente de fato), ou quando esse estado existe, mas é falso ou está viciado, em razão de falha jurídica (estado aparente de direito). Esses aspectos devem ser devidamente sopesados no caso concreto. A posse do estado de casados pode ser meramente aparente, não merecendo proteção jurídica.

A hipótese do art. 1.547 também é excepcional, e de alcance diverso daquela do art. 1.545, porque é chamada à aplicação apenas na dúvida sobre a existência do matrimônio.

Para a conceituação de posse do estado de casados, é necessário que se examinem, como tradicionalmente aponta a doutrina, três requisitos: *nominatio, tractatus* e *reputatio (fama)*. A lei não define esse instituto. O casal deve ter um comportamento social, público e notório, de marido e mulher, assim se tratando reciprocamente. Quem assim se comporta, presumivelmente encontra-se no estado de casado. No entanto, a prova cada vez mais deve ser vista com restrições, porque a união estável, com mais ou menos profundidade, também traduz uma posse de estado nesse sentido. Casamento não se presume. Impõe-se, nesse sentido, que se prove que efetivamente ocorreu a celebração do casamento, sob pena de se abrir margem a fraudes.

A doutrina lembra ainda que a posse de estado de casado, afora essas duas situações legais enfocadas em nosso Código, também tem o condão de funcionar como elemento saneador de eventuais defeitos de forma no casamento. Essa ideia está presente em outras legislações, qual seja, a posse do estado de casado sana defeito de forma na celebração do matrimônio. Nosso ordenamento não menciona expressamente essa possibilidade.

6

CASAMENTO INEXISTENTE, NULO E ANULÁVEL

6.1 CASAMENTO INEXISTENTE

É no campo do casamento que a doutrina realça a categoria dos negócios inexistentes. Em nosso *Direito civil: parte geral* (seção 28.5), já nos ocupamos do assunto. Como enfatizamos, a lei não consagra essa classificação. Por vezes, porém, é necessário recorrer à inexistência para explicar uma modalidade de falha no negócio. No ato nulo e no ato anulável, existe a formação do negócio, ao menos de forma aparente, o qual, em razão de falta de integração, não produz efeitos regulares.

No ato inexistente, há, quando muito, mera aparência de ato jurídico. A teoria da inexistência foi elaborada por Zaccharias, escritor alemão do século XIX, e encontrou adeptos na doutrina italiana e francesa. É considerado inexistente o casamento no qual o consentimento não existe, na ausência de autoridade celebrante, ou quando há identidade de sexos. Advirtamos, de plano, que no direito de família, como regra, somente ocorrem nulidades textuais, ou seja, só será nulo ou anulável o ato se a lei o declarar expressamente. O legislador preocupa-se, proeminentemente, com a validade do casamento, incentivando-a de todas as formas, somente admitindo a invalidade ou ineficácia em situações descritas textualmente. No entanto, hipóteses absurdas podem ocorrer, nas quais os pressupostos do casamento estarão ausentes. Se levado ao extremo o princípio da nulidade textual em sede de família, admitiríamos como eficaz o casamento sem consentimento, aquele realizado perante pessoa não investida de autoridade, bem como a união matrimonial de pessoas do mesmo sexo. Cuida-se, na verdade, de mera aparência de matrimônio que, rigorosamente, não poderia ser declarado nulo. A natureza desse defeito deve ser vista como situação de inexistência do negócio jurídico, pois seria absurdo admitirmos tais hipóteses como atos jurídicos com validade e eficácia.

Assim, a noção de inexistência, surgida em matéria de casamento, espalhou-se para a teoria geral dos negócios jurídicos. Desse modo, poderíamos exemplificar que também deve ser considerado inexistente, por exemplo, o testamento público lavrado perante quem não é oficial investido de poderes.

A maior crítica feita à teoria da inexistência é quanto a sua inutilidade perante a categoria dos atos nulos. É tradicional a posição de Colin e Capitant (1934, v. 1:187) para quem não há diferença entre a nulidade absoluta e a inexistência:

> *"dizer que um ato é nulo – nullum est – ou que não existe, é sob todos os pontos a mesma coisa. No que concerne particularmente ao casamento, é evidente para nós que a teoria da inexistência se explica unicamente pelo desejo dos intérpretes de aplicar a regra com a máxima: não há nulidade sem texto"* (tradução livre).

Como citado no original, é mencionada a sempre lembrada parêmia: *pas de nullité sans texte* (não há nulidade sem texto). Por outras palavras, o sistema de nulidades no ordenamento ampara todas as eventuais situações de inexistência, não havendo necessidade desse terceiro gênero de invalidade.

A respeito da inexistência do casamento, aduz Pontes de Miranda (1971:365):

> *"Se a exigência infringida concerne à existência do matrimônio, o mesmo não se dá. Não há nulidade, nem anulação; porque o contrato nunca existiu. Foi pura materialidade de fato, sem nenhuma significação jurídica, ao contrário do ato nulo, que teve vida jurídica, embora viciado, mas que pode ser revalidado ou conservar a sua existência, inicialmente precária, por se não ter requerido nunca a nulidade, ainda que insanável o vício".*

A denominação *ato inexistente* é, sem dúvida, ambígua e contraditória, pois o que não existe não pode ser considerado ato. Contudo, o que pretende exprimir com a denominação é que, embora existente porque possui aparência material, o ato não possui conteúdo jurídico. Na verdade, o ato ou negócio não se formou para o Direito. Desse modo, em que pesem acerbadas críticas feitas por parte da doutrina, a categoria da inexistência por vezes vem em socorro do intérprete em situações de extrema perplexidade, quando o sistema de nulidades não se amolda perfeitamente ao caso. Imaginemos, por exemplo, situação que não é meramente acadêmica, de pessoa que se case com outra do mesmo sexo, sem que se saiba do fato. Suponhamos que, após todo o procedimento prévio de habilitação e após a celebração, o nubente ou qualquer terceiro descubra que ocorreu casamento entre pessoas do mesmo sexo. Ora, nessa hipótese, o negócio pecou por ausência de pressuposto de existência, qual seja, a diversidade de sexos. Não há mera nulidade relativa por erro quanto à pessoa, como é intuitivo.

Em princípio, os atos inexistentes são um nada jurídico; não devem gerar qualquer efeito. Nesse exemplo, porém, o negócio inexistente ficou documentado, possui efeitos materiais que necessitam ser extirpados do mundo jurídico. Sem dúvida que os princípios gerais de nulidade socorrem a situação, mas há necessidade de um decreto judicial para ao menos o cancelamento do assento de casamento. Nessa ação, inelutavelmente o pedido é de declaração de inexistência do negócio. Fica também bem claro na natureza preponderantemente declaratória dessa sentença, e ainda que as cargas secundárias de mandamentalidade e desconstitutividade também sejam ponderáveis. Há efeito mandamental porque será expedido mandado de cancelamento ao Registro Civil; há efeito secundário desconstitutivo também porque a "aparência" do estado de casado desaparece.

Temos que concluir, portanto, que sempre que o negócio aparente tiver consequências materiais, poderá haver necessidade de um pronunciamento judicial para repará-las, isto em qualquer campo jurídico e não somente em sede de casamento. Embora o sistema de nulidades seja suficiente para esse desiderato, no que concordamos com os críticos à categoria de inexistência, há efeitos em seu reconhecimento judicial que nem sempre se amoldam perfeitamente à categoria dos atos nulos. Digamos, porém, que, de forma geral, a declaração judicial de inexistência do negócio jurídico terá no sistema os efeitos práticos da nulidade. Na situação aqui referida, por exemplo, o cônjuge enganado no casamento com pessoa de igual sexo poderá acioná-la para obter indenização por danos morais. Destarte, afirmar que o ato inexistente não produz qualquer efeito, como toda afirmação peremptória em Direito, deve ser visto com restrições.

De outra parte, levando-se em conta que o ordenamento estabelece um sistema específico de nulidades em matéria matrimonial, ainda que se admita que existam prazos de prescrição para situações irregulares de casamento, no negócio inexistente não há que falarmos em prescrição, pela singela razão de que não pode prescrever um ato que nunca se formou.

Por outro lado, se ficarmos exclusivamente no campo das nulidades dos atos jurídicos do ordenamento, essas situações de inexistência certamente configuram nulidades virtuais e como tal não descritas pelo legislador. Se a lei não as mencionou expressamente é porque partem da própria definição e da natureza essencial do casamento (Colin-Capitant, 1934, v. 1:189), ou, em outras palavras, trata-se de um defeito da base do negócio jurídico. Lembra ainda Caio Mário da Silva Pereira (1996:85) a diversidade de efeitos do casamento nulo e do inexistente. A nulidade somente pode ser decretada em ação própria, enquanto a inexistência pode ser declarada a qualquer momento, sem necessidade de ação judicial específica para tal fim.

Desse modo, ainda que o texto legal não proclame, a diversidade de sexos é essencial para o casamento, em todas as civilizações. A união de pessoas do mesmo sexo, atualmente mais bem denominadas homoafetivas, se admitida, refoge ao conceito tradicional de casamento. As uniões homossexuais vão obtendo paulatinamente índole de família.

A *ausência de celebração*, incluindo-se nessa hipótese a ausência de autoridade celebrante, é outra situação de inexistência do casamento. Escritura pública de convivência, por exemplo, não pode constituir casamento, nem mesmo o presidido por pessoa não investida de autoridade. No entanto, como sempre enfatizamos que toda afirmação peremptória em Direito é duvidosa, o casamento realizado por quem não é juiz de casamentos poderá configurar casamento putativo, como veremos, com consequências definidas, dependendo das circunstâncias. Imaginemos, por exemplo, a cerimônia realizada perante um impostor que engendra uma simulação para levar terceiros ao engodo, sendo desconhecido o fato de um ou de ambos os noivos. Nesse caso, celebração não existe. Por outro lado, se o celebrante é juiz de casamentos incompetente *ratione loci*, por exemplo, por ser de outra circunscrição, a hipótese, no Código de 2002, é de anulabilidade, segundo o art. 1.550, VI, definindo o legislador como vício sanável.[1] Casamento celebrado perante prefeito municipal ou delegado de polícia não é nulo, mas simplesmente inexistente (Miranda, 1971:368). O presente Código, conforme já expusemos, inserindo a incompetência da autoridade celebrante como causa de casamento anulável, expôs essa questão de forma lógica ao dispor:

> "Art. 1.554. Subsiste o casamento celebrado por aquele que, sem possuir a competência exigida na lei, exercer publicamente as funções de juiz de casamentos e, nessa qualidade, tiver inscrito o ato no Registro Civil".

Essa sempre fora a orientação da doutrina na questão perante o estatuto de 1916, agora transformada em texto legal.

Finalmente, a *ausência total de consentimento* torna inexistente o matrimônio. Vimos que o consentimento cabal e espontâneo é da essência do ato e integra a solenidade da celebração. Para que tenhamos como inexistente o matrimônio, mister que tratemos de omissão na manifestação de vontade e não simples declaração defeituosa. Vontade viciada situa-se em sede de anulabilidade do

---

[1] Como discutimos anteriormente neste livro, o art. 208 do Código de 1916 expunha que era nulo o casamento contraído perante autoridade incompetente, mas essa nulidade se consideraria sanada, se não alegada dois anos após a celebração. Tratava-se da única hipótese de nulidade para a qual o legislador estabelecera um prazo para considerar superado o vício. Cuidava-se, é fato, de hipótese de nulidade relativa. O dispositivo não teria o menor sentido se referisse à autoridade absolutamente incompetente.

ato. Ausência de vontade caracteriza sua inexistência. O mesmo ocorre se a cerimônia se conclui com a negativa do nubente. O *sim* é absolutamente essencial para a conclusão do ato.

6.2 NULIDADE E INEXISTÊNCIA DO CASAMENTO

Vimos que o casamento inexistente, se deixar rastro material, necessitará de ação judicial que assim o declare, aplicando-se, em síntese, a teoria das nulidades. Se nada tiver mudado no mundo jurídico e material na hipótese de um simulacro de casamento, a inexistência não necessita qualquer providência.

Ultrapassado o plano de existência, o negócio jurídico do casamento deve ser examinado sob o prisma da validade. Enquanto o casamento inexistente é um nada jurídico, possui valor neutro ou negativo como negócio, o casamento nulo apresenta-se como existente, embora eivado de vícios. O sistema de nulidades em matéria de casamento, como já referimos, é específico do direito de família. A começar pelo fato de que, nesse negócio, as nulidades são apenas as descritas pela lei, nulidades textuais, sem que possam ser alargadas pela regra geral dos negócios jurídicos, nem admitidas nulidades virtuais. Colocando à margem a problemática da inexistência enfocada acima e que supre de certa maneira as nulidades virtuais, não há, na verdade, exceção à regra geral: no casamento, não há nulidade sem texto. Como descrevemos, contra o casamento inexistente não corre qualquer prescrição, e pode o juiz assim declará-lo de ofício e qualquer interessado pode demandar sua declaração. Por outro lado, a nulidade do casamento não pode ser decretada de ofício; somente determinadas pessoas estão legitimadas para requerer a declaração e existem situações em que a nulidade pode ser escoimada pelo decurso do tempo. Desse modo, não havemos de recorrer à teoria geral dos atos jurídicos para o deslinde de nulidades do casamento. O direito matrimonial possui princípios próprios derivados de descrições legais e da natureza do instituto.

No casamento, vigora o princípio do *favor matrimonii* do direito canônico, que traduz a atitude do legislador ao conceder um tratamento especial de proteção ao casamento para conservação de sua essência como instituição. É levado em conta, nesse aspecto, que a nulidade de um matrimônio pode acarretar a dissolução de uma família, ocasionando a irregularidade da união dos cônjuges e a filiação ilegítima. De tal modo, cabe ao intérprete considerar essa filosofia que se traduz na prática no brocardo *in dubio pro matrimonio*.

Sustenta-se que, como o casamento inexistente é um nada jurídico, um valor neutro, não pode gerar putatividade, ainda que os cônjuges estejam imbuídos de boa-fé (Miranda, 1971:370). No entanto, a afirmação deve ser vista com mitigação, pois, se levarmos em conta que, em nosso ordenamento, os efeitos da inexistência podem ser os mesmos da nulidade, não podemos negar que a boa-fé deve proteger também o agente na hipótese de inexistência.

Note que o projeto do Estatuto das Famílias refere-se expressamente ao casamento inexistente ao tratar do casamento por procuração, quando a revogação do mandato não chega ao conhecimento do mandatário e o ato matrimonial é realizado (art. 151, § 2º).

6.3 NULIDADES DO CASAMENTO

Uma palavra introdutória é importante a respeito do alcance prático das nulidades em matéria de casamento. Quando não tínhamos, em nossa legislação, a possibilidade do divórcio, o tema ganhava importância. Situações limítrofes, que no direito comparado eram minimizadas de importância com o simples desfazimento do vínculo conjugal, entre nós eram levadas às ações de nulidade, como tentativa de extinguir o casamento, possibilitando o retorno dos cônjuges ao estado de solteiro. Com a introdução do divórcio na legislação brasileira e a facilidade com que pode ser obtido, reduziram-se em muito as ações de nulidade e anulação de casamento. Podemos dizer, sem receio, que atualmente apenas se recorre à ação de nulidade quando se trata de vício patente e evidente. Ninguém se sujeitará, por exemplo, a enfrentar uma difícil batalha judicial com a prova de coação no ato jurídico, se com um pedido de divórcio obterá o mesmo desiderato. Por outro lado, o pensamento social evoluiu no sentido da irrelevância definidora do estado de solteiro ou divorciado. Ainda, no divórcio, como regra frequente, não serão declinadas as razões do término da sociedade conjugal. O processo anulatório, mesmo que sob segredo de justiça, muito relativo em pequenas comunidades, sempre dará margem a especulações sobre as causas que determinaram o processo. Por tais razões, diminuiu sensivelmente a importância das nulidades em matéria de matrimônio em nosso Direito.

No sistema de nulidades do casamento, fica bem nítida a distinção entre vícios insanáveis e vícios sanáveis. Os impedimentos, as causas de anulação e as causas suspensivas visam evitar que essas hipóteses ocorram. No entanto, se o casamento se realizar com infração aos impedimentos do art. 1.521, o casamento será nulo, por expressa redação do art. 1.548, II. Também, era tido como nulo o casamento do enfermo mental sem o necessário discernimento para os atos da vida civil (art. 1.548, inciso I revogado pela Lei nº 13.146/2015).[2]

As demais hipóteses, já vistas quando tratamos dos impedimentos, ocasionam um vício sanável.[3]

As anulabilidades são todas sanáveis, dentro do rol do art. 1.550.[4]

---

[2] "Civil – Direito das famílias – **Ação de nulidade de casamento** – Simulação – Vício comprovado – Provas aptas em demonstrarem que o casamento do apelante com a *de cujus* foi simulado, com o objetivo obter pensão previdenciária. Sentença que não merece reforma. Recurso conhecido e desprovido." (*TJRN* – AC 2016.013700-7, 23-4-2019, Rel. Des. Dilermando Mota).

"Apelação – **Nulidade de casamento** – Alegação de enfermidade mental quando da celebração do casamento. Pedido que não se confunde com anulação – Causa de pedir fundamentada no artigo 1.548, do Código Civil. Interessados que são legitimados a propor ação, conforme a dicção do artigo 1.549, do CC. Autora que é genitora de um dos cônjuges (recentemente falecido) – Interesse sucessório verificado – Eventual declaração de nulidade que tem o condão de alterar a ordem sucessória, favorecendo a ascendente em detrimento do cônjuge supérstite. Legitimidade ativa verificada. Sentença anulada. Recurso provido" (*TJSP* – Ap 0003843-86.2015.8.26.0441, 22-8-2018, Rel. Fábio Podestá).

"**Casamento – Duplicidade** – Ação de invalidação – Assento de causa de pedir – Anulação do registro – 'Recurso especial. Processual civil. Direito de família. Ação de invalidação de assento. Duplicidade de casamento. Causa de pedir. Anulação do registro das segundas núpcias. Ato simulado. Plausibilidade. Foro. Competência. Residência da mulher. Prevalência. Art. 100, inciso I, do CPC. Ações conexas. Prevenção. Beligerância. Economia processual. 1. O objeto da ação principal é a invalidação da certidão de um segundo casamento, exibida pelo recorrente, e que tem como consequência direta afastar do mundo jurídico as próprias núpcias retratadas pelo registro, apontado pela recorrida como ato simulado. 2. A consequência lógica do reconhecimento do vício do ato registral, se atendido, é a nulidade do casamento nele retratada. Portanto, a pretensão inicial não é a mera anulação do ato formal, mas o reconhecimento da validade do primeiro casamento firmado entre o casal beligerante. 3. A questão se enquadra na ressalva contemplada no art. 100, I, do CPC, que assegura a prerrogativa de aviamento da ação no foro de residência da mulher. 4. Há diversas outras ações tramitando no foro eleito pela recorrida, tais como ações de separação judicial, de alimentos e de arrolamento de bens em desfavor do recorrente, o que importa na prevenção do juízo e recomenda, por economia processual, a reunião dos feitos em um único juízo. 5. Recurso especial parcialmente conhecido e não provido" (*STJ* – REsp 1.157.162 – (2009/0172085-6), 26-4-2016, Rel. Min. Ricardo Villas Bôas Cueva).

[3] Merece menção a situação já referida do art. 208 do Código antigo aqui referida. Cuidava-se da única hipótese no sistema de nulidade sanável: o casamento realizado perante autoridade relativamente incompetente considerar-se-ia hígido se não se alegasse dentro de dois anos a partir da realização do ato. Como mencionamos, o vigente Código suprimiu essa incongruência, elegendo essa hipótese como causa de anulação (art. 1.550, VI).

[4] Assim eram consideradas as causas que inquinavam o casamento realizado com infração aos impedimentos tidos como dirimentes relativos elencados no art. 183 do antigo Código. Nesse sentido, era expresso o art. 209 ao dispor que os casamentos contraídos por infração aos incisos IX a XII do art. 183 eram anuláveis. O Código de 2002 estabeleceu, como vimos, que essas hipóteses tornam o casamento anulável, abandonando a relação dos impedimentos ditos relativos. As causas suspensivas, também já referidas, substituem os outrora chamados

Se analisarmos a natureza dos impedimentos que tornam nulo o casamento, veremos que são doravante de três ordens, art. 1.521: incesto (I a V), bigamia (VI), e homicídio (VII).

6.3.1 Legitimação para Arguir Nulidade

O art. 1.549 do Código de 2002 estabelece:

> "A decretação de nulidade de casamento, pelos motivos previstos no artigo antecedente, pode ser promovida mediante ação direta, por qualquer interessado, ou pelo Ministério Público".

Nesse tópico, o legislador descreve a legitimação para a ação de nulidade do casamento em geral.

Notemos que a lei se refere a *"qualquer interessado"* e não qualquer pessoa. Desse modo, havemos de aquilatar no caso concreto qual o interesse jurídico, econômico ou moral, em anular o matrimônio. Terceiros, sem qualquer relação com o casal, não terão legitimidade para essa ação. A ação de nulidade relativa ou de anulação deve ser pleiteada pelos prejudicados pelo ato, bem como por seus representantes. Os arts. 1.552 e seguintes do corrente diploma conferem a legitimidade para essa ação, bem como os respectivos prazos decadenciais, mormente no art. 1.560. A ação de nulidade absoluta, como está no texto mencionado, pode ser proposta pelo Ministério Público e qualquer interessado. Na lei anterior (art. 208, parágrafo único, II, do Código de 1916), o Ministério Público não teria legitimidade para propor essa ação se já falecido um dos cônjuges. O Código deste século não mais repete a disposição, que protegia o matrimônio nulo, não havendo restrição para a atuação do Ministério Público nessa hipótese.

6.3.2 Casos de Nulidade

Como referido, além do casamento contraído pelo enfermo mental sem discernimento, são nulos os casamentos realizados com infração aos impedimentos descritos no art. 1.521. Lembre-se, ademais, que o casamento pode ser anulado, pois se trata de negócio anulável, também pela participação do incapaz de consentir, a qualquer título, quando do ato do casamento.

As primeiras cinco hipóteses declaram írrito o *matrimônio incestuoso*. O parentesco consanguíneo em linha reta é obstáculo intransponível para o matrimônio, como examinamos. A proibição relativa à afinidade é limitada e quanto aos colaterais é restrita a casamentos de parentes até o terceiro grau. Lembremos, porém, que tio e sobrinha e tia e sobrinho podem casar-se, desde que se submetam a exame médico, como já vimos (Decreto-lei nº 3.200/41). Essa lei não foi revogada pelo presente Código, pois com ele também se harmoniza nos termos do art. 2º, § 2º, da Lei de Introdução ao Código Civil, atual Lei de Introdução às Normas do Direito Brasileiro, Lei nº 12.376 de 30-12-2010.

A nulidade por *bigamia* está expressa no inciso VI. Enquanto não desfeito o casamento anterior, não pode o agente contrair novo matrimônio. Utiliza-se, porém, sempre que possível, o princípio em favor do casamento: anulado o primeiro casamento, o casamento seguinte será válido. Da mesma forma, se a existência do primeiro cônjuge é duvidosa, por ausência prolongada, não se ataca o casamento (Pereira, 1996:89).

---

impedimentos proibitivos ou impedientes, e também não têm o condão de inquinar o casamento, apenas de suspender sua realização. Se realizado o casamento com infração a causa suspensiva, válido será o matrimônio, mas regido pelo regime da separação de bens (art. 1.641, I).

Como em todo decreto judicial de nulidade, os efeitos dessa sentença retroagem à data do ato, no caso o momento da celebração. Se a decisão reconhecer a boa-fé de um ou de ambos os cônjuges, o casamento produzirá efeitos de matrimônio válido, matéria que diz respeito à putatividade que examinaremos a seguir.[5]

---

[5] Leitura Complementar – Ação de nulidade e de anulação. O curador de Vínculo no Código de 1916.
O art. 222 do Código de 1916 dispunha que a ação de nulidade do casamento se processaria pelo procedimento ordinário, nomeando-se curador que o defendesse. Tratava-se da figura do curador de vínculo, não mais presente no vigente Código. Como já destacamos, nenhuma nulidade em matéria de casamento pode ser declarada de ofício. Há necessidade de ação que será a de rito mais amplo, permitindo plenitude probatória. Outro aspecto que não pode ser relegado é que a nulidade do matrimônio somente produz efeito após o trânsito em julgado. A ação que visa decretar a nulidade ou anular o casamento, ação de estado, deverá ter a participação obrigatória do Ministério Público. Além do representante do Ministério Público, era obrigatória a participação do *defensor ou curador de vínculo*. Esse curador não era representante do *parquet*, mas alguém, com capacidade postulatória, nomeado para exercer essa função no processo. Não inquinava o processo, porém, se a função fosse exercida por integrante do Ministério Público. Essencial que o defensor de vínculo cumprisse esse mister. Seu papel processual era bater-se sistematicamente pela manutenção do matrimônio. Segundo a doutrina majoritária, os termos peremptórios da lei não autorizavam o curador de vínculo a concordar com o pedido de nulidade, por mais lógico e evidente que fosse. Se não estivesse à vontade nesse mister, deveria declinar do encargo e pedir sua substituição. *"Se o curador ao vínculo, descumprindo os seus deveres inequívocos, passou a pugnar pela anulação, impunha-se a nulidade do processo"* (STF, REsp 33465, de 13-6-57, Rel. Min. Barros Barreto). O defensor de matrimônio é figura oriunda do Direito Canônico. Nesse direito, trata-se de figura permanente. Em nosso direito processual, cuidava-se de nomeação *ad hoc*. O mais recente Código não mais contemplou essa figura que se mostrara cautela desnecessária nos últimos anos, tendo em vista o rumo tomado pelas ações de nulidade ou anulação de casamento. Assim como o representante do Ministério Público, o defensor de vínculo deveria participar de todos os atos processuais, requerendo provas, manifestando-se sobre requerimentos, participando de audiência, apelando da sentença que declarasse nulo ou anulasse o casamento etc. Entendeu o Supremo Tribunal Federal que o curador deveria necessariamente apelar da sentença de procedência, devendo outro ser nomeado para o mister, em caso de omissão (REsp 91798, de 17-6-80, Rel. Min. Xavier de Albuquerque). Tinha ele o dever de recorrer da sentença que *anulasse* o matrimônio. Não podia, porém, recorrer da sentença que *mantivesse* o vínculo. Pontes de Miranda (1971:426) acrescenta que o curador de vínculo era parte no processo, podendo até mesmo pedir a rescisão da sentença contra o casamento, inclusive para obter os efeitos da putatividade. A omissão na participação no processo de qualquer desses dois curadores implicaria nulidade do processo (TJSP, Ap. Cível 274.680-1, Tatuí, Rel. Octávio Helene, 1º-8-96). Vale o registro como referência histórica. Ressaltemos, porém, que o Ministério Público participa como fiscal da lei, podendo opinar contra ou a favor do pedido de nulidade. Sua participação continua essencial. O processo de nulidade ou de anulação pode começar com o pedido de prévia separação de corpos (art. 1.562; antigo, art. 223). Deferida a separação, a mulher poderá pedir alimentos provisionais, que serão arbitrados de acordo com suas necessidades e a capacidade do alimentante. Não devemos excluir, porém, embora seja rara a situação, a possibilidade de o marido pedir os alimentos provisionais, levando-se em conta o patamar de igualdade entre os cônjuges, criado pela Constituição de 1988 (art. 226, § 5º). Trata-se de ação cautelar e como tal a ação principal de nulidade ou anulação deve ser proposta em 30 dias, nos termos do art. 806 do CPC, sob pena de perda de eficácia da medida. A ação prévia somente será necessária se os cônjuges coabitarem. Seria uma superfetação exigir separação de corpos se o casal já está separado de fato. As situações limítrofes, nas quais a separação não resta clara, terão o deslinde no caso concreto. Como regra geral, o ônus da prova na ação de nulidade ou anulação é de quem alega. Importante frisarmos que o valor da confissão é mínimo nesses processos. Admitir peso maior à confissão do réu seria dar azo à mancomunação e ao processo simulado. A confissão terá valor probatório relativo, devendo ser sopesada em conjunto com as outras provas, outros elementos de convicção do julgador. Digamos o mesmo em relação à revelia. A contumácia do réu, na verdade, é um dificultador para a prova e para a própria procedência, pois nem sempre o autor e os curadores terão meios investigatórios mais amplos perante a ausência do réu ou ré no processo. Nesse sentido, a contumácia é tratada com as mesmas restrições da confissão. Por outro lado, como se estabelece o rito ordinário para essas ações, a reconvenção pode fazer seu papel, com pedido de divórcio, por exemplo, ou até mesmo na ação de nulidade, quando o reconvinte quer imputar ao autor a responsabilidade pela nulidade, almejando os consectários da sucumbência (Miranda, 1971:420). O legislador era muito preocupado com as sentenças anulatórias de casamento no passado, quando o divórcio não era autorizado. Tanto que a sentença que julgasse procedente o pedido de nulidade ou anulação do casamento estava sujeita ao duplo grau obrigatório de jurisdição, o chamado *recurso de ofício*, nos termos do art. 475 do CPC. Esse dispositivo foi suprimido pela Lei nº 10.352/2001. Por outro lado, transitada em julgado, expedir-se-á mandado para averbação no Registro Civil (art. 100 da LRP).
O Projeto do Estatuto das Famílias simplifica o rol de casamentos nulos, sem prejuízo da extensão e compreensão da matéria, dispondo em seu art. 28:
"É nulo o casamento contraído:

6.4 CASAMENTO ANULÁVEL. LEGITIMAÇÃO. PRAZOS

Os casos de nulidade do casamento traduzem um interesse público. O ordenamento reage de forma mais rigorosa em suas hipóteses, pois não pode admitir infração a disposições que afetam a estrutura da família, orientada pelo Estado. Ao lado desse interesse social proeminente nos casos de nulidade, a anulação surge na proteção do interesse individual. Por isso, a lei protege os próprios nubentes, se se casaram, por exemplo, sob coação ou antes de atingir a idade legal.

Como referimos, no corrente Código as causas de anulação estão elencadas no art. 1.550 e substituem, em linhas gerais, os outrora denominados impedimentos dirimentes relativos. Desse modo, seis são as hipóteses legais de anulação no texto da lei. Não existem outras. Em linhas gerais, a lei preocupa-se com a liberdade de consentimento, com a vontade viciada por erro ou coação, ou então presumindo que esse consentimento não é livre para as pessoas que não atingiram a idade núbil. Conforme já comentamos nesta obra, a lei também se reporta à incompetência relativa da autoridade celebrante e a questões que envolvem o casamento por procuração.

6.4.1 Hipóteses de Anulação. Coação

Como parte da matéria já foi vista no Capítulo 4, resta analisar algumas outras hipóteses de anulação.

Quanto aos vícios de vontade, há uma aplicação específica em matéria de anulação de casamento, não incidindo simplesmente as regras da parte geral. Por essa razão, o art. 1.550 descreve que é anulável o casamento por vício de vontade, nos termos dos arts. 1.556 a 1.558.

Estatui o art. 1.558:

> *"É anulável o casamento em virtude de coação, quando o consentimento de um ou de ambos os cônjuges houver sido captado mediante fundado temor de mal considerável e iminente para a vida, a saúde e a honra, sua ou de seus familiares".*

Essa extensão do conceito de coação, que é definido como vício do negócio jurídico em geral no art. 151, trata de vício específico da vontade matrimonial, isto é, daquela manifestada quando da celebração do casamento.

Aplicam-se os fundamentos que orientam esse vício na teoria geral dos negócios jurídicos e também sua aplicação específica, mais elástica, em matéria de casamento. A lei de 1916 referia-se às pessoas que se casam *"por qualquer motivo coactas"*. Lembre-se do que foi exposto a respeito do simples temor reverencial. Caberá ao juiz avaliar a situação de fato para definir a coação no caso concreto do casamento. É claro que nessa avaliação o juiz também levará em conta os princípios gerais desse vício de vontade descritos nos arts. 151 ss. Assim, levará em conta o sexo, a idade, a condição, a saúde etc. na forma do art. 152. De acordo com o art. 1.559, somente o cônjuge que sofreu a coação pode demandar a anulação de casamento, mas ressalva que a coabitação, *havendo ciência do vício*, valida o ato. Ora, esse dispositivo também se refere à hipótese de erro e essa ciência do vício, aparentemente, somente se refere a esse defeito de vontade e não a coação, pois o coacto sempre terá ciência desse desvio de vontade. Como em todas as ações envolvendo o casamento, participará o Ministério Público, o qual, no entanto, não possui legitimidade para propor ações de anulabilidade. O Código estabelece o prazo muito

---

I – pela pessoa absolutamente incapaz;
II – com infringência aos impedimentos legais;
III – por procurador, se revogada a procuração antes da celebração do casamento".

longo de quatro anos para a hipótese de coação, desde a data da celebração (art. 1.560, IV). Sendo a coação um estado visível, latente e iminente, não havia que se permitir prazo tão longo para o coacto reclamar da higidez de seu casamento. Esse prazo extenso pode dar margem a desvios de finalidade da norma.

Quanto ao casamento contraído por pessoas sujeitas ao poder familiar, tutela ou curatela, sem consentimento dos responsáveis, a lei antiga referia-se à legitimação para arguir a anulação às *pessoas que tinham o direito de consentir e não assistiram ao ato* segundo o art. 212 do Código de 1916. Essa legitimidade persiste no mais recente diploma, havendo que se examinar, em regra geral, o legítimo interesse para a propositura da ação. A esse respeito, estatui o art. 1.555 que o casamento do menor em idade núbil, quando não autorizado por seu representante legal, só poderá ser anulado se a ação for proposta em 180 dias, por iniciativa do incapaz, ao deixar de sê-lo, de seus representantes legais ou de seus herdeiros necessários. Esse prazo será contado do dia em que cessou a incapacidade do menor; do casamento, para os responsáveis e, no tocante aos herdeiros, a partir da morte do incapaz (art. 1.555, § 1º). Como bem observa Paulo Lins e Silva,

> *"infantil crermos que um menor entre 16 e 18 anos possa de forma simples e fácil providenciar a habilitação de seu casamento frente a autoridade do registro Civil"* (Dias e Pereira, 2001:50).

É muito difícil que essa situação venha a ocorrer.

Se os responsáveis pelo incapaz assistiram à celebração do casamento e não se opuseram, não mais poderão anulá-lo. A situação é óbvia. Também não se anulará o casamento se os representantes do incapaz tiverem, por qualquer modo, manifestado sua aprovação (art. 1.555, § 2º). Trata-se de matéria de prova.

Portanto, além do próprio incapaz, somente o pai, a mãe e, se for o caso, o tutor e o curador podem ingressar com pedido de anulação por defeito de idade. Por outro lado, esse casamento pode ser ratificado pelo incapaz quando cessa a incapacidade. Veja o que falamos a respeito dessa hipótese, no capítulo sobre os impedimentos. Notamos, portanto, que é restrito o alcance desse vício. Acrescentemos ademais que o casamento não será anulado por motivo de idade se dele resultou gravidez (art. 1.551). A maternidade escoima o vício, tanto se o homem não tiver a idade núbil, quanto se a mulher não a tiver. Se já existe prole, protege-se a entidade familiar, desaparece a razão de anulação do casamento.

Já nos referimos à hipótese do art. 1.520 do Código, na redação original, segundo a qual os menores poderiam casar-se para evitar a imposição ou o cumprimento de pena criminal ou assemelhada. Se o menor estivesse sujeito às reprimendas da legislação aplicável a menores, também se aplicaria o dispositivo. Na nova redação do art. 1.520, em vigor, não será permitido, em qualquer hipótese, o casamento de quem não atingiu idade núbil.

O casamento anulável, seguindo nesse diapasão a regra dos atos anuláveis em geral, permite ratificação, com efeito retroativo quanto aos efeitos à data da celebração. Nesse sentido, o incapaz de consentir, quando cessar essa incapacidade, pode ratificá-lo (art. 1.553). Na hipótese de anulação por defeito de idade, quando o pedido não é de iniciativa dos próprios nubentes, estes podem ratificar seu casamento quando atingirem a idade núbil, perante o juiz e o oficial do registro. Em tal caso, o casamento terá os efeitos retroativos desde o momento da celebração.

Em sede de anulação ou mesmo nulidade, o ordenamento protege a filiação, tendo como legítima a prole proveniente do casamento anulado. Note que o art. 1.561, § 2º, estende os efeitos civis do casamento aos filhos, ainda que ambos os cônjuges estejam de má-fé quando da celebração do casamento.

6.4.2 Erro Essencial sobre a Pessoa

Entre os vícios de vontade, a coação, já referida, e o erro essencial encontram uma aplicação especial em matéria de casamento. O dolo, como veremos, fica fora dessa aplicação em matéria matrimonial.

Em matéria de anulação de casamento, as hipóteses de erro encontram muitos exemplos na jurisprudência. Sinteticamente, o legislador de 1916 dispusera no art. 218: *"É também anulável o casamento, se houver por parte de um dos nubentes, ao consentir, erro essencial quanto à pessoa do outro"*. O art. 1.556 do presente Código menciona: *"O casamento pode ser anulado por vício da vontade, se houve por parte de um dos nubentes, ao consentir, erro essencial quanto à pessoa do outro"*.

A seguir, o art. 1.557 do Código de 2002 define a compreensão legal e o alcance do erro essencial, que não se afasta muito, em linhas gerais, do Código anterior. O Projeto do Estatuto das Famílias preferiu não definir o que se entende por erro essencial para a nulidade do casamento, já que a matéria está plenamente solidificada na doutrina e na jurisprudência, e a teoria geral é plenamente suficiente. Considera-se erro essencial sobre a pessoa do outro cônjuge:

> *"I – o que diz respeito à sua identidade, sua honra e boa fama, sendo esse erro tal que o seu conhecimento ulterior torne insuportável a vida em comum ao cônjuge enganado;*
>
> *II – a ignorância de crime, anterior ao casamento, que, por sua natureza, torne insuportável a vida conjugal;*
>
> *III – a ignorância, anterior ao casamento, de defeito físico irremediável que não caracterize deficiência ou de moléstia grave e transmissível, por contágio ou por herança, capaz de pôr em risco a saúde do outro cônjuge ou de sua descendência;*
>
> *IV – (Revogado)"*.

O erro, como vício da vontade no casamento, é aplicação específica da teoria geral. Como expusemos em *Direito civil: parte geral*, seção 22.2, o erro é forma de representação psíquica desacertada, incorreta, contrária à verdade. Antes que analisemos o erro sob o prisma do casamento, temos que levar em conta seus princípios gerais. Somente terá o condão de anular o ato jurídico o erro substancial ou essencial, conforme descrito nos arts. 138 e 139 do vigente Código, que se refere ao erro quanto à natureza do ato, ao objeto principal da declaração ou alguma das qualidades a ele essenciais. No casamento, cuida-se de erro quanto à pessoa do outro cônjuge. No que diz respeito a esse aspecto, o art. 139, II, da Parte Geral dispõe que o erro é substancial quando *"concerne à identidade ou à qualidade essencial da pessoa a quem se refira a declaração de vontade, desde que tenha influído nesta de modo relevante"*.

O erro em matéria de casamento, tal como entende o legislador, nada mais é do que uma especificação do conceito de erro substancial quanto à pessoa, aplicável ao direito matrimonial. Contudo, no caso concreto, embora devamos examinar o conteúdo específico do capítulo de família, a noção básica e fundamental de erro quanto à pessoa da teoria geral deve sempre ser considerada. Na verdade, as descrições legais de erro no casamento são desdobramentos do erro como regra geral dos atos jurídicos. Como em matéria de casamento não há nulidade sem texto, somente poderá ser anulado por erro o casamento que se subsumir às situações de erro especificamente descritas.

Atentemos para o prazo de três anos a contar da data da celebração, para anular o casamento por erro (art. 1.560, III). No Código anterior, o prazo era de dois anos, fixado no art. 178, § 7º, para a propositura de ações fundadas em erro (art. 219, I, II e III), contado o prazo também da data da celebração do casamento.

6.4.3 Erro Quanto a Identidade, Honra e Boa Fama

A identidade da pessoa pode referir-se à identidade natural e à identidade civil.[6] A identidade física ou corporal em matéria de erro no casamento é matéria para obra de ficção, a qual,

---

[6] "Agravo de instrumento. Anulação de casamento. **Erro sobre a pessoa. Ausência**. Comprovação. Fatos conhecidos. Pedido subsidiário. Contestação. Divórcio. 1. O art. 1.556 do CC estabelece que é anulável o casamento contraído por vício da vontade nos casos em que houve erro essencial por parte de um dos nubentes quanto à pessoa do outro. 2. Admite-se a anulação por vício de vontade, apenas quando restar caracterizado erro essencial quanto à pessoa do cônjuge, para o que se exige que preexista ao casamento, que a descoberta da verdade ocorra após as núpcias e que tal conhecimento torne intolerável a vida em comum. 3. Negou-se provimento ao agravo de instrumento" (TJDFT – Ap 07030699020248070000, 15-5-2024, Rel. Fabrício Fontoura Bezerra).

Direito de família. Agravo de instrumento. Ação de anulação de casamento c/c pedido liminar de afastamento do lar e separação de corpos. Decisão parcial de mérito que julgou improcedente o pedido de anulação de casamento e procedente o pleito de decretação do divórcio – insurgência. Peculiaridades do caso concreto – suposta recusa do ex-cônjuge varão à prática de relação sexual – hipótese não prevista no rol taxativo do art. 1.550, do Código Civil como causa de anulação do casamento, tampouco como exigência para que a união atinja a sua consumação – impossibilidade de reconhecimento da hipótese como **erro essencial sobre a pessoa do outro cônjuge** (art. 1.557 do CC) – decisão mantida. Recurso conhecido e não provido". (TJPR – Ap 0022014-54.2023.8.16.0000, 3-7-2023, Rel. Ruy Muggiati).

"Apelação – Ação de Anulação de Casamento c.c. Danos Morais – Propositura pelo cônjuge virago contra o cônjuge varão, com pretensão de anular o matrimônio em razão da opção sexual do varão, somente manifestada após o matrimônio, além da reparação por danos materiais e morais – Sentença de procedência – Inconformismo do réu, suscitando, preliminarmente, a nulidade da sentença em razão da ausência de elaboração de ata notarial para documentar os diálogos mantidos entre os litigantes em aplicativo eletrônico de conversa, nos moldes do artigo 384 do Código de Processo Civil. No mérito, alega que não restou comprovado que o réu ludibriou a autora quanto à orientação sexual, devendo ser afastada a condenação por danos materiais e morais – Preliminar rechaçada – Força probante de mensagens eletrônicas que não exige ata notarial, aplicando-se a elas as disposições referentes a documentos particulares constantes dos artigos 409 e seguintes do Código de Processo Civil – Acervo probatório coligido aos autos, em especial o depoimento das testemunhas e as conversas mantidas através aplicativo de mensagens, que é suficiente para comprovar que a autora somente descobriu a orientação sexual do réu durante o matrimônio – **Erro essencial quanto à pessoa cônjuge**, consubstanciado no homossexualismo que o réu ocultou da autora, caracterizado – Anulação do casamento celebrado entre os litigantes que se faz necessária – Manutenção da condenação do réu no ressarcimento de 50% das despesas com a cerimônia de casamento – Frustração da relação matrimonial das partes, que enseja a reparação por danos morais em relação à pessoa do cônjuge enganado – Quantum fixado com razoabilidade – Recurso desprovido". (TJSP – Ap 1026142-28.2017.8.26.0002, 30-8-2022, Rel. José Aparício Coelho Prado Neto).

"Apelação cível – Anulação de casamento com fundamento em **erro essencial sobre a pessoa do cônjuge** – Partes casadas pelo regime de comunhão parcial de bens em 10/12/2011 – Autora alega que, após a convolação das núpcias, tomou conhecimento de que o réu se tratava de "estelionatário contumaz", tendo prejudicado não só ela, como pessoas de seu meio social, tornando a vida comum insustentável – Sentença de improcedência – Insurgência da autora – Não acolhimento – Pela inteligência dos artigos 1556 e 1557, inc. I, do Código Civil, depreende-se que o erro essencial que justifica a anulação do casamento deve ser existente antes das núpcias, descoberto após o casamento e tornar a vida conjugal insustentável – No caso concreto, não há prova satisfatória de que a autora não tinha conhecimento de acusações contra o réu antes do casamento – Ainda em 2.010, quando, segundo a autora, as partes já eram conviventes, ambas foram acusadas de estelionato e prestaram declarações perante a autoridade policial local, ocasião em que a autora teria conhecido pelo relato da vítima, que o réu se apresentava falsamente como advogado no meio social para obter vantagens financeiras ilícitas – Prova testemunhal que também não corrobora ter sido o histórico criminoso do réu o fator preponderante da separação – Sentença mantida – Recurso desprovido". (TJSP – Ap. 1007970-78.2014.8.26.0152, 13-1-2021, Rel. Rodolfo Pellizari).

"Casamento – Anulação – **Erro essencial quanto à pessoa do outro cônjuge** – Marido que se mostra violento – Medidas protetivas concedidas dias após o casamento – Insuportabilidade da vida em comum – Vício reconhecido – Casamento anulado. (TJSP – Ap. 1000947-32.2016.8.26.0275, 05-3-2020, Rel. Ronnie Herbert Barros Soares)".

"Civil e processual civil – Apelação cível – Ação de conhecimento – **Anulação de casamento** – Erro essencial – Honra e boa fama – Artigos 1.556 e 1.557, I, do Código Civil – Falta dos requisitos – Danos materiais e morais não comprovados – Recurso improvido – 1- Apelação interposta contra sentença proferida nos autos de ação de conhecimento, objetivando a anulação de casamento, por erro essencial quanto à honra e boa fama do cônjuge varão. 2- Da anulação do casamento: Nos termos o artigo 1.556 do Código Civil o casamento pode ser anulado por vício da vontade, se houve por parte de um dos nubentes, ao consentir, erro essencial quanto à pessoa do outro, considerado este como sendo o que diz respeito à sua identidade, sua honra e boa fama, sendo esse erro tal que o seu conhecimento ulterior torne insuportável a vida em comum ao cônjuge enganado (CCB, 1.557, I). 3- Segundo abalizado escólio doutrinário: O erro ou ignorância é o resultado de uma falsa percepção, noção, ou mesmo da falta (ausência) de percepção sobre a pessoa, com que se está convolando núpcias [...] Há no erro, desse modo, um falso conceito (falsa ideia) ou uma falta de conceito sobre a realidade, motivo pelo qual o agente (em virtude dessa visão deturpada) celebra o negócio. Assim, o erro há

no entanto, por vezes, imita a realidade: Maria casa-se com Pedro, quando acredita casar-se com João.

A questão controverte-se quanto à identidade civil, a forma pela qual a pessoa é conhecida em sociedade. Não há um conceito estanque a respeito, muito divergindo os autores. Cabe ao juiz, no arguto exame da prova e das circunstâncias que envolvem o casamento, definir sobre o erro de identidade, honra e boa fama, de molde que o conhecimento ulterior pelo cônjuge enganado torne a vida em comum insuportável. Nesse exame probatório, será importante averiguar a situação social, cultural e econômica dos cônjuges. Pessoa que se descobre de conduta devassa, vício em jogos de azar, sadismo, ligação com traficantes de tóxicos etc., tudo deve ser analisado sob o prisma do conhecimento posterior ao casamento e a consequente insuportabilidade da vida em comum, conforme descreve a lei.

O ordenamento refere-se à honra e boa fama. A situação deve ser vista principalmente em relação ao cônjuge que se diz enganado: se tinha conhecimento ou as circunstâncias denotavam que devia saber com quem estava-se casando, não se anula o casamento. O exame de situações enfrentadas na jurisprudência traduz o entendimento atual dessa problemática. Nesse sentido, decidiu, por exemplo, o Superior Tribunal da Justiça (REsp 86.405/SP, 10-9-96, rel. Min. Ruy Rosado de Aguiar):

---

de ser o motivo determinante do casamento. Se o cônjuge conhecesse aquela situação, não teria casado. É, pois, o estado mental que, em face do desconhecimento da verdadeira situação da outra pessoa, impede uma real manifestação da vontade [...] Não é qualquer espécie de erro que torna anulável o matrimônio. O erro só se admitido como causa de anulabilidade do casamento se for essencial (substancial), sendo a causa eficiente da declaração de vontade (FARIAS, Cristiano Chaves de. ROSENVALD, Nelson. Curso de direito civil, volume 6: Direito de Família. 10. ed. ver. e atual- Salvador: Juspodivm, 2018, páginas 247/248). 4- No caso concreto, em que pese o comportamento, descoberto após o seu casamento com a autora, apto a tornar insuportável a vida em comum do casal, tal não tem aptidão para forjar a anulação do casamento, pois que não se configura erro quanto à pessoa do consorte. 5- Precedente da Casa: (...). 1- Incabível se mostra a anulação de casamento com supedâneo na hipótese do art. 1557, I, do Código Civil quando ausentes fatos que comprovem erro essencial quanto à pessoa do cônjuge. 2- Quando o conjunto probatório, em especial os depoimentos pessoais das partes, evidencia que o término da sociedade conjugal decorreu de dificuldades de convivência que culminaram no desinteresse de ambos na continuação do relacionamento, não prospera o pedido de reconhecimento de culpa. Entretanto, ante o evidente rompimento da vida em comum e a impossibilidade de sua reconstituição (CC, art. 1.572, § 1º), escorreito se afigura a procedência do pedido para decretar a separação judicial do casal. Apelação Cível desprovida. (2ª Turma Cível, APC nº 2008.01.1.125234-4, rel. Des. Angelo Canducci Passareli, DJe de 17/6/2010, p. 102). 6- Dos danos morais: Conquanto a ruptura da relação, bem como descoberta da traição tragam amargura, sofrimento, tristeza e decepção à ora apelante, tais fatos não se mostram hábeis a garantir uma reparação por dano moral, diante da não demonstração, no caso em tela, de um acontecimento extraordinário ou demasiadamente vexatório, que evidencie flagrante violação aos seus direitos de personalidade. 6.1. Ou seja: [...] É preciso que a violação dos deveres inerentes ao pacto conjugal, quanto às causas e aos efeitos da conduta ilícita, esteja bem definida como, por exemplo, em relação a eventuais situações vexatórias ou humilhantes estabelecidas perante terceiros não participantes do ciclo íntimo dos cônjuges, a ofensas graves à honra ou ainda a agressões físicas ao parceiro. 7- Sem que a alegada mácula exacerba a naturalidade dos fatos da vida, não há que se falar em dano moral, por mais aborrecida e triste que determinada pessoa alegue estar em relação a uma possível conduta irresponsável do outro, mormente, quando essa atitude revelar apenas uma certa falta de comprometimento com o relacionamento ou quando o eventual descumprimento dos deveres conjugais ficam circunscritos ao casal, sem real agressão à dignidade da pessoa, muitas vezes vindo-se a perdoar mutuamente. Isto é, a contrariedade natural com as vicissitudes da vida conjugal não basta para configurar a ofensa moral defendida. 8- Torna-se indispensável demonstrar que o fato extrapola o problema da mera quebra de compromisso, para se enquadrar na agressão à dignidade da pessoa. 9- Ainda que reste suficientemente demonstrado que a autora tenha ficado abalada/desiludida/decepcionada com o comportamento do réu durante o casamento, com o insucesso do relacionamento e, aparentemente, muito mais com o seu término, não há como imputar ao réu uma conduta apta a responsabilizá-lo civilmente pelos problemas de saúde, físico e mentais, da autora [...] (1ª Turma Cível, APC nº 2013.01.1.090178-0, rel. Des. Alfeu Machado, DJe de 10/5/2016, pp. 183-201). 7- Dos danos materiais: Verificando que os elementos de convicção juntados aos autos são insuficientes para demonstrar que as despesas realizadas com o casamento foram suportadas exclusivamente pela demandante, especialmente quando ela mesma reconhece que o requerido contribuiu para o evento, rejeita-se a pretensão de reparação por danos materiais. 8- Apelo conhecido e improvido." (TJDFT – Proc. 00048006120178070016 – (1165794), 24-4-2019, Rel. João Egmont).

> *"A mulher que aceita contrair casamento após quatro ou cinco meses de namoro, ainda que não tenha tido perfeitas condições para conhecer as circunstâncias que depois tornaram insuportável a vida em comum, não está inibida de promover com êxito a ação de anulação do casamento, por erro essencial".*

Entre os julgados, mencionam-se como situações de erro essencial, possibilitando a anulação:

> *"recusa da esposa ao débito conjugal"* (TJSP, Ac. 170.561-1, 29-6-93, Rel. Renan Lotufo); *"esposa que não compareceu à cerimônia religiosa do casamento"* (TJSP, Ac. 107.219-1, 10-5-89, Rel. Jorge Almeida); *"casamento não consumado tendo o marido deixado o lar conjugal poucos dias após a sua celebração" (TJSP,* Ac. 115.211-1, 16-3-90, Rel. Luiz de Azevedo); *"recusa do ato sexual pela esposa, hipótese de coitofobia"* (TJSP, Ac. 135815-1, 29-1-91, Rel. Jorge Almeida); *"homossexualidade do réu, fato não percebido antes do casamento"* (TJSP, Ac. 156.443-1, 24-9-92, Rel. Viana Cotrim); *"nubente estelionatário, ausência de vontade de contrair núpcias, simples artifício para se apossar dos bens da esposa com posterior desaparecimento"* (TJSP, Ac. 196.295-1, 24-2-94, Rel. Fonseca Tavares); *"perversão do instinto sexual"* (STF, Ac. 14.420, 21-8-50, Rel. Min. Luiz Gallotti); *"marido de conduta honesta e lhana durante o namoro que perpetra delito de sequestro às vésperas do casamento, no qual constou a noiva como vítima; erro da mulher quanto à honra e identidade do cônjuge"* (TJSP, Ap. Cível nº 272.452-1, 5-12-95, Rel. Alfredo Migliore); *"induzimento ao casamento pela afirmação de paternidade, frente à gravidez da mulher; paternidade excluída por prova pericial; erro essencial reconhecido"* (TJSP, Ap. Cível nº 256.818, 29-9-95, Rel. Luís de Macedo); *"união inspirada por amigos, frequentadores da mesma igreja evangélica; açodamento das partes, que poucos encontros tiveram antes do casamento, celebrado apenas três meses após o conhecimento"* (TJSP, Ap. Cível nº 236.421-1, Rel. Luís de Macedo); *"réu que chega atrasado ao ato, titubeia no momento de manifestação de vontade, pergunta ao Juiz de Paz logo em seguida se o matrimônio poderia ser desfeito, e deixa de comparecer à cerimônia religiosa marcada; situação vexaminosa a configurar o erro essencial"* (TJSP, Ap. Cível nº 247.991-1, 28-3-96, Rel. Luís Carlos de Barros); *"atividade de meretriz da mulher antes do casamento, desconhecida pelo marido"* (TJPR, Ac. 2.192, 20-8-84, Rel. Jorge Andriguetto); *"gravidez da mulher quando do casamento, ignorada pelo marido"* (TJPR, Ac. 6.707, 31-10-90, Rel. Ronald Accioly); *"cônjuge que na noite do casamento agride a mulher, passando a dizer publicamente que ela não é virgem, fato este inverídico; erro quanto à dignidade da pessoa, tornando impossível a vida em comum"* (TJPR, Ac. 7.078, 14-5-91, Rel. Troiano Neto); *"simulação de gravidez viciando o consentimento; insuportabilidade da vida em comum"* (TJPR, Ac. 8.354, 4-12-91, Rel. Carlos Raitani).

Em todas as situações, não podemos perder de vista que o conhecimento de fatos com relação à pessoa do outro cônjuge deve tornar insuportável a vida em comum. Por outro lado, a lei tem em mira a pessoa do outro cônjuge: se os fatos desabonadores se referem exclusivamente à família do consorte, não há causa de anulação. Da mesma forma, deve ficar bem claro que os fatos desabonadores devem ser anteriores ao matrimônio; se eclodirem após a celebração, não se anulará o casamento.

> *"Em verdade, o que a lei pretende, permitindo a anulação do casamento, em havendo erro sobre a identidade civil ou social é assegurar o outro cônjuge contra uma situação de constrangimento e sofrimento moral profundo. É por isso que somente diante do caso concreto será possível aferir a presença da hipótese em estudo"* (Viana, 1998a:100).

Importa observarmos, nos exemplos concretos enunciados, que muitas das situações que configuram erro essencial e autorizam a anulação de casamento ocasionam estrago social e prejuízo psicológico de monta ao cônjuge inocente, de molde a possibilitar pedido indenizatório por danos morais.

Por outro lado, foi definido como não sendo situações de erro essencial:

> *"varão que estando no exterior, casa por procuração, com mulher que conheceu há pouco menos de 30 dias; alegação de desconhecimento da existência de filhos dela; fato que, se deveras desconhecido, não teria importância na decisão do casamento"* (TJSP, Ap. Cível 24.240-4, 19-8-97, Rel. Cezar Peluso); *"varão que se precipitou em casar com mulher que mal conhecia, sem dar ouvidos a informações desabonadoras a respeito da mesma"* (TJSP, Ap. Cível 201.052-1, 22-2-94, Rel. Gonzaga Franceschini); *"crença religiosa não constitui qualidade essencial da pessoa quando não atentatória à moral social dominante; não constitui defeito de honra e boa fama"* (STF, RE nº 26.624, 5-4-54, Rel. Min. Ribeiro da Costa).

O prazo de três anos para anular o casamento por motivo de erro essencial de pessoa é decadencial, como todos os prazos relativos ao casamento e ao direito de família, bem como os presentes agora na parte geral do Código, e como tal não se interrompe ou se suspende.

6.4.4 Ignorância de Crime

Nessa situação, há pressupostos objetivos a serem aferidos: (a) A prática de crime, segundo a lei penal. O Código em vigor não mais se refere a crime inafiançável. (b) Sua ocorrência antes do casamento. A nova lei não fala em julgamento definitivo por sentença condenatória; e (c) que seja fato ignorado pelo outro cônjuge, ao casar-se.

A conduta punível deverá ter ocorrido antes do casamento. Não é mais necessário que a sentença definitiva seja anterior ao casamento. Essa noção era expressa no Código anterior. De qualquer forma, se o trânsito em julgado ocorre após o casamento, o fato poderá lastrear a anulação sob outro fundamento.

Os crimes inafiançáveis, citados no Código anterior, são os de maior poder ofensivo, devendo seu elenco ser buscado na lei penal. O novel Código suprime a referência a crime *"inafiançável"*. Basta que o crime, de qualquer natureza, praticado anteriormente ao casamento, torne insuportável a vida conjugal, para constituir erro essencial. A lei não se refere às contravenções penais.

A lei presume que, se o cônjuge soubesse da prática desse ato socialmente reprovável, não teria casado. Se a conduta ocorre quando o agente tinha menos de 18 anos, sendo, pois, inimputável criminalmente, não se aperfeiçoa essa hipótese legal: a anulação pode ser sustentada com base no erro quanto à honra e boa fama.

6.4.5 Defeito Físico Irremediável ou Moléstia Grave. Doença Mental

Neste aspecto, o legislador disse menos do que pretendeu. O defeito físico capaz de anular o casamento é o que não permite a consumação do matrimônio em toda sua essência, isto é, a incapacidade de o agente perfazer o ato sexual. A impotência capaz de anular o casamento é a *coeundi* ou instrumental, a que inibe o comércio sexual. A esterilidade (impotência *generandi*), conforme pacífico entendimento doutrinário e jurisprudencial, não constitui causa de anulação. Entende-se que, embora a procriação seja uma das finalidades do casamento, não é a única e não justifica o desfazimento do vínculo. A impotência que justifica a anulação é aquela com relação ao cônjuge, não necessitando que seja absoluta; porém, é necessário que seja um estado permanente. Todas as provas são admitidas, desde que não impliquem violência e coação contra a pessoa, sendo principal a prova médica para estabelecer a causa psicogênica da impotência *coeundi* (*TJSP*, Ac. 85.637, 22-2-94, Rel. Munhoz Soares; *TJSP*, Ap. cível 204.751-1, Rel. Gonzaga Franceschini, 3-8-94).[7]

Na Idade Média, os tribunais religiosos impunham provas de potência perante o próprio tribunal, na presença dos juízes, e bastava uma simples denúncia da mulher, sem qualquer formalidade, para que se iniciasse um processo com esse feitio. No direito moderno, a recusa do agente em se submeter a perícia médica será forte elemento de prova a ser sopesado no conjunto probatório. Lembre-se de que o art. 212 do vigente Código estatui que a recusa à perícia médica ordenada pelo juiz poderá suprir a prova que se pretendia obter; e o art. 231 estampa que aquele que se nega a submeter-se a exame médico necessário não poderá aproveitar-se de sua recusa. Essas situações, por si sós, não representam ou devem representar prova definitiva para o juiz. O art. 212 do presente Código Civil, entretanto, está em consonância com o que preconiza o art. 400 do CPC, que faz presumir a verossimilhança dos fatos que a parte pretendia provar com a exibição do documento ou coisa, no caso de recusa injustificada da outra parte.

Outra causa presente no dispositivo é a ignorância de moléstia grave e transmissível por contágio ou herança, capaz de pôr em risco a saúde do outro cônjuge e sua descendência. É necessário que a moléstia seja preexistente ao casamento e desconhecida do outro cônjuge. Nossa lei não se refere à incurabilidade, que é aspecto relativo não só pela ciência médica em constante evolução como também pelo fato de que, embora curável, a doença pode ser de tal molde grave e transmissível que torne a vida em comum insuportável (Pereira, 1996, v. 5:94).

Nesse sentido, colocam-se moléstias psíquicas e físicas: aids, sífilis, mal de Hansen, tuberculose, esquizofrenia, psicoses etc.

O corrente Código houve por bem, no entanto, mencionar expressamente a *doença mental grave* anterior ao casamento no inciso IV. Essa doença mental, da mesma forma, deve ser tal

---

[7] "Direito Civil – *Impotentia coeundi seletiva* – Ocorrência apenas quanto a jovem esposa – **Anulação do casamento** – Situação Humilhante – Exposição da intimidade decorrente da ação anulatória – Dever de cuidado – Malferimento – Dano Moral – Ação de responsabilidade civil proposta por ex-esposa em face de ex-marido, depois do trânsito em julgado de sentença anulatória do casamento de ambos, proposta pelo virago por erro essencial de pessoa, já que, com relação apenas ao virago, que se casou virgem aos 23 anos, o varão, dezoito anos mais velho, revelou-se portador de *impotentia coeundi* durante os dois anos de duração da união matrimonial. Sentença de improcedência ao argumento de que sequer se imputou ao réu conduta culposa ou dolosa. Apelo. 1 – Decorrendo a ereção peniana de instinto sexual, isto é, da libido, nenhum homem a observa ou deixa de observá-la por culpa, isto é, por negligência, imprudência ou imperícia e muito menos com dolo. 2 – De todo modo, no caso concreto o dano moral decorreu não de seletiva *impotentia coeundi*, mas da continuada humilhação imposta pelo varão ao virago e, com a propositura da bem-sucedida ação anulatória de casamento, da exposição da autora à família, à Justiça, à serventia que registrou a sentença e à repartição pública que procedeu à perícia médico-legal constatadora da virgindade. 3 – O réu, quando ainda marido, muito mais experiente do que sua esposa, malferiu o dever de cuidado que a esta deveria ter rendido; Se o tivesse observado, persistindo a estranha ou rara inapetência, cabia-lhe rapidamente comungar com ela a necessidade, quando nada, de tratar-se ou de buscar tratamento, senão mesmo acenar com o divórcio. 4 – Tal dever, que tem assento constitucional no direito ao direito à igualdade material, era por ele devido em razão da evidente situação de vulnerabilidade da esposa, inexperiente, ingênua, virgem e bem mais jovem, em relação ao marido, mais velho, experimentado e dono de vida sexualmente ativa, haja vista que com outras mulheres não demonstrava *impotentia coeundi*, quadro de saúde que prescinde, na espécie, de perquirição das respectivas causas. 5 – Pela via de malferir tal dever, malferiu o esposo também os deveres de mútua assistência e de respeito e consideração mútuos dos cônjuges, impostos pelo art. 1.566, II e V, nisso e em todos os fatos daí decorrentes consistindo manifesto dano moral. 6 – Recuso ao qual se dá provimento" (*TJRJ* – AC 0103251-20.2011.8.19.0042, 17-7-2017, Rel. Fernando Foch de Lemos Arigony da Silva).

que torne insuportável a vida em comum ao cônjuge enganado. A perícia deve estabelecer esse requisito, bem como se a moléstia já eclodira anteriormente ao casamento.[8]

6.4.6 Prazos para Ação de Anulação

A ação de nulidade é imprescritível por expressa disposição na lei, estatuindo o art. 169 do Código Civil que o negócio jurídico nulo não convalesce com o decurso do tempo. Observe-se, porém, como apontamos, que o sistema de nulidades em direito de família possui uma compreensão toda especial. Ainda que o casamento nulo não possa convalescer, pode gerar efeitos, mormente no tocante ao casamento putativo (art. 1.561).

O art. 1.563 da atual lei estatui que a sentença que decreta a nulidade do casamento retroagirá à data de sua celebração, sem prejudicar a aquisição de direitos, a título oneroso, por terceiros de boa-fé, nem a resultante de sentença transitada em julgado. São protegidos os terceiros de boa-fé no tocante à aquisição de direitos a título oneroso. Não se protegem os atos gratuitos, nos quais não há que se divisar um prejuízo, devendo eles voltar ao estado anterior ao casamento declarado nulo. Seguindo a regra geral, há que se estabelecer a boa ou má-fé do terceiro no trato com o casal no exame do caso concreto.

Os prazos decadenciais para ser intentada a ação de anulação de casamento estão relacionados no art. 1.560. Já nos referimos em linhas gerais a eles. Esses prazos são contados a partir da data da celebração. Será o prazo de 180 dias no caso do incapaz de consentir ou manifestar seu consentimento. Será de dois anos no caso de incompetência da autoridade celebrante. De três anos, nas pretéritas hipóteses dos incisos I a III do art. 1.557, situações que dizem respeito ao erro essencial sobre a pessoa do outro cônjuge, e de quatro anos, se houver coação. O presente Código sintetiza a maioria dos prazos decadenciais para ser intentada a ação de anulação de

---

[8] Leitura Complementar: Defloramento da mulher no Código de 1916.
Este registro, nesta obra, tem o sentido histórico, que nunca pode ser olvidado no estudo do Direito. O legislador do final do século XIX e início do século XX entendia que o fato de a mulher não ser virgem e desconhecê-lo o marido tornaria o casamento anulável. Modificou-se a sociedade brasileira e modificaram-se os padrões de comportamento em todo o mundo ocidental, mas o texto continuou vigente. O Código de 2002 suprimiu o dispositivo. A pressuposição da lei não dizia respeito ao desvirginamento em si, mas se relacionava a mau comportamento pretérito da mulher. No entanto, a questão era objetiva: bastava provar que houvera defloramento anterior, desconhecido pelo marido, ainda que decorrente de estupro, para tipificação da hipótese legal. Os tribunais se mostraram sensíveis a esta questão, havendo julgado em que se afirmou:
"em face de expressa disposição constitucional, não tem mais lugar no nosso ordenamento jurídico civil a possibilidade de anular-se casamento com base na alegada ignorância de defloramento da mulher" (TJMG – Ap. 10.078/4, 21-9-93, Rel. Des. Garcia Leão).
A jurisprudência majoritária mais recente já aderira à nova *ratio legis* de nossa Carta Magna. A lei não se referia a qualquer outra circunstância: mau comportamento, vida devassa etc. A prova cabal era pericial, a qual, contudo, não devia vir isolada no conjunto probatório. À medida que o século XX avançava, rarearam-se os processos desse feitio. Tivemos oportunidade de observar em nossa judicatura que nas pequenas comarcas o ajuizamento de uma ação dessa modalidade tornava-se o fato comum comentado por toda a cidade, em que pese oficial segredo de justiça, o que mais ainda restringia seu alcance.
Nesse limiar do século XXI, são absolutamente bem colocadas as palavras de Arnaldo Rizzardo (1994, v. 1:152) acerca do *error virginitatis*:
"Diante das inúmeras reformas procedidas em vários institutos do Código Civil, não poderia o legislador ter olvidado esta vetusta disposição, que retira da mulher a própria condição de pessoa, para colocá-la em situação de inferioridade, como que devendo ficar preservada sua liberdade pessoal ao futuro marido. Evidencia-se uma chocante violação do princípio jurídico básico da dignidade do ser humano. Mas, diante da igualdade jurídica entre o homem e a mulher que a atual Constituição impõe, incluindo o mesmo tratamento quanto aos direitos e deveres – arts. 5º, inc. I, e 226, § 5º, não mais pode preponderar esta aberração, porquanto não se dispôs restrição à liberdade sexual do homem".
Atente-se para o exíguo prazo decadencial de 10 dias para a ação sob esse fundamento, que somente podia ser movida pelo marido (art. 178, § 1º). Ficam, portanto, registradas essas notas, presentes nas edições anteriores, que farão parte doravante da história do direito brasileiro.

casamento no art. 1.560. Há outro prazo específico no mesmo capítulo, também já mencionado (art. 1.555), que se refere ao casamento de menor não autorizado por seu representante, bem como nos §§ 1º e 2º do art. 1.560, que se referem ao casamento contraído por menores de 16 anos e de questões relacionadas com o casamento por mandato. O Projeto do Estatuto das Famílias sintetiza todos os prazos para a ação de anulação do casamento em 180 dias, a contar da data da celebração (art. 33).

6.5 O DOLO NÃO É CAUSA DE ANULAÇÃO

Já dissemos anteriormente que nosso ordenamento não se refere ao dolo como vício de vontade para anular o casamento, ao contrário de outros ordenamentos. A solução tradicional do Direito Canônico fora também de não contemplar o dolo como vício do consentimento matrimonial, embora o cânone atual adote posição diversa. O Código de Napoleão também excluiu esse vício no casamento.

Na fase de namoro e noivado, é natural que os nubentes procurem esconder seus defeitos e realçar suas virtudes. O dolo, como causa de anulação, colocaria sob instabilidade desnecessária o casamento, permitindo que defeitos sobrepujáveis na vida doméstica fossem trazidos à baila em um processo. Nesse sentido, Washington de Barros Monteiro (1996:101) recorda a observação de Cunha Gonçalves:

> *"no casamento já são tão frequentes as recíprocas desilusões, que, admiti-las como causa de anulação, seria tornar ainda mais precária e instável a instituição matrimonial".*

Por outra face, se os fatos são graves, podem caracterizar a anulação sob fundamento de erro essencial.

No entanto, há legislações que admitem o dolo, para anular o casamento, como a alemã, a argentina e a suíça, tendo a doutrina mais recente apoiado essa solução, colocando em dúvida os argumentos mais repetidos contra esse vício como causa de anulação. O que se nota, porém, é que nossa jurisprudência admite na prática todos os casos de dolo dos direitos estrangeiros, definindo-os sob o prisma do erro essencial quanto à pessoa do outro cônjuge, dentro dos princípios estabelecidos no Código Civil.

7

CASAMENTO PUTATIVO

7.1 CONCEITO

Já apontamos que o sistema de nulidades em matéria matrimonial apresenta particularidades que o afasta da teoria geral dos negócios jurídicos. A putatividade do casamento é exemplo marcante desse aspecto. Nosso Código de 2002, a exemplo do ordenamento anterior, dispõe de um único artigo sobre o instituto:

> "Art. 1.561. Embora anulável ou mesmo nulo, se contraído de boa-fé por ambos os cônjuges, o casamento, em relação a estes como aos filhos, produz todos os efeitos até o dia da sentença anulatória.
>
> § 1º Se um dos cônjuges estava de boa-fé ao celebrar o casamento, os seus efeitos civis só a ele e aos filhos aproveitarão.
>
> § 2º Se ambos os cônjuges estavam de má-fé ao celebrar o casamento, os seus efeitos civis só aos filhos aproveitarão".

Os demais dispositivos que regulam a matéria em nossa lei civil defluem do sistema. O Projeto nº 6.960/02 tentara acrescentar § 3º a esse artigo: *"Os efeitos mencionados no* caput *deste artigo se estendem ao cônjuge coato".*

Se obedecidos exclusivamente os princípios ordinários em matéria de nulidade, uma vez declarado nulo o casamento, o ato deixaria de produzir efeitos, cessando os que eventualmente tivessem sido produzidos. A sentença teria efeito retroativo, como em todo negócio nulo. Com isso, o casamento seria considerado como se nunca tivesse existido e a união seria considerada mero concubinato ou união de fato; desapareceriam as obrigações e os deveres recíprocos dos cônjuges; cessaria o regime de bens; os filhos perderiam os efeitos decorrentes do casamento etc.

Notamos, assim, como são profundas as consequências da nulidade, agravadas que seriam no casamento, tendo em vista seus reflexos no seio da família. Em razão disso, por tradição de vários séculos no Direito, como reflexo do Direito Canônico, a lei procura socorrer os que, em princípio, se casaram ilaqueados em sua boa-fé, não só para sua própria proteção, mas principalmente para proteção e estabilidade da prole e da família. Por tudo isso, o ordenamento afasta-se dos princípios gerais de nulidade, atribuindo efeitos ao matrimônio anulado ou mesmo declarado nulo, até quando a nulidade seja judicialmente pronunciada. Daí, então, o *casamento putativo;* aquele que se reputa verdadeiro, mas não o é. A origem semântica do vocábulo é o verbo *putare* (crer, acreditar). A ideia inicial é outorgar efeitos ao casamento, quando os cônjuges, ou ao menos um deles, acreditaram estar casando validamente, de molde que sua boa-fé não seja frustrada. Dois irmãos que se casam, pai e filha, sogro e nora etc. sem saber do parentesco, situações tão ao gosto da ficção que com frequência a realidade imita; nesses casos, devem operar os efeitos do casamento putativo.

Em definição sintética, Orlando Gomes (1983:113) afirma que *"putativo é o casamento nulo contraído de boa-fé por ambos os cônjuges ou por um deles".* De forma mais ampla, define Yussef Said Cahali (1979:3):

> *"É o casamento nulo, ou anulável, que, contraído de boa-fé por ambos ou pelo menos, um dos esposos, tem, em razão dessa boa-fé, efeitos civis reconhecidos por lei".*

Como percebemos, o ordenamento transige e mostra-se indulgente consigo mesmo em matéria de nulidade de casamento, atribuindo efeitos ao ato anulável e mesmo nulo. É necessária a boa-fé de pelo menos um dos consortes ao menos quanto aos efeitos referentes aos cônjuges. Boa-fé, nessa hipótese, é a crença errônea na validade do casamento, a ignorância da causa de invalidade. Essa boa-fé é a presente no momento do casamento.

Acentuemos, porém, que o principal desiderato do reconhecimento de putatividade é a proteção à pessoa dos filhos e seu estado de legitimidade, na conceituação que se fazia no passado. Advirtamos de plano, no entanto, que a Lei nº 6.515/77, que regulou o divórcio, trouxe importante inovação no art. 14, parágrafo único:

> *"Ainda que nenhum dos cônjuges esteja de boa-fé ao contrair o casamento, seus efeitos civis aproveitarão aos filhos comuns".*

Com essa disposição, todo casamento declarado nulo ou anulado passou a ser considerado putativo com relação aos filhos. Por outro lado, essa noção foi ratificada pela Constituição de 1988, tendo em vista que esse diploma, no art. 227, § 6º, equiparou todos os filhos, proibindo quaisquer designações discriminatórias. Aliás, o próprio Código de 1916 já trazia disposição que beneficia a prole em caso de anulação do casamento: *"A anulação do casamento não obsta à legitimidade do filho concebido ou havido antes ou na constância dele".* Como não podia ser diferente, o Código de 2002 repete a disposição da lei do Divórcio, no § 2º do art. 1.561.

Desse modo, se no passado era importante a definição de putatividade tendo em mira os efeitos pessoais do casamento, hoje a questão perdeu sensivelmente interesse prático, incumbindo que se analisem destarte quase exclusivamente os efeitos patrimoniais do fenômeno, como veremos. De outro lado, a proteção legal que ora se concede à união estável em nível legislativo constitucional e ordinário também relegou a plano menos importante o instituto do casamento putativo. O texto do projeto do Estatuto das Famílias também não faz referência à boa-fé no artigo que trata da putatividade (art. 34). Em qualquer situação a nulidade ou anulação do casamento dos pais não produz efeitos em relação aos filhos.

7.2 CONDIÇÕES DO CASAMENTO PUTATIVO

No Direito Romano, o casamento anulado não produzia efeito algum, ainda que contraído com boa-fé, embora alguns autores encontrem no velho direito traços de putatividade. Os canonistas procuraram amenizar essa regra e criaram, por volta do século XII, a teoria do casamento putativo, concedendo efeitos ao ato quando contraído sob boa-fé dos esposos, o que se tornara praticamente imperioso, tendo em vista o aumento das causas de nulidade no direito religioso. A Igreja levava em conta a celebração: tendo ministrado o sacramento do matrimônio, não poderia omitir-se, desprezando a boa-fé dos noivos. Como consequência, os efeitos da putatividade os protegiam. A solução encontrava caminho na equidade, desconhecida nos primórdios do Direito Romano.

O instituto foi assimilado de forma geral pelas codificações civis do mundo ocidental e assim ingressou em nosso sistema.

A teoria do casamento putativo é aplicável a toda situação de nulidade e anulação. Por outro lado, há que se ter cuidado, se aplicada essa teoria ao casamento inexistente. No casamento inexistente, se há um nada jurídico, efeito algum pode ser obtido desse simulacro ou aparência de ato. No entanto, havendo registro, isto é, efeitos materiais do casamento, ainda que em tese inexistente, é aceitável que se admita a putatividade, mormente em benefício da prole comum. Jean Carbonnier (1999:620), analisando o problema sob o prisma da doutrina e jurisprudência francesa, aponta com exatidão que, para o reconhecimento do casamento putativo, há que se exigir um mínimo de celebração por uma autoridade qualquer, bem como o elemento que se deve denominar de "*intenção matrimonial*", isto é, o desejo de casar. Sem esses requisitos, de fato, a presença de suposta autoridade e a intenção de casar, o simulacro de casamento cai no vazio jurídico da perfeita inexistência, sem a menor possibilidade de gerar qualquer efeito.

Como mencionamos, a boa-fé, a crença na validade do ato no momento da celebração é essencial para a configuração da putatividade. Digna de nota é a posição do Código argentino, que define má-fé na celebração:

> "*a má-fé dos cônjuges consiste no conhecimento que tivessem tido, ou devido ter, no dia da celebração do casamento, do impedimento ou circunstância que causar a nulidade*" (art. 224).

Essa lei também é expressa para não admitir efeitos de putatividade por ignorância ou erro de direito, matéria de que nos ocuparemos neste capítulo.

O interesse nos efeitos do casamento decorrente da putatividade é não só dos cônjuges e dos filhos, como também de terceiros que podem prevalecer-se do caráter putativo do casamento, para exercer direitos que adquiriram na suposição de um casamento válido. Nessa hipótese aplica-se, na verdade, a teoria da aparência (Gomes, 1983:114).

7.2.1 Erro de Direito e Erro de Fato no Casamento Putativo

Como apontamos, a lei argentina é expressa em não admitir o erro de direito como elemento do casamento putativo. Na ausência de disposição expressa em nossa lei, discute a doutrina se o erro de direito também dá margem a putatividade ou se esta é restrita aos casos de erro de fato.[1]

---

[1] "Recurso especial – Ação de reconhecimento e de dissolução de união estável c/c pedido de arrolamento e partilha de bens – **União estável concomitante a casamento sem separação de fato** – 1- À luz do disposto no § 1º do artigo 1.723 do Código Civil de 2002, a pedra de toque para o aperfeiçoamento da união estável não está na inexistência de vínculo matrimonial, mas, a toda evidência, na inexistência de relacionamento de fato duradouro concomitante àquele que pretende proteção jurídica. Nesse viés, apesar de a dicção da referida norma também fazer referência à separação judicial, é a separação de fato (que, normalmente, precede a separação de direito e continua após tal ato formal) que viabiliza a caracterização da união estável de pessoa casada. 2- Consequentemente, mantida a vida em comum entre os cônjuges (ou seja, inexistindo separação de fato), não se poderá reconhecer união estável de pessoa casada. Nesse contexto normativo, a jurisprudência do STJ não admite o reconhecimento de uniões estáveis paralelas ou de união estável concomitante a casamento em que não configurada separação de fato. 3- No caso dos autos, procedendo-se à revaloração do quadro fático delineado no acórdão estadual, verifica-se que: (a) a autora e o réu (de

cujus) mantiveram relacionamento amoroso por 17 anos; (b) o demandado era casado quando iniciou tal convívio, não tendo se separado de fato de sua esposa; E (c) a falta de ciência da autora sobre a preexistência do casamento (e a manutenção da convivência conjugal) não foi devidamente demonstrada na espécie, havendo indícios robustos em sentido contrário. 4- Desse modo, não se revela possível reconhecer a união estável alegada pela autora, uma vez que não foi atendido o requisito objetivo para sua configuração, consistente na inexistência de relacionamento de fato duradouro concomitante àquele que pretende proteção jurídica. 5- Uma vez não demonstrada a boa-fé da concubina de forma irrefutável, não se revela cabida (nem oportuna) a discussão sobre a aplicação analógica da norma do **casamento putativo** à espécie. 6- Recursos especiais do espólio e da viúva providos para julgar improcedente a pretensão deduzida pela autora." (*STJ* – REsp 1754008/RJ, 1-3-2019, Rel. Min. Luis Felipe Salomão).

"Administrativo – Pensão por morte – Prescrição – Súmula 85 do STJ – **Casamento putativo** – Boa-fé – Manutenção dos efeitos civis – 1 – Reexame necessário e apelação contra sentença que julgou procedente, em parte, o pedido concessão de pensão por morte, bem como o pagamento de parcelas vencidas. 2 – A recorrida contraiu casamento em 21.05.1966 com o servidor, com o qual teve três filhos. Todavia, quando do falecimento do cônjuge, descobriu que esse manteve casamento concomitante com outra mulher, em prática de bigamia, fato que lhe era desconhecido até o óbito. Nesse sentido, requereu a cota parte da pensão por morte instituída pelo falecido servidor. 3 – A eventual demora na solicitação do pagamento de pensão acarreta apenas a perda, por força da prescrição, das parcelas cujo vencimento tenha ocorrido mais de cinco anos antes da apresentação requerimento administrativo ou o ajuizamento da ação, nos termos da Súmula 85 do STJ. Todavia, quando o próprio direito reclamado tiver sido negado pela administração, o interessado deve submeter a postulação ao Poder Judiciário no prazo de 5 anos, contados da data do indeferimento administrativo, sob pena de ver sua pretensão fulminada pela do fundo de direito, nos moldes do art. 1º, do Decreto nº 20.910/32. 4 – Não há prova de negativa do direito pela Administração, aplicando-se a prescrição das parcelas do benefício no quinquênio que antecedeu a propositura da ação. Ajuizada a ação em 2006, somente serão devidos atrasados a partir de 2001. 5 – Comprovada a existência de casamentos concomitantes, bem como a existência de filhos em comum nas duas uniões. No ponto, convém ressaltar que em 2004, após o falecimento do instituidor do benefício ora discutido, o Ministério Público do Estado do Rio de Janeiro ajuizou ação anulatória do casamento celebrado com a demandante, tendo em vista a existência de impedimento para o matrimônio realizado, decorrente da existência de vínculo conjugal anterior não dissolvido. Na referida ação (processo nº 20040670009190), o pleito anulatório foi concedido, reconhecendo o juízo estadual a existência de casamento putativo, e o desconhecimento pela ora recorrida do vício que atingia seu matrimônio, a evidenciar sua boa-fé. 6 – Cabível a aplicação do art. 1561 do Código Civil, que garante ao cônjuge de boa-fé, na hipótese de casamento putativo, os regulares efeitos civis do matrimônio. A recorrida fará jus à pensão pleiteada, que é inequivocamente devida ao cônjuge do instituidor. Considerando que o instituidor veio a óbito no ano 2000, a pensão será concedida nos moldes do art. 7º da Lei 3765/60. 7 – Remessa necessária e apelação não providas" (*TRF-2a R.* – AC-RN 0005716-02.2006.4.02.5110, 7-2-2018, Rel. Des. Fed. Ricardo Perlingeiro).

"Família – União Estável – Convivência *more uxorio* – Vínculo afetivo que não era clandestino – Pessoas identificadas no meio social como um par – Mulher com trato, nome e fama de esposa – Caracterizado o *intuito familiae* – **Teoria da primazia da realidade** – Prova dos autos convincente e reiterada no sentido de que a apelada e o *de cujus* mantiveram convivência pública, contínua, duradoura e com a intenção de constituir família. Atendidas as características da união estável, mencionadas no art. 1.723, *caput*, do NCC, que reproduziu o art. 1º da Lei Federal 9.278. Coabitação que não é requisito essencial para a caracterização da união estável. Súmula 382 do STF. Companheiro casado. Família constituída em afronta aos impedimentos legais do art. 1.723, § 1º, do CC-02. Convivente mulher de boa-fé. Possibilidade de ser reconhecida a união estável putativa. Se o casamento pode ser putativo, não há razão para impedir a caracterização da união estável como tal. Incidência da metodologia de integração (artigo 4º da LINDB), pois quando há a mesma razão, há o mesmo direito ('ubi eadem ratio, ibi jus idem esse debet'). Aplicação do art. 1.561 do NCC, com fundamento nos artigos 226 da CRFB e 4º da LINDB. Doutrina e precedentes de diversos Tribunais de Justiça brasileiros no mesmo sentido. Repercussão geral admitida pelo STF Tema 529. Pedidos subsidiários. Incomunicabilidade do fundo da previdência privada complementar determinada na sentença. Ausência de interesse recursal. Prêmio do concurso da Mega-Sena. Comunicabilidade prevista no art. 1.660, inciso II, do CC-02. Sentença mantida. Honorários advocatícios majorados (art. 85, § 11, do NCPC). Apelações do espólio do falecido e de sua viúva desprovidas" (*TJRJ* – Ap 0042920-27.2013.8.19.0002, 3-4-2017, Rel. Bernardo Moreira Garcez Neto).

"Direito civil – Apelação Cível – Anulação de casamento – Cônjuge varão já casado – Impedimento – Art. 183, VI, do Código Civil de 1916 – Nulidade Absoluta – Art. 183, VI, do Código Civil – Boa-fé da cônjuge virago – **Casamento Putativo** – Art. 221, parágrafo único do Código Civil de 1916 – Efeitos do matrimônio até a declaração de nulidade – Recurso conhecido e provido – Sentença reformada – 1 – a questão cinge – Se em saber se é possível a anulação do casamento da apelante, cuja pretensão está amparada no impedimento do cônjuge varão, que já era casado à época do matrimônio, tendo sido o pedido rejeitado pelo magistrado, entretanto, porque o apelado já estava separado judicialmente naquele momento e, posteriormente adveio o divórcio. 2 – Inicialmente, em consagração ao princípio *tempus regit actum*, considerando que à época em que se deu o casamento, deve a situação ser analisada sob à égide do Código Civil de 1916. Pois bem, referido diploma, em seu art. 183, VI, estabelecia que, as pessoas casadas não podiam casar. Referido impedimento constitui nulidade absoluta e imprescritível, ou seja, não pode

Assim, em exemplo extremo, será erro de fato, se o sogro casa com a nora, sem saber dessa relação de afinidade; será erro de direito, se casa não sabendo que a lei proíbe o matrimônio nesse nível de afinidade. No entanto, em situações que de fato ocorrem, em matéria de direito internacional, muitas vezes é confusa e conflitante a interpretação sobre divórcio e separação em estatutos de vários ordenamentos, o que pode dar margem a casamento de bígamos, por exemplo. Importa examinar a boa-fé, no caso concreto.

---

ser saneada, tampouco se consolida pelo tempo. 3 – No caso dos autos, à época do matrimônio entre as partes, ocorrido em 18 de dezembro de 1981, o apelado encontrava-se casado (primeiro matrimônio ocorrido em 17 de fevereiro de 1971) e embora estivesse separado judicialmente desde 08 de janeiro de 1980, o divórcio somente se efetivou em 28 de dezembro de 1984. Daí, ainda existente um primeiro registro de casamento, inviável a contemplação de um segundo, o qual é nulo de pleno direito. 4 – Quando há nulidade do casamento pelo impedimento de um dos cônjuges, por já ser casado, mas mesmo assim, o novo registro se realiza em razão da boa-fé do outro cônjuge, se está diante do chamado casamento putativo, previsto no Código Civil de 1916 no art. 221, parágrafo único. Deste modo, verifica-se o desacerto da sentença, pois embora nulo o casamento contraído entre as partes, o magistrado entendeu por manter a validade do matrimônio em detrimento da nulidade absoluta, com intuito de preservar os seus efeitos, quando a própria legislação aponta a diretriz que atende essa possibilidade e não traz prejuízos ao cônjuge de boa-fé. 5 – Recurso conhecido e provido. Sentença reformada" (*TJCE* – Ap 0164925-85.2011.8.06.0001, 27-5-2016, Relª Maria Vilauba Fausto Lopes).

"Apelação cível – Ação declaratória de existência de relação jurídica – Justiça gratuita requerida pela ré em contestação – Não apreciação na primeira instância – Deferimento tácito do benefício – Obrigação suspensa – Artigo 12 da Lei 1.060/50 – Convivência entre a autora e o falecido por mais de seis anos – Nascimento de uma filha – Simultaneidade com casamento – Cidades diversas – Desconhecimento da situação pela autora – Boa-fé comprovada – Requisitos atendidos – **Reconhecimento da união estável putativa** – Cabimento – Recurso não provido – Se o processo transcorreu sem a apreciação do pedido de assistência judiciária, formulado em sede de contestação, deve ser reconhecida a concessão tácita do benefício. No entanto, a parte beneficiária não tem direito à isenção do pagamento dos ônus sucumbenciais, mas sim à suspensão da obrigação enquanto perdurar a situação de hipossuficiência, pelo prazo máximo de cinco anos, findo o qual se consumará a prescrição (artigo 12 da Lei 1.060/50). Comprovado que marido e mulher estavam separados de fato por mais de seis anos e que ele manteve nesse período outro relacionamento, com publicidade e nítido objetivo de constituir família, inclusive com nascimento de uma filha, a existência de casamento não impede reconhecer a união estável putativa" (§ 1º do art. 1.723 do Código Civil de 2002). (*TJMT* – Ap 122660/2015, 3-11-2015, Rel. Des. Rubens de Oliveira Santos Filho).

"Anulatória de doação, usufruto vitalício e alienação de bens imóveis. **Casamento putativo**. Nulidade declarada que não atinge terceiro de boa-fé. Apelação objetivando a nulidade da doação feita aos filhos do segundo casamento (anulado por bigamia), ao fundamento de ofensa aos direitos sucessórios. Inadmissibilidade. Doação de ascendente para descendente que não implica em nulidade, mas em possível adiantamento da legítima. – Fato que enseja apenas em necessidade de levar o bem à colação a fim de igualar as legítimas de todos os herdeiros necessários. Ação improcedente. Sentença incensurável. Recurso desprovido" (*TJSP* – Ap 0000993-83.2003.8.26.0472, 6-6-2014, Rel. Miguel Brandi).

"Civil – Ação declaratória de nulidade de casamento – Segundo matrimônio sem dissolução do vínculo constituído pelo primeiro – **Casamento putativo** – Efeitos civis válidos ao cônjuge de boa-fé até a anulação – Adoção da técnica da fundamentação *per relationem* – Apelação interposta contra sentença que julgou parcialmente procedente o pedido inicial, para declarar a nulidade do casamento contraído pela ré, reconhecendo, contudo, sua putatividade em relação à requerida, haja vista sua manifesta boa-fé, devendo, por conseguinte, preservar seus efeitos no que lhe toca. 2 – Adoção da chamada fundamentação *per relationem*, após a devida análise dos autos, tendo em vista que a compreensão deste Relator sobre a questão litigiosa guarda perfeita sintonia com o entendimento esposado pelo Ministério Público, motivo pelo qual se transcreve, como razão de decidir, nesta esfera recursal, a fundamentação do opinativo do MPF (itens 3 a 7). 3 – 'O MM. Juiz a quo declarou a nulidade do casamento com fulcro nas provas acostadas aos autos, as quais demonstram, de forma inequívoca, que o Sr. Bento Ricardo já era casado quando adquiriu novo matrimônio com a Sra. Josefa Oliveira da Silva.' 4 – 'Em seguida, através de depoimento de testemunhas e do relato da própria Apelada, ficou constatado que a mesma desconhecia a causa impeditiva. Além disso, a atividade de marítimo exercida pelo *de cujus*, exigindo que viajasse por vários meses, corroborou, sobremaneira, para o desconhecimento da existência de casamento anterior, o qual foi contraído em outro Estado da federação.' 5 – 'Dessa forma, não restam dúvidas de que a Sra. Josefa acreditava na plena validade do matrimônio, configurando-se, assim, hipótese de casamento putativo.' 6 – 'Portanto, agiu de forma correta o MM. Juiz ao preservar os efeitos civis de um casamento válido para o cônjuge que procedeu de boa-fé quando da sua celebração.' 7 – 'Destarte, não há que se falar em decisão *ultra petita*, pois o magistrado julgou dentro dos limites que lhe foram apresentados na peça vestibular, traçando, em consequência, os efeitos advindos de sua decisão, como não poderia deixar de fazê-lo, em respeito aos mais louváveis critérios de justiça.' 8 – Apelação improvida" (*TRF-5ª R.* – AC 0000108-21.2010.4.05.8401 – (545743/RN), 18-1-2013, Rel. Des. Fed. Francisco Cavalcanti).

Desse modo, devemos ver com rebuços a regra geral *ignorantia legis nemo excusat*; a ninguém é dado alegar ignorância da lei. O sentido das parêmias tem espectro mais amplo, sentido de obediência geral da lei e, como tantas vezes na análise da manifestação específica de vontade, não deve ter aplicação nos casos de putatividade, como também não tem plena aplicação nos casos de erro, como vício de vontade nos negócios jurídicos.

Há quem aponte que o casamento religioso entre nós deva gerar efeitos de putatividade (Arnaldo Rizzardo, 1994, v. 1:164), mas não há base legal para essa conclusão.

7.3 EFEITOS DO CASAMENTO PUTATIVO

Em atenção à boa-fé de ambos ou de um dos cônjuges, o casamento em relação a eles e aos filhos produz todos os efeitos de casamento válido até a data da sentença anulatória. A eficácia dessa decisão, contrariando o sistema geral, será, pois, *ex nunc,* e não *ex tunc*. Não importa a causa de pedir que motivou a anulação; havendo boa-fé, a sociedade conjugal dissolve-se, como se tivesse ocorrido a morte de um dos cônjuges, partilhando-se os bens.

Estando ambos os esposos de boa-fé, da putatividade decorre que serão válidas as convenções antenupciais que gerarão efeito até a data da anulação, atendendo-se na partilha ao que foi estabelecido no pacto. Se a nulidade foi decretada após a morte de um dos cônjuges, o outro herda normalmente, segundo a ordem de vocação hereditária. Morrendo o cônjuge após a anulação, porém, não terá mais a condição de herdeiro. Questão interessante diz respeito ao casamento putativo do bígamo: declarada sua putatividade e morrendo ele, poderá ter dois cônjuges como herdeiro. A maioria da doutrina entende que a herança se dividirá em partes iguais entre o cônjuge legítimo e o putativo, como anota Yussef Said Cahali (1979:139). Adverte, porém, o autor que esse entendimento, não constituindo princípio legal entre nós, deve ser alterado no caso concreto, sempre que o exigir a equidade.

Entende Sílvio Rodrigues (1999:108), com razão, que as doações antenupciais não devem ser devolvidas, porque o casamento foi subsequente à doação, tendo ocorrido o implemento da condição suspensiva que pesava sobre o negócio, realçando-se ainda os efeitos da putatividade.

Se, no entanto, a boa-fé é de um só dos consortes, há que se examinar o regime de bens. No caso de casamento sob coação, por exemplo, em princípio apenas o coato estará de boa-fé, inclusive como aponta a modificação do Projeto nº 6.960 aqui referido. O cônjuge inocente deverá usufruir de eventuais benefícios patrimoniais do casamento, o que não deverá ocorrer com o outro. Esse o sentido do art. 1.564:

> "*Quando o casamento for anulado por culpa de um dos cônjuges, este incorrerá:*
>
> *I – na perda de todas as vantagens havidas do cônjuge inocente;*
>
> *II – na obrigação de cumprir as promessas que lhe fez, no contrato antenupcial*".

Desse modo, o cônjuge de má-fé perde as vantagens econômicas advindas com o casamento: não pode pretender meação do outro cônjuge, se casaram sob o regime de comunhão de bens. O cônjuge inocente, porém, terá direito à meação do patrimônio trazido pelo culpado. O cônjuge culpado também não poderá ser considerado herdeiro do outro.

No entanto, partilham-se normalmente os bens adquiridos pelo esforço comum, como regra de equidade, independentemente da natureza do desfazimento do casamento, sob pena de enriquecimento ilícito de um cônjuge às custas do outro, o que é vedado por nosso ordenamento jurídico.

As doações feitas por terceiros em contemplação de casamento futuro (art. 546) caducam com relação ao culpado, porque há que se entender não ter havido o implemento da condição imposta, qual seja, a realização do casamento. O cônjuge inocente, porém, deverá beneficiar-se da doação, como consequência da putatividade.

Como visto, não mais importando a boa ou má-fé dos pais, a anulação de casamento não prejudicará as condições dos filhos, não importando sua origem. Terão eles o estado técnico de legítimos, desconsiderando-se outros qualificativos, tais como adulterinos ou incestuosos, os quais, modernamente, nos termos do art. 227, § 6º, da Carta Magna de 1988, não podem mesmo ser utilizados, salvo para explanação didática.

Como regra geral, o cônjuge menor que se emancipou com o casamento não terá repristinada sua incapacidade anterior na hipótese de casamento putativo. No entanto, há que se apurar se o menor casou de má-fé, exclusivamente para obter a plena capacidade. Nessa situação, embora não haja unanimidade na doutrina, terceiros não podem ser prejudicados por essa situação, o que se examina no caso concreto.

Com a putatividade, portanto, escoimam-se situações irregulares que seriam reconhecidas na ausência desse entendimento legal: adultério da segunda mulher do bígamo, por exemplo.

As pensões alimentícias porventura impostas serão devidas até a data da sentença, sem direito à repetição, embora exista corrente que entende persistir o dever alimentar em favor do cônjuge inocente no casamento putativo (Cahali, 1979:124).[2] As dívidas contraídas pelo cônjuge regulam-se como se o casamento tivesse sido válido até a data da sentença de anulação.

7.4 DECLARAÇÃO DE PUTATIVIDADE

Sem decretação de nulidade ou anulação não há como ser reconhecida a putatividade. Esse reconhecimento pode ocorrer na própria ação anulatória ou em processo autônomo, promovido, nessa hipótese, pelos cônjuges, pelos filhos ou por terceiros que demonstrem interesse, se a sentença foi omissa a esse respeito. Na hipótese de omissão da sentença, os embargos de declaração poderão suprir a falha. Esgotada a prestação jurisdicional, porém, só em ação autônoma poderá a matéria ser versada, para que não se suprima grau de jurisdição. Como se trata de questão de fato, não enseja exame em recurso especial. A parcela da sentença que reconhece a putatividade é de índole declaratória, ainda que se trate de ação cuja natureza seja desconstitutiva.

O pedido de putatividade deve ser incluído na pretensão anulatória. Nada impede que as partes o façam no curso da ação, sem que se modifique o pedido ou a causa de pedir, se o

---

[2] "Civil – União estável – Reconhecimento *post mortem* – Relacionamento – Existência incontroversa – Assimilação como união estável – Existência dos elementos identificadores – Presença – Convivente casado – Vínculo matrimonial – Subsistência de fato e de direito – Boa-fé da companheira – Desconhecimento do impedimento à época do relacionamento – união estável putativa – assimilação (CC, arts. 1.521, vi, 1.561, § 1º, e 1.723) – sentença reformada – 1 – O cerne da questão posta a exame cinge-se em saber se a relação mantida entre a apelante e o falecido, por quase vinte anos, constitui-se ou não em união estável, tendo em vista que, durante este lapso temporal, o falecido manteve casamento válido com sua esposa até a data da morte. 2 – A princípio, não seria possível o reconhecimento de união estável durante o casamento válido de uma das partes. No entanto, não se pode negar o dinamismo social das relações humanas e não se mostra adequado beneficiar a família formalmente constituída através dos procedimentos legais, em detrimento da entidade familiar de fato. 3 – A união estável putativa nada mais é do que uma interpretação analógica ao **casamento putativo**, que resguarda os efeitos conferidos a união estável quando um dos companheiros, agindo de boa-fé, acreditava manter um relacionamento livre de quaisquer impedimentos. Ou ainda, é aquela união em que pelo menos um dos companheiros esteja de boa-fé, ou seja, desconheça que exista algum impeditivo legal para sua caracterização. 4 – Apelação Cível conhecida e parcialmente provida" (*TJCE* – Ap 0051245-35.2005.8.06.0001, 4-10-2018, Rel. Raimundo Nonato Silva Santos).

permitir ainda o estágio probatório do processo. Trata-se de efeito legal do casamento presente no sistema. Como a má-fé não se presume, quem tiver interesse deverá prová-la. Não há, portanto, que se admitir que tal reconhecimento possa simplesmente ser declarado de ofício, em que pesem opiniões em contrário. Acentuemos, ademais, que omissa a sentença a respeito, não ocorre preclusão ou coisa julgada sobre o tema, que poderá ser novamente discutido em outra ação.

8

EFICÁCIA DO CASAMENTO. DIREITOS E DEVERES DOS CÔNJUGES. INTRODUÇÃO AO DIREITO CONJUGAL PATRIMONIAL

8.1 INTRODUÇÃO

Como examinamos, a família é um dado natural, uma realidade social que preexiste ao Direito. Seus fundamentos repousam prioritariamente em princípios de base sociológica que o ordenamento transforma em jurídicos. O casamento, absorvido pela Igreja como sacramento em determinado momento histórico, gera seus efeitos dentro dessa perspectiva.

Antes de ingressarmos no estudo dos direitos e deveres dos cônjuges, cumpre advertirmos sobre a situação estrutural e legal da família no país, tendo em vista a Constituição de 1988 e os mais recentes diplomas legais.

A transformação da sociedade no século XX, desde a promulgação do Código Civil no alvorecer desse período em 1916, traduz um quadro que situa esse diploma, no tocante à regulamentação da família, não só como instrumento legal obsoleto, mas também colocava o intérprete em dificuldade, tendo em vista que o legislador, mormente o constitucional, não revogou expressamente muitos de seus dispositivos.

De fato, a família do século XXI é muito diversa daquela para a qual o Código Civil de 1916 fora elaborado. A sociedade brasileira centralizou-se nas grandes cidades, a industrialização tomou conta dos grandes e médios centros e atinge hoje até mesmo pequenas comunidades. A mulher não mais se dedica exclusivamente ao lar, mas lança-se no mercado de trabalho em todos os setores de atividade. Os filhos saem do lar paterno muito mais cedo, buscando oportunidades profissionais em atividades produtivas. Os meios de comunicação mais rápidos e modernos tendem a nivelar os conhecimentos e os costumes sociais em todo o planeta. A influência da figura do *pater*, a nós legada pelo velho direito, pelas Ordenações e pela sociedade colonial do século XIX, diminui sensivelmente. Ambos os progenitores passam a ter idêntica importância na condução do lar conjugal. O casamento já não mais é o exclusivo centro catalizador da família: a sociedade, de há muito, aceita sem pechas a união estável sem casamento que a lei passou a reconhecer e proteger.

Nesse diapasão, dispôs a Constituição de 1988 no art. 226, § 5º:

> "Os direitos e deveres referentes à sociedade conjugal são exercidos igualmente pelo homem e pela mulher".

Esse artigo refere-se não somente ao consórcio decorrente do casamento, mas também à união estável, cuja proteção vem descrita no § 3º, bem como no § 4º, o qual se refere à entidade familiar formada por apenas um dos pais.

Nesse quadro, deixou de ter sentido o elenco dicotômico feito pelo Código de 1916 sob os rótulos "*direitos e deveres do marido*" (arts. 233 a 239) e "*direitos e deveres da mulher*" (arts. 240 a 255). Hoje, temos de examinar os direitos e deveres de ambos os cônjuges sob o prisma igualitário, embora isso nem sempre seja verdadeiro na sociedade. Tanto é assim que o Código Civil de 2002 exclui o rol de deveres dos cônjuges e trata da matéria, de forma geral, sob o título "*da eficácia do casamento*".

Ainda sob o pálio do Código de 1916, afirmávamos, de plano, que nenhum desses direitos e deveres podia ser entendido, perante os termos expressos na Constituição, sem a devida correspectividade. Assim, nada poderia ser atribuído ou restringido a um cônjuge, sem que o mesmo fosse feito com relação ao outro. Destarte, todo posicionamento a respeito dos cônjuges a partir da Constituição de 1988 deve decorrer dessa primeira premissa.

No direito pré-codificado, anterior ao código revogado, havia referência e definição do poder marital e do dever de obediência da esposa. O Código Civil de 1916 omitiu essa terminologia, mas manteve a incapacidade da mulher casada e a preponderância do varão em várias situações. No curso da história de nosso direito de família, já tivéramos um marco importante quando da promulgação da Lei nº 4.121/62, Estatuto de Mulher Casada. Essa lei, buscando equilibrar a situação da mulher no casamento, outorgou-lhe uma vasta gama de direitos, alguns até de espectro superior aos do marido. A Lei nº 6.515/77, que regulamentou o divórcio, trouxe outras alterações que também a beneficiaram. Vemos, portanto, que em menos de um século, a mulher casada, que detinha a odiosa restringenda da *capitis deminutio*, atinge em 1988 a igualdade plena de direitos.

Escrevendo antes da reforma constitucional, Orlando Gomes (1983:136) apontava:

> "A tendência moderna desenvolve-se no sentido da consagração legal do princípio da paridade conjugal, que, levado às suas últimas consequências, importa completa supressão do poder marital, a ser substituído pela autoridade conjunta e indivisa dos cônjuges".

Essa situação, ora alcançada entre nós, é tendência generalizada nos direitos ocidentais. Não nos servem de parâmetro os direitos orientais, mormente o mundo muçulmano, impregnado de fundamentalismo medieval. Em vários países de preponderância islâmica, a situação da mulher é lamentável, para dizer o menos.

O casamento irradia, como vimos, uma série de efeitos de natureza social, pessoal e patrimonial. A ordem constitucional do Estado reconhece que a família é sua base social. Nossa Constituição de 1988, além de suprimir a distinção entre os filhos de qualquer origem, reconhece e protege a união estável. Entre os efeitos pessoais gerados pelo matrimônio, ressalta-se a mudança de estado civil. O *status* de casado acarreta uma nova série de atribuições legais. As relações pessoais entre os cônjuges e o relacionamento com os filhos são os aspectos que se destacam. Por fim, os casamentos geram direitos patrimoniais. Cria-se um patrimônio comum; há dever de assistência recíproca entre os cônjuges e destes com relação aos filhos; usufruto dos bens dos filhos sob poder familiar; direitos sucessórios etc.

8.1.1 Eficácia do Casamento

Nosso Código cuida da eficácia do casamento, apontando a igualdade dos direitos dos cônjuges em todos os sentidos, nos arts. 1.565 a 1.570. Já ao abrir o livro destinado ao direito de família, o art. 1.511 dispõe:

> "O casamento estabelece comunhão plena de vida, com base na igualdade de direitos e deveres dos cônjuges".

Esse artigo pretende ser largamente ampliado pelo projeto de reforma do Código Civil, na busca do equilíbrio dos direitos conjugais.

O antigo art. 229 dispunha que, *"criando a família legítima, o casamento legitima os filhos comuns, antes dele nascidos ou concebidos"*. O casamento, no sistema anterior, tinha o efeito de legitimar a prole comum, não importando quando tivesse surgido, abrindo-se essa possibilidade até mesmo com o casamento nuncupativo, como vimos. Com relação à pessoa dos filhos, porém, o longo caminhar legislativo, que culminou com a disposição constitucional, atual não permite que se distinga a origem da filiação. Atribuem-se todos os direitos aos filhos, sejam eles legítimos ou ilegítimos, adulterinos ou incestuosos. Também não mais se distinguem direitos quanto aos filhos adotivos.

O projeto do Estatuto das Famílias realça que *"a direção da sociedade conjugal é exercida pelos cônjuges, em colaboração, sempre no interesse da família e dos filhos"* (art. 37). De fato, quanto mais jovens os filhos, maior deve ser o interesse protetivo do legislador e do aplicador do direito de família.

O Código Civil de 1916 atribuía todos os direitos à família legítima, ignorando a união ilegítima. Embora a Constituição proteja a família como entidade social, independentemente do casamento, na união estável há efeitos patrimoniais diversos entre os companheiros, uma vez que eles podem, em princípio, também escolher seu regime patrimonial.

Em posição de destaque, um tanto deslocada, o § 1º do art. 1.565 do presente Código estatui que *"qualquer dos nubentes, querendo, poderá acrescer ao seu o sobrenome do outro"*. Essa disposição demonstra a preocupação do novel legislador em igualar a posição do homem e da mulher no conúbio, em todos os sentidos. Originalmente, no Código de 1916, a mulher assumia, ao casar, o nome do marido. Posteriormente, com a lei que introduziu o divórcio entre nós, permitiu-se que facultativamente assumisse ela o nome do esposo (art. 240, parágrafo único, do antigo Código, com redação determinada pela Lei nº 6.515/77). Como a Constituição de 1988 não mais permite qualquer distinção de direitos, o legislador apressou-se em colocar esse dispositivo logo na abertura do capítulo sob a epígrafe *"da eficácia do casamento"*. O alcance do dispositivo é absolutamente diminuto, pois não é de nosso costume que o homem assuma o nome da mulher ao contrair matrimônio, nem se prevê que essa orientação tradicional venha a alterar-se no futuro. Note que a lei permite que o nubente *acrescente* a seu o sobrenome do outro. Não lhe é dado suprimir seu próprio sobrenome, mas apenas acrescentar o do outro cônjuge. O nubente pode, como é evidente, manter intacto seu próprio nome com o casamento, sem alterá-lo.

Aspecto fundamental quanto às consequências do casamento com importantes reflexos para o Estado é o *planejamento familiar*, hoje assegurado constitucionalmente ao casal (art. 226, § 7º). Nesse sentido, o Código de 2002 estabelece (art. 1.565, § 2º), em redação mantida pelo Projeto do Estatuto das Famílias:

> "O planejamento familiar é de livre decisão do casal, competindo ao Estado propiciar recursos educacionais e financeiros para o exercício desse direito, vedado qualquer tipo de coerção por parte de instituições privadas e públicas".

Assim, o planejamento familiar é direito individual e exclusivo do casal, não admitindo interferência coercitiva de quem quer que seja. A Lei nº 9.263/96 regulamenta o dispositivo constitucional. De acordo com o art. 2º dessa lei,

> "entende-se planejamento familiar como o conjunto de ações de regulação da fecundidade que garanta direitos iguais de constituição, limitação ou aumento da prole pela mulher, pelo homem ou pelo casal".

É grande o ônus do Estado nesse campo fundamental, pois deve estabelecer programas educacionais e assistenciais de largo espectro. Essa lei, entre várias disposições, estabelece em quais situações será permitida a esterilização voluntária do homem e da mulher (art. 10) e tipifica como crime a realização de esterilização cirúrgica fora dos permissivos legais (art. 15), além de outras reprimendas. Na mesma linha, tendo em vista o vasto campo científico que se descortina nesse campo, segundo o art. 8º dessa lei, a realização de experiências com seres humanos no campo da regulação da fecundidade somente será permitida se, previamente autorizada, fiscalizada e controlada pela direção nacional do Sistema Único de Saúde e atendidos os critérios estabelecidos pela Organização Mundial de Saúde. Sabemos que essa fiscalização não é eficiente, sendo necessário que sejam criados organismos e legislação específica que regulem a fertilização assistida de todas as formas, evitando-se situações de conflito jurídico, ético e moral. A esse tema voltaremos quando tratarmos da filiação.

8.1.2 Princípios Gerais do Direito Patrimonial Entre os Cônjuges. Alteração de Regime

Quanto aos efeitos patrimoniais, o art. 230 do antigo Código dispunha: *"O regime dos bens entre os cônjuges começa a vigorar desde a data do casamento, e é irrevogável"*. O vigente Código, porém, altera essa sistemática que vigorou durante toda a vigência do ordenamento anterior, ao dispor, no art. 1.639, § 2º.

> *"É admissível alteração do regime de bens, mediante autorização judicial em pedido motivado de ambos os cônjuges, apurada a procedência das razões invocadas e ressalvados os direitos de terceiros"*.

O alcance e a utilidade dessa nova posição somente nos estão sendo dados com a jurisprudência, que apresenta exemplos. Há notícia de autorização judicial para modificação de regimes da comunhão universal para a comunhão parcial, para evitar o obstáculo criado pelo art. 977 do Código em vigor, que inexplicavelmente veio a proibir o contrato de sociedade entre pessoas casadas sob o regime da comunhão universal ou da separação obrigatória de bens. A ideia preponderante na doutrina é de que essa possibilidade de alteração no regime de bens está aberta para qualquer casamento, antes ou depois da vigência do Código Civil de 2002.[1]

---

[1] "Apelação cível. Direito de família. Casamento. **Regime de bens. Modificação.** Art. 1.639, § 2º, do CC. Comunhão parcial. Art. 1.658 do CC. Alteração para comunhão universal. Art. 1.667 do CC. Manifestação expressa da vontade dos cônjuges. Garantias patrimoniais. Ampliação. Efeitos ex tunc. Precedente do STJ. Recurso conhecido e provido.1. Art. 1.639 do CC: 'É admissível alteração do regime de bens, mediante autorização judicial em pedido motivado de ambos os cônjuges, apurada a procedência das razões invocadas e ressalvados os direitos de terceiros'.2. '[...] A eficácia ordinária da modificação de regime de bens é *ex nunc*, valendo apenas para o futuro, permitindo-se a eficácia retroativa (ex tunc), a pedido dos interessados, se o novo regime adotado amplia as garantias patrimoniais, consolidando, ainda mais, a sociedade conjugal. [...]'. (REsp n. 1.671.422/SP, relator Ministro Raul Araújo, Quarta Turma, julgado em 25/4/2023, DJe de 30/5/2023.). 3. A não retroação dos efeitos da mudança do regime de bens

desnatura a sistemática da comunhão universal, que prevê a comunhão de todo o patrimônio do casal, presente e futuro.4. Recurso conhecido e provido" (*TJPR* – Ap 0007746-13.2023.8.16.0188, 13-5-2024, Rel. Desembargador Fabio Haick Dalla Vecchia).

"Apelação. **Alteração de regime de bens**. Pretensão de modificação do regime de comunhão universal de bens para o da separação total, sob a justificativa de viabilizar a adequada administração das empresas vinculadas ao varão. Sentença de improcedência. Inconformismo. Não acolhimento. Existência de inúmeras ações judiciais. Alteração pretendida, no caso concreto, que pode implicar prejuízo a credores. Inteligência do art. 1.639, § 2º do Código Civil. Sentença mantida. Recurso desprovido". (*TJSP* – Ap 1003765-24.2021.8.26.0099, 7-6-2022, Rel. Clara Maria Araújo Xavier).

"Alteração consensual de **regime de bens no casamento**. Modificação do regime da separação de bens para o da comunhão parcial de bens. Aplicação do § 2º do art. 1.639 do CC. Requisitos presentes, a autorizar a pretensão. Alteração que produz efeitos "ex nunc", com expressa ressalva a direitos de terceiros anteriormente constituídos. Sentença reformada. Recurso provido". (*TJSP* – Ap. 1000014-65.2021.8.26.0281, 10-12-2021, Rel. João Pazine Neto).

"**Regime de bens no casamento. Alteração**. Admissibilidade. Casamento celebrado sob o regime da comunhão parcial de bens. Pretensão dos apelantes de alteração para comunhão universal de bens, com efeito 'ex tunc', o que se apresenta adequado. Aspecto teleológico da alteração é efetivamente fazer com que o cônjuge virago tenha participação no patrimônio herdado pelo marido. Interesses de terceiros foram ressalvados. Efeito perseguido em condições de sobressair. Formalismo exacerbado não pode prevalecer. Apelo provido" (*TJSP* – Ap. 1002579-61.2019.8.26.0575, 16-12-2020, Rel. Natan Zelinschi de Arruda).

"**Regime de bens de casamento – Alteração** – Casamento realizado mediante procuração – Alegação de erro na escolha do regime – Civil e processual civil. Alteração de regime de bens de casamento (§ 2º, art. 1.639/CC). Casamento realizado mediante procuração. Alegação de erro na escolha do regime. Inexistência de pacto antenupcial. Separação obrigatória de bens. Enunciados nos 113 e 262 de direito civil do Conselho da Justiça Federal. Ônus da prova. Sentença mantida. 1. A alteração do regime de bens no casamento foi introduzida no ordenamento jurídico pátrio pelo Código Civil de 2002, sendo que referida alteração somente se faz possível quando presentes, cumulativamente, os requisitos previstos no § 2º do art. 1.639: pedido formulado por ambos os cônjuges; motivação do pedido; relevância dos argumentos apresentados; respeito aos direitos de terceiros e dos entes públicos e autorização judicial. 2. 'É admissível a alteração do regime de bens entre os cônjuges, quando então o pedido, devidamente motivado e assinado por ambos os cônjuges, será objeto de autorização judicial, com ressalva dos direitos de terceiros, inclusive dos entes públicos, após perquirição de inexistência de dívida de qualquer natureza, exigida ampla publicidade'. Enunciado nº 113 da I Jornada de Direito Civil do Conselho da Justiça Federal. 3. 'A obrigatoriedade da separação de bens (art. 1.641, I e III) não impede a alteração do regime, desde que superada a causa que o impôs'. Enunciado nº 262, do Conselho da Justiça Federal. 4. O ônus da prova consiste na conduta processual exigida da parte para que a verdade dos fatos por ela alegados seja admitida pelo juiz. Há, em verdade, um simples ônus, de modo que o litigante assume o risco se não provar os fatos alegados dos quais depende a existência do direito subjetivo que pretende resguardar por meio da tutela jurisdicional. 5. Recurso conhecimento e desprovido." (*TJDFT* – Proc. 20150310206736APC (1147596), 5-2-2019, Rel. Carlos Rodrigues).

"Apelação cível – **Ação para alteração do regime de bens no casamento** – Eficácia *ex tunc* – Possibilidade – Decisão de primeiro grau que merece ser mantida – Em relação aos efeitos da alteração do regime de bens do casamento, devem possuir, desde que expressamente manifestado pelos cônjuges, eficácia *ex tunc*, uma vez que não há qualquer vedação, além de que o direito de terceiros está expressamente ressalvado no dispositivo legal (artigo 1.639, § 2º, do Código Civil). Precedentes desta Câmara Julgadora e do STJ. Apelação desprovida" (*TJRS* – AC 70075983296, 26-4-2018, Rel. Des. José Antônio Daltoé Cezar).

"Casamento – Vigência do código civil de 1916 – **Regime de bens – Alteração** – Necessidade de motivação – 'Direito de família. Casamento celebrado na vigência do Código Civil de 1916. Regime de bens. Alteração. Necessidade de motivação. Justificativa do pedido. Enunciado nº 113 (CJF). Prejuízo comprovado. Súmula nº 7/STJ. 1. À luz da melhor interpretação do art. 1.639, § 2º, do CC/2002, são exigíveis justificativas plausíveis e provas concretas de que a alteração do regime de bens eleito para reger o matrimônio não prejudicará nenhum dos cônjuges, nem terceiros interessados. 2. Incidência do Enunciado nº 113 na I Jornada de Direito Civil do Conselho da Justiça Federal: 'É admissível a alteração do regime de bens entre os cônjuges, quando então o pedido, devidamente motivado e assinado por ambos os cônjuges, será objeto de autorização judicial, com a ressalva dos direitos de terceiros, inclusive dos entes públicos, após perquirição de inexistência de dívida de qualquer natureza, exigida ampla publicidade'. 3. No caso em exame, a alteração patrimonial foi pleiteada consensualmente por ambos os cônjuges ora recorrentes com base na justificativa genérica de independência financeira e patrimonial do casal, demonstrando a ausência de violação de direitos de terceiros. 4. As instâncias ordinárias, todavia, negaram a alteração do regime patrimonial por reputarem que a mera vontade de preservação e individualização dos patrimônios dos cônjuges não configura justo motivo, requisito legal indispensável. 5. Ademais, o Tribunal de origem, visando a proteção de um dos cônjuges, assentou que a modificação 'equivaleria à doação do patrimônio a um dos interessados, exclusivamente, mascarando desta forma, uma divisão que poderia prejudicar, sim, e inclusive, a eventual prole'. 6. Rever tais conclusões demandaria o reexame de matéria fático-probatória, o que é inviável em sede de recurso

A disposição veio sob a forma de direito subjetivo potestativo, sem qualquer restrição por parte do legislador. Os efeitos da alteração, porém, somente poderão operar a partir da vigência do mais recente Código. A modificação do regime deve constar do registro imobiliário onde os cônjuges mantêm imóveis.

O CPC de 2015, em boa hora, houve por bem regular o pedido de alteração no art. 734. Destarte, acentua-se que o pedido de alteração do regime matrimonial deve ser sempre judicial. O Ministério Público será intimado, expedindo-se a publicação de edital que divulgue a intenção do casal. A decisão somente poderá advir após decorridos trinta dias da publicação do edital (§ 1º). Medida salutar consta do § 2º, estatuindo que os cônjuges podem propor que o juiz divulgue sua pretensão por outro meio, a fim de resguardar direitos de terceiros. Pode ser pelas redes sociais, por exemplo, ou com a intimação pessoal de eventual interessado, como um credor. Concedida a medida, serão expedidos mandados de averbação aos cartórios de registro civil e de imóveis pertinentes, e caso qualquer dos cônjuges seja empresário, ao registro de empresas mercantis.

Os motivos que sustentavam a irrevogabilidade do regime de bens entre os cônjuges repousavam nas ideias individualistas do passado, que orientaram o Código de 1916.

Note que o legislador ressalva expressamente direitos de terceiros e estabelece condições para essa alteração que devem ser examinadas pelo magistrado, com cautela, no caso concreto. Podem ser as mais variadas as razões invocadas. Devem ser de tal molde que justifiquem a mudança do regime. Não podem os cônjuges simplesmente lançar mão da flexibilidade trazida pela lei por mero diletantismo. O pedido sempre deve ser feito por ambos os cônjuges, como é óbvio e vem expresso no texto. O papel dos tribunais será fundamental para estabelecer um caminho seguro em torno dessa brecha aberta pela novel lei material. Não houve restrição legal, de modo que todos os regimes de bens permitem alteração para todos os regimes também. Nada impede que sejam feitas combinações dos regimes, tornando-os híbridos, desde que não contrariem a lei ou a ordem pública.

Regime de bens consiste no regulamento dos interesses patrimoniais dos esposos durante o casamento. Em nosso sistema anterior, eram quatro os regimes disciplinados: comunhão universal, comunhão parcial, separação e dotal. A comunhão parcial, a partir da Lei nº 6.515/77, é o regime que vigora no silêncio das partes, mantida a mesma situação no Código de 2002 (art. 1.640). Neste corrente Código, suprime-se o regime dotal, incluindo-se o regime de participação final de aquestos, regime este de alta complexidade que está fadado ao desaparecimento, como já faz o projeto do Estatuto das Famílias.

O pacto nupcial, firmado por escritura pública, que necessariamente deve anteceder ao casamento, pode escolher qualquer dos outros sistemas, bem como combiná-los entre si.

O projeto citado propõe modificação de há muito necessária: pelo Estatuto das Famílias só haverá necessidade de escritura pública se os nubentes desejarem combinar regimes entre si ou, por exemplo, estabelecer regime especial para determinado bem ou conjunto de bens. Se a opção dos interessados for por qualquer dos regimes presentes no ordenamento (comunhão universal ou separação de bens), bastará declarar ao oficial do registro civil (art. 38, § 1º). Se não houver essa declaração, casar-se-ão sob o regime da comunhão parcial de bens (art. 38, § 2º). Nesse diapasão, acrescenta o § 3º: "Mediante escritura pública os nubentes podem estipular regime de bens não previsto neste Estatuto, desde que não contrarie suas regras e princípios".

---

especial, nos termos da Súmula nº 7/STJ. 7. Recurso especial não provido" (STJ – REsp 1.427.639, (2013/0417656-0), 16-3-2015, Rel. Min. Ricardo Villas Bôas Cueva).

Essa inovação vem com atraso e demonstra quão retrógrado no campo de família se apresentou o Código de 2002. Sob todos os aspectos a inovação é salutar: diminui a burocracia do casamento e facilita a escolha do regime, pois sabido é que geralmente a sugestão por um dos nubentes pela escritura pública de pacto de separação de bens ou comunhão universal é fator de inibição e de mal-estares sociais. Ademais, com essa orientação facilitadora no campo do regime de bens entre os cônjuges, o projeto suprime a separação obrigatória de bens presente no atual Código, algo que também se mostra obsoleto e ineficaz.

Outro dispositivo digno de realce no estatuto está no art. 38, § 5º: "Com a separação de fato cessa a responsabilidade de cada um dos cônjuges para com as dívidas que vierem a ser contraídas pelo outro". Nesse mesmo sentido, a separação de fato deve fazer cessar a comunicação dos bens adquiridos por um dos cônjuges a partir de então. A jurisprudência tem sufragado esse entendimento com pouca discrepância, mas o ordenamento carece de texto expresso.

O regime de bens entre os cônjuges tem início desde a data do casamento. Essa dicção, do art. 1.639, § 1º, que repete o art. 230 do Código de 1916, veio para resolver dúvida do sistema pré-codificado, o qual exigia a consumação do casamento para o início de vigência do sistema patrimonial, o que trazia imaginável instabilidade.

A imutabilidade do regime de bens era disposta em nossa lei para proteção dos próprios cônjuges, que poderiam ser influenciados reciprocamente ou por terceiros no curso do casamento em seu detrimento, bem como para proteção de terceiros. Havia legislações, todavia, que permitiam a modificação do regime após o casamento, corrente à qual agora se filia nosso ordenamento de 2002. Dessa matéria nos ocuparemos também nos capítulos seguintes.

Como notamos, nosso sistema é flexível no tocante à escolha do regime de bens para o futuro casal, afora as exceções já examinadas que impõem o regime de separação, permitindo aos nubentes que escolham as regras a seu contento. Como, na maioria das vezes, os casais são jovens, sem patrimônio considerável, a partir da lei introdutória do divórcio, entendeu-se que, no silêncio dos interessados, deviam se comunicar para o patrimônio comum os aquestos, isto é, os bens adquiridos após o matrimônio. Há, portanto, um caráter institucional no regime de bens do casamento. Dele não se prescinde em qualquer situação matrimonial.

O antigo art. 235 elencava os atos que o marido não podia praticar sem o consentimento da mulher, qualquer que fosse o regime de bens. Eram situações de ausência de legitimação para o ato.[2]

---

[2] "Ação anulatória de fiança. Sentença de procedência. Insurgência da parte autora. Apelação. Não acolhimento. **Outorga uxória** necessária na prestação de fiança por pessoa casada em regime de comunhão parcial de bens. Inteligência do art. 1.647, inciso III, do Código Civil. Relativização do entendimento da Súmula 332 do C. Superior Tribunal de Justiça. Fiador que não informou no Termo de Confissão de Dívida o seu estado civil. Omissão caracterizada. Observância do princípio da boa-fé objetiva. Reconhecimento da nulidade da fiança. Impossibilidade. Ineficácia da garantia que deve ser reconhecida apenas em relação à meação do cônjuge. Sentença mantida por suas próprias razões. Recurso desprovido" (TJSP – Ap 1014123-64.2023.8.26.0071, 14-8-2024, Relª Maria Salete Corrêa Dias).
"**Outorga uxória** – Suprimento – Interesse de agir – Pretensão da autora ao prosseguimento do feito visando ao suprimento de outorga uxória do marido para alienação de imóvel, a despeito do falecimento dele – Inviabilidade – Hipótese em que, com o falecimento do cônjuge, não há mais que se falar em outorga uxória, não remanescendo interesse de agir à autora – Inteligência do art. 1.648 do CC – Sentença de extinção mantida – Recurso desprovido." (TJSP – AC 1017279-79.2018.8.26.0477,20-9-2019, Rel. Marcus Vinicius Rios Gonçalves).
"Aval – **Ausência de outorga uxória** – A ausência da vênia conjugal não acarreta a invalidade do ato, mas apenas a sua inoponibilidade ao cônjuge que não consentiu. Entretanto, inexistem elementos que comprovem que a embargante não assentiu com o ato. Prova constitutiva do direito não comprida. Embargos improcedentes. Recurso a que se nega provimento" (TJSP – Ap 0009166-34.2012.8.26.0229, 16-2-2018, Rel. Mauro Conti Machado).
"Agravo interno no agravo em recurso especial – Fiança – União Estável – **Outorga Uxória** – Inexistência – Dispensa – Validade da garantia – Súmula nº 332/STJ – Inaplicabilidade – Bem indivisível – Penhora – Possibilidade – Meação

O Código de 2002, no art. 1.647, dentro da moderna filosofia, relaciona os atos que *nenhum dos cônjuges* pode praticar, sem autorização do outro, *exceto no regime da separação absoluta*:

> "I – alienar ou gravar de ônus real os bens imóveis;
>
> II – pleitear, como autor ou réu, acerca desses bens ou direitos;
>
> III – prestar fiança ou aval;
>
> IV – fazer doação, não sendo remuneratória, de bens comuns, ou dos que possam integrar futura meação.
>
> Parágrafo único. São válidas as doações nupciais feitas aos filhos quando casarem ou estabelecerem economia separada".

A Lei nº 14.620/23 altera em parte o espírito desse artigo, sob o prisma do programa "Minha casa minha vida". Outorga poderes à mulher, na hipótese de ser chefe de família, para poder formalizar contrato de aquisição de imóvel, independentemente de outorga do marido. Trata-se de plena exceção à regra geral do Código.

Já de plano se nota que o atual diploma civil aboliu a restrição quando o regime de bens entre os cônjuges é o da separação absoluta. Quando não se comunicam de forma alguma os bens de cada consorte, não havia sentido, como fora estabelecido no sistema anterior, que o cônjuge obtivesse a autorização do outro para a prática de determinados atos de responsabilidade patrimonial.

A outorga conjugal é necessária para atribuir legitimação para tais atos. É ineficaz qualquer dispositivo em contrário que seja aposto em pacto antenupcial. A autorização para esses atos deve ser escrita, expressa, cabal, específica e inserida em instrumento idôneo. Se referir a imóveis, acima do valor legal, deve vir em instrumento público (art. 108). A autorização genérica para a prática de determinados atos deve ser vista com restrições e não pode ser admitida pelos interessados, sob pena de vir a ser questionada de futuro.

---

do cônjuge – 1 – Não é nula, nem anulável, a fiança prestada por fiador convivente em união estável sem a outorga uxória do outro companheiro. Não incidência da Súmula nº 332/STJ. Precedentes. 2 – É possível que os bens indivisíveis sejam levados à hasta pública por inteiro, reservando-se ao cônjuge meeiro do executado a metade do preço obtido. Precedentes. 3 – Agravo interno não provido" (*STJ* – AGInt-AG-REsp 841.104 – (2015/0325168-7), 27-6-2016, Rel. Min. Ricardo Villas Bôas Cueva).

"Agravo regimental no recurso especial. Ação declaratória de nulidade de título de crédito. Garantia fidejussória. **Ausência de outorga uxória**. Nulidade. Transação. Multa por litigância de má-fé. Honorários advocatícios. Necessidade. Protesto. Súmulas STJ/5, 7 e 83, STF/284 – Improvimento – 1 – Esta Corte entende que aferir se houve ou não litigância de má-fé, é providência inviável em sede de Recurso Especial, a teor do óbice constante da Súmula 7 do Superior Tribunal de Justiça (AgRg no REsp 657.075/RS, Rel. Min. Paulo Gallotti, sexta Turma, *DJ* 25-6-2007). 2 – A ausência de particularização do dispositivo legal tido por afrontado e de divergência jurisprudencial é deficiente, com sede na própria fundamentação da insurgência recursal quanto à configuração do ato ilícito passível de indenização, que impede a abertura da instância especial, a teor do Enunciado 284 da Súmula do Supremo Tribunal Federal, aplicável por analogia, também ao recurso especial. 3 – O art. 20 do CPC impõe a fixação dos honorários advocatícios segundo critério equitativo pelo Juízo, 'atendidas as normas das alíneas *a, b* e *c* do parágrafo anterior', não fazendo ressalva alguma quanto à forma dessa valoração, de modo que nada obsta o estabelecimento percentual, contanto que observado esse critério, o qual, anote-se, 'constitui conceito jurídico subjetivo, dependente de estudo caso a caso, que ensejaria em revolvimento de matéria de fato, a que não se presta o apelo excepcional, por força da aplicação da Súmula nº 07-STJ' (AgRg no REsp nº 513.320-RJ, Rel. Min. LUIZ FUX, *DJ* 9-12-2003). 4 – A convicção a que chegou o Tribunal *a quo* quanto à inexistência de nulidade da fiança e da transação decorreu da análise do contrato. O acolhimento da pretensão recursal demandaria o reexame do mencionado suporte. Incide nesse ponto a Súmula STJ/5. 5 – Quanto à desnecessidade de protesto da Nota Promissória a fim de executar o avalista do devedor principal, verifica-se que o acórdão tem fundamento na jurisprudência desta Corte, sendo inafastável a incidência da Súmula 83/STJ. 6 – Agravo Regimental improvido" (*STJ* – AgRg-REsp 1.356.844 (2012/0253585-4), 29-4-2014, Rel. Min. Sidnei Beneti).

Entende-se que esses atos de disposição podem, em princípio, colocar em risco o patrimônio necessário para a subsistência e manutenção do lar, ainda que digam respeito a bens de um só dos esposos. Busca-se a segurança econômica da família. Admite-se que os bens imóveis são os que permitem maior estabilidade econômica. A norma é de ordem pública. Entende-se atualmente que para os compromissos de compra e venda de imóveis, também atos de disposição, é igualmente necessária a outorga conjugal. A inclusão do aval nesse rol não tem muito sentido, além de apresentar obstáculos práticos, pois tumultua a compreensão tradicional do direito cambiário. O projeto do Estatuto das Famílias sabiamente o retira desse elenco.

A nulidade é textual. A ação anulatória dos atos praticados sem outorga conjugal, porém, é privativa do outro cônjuge, ou de seus herdeiros, pois os interesses tutelados são privados.

Anote-se que o Código de 2002, ao tratar do direito de empresa, visando resolver problema ardiloso no mundo negocial, estabeleceu, no art. 978, que

> "*o empresário casado pode, sem necessidade de outorga conjugal, qualquer que seja o regime de bens, alienar os imóveis que integrem o patrimônio da empresa ou gravá-los de ônus real*".

Há que se examinar no caso concreto se o imóvel está relacionado como patrimônio da empresa. O dispositivo abre válvulas a fraudes, com necessidade de permanente supervisão judicial.

Outro dispositivo recebido com total antipatia pela sociedade foi o do art. 977, dentro do direito de empresa: "*Faculta-se aos cônjuges contratar sociedade, entre si ou com terceiros, desde que não tenham casado no regime de comunhão universal de bens, ou no da separação obrigatória*". O objetivo do legislador, como se nota, foi não tornar inócuo o regime de bens ou impedir que se burlasse a separação obrigatória. Até a entrada em vigor do Código de 2002, existiam centenas de sociedades entre cônjuges, mormente os casados em comunhão universal.

No Código de 1916, o prazo da ação para a mulher desobrigar ou reivindicar os imóveis do casal, quando o marido os gravou, ou alienou sem outorga conjugal ou suprimento judicial, era de quatro anos contados da dissolução da sociedade conjugal (art. 178, § 9º, I, *a*). Para os herdeiros, esse prazo contava-se do falecimento do cônjuge que não consentiu. O mesmo prazo de quatro anos era aplicável para anular as fianças prestadas e as doações feitas pelo marido (art. 178, § 9º, I, *b*).

O Código de 2002 dispõe que esses atos são anuláveis (art. 1.649), podendo o outro cônjuge pleitear-lhe a anulação, até dois anos depois de terminada a sociedade conjugal. Durante a permanência da sociedade conjugal não há decurso de prazo extintivo para os cônjuges. Esse ato, por sua natureza, é ratificável. De acordo com o parágrafo único desse artigo, a aprovação torna o ato inquinado válido, desde que feita por instrumento público ou particular, autenticado. Acrescenta o art. 1.650 que a decretação de invalidade dos atos praticados sem outorga, sem consentimento, ou sem suprimento, só poderá ser demandada pelo cônjuge a quem cabia concedê-la, ou por seus herdeiros. Iniciada a ação pelo cônjuge, falecendo este, podem os herdeiros continuar com a ação. Há que se entender que o prazo também será de dois anos para os herdeiros ajuizarem a ação, contado a partir do falecimento do cônjuge que não consentiu.

A recusa injustificada do cônjuge para os atos relacionados no art. 1.647 do mais recente Código Civil pode ser suprida pelo juiz. A mesma situação de suprimento do consentimento aplica-se quando se mostra impossível, por qualquer motivo, obter essa manifestação de vontade.

A fiança referida pela lei é de qualquer natureza, civil ou mercantil, embora essa distinção se torne despicienda no Código Civil em vigor, que unifica os institutos. Essa restrição não atingia o aval de índole cambial, no Código de 1916. Tantas foram as discussões e problemas que advieram dessa situação no passado que o presente Código resolveu ser expresso: o aval também necessita de autorização conjugal. Esse consentimento para o aval será, sem dúvida, um entrave para o dinamismo dos princípios cambiários e exigirá maiores cautelas para quem se utiliza dos títulos de crédito. A nosso ver, com essa exigência e outras modificações relativas aos títulos de crédito, presentes no vigente Código, estarão seriamente ameaçados os tradicionais princípios de autonomia e literalidade dos títulos cambiais (veja o que expusemos no Capítulo 10 do v. 3). Já houve tentativa mais recente para abolir o aval dessa disposição, texto que foi vetado pela presidência da República. Essa situação merece mesmo melhor meditação. Em boa hora o projeto mencionado cuidou de suprimi-lo.

Muito se discutiu acerca da nulidade ou anulabilidade da fiança sem outorga conjugal no sistema anterior. A possibilidade de o ato ser ratificado e o fato de sua nulidade somente poder ser arguida pela mulher ou outro interessado situava o vício entre as nulidades específicas de direito de família, como já mencionamos, com regras próprias que não se amoldam ao sistema de nulidades dos negócios jurídicos em geral. A discussão que a doutrina teceu a respeito desse tema é estéril, porque o legislador simplesmente criou um sistema de nulidade específico nessa matéria de direito de família. O Código de 2002 procurou, de forma direta, resolver a questão, aduzindo expressamente que o ato é anulável (art. 1.647) e que o cônjuge pode pleitear sua anulação em dois anos após o término da sociedade conjugal. Só o cônjuge tem legitimidade para tal.

Refere-se ainda o art. 1.647 à *proibição de doações*, sem consentimento conjugal, não sendo remuneratórias, com os bens comuns ou que possam integrar a futura meação. Neste último tópico, o corrente Código refere-se ao regime de comunhão final de aquestos. Não pode, pois, o cônjuge fazer oferendas sem o acordo do consorte. A razão é intuitiva. Excluem-se as doações remuneratórias, pois estas visam à retribuição por um serviço prestado. O *pequeno valor* autorizava a doação pelo cônjuge, sem o consentimento do outro, no Código de 1916. O mais recente Código suprimiu essa possibilidade, extirpando o subjetivismo que a expressão autorizava.

O parágrafo único do art. 1.647 refere-se à possibilidade de doações nupciais aos filhos quando se casarem ou estabelecerem economia separada.

Pretendeu-se ver nessa autorização, no passado, possibilidade de doação de bens imóveis. Não há, porém, como se admitir alienação de bens imóveis sem outorga uxória, perante os termos do art. 1.647, I (Monteiro, 1996:133). Segundo mencionado autor, essa disposição é exceção à regra geral estampada no *caput*. Conclui-se que se as doações foram para os filhos que se casam ou se estabelecem com economia separada, poderão ser de elevado valor, mas serão constituídas exclusivamente de bens móveis. Para a doação de imóveis, qualquer que seja o valor, há necessidade de outorga conjugal.

Sob a nova sistemática, o Código de 2002 afirma, no art. 1.642, que, sob qualquer regime de bens, tanto o marido como a mulher podem livremente:

"*I – praticar todos os atos de disposição e de administração necessários ao desempenho de sua profissão, com as limitações estabelecidas no inciso I do art. 1.647;*

II – administrar os bens próprios;

III – desobrigar ou reivindicar os imóveis que tenham sido gravados ou alienados sem o seu consentimento ou sem suprimento judicial;

IV – demandar a rescisão dos contratos de fiança e doação, ou a invalidação do aval, realizados pelo outro cônjuge com infração do disposto nos incisos III e IV do art. 1.647;

V – reivindicar os bens comuns, móveis ou imóveis, doados ou transferidos pelo outro cônjuge ao concubino, desde que provado que os bens não foram adquiridos pelo esforço comum destes, se o casal estiver separado de fato por mais de cinco anos;

VI – praticar todos os atos que não lhes forem vedados expressamente".

O dispositivo consagra expressamente o princípio geral pelo qual não se ampliam restrições legais: na forma do inciso VI, não havendo proibição expressa, o cônjuge possui legitimidade isolada para a prática do ato.

Não mais se defere ao marido a administração de bens de seu cônjuge: cada um administrará seus próprios bens. De acordo com o art. 1.651, quando um dos cônjuges *não puder exercer a administração* dos bens que lhe incumbe, segundo o regime de bens, ao outro caberá: I – gerir os bens comuns e os do consorte; II – alienar os bens móveis comuns e III – alienar os imóveis comuns ou os móveis ou imóveis do consorte, mediante autorização judicial. Trata-se de exceção à regra geral ora discutida, que somente pode ser aplicada nos casos em que o cônjuge estiver em situação de incapacidade de administrar seus bens, de forma permanente ou transitória. Completando ainda essa regra, o art. 1.652 dispõe:

"O cônjuge, que estiver na posse dos bens particulares do outro, será para com este e seus herdeiros responsável:

I – como usufrutuário, se o rendimento for comum;

II – como procurador, se tiver mandato expresso ou tácito para os administrar;

III – como depositário, se não for usufrutuário, nem administrador".

A regra é rigorosa, impondo a melhor conduta do cônjuge a respeito dos bens do outro que estiver na posse, inclusive equiparando-o ao depositário, quando não for usufrutuário ou administrador.

Por outro lado, não se restringe o desempenho da profissão dos consortes, salvo as proibições expressas analisadas. A matéria deve ser examinada no caso concreto se, por exemplo, o ato de disposição de bens extrapola o simples desempenho da profissão do marido ou da mulher.

Nos casos dos incisos II e IV desse art. 1.642, o terceiro prejudicado com a sentença favorável ao autor terá direito de regresso contra o cônjuge, que realizou o negócio jurídico, ou seus herdeiros, conforme a dicção do art. 1.646. Como se percebe, é essencial que o agente que negocia com pessoa casada se acautele, nos atos descritos, exigindo a outorga conjugal. Se esta está ausente, caberá na ação de regresso examinar se o terceiro agiu de boa-fé.

As ações fundadas nos incisos III, IV e V desse art. 1.642 competem ao cônjuge prejudicado e a seus herdeiros (art. 1.645). Note que o inciso V, doação ou transferência de bens comuns ao concubino, insere situações de fato que devem ser ingentemente provadas no curso do processo. Examina-se a transferência dos bens a qualquer título. Há que se evidenciar que os bens alienados não foram adquiridos pelo esforço comum dos concubinos, se o casal estiver separado de fato por mais de cinco anos. A redação do dispositivo vigente não agrada e certamente os futuros julgados darão a devida flexibilidade à norma, dentro das inúmeras situações que ocorrem nos casos concretos. Melhor seria que se deixasse em aberto a norma, possibilitando o exame do prejuízo pelo juiz no caso concreto. A lei refere-se, nessa oportunidade, à união impura, isto é, adulterina, que prefere denominar concubinato. A concubina ou concubino que se beneficiou com a alienação não terá direito à indenização segundo o princípio pelo qual ninguém pode invocar a própria torpeza.

Observe que o art. 73 do CPC de 2015 estatui:

"O cônjuge necessitará do consentimento do outro para propor ação que verse sobre direito real imobiliário, salvo quando casados sob o regime de separação absoluta de bens.

§ 1º Ambos os cônjuges serão necessariamente citados para a ação:

I – que verse sobre direito real imobiliário, salvo quando casados sob o regime de separação absoluta de bens;

II – resultante de fato que diga respeito a ambos os cônjuges ou de ato praticado por eles;

III – fundada em dívida contraída por um dos cônjuges a bem da família;

IV – que tenha por objeto o reconhecimento, a constituição ou a extinção de ônus sobre imóvel de um ou de ambos os cônjuges.

§ 2º Nas ações possessórias, a participação do cônjuge do autor ou do réu somente é indispensável nas hipóteses de composse ou de ato por ambos praticado.

§ 3º Aplica-se o disposto neste artigo à união estável comprovada nos autos".

Da mesma forma, a recusa injustificada do marido ou da mulher para a prática de tais atos pode ser suprida judicialmente (art. 1.648; art. 74 do CPC). Nessa ação de suprimento de vontade, como vimos, deve ser provado que a recusa é injusta ou é impossível de ser obtida. A injustiça da recusa ou a impossibilidade de sua obtenção apuram-se nos casos concretos. O art. 238, do velho Código, completava a ideia afirmando que os atos praticados com outorga judicial não obrigavam os bens próprios da mulher. O mesmo se aplicaria à mulher quando o suprimento de vontade fosse do marido. Atentemos aqui para o que foi exposto acerca dos direitos idênticos dos cônjuges. Por igual raciocínio, não há mais que se falar em bens reservados da mulher, como trataremos aqui. Poderão existir bens próprios da mulher (ou do marido) por força do regime de bens ou de cláusula de incomunicabilidade, mas de qualquer modo os bens próprios não serão atingidos. Assim, no regime da separação, serão próprios do cônjuge todos os bens que lhe pertencerem e na comunhão parcial, os bens que o cônjuge tiver ao casar, os sub-rogados nestes e os havidos por doação ou sucessão.

Ainda, o art. 1.643 estatui que os cônjuges podem livremente, independentemente de autorização um do outro:

"I – comprar, ainda a crédito, as coisas necessárias à economia doméstica;

II – obter, por empréstimo, as quantias que a aquisição dessas coisas possa exigir".

Acrescenta o art. 1.644 que essas dívidas obrigam solidariamente ambos os cônjuges.[3]

8.2 DEVERES DOS CÔNJUGES

De acordo com o art. 1.566:

"São deveres de ambos os cônjuges:

I – fidelidade recíproca;

II – vida em comum no domicílio conjugal;

III – mútua assistência;

IV – sustento, guarda e educação dos filhos;

V – respeito e consideração mútuos".

---

[3] Interessante notar que o art. 247 do Código de 1916 relacionava esses atos como daqueles que a mulher presumia-se autorizada a praticar, sem autorização do marido, denotando regra de uma era na qual apenas se concebia a mulher como administradora da economia doméstica diária. Os tempos mudaram e atualmente esse *poder doméstico* cabe, em princípio, a ambos os cônjuges.

A *fidelidade recíproca* é corolário da família monogâmica admitida por nossa sociedade. A norma tem caráter social, estrutural, moral e normativo, como é intuitivo. Contudo, embora atue em todas essas esferas, é também norma jurídica, porque sua transgressão admite punição na esfera civil. Há tendência acentuada de ser suprimido o adultério da esfera criminal no mundo ocidental. No campo civil, porém, a transgressão do princípio implica sanções, como a separação dos cônjuges com reflexos patrimoniais. A quebra do dever de fidelidade é o adultério que se consuma com a conjunção carnal com outra pessoa. Atos diversos do ato sexual podem caracterizar injúria grave, embora a Emenda Constitucional nº 66/2010 tenha afastado a noção de culpa no desfazimento do casamento pelo divórcio, fazendo desaparecer a separação judicial.

A *vida em comum no domicílio conjugal* é decorrência da união de corpo e de espírito. Somente em situações de plena exceção é de admitir-se quebra ao preceito. Nessa expressão legal, a dicção diz menos do que aparenta, emprestada que foi do direito canônico. Nesse eufemismo, na convivência sob o mesmo teto está a compreensão do débito conjugal, a satisfação recíproca das necessidades sexuais. Embora não constitua elemento fundamental do casamento, sua ausência, não tolerada ou não aceita pelo outro cônjuge, é motivo de separação. O princípio não é absoluto, e sua falta não implica necessariamente desfazimento da *affectio maritalis*. Afora, porém, as hipóteses de recusa legítima ou justa, o dever de coabitação é indeclinável. Nesse sentido, é absolutamente ineficaz qualquer pacto entre os cônjuges a fim de dispensar o débito conjugal ou a coabitação.[4] Não pode, porém, o cônjuge obrigar o outro a cumprir o dever, sob pena de violação da liberdade individual. A sanção pela violação desse dever somente virá sob forma indireta, ensejando a separação e o divórcio e repercutindo na obrigação alimentícia. Em princípio, o cônjuge culpado perderia direito aos alimentos (art. 1.702) e o direito de manter o nome do outro cônjuge (art. 1.578), mas há que se levar em conta doravante que a noção de culpa no divórcio está afastada após a Emenda Constitucional nº 66/2010. De qualquer modo, o abandono do lar conjugal e a recusa do débito carnal são omissões do mesmo dever de coabitação.

---

[4] "União estável – Pressupostos – **Affectio maritalis** – Coabitação – Publicidade da relação – Prova – 1- A união estável assemelha-se a um casamento de fato e deve indicar uma comunhão de vida e de interesses, reclamando não apenas publicidade e estabilidade, mas, sobretudo, um nítido caráter familiar, evidenciado pela *affectio maritalis*, que, no caso, não restou comprovada. 2 Ficando demonstrado que o relacionamento era, no máximo, de mero namoro, pois ausente prova cabal da residência sob o mesmo teto e da manifesta intenção de constituir uma família, a improcedência da ação se impõe. Recurso desprovido." (TJRS – AC 70081852964, 28-8-2019, Rel. Des. Sérgio Fernando de Vasconcellos Chaves).
"**União Estável** – Pressupostos – *Affectio maritalis* – Prova – Constitui união estável o relacionamento que se assemelha a um casamento de fato, indicando uma comunhão de vida e de interesses, com publicidade e estabilidade, evidenciando a *affectio maritalis*, tendo perdurado por quase um ano, até o óbito do varão. Recurso provido" (TJRS – AC 70075588541, 28-2-2018, Rel. Des. Sérgio Fernando de Vasconcellos Chaves).
"Apelação – **Ação de divórcio litigioso** – Ajuizamento pela cônjuge virago contra o cônjuge varão objetivando divórcio, guarda de filho, regulamentação de visitas, alimentos e partilha de bens – Sentença de parcial procedência – Inconformismo da autora, suscitando preliminar de cerceamento de defesa, e pleiteando, quanto ao mérito, sejam partilhados os bens imóveis arrolados na petição inicial – Cerceamento de defesa não verificado – Autora que não se desincumbiu do ônus de comprovar a propriedade sobre os bens imóveis indicados no decorrer do processo – Documentos apresentados em grau de recurso que não se prestam ao fim colimado – Recurso desprovido" (TJSP – Ap 0018302-14.2013.8.26.0005, 9-6-2016, Rel. José Aparício Coelho Prado Neto).
"Apelação – **Separação litigiosa** – Insurgência em relação à culpa pela separação, guarda do menor e fixação de obrigação alimentar ao filho, estabelecida em 1/3 dos rendimentos líquidos da Apelante, para a hipótese de vínculo empregatício e 1/3 do salário mínimo para o caso de desemprego. Desnecessário fosse perquirido o reconhecimento de culpa da ex-mulher pela ruptura do vínculo matrimonial. Apelante que busca lhe seja atribuída a guarda do filho. Princípio do interesse da criança. Inteligência do art. 227 da Constituição da República. Relatório social a indicar que o genitor reúne melhores condições de ter a guarda do filho consigo. Pretendida redução do valor dos alimentos. Apelante que comprova ter outro filho menor que restringe sua capacidade contributiva. Alimentos, ora reduzidos, para o equivalente a 20% dos rendimentos líquidos da Autora. Sentença reformada em parte. Sucumbência mantida como prevalente à Ré. Recurso parcialmente provido" (TJSP – Ap. 0001594-82.2005.8.26.0581, 26-4-2013, Rel. João Pazine Neto).

O abandono do lar sem justificativa pelo cônjuge gera, em tese, consequências mais amplas, pois faz cessar a obrigação de alimentos por parte do outro. O cônjuge faltoso, porém, poderá continuar com a obrigação de pensionar o outro, para que este viva de modo compatível com sua condição social (art. 1.694). Ainda, o cônjuge, ou companheiro, que não esteja convivendo com o consorte quando de sua morte, não pode continuar na administração dos bens da herança até o compromisso de inventariante (art. 1.797), nem poderá assumir o cargo de inventariante (art. 617, I do CPC).

Na redação do Código de 1916, a fixação do lar conjugal competia ao marido, incumbindo à mulher acompanhá-lo (art. 233, III). Se esse dever já era discutível no passado, com a igualdade constitucional deve ser analisado com restrições. A mulher pode ter profissão que a obrigue fixar-se em determinado domicílio. O marido idem. Hodiernamente, melhor que afirmemos que o estabelecimento do domicílio conjugal cabe a ambos os cônjuges, que deverão acordar, tal como nos múltiplos aspectos que o casamento naturalmente exige. A questão é importante porque o abandono voluntário do lar conjugal pode qualificar-se como causa de ruptura do casamento. Por vezes, a situação que se apresenta ao magistrado é de perplexidade. O bom senso deverá definir a decisão. O fato é que, não havendo mais a *affectio* que deve reger o casamento, tudo será motivo de discórdia no casal. De qualquer modo, não devemos reconhecer doravante supremacia legal do marido ou da mulher na fixação do domicílio comum. O presente Código estabeleceu a devida igualdade nessa questão, dispondo que o domicílio será de escolha de ambos os cônjuges, *"mas um e outro podem ausentar-se do domicílio conjugal para atender encargos públicos, ao exercício de sua profissão, ou a interesses particulares relevantes"* (art. 1.569), o que, em síntese, deságua sempre no bom senso.

A *mútua assistência* também é derivada da união material e espiritual. Esse aspecto é fundamental no matrimônio, consagrado tradicionalmente pela Igreja. Nesses dois aspectos desdobra-se a assistência recíproca. O casamento não transige em matéria do pão do corpo e do pão da alma. A falta de qualquer um deles implica transgressão do dever conjugal. Consubstancia-se na mútua assistência a comunidade de vidas nas alegrias e nas adversidades. No campo material, esse dever traduz-se na obrigação de um cônjuge prestar alimentos ao outro, não devendo essa obrigação ser vista hoje exclusivamente como um ônus do marido.

O *sustento, guarda e educação dos filhos* é outro aspecto fundamental do casamento. Embora a existência de prole não seja essencial, trata-se de elemento fundamental da existência conjugal. Incumbe a ambos os pais o sustento material e moral dos filhos. A orientação educacional é fundamental não só no lar, como também na escola, sendo ambas, em última análise, obrigações legais dos pais. O Estatuto da Criança e do Adolescente (Lei nº 8.069/90) impõe igualmente aos pais o dever de sustento, guarda e educação da prole. A omissão desse dever terá implicações de caráter civil, como a imposição de prestar alimentos, e de caráter penal, podendo caracterizar crimes de abandono material e intelectual (arts. 244 e 246 do Código Penal).

O Código de 2002 acrescentou mais um item a esse rol de deveres recíprocos, qual seja, o *"respeito e consideração mútuos"* (art. 1.569, V), que já fora elencado pela lei que regulou a união estável, Lei nº 9.276/96, art. 2º, I, base para toda a vida em comum. Quando desaparecem esses aspectos, é evidente que periclita a união conjugal. Na apreciação desses aspectos, devem ser levados em conta, sem dúvida, as circunstâncias, as condições e o ambiente em que vive o casal. Dentro da isonomia de poderes e deveres da nova sociedade conjugal, não há que se admitir poderes discricionários de qualquer um dos cônjuges que impliquem violação dos direitos da personalidade ou de direitos individuais. Sob esse prisma devem ser lidas as linhas seguintes.

A transgressão dos deveres conjugais pode gerar danos indenizáveis ao cônjuge inocente. Nossa posição é no sentido de que essa seara deve decorrer da regra geral do art. 186, o que implica o exame do caso concreto. Não é toda situação de infidelidade ou de abandono do lar conjugal, por exemplo, que ocasiona o dever de indenizar por danos morais. Essa nossa posição, porém, cada vez mais é criticada por vasta porção da doutrina que entende que a simples transgressão dos deveres conjugais faz presumir a existência de dano moral e, portanto, acarreta a indenização. A falta de respeito e de consideração por parte de um dos consortes também pode gerar situações de transtorno ou constrangimento que desembocam nos danos morais. Impõe-se o acurado exame da situação concreta.

O projeto do Estatuto das Famílias abandona esse rol exclusivo e obsoleto dedicado aos cônjuges, para estabelecer disposições comuns a todas as entidades familiares com ou sem casamento, hetero ou homoafetivas, realçando os deveres recíprocos de assistência, amparo material e moral e todas as formas possíveis de proteção à dignidade humana, mormente das crianças.

8.3 DIREITOS E DEVERES DO MARIDO NO CÓDIGO DE 1916. OS DIREITOS HOMOGÊNEOS NO CÓDIGO DE 2002

A igualdade de direitos entre o homem e a mulher no casamento na ordem constitucional faz com que, *prima facie*, entenda-se como revogados todos os dispositivos que descreviam direitos e deveres diferenciados para cada um dos cônjuges. Como toda a matéria deve ser vista com cuidado, porque não houve revogação expressa dos dispositivos do Código Civil de 1916 pela Constituição, impunha-se que esses títulos legais fossem examinados de per si. Em princípio, deviam permanecer vigentes os dispositivos que atribuem direitos e deveres recíprocos aos cônjuges. De qualquer modo, mantemos essas linhas com o intuito histórico, podendo assim as novas gerações examinar a evolução do direito de família no ordenamento pátrio.

O antigo art. 233 estampava que cabia ao marido a *chefia da sociedade conjugal*, função que deveria exercer com a colaboração da mulher, no interesse comum do casal e dos filhos. O atual direito igualitário constitucional da mulher exige que a extensão e compreensão do princípio sejam feitas em consonância com a Lei Maior, como acentuamos anteriormente. Perante a igualdade de direitos entre o homem e a mulher, não havemos de admitir qualquer chefia, mas identidade de direitos. Ao analisar a norma constitucional do art. 226, § 5º, Sérgio Gischkow Pereira (1993:120) aduziu que se tratava de norma específica que impunha uma igualdade concreta entre os cônjuges. Não há desse modo que se discutir que sua aplicação devia ser imediata. E conclui:

> "Esta igualdade resultaria sem sentido, esvaziada, letra morta, se a chefia da sociedade conjugal continuasse com o homem, pois esta chefia é a pedra angular da dominação masculina".

Os direitos e deveres da sociedade conjugal são exercidos igualmente pelo homem e pela mulher, portanto. Ambos os esposos devem exercer a *autoridade indivisa* do lar conjugal.

> "Segundo ela, a soberania do grupo conjugal ou familiar pertence a ambos os cônjuges, sem delimitação de esfera. Ele deve se entender. É a orientação do legislador português de 1977, do tcheco e do iugoslavo. Não fica afastado o direito de ir a juízo para solução de possíveis conflitos. É bem verdade que se o dissídio desemboca no judiciário o casamento está combalido" (Viana, 1998a:118).

Esse foi o sentido atribuído pelo presente Código, ao estabelecer, no art. 1.565, que *"pelo casamento, homem e mulher assumem mutuamente a condição de consortes, companheiros e responsáveis pelos encargos de família"*. E ainda, na lei mais nova, desaparece qualquer resquício de hierarquia:

> "Art. 1.567. A direção da sociedade conjugal será exercida, em colaboração pelo marido e pela mulher, sempre no interesse do casal e dos filhos".

Completava o art. 233, afirmando que competia ao marido:

"I – a representação legal da família;

II – a administração dos bens comuns e dos particulares da mulher que ao marido incumbir administrar, em virtude do regime matrimonial adotado, ou de pacto antenupcial;

III – o direito de fixar o domicílio da família, ressalvada a possibilidade de recorrer a mulher ao juiz, no caso de deliberação que a prejudique;

IV – prover a manutenção da família, guardadas as disposições dos arts. 275 e 277".

A *representação legal da família* citada pela lei antiga nunca teve a compreensão de representação de personalidade jurídica, pois a família não a tem, como vimos. Cuidava-se de representação social ou representação de fato. Essa referência à representação legal da família nunca foi bem compreendida, e isto se deveu à impropriedade do legislador.

"A expressão podia ser admitida no sentido vulgar, ou seja, para significar que o marido atua no interesse do casal e dos filhos, representando aquela entidade natural, composta por estes e aquele" (Rodrigues, 1999:128).

Na nova ordem constitucional, recepcionada pelo Código de 2002, essa discutida representação cabe a ambos os esposos, dentro da condução conjunta do lar conjugal.

No velho Código, persistia para o marido a obrigação de *administrar os bens comuns e particulares* da mulher, se assim foi determinado no pacto antenupcial. A mesma obrigação podia ser atribuída à mulher. Nada tendo sido avençado, a administração caberia de comum acordo a ambos os cônjuges. Sob o prisma da nova ordem de direito de família, essa é a regra básica a ser seguida. O art. 1.642, II, do vigente Código observa que caberá sempre ao cônjuge administrar os bens próprios.

Quanto ao direito de *fixar o domicílio da família*, a nova posição social e jurídica da mulher faz com que essa atribuição do marido, ao lado das demais, seja vista com a devida restrição. Já nos reportamos a esse fenômeno neste capítulo. No caso concreto, não pode o juiz esquecer que hoje se torna paulatinamente mais comum o fato de a mulher ter atividade remunerada equiparada e até mesmo superior à do marido. Desse modo, a fixação do domicílio do lar conjugal não pode ser exclusivamente do marido, no caso, por exemplo, de a mulher exercer cargo público que exija o exercício em determinado domicílio. O casamento é construído sob uma base de compreensões e transigências. Esse é mais um aspecto, entre tantos, no qual a incompreensão e intransigência poderão pôr a perder a entidade familiar. Também nesse aspecto, caberá a ambos os cônjuges fixarem o domicílio comum. Como já acenamos, se houver necessidade de intervenção judicial para acertar desentendimento a esse respeito, o casamento já estará fadado ao insucesso. A conclusão, portanto, é que os cônjuges fixarão de comum acordo o domicílio comum. Não mais vige o dispositivo que atribui esse direito ao marido. O Código deste século, como já apontamos, atribui expressamente a ambos os cônjuges a escolha do domicílio conjugal (art. 1.569).

Tanto o homem como a mulher devem contribuir para as despesas do lar. No sistema do Código de 1916, tendo a mulher atividade remunerada considerável, também a ela, na devida proporção, caberia a *manutenção do lar conjugal*, como, aliás, determinava o art. 277. Note que este último artigo referia-se à contribuição da mulher proveniente de *rendimentos de seus bens*. Nada se mencionava acerca dos proventos decorrentes do trabalho da esposa. Explica-se: quando da redação do dispositivo, era improvável que a sociedade brasileira admitisse o trabalho da mulher fora do lar. A aplicação do espírito do art. 277 persistiu no passado, certamente, no tocante à contribuição decorrente dos proventos de qualquer natureza auferidos pela esposa. Nesse estrito diapasão coloca-se o Código de 2002:

> "Art. 1.568. Os cônjuges são obrigados a concorrer, na proporção de seus bens e dos rendimentos do trabalho, para o sustento da família e da educação dos filhos, qualquer que seja o regime patrimonial".

Esse sentido decorre, sem dúvida, da norma constitucional.

O art. 234 do velho Código referia-se à obrigação de o marido sustentar a mulher. Conforme o dispositivo, essa obrigação cessava para o marido quando a mulher abandona sem justo motivo a habitação conjugal e a esta recusa voltar. O *"justo motivo"* é matéria de prova no caso concreto.

> "Neste caso, o juiz pode, segundo as circunstâncias, ordenar, em proveito do marido e dos filhos, o sequestro temporário de parte dos rendimentos particulares da mulher".

Supondo-se que persistam rendimentos particulares da mulher, por força de pacto antenupcial ou imposição de cláusula de incomunicabilidade, esse sequestro tinha como objetivo a parcela de contribuição da mulher para as despesas do lar conjugal.

A obrigação do marido sustentar a mulher é o que mais comumente ocorre. Esse aspecto é correspectivo, pois também pode existir a obrigação alimentar da mulher em relação ao marido. Imaginemos a hipótese, por exemplo, da mulher que exerce atividade laboral enquanto seu marido torna-se valetudinário. A obrigação alimentar da mulher é inafastável. Lembre-se de que o dever de prestar alimentos entre os cônjuges decorre do vínculo do casamento, enquanto o dever de alimentar os filhos decorre do parentesco. No presente diploma, os direitos e deveres são colocados no mesmo patamar, nos termos do art. 1.568.[5]

---

[5] Leitura Complementar – Direitos e deveres da mulher no Sistema Anterior. Responsabilidade dos cônjuges.
Embora o Código Civil de 1916 não tivesse definido um poder marital absoluto, como vimos, até o advento da Lei nº 4.121/62 a mulher casada era colocada na incômoda situação de pessoa relativamente incapaz, ao lado dos pródigos e dos silvícolas, sendo-lhe vedado praticar determinados atos e negócios jurídicos sem a assistência do marido. O art. 242, com a redação dada pelo Estatuto da Mulher Casada, dispunha que a mulher não podia, sem autorização do marido, praticar determinados atos que esta não poderia sem o consentimento dele, a saber, alienar, hipotecar ou gravar de ônus real os bens imóveis, ou alienar direitos reais sobre imóveis alheios; pleitear, como autora ou ré, acerca desses bens e direitos; prestar fiança; fazer doação, não sendo remuneratória ou de pequeno valor, com bens ou rendimentos comuns. Também não podia a mulher casada, sem o consentimento do marido, alienar ou gravar de ônus real os imóveis de seu domínio particular, qualquer que fosse o regime de bens, alienar seus direitos reais sobre imóveis de terceiros e contrair obrigações que pudessem importar em alienação dos bens do casal. Como apontamos, essas hipóteses traduzem ausência de legitimação para tais atos. A única restrição imposta à mulher sem equivalente no rol de proibições do marido era a do inciso IV do art. 242 que se referia a contrair obrigações que pudessem importar em alheação de bens do casal. Modernamente, essa restrição também devia afetar o marido. Porém, tal disposição perdeu importância perante todo o conteúdo igualitário de direitos entre marido e mulher.
Da mesma forma que o marido, pode a mulher pleitear o suprimento judicial do consentimento do cônjuge, na hipótese de recusa injusta para a prática desses atos. A falta de autorização pelo marido ou a ausência do suprimento judicial tornará o ato anulável, como expusemos.
Vimos que no sistema do vigente Código, como corolário dos princípios constitucionais, não há mais que se distinguir atos que podem ser praticados de forma diversa pelo homem ou pela mulher. Os esposos submetem-se aos direitos e às restrições idênticas dos arts. 1.642 ss.
O art. 244 do Código anterior reportava-se à possibilidade de revogação da outorga conjugal: podia ser ela revogada a qualquer tempo, ressalvados os direitos de terceiros e os atos já iniciados. É evidente que são legítimos os atos praticados enquanto vigente a autorização conjugal. Tratava-se de revogação *ad nutum* à disposição de ambos os cônjuges. Ainda que não exista nova disposição nesse sentido, é princípio geral que toda autorização pode ser revogada. Suprimida a outorga, restará ao cônjuge prejudicado requerer o suprimento judicial e eventual pedido de indenização.

Dispunha o art. 255 sobre consequência da anulação dos atos de um cônjuge, por falta de outorga de outro:

"Art. 255. A anulação dos atos de um cônjuge, por falta da outorga indispensável do outro, importa ficar o primeiro obrigado pela importância da vantagem que do ato anulado lhe haja advindo, a ele, ao consorte ou ao casal.

Parágrafo único. Quando o cônjuge responsável pelo ato anulado não tiver bens particulares, que bastem, o dano aos terceiros de boa-fé se comporá pelos bens comuns, na razão do proveito que lucrar o casal".

Era muito restrito o alcance dessa norma, de redação prolixa. A ideia que o norteava era no sentido de que os atos praticados sem outorga conjugal eram anuláveis. Uma vez obtida a anulação, deviam as coisas volver à situação anterior. O cônjuge que dera causa à anulação por ter praticado o ato sem legitimação respondia individualmente pelos prejuízos. Se não tivesse bens próprios suficientes, o terceiro somente poderia ser ressarcido com os bens do casal se estivesse de boa-fé, isto é, se ignorava que contratara com pessoa casada e se o casal tivesse lucrado com a operação. A responsabilidade do casal limitava-se ao montante do proveito que teve. Como podemos perceber, eram muitas as nuanças a serem provadas sob a égide desse artigo, sem maior importância na jurisprudência, ainda porque o corrente Código é expresso acerca da anulabilidade e de suas consequências.

O art. 251 do Código anterior erigia as hipóteses nas quais competia à mulher a *direção e administração do lar conjugal, quando o marido*:

"I – estiver em lugar remoto, ou não sabido;
II – estiver em cárcere por mais de 2 (dois) anos;
III – for judicialmente declarado interdito.
Parágrafo único. Nestes casos, cabe à mulher:
I – administrar os bens comuns;
II – dispor dos bens particulares e alienar os móveis comuns e os do marido;
III – administrar os do marido;
IV – alienar os imóveis comuns e os do marido mediante autorização especial do juiz".

Nessas situações, a mulher devia assumir a condução exclusiva da sociedade e do lar conjugal, tendo em vista a impossibilidade do marido em fazê-lo. Ocorre, porém, que os mesmos dispositivos se aplicam quando cabe ao marido, pelas mesmas razões, gerir sozinho o lar conjugal. Também ele deve obter, por exemplo, autorização judicial para alienar os bens comuns. Dentro dessa noção de igualdade conjugal, o Código de 2002 definiu, no art. 1.570, que:

"Se qualquer dos cônjuges estiver em lugar remoto ou não sabido, encarcerado por mais de cento e oitenta dias, interditado judicialmente ou privado, episodicamente, de consciência, em virtude de enfermidade ou de acidente, o outro exercerá com exclusividade a direção da família, cabendo-lhe a administração dos bens".

Bens reservados

O bem reservado da mulher, segundo doutrina e jurisprudência majoritárias às quais aderimos, é instituto legal que não mais existe, desde a Constituição de 1988, levando-se em conta a igualdade de direitos e deveres entre os cônjuges. O mais recente Código suprime referência a essa classe de bens, mas, tendo em vista o período de transição de ambos os Códigos, é conveniente que este estudo seja mantido nesta obra.

Advertimos, porém, que há frondosa oposição doutrinária a esse entendimento. A tendência dos tribunais, contudo, propende a entender como não mais subsistentes os bens reservados da mulher após a Constituição em vigor.

O princípio foi inserido em nossa legislação pelo Estatuto da Mulher Casada (Lei nº 4.121/62), criando a incomunicabilidade dos bens adquiridos pela mulher casada com o produto de seu trabalho, conforme o disposto no art. 246, com a redação dada por aquela lei. A intenção do legislador da época foi, portanto, criar um patrimônio reservado para proteger a mulher no casamento, tendo em vista sua situação de inferioridade técnica e jurídica. Foram erigidos como seus requisitos: (a) o regime da comunhão universal ou parcial; (b) o exercício de atividade ou profissão pela mulher, separadamente do marido, não importando que exerçam igual atividade, contanto que com economias separadas; (c) percepção de rendimentos, proventos ou salário distinto do marido; (d) utilização ou investimento autônomo desses ganhos. Todavia, se os proventos da mulher dessa origem se juntarem aos do marido, não há como se destacar a reserva. Esses bens podiam ser livremente geridos e utilizados pela mulher, sem anuência do marido. A restrição persistia, no entanto, para a alienação e oneração dos bens imóveis, podendo ainda os bens reservados ser trazidos para responder pelas dívidas contraídas pelo marido em benefício da família (art. 246, parágrafo único).

A principal distinção entre bens comuns e bens reservados residia nos poderes de administração, defesa, gozo e livre disposição por um só dos cônjuges. A alienação de bens imóveis, no entanto, necessitava da outorga conjugal, qualquer que fosse o regime de bens, cujo suprimento podia ser obtido judicialmente. Entendia-se, de outra parte, que não havia necessidade de ser declarada a natureza de bem reservado quando da aquisição do bem: essa qualidade decorria de sua própria natureza, conforme os princípios legais que o regiam, e podia ser aferida posteriormente.

Com a isonomia do homem e da mulher no casamento, não há mais sustentação legal para a existência de bens reservados. Aponta Alexandre Alves Lazzarini (1993:70), em estudo profundo e comparativo sobre o tema, que o art. 246 do antigo Código e, por consequência, o art. 263, XII, do mesmo diploma, perderam sua vigência em face da Constituição de 1988, porque não foram recepcionados por contrariarem o disposto no § 5º do art. 226 da Lei Maior. Sílvio Rodrigues (1999:150) entende também que é óbvia a revogação do art. 246 pelo § 5º do art. 226 da Constituição. Nesse sentido se coloca amplamente a jurisprudência (*TJSP*, Ac. 198.949-1, Rel. Cezar Peluso, 16-11-93; *TJSP*, Ap. Cível 210.631-1, Rel. Lino Machado, 1-11-94; *TARS*, Ap. Cível 191165356, Rel. Juracy Vilela de Souza, 25-2-92; *TJDF*, Ap. Cível nº 2904592, Ac. 62.616, Rel. Nancy Andrighi, 15-2-93; *RT* 665/147).

Situação delicada, porém, é arguida por parte da doutrina que entende persistente o instituto dos bens reservados, perante a igualdade de direitos, extensível também o mesmo princípio para o homem casado. Não é a melhor nem a mais justa solução, porque, na prática, coloca o varão em situação de vantagem e proeminência, em detrimento da esposa. Embora se decante a igualdade jurídica, o homem ainda possui em nossa sociedade uma supremacia econômica, quiçá a persistir ainda por muito tempo. É ele que detém ainda as funções e os empregos mais bem remunerados. É ainda comum em muitos lares que as mulheres não desempenhem funções remuneradas ou tenham atividade restrita nesse aspecto. Nesse sentido, entender que o homem poderá reservar bens provenientes de sua indústria, com exclusividade para si, é, por igual modo, fomentar a desigualdade conjugal.

"Passar o bem reservado para o homem, sob argumento – no primeiro instante atraente – de que a igualdade não veio para retirar direitos de quem os tem mas sim para dar a quem não os tem e que não cumpre igualar por baixo, é cair no resultado absolutamente inaceitável de utilizá-lo para prejudicar as mulheres de forma extraordinária, quando a única finalidade do bem reservado sempre foi apenas e só a de proteção à mulher, mediante a melhoria de sua condição patrimonial. Por sua natureza, sua essência, sua perspectiva ontológica, e também por sua história, o bem reservado exclusivamente sempre se relacionou com o interesse feminino, nada tendo a ver com os interesses masculinos, mesmo porque os homens dispensavam proteções legais" (Sérgio Gischkow Pereira, 1993:121).

"A melhor solução para o sistema jurídico brasileiro é aquela que entende pela revogação do art. 246 do CC, pois estendidos os bens reservados ao marido, tendo por base uma norma criada para proteger a mulher, gerando, por consequência, o regime legal da separação de bens, em substituição ao da comunhão parcial, colocaria grande parte das mulheres em situação difícil, pois trabalham no lar, sem remuneração, e contraria a própria Constituição Federal que, ao fixar a igualdade, teve por finalidade ampliar a sua proteção, para evitar a submissão da mulher ao homem na sociedade conjugal e garantir sua efetiva participação na resolução dos problemas da família" (Lazzarini, 1993:72).

Marco Aurélio S. Viana (1998:119) é também candente ao expressar sua opinião sobre o desaparecimento dos bens reservados:

"A isonomia conjugal é incompatível com qualquer privilégio ou princípio de compensação. *A igualdade jurídica dos cônjuges espanta esse tipo de solução, na medida em que não estende ao marido os privilégios que a legislação outorgava à mulher. Equivocado o entendimento que vê na orientação da Carta Magna instrumento de criação de privilégios para o homem, porque a lei especial os havia, anteriormente, como forma de compensação, atribuído à mulher. Muito ao contrário, o que temos é a eliminação do sistema de privilégios, porque ele resultou de um momento em que a mulher conhecia posição legal inferior. Agora ela atua lado a lado com o marido, com os mesmos direitos e obrigações, sendo absurdo que prevalecessem os privilégios".*

Desse modo, em que pesem respeitáveis opiniões ainda em contrário, concluímos que o art. 246 do Código Civil de 1916 não está mais vigente após a Constituição de 1988.

9

SEPARAÇÃO E DIVÓRCIO

9.1 INTRODUÇÃO

Os institutos do casamento e do divórcio estão intimamente ligados. Nas sociedades primitivas e nas civilizações antigas, era comum a situação de inferioridade da mulher. Por essa razão, a forma mais usual de separação do casal era o repúdio da mulher pelo homem, ou seja, o desfazimento da sociedade conjugal pela vontade unilateral do marido, que dava por terminado o enlace, com o abandono ou a expulsão da mulher do lar conjugal. O casamento no mundo antigo tinha um conteúdo primordialmente econômico, porque a união de sexos era necessidade imperiosa para possibilitar a subsistência. Regras morais e religiosas surgidas em estágio posterior criaram as noções de indissolubilidade do vínculo mais ou menos atenuada.

Os povos da antiguidade, babilônios, egípcios, hebreus admitiam o divórcio com maior ou menor extensão. No Direito Romano, o casamento dissolvia-se pela morte de um dos cônjuges, pela perda da capacidade e pela perda da *affectio maritalis*. Desse modo, a perda da afeição matrimonial era, mais do que um conceito de separação, uma consequência do casamento romano. Desaparecendo a *affectio*, desaparecia um dos elementos do casamento. Belluscio (1987, v. 1:356) aponta que, embora de início o divórcio fosse raro na prática, na época clássica, no contato com a civilização grega, houve modificação nos costumes primitivos e enfraquecimento da organização e estabilidade familiar. Por outro lado, o desaparecimento do casamento *cum manu* também contribuiu para facilitar o divórcio.

É evidente que, com o cristianismo, há sensível modificação no direito matrimonial, especialmente no tocante à dissolução do casamento. Desaparece definitivamente a noção de repúdio da mulher, criando-se maiores dificuldades para a separação do casal. A doutrina sobre a indissolubilidade do vínculo toma forma definitiva no século XII, ao mesmo tempo em que se cria a teoria da separação de corpos, que faz cessar a vida em comum sem possibilidade de contrair novas núpcias, como o desquite, que vigorou entre nós até 1977, quando da Emenda Constitucional nº 9/77, que introduziu o divórcio no ordenamento brasileiro, após vencer fortes barreiras de resistência. Como aduz Cahali (1995, v. 1:21),

"a indissolubilidade do vínculo é um dogma. Ou se aceita, ou se rejeita. Não cabe discuti-la. A exatidão do princípio transcende à realidade fenomênica, não sendo possível demonstrá--la no plano da razão pura".

O divórcio é um dos institutos jurídicos que mais tormentosas questões levantaram em todas as legislações em que foi admitido, pois não trata unicamente de uma questão jurídico-social, mas de um problema global que toca profundamente a religião e a política. As várias legislações atuais, como regra geral, o admitem com maior ou menor amplitude.

O Concílio de Trento de 1563 consagrou o dogma do sacramento do matrimônio para os católicos e a indissolubilidade do vínculo. No século XVIII, as legislações implantam o casamento civil e a competência exclusiva do Estado para realizá-lo, conservando-se, porém, a estrutura canônica. O direito civil do casamento tem, portanto, inescondível origem canônica e assim perdura em muitas legislações, em que pese o vasto terreno jurídico de que hoje desfruta a união estável sem casamento. Essa posição sofre ataque do protestantismo, que acusa a teoria de ser falsa, negando o caráter sacramental do casamento, admitindo o adultério como causa de rompimento, a princípio, e, posteriormente, várias outras causas para a dissolução do matrimônio.

Na legislação comparada na atualidade, notamos em maioria a tendência de legislar autonomamente a respeito da separação de corpos e do divórcio. A separação, como apontado anteriormente, é instituição herdada do antigo Direito Canônico como remédio para os matrimônios esgarçados. Nosso sistema a mantém, substituindo a denominação desquite, tradicional em nosso direito, pela separação judicial. A ideia fundamental e histórica nessa separação, com efeito mitigado, é atribuir uma solução aos casais em dificuldades no matrimônio, hipótese em que o casamento pode ser retomado a qualquer tempo. Ademais, essa separação ou desquite é útil para aqueles cujos escrúpulos não admitem o divórcio de plano. *"É previsível que algumas pessoas estejam dispostas a se separar pessoalmente, mas não aceitam inicialmente uma petição de divórcio vincular"* (Bosser e Zannoni, 1996:330). Nessa situação, o liame matrimonial encontra-se simplesmente atenuado, ficando os cônjuges liberados de alguns deveres conjugais, como a coabitação e fidelidade, mas não se rompe o vínculo. De forma geral, existem legislações que apenas admitem a separação ou o divórcio ante a alegação de determinados fatos ou sob determinadas condições, enquanto outras permitem a decretação da separação ou do divórcio sem a alegação de fatos culpáveis dos esposos.

De qualquer forma, nas legislações em geral distingue-se, portanto, o chamado divórcio vincular, ou simplesmente divórcio em nosso sistema. Esse instituto dissolve o vínculo conjugal, alterando o estado de família a partir da sentença que o decreta, restituindo plena capacidade matrimonial aos cônjuges, sem prejuízo da validez do matrimônio desfeito e de seus efeitos até a decisão (como legitimidade dos filhos, subsistência do parentesco por afinidade). Ao lado do divórcio, coloca-se a separação pessoal, que nosso Direito tradicional denominou *desquite* no passado, solução capenga que atormentou por tantas décadas nossa sociedade. Nessa modalidade, como apontamos, admitia-se a mera separação de corpos, fazendo cessar o dever de coabitação sem dissolução do vínculo matrimonial, regulando-se seus efeitos, tais como dever de alimentos entre os cônjuges, regime de vocação hereditária etc. A Emenda Constitucional nº 66, de 13 de julho de 2010, deu nova redação ao § 6º ao art. 226 da Constituição Federal, dispondo: *"O casamento civil pode ser dissolvido pelo divórcio"*, suprimindo-se assim separação prévia do casal, que persistia em muitas eventualidades. Muitos continuam a entender que a possibilidade de separação judicial convive com o divórcio.

Em qualquer situação, a separação ou divórcio deve traduzir essencialmente um remédio ou solução para o casal e a família, e não propriamente uma sanção para o conflito conjugal, buscando evitar maiores danos não só quanto à pessoa dos cônjuges, mas principalmente no interesse dos filhos menores. Transita-se, pois, na história, na doutrina e nas legislações, entre os conceitos de divórcio-remédio e divórcio-sanção, aos quais nossa lei não foge à regra, algo que muda com a citada Emenda Constitucional.

O divórcio como sanção funda-se na ideia de que o cônjuge (ou ambos) tenha praticado um ou mais atos tidos como ilícitos para o instituto do casamento, assim definidos em lei. Não é solução que mais agrada nem ao legislador, que deve restringir essas hipóteses, nem à maioria dos casais em conflito. Essa é, portanto, a razão pela qual a lei incentiva a separação ou divórcio por mútuo consentimento, que traduz o divórcio-remédio. Não exatamente porque conceituemos o casamento como um contrato, porém mais propriamente porque constitui um deslinde ao conflito conjugal que não encontra solução adequada e socialmente segura no divórcio-sanção, no qual os cônjuges devem necessariamente descrever as causas para o desenlace.

Nas legislações mais modernas percebe-se, destarte, a prevalência do divórcio-remédio, isto é, a separação sem que se declinem ou se investiguem as causas do rompimento conjugal. O divórcio deve ser visto tendo em mira não o passado, mas o futuro dos cônjuges separados, para os quais subsistem deveres de assistência moral e econômica, mormente em relação aos filhos menores. A exposição das causas da separação em um divórcio-sanção sempre será uma fragilidade da questão que certamente colocará por terra esse aspecto.

Por outro lado, apesar do processo universal de liberalização do divórcio, em várias legislações subsistem as chamadas *cláusulas de dureza*, também denominadas cláusulas de rigor ou salvaguardas. Essas cláusulas impõem limitação à possibilidade de divórcio-remédio, ou estabelecem uma sanção a um ou a ambos os cônjuges que o requerem. São disposições que, em síntese, buscam dificultar o divórcio.

Como observa Maurício Luis Mizrahi (1998:170), a cláusula de dureza parte de premissa falsa, qual seja, considerar que o divórcio provoca a ruptura da comunhão de vida ou a errada conclusão segundo a qual o divórcio é um mal e não um remédio a um mal, daí razão de imporem-se dificuldades para sua concretização. No entanto, a realidade é diametralmente oposta, porque quando os cônjuges chegam ao limiar do divórcio, a ruptura do casamento já é uma realidade e o casamento subsiste apenas como um pacto formal, restando tão só a chancela judicial para considerá-lo desfeito. Por outro lado, o liberalismo e a nova realidade social deste novo século demonstram que a sociedade não mais admite amarras e lei alguma poderá interferir na convivência conjugal, na vontade e determinação dos interessados, mormente no campo conjugal. Nesse sentido, o legislador em geral curva-se à realidade, para autorizar o divórcio-remédio em maior amplitude, sem imposição de grandes dificuldades.

O mútuo consentimento para o divórcio dá margem para resolução daquelas situações nas quais os cônjuges têm plena consciência do caminho a seguir e das consequências do ato para eles e para os filhos. Com isso, afasta-se da separação ou divórcio, por si só traumática, como em todo rompimento, a noção de culpa ou ilicitude, apartando-se da ideia de que a separação do casal pressupõe sempre a quebra ou o fracasso irremediável de um matrimônio. De outro lado, facilitando a lei o divórcio-remédio, não se incentiva os cônjuges a procurar causas jurídicas, nem sempre muito claras ou verdadeiras na realidade dos fatos, para justificar o rompimento, tais como o adultério, injúria e abandono do lar. Essas causas, porém, continuavam presentes no atual Código, sofrendo acerbas críticas da doutrina (art. 1.573). Esse artigo não deve mais ser levado em consideração tendo em conta a possibilidade de divórcio direto e imediato em qualquer terminação do casamento. Deve ser afastado, pois, o conceito de castigo ou punição para o cônjuge tido como culpado. A noção de culpa e de um culpado não se harmoniza com o desfazimento de uma sociedade conjugal. Nesse aspecto, o atual Código representou um grande retrocesso.

É necessário que também tenhamos em mente que, ao analisar um ato culpável, há amplo subjetivismo do órgão julgador, o que pode levar a uma incerteza quanto às causas da separação ou divórcio. Deve ser evitada essa intromissão judicial na vida privada dos cônjuges, numa época em que se procura preservar a intimidade a qualquer custo. Por essa razão avulta a importância de uma conciliação obrigatória e razoável em todas questões de família. A ação judicial nesse campo sempre será trágica.

Como conclui Zannoni (1998, v. 2:13), propõe-se que o juiz seja chamado, não a investigar uma situação pessoal de forma necessariamente subjetiva, mas a comprovar, de forma objetiva, a ruína, o fracasso; de qualquer forma, o fim da união conjugal. O enfoque da legislação passa a ser os limites objetivos que devem necessariamente ser seguidos e declinados em juízo para a obtenção da separação, como, por exemplo, limite mínimo temporal de existência do casamento ou separação de fato duradoura, a qual demonstra claramente o rompimento da *affectio maritalis*. Nossa legislação, agora tida como derrogada, admitindo o *divórcio-remédio*, ainda mantinha, no entanto, situações ou resquícios indesejáveis de *divórcio-sanção*, como já apontamos.

9.2 SEPARAÇÃO E DIVÓRCIO. ASPECTOS LEGAIS COMPARATIVOS

A Lei nº 6.515/77, que regulamentou o divórcio no passado, revogou os arts. 315 a 328 do Código Civil de 1916, que cuidavam da dissolução do casamento, passando a denominar separação judicial ao instituto que o Código rotulava como desquite. Essa lei disciplinou não apenas o divórcio e a separação judicial, mas também estabeleceu outros princípios de Direito de Família e de Sucessões, derrogando outros artigos do Código Civil anterior. Foi muito ruim a técnica legislativa e não abona o legislador nacional, pois dilacerou nosso Código Civil quando poderia ter simplesmente substituído seus dispositivos, como fizeram outras legislações ao introduzir o divórcio, como, em exemplo muito próximo, fez a lei argentina.

Em princípio, há que se entender que a Lei nº 6.515/77 está derrogada pelo vigente Código Civil em tudo que disser respeito ao direito material da separação e do divórcio, persistindo seus dispositivos de natureza processual, até que sejam devidamente adaptados ou substituídos por nova lei. Há substituição quase cabal no CPC de 2015.

A separação judicial ou o antigo desquite dissolve a sociedade conjugal sem desfazer o vínculo. Os desquitados ou separados judicialmente prosseguem com o vínculo, embora a sociedade conjugal tenha sido dissolvida. Desaparecem vários efeitos do casamento e outros terão seu conteúdo modificado. Sem a melhor redação, esse era o sentido do art. 3º da Lei nº 6.515/77: *"A separação judicial põe termo aos deveres de coabitação, fidelidade recíproca e ao regime matrimonial de bens, como se o casamento fosse dissolvido"*.

Passados tantos anos da introdução do divórcio entre nós, já não mais se sustentava essa dicotomia, separação e divórcio, suprimida pela mencionada Emenda à Constituição,[1] embora há quem entenda o contrário. Havia mesmo que se suprimir definitivamente a separação, permitindo-se aos cônjuges que recorram sistemática e diretamente ao divórcio.

O projeto do Estatuto das Famílias trouxe dispositivo expresso acerca da separação de fato, mencionando que esta põe termo aos deveres conjugais e ao regime de bens (art. 56), algo que há muito reclamado pela doutrina e sufragado quase unanimemente pela jurisprudência.

---

[1] "Recurso especial – Direito Civil – **Família** – Emenda Constitucional nº 66/2010 – Divórcio Direto – Separação Judicial – Subsistência – 1. A separação é modalidade de extinção da sociedade conjugal, pondo fim aos deveres de coabitação e fidelidade, bem como ao regime de bens, podendo, todavia, ser revertida a qualquer momento pelos cônjuges (Código Civil, arts. 1.571, III e 1.577). O divórcio, por outro lado, é forma de dissolução do vínculo conjugal e extingue o casamento, permitindo que os ex-cônjuges celebrem novo matrimônio (Código Civil, arts. 1.571, IV e 1.580). São institutos diversos, com consequências e regramentos jurídicos distintos. 2. A Emenda Constitucional nº 66/2010 não revogou os artigos do Código Civil que tratam da separação judicial. 3. Recurso especial provido" (STJ – REsp 1.247.098 – (2011/0074787-0), 16-5-2017, Relª Min. Maria Isabel Gallotti).

Sob esse prisma, dispôs o art. 1.576 do atual Código: *"A separação judicial põe termo aos deveres de coabitação e fidelidade recíproca e ao regime de bens".* Já o Projeto nº 6.960/2002 havia proposto outra redação a esse artigo: *"A separação judicial e o divórcio põem termo aos deveres conjugais recíprocos, salvo as disposições em contrário constantes deste Código".* De fato, não somente a separação, mas principalmente o divórcio, põe fim aos deveres recíprocos entre os consortes, permanecendo alguns, como é o caso dos alimentos.

A separação judicial também importava em separação de corpos e a partilha de bens (art. 1.575; art. 7º da Lei nº 6.515/77). A separação judicial, não rompendo completamente o vínculo matrimonial, consistia em um passo antecedente para que isso ocorresse posteriormente, com sua conversão em divórcio, a qual, todavia, não é medida antecedente obrigatória. A posição sectária do legislador mantinha as duas formas, separação e divórcio, último resquício de resistência de instituições conservadoras nessa matéria. Nada impedia o divórcio, sem o passo antecedente da separação ou desquite, que na grande maioria das vezes se mostra desnecessário. Nesta altura de nossa história jurídica, não mais se justificava a coexistência de ambos os institutos. Outro grande passo será a conciliação e mediação obrigatória nas hipóteses de desfazimento da sociedade conjugal. O art. 315 do Código de 1916 fora basicamente repetido pelo parágrafo único do art. 2º da Lei nº 6.515/77, segundo o qual *"o casamento válido somente se dissolve pela morte de um dos cônjuges ou pelo divórcio".* O termo *válido* no dispositivo referia-se aos casos de nulidade absoluta ou relativa do casamento. A sentença que decretasse a separação judicial não impedia que se questionasse a nulidade ou anulação do casamento, pois persiste o interesse jurídico para essa pretensão. Nada impede que se cumule o pedido de anulação ou nulidade com o de separação ou divórcio, como pedidos sucessivos.

No art. 1.571 do atual Código, repetindo o art. 2º da Lei nº 6.515/77, temos:

"A sociedade conjugal termina:

I – pela morte de um dos cônjuges;

II – pela nulidade ou anulação do casamento;

III – pela separação judicial;

IV – pelo divórcio".

Há que se entender como não mais aplicável o inciso III em face da emenda constitucional. De fato, há inúmeros dispositivos do Código Civil que se entendem doravante excluídos do sistema pela citada Emenda Constitucional (27, I; 1.571, III; 1.572; 1.573, 1.574, 1.575, 1.576, 1.577 e 1.578). Outros artigos deverão ser entendidos ignorando-se as referências a "separação judicial" ou "separado judicialmente" (1.580, 1.583, 1.584, 1.597, 1.632, 1.683, 1.775 e 1.831).[2]

No cotejo dessa norma aqui transcrita, fica bem claro que a separação judicial fazia terminar a sociedade conjugal, mas o vínculo do casamento somente dissolvia-se pela morte de um dos cônjuges ou pelo divórcio. É exatamente essa afirmação que consta do § 1º do art. 1.572, o qual acresce que se aplica a presunção estabelecida no Código para o ausente.

---

[2] "Civil. Processual civil. Ação de indenização securitária. **Término da sociedade conjugal** e dissolução do casamento válido. Diferença restrita ao aspecto de reversibilidade do matrimônio. Consequências patrimoniais idênticas. Conceito de rompimento de vínculo que, na sociedade atual, deve abranger o vínculo matrimonial e também o conjugal. Indenização securitária indevida diante da separação judicial entre os ex-cônjuges, especialmente porque não demonstrada a existência da alegada e superveniente união estável" (STJ – Recurso Especial nº 1.695.148 – SP (2016/0063972-0), 19-6-2018, Rel. Min. Nancy Andrighi).

Até a introdução do divórcio em nossa legislação, a separação ou desquite era a única modalidade jurídica de rompimento da sociedade conjugal, ficando obstado aos desquitados contraírem novo matrimônio. Difere do divórcio porque apenas dispensa os cônjuges de certos deveres do matrimônio, como dissemos, sem ocasionar o rompimento do vínculo conjugal. Observa Cahali (1995, v. 1:56), em prol do tradicionalismo, que

> "a manutenção do instituto do desquite (separação judicial), conjuntamente com a adoção do divórcio, consubstancia meritória homenagem do nosso legislador às mais caras tradições morais e religiosas de nosso povo, conscientizando aquele de que não se rompe impunemente com um passado respeitável de muitos séculos".

No passado, muitas eram as situações de cônjuges que se divorciavam no exterior, em ato sem qualquer repercussão jurídica em nosso país, buscando, na verdade, uma justificativa social para uma nova união, que possuía o cunho de concubinato.

Observemos que, originalmente, na Emenda n° 9/77 e na Lei n° 6.515/77, a separação judicial e o divórcio tinham o caráter de sucessividade. Isto é, pela regra geral, somente seria atingido pelo casal o estágio de divórcio após ter sido obtida a separação judicial. A Emenda n° 9/77 dispunha que o casamento somente poderia ser dissolvido com a prévia separação judicial por mais de três anos. Desse modo, não se admitia, como regra geral, a ação direta de divórcio sem a prévia separação com o lapso temporal exigido. Existia, contudo, no ordenamento que introduziu o divórcio, a possibilidade de ação direta, todavia em caráter excepcional, de acordo com o exposto no art. 2° da Emenda Constitucional, conforme a redação original do art. 40 da Lei n° 6.515/77 (depois alterada pela Lei n° 7.841/89):

> "No caso de separação de fato, com início anterior a 28 de junho de 1977, e desde que completados cinco anos, poderá ser promovida a ação de divórcio, na qual se deverão provar o decurso do tempo da separação e sua causa".

Ao contrário da maioria das legislações, que relega o tema para a legislação ordinária, o divórcio no Direito brasileiro tem suas linhas mestras tratadas no plano constitucional. A Constituição de 1988 trouxe profunda modificação ao instituto, dispondo originalmente no art. 226, § 6°:

> "O casamento civil pode ser dissolvido pelo divórcio, após prévia separação judicial por mais de um ano nos casos expressos em lei, ou comprovada separação de fato por mais de dois anos".

O corrente Código Civil, como não poderia deixar de ser, absorveu essa mesma diretriz no art. 1.580. Desse modo, é aferido que se torna possível o divórcio direto, sem necessidade de separação judicial anterior, tão só com a comprovação da separação de fato por mais de dois anos. Assim sendo, o divórcio direto deixou de ser uma exceção no sistema. Por outro lado, uma vez obtida a separação judicial dentro dos pressupostos legais, após um ano desta, também pode ser requerido o divórcio. Dispõe o art. 1.580:

> "Decorrido um ano do trânsito em julgado da sentença que houver decretado a separação judicial, ou da decisão concessiva da medida cautelar de separação de corpos, qualquer das partes poderá requerer sua conversão em divórcio.
>
> § 1° A conversão em divórcio da separação judicial dos cônjuges será decretada por sentença, da qual não constará referência à causa que a determinou.

§ 2º O divórcio poderá ser requerido, por um ou por ambos os cônjuges, no caso de comprovada separação de fato por mais de dois anos".

Verifica-se, portanto, que o prazo de um ano para pedir o divórcio conta-se tanto do trânsito em julgado do decreto de separação judicial como da decisão que determinara a separação de corpos. Tudo era no sentido de que o legislador viria a simplificar esse procedimento, mantendo tão só o divórcio em nosso ordenamento.

Salientemos que se estiverem presentes os pressupostos tanto da separação quanto do divórcio (separação de fato por mais de dois anos), os cônjuges tinham a faculdade de escolher por uma ou outra saída jurídica para o desenlace de seu matrimônio. É claro que, na prática, falido o casamento, propendiam na maioria das vezes para o divórcio direto, mas tal não significava que não pudessem persistir para algum interesse pela separação, a qual propiciava a retomada do casamento no futuro, após maior meditação. Nesse ponto, deve-se atentar para o novo sistema. Decretado o divórcio, se houver reconciliação, somente com novo casamento poderão novamente se unir legalmente os cônjuges. De outra face, com a separação de fato por mais de dois anos era possível o pedido de divórcio direto, provando-se simplesmente esse lapso temporal.

Como percebemos, com a atual ordem constitucional, escancararam-se as portas para o divórcio, ficando a separação judicial relegada efetivamente para segundo plano.

A tendência legislativa era efetivamente a eliminação da possibilidade de separação judicial entre nós, como já de há muito deveria ter ocorrido. Não havia mais sentido de sua manutenção juntamente com o divórcio.

9.2.1 Nome da Mulher. Nome dos Cônjuges

Após a lei regulamentadora do divórcio, no casamento a mulher possuía a faculdade de acrescer aos seus o apelido do marido (art. 240, parágrafo único). Tratava-se de faculdade e não mais de uma imposição como na norma anterior, original do Código Civil. Na Lei do Divórcio, a solução quanto a seu nome variava, dependendo se a separação era amigável ou não. De acordo com o art. 17, vencida a mulher na ação de separação judicial, voltaria a usar o nome de solteira. A mesma solução ocorreria se a mulher tomasse a iniciativa da separação com fundamento nos §§ 1º e 2º do art. 5º (ruptura da vida em comum há mais de um ano e grave doença mental do marido, manifestada após o casamento, que tornasse insuportável a continuação da convivência conjugal, após cinco anos de duração e improbabilidade de cura).

Em entendimento recente o STJ consolidou a tese de que o divórcio e a viuvez são associados ao mesmo fato – a dissolução do vínculo conjugal –, não há justificativa para que apenas na hipótese de divórcio haja autorização para a retomada do nome de solteiro. Em respeito às normas constitucionais e ao direito de personalidade próprio do viúvo ou viúva, que é pessoa distinta do falecido, também deve ser garantido o restabelecimento do nome nos casos de dissolução do casamento pela morte do cônjuge (j. 1-6-2018).

De acordo com o art. 18, a mulher poderia renunciar a qualquer momento ao direito de usar o nome do marido, se fosse vencedora na ação de separação com fundamento no art. 5º.

Em qualquer situação, optando por voltar a utilizar o nome precedente, tal decisão seria definitiva, não admitindo retratação. Na separação consensual, a questão do nome dependeria também do acordo formalizado pelo casal. Mantendo o nome de casada, poderia ela a qualquer momento optar pelo retorno a seu nome anterior.

Na conversão da separação em divórcio, estatuía o parágrafo único do art. 25 da Lei do Divórcio, conforme redação trazida pela Lei nº 8.408/92, que a sentença determinaria que a mulher voltaria a usar o nome anterior ao matrimônio, só conservando o apelido do marido se a alteração lhe acarretasse prejuízos na identificação ou manifesta distinção entre seu nome de família e o dos filhos havidos nessa união, bem como dano grave reconhecido em decisão judicial.

As situações eram casuísticas e foram repetidas no novel Código (art. 1.578).[3] Desse modo, a manutenção do nome de casada pela mulher divorciada ou do cônjuge divorciado em geral no mais recente direito é vista como exceção, que dependerá sempre, em última análise, de decisão judicial.[4] Essa restrição ao uso do nome de casada pela mulher que se divorcia é aplicável tanto no divórcio por conversão quanto no divórcio direto, embora a

---

[3] "Direito civil – Apelação – Ação de conversão de separação em divórcio – **Pedido de utilização do nome de casada** – Possibilidade – Direito de personalidade – Recurso provido – 1- Apelação interposta pela ré, contra sentença que julgou procedente pedido de conversão de separação em divórcio e indeferiu o pedido da requerida, de utilização do nome de casada. 1.1. Apelação da demandada pretendendo a reforma da sentença, para que possa continuar utilizando o sobrenome proveniente do ex-cônjuge, adotado durante a constância do casamento. 2- Por se tratar de um atributo da personalidade, a retirada do sobrenome cabe exclusivamente ao cônjuge que o adotou, sob pena de ofensa ao princípio constitucional de respeito à dignidade humana. 3- Doutrina de Maria Berenice Dias: A mantença ou a mudança do nome depende exclusivamente do desejo do cônjuge que o adotou. O juiz não pode determinar a exclusão. Os dois dispositivos que tratavam do tema com referência à separação judicial (CC 1.571 § 2º e 1.578) não subsistem. Com o fim da separação também acabaram os questionamentos sobre culpa. O cônjuge pode manter o nome quando do divórcio e, posteriormente, a qualquer tempo, abandoná-lo. Condicionar o uso do nome – Que é um dos atributos da identidade – À concordância do 'dono' do nome infringe o sagrado princípio constitucional de respeito à dignidade. Não pode um dos elementos identificadores da pessoa ficar condicionado ao favor de alguém, à condescendência de outrem, descabendo perquirir sobre a vida particular do ex-cônjuge para, como uma apenação, limitar o uso do nome (DIAS, Maria Berenice. Manual de direito das famílias. 11 ed. rev., atual. e ampl. São Paulo: Editora Revista dos Tribunais, 2016. p. 125/126). 4- Jurisprudência: A alteração do nome do cônjuge em razão da dissolução do casamento depende exclusivamente de sua vontade, uma vez que, após incorporado, o patronímico de família do outro cônjuge passa a integrar seu atributo de identidade, tutelado pelo postulado da dignidade da pessoa humana. Insubsistência dos artigos 1.571, § 2º e 1.578 do Código Civil, depois da edição da Emenda Constitucional nº 66. (20140111043134APC, Relatora Maria de Lourdes Abreu, 3ª Turma Cível, DJE: 4/4/2017). 5- Recurso provido." (TJDFT – Proc. 07567373520188070016 (1215438), 20-11-2019, Rel. João Egmont).

"Apelação cível – Jurisdição Voluntária – **Registro Civil** – Averbação do patronímico da genitora para fazer constar o nome de solteira, adotado em decorrência do divórcio após o nascimento de filho gerado de novo relacionamento. Retificação de certidão de nascimento do filho. Possibilidade. Art. 3º, § único, da Lei nº 8.560/1992. Princípio da simetria e da verdade real. Precedentes do STJ. Apelo conhecido e provido. Sentença reformada. 1 – O mérito da controvérsia reside na possível retificação da certidão de nascimento do autor/menor para fazer constar o nome de solteira da genitora. 2 – Se o matrimônio possibilita a averbação para fazer constar a alteração do patronímico materno no termo de nascimento do filho, por força do o art. 3º, § único, da Lei 8.560/1992, o divórcio, por igual, deve admitir o mesmo procedimento, em respeito ao princípio da simetria e da verdade real, pois não seria coerente e razoável permitir em uma situação e proibir em outra. 3 – Na hipótese, se o autor não possui elo biológico com o ex-marido de sua genitora, não parece razoável que, contra sua vontade, continue a portar o sobrenome daquele na sua certidão de nascimento. 4 – Tem-se que, como meio de remediar a situação, poderia o autor, portar a certidão de casamento de sua genitora com a respectiva averbação do divórcio, para fins de identificação e prova de sua filiação, no entanto, parece inconveniente tal transtorno. 5 – Recurso conhecido e provido. Decisão de primeiro grau reformada, devendo ser retificado o assento de nascimento do menor/requerente" (TJCE – Ap 0043912-57.2014.8.06.0117, 4-8-2016, Rel. Heráclito Vieira de Sousa Neto).

"**Apelação**. Retificação do registro civil pelo acréscimo do patronímico do marido. – Direito à felicidade que integra o princípio da dignidade da pessoa humana. Completude do nome autora pela inclusão do patronímico de seu marido um motivo de felicidade da família. Princípio da definitividade do nome atende à segurança das relações jurídicas e no caso da autora a identidade dela e de sua família ficará muito mais robustecida com o deferimento de sua pretensão. Apelo provido" (TJSP – Ap. 0255353-26.2009.8.26.0002, 14-8-2013, Rel. Helio Faria).

[4] "Agravo de instrumento. Direito de família. Divórcio. Nulidade da decisão recorrida. Ausência de fundamentação. Não ocorrência. Art. 489, do CPC. Enfrentamento. **Nome de casada**. Patronímico. Desejo de uso. Modificação. Opção da ex-cônjuge. Direito personalíssimo. Recurso conhecido e não provido. 1. A imprescindibilidade da fundamentação, por si só, não exige longa exposição de seus motivos, tampouco impõe ao julgador refutar cada argumento trazido pelas partes, durante o trâmite processual, sendo indispensável a análise dos pedidos e a indicação do porquê de seu convencimento (art. 489, do CPC). 2. A manutenção do nome de casada ou o retorno ao nome de solteira depende tão somente da manifestação de vontade do cônjuge que escolheu pelo uso do nome ao contraírem

lei anterior parecesse referir-se apenas à primeira hipótese, pois o dispositivo estava colocado em parágrafo referente à conversão. Não há razão alguma para a distinção, pois a natureza do desenlace é absolutamente idêntica. Tratava-se de manifesta deficiência de técnica legislativa (Amorim e Oliveira, 1999:42).

O atual Código, no afã de equilibrar os direitos do homem e da mulher, como vimos, permite que qualquer dos cônjuges acrescente ao seu o sobrenome do outro cônjuge (art. 1.565, § 1º), embora dificilmente ocorra que o homem assuma o nome da esposa, por nosso costume. Hoje, há que se falar em questões relativas ao nome dos cônjuges casados ou divorciados e não unicamente em nome da mulher casada ou divorciada. No mais, foram mantidos no vigente Código, em princípio, as mesmas situações do direito anterior com relação ao nome dos separados e divorciados. Assim, dispunha o art. 1.578:

> *"O cônjuge declarado culpado na ação de separação judicial perde o direito de usar o sobrenome do outro, desde que expressamente requerido pelo cônjuge inocente e se a alteração não acarretar:*
>
> *I – evidente prejuízo para a sua identificação;*

---

matrimônio, independentemente de culpa pelo rompimento do vínculo conjugal. 3. Recurso conhecido e não provido" (*TJPR* – Ap 0026581-94.2024.8.16.0000, 10-6-2024, Rel. Desembargador Fabio Haick Dalla Vecchia).

"Divórcio – Sentença de procedência do pedido – Inconformismo manifestado pela ré – Cerceamento de defesa – Inocorrência – Reforma do julgado quanto ao tema da partilha – Descabimento – Produto da venda dos veículos alienados antes da separação de fato que se presume usufruído pelos litigantes – Partilha de dívida cuja exigibilidade não restou demonstrada que se afigurava descabida – Alegações recursais incapazes de infirmar a conclusão a que chegou o juízo originário – Contudo, opção pela **manutenção do nome de casada** que deve ser observada – Art. 1.571, § 2º do Código Civil – Sentença reformada – Recurso parcialmente provido". (*TJSP* – Ap 1026565-36.2018.8.26.0007, 3-3-2022, Rel. Rui Cascaldi).

"Divórcio. Insurgência do autor restrita à rejeição do pedido de retorno da ré ao nome de solteira. Possibilidade de **manutenção do nome de casada** da ré. Opção da divorciada. Inteligência do art. do artigo 1.571, § 2º do Código Civil. Direito contemporâneo que dá nova função ao nome, não apenas para designar a pessoa humana e tornar possível a identificação do sujeito de direito, mas, sobretudo, como elemento da personalidade. Revelia da ré irrelevante. Direito indisponível. Necessidade de manifestação expressa no sentido de excluir o nome de casada. Sentença mantida. Recurso não provido". (*TJSP* – Ap. 1001988-84.2020.8.26.0019, 16-8-2021, Rel. Francisco Loureiro).

"Agravo de instrumento. Divórcio. **Manutenção do nome de casada**. Acolhimento do pedido. Irresignação do agravante que pretende a supressão do seu patronímico do nome da ex-esposa. O nome é atributo da personalidade e tem como fim precípuo individualizar a pessoa. Faculdade da agravada de manter o nome, se assim desejar. Aplicação do artigo 1.571, § 2º, do Código Civil. Decisão mantida. Recurso não provido" (*TJSP* – Agravo de Instrumento 2104762-38.2020.8.26.0000 – 01-2-2021, Rel. José Eduardo Marcondes Machado).

"Apelação Cível – Civil e processual civil – Família – Divórcio Direto – Revelia – Irresignação do apelante quanto à **manutenção do nome** de casada da apelada – Direito personalíssimo – Inocorrência do efeito material da revelia – Precedentes do STJ e desta corte – 1 – O patronímico adquirido por ocasião da celebração de casamento integra os direitos da personalidade, passando a identificar o cônjuge que o adotou. 2 – Revelia. Efeitos. Impossibilidade de se aplicar o efeito material da revelia, previsto no art. 344 do CPC. Direito indisponível. Aplicação do inciso II do art. 345 do mesmo diploma. 3 – A perda do direito ao uso do nome de casada deve ser tratada de forma excepcional, somente sendo admitida no caso do cônjuge ser declarado culpado na ação de separação judicial e, ainda, se não ocorrer uma das situações previstas nos incisos do art. 1.578, CC. 4 – Tratando-se de divórcio direto, em que não houve discussão acerca da culpa de um dos cônjuges e, faltando concordância expressa da apelada, a conservação do nome de casada é a solução mais adequada, sobretudo por se tratar de direito personalíssimo. 5 – Precedentes do STJ e do TJRJ. Negativa de provimento ao recurso" (*TJRJ* – AC 0000821-96.2011.8.19.0039, 17-4-2018, Relª Mônica de Faria Sardas).

"Recurso de apelação cível – Ação de divórcio direto litigioso – Cônjuge Virago – Revelia – **Manutenção do uso do nome de casada** – Direito personalíssimo, porquanto somente a este incumbe o exercício da opção pela manutenção ou não do patronímico do marido – Recurso desprovido – O uso do nome é um direito personalíssimo e indisponível. Assim, cabe ao cônjuge optar pela manutenção do nome de casado, inteligência do art. 1578, § 2º, do Código Civil. Portanto, não se operam, neste caso, os efeitos da revelia" (*TJMT* – Ap 69349/2015, 11-4-2016, Rel. Des. Sebastião Barbosa Farias).

II – manifesta distinção entre o seu nome de família e o dos filhos havidos da união dissolvida;

III – dano grave reconhecido na decisão judicial.

§ 1º O cônjuge inocente na ação de separação judicial poderá renunciar, a qualquer momento, ao direito de usar o sobrenome do outro.

§ 2º Nos demais casos caberá a opção pela conservação do nome de casado".

Desse modo, mantida a mesma orientação do direito anterior, a regra geral, qual seja, a perda do direito ao uso do nome do outro cônjuge poderia ocorrer quando o interessado fosse declarado culpado na ação de separação judicial. Não bastava, porém, o simples reconhecimento de culpa. A perda do sobrenome só poderia ocorrer, primeiramente, se houvesse pedido nesse sentido pelo cônjuge inocente. Não bastasse isso, no caso concreto o juiz deveria examinar as hipóteses dos três incisos do artigo, questões que dependem de prova e deveriam ser controvertidas na ação de separação. Na verdade, conclui-se que o cônjuge, embora culpado pela separação, somente perderia o direito ao nome quando isto não lhe acarretasse prejuízo. Não é uma solução que se afigurava justa, mormente porque o cônjuge, para ser considerado culpado, teria tido conduta grave com relação ao cônjuge inocente, conforme a descrição do art. 1.573.

Com a singela emenda constitucional que exclui do ordenamento a separação judicial, entende-se como derrogado esse artigo, em princípio. Porém, essa orientação nessa situação do nome dos cônjuges que se divorciam deve ser vista com as devidas reservas. Há necessidade que lei ordinária regulamente a situação. Se, por um lado, não se discute mais a culpa no divórcio, há nuanças em relação ao nome dos divorciados que devem ser levadas em consideração. Perante a estreiteza do texto constitucional, caberá ao bom senso do juiz e das partes dar as diretivas sobre o tema, as quais não devem fugir, em síntese, da orientação jurisprudencial sob o anterior sistema, sempre que possível.

Assim, não perderá o sobrenome o cônjuge que se divorcia se houver evidente prejuízo para sua identificação. Imagina-se, nesse caso, por exemplo, a situação de um ator ou escritor que tenha granjeado fama com o sobrenome do outro cônjuge. Essa perda do sobrenome também poderia inserir-se no dano econômico grave, descrito no inciso III. No inciso II, o cônjuge culpado pela separação poderia manter o sobrenome se sua supressão acarretasse manifesta distinção entre seu nome e o dos filhos havidos da união dissolvida. Não é fácil imaginar *a priori* quando isso possa ocorrer.

O cônjuge inocente poderia manter o sobrenome do outro, podendo renunciar a ele, porém, a qualquer momento (art. 1.578, § 1º). Acrescentava o § 2º que nos demais casos o cônjuge poderá optar pela conservação do nome de casado.

Quando do divórcio direto ou da conversão, o cônjuge poderá manter o nome de casado, salvo se diferentemente disposto na sentença de separação judicial (art. 1.571, § 2º). Entende-se que essa orientação deve ser mantida. Conclui-se, portanto, que, não dispondo diferentemente a sentença, nem o acordo dos cônjuges na separação ou divórcio, pode o consorte manter o sobrenome do outro. A solução de a mulher divorciada, e agora o cônjuge em geral, poder manter o sobrenome do outro nunca nos foi muito simpática, em que pese franca corrente doutrinária em contrário. O divórcio representa o rompimento completo do vínculo do casamento e a manutenção do sobrenome somente poderia ser admitida, por exceção, quando sua supressão representasse efetivamente um prejuízo para a pessoa no campo negocial. Basta avaliar a situação do cônjuge divorciado que se recasa, e se sujeitará a ter duas mulheres (ou dois homens) com seu sobrenome, o que socialmente se nos afigura totalmente inconveniente. Aguarda-se que a legislação venha socorrer essas situações.

De qualquer forma, concluímos que, se a lei admite lide para resolver a questão do nome da mulher (ou do cônjuge) nessas premissas, nada impedia que fosse homologada a conversão da separação em divórcio, com as partes concordando com a manutenção do nome de casado do cônjuge, independentemente de ser declinada uma das causas descritas no dispositivo. Há, porém, quem entenda que, mesmo nesse caso, deverá ser justificada a manutenção do nome dentro de uma das três descrições legais. De qualquer modo, declinada a causa sem maiores digressões no pedido, cumpre ao juiz decretar o divórcio. A qualquer momento, porém, a mulher ou o marido poderá optar por suprimir o uso do patronímico do ex-esposo. A experiência demonstra, todavia, que na maioria dos casos a mulher opta por suprimir o nome do marido tanto nas separações como no divórcio. As mesmas disposições acerca do nome da mulher são válidas para o divórcio direto, porque tecnicamente imprópria a colocação do dispositivo em parágrafo concernente à conversão.

9.3 SEPARAÇÃO JUDICIAL. MODALIDADES (LEITURA COMPLEMENTAR)

A Lei nº 6.515/77 conservou do direito anterior a separação judicial por mútuo consentimento (art. 4º) e a separação judicial pedida por um só dos cônjuges, com índole de sanção, com imputação ao outro de *"conduta desonrosa ou qualquer ato que importe em grave violação dos deveres do casamento e torne insuportável a vida em comum"* (art. 5º).

Desse modo, tal como continham os arts. 317 e 318 do Código de 1916 persistiram as causas culposas e não culposas de separação, traduzindo modalidades de separação-sanção e separação-remédio.

A legitimidade para a propositura da separação judicial era personalíssima dos cônjuges. Ninguém mais do que eles teriam capacidade de compreender o ato da separação. Nesse sentido, pontuava o art. 1.576, parágrafo único, que repete a disposição do § 1º do art. 3º da lei referida: *"O procedimento judicial da separação caberá somente aos cônjuges, e, no caso de incapacidade, serão representados por curador, ascendente ou irmão"*. A mesma ideia mantém-se quanto ao pedido de divórcio (art. 1.582). A lei limita o número de parentes que podem intervir representando o cônjuge incapaz: somente o ascendente e o irmão. Na realidade, o caso não é de representação, mas de substituição processual. Os descendentes e os demais colaterais não terão capacidade para substituí-lo nessa ação. Já se posicionou a jurisprudência que os filhos do casal, embora partes na ação de alimentos, não têm legitimidade para recorrer na ação de separação judicial (Cahali, 1995, v. 1:88). O caráter personalíssimo dessa ação inviabiliza até mesmo a propositura de ação rescisória, após a morte do cônjuge. Evidente que se o cônjuge não tiver curador, ascendente ou irmão vivos que possam fazer a representação, poderá o juiz, mediante justificação, nomear curador especial para a ação. Se o incapaz já tiver curador nomeado, este poderá intentar, sem dúvida, a ação. Na ausência deste, terão legitimidade o ascendente ou o irmão, nessa ordem. A matéria é, no entanto, controversa. Concluem, a nosso ver com razão, Sebastião Amorim e Euclides de Oliveira (1999:52):

> *"Só na falta de curador, ou em caso de colidência de interesses, quando a curatela seja exercida pelo outro cônjuge, é que terá lugar a atuação subsidiária do ascendente ou do irmão do incapaz. Mas, ainda nessa hipótese, necessidade haverá de sua investidura através do juízo da interdição, mediante nomeação substitutiva ou para atuação* ad hoc, *como curador especial".*

Trata-se, porém, de situação excepcional. Imaginemos, por exemplo, ação de separação movida por quem ou contra quem não possua discernimento: não poderá essa pessoa ficar obstada de figurar no polo ativo ou passivo da ação. Aliás, uma das hipóteses de separação judicial é precisamente motivada por grave doença mental do outro cônjuge. No entanto, gozando de plena capacidade, somente o cônjuge e mais ninguém é titular da ação. A morte do cônjuge no curso do processo extingue a ação, extinguindo também o casamento.

Observa Sílvio Rodrigues (1978:70) que a citada representação do cônjuge na ação de separação refere-se unicamente ao pedido litigioso, porque no desquite por mútuo consentimento não há que se admitir representação, pois é exigida manifestação inequívoca e pessoal do interessado perante o magistrado. Destarte, para requerer separação por mútuo consentimento, o consorte deve estar em perfeita higidez mental, uma vez que, caso contrário, não poderia entender as consequências do ato.

Essa opinião, contudo, não é unânime, embora majoritária. Amorim e Oliveira (1999:53), por exemplo, sustentam que é perfeitamente possível a representação na separação consensual, porque a lei não faz qualquer restrição, apresentando a situação semelhança com as hipóteses de cônjuges separados de fato que formulam pedido de separação por procurador. Da mesma forma, concluem que se é possível o casamento por procuração, também seu desfazimento o é. Parece-nos, no entanto, que o sentido da lei, no desquite por mútuo consentimento, é fazer com que os dois cônjuges estejam presentes e capazes perante o juiz. De outro modo, devem recorrer, sim, ao desenlace litigioso, inclusive para maior segurança dos interesses do incapaz. Ademais, levemos em consideração que o incapaz, tal como exposto na lei, pode ser substituído ativa e passivamente na ação litigiosa. Nada impede que o incapaz ingresse com a ação de desquite motivada por meio de seu mencionado representante.

De acordo com o art. 1.574 do presente Código, era permitida a separação judicial por mútuo consentimento se os cônjuges forem casados há mais de um ano. É regra geral nas legislações um período mínimo de casamento para ser permitida a separação-remédio. Trata-se de um período de prova; o legislador aguarda um prazo inicial do casamento para acomodação e compreensão da vida em comum, não permitindo que um açodamento possa jogar por terra o matrimônio nos primeiros meses ou anos de convivência. O singelo texto da emenda constitucional faz crer que, em princípio, esse interregno de um ano não mais se exige. A dúvida doravante será saber se persiste o presente texto como aplicável ou se a lei ordinária poderá impor restrições ao divórcio tão simplificadamente permitido pela Constituição.

Conforme o § 2º do art. 3º da Lei nº 6.515/77, a lei impunha ao juiz o dever de

> *"promover todos os meios para que as partes se reconciliem ou transijam, ouvindo pessoal e separadamente cada uma delas e, a seguir, reunindo-as em sua presença, se assim considerar necessário".*

Repete o que já constava da Lei nº 968/49, relativa às ações de desquite e de alimentos. Os princípios continuam plenamente aplicáveis. A tentativa de conciliação é um dever do juiz. Difícil, porém, que o casal se reconcilie nessa fase, quando já ingressou com pedido judicial. Melhor será que tenhamos um ordenamento para a mediação, a quem devem ser atribuídas as tarefas de tentativas de harmonização ou rompimento definitivo entre os cônjuges dissidentes.

É importante que sejam criadas e incentivadas a *conciliação e mediação*, para assuntos de família, constituídas por profissionais especializados, psicólogos, pedagogos, assistentes sociais etc. que possam efetivamente aparar arestas no âmbito da família, antes que as partes recorram ao Judiciário e que muitos dos processos sem cunho de lide sejam suprimidos deste. Essa é a moderna e importante tendência do direito de família. Essa é uma propensão do direito ocidental que já se faz sentir no espírito dos juristas brasileiros. A mediação deve converter-se em etapa necessária do processo de conciliação. O CPC de 2015 introduziu capítulo sobre ações de família (arts. 693 a 699). O art. 694 especifica que *"nas ações de família, todos os esforços* serão empreendidos para a solução consensual da controvérsia, devendo o juiz dispor do auxílio de profissionais de outras áreas de conhecimento para mediação e conciliação". Atende-se o que a maioria dos juízos especializados já fazia.

Essa audiência em juízo é sigilosa, a qual buscará a reconciliação do casal. Na verdade, a disposição é piegas. O juiz não é conselheiro conjugal e nem sempre está preparado para tal. Essa a razão pela qual a novel lei processual se refere a especialistas que devem ser chamados: psicólogos, assistentes sociais, psiquiatras.

Quando os cônjuges chegam às portas do Judiciário, já pensaram e repensaram no ato que irão praticar. Raríssimas são as situações nas quais os juízes atingem a "reconciliação" do casal. Na maioria das vezes, a função conciliadora do magistrado será importante para aparar as arestas da separação, mormente no tocante à partilha do patrimônio e importantíssima no tocante ao resguardo e proteção da pessoa dos filhos menores. Aqui, sim, fica realçado o papel conciliador do juiz. Cada vez mais avulta a importância de um juizado de conciliação, mormente na área da família.

Acresce ainda o § 3º que, após a oitiva e entrevista dos cônjuges, se estes pedirem, *"os advogados deverão ser chamados a assistir aos entendimentos e deles participar"*. Também quanto aos advogados, seu maior papel nessa fase será a harmonização dos direitos dos cônjuges após a separação. Àquela altura, com a ação no tribunal, certamente já foram frustradas as tentativas de conciliação. Nem sempre, porém, os advogados compreendem bem seu papel nesse aspecto. Ao advogado de questões de família, assim como ao juiz, exigem-se características e dons pessoais que transcendem os meros conhecimentos jurídicos. Pouco existe de Direito na fixação de pensão e na regulamentação do direito de visita aos filhos menores, e muito deve existir de psicologia, desprendimento pessoal e respeito ao semelhante. Por tudo isso, como apontamos, é que avulta a importância da mediação prévia em matéria de questões de família, que a lei deve tornar obrigatória. Há projetos nesse sentido.

Compete ao Ministério Público intervir, em princípio, nas causas de interesse de incapazes (art. 178, II). Modificando disposição do direito processual anterior, o art. 698 do atual CPC dispõe que o Ministério Público somente intervirá quando houver interesse de incapaz e deverá ser ouvido previamente à homologação de acordo. A Lei nº 13.894/2019 acrescenta parágrafo único nesse artigo, prevendo juízo especializado de violência contra a mulher, na área doméstica e familiar, o que na prática muito pouco significa.

O atual CPC não repete a regra do art. 82, II do diploma de 1973. Desse modo, pelo novo estatuto processual, não é mais obrigatória sua participação nas ações de separação e divórcio, em todas as modalidades e em todas as instâncias. No tocante aos réus revéis, citados por edital, também não mais atua o Ministério Público porque foi extinta a Curadoria de Ausentes e Incapazes. Nesse caso, a defesa do revel será exercida pela Procuradoria de Assistência Judiciária ou por curador especialmente nomeado pelo juiz. A intervenção do Ministério Público será exclusivamente como fiscal da lei, nas hipóteses em que o ordenamento o exigir.

O art. 1.572 do corrente Código descrevia as possibilidades de separação litigiosa, mantendo a mesma orientação do art. 5º da Lei nº 6.515/77:

> *"Qualquer dos cônjuges poderá propor a ação de separação judicial, imputando ao outro qualquer ato que importe grave violação dos deveres do casamento e torne insuportável a vida em comum.*
>
> *§ 1º A separação judicial pode também ser pedida se um dos cônjuges provar ruptura da vida em comum há mais de um ano e a impossibilidade de sua reconstituição.*

§ 2º O cônjuge pode ainda pedir a separação judicial quando o outro estiver acometido de doença mental grave, manifestada após o casamento, que torne impossível a continuação da vida em comum, desde que, após uma duração de dois anos, a enfermidade tenha sido reconhecida de cura improvável".

São descritas, nesse dispositivo, hipóteses de separação-sanção no *caput*; separação-falência e separação-sanção, nos respectivos parágrafos, que serão analisadas. De qualquer forma, enfatize-se que o rompimento do casamento ou da união estável na atualidade não admite mais, em princípio, exposição de causas.

9.3.1 Processo de Separação, Divórcio por Mútuo Consentimento. Possibilidade de Realização por Escritura Pública

O processo era disciplinado pelo art. 34 da Lei nº 6.515/77 e pelos arts. 1.120 a 1.124 do CPC. A Lei nº 11.441, de 4-1-2007, acrescentou o art. 1.124-A. Esse mais recente dispositivo possibilitou a realização da separação consensual e do divórcio consensual, não havendo filhos menores ou incapazes do casal, por escritura pública. A maior parte da doutrina entende que não persiste mais a separação judicial em nosso ordenamento, após a alteração constitucional que disciplinou o divórcio direto, mas o CPC de 2015 ainda se reporta a ela, não já com severas críticas.

Essa alteração com possibilidade de separação e divórcio por escritura era reclamada de há muito, pois não há mesmo necessidade de intervenção judicial se os cônjuges estão de pleno acordo. Se há filhos menores ou incapazes do casal, a intervenção judicial se justifica de per si, para a proteção ampla deles. As partes podem valer-se da escritura pública se preencherem os requisitos. Trata-se de uma faculdade como aponta o texto legal. Este é o grande trunfo dessa norma, principalmente porque as escrituras públicas de inventário e partilha, separação e divórcio consensuais não dependem de homologação e são títulos hábeis para o registro civil e o registro imobiliário. Essa possibilidade de escritura consta do art. 733 do CPC de 2015:

"O divórcio consensual, a separação consensual e a extinção consensual da união estável, não havendo nascituro ou filhos incapazes e observados os requisitos legais, poderão ser realizados por escritura pública, da qual constarão as disposições de que trata o art. 731".

O art. 731, por sua vez, menciona que a homologação do divórcio ou separação consensual depende de constarem da escritura ou petição:

"I – as disposições relativas à descrição da partilha dos bens comuns;

II – as disposições relativas à pensão alimentícia entre os cônjuges;

III – o acordo relativo à guarda dos filhos incapazes e ao regime de visitas; e

IV – o valor da contribuição para criar e educar os filhos".

O Conselho Nacional de Justiça, este assumindo papel do Congresso Nacional, regulamentou a lei que autoriza a escritura pública. A mais recente é a Resolução 571/2024 que, alterando a Res. 35/2007, passou a tratar do inventário extrajudicial. Os arts. 33 e seguintes da Res. 35/2007 tratam do divórcio consensual.

Se já proposta ação judicial, os cônjuges podem evidentemente a qualquer momento optar pela escritura, podendo suspender o processo por trinta dias ou desistir da via judicial.

Nessa escritura deverão constar as disposições relativas à descrição e à partilha dos bens comuns e à pensão alimentícia, e, ainda, o acordo quanto à retomada pelo cônjuge de seu nome de solteiro ou à manutenção do nome adotado quando se deu o casamento. A escritura, como já se afirmou, não depende de homologação judicial e constitui título hábil para o registro civil e o registro de imóveis. Note-se que, com a nova sistemática, que também permite o inventário judicial por escritura pública, avulta a importância dos notários e registradores, que devem estar cientes de sua nova e ampla atividade em prol da sociedade. Os estudos devem se firmar em matéria tão recente, mas, a nosso ver, pode até ser possível que os cônjuges discordem sob algum aspecto da separação e não da separação em si, e assim deixem para resolver na via judicial a questão do nome, por exemplo, ou mesmo a partilha, que pode ser realizada posteriormente. Todavia, o texto expresso da lei não permite essa interpretação elástica, mas de elevado alcance social.

Embora a lei não o diga, parece claro que tanto o divórcio direto como aquele por conversão podem ser realizados por escritura, com muito maior razão agora que se exclui a separação judicial do sistema. O fato de a separação ter se realizado em juízo não impede que a conversão seja extrajudicial e vice-versa. A ideia do legislador foi simplificar; não há por que o intérprete complicar. A Resolução nº 35 foi expressa nesse sentido (art. 52). O casal sob separação judicial anterior à Emenda Constitucional também pode fazer a conversão em divórcio. Aliás, os casais separados judicialmente continuarão nessa situação até que lei ordinária defina diferentemente.

O art. 18 da Lei de Introdução às Normas do Direito Brasileiro (Decreto-lei nº 4.657/1942) autoriza as autoridades consulares brasileiras a celebrar casamento de brasileiros e outros atos do registro civil. A Lei nº 12.874/2013 introduziu o § 1º nesse dispositivo autorizando também as nossas autoridades consulares a celebrar separação judicial e divórcio consensual de brasileiros, não havendo filhos menores ou incapazes. Impõe essa norma que as questões da partilha dos bens comuns devem constar da escritura, bem como pensão alimentícia, e acordo a respeito do nome, se voltarão ou não os cônjuges a utilizar o nome de solteiros.

O texto menciona a separação judicial, como se o instituto ainda permanecesse no nosso ordenamento, contrariando majoritária jurisprudência e doutrina entre nós. A polêmica persiste. O § 2º, também introduzido por essa lei, exige a participação de advogado nesse procedimento consular, de cada uma das partes ou comum, que deverão subscrever a petição, não sendo obrigatória sua presença na escritura pública.

Esse texto legal, com certo atraso, vem ratificar e espalmar dúvidas quanto à possibilidade da escritura pública no divórcio de cônjuges brasileiros com procedimento junto a nossas autoridades consulares em país estrangeiro, de acordo com o que já se permitia no direito interno.

Embora muitos entendam que os cônjuges possam se fazer representar por procurador, não parece ser essa a intenção da lei. Abre-se aí, portanto, mais uma facilidade para o divórcio consensual, embora uma resolução não possa se sobrepor a uma lei.

Havendo bens a serem partilhados na escritura, distinguir-se-á o patrimônio de cada cônjuge do que é patrimônio comum do casal, conforme o regime de bens. Isso deve constar da escritura, com a descrição dos bens.

Quanto ao nome dos cônjuges, dispõe o art. 41 da Resolução CNJ nº 35/2007:

> "*Havendo alteração do nome de algum cônjuge em razão de escritura de restabelecimento da sociedade conjugal ou do divórcio consensual, o Oficial de Registro Civil que averbar o ato no assento de casamento também anotará a alteração no respectivo assento de nascimento, se de sua unidade, ou, se de outra, comunicará ao Oficial competente para a necessária anotação.*" (redação dada pela Resolução nº 571, de 26-8-2024)

Lembre-se de que as normas de natureza processual permanecem em vigor com o atual Código Civil, por força do art. 2.043, quando não se utilizar da escritura pública. A separação amigável pode ser homologada pelo juiz desde que os cônjuges concordem e tenha decorrido o lapso de um ano, art. 1.574 a partir da celebração do casamento. Esse requisito é objetivo e comprova-se pela certidão. Na escritura pública, a fiscalização será do notário. Evidente que o termo inicial desse prazo é a data da realização do casamento civil ou do casamento religioso com efeitos civis. Há decisões que aceitam justificação para comprovar a existência do casamento, na ausência de registro. Notamos, portanto, que enquanto o desquite litigioso podia ser proposto a qualquer momento, a partir do casamento, para a separação por mútuo consentimento há necessidade do lapso de um ano, conforme o corrente diploma. Como mencionamos, esse prazo visa conceder um tempo para maior meditação e possibilidade de ajuste do casal no início da convivência.

A petição será firmada pelos cônjuges e pelos advogados das partes. O juiz pode recusar a homologação se entender que o acordo não preserva suficientemente os interesses dos filhos ou de um dos cônjuges. Nesse aspecto, o juiz, bem como o Ministério Público, se atuante, poderão sugerir alterações, supressões ou inclusões no acordo, contando com o auxílio e compreensão dos advogados e dos próprios interessados. Quando não souberem ou não puderem assinar, é lícito que o façam a rogo (§ 3º). Quando as assinaturas não forem lançadas na presença do juiz, serão obrigatoriamente reconhecidas por tabelião. Essas disposições decorrem direta ou indiretamente do art. 731 do CPC de 2015, que não replica o texto prolixo do código processual anterior.

A petição será instruída com a certidão de casamento e o contrato antenupcial, se houver, devendo conter o referido no art. 731 do CPC.

A ausência de partilha não é obstáculo para a homologação da separação porque o parágrafo único do art. 731 do CPC permite que seja feita posteriormente, como no inventário ou arrolamento. Embora não seja conveniente, os bens do casal mantêm-se em comum, ainda que os cônjuges estejam judicialmente separados. Conquanto não se realize a partilha, a descrição dos bens do casal é requisito essencial para a homologação do acordo, porque é necessário que o quadro patrimonial do casal esteja bem claro nesse momento, a fim de evitar problemas futuros, não só quanto à própria partilha, mas também com relação a terceiros. A ressalva do art. 731 refere-se tão somente à dispensabilidade da partilha. Se não existirem bens, deverão os cônjuges assim o declarar na petição. O art. 1.581 do Código menciona que até mesmo o divórcio pode ser concedido sem que haja prévia partilha de bens.

Como apontamos, não é mister do magistrado aprofundar-se sobre as causas de separação, nem estão os cônjuges obrigados a declará-las. Somente poderá o juiz recusar-se a homologar a separação quando entender que o acordo não preserva suficientemente a pessoa dos filhos menores ou se os alimentos ao cônjuge forem considerados insuficientes. Nesse sentido dispõe o art. 1.574, parágrafo único, do vigente Código:

"O juiz pode recusar a homologação e não decretar a separação judicial se apurar que a convenção não preserva suficientemente os interesses dos filhos ou de um dos cônjuges".

Há entendimento pelo qual, havendo impossibilidade material de comparecimento pessoal de qualquer dos cônjuges perante o juiz, admite-se a dispensa desse comparecimento (RJTJESP 125/367).

O acordo para a separação conjugal, bem como para o divórcio, é, portanto, um negócio jurídico bilateral no qual as partes, além de decidirem o desenlace, regulam também as consequências da dissolução conjugal tanto sob o prisma pessoal quanto sob o prisma patrimonial. Como apontamos, necessariamente deve conter normas disciplinadoras acerca da manutenção, subsistência e convivência dos filhos menores. Quanto ao mais, em linha geral, como manifestação de vontade negocial emanada de pessoas maiores e capazes, os cônjuges gozam de ampla liberdade quanto ao conteúdo do acordo. Desse instrumento não devem constar, contudo, as causas da separação, nem reconhecimento de culpa de qualquer dos cônjuges ou qualquer ponto de constrangimento para as partes. Apresentando-se o acordo com cláusulas nesse patamar, deve o juiz repelir a homologação. Em síntese, não pode ser admitida qualquer cláusula que implique ofensa à dignidade dos cônjuges.

Por vezes é inserida, por exemplo, a cláusula de permanência dos cônjuges no mesmo imóvel após a separação. Como a separação rompe o dever de coabitação, essa inserção deve ser vista com reserva, pois pode traduzir utilização da separação como fraude para iludir terceiros. Nada impede que o juiz homologue o acordo de separação, ressalvando a ineficácia de determinadas cláusulas. Tudo dependerá do cuidadoso critério do magistrado. Como conclui Cahali, em dicção plenamente aplicável no presente Código (1995, v. 1:165),

> *"cada uma das estipulações, seja de conteúdo pessoal, seja de conteúdo patrimonial, deve ser cuidadosamente examinada pelo juiz, e somente em função de sua gravidade e de sua vinculação ao todo do acordo celebrado pelos cônjuges é que deverá usar o magistrado da faculdade que lhe é concedida pelo art. 34, § 2º, da Lei do Divórcio, para recusar a homologação da separação consensual; inexistindo tal vinculação, ainda assim atento ao princípio da cindibilidade do pedido comum, mostra-se mais razoável homologar a separação, e simplesmente declarando ineficaz a cláusula que padecer de vícios aqui enunciados".*

Do acordo deverá constar também, como vimos, cláusula sobre a manutenção ou não do nome de casado do cônjuge, matéria de que já nos ocupamos.

Homologada a separação consensual, averbar-se-á a sentença no registro civil e, havendo imóveis, na circunscrição onde se acharem registrados. O CPC de 2015 acrescenta que se qualquer dos cônjuges for empresário, será expedido mandado de averbação ao Registro Público de Empresas Mercantis e Atividades Afins (art. 734, § 3º). Trata-se de sentença apelável em princípio, não mais subsistindo o recurso de ofício da legislação anterior. Tratando-se de ato judicial de homologação, a decisão ficará sujeita à anulação por vícios comuns aos atos jurídicos. Cuida-se de ato de jurisdição voluntária, que não admite ação rescisória, ficando sujeito à anulação pelas vias ordinárias, quando inviável o recurso de apelação (Rizzardo, 1994, v. 2:413). Se, no entanto, a decisão do juiz inserir outras matérias extravagantes ao simples desenlace amigável da união conjugal, a questão deve ser vertida em apelação.

Não há trânsito em julgado, nesta e em qualquer outra ação, contudo, no que se refere à guarda e direito de visitas dos filhos e quanto à pensão alimentícia, em razão das peculiaridades dessas decisões, tanto em ações autônomas quanto em pedidos embutidos em outras ações. São as chamadas sentenças integrativas. Alterando-se as situações fáticas, a qualquer momento podem ser alterados o sistema de visitas e o valor da prestação alimentícia. Lembre-se de que o direito de visitas é inderrogável e pode ser pleiteado pelos pais, ainda que não definido na separação.

9.3.1.1 Alimentos. Renúncia aos alimentos na separação

No acordo de separação ou divórcio devem ficar especificados o montante e a forma de alimentos aos filhos e do cônjuge. A menção da pensão alimentícia aos filhos para sua criação e educação é essencial para a homologação da separação. Esses alimentos são irrenunciáveis, pois decorrem do parentesco. Embora seja mais comum esse encargo ao homem, ambos os pais possuem esse dever e podem reparti-lo, dentro dos princípios que regem os alimentos.

A exata forma de contribuição, no entanto, deve ser descrita pelos cônjuges, sob pena de a separação não ser homologada.

Como em toda decisão sobre alimentos, o que foi decidido a esse respeito no acordo não transita em julgado e o montante dos alimentos pode ser alterado no futuro, se forem alteradas as situações econômicas dos envolvidos. O CPC de 2015 trata do cumprimento da sentença que reconhece a exigibilidade de alimentos nos arts. 528 a 533.

Por outro lado, a pensão ajustada de um cônjuge a outro somente será devida se ajustada. Sua omissão no acordo de separação não é obstáculo para a homologação, entendendo-se que os cônjuges abriram mão da pensão.

Os alimentos devidos reciprocamente pelos cônjuges resultam do vínculo conjugal e não do parentesco. A possibilidade de a mulher (ou mesmo o marido) renunciar à pensão alimentícia na separação consensual continua dando margem a celeuma. A mesma situação hoje é aplicada se devida a pensão ao homem, tendo em vista a paridade conjugal estabelecida na Constituição. Não se confunde a renúncia com a simples dispensa de alimentos no ato, que permite que se volte a pedi-los no futuro, se preenchidos seus requisitos fáticos de necessidade do alimentando e possibilidade do alimentante. A simples dispensa não implica em abdicação do direito.

Sob o aspecto técnico, não há dúvida de que a renúncia aos alimentos pelo cônjuge é manifestação de vontade válida, pois apenas os alimentos derivados do parentesco são, em princípio, irrenunciáveis. O dever de mútua assistência entre os cônjuges rompe-se quando é desfeito o casamento. Ademais, o acordo firmado na separação por mútuo consentimento é negócio jurídico bilateral com plenitude de efeitos. Se as vontades manifestam-se livremente, não há aspecto de ordem pública a ser preservado na renúncia aos alimentos. De outro lado, com a separação, desaparece o dever de mútua assistência.

A posição do Supremo Tribunal Federal, no passado, propendeu por entender renunciável esse direito, não decorrente de parentesco, mas do vínculo conjugal. Posteriormente, a Súmula 379 deu guinada em sentido contrário, entendendo irrenunciáveis os alimentos no desquite, *"que poderão ser pleiteados ulteriormente, verificados os pressupostos legais"*. Essa corrente jurisprudencial que entende renunciáveis os alimentos decorrentes do vínculo conjugal, pois irrenunciáveis são apenas os alimentos decorrentes do parentesco, é a que se coaduna com a natureza do direito. Arnoldo Wald (1995:138) conclui que:

> *"com o advento do divórcio e a consequente possibilidade dos divorciados contraírem novo casamento, é indiscutível que os alimentos podem ser objeto de renúncia em virtude de acordo entre as partes. A jurisprudência reconhece de modo manso e pacífico que, dissolvido o casamento pelo divórcio, desaparecem as obrigações entre os antigos cônjuges"*.

No entanto, em sede de separação, a matéria longe está de ser pacífica. O mesmo autor vaticina que com o advento do divórcio é possível que prepondere entendimento diverso da Súmula 379, admitindo-se a renúncia de alimentos pelo cônjuge. Esse parece ser o sentido da mais recente jurisprudência. É, sem dúvida, a melhor e mais técnica solução, sufragada no sistema de 1916 por respeitável jurisprudência, inclusive do Superior Tribunal de Justiça (RJSTJ 29/447, 47/241, REsp 95267-DF, 40408-SP, 19453-RJ, 33815-SP). A jurisprudência francamente majoritária do Tribunal de Justiça de São Paulo também é no mesmo sentido (Ac. 202327-1, 126525-1, Ap. Cível 99.240-1). O atual Código procurou dirimir essa problemática, definindo os alimentos devidos aos parentes e aos cônjuges como da mesma natureza e vedando a possibilidade de renúncia em qualquer caso.

Nesse sentido coloca-se o art. 1.707, do presente Código, ao estipular que *"pode o credor não exercer, porém lhe é vedado renunciar o direito a alimentos"*. Nem por isso nos parece que a corrente majoritária do passado se dará por satisfeita, pois sempre poder-se-á examinar a natureza diversa dos alimentos entre os cônjuges dos derivados do parentesco estrito. Ainda porque, o termo *credor* tem significado obrigacional e enquanto não estipulado o direito a alimentos, seu valor e características, não há que se falar, em princípio, em credor. O fato é que o legislador poderia ter assumido expressamente a posição, afirmando que os alimentos decorrentes do vínculo conjugal ou do companheirismo são irrenunciáveis, e não o fez. *De lege ferenda*, sabe-se que há sugestões efetivas de alteração do Código para que seja expresso a esse respeito. Nesse sentido, o Projeto nº 6.960/2002, que sugeriu outra redação ao dispositivo, retornando-se à possibilidade de renúncia dos alimentos decorrentes do vínculo conjugal:

> *"Tratando-se de alimentos devidos por relação de parentesco, pode o credor não exercer, porém lhe é vedado renunciar ao direito de alimentos".*

Por essa dicção, portanto, os alimentos conjugais poderão ser renunciados, como se entendia na vigência da legislação anterior. A irrenunciabilidade dos alimentos, como estabelece o vigente Código, representa, sem dúvida, um retrocesso absolutamente injustificável que deve ser prontamente corrigido. De qualquer forma, com a palavra os legisladores e os futuros julgados, os quais, segundo tudo indica, devem propender pela possibilidade de renúncia de alimentos entre cônjuges. Já há julgados majoritários nesse sentido.[5] Parece-nos despropositado

---

[5] "Civil e processual civil. Família. Apelação cível. **Ação de alimentos.** Juntada de documentos com as razões recursais. Impossibilidade. Mérito. Art. 1.699 do Código Civil. Trinômio necessidade, possibilidade e proporcionalidade. Observância. Transação havida entre cônjuges em ação de divórcio. Renúncia aos alimentos. Impossibilidade. Genitor. Obrigação de prestar alimentos em prol da menor na proporção dos recursos. *Quantum*. Adequação. 1. Se o documento for indispensável ao pleito, deverá instruir necessariamente a petição inicial ou a contestação, sob pena de preclusão. 1.1. No entanto, caso se trate de documento novo, a juntada poderá ocorrer posteriormente, de acordo com o art. 435 do Código de Processo Civil. 1.2. Mostra-se incabível a juntada de documentação por ocasião da interposição do recurso, quando não se tratar de documentos novos ou destinados a fazer prova contrária a fatos ocorridos depois dos articulados ou para contrapô-los aos que foram produzidos nos autos. Documentos não conhecidos. 2. Segundo preceitua o art. 229 da Constituição Federal, é dever dos pais assistir, criar e educar os filhos menores. 2.1. O Código Civil, em seu art. 1.703, estabelece como obrigação dos cônjuges separados judicialmente, a manutenção dos filhos na proporção de seus recursos. 2.2. O dever de manutenção dos filhos é responsabilidade solidária de ambos os pais, não podendo tal dever recair exclusivamente sobre um dos genitores. 3. Os alimentos estão submetidos ao controle judicial quanto à extensão, conteúdo e forma de prestação, devendo ser fixados com observância do trinômio necessidade, capacidade e proporcionalidade, atendendo às necessidades do alimentando e às possibilidades do alimentante, respeitando, ainda, os princípios da proporcionalidade e razoabilidade, em atenção ao art. 1.694, caput e § 1º, do Código Civil. 4. De acordo com o art. 1.707 do Código Civil, os alimentos são insuscetíveis de renúncia, sendo vedada a cessão, compensação penhora de seu crédito. 4.1. Tratando-se de direito indisponível e irrenunciável dos filhos menores e incapazes, os alimentos são insuscetíveis de renúncia ou transação, por parte dos genitores, em prejuízo do melhor interesse do menor. Precedentes. 5. Eventual situação de desemprego do genitor não pode, por si só, afastar a necessidade de fixação da obrigação alimentar em valor condizente com as necessidades presumidas de sua filha menor, mormente estando o alimentante em plena idade produtiva. 6. Observado que os alimentos foram fixados em patamar proporcional às necessidades da autora, bem como à capacidade financeira do alimentante, inexistem motivos para sua alteração. 7. Apelação cível conhecida e desprovida. Honorários majorados. Suspensão da exigibilidade" (*TJDFT* – Ap 07054379120238070005, 5-4-2024, Relª Carmen Bittencourt).

"Apelação. Alimentos entre ex-cônjuges. **Renúncia a alimentos por ocasião do divórcio** e ausência de comprovação de situação incapacitante para o exercício de atividade remunerada. Autora que permaneceu inerte quando instada a especificar provas. Juntada de documentos nesta fase recursal. Inadmissibilidade. Inteligência artigos 434 e 435 do Código de Processo Civil. Sentença mantida. Recurso improvido". (*TJSP* – Ap 1002486-21.2021.8.26.0481, 19-5-2022, Rel. Maurício Campos da Silva Velho).

"Apelação cível. Alimentos. Fixação. Ação movida contra ex-marido. Sentença de extinção, por ilegitimidade ativa. Mérito. Alimentos. Fim da união conjugal no ano de 2012. **Renúncia formal e expressa ao direito de receber alimentos** por ocasião do divórcio. Cláusula válida e eficaz, envolvendo direitos disponíveis de pessoas maiores e capazes. Ausência de dependência financeira por longos anos. Alimentos entre cônjuges possuem natureza contratual e decorrem do dever de mútua assistência, obrigação essa que cessa com o divórcio. Aplicação dos artigos 1.566, III e 1.571, IV, Código Civil. Precedentes do STJ. Descabimento da pretensão. Mesmo que assim não fosse, o pensionamento entre cônjuges somente é cabível em situações excepcionais. Esse não é o caso dos autos. Alegação de doença e extinção de auxílio financeiro da filha. Ausência de elementos que demonstrem incapacidade laboral permanente, aptos para compelir ex-esposo à responsabilidade pelo pagamento de pensão alimentícia. Alteração nos fundamentos da sentença. Afastamento do decreto de extinção com declaração de improcedência do pedido inicial. Honorários recursais. Aplicação da regra do artigo 85, § 11, CPC/2015. Verba honorária majorada para R$ 1.500,00, observada a gratuidade da justiça concedida. Resultado. Recurso não provido, com observação" (TJSP – Ap. 1001374-76.2019.8.26.0484, 23-4-2020, Rel. Edson Luiz de Queiróz).

"Apelação cível – **Ação de alimentos proposta contra ex-cônjuge** anos depois do divórcio – Sentença de extinção do feito por ausência de interesse de agir – Recurso da autora – Relação de parentesco inexistente – Vínculo conjugal rompido por ocasião do divórcio, no qual a autora expressamente desistiu do recebimento de pensão alimentícia – Cenário, no entanto, que configura hipótese de ilegitimidade passiva – Extinção da ação mantida, mas por fundamento diverso – Recurso conhecido e não provido – Depois de desistir da pretensão de receber alimentos, ou de renunciá-la, no momento cabível para essa postulação, o(a) ex-cônjuge não pode voltar a juízo para demandar o reconhecimento do encargo. O divórcio implica a ruptura do vínculo conjugal e, por conseguinte, dos direitos e obrigações a ele inerentes. Findo o casamento por meio de divórcio, não subsiste relação de parentesco, pelo que, a partir de então, não há falar em dever de mútua assistência." (TJSC – AC 0307288-90.2016.8.24.0075, 22-4-2019, Rel. Des. Helio David Vieira Figueira dos Santos).

"Apelação Cível – Direito de família – **Alimentos – Cônjuge – Divórcio – Renúncia** – Improcedência do pedido – recurso da autora – Obrigação de prestar alimentos não configurada, na forma do art. 1.694, § 1º, do Código Civil. Como o divórcio põe fim ao vínculo matrimonial e, por conseguinte, aos deveres dele decorrentes, se o cônjuge dispensa ou renúncia a alimentos não pode, posteriormente, reivindicá-los. Autora que quando do divórcio contava com 37 anos de idade. Majoração dos honorários advocatícios em razão do trabalho acrescido. Art. 85, § 11, do N.C.P.C. Desprovimento do recurso" (TJRJ – AC 0025704-16.2010.8.19.0210, 4-6-2018, Relª Norma Suely Fonseca Quintes).

"Ação de alimentos – **Ex-esposa que renunciou à pensão alimentícia na ocasião do divórcio**. Sentença de extinção sem resolução do mérito. Apela a autora alegando ter abandonado sua profissão para se dedicar ao lar. O ex-marido é executivo e possui condições de pagar-lhe alimentos. Afirma que na audiência de divórcio a autora estava muito nervosa e abalada emocionalmente, razão pela qual não se opôs a renúncia aos alimentos. Assevera que os alimentos são irrenunciáveis. Pede a aplicação da Súmula 379 do STF. Descabimento. Renúncia recíproca ao direito de alimentos. A simples alegação de que a autora estava nervosa e desestabilizada emocionalmente não é apta a desconstituir os termos do pacto firmado. A sentença homologatória e os termos pactuados só poderiam ser desconstituídos se comprovada a existência de um dos vícios de consentimento. Possível a renúncia aos alimentos colaborativos, sendo vedada exclusivamente a abdicação dos alimentos provenientes de relação de parentesco. Inaplicabilidade da Súmula 359 do STF. Recurso improvido" (TJSP – Ap 1001015-91.2016.8.26.0659, 9-6-2017, Rel. James Siano).

"Previdenciário – Pensão por morte – **Renúncia de alimentos pelo cônjuge** – Situação de necessidade de alimentos até a data do óbito do instituidor não comprovada – Improcedência do pedido mantida – 1 – A pensão por morte é benefício previdenciário devido ao conjunto dos dependentes do segurado que falecer, aposentado ou não, não sendo exigível o cumprimento de carência, nos termos dos arts. 74 e 26 da Lei nº 8.213/91. 2 – Mesmo nos casos em que o ex-cônjuge renunciou aos alimentos na separação do casal, incumbe ao pretenso dependente, há possibilidade de demonstração da necessidade dos alimentos na data do óbito. Aplicação da Súmula STJ 336. Art. 1.704 do CC/2002 c/c art. 76, § 2º, da Lei 8231/91. No entanto, as provas dos autos apontam em sentido contrário, já que as testemunhas afirmaram que a autora exerce trabalho remunerado. Não há provas de situação de necessidade de alimentos até a data do óbito do instituidor, inclusive com relação à possível situação de abuso doméstico imposto à autora. 3 – Apelação a que se nega provimento. Improcedência do pedido mantida" (TRF-1a R. – Proc. 00266955720094013800, 22-2-2016, Rel. Juiz Marcos Vinicius Lipienski).

"Agravo regimental – Ex-companheira que busca impor ao agravado o custeio de plano de saúde particular por meio de desconto em folha de pagamento. Partes que mantiveram união estável até 2008. Acordo judicial contendo a partilha de bens, renúncia aos alimentos e o consentimento do agravado em manter a agravante como sua dependente no plano empresarial do qual é beneficiário enquanto perdurasse o vínculo empregatício. Pretensão perseguida que não possuiu caráter de alimentos, os quais foram expressamente renunciados por ambos os conviventes. Renúncia aos alimentos da qual resulta a manutenção da agravante no plano de saúde como ato de liberalidade. Não incidência do artigo 734 do CPC, e do art. 16 da Lei nº 5.478/68, o que afasta a possibilidade de desconto em folha de pagamento do teórico crédito. Nomeação de dependentes para o plano de saúde coletivo que não se dá ao livre arbítrio do beneficiário titular. O pretenso dependente deve se inserir em uma das hipóteses enumeradas pelo art. 5º da Resolução ANS nº 195/2009. Norma regulamentar que não contempla a manutenção de ex-companheira no plano empresarial. A manutenção de ex-companheira em plano de saúde empresarial é juridicamente impossível (art. 166, II, do Código Civil), o que retira a eficácia jurídica da assunção de tal obrigação. Pretensão articulada que, outrossim, é colidente "com a intenção (art. 112 do Código Civil) consubstanciada no acordo judicialmente homologado. Recurso desprovido" (TJSP – AgRg 2146675-73.2015.8.26.0000, 10-11-2015, Rel. Rômulo Russo).

"Agravo regimental – Insurgência contra a decisão monocrática que deu provimento ao agravo de instrumento e julgou extinta a execução. **Renúncia aos alimentos por escritura pública**. Ausência de homologação judicial, por que extinto um casamento há muitos anos, décadas, modificam-se com o tempo totalmente as situações de fato, bem como os corações e as mentes e o cônjuge que renunciou a alimentos ressurja como uma fênix-fantasma, para pleitear novamente alimentos de quem se separou em passado muito remoto.

De qualquer modo, o novo casamento, a união estável ou o concubinato do credor, seja o homem ou a mulher, faz cessar o dever de prestar alimentos para o outro cônjuge (art. 1.708).[6] Como a união estável e o concubinato são situações de fato, há necessidade de prova em juízo de seu estabelecimento pelo outro cônjuge, o que nem sempre será tarefa simples, pois o concubinato, principalmente, pode ser escamoteado. Concubinato, na dicção do corrente Código, é termo reservado para as uniões impuras, isto é, aquelas que não podem converter-se em casamento. Lembre-se, a propósito, de que o parágrafo único do art. 1.708 acrescenta que o direito a alimentos cessa por comportamento indigno do devedor, o que também deve ser examinado no caso concreto.

Como mencionamos, a omissão da referência a alimentos para a mulher ou para o marido na petição de separação não é óbice à homologação. Entende-se, nessa hipótese, que o cônjuge não os necessita (Rodrigues, 1999:209). No entanto, a simples omissão não implica em renúncia, a qual, em virtude da natureza desse ato dispositivo, deve sempre ser expressa.

---

[6] si só, não invalida o documento. Alimentanda reconhece ter firmado a declaração e não invoca vício de vontade. Obrigação inexigível. Agravo regimental não provido" (*TJSP* – AgRg 0155011-42.2011.8.26.0000, 17-6-2013, Rel. Erickson Gavazza Marques).

"Apelação cível. **Alimentos. Exoneração.** Prestação à ex-cônjuge. Excepcionalidade. Constituição de nova união estável. Demonstração. 1. Os alimentos em favor de ex-cônjuge são devidos com fundamento no princípio da solidariedade. De outro lado, são prestados em situações excepcionais aferidas caso a caso, sendo imprescindível a demonstração da premente necessidade do alimentando e da capacidade do alimentante. Além disso, com o casamento, a união estável ou o concubinato do credor, cessa o dever de prestar alimentos (art. 1.708 do Código Civil). 2. No caso, restou demonstrada a constituição de nova união estável pela alimentanda, o que justifica a procedência do pedido de exoneração de alimentos. 3. Apelação conhecida e não provida" (*TJDFT* – Ap 07458305920228070016, 6-3-2024, Rel. Fábio Eduardo Marques).

"**Ação de exoneração de alimentos** – Autor que presta alimentos à requerida, sua ex-esposa, de 11,19% de seus rendimentos líquidos – Pretensão à exoneração, sob o fundamento de que a alimentanda casou-se novamente e é aposentada, percebendo benefício previdenciário – Sentença de procedência – Insurgência da requerida – Cerceamento de defesa – Inocorrência – Juiz como destinatário final das provas, cabendo a ele deferir a produção daquelas que entender pertinente e indeferir as que forem dispensáveis ou meramente protelatórias – Alimentada que contraiu novas núpcias e posteriormente se separou – Obrigação alimentar que se extingue por força do art. 1.708 do CC – Alimentos que são devidos pelo cônjuge da segunda união – Alegação de que a alimentada está impossibilitada de trabalhar por prestar cuidados a filha comum que é incapaz que não comporta acolhimento – Prestação alimentar que não constitui remuneração por cuidados com os filhos comuns – Recurso desprovido". (*TJSP* – Ap 1015177-34.2021.8.26.0007, 30-8-2022, Rel. Marcus Vinicius Rios Gonçalves).

"**Alimentos. Exoneração.** Ex-cônjuge. Quase três anos decorridos desde o divórcio, assim tempo suficiente, em tese, para recolocação da ré no mercado de trabalho. Moléstias das quais padece a credora que não indicam incapacidade laboral. Questão, de todo modo, que se supera ante a alegada convivência da ré em união estável, não controvertida na contestação, a atrair a incidência da norma do art. 1.708 do CC. Quadro que autoriza a exoneração. Sentença mantida. Recurso desprovido". (*TJSP* – Ap. 1002102-19.2020.8.26.0279, 11-8-2021, Rel. Claudio Godoy).

"**Exoneração de Alimentos entre cônjuges.** Possibilidade. Provado que a alimentante constituiu união-estável com terceira pessoa, o ex-marido fica exonerado do dever de lhe prestar alimentos. (art. 1.708 do Código Civil). Sentença mantida. Recurso desprovido" (*TJSP* – Ap. 1003504-46.2019.8.26.0126, 03-11-2020, Rel. Coelho Mendes).

"**Ação revisional de alimentos** – Ex-cônjuges – Hipótese em que restou demonstrada a diminuição da capacidade financeira do alimentante, o qual é idoso e enfrenta diversos problemas de saúde. Empresas nas quais o autor figurava como sócio tiveram as suas atividades encerradas. Adequada a redução da pensão alimentícia para 30% dos proventos percebidos pelo demandante a título de aposentadoria. Binômio necessidade-possibilidade observado. Sentença parcialmente reformada. Apelo da ré desprovido. Recurso adesivo do autor provido em parte." (*TJSP* – AC 1013418-71.2015.8.26.0451, 30-10-2019, Rel. Paulo Alcides).

O art. 21 da Lei do Divórcio permite que o juiz determine a constituição de garantia real ou fidejussória para assegurar o pagamento de pensão alimentícia. Esse dispositivo também estatui que se o cônjuge preferir, o juiz poderá determinar que a pensão consista no usufruto de determinados bens do cônjuge devedor (§ 1º) ou, se o cônjuge justificar a possibilidade do não recebimento (§ 2º). Essa questão, bem como as modalidades de reajuste e a transmissibilidade da obrigação de alimentos por via sucessória aos herdeiros do devedor deverão ser aprofundadas no capítulo próprio desta obra, para qual remetemos o leitor (Cap.16). Outra problemática é saber se esses e outros dispositivos da lei anterior continuam em vigor, pois o atual Código não a revogou expressamente. No entanto, há que se fazer, de plano, referência inicial aos arts. 1.702 ss. que se reportam especificamente aos alimentos no desfazimento da sociedade conjugal.

O art. 1.702 dispõe que na separação litigiosa, sendo um dos cônjuges inocente e desprovido de recursos, prestar-lhe-á o outro a pensão alimentícia que o juiz fixar, obedecidos os critérios estabelecidos no art. 1.694. Excluída do ordenamento a separação litigiosa, o dispositivo deve ser entendido sob o prisma do dever geral de prestar alimentos. Veja o que falamos no capítulo próprio sobre os princípios gerais que regem o direito a alimentos.

O art. 1.703, por sua vez, estatui que para manutenção dos filhos, ambos os cônjuges separados judicialmente contribuirão na proporção de seus recursos. Normalmente, entende-se que os alimentos são devidos aos filhos enquanto menores e até que completem o curso superior.

O art. 1.704 especifica que se um dos cônjuges separados judicialmente vier a necessitar de alimentos, e se não tiver sido julgado culpado na ação de separação, o outro será obrigado a prestá-los.[7] Outro dispositivo que se há de entender derrogado, aplicando-se a principiologia geral sobre alimentos. Por outro lado, o parágrafo único desse mesmo artigo descreve o que

---

[7] "Agravo de instrumento. Decisão que indefere o pedido de arbitramento de alimentos provisórios em prol de ex-cônjuge. Irresignação. Acolhimento. **Alimentos entre cônjuges** que decorre do dever de mútua assistência (art. 1.704 do Código Civil) e pressupõe que esteja configurado o binômio necessidade/possibilidade (art. 1.694, § 1º, do Código Civil). Postulante que permaneceu casada por cerca de trinta e três anos, período no qual se dedicou exclusivamente aos cuidados do lar e dos filhos. Dependência econômica configurada. Ausência de qualificação e experiência profissional que coloca a ex-cônjuge em situação de vulnerabilidade econômica, notadamente no atual cenário de pandemia que a todos assola. Mulher com 53 anos, em união conjugal desde os 19 anos de idade, sem qualquer qualificação laboral. Necessidade manifesta. Decisão reformada. Agravo provido". (TJSP – Ap. 2050476-76.2021.8.26.0000, 27-9-2021, Rel. Rômolo Russo).

"Apelação – Divórcio – Alimentos – **Alimentos devidos a ex-cônjuge** apenas em caso de ausência de autonomia econômica (CC 1.704) – Ex-cônjuge virago – Apelada idosa dedicou-se vida inteira a tarefas doméstica e cuidado da prole – Enorme improbabilidade de colocação no mercado de trabalho – Alimentos devidos por prazo indeterminado – Recurso improvido" (TJSP – Ap. 1007681-27.2019.8.26.0361, 15-10-2020, Rel. Luiz Antonio Costa).

"Apelação – **Alimentos entre ex-cônjuges** – Sentença de improcedência – Inconformismo da autora requerendo a fixação de alimentos em seu favor, por estar impossibilitada fisicamente de trabalhar e por se dedicar exclusivamente aos cuidados do filho enfermo do casal. Alimentos que somente são devidos quando quem os pretende não tem bens suficientes, nem pode prover, pelo seu trabalho, seu sustento, podendo o reclamado fornecê-los, sem desfalque do necessário ao seu sustento. Não comprovação pela recorrente do binômio necessidade/possibilidade. Lapso temporal em relação ao divórcio que comprova que a autora consegue prover sua própria subsistência. Sentença mantida. Recurso desprovido." (TJSP – AC 1004544-12.2018.8.26.0510, 1-10-2019, Relª Hertha Helena de Oliveira).

"Apelação Cível – **Exoneração de alimentos – Ex-cônjuge** – Autor que, atualmente com 75 anos e portador de diabetes, pretende eximir-se da obrigação alimentar. Sentença de improcedência. Parte ré que é pessoa idosa, com 73 anos de idade e não aufere nenhum tipo de benefício previdenciário. Conquanto seja reconhecida a excepcionalidade da obrigação alimentar entre ex-cônjuges, deve ela ocorrer quando configurada a dependência econômica e a impossibilidade de autossustento, sendo essa a hipótese dos autos, uma vez que não se verificou a alteração nas condições vigentes ao tempo da celebração do acordo entabulado entre as partes. Desprovimento do recurso" (TJRJ – AC 0009831-85.2013.8.19.0075, 10-7-2018, Rel. Luciano Saboia Rinaldi de Carvalho).

a doutrina denomina alimentos *necessários*, que se distinguem dos denominados alimentos *côngruos*. Assim se apresenta a redação:

> *"Se o cônjuge declarado culpado vier a necessitar de alimentos, e não tiver parentes em condições de prestá-los, nem aptidão para o trabalho, o outro cônjuge será obrigado a assegurá-los, fixando o juiz o valor indispensável à sobrevivência".*

Os alimentos necessários são aqueles que se destinam estritamente à sobrevivência, enquanto os côngruos são mais amplos, destinando à pessoa subsistir de acordo com sua condição social. Desse modo, os alimentos descritos no *caput* do art. 1.704, enquanto no parágrafo temos os alimentos necessários, restritos pelo legislador tendo em vista a culpa do cônjuge. Essa noção já vem expressa no art. 1.694, §§ 1º e 2º, que abre as disposições sobre alimentos. Em razão disso, o âmbito do valor dos alimentos para ele é menor. Essa situação, que obriga alimentar o culpado pela separação, é injusta, piegas e merece a crítica impiedosa da doutrina. Desaparecida a culpa no divórcio, doravante, os caminhos dos direitos a alimentos devem ser outros, direcionados pela jurisprudência. Voltamos a esse tema no capítulo dedicado aos alimentos.

Refere-se ainda o art. 1.706 aos alimentos provisionais, os quais serão fixados pelo juiz, nos termos da lei processual. Voltaremos também a esse tema.

Por fim, o art. 1.709 lembra que o novo casamento do cônjuge devedor não extingue a obrigação constante da sentença de divórcio. Acrescente-se que essa obrigação persiste, ainda que a decisão não tenha sido proferida em sentença de divórcio, mas em outro procedimento.

9.3.1.2 Guarda e proteção dos filhos na separação e nas várias situações assemelhadas. Guarda compartilhada e suas particularidades

A antiga Lei do Divórcio disciplinava a guarda dos filhos (arts. 9º a 16), derrogando dispositivos do Código de 1916. Este Código disciplinou a proteção da pessoa dos filhos nos arts. 1.583 a 1.590. No entanto, a Lei nº 11.698/2008 substituiu os arts. 1.583 e 1.584 para introduzir a denominada *guarda compartilhada*. A guarda dos filhos pertence a ambos os genitores, apenas se individualizando quando há separação de fato ou de direito dos pais. Novo texto legal sobre a matéria, Lei nº 13.058/2014, traz novas disposições inseridas no Código sobre esse instituto.

Inicialmente há que se pontuar que cabe em princípio aos pais dispor e acertar sobre a guarda dos filhos, sua forma de convivência, educação, convívio familiar etc. Nem sempre isso é possível de ser obtido harmoniosamente, mormente quando os casais que se separam usam os filhos menores como escudo e justificativas para suas dissidências. Maiores são as dificuldades quando os progenitores separados residem em cidades diversas ou até mesmo no exterior.

A intervenção judicial somente deve suprir com suas decisões quando falta bom senso aos pais. Assim, é evidente que os filhos em tenra idade devem ficar preferivelmente com a mãe, por exemplo. Delicada, como apontamos, é a situação de pais que se separam a passam a residir em locais distantes ou no Exterior. Nem sempre haverá possibilidade de uma exata harmonização, e muito menos possibilidade de aplicação completa da guarda compartilhada. Nem sempre terão os pais possibilidades financeiras de custear constantes viagens dos filhos. Maior tato, criatividade e discernimento devem ser exigidos do juiz nessas hipóteses.

Sempre sustentamos que não há necessidade de que o legislador desça a minúcias nessa matéria. Por isso se afirma que o fundamental nessa área é a ampla margem de decisão relegada aos conciliadores e ao juiz e que o legislador não deve contemplar parâmetros de forma estrita. O caso concreto deve sempre nortear a solução. Houve por bem o legislador, no entanto, introduzir esses dois artigos em matéria que, de fato, já vinha de há muito sendo aplicada pelos tribunais.

Não havia necessidade premente de texto expresso para que o juiz harmonizasse a convivência de filhos e pais separados, aplicando essa denominada guarda compartilhada, ainda que não se utilizasse dessa denominação. Outros dispositivos legais, porém, foram acrescentados pela Lei nº 13.058/2014.

O melhor interesse dos menores leva os tribunais a propor e atribuir a *guarda compartilhada* ou conjunta. O instituto da guarda ainda não atingiu sua plena evolução. Há os que defendem ser plenamente possível essa divisão de atribuição ao pai e à mãe concomitantemente. Essa modalidade de guarda dita compartilhada não se torna possível, de forma ampla, quando os pais se apresentam em estado de beligerância, ou quando residem distantes um do outro. Essa solução dependerá da perspicácia do magistrado e em especial do perfil psicológico, social e cultural dos pais, além do exame do grau de fricção que reina entre eles após a separação.[8]

---

[8] "Apelação. Guarda. Alimentos. Sentença de parcial procedência. Insurgência de ambas as partes. **Guarda compartilhada** corretamente fixada no caso concreto. Direito de convivência. Alimentos devidamente fixados. Crianças em desenvolvimento. Trinômio necessidade, possibilidade e proporcionalidade. Parentalidade responsável. Sentença mantida. Recursos desprovidos" (*TJSP* – Ap 1003346-51.2022.8.26.0363, 28-5-2024, Relª. Lia Porto).

"Apelação cível. Guarda. Ação de regulamentação de guarda c.c regulamentação de alimentos com pedido de tutela de urgência. Recurso interposto pela requerida em face de sentença de procedência que fixou a **guarda compartilhada** e a residência paterna como lar de referência. Não acolhimento. Compartilhamento adequado no caso, o qual garante maior participação de ambos os pais no crescimento e desenvolvimento da prole. Artigos 1.583 e 1.584 do Código Civil. Fixação do lar de referência com o genitor que se mostra a melhor opção, de acordo com o estudo psicossocial. Sentença confirmada. Negado provimento ao recurso". (*TJSP* – Ap 1001757-02.2020.8.26.0296, 26-6-2023, Rel. Viviani Nicolau).

"União estável – Ação de reconhecimento e dissolução, c.c. guarda e alimentos – Sentença que julgou procedente o pedido formulado pela autora para declarar a dissolução da união estável entre as partes, fixando a **guarda compartilhada** da filha menor, que permanecerá no lar materno, com a fixação de alimentos em 30% dos rendimentos líquidos do réu e, na ausência de relação de emprego, em 33% do salário mínimo – Irresignação de ambas as partes – Requerido que alega preliminarmente a nulidade de sentença por *error in procedendo* – Preliminar devidamente afastada – Equívocos materiais no relatório da sentença que não prejudicaram o julgamento fundamentado de todas as pretensões formuladas – Pretensão da autora a que a guarda da filha seja unilateral e do réu, de que as visitas sejam livres – Não acolhimento – Guarda compartilhada que é forma preferencial, tendo o laudo social apontado que as partes já vinham adotado um modelo de guarda compartilhada – Visitas em fins de semana alternados que se mostram razoáveis, nada impedindo que as partes, se caso, as ampliem – Pretensão do réu à redução da pensão alimentícia fixada para 15% de seus rendimentos líquidos com incidência sobre férias, 13º salário e horas extras – Pretensão da autora à majoração da pensão para 33% dos rendimentos líquidos do réu, incluindo férias, 13º salário, PLR, gratificações, comissões, prêmios, horas extras, FGTS e outros – Não acolhimento – Pensão fixada em 30% dos rendimentos do réu que se afigura razoável, considerando-se o binômio necessidade/possibilidade e a circunstância de o réu não ter outros filhos – Base de cálculo que deve considerar apenas valores de natureza remuneratória e afastar aqueles de natureza indenizatória – Verbas rescisórias, horas extras não habituais e PRL que não devem compor a base de cálculo – Sentença mantida – Recursos desprovidos". (*TJSP* – Ap 1008757-20.2019.8.26.0577, 11-10-2022, Rel. Marcus Vinicius Rios Gonçalves).

"Guarda – Sentença *Extra Petita* – Inexistência - A fixação da guarda e a escolha de sua modalidade compete ao juiz, atentando à primazia dos interesses do menor e pode sobrepor-se à própria vontade das partes - **Guarda compartilhada** – Adequação com domicílio principal na residência da genitora – Alimentos – Afastamento da fixação de valor mínimo porque não observa o princípio da proporcionalidade – Não havendo fixação para a hipótese de ausência de trabalho formal, os alimentos correspondem ao valor da última pensão paga, com reajuste anual pelo IGP-M - Recurso provido em parte". (*TJSP* – Ap. 1000337-56.2020.8.26.0103, 30-11-2021, Rel. Alcides Leopoldo).

"Família. Guarda e visitas. Ação de modificação de guarda e visitas. Sentença de improcedência. Irresignação do autor. **Guarda compartilhada** recomendada pela perícia social. Ré que não manifestou oposição ao compartilhamento da custódia da filha comum, nem à ampliação do regime de visitação paterna. Genitores que têm condições de exercer a guarda da filha menor. Medida que melhor atende aos interesses da adolescente. Visitas paternas ampliadas, com inclusão das quartas-feiras, com pernoite. Sentença reformada. Recurso provido" (*TJSP* – Ap. 1001364-75.2015.8.26.0127, 29-01-2021, Rel. Alexandre Marcondes).

"**Ação de guarda compartilhada** – Sentença de parcial procedência para estabelecer regime de visitas. Autor alega o julgamento *ultra petita*; A ação foi proposta apenas para regularizar situação de fato; O regime de visitas não atende e satisfaz nenhuma das partes. Cabimento parcial. O julgamento não foi *extra petita*. A guarda é mais extensiva em direitos do que as visitas, não existindo extrapolação aos limites do pedido. Na hipótese vertente, não houve produção de provas. Não era providência do autor fixar os limites da guarda compartilhada, sendo

A ideia é fazer com que pais apartados, separados a qualquer título, compartilhem da educação, convivência e evolução dos filhos em conjunto. Em essência, essa atribuição reflete o compromisso dos pais de manter dois lares para seus filhos e cooperar de forma conjunta em todas as decisões. Não havia necessidade de texto expresso de lei para que essa guarda compartilhada fosse atribuída pelo Judiciário. Mas, de qualquer modo, *legem habemus*. Tudo dependerá da oportunidade e conveniência avaliada pelo juiz e pelos próprios cônjuges, quando estes acordam sobre essa modalidade de guarda. A figura do conciliador torna-se ainda mais fundamental nessa área.

A modalidade de guarda pode ser alterada a qualquer tempo, sempre no interesse do menor. Isso significa que a princípio, quando no fervor do rompimento da convivência conjugal, pode não ser o melhor momento para a guarda compartilhada ou para um compartilhamento mais amplo. Após algum tempo, serenados os ânimos entre os interessados, a guarda compartilhada pode surgir como uma solução natural. Compartilhar deveres e obrigações por parte de pais separados em relação aos filhos significa manter os elos de afeto com maior presença na vida dos menores. A guarda compartilhada é a regra do sistema, ainda que os pais devam manter sempre relação de respeito, cordialidade e maturidade.[9] Há que preponderar sempre o interesse do filho. O novo diploma legal modifica o § 2º do art. 1.583 para descrever que "*na*

---

recomendada a apuração na fase instrutória, com elaboração de laudo psicossocial, para se encontrar a o melhor regime para a criança. Recurso provido." (*TJSP* – AC 1003487-81.2019.8.26.0361, 25-9-2019, Rel. James Siano).

"Guarda e alimentos – **Guarda compartilhada** – Cabimento – 1 – Não é a conveniência dos pais que deve orientar a definição da guarda, mas o interesse do filho. 2 – A chamada guarda compartilhada não consiste em transformar o filho em objeto, que fica a disposição de cada genitor por um determinado período, mas uma forma harmônica, que permita à criança desfrutar tanto da companhia paterna como da materna, no regime de visitação ou convivência amplo e, sendo possível, com flexibilidade. 3 – Se o genitor possui condições de também cuidar do filho, mostra-se adequada a definição da guarda compartilhada, ficando estabelecido como referencial de moradia a casa da genitora, com o regime de visitas livre, tal como ajustado na audiência, isto é, o filho mora com a mãe e o pai pode visitá-lo de forma livre, devendo respeitar as rotinas de vida da criança e podendo compartilhar das decisões importantes, como educação e saúde, entre outros itens. Recurso provido" (*TJRS* – AC 70077042273, 20-6-2018, Rel. Des. Sérgio Fernando de Vasconcellos Chaves).

"Ação de guarda – **Guarda compartilhada** – Alteração – Descabimento – 1 – Não é a conveniência dos pais que deve orientar a definição da guarda, mas o interesse do filho. 2 – A chamada guarda compartilhada não consiste em transformar o filho em objeto, que fica a disposição de cada genitor por um determinado período, mas uma forma harmônica ajustada pelos genitores, que permita à criança desfrutar tanto da companhia paterna como da materna, num regime de visitação bastante amplo e flexível, mas sem que ele perca seus referenciais de moradia. 3 – Tendo as partes convencionado a guarda compartilhada através de acordo homologado judicialmente e não ficando comprovada situação de risco atual ou iminente ao infante, descabe qualquer reparo a decisão recorrida que indeferiu o pedido de guarda unilateral em favor do genitor, devendo ser angularizada a relação processual, com a devida realização de estudo social na casa dos litigantes, a fim de encontrar a solução que melhor atenda os interesses do filho, o que, aliás, já foi determinado pelo juízo a quo. Recurso desprovido" (*TJRS* – AI 70075590844, 28-3-2018, Rel. Des. Sérgio Fernando de Vasconcellos Chaves).

9 "Apelação cível. Ação de guarda e regulamentação de visitas. **Guarda compartilhada**. Estudo psicossocial favorável. Princípio do melhor interesse da criança. Verificado. Guarda unilateral. Risco. Ausência de provas. Pernoite. Implementação gradual. 1. A guarda compartilhada constitui a regra em nosso ordenamento jurídico pátrio, conferindo a ambos os genitores o direito de tomar decisões sobre os interesses da criança. 2. Verificando do exame do acervo fático-probatório a inexistência de qualquer risco ou prejuízo à criança no tocante à adoção da guarda compartilhada ou na implementação gradual de pernoite com o genitor, sobretudo baseado em estudo técnico psicossocial e mediante fiscalização do Ministério Público, não há que se falar em adoção da guarda unilateral ou modificação da regulamentação de visitas nos moldes delineados. 3. Recurso conhecido e não provido" (*TJDFT* – Ap 07010211520218070017, 18-7-2024, Relª Ana Cantarino).

Em sentido contrário, recente entendimento do STJ: "É possível estabelecer guarda compartilhada ainda que existam graves desavenças entre o ex-casal. O entendimento é da Terceira Turma do Superior Tribunal de Justiça (STJ) ao julgar recurso especial de pai contra a ex-mulher, que detinha a guarda unilateral de suas duas filhas. Na hipótese dos autos, houve registro de violência doméstica, que, todavia, não atingiu os filhos." (http://www.stj.jus.br/sites/STJ/default/pt_BR/Comunica%C3%A7%C3%A3o/noticias/Not%C3%ADcias/Guarda-compartilhada-pode--ser-institu%C3%ADda-mesmo-havendo-graves-desaven%C3%A7as-entre-o-ex%E2%80%93casal).

guarda compartilhada, o tempo de convívio com os filhos deve ser dividido de forma equilibrada com a mãe e com o pai, sempre tendo em vista as condições fáticas e os interesses dos filhos". Não

---

"Direito de família e processual civil. Ação de guarda. Filho menor impúbere. Ausência de relacionamento afetivo entre os pais. Poder familiar. Regime vigente. **Guarda compartilhada**. Lar de referência materno. Pretensão para fixação do lar paterno como de referência. Residência paterna. Situação de fato vigorante. Pressuposto. Preservação do interesse da criança. Situação fática consolidada. Convivência paterna. Predominância. Convivência materna reduzida. Lar de referência de fato. Convivência saudável entre genitores e prole. Demonstração. Regulação de convivência. Desnecessidade. Consenso entre os genitores. Forma livre. Manutenção. Laudo técnico psicossocial. Assimilação em ponderação com os demais elementos de prova e com a realidade fática. Observância da primazia do interesse do infante. Verba alimentícia. Fomento. Genitor. Exoneração. Consectário lógico da alteração do lar de referência. (...) 3. A guarda compartilhada, porque se coaduna com maior propriedade com o atual paradigma de organização familiar, é o regime que, conquanto demande adequações e concessões mútuas entre os pais, se afigura mais condizente com a preservação dos atributos inerentes ao poder familiar resguardado aos genitores e aos interesses do filho menor, vez que viabiliza a fruição pelo infante, durante o período da sua formação psicológica e emocional, dos referenciais que lhe podem ser fomentados por ambos os genitores sem limitações externas (CC, art. 1.584, § 2º). 4. Evidenciado que o filho comum se encontra sob a guarda direta do pai, consolidando-se a residência paterna como lar de referência anteriormente à materialização de regulação jurídica nesse sentido, sobejamente em razão do tempo de convívio do infante com o genitor se apresentar consideravelmente superior ao tempo de convivência com a genitora, participando o pai, ademais, de forma preponderante da rotina do filho e na realização de suas necessidades cotidianas, retratando o apreendido estruturação familiar que proporciona rotina saudável e organizada ao menor, a fixação do regime de guarda compartilhada com lar referencial paterno se coaduna com o melhor interesse do infante, com a consequente alforria do genitor da obrigação de fomentar prestação alimentar ao herdeiro, enquanto a situação viger. 5. Apreendido que o pai reúne melhores condições de manter o menor consigo ante sua disponibilidade para atender as necessidades e demandas cotidianas do filho, encadeando rotina estruturada e consoante os interesses do infante, deve a situação ser formalmente regulada mediante fixação do regime de guarda compartilhada entre os genitores mas com o lar paterno como referência, ressalvado que, não havendo nenhuma ocorrência que desabone a mãe ou a inabilite a ter o filho consigo, como forma de exercitar o direito de visitas que a assiste, mantendo-se e otimizando-se os vínculos afetivos entre genitora e filho, assim como contribuindo para sua formação pessoal e afetiva e desenvolvimento de seu equilíbrio emocional, o direito de visitação e convivência que a assiste deve ser mantido conforme estabelecido entre os genitores, sem delimitação judicial. 6. Apelo parcialmente conhecido e, na extensão, desprovido. Unânime". (TJSP – Ap 07129126920218070005, 30-8-2023, Rel. Teófilo Caetano).

"Divórcio litigioso. Sentença de procedência. Coisa julgada material e formal (artigos 505 e 1.013, caput, do CPC). Modificação de guarda. Filho menor (06 anos de idade). Forma compartilhada, com fixação da residência no lar materno. Irresignação da genitora. Desacolhimento. Preferência legal à **guarda compartilhada**, mesmo nos casos de dissenso quanto à respectiva definição (art. 1.584, §2º, do Cód. Civil). Guarda compartilhada que não exige a desejável harmonia do casal parental, a qual tornaria o instituto inútil, sobretudo porque o dissenso é a marca da disputa judicial. Ausência de qualquer causa impeditiva. Conjunto probatório que demonstra condição favorável de ambos os pais para o exercício do poder familiar. Responsabilidade conjunta e igualitária sobre a prole. Medida que se afigura adequada ao bem-estar da criança. Regime de visitação razoável e equilibrado. Convívio regular que deve ser preservado para possibilitar o estreitamento dos vínculos afetivos, sociais, psicológicos e emocionais entre pai e filho / família paterna. Ausência indicativos de que a fixação originária possa prejudicial à rotina da criança. Restrição do período de visitas sem lastro probatório. Limitação das visitas desaconselhável. Princípio do melhor interesse do menor preservado (art. 227, caput, da Constituição Federal; arts. 1.583 e 1.584 do Código Civil; arts. 1º e 6º do ECA). Sentença mantida. Recurso desprovido". (TJSP – Ap. 1001088-93.2018.8.26.0012, 10-11-2021, Rel. Rômolo Russo).

"Recurso especial – Civil e processual civil – Família – **Guarda compartilhada** – Consenso – Desnecessidade – Melhor interesse do menor – Implementação – Impossibilidade – "Agravo interno no agravo em recurso especial. Família. Guarda compartilhada. Melhor interesse do menor. Impossibilidade. Súmula Nº 7/STJ. 1- A implementação da guarda compartilhada não se sujeita à transigência dos genitores. 2- As peculiaridades do caso concreto inviabilizam a implementação da guarda compartilhada diante do princípio do melhor interesse do menor. 3- A verificação da procedência dos argumentos expendidos no recurso especial exigiria, por parte desta Corte, o reexame de matéria fática, procedimento vedado pela Súmula nº 7 /STJ. 4- Recurso especial não provido." (STJ – REsp 1707499/DF, 6-5-2019, Rel. Min. Ricardo Villas Bôas Cueva).

"**Guarda compartilhada** – Melhor interesse do menor – Impossibilidade – "Agravo interno no agravo em recurso especial. Família. Guarda compartilhada. Melhor interesse do menor. Impossibilidade. Súmula nº 7/STJ. 1. Recurso especial interposto contra acórdão publicado na vigência do Código de Processo Civil de 1973 (Enunciados Administrativos nºs 2 e 3/STJ). 2. A implementação da guarda compartilhada não se sujeita à transigência dos genitores. 3. As peculiaridades do caso concreto inviabilizam a implementação da guarda compartilhada em virtude da realização do princípio do melhor interesse da menor, que obstaculiza, a princípio, sua efetivação. 4. A verificação da procedência dos argumentos expendidos no recurso especial exigiria, por parte desta Corte, o reexame de matéria fática, o que é vedado pela Súmula nº 7/STJ. 5. Agravo interno não provido." (STJ – AgInt-Ag-REsp 879.361 – (2016/0061049-2), 22-3-2018, Rel. Min. Ricardo Villas Bôas Cueva).

me parece que magistrado algum recalcitraria em aplicar esse princípio mesmo na ausência de texto legal.

Para tentar enfrentar a questão da guarda compartilhada quando os pais residem em locais diversos e distantes, a nova redação ao § 3º desse mesmo artigo declara: *"Na guarda compartilhada, a cidade considerada base de moradia dos filhos será aquela que melhor atender aos interesses dos filhos".* Como magistrados que fomos por mais de vinte e cinco anos não queremos crer que o legislador imagine todo o juiz deste País como um incompetente. Nunca se faria o contrário no exame do caso concreto. Mais um dispositivo inútil a nosso ver, talvez sugerido por quem nunca tenha atuado nos foros de família. O caso concreto se mostra por vezes de difícil solução e depende do bom senso das partes, que nem sempre existe, e do juiz.

Não resta dúvida de que a guarda compartilhada representa um meio de manter os laços entre pais e filhos, tão importantes no desenvolvimento e na formação de crianças e adolescentes. Essa forma de guarda traduz também outra faceta do direito de visita, que poderá ficar elástico quando acordada a guarda conjunta ou compartilhada.

É certo que a guarda compartilhada nunca poderá ser imposta se não houver boa vontade e compreensão de ambos os pais. E para isso não são necessárias leis, mas pais educados e conscientes, bem como conciliadores e juízes antenados com sua realidade social. A nova lei traz outras superfetações introduzidas no art. 1.584, bem como normas de direito procedimental como a nova redação ao art. 1.585, sobre medidas cautelares, exigindo que, salvo urgências, só poderão ser concedidas após a oitiva das partes.

Não se confunde a guarda compartilhada com *a guarda alternada*, a qual, mais no interesse dos pais do que dos filhos, divide-se o tempo de permanência destes com os pais em suas respectivas residências, nada mais que isso. Essa modalidade está fadada ao insucesso e a gerar maiores problemas do que soluções.

O texto legal menciona duas formas de guarda: unilateral ou compartilhada. Não há campos estanques entre elas, mas gradações. A guarda compartilhada pode ser mais ou menos ampla, dependendo do caso concreto. Por outro lado, a guarda unilateral pode abrir válvulas ao compartilhamento, como, por exemplo, direito de visitas mais amplo que pode caracterizar forma de convivência. A guarda unilateral extremada afasta o filho do cuidado de um dos genitores. Se no direito em geral não se pode fazer afirmações peremptórias, tal se torna muito mais verdadeiro na área da família. O fato de alguém estar com a guarda unilateral não libera o outro genitor dos deveres básicos da paternidade, devendo estar sempre atento à proteção dos interesses dos filhos.

A guarda unilateral será atribuída ao genitor que revele melhores condições para exercê-la, explicitando os fatores de afeto, saúde, segurança e educação. Como facilmente se percebe, essas melhores condições para manter a guarda do filho não residem exclusivamente na situação financeira ou econômica. O texto do revogado art. 1.584 se referia às melhores condições, sem descrevê-las, no entanto. Foi salutar a descrição introduzida nesse novo texto.

No pedido de separação ou divórcio por mútuo consentimento, assim também no desfazimento das uniões sem casamento, os cônjuges ou companheiros devem mencionar a existência de filhos menores ou inválidos, dispondo não somente acerca de sua subsistência, como também a respeito de sua guarda, criação e educação (art. 9º da Lei nº 6.515/77). A mesma situação é aplicada ao divórcio. O direito de visitas deve ser descrito, inclusive atribuível aos avós, cuja regulamentação também é da maior conveniência, embora estes tenham ação autônoma para tal.

A Lei nº 14.713/2023 acresceu o parágrafo segundo ao art. 1.584 do CC, estipulando algo que a jurisprudência certamente já aplicava: não será atribuída a guarda compartilhada se um dos progenitores não desejar ou quando houver suspeita de risco de violência contra a criança ou adolescente. Nada mais lógico e que não precisaria estar na lei. Cabe sempre ao magistrado verificar se há risco de violência. Essa mesma lei acaba por colocar dispositivo a esse respeito no art. 699-A do CPC, como se nossos magistrados não soubessem dos seus deveres.

Em princípio, sempre que for conveniente e possível, deve ser estabelecido o que for decidido pelos pais.

Cabe aos pais disciplinar não somente sobre os alimentos, mas também sobre a guarda e o direito de visitas, descrevendo com minúcias as formas de convivência nas férias escolares e festividades religiosas, como o período natalino. Os pais devem decidir sob a guarda de qual deles ficarão os filhos. Os filhos em tenra idade devem ficar preferentemente com a mãe. Situação delicada enfrentada com frequência é de pais que se separam e um deles obtém a guarda dos menores, indo residir em local distante ou no exterior. Nem sempre será fácil a harmonização dos direitos de visita. O juiz deverá procurar a solução prevalente que melhor se adapte ao menor, sem se olvidar dos sentimentos e direitos dos pais. Em linhas gerais, deve o magistrado atender à vontade dos pais conforme a declinam na separação por mútuo consentimento. Essa decisão também não faz coisa julgada, podendo ser alterada no futuro, havendo necessidade e conveniência. A guarda compartilhada dos filhos por ambos os pais apartados também deve ser sempre objeto de exame no caso concreto. O projeto de lei do Estatuto das Famílias, no capítulo referente à guarda dos filhos e ao direito de convivência, aconselha o juiz a optar pela guarda compartilhada sempre que possível, assegurando-se sempre a convivência de ambos os pais. Como se vê, Direito é, antes de tudo, lógica e bom senso.

Há matéria essencialmente procedimental, deslocada nessa parte do Código Civil (art.1.585). Não há dúvida de que os pais podem requerer a forma mais adequada de guarda, em qualquer modalidade de separação, de direito ou de fato, inclusive em medida cautelar. Avulta a importância da conciliação prévia quando então melhor se esclarecerá aos pais sobre o alcance da guarda que pretendem ou que poderá ser concedida. Será então mais conveniente que os interessados cheguem ao juiz na audiência de conciliação, já em fase judicial, com conhecimento prévio e ideia formada. Nem sempre o juiz togado terá condições para o verdadeiro aconselhamento, nem esse é seu principal mister.

Como acentuado, quando as partes não chegam a consenso, a guarda compartilhada, tal como sugerida no § 2º, somente será possível com a boa vontade e a compreensão de ambos os pais. Não pode ser imposta a casal que se digladia. Para definir sua decisão, sempre será possível o juiz recorrer a aconselhamento técnico de psicólogos, pedagogos, assistentes sociais etc. e não era necessário o ordenamento legal assim dizer, pois de há muito temos nos valido desses auxiliares.

Muitos problemas podem advir do descumprimento do estabelecido judicialmente em matéria de guarda. Nem sempre a punição, como descrita no § 4º, será a melhor solução. O juiz de família é um harmonizador mais do que um julgador.

O texto do § 5º do art. 1.584 traduz efetivamente uma disposição de direito material. Nos casos extremos, quando não for possível ou conveniente que o filho permaneça com o pai ou a mãe, qualquer pessoa que revele compatibilidade pode assumir a guarda. Há que se levar em conta o grau de afetividade dessa pessoa com o menor e seu parentesco. Trata-se de situação a que somente o caso concreto poderá dar a melhor solução. A paternidade socioafetiva é também fundamental nesse aspecto. Todos os aspectos emocionais devem ser avaliados.

9.3.1.3   Partilha. Promessa de doação

Como apontamos, não é essencial a partilha para que seja homologada a separação ou no divórcio. Porém, na petição é necessário descrever os bens do casal, móveis e imóveis, como um divisor de águas para o patrimônio futuro individual de cada cônjuge, podendo a partilha ser efetuada posteriormente. Nesse sentido, expressa o art. 1.575 que a separação judicial importa a separação de corpos e a partilha de bens, acrescentando o parágrafo único que a partilha poderá ser feita mediante proposta dos cônjuges e homologada pelo juiz. Da mesma forma, o divórcio, tanto direto como por conversão, pode ser concedido sem que haja prévia partilha de bens (art. 1.581). Com isto, agiliza-se o processo de divórcio, mas permanecerá o vínculo patrimonial a atormentar os envolvidos.

Desse modo, nada obsta, antes se aconselha, que na petição os cônjuges já apresentem o plano de partilha, para homologação. Nada impede, também, que essa partilha seja desigual. Sendo os cônjuges maiores e capazes, cabe exclusivamente a eles decidir a respeito.[10] Cumpre ao juiz investigar, quando entrevistá-los, se agem livremente e estão cientes também das consequências da divisão dos bens.

Nessa partilha, deverão ser obedecidos, em síntese, os mesmos princípios da partilha *causa mortis*. Os quinhões de cada cônjuge devem ser perfeitamente descritos e individuados, com atribuição de valores, inclusive para fins tributários, porque se a divisão for desigual, serão devidos impostos de transmissão imobiliária no tocante aos bens imóveis. Na descrição patrimonial devem constar os bens e as dívidas. Para complemento da partilha, é mister que os cônjuges descrevam também a quem ficará o encargo das dívidas.

Em princípio, procura-se que os bens sejam divididos e atribuídos à posse de cada cônjuge. Nem sempre isso é possível. Embora seja inconveniente, podem persistir bens em comum, que permanecerão em condomínio com ambos.

Várias questões e conflitos podem emergir da partilha, tais como comodato, posse precária, locação, usufruto etc., cujo exame se afasta ao direito de família. Lembre-se de que pode ocorrer separação judicial e partilha com intuito de fraudar credores dos cônjuges. Nesse caso, é aberto campo para que seja proposta a ação pauliana, visando anular o ato fraudulento de

---

[10] "Registro de imóveis – Dúvida inversa julgada procedente – Carta de sentença extraída de ação de divórcio consensual – Exigência consistente de comprovação do pagamento do Imposto de Transmissão Causa Mortis e de Doação de Quaisquer Bens e Direitos – ITCMD, ou da declaração de isenção emitida pela Fazenda do Estado – Partilha em que constou, de forma expressa, que parte do preço da aquisição do único imóvel partilhado foi pago em sub-rogação da venda de outro imóvel que era de propriedade exclusiva da cônjuge, porque foi adquirido antes do casamento pelo regime da comunhão parcial de bens – Apenas parte do imóvel tem a natureza de aquesto, o que acarretou a atribuição, a seu favor, de maior quinhão do imóvel partilhado – Declaração dos cônjuges, integrante do plano de partilha que foi homologado, que se presume verdadeira – Comprovação, ademais, da aquisição pela mulher, quando solteira, de outro bem imóvel, e da sua venda durante o casamento, em data próxima da compra do imóvel partilhado na ação de divórcio, de modo a confirmar a causa da **partilha desigual** – Perfeitamente possível que a sub-rogação, embora não conste do registro imobiliário da aquisição do imóvel, seja reconhecida no momento da dissolução do vínculo conjugal – Exigências afastadas – Recurso provido" (TJSP – Ap 1029500-81.2023.8.26.0554, 29-5-2024, Rel. Francisco Loureiro).

"Ação de sobrepartilha de bens sonegados c.c. obrigação de fazer – Autora que ajuizou a ação visando a partilha de duas motocicletas, que embora não tenham sido incluídas no acordo homologado em ação de divórcio, teria sido objeto de acordo verbal – Sentença de procedência para reconhecer a sobrepartilha dos bens descritos na inicial, de forma que a motocicleta Honda Biz é propriedade da autora, enquanto a motocicleta Yamaha Fazer é de propriedade do réu, com a condenação do réu ao fornecimento dos documentos relativos à motocicleta pertencente a autora, bem como para promover as assinaturas necessárias para fins de transferência – Irresignação do réu – Não acolhimento – Hipótese em que apesar de reconhecer o ajuste verbal quanto a divisão das motocicletas, o réu insiste no reconhecimento da obrigação de autora pagar a diferença entre o valor desses bens – Autora que nega a existência de ajuste quanto ao pagamento de diferença – Réu que não apresentou nenhum indício de prova acerca do acordo quanto ao pagamento de diferença, além de não protestar pela produção de outras provas – **Formalização de acordo entre as partes que admite eventual partilha desigual**, na forma do artigo 375 do CC – Impossibilidade de se reconhecer obrigação não comprovada – Sentença mantida – Recurso desprovido". (TJSP – Ap 1002169-37.2022.8.26.0368, 11-5-2023, Rel. Marcus Vinicius Rios Gonçalves).

cunho patrimonial e manter os bens em comum para satisfação dos credores. Os terceiros não poderão, contudo, intervir no ato e no processo de separação.

Com frequência, os cônjuges incluem doação ou promessa de doação aos filhos do casal ou a terceiros em sua pretensão de separação, que anteriormente nosso sistema denominava desquite. A doação de bens que integram o patrimônio dos interessados no momento do ato é perfeitamente possível dentro dos princípios que regem esse negócio. Porém, a questão surge quando há uma promessa de doar, feita pelo cônjuge, geralmente presente no negócio como forma de obter o acordo definitivo para o desenlace. Ocorre que a doação, citada no acordo, ainda que homologado, necessita de escritura pública se se referir a imóveis. A simples homologação da separação não conclui a doação. Recordemos que se seu objeto for móvel, há necessidade da tradição. Pode ocorrer que os cônjuges já tenham formalizado a doação antes da separação, mas não é o que ordinariamente ocorre. Enquanto não houver escritura pública no caso de imóveis ou tradição para os móveis, não há doação. Desse modo, a manifestação de vontade constante do ato de separação a esse respeito é mera promessa de doação, que pode não se concretizar no futuro.

Nesse caso, embora a doutrina tradicional majoritária acolha o princípio segundo o qual a promessa de doação é inadmissível, pode ser sustentada, a nosso ver, a possibilidade da ação de tutela específica, para impor ao cônjuge renitente o cumprimento da obrigação sob pena de multa diária e perdas e danos. De qualquer forma, a recusa em manifestar a vontade prometida faz nascer a pretensão aos prejudicados. A matéria comporta enorme digressão que nosso estudo não permite. No entanto, há forte posição jurisprudencial que se mostra refratária a esse entendimento, prendendo-se à doutrina tradicional, não admitindo efeito qualquer à promessa de doação. Veja o que estudamos a respeito da doação na obra sobre contratos em espécie.

Levemos em conta, todavia, que nessas doações insertas nos acordos de separação não existe somente um *animus donandi*, para que o negócio seja tratado unicamente sob o estrito prisma obrigacional gratuito. Na grande maioria das vezes, os cônjuges veem na doação aos filhos uma forma de acomodar as fissuras e arestas de sua separação e o negócio possui evidente cunho oneroso ou de contraprestação no bojo da partilha. Daí a razão pela qual a frustração da promessa, nesse caso, ocasiona uma quebra do acordo homologado e traduz ilicitude do recalcitrante que pode ser apenado ao menos com a indenização cabível. Nessa promessa de doar estão presentes os requisitos de um contrato preliminar. Essa posição sempre foi defendida por Washington de Barros Monteiro. Em seu profundo estudo monográfico *Divórcio e separação*, o saudoso Yussef Said Cahali (1995, v. 1:218) esmiúça o assunto e arremata:

> *"Especificamente em matéria de promessa de doação convencionada no desquite amigável, a jurisprudência mais expressiva tem acolhido a lição do antigo Juiz da Vara da Família e ornamento da cultura jurídica nacional, Washington de Barros Monteiro. Assim, 2ª Câmara do TJSP: A cláusula do requerimento de desquite consubstancia uma promessa de doação de bem ainda não integrado no patrimônio do promitente, por ocasião do desquite. Mas configura juridicamente uma obrigação possível e válida em nosso Direito, segundo, aliás, o ensinamento de Washington de Barros Monteiro, que recorda contemplar o nosso Direito casos específicos desta espécie de obrigação".*

Tudo indica que essa será a posição dominante nos julgados no futuro, já lastreados em substancial jurisprudência:

> *"Doação – Promessa feita pelo pai à filha em acordo judicial homologado – Não cumprimento da obrigação – Ação fundada nos arts. 639 e 641 do Código de Processo Civil*

julgada procedente – Configuração de contrato preliminar, e não simples declaração de intenção – Presença dos requisitos necessários à substituição por sentença da declaração não emitida" (Ap. Cível 234.983-1, Tambaú, 1ª Câmara Civil de Férias, Rel. Erbeta Filho, v. u.). No mesmo sentido: *RT* 293/135, 257/208; *TJSP*, Ac. 149.503; *TJPR*, Ac. 5.965. Advertimos, porém, que persiste respeitável jurisprudência em sentido contrário, não admitindo efeitos à promessa de doação (*TJSP*, Ap. Cíveis 206.338-1; 163.788-1; Embargos infringentes 165.298-1).

Em qualquer situação, no tocante à partilha, cabe ao juiz verificar se o acordo é prejudicial a qualquer dos cônjuges ou à prole, inclusive examinando se as doações ali presentes não demonstram o risco de levar o doador à condição de miserabilidade. Lembremos que o art. 548 dispõe que é nula a doação universal, ou seja, de todos os bens, sem reserva de parte, ou renda suficiente para a subsistência do doador.

9.3.2 Separação Litigiosa

A separação judicial contenciosa poderia ser pedida a qualquer tempo após a conclusão do casamento por qualquer dos cônjuges e sob o procedimento comum. O singelo texto da Emenda Constitucional nº 66/2010 suprimiu a separação judicial e consequentemente não se discutirá mais a culpa.

Embora persistam renitentes opiniões em contrário, não nos parece que possa ser mantida no ordenamento a dicotomia, separação judicial e divórcio, ao texto constitucional. Rolf Madaleno é direto e sensível ao sustentar essa mesma trilha:

> *"A separação de direito e o divórcio não conseguem atuar lado a lado, como se fosse uma via de duas mãos, sem flagrante incompatibilidade, pois a separação judicial não se sustenta senão pelo consenso do casal que queira de comum acordo escorraçar o instituto do divórcio, no entanto, esse casal sequioso por buscar por consenso os restritos efeitos de uma separação amigável ficaria numa espécie de limbo, por não conseguir converter sua separação em divórcio, diante da supressão dos prazos e do próprio instituto da conversão com a alteração do artigo 226, § 3º, da Carta Federal de 1988, pela Emenda Constitucional nº 66/2010"* (2013:211).

Não fossem todos os argumentos em prol dessa opinião, lembre-se que se trata de norma constitucional que prevalece sobre lei ordinária especial editada anteriormente.

LEITURA COMPLEMENTAR

No regime originário do Código Civil de 1916, o desquite litigioso devia caber em uma das causas especificadas no artigo 317: *"adultério, tentativa de morte, sevícias ou injúria grave, abandono voluntário do lar conjugal por mais de dois anos"*. A jurisprudência do passado procurou alargar esse aparente *numerus clausus*, entendendo, por exemplo, que o abandono do lar conjugal por menos de dois anos poderia constituir injúria grave, expandindo esse conceito de injúria. Esse rol do antigo art. 317 continuou válido como orientação casuística e doutrinária, embora tivesse mero valor histórico, como acentua Caio Mário da Silva Pereira (1996:143), pois a Lei nº 6.515/77 optou, conforme a moderna tendência internacional, por fórmula genérica, que engloba e suplanta os velhos conceitos do direito anterior.

De fato, o art. 5º da Lei do Divórcio dispôs que a separação pedida por um só dos cônjuges deve imputar ao outro *"conduta desonrosa ou qualquer ato que importe em grave violação dos deveres do casamento e torne insuportável a vida em comum"*. Nunca os magistrados tiveram dificuldade em definir a conduta desonrosa ou a grave violação de deveres do casamento, aspectos de absoluto senso comum.

Pois o Código de 2002 representou, nesse aspecto, um injustificável e odioso retrocesso. Parece que o legislador do país não se contenta em dar passos à frente, pois lhe apraz também voltar ao passado. De há muito estão de acordo os juristas que as causas da separação, sob a forma de sanção, devem ser genéricas e representar o mínimo possível uma tipificação estrita. Era essa a linha definida, como vimos, na Lei nº 6.515. No entanto, o Código de 2002 voltou atrás e reintroduziu o sistema do Código Civil de 1916, com um elenco de causas que podem caracterizar a impossibilidade de comunhão.

Desse modo, o art. 1.572, em seu *caput*, manteve a regra geral:

> *"Qualquer dos cônjuges poderá propor a ação de separação judicial, imputando ao outro qualquer ato que importe grave violação dos deveres do casamento e torne insuportável a vida em comum".*

Bastava que se mantivesse esse texto, que igualava a orientação da Lei nº 6.515, e que já solidificara o entendimento jurisprudencial. No entanto, surpreendentemente, o art. 1.573 voltou aos idos do início do século passado, com a seguinte redação:

> *"Podem caracterizar a impossibilidade da comunhão de vida a ocorrência de algum dos seguintes motivos:*
> *I – adultério;*
> *II – tentativa de morte;*
> *III – sevícia ou injúria grave;*
> *IV – abandono voluntário do lar conjugal, durante um ano contínuo;*
> *V – condenação por crime infamante;*
> *VI – conduta desonrosa.*
> *Parágrafo único. O juiz poderá considerar outros fatos, que tornem evidente a impossibilidade da vida em comum".*

Na verdade, todo o artigo mostrou-se inútil, não só porque a matéria estava solidificada na doutrina e na jurisprudência dos últimos anos, como também porque o parágrafo permite que o juiz considere outros fatos que tornem evidente a impossibilidade da vida em comum. Volta-se, em síntese, ao *caput* do art. 1.572. Já não existem mais legisladores que cultuam o Direito como no passado. O legislador mostra-se nesse aspecto desvinculado da história e da sociologia. Posição deveras lamentável para quem elabora leis. Histórica e socialmente, não mais se justifica o elenco legal. Ora, o abandono do lar conjugal poderá caracterizar fato justificável para a separação, ainda que decorridos apenas alguns meses. Dependerá do caso concreto. Assim, perdeu o legislador a excelente oportunidade de manter o regime da fórmula sintética da lei anterior. O Projeto nº 6.960/2002 poderia ter corrigido a dicção, mas limitou-se a substituir "adultério" por "infidelidade"; e suprimiu o lapso temporal mínimo para caracterizar o abandono voluntário do lar.

Desse modo, em linhas gerais, qualquer ato que implique violação do dever de fidelidade, mútua assistência e convivência poderia lastrear o pedido de separação, devendo o requerente comprovar que tal ato tornou a vida em comum insuportável.

Destarte, aplicam-se, em síntese, todas as causas descritas no revogado art. 317, redigido no final do século XIX e revivido pelo art. 1.573. Assim, o adultério, porque transgride o dever de fidelidade, viola o casamento. A insuportabilidade da vida em comum deve ser comprovada em cada caso. Nesse diapasão, tem aplicação o perdão ao adultério e tudo quanto foi examinado a respeito na legislação passada.

Na legislação atual, com o parágrafo único do art. 1.573, alargaram-se as possibilidades de separação litigiosa.

O § 1º do art. 1.572, repetindo norma da Lei do Divórcio, dispôs que o cônjuge também pode pedir a separação se provada a ruptura da vida em comum há mais de um ano consecutivo e a impossibilidade de sua reconstituição.

O § 2º desse mesmo artigo ainda estatui que o cônjuge pode pedir a separação judicial

> *"quando o outro estiver acometido de doença mental grave, manifestada após o casamento, que torne impossível a continuação da vida em comum, desde que, após uma duração de dois anos, a enfermidade tenha sido reconhecida de cura improvável".*

A lei anterior tinha a mesma redação, mas se referia a um período de cinco anos para a duração da moléstia.

9.3.2.1 O dano moral no rompimento da sociedade conjugal e no direito de família

Depois da Constituição de 1988, que expressamente permitiu o reconhecimento de dano moral, alargaram-se as situações de indenização, até mesmo ao exagero.

A questão maior no direito de família é saber quais os limites e princípios para ser concedida uma indenização por dano moral no desfazimento do casamento. A doutrina transita da impossibilidade de reconhecimento do dano moral à abertura total. No Direito, todavia, não deve haver extremismos.

É fato que na separação do casal podem ocorrer situações de ofensa à dignidade humana que podem levar, à exaustão, à possibilidade de indenização por dano moral. Não se há, porém, que se entender que sistematicamente qualquer rompimento da unidade conjugal pelos comezinhos motivos conhecidos possa sempre levar à possibilidade de indenização.

O criterioso exame do juiz deve definir essa possibilidade no caso concreto. Há de se partir sempre dos princípios gerais da responsabilidade civil. Há, então, um ato ilícito que ocasiona um prejuízo, ainda que exclusivamente não patrimonial. A partir daí, o exame do julgador será a análise e as circunstâncias do desfazimento da união e as eventuais sequelas morais. Todas as circunstâncias em torno do casamento ou união estável desfeita devem ser levadas em consideração, como o nível social e cultural dos envolvidos, situação familiar, localização geográfica, usos e costumes etc. Na maioria das vezes, a conduta ilícita se tipifica independentemente de ter havido conúbio: injúrias e calúnias lançadas contra um dos consortes; sevícia, atos de improbidade ou despudorados etc. Nem sempre haver-se-á de sustentar que essa conduta decorra exclusivamente do casamento, pois o dever de indenizar poderia surgir em várias outras situações, distantes do problema conjugal, que, em tese, só as agravaria. Há, portanto, que se distinguir os danos decorrentes diretamente do casamento ou da união estável, daqueles que apenas indiretamente o tocam.

O simples desfazimento do casamento, por si só, não deve gerar o dever de indenizar, sob pena de transformarmos a situação em responsabilidade objetiva, por mais que se amplie atualmente esse âmbito. Diferente será a conclusão se o término do casamento resulta de situação martirizante e angustiante para a vítima. Daí por que não é conveniente que se defina aprioristicamente o dever de indenizar no casamento. Não se esqueça que para a responsabilidade não basta o ato ilícito, deve ocorrer dano, que se ressaltará da prova no caso concreto. Como aduz Rolf Madaleno, secundando o que aqui afirmamos

> "*o dano moral não tem como elo o casamento, e sim o fato da exposição pública causada pelo outro cônjuge, cujo ato invadiu a esfera privada da personalidade do consorte ofendido, a gerar ressarcimento que não está associado ao matrimônio, mas à pessoa do ofensor, que circunstancialmente também é cônjuge do ofendido e cujo matrimônio deve ser dissolvido por fato eminentemente objetivo e, portanto, não causal*" (2013:355).

A situação se espraia a todo direito de família e não unicamente nos aspectos do casamento e da união estável. Destarte, pode ocorrer dano moral que tenha como elo a investigação de paternidade, os deveres dos pais, o abandono físico e psíquico dos filhos, a discussão sobre alimentos etc. O presente texto aplica-se evidentemente a todas essas situações, com os aspectos que as envolvem.

9.3.2.2 Separação por conduta desonrosa ou grave violação dos deveres do casamento (leitura complementar)

Com a dicção referida, deferia-se o poder discricionário do juiz na avaliação da separação por culpa de um dos cônjuges. Cabia ao magistrado, em cada caso concreto, definir se houve "*conduta desonrosa*" ou "*grave violação dos deveres do casamento*". Em qualquer hipótese, devia também estar comprovado que os fatos tornaram "*insuportável*" a vida em comum.

Não restou dúvida de que a farta jurisprudência anterior serviria de base para as hipóteses do art. 1.573.

No exame do adultério, infringência a dever elementar no casamento seria examinada se houve perdão eficaz e insuportabilidade da situação para o cônjuge inocente. A sevícia é por si só grave e raramente não será insuportável para o inocente. A injúria grave dependerá fortemente do caso concreto, do nível social e cultural do casal. A jurisprudência forneceu os contornos dessas faltas.

O art. 1.573, IV, condicionara o abandono do lar conjugal durante um ano contínuo. Como vimos, o juiz poderia não levar em conta o prazo mínimo, mas é a irremediabilidade da situação. O Projeto mencionado tentou corrigir a disposição, como vimos. Um curto espaço de abandono, por vezes, pode configurar a perda definitiva da *affectio maritalis*. A definição caberia ao juiz no caso concreto.

Com frequência, muitas situações de rompimento da vida conjugal por culpa, adultério, bigamia, ofensas físicas, abandono moral e material, alcoolismo etc. ocasionam dano moral ao cônjuge inocente, abrindo margem à pretensão de indenização nos termos do art. 186, não havendo necessidade de norma específica para tal.

O requisito da insuportabilidade da vida em comum recebeu críticas e tornou o pedido de separação instável. Foram oportunas as palavras de Sílvio Rodrigues (1999:221):

> "*Essa exigência, a meu ver, é má, não só porque impõe ao autor da demanda o ônus de provar a subsequente insuportabilidade da vida em comum, como também porque abre para o réu a possibilidade de contestar o feito com a alegação de que seu adultério, ou injúria irrogada contra o seu consorte, ou sevícia de que foi vítima, não tornaram a vida em comum insuportável*".

Era de toda conveniência que esse texto legal fosse reformulado. Há que se entender agora como extirpado, embora possam ocorrer dúvidas nos tribunais em virtude da singeleza do texto constitucional. A infindável discussão por vezes instalada no processo acerca da insuportabilidade da vida em comum é inócua e inconveniente, para os cônjuges e para a prole.

A propósito dos filhos, o art. 10 da Lei nº 6.515/77 dispunha que, na separação fundada no *caput* do art. 5º, ficariam eles em poder do cônjuge que não houvesse dado causa à separação. Se ambos os cônjuges fossem declarados culpados, ficariam em poder da mãe, salvo se o juiz entendesse essa situação como moralmente inconveniente para os menores (art. 10, § 1º). Podia também o juiz determinar que os menores ficassem sob a guarda de terceiro, *"pessoa notoriamente idônea da família de qualquer dos cônjuges"* (art. 10, § 2º), se verificasse que não devessem permanecer com qualquer dos cônjuges. Nem sempre essa era a solução simples para o magistrado. O vigente Código, de forma mais aceitável, dispõe que a guarda dos filhos será atribuída a quem revelar melhores condições para exercê-la (art. 1.584). Sempre coube ao juiz verificar o melhor para os menores, qualquer que fosse a situação jurídica dos pais. Permite também o presente Código que a guarda possa ser atribuída a terceiro, que se relaciona com o menor por vínculos de parentesco, afinidade ou afetividade, se os pais não tiverem condições de exercer a guarda (art. 1.584, § 5º).

Como apontamos, havia corrente doutrinária que via nos motivos da infringência dos deveres conjugais situações que de per si acarretavam o dever de indenizar moralmente o cônjuge não culpado. Com o alargamento dos conceitos legais, ampliam-se as possibilidades de indenização e cada vez mais aumentará na sociedade a repulsa pelo casamento, mormente hoje quando a união estável lhe faz as vezes, com maiores vantagens.

9.3.2.3 Separação por ruptura da vida em comum (leitura complementar)

Ao admitir a possibilidade de separação sem alegação de culpa de qualquer dos cônjuges, como vimos, o legislador aderiu preferencialmente à teoria do divórcio-remédio. A separação é concedida como remédio para uma situação e não como punição.

A separação por ruptura da vida em comum há mais de um ano (art. 1.572) é situação presente em outras legislações, com prazos variados. Trata-se também de separação-remédio que busca solução para situação de fato. Não se declinam as causas. Basta que seja comprovada a ruptura há mais de um ano e a impossibilidade de sua reconstituição. A matéria em eventual contestação fica reduzida e circunscrita. Assim devem se posicionar as ações de divórcio após a Emenda Constitucional nº 66/2010. A redação primitiva desse dispositivo na legislação anterior demandava o decurso de prazo mínimo de cinco anos consecutivos. Foi a Lei nº 8.408/92 que reduziu o lapso para um ano, pois evidentemente o período anterior era excessivamente longo, se comparado às situações que permitem o divórcio. Esse prazo cai por terra com o novo sistema.

A lei exigia que o prazo fosse consecutivo, sem interrupções. Lapsos pequenos de abandono do lar, por exemplo, não podiam ser considerados. Examina-se também a impossibilidade de ser mantido o vínculo. Esse o sentido da *"ruptura"* mencionada na lei. Essa ruptura caracteriza-se pelo distanciamento físico dos cônjuges, cada um fixando residência em local diverso. Pode ocorrer, porém, que permaneçam sob o mesmo teto, mas em situação de ruptura, quer por motivos econômicos, quer para não agravar a situação familiar dos filhos. Por outro lado, a separação de corpos, formalizada por procedimento cautelar, deixa bem nítida a situação.

No tocante à guarda dos filhos, o art. 11 da Lei nº 6.515/77 dispunha que, quando a separação ocorresse por ruptura da vida em comum, ficariam eles *"em poder do cônjuge em cuja companhia estavam durante o tempo de ruptura da vida em comum"*. Não era regra inflexível que não pudesse ser alterada na conveniência dos filhos, como em toda situação de guarda de filhos menores. Tanto assim que o atual Código, como referimos, indica ao juiz o caminho no art. 1.584, de acordo com o que for melhor para os menores. Ainda voltaremos ao tema, pois há que se analisar, no caso concreto, o que se entende por "*melhores condições*" de um ou de outro cônjuge para a guarda do menor.

9.3.2.4 Separação por grave doença mental (leitura complementar)

Neste caso, não se tratava de hipótese de ruptura da vida em comum, mas da superveniência de moléstia mental de cura improvável. O legislador, porém, entende que essa situação não merece seu incentivo, tanto que a lei anterior permitia que o juiz indeferisse o pedido (art. 6º). Mantém, porém, o ônus descrito no § 3º do art. 1.572.

Por outro lado, a norma teve pequeno alcance, porque com a sistemática original da Constituição de 1988, se o casal estivesse separado há mais de dois anos, poderia ser requerido o divórcio direto, sem necessidade de ser alegada e causa de moléstia mental do outro cônjuge, superando-se a questão.

O legislador exigiu, nessa hipótese, que concorressem os seguintes requisitos: (a) a doença mental grave; (b) sua cura improvável; (c) que tenha sido manifestada após o casamento; (d) que a moléstia perdurasse por mais de dois anos; (e) que tornassem impossível a vida em comum. Essencial o laudo médico para atestar a moléstia mental: psicose, esquizofrenia, oligofrenia e várias outras manifestações. O alcoolismo e a dependência em tóxicos podem caracterizar moléstia mental, dependendo de sua gravidade. De qualquer forma, a manifestação da doença deve ter ocorrido após o casamento. Moléstia preexistente não pode fundamentar pedido. Nem sempre será fácil para a perícia fixar com exatidão o momento de sua eclosão ou do sério agravamento após o enlace.

Quanto à guarda dos filhos, ficariam eles na companhia do cônjuge que tivesse condições de assumir normalmente a responsabilidade de sua guarda e educação, noção do art. 12 da lei anterior, que se amolda ao art. 1.584 do vigente Código. Nessa matéria, porém, como sempre realçamos, é amplo o poder discricionário do juiz que deverá atentar para a segurança e bem-estar dos menores, podendo dispor segundo as circunstâncias exigidas pelo caso concreto.

9.3.2.5 Indeferimento da separação na forma do art. 6º da Lei nº 6.515/77. Cláusula de dureza. Dispositivo ausente no Código Civil de 2002 (leitura complementar)

Dispunha o art. 6º da Lei do Divórcio acerca das duas modalidades de separação examinadas anteriormente:

> "*Nos casos dos §§ 1º e 2º, do artigo anterior, a separação judicial poderá ser negada, se constituir, respectivamente, causa de agravamento das condições pessoais ou da doença do outro cônjuge, ou determinar, em qualquer caso, consequências morais de excepcional gravidade para os filhos menores*".

Tratava-se da chamada "*cláusula de dureza*", a desestimular a separação, como já referido. Essa disposição legal não era elogiável. Quando rompida a afeição do casamento ou quando um dos cônjuges decide romper o vínculo em razão da moléstia mental do outro cônjuge, é da mais absoluta inconveniência que seja mantida coercitivamente a união. Prejuízo maior seria aos filhos conviverem em um lar no qual um cônjuge não aceitasse a presença do outro. Em ambos os casos, o pedido podia ser repelido quando determinasse consequências morais de excepcional gravidade para os filhos menores.

A aplicação dessa norma somente era admissível em casos excepcionais, devidamente valorados pelo juiz. Atentemos para o termo respectivamente aposto na dicção legal: quando se tratasse de ruptura da vida em comum por mais de um ano, o pedido podia ser repelido, se se provasse que ocasionaria agravamento das condições pessoais do outro cônjuge; quando se tratasse de ruptura em razão de moléstia mental, o pedido poderia ser indeferido se a separação ocasionasse agravamento da moléstia mental do réu. Em ambos os casos, poderia haver improcedência quando o réu alegasse e provasse que a decretação da separação traria consequências morais de excepcional gravidade para filhos menores. Como apontamos em edição anterior desta obra, a nosso ver, toda essa casuística era altamente inconveniente. Somente em casos excepcionalíssimos deveria ser aplicada pelo juiz, sob pena de anular o alcance dessas modalidades de separação. É evidente que toda separação ocasiona um prejuízo para quem não a deseja, repercutindo sempre na pessoa dos filhos menores. Drama maior para todos na família será, na maioria das vezes, permanecerem os cônjuges casados em circunstâncias absolutamente insustentáveis. Atendendo a essas críticas, o dispositivo foi corretamente suprimido no corrente Código.

9.3.2.6 Efeitos patrimoniais na forma do § 3º do art. 1.572 (leitura complementar)

Esse dispositivo procura desencorajar o cônjuge a requerer a separação com base no § 2º (acometimento de moléstia mental grave):

> "No caso do parágrafo 2º, reverterão ao cônjuge enfermo, que não houver pedido a separação judicial, os remanescentes dos bens que levou para o casamento, e se o regime dos bens adotado o permitir, a meação dos adquiridos na constância da sociedade conjugal".

No sistema da lei anterior, de forma injustificável, o dispositivo também se aplicava à separação por ruptura da vida em comum.

O intuito do legislador foi duplo nesse dispositivo, aliás, também plenamente dispensável. De um lado procurou-se desencorajar o cônjuge a pedir o desquite e de outro, buscou-se proteger aquele que não tomou a iniciativa da separação. A noção é que, em tese, quem pede a separação porque o outro cônjuge está acometido de moléstia mental, procura fugir ao dever de assistência moral do casamento. No entanto, a realidade na maioria das vezes é bem outra e dispensa maiores digressões. A lei buscou punir o cônjuge requerente, protegendo o outro com tudo o que remanescer dos bens que trouxe para o casamento, além de sua meação.

Se a solução, em tese, era moralmente admissível na hipótese de moléstia mental, não possuía mesmo razão de existir na situação de ruptura da vida em comum por mais de um ano. Não havia por que apenar o cônjuge que pleiteava a separação quando o casamento estava definitivamente falido e a própria lei não exigia outra causação. Por isso, o atual dispositivo restringiu essa aplicação apenas à hipótese de separação no caso de moléstia mental grave.

A norma foi, na prática, de pequeno alcance, porque aplicada apenas no caso do regime de comunhão universal de bens. Nesse caso, a comunicabilidade não se aplicava aos bens remanescentes que o cônjuge demandado trouxe para o casamento. Quando o regime for da comunhão parcial, da comunhão final de aquestos ou da separação, cada cônjuge conserva seu patrimônio distinto. Os aquestos comunicam-se na constância do casamento, o que diminui sensivelmente o alcance dessa norma.

9.3.2.7 Proteção à pessoa dos filhos na separação litigiosa e no divórcio. Guarda dos filhos. Direito de visitas

Como vimos, a matéria acerca da proteção dos filhos na separação fora tratada pela Lei do Divórcio, que revogou os dispositivos respectivos do Código Civil. O art. 9º refere-se à separação consensual. Em qualquer caso, contudo, deveria ficar especificada a forma de concessão de alimentos aos filhos, orientação que sempre permanece. Os dispositivos acerca da guarda e dos alimentos estendiam-se aos filhos menores e filhos maiores inválidos (art. 13). Quanto à separação litigiosa, o art. 10 dispunha que, quando a separação decorresse de pedido que imputa conduta desonrosa ou grave violação dos deveres do casamento (art. 5º), os filhos ficariam com o cônjuge que a ela não tivesse dado causa. A regra, como é evidente, não podia ser aplicada de forma inflexível.

Razões de bom senso devem sempre determinar ao juiz que atribua, por exemplo, a companhia dos filhos em tenra idade à mulher, ainda que esta seja, em tese, a culpada da separação. O caso concreto deve sempre determinar qual a solução que ocasiona menor prejuízo moral aos menores. Tanto assim é que o § 1º do art. 10 estatuía que se ambos os cônjuges fossem considerados culpados, os filhos menores ficariam em poder da mãe, *"salvo se o juiz verificar que de tal solução possa advir prejuízo de ordem moral para eles"*. A preferência pela mãe justifica-se, na maioria das vezes, mormente em se tratando de filhos de pouca idade. Poderia também o juiz determinar que os filhos não devessem permanecer nem com o pai nem com a mãe, hipótese em que deferiria *"sua guarda à pessoa notoriamente idônea da família de qualquer dos cônjuges"* (art. 10, § 2º). Essas decisões, sempre trágicas, não transitam em julgado, podendo ser alteradas sempre que houver conveniência ou necessidade. O art. 13 era expresso no sentido de que, ocorrendo motivos graves, em benefício dos filhos, o juiz poderia sempre regular de maneira diferente o disposto na lei.

Os mandamentos legais, nessa matéria, portanto, caem sempre por terra quando houver um interesse maior para os filhos. O simples fato de o cônjuge viver em união estável, por exemplo, não faz por concluir pela inconveniência de manutenção da guarda dos filhos. Veja o que falamos no Capítulo 14 sobre a alienação parental, já objeto de norma legal (Lei nº 12.318/2010).

Quando a separação ocorresse por ruptura da vida em comum, o art. 11 da lei anterior determinava que os filhos ficariam em companhia do cônjuge com quem estavam ao tempo dessa ruptura. A regra era lógica e somente em situação excepcional devia ser modificada pelo magistrado.

Outra regra lógica estava no art. 12: quando a separação ocorresse com fundamento no § 2º do art. 5º, doença mental, *"o juiz deferirá a entrega dos filhos ao cônjuge que estiver em condições de assumir, normalmente, a responsabilidade de sua guarda e educação"*. Essas disposições também deviam ser aplicadas nos casos de anulação de casamento e, no que fosse cabível, também na dissolução da sociedade conjugal pelo divórcio.

Veja o que apontamos neste capítulo (9.3.1.2) acerca da guarda compartilhada, com a modificação da redação dos arts. 1.583 e 1.584. A regra geral do revogado art. 1.584 não deixa sempre de ter aplicação: *"Decretada a separação judicial ou o divórcio, sem que haja entre as partes acordo quanto à guarda dos filhos, será ela atribuída a quem revelar melhores condições para exercê-la"*.

É evidente que essa e as demais normas também se aplicam aos menores no desfazimento da união estável e do concubinato. Ora, todo juiz de juízo de família sempre tem ou deve ter em mente essa regra, ainda que não estivesse escrita. A maior questão nessa seara é definir o que representam, no caso concreto, *"as melhores condições"* para a guarda, algo que foi explicitado pela nova redação do dispositivo, como apontado (art. 1.583, § 2º). Somente em situações excepcionalíssimas o menor de pouca idade pode ser afastado da mãe, a qual, por natureza, deve cuidar da criança. Nem sempre, por outro lado, as melhores condições financeiras de um dos cônjuges representarão melhores condições de guarda do menor. O carinho, o afeto, o amor, o meio social, o local de residência, a educação, a escola e, evidentemente, também as condições econômicas devem ser levados em consideração pelo magistrado, que deve valer-se dos profissionais auxiliares para ter diante de si um quadro claro da situação do lar dos cônjuges. Sempre haverá situações complexas e de difícil deslinde. É importante, também, que o menor seja ouvido se já tiver idade de maior compreensão, bem como os pais, parentes próximos e pessoas relacionadas com o casal.

Em situações de exceção, quando o juiz concluir que o menor não deve ficar nem com o pai nem com a mãe, como vimos, a guarda do menor pode ser deferida a terceiros.

Deve ser levada em consideração a lei específica, no caso o Estatuto da Criança e do Adolescente, Lei nº 8.069/90. Veja o que expusemos a respeito do tema, no Capítulo 14.

O mesmo poder discricionário do juiz, tendo como orientação os arts. 1.583 e 1.584 que continuam a servir de norte, aplica-se em sede de medida cautelar de separação de corpos (art. 1.585).

Como enfatizamos, em qualquer situação que o exija, o juiz poderá regular de forma diferente a guarda dos menores. Art. 1.586: *"Havendo motivos graves, poderá o juiz, em qualquer caso, a bem dos filhos, regular de maneira diferente da estabelecida nos artigos antecedentes a situação deles para com os pais".* O Projeto nº 6.960/2002 sugeriu uma outra redação para esse dispositivo:

> *"Na fixação da guarda, em qualquer caso, seja de filhos oriundos ou não do casamento, o juiz deverá, a bem dos menores, sempre levar em conta a relação de afinidade e afetividade que os liga ao guardião.*
>
> *Parágrafo único. A qualquer tempo, havendo justo motivo, poderá o juiz modificar a guarda, observando o princípio da prevalência dos interesses dos filhos".*

A dicção então projetada realçava o que o direito de família moderno denomina família socioafetiva ou emocional. Melhor será que o juiz defina a guarda para quem dá amor ao menor, independentemente dos vínculos biológicos. O caso concreto dará a solução.

O art. 1.587 afirma que os princípios dos arts. 1.584 e 1.586 aplicam-se nos casos de invalidade do casamento, quando houver filhos comuns. Sempre que conveniente, também, esses princípios de proteção e guarda aplicam-se aos filhos das uniões estáveis ou concubinárias.

Quanto ao direito de visitas, os pais que não estão com a guarda dos filhos menores têm o direito inarredável de exercê-lo, bem como fiscalizar sua manutenção e educação. Dispõe o art. 1.589:

> *"O pai ou a mãe, em cuja guarda não estejam os filhos, poderá visitá-los e tê-los em sua companhia, segundo o que acordar com o outro cônjuge, ou for fixado pelo juiz, bem como fiscalizar sua manutenção e educação".*

A lacuna, no tocante à possibilidade do direito de visita dos avós e outros parentes, fora tratada pelo Projeto nº 6.960/2002, o qual tentou acrescentar em seu § 1º:

> *"Aos avós e outros parentes, inclusive afins, do menor e assegurado o direito de visitá-lo, com vistas à preservação dos respectivos laços de afetividade".*

De forma ainda lacunosa, mas de qualquer forma solidificando o que já vinha de há muito tempo sendo sufragado pela jurisprudência, a Lei nº 12.398/11 introduziu parágrafo ao art. 1.589, ratificando o direito de visitas dos avós:

> *"O direito de visita estende-se a qualquer dos avós, a critério do juiz, observados os interesses da criança e do adolescente".*

O texto acrescido na lei, de qualquer forma, falou menos do que deveria, o que não obsta que, em casos concretos, parentes, afins ou pessoas ligadas por estreito laço de afetividade ao menor, tenham assegurado direito de visita. Esses laços de afetividade devem ser levados em conta pelo magistrado, que poderá conceder o direito de visita até mesmo a outros parentes e não parentes, tios, padrinhos, por exemplo, que se encontrem emocional e afetivamente ligados ao menor. A pirraça ou obstinação injustificada dos guardiões deve ser coartada pelo magistrado. A vida é a escola e o juiz saberá encontrar a melhor solução no caso concreto, independente da lei que nem sempre é correta ou sábia.

As regras estabelecidas para as visitas e a guarda podem ser alteradas a qualquer momento, sempre no interesse do menor. É o que acresce o § 2º sugerido pelo citado Projeto.

Essa questão do direito de visita entrosa-se com a denominada *"guarda compartilhada"*. Não é porque um dos pais não tem a guarda do filho que deve deixar de exercer a orientação e fiscalização que são próprias do poder familiar. Deve participar de sua educação e das questões que envolvem afeto, apoio e carinho. Nas decisões que dizem respeito a essas visitas, o juiz deve fixar períodos mais ou menos longos que propiciem contato com o outro genitor, sem prejuízo de sua atividade escolar. O caso concreto deve dar a solução, inclusive no tocante aos períodos de férias escolares.

Por vezes, o melhor interesse dos menores leva os tribunais a propor a guarda compartilhada ou conjunta. O instituto da guarda ainda não atingiu sua plena evolução. Há os que defendem ser plenamente possível essa divisão de atribuições ao pai e à mãe na guarda concomitante do menor. A questão da guarda, porém, nesse aspecto, a pessoas que vivam em locais separados não é de fácil deslinde. Dependerá muito do perfil psicológico, social e cultural dos pais, além do grau de fricção que reina entre eles após a separação. Atento a essa problemática, afirma Waldyr Grisard Filho:

> *"A custódia física, ou custódia partilhada, é uma nova forma de família na qual pais divorciados partilham a educação dos filhos em lares separados. A essência do acordo da guarda compartilhada reflete o compromisso dos pais de manter dois lares para seus filhos e de continuar a cooperar com o outro na tomada de decisões"* (2000:112).

Em nossa legislação, por tudo que expusemos, nada impede ao juiz que defira a guarda a ambos os cônjuges, mormente se existe acordo entre eles. O difícil, justamente, é chegar-se a um acordo no calor de uma separação. A guarda, porém, pode ser alterada no futuro, quando os espíritos estiverem mais apaziguados. Não resta dúvida de que a solução da guarda compartilhada é um meio de manter os laços entre pais e filhos, tão importantes no desenvolvimento da criança e do adolescente. Não resta dúvida, também, de que essa modalidade de guarda representa uma nova faceta do direito de visita, que poderá ficar dispensado quando se acorda pela guarda conjunta. No futuro, certamente, o legislador também se preocupará com essa modalidade de guarda.

Por outro lado, na posição diametralmente oposta, o direito de visitas poderá ser suspenso perante casos extremos de inconveniência do contato do menor com o pai ou a mãe. Trata-se, porém, de direito e não de obrigação. Sempre se afirma que existe um direito de visita, mas não um direito de ser visitado. Nem sempre os pais exigem esse direito sob o prisma da proteção e afeto dos filhos, mas como forma de espicaçar o outro cônjuge. Nem sempre será fácil a conduta do magistrado. Se for conveniente para os menores e a situação o exigir, a visita se dará em horário estabelecido e local diverso do domicílio das partes, sob a fiscalização de agentes do Judiciário, tais como psicólogos e assistentes sociais. Questões de difícil deslinde surgem quando os pais moram em locais distantes ou no exterior. Aliás, conforme o art. 84 do Estatuto da Criança e do Adolescente, como a viagem ao exterior pode representar uma supressão ainda que temporária do direito de visitas, é necessário que o outro cônjuge autorize a viagem com um só dos pais, ainda que estejam casados.

Lembre-se de que a proteção à pessoa do menor e a seu bem-estar familiar exige que também aos avós seja deferido o direito de visitas, com a mitigação necessária, nunca podendo ser suprimido.

O art. 329 do Código de 1916 fora o único do capítulo não revogado pela Lei do Divórcio. Dizia respeito à mulher que contraía novas núpcias, a qual mantinha o direito de ter consigo os filhos, que somente lhe poderiam ser retirados por decisão judicial, "*provado que ela, ou o padrasto, não os trata convenientemente*". A disposição não tinha maior interesse porque o Estatuto da Mulher Casada já dispusera, na alteração do art. 393 do Código, no sentido de que a mulher que se remarida não perde o direito ao pátrio poder dos filhos do leito anterior.

A Constituição vigente colocou em igualdade o exercício do poder familiar por ambos os cônjuges. Sob essa senda, dispõe o presente código no art. 1.588:

> "*O pai ou a mãe que contrair novas núpcias não perde o direito de ter consigo os filhos, que só lhe poderão ser retirados por mandado judicial, provado que não são tratados convenientemente*".

Como se nota, a regra nada mais faz do que chancelar a orientação geral de proeminência permanente do interesse dos menores em qualquer situação.

A lei nada menciona expressamente acerca da situação dos filhos na separação de fato. Cabe ao juiz, no caso concreto, avaliar qual a melhor situação para os menores. É claro que as normas ora referidas devem servir de orientação primeira. A tendência será manter o estado atual dos filhos até que quando da separação seja examinada com mais profundidade a questão. Não há, porém, em qualquer caso, como tomarmos uma posição dogmática quando se trata de proteção à pessoa dos filhos menores ou maiores incapazes.

Finalize-se com a observação no sentido de que os princípios de guarda e prestação de alimentos aos filhos menores estendem-se aos maiores incapazes, na forma do art. 1.590. Sobre os alimentos devidos aos filhos, discorreremos no capítulo específico.

9.3.3 Reconciliação. Efeitos

Como vimos, o estado de separação judicial, qualquer que seja sua causa e o modo utilizado, admite o restabelecimento do estado de casados (1.577). Os que ainda estão sob esse vértice continuam na mesma situação de separados judicialmente, apesar da Emenda Constitucional. Seria necessária lei específica para transformar automaticamente o estado de separação em divórcio. O art. 46 da Lei nº 6.515/77 determina que requerimento nesse sentido seja feito nos autos da ação de separação. A norma é processual e continua, em princípio, em vigor. Quando se tratar de separação efetivada por escritura pública, há de se concluir que o pedido deve ser instruído com a respectiva certidão. O casamento é restabelecido nos mesmos termos em que foi constituído, mantido, portanto, o mesmo regime de bens. Para que ocorra a modificação do regime de bens, segundo o vigente Código, há necessidade de que os cônjuges façam pedido nesse sentido, justificando a necessidade (art. 1.639, § 2º). Essa é uma das hipóteses em que pode efetivamente ocorrer necessidade de alteração do regime patrimonial. Competirá ao juiz defini-la no caso concreto. Acrescenta o parágrafo único desse artigo que a reconciliação não prejudicará os direitos de terceiros adquiridos antes e no interregno da separação, não importando qual seja o regime de bens. Portanto, serão válidas as alienações de bens efetuadas nesse período. Por outro lado, os bens adquiridos no interregno não se comunicam a menos que o regime seja o da comunhão universal.

A reconciliação deve ser averbada junto ao assento da separação, averbando-se também esta no registro de casamento, caso ainda não o fora. Com a reconciliação, a partilha ficará sem efeito, reassumindo-se o regime de bens, preservado o direito de terceiros.

No divórcio, como enfatizado, porque foi rompido definitivamente o vínculo, somente com um novo casamento poderá ser restabelecida juridicamente a união conjugal.

9.3.4 Separação de Corpos e Outras Medidas Cautelares

Com muita frequência, em sede de separação e divórcio, são necessárias medidas cautelares para atender a situações de urgência com relação aos cônjuges, seu patrimônio e à pessoa, proteção e guarda dos filhos menores. Seus pressupostos tradicionais, *fumus boni iuris* e *periculum in mora*, devem ser buscados na ciência processual e no Código de Processo Civil. Podem ser preparatórias ou incidentes a uma ação já proposta. Não é cabível, em princípio, a chamada cautelar satisfativa. Essas ações cautelares devem estar sempre atreladas a um processo principal. Também com caráter prévio e preliminar, em ações que versam sobre a família podem ser cabíveis e oportunas as antecipações de tutela, com fundamento análogo, mas não coincidente com as medidas cautelares. O CPC de 2015 abre um capítulo sobre a tutela provisória, distinguindo duas modalidades, de urgência ou de evidência. Torna-se mais ampla a margem decisória do magistrado com o novo estatuto processual, para cujas disposições chama-se a atenção do leitor.

Dentre as medidas cautelares que afetam o tema ora tratado, avulta a importância da separação de corpos. A vida em comum, sob o mesmo teto, é, como vimos, um dos deveres dos cônjuges no casamento. O descumprimento a esse dever caracteriza infração que pode lastrear pedido de separação.

Quando os cônjuges instauravam o litígio ou quando estavam prestes a instaurá-lo, o art. 888, VI, do CPC de 1973 permitia que o juiz determinasse ou autorizasse o afastamento temporário de um dos cônjuges do lar conjugal. Trata-se da medida de separação de corpos. Essa medida é importante para os cônjuges que pretendem ingressar com a ação de separação, porque a partir dessa ordem, cessam os deveres de coabitação e fidelidade. Tanto assim é que o art. 8º da Lei do Divórcio estatuiu que

> "a sentença que julgar a separação judicial produz seus efeitos à data de seu trânsito em julgado, ou à da decisão que tiver concedido separação cautelar".

Não bastasse esse aspecto, contava-se o prazo de um ano para a conversão da separação judicial em divórcio também a partir da concessão dessa cautelar (art. 1.580). Admite-se a medida ainda que os cônjuges já estejam separados de fato, pois o decreto serve de importante ponto de partida para a nova situação jurídica pretendida pelos cônjuges. Não é de ser indeferida a medida sob argumento de que os cônjuges já estão separados, ainda porque, não fosse pela razão já exposta, a medida pode ter como objetivo impedir que o cônjuge retorne à morada primitiva. A jurisprudência, aliás, é nesse sentido.

O art. 695 do CPC de 2015 menciona, dentro das ações de família, que o juiz, ao receber a petição inicial, tomará, se for o caso, as providências referentes à tutela provisória.

No prazo de 30 dias da concessão da liminar em processo preparatório, segundo a regra geral do estatuto processual (repetida no art. 309, II, do CPC de 2015), deve ser proposta a ação principal. O prazo é de caducidade. No entanto, tratando-se de separação de corpos, os julgados têm admitido certa elasticidade nesse prazo. A medida pode vir cumulada com pedido de alimentos, regulamentação de visitas e guarda provisória de filhos, que são outras situações correntes de cautelares na matéria.

No mesmo diapasão, medidas de tutela provisória podem fazer-se necessárias para busca e apreensão de filhos menores e arrolamento de bens. O cônjuge pode ter-se afastado indevidamente do lar conjugal em companhia dos filhos, na primeira hipótese. No segundo caso, o arrolamento, como pedido cautelar, deve ser deferido quando há fundado receio de extravio ou dissipação de bens. Essa medida é importante para os cônjuges que se separam a fim de definir claramente o patrimônio a ser partilhado no futuro. Os efeitos da medida não se limitam a simples descrição de bens, mas assemelham-se a um sequestro. Seguindo a regra geral, em 30 dias caducará a medida concedida se não for proposta a ação principal, no caso, a separação ou divórcio.

De qualquer modo, o poder geral de cautela do juiz é amplo, mormente no novo estatuto processual e avulta de importância nas questões de separação. Na prática, outras medidas nominadas, como arresto e sequestro, podem ser convenientes, além de situações que exigem a cautela inominada.

9.4 DIVÓRCIO

A história do divórcio no Brasil traduz uma árdua e calorosa batalha legislativa e social, decorrente de longa e histórica tradição antidivorcista, sustentada basicamente pela Igreja, que erige o casamento em sacramento. As várias tentativas de admissão do divórcio no Brasil sempre esbarravam na oposição da Igreja Católica e especificamente no fato de a indissolubilidade do matrimônio pertencer à ordem constitucional, dificultando sua emenda. Nessa porfia, é preciso reverenciar o nome do saudoso senador Nelson Carneiro, que dedicou quase três décadas de mandato parlamentar à introdução do divórcio em nossa legislação. O divórcio veio para nosso ordenamento quando a sociedade e a opinião pública em geral estavam plenamente preparadas para sua introdução.

Para que o instituto do divórcio fosse admitido, várias concessões foram feitas aos antidivorcistas, como, por exemplo, a polêmica regra originária do art. 38 da Lei nº 6.515/77, segundo a qual o divórcio poderia ser formulado uma única vez, dispositivo revogado pela Lei nº 7.841/89. A última concessão que ainda vigorava era a dicotomia separação judicial-divórcio, extinta com a Emenda Constitucional nº 66/2010. Há sensíveis opiniões na doutrina nacional que entendem persistente a convivência, no ordenamento, da separação judicial e do divórcio, conforme já dissemos.

Na época da promulgação da Emenda nº 9, de 28-6-77, e da Lei nº 6.515/77, que a regulamentou, acreditava-se que uma pletora de casos de divórcio abarrotaria nossas cortes. Nada disso aconteceu. Como em outros países, o divórcio foi absorvido de forma tranquila pela sociedade brasileira. Nada se alterou, salvo a regularização de milhares de uniões de desquitados tidas como concubinárias na época, de forma paulatina, sem a caudal esperada.

9.4.1 Modalidades de Divórcio. Processo

Como já expusemos, há duas modalidades de divórcio (e separação) no direito comparado: divórcio-remédio e divórcio-sanção. O divórcio-sanção, a exemplo da separação-sanção, deve resultar de processo litigioso, pois a ideia é imputar fato culposo ao outro cônjuge, que deve ser provado, a fim de ser obtido o divórcio. O divórcio-remédio é a solução apontada para aquelas uniões que já desabaram inapelavelmente e os cônjuges concordam em secioná-las com o divórcio, traduzindo menor sacrifício para ambos ou, ao menos, para um deles. Na maioria dos regimes, o divórcio-remédio admite tanto a modalidade consensual quanto a contenciosa.

A Lei nº 6.515/77 admitia ambas as modalidades, coexistindo a possibilidade de divórcio com a separação judicial ou desquite que já examinamos. Nosso Direito, com as mais recentes modificações, admite o divórcio direto, bem como admitia a conversão da separação judicial em divórcio. Assim como a separação, o divórcio também põe termo à sociedade conjugal, porém de forma mais ampla, permitindo que os divorciados contraiam novas núpcias.

Quando o divórcio foi introduzido na lei pátria, houve uma série de concessões no texto legal a fim de que pudesse ser vencida a barreira dos antidivorcistas. Desse modo, a Emenda Constitucional nº 9, de 28-6-77 não dispôs exclusivamente acerca do divórcio, prevendo também os limites da dissolução, invadindo o campo do legislador ordinário.

Por outro lado, a Constituição de 1988, mais de 10 anos após a introdução do divórcio, ampliou as possibilidades de sua concessão. Com esse diploma, o divórcio direto lastreado na separação de fato do casal perde o caráter de excepcionalidade, passando a ser possível sempre que comprovada a separação de fato por mais de dois anos. A Lei do Divórcio introduziu modificação no art. 7º, § 6º, da Lei de Introdução do Código Civil, atual Lei nº 12.376/2010 agora *Lei de Introdução às normas do Direito Brasileiro*, quanto ao divórcio realizado no estrangeiro, exigindo que este somente seria reconhecido após três anos da sentença, salvo se já fora concedida anteriormente separação judicial por igual prazo, quando então produz efeito imediato. Por igual razão, como a Constituição de 1988 sufragou o divórcio direto mediante tão só a separação de fato por dois anos consecutivos, bastando a apuração desse requisito para que o Supremo Tribunal Federal homologue o divórcio realizado no estrangeiro.

Originalmente, buscara o legislador colocar a separação judicial, o antigo desquite, como fato prévio, antecedente necessário para o divórcio. Posteriormente, os cônjuges separados judicialmente por mais de um ano poderiam requerer a conversão em divórcio (art. 1.580). Na legislação derrogada, mais antiga, esse prazo era de três anos. Trata-se de hipótese de divórcio-remédio, pois não se declinam as causas da separação quando o casamento está definitivamente rompido.

Excepcionalmente, a ordem constitucional, que admitiu o instituto, possibilitou a ação direta de divórcio, com fundamento em separação de fato havida há mais de cinco anos, com início anterior à data da Emenda, 28-6-77. Tratava-se também de modalidade de divórcio--remédio, pois era dispensada a alusão às causas da separação. No entanto, a Lei nº 6.515/77 alargou o conceito, autorizando também o divórcio-direto tanto com dispensa de menção das causas, como também o divórcio direto fundado na culpa de qualquer dos cônjuges, em modalidade de divórcio-sanção.

O art. 24 da Lei nº 6.515/77 abriu o capítulo do divórcio assim estatuindo: "*O divórcio põe termo ao casamento e aos efeitos civis do matrimônio religioso*".

A exemplo do que foi dito sobre a separação judicial, de acordo com o art. 1.582, parágrafo único, o pedido de divórcio somente competirá aos cônjuges. Trata-se de ação personalíssima, aplicando-se tudo que foi dito acerca da separação judicial, pois ambas as ações possuem a mesma natureza. Como dito, apenas no caso de incapacidade do cônjuge a ação competirá ao curador, ascendente ou irmão, nessa ordem. Da mesma forma, a morte de qualquer dos cônjuges põe fim à ação e ao casamento.

9.4.2 Conversão da Separação Judicial em Divórcio

O art. 25 da Lei do Divórcio, regulando o art. 175, § 1º, da Constituição de 1969, conforme a Emenda nº 9/77, estabelecera que a conversão da separação judicial em divórcio, existente há mais de três anos, contada da decisão que a decretou ou da que concedeu a medida cautelar correspondente, seria decretada por sentença, sem menção da causa que a determinou.

Por sua vez, a Constituição de 1988, no art. 226, § 6º, dispôs:

> "O casamento civil pode ser dissolvido pelo divórcio, após prévia separação judicial por mais de um ano nos casos expressos em lei, ou comprovada separação de fato por mais de dois anos". A nova redação dada a esse dispositivo, pela Emenda Constitucional nº 66/2010, extingue definitivamente essa situação ao estatuir singelamente que "O casamento civil pode ser dissolvido pelo divórcio".

A redução para o prazo de um ano foi introduzida pela atual Constituição. A Lei nº 8.408/92, com certo atraso, fez a adaptação necessária. Finalmente, o art. 1.580, derrogado do atual Código, disciplinara sobre a conversão da separação judicial em divórcio.

A Lei nº 12.036, de 1º de outubro de 2009, no intuito de adequar a Lei nº 12.376/2010, Lei de Introdução às Normas do Direito Brasileiro à Constituição Federal em vigor, trouxe nova redação ao art. 7º do § 6º, no que tange ao divórcio realizado no estrangeiro por um ou ambos cônjuges brasileiros, estabelecendo o mesmo prazo para o reconhecimento da dissolução do vínculo matrimonial, qual seja, um ano. A redação anterior do Decreto-lei nº 4.657/42, dada pela Lei nº 6.515/77, previa o reconhecimento no Brasil, transcorridos três anos da data da sentença que homologou a separação.

Essa conversão poderia ocorrer tanto pela forma consensual, mediante acordo entre as partes, homologado judicialmente, como pela modalidade litigiosa, com citação do outro cônjuge e sentença. No pedido de conversão, firmado pelas partes e por advogado, devem juntar cópia da sentença definitiva da separação judicial e comprovar o decurso de prazo superior a um ano, contado dessa decisão de separação ou da que concedeu a medida cautelar correspondente. Ainda que o prazo possa ser contado da separação de corpos, há necessidade de sentença de separação, que é essencial, pois o que se converte é a separação judicial e não a separação de corpos.

Anotemos, porém, que se já houver lapso igual ou superior a dois anos de separação de fato, independente da sentença de separação judicial os interessados podiam ingressar com o divórcio direto.

Não há prazo para essa ação de conversão, que é imprescritível. Os que se encontram ainda nessa situação após a Emenda Constitucional nº 66/2010 podem convertê-la em divórcio a qualquer tempo. E hodiernamente, não havendo filhos incapazes, podem realizar o divórcio por escritura pública. Na verdade, a faculdade para requerer a dissolução do vínculo matrimonial, seja por separação, seja por divórcio, insere-se no rol dos direitos facultativos ou potestativos, cuja possibilidade de promover a ação persiste enquanto for mantida determinada situação jurídica. Dessa forma, os cônjuges podem manter-se separados judicialmente por tempo indeterminado, podendo a qualquer tempo requerer a conversão. Atentemos que em nosso sistema não ocorre o divórcio pelo simples decurso de prazo: há necessidade de sentença que o decrete.

A ação de conversão é processo autônomo em relação à separação judicial, exigindo distribuição e correndo em autos apartados. A fim de facilitar o processamento, o art. 35, parágrafo único, da Lei do Divórcio, dispôs que o pedido será apensado aos autos da separação judicial. No entanto, não há prevenção de juízo e a conversão pode ser proposta em outro juízo se diverso o domicílio atual dos cônjuges. Nesse caso, o pedido será instruído com a certidão da sentença ou sua averbação no assento de casamento (arts. 47 e 48 da Lei do Divórcio). Lembremos que a mulher detinha preferência de foro em seu domicílio, de acordo com o art. 100, I, do CPC de 1973. Levando-se em conta a igualdade constitucional do homem e da mulher, era discutível que continuasse aplicável essa norma. O art. 53, I do CPC de 2015 derrogou essa norma, estipulando que para a ação de divórcio, separação, anulação de casamento e reconhecimento ou dissolução de união estável, é competente o foro:

> "I – de domicílio do guardião de filho incapaz;
>
> II – do último domicílio do casal, caso não haja filho incapaz;
>
> III – de domicílio do réu, se nenhuma das partes residir no antigo domicílio do casal";
>
> IV – de domicílio da vítima de violência doméstica e familiar, nos termos da Lei nº 11.340, de 7 de agosto de 2006 (Lei Maria da Penha).

Em São Paulo, a Corregedoria-Geral de Justiça dispensou o apensamento, por vezes demorado, sugerindo aos juízes admitirem, se não houver dúvidas, a conversão com a prova da sentença ou averbação no assento de casamento. A critério do magistrado, porém, pode ser necessário o exame do processo de separação, para dirimir dúvidas, por exemplo, acerca da guarda e proteção dos filhos e da partilha.

Por outro lado, nada indica que seja necessária audiência de conciliação na conversão da separação em divórcio, porque se trata de mera chancela de situação consumada. No entanto, com fundamento na regra geral de processo, a oitiva dos interessados pode ser conveniente para dirimir dúvidas da partilha e sobre a guarda, direito de visita e alimentos dos filhos menores.

Em se tratando de conversão consensual, utilizada na grande maioria dos casos, os cônjuges firmarão petição em comum, juntamente com advogado, tal como na separação judicial, juntando os documentos comprobatórios aqui referidos. Deverão também mencionar se serão mantidas as cláusulas da separação no tocante à guarda, visitas e alimentos aos filhos e ao projeto de partilha. A propósito, o art. 1.579 observa que o divórcio não modificará os direitos e deveres dos pais em relação aos filhos. Acrescenta o parágrafo único que novo casamento de qualquer dos pais, ou de ambos, não poderá importar restrições aos direitos e deveres com relação aos filhos.

No pedido de conversão litigiosa, a contestação, quanto ao mérito, se restringia ao aspecto do lapso temporal necessário. A lei anterior reportava-se também ao eventual descumprimento das obrigações assumidas pelo requerente na separação (art. 36, parágrafo único). Foi sustentado por parte da doutrina que a Constituição de 1988 não recepcionou o dispositivo do art. 36, parágrafo único, II: a Lei Maior não exige outra coisa para o divórcio que não a separação judicial por mais de um ano, concedida nos casos expressos em lei, ou a comprovada separação de fato por mais de dois anos, *"não mais se admitindo o reconhecimento de qualquer outro obstáculo para o caso de conversão da separação"* (Cahali, 1995, v. 2:1197). Desse modo, nessa linha, não pode deixar de ser homologado o divórcio sob fundamento de descumprimento de obrigações contraídas na separação. Essa matéria deverá ser discutida em ações autônomas. A questão parece que fica clara doravante, pois o presente Código já não lhe faz menção.

Nada impede que o incapaz ingresse com o pedido de conversão, substituído ou representado por seu curador, ascendente ou irmão. A ação, porém, como as demais de separação, é personalíssima e não admite o ingresso de terceiros. Como é óbvio, a qualquer momento podem as partes transformar a ação litigiosa em conversão consensual.

Note, como já apontado, que o divórcio consensual pode ser feito por escritura pública, nos mesmos termos da separação consensual, conforme a redação do art. 733 do CPC. Veja o que expusemos a respeito da separação consensual. Não há possibilidade de escritura pública se houver filhos menores ou incapazes do casal. Nessa hipótese há necessidade de maior fiscalização, principalmente do Ministério Público, o que, de *lege ferenda*, poderá ser feito também na escritura pública.

9.4.2.1 Partilha no divórcio

Nesse pedido de conversão, no sistema anterior, devia ser apresentada a partilha, assim como no divórcio direto.[11] Se ainda não foi ultimada quando da separação judicial ou posteriormente, deveria ser homologada nessa oportunidade.

Todavia, em sede de acordo nada poderá obstar que os cônjuges permaneçam com os bens em comum, se assim estabelecerem, não podendo o juiz se recusar à homologação da partilha em comum. Trata-se de condomínio gerado pela vontade das partes. Atento a essa situação, o vigente Código foi expresso ao estatuir que o divórcio pode ser concedido sem que haja prévia partilha de bens (art. 1.581). A partilha pode ser feita por escritura pública.

9.4.3 Divórcio Direto. Consensual e Litigioso

O divórcio direto, originalmente, quando introduzida essa modalidade de separação em nosso ordenamento, era disciplinado somente pelo art. 40 das disposições transitórias da Lei nº 6.515/77. Nesse dispositivo, o pedido de divórcio, sem a prévia separação judicial, somente era possível para o casal separado de fato há mais de cinco anos, tendo-se essa separação iniciado antes da Emenda Constitucional. De acordo com a Emenda, seria necessário que esse prazo de separação de fato tivesse se completado até a data de sua publicação, 28-6-77. A Lei do Divórcio, em disposição de discutível constitucionalidade, foi mais além, permitindo o marco inicial do quinquênio anterior à Emenda, concedendo-se o divórcio ainda que o prazo se completasse após. Sem essa premissa, o divórcio somente seria admitido com a prévia separação judicial.

A Constituição de 1988 admitiu o divórcio direto como modalidade ordinária, possibilitando-o a qualquer tempo, após dois anos de separação de fato. Nesse diapasão, a Lei nº 7.841/89 deu nova redação ao mencionado art. 40, dispondo:

> *"no caso de separação de fato, e desde que completados dois anos consecutivos, poderá ser promovida a ação de divórcio, na qual deverá ser comprovado decurso do tempo de separação".*

Esse mesmo diploma legal revogou o art. 38, que limitava o pedido de divórcio a uma única vez e revogou o § 1º do art. 40, que subordinava o pedido de divórcio às mesmas causas previstas nos arts. 4º e 5º, já examinados.

Desse modo, as portas do divórcio-remédio foram definitivamente abertas no ordenamento brasileiro, seguindo tendência da maioria das legislações. Destarte, bastava alegar e comprovar

---

[11] O STJ observou a questão na Súmula 197: "O divórcio direto pode ser concedido sem que haja partilha dos bens".

a separação de fato do casal por dois anos ou mais, não havendo necessidade de ser declinada a causa dessa separação. É o que consta do art. 1.580, § 2º, do atual Código Civil. A hipótese é de ruptura da vida em comum. O legislador demonstrou maior exigência na ruptura para a separação judicial, pois os efeitos dessa modalidade são mais restritos e o casamento pode ainda ser retomado.

O pedido de divórcio pode, portanto, nessas premissas, ser formulado em conjunto por ambos os cônjuges, na modalidade consensual. Se requerido por apenas um dos cônjuges, divórcio litigioso, observar-se-á o procedimento comum de acordo com o art. 40, § 3º, da Lei do Divórcio. Trata-se de dispositivo processual que se mantém por ora em vigor. Já se decidiu que a morte de um dos cônjuges, durante processo de divórcio, antes da sentença, não impede o decreto judicial, se houve concordância recíproca.

No divórcio consensual a Lei do Divórcio determina que sejam obedecidos, em princípio, os dispositivos da separação judicial, observadas ainda as seguintes normas (art. 40, § 2º, da Lei do Divórcio):

"I – a petição conterá a indicação dos meios probatórios da separação de fato, e será instruída com a prova documental já existente;

II – a petição fixará o valor da pensão do cônjuge que dela necessitar para sua manutenção, e indicará as garantias para o cumprimento da obrigação assumida;

III – se houver prova testemunhal, ela será trazida na audiência de ratificação do pedido de divórcio, a qual será obrigatoriamente realizada;

IV – a partilha dos bens deverá ser homologada pela sentença do divórcio".

Anote-se a possibilidade de o divórcio consensual ser realizado por escritura pública, como já apontamos (art. 733 do CPC).

Quanto à partilha, já nos referimos (art. 1.581). A prova mais comum para a comprovação da separação de fato era, sem dúvida, a testemunhal. Não se excluía, porém, qualquer outro meio de prova. Não é raro que os cônjuges tragam testemunhas de favor, que atestam a separação por mais de dois anos, quando esse lapso ainda não se completou. Com isso, certamente, os interessados conseguem suplantar a exigência legal e obter divórcio antecipadamente. Foi, sem dúvida, risco calculado do legislador. Com ou sem prova testemunhal, a audiência de ratificação do pedido deverá ser sempre realizada. Atentemos que nem sempre a separação de fato do casal configura uma ruptura da vida em comum, pois os cônjuges podem residir em locais diversos em razão de trabalho, condições de saúde etc. O caso concreto deve ser examinado.

O prazo de dois anos deveria ser consecutivo, sem interrupções, sem idas e vindas dos cônjuges. Cada interrupção na separação faria com que novo prazo se iniciasse. Quando proposta a ação, era necessário que o prazo atual seja de no mínimo dois anos de separação contínua. Por outro lado, cumpre também avaliar se nesse prazo de dois anos o casal limitara-se a encontros esporádicos que não caracterizam reatamento.

O termo inicial do prazo é computado desde sua efetiva ocorrência com ou sem decisão judicial, que pode ser a de simples separação de corpos. Válidas, portanto, todas as provas para esse fato.

A questão da pensão do cônjuge e a possibilidade de sua renúncia nessa oportunidade são matéria que estudamos anteriormente. São aplicados os mesmos princípios da separação. Se as partes silenciarem sobre a pensão, entendemos que deixaram de exercer esse direito, não sendo óbice para a homologação. A renúncia exige sempre manifestação inequívoca e expressa.

No divórcio litigioso, a defesa que pode ser apresentada diz respeito à falta de decurso do lapso de dois anos de separação de fato. São raros os casos de divórcio litigioso. Geralmente, o interessado a ele recorre quando não localizável o cônjuge requerido ou quando este é incapaz. Por outro lado, a qualquer momento o processo litigioso pode ser convertido em consensual. No divórcio não se declinam as causas da separação, de modo que qualquer dos cônjuges pode requerê-lo, ainda que, em tese, seja o responsável pelo desenlace. Daí por que ser entendido que descabe a reconvenção nessa ação tendo em vista que o único tema a decidir é o aspecto do lapso temporal da separação de fato. Se os cônjuges tiverem interesse em declaração judicial de culpa para fins de obtenção de guarda de filhos, alimentos, uso do nome da mulher, por exemplo, devem recorrer à ação autônoma, pois a matéria não é de ser admitida na ação de divórcio, que possui causa de pedir restrita.

Situações confusas quanto ao prazo podiam ocorrer na prática, como o casal que está separado judicialmente há um ano, mas sua separação de fato suplanta o biênio. A lei não distingue, nem restringe ou qualifica esse prazo de dois anos, de modo que não se obsta o divórcio direito.

Na conversão da separação judicial em divórcio sob a forma litigiosa, um dos tópicos admitidos na contestação era "o descumprimento das obrigações assumidas pelo requerente na separação" (art. 36, parágrafo único, II), conforme observação que fizemos anteriormente. O legislador não fez qualquer referência a esse aspecto no pedido de divórcio direto no art. 226, § 6º, da Constituição Federal, derrogando aquela exigência no divórcio direto, que se mostra incompatível com a dicção constitucional, a qual apenas exige o tempo de separação para a concessão do divórcio direto. Portanto, nada impede que o separado judicialmente optasse pelo divórcio direto, driblando a exigência legal e obtendo o desiderato sem comprovar nada mais além do biênio de separação (*RSTJ* 28/358).

9.4.4 Efeitos do Divórcio

O efeito mais importante do decreto de divórcio é pôr termo ao casamento e aos efeitos civis do matrimônio religioso. Dissolvida a sociedade conjugal pelo divórcio, os cônjuges podem contrair novas núpcias, desaparecendo o impedimento legal.

Proferida a sentença de divórcio, deverá ser levada ao Registro Público competente (art. 32 da Lei do Divórcio), que é onde se acha lavrado o assento de casamento. Os efeitos em geral do divórcio já foram referidos no capítulo. Lembremos que as questões acertadas a respeito de alimentos, guarda e visitas dos filhos menores podem ser revistas a qualquer tempo, em procedimentos próprios.

10

PARENTESCO

10.1 CONCEITO E COMPREENSÃO

O Código trata das disposições gerais acerca do parentesco nos arts. 1.591 a 1.595, para, nos dispositivos seguintes, disciplinar filiação, reconhecimento dos filhos, adoção, poder familiar e demais institutos de direito de família.

A compreensão do parentesco é base para inúmeras relações de Direito de Família, com repercussões intensas em todos os ramos da ciência jurídica.

As fontes das relações de família são o casamento, o parentesco, a afinidade e a adoção. Não se pode esquecer atualmente da socioafetividade, como outra fonte do parentesco, como já faz o Projeto nº 2.285/2007 (Estatuto das Famílias), bem como da união estável. O casamento e suas consequências e vicissitudes já estudamos nos capítulos anteriores. *O parentesco é o vínculo que une duas ou mais pessoas, em decorrência de uma delas descender da outra ou de ambas procederem de um genitor comum.* Essa definição não leva em conta ainda o parentesco socioafetivo que exige maior meditação.

Essa noção de consanguinidade não era importante no Direito Romano mais antigo, pois o conceito de família não era fundado no parentesco consanguíneo tal como hoje conhecemos, mas no liame civil e principalmente religioso. Não era considerado da mesma família o membro que não cultuasse os mesmos deuses. O laço de sangue não bastava para estabelecer o parentesco; era indispensável haver o laço de culto. A família romana, em sentido geral, incluía todas as pessoas que estavam sob o pátrio poder da mesma pessoa. A família tinha um sentido político, econômico e religioso. A denominada *agnação* romana da época mais primitiva era reconhecida pelo culto e não pelo nascimento. O vínculo da agnação não era necessariamente derivado da consanguinidade (Coulanges, 1958, v. 1:82). O parentesco derivado da relação de nascimento, a *cognação*, passa a ter importância quando a religião enfraquece, passando a família a desempenhar função mais restrita derivada do casamento e da mútua assistência. Na compilação de Justiniano, já surge a família com o contorno moderno de vínculo consanguíneo.

O Direito Canônico denomina o parentesco moderno de consanguinidade. O parentesco no sistema jurídico parte da concepção da família, *"matrimonializada, hierarquizada e patriarcal"* (Fachin, 1999:196). Com a amplitude de direitos atribuídos à união livre, o próprio conceito de parentesco, dadas suas implicações, deve ser ampliado e repensado.

O parentesco pode ocorrer em *linha reta*, quando as pessoas estão umas para com as outras na relação de ascendentes e descendentes (art. 1.591), ou em *linha colateral* ou transversal, quando as pessoas provêm de um só tronco, sem descenderem uma da outra (art. 1.592).[1] A

---

[1] "Agravo de instrumento. Ação de inventário. Filhos de primos que não são considerados parentes. Direito de representação na **linha transversal** somente concedido aos filhos de irmãos do autor da herança. Inteligência dos artigos 1.592 e 1.853 do CC. Decisão mantida. Recurso não provido" (TJSP – Agravo de Instrumento 2263519-67.2019.8.26.0000, 08-05-2020, Rel. Maria do Carmo Honorio).
"Apelação – **Direito de família** – Reconhecimento de paternidade – Afetividade – Inexistência de vínculo socioafetivo – Provada a ausência de liame biológico, importante aferir se há vínculo social e afetivo capaz de justificar o reconhecimento do estado de parentesco na linha reta de primeiro grau, entre as partes – A afetividade tem valor jurídico para o Direito de Família, porém não tem o status de princípio constitucional ou *standard* – Ausente a constatação do vínculo emocional e afetivo inerente às relações de filiação legal, não há como se reconhecer a paternidade socioafetiva, muito menos *post mortem*." (TJMG - AC 1.0035.17.014998-9/001, 7-10-2019, Relª Alice Birchal).
"Agravo de instrumento – **Ação de alimentos** – Filho Maior – Obrigação já extinta em ação de exoneração – concessão de alimentos provisórios – vínculo de parentesco – capacidade laborativa atestada – escassez financeira do alimentante – recurso provido – 1 - Trata-se de agravo de instrumento, com pedido liminar, interposto contra decisão que, em ação de revisão de alimentos ajuizada por filho maior contra o genitor, fixou alimentos provisórios no valor de 15% dos rendimentos brutos, excetuados os descontos compulsórios. 2 – Em 2015, o genitor/agravante foi exonerado da obrigação alimentar prestada no valor de 8,34%, ao filho/agravado maior de idade, após a prorrogação de 2 (dois) anos para que buscasse tratamento médico e colocação no mercado de trabalho. Em 2017, o filho/agravado – 34 (trinta e quatro) anos de idade, não interditado, que já exerceu atividade laborativa com registro em carteira de trabalho –, postula pensionamento de 33% sobre os rendimentos brutos do genitor/agravante. 3 – Após a maioridade civil do alimentando, o dever de prestar alimentos, dos ascendentes aos descendentes, decorre do vínculo de parentesco, o qual constitui relação baseada no princípio da solidariedade, nos termos dos artigos 1.694 a 1.696 do Código Civil. 3 – Diferentemente dos alimentos oriundos do poder familiar – Os quais são concedidos com base na presumida necessidade do menor alimentando –, a obrigação derivada do parentesco reclama a demonstração da impossibilidade de manter o próprio sustento aliada à evidência de condição financeira do alimentante. 4 – Laudos periciais jurisdicionalizados concluem que o alimentando apresenta um quadro de retardo intelectual leve e sintomas ansiosos e fóbicos não tratados por profissionais de saúde mental (psiquiatras e psicólogos), que limitam ocupação acadêmica mais sofisticada, todavia, não impedem desenvolvimento de atividade laboral. 5 – Se o alimentando, maior de idade (34 anos), não apresenta incapacidade laborativa para promover o próprio sustento e falta ao alimentante condições financeiras para contribuir, resta inviabilizada a concessão de alimentos provisórios decorrentes do vínculo de parentesco. 6 – Agravo de instrumento do réu provido" (TJDFT – Proc. 07077735920188070000 – (1128071), 9-10-2018, Rel. Cesar Loyola).
"Constitucional – Direito à saúde – Obrigação de fazer – *Home Care* – Fornecimento pelo Estado – Atendimento de necessidades básicas – Descabimento – **Obrigação dos familiares** – Dever de assistência recíproca e de solidariedade humana – 1 – O direito à vida e à saúde qualifica-se como atributo inerente à dignidade da pessoa humana, conceito erigido pela Constituição Federal em fundamento do Estado Democrático de Direito da República Federativa do Brasil (art. 1º, III, CF). 2 – Serviço de enfermagem domiciliar (*home care*). Fornecimento pelo Poder Público. Atendimento de necessidades básicas. Descabimento. Obrigação dos familiares em razão do parentesco e dos deveres de assistência recíproca e de solidariedade humana. Pedido improcedente. Sentença mantida. Recurso desprovido" (TJSP – Ap 0006809-32.2015.8.26.0664, 15-4-2016, Rel. Décio Notarangeli).
"Ação de alimentos – Avô paterno – **Princípio da solidariedade – Relação de parentesco** – Precedência do dever de sustento do pai – Sucumbência – I – A obrigação do avô de prestar alimentos ao neto possui caráter sucessivo e complementar, fundamentado no princípio da solidariedade. II – Há precedência do dever dos pais de sustento do filho. Não houve demanda anterior contra o devedor principal ou prova da impossibilidade da prestação pelo pai. Improcedente o r. pedido de alimentos contra o avô. III – Nas ações em que não houver condenação, os honorários advocatícios serão arbitrados nos termos do § 4º, observadas as alíneas *a*, *b* e *c* do § 3º, todos do art. 20 do CPC. IV – Apelação provida" (TJDFT – Proc. 20130310256334, (875508), 30-6-2015, Relª Desª Vera Andrighi).
"Alimentos revisional – Filho maior - **Dever de prestar os alimentos que se funda na solidariedade decorrente da relação de parentesco** – Alimentanda que frequenta curso universitário particular, mas exerce atividade remunerada – Ausência de provas no sentido do incremento das condições financeiras do alimentante – Nascimento de novo filho que, por si só, autoriza a redução do encargo – Necessidade de atendimento equitativo das necessidades de todos os filhos – Inteligência dos artigos 1.694, § 1º e 1.699 do Código Civil – Observância ao binômio necessidade-possibilidade – Minoração do valor da pensão para ½ salário mínimo – Valor que melhor atende, no momento, aos critérios de justiça e equidade – Apelação da autora reconvinda desprovida – Apelação do réu reconvinte parcialmente provida" (TJSP – Ap 0055059-53.2012.8.26.0001,15-8-2014, Rel. Moreira Viegas).
"Adoção de fato *post mortem* – Sobrinho que foi criado pela tia desde pequeno como filho – Procedência do pedido – Inconformismo – Acolhimento – Ausência de inequívoca manifestação de vontade e de procedimento

linha é a série de pessoas que se relacionam pelo vínculo. Dentro dessas linhas, há graus de parentesco que se definem pela proximidade do ancestral comum. Grau é a distância que vai de uma geração a outra. Geração é a relação que existe entre gerador e gerado. Pode haver parentesco misto ou complexo quando o vínculo decorre de duas ou mais relações simultâneas: dois irmãos que se casam com duas irmãs, por exemplo.

A *afinidade* distingue-se do conceito de parentesco em sentido estrito. É o vínculo criado pelo casamento, que une cada um dos cônjuges aos parentes do outro: *"Art. 1.595. Cada cônjuge ou companheiro é aliado aos parentes do outro pelo vínculo da afinidade".*[2] O atual Código acrescenta à dicção do art. 1.595 a referência ao companheirismo ou união estável, que também deve criar o vínculo de afinidade. Observa ainda o § 2º do artigo do vigente diploma que na linha reta, *"a afinidade não se extingue com a dissolução do casamento ou da união estável".*

A adoção é o vínculo legal que se cria à semelhança da filiação consanguínea, mas independentemente dos laços de sangue. Trata-se, portanto, de uma filiação artificial, que cria um liame jurídico entre duas pessoas, adotante e adotado. O vínculo da adoção denomina-se *parentesco civil*. No sistema atual, o adotado tem os mesmos direitos do filho consanguíneo.

---

de adoção em trâmite. Requisitos da redação originária do art. 42, § 5º, do Estatuto da Criança e do Adolescente. Socioafetividade reconhecida pela r. sentença que é inaplicável ao caso concreto. Autor que já é parente biológico e herdeiro colateral da falecida. Tese da socioafetividade que não tem o condão de alterar o grau de parentesco dentro de uma mesma família, mas de criar parentesco civil entre pessoas sem relação biológica. Tia que declarou em vida a intenção de deixar o seu único imóvel para os netos, não para o requerente. Pretensão em discussão que tem caráter unicamente patrimonial. Sentença reformada. Recurso provido" (TJSP – Ap 0230266-40.2010.8.26.0000, 9-4-2014, Rel. J. L. Mônaco da Silva).

[2] "Direito processual civil – Agravo de instrumento – Ação de interdição – Legitimidade – Companheiro da mãe do interditando – **Parente por afinidade** – Parte Legítima – Sentença anulada – 1 – O artigo 747, inciso II, do Código de Processo Civil confere legitimidade aos parentes e tutores para promover a ação de interdição. Em relação aos cônjuges e companheiros, a legislação civil dispõe que cada cônjuge ou companheiro se une aos parentes do outro pelo vínculo da afinidade (art. 1.595 do CC). 2 – O companheiro também pode requerer a interdição do filho de sua companheira, uma vez que é parente por afinidade dos descendentes desta, nos termos do artigo 1.595, § 1º, do Código Civil. Deverá, entretanto, comprovar documentalmente a sua condição no momento da propositura da ação. Essa comprovação não precisa ser feita necessariamente por sentença judicial. O autor da ação de interdição poderá juntar outros documentos que denotam a existência da relação de união estável, como, por exemplo, comprovantes de moradia comum, fotos da união estável e certidão de nascimento de filhos comuns. 3 – Apelação provida" (TJAC – Ap 0701181-29.2016.8.01.0002 – (18.578), 26-2-2018, Rel. Des. Laudivon Nogueira).

"Alimentos – **Avô Paterno – Obrigação de natureza complementar** – Comprovação – 'Recurso especial. Ação de alimentos. Avô paterno. Obrigação de natureza complementar. Comprovação de que a genitora e o espólio do genitor estão impossibilitados de arcarem com a prestação alimentar. Não ocorrência. Recurso provido. 1. A obrigação dos avós de prestar alimentos tem natureza complementar e somente exsurge se ficar demonstrada a impossibilidade de os dois genitores proverem os alimentos dos filhos, ou de os proverem de forma suficiente. Precedentes. 2. No julgamento do REsp 1.354.693/SP, ficou decidido que o espólio somente deve alimentos na hipótese em que o alimentado é também herdeiro, mantendo-se a obrigação enquanto perdurar o inventário. 3. Nesse contexto, não tendo ficado demonstrada a impossibilidade ou a insuficiência do cumprimento da obrigação alimentar pela mãe, como também pelo espólio do pai falecido, não há como reconhecer a obrigação do avô de prestar alimentos. 4. O falecimento do pai do alimentado não implica a automática transmissão do dever alimentar aos avós. 5. Recurso especial provido" (STJ – REsp 1.249.133 – (2011/0093209-0), 2-8-2016, Rel. Min. Antonio Carlos Ferreira).

"Interdição. Requerida portadora de deficiência mental e incapaz para os atos da vida civil. Pedido formulado por esposa do primo falecido. **Inexistência de parentesco**. Falta de legitimidade ativa para propositura da ação. Artigo 1.768 do Código Civil. Sentença de extinção do processo sem julgamento de mérito. Relação de parentesco não comprovada. Parentesco por afinidade que não se estende a primos. Relação socioafetiva que não é tutelada pela norma. Interesse público da interdição de incapaz. Polo ativo a ser assumido pelo ministério público. Remessa dos autos à origem e regular prosseguimento do feito. Manutenção da curatela provisória. Apelação parcialmente provida" (TJSP – Ap. 0001606-77.2010.8.26.0660, 28-8-2012, Rel. Carlos Henrique Miguel Trevisan).

O art. 1.593 do presente Código distingue o parentesco natural do parentesco civil, conforme resulte de consanguinidade ou outra origem.[3] A *outra origem* citada no dispositivo, sem dúvida, diz respeito ao vínculo da adoção e às uniões estáveis. Não pode deixar de ser considerado, em todos os campos jurídicos, o parentesco derivado das uniões estáveis, embora nem sempre seja simples evidenciá-lo nas situações que surgirem no caso concreto. Melhor será que o legislador traga uma orientação a esse respeito. Tratando-se de uma relação de fato, a união estável sem casamento torna muitas situações de parentesco dúbias e confusas, pois, na maioria das vezes, sua evidência somente decorrerá da própria declaração das partes envolvidas.

Nesse campo, quanto à *outra origem* do parentesco, deve ser levada em conta também a denominada filiação socioafetiva. Embora não tenha sido mencionada expressamente no Código, trata-se de fenômeno importante no campo da família e que vem cada vez mais ganhando espaço na sociedade e nos tribunais. Da mesma forma, é sob esse aspecto que se examina o fenômeno da fertilização assistida, as chamadas inseminações homólogas e heterólogas, que serão examinadas nesta obra, quando do estudo da filiação. Há, portanto, sob esse prisma, uma desbiologização do parentesco (Nader, 2006:322).

---

[3] "Declaratória de paternidade socioafetiva *post mortem* – Procedência para declarar a paternidade socioafetiva do falecido em relação ao autor – Inconformismo da parte contrária – Descabimento – Cerceamento de defesa inexistente – Contradita da testemunha considerada válida – Descabido falar-se em 'erro de interpretação' – Mérito – Filiação socioafetiva que resulta da posse de estado de filho, forma de parentesco civil (**Art. 1.593, do CC**) – Conjunto probatório convincente de que o apelado foi de fato filho do pai socioafetivo, cuja relação filial foi pública e de amor – Apelado que desde a tenra idade passou a conviver com o falecido, diante da união estável, convertida em casamento, de sua mãe biológica com aquele – Prova testemunhal no sentido de que o apelado sempre viveu na casa do pai socioafetivo, assim como que este tratava o apelado como se seu filho fosse e este, por sua vez, o chamava de pai, aliado ao conhecimento público dessa condição – Prova esta complementada pelas várias fotos anexadas aos autos – Comprovação da posse de estado de filho – Sentença mantida – Recurso não provido" (*TJSP* – Ap 1002401-46.2022.8.26.0369, 23-8-2024, Rel. Salles Rossi).

"Apelação cível. Ação de reconhecimento de filiação socioafetiva. Requisitos. Posse do estado de filho. Vontade clara e inequívoca. Inexistência. Autora maior e capaz. Parentes que a acolheram. Vivência como filha. Manifestação da não pretensão de reconhecê-la como filha. Sentença mantida. 1. O **art. 1.593** do Código Civil, ao estabelecer que o vínculo de parentesco pode ser reconhecido por "outra origem" além da consanguinidade, reconhece a possibilidade de existência do vínculo de parentesco formado exclusivamente pela afetividade desenvolvida ao longo da convivência familiar. 2. O estabelecimento da filiação socioafetiva deve ser demonstrado por meio: a) da vontade clara e inequívoca dos pretensos pais socioafetivos; e b) da configuração da "posse de estado de filho". 3. Resta afastado o requisito da vontade clara e inequívoca dos pretensos pais socioafetivos se esses, ao serem ouvidos em juízo, declaram que não possuem e nunca possuíram a intenção em reconhecer a autora como sua filha, a despeito de ela ter morado com eles, desde a tenra infância, a fim de ter acesso a melhores condições de vida, afeto e estudo. 4. A vontade inequívoca de reconhecer alguém juridicamente como filho, inclusive com efeitos patrimoniais, não se presume pelo mero oferecimento de abrigo, afeto e carinho, ao longo dos anos, especialmente se após o alcance da idade adulta, a autora passou a morar sozinha e, atualmente, a pretensa mãe socioafetiva alega categoricamente que não detém mais nenhum tipo de afeição pela autora. 5. Apelação conhecida e desprovida". (TJDFT – Ap 07012216420218070003, 16-3-2023, Rel. Lucimeire Maria da Silva).

"Declaratória de filiação socioafetiva 'post mortem' – A nova ordem constitucional trouxe relevantes avanços ao conceito de família, não mais decorrente necessariamente do casamento, e o vigente Código Civil dispôs expressamente no art. 1.593 que o **parentesco** é natural ou civil, conforme resulte de consanguinidade ou outra origem – Os efeitos pretendidos são o de uma adoção inversa, inviabilizada pela impossibilidade da manifestação de anuência, pelo falecimento do suposto pai, por se tratar de direito personalíssimo – O vínculo socioafetivo não deflui unicamente da estima, carinho, admiração que se nutre entre pessoas, mas da intenção inequívoca de ser pai, que não existiu – Improcedência da ação – Recurso desprovido." (TJSP – Ap 1002723-50.2021.8.26.0127, 12-8-2022, Rel. Alcides Leopoldo).

"Negatória de paternidade. Ação proposta por pai socioafetivo em face de filha adolescente. Alegação de erro substancial no momento de lavratura do assento de nascimento. Improcedência. Exame de DNA a confirmar a inexistência de vínculo biológico. Prova concludente, contudo, de efetiva paternidade socioafetiva entre as partes, fonte autônoma da relação de parentesco. **Art. 1.593 do Código Civil**. Paternidade com origem também no reconhecimento voluntário da filiação por ocasião do divórcio, quando o requerente já sabia ser estéril. Reconhecimento irretratável e irrevogável. Art. 1.609 do Código Civil. Sentença mantida. Recurso improvido" (*TJSP* – Ap.1020938-59.2018.8.26.0554, 30-09-2020, Rel. Francisco Loureiro).

Ademais, nessa expressão *"outra origem"* também pode ser identificada a posse de estado de filho, estudada a seguir e que de certa forma complementa a noção de paternidade socioafetiva. Toda essa elasticidade de interpretação é doutrinária e jurisprudencial. Melhor seria que o legislador tivesse acolhido expressamente esses novos aspectos.

Marido e mulher não são parentes. A relação entre os esposos é de vínculo conjugal que nasce com o casamento e dissolve-se pela morte de um dos cônjuges, pelo divórcio ou pela anulação do matrimônio, como examinado no Capítulo 9.

10.2 MODALIDADES DE PARENTESCO

No atual estágio da lei brasileira, após galgarem-se degraus legislativos paulatinos que outorgaram direitos aos filhos havidos fora do matrimônio e aos adotados, a Constituição de 1988 culminou por eliminar qualquer diferenciação de origem, estatuindo, no art. 227, § 6º:

"Os filhos havidos ou não da relação do casamento, ou por adoção, terão os mesmos direitos e qualificações, proibidas designações discriminatórias relativas à filiação".

Desse modo, ainda que persista importância na conceituação técnica de filiação legítima e ilegítima, adulterina e incestuosa, tudo que for examinado a respeito dos filhos e seus respectivos direitos, a partir da vigente Carta, deve ter sempre em mira o princípio igualitário constitucional. Nesse diapasão, a Lei nº 8.560/92, que regulou a investigação de paternidade dos filhos havidos fora do casamento, revogou expressamente o art. 332, que definia o parentesco legítimo e ilegítimo, natural ou civil. No mesmo diapasão coloca-se o corrente Código Civil.

De qualquer modo, a conceituação deve persistir como técnica jurídica. Parentesco legítimo é o que deriva do casamento. O casamento, aliás, tinha o condão de legitimar os filhos nascidos ou concebidos anteriormente a ele no sistema de 1916 (art. 229). Parentesco ilegítimo é o proveniente de união sem casamento; nesse caso, leva-se em consideração a relação entre pais e filhos havidos fora do casamento. Esse conceito é, como falamos, eminentemente didático, pois não tem mais sentido ético, técnico ou moral perante a união estável. É para o parentesco legítimo que são destinadas as regras sobre o poder familiar, tutela e impedimentos matrimoniais, os quais se aplicam também, em princípio, à união estável. Como apontamos, com a proteção e reconhecimento legal da união livre, o parentesco ilegítimo deve-se submeter aos mesmos princípios e restrições do parentesco legítimo, sob pena de converter-se a união estável em instituição proeminente ao casamento. Desse modo, por exemplo, ainda que sem texto expresso, os impedimentos matrimoniais devem atingir também o parentesco ilegítimo e, na esfera processual, os parentes ilegítimos também devem sofrer restrições para servir como testemunha (art. 447, § 2º, I do CPC).

Façamos um elenco com finalidade didática. Na *filiação ilegítima*, distinguem-se os filhos naturais e os filhos espúrios. *Filiação natural* é a proveniente de pessoas não casadas que não tinham qualquer impedimento para contrair matrimônio. *Filiação espúria* é a proveniente de união de pessoas que estavam absolutamente impedidas de casar, por força de impedimento absolutamente dirimente. A filiação espúria pode ser incestuosa ou adulterina. A *filiação incestuosa* é aquela cujo impedimento para o casamento dos pais decorre de parentesco. *Filiação adulterina* é a que deriva de genitores impedidos de casar por já estarem casados.

Filiação civil é a proveniente do vínculo da adoção, à qual já nos referimos.

Marido e mulher, como vimos, não são parentes porque se unem pelo vínculo do casamento, que estabelece a relação de afinidade entre os respectivos parentes. O cônjuge não é afim, mas é causa da afinidade (*uxor non est affinis, sed causa ad finitatis*).

A Igreja considera ainda o parentesco espiritual, entre padrinho e madrinha e afilhados, que até mesmo constituía impedimento matrimonial. Para o Direito, essa relação é irrelevante.

10.3 CONTAGEM DE GRAUS

O parentesco pode ser visto sob a linha reta ou colateral.

Na linha reta, o vínculo refere-se aos ascendentes e descendentes, pais, filhos, netos, bisnetos; pais, avós, bisavós etc. Nessa linha, a contagem de graus é infinita, cada geração referindo-se a um grau. Desse modo, o pai é parente em primeiro grau do filho, em segundo grau do neto, em terceiro grau do bisneto etc. E vice-versa.

Conforme a lei civil, o parentesco na linha colateral ou oblíqua deve ser contado galgando-se até o ancestral comum, para depois se atingir o parente em questão. O parentesco na linha colateral pode ser igual ou desigual, conforme seja igual ou não a distância das gerações. Os irmãos são colaterais na mesma distância. Tio e sobrinho possuem parentesco desigual porque o tio dista do avô em um grau, enquanto o sobrinho dista dois graus desse mesmo ascendente. Percebemos, portanto, que não existe parentesco em primeiro grau na linha colateral. O irmão, colateral mais próximo, é parente em segundo grau, porque se computa como primeiro grau o pai, que é o ancestral comum. O tio, irmão do pai ou da mãe, e os sobrinhos, filhos do irmão, são colaterais em terceiro grau e assim por diante. Nessa forma, nossa lei atual entende que o parentesco colateral existe até o quarto grau (art. 1.592), inclusive para os direitos sucessórios. Originalmente, no Código de 1916, o parentesco na linha colateral atingia o sexto grau (art. 331). A extensão do parentesco é matéria de política legislativa, variando no direito comparado. Entre nós o parentesco colateral já foi reconhecido até o décimo grau; lei extravagante, decreto do período do Estado Novo, de finalidades obscuras, para satisfazer interesse de membros do governo da época, reduziu-o transitoriamente para o terceiro grau.[4]

---

[4] "**Apelação** – Anulação de doação inoficiosa cumulada com arbitramento de aluguel – Decreto de procedência – Condenação em 25% do valor do aluguel do imóvel a ser apurado em liquidação – Pedido de reforma dos réus – Parcial cabimento A) Causa de pedir remota fundada em fato gerador de direito material sobre a denúncia de liberalidade graciosa a alguns netos além da parte correspondente à legítima dos herdeiros necessários – Afastamento de regra geral do prazo quadrienal referente a vício de consentimento – Hipótese específica do tempo de dez anos – Termo inicial da contagem retratada pela lavratura da escritura pública em 1º de novembro de 2.005 – Propositura da ação em 12 de julho de 2.013 – Extinção da pretensão não configurada B) Momento da prodigalidade a autora da herança não exercia atividade remunerada – Confissão de prestação integral à assistência material da doadora – Inferência de ausência de patrimônio – Preterição da utilização dos sistemas públicos e privados interligados em rede eletrônica – Falta de indícios persuasivos ao sucesso da medida – Dispensável requisição de dados – Diligência meramente protelatória – Justificável indeferimento de ato contraproducente – Faculdade discricionária à inadmissibilidade – Perda de fé pública sobre cláusula de existência de disponibilidade igual ou superior ao quinhão C) Reserva de usufruto vitalício para avó paterna – Frustração de perda total dos donatários – Obrigatoriedade de preservação de metade do apartamento e da vaga de garagem como sujeitos à sucessão aberta – Direito sucessório de 25% a filha M. K., por cabeça e ao filho O. H. transmitido por estirpe aos três netos V. H., M. H. e M. A. H. – Lídima doação da outra meação aos dois donatários – Caducidade integral do testamento – Motivo de pré-falecimento de legatário e alienação total do restante D) Nenhuma conduta dolosa específica pode ser considerada ilicitude sujeita à sanção por deslealdade – Configuração de exercício regular do direito subjetivo de defesa – Obtenção de sucesso segmentado da impugnação – Ausência de persuasão racional de intenção dolosa para causar prejuízo – Interpretação particular dos interessados incapaz de produzir consequência jurídica E) Manutenção do patamar de 25% à solidariedade ativa à percepção dos frutos – Preservação dos critérios impostos sobre o termo inicial e final de sujeição de correção monetária e juros moratórios – Carência de pedido expresso e específico – Respeito ao princípio da concentração da defesa e eventualidade F) Modificação para procedência parcial dos pedidos – Condenação em custas judiciais e despesas processuais em 1/3 para os requerentes e 2/3 para o trio de requeridos – Honorários advocatícios fixados em 10% sobre o valor cumulativo de metade do valor atualizado da causa mais a indenização material sucumbida pelos réus e mesmo patamar para base de cálculo pertinente à outra meação da demanda aos litigantes ativos G) Sentença retificada parcialmente – Recurso provido em parte" (*TJSP* – Ap 0031066-44.2013.8.26.0001, 17-4-2018, Rel. Salles Rossi).

No Direito Canônico, é diferente a forma de ser contado o parentesco na linha colateral, pois se computa somente o grau diretamente para um dos lados: nesse sistema, portanto, os irmãos são parentes em primeiro grau; os primos-irmãos, parentes em segundo grau etc. Se as linhas colaterais forem desiguais, são contados apenas os graus na linha mais extensa, sem se levar em consideração a linha menos extensa. Assim, pelo Direito Canônico, tio e sobrinho são parentes em segundo grau, porque na linha mais extensa até o antepassado comum, há duas gerações.

Quanto à contagem de graus em nossa lei civil, ensina o art. 1.594:

> *"Contam-se, na linha reta, os graus de parentesco pelo número de gerações, e, na colateral, também pelo número delas, subindo de um dos parentes até ao ascendente comum, e descendo, depois, até encontrar o outro parente".*

Não há limite para o parentesco em linha reta, tanto para a linha ascendente, como para a linha descendente. Na linha reta ascendente, a pessoa possui duas linhas de parentesco, linha paterna e linha materna. Na linha reta descendente, surgem subgrupos denominados estirpes, que abrangem as pessoas provenientes de um mesmo descendente. Assim, dois netos de filhos diferentes são parentes em segundo grau, provenientes de duas estirpes diversas. Essa diferenciação tem importância no direito hereditário porque pode a herança ser atribuída por estirpe ou por cabeça, quando ocorre o direito de representação (arts. 1.851 ss.), quando houver igualdade de grau e diversidade de linhas quanto aos ascendentes (art. 1.836, § 2º) (ver Parte II, Capítulo 28).

O parentesco entre irmãos pode ser bilateral ou unilateral conforme provenham dos mesmos pais, ou tenham apenas o mesmo pai ou a mesma mãe.

10.4 AFINIDADE

A afinidade possui simetria com a contagem de graus no parentesco. Essa relação deriva exclusivamente de disposição legal, sem relação de sangue. Na relação de afinidade, o cônjuge está inserido na mesma posição na família de seu consorte e contam-se os graus da mesma forma. Trata-se, pois, de uma contagem derivada. Desse modo, a afinidade ocorre tanto na linha reta, como na linha colateral. Assim, o sogro e a sogra são afins em primeiro grau, os cunhados são afins em segundo grau etc. Daí porque, na língua inglesa, os cunhados são denominados irmãos de acordo com a lei (*brother-in-law, sister-in-law*).

"Agravo regimental – Agravo de instrumento – Inventário – **Direito Sucessório – Filhos premortos** – Netos – Mesmo grau de parentesco – Direito Próprio – Partilha por cabeça – Artigo 1.835 do Código Civil – Manutenção da decisão – Recurso manifestamente improcedente – 1 – Infere-se que no direito sucessório, em regra, os herdeiros mais próximos excluem os mais remotos, salvo nos casos em que admitido o direito de representação, quando a herança é deferida ao herdeiro mais remoto, que é chamado a suceder em lugar do mais próximo, em razão deste ser premorto à abertura da sucessão, tendo por pressuposto a sobrevivência de outro herdeiro do mesmo grau do premorto para que ocorra a sucessão *in stirpes*. 2 – Consoante o disposto no artigo 1.835 do Código Civil de 2002, herdeiros do mesmo grau fazem jus à fração equivalente, isto é, o quinhão hereditário é partilhado por cabeça, uma vez que herdam por direito próprio. 3 – Negar provimento ao recurso" (*TJMG* – AG 1.0183.08.148896-1/002, 21-9-2015, Relª Teresa Cristina da Cunha Peixoto).

"Procedimento de jurisdição voluntária. Requerimento de alvará judicial. Levantamento de valores referentes a benefício previdenciário, deixados pela falecida genitora da autora. Petição de renúncia da herança subscrita pelos demais herdeiros, irmãos da autora. Ausência de termo judicial. Forma prescrita em lei. Invalidade da renúncia. Exegese do art. 1.806 do Código Civil. Precedente do STJ. Falecimento da autora no curso do procedimento. Habilitação dos seus irmãos e de seus herdeiros. **Sucessão por cabeça entre os filhos da genitora da autora**. Aplicação do art. 1.829, I, do Código Civil. Sucessão por cabeça entre os filhos da demandante em relação à quota-parte a ela pertencente. Recurso provido em parte" (*TJRJ* – Apelação Cível 0000421-55.2008.8.19.0082, 4-3-2012, Rel. Des. Carlos Eduardo da Fonseca Passos).

A afinidade pode decorrer do casamento ou da união estável com relação ao agente. Nesse caso, por exemplo, será afim em primeiro grau do filho com cuja mãe se casou. Pode decorrer de casamento contraído por seus filhos, quando se tornará afim em primeiro grau, em linha reta, com as respectivas esposas e em decorrência de casamento contraído por seu progenitor ou progenitora, quando será afim em primeiro grau da pessoa com quem ele ou ela se uniu. Em linha reta, o sujeito assume a posição de sogro ou sogra, ou genro ou nora, conforme sua posição.

Na linha colateral, os afins são, portanto, os cunhados. O cunhadio ou afinidade colateral extingue-se com o término do casamento, porém a afinidade em linha reta é sempre mantida. Desse modo, desaparece, por exemplo, o impedimento de o viúvo ou divorciado casar-se com a cunhada, mas persiste o impedimento de casamento de viúvos ou divorciados com sogro e sogra. Nesse sentido:

> *"O parentesco por afinidade limita-se aos ascendentes, aos descendentes e aos irmãos do cônjuge ou companheiro"* (art. 1.595, § 1º). *"Na linha reta, a afinidade não se extingue com a dissolução do casamento ou da união estável"* (art. 1.595, § 2º).

Na hipótese de separação judicial, desaparecida com a Emenda Constitucional nº 66/2010, contudo, o vínculo da afinidade não é afetado. Persistirá o estado de separação judicial para os casais que não converterem em divórcio. Somente desaparecerá na linha transversal com o divórcio ou a morte de um dos cônjuges. Washington de Barros Monteiro (1996:241) lembra que, se houver anulação ou nulidade de casamento, temos que atentar para a existência ou não de putatividade. Se reconhecida a putatividade, será mantida a afinidade legítima; se não for reconhecida, a afinidade se conceituará como ilegítima.

Também na afinidade, para fins de melhor entendimento, distingue-se a legítima da ilegítima, se decorrente ou não de casamento, assim como a afinidade derivada da adoção.

Como a afinidade é de ordem pessoal e não se amplia além dos limites traçados pela lei, decorre que não existe vínculo de afinidade entre os parentes dos cônjuges (vulgarmente denominados contraparentes). Os afins dos cônjuges não são afins entre si porque a afinidade não gera afinidade. Desse modo, os concunhados não são afins entre si. Na hipótese de segundo casamento, os afins do primeiro casamento não se tornam afins do esposo casado em segundo matrimônio. A afinidade não tem repercussões no direito sucessório.

10.5 EFEITOS DO PARENTESCO

As relações de parentesco afetam os mais diversos campos do Direito, desde os impedimentos que se traduzem em inelegibilidades da Constituição até os impedimentos para o casamento.

No processo civil, estão impedidos de depor como testemunha, além do cônjuge da parte, seu ascendente ou descendente em qualquer grau, assim como o colateral até o terceiro grau, seja consanguíneo ou afim (art. 447, § 2º, I, do CPC).

No direito penal, há crimes cujo parentesco entre o agente causador e a vítima agrava a intensidade da pena.

No direito fiscal, o parentesco pode definir isenções, deduções ou o nível de tributação. No direito constitucional e no direito administrativo, há restrições de parentesco para ocupar certos cargos.

No direito de família, os efeitos do parentesco fazem-se sentir com mais intensidade, ao estabelecer impedimentos para o casamento, estabelecer o dever de prestar alimentos, de servir como tutor etc.[5]

No direito sucessório, o parentesco estabelece as classes de herdeiros que podem concorrer à herança, limitando-se, na classe dos colaterais, àqueles até o quarto grau.

---

[5] "Inventário – **Herdeiros colaterais** – Concorrendo parentes de diferentes graus, em regra, os herdeiros de grau mais próximo excluem os de grau mais remoto, a teor do art. 1.840 do CC. Determinada a exclusão de JRS da partilha dos bens deixados pela autora da herança. Cessão de direitos hereditários. Perfeitamente possível a cessão dos direitos hereditários do herdeiro, operando-se a sub-rogação do cessionário nos direitos hereditários do cedente. Necessidade, todavia, de observar a forma prescrita lei. Cessão que somente será válida se realizada por escritura pública, conforme previsão do art. 1.793 do CC, que apresenta regra de forma ad *solemnitatem* ou ad *substantiam*. Renúncia à herança que também deve ser operada por escritura pública, ou termo nos autos, pena de nulidade absoluta. Pretensão ressarcitória do inventariante dativo, a ser ventilada em ação própria. Decisão reformada apenas para afastar JRS da partilha dos bens deixados por MDLMF. Recurso provido em parte" (*TJSP* – AI 2107852-25.2018.8.26.0000 – São Paulo – 1ª CD.Priv. – Rel. Francisco Loureiro – *DJe* 06.08.2018).

"Inventário – Sucessão da companheira – Existência de irmãos do falecido – Pretendido o reconhecimento, em favor da companheira, de 1/3 (um terço) dos bens deixados pelo falecido, concorrendo com parentes sucessíveis – Impossibilidade – Declarada a inconstitucionalidade do art. 1.790 do CC/2002, que previa diferenciação dos direitos de cônjuges e companheiros para fins sucessórios – Orientação decorrente de tese firmada na Corte Suprema, por ocasião da análise de recursos (RE 646.721 e 878.694), julgados em regime de repercussão geral – Incidência da regra prevista no artigo 1.829, III do CC/2002 – **Afastada a sucessão dos parentes colaterais** – Decisão mantida. Agravo não provido" (*TJSP* – AI 2268847-17.2015.8.26.0000, 9-10-2017, Rel. Elcio Trujillo).

"Apelação cível – Ação de inventário – Sucessão Testamentária – De cujus que não deixou herdeiros necessários – Sentença homologatória da partilha de bens – Inconformismo de **parente colateral** objetivando o reconhecimento da nulidade da sentença diante da ausência de intimação de herdeiros colaterais – A meu ver, razão não lhe assiste – Com efeito, não é necessário tecer maiores fundamentos para se concluir pela desnecessidade da intimação da Recorrente diante da sua relação de parentesco colateral com de cujus – Isto porque, de acordo com o Código Civil de 2002 os herdeiros colaterais podem ser excluídos da sucessão, bastando que o testador disponha do seu patrimônio sem contemplá-los – Na espécie, a certidão de óbito demonstra que o Inventariado deixa bens e não deixa filhos, conforme se vê às fls. 06 (index 0009) – Sob outro prisma, no testamento acostado aos autos – index 00003 – o testador declarou que não tem herdeiros necessários, descendentes nem ascendentes; Assim sendo, pode livremente dispor da totalidade de seus bens.... E dispôs a favor de seu sobrinho e a esposa daquele – Sentença correta, que se mantém. Recurso conhecido e desprovido" (*TJRJ* – Ap 0121021-52.2011.8.19.0001, 255-4-2016, Relª Maria Regina Fonseca Nova Alves).

"**Ação de alimentos – Parentesco colateral** – Tia paterna – Ilegitimidade – Rol taxativo do Código Civil – Precedentes do STJ – Apelação à qual se nega provimento – O STJ já firmou entendimento de que é taxativo o rol de pessoas que são obrigadas a prestar alimentos, previsto no Código Civil, motivo pelo qual os tios são partes ilegítimas para serem demandados pelos sobrinhos" (*TJMG* – AC 1.0045.13.005055-7/001, 25-8-2014, Rel. Marcelo Rodrigues).

11

FILIAÇÃO

11.1 CONCEITO

Todo ser humano possui pai e mãe. Mesmo a inseminação artificial ou as modalidades de fertilização assistida não dispensam o progenitor, o doador, ainda que essa forma de paternidade não seja imediata. Desse modo, o Direito não se pode afastar da verdade científica. A procriação é, portanto, um fato natural. Sob o aspecto do Direito, a filiação é um fato jurídico do qual decorrem inúmeros efeitos. Sob perspectiva ampla, a filiação compreende todas as relações, e respectivamente sua constituição, modificação e extinção, que têm como sujeitos os pais com relação aos filhos. Portanto, sob esse prisma, o direito de filiação abrange também o poder familiar, denominado anteriormente como pátrio poder familiar, que os pais exercem em relação aos filhos menores, bem como os direitos protetivos e assistenciais em geral.

Tradicionalmente, afirmava-se com insistência, em passado não muito remoto, que a maternidade era sempre certa (*mater semper certa est*); a paternidade era sempre incerta (*pater semper incertus est*). No direito tradicional, vigente até próximo ao fim do século XX, essa foi uma verdade dogmática: enquanto a maternidade era sempre suscetível de ser provada, a paternidade era de difícil comprovação. O avanço da ciência e da tecnologia genética nas últimas décadas coloca na berlinda e desmente a afirmação tradicional. Atualmente, pode-se apontar com quase absoluta certeza a paternidade. Atualmente, a paternidade pode ser comprovada independentemente de exame ou de invasão na integridade física do indigitado pai, da presumível mãe ou de terceiros. Ao atingir esse estágio, que a ciência já dirige e possibilita, a técnica mais uma vez suplanta o sistema jurídico e obriga sua reestruturação. Já é possível apontar o pai de um indivíduo sem restar qualquer dúvida ponderável. Torna-se possível programar nascimentos e características dos novos seres humanos. O amedrontador *Admirável mundo novo*, imaginado e imortalizado por Aldous Huxley, há tantas décadas, vai se tornando realidade não muito agradável ou aceitável, se o Direito e o ordenamento não tomarem os rumos corretos.

De qualquer modo, no campo do Direito, por maior que seja a possibilidade da verdade técnica, nem sempre o fato natural da procriação corresponde à filiação como fato jurídico. O legislador procura o possível no sentido de fazer coincidir a verdade jurídica com a verdade biológica, levando em conta as implicações de ordem sociológica e afetiva que envolvem essa problemática.

A filiação é, destarte, um estado, o *status familiae*, tal como concebido pelo antigo direito romano. Todas as ações que visam a seu reconhecimento, modificação ou negação são, portanto, ações de estado. O termo *filiação* exprime a relação entre o filho e seus pais, aqueles que o geraram ou o adotaram. A adoção, sob novas vestes e para finalidades diversas, volta a ganhar a importância social que teve no Direito Romano, hodiernamente por razões diversas do passado.

Visto sob o prisma dos ascendentes, o estado de filiação traduz-se na paternidade ou maternidade. Utiliza-se o termo *paternidade* de forma genérica para expressar a relação do pai e da mãe com relação aos filhos.

O Código Civil de 1916 centrava suas normas e dava proeminência à família legítima, isto é, aquela derivada do casamento, de justas núpcias, em paradoxo com a sociedade brasileira da época, formada em sua maioria por uniões informais. Elaborado em época histórica de valores essencialmente patriarcais e individualistas, o legislador do início do século passado marginalizou a família não provinda do casamento e simplesmente ignorou direitos dos filhos que proviessem de relações não matrimoniais, fechando os olhos a uma situação social que sempre existiu, especialmente em nosso país de miscigenação natural e incentivada.

A partir de meados do século XX, porém, nossa legislação, embarcando em tendência universal, foi sendo alterada para, timidamente a princípio, serem introduzidos direitos familiares e sucessórios aos filhos provindos de relações extramatrimoniais. A Constituição de 1988 culminou por vedar qualquer qualificação relativa à filiação. Desse modo, a terminologia do Código de 1916, filiação legítima, ilegítima e adotiva, de vital importância para o conhecimento do fenômeno, passa a ter conotação e compreensão didática, histórica e textual e não mais essencialmente jurídica.

11.2 FILIAÇÃO LEGÍTIMA. PARIDADE NA FILIAÇÃO

A filiação legítima tinha por base o casamento dos pais quando da concepção. A fonte da legitimidade era o casamento válido ou o casamento putativo. Nesse sentido, o art. 337 do antigo Código dispunha que eram legítimos os filhos concebidos na constância do casamento, ainda que anulado, ou mesmo nulo, se contraído de boa-fé. O casamento subsequente tinha o condão também de operar a legitimação dos filhos havidos pelo casal. Essa distinção não mais subsistia perante a Carta de 1988:

> "Os filhos, havidos ou não da relação do casamento, ou por adoção, terão os mesmos direitos e qualificações, proibidas quaisquer designações discriminatórias relativas à filiação" (art. 227, § 6º).

Esse dispositivo constitucional é repetido, com igual redação, pelo art. 1.596 do corrente Código.

O art. 337 do antigo diploma já fora expressamente revogado pela Lei nº 8.560/92, que regulou a investigação de paternidade dos filhos havidos fora do casamento. A lei, porém, não tem o condão de simplesmente apagar a verdade social patente e evidente: filhos continuam a nascer fora do casamento e, com frequência, a sociedade acolhe-os diferentemente, quando não os marginaliza. Desse modo, se, por um lado, desapareceu o tratamento discriminatório, por outro, os direitos dos filhos provindos de fora do casamento devem ser obtidos por meio dos instrumentos legais ora postos de forma ampla à disposição no ordenamento. Esse é o atual desafio no direito da filiação.

Durante o século XX, e neste primórdio de século XXI, a família, o casamento e as relações de filiação vêm sofrendo profunda transformação social.

A família tradicional, unida pelo casamento, era o mecanismo apropriado para transmitir os bens por via hereditária por gerações. O sistema socioeconômico era baseado na propriedade da terra, na riqueza imobiliária sob a condução do *pater*. O enfraquecimento do poder patriarcal faz-se sentir e o reconhecimento de direitos e deveres decorrentes do pátrio poder ou atualmente poder familiar preparou o terreno para a ampla modificação legislativa do final do século XX

O sistema de produção passa a não mais depender da propriedade imobiliária e concentra-se na empresa e em bens mobiliários. O foco e o centro de produção econômica deixam de ser a família. As expectativas da família concentram-se doravante muito mais em uma perspectiva de consumo do que de produção. O homem e a mulher integram-se nas atividades produtivas e de serviços que se realizam fora do convívio familiar. Os filhos são formados e educados para ingressar nesse ambiente de trabalho altamente competitivo, fora da estrutura autoritária do poder paternal. Não só dentro da família, mas em todos os organismos sociais, a autoridade inconcussa e incontrastável do chefe ou superior hierárquico perde terreno para a responsabilidade individual e social.

Nesse contexto, ambos os pais, casados ou não, passam a ter papel semelhante na educação dos filhos, desaparecendo a autoridade exclusivamente marital. A família, doravante, deve gravitar em torno de um vínculo de afeto, de recíproca compreensão e mútua cooperação. A chamada *família ou paternidade socioafetiva* ganha corpo no seio de nossa sociedade, fartamente albergada pelos tribunais, com respaldo doutrinário. Lembre-se do art. 1.593 citado quando do nosso estudo de parentesco, que se refere precipuamente a *outra origem* na filiação. A família passa a ter um conteúdo marcadamente ético e cooperativo e não mais econômico, resquício este da velha família romana e, nesse contexto, não há espaço para qualquer discriminação. Sob tal prisma, a Constituição brasileira vigente coroou tendência universal. Não se discriminam os filhos em razão de sua origem, aspecto que a sociedade, há muito, não sem alguma resistência, já se encarregara de observar.

A equiparação da filiação interessa fundamentalmente ao idêntico tratamento que faz a lei no tocante ao conteúdo e aos efeitos das relações jurídicas quanto à origem da procriação. A distinção entre filiação legítima e ilegítima possui modernamente compreensão essencialmente técnica e não mais discriminatória. Inevitável, contudo, que seja mantida a diferença terminológica e conceitual para compreensão dos respectivos efeitos. Bem observa Luiz Edson Fachin (1999:201):

> "*Como a Constituição manteve o casamento como fonte da família, desaparece a designação discriminatória, mas permanece a distinção. Há um resíduo diferenciador sem que implique uma ofensa ao princípio da igualdade, porque distinguir não significa discriminar*".

A filiação decorrente da natureza pressupõe um nexo biológico ou genético entre o filho e seus pais. A maternidade ou paternidade é certa quando esse nexo é determinado. A determinação da filiação, como categoria jurídica, procura assegurar a identificação pessoal em relação à identidade biológica. Nem sempre, porém, a identidade genética amolda-se à identidade jurídica. Essa questão, entre outras, depende de uma solução legal, e marcadamente judicial, no campo da filiação.

A filiação pode ser definida como o liame jurídico existente entre pai ou mãe e seu filho ou filha. Nesse sentido, são utilizados os termos *paternidade* e *maternidade*. No entanto, como aponta Carbonnier (1999:181), a noção merece de plano uma ressalva, pois esse vínculo pode ser legítimo, natural ou adotivo. E, podemos acrescentar, também *afetivo*.

A filiação legítima pressupõe que o pai e a mãe sejam casados um com o outro, que o filho tenha sido concebido durante esse casamento ou que a legitimação tenha ocorrido com o casamento subsequente. A filiação natural é aquela na qual não existe casamento entre os pais.

A filiação natural será singela quando entre o pai e a mãe não havia impedimento para o casamento. Essa filiação será adulterina quando os pais estavam impedidos de se casar em razão de estarem casados com terceiros. Será filiação incestuosa, se o impedimento decorre do parentesco. A filiação adotiva cria o vínculo jurídico artificialmente, decorrente de um ato de vontade. A filiação afetiva é aquela na qual o amor e o carinho recíprocos entre os membros suplantam qualquer grau genético, biológico ou social.

O Código Civil de 1916 não permitia, como regra, que se investigasse a paternidade contra homem casado. O critério foi progressivamente sendo atenuado em benefício da verdade biológica. A investigação de paternidade perante o pai casado com outra mulher torna-se possível, como também o reconhecimento de paternidade pelo pai biológico, nessas condições.

Sob toda essa problemática é que deve ser vista a dicção do art. 1.603, do atual Código, que expressa a regra geral: *"A filiação prova-se pela certidão do termo de nascimento registrada no Registro Civil"*.[1] Nessa presunção legal há uma verdade, mas pode haver, por detrás, toda uma história de vicissitudes, com amor e desamor, com maior ou menor amplitude.

11.2.1 Conceito de Filiação Legítima

O Código de 1916 conceituava como legítimos os filhos concebidos na constância do casamento, ainda que anulado ou mesmo nulo, se fora contraído de boa-fé (art. 337, revogado pela Lei nº 8.560/92). O art. 217 dispunha que a anulação do casamento não obstava à legitimidade do filho concebido ou havido antes ou na constância dele. Como já mencionamos, os critérios de legitimidade são doravante essencialmente teóricos. Nesse diapasão, também eram legítimos os filhos provindos de casamento nulo, se fosse declarada a putatividade. Da mesma forma, era legítimo o filho nascido de casamento anulável.

A Lei nº 6.515/77 colocou-se da mesma forma e foi mais além, considerando legítimos os filhos havidos de casamento nulo ou anulável, ainda que ambos os cônjuges não o tivessem contraído de boa-fé (art. 14, parágrafo único). O Código de 2002 resguarda também os direitos e os efeitos civis dos filhos nessa situação (art. 1.561, § 2º). Como se nota, de algum tempo já vinha a tendência de se eliminar, na lei, a discriminação da ilegitimidade.

O Código de 1916 adotara o sempre repetido princípio segundo o qual pai é quem assim demonstram as justas núpcias (*pater is est quem nuptiae demonstrant*). Presume o antigo legislador que o filho de mulher casada foi concebido pelo marido. A presunção, fundamentada no que usualmente ocorre, possuía um embasamento cultural e social, em prol da estabilidade da família, uma vez que impedia que se atribuísse prole adulterina à mulher casada. A maternidade comprova-se pelo parto, erigindo o sistema em crime quem alegar parto suposto (arts. 241 e

---

[1] V. Lei nº 11.789, de 2 de outubro de 2008 (Proíbe a inserção nas certidões de nascimento e de óbito de expressões que indiquem condição de pobreza ou semelhantes e altera as Leis nºˢ 6.015, de 31 de dezembro de 1973 – Lei de Registros Públicos e 8.935, de 18 de novembro de 1994).

V. Lei nº 11.790, de 2 de outubro de 2008 (Altera o art. 46 da Lei nº 6.015, de 31 de dezembro de 1973 – Lei de Registros Públicos, para permitir o registro da declaração de nascimento fora do prazo legal diretamente nas serventias extrajudiciais, e dá outras providências).

242 do Código Penal). Daí a regra tradicional mantida pelo vigente Código no sentido de que *"não basta a confissão materna para excluir a paternidade"* (art. 1.602).

A Lei nº 8.560/92 subverte o princípio porque admitiu a investigação de paternidade contra homem casado ou pelo filho de mulher casada contra seu verdadeiro pai.

De qualquer modo, como regra geral, tem aplicação o art. 1.597, que repete, em síntese, nos dois incisos iniciais, os mesmos princípios do Código anterior:

> *"Presumem-se concebidos na constância do casamento os filhos:*
>
> *I – nascidos cento e oitenta dias, pelo menos, depois de estabelecida a convivência conjugal;*
>
> *II – nascidos nos trezentos dias subsequentes à dissolução da sociedade conjugal, por morte, separação judicial, nulidade e anulação do casamento".*

A lei presume a filiação legítima com fundamento nos dados científicos. Desse modo, se o filho nasceu até seis meses após o casamento, presume-se ser legítimo. Se o nascimento ocorrer antes dos 180 dias, não opera a presunção. Entendemos que é de seis meses o período mínimo de gestação viável. Fora desses períodos, ainda que possam ocorrer nascimentos, a presunção não opera. Esse texto legal deve ser modernizado. O projeto de reforma do Código Civil em curo já o faz.

Recorde-se que a Emenda Constitucional nº 66/2010 extingue a separação judicial e o texto legal acima deve ser entendido com essa alteração.

O Projeto do Estatuto das Famílias objetivou trazer presunção mais simples e singela ao estabelecer que se presumem filhos "os nascidos durante a convivência dos genitores à época da concepção" (art. 73, I), suprimindo os prazos em dias descritos no atual art. 1.597.

Importa saber a paternidade real e não presumida.

A presunção de pai certo, nessas situações, somente podia ser abalada pela ação negatória de paternidade, de cunho restritivo, dentro de certos princípios, que atualmente devem mostrar-se mais flexíveis. O emparedamento da coisa julgada, por exemplo, não pode negar verdades reais. Há que se repensar, inclusive, sobre esse princípio que por tanto tempo foi caudilhesco em nosso sistema.[2]

O art. 1.599, do corrente Código, dispõe que

> *"a prova da impotência do cônjuge para gerar, à época da concepção, ilide a presunção da paternidade".*

---

[2] Assim dispunha o art. 340 do antigo Código:
"*A legitimidade do filho concebido na constância do casamento, ou presumido tal (arts. 337 e 338), só se pode contestar provando-se: I – que o marido se achava fisicamente impossibilitado de coabitar com a mulher nos primeiros 121 (cento e vinte e um) dias, ou mais, dos 300 (trezentos) que houverem precedido ao nascimento do filho; II – que a esse tempo estavam os cônjuges legalmente separados".*
O art. 341 complementava, estatuindo que não valeria o motivo do art. 340, II, se os cônjuges houvessem convivido algum dia sob o teto conjugal. O termo *coabitação*, utilizado pelo legislador, como vimos, é eufemismo para referir-se a relações sexuais. Para o fim de se contestar a legitimidade de filho nessas condições, impunha-se que o marido comprovasse a impossibilidade física ou material de o casal manter relação sexual. Examinam-se os exemplos no caso concreto: o casal estava afastado em razão de viagem; o marido estava acometido transitoriamente de moléstia que impedia as relações sexuais etc. A propósito, o art. 342 complementava que, somente se for absoluta, a impotência vale para sustentar alegação contra a legitimidade do filho. O fato de o marido provar que estava impotente quando do momento da concepção não implicava negativa da paternidade. Daí porque, nesse caso, o exame da prova devia ser cuidadoso para excluí-la. A questão do afastamento ou separação material do homem e da mulher também não implica, por si só, impossibilidade de filiação, se levada em consideração a possibilidade de inseminação artificial, fenômeno que traz nova caudal de problemas em sede de paternidade, como veremos.

Trata-se, como se vê, de presunção relativa, e diz respeito não unicamente à impotência *generandi* do homem, mas também da mulher, embora quanto a esta seja mais difícil que ocorram casos concretos de dúvida.

Modernamente, havia mesmo que se modificar a concepção do Código, mormente porque os exames de DNA apontam com quase absoluta certeza a paternidade. As falhas que podem decorrer desses exames situam-se na falibilidade e fraquezas humanas e não na tecnologia.

Filiação é um conceito relacional, trata-se de uma relação de parentesco que se estabelece entre duas pessoas. Esse estado pode decorrer de um vínculo biológico ou não, como na adoção e na inseminação heteróloga, autorizada pelo pai.[3]

Assumindo definitivamente a nova orientação, inclusive com julgados nesse sentido nos tribunais em prol da paternidade real, o art. 1.601 do atual Código dispõe que cabe ao marido o direito de contestar a paternidade dos filhos nascidos de sua mulher, sendo tal ação imprescritível.[4] Desse modo, caem por terra os vetustos pressupostos do direito anterior, que

---

[3] Quando o filho nascia logo após o casamento, ou seja, antes dos 180 dias após o casamento, o pai podia contestar sua paternidade, salvo se livremente tinha ciência da gravidez da mulher à época das núpcias ou se assistira à lavratura do registro de nascimento, sem contestar a paternidade (art. 339). Nessas situações, o pai reconhecia implícita ou explicitamente a paternidade.
"Apelação cível. Família. Negatória de paternidade *post mortem*. Ação de estado. **Personalíssima**. Herdeiro. Ilegitimidade ativa. Indeferimento da inicial. Extinção sem resolução do mérito. Sentença mantida. Recurso conhecido e desprovido. 1. A ação negatória de paternidade é ação de estado e, portanto, personalíssima, somente podendo ser ajuizada pelo pai registral. 2. Nos termos do artigo 1.601 do Código Civil e entendimento jurisprudencial, a legitimidade para propor ação negatória de paternidade é do pai registral, sendo permitido aos herdeiros se habilitarem em demanda ajuizada em vida pelo suposto genitor falecido. 3. Recurso conhecido e desprovido". (*TJDFT* – Ap 07022189020218070021, 9-3-2023, Rel. Ana Maria Ferreira da Silva).

[4] "Civil e processual civil. Apelações cíveis. Ação de investigação de paternidade cumulada com negativa de paternidade. Gratuidade de justiça. Impugnação em contrarrazões. Não conhecimento. Exame de DNA. Necessidade. Paternidade socioafetiva. Não configurada. Interesse de agir. Demonstrado. Extinção do feito indevida. Cassação da sentença. Recursos conhecidos. Provido o do autor e desprovido o do réu. 1. As contrarrazões são cabíveis apenas para impugnar os fundamentos de recurso interposto, com o intuito de manutenção da decisão exarada, não constituindo via eleita adequada para formulação de qualquer pedido condenatório ou de reforma ao Colegiado, devendo a parte irresignada valer-se de recurso próprio. 2. O pedido de contestação da paternidade está respaldado no **art. 1.601 do Código Civil, sendo direito é próprio do marido** e imprescritível, independentemente de se constatar os laços biológicos ou afetivos para a efetivação do registro de nascimento. 3. Os cuidados prévios ao nascimento do menor, manifestados à época da gravidez da genitora; o registro espontâneo na certidão de nascimento como genitor; e, o convívio por 13 dias com a criança, constituiriam o reconhecimento do vínculo afetivo havido entre pai e filho, não são fundamentos suficientes para afirmar pela paternidade do autor e extinguir o feito por ausência de interesse de agir e impossibilidade jurídica do pedido. 4. Podem ser aventadas duas possibilidade que podem ensejar a anulação do registro, com respaldo no art. 171, II, do CC, caso o menor não seja filho biológico do autor e não se constatando o vínculo socioafetivo: 1) a indução do marido ao erro pela ex-esposa, ao afirmar que a criança seria seu filho, instigando-o a assumir a paternidade e efetuar o registro; 2) e, o eventual dolo da mãe em afirmar e confirmar a paternidade do marido, quando saberia ser uma inverdade, com o objetivo de acobertar a infidelidade e obter sua assistência material, afetiva e social. 5. Não se pode afirmar a ausência dos elementos da ação, pois a paternidade, no caso, é mera expectativa que poderá ou não se concretizar a partir do seguimento das instruções processuais que autorizem os exames de DNA. Dos seus resultados florescerão as informações necessárias à pronúncia acerca do pedido de declaração negativa de paternidade e da viabilidade do pedido de modificação do registro civil de nascimento do menor. 5.1. Constatado haver interesse de agir por parte do autor, que impede a extinção do feito sem resolução de mérito. 6. Recursos conhecidos. Apelo do réu desprovido. Recurso do autor provido. Sentença cassada" (*TJDFT* – Ap 07220141420238070016, 24-1-2024, Rel. Carlos Pires Soares Neto).
"Ação de investigação de paternidade *post mortem* – Extinção sem resolução do mérito – Ilegitimidade ativa 'ad causam' – Negatória movida pela avó paterna contra a requerida, sua neta – **Ação personalíssima do genitor** – Inteligência do art. 1.601 do Código Civil – A incapacidade relativa não atinge os atos existenciais, sobretudo aqueles relacionados à família, e a curatela se restringe aos atos patrimoniais e negociais – Arts. 6º e 85 do Estatuto da Pessoa com Deficiência – Não foi afetada a capacidade do falecido no que concerne ao registro da filiação da ré, ao exercício da paternidade por mais de 17 anos e, inclusive, à possibilidade de contestá-la, o que não fez – A incapacidade relativa do *de cujus* não gera a legitimidade da autora para a propositura de ação de investigação de paternidade – Recurso desprovido". (*TJSP* – Ap 1000321-06.2020.8.26.0426, 17-3-2022, Rel. Alcides Leopoldo).

se arraigavam a princípios sociais e culturais hoje totalmente superados. A qualquer momento pode o marido impugnar a paternidade de filho de sua mulher. A verdade da paternidade genética não pode ser subordinada a prazo. De há muito já se notava nos julgados a repulsa ou certa tergiversação aos exíguos prazos estabelecidos no Código de 1916 para a impugnação da legitimidade de filho nascido de sua mulher. Esse prazo era de dois meses, contados do nascimento, se estava presente o marido, para este propor a ação negatória de paternidade, nas presunções do art. 388 (art. 178, § 3º); e, de três meses, se o marido achava-se ausente, ou lhe ocultaram o nascimento, contado o prazo do dia de sua volta à casa conjugal, no primeiro caso, e da data do conhecimento do fato no segundo (art. 178, § 4º). Essas restrições escudavam-se em justificativas da Moral piegas, provinda ainda do século XIX. Evitava-se, tanto quanto possível, o reconhecimento da bastardia no reduto do casal. Muitos foram os dramas que se instalaram em lares brasileiros no passado, com fundamento nas amarras desses artigos, tão bem retratados na seara da ficção no romanceiro nacional.

O Projeto nº 6.960/2002 procurou dar maior amplitude a esse art. 1.601, mormente no tocante à legitimidade para contestar a relação de filiação. Assim, admite que essa legitimidade será do filho daqueles declarados pai e mãe no registro de nascimento; do pai e da mãe biológicos e de quem demonstrar legítimo interesse. Essas situações foram tomadas de exemplos da jurisprudência e visam permitir a exata definição da filiação. O Projeto acrescentava ainda que a relação de filiação oriunda da adoção não pode ser contestada. Destaca ainda, repetindo a dicção do vigente Código, que, uma vez contestada a filiação, os herdeiros do impugnante poderão prosseguir na ação. Acrescenta, em disposição não isenta de dúvidas, que a recusa injustificada das provas médico-legais acarreta a presunção da existência da relação de filiação. Esta última hipótese deve ser vista com muito cuidado.

Lembremos, porém, que a cada passo, nessa seara, sempre deverá ser levado em conta o aspecto afetivo, qual seja, a paternidade emocional, denominada *socioafetiva* pela doutrina, que em muitas oportunidades, como nos demonstra a experiência de tantos casos vividos ou conhecidos por todos nós, sobrepuja a paternidade biológica ou genética. A matéria é muito mais sociológica, ética e psicológica do que jurídica. Por essas razões, o juiz de família deve sempre estar atento a esses fatores, valendo-se, sempre que possível, dos profissionais auxiliares, especialistas nessas áreas. O campo da mediação e conciliação, já estampado no CPC de 2015, vem em socorro ao Judiciário, que não pode ser repositório permanente dessas questões.

"Apelação. Filiação. Ação anulatória de registro de nascimento fundada em erro e falsidade promovida pelo filho do declarante. Sentença de extinção do processo em razão da ilegitimidade ativa. Modificação. Distinção entre ação negatória de paternidade (**art. 1.601 do CC**) e ação anulatória do registro (art. 1.604 do CC). A ação negatória de paternidade, de exclusiva legitimidade do marido, tem por objetivo afastar a presunção, decorrente do matrimônio (art. 1.597 do CC). A ação anulatória do registro, fundada em erro ou falsidade, pode ser proposta por terceiro que demonstre interesse relevante na impugnação à paternidade registral. Precedentes. Autor, filho do declarante, tem interesse moral e patrimonial para impugnar o reconhecimento voluntário da paternidade realizado pelo seu pai. Recurso provido" (*TJSP* – Ap. 1002368-82.2017.8.26.0320, 27-1-2021, Rel. Enéas Costa Garcia).

"**Ação negatória de paternidade** – Sentença de procedência – A despeito da ausência de vínculo biológico constatada em exame pericial, conjunto probatório que evidenciou a relação sócio afetiva – Hipótese em que o autor efetuou o registro espontâneo, e mesmo tendo ciência da possibilidade de a ré não ser sua filha, manteve, por mera liberalidade, relacionamento com a genitora e esta – Evidenciada a intenção de ser reconhecido como família, bem como na condição de pai e filha, por cerca de 15 anos – Situação que não pode ser alterada – Paternidade socioafetiva que, neste caso, preponderar sobre a ausência de paternidade biológica – Sentença reformada para julgar a ação improcedente, para prevalecer o registro de nascimento. Recurso provido." (*TJSP* – AC 0000563-11.2014.8.26.0452, 20-9-2019, Rel. Benedito Antonio Okuno).

"Apelação Cível – **Ação negatória de paternidade** – Anulação de registro civil – Erro substancial não comprovado – Paternidade socioafetiva – Sentença reformada – No caso, o autor não comprovou que incorreu em erro ao reconhecer a paternidade da ré, assinalando os elementos informativos coligidos aos autos a existência de liame socioafetivo entre eles, com o que se revela imperiosa a reforma da sentença, mantendo-se hígida a paternidade registral. Apelação provida" (*TJRS* – AC 70075760330, 8-3-2018, Rel. Des. Ricardo Moreira Lins Pastl).

Não é afastada a possibilidade de um conflito de presunções: a mulher viúva que se casa antes de decorridos 10 meses da viuvez e tem um filho depois de 180 dias do segundo casamento, mas antes de findo o prazo de 300 dias posteriores à dissolução do primeiro matrimônio. A causa suspensiva do art. 1.523, II objetiva essa possibilidade, evitando a *turbatio sanguinis*, para fins patrimoniais. No entanto, para a definição exata da paternidade, serão necessários exames e a definição judicial. Alguns dispositivos mantidos no Código por força da tradição tornam-se de certa forma inúteis perante os novos exames que definem a paternidade, como, por exemplo, a norma do art. 1.600, que afirma não bastar o adultério da mulher, ainda que confessado, para ilidir a presunção legal da paternidade. O art. 343 do antigo diploma estatuía:

> *"Não basta o adultério da mulher, com quem o marido vivia sob o mesmo teto, para elidir a presunção legal de legitimidade da prole".*

Suprimiu-se a referência à convivência sob o mesmo teto, no presente Código. A confissão, por si só, pode ter intenção exclusiva de beneficiar ou prejudicar a prole, daí porque a lei não a admite como prova peremptória. Se a mulher estiver separada de fato, é essa separação que fundamentará a filiação e não seu adultério. Lembre-se, mais uma vez, de que, atualmente, o exame de DNA permite apontar com certeza a paternidade, razão pela qual essas disposições perdem grandemente sua importância.

Quando dissolvido o matrimônio pela morte, separação ou divórcio, anulação ou declaração de nulidade, presume-se a paternidade dos filhos nascidos nos 300 dias seguintes à data em que se dissolveu a sociedade conjugal.[5]

Reitere-se que a posição moderna da tecnologia genética faz cair por terra o sistema de presunções de paternidade na maioria dos casos. O sistema de presunções de paternidade colocado no Código de 1916, e mantido em parte no vigente Código, há muito se mostra anacrônico, não só porque a sociedade evoluiu nesse fenômeno, como também porque a ciência permite atualmente apontar o pai (ou a mãe) com o mais elevado grau de certeza. Por essa razão, a jurisprudência vinha admitindo com frequência imputações e impugnações de paternidade contra o que dispõe o sistema. Arnold Wald (1999:171) lembra que, embora a lei considere privativa do pai presumido a ação negatória de paternidade, deve-se admitir que o filho possa, após dissolvida a sociedade conjugal, pedir a retificação da filiação provando que o pai presumido não é o verdadeiro. Coloca-se, portanto, em xeque a disposição do art. 1.601 do presente Código, que repete o princípio do antigo art. 344, segundo o qual cabe privativamente ao marido o direito de contestar a legitimidade dos filhos nascidos de sua mulher. Por essa razão, como vimos, o Projeto mencionado tentou ampliar essa legitimidade.[6]

---

[5] De acordo com o inciso II do art. 340 do antigo diploma civil, o marido também podia contestar a paternidade se, à época da concepção, estava legalmente separado da mãe. Desse modo, a separação só preencheria o requisito da presunção, se fosse legal e não simples separação de fato. Devia ficar entendido, nessa dicção, que também a separação de corpos era idônea para esse fim (art. 223 do Código Civil anterior e art. 7º, § 1º, da Lei nº 6.515/77). Na hipótese de separação de fato, o marido deveria provar, quando muito, a impossibilidade física de coabitação, de acordo com o inciso I, o que é muito mais complexo. A disposição não fazia muito sentido, mesmo sob a epígrafe do Código de 1916, mormente se já existisse separação de fato inconcussa de muitos anos. Suprimido esse dispositivo no atual Código, leva-se em conta a impotência *generandi* de ambos os cônjuges para essa hipótese, de acordo com o art. 1.599, ao qual já nos reportamos.

[6] Também não se sustentava logicamente, como apontamos, o exíguo prazo de dois meses para essa ação, contados do nascimento, se era presente o marido (art. 178, § 3º) ou de três meses se o marido achava-se ausente, ou lhe ocultaram o nascimento, contado o prazo do dia de sua volta à casa conjugal, no primeiro caso, e da data do conhecimento do fato, no segundo (art. 178, § 4º).

A ação de impugnação de paternidade deve colocar no polo passivo o filho indigitado. Se este for menor, a mãe deverá assisti-lo. Vimos que o próprio filho pode ingressar com ação de impugnação de sua filiação. Lembremos que o parágrafo único do art. 1.601 reitera o caráter personalíssimo dessa ação de impugnação de paternidade legitimada ao marido, afirmando que, uma vez contestada a filiação, os herdeiros do impugnante têm direito de prosseguir na ação. Essa contestação da paternidade mencionada pela lei é, sem dúvida, o ajuizamento da ação negatória de paternidade. Parte da doutrina entende, a nosso ver com razão, que o curador do marido pode intentar a ação para impugnar a prole (Viana, 1998:214). Evidente que o incapaz não poderá tomar essa iniciativa sem o curador: imaginemos a hipótese de ser ele absolutamente incapaz de qualquer ato, porque tomado de moléstia degenerativa irreversível, porque internado em hospital etc.

Essa orientação já sofrera, contudo, abrandamento. Recordemos que a Lei nº 883/1949, primeira válvula aberta contra o sectarismo do nosso Código de 1916, permitiu o reconhecimento de filhos adulterinos. A jurisprudência passou a reconhecer também filhos adulterinos *a matre*, independentemente de o marido ter impugnado a filiação. Aponta Sílvio Rodrigues (1999:285) que

> *"tal entendimento implicava uma revogação parcial do art. 344 do Código Civil, pois a legitimidade do filho havido pela mulher casada era contestada por outra pessoa que não marido desta".*

De qualquer forma, a cautela do legislador, que também deve-se traduzir em cautela do julgador, justifica-se porque o reconhecimento de filho nessas condições é motivo de tumulto e alarde no seio familiar. No entanto, se, por um lado, as provas descritas no art. 1.600 não são suficientes para impugnar a filiação, são fortes adminículos para permitir a prova científica que apontará com quase absoluta certeza a paternidade.

A Lei nº 8.560/92, que regulou a investigação de paternidade dos filhos havidos fora do casamento, alterou a forma de raciocínio dos tribunais sobre a questão, fazendo que, sem dúvida, fiquem ainda mais relativas as presunções legais descritas no Código Civil de 1916 e também de 2002. Essa lei revogou expressamente o artigo que dispunha que a filiação se provava pela certidão do termo do nascimento, inscrito no Registro Civil. De fato, tal lei alargou a possibilidade de reconhecimento de filhos havidos fora do casamento, como veremos. Ela revogou o art. 347 do Código anterior, que dispunha que a filiação legítima provava-se pela certidão do termo de nascimento, inscrito no registro civil. Historicamente se justificava o dispositivo, porque o Direito anterior permitia a prova de filiação mediante a comprovação da posse de estado. Persiste, todavia, a disposição do art. 1.604 pela qual *"ninguém pode vindicar estado contrário ao que resulta do registro de nascimento, salvo provando-se erro ou falsidade do registro".*[7] A dicção final, *"salvo provando-se erro ou falsidade do registro".* Sem essa ressalva, o

---

[7] "Apelação cível. Civil e processual civil. Ação negatória de paternidade c/c cancelamento de registro civil e exoneração de alimentos. Vínculo genético afastado por exame de DNA. Existência de vínculo socioafetivo. Vício de consentimento. Não configurado. Recurso não provido. 1. Estabelece o **art. 1.604 do Código Civil** que ninguém pode vindicar estado contrário ao que resulta do registro de nascimento, salvo provando-se erro ou falsidade de registro. 2. Em caso de discussão de estado filiatório, a despeito de se tratar de ato irrevogável, é possível a invalidação do ato por força dos motivos que invalidam os negócios jurídicos. 3. É ônus do autor, ora apelante, demonstrar que houve erro de consentimento, pois voluntariamente fez o assento de nascimento do menor, presunção que só pode ser elidida pelo declarante se comprovar vício de consentimento. Nesse cenário, não se desincumbiu do ônus de afastar a inequívoca vontade de registrar filho como seu, bem como descaracterizar a filiação socioafetiva. 4. A exclusão de paternidade depende de anterior comprovação do vício de consentimento que, no caso dos autos, não se verificou. 5. No entendimento desta Corte, para que haja efetiva possibilidade de

anulação do registro de nascimento, é necessária prova robusta no sentido de que o pai foi de fato induzido a erro, ou ainda, que tenha sido coagido a tanto. 7. Recurso especial desprovido. (STJ, Terceira Turma, REsp 1433470/RS, Rel. Min. Nancy Andrighi, j. em 15/05/2014 sem destaque no original). 6. Consoante o Enunciado nº 256 da III Jornada de Direito Civil do Conselho da Justiça Federal: 'A posse do estado de filho (parentalidade socioafetiva) constitui modalidade de parentesco civil'. 7. Recurso conhecido e não provido" (TJDFT – Ap 07077749020228070004, 4-7-2024, Relª Leonor Aguena).

"**Anulatória de registro de paternidade** – Ação proposta pelos meio-irmãos do réu, visando a nulidade do assento de nascimento deste. Pedido de declaração de inexistência de filiação que decorre de suposta falsidade ideológica do assento. Sentença que extinguiu o processo nos termos do art. 485, VI do CPC. Insurgência. Admissibilidade. Demanda ajuizada com fundamento no artigo 1.604, do CC. Legitimidade dos autores. Ação que pode ser intentada por qualquer interessado e não se confunde com a negatória de paternidade. Extinção afastada. Prosseguimento determinado. Recurso provido". (TJSP – Ap 1019407-40.2021.8.26.0001, 18-9-2023, Rel. Salles Rossi).

"Ação negatória de paternidade cumulada com exoneração de alimentos – Improcedência da ação – Cerceamento de defesa não caracterizado – Ilegitimidade da desconstituição do vínculo paterno – Inexistência de vício de consentimento do autor quando do registro civil do infante – Medida que exigiu o preenchimento de dois requisitos: (i) prova robusta no sentido de que o pai foi de fato induzido a erro, ou ainda, que tenha sido coagido a tanto e (ii) inexistência de relação socioafetiva entre pai e filho – Precedentes do Superior Tribunal de Justiça – Ato registral realizado de forma consciente, voluntária e espontânea – Prévia desconfiança pelo autor de que o menor não seria seu filho biológico – Ausência de demonstração de erro substancial capaz de justificar a **anulação do registro de nascimento**, art. 1.604 do Código Civil – Comprovação de relacionamento socioafetivo entre as partes – Existência de tratamento de filho desde o nascimento do apelado, inclusive após o resultado do exame de DNA – Situação de fato corroborada pelo estudo psicossocial – Validade e eficácia do estado de filiação – Sentença mantida – Recurso não provido". (TJSP – Ap 1000158-05.2019.8.26.0024, 16-9-2022, Rel. César Peixoto).

"Registro civil. **Ação declaratória de nulidade de assento de nascimento**. Indeferimento da petição inicial (art. 330, II, do CPC). Irresignação dos autores. Pretensão de declaração de nulidade do registro de nascimento da ré, por falsidade/vício de consentimento de seu genitor, avô dos autores. Ação que está fundada no art. 1.604 do CC e não se confunde com a negatória de paternidade. Legitimidade ativa daqueles que possuem interesse na medida, não apenas do genitor da ré. Precedentes do STJ e desta Câmara. Extinção do processo afastada, determinado seu processamento regular. Sentença reformada. Recurso provido". (TJSP – Ap. 1000431-43.2018.8.26.0533, 13-10-2021, Rel. Alexandre Marcondes).

"Paternidade – Negatória – Cerceamento de defesa – Não ocorrência – Ausência de vinculação genética demonstrada por exame médico acostado aos autos – Ausência, ainda, de vínculo socioafetivo entre os litigantes, a justificar a manutenção do registro de paternidade – Registro, ademais, procedido mediante erro do suposto pai, que comporta alteração – Inteligência do **art. 1.604, in fine, do Código Civil** – É de rigor, assim, a exclusão da paternidade do autor, em relação ao réu, no registro deste último – Apelo não provido" (TJSP – Ap. 0010017-96.2014.8.26.0619, 21-10-2020, Rel. Rui Cascaldi).

"Civil e processo civil – Recurso de apelação - **Ação negatória** – Paternidade atestada por exame de DNA em relação ao filho e que tem o condão de servir como fundamento para o afastamento da negativa de paternidade. Exame de DNA que não atestou a paternidade em relação à filha. Paternidade socioafetiva demonstrada pelas provas dos autos. Registro como filha por livre e espontânea vontade do apelante. Impossibilidade de arrependimento. Ausência de prova de vícios. Recurso conhecido e não provido. I – Trata-se de apelação cível interposta por F.J.M.C. Visando reformar a sentença proferida pelo juízo da 09ª vara de família da comarca de Fortaleza-CE às pgs. 166/173, que julgou improcedente a ação negatória de paternidade c/c anulação de registro em face de F.O.M.C. e T.A.O.M.C., proposta pelo apelante. II – No que tange ao apelado T.A.O.M.C., não restam dúvidas quanto à paternidade do apelante, apontando o laudo pericial (FL. 91) de DNA resultado positivo; III – No que concerne à paternidade de F.O.M.C., não obstante o laudo pericial tenha apontado a negativa da paternidade, é certo esta não pode ser vista apenas sob o enfoque biológico, sendo muito relevante o aspecto socioafetivo da relação entretida por pais e filhos. As provas dos autos denotam a existência de relacionamento entre o apelante e a apelada, dentre as quais as testemunhais e depoimento pessoal do recorrente, a justificar o reconhecimento da paternidade. IV- Ademais, mesmo que não se levasse em consideração a existência de vínculo socioafetivo a justificar a paternidade, o reconhecimento voluntário da paternidade consubstancia-se em ato irrevogável (arts. 1.609 e 1.610 do CC) e sua anulação é admitida apenas nas hipóteses de comprovação de erro ou falsidade do registro, conforme preceituou o artigo 1.604 do Código Civil: 'ninguém pode vindicar estado contrário ao que resulta do registro de nascimento, salvo provando-se erro ou falsidade do registro'. V- Recurso de apelação conhecido e não provido." (TJCE – Ap 0105129-90.2016.8.06.0001, 29-11-2019, Rel. Francisco Bezerra Cavalcante).

"Civil e processual civil – **Nascimento – Registro** – Duplicidade – Nome e filiação – Diversidade – Processo contencioso – Necessidade – Sentença – Manutenção – I – A teor do disposto no artigo 1.604 do Código Civil, ninguém pode vindicar estado contrário ao que resulta do registro de nascimento, salvo provando-se erro ou falsidade do registro. II – As questões de filiação legítima ou ilegítima serão decididas em processo contencioso para anulação

dispositivo fazia com que o registro civil implicasse uma presunção absoluta de paternidade, o que era inadmissível e contrariava a própria estrutura do registro público. Com o acréscimo, define-se o registro como uma presunção relativa de filiação, que admite prova em contrário. A prova do erro ou falsidade decorre das regras gerais. Meros erros materiais, evidenciáveis *ictu oculi*, como troca gráfica do nome dos pais, por exemplo, podem ser corrigidos por via correcional. Se o erro e a falsidade demandarem exame mais profundo de prova, somente a ação judicial própria poderá corrigir o registro, de acordo com o art. 113 da Lei dos Registros Públicos (Lei nº 6.015/73). A matéria tem importância, mormente para o direito sucessório.

Acrescenta ainda o art. 1.605:

> *"Na falta, ou defeito do termo de nascimento poderá provar-se a filiação, por qualquer modo admissível em direito:*
>
> *I – quando houver começo de prova por escrito, proveniente dos pais, conjunta ou separadamente;*
>
> *II – quando existirem veementes presunções resultantes de fatos já certos".*[8]

---

ou reforma de assento, conforme estabelece o artigo da Lei de Registros Públicos. III – Evidenciado que a questão jurídica controvertida é de direito material e não meramente registral, vez que a pretensão do Apelante inclui a alteração de filiação, a competência para o exame da causa à Vara de Registro Público, devendo o exame da matéria ser realizado pelo juízo especializado da Vara de Família, razão da manutenção da sentença. Recurso não provido" (*TJBA* – Ap 0500064-76.2015.8.05.0271, 26-9-2018, Relª Heloísa Pinto de Freitas Vieira Graddi).

"Recurso especial – Civil e processual civil – medida cautelar inominada e ação anulatória de partilha – Filiação contestada pelos irmãos – Exame de DNA – Resultado Negativo – Ilegitimidade ativa *ad causam* reconhecida pelas instâncias ordinárias – Insurgência recursal do autor – Registro de nascimento – Presunção de veracidade – Pretensão de desconstituição de paternidade pelos coerdeiros – Inadequação da via eleita – Necessidade de ação própria fundada em erro ou fraude (anulação de registro civil) – Afeto como paradigma das relações familiares – Filiação reconhecida – Recurso especial conhecido em parte e, na extensão, provido – Trata-se de medida cautelar inominada, proposta com o intuito de se determinar a indisponibilidade dos bens imóveis objeto do inventário de Francisco Reinaldo de Moura, tendo em vista a omissão na indicação do autor, como herdeiro, nos autos do procedimento de arrolamento. Processo extinto, sem o julgamento do mérito, ante o reconhecimento da ilegitimidade ativa. Provimento mantido em sede de apelação. 1 – A alegada ofensa ao art. 227, § 6º, da Constituição Federal não merece ser discutida em sede de recurso especial, porquanto o exame de ofensa a Dispositivo Constitucional é de competência exclusiva do Supremo Tribunal Federal, conforme dispõe o art. 102, inciso III, *a*, da Constituição. 2 – Nos termos do artigo 1.603 do Código Civil, 'A filiação prova-se pela certidão do termo de nascimento registrada no Registro Civil'. Assim, o estado de filiação se comprova por meio da certidão de nascimento devidamente registrada no Registro Civil, a qual, na hipótese em tela, evidencia a legitimidade ativa do recorrente, enquanto herdeiro do pai registral, para o ajuizamento da ação anulatória de partilha, assim como da medida cautelar inominada – Que visa à determinação de indisponibilidade dos bens imóveis. 2.1 A simples divergência entre a paternidade declarada no assento de nascimento e a paternidade biológica não autoriza, por si só, a anulação do registro, o qual só poderia ser anulado, uma vez comprovado erro ou falsidade, em ação própria – Destinada à desconstituição do registro. 2.2 Jurisprudência e doutrina consagram a possibilidade de reconhecimento da socioafetividade como relação de parentesco, tendo a constituição e o Código Civil previsto outras hipóteses de estabelecimento do vínculo parental distintas da vinculação genética. Ademais, a filiação socioafetiva, a qual encontra respaldo no artigo 227, § 6º, da CF/88, envolve não apenas a adoção, mas também 'parentescos de outra origem', de modo a contemplar a socioafetividade. 2.3 As decisões proferidas pelas instâncias ordinárias, ao desconstituírem o registro de nascimento com base, exclusivamente, no exame de DNA, desconsideraram a nova principiologia, bem assim as regras decorrentes da eleição da afetividade como paradigma a nortear as relações familiares. 3 – Recurso especial conhecido em parte e, na extensão, provido, a fim de reconhecer a legitimidade ativa do recorrente e em consequência, determinar o prosseguimento do feito na origem" (*STJ* – REsp 1.128.539, (2009/0048999-7), 26-8-2015, Rel. Min. Marco Buzzi).

[8] "Apelação cível. Ação de reconhecimento de maternidade socioafetiva. Prova do vínculo socioafetivo. Posse do estado de filho configurada. Recurso conhecido e desprovido. 1. A filiação pode ser biológica ou afetiva. Por sua vez, a sua prova pode ocorrer mediante certidão do Registro Civil ou, na falta dela, por meio de qualquer prova admitida em direito quando houver começo de prova por escrito ou existirem veementes presunções resultantes de fatos já certos (**art. 1605 do Código Civil**). 2. *In casu*, a maternidade socioafetiva restou seguramente demonstrada por meio da instrução probatória do feito. 3. Recurso conhecido e desprovido" (*TJDFT* – Ap. 07036361920188070005 (1258885), Rel. Luís Gustavo B. de Oliveira).

Essa dicção é exatamente a mesma do Código de 1916. O Projeto nº 6.960 sugeriu suprimir os dois incisos, pois se mostram mesmo anacrônicos e impróprios na época atual.

O legislador do início do século XX certamente não imaginava que a ciência genética poderia, no futuro, determinar com exatidão a paternidade. Por isso, essa disposição tem que ser entendida modernamente com os avanços da ciência. O exame de DNA torna esse dispositivo mera fonte subsidiária para o intérprete. Inobstante, nem sempre a prova científica será possível. O inciso I declina hipótese pouco provável de que os pais tenham declarado a paternidade, em conjunto ou separadamente. Quanto ao segundo dispositivo, temos que entender o alcance das veementes presunções. Sem dúvida que a posse de estado de filho é forte elemento para essa conclusão. Aquele que durante muito tempo foi tratado como tal no meio social faz crer que seja filho das pessoas indigitadas. A posse de estado de filho, em paralelo com o que já vimos com respeito à posse do estado de casado, descreve a situação em que a pessoa é tratada como filho pela família, usa o nome familiar etc. Assim como para o casamento, a posse de estado de filho leva em conta os três elementos: *nominatio*, *tractatus* e *reputatio*. Existindo esses elementos, tudo nos leva a crer que efetivamente a pessoa é filho das pessoas indicadas. Nada que o exame técnico não possa confirmar ou infirmar. Não se esqueça, porém, como temos enfatizado nesta obra, de que, por vezes, para benefício dos próprios envolvidos, deverá preponderar a paternidade afetiva e emocional e não a do vínculo genético.

A Lei nº 11.924 de 2009, que inclui o § 8º ao art. 57 da Lei nº 6.015/1973, com atualização pela Lei nº 14.382/2022, permite que o enteado ou a enteada, na existência de motivo ponderável, em requerimento ao juiz competente que, no registro de nascimento, seja averbado o nome de família de seu padrasto ou de sua madrasta, desde que haja expressa concordância destes, sem prejuízo de seus apelidos de família.

"Apelação cível – Direito Civil – Processual Civil – **Anulatória de registro civil** – Pessoa falecida – Erro ou falsidade ideológica – Ato jurídico – Direito potestativo – Decadência – Prazo – Ciência – Causa de pedir – Pretensão – Extinção – Segurança jurídica – 1- É cabível vindicar estado contrário ao que resulta do registro de nascimento se provado o erro ou a falsidade do registro. 2- É potestativo o direito de ação anulatória de ato jurídico, cujo exercício está sujeito a prazo decadencial. 3- É de 4 (quatro) anos o prazo de decadência para anular registro de nascimento que contenha declaração falsa, por erro, contado da data de conhecimento do vício, que aperfeiçoa a causa de pedir. 4- A pretensão anulatória já extinta não renasce da mesma causa de pedir, sob pena de insegurança jurídica." (*TJMG* – AC 1.0024.14.073475-7/002, 4-9-2019, Rel. Oliveira Firmo).

"Apelação cível – Investigação negativa de paternidade – Preliminar de ilegitimidade ativa do apelante – Acolhida – 1 – Nos termos do art. 1.604, do CC: "**ninguém pode vindicar estado contrário ao que resulta do registro de nascimento**, salvo quando provando-se erro ou falsidade do registro\". 2 – O reconhecimento dos filhos havidos fora do casamento é irrevogável e será feito, dentre outras formas, por manifestação direta e expressa perante o juiz, conforme art. 1.609, IV, do CC. 3 – A norma civil trata como irrevogável até mesmo o reconhecimento de paternidade feito em testamento (art. 1.610, CC). 4 – A filiação dos apelados foi reconhecida em vida pelo genitor, por manifestação direta e expressa perante o juiz (proc. nº 719/1988), e, ainda com o consentimento dos filhos maiores, razão pela qual deve prevalecer. 5 – Além disso, a Ação Negativa de Paternidade tem caráter personalíssimo, e, somente poderia ter sido intentada pelo próprio genitor. 6 – Assim, acolho a preliminar de ilegitimidade ativa do filho do de cujus em face dos outros irmãos, e mantenho a sentença a quo pelos seus próprios fundamentos. 7 – Apelação conhecida e improvida" (*TJPI* – AC 2010.0001.003039-3, 23-5-2018, Rel. Des. Francisco Antônio Paes Landim Filho).

"Direito civil – Família – **Ação negatória de maternidade** – Registro de nascimento mediante fraude – Necessidade de instrução probatória mais aprofundada – Filiação socioafetiva não demonstrada – Sentença cassada – 1 – O reconhecimento de filiação pela chamada adoção à brasileira, como ato jurídico consolidado no registro de nascimento, só deve ser anulado se houver comprovação de que foi realizado mediante vício resultante de erro, dolo, coação, simulação ou fraude. Isso porque, nos casos de reconhecimento de filho, o ato jurídico *stricto sensu* não pode ficar exposto ao humor de quem anuiu livre e conscientemente com ele, nem ao sabor da sorte dos relacionamentos conjugais. 2 – A sentença deve ser cassada para que a instrução probatória esclareça a existência de vínculo afetivo entre a adotante e o menor e se o ato de registro foi realmente maculado por vício de consentimento. 3 – Recursos conhecidos e providos" (*TJDFT* – Proc. 20110910161273 – (919367), 15-2-2016, Relª Desª Leila Arlanch).

Nessa matéria conclui-se com Paulo Luiz Netto Lobo:

"A verdade biológica nem sempre é a verdade real da filiação. O direito deu um salto à frente do dado da natureza, construindo a filiação jurídica com outros elementos. A verdade real da filiação surge na dimensão cultural, social e afetiva, donde emerge o estado de filiação efetivamente constituído. Como vimos, tanto o estado de filiação ope legis quanto a posse de estado de filiação podem ter origem biológica ou não" (in Pereira, 2004:521).

Digna de nota e de encômios a disposição inserida no projeto do Estatuto das Famílias que permite o conhecimento do vínculo genético sem gerar relação de parentesco, para aqueles cuja filiação seja proveniente de adoção, filiação socioafetiva, posse de estado ou de inseminação artificial heteróloga (art. 77). É inafastável o direito de qualquer ser humano saber quem é seu genitor biológico. Essa possibilidade já está presente em legislações estrangeiras.

11.2.2 Provas de Paternidade. Os Filhos Provenientes de Inseminação Artificial. A Reprodução Assistida

Atendendo a insistentes críticas em face de sua ausência no Projeto original, na fase final de tramitação legislativa foram inseridos de afogadilho três dispositivos no Código Civil de 2002, no art. 1.597, que tratam da presunção de filhos concebidos na constância do casamento. Assim, além dos citados incisos I e II, dispõe esse artigo que se presumem concebidos na constância do casamento os filhos:

"III – havidos por fecundação artificial homóloga, mesmo que falecido o marido;

IV – havidos, a qualquer tempo, quando se tratar de embriões excedentários, decorrentes de concepção artificial homóloga;

V – havidos por inseminação artificial heteróloga, desde que tenha prévia autorização do marido".

Esses dispositivos, únicos no Código, cuidam dos filhos nascidos do que se convencionou denominar fertilização assistida. O Código enfoca, portanto, a possibilidade de nascimento de filho ainda após a morte do pai ou da mãe, no caso de fecundação homóloga e de embriões excedentários como veremos. Frise-se que o embrião pode ser albergado no útero de outra mulher, questão que faz surgir a problemática da maternidade sub-rogada, maternidade de substituição ou ventre de aluguel, como mencionaremos. Advirta-se, de plano, que o Código de 2002 não autoriza nem regulamenta a reprodução assistida, mas apenas constata lacunosamente a existência da problemática e procura dar solução ao aspecto da paternidade. Toda essa matéria, que é cada vez mais ampla e complexa, deve ser regulada por lei específica, por um estatuto ou microssistema, ou por meio de artigos mais amplos. Com esses dispositivos na lei, passamos a ter, na realidade, mais dúvidas do que soluções, porque a problemática ficou absolutamente capenga, sem a ordenação devida, não só quanto às possibilidades de o casal optar pela fertilização assistida, como pelas consequências dessa filiação no direito hereditário. É urgente que tenhamos toda essa matéria regulada por diploma legal específico. Relegar temas tão importantes aos tribunais acarreta desnecessária instabilidade social.

Temos notícia de que a matéria será modernizada com a futura alteração do Código Civil, buscando atualizar toda técnica e ciência em torno desse complexo tema. Muito cuidado será necessário para tratar de tema tão tormentoso.

O fenômeno legal da procriação, no direito do passado, estabelece a presunção de que há uma relação causal entre a cópula e a procriação. Desse modo, em princípio, provada a relação sexual, presume-se a fecundação.

No entanto, hoje enfrentamos outra problemática, a exigir normas atualizadas. A inseminação artificial permite fecundar uma mulher fora da relação sexual. O sêmen é recolhido e mantido ou não por tempo mais ou menos longo, o qual, sendo introduzido no órgão sexual da mulher, a fecunda. A questão da paternidade nessa hipótese é de sensível importância. O sêmen pode ser do marido ou companheiro da mulher ou de terceiro, conhecido ou desconhecido. Pode não ter havido concordância do marido ou do terceiro. Cuida-se de problemática à espera de soluções, uma vez que os dispositivos do vigente Código apenas apontam um início legislativo. A fecundação também pode redundar de embrião retirado da mulher.

Denomina-se homóloga a inseminação proveniente do sêmen do marido ou do companheiro; heteróloga, quando proveniente de um estranho. Por outro lado, outra banda de questões surge se a inseminação é feita contra a vontade do marido. São novos e desafiantes temas a aguçar modernamente os estudos jurídicos e a exigir respostas do legislador. Muitos são os problemas que já chegam aos tribunais, mormente no tocante à procriação pela mulher, quando já falecido o progenitor. É essencial, a nosso ver, que o pai deixe documento autêntico, testamento ou outro, autorizando a mulher a utilizar material conservado para depois de sua morte, para a geração de outra vida. Aplica-se primordialmente essa possibilidade como um ato de vontade. Há muitos fatores sociológicos, éticos, religiosos e jurídicos envolvidos nessa temática.

No tocante especificamente à paternidade, a tendência das legislações é de conceder toda a liberdade para permitir o recurso a todos os meios de prova cientificamente aceitos. A demora natural do legislador em dar respostas aos novos problemas, não só em nosso país, mas também no exterior, não deve ser obstáculo para o jurista e principalmente para o magistrado dar solução adequada às novas questões.

No passado próximo, eram proeminentes as provas ordinariamente admitidas. Já nos referimos ao valor da posse de estado de filho. A prova testemunhal e os depoimentos pessoais são apenas subsidiários no campo da investigação de paternidade.

O denominado exame prosopográfico, que consiste na ampliação de fotografias do investigante e do investigado, justapondo-se ambas e fazendo-se as comparações de traços fisionômicos, teve sua utilidade relativa reconhecida como prova.

As modernas provas genéticas permitem excluir com certeza a paternidade de um indivíduo com relação a outro e a afirmar com quase certeza, com elevado grau de probabilidade, essa mesma paternidade. Há necessidade de que o legislador pátrio, como feito por outras legislações, como em Portugal, na França e em vários outros ordenamentos europeus, introduza modificações na legislação tradicional, não somente fazendo referência a esse estágio da ciência genética, modernizando o conceito da ação de investigação de paternidade, como também resolvendo as dúvidas trazidas à paternidade pela problemática da inseminação artificial. Até mesmo o tradicional princípio *mater semper certa est* é colocado em xeque perante a possibilidade de úteros de aluguel ou emprestados, fenômeno também denominado maternidade sub-rogada. Movimentam-se nossos legisladores nesse sentido. Na França, foram editadas duas importantes leis em 29 de julho de 1994, que tratam do acesso à assistência médica para reprodução, tendo em vista a inseminação artificial e a fertilização *in vitro*.

Há poucos anos, dizia-se que só se podia concluir com certeza quanto aos casos de exclusão de paternidade. Atualmente, considera-se que o resultado positivo de paternidade é tão seguro quanto sua exclusão. A genética avança em velocidade acelerada. Os exames até pouco tempo tidos como modernos e eficazes, ainda praticados em nosso país de permanentes dificuldades econômicas para as classes menos favorecidas, exames de sistemas sanguíneos, ABO, MN, RH e o sistema HLA, perderam muito de seu interesse com a descoberta, na década de 1980, do polimorfismo genético, que se transmite hereditariamente (DNA). O sistema *Human Lymphocyte*

Antigen (HLA) estabelece margens de acerto entre 96 e 99,9%. Essa técnica fundamenta-se no estudo de certas proteínas antigênicas codificadas no sexto par de cromossomos. Essas proteínas transmitem-se segundo as leis de Mendel.

A mais recente técnica do DNA, de múltiplas aplicações na medicina legal, tem a grande vantagem de compreender a individualidade biológica diretamente do código genético. Essa é a sigla do ácido desoxirribonucleico, uma molécula biológica complexa existente no núcleo das células, cujas principais funções são determinar a estrutura proteica e codificar a informação genética. A técnica permite o exame com muito pouco material genético, sendo suficiente um pouco de saliva, sangue ou um fio de cabelo. Os cientistas são, porém, cautelosos, afirmando que não é possível a conclusão absoluta da paternidade, embora se atinja a porcentagem de mais de 99% de certeza. O grau maior ou menor de probabilidades de paternidade depende do número de testes e da amplitude do mapa genético utilizado. Assim, analisando-se as sequências do DNA, pode-se estabelecer com exatidão a herança genética, superando-se as margens de dúvida do exame de HLA. Para averiguação de paternidade, os materiais genéticos do suposto pai, da mãe e do filho são analisados. Com isso, são obtidas bandas que compõem a impressão digital do DNA, para cada indivíduo. Desde que obtido material adequado, é possível a identificação de natimortos, fetos, cadáveres. Devido à extrema distinção de sua estrutura, a possibilidade de encontrar, ao acaso, duas pessoas com a mesma impressão genética é de uma em trinta bilhões, o que torna virtualmente impossível a coincidência (Diniz, 1999, v. 5:337).

No entanto, como adverte filosoficamente o mestre lusitano Eduardo dos Santos (1999:445):

> "A nosso ver, por mais que se valore a prova biológica, não deve dispensar-se o concurso da prova convencional, a menos que o legislador queira, na filiação, estabelecer o estrito laço de sangue, desinteressando-se de todo e qualquer laço do coração, com todas más consequências familiares e sociais".

Assim como na adoção, a paternidade deve ser vista como um ato de amor e desapego material, e não simplesmente como fenômeno biológico e científico, sob pena de revivermos odiosas concepções de eugenia que assolaram o mundo em passado não muito remoto. Nesse sentido a doutrina refere-se à paternidade socioafetiva. Várias legislações já nos dão exemplo disso ao admitir as consequências da paternidade à inseminação artificial com sêmen de terceiro, admitida pelo casal. Na inseminação heteróloga, autorizada pelo marido ou companheiro, a paternidade socioafetiva já estaria estabelecida no momento em que o pai concorda expressamente com a fertilização (Queiroz, 2001:175).

Essas disposições do Código de 2002 deverão merecer o crivo da jurisprudência, pois não são suficientemente claras. O inciso III do art. 1.597, ao presumir concebidos na constância do casamento os filhos "havidos por fecundação artificial homóloga, mesmo que falecido o marido", traz à baila a necessidade de autorização do marido para essa fecundação, bem como o fato de a genitora estar na condição de viúva. Se casada com terceiro, é evidente que não se atende à intenção da lei e cria-se uma situação inusitada. O mesmo se diga no tocante aos embriões ditos excedentários do inciso IV.

Nas inseminações após a morte, o Código não tocou diretamente no direito hereditário dos seres assim gerados, pois para a sucessão continuam sendo herdeiros apenas aqueles vivos ou concebidos quando da morte.

O projeto do Estatuto das Famílias, como era de se esperar, busca alterar parcialmente o enfoque sobre essa matéria. O art. 73, II, faz presumir filhos "os havidos por fecundação artificial homóloga, desde que a implantação do embrião tenha ocorrido antes do falecimento do genitor".

E o inciso III do mesmo artigo: "os havidos por inseminação artificial heteróloga, desde que realizada com prévio consentimento livre do marido ou do convivente, manifestado por escrito, e desde que a implantação tenha ocorrido antes do seu falecimento". Esse texto é mais cuidadoso, ao falar de presunção apenas quando a fecundação ocorreu em vida do marido ou convivente, ao contrário do texto atual, totalmente aberto e descuidado em ponto tão delicado e sensível.

11.2.3 Biogenética e Paternidade

A ciência já avançou muito em matéria de fertilização assistida, em prol dos casais que padecem de infertilidade. Já nos referimos acerca da inseminação artificial homóloga e heteróloga. Entende-se inseminação como forma de fecundação artificial, pela qual se dá a união do sêmen ao óvulo por meios não naturais. Vários são os métodos científicos para essa finalidade cujo estudo pertence à ciência biomédica. A inseminação artificial também é conhecida como concepção artificial, fertilização artificial, semeadura artificial, fecundação ou fertilização assistida (Scarparo, 1991:6). No Brasil, são utilizados todos os métodos proporcionados pela ciência biomédica internacional. Toda essa nova problemática levanta questões de ordem ética e moral que devem ser repensadas. Esse, talvez, o desafio mais crucial.

> "Há inúmeras questões que decorrem dos avanços científicos no campo das ciências da vida que colocam determinados interesses diretamente em confronto com a dignidade da pessoa humana, diante dos receios de concretização de novas formas de discriminação, de escravidão, de prática de eugenia, enfim, da possibilidade de não se atender ao princípio fundamental da dignidade da pessoa humana" (Gama, 2003:127).

A inseminação homóloga pressupõe que a mulher seja casada ou mantenha união estável e que o sêmen provenha do marido ou companheiro. É utilizada em situações nas quais, apesar de ambos os cônjuges serem férteis, a fecundação não é possível por meio do ato sexual por várias etiologias (problemas endócrinos, impotência, vaginismo etc.).

A inseminação heteróloga é aquela cujo sêmen é de um doador que não o marido. Aplica-se principalmente nos casos de esterilidade do marido, incompatibilidade do fator Rh, moléstias graves transmissíveis pelo marido etc. Com frequência, recorre-se aos chamados bancos de esperma, nos quais, em tese, os doadores não são e não devem ser conhecidos.

Questão primeira que se desloca para o campo jurídico é que se a inseminação heteróloga deu-se sem o consentimento do marido, este pode impugnar a paternidade. Se a inseminação se deu com seu consentimento, há que se entender que não poderá impugnar a paternidade e que a assumiu. Nesse sentido se coloca o inciso V, do art. 1.597, do atual Código. A lei brasileira passa a resolver expressamente essa questão. A lei não esclarece ainda, porém, de que forma deve ser dada essa autorização. Por outro lado, a nova lei civil fala em *"autorização prévia"*, dando a entender que o ato não pode ser aceito ou ratificado posteriormente pelo marido, o que não se afigura conveniente e apropriado.

No entanto, observam Gustavo A. Bossert e Eduardo A. Zannoni (1996:471), ao analisar o sistema argentino que também era omisso, tal como nossa legislação anterior, que, se por um lado não pode o pai impugnar a paternidade nessa situação de consentimento de inseminação por terceiro, pode fazê-lo o filho, que poderá pretender o reconhecimento jurídico da paternidade biológica:

> "Enquanto não existir norma legal específica sobre o ponto, no caso sob análise são aplicáveis as normas gerais do Código e, de conformidade com este, poderá o filho, conhecendo a origem da gestação, impugnar a paternidade do marido de sua mãe para, simultânea ou posteriormente, reclamar judicialmente o vínculo de filiação com o terceiro que deu o sêmen".

A situação é tormentosa, exigindo posição do legislador, mormente no tocante às implicações do direito hereditário, sob pena de ser dificultada a doação de esperma por terceiros, inviabilizando a tão desejada paternidade por grande número de casais. As singelas disposições enfocadas longe estão de dirimir essa questão que requer legislação detalhada. Importante, também, que se proteja com o anonimato o doador do sêmen, que deverá abrir mão de qualquer reivindicação de paternidade e também não poderá ser demandado a esse respeito. Eduardo A. Zannoni (1998, v. 2:527) recorda que Projeto preliminar da União Europeia dispõe que

> *"nenhuma relação de filiação poderá se estabelecer entre os doadores de gametas e o filho concebido como resultado da procriação. Nenhum procedimento por iniciativa do filho poderá ser dirigido contra um doador ou por este contra um filho".*

Essa norma deve ser urgentemente carreada para nossa legislação. Há, em discussão inúmeros projetos sobre o tema. De acordo com o projeto nº 90/1999, os estabelecimentos que praticarem a reprodução assistida estarão obrigados a zelar pelo sigilo da doação, impedindo que doadores e usuários venham a conhecer reciprocamente suas identidades, zelando, da mesma forma, pelo sigilo absoluto das informações sobre a criança nascida a partir de material doado. Nesse projeto, abre-se, porém, a possibilidade de a pessoa gerada ter acesso às informações sobre sua geração em casos especificados em lei e quando houver razões médicas que tornem necessário o conhecimento genético. Estas últimas disposições são polêmicas. A nova lei deve examinar as várias técnicas possíveis de reprodução assistida, questão envolvendo a forma de consentimento do casal dentre tantos outros assuntos. Como se vê, o assunto ainda tateia na doutrina, visto que não há terreno seguro a ser trilhado nesse horizonte novo e vasto da ciência. Há necessidade de que invoquemos princípios éticos, sociológicos, filosóficos e religiosos para uma normatização da reprodução assistida.

Importante também que a lei determine que a procriação assistida somente seja permitida com expresso consentimento dos cônjuges e mediante a comprovação de necessidade, oportunidade e conveniência. O mais recente Código omitiu-se a esse respeito, perdendo oportunidade de legislar sobre questão tão crucial. O rigor da lei é importante nesse sentido para que a sociedade não venha enfrentar problemas de difícil solução ética e jurídica no futuro. Nesse sentido coloca-se a lei francesa de 29-7-1994. Como observa Jean Carbonnier (1999:213), o método de procriação artificial não pode ser admitido em razão de simples conveniência, mas como último remédio, quando a infertilidade for tecnicamente comprovada. Aguardava-se a iniciativa de nosso legislador do Código Civil, o qual, no entanto, preferiu omitir-se, abrindo valas para lei especial, para a instabilidade jurisprudencial ou para alterações serôdias na nova lei. O denominado "consentimento informado" será essencial e importante passo para a fertilização. Os cônjuges ou companheiros deverão concordar expressamente com o método a ser empregado, bem como com suas consequências.

A lei deverá restringir a reprodução assistida unicamente para situações permitidas nela, casos de infertilidade e quando todos os tratamentos possíveis para a reprodução natural se tenham frustrado. Outro aspecto importante que o citado Projeto enfrenta é que essa reprodução assistida somente pode atribuir prole a quem ainda esteja em idade reprodutiva. A problemática destina-se basicamente à mulher. Essa modalidade de reprodução deve imitar a ordem natural e não deve conceder prole a quem já não mais está em idade de reproduzir, pois os problemas sociais decorrentes dessa atitude seriam imensos. Desse modo, não poderá ser autorizada a reprodução assistida quando a infertilidade decorrer da ultrapassagem da idade reprodutiva. Há exemplos dramáticos no estrangeiro que não devem repetir-se em nosso país.

Outra questão que a técnica genética cria diz respeito à fecundação extracorporal, que o Código se refere como embriões excedentários, no inciso IV. Quando se busca a fecundação de embrião *in vitro*, a questão coloca-se, entre outras, no número plural de embriões que são obtidos por essa técnica. Apesar de tratar-se de uma técnica muito difundida e aplicada, traz o inconveniente de produzir embriões excedentes. Como existe um limite de embriões que podem ser transferidos para o útero, sempre restarão embriões excedentes que serão mantidos congelados. Não se deve atribuir direitos aos embriões obtidos dessa forma, antes de sua introdução no aparelho reprodutor da mulher receptora, quando então sim teremos um nascituro, com direitos definidos na lei. Essa questão, contudo, é altamente polêmica e implica variantes religiosas, científicas e morais. Essa vertente importante também consta do Projeto nº 90, o qual acrescenta que o tempo máximo de preservação de gametas e embriões deverá ser definido em regulamento. Muitas discussões e modificações ainda serão geradas nesse projeto de lei. De outro lado, é também importante que se legisle sobre as possibilidades e modalidades de descarte dos gametas e embriões.

Essa fecundação é possível por vários métodos, mediante a manipulação dos gametas, espermatozoides e óvulos. A técnica atual permite conservar por tempo considerável sêmen e óvulos para utilização posterior no processo de fertilização. Nessa situação, sêmen e óvulos podem ser doados ou vendidos. Assim, o embrião de um casal pode ser transferido para o útero de outra mulher, para possibilitar a gestação, impossível ou difícil na mãe biológica. Esse fenômeno traz à baila a questão ética, moral e jurídica das mães de aluguel ou mães sub-rogadas, conforme estas aceitem o encargo sob pagamento ou sob motivos altruístas. Essa matéria traz à baila a discussão sobre a declaração de maternidade ao lado da paternidade que a legislação também não contempla, colocando mais uma vez na berlinda o princípio *mater est*. Importa saber, em cada caso, se houve consentimento da mulher que cedeu seu útero e se reconheceu a maternidade alheia. O Código presume que os filhos concebidos pela modalidade homóloga, nessa forma, são concebidos na constância do casamento (inciso IV).

Também é possível que a mulher seja fecundada com sêmen de seu marido, após sua morte. É necessário que o varão tenha expressamente autorizado, como corretamente assumiu a jurisprudência. O Código de 2002 reporta-se a essa hipótese no inciso III. O congelamento do sêmen abre essa possibilidade.[9] No sistema do mais recente Código, o princípio geral sucessório é idêntico: "*Legitimam-se a suceder as pessoas nascidas ou já concebidas no momento da abertura da sucessão*" (art. 1.799). Desse modo, os filhos concebidos, *post mortem*, sob qualquer técnica, não serão herdeiros. O atual código abre uma válvula restrita para essa hipótese, permitindo que unicamente na sucessão testamentária possam ser chamados a suceder o filho esperado de pessoa indicada, mas não concebido, aguardando-se até dois anos sua concepção e nascimento após a abertura da sucessão, com a reserva de bens da herança (arts. 1.799, I, e 1.800). Essas normas são insatisfatórias, como analisaremos em capítulo específico.

Caio Mário da Silva Pereira (1996:117) observa, com propriedade, que, se mulher solteira, separada, divorciada ou viúva praticar livremente a inseminação artificial, não pode pretender identificar o doador anônimo do sêmen. A questão, porém, não é de deslinde tão simples com relação ao filho assim concebido, pois há profundas consequências éticas, morais e psicológicas a serem consideradas. Essa situação de geração independente do filho pela mulher solteira não pode ser incentivada. Como conclui Eduardo A. Zannoni (1998, v. 2:521):

> "*O emprego da procriação humana artificial deve garantir a incondicionalidade da procriação do filho para ser atribuído exclusivamente a um pai e a uma mãe. No primeiro*

---

[9] No sistema de 1916, não vigoraria, nesse caso, a presunção de paternidade se o nascimento se desse após os 300 dias da morte do marido (art. 338, II). Sem disposição legal específica, caberia ao filho ingressar com ação de investigação de paternidade. Ademais, esse filho, aplicando-se textualmente a lei, não poderia ser considerado herdeiro do pai, porque não vivia nem fora concebido quando da abertura da sucessão.

> *aspecto – incondicionalidade da procriação – exige que a técnica se aplique tão só para o fim de procriar, sem condicionar ou subordinar a procriação a outros fins ou interesses. Se isto ocorrer, a pessoa humana é considerada como meio e não como um fim em si, e isto menoscaba sua dignidade. No segundo aspecto – atribuição do filho exclusivamente a um pai e a uma mãe – significa que se deve recorrer a essas técnicas quando elas são requeridas por quem, não obstante a esterilidade de que padecem, está em condições de assumir a paternidade e a maternidade em razão de um posicionamento – matrimonial ou não – estável que, além de garantir ao filho um meio familiar adequado, não o exponha a situações de incerteza quanto à sua filiação".*

Desse modo, o ordenamento e a ética médica devem repelir a possibilidade de procriação artificial à mulher não casada ou não ligada à união estável. Essa proibição, aliás, já consta de projeto de lei sobre reprodução assistida, em trâmite no Congresso.

Quanto ao denominado contrato de gestação, as chamadas *barrigas de aluguel*, o movimento científico e legislativo internacional tem mostrado repulsa a qualquer modalidade de pagamento para essa atividade, quando não ao próprio fato. Há países, todavia, que admitem a prática e até mesmo a incentivam, como em parte dos Estados Unidos. A fecundação em ventre alheio somente deve ser admitida, em última *ratio*, por motivos de solidariedade e de afeto, da mesma forma que a doação de esperma. Nesse sentido já existem legislações, como a lei espanhola de 1988 (Bossert e Zannoni, 1996:475). Na ausência de norma, entre nós, um contrato oneroso dessa espécie deve ser considerado nulo, porque imoral seu objeto, e a obrigação dele decorrente pode ser considerada, quando muito, obrigação natural. É como conclui, por exemplo, Francisco Vieira Lima Neto, para quem o pacto de gestação não fere a moral e os bons costumes quando é feito de forma gratuita e para solucionar problemas de infertilidade da mulher (In: Santos, Maria Celeste Cordeiro Leite (Org.). *Biodireito*, 2001:140). Acrescenta ainda o autor que o Código de Ética Médica passou a admitir a prática desde que os participantes estejam esclarecidos. Esse autor conclui como nós:

> *"embora o pacto não fira a moral e os bons costumes quando firmado em busca de objetivos nobres e altruísticos, é nulo porque ultrapassa os poderes decorrentes da liberdade contratual ao dispor de forma contrária à lei"* (2001:144).

Quanto à maternidade, deve ser considerada mãe aquela que teve o óvulo fecundado, não se admitindo outra solução, uma vez que o estado de família é irrenunciável e não admite transação. Nem sempre será essa, porém, uma solução eticamente justa e moralmente aceita por todos. A discussão permanece em aberto. Muito difícil poderá ser a decisão do juiz ao deparar com um caso concreto. Tantos são os problemas, das mais variadas ordens, inclusive de natureza psicológica na mãe de aluguel, que o mesmo projeto de lei sobre reprodução assistida citado, em tramitação legislativa, proíbe a cessão do útero de uma mulher para gestação de filho alheio, tipificando inclusive essa conduta como crime. Sem dúvida, essa é a melhor solução. No entanto, a proibição não impedirá que a sociedade e os tribunais defrontem com casos consumados, ou seja, nascimentos que ocorreram dessa forma, impondo-se uma solução quanto à titularidade da maternidade. Sob o ponto de vista do filho assim gerado, contudo, é inafastável que nessa situação inconveniente terá ele duas mães, uma biológica e outra geratriz. Não bastassem os conflitos sociológicos e psicológicos, os conflitos jurídicos serão inevitáveis na ausência de norma expressa. Outra questão que nos deve preocupar é a clonagem de seres humanos, a qual deve ser em princípio vedada, autorizada unicamente em situações especialíssimas descritas em lei.

A futura e esperada legislação sobre biogenética e paternidade deverá ocupar-se, portanto, de muitos novos aspectos, nem sequer imaginados em passado próximo. Os aspectos preocupantes são, como se percebe, proeminentemente éticos.

11.3 AÇÃO DE FILIAÇÃO LEGÍTIMA

Embora não mais sejam feitas distinções acerca da origem da filiação, não fosse pelas repercussões patrimoniais, a condição de filiação legítima possui elevado conteúdo de ordem moral. Daí porque sempre persistirá o interesse de sua conceituação e definição jurídica.[10]

O presente Código coloca essa ação na titularidade do filho, para provar sua filiação, sem mais se reportar à filiação legítima. Qualquer que seja a situação da filiação, o filho terá legitimidade para buscar sua certeza, por via judicial (art. 1.606).[11] Este último artigo cuida

---

[10] Sob essa vertente, dispunha o art. 350 do Código de 1916: "*A ação de prova da filiação legítima compete ao filho, enquanto viver, passando aos herdeiros, se ele morrer menor, ou incapaz*". Complementava o art. 351, estatuindo que, "*se ação tiver sido iniciada pelo filho, poderão continuá-la os herdeiros, salvo se o autor desistiu, ou a instância foi peremptа*".

[11] "Agravo de instrumento – Ação anulatória de partilha extrajudicial – Decisão que indeferiu a petição inicial da reconvenção, questionando a paternidade dos autores-reconvindos, por ilegitimidade ativa dos reconvintes – Irresignação – Agravantes aduzem que não se trata de negatória de paternidade, mas, sim, de impugnação à paternidade – Não acolhimento – Finalidade negatória de paternidade, de caráter personalíssimo, de modo que o direito de ação é restrito ao pai e aos filhos por ele reconhecidos, nos termos dos arts. 1.601 e **1.606, do CC** – Não se desconhece entendimento de parte da doutrina e da jurisprudência que aponta uma hipótese que autoriza terceiros a questionar o registro do nascimento, com fulcro no art. 1604, do CC – Caso concreto em que seria descabida a determinação de realização de exame de DNA se o falecido pai registral não requereu em vida a realização do exame – Mesmo se ausente vínculo genético, deveria ser demonstrada a ausência de filiação socioafetiva e que houve vício de consentimento do pai registral – Pretensão descabida no bojo de reconvenção – Recurso desprovido" (TJSP – AI 2107482-36.2024.8.26.0000, 14-6-2024, Rel. Rodolfo Pellizari).
"Apelação – **Ação Declaratória de Filiação Socioafetiva 'Post Mortem'** – Propositura por suposta mãe socioafetiva do falecido – Sentença de extinção, sem julgamento do mérito – Inconformismo da autora, alegando que é parte ativa legítima na ação, pois ficou demonstrada sua relação familiar e parental socioafetiva com o falecido de 2012 até 10 de maio de 2020, data de seu falecimento, pois mantinham uma relação de mãe e filho, sendo que em fevereiro/2013 formalizou o pedido de guarda, pois a ré, sua parente mais próxima, negou-se a ficar com ele – Descabimento – Ausência de legitimidade ativa e de interesse de agir – Hipótese em que a ação não foi ajuizada por filho, mas por pessoa que alega a existência de maternidade socioafetiva com o falecido – Pretensão juridicamente impossível – Inteligência dos arts. 1.606 e 1.609, § único do CC – Recurso desprovido". (TJSP – Ap 1001213-21.2022.8.26.0077, 28-7-2022, Rel. José Aparício Coelho Prado Neto).
"Investigação de maternidade *post mortem* – Ação movida pela tia com intuito de averiguar a parentalidade biológica de sua sobrinha em relação à sua irmã, ambas já falecidas – Ilegitimidade ativa – Impossibilidade de ajuizamento da ação pela tia se a própria sobrinha, já falecida, assim não procedeu em vida – Inteligência do **art. 1.606 do CC** – Sobrinha, ademais, que, segundo seu assento de nascimento, tinha como pai pessoas diversas, que não se sabe se ainda vivas ou, em caso contrário, se não deixaram sucessores – Sentença que indeferiu a petição inicial por se tratar de parte manifestamente ilegítima e por carência de interesse processual (art. 330, II e III, do CPC), mantida. Apelação não provida" (TJSP – Ap. 1014004-76.2020.8.26.0114, 17-12-2020, Rel. João Carlos Saletti).
"Civil – Apelação cível – **Ação negatória de paternidade** – Registro voluntário – Ausência de vício de consentimento – Irrevogabilidade – Reconhecimento da paternidade socioafetiva – 1- O reconhecimento civil de paternidade, nos termos do artigo 1.609, do Código Civil, é irrevogável e irretratável, podendo ser anulado somente quando demonstrada a existência de vício de consentimento. 2- Quando a parte reconhece a filiação de forma livre, consciente e espontânea, estabelecendo com o menor um vínculo socioafetivo, não há que se falar em anulação do registro civil. 3- Apelo não provido." (TJAP – Ap 0007345-60.2017.8.03.0002, 12-7-2019, Rel. Des. Gilberto Pinheiro).
"**Ação negatória de paternidade** – Pai Registral – Ilegitimidade ativa de terceiro com mero interesse econômico – 'Direito de família. Ação negatória de paternidade. Violação ao art. 131 do CPC. Não ocorrência. Ofensa ao art. 535 do CPC. Inexistência. Legitimidade ativa. Pai registral. Ilegitimidade ativa de terceiro com mero interesse econômico. Recurso não provido. 1. Não configura violação ao art. 131 do Código de Processo Civil a hipótese em que o acórdão recorrido tratou de forma clara e suficiente a controvérsia, baseando-se nos elementos fático-probatórios dos autos e lançando fundamentação jurídica sólida para o desfecho da lide. 2. Não há falar em violação ao art. 535 do Código de Processo Civil, pois o Eg. Tribunal *a quo* dirimiu as questões pertinentes ao litígio, afigurando-se dispensável que venha a examinar uma a uma as alegações e os fundamentos expendidos pelas partes. 3. Em linha de princípio, somente o pai registral possui legitimidade para a ação na qual se busca impugnar a paternidade – usualmente denominada de

da ação de prova de filiação, que não se confunde com a ação de investigação de paternidade. A ação do art. 1.606 só tem lugar nas hipóteses do mencionado art. 1.605, quando há falta ou defeito do termo de nascimento e quando houver começo de prova por escrito, proveniente dos pais, com veementes presunções da filiação indigitada. Nessa hipótese, poderá ficar afirmada a paternidade socioafetiva, independente de vínculos biológicos.

Da mesma forma, repete-se a regra de que, se a ação foi iniciada pelo filho, os herdeiros poderão continuá-la, salvo se julgado extinto o processo (art. 1.606, parágrafo único). O Projeto nº 6.960 objetivou alargar a legitimidade dessa ação, atribuindo-a também ao pai e mãe biológicos. Na verdade, aqueles que acreditam ser os pais biológicos. O que se busca, modernamente, é estabelecer a correta relação de filiação, por todos os meios possíveis. O direito processual nunca pode ser óbice para tal.

O desiderato dessa ação, tal como colocada no ordenamento, é perseguir o estado de filho, assim negado pelos pais. Embora a orientação constitucional do art. 227, § 6º, tenha imprimido linha que, à primeira vista, parece derrogar o dispositivo, pode persistir interesse de ordem moral para a declaração de legitimidade. A norma deve ser vista com restrições, pois, como mencionamos, não é de ser permitida essa ação quando a filiação é oriunda de inseminação heteróloga autorizada pelo interessado, salvo para fins estritamente morais. A matéria, no entanto, é tormentosa.

Como notamos, a legitimação para essa ação personalíssima é do filho. Somente surgirá a legitimação de seus herdeiros se o primeiro morrer menor ou incapaz. Isso significa que se o indigitado filho morreu capaz, sem propor a referida ação, ninguém mais poderá fazê-lo. Entende a lei que foi vontade presumida do filho falecido não dar andamento à questão pela via judicial, devendo assim ser respeitada sua vontade. Nesse caso, seus herdeiros não poderão substituí-lo. A ação competirá aos herdeiros do indigitado filho se este morreu menor ou incapaz. Entende a lei, acertadamente, que o incapaz não tinha como aferir da conveniência da propositura da ação.

Se o filho tiver iniciado a ação, falecendo este em seu curso, poderão os herdeiros continuá-la, se não tiver sido julgado extinto o processo. Cuida-se, em princípio, das hipóteses de extinção do processo sem julgamento do mérito. Não há que se falar em prescrição nessa ação, pois se trata de ação de estado.

É oportuno recordar que a ação para estabelecimento da correta filiação é imprescritível pelo atual Código. Assim, a qualquer tempo a paternidade pode ser contestada em juízo. Esse fenômeno atrai outro que diz respeito à chamada relativização da coisa julgada nesses casos. A sentença que estabelece uma filiação sempre poderá ser revista em prol da verdade real. Dos

---

ação negatória de paternidade –, não podendo ser ajuizada por terceiros com mero interesse econômico. 4. Recurso especial não provido" (*STJ* – REsp 1.412.946 – (2012/0094061-6), 22-4-2016, Rel. Min. Luis Felipe Salomão).

"Agravo regimental. Apelação cível. Decisão monocrática. Ação de investigação de paternidade. Ausência de intimação do Ministério Público. Manifestação da procuradoria de justiça. Inexistência de prejuízo. **Ação personalíssima. Legitimidade ativa dos filhos.** Ausência de fatos novos a justificar o pedido de reconsideração. I – Em se tratando de matéria a cujo respeito é dominante o entendimento no respectivo tribunal ou nos tribunais superiores (STF E STJ), veiculado em súmula ou jurisprudência, o relator está autorizado, com lastro no *caput* e § 1º-a do art. 557 do CPC, negar seguimento ou dar provimento de plano ao recurso, permissividade que não implica em ofensa aos princípios do devido processo legal, recorribilidade e duplo grau de jurisdição. II – Ausentes prejuízos aos interesses do tutelado, não se há falar em nulidade do feito pela ausência de intervenção do Ministério Público em 1º grau, notadamente quando não alegada qualquer nulidade pelo órgão ministerial em segunda instância. III – A legitimação ativa é do filho e, por isto, se diz personalíssima a ação investigatória. É ele quem tem direito à proclamação de seu *status*, e somente ele tem o *ius actionis*. Por maior que seja o interesse, jurídico ou moral, de outrem, falta-lhe, contudo, o poder de agir. IV – Inexistindo fundamento ou fato novo capaz de conduzir o julgador a nova convicção, nega-se provimento ao agravo regimental. Agravo regimental conhecido, mas improvido" (*TJGO* – AgRg 201290369127, 28-8-2013, Relª Desª Amelia Martins de Araujo).

exíguos prazos do passado, passou-se ao outro extremo. Mas, em qualquer situação, o magistrado deverá sempre ter em conta a relação afetiva, que poderá suplantar a realidade genética.

O Projeto do Estatuto das Famílias abre a possibilidade de o filho não registrado ou não reconhecido ajuizar a qualquer tempo investigação de paternidade ou maternidade, biológica ou socioafetiva (art. 75).

11.3.1 Ação Negatória de Maternidade

Nada impede que seja ajuizada ação para impugnar a maternidade. Nesse caso, o interesse do agente é provar que não é filho da mulher que consta como sendo sua mãe. Embora não exista mais discriminação sobre a natureza da filiação, pode persistir o interesse por essa ação, de natureza sucessória, por exemplo, para atacar o vínculo da maternidade, que também é denominada impugnação de legitimidade.

Várias são as situações que podem determinar a ação, como, por exemplo, troca de bebês na maternidade, falsidade instrumental ou ideológica no registro de nascimento, defeito material no registro etc. Essa ação, assim como todas as outras que visam alterar, constituir ou declarar um estado de família, são imprescritíveis.[12]

Toda a matéria deste capítulo, na verdade todo o livro do Direito de Família, no atual Código Civil, deverá sofrer amplas modificações e atualizações, principalmente levando em conta os avanços tecnológicos em torno de origens de filiação. Aguardemos a trajetória do projeto de reforma do Código Civil enviado ao Senado, enquanto analisamos a lei existente.

---

[12] Leitura Complementar – Legitimação no Código de 1916.
Os arts. 352 a 354 do Código anterior dispunham acerca da legitimação. A matéria perdeu importância após a edição do art. 227, § 6º da Constituição, que equiparou os filhos, independentemente da origem, de modo que é perfeitamente sustentável a revogação desses dispositivos. Tanto assim é que Caio Mário da Silva Pereira (1996:182) anota que seu estudo, atualmente, possui mero caráter histórico. De qualquer forma, persiste o interesse doutrinário: a legitimação guarda a noção central segundo a qual se trata de efeito importante do casamento. A legislação atual não permite qualquer referência ou discriminação sobre o nascimento, antes ou após o casamento. Nesse sentido, a Lei nº 8.560/92, que regula a investigação de paternidade dos filhos havidos fora do casamento, discorre a respeito dessa questão:
"Art. 5º No registro de nascimento não se fará qualquer referência à natureza da filiação, à sua ordem em relação a outros irmãos do mesmo prenome, exceto gêmeos, ao lugar e cartório do casamento dos pais e ao estado civil destes".
Há, portanto, uma diferença enorme de tratamento dessa matéria no Direito atual, com relação à redação primitiva do Código Civil anterior. O sistema revogado partia da ideia da necessidade de ser apagada a irregularidade originária do nascimento do filho pelo casamento, fazendo-nos então supor que ele sempre fora legítimo.
O casamento, tradicionalmente, legitimava os filhos havidos anteriormente ou concebidos em seu curso (art. 353, do antigo Código). A legitimação, portanto, partia de dois pressupostos: a existência de filhos concebidos ou nascidos em época na qual seus pais não se tinham casado e o casamento dos pais. O art. 352 disciplinava que os filhos legitimados estavam equiparados aos legítimos. Ainda, o art. 354 estatuía que a legitimação dos filhos falecidos aproveitava aos seus descendentes. Essa legitimação, se levada em conta a ideia original, operava, por ficção, automaticamente, tão só pelo casamento dos pais, sem qualquer outra formalidade, autorizando-se, de ofício, as devidas averbações no registro civil. Com a Constituição de 1988, ademais, não mais há controvérsia, como no passado, acerca da legitimação de filhos adulterinos. Pode persistir, porém, o interesse no assento, que se fará mediante averbação no Registro Civil (art. 29, § 1º, letra c da Lei nº 6.015/73). A propósito, nas certidões do registro civil, não será mencionada a circunstância de ser legítima ou não a filiação, salvo a requerimento do próprio interessado ou em virtude de determinação judicial (art. 227, § 6º da Constituição de 1988 e art. 6º, § 1º da Lei nº 8.560/92).
A legitimação era, portanto, o meio jurídico para fazer desaparecer a ilegitimidade originária mediante o casamento dos pais. No Direito Romano, o instituto surgira como uma das formas para combater o concubinato *per subsequens matrimonium*. No velho direito também eram conhecidas outras modalidades de legitimação, como, por exemplo, por testamento, que chegou até a era atual. Em nosso sistema anterior ao Código Civil de 1916, podiam ser legitimados por subsequente matrimônio válido os filhos naturais e os adulterinos. Os filhos incestuosos somente podiam ser legitimados por força do casamento putativo. Ainda que extinto o instituto sob o ponto de vista legal, o casamento subsequente dos pais tem efeito retroativo, no sentido de que os filhos respectivos serão considerados como fruto dessa união.

12

FILIAÇÃO FORA DO CASAMENTO

12.1 EVOLUÇÃO LEGISLATIVA

Já enfatizamos que a Constituição Federal de 1988 equiparou os filhos, proibindo as discriminações presentes no Código Civil anterior e em leis complementares. Fizemos referência, no Capítulo 11, à conceituação de filhos naturais, espúrios, incestuosos e adulterinos. No entanto, apesar da igualdade de direitos já estabelecida em lei, os filhos havidos fora do casamento não gozam da presunção de paternidade outorgada aos filhos de pais casados entre si. Por uma questão de lógica e equilíbrio do sistema, não poderia ser de outra forma.

Lembre-se, de outro lado, de que a atribuição de maternidade e paternidade são independentes; pode-se provar a maternidade sem que isso ocorra com a paternidade. Os filhos havidos fora do casamento necessitam de reconhecimento, que pode resultar de ato de vontade dos pais ou de ato coativo, resultante de decisão judicial. Ainda que o sistema tenha atualmente simplificado esse reconhecimento, persiste essa distinção, que decorre da Lógica: não há como se presumir legalmente a paternidade se não há casamento dos pais.

O Direito Romano não nos serve de paradigma nessa matéria. Estando a filiação diretamente relacionada com o culto doméstico, o filho de mulher que não professasse esse culto não podia ser admitido na família. A única forma de o filho natural ser admitido no meio familiar era pela adoção, instrumento utilizado com certa frequência para essa finalidade. Somente com a codificação de Justiniano o filho natural passa a ter direitos de ordem sucessória, ainda que limitados. O Cristianismo sempre foi muito rigoroso com a situação dos filhos bastardos, utilizando-se deles para punir as relações espúrias dos pais. Essa tendência restritiva chega até nossa época, e somente são vencidas as últimas resistências entre nós com a Constituição de 1988.

No sistema derrogado do Código Civil de 1916, os filhos naturais podiam ser reconhecidos em conjunto ou separadamente pelos pais. Dispõe o art. 1.607 do Código de 2002: *"O filho havido fora do casamento pode ser reconhecido pelos pais, conjunta ou separadamente"*. Esse reconhecimento deve ser entendido de forma ampla, uma vez que desapareceu por completo a impossibilidade de reconhecimento de filhos incestuosos e adulterinos. A respeito destes, longo foi o caminho legislativo para permitir seu reconhecimento e igualdade de direitos.

O art. 358 do Código de 1916 era peremptório ao proibir o reconhecimento de filhos incestuosos e adulterinos. Esse dispositivo foi revogado pela Lei nº 7.841/89. No entanto, já pela Lei nº 4.737/42 permitira-se o reconhecimento voluntário ou coativo de filho havido fora do matrimônio, após o desquite. A interpretação desse diploma estendeu a possibilidade de reconhecimento para os filhos adulterinos em geral. A Lei nº 883/49, um marco no direito de filiação e sucessório entre nós, permitiu o reconhecimento do filho adulterino, após a dissolução da sociedade conjugal, atribuindo-lhe direito sucessório mitigado. Essa lei permitiu, no art. 4º, que o filho nessas condições pudesse acionar o indigitado pai, em segredo de justiça, para obter alimentos, dispensando-se a propositura da ação de investigação de paternidade após dissolvida a sociedade conjugal, ressalvada a possibilidade de impugnação pelos interessados.

Persistia, porém, a dificuldade do reconhecimento do filho adulterino *a matre*, uma vez que para essa impugnação era necessária a contestação oportuna do marido, nos exíguos prazos de dois meses, contados do nascimento (art. 178, § 3º), ou em três meses quando o marido se achava ausente ou lhe ocultaram o nascimento, contado esse prazo do retorno ao lar conjugal na primeira hipótese, ou da data do conhecimento do nascimento, na segunda (art. 178, § 4º, I). Essa ação contestatória é privativa do marido. Os filhos incestuosos não podiam ser reconhecidos.

Quanto ao direito hereditário proveniente do progenitor, a Lei nº 883/49 atribuíra direito integral ao filho reconhecido sob suas normas se fosse o único da classe dos descendentes, a menos que tivesse morrido sem testamento e fosse casado pelo regime de separação de bens (art. 2º). Nessa hipótese, se fosse o único descendente, herdava a metade dos bens, cabendo-lhe igual quinhão se concorria com filhos legítimos ou legitimados. A discriminação era ainda evidente. A Lei nº 6.515/77 alterou a redação do dispositivo para atribuir herança em igualdade de condições, qualquer que fosse a natureza da filiação.

A igualdade de direitos dos filhos, independentemente de sua origem, tal como fixada na atual ordem constitucional, representa o último estágio da problemática e traduz tendência universal. Desse modo, derrogam-se todos os dispositivos do sistema que façam distinção da natureza da filiação, ainda que essa revogação não tenha sido expressa. Assim, muitos artigos do Código Civil de 1916, do Estatuto da Criança e do Adolescente e de outros diplomas perderam eficácia. A possibilidade do reconhecimento do estado de filiação faz-se sem qualquer restrição. Assim, por exemplo, no art. 363, do velho Código, que se referia à possibilidade de os filhos ilegítimos demandarem o reconhecimento de filiação, não se admitia mais a restrição aos incestuosos, que na redação original estavam impossibilitados de ingressar com a ação.

Acentuemos que a resistência à equiparação de direitos dos filhos havidos fora do matrimônio foi generalizada no direito comparado. Sua evolução representa a própria evolução da sociedade ocidental. No século XIX, especificamente, foi grande a disparidade de tratamento aos filhos naturais, ora permitindo-se, ora restringindo-se seu reconhecimento e respectivos efeitos. O século XX conheceu a grande evolução dos direitos de filiação com a crescente proteção aos filhos ilegítimos. Nessa senda, nosso ordenamento não se coloca diferentemente dos sistemas estrangeiros; aqui como alhures, os filhos naturais foram galgando paulatinamente os vários degraus jurídicos até obterem a plenitude de direitos. Digno de nota é mencionar a Carta Constitucional outorgada de 1937, que dispunha no art. 126:

> *"Aos filhos naturais, facilitando-lhes o reconhecimento, a lei assegurará igualdade com os legítimos, extensivos àqueles os direitos e deveres que em relação a estes incumbem aos pais".*

Na época, houve tentativa de interpretação liberal desse dispositivo, entendendo-se que contemplava também os filhos adulterinos e incestuosos. No entanto, a aplicação ficou mesmo restrita aos filhos naturais, e a sociedade da época não estava preparada para saltos maiores em matéria de filiação espúria, direitos esses que iriam ser concedidos nas décadas seguintes. Com propriedade aponta Caio Mário da Silva Pereira (1997:41):

> *"A proteção concedida aos bastardos não envolve uma curva regular, mas, antes, é cheia de altos e baixos, de avanços e recuos. Quem se coloca, entretanto, numa posição de que possa abraçar em conjunto o panorama da situação dos filhos naturais nas diversas legislações e em tempos diferentes, percebe exatamente o sentido dessa evolução".*

A evolução da jurisprudência brasileira no decorrer do século XX é bastante esclarecedora e por si só preparou terreno para o legislador constitucional de 1988.

12.2 RECONHECIMENTO DE FILIAÇÃO

Cumpre, a esta altura de nosso estudo, analisar o reconhecimento de filhos havidos fora do casamento ou ilegítimos, expressão de sentido lato e meramente didática que, como vimos, abrange os filhos naturais, adulterinos e incestuosos, não se podendo deixar de lado a filiação socioafetiva. Em que pese a igualdade de direitos de todos os filhos, de acordo com o art. 227, § 6º, da Constituição de 1988, importa verificar como o sistema admite juridicamente a paternidade, porque o que estabelece o parentesco entre pai e mãe não casados e o filho é o ato de reconhecimento. Esse ato pode ser espontâneo ou coativo, gerando, é evidente, todo um complexo de direitos e obrigações. Na verdade, enquanto não houver reconhecimento, a filiação biológica é estranha ao direito. Toda a gama de direitos entre pais e filhos decorre do ato jurídico do reconhecimento. A cada ponto em que tocamos no tema, nunca é demais mencionar que a chamada paternidade socioafetiva deve passar a preocupar todos nossos estudos e julgados.

De plano, temos de fixar que existem duas modalidades de reconhecimento: o voluntário ou espontâneo e o judicial ou coativo. O reconhecimento é espontâneo quando alguém, por meio de ato e manifestação solene e válida, declara que determinada pessoa é seu filho. O reconhecimento judicial decorre da sentença na ação de investigação de paternidade, na qual se reconhece que determinada pessoa é progenitor de outra.

Tradicionalmente, no sistema do Código Civil de 1916, a ação de investigação de paternidade, típica ação de estado, era promovida pelo filho, ou seu respectivo representante legal, contra o indigitado pai. A Lei nº 8.560/92, que analisamos neste capítulo, assimilando tendência do direito comparado, introduziu em nosso ordenamento nova modalidade de investigação de paternidade, com iniciativa atribuída ao juiz, que poderá ocorrer quando do assento de nascimento do infante constar apenas o nome da mãe e for indicado o presumido pai. Qualquer que seja a modalidade de reconhecimento, porém, seus efeitos são idênticos.

É importante adicionar que no mundo contemporâneo a origem genética da paternidade não significa mais direito à filiação. Quando há inseminação heteróloga, quando há adoção ou quando as circunstâncias apontam para o reconhecimento da paternidade socioafetiva, o vínculo sanguíneo fica em absoluto segundo plano, para a ampla maioria dos efeitos jurídicos. Sob outras premissas, volta-se aos primórdios do direito romano, quando a consanguinidade não era importante.

12.2.1 Reconhecimento Voluntário. Lei nº 8.560/92. Atual Código

O art. 355 do Código de 1916 dispunha que o filho ilegítimo podia ser reconhecido pelos pais, conjunta ou separadamente. O art. 357 acrescentava que o reconhecimento voluntário poderia ser feito no próprio termo do nascimento; por escritura pública e por testamento. O Estatuto da Criança e do Adolescente repetiu as normas desses artigos, acrescentando ainda que o reconhecimento poderia ser feito também por outro documento público.

A Lei nº 8.560/92 regulou especificamente a investigação de paternidade dos filhos havidos fora do casamento. Essa norma derroga os dispositivos citados do Código Civil de 1916 e do Estatuto da Criança, porque regula inteiramente a matéria. Assim, seu art. 1º dispõe:

> "O reconhecimento dos filhos havidos fora do casamento é irrevogável e será feito:
>
> I – no registro de nascimento;
>
> II – por escritura pública ou escrito particular, a ser arquivado em cartório;
>
> III – por testamento, ainda que incidentalmente manifestado;
>
> IV – por manifestação expressa e direta perante o juiz, ainda que o reconhecimento não haja sido o objeto único e principal do ato que contém".

Essa redação foi inteiramente mantida pelo art. 1.609 do Código de 2002, no que foi seguida pelo Projeto do Estatuto das Famílias, com mínima alteração.

Essas modalidades de reconhecimento referem-se ao pai e à mãe, embora sua utilidade mais frequente seja para o pai. A maternidade estabelece-se de forma mais cabal e perceptível, pela evidência e materialidade da gravidez e do parto, mas pode ocorrer ausência de indicação do nome da mãe no registro nos casos de recém-nascidos abandonados ou expostos, por exemplo. Por essa razão, como regra, o nome da mãe constará do registro. Daí dizer-se que a maternidade é um fato; a paternidade, uma presunção. Nada impede, porém, se houver necessidade, que ocorra o reconhecimento de maternidade, nos mesmos moldes do reconhecimento de paternidade.

A legitimidade para o reconhecimento de paternidade é dos pais, ou de um só deles. Trata-se de ato personalíssimo. Nenhuma outra pessoa possui capacidade para tal. Devem ter plena capacidade. O ato pode também ser formalizado por procurador com poderes especiais. Aos interditos ou àqueles a que falta o devido discernimento não é dado efetivar a perfilhação. Os relativamente incapazes, porém, não necessitam de assistência do pai ou tutor, segundo professa a doutrina majoritária. Lembremos que os maiores de 16 anos possuem capacidade para fazer testamento e, como tal e nesse ato, podem reconhecer a paternidade.

O reconhecimento é ato unilateral, porque gera efeitos pela simples manifestação de vontade do declarante. Não depende de concordância, salvo com relação ao maior de idade, de vez que o art. 1.614 do vigente Código, assim como o art. 4º da Lei nº 8.560/92, exige seu consentimento. Há, de fato, um caráter sinalagmático no ato de reconhecimento, não só porque é necessária a concordância do filho, se maior, como também porque pode o menor reconhecido impugnar o reconhecimento quando se tornar capaz. Aponta Sílvio Rodrigues que esse aspecto não retira o caráter unilateral do ato, uma vez que são medidas protetivas que se justificam tendo em vista as consequências morais e jurídicas. Aliás, como já anotamos quanto às nulidades de casamento, em sede de direito de família as categorias da teoria geral do Direito não se amoldam perfeitamente.

O reconhecimento voluntário é irrevogável, como decorrência da eficácia retroativa e da constitutividade do ato. Estatui o art. 1.610 do presente Código que *"o reconhecimento não pode ser revogado, nem mesmo quando feito em testamento"*. A lei preferiu ser expressa a respeito do testamento, no que andou bem para espancar dúvidas, se é que existiam. Tratando-se de disposição não patrimonial que pode ser inserida no testamento, esse reconhecimento persiste, ainda que o testamento seja revogado ou declarado nulo, se não foi atingida essa parte da declaração de vontade.

O art. 1.613 do Código dispõe que o reconhecimento não pode subordinar-se a condição ou termo: *"São ineficazes a condição e o termo apostos ao ato de reconhecimento do filho"*. Trata-se, portanto, de confissão pura.

A declaração espontânea é ato de vontade com efeitos disciplinados em lei, ato jurídico unilateral, não tendo as características de negócio (Pereira, 1997:60). O ato de reconhecimento seja espontâneo, seja judicial, é declaratório, constatando uma situação, ou seja, a filiação preexistente. Trata-se de ato formal, porque submetido à forma prescrita em lei. Cada uma de suas modalidades admitidas tem suas próprias exigências formais que devem ser seguidas para a validade da declaração. A ação de investigação de paternidade é declaratória de per si: se cumulada com pretensão a alimentos ou a herança, cumula-se destarte a ação condenatória. Embora o reconhecimento seja visto como ato declaratório, com efeitos retroativos, sua carga de eficácia constitutiva é sensível, podendo ser conceituado, secundariamente, como ato constitutivo de estado (Oliveira, 1999:90).

A perfilhação pode anteceder ao nascimento, se o filho já estiver concebido, bem como pode ser feita após sua morte, se o filho deixar descendentes (art. 1.609, parágrafo único; art. 26 da Lei nº 8.069/90). Quanto ao reconhecimento do já concebido, recordemos que a personalidade começa com o nascimento, mas a lei resguarda os direitos do nascituro (art. 2º). A perfilhação antes do nascimento pode representar uma cautela do pai que tenha receio de sua morte prematura, por exemplo, assegurando a certeza de paternidade ao futuro filho.

O reconhecimento póstumo, isto é, após a morte do filho, também é admitido. Note-se, porém, que esse reconhecimento redundará em exclusivo benefício para os descendentes reconhecidos. Não pode, por exemplo, tal reconhecimento permitir que o pai usufrua de direito hereditário do filho mercê desse ato. Na lei argentina, por exemplo, há norma expressa. Em nosso direito, outra não pode ser também a conclusão. Conclui, a respeito, Arnaldo Rizzardo (1994, v. 2:607):

"Assim, entende-se que a perfilhação póstuma, e mesmo nos derradeiros momentos de vida do filho, tem efeitos apenas unidirecionais. Poderá subsistir a filiação e, inclusive mudar--se o registro, sem efeitos sucessórios, no entanto, quanto ao pai, dada a condição expressa inserida na parte final do parágrafo único do art. 357".

O reconhecimento de filiação extramatrimonial, em qualquer de suas formas permitidas, constará do registro civil, com a menção dos nomes da mãe e do pai e dos avós, sem qualquer referência a detalhes da origem do reconhecimento, para evitarem-se situações de constrangimento, salvo requerimento do próprio interessado ou em virtude de determinação judicial (Decreto-lei nº 3.200/31, art. 14). Lembre-se, mais uma vez, na mesma linha, de que a Constituição de 1988 proibiu qualquer discriminação.

O reconhecimento, portanto, somente se admite por uma das formas elencadas na lei. Qualquer outro meio utilizado para o fim de reconhecer filho ilegítimo poderá lastrear prova para ação de investigação de paternidade, mas não poderá ser considerado um reconhecimento voluntário.

Examinemos as modalidades de reconhecimento voluntário:

"I – registro de nascimento".

O reconhecimento no assento de nascimento pode ser feito por ambos os pais conjuntamente, ou por qualquer um deles. A Lei nº 8.560/92 introduziu a hipótese de apenas a maternidade ser declarada, com menção do nome do suposto pai. Neste último caso, abre-se um procedimento de averiguação oficiosa para o indigitado pronunciar-se sobre a paternidade em 30 dias. Em seu silêncio, ou na hipótese de oposição, o juiz pode iniciar diligência sumária, remetendo os autos ao Ministério Público, que terá legitimidade para propor ação investigatória, sem prejuízo da ação por quem tenha legítimo interesse.

A inovação da lei nº 8.560/92 é importante, porque no sistema anterior, como regra, o reconhecimento de filiação adulterina não podia ser feito no termo de nascimento. Revogado o art. 358, isso se tornou possível.[1]

Como regra geral, no reconhecimento lançado no assento de nascimento, quem faz a declaração manifesta sua vontade e apõe sua assinatura pessoalmente, ou por procurador. Quando for a mãe com esta indicando o pai não casado, seu nome não pode ser registrado. A paternidade ilegítima só é lançada no registro quando o pai comparece, por si ou por procurador, declara e assina, na presença de testemunhas (art. 59 da Lei nº 6.015/73). A menção do nome do indigitado pai pode dar início à averiguação judicial, de acordo com a lei nº 8.560/92, como vimos. Lembre-se de que, em princípio, enquanto a legitimidade do filho não for contestada pelo marido, com êxito, o filho da mulher casada é legítimo, não podendo ser declarado adulterino pela mãe. Há hipóteses manifestas de separação de fato nas quais essa solução é inconveniente e pode ser repelida. A matéria deve ser decidida judicialmente, contudo, ainda que em sede correcional cartorária, quando não por sentença.

"II – escritura pública ou escrito particular."

O reconhecimento formalizado em escritura pública para esse fim é irretratável. O Projeto do Estatuto substitui corretamente "escritura particular", expressão antiquada, por "documento particular". Não se exige, no entanto, que a escritura tenha o fim precípuo da perfilhação. Esse reconhecimento pode ser incidente em qualquer ato notarial idôneo, como, por exemplo, em uma escritura de doação. O que se requer é que a declaração seja explícita e inequívoca.

O escrito particular pode redundar em expresso reconhecimento. Pode ser formalizado em uma simples declaração ou missiva, por exemplo, mas com a finalidade precípua de reconhecimento. É evidente que o escrito particular, menos formal, fica mais sujeito às vicissitudes da dúvida e da anulabilidade. O escrito particular, ou o início de prova escrita, sempre foi admitido, porém, como adminículo para a ação de investigação de paternidade. A doutrina rejeita, contudo, que o reconhecimento possa ser feito incidentemente em escrito particular que não tenha a finalidade de perfilhação. Documento nesse sentido pode servir de início de prova para a ação de investigação de paternidade (conforme art. 363, III do CC de 1916).

O reconhecimento por instrumento particular deve também identificar e qualificar as pessoas do declarante e do filho. O documento particular será levado ao registro civil para averbação, onde ficará arquivado (art. 29, § 1º, da Lei dos Registros Públicos).

"III – testamento."

O reconhecimento pode ser feito por testamento, sob qualquer das formas admitidas em lei; tanto em testamento formalizado exclusivamente para esse fim, como em ato de última vontade que contenha outras disposições.

---

[1] O Projeto nº 6.960/2002, que tentou alterar o corrente Código, sugeriu redação ao § 2º do art. 1.609, culminando com esse procedimento inovador trazido por essa lei. Sua redação é prolixa e melhor caberia em um dispositivo autônomo, sem remendar o novel diploma, como sugere:
"Em registro de nascimento de menor apenas com a maternidade estabelecida, o oficial remeterá ao juiz certidão integral do registro e a qualificação do suposto pai, a fim de ser averiguada a procedência da alegação. Se confirmada a paternidade, será lavrado termo de reconhecimento e remetida certidão ao oficial do registro para a devida averbação. Negada a paternidade, inclusive por falta de comparecimento do suposto pai em Juízo, o juiz remeterá os autos ao representante do Ministério Público ou ao órgão competente para que promova, havendo elementos suficientes, a ação de investigação de paternidade".
Ainda, o Projeto adiciona o § 3º para enfatizar que a legitimidade do Ministério Público para essa ação de investigação de paternidade não retira a legitimidade concorrente de outras pessoas que a possuam para essa ação.

Sabido é que o ato de última vontade visa especificamente às disposições patrimoniais. No entanto, esse negócio unilateral pode conter cláusulas que não têm em mira, de forma direta, o patrimônio. É o que ocorre com o reconhecimento de filiação, como expresso na lei, bem como com nomeação de tutor ou curador, concessão de títulos honoríficos etc. Aliás, independentemente da menção da lei, nunca se duvidou que o testamento pudesse conter cláusulas não patrimoniais e especificamente servisse para o reconhecimento de filiação e que, nesse ponto, o reconhecimento não pode ser revogado (art. 1.610). O testamento, por sua natureza, é negócio jurídico essencialmente revogável.

O reconhecimento de filiação no bojo de um testamento, em declaração incidente como diz o Projeto do Estatuto das Famílias, obedece aos próprios requisitos dessa declaração e não propriamente aos requisitos testamentários. Assim, sendo o testamento negócio revogável por excelência, o ato de reconhecimento contido em seu bojo não admite revogação, embora exista ainda quem resista a essa interpretação. O atual Código Civil traz norma expressa, como vimos. No mesmo diapasão, a nulidade do testamento e das cláusulas testamentárias não implica, necessariamente, a nulidade do reconhecimento. Somente a nulidade do testamento em sua totalidade, tal como ocorre com os vícios de vontade, poderá inquinar também a declaração de perfilhação. O reconhecimento voluntário é confissão de caráter declarativo e por sua natureza irrevogável, somente inquinada por vício ou defeito na manifestação específica de vontade. Recorde-se que a Lei nº 6.515/77, no art. 50, admitira que qualquer dos cônjuges podia, na vigência do casamento, reconhecer filho havido fora do matrimônio, em testamento cerrado, e que mencionara que nessa parte o ato é irrevogável. A questão fica agora totalmente superada com a nova lei.

"IV – manifestação expressa e direta perante o juiz, ainda que o reconhecimento não haja sido o objeto único e principal do ato que o contém."

O Estatuto da Criança e do Adolescente já trazia dispositivo semelhante, pois se referia, no art. 26, a documento público. A manifestação perante o juiz, tomada por termo, qualquer que seja o procedimento, traduz-se em um documento público, tendo em vista sua natureza. Essa declaração equivale à escritura pública, pois manifestada perante quem tem fé pública. Exigem-se os requisitos necessários de identificação do declarante e do filho. O texto legal exige a manifestação expressa e direta, devendo, portanto, ser feita na presença do juiz. Não será válido, por exemplo, o ato tomado por termo em cartório e assinado posteriormente pelo juiz.

12.2.2 Averiguação Oficiosa de Paternidade

A Lei nº 8.560/92, já mencionada, seguindo exemplos presentes já há algum tempo na legislação comparada, acrescentou mais uma modalidade de reconhecimento espontâneo. Quando no registro apenas a maternidade é estabelecida, o escrivão remeterá ao juiz uma certidão do ato e das declarações da mãe, informando o nome do suposto pai, endereço e outros dados importantes para identificação. O juiz, que será aquele cuja competência é fixada por norma local da justiça estadual, determinará a oitiva da mãe. Ordinariamente, a matéria deverá estar afeta ao juiz corregedor do registro civil. Embora não conste da lei, a mãe deverá ser advertida pelo magistrado das implicações civis e criminais dessa declaração na hipótese de indigitação dolosa. Aliás, a lei deveria ser rigorosa nesse aspecto, pois a indigitação leviana de paternidade, nessa sistemática, pode causar sérios transtornos à vida do suposto pai. Após, designará data para audiência do indigitado pai, ou estabelecerá prazo para que se manifeste sobre a paternidade que lhe é atribuída. Se ele confirmar a paternidade, lavrar-se-á termo de reconhecimento, remetendo-se certidão ao registro civil, para a devida averbação. É curial que se trata de reconhecimento espontâneo para o qual se exige plena capacidade. Se negada a paternidade ou mantiver-se silente o indigitado, os autos desse procedimento serão remetidos ao Ministério Público, para o fim de ser promovida a ação de investigação de paternidade contra o suposto pai.

Questão que surge é saber se sempre que não constar o nome do pai no registro deve o oficial remeter certidão ao juiz, ainda que não existam indicações sobre a pessoa do progenitor. Recorde-se que a lei usa a expressão *o oficial remeterá*, reportando-se, porém, a seguir, no mesmo dispositivo, às indicações do suposto pai. Vimos que a redação sugerida pelo projeto nº 6.960 prossegue na mesma senda. Leoni Lopes de Oliveira (1999a:104), em estudo monográfico sobre o tema, conclui que nessa situação sempre deverá ser feita a remessa da certidão ao juiz, ainda que não conste o nome do suposto pai. O juiz, nesse caso, deverá proceder à averiguação oficiosa, com os meios que tiver, contando, para tal, com o auxílio do Ministério Público.[2] O bem jurídico sob enfoque, no caso, é indisponível. O juiz, recebendo o expediente

---

[2] "Apelação cível. **Averiguação oficiosa de paternidade**. Procedimento administrativo de jurisdição voluntária. Decisão interlocutória. Insurgência por intermédio de apelação. Erro grosseiro. Inaplicabilidade do princípio da fungibilidade recursal. Ainda que se possa aventar a existência de sentença no bojo deste procedimento administrativo de jurisdição voluntária, que é modalidade decisória definida no § 1º do art. 203 do CPC, esta foi proferida no Evento 56 dos autos na origem, momento em que o suposto pai confirmou, em juízo, expressamente a paternidade, ocasião em que foi lavrado termo de reconhecimento e remetida certidão ao oficial do registro, para a devida averbação, encerrando o procedimento. A decisão proferida posteriormente, ora hostilizada, lançada no Evento 67 dos autos na origem, trata-se de decisão interlocutória, que é modalidade decisória definida no § 2º do art. 203 do CPC, mostrando-se, por conseguinte, inadequada a apelação na hipótese em apreço, restando inviável seu conhecimento, pois absolutamente inadmissível, uma vez que existe recurso próprio, qual seja, o agravo de instrumento, por se estar diante, reitero, de decisão interlocutória. Inaplicável o princípio da fungibilidade recursal, em face de erro grosseiro. Precedentes do TJRS. Apelação não conhecida". (TJRS – Ap 50003505220218210018, 22-7-2022, Rel. Carlos Eduardo Zietlow Duro).

"Apelação cível – **Averiguação oficiosa de paternidade** – Sentença que determinou o arquivamento do feito, tendo em vista a necessidade de propositura de ação de investigação de paternidade – irresignação dos avós paternos – pleito de reconhecimento da paternidade no âmbito administrativo da averiguação de paternidade – tese acolhida - reconhecimento espontâneo dos avós paternos por instrumento público que vai ao encontro da indicação feita pela mãe da criança – concordância, nesta instância, pelo representante do ministério público – ausência, ademais, de conflito de interesses que justifique a provocação da tutela jurisdicional ordinária – respeito ao melhor interesse da criança (art. 227 da CF) que, ao fim e ao cabo, deve prevalecer sobre a burocracia procedimental - desnecessidade, assim, da propositura da ação de investigação de paternidade post mortem – sentença reformada, para reconhecer a paternidade da criança com a determinação da lavratura dos termos competentes e expedição de mandado de averbação. Apelação conhecida e provida". (TJPR – Ap. 0002714-58.2020.8.16.0147, 26-7-2021, Rel. Fernando Antonio Prazeres).

"Apelação cível – Direito das famílias – **Paternidade – Averiguação oficiosa** – Procedimento – Oitiva da mãe – Possibilidade – 1- É do procedimento de averiguação oficiosa de paternidade que a mãe seja ouvida sempre que possível. 2- Conhecidas a identidade da mãe do menor e sua localização, é prematura a extinção do procedimento sem que seja ouvida. Apelação cível. Procedimento de averiguação oficiosa de paternidade. Audiência para oitiva da genitora pedida pelo ministério público. Desnecessidade. Precedente do superior tribunal de justiça. Sentença confirmada. O que o art. 2º, § 1º, da Lei nº 8.560/92 realmente determina que o magistrado ouça 'a mãe sobre a paternidade alegada' e, ainda assim, 'sempre que possível'. Logo, se não há nenhuma alegação de paternidade, o magistrado não está obrigado a ouvir a mãe do menor. E, na medida em que inequivocamente existentes outras alternativas para a definição extrajudicial da paternidade ou, mesmo, para a obtenção de elementos aptos ao embasamento de ação judicial destinada a dita definição, todas, frise-se, ao fácil e direto alcance do próprio Ministério Público, injustificável a evocação do princípio do melhor interesse da criança para onerar o já assoberbado juízo com a realização de uma audiência fadada à mera ratificação daquela recusa de declaração da paternidade que a genitora da criança já expressamente externou. Injustificável obrigar o Poder Judiciário a dispersar seus recursos (humanos, materiais, temporais e financeiros) na realização de um ato que não lhe é legalmente imposto por conta de uma singela suposição de que seja útil à efetivação do princípio do melhor interesse do menor" (TJMG – AC 1.0000.19.094023-9/001, 5-11-2019, Rel. Peixoto Henriques).

"Apelação Cível – **Averiguação oficiosa de paternidade** – Suposto genitor assinou documento reconhecendo a paternidade, mas negou a paternidade na audiência. Presunção relativa do documento, diante da negativa em audiência. Alegação de que o documento foi assinado no presídio, onde se encontrava o apelante, juntamente com outros papéis e sem leitura do conteúdo. Prematura a extinção da averiguação. Remessa dos autos ao juízo de origem. Recurso de apelação provido" (TJPR – AC 1696081-9, 2-10-2018, Rel. Des. Sigurd Roberto Bengtsson).

do cartório, estará obrigado a iniciar o procedimento de averiguação. O termo utilizado na lei, *averiguação*, refere-se, sem dúvida, a mero procedimento administrativo conduzido pelo juiz, tal como, por exemplo, o inquérito policial presidido pelo delegado de polícia. Afinal, duas são as conclusões possíveis: deverá o juiz mandar lavrar no assento de nascimento o nome do pai ou remeterá o expediente ao Ministério Público. Não cabe ao magistrado, por sua própria iniciativa, determinar o arquivamento.

O procedimento deve ser singelo e sem formalidades, as quais devem ser reservadas para a ação judicial, se necessária. A simples negativa por parte do pai notificado, que não necessita maiores digressões, implica remessa dos autos ao Ministério Público para a propositura da ação investigatória. Nada impede, contudo, que as partes, no procedimento, concordem em produzir provas para confirmar a paternidade, como o exame de DNA, por exemplo. Determina o art. 2º, da Lei nº 8.560/92, que o juiz, quando entender necessário, determinará diligência em segredo de justiça. Nessa matéria, será sempre conveniente e oportuno o segredo de justiça. A alteração proposta pelo projeto de lei mencionado não cobre todas as hipóteses firmadas por essa lei.

O Projeto de Estatuto das Famílias objetivou estatuir procedimento que denomina "averiguação da filiação", com a finalidade e o espírito da lei ora vista, atribuindo, porém, majoritariamente ao Ministério Público a condução desse procedimento. Não é mesmo conveniente que o juiz tenha a iniciativa dessa atividade, como está na lei vigente.

A Lei nº 12.004/2009 introduziu o art. 2º-A nesse diploma. No seu *caput* está expresso princípio fundamental de qualquer procedimento:

> "Na ação de investigação de paternidade, todos os meios legais, bem como os moralmente legítimos, serão hábeis para provar a verdade dos fatos".

A recusa do réu em se submeter a exame de DNA *"gerará presunção de paternidade, a ser apreciada em conjunto com o contexto probatório"*. Não se excluem todos os meios lícitos de prova. Trata-se de presunção relativa que é superfetação da lei. Na verdade, o Código Civil já mencionara a matéria, nos arts. 231 e 232. Por maior certeza que o exame de DNA proporciona, não pode ser guindado a prova irrefutável. Não se deve esquecer que se o exame chega aos limites da certeza absoluta, os homens têm fraquezas que podem prejudicá-la.

12.2.3 Oposição ao Reconhecimento

Como já mencionamos, o filho maior somente pode ser reconhecido com seu consentimento (art. 1.614 e art. 4º do Estatuto menorista). Na hipótese de reconhecimento de filho menor, há razões de sobra para permitir que ele impugne a paternidade quando atingir a maioridade. Como aduz Arnaldo Rizzardo (1994, v. 2:604), ninguém melhor do que ele para ter ciência e convicção de sua paternidade. De outro lado, terá ele interesse em impugnar a paternidade inverídica, para pleitear a paternidade verdadeira, não só por interesse moral, mas também para buscar as repercussões hereditárias desse novo estado.

"Conflito negativo de competência – Ação de reconhecimento de paternidade – **Averiguação oficiosa de paternidade** – Vara de família – Vara da direção do foro – O presente caso não se enquadra na hipótese de averiguação oficiosa de paternidade, prevista no art. 2º da Lei nº 8.560/92, que seria da competência do Juízo da Vara da Direção do Foro da Comarca de Canoas. Portanto, é competente para o processamento e julgamento da ação de reconhecimento de paternidade o Juízo da 1ª Vara de Família da Comarca de Canoas. Julgaram procedente o conflito. Unânime" (*TJRS* – CC 70074463209, 14-9-2017, Rel. Des. Luiz Felipe Brasil Santos).

De acordo com o art. 362 do Código de 1916, o menor poderia impugnar a paternidade dentro dos quatro anos que se seguissem à maioridade ou emancipação. Modernamente, não se pode admitir prazo para essa ação, imprescritível como a ação de investigação de paternidade. Ao incapaz, contudo, não se pode negar a ação de impugnação de paternidade enquanto não atingir a maioridade, devidamente assistido pela mãe ou curador especialmente nomeado, não fosse pelo interesse moral que salta à vista, pelo princípio geral da verossimilhança dos registros públicos.

O art. 1.614 do vigente diploma estabelece que o filho maior não pode ser reconhecido sem seu consentimento, e o menor pode impugnar o reconhecimento, nos quatro anos que se seguirem à maioridade, ou à emancipação. Esse prazo decadencial não se amolda ao novo direito de filiação e não pode subsistir. Há de persistir sempre a possibilidade de definição da verdadeira relação de filiação. Por essa razão, acertadamente, o Projeto n° 6.960 retirou a menção a esse prazo. A qualquer momento, como regra geral, o filho pode impugnar seu estado de filiação. Trata-se de direito potestativo.

O art. 74 do Projeto do Estatuto das Famílias dispunha, de forma por si só explicativa: "o filho registrado ou reconhecido pode impugnar a paternidade, desde que não caracterizada a posse do estado de filho em relação àquele que o registrou ou reconheceu". O texto tem diretamente a ver com a paternidade socioafetiva. Quem sempre foi tratado como filho e assim se comportou não pode, em tese, impugnar essa paternidade.

12.2.4 Anulação do Reconhecimento

O desiderato do sistema de registros públicos é que espelhem a verdade, em qualquer modalidade. O reconhecimento de filiação produz efeitos imediatos, a partir de sua manifestação

---

"Apelação cível – **Averiguação oficiosa de paternidade** *post mortem* – Procedência – Recurso interposto pelo ministério público pleiteando a realização de exame pericial para comprovação da paternidade. Recurso prejudicado. Ausência de intimação dos demais herdeiros e da genitora do infante. Interessados diretos na lide. Art. 2°, § 1°, Lei 8560/1992. Intimação que se mostra necessária para o andamento do feito. Sentença cassada. Recurso prejudicado". (*TJPR* – AC 1454474-0, 6-5-2016, Relª Desª Joeci Machado Camargo).
"Família – **Procedimento oficioso de averiguação de paternidade** – Previsão na Lei n°. 8560/92 sem o condão de substituir a ação de investigação de paternidade – Naturezas distintas – Realização de exame de DNA – exclusão da paternidade – Pleito de dilação probatória – Impossibilidade – Envio dos autos ao ministério público para propor a ação de investigação de paternidade se for o caso – 1 – A averiguação oficiosa de paternidade ocorre em procedimento estritamente administrativo. 2 – Assim, nos termos do § 4° do art. 2° da Lei 8.560/92, a atuação do Juiz nestes casos, limita-se à notificação do suposto pai para que se manifeste a respeito da paternidade que lhe é atribuída e, em caso de confirmação, determinar a lavratura do termo de reconhecimento, e se o suposto pai não atender no prazo de trinta dias a notificação judicial, ou negar a alegada paternidade, o juiz remeterá os autos ao representante do Ministério Público para que intente, havendo elementos suficientes, a ação de investigação de paternidade" (*TJMG* – AC 1.0718.10.004404-6/001, 19-3-2015, Rel. Renato Dresch).
"Apelação cível – Procedimento de averiguação de paternidade – Registro civil de nascimento de criança – Recusa da genitora em informar ao registrador o nome do possível pai – Risco de alienação parental – Necessidade da oitiva da mãe pelo magistrado – Melhor interesse da criança – Recurso provido – 1 – O filho tem o direito de saber quem é seu pai biológico, não sendo a genitora casada. 2 – O direito da genitora à intimidade não pode prevalecer sobre o direito de personalidade do filho, principalmente quando há risco de alienação parental. 3 – Assim, tendo havido recusa da genitora, no ato do registro do filho, em informar o nome do possível genitor, deve o magistrado ouvi-la e adverti-la sobre as consequências da sua omissão. Estará preservando o melhor interesse da criança. 4 – Apelação cível conhecida e provida para cassar a sentença e determinar diligência. 5 – O procedimento de averiguação oficiosa de paternidade visa ao reconhecimento voluntário do pai para fins de averbação do registro de nascimento perante o Cartório de Registro Civil, evitando-se uma futura ação de investigação de paternidade – Não obstante a paternidade seja um direito do menor, a ausência de informação do nome do suposto genitor impossibilita a averiguação, devendo ser mantida a sentença que determinou o arquivamento do procedimento" (*TJMG* – AC 1.0188.12.008409-3/001,16-7-2014, Rel. Alyrio Ramos).

e do lançamento no registro civil. Vimos que é irretratável e incondicional.[3] Em entendimento recente o STJ decidiu que o vínculo paterno-filial afetivo supera ausência de vínculo biológico e impede mudança de registro de nascimento (STJ – 3ª Turma, J. 3/10/2018). Poderá, no entanto, emanar de vícios da vontade ou defeitos formais no registro. Na maioria dos casos, alega-se erro ou coação. A modificação do registro somente se admite com ação anulatória.

Veja que sob esse prisma surge a questão da relativização da coisa julgada, mormente em sede de paternidade. A jurisprudência trazida à colação aqui é por si só esclarecedora.[4]

---

[3] "Apelação cível. Direito de família. Negatória de paternidade c/c anulação registro civil. Registro espontâneo. Comprovação. **Ato irretratável**. Vício de vontade. Inexistência. Exegese dos arts. 113, da Lei nº 6.015/1973 e arts. 171, II e 1.604, do CC. Precedentes do STJ e desta corte de justiça. recurso conhecido e não provido. 1. O reconhecimento da paternidade é um ato irretratável, que só pode ser anulado quando comprovado a existência de vício de vontade. 2. Recurso conhecido e não provido" (*TJPR* – Ap 0001010-78.2018.8.16.0050, 19-6-2024, Rel. Desembargador Fabio Haick Dalla Vecchia).

"Apelação cível. Civil. Direito de família. Desconstituição de paternidade registral reconhecida espontaneamente. Ausência de vício de consentimento. Arrependimento posterior. Impossibilidade. 1. O reconhecimento livre e voluntário de filho, realizado por meio de escritura pública, é **ato irrevogável e irretratável**. 2. O registro de nascimento somente pode ser desconstituído caso demonstrada a ocorrência de vício de consentimento apto a invalidar o correspondente instrumento público. 3. Para que a ação negatória de paternidade seja julgada procedente, é necessária a comprovação do vício de consentimento. Na hipótese dos autos, não houve comprovação de que o apelante tenha sido induzido em erro ou que tenha sido coagido, pelo que inviável a reforma da sentença que julgou improcedente o pleito autoral. 4. Recurso desprovido". (*TJDFT* – Ap 07047758620218070009, 23-2-2023, Rel. Alfeu Machado).

"Apelação – Ação Negatória de Paternidade – Sentença de improcedência – Não comprovação de qualquer vício de vontade, seja erro ou coação, a ilidir o **caráter irretratável do reconhecimento de filiação** lançado em registro civil – Parentesco pode derivar do laço de sangue, do vínculo adotivo ou de outra origem, como a relação socioafetiva – Ausência de vínculo socioafetivo não comprovada nos autos – Primazia do interesse do menor – Sentença mantida – Recurso improvido". (*TJSP* – Ap 1000801-79.2018.8.26.0223, 5-10-2022, Rel. Luiz Antonio Costa).

"Apelação – **Ação Negatória de Paternidade** – Sentença de improcedência - Não comprovação de qualquer vício de vontade a ilidir o caráter irretratável do reconhecimento de filiação lançado em registro civil - Parentesco pode derivar do laço de sangue, do vínculo adotivo ou de outra origem, como a relação socioafetiva – Comprovação do vínculo socioafetivo – Primazia do interesse do menor – Sentença mantida – Recurso improvido". (*TJSP* – Ap. 1001828-65.2016.8.26.0224, 12-2-2021, Rel. Luiz Antonio Costa).

"Investigação de paternidade c.c. retificação de registro – Conflito entre paternidades socioafetiva e biológica – Inconformismo do genitor biológico – Ação Negatória de Paternidade – Sentença de improcedência – Não comprovação de qualquer vício de vontade, seja erro ou coação, a ilidir o **caráter irretratável do reconhecimento de filiação** lançado em registro civil – Parentesco pode derivar do laço de sangue, do vínculo adotivo ou de outra origem, como a relação socioafetiva – Comprovação do vínculo socioafetivo – Sentença mantida – Recurso improvido" (*TJSP* – Ap. 1001622-80.2016.8.26.0279, 22-4-2020, Rel. Salles Rossi).

[4] "**Negatória de paternidade** – Improcedência – Paternidade voluntariamente reconhecida no registro civil – Posterior descoberta que o pai biológico da menor não teria falecido como alegado pela genitora – Não apontamento de vício de consentimento no ato registral que possa levar à sua desconstituição – Paternidade socioafetiva que deve prevalecer sobre a verdade biológica – Sentença mantida – Recurso não provido." (*TJSP* – AC 1003912-37.2018.8.26.0590, 30-10-2019, Rel. Moreira Viegas).

"Apelação Cível – **Ação anulatória de reconhecimento**, impropriamente denominada negatória de paternidade – Laudo Pericial – Avaliações psicológicas – 1 – A ação negatória de paternidade se presta exclusivamente para contestar a presunção *pater is est*, de modo que, se a filiação não surge em decorrência de referida presunção, mas de um ato de vontade do autor, cuida-se, em verdade, de ação anulatória de reconhecimento de paternidade. 2 – O reconhecimento voluntário de paternidade – Seja ele com ou sem dúvida por parte do declarante – É ato irrevogável e irretratável, nos termos dos arts. 1.609 e 1.610 do Código Civil. O pedido de anulação do reconhecimento espontâneo depende da comprovação de vício de vontade na origem do ato (art. 1.604 do Código Civil), o que não se verifica na situação dos autos. O autor nem sequer alega erro ou coação, a justificar a nulidade do reconhecimento da paternidade. Nesse contexto, então, perde relevância o laudo pericial, que aponta não ser o autor pai biológico do réu, bem como as avaliações psicológicas, dando conta da inexistência de vínculo socioafetivo entre as partes. 3 – Pedido de condenação do réu/apelante como litigante de má-fé indeferido, seja pelo resultado da demanda, seja porque ausente as hipóteses do art. 80 do CPC. Sentença reformada, julgando-se improcedente a demanda. Deram provimento, por maioria" (*TJRS* – AC 70074905357, 10-5-2018, Rel. Des. Luiz Felipe Brasil Santos).

O dogma da coisa julgada passa a ter outra compreensão, o que nem sempre significa segurança jurídica. Na verdade, nada pode ser rígido e impermeável em Direito. A questão da paternidade é apenas um dos exemplos, talvez o mais patente. Importa, em cada caso, mesmo perante a coisa julgada, o nível de razoabilidade, que dependerá de cada caso concreto e do bom senso do julgador. A ciência do DNA coloca em xeque a coisa julgada. Não será certamente a única hipótese. Caberá ao ordenamento criar instrumentos de credibilidade, ainda que perante essas premissas.

Unicamente, o comando emergente da sentença com trânsito em julgado poderá modificar o assento do registro civil. No entanto, sempre que for necessário, a ação anulatória do reconhecimento deverá ser proposta, para que a verdade jurídica se amolde à verdade biológica da paternidade. Nesses termos, estatui o art. 113 da Lei dos Registros Públicos: "*As questões de filiação legítima ou ilegítima serão decididas em processo contencioso para anulação ou reforma do assento*". No polo passivo dessa ação, será colocada a pessoa atingida pelos efeitos da sentença: se o autor é o suposto pai, réu será o filho reconhecido, devidamente representado ou assistido. Se o filho reconhecido é o autor da ação, serão réus ambos os pais, ou o progenitor que o reconheceu. Quando a ação é movida pelo Ministério Público, reconhecido e reconhecente serão colocados no polo passivo (Rizzardo, 1994, v. 2:608). Tratando-se de ação de estado, cuida-se de hipótese de ação imprescritível.

Em prol da verdade jurídica, entendeu a jurisprudência que o filho de pais casados pode pedir investigação de paternidade contra terceiro, seu verdadeiro pai, pleiteando a nulidade e modificação de seu registro civil (referência a julgado da 3ª Turma do STJ, *Boletim Informativo Juruá*, nº 252, p. 2). Como aduz Caio Mário da Silva Pereira (1996, v. 5:197),

> "*os tribunais têm manifestado certa tendência a admitir o reconhecimento do adulterino a matre, quando notoriamente se apura que o filho não pode ser do marido (ausência durante o período da concepção, enfermidade, segregação etc.), e que ele, por displicência, por ignorância, ou outro obstáculo comprovado, não intentou* opportuno tempore *a ação de 'contestação de legitimidade'*".

Considerada a presunção de paternidade decorrente do casamento, somente com essa abertura propiciada pelos tribunais podia o filho vindicar outra paternidade, que não a do marido de sua mãe. Não resta dúvida, porém, de que os tempos são outros e, dentro da interpretação sistemática do presente Código, em princípio, sempre haverá possibilidade, quando não obstada por modalidades de fertilização assistida. A matéria deve ser examinada em cada caso concreto, enquanto não tivermos normas específicas, como vimos no Capítulo 11.

"**Anulatória de registro de nascimento** – Ação proposta pelo filho do declarante falecido, o qual reconheceu a paternidade da apelada voluntariamente. Reconhecimento espontâneo. Ato irretratável. Ação de estado. Falsidade do registro. Prova frágil. Somente é possível anular-se o registro civil diante de prova cabal da assunção ilegítima da filiação ou de falsidade do documento. Circunstâncias inocorrentes. Evidência de filiação socioafetiva entre o *de cujus* e a apelada, ao longo de várias décadas. Proteção a situações familiares reconhecidas e consolidadas que deve ser prestigiada. Sentença mantida. Recurso desprovido" (*TJSP* – Ap 4000726-62.2013.8.26.0126, 23-5-2016, Rel. Rômolo Russo).

"**Apelação cível.** Anulatória de paternidade. Erro substancial. Ato de reconhecimento voluntário. Possibilidade de revogação. Vínculo socioafetivo. Ausência de reciprocidade. Extinção do vínculo de parentesco. 1 – Havendo provas de que o pai, ao reconhecer voluntariamente o filho, não tinha conhecimento da possibilidade de não ser o seu genitor biológico, é admissível a contestação da paternidade. 2 – O simples fato de haver relação de afeto entre pai e filho não biológicos não significa a existência de reciprocidade de relação socioafetiva, requisito essencial para a manutenção do vínculo de parentesco. 3 – Negado provimento ao apelo" (*TJDFT* – Proc. 20110112105925 – (718240), 8-10-2013, Rel. Des. Gilberto Pereira de Oliveira).

Observe-se, ainda, que o atual Código manteve redação anterior ao estatuir:

> *"Quando a maternidade constar do termo do nascimento do filho, a mãe só poderá contestá-la provando a falsidade do termo, ou das declarações nele contidas"* (art. 1.608).

Trata-se de corolário do princípio *mater certa* e a alteração do registro somente pode decorrer de decisão judicial. O dispositivo entrosa-se com o art. 1.604.

O Projeto do Estatuto das Famílias, homogêneo com as novas famílias da contemporaneidade, abre a possibilidade ampla de o marido, o convivente ou a mulher impugnar a paternidade ou maternidade constante do registro civil. Não caberá, porém, essa impugnação: "I – em se tratando de inseminação artificial heteróloga, salvo a alegação de dolo ou fraude; II – caso fique caracterizada a posse do estado de filho" (art. 76). Note, mais uma vez, o realce que esse projeto concede à socioafetividade, fator importante de adequação social dentro da família neste século.

12.3 INVESTIGAÇÃO DE PATERNIDADE

Vimos que a filiação pode ser declarada de forma voluntária ou judicial. Examina-se, agora, a declaração judicial ou coativa de paternidade. Ação de investigação de paternidade é a que cabe aos filhos contra os pais ou seus herdeiros, para demandar-lhes o reconhecimento da filiação. Ação de estado por definição é inalienável, imprescritível e irrenunciável. O art. 27 do Estatuto da Criança e do Adolescente estatui que o reconhecimento do estado de filiação pode ser exercitado contra os pais e seus herdeiros, sem qualquer restrição. O exercício dessa ação alcança, portanto, todos os filhos, inclusive os concebidos na constância do casamento, não mais vigorando as restrições do art. 363 do Código de 1916. A paternidade pode ser evidenciada sem que necessariamente estejam presentes os requisitos desse dispositivo. A prova de paternidade é ampla e irrestrita. Sob o mesmo diapasão, o art. 1.607 do novel Código estatui genericamente que *"o filho havido fora do casamento pode ser reconhecido pelos pais, conjunta ou separadamente"*. Por outro lado, o art. 1.616 afirma que *"a sentença que julgar procedente a ação de investigação produzirá os mesmos efeitos do reconhecimento"*.

São legitimados ativamente para essa ação o investigante, geralmente menor, e o Ministério Público. O nascituro também pode demandar a paternidade, como autoriza o art. 1.609, parágrafo único (art. 26 do Estatuto da Criança e do Adolescente, repetindo disposição semelhante do parágrafo único do art. 357 do Código Civil de 1916). Nos termos do art. 227, § 6º, da Constituição de 1988, os filhos têm ação contra os pais ou seus herdeiros, para demandar-lhes o reconhecimento da filiação. Trata-se, como vimos, de direito personalíssimo, indisponível e imprescritível. A investigação de paternidade é imprescritível; prescrevem, porém, as pretensões de cunho material que podem acrescentar-se a ela, como a petição de herança. Desse modo, ainda que prescrita a ação de petição de herança, o filho poderá sempre propor a investigação de paternidade, mas não terá direito à herança. A tendência atual é entender que também a impugnação do estado de paternidade é direito imprescritível, matéria que gera inúmeras consequências.

A legitimação extraordinária atribuída ao Ministério Público decorre da Lei nº 8.560/92, quando, no procedimento de averiguação inoficiosa, o pai indicado não responde à notificação em 30 dias ou nega a paternidade. Essa lei continua em vigor no que não conflitar, até que sofra adaptação ao mais moderno Código Civil. Se o Ministério Público tiver elementos suficientes, deverá propor a ação. Trata-se de substituto processual, conforme o art. 18 do CPC. O Ministério Público propõe a ação de investigação em nome próprio, para defender interesse alheio, ou seja, o do investigante. Essa legitimação extraordinária não exclui a dos interessados que, uma vez proposta a ação, podem pedir seu ingresso como assistentes litisconsorciais. Nada impede, da mesma forma, que, não proposta a ação pelo Ministério Público, façam-no os interessados. Se falecer o investigante no curso da ação, desaparece o interesse do Ministério Público, e a ação extingue-se (Pereira, 1997:72), porque não há mais a figura do substituído processual para a atuação do substituto, e o interesse de seus eventuais herdeiros passa a ser exclusivamente econômico.

Embora o tema não seja isento de dúvidas, quando o Ministério Público atua como substituto processual, defendendo interesse de incapazes, corrente majoritária entende que há necessidade de outro membro da instituição atuar como fiscal da lei.

Deve figurar no polo passivo da ação o indigitado pai ou seus herdeiros. Atente-se: o espólio não tem legitimidade passiva nessa hipótese. A mãe não é, em princípio, parte legítima para figurar no polo passivo, pois sua meação não será atingida com o reconhecimento. Participará ela como representante ou assistente do filho menor. Todavia, se o pai apontado não deixar descendentes ou ascendentes, sua mulher será herdeira: nesse caso, deve figurar no polo passivo da ação, pois a sentença de procedência repercutirá em seu patrimônio. Se não houver qualquer herdeiro, os bens transferem-se ao Estado nos termos do art. 1.844, do corrente Código Civil, que dá preferência ao Município. Nesse caso, os Municípios, ou o Distrito Federal, serão colocados no polo passivo. A União terá legitimidade quando se tratar de território federal. Os legatários serão colocados no polo passivo, caso a herança venha a ser distribuída somente a eles. Se concorrerem com demais herdeiros, os legatários não serão afetados em seus legados, devendo a ação ser proposta unicamente contra os herdeiros, nos casos de investigação após a morte do indigitado pai. Em resumo, qualquer pessoa que possa ser afetada pela sentença de reconhecimento pode figurar no polo passivo, ali colocada na inicial ou pedindo seu ingresso como assistente litisconsorcial. Nesse sentido o art. 1.615: *"Qualquer pessoa, que justo interesse tenha, pode contestar a ação de investigação da paternidade, ou maternidade"*.[5] O Projeto nº 6.960 tentou substituir essa redação no *caput*, sugerindo a seguinte: *"Os filhos têm ação contra os pais ou seus herdeiros, para demandar o reconhecimento da filiação, sendo esse direito imprescritível"*. O Projeto tentou acrescentar ainda nove parágrafos a esse artigo, no intuito de regular a ação de filiação.

---

[5] "Civil. Família. Processual civil. Reconhecimento de paternidade socioafetiva. Intervenção de terceiros. Habilitação da filha biológica do requerido. Interesse jurídico. Assistência. Recurso provido. 1. Nas ações que envolvem o reconhecimento dos filhos, consoante o **art. 1.615 do Código Civil**, 'qualquer pessoa, que justo interesse tenha, pode contestação a ação [...]'. 2. Há interesse jurídico, patrimonial e moral da Agravante, filha biológica do réu, apto a garantir sua intervenção nos autos da Ação de Reconhecimento de Paternidade Socioafetiva ajuizada pela Agravada. Eventual julgamento de procedência da demanda, com o reconhecimento do vínculo paterno-filial, refletirá em sua esfera jurídica, o que que caracteriza o justo interesse necessário à sua habilitação como assistente. 3. Agravo de instrumento provido" (TJDFT – Ap 07204643220238070000, 13-3-2024, Rel. Getúlio de Moraes Oliveira).

"Apelação cível – Investigação de paternidade *post mortem* – Preliminares – Ausência de interesse recursal – Ilegitimidade recursal – Rejeição – Petição de herança indeferida – Ausência de comprovação da relação hereditária com o *de cujus* – Não configurado o legítimo interesse para contestar a ação. Apelo desprovido – Devem integrar o polo passivo da Investigação de Paternidade post mortem os herdeiros necessários, na ordem de vocação do art. 1.829 do Código Civil – Carece de legitimidade para figurar como parte na Ação de Investigação de Paternidade post mortem, pessoa de relação conjugal não comprovada com o De Cujus – Apenas se admite **intervenção de terceiros na investigação de paternidade, sob a premissa do justo interesse**, nos termos do art. 1.615 do Código Civil – Incomprovada a união estável até o momento da decisão, bem como ausente o legítimo interesse, afigura-se correto o indeferimento do pleito de habilitação formulado pela ora apelante junto ao juízo de primeiro grau." (TJPB – Ap 0004269-92.2015.815.0251, 7-2-2019, Rel. Des. Oswaldo Trigueiro do Valle Filho).

"**Ação de investigação de paternidade** – Interesse moral – Justo Interesse da viúva, não herdeira, do suposto pai, para contestar – Art. 365 do Código Civil de 1916 e 1.615 do Código Civil de 2002 – 1 – A ação de investigação de paternidade *post mortem*, em regra, é ajuizada em face dos herdeiros do suposto pai falecido. 2 – Hipótese em que a viúva do suposto pai não ostenta a condição de herdeira, não sendo litisconsorte passiva necessária. Assiste-lhe, todavia, o direito de contestar a ação, uma vez que tem justo interesse moral, albergado pelo art. 365 do Código Civil de 1916 e 1.615 do Código Civil de 2002, recebendo o processo no estado em que se encontrava quando requereu a intervenção. 3 – Recurso especial provido" (STJ – REsp 1.466.423 – (2014/0165621-2), 2-3-2016, Relª Minª Maria Isabel Gallotti).

Com muita frequência, como surge evidente, a ação de investigação de paternidade é cumulada com pedido de alimentos, petição de herança e cancelamento de registro civil.

A Lei nº 8.560/92 estatui:

> "Art. 7º Sempre que na sentença de primeiro grau se reconhecer a paternidade, nela se fixarão os alimentos provisionais ou definitivos do reconhecido que deles necessite".

Disposição com o mesmo sentido já constava da Lei nº 883/49. O Projeto mencionado acrescenta essa dicção como § 9º do art. 1.615. Corrente majoritária entende que, nesse caso, os alimentos são devidos desde a citação. A matéria deverá ser aprofundada quando estudarmos os alimentos.[6]

Toda matéria jurídica criada pelo legislador do passado perde terreno hoje perante a Biologia Genética, que permite apontar a paternidade com mínima margem de erro. Desse modo, os princípios tradicionais, concubinato, rapto, relações sexuais, início de prova escrita, devem ser vistos atualmente não mais como *numerus clausus*, mas como elementos subsidiários e somente devem ser utilizados isolada ou conjuntamente quando se torna impossível, falível ou incerta a perícia genética. Em síntese, a prova técnica coloca em segundo plano a prova das relações sexuais ou qualquer outra em matéria de paternidade. Não se diga, porém, que a perícia genética é sistematicamente prova definitiva. Pode haver necessidade de recurso às demais provas permitidas, inclusive as descritas no artigo sob enfoque.

No entanto, problemas mais complexos quanto à paternidade e maternidade, com conotação ética e moral, preocupam hoje o jurista, o magistrado e o legislador, como a inseminação artificial, mães de aluguel e fertilização fora do útero.

O termo *escrito*, presente nesse dispositivo, deve ter abrangência ampla, podendo inserir-se em sua compreensão testamentos nulos, anulados e revogados (Rodrigues, 1999:325). O testamento cerrado, por exemplo, embora rompido e não válido para fins de última vontade, pode ser idôneo para o reconhecimento.

No mesmo diapasão se coloca a matéria de defesa tradicionalmente lembrada para as ações de investigação de paternidade: a *exceptio plurium concumbentium*. Essa exceção material consiste em provar que a mãe, no período da concepção, manteve relações sexuais não somente com o investigado. Como já afirmamos, perante os modernos métodos de investigação biológica, mormente o DNA, a *exceptio* perdeu a importância que teve no passado. A exceção de plúrimas relações cumpriu sua função, enquanto a ciência não atingiu o grau de evolução atual, que permite a perfeita identificação da paternidade. No entanto, não sendo possível o exame genético, o recurso aos princípios da exceção deve ser utilizado. Cabe a quem alega, portanto ao réu, o ônus da prova, nesse caso.

Por outro lado, a recusa do réu em submeter-se a exame hematológico ou de outra natureza leva à presunção, ainda que não absoluta, de paternidade. A questão é delicada e dependerá muito do exame do caso concreto pelo magistrado, que analisará se há razões lógicas de recusa por parte do investigando. Elucidativo é julgado citado por Leoni Lopes de Oliveira (1999a:181):

---

[6] O art. 363 do Código Civil de 1916 admitia a ação de investigação de paternidade dos filhos ilegítimos contra os pais ou seus herdeiros, em três tradicionais incisos.
"I – se ao tempo da concepção a mãe estava concubinada com o pretendido pai;
II – se a concepção do filho reclamante coincidiu com o rapto da mãe pelo suposto pai, ou suas relações sexuais com ela;
III – se existir escrito daquele a quem se atribui a paternidade, reconhecendo-a expressamente."

"*Investigação de paternidade. Recusa de se submeter a exame genético. Verdade relativamente presumida contra o recusante. HLA e DNA. Embora ninguém possa ser coagido a exame ou inspeção corporal, o investigado que se recusa ao exame pericial de verificação de paternidade, deixa presumir contra ele, a verdade da impugnação (CPC, art. 359, II), por aplicação analógica (CPC, art. 126). Presunção harmoniosa com o conjunto da prova*" (Rel. Des. Paulo Roberto A. de Freitas, *Revista de Direito do Tribunal de Justiça do Estado do Rio de Janeiro*, v. 10, 1992, p. 200).

O exame genético é, portanto, ônus processual da parte. O réu não tem obrigação, mas o ônus probatório de realizar o exame, cuja recusa opera presunção contra ele. É evidente, porém, que a conclusão do juiz levará em consideração todo o conjunto probatório, mormente na inexistência de exame genético, admitindo-se todas as provas lícitas no processo. Sob esses aspectos, o art. 231 do atual Código estipula que a negativa do agente em submeter-se a exame médico necessário não poderá ser aproveitada em seu favor. Ainda, o art. 232 acrescenta que "*a recusa à perícia médica ordenada pelo juiz poderá suprir a prova que se pretendia obter com o exame*". De qualquer forma, nunca a ausência da prova técnica poderá induzir peremptoriamente a paternidade, da mesma forma que a conclusão pericial em prol da paternidade, por mais perfeita que se apresente. O juiz deve sempre ser cauteloso e levar e conta todo o conjunto probatório.

Outro aspecto, ao qual se dava muita importância no passado, era a posse do estado da filiação. Cuida-se do aspecto externo que se traduz em *nomen*, *tractatus* e *fama* com relação ao filho. Nosso Código Civil, de antes e de agora, não o mencionou como hipótese de perfilhação. Há direitos estrangeiros que o fazem. Em nosso sistema, a posse do estado de filho é apenas mais um elemento de convicção para ser sopesado pelo juiz, dentro do conjunto probatório, na ação de investigação. Como prova isolada, porém, nunca poderá fundamentar por si só a paternidade em nosso sistema (Pereira, 1997:120).

A sentença na ação de investigação de paternidade (ou maternidade) é de carga de eficácia declaratória e tem efeitos *erga omnes*. Ao reconhecer a paternidade, a sentença declara fato preexistente, qual seja, o nascimento.

Por todas as razões expostas, em sede de reconhecimento de paternidade, não há que se conceder um valor absoluto à coisa julgada. Nesse aspecto, há que se levar em conta as particularidades do direito de família e os avanços científicos. Não há como se impingir à sociedade e a alguém uma paternidade irreal, se lastreada em coisa julgada questionável por meio de nossos instrumentos probatórios disponíveis. A verdade real e axiológica suplanta, nesse campo, os estritos limites tradicionais das regras de processo, que nem mesmo a elasticidade da ação rescisória pode resolver. Nossos julgados já propendem para essa nova fórmula,[7] a

---

[7] "Apelação cível. **Ação de investigação de paternidade**. Sentença que julgou procedente o pedido inicial ante a recusa ao DNA sanguíneo. Irresignação da parte ré. 1. Pedido de revogação da justiça gratuita concedida ao recorrente em sede de contrarrazões. Acolhimento. Recolhimento do preparo que implica em renúncia tácita ao benefício. 2. Alegação preliminar de nulidade processual pela ausência de formação de litisconsórcio passivo necessário. Não acolhimento. Inexistência de pleito pela substituição da paternidade. Reconhecimento da paternidade biológica que não prejudica o vínculo existente com o pai registral. Sentença que determinou a manutenção do nome do pai registral diante do reconhecimento do vínculo socioafetivo. Inexistência de prejuízo. Aplicação do princípio do *pas de nullité sans grief*. Precedentes. 3. Preliminar de supressão de instância suscitada em contrarrazões. Ofensa aos limites da lide não observada. Tese relativa à presunção de paternidade, necessidade de comprovação de que o pai registral não é o pai biológico do autor, bem como apresentação da certidão de casamento da genitora com o pai registral arguida em sede de contestação. 4. Investigação de paternidade. Vinculação biológica entre as partes que foi objeto de presunção em razão da negativa de comparecimento ao laboratório para a realização do exame de DNA. Aplicação da Súmula 301 do Superior Tribunal de Justiça. Exame genético que se mostra como prova mais eficaz para traduzir a **verdade real sobre a filiação**. Recusa que implica na presunção de paternidade. Imperioso

qual, todavia, deve ser trazida para o texto expresso da lei. Peremptórias as palavras de Rolf Madaleno a esse respeito:

> *"Tendo a ciência da herança genética atingido seus níveis de certeza e segurança, repulsa seguir em defesa do escopo político e social da coisa julgada quando um laudo de DNA pode atestar a certeza jurídica da filiação e completar ou reescrever a verdade dos vínculos de parentesco que antes de estampar a realidade dos registros públicos, acalma a alma agitada de cada um dos protagonistas destas ações que procuram a semente exata de sua criação"* (Leite, 2000:303).

Arnaldo Rizzardo (1994, v. 2:623) recorda a problemática da investigação da relação avoenga. Relata julgado do Superior Tribunal de Justiça que admitiu válida a pretensão dos filhos, substituindo o pai, em investigar a filiação deste, junto ao avô, dirigindo a lide contra os referidos herdeiros (RE nº 269-RS, 3-4-90, Rel. Min. Waldemar Zveiter). Trata-se, portanto, de alargamento da legitimidade ativa para a ação de investigação de paternidade, sempre tida como personalíssima ditada pelos novos tempos.

Como enfatizamos, o Projeto nº 6.960 tentou inserir parágrafos ao art. 1.615 já mencionado, nos quais enfrenta essa problemática. O § 1º dispõe que a ação de reconhecimento de filiação pode ser proposta antes ou depois do nascimento do filho. O § 2º ratifica a ideia atual pela qual nas ações de filiação todas as provas são admitidas, inclusive as biológicas. O § 3º estabelece a presunção da relação de filiação diante de recusa injustificada à realização

---

reconhecimento da paternidade do apelado em relação ao apelante diante das peculiaridades do caso em exame. Recurso conhecido e desprovido" (TJPR – Ap 0000619-39.2022.8.16.0162, 4. 3-2024, Relª Sandra Bauermann).

"Apelação – Ação Negatória de Paternidade – Filiação reconhecida voluntariamente – Inexistência de vício de vontade – Irrevogabilidade do reconhecimento – Paternidade socioafetiva – **Prevalência da verdade real sobre a formal** – Sentença mantida – Recurso improvido". (TJSP – Ap 1005962-76.2019.8.26.0533, 9-9-2022, Rel. Luiz Antonio Costa).

"Investigação de paternidade cumulada com retificação de registro civil. Decisão que afastou a preliminar de coisa julgada e deferiu a prova pericial pelo IMESC. Insurgência do requerido. Anterior ação de investigação de paternidade ajuizada pelo autor em 1983 julgada improcedente, sem exame de DNA, mas apenas estudos do exame hematológico e análise dos dermatoglifos quirodácticos e palmares, que não excluiu a paternidade do réu, indicando a probabilidade de 67,9% de paternidade. Improcedência da ação anterior em razão da insuficiência de provas. Flexibilização da coisa julgada. Genitora do autor que na ação pretérita não compareceu a audiência, sendo-lhe aplicada a pena da confissão. Autor era menor de idade e não pode ser penalizado pelo comportamento desidioso de sua genitora. Exame de DNA que ainda não era realizado na época. Juiz que deve conduzir o processo, em princípio, na **busca da verdade real, no caso de direitos indisponíveis**. Precedentes. Decisão mantida. Recurso não provido". (TJSP – AI 2248647-76.2021.8.26.0000, 13-12-2021, Rel. Fernanda Gomes Camacho).

"Coisa julgada. Demanda de investigação de paternidade. Flexibilização. Admissibilidade. Hipótese em que a demanda anterior fora julgada improcedente por falta de provas, sem a realização de exame de DNA. Autora que, ao tempo da outra ação, era incapaz e fora representada por sua genitora. Desídia desta na condução do feito anterior que não pode prejudicar a outrora menor. Circunstâncias que, conjugadas com princípio da busca pela **verdade real**, autorizam a **flexibilização da coisa julgada**. Decisão de extinção afastada, com determinação para prosseguimento do feito. Recurso de apelação provido" (TJSP – Ap. 1002396-36.2019.8.26.0302, 14-1-2021, Rel. Vito Guglielmi).

"Gratuidade de justiça – Relativa presunção de veracidade da alegação de insuficiência de recursos – Necessidade de comprovação da situação de miserabilidade para o deferimento da gratuidade de justiça – Documentos constantes dos autos que confirmam a alegação do apelante de que não dispõe de recursos suficientes para o pagamento das custas processuais – Benefício deferido – Recurso desprovido. Processo – Extinção do processo com base no artigo 485, V, do Código de Processo Civil – Hipótese em que o Juiz de Direito decidiu pela existência de coisa julgada – Ação declaratória de inexistência de filiação legítima que possui objeto e partes diferentes da ação de investigação de paternidade – **Ausência de coisa julgada** – Alegação de vício de consentimento – **Busca pela verdade real** e confirmação da identidade genética do menor – Necessidade de regular instrução processual – Anulação da sentença – Recurso provido" (TJSP – Ap. 1011711-48.2019.8.26.0477, 31-3-2020, Rel. Luiz Antonio de Godoy).

das provas médico-legais. O § 4º afirma que *"a posse do estado do filho, comprovada em juízo, presume a paternidade, salvo se o investigado provar que não é pai".* O § 5º estabelece que, *"se a mãe convivia com o suposto pai durante a época da concepção, presume-se a paternidade, salvo prova em contrário".*

O § 7º consagra a regra tradicional de que essa ação investigatória compete ao filho enquanto viver, passando aos herdeiros, se ele morrer menor ou incapaz; se iniciada a ação pelo filho, os herdeiros poderão continuá-la, salvo se julgado extinto o processo. O § 8º repete a dicção do art. 1.615 originário no vigente Código:

> *"Qualquer pessoa, que justo interesse tenha, pode contestar a ação de investigação de paternidade ou maternidade".*

Lamenta-se que toda essa matéria, de tamanha profundidade doutrinária e fática, seja colocada de cambulhada em um único artigo, em um Código que tramitou tantos anos e recebeu a redação final de forma açodada.

No Projeto do Estatuto das Famílias há uma parte processual, ali constando a ação de investigação de paternidade (arts. 211 a 218).

12.3.1 Provas Científicas de Paternidade

No Capítulo 11, fizemos digressão sobre as provas científicas de paternidade. As gerações mais jovens de juristas certamente não terão ideia das dificuldades de um processo de investigação de paternidade no passado, quando os exames técnicos podiam, quanto muito, afastar a paternidade, mas não afirmá-la. Quando o exame não concluía pela negativa, a instrução probatória em um processo dessa natureza era impiedosa e sutil, rude e delicada ao mesmo tempo. O juiz deveria aferir todo um conjunto de fatores, as possibilidades de relações sexuais da mãe com terceiros, a conduta social dos interessados, interesses de terceiros na paternidade em questão etc. O mal-estar instalava-se na sala de audiências. Quanto menor a comarca ou a comunidade, maior era o estrépito social de uma ação dessas. Só quem atuou nesses processos como juiz, advogado ou curador sabe exatamente o alcance dessas palavras. Modernamente, esse aprofundamento da prova somente se permite, ainda que de forma relativa, quando inexistente o exame técnico, levando-se sempre em conta os dispositivos citados dos arts. 231 e 232 do presente Código. O juiz não pode, perante a ausência ou recusa do exame, simplesmente formar com esse aspecto a definição pela paternidade. Deverá prosseguir no exame da prova, como apontamos.

Pois o atual exame de DNA, e a perfeição de outras técnicas derivadas, que permitem atingir a quase absoluta certeza da paternidade, transformou em história as dificuldades do passado para apontar a paternidade genética. Hoje, a maior dificuldade do juiz não é definir a paternidade biológica, mas encontrar a melhor solução dentro do contexto da família socioafetiva, questão não menos tormentosa. Está aí, portanto, a eterna luta do Direito pela verdade fática e pela verdade axiológica. Na realidade, há uma nova luta pelo Direito, não imaginada pelos juristas da época clássica. Novos aspectos da ética ou da chamada bioética devem ser levados em conta. Haverá sempre um eco a perseguir o magistrado nesse tema: *"O verdadeiro pai é aquele que cuida da criança, cuja voz e cuja presença podem ser ouvidas e sentidas"* (Trachtenberg, Anete. In: LEITE, Eduardo de Oliveira, *Grandes temas da atualidade*. 2000:24). Ou, como conclui Eduardo de Oliveira Leite:

> *"O que a evolução histórico-cultural comprovou, e de forma inquestionável, é que a função paterna está irremediavelmente ligada ao amor de um pai pelo seu filho. Fora desta relação*

pode haver laço biológico por si só insuficiente a criar qualquer vínculo de paternidade, incapaz de gerar uma relação paterno-filial" (Op. cit., 2000:67).

Por tudo isso, levando-se também em conta o que se explanou no Capítulo 11 e o que se dirá a respeito da adoção, a paternidade não pode se resumir a um mero dado biológico.

12.4 EFEITOS DO RECONHECIMENTO

O reconhecimento, como já afirmado, tem efeito *ex tunc*, retroativo, daí por que seu efeito é declaratório. Sua eficácia é *erga omnes*, refletindo tanto para os que participaram do ato de reconhecimento, voluntário ou judicial, como em relação a terceiros. Dessa eficácia decorre a indivisibilidade do reconhecimento: ninguém pode ser filho com relação a uns e não filho com relação a outros. Vimos também que esse ato jurídico é puro, não pode ser subordinado a termo ou condição. É irrevogável, somente podendo ser anulado por vício de manifestação de vontade ou vício material. A sentença que reconhece a paternidade produz, como vimos, os mesmos efeitos do reconhecimento voluntário (art. 1.616).

Ao lado do caráter moral, o reconhecimento de filiação gera efeitos patrimoniais. Os filhos reconhecidos equiparam-se em tudo aos demais, no atual estágio de nosso ordenamento, gozando de direito hereditário, podendo pedir alimentos, pleitear herança e propor ação de nulidade de partilha. Se o filho reconhecido falecer antes do autor da herança, seus herdeiros o representarão e recolherão os bens, por direito de transmissão, se a morte tiver ocorrido antes da partilha. O direito sucessório que se estabelece é recíproco entre pais e filhos. Houve também, em nossa legislação, um longo caminho para atribuir-se igualdade de direitos sucessórios aos filhos ilegítimos, matéria afeta a outro estudo. Enfatizemos aqui, porém, que foi a Lei do Divórcio (Lei nº 6.515/77) que atribuiu direito de herança reconhecido em igualdade de condições para filiação de qualquer natureza (art. 2º).

O reconhecimento sujeita o filho menor ao poder familiar. Dispõe o art. 1.612 do Código Civil que o filho reconhecido, enquanto menor, ficará sob a guarda do progenitor que o reconheceu, e, se ambos o reconhecerem, e não houver acordo, sob a de quem melhor atender aos interesses do menor. Sobre esta última dicção, melhores interesses do menor já se manifestam. Trata-se de uma exortação ao juiz para estabelecer a melhor situação familiar para o menor.[8] Assim, o pai que reconhece o filho não adquire automaticamente a guarda, que pode ser deferida à mãe, se o magistrado assim entender mais conveniente para o menor. Como lembra Sílvio Rodrigues (1999:306), o pátrio poder, hoje denominado poder familiar, não se confunde com a guarda do menor: o juiz pode, se achar melhor, conferir a guarda da criança a um dos pais e deferir o pátrio poder ao outro, embora não seja uma solução conveniente, na maioria das vezes.

O art. 1.611, do Código, dispõe que *"o filho havido fora do casamento, reconhecido por um dos cônjuges, não poderá residir no lar conjugal sem o consentimento do outro"*. No mesmo sentido dispunha o art. 359 do Código anterior. A disposição faz todo sentido, pois o filho recém-reconhecido será, em síntese, uma pessoa estranha no lar conjugal, podendo tumultuar a convivência. Desse modo, se, por um lado, esse filho tem direitos patrimoniais, por outro lado,

---

[8] No Código anterior, nessa situação, traduzindo o espírito dessa lei, o art. 366 determinava que o menor ficasse sob poder do pai. Como a legislação após a Constituição de 1988 não mais permitiu distinção entre o homem e a mulher, não era, desde então, de se admitir essa preferência pelo pai. Não concordando os pais, deverá o juiz decidir a esse respeito conforme o que for mais conveniente para o menor. Aliás, essa solução já estava presente com o acréscimo que fez o art. 16 do Decreto-lei nº 3.200/41 ao art. 360 do Código Civil, na redação que lhe deu o Decreto-lei nº 5.213/43: *"salvo se o juiz decidir doutro modo, no interesse do menor"*.

sendo filho de um só dos cônjuges, não tem direito de pedir acolhida no lar comum. O fato de não poder residir nesse lar, contudo, não libera o pai de prestar toda assistência ao menor, fornecendo-lhe alimentos correspondentes à condição social, como inclusive determinara o art. 15 do Decreto-lei nº 3.200/41.

Quanto ao nome, Leoni Lopes de Oliveira (1999:230) conclui que atualmente é indiscutível que o filho reconhecido pelos pais ou posteriormente pelo pai, estando registrado com o nome de família da mãe, pode adotar o sobrenome paterno, mantendo ou não o nome da mãe. Esse entendimento decorre do princípio da isonomia entre os filhos, havidos ou não do casamento, conforme o art. 227, § 6º, da Constituição Federal. O direito ao nome, direito da personalidade, como tal também é imprescritível. Desse modo, a qualquer tempo, após o reconhecimento, pode o filho pleitear o acréscimo do nome de família do pai.

12.5 INVESTIGAÇÃO DE MATERNIDADE

Como mencionamos, o art. 27 do Estatuto da Criança e do Adolescente é expresso ao afirmar que o reconhecimento do estado de filiação pode ser exercitado sem restrições. O dispositivo aplica-se tanto à paternidade como à maternidade. Não mais subsiste restrição para a ação de investigação de paternidade, deixando de ter aplicação o art. 364, do velho Código, que estatuía: *"A ação de maternidade só se não permite, quando tenha por fim atribuir prole ilegítima à mulher casada, ou incestuosa à solteira"*. O critério do legislador traduzia-se em justificáveis rebuços quanto à mulher casada e em argumentos de ordem moral quanto à prole incestuosa.

O legislador do passado preocupara-se com a investigação de paternidade, mas a investigação de maternidade, embora não frequente, pode ser exercitada nas mesmas hipóteses descritas na Lei nº 8.560/92. Tal como na investigação de paternidade, a ação de investigação de maternidade será movida contra a indigitada mãe e seus herdeiros. Se o registro apresentar o nome de outra mulher como mãe, contra ela também deverá ser promovida a ação. Se a investiganda for casada, o marido também deverá ser citado, porque haverá repercussões de ordem moral e econômica para ele. O Projeto de Código Civil de 1975 modificara a redação ao art. 364, estatuindo, no art. 1.632 originário: *"Não se permite a investigação de maternidade quando tenha por fim atribuir à mulher casada filho havido fora da sociedade conjugal"*. Esse dispositivo foi suprimido na redação final do corrente Código, vigorando a plena liberdade introduzida pelo art. 27 do Estatuto da Criança e do Adolescente e mantida pelo Projeto do Estatuto das Famílias.

13

ADOÇÃO

13.1 CONCEITO

A adoção é modalidade artificial de filiação que busca imitar a filiação natural. Daí ser também conhecida como filiação civil, pois não resulta de uma relação biológica, mas de manifestação de vontade, conforme o sistema do Código Civil de 1916, ou de sentença judicial, no atual sistema. A Lei nº 12.010/2009, Lei da Adoção, introduziu modificações na sistemática da adoção, adaptando o Estatuto da Criança e do Adolescente e derrogando o Código Civil na parte referente ao tema. Esse estatuto sofreu modificações recentes, relacionadas com a adoção, pela Lei nº 13.509/2017. Advirta-se que esta matéria exige um estudo monográfico. Aqui procuramos dar as linhas gerais do instituto da adoção.

A filiação natural ou biológica repousa sobre o vínculo de sangue, genético ou biológico; a adoção é uma filiação exclusivamente jurídica, que se sustenta sobre a pressuposição de uma relação não biológica, mas afetiva, de nítido amparo social. A adoção contemporânea pátria é, portanto, um ato ou negócio jurídico, com intervenção do Estado, que cria relações de paternidade e filiação entre duas pessoas. O ato da adoção faz com que uma pessoa passe a gozar do estado de filho de outra pessoa, ou de um casal, independentemente do vínculo biológico.

A discussão acerca de sua conveniência é de cunho sociológico. Muito se discute com relação a suas vantagens e desvantagens. Sua utilidade, com relação ao menor, carente ou em estado de abandono, é inafastável, sendo do interesse do Estado que se insira em um ambiente familiar homogêneo e afetivo. Sua utilidade, mormente para casais sem filhos, é ressaltada. O enfoque da adoção atual terá em vista primordialmente, contudo, a pessoa e o bem-estar do adotado, antes do interesse dos adotantes. As inconveniências apontadas para o instituto, no entanto, também são muitas e variadas. Tradicionalmente, apontam-se: a adoção permite que filho natural seja transplantado para a família; possibilita fraude fiscal; permite tráfico de menores etc. A questão relativa à filiação natural fica hoje praticamente superada, tendo em vista o estágio atual de nossa lei e da sociedade. Como em todo instituto jurídico, porém, sempre haverá possibilidade de fraudes e desvios de finalidade. Como em todo campo do Direito, isso não retira as vantagens do instituto, cabendo ao ordenamento coibir e punir severamente seu mau uso ou desvio de finalidade. A adoção, vista como um fenômeno de amor, afeto e desprendimento, deve ser incentivada pela lei.

Historicamente, houve em nosso país um longo caminho legislativo em matéria de adoção, que continua em marcha, bem como direitos dos filhos adotivos, até a Constituição de 1988 e o Estatuto da Criança e do Adolescente, como também a mais recente Lei da Adoção. O duplo sistema de adoção que vigorou no país, conforme o Código Civil de 1916 e segundo o Estatuto da Criança e do Adolescente, dispunha de princípios tão díspares que se torna difícil sua definição inicial sob o mesmo paradigma. O atual Código Civil trouxe disposições sobre a adoção e não revogou nem expressa nem tacitamente o ECA, o que foi feito pela mais recente lei que rege a adoção.

A Lei da Adoção, em seu art. 1º enfatiza, contudo, que a proteção estatal será concedida prioritariamente ao apoio e promoção social da família natural (§ 1º). Somente na impossibilidade de permanência na família natural, a criança e o adolescente serão colocados sob adoção, tutela ou guarda (§ 2º). Sob esse prisma, a criança ou adolescente inserido em programa de acolhimento familiar terá sua situação reavaliada periodicamente, para que a autoridade judiciária avalie da necessidade e oportunidade de ser colocada em família substituta (art. 19, §§ 1º a 3º do ECA).

A adoção plena prevista no estatuto é dirigida fundamentalmente para os menores de 18 anos; a adoção que permanecera vigente no Código Civil de 1916 era dirigida aos maiores de 18 anos. O Código de 2002 assumiu a posição esperada, ao estabelecer que a adoção de maiores de 18 anos dependeria também da assistência efetiva do Poder Público e de sentença constitutiva (art. 1.623, parágrafo único), já revogado, assinalando o texto do art. 1.619, com a redação dada pela lei da Adoção: *"A adoção de maiores de 18 (dezoito) anos dependerá da assistência efetiva do poder público e de sentença constitutiva, aplicando-se, no que couber, as regras gerais da Lei nº 8.069, de 13 de julho de 1990 – Estatuto da Criança e do Adolescente."* A lei, porém, não esclarece em que consiste essa assistência efetiva do Estado, matéria que deverá ser objeto de regulamentação. Dependendo de sentença essa adoção do maior, não mais haverá a modalidade de adoção por escritura pública do Código de 1916. No entanto, o sempre lembrado Projeto nº 6.960/2002 apresentou proposta para retorno à possibilidade de escritura pública, além de apresentar sugestões para o procedimento da adoção.

A adoção plena, tal qual admitida pelo ECA, insere o menor em tudo e por tudo na família do adotante, conferindo-lhe a mesma posição da relação biológica. Nos termos do vigente Código Civil, também há de se concluir que a adoção de maiores terá a mesma amplitude, ainda porque não mais se admite qualquer distinção entre categorias de filiação.

Pode-se afirmar, genericamente, que, em ambas situações, na estatutária e na do Código Civil antigo, a adoção é um ato jurídico que estabelece laços de filiação legal entre duas pessoas, independentemente dos laços de sangue. Cumpre que se analisem os dois sistemas, advertindo-se, de início, que diminuta foi, nas últimas décadas, a importância da adoção regida pelo Código Civil de 1916, que desapareceu, não se justificando mais sua manutenção.

A adoção, na modernidade, preenche duas finalidades fundamentais: dar filhos àqueles que não os podem ter biologicamente e dar pais aos menores desamparados. A adoção que fugir desses parâmetros estará distorcendo, em princípio, a finalidade do ordenamento e levantará suspeitas.

A ideia central da adoção descrita originalmente no Código Civil de 1916 tinha em mira precipuamente a figura dos pais que não podiam ter prole e as normas foram postas primordialmente em seu benefício. O enfoque da legislação posterior e principalmente do Estatuto da Criança e do Adolescente é francamente inverso, pois o legislador menorista optou por proteger o interesse do menor desamparado, colocando-o em família substituta, condicionando o deferimento da adoção à comprovação de reais vantagens para o adotando. Essa orientação foi trazida inclusive para o texto do mais recente Código ora revogado: *"Somente será admitida a adoção que constituir efetivo benefício para o adotando*" (art. 1.625, revogado). Esse dispositivo programático aplica-se tanto aos adotandos maiores como aos menores, na sistemática da nova lei. Ao decretar uma adoção, o ponto central de exame do juiz será o adotando e os benefícios que a adoção poderá lhe trazer.

13.2 LINEAMENTOS HISTÓRICOS

A adoção, como forma constitutiva do vínculo de filiação, teve evolução histórica bastante peculiar. O instituto era utilizado na Antiguidade como forma de perpetuar o culto doméstico. Atualmente, a filiação adotiva é uma filiação puramente jurídica, baseando-se na presunção de uma realidade não biológica, mas afetiva (Carbonnier, 1999:337). A Bíblia nos dá notícia de adoções pelos hebreus. Também na Grécia o instituto era conhecido, como forma de manutenção do culto familiar pela linha masculina. Foi em Roma, porém, que a adoção difundiu-se e ganhou contornos precisos. "*Adotar é pedir à religião e à lei aquilo que da natureza não pôde obter-se*" (Coulanges, 1957, v. 1:75).

A ideia fundamental já estava presente na civilização grega: se alguém viesse a falecer sem descendente, não haveria pessoa capaz de continuar o culto familiar, o culto aos deuses-*lares*. Nessa contingência, o *pater familias*, sem herdeiro, contemplava a adoção com essa finalidade. O princípio básico do instituto antigo que passou para o direito civil moderno era no sentido de que a adoção deveria imitar a natureza: *adoptio naturam imitatur*. O adotado assumia o nome e a posição do adotante e herdava seus bens como consequência da assunção do culto. O direito sucessório, permitido exclusivamente pela linha masculina, também era corolário da continuidade do culto familiar.

Duas eram as modalidades de adoção no Direito Romano: a *adoptio* e a *adrogatio*. A *adoptio* consistia na adoção de um *sui iuris*, uma pessoa capaz, por vezes um emancipado e até mesmo um *pater familias*, que abandonava publicamente o culto doméstico originário para assumir o culto do adotante, tornando-se seu herdeiro. A *adrogatio*, modalidade mais antiga, pertencente ao Direito Público, exigia formas solenes que se modificaram e se simplificaram no curso da história. Abrangia não só o próprio adotando, mas também sua família, filhos e mulher, não sendo permitida ao estrangeiro. Somente podia ser formalizada após aprovação pelos pontífices e em virtude de decisão perante os comícios (*populi auctoritate*). Havia interesse do Estado na adoção porque a ausência de continuador do culto doméstico poderia redundar na extinção de uma família (Petit, 1970:173).

Por muito tempo os impúberes não puderam ser ad-rogados porque estavam excluídos dos comícios e porque se temia que um tutor pudesse desvencilhar-se dos encargos da tutela por meio do instituto. Também os plebeus não podiam ad-rogar porque não participavam dos comícios. Os requisitos da ad-rogação eram estabelecidos pelos pontífices: o ad-rogante deveria ser um *pater familias* sem herdeiro masculino; era indispensável o consentimento do ad-rogando, que não podia ser mulher nem impúbere, uma vez que ambos não tinham acesso aos comícios; a ad-rogação somente podia ocorrer em Roma, pois fora da cidade os comícios não se reuniam. Com a ad-rogação, a família do adotado era absorvida pela nova família. Em época mais recente, também os *alieni iuris* puderam ser ad-rogados sob determinadas condições, sendo permitida também nas províncias, suprimindo-se então algumas exigências.

A *adoptio*, porém, também conhecida como *datio in adoptionem*, era instituto mais recente de direito privado destinado aos *alieni iuris*, quais sejam, os que estivessem sob o pátrio poder. Era ato de menor gravidade, que não exigia a intervenção do povo nem dos pontífices, pois sendo o adotado um incapaz, não faria com que uma família e seu respectivo culto desaparecessem.

Para a adoção, ao contrário da ad-rogação, havia necessidade do consentimento dos dois *pater familias*, mas não do adotado. Esse instituto não operava modificação da capacidade, porque o adotado permanecia *alieni iuris*, nem alterava a situação de seus filhos, que permaneciam na família de origem. Havia dupla solenidade: pela *mancipatio* era extinto o pátrio poder do pai natural por três oportunidades; pela *in iure cessio*, ocorria uma cessão de direito em favor do adotante, realizada perante o pretor. Na época de Justiniano, foi suprimida a primeira fase, operando-se a adoção tão somente pela *in iure cessio*. Também por contrato perante uma autoridade e por testamento era possível a adoção. A *adoptio per testamentum*, pouco conhecida nas fontes, é considerada por muitos autores como modalidade de *adrogatio*.

Em ambas as modalidades de adoção, era exigida idade mínima do adotante, 60 anos, bem como que não tivesse filhos naturais, devendo o adotante também ter 18 anos mais que o adotado. A mulher não podia adotar no direito mais antigo. Na fase imperial já podia fazê-lo, com autorização do imperador.

Em época mais recente do Direito Romano, com Justiniano, surgiram duas formas de *adoptio*: *adoptio plena*, realizada entre parentes, e *adoptio minus plena*, realizada entre estranhos. Em ambos os casos, o adotado conservava os direitos sucessórios da família natural. A adoção *minus plena* era modalidade nova, ocorrendo sempre que o filho era dado em adoção a um estranho, isto é, não ascendente. Nessa hipótese, o filho não saía da família originária, na qual conservava os direitos sucessórios, mas era considerado filho adotivo do adotante e adquiria direito a sua herança. Essa modalidade não gerava a *patria potestas*, facultando-se, assim, a adoção pelas mulheres (Chamoun, 1977:177).

A adoção plena é modalidade proveniente do Direito Clássico, porém com consideráveis restrições. Ocorria apenas quando o adotante era um ascendente que não tinha o poder familiar sobre o adotado; como no caso de um avô cujo neto fora concebido após a emancipação do pai. O pai adotivo adquiria a *patria potestas*. Na época de Justiniano, acentua-se o caráter de que a adoção deveria imitar a filiação natural, ideia que atravessou os séculos.

Na Idade Média, sob novas influências religiosas e com a preponderância do Direito Canônico, a adoção cai em desuso. Na Idade Moderna, com a legislação da Revolução Francesa, o instituto da adoção volta à baila, tendo sido posteriormente incluído no Código de Napoleão de 1804. Esse diploma admitiu a adoção de forma tímida, a princípio, nos moldes da adoção romana *minus plena*. Lei francesa de 1923 ampliou a adoção, aproximando-a da *adoptio plena*, mas deixando subsistir os laços de parentesco originários do adotado (Benkauss, 1993:6). Lei de 1939, naquele país, fixou a legitimação adotiva, com maior amplitude e aproximando o adotado da filiação legítima. Com maior ou menor amplitude, a adoção é admitida por quase todas as legislações modernas, acentuando-se o sentimento humanitário e o bem-estar do menor como preocupações atuais dominantes. Em nosso país, como veremos, a evolução legislativa do instituto da adoção foi semelhante.

13.3 NATUREZA JURÍDICA

A definição da natureza jurídica da adoção sempre foi controvertida. A dificuldade decorre da natureza e origem do ato. Como apontamos em várias passagens deste livro, nem sempre as categorias gerais da teoria geral aplicam-se aos institutos do direito de família, mormente porque se cuida de campo jurídico repleto de normas de ordem pública.

A linha francesa tradicional admite o instituto como contrato, sustentando que há necessidade de duas vontades, participando o adotado por si ou por representante. Em muitas situações, porém, a vontade do adotando inexiste, o que dificulta a compreensão dessa doutrina.

Na verdade, havendo duas modalidades distintas de adoção no Direito brasileiro, de acordo com o Código de 1916, cada uma delas apresentava nitidamente natureza jurídica própria. A adoção do Código Civil de 1916 realçava a natureza negocial do instituto, como contrato de Direito de Família, tendo em vista a singela solenidade da escritura pública que a lei exigia (art. 375).

Por outro lado, na adoção no Estatuto da Criança e do Adolescente não se pode considerar somente a existência de simples bilateralidade na manifestação de vontade, porque o Estado participa necessária e ativamente do ato, exigindo-se uma sentença judicial, tal como faz também o Código Civil de 2002. Sem esta, não haverá adoção. A adoção moderna, da qual nossa legislação não foge à regra, é direcionada primordialmente para os menores de 18 anos, não estando mais circunscrita a mero ajuste de vontades, mas subordinada à inafastável intervenção do Estado. Desse modo, na adoção estatutária há ato jurídico com marcante interesse público que afasta a noção contratual. Ademais, a ação de adoção é ação de estado, de caráter constitutivo, conferindo a posição de filho ao adotado.

13.4 ADOÇÃO NO ESTATUTO DA CRIANÇA E DO ADOLESCENTE. EVOLUÇÃO LEGISLATIVA. A LEI DA ADOÇÃO

Anote-se, de plano, que o presente Código Civil não alterou, em princípio, a filosofia e a estrutura do Estatuto da Criança e do Adolescente, sua competência jurisdicional e seus instrumentos procedimentais. Desse modo, mantém-se a atribuição dos juizados da infância e da juventude para a concessão de adoção dos menores, havendo que se compatibilizar ambos os diplomas. O mesmo faz a Lei da Adoção, a qual, na verdade, derroga os dispositivos sobre adoção no Código Civil porque pretendeu regular plenamente o instituto, mas não o fez, porque não pode ser esquecido o ECA.

O Projeto do Estatuto das Famílias manteve a mesma sistemática, traçando princípios gerais sobre a adoção e estabelecendo que a adoção de crianças e adolescentes é regida por lei especial, observadas as regras e princípios deste estatuto (art. 78, parágrafo único).

Como acentuamos, a Lei nº 3.133/57 representa um divisor de águas na legislação e na filosofia da adoção no Direito pátrio. Esse diploma aboliu o requisito da inexistência de prole para possibilitar a adoção e diminuiu a idade mínima do adotante. A segunda inovação marcante em nosso ordenamento foi, sem dúvida, a introdução da legitimação adotiva, pela Lei nº 4.655/65. Pela legitimação adotiva estabelecia-se um vínculo profundo entre adotante e adotado, muito próximo da família biológica. O Código de Menores, Lei nº 6.697/79, substituiu a legitimação adotiva pela adoção plena, com quase idênticas características. Por um período, portanto, tivemos em nosso sistema, tal como no direito romano, duas modalidades, adoção plena e adoção simples. Esta última mantinha em linhas gerais os princípios do Código Civil. A adoção plena, que exigia requisitos mais amplos, por outro lado, inseria o adotado integralmente na nova família, como se fosse filho biológico. O assento de nascimento era alterado, para que não fosse revelada a origem da filiação, substituindo-se os nomes dos avós.

No sistema atual do Estatuto da Criança e do Adolescente já não há distinção: a adoção dos menores de 18 anos é uma só, gerando todos os efeitos da antiga adoção plena. O estatuto menorista posiciona-se em consonância com a tendência universal de proteção à criança, assim como faz a Constituição de 1988, que em seu art. 6º, ao cuidar dos direitos sociais, refere-se à maternidade e à infância. Nos arts. 227 e 229 são explicitados os princípios assegurados à criança e ao adolescente. O Estatuto da Criança e do Adolescente, especificamente quanto à adoção, descreve que a criança ou adolescente tem direito fundamental de ser criado e educado no seio de uma família, natural ou substituta. O estatuto considera a criança e o adolescente sujeitos de direito, ao contrário do revogado Código de Menores, que os tratava como objeto da relação jurídica, deixando mais claro o espectro de direitos subjetivos. O princípio fundamental, porém, é o da manutenção sempre que possível da família natural, junto da qual a criança e o adolescente devem prioritariamente permanecer, ressalvada a absoluta impossibilidade, demonstrada por decisão judicial fundamentada, como reza o art. 1º, § 1º da Lei da Adoção. Nem precisaria a lei dizê-lo.

O art. 2º do ECA considera criança, para efeitos do estatuto, a pessoa até 12 anos de idade incompletos, e adolescente aquela entre 12 e 18 anos. Suprimiu-se o termo *menor*, que teria recebido conotação depreciativa na referência do Código de Menores. O parágrafo único desse dispositivo dispõe que essa lei se aplica excepcionalmente às pessoas entre 18 e 21 anos de idade. O art. 25 define como família natural a comunidade formada pelos pais ou qualquer deles e seus descendentes. Define-se aí também como família a unidade monoparental, isto é, aquela dirigida somente pelo pai ou pela mãe. O parágrafo único desse artigo, introduzido pela Lei da Adoção, conceitua também a família extensa ou ampliada, *"aquela que se estende para além da unidade pais e filhos ou da unidade do casal, formada por parentes próximos com os quais a criança ou adolescente convive e mantém vínculos de afinidade e afetividade"*. Essa família ampliada terá preferência na adoção, conforme o caso concreto.

Ao lado da família natural, coloca-se a entidade denominada família substituta. A alternativa da família substituta para o menor deve surgir somente quando todas as possibilidades de manutenção do infante em sua família natural se esvaem. Desse modo, a colocação do menor em família substituta é medida excepcional de proteção destinada a amparar as crianças e adolescentes cujos direitos fundamentais se encontram suprimidos ou ameaçados.[1] Nessa

---

[1] "Direito civil. Apelação cível. Pedido de acolhimento institucional e **destituição do poder familiar**. Colocação em família substituta. Medida excepcional. Estudos técnicos pela impossibilidade de reintegração familiar. Destituição do poder familiar. Possível. Inclusão em cadastro de adoção. Melhor interesse da criança. Recursos conhecidos e não providos. 1. À criança e ao adolescente deve ser despendida proteção integral, com absoluta prioridade à efetivação dos seus direitos fundamentais pela família, comunidade, sociedade e poder público, conforme preconiza o art. 227, *caput*, da Constituição Federal e o art. 1º do Estatuto da Criança e do Adolescente – Lei nº 8.069/1990. 1.1. Dentre os direitos básicos assegurados às crianças e aos adolescentes está o de ser criado e educado, preferencialmente, por sua família natural, em ambiente que garanta seu sadio e completo desenvolvimento (art. 19, *caput*, ECA). 2. A colocação em família substituta é medida excepcional, e deve ser promovida apenas quando não for possível a permanência na família original. 3. Os diversos relatórios juntados aos autos apontam para o reconhecimento da impossibilidade de reintegração familiar, tendo sugerido inclusive a destituição do poder familiar, por verificarem que a Genitora não reúne condições de assumir os cuidados com a criança acolhida. 4. A Apelante, apesar de reiterar o desejo de retomar a guarda do filho, não se preocupou, durante o período de acolhimento institucional, em desenvolver qualquer vínculo afetivo com o filho, não deixando apenas de prover recursos materiais, mas acima de tudo, emocionais. 4.1. Não obstante a Apelante afirmar que atualmente possui condições de retomar o convívio com o filho, o que se depreende dos documentos juntados aos autos é que a Apelante ainda não reuniu os meios adequados para assegurar o melhor interesse da criança. 5. Apesar da existência clara do direito das crianças à convivência com a família, em linha com o que prevê o art. 19 do ECA, deve-se esclarecer que tal direito deve prevalecer contanto que se tenha por certo que essa convivência seja benéfica ao sadio desenvolvimento dessas pessoas. 6. A melhor opção que atende o interesse do menor, com efeito, é cadastrá-lo para adoção, procedimento em que a família adotiva passará pelo crivo de uma equipe especializada que irá verificar se os menores terão condições dignas de vida. 7. Sem majoração de honorários, haja vista a não fixação na origem. 8. Apelação cível conhecida e não provida" (TJDFT – Ap 07059547220238070013, 22-2-2024, Rel. Roberto Freitas Filho).
"Apelação. **Destituição do poder familiar.** Sentença de procedência. Apelo da genitora. Alegado desacerto da decisão porque ausente hipótese a legitimar a medida excepcional. Descabimento. Conjunto probatório suficiente. Violência doméstica praticada pelo genitor, usuário de entorpecentes. Mãe negligente e omissa. Falta de organização e higiene. Infantes que sequer tinham peças de roupas limpas e apropriadas para o tempo. Não adesão da recorrente aos encaminhamentos propostos. Desídia dos genitores no desempenho do múnus. Descumprimento dos deveres de guarda, proteção e educação caracterizados. Destituição que se impõe, fundada no superior interesse das crianças. Inteligência do art. 1.638, II, do Código Civil, e art. 24, ECA. Menores já inseridos numa família

situação se inserem os menores em estado de abandono. Nesse sentido, dispõe o Estatuto da Criança e do Adolescente que

> "a colocação em família substituta far-se-á mediante guarda, tutela ou adoção, independentemente da situação jurídica da criança ou adolescente, nos termos desta lei" (art. 28).

A colocação em família substituta deverá sistematicamente verificar o interesse do menor, que será ouvido sempre que possível, levando-se em conta o grau de parentesco e grau de afinidade ou afetividade, a fim de evitar ou minorar as consequências decorrentes da medida. O maior de 12 anos de idade será necessariamente ouvido, como dispõe o § 2º do art. 28 do ECA, introduzido pela lei da Adoção. Considerando que a colocação em família substituta sempre dependerá de decisão judicial, avulta de importância a atividade do juiz e dos órgãos auxiliares que atuam no campo social e psicológico.

O diploma também é expresso no sentido de afirmar que a colocação em família substituta estrangeira somente pode ocorrer sob a modalidade da adoção, como medida

---

substituta. Sentença mantida. Precedentes. Recurso não provido". (TJSP – Ap. 1003630-71.2019.8.26.0587, 19-8-2021, Rel. Sulaiman Miguel).

"Apelação. Ação de guarda para fins de adoção. Sentença de improcedência. Preliminar. Cerceamento de defesa. Inocorrência. Provas acostadas aos autos suficientes a apreciação da matéria. Magistrado é o destinatário da prova, cabendo-lhe apreciar a relevância e a pertinência de determinada prova. Preliminar rejeitada. Mérito. Criança colocada em família substituta (cadastrada em lista de adotantes). Guarda anteriormente exercida por pessoa inserida no programa 'família acolhedora'. Pretensão deduzida pela filha e genro da ex-guardiã. Situação excepcional inocorrente. Convivência familiar e comunitária. Direito público subjetivo conferido às crianças e adolescentes. Artigos 227, da CF, e 3º, 4º e 19, todos do ECA. Acolhimento familiar. Medida excepcional, temporária e preferencial ao acolhimento institucional. Aplicação que objetiva, unicamente e sob orientação da equipe interdisciplinar, a preparação da criança para retornar ao convívio familiar ou, na impossibilidade, sua colocação em família substituta (com vistas a sua ulterior tutela ou adoção), na hipótese de ser inviável sua reintegração com a família biológica ou extensa. Artigos 19, §§ 1º e 3º, 34 e 101, inciso VIII e § 1º, todos do ECA. Vedação extensível aos apelantes, por via reflexa. Sentença mantida. Recurso desprovido" (TJSP – Ap. 1000501-36.2018.8.26.0638, 31-3-2020, Rel. Lidia Conceição).

"Apelação – **Destituição do poder familiar c.c – Adoção** – Sentença que destituiu a genitora do poder familiar sobre suas filhas e deferiu a adoção aos requerentes - Alegação de desacerto da sentença – Afirmação de ausência de causas a legitimar a destituição do poder familiar nos termos dos arts 1.634 e 1.638 do CC – Sustentação, ainda, da impossibilidade do pedido de adoção de crianças por parentes próximos – Descabimento – Violação do poder familiar comprovado – Requerida que conferiu a guarda dos filhos aos guardiões, não buscando retomar seus cuidados ao longo de vários anos – Genitora que demonstrou sua negligência já durante a gestação, período em que não cessou o uso de entorpecentes – Estudos técnicos que apontam a ausência de formação de vínculos afetivos entre as crianças e sua genitora justamente em razão do abandono caracterizado com a disposição dos cuidados da prole – Hipóteses descritas no art. 1.638, II e III, do CC caracterizadas – Determinação impugnada que encontra legitimidade nos arts. 98, II e 129 X, do ECA – Estudos, ademais, que atestam a existência de arraigado vínculo afetivo das pequenas com seus tios-avós – Guardiões e os prejuízos advindos de possível rompimento dos vínculos e afirmam oferecer a adoção reais vantagens às pequenas – Superior interesse da menor que deve ser o norte para o deslinde do caso – Situação de guarda fática e legal que perdura há mais de 7 anos, a viabilizar a concretização da adoção pleiteada – Medida mais adequada à efetivação dos direitos ao convívio familiar e social garantidos pelos arts. 227 da CF e 19 do ECA – Relação de afetividade com os adotantes e sua família estabelecida – Adoção legítima, nos termos do artigo 50, § 13, inciso II da Lei nº 8.069/90 – Ausência de impedimento de concessão de adoção a tios-avós – Art. 42, § 1º, do ECA que apenas veda a adoção por ascendentes e irmãos do adotando – Sentença mantida – Apelação não provida." (TJSP – AC 1005304-51.2016.8.26.0438, 28-11-2019, Rel. Renato Genzani Filho).

"Apelação cível – ECA – **Destituição do poder familiar** – Acolhimento institucional – negligência e abandono – Colocação em família substituta, na modalidade de adoção – Caso dos autos em que os estudos técnicos e o acompanhamento da equipe técnica da rede de proteção, no intuito de manter a criança no núcleo familiar, demonstraram a incapacidade da genitora manter o poder familiar, já que ela não aderiu aos acompanhamentos indicados. Ausência de comprometimento nos atendimentos à filha. Prova testemunhal que corrobora os documentos acostados aos autos, evidenciando que o melhor interesse da criança aponta para a sua colocação em família substituta, como a melhor forma de proteção. Mantida a destituição do poder familiar, estando a criança apta para adoção. Negado provimento à apelação" (TJRS – AC 70076800598, 24-5-2018, Rel. Des. José Antônio Daltoé Cezar).

excepcional (art. 31). A adoção estatutária, que se harmonizava, com pequenas imperfeições, com a adoção estabelecida no corrente Código Civil, é concebida na linha dos princípios constitucionais e objetiva a completa integração do adotado na família do adotante, *"desligando-o de qualquer vínculo com os pais e parentes, salvo os impedimentos matrimoniais"* (art. 41). A mesma noção apresentava-se no Código. Trata-se de ato jurídico complexo cujo ponto culminante é a sentença, pela qual é constituído o vínculo da adoção. Sem sentença judicial não haverá adoção, de acordo com o Estatuto da Criança e do Adolescente. Afastava-se, portanto, a adoção plena ou completa desse estatuto, da adoção de maiores, que se constituía por escritura pública, destinada a maiores, regulada pelo Código Civil de 1916.

13.5 GUARDA

A guarda dos filhos menores é atributo do poder familiar. Compete aos pais ter os filhos menores em sua companhia e guarda. O pátrio poder, hoje denominado poder familiar, gera um complexo de direitos e deveres, sendo a guarda um de seus elementos.

A guarda, disciplinada nos arts. 33 a 35 do Estatuto, muitos deles alterados pela lei da Adoção, é instituto destinado à proteção de menores de idade, pois no atual sistema a maioridade é atingida aos 18 anos. A guarda é a modalidade mais simples de colocação em família substituta; não suprime o poder familiar dos pais biológicos, os quais mantêm seu direito de visita e o dever de prestar alimentos, salvo situação de inconveniência ou impossibilidade assim definida pelo magistrado (art. 33, § 4º). A tutela tratada no Estatuto da Criança e do Adolescente é disciplinada basicamente de acordo com os princípios do Código Civil. A tutela pressupõe a suspensão ou destituição do pátrio poder (art. 36, parágrafo único), enquanto a adoção é modalidade mais ampla de colocação em família substituta, que procura imitar a natureza, criando a filiação civil. Também implica perda do pátrio poder pelos pais biológicos. Por isso mesmo, é importante frisar que a guarda e a tutela são institutos temporários, enquanto a adoção de menores, nos moldes atuais, é permanente, definitiva e irrevogável (art. 39, § 1º do ECA, com nova redação). A guarda poderá ser deferida aos avós, tios ou quaisquer outros parentes da criança ou adolescente, ou até mesmo a outra pessoa, desde que haja ambiente familiar compatível. Nesse sentido, aponta o art. 29 do Estatuto da Criança e do Adolescente:

> *"Não se deferirá colocação em família substituta a pessoa que revele, por qualquer modo, incompatibilidade com a natureza da medida ou não ofereça ambiente familiar adequado".*

Muitas são as situações nas quais menores convivem por longo tempo com famílias não biológicas, pelas mais diversas razões, sem que essa condição tenha uma definição legal. Foi justamente para regularizar e fiscalizar essas situações que a lei disciplinou a guarda dos menores. Assim, o § 1º do art. 33 estatui:

> *"A guarda destina-se a regularizar a posse de fato, podendo ser deferida, liminar ou incidentemente, nos procedimentos de tutela e adoção, exceto no de adoção por estrangeiros".*

Trata-se, portanto, de estágio de colocação em família substituta, que pode anteceder os institutos mais amplos da adoção e da tutela. Na verdade, a guarda decorrente e inerente ao poder familiar tem a mesma compreensão; na guarda regida pelo estatuto, transferem-se algumas das prerrogativas próprias do poder familiar a outra pessoa.

Advirta-se que essa guarda pode ser estabelecida pelo juízo da infância e da juventude e pelo juízo de família. Quando é discutida matéria atinente ao poder familiar e guarda dos filhos, divórcio, separação judicial, regulamentação de visitas etc., competente será o juiz de família para determinar a guarda dos filhos, atendendo ao que mais lhes for conveniente. Quando é discutida matéria que importe em violação dos direitos fundamentais da criança e do adolescente, competente será o juizado especial. A guarda, tratada no Estatuto da Criança e do Adolescente, é deferida à criança ou ao adolescente que, por abandono dos pais ou orfandade, necessitam de colocação em família substituta. No entanto, o comportamento do juiz em ambas as situações deve ser o mesmo, sempre levando em consideração o interesse e o bem-estar do menor. Destarte, não se confunde a guarda deferida em processo judicial em que litigam os pais, com a regulamentação da guarda para colocação em família substituta.

Em princípio, a família substituta é destinada aos menores de 18 anos. Podia ser mantida além dessa idade, até os 21 anos, se já fora deferida anteriormente, pois era nessa idade que cessava a menoridade no sistema anterior. Não havia razão, portanto, para que cessasse a guarda já existente, quando o menor completasse 18 anos (Guimarães, 2000:17). A guarda, como uma das medidas de proteção à criança e ao adolescente, é aplicável nos casos do art. 98 do ECA:

> *"As medidas de proteção à criança e ao adolescente são aplicáveis sempre que os direitos reconhecidos nesta Lei forem ameaçados ou violados:*
>
> *I – por ação ou omissão da sociedade ou do Estado;*
>
> *II – por falta, omissão ou abuso dos pais ou responsável;*
>
> *III – em razão de sua conduta".*

As diferenças da guarda, no Estatuto, e da guarda de família e do poder familiar residem no fato de que há exigências processuais e conjunturais para a primeira, como, por exemplo, o compromisso que prestará o guardião de bem e fielmente desempenhar o encargo, mediante termo nos autos (art. 32).

O art. 33 e seus parágrafos definem os requisitos e efeitos da guarda:

> *"A guarda obriga à prestação de assistência material, moral e educacional à criança ou adolescente, conferindo a seu detentor o direito de opor-se a terceiros, inclusive aos pais.*
>
> *§ 1º A guarda destina-se a regularizar a posse de fato, podendo ser deferida liminar ou incidentalmente, nos procedimentos de tutela e adoção, exceto no de adoção por estrangeiros.*
>
> *§ 2º Excepcionalmente, deferir-se-á a guarda, fora dos casos de tutela e adoção, para atender a situações peculiares ou suprir a falta eventual dos pais ou responsável, podendo ser deferido o direito de representação para a prática de determinados atos.*
>
> *§ 3º A guarda confere à criança ou adolescente a condição de dependente, para todos os fins e efeitos de direito, inclusive previdenciários".*

Note-se, portanto, de acordo com o § 2º, que a guarda deverá ser deferida pelo juiz sempre que atender aos interesses do menor. Lembre-se de que o § 1º do art. 28 recomenda que a criança ou adolescente deverá ser ouvida previamente e sua opinião deverá ser considerada. É claro que quando isto for possível. Trata-se de direito à manifestação e expressão que é preservado para o menor, como sujeito de direito nas modalidades de colocação em família substituta. A Lei da Adoção acrescentou o § 4º a esse artigo estatuindo que durante a guarda não ficará impedido o direito de visita dos pais, nem ficarão estes liberados da obrigação de prestar alimentos, salvo expressa e fundamentada determinação em contrário da autoridade judiciária competente.

Aponta Leoni Lopes de Oliveira (1999:37) que o Estatuto da Criança e do Adolescente disciplina três modalidades de guarda: a provisória, a permanente e a peculiar. A guarda provisória

(§ 1º) pode ser concedida liminar ou incidentalmente nos processos de adoção, com exceção nas adoções por estrangeiros, que a lei veda expressamente. A guarda permanente é destinada a atender a situações nas quais, por qualquer razão, não se logrou a adoção ou tutela, objetivando, também, regularizar a guarda de fato. A guarda peculiar (§ 2º) é destinada a atender a situações excepcionais ou eventuais, permitindo ao juiz outorgar representação ao guardião para a prática de determinados atos em benefício do menor. Imaginemos, por exemplo, a hipótese de criança ou adolescente que necessite receber indenização securitária.

A guarda decorrente de dissídio de casal que se separa ou divorcia tem a natureza de guarda permanente. Veja o que estudamos a esse respeito no capítulo sobre separação e divórcio. Em qualquer situação, porém, em benefício do menor, a situação pode sempre ser judicialmente alterada. O art. 35 é expresso nesse sentido, ao estabelecer que a guarda pode ser revogada a qualquer tempo, mediante ato judicial fundamentado, ouvido o Ministério Público.

O art. 33, por sua vez, estabelece o efeito principal da guarda: coloca a criança ou adolescente na condição de dependente do guardião, para todos os fins e efeitos de direito, inclusive previdenciários. Não é moral e contraria o espírito da lei guarda que seja deferida unicamente para que o guardião usufrua benefícios fiscais. Os benefícios previdenciários e fiscais devem ser corolário natural da guarda e não sua causa. O responsável pela guarda deve prestar contas: se o guardião gerir, de qualquer modo, bens e direitos do menor, deverá prestar contas periódicas.

A guarda transfere ao guardião alguns dos atributos do poder familiar, permanecendo os pais com o exercício de outros atributos. Levando em conta que os direitos dos pais devem ser, sempre que possível e conveniente, preservados, eles mantém o direito de visitas, que deve ser regulamentado. O fato de o menor estar sob guarda, contudo, não exime os pais da obrigação de prestar alimentos.

No campo de direitos da criança e do adolescente, em todos os níveis, o juiz se valerá de órgãos auxiliares, estudos sociais e psicológicos. Havendo motivo relevante, o magistrado poderá suspender ou destituir os pais do poder familiar.

13.6 ADOÇÃO NO ESTATUTO DA CRIANÇA E DO ADOLESCENTE. LEI DA ADOÇÃO. REQUISITOS

Da tutela, outra modalidade de colocação em família substituta disciplinada no Estatuto da Criança e do Adolescente, devemos nos ocupar em capítulo autônomo, analisando também os dispositivos do Código Civil.

A adoção é tratada pelo Estatuto da Criança e do Adolescente nos arts. 39 a 52-D, com várias alterações trazidas pela Lei nº 12.010/2009 e Lei nº13.509/2017. No Código Civil de 2002, a matéria era disciplinada nos arts. 1.618 a 1.629. Advirta-se que o art. 23 é expresso no sentido de afirmar que *"a falta ou a carência de recursos materiais não constitui motivo suficiente para a perda ou suspensão do poder familiar"*. O estado de pobreza, portanto, não é elemento definitivo para impossibilitar a adoção. A destituição do poder familiar deve anteceder a adoção, ainda que decretada na mesma sentença. Tratando-se de menor abandonado, todos os esforços devem ser envidados para localização dos pais. Conforme o art. 24 do estatuto,

> *"a perda e a suspensão do poder familiar serão decretadas judicialmente, em processo contraditório, nos casos previstos na legislação civil, bem como na hipótese de descumprimento dos deveres e obrigações a que alude o art. 22"*.[2]

---

[2] "Apelação cível. Ação de destituição do poder familiar c/c pedido de adoção. Sentença que julgou improcedente o pedido de destituição do poder familiar formulado pela genitora e o atual companheiro. Inconformismo. Geni-

Referido art. 22 reporta-se ao dever de sustento, guarda e educação dos filhos. O art. 1.638 do Código Civil enuncia também causas de perda do poder familiar:

---

tor biológico que se encontra preso por abuso sexual em face de enteada. Existência dos requisitos ensejadores da providência extrema – art. 1.638, III do Código Civil e **art. 24 do ECA** – Prevalência do melhor interesse e da proteção integral da criança e adolescente. Destituição do poder que atende ao melhor interesse da infante. Prática contrária a moral e aos bons costumes pelo genitor biológico. Situação de risco existente. Possibilidade de adoção unilateral pelo padrasto (art. 39, § 1º do ECA). Recurso conhecido e, no mérito, provido" (*TJPR* – Ap 0001227-51.2023.8.16.0146, 17-6-2024, Rel. Sandra Regina Bittencourt Simões).

"Apelação Cível. **Destituição do poder familiar**. Sentença que julgou procedente o pedido deduzido na inicial. Insurgência da genitora. Pedido de reforma da sentença que não merece acolhimento. Descumprimento dos deveres materno-filiais que autorizam a destituição, na forma do art. 24, do Estatuto da Criança e do Adolescente. Comportamento negligente que justifica a medida drástica. Mãe que terceirizava os cuidados da menor. Histórico de uso de drogas e álcool. Custas processuais. Isenção prevista no artigo 141, § 2º, do Estatuto da Criança e do Adolescente que não se estende aos pais. Reforma ex officio da sentença neste ponto. Recurso conhecido e desprovido, com condenação de ofício da parte apelante do pagamento de custas e despesas processuais. 1. Vislumbrando o melhor interesse da criança e do adolescente, preceitua o artigo 5º, da Lei 8.069/1990 que "nenhuma criança ou adolescente será objeto de qualquer forma de negligência, discriminação, exploração, violência, crueldade e opressão, punido na forma da lei qualquer atentado, por ação ou omissão, aos seus direitos fundamentais", legitimando, assim, a interferência da sociedade e do estado na relação, sempre em benefício do menor, quanto a convivência com os genitores resultar em sua exposição ao risco, e, também, quando estes não venham a dispensar os cuidados essenciais ao desenvolvimento físico e mental da prole." (*TJPR* – Ap - 0030349-74.2020.8.16.0030, 26-6-2023, Rel. Rogério Etzel).

"Recurso de apelação. Estatuto da Criança e do Adolescente. **Ação de destituição do poder familiar**. Apelo tirado pelo genitor em face da r. sentença de primeiro grau que julgou procedente a ação, decretando a perda de seu poder parental sobre os filhos menores. Irresignação que não prospera, por não encontrar suporte no conjunto probatório. Núcleo familiar acompanhado desde o ido ano de 2013, sem evolução positiva. Casal de gêmeos adolescentes acolhido há quase 03 (três) anos, sem perspectivas de reintegração familiar. Genitor violento, suspeito de violar sexualmente a filha, e que ostenta com histórico de transtorno psiquiátrico decorrentes de quadro de neurossífilis não adequadamente tratada. Genitora com certo grau de rebaixamento intelectual, incapaz de se portar de maneira protetiva em relação à prole. Familiares consultados que, além de pouca vinculação afetiva com os petizes, expressamente rechaçaram a possibilidade de se responsabilizarem por sua guarda. Descumprimento das obrigações decorrentes da autoridade parental caracterizado. Violação aos artigos 22 da lei nº 8.069/1990 e 1.634 do Código Civil. Perda do poder familiar que se justifica na hipótese dos autos, na forma do artigo 1.638, inciso II, do Código Civil. Recurso ao qual se nega provimento". (*TJSP* – Ap 1003899-54.2021.8.26.0001, 10-10-2022, Rel. Issa Ahmed).

"Apelação - Infância e Juventude - **Ação de destituição do poder familiar** – Juízo da causa que destituiu a genitora do poder familiar ex vi do art. 1638, inciso IV, do Código Civil c/c arts. 22 e 24 do Estatuto da Criança e do Adolescente – Abandono – Falta de condições de manter o filho sob seus cuidados - Criança que se encontra na guarda provisória de terceiros para fins de adoção, desde o nascimento – Preservação dos vínculos que atende ao melhor interesse da criança - Proteção Integral à infância que impõe intensa responsabilidade aos genitores e ao Estado pelo não prolongamento da institucionalização – Impossibilidade de a genitora cuidar da criança caracterizada – Perda do poder familiar bem decretada – Sentença de procedência mantida – Recurso desprovido". (*TJSP* – Ap. 1000666-14.2017.8.26.0543, 9-12-2021, Rel. Guilherme G. Strenger).

"Recursos de apelação. Infância e juventude. Ação de **destituição do poder familiar**. Sentença de procedência. Descumprimento pelos pais dos deveres de sustento, criação e educação do filho. Ausência de vínculo afetivo entre o pai biológico e o infante. Criança exposta à situação de risco, em razão de distúrbios psiquiátricos da genitora. Genitora com histórico de surtos psicóticos, não aderência a tratamentos médicos, evasão de hospitais, e uso incorreto de medicamentos. Caracterização de violação dos deveres parentais. Laudos técnicos que recomendam a destituição do poder familiar. Família extensa incapaz para o exercício do poder familiar. Criança em família substituta. Situação de risco configurada. Recursos desprovidos" (*TJSP* – Ap. 1002740-69.2019.8.26.0123, 04-2-2021 Rel. Dimas Rubens Fonseca).

"Apelação cível – **Destituição do poder familiar e adoção** – Correta a destituição do poder familiar dos demandados em relação à menor, pois demonstrada ser a conduta da apelante incompatível com os deveres de guarda, proteção, educação e orientação da filha. Por outro lado, a infante está recebendo os devidos cuidados por parte dos apelados, tendo suas necessidades atendidas, de modo que os recorridos estão garantindo à menor um desenvolvimento saudável, conforme evidencia a prova dos autos. Negaram provimento." (*TJRS* – AC 70080624513, 22-8-2019, Rel. Des. Rui Portanova).

"**Ação de destituição do poder familiar** – Interlocutória que determinou o acolhimento dos dois filhos do casal, atualmente com 8 anos e com 1 ano e oito meses de idade, com a suspensão do poder familiar. Recurso dos genitores. Criança mais velha vítima de diversos episódios de abandono e de maus tratos. Irmã mais nova ameaçada de sofrer as mesmas violências. Infantes que, desde o acolhimento, estão tendo seus direitos preservados. Recebimento de diversos atendimentos médicos e psicológicos que eram desprezados pela família. Decisão acertada. Recurso desprovido" (*TJSC* – AI 4022354-15.2017.8.24.0000, 24-7-2018, Relª Desª Maria do Rocio Luz Santa Ritta).

"Art. 1.638. Perderá por ato judicial o poder familiar o pai ou a mãe que:

I – castigar imoderadamente o filho;

II – deixar o filho em abandono;

III – praticar atos contrários à moral e aos bons costumes;

IV – incidir, reiteradamente, nas faltas previstas no artigo antecedente.

V – entregar de forma irregular o filho a terceiros para fins de adoção. (Incluído pela Lei nº 13.509, de 2017)

Parágrafo único. Perderá também por ato judicial o poder familiar aquele que: (Incluído pela Lei nº 13.715, de 2018)

I – praticar contra outrem igualmente titular do mesmo poder familiar: (Incluído pela Lei nº 13.715, de 2018)

a) homicídio, feminicídio ou lesão corporal de natureza grave ou seguida de morte, quando se tratar de crime doloso envolvendo violência doméstica e familiar ou menosprezo ou discriminação à condição de mulher; (Incluído pela Lei nº 13.715, de 2018)

b) estupro ou outro crime contra a dignidade sexual sujeito à pena de reclusão; (Incluído pela Lei nº 13.715, de 2018)

II – praticar contra filho, filha ou outro descendente: (Incluído pela Lei nº 13.715, de 2018)

a) homicídio, feminicídio ou lesão corporal de natureza grave ou seguida de morte, quando se tratar de crime doloso envolvendo violência doméstica e familiar ou menosprezo ou discriminação à condição de mulher; (Incluído pela Lei nº 13.715, de 2018)

b) estupro, estupro de vulnerável ou outro crime contra a dignidade sexual sujeito à pena de reclusão. (Incluído pela Lei nº 13.715, de 2018)".

Julgados sobre adoção à brasileira buscam preservar o melhor interesse da criança, e, desde 2008, o CNA centraliza as informações sobre os menores e os possíveis adotantes de todo o país e do exterior. As principais normas sobre o assunto estão dispostas na Lei de Adoção, no Estatuto da Criança e do Adolescente (ECA) e no Código Civil.

A alteração trazida pelo art. 1.638, V, deixa claro que a prática da adoção à brasileira não seria tolerada, e os julgados do Superior Tribunal de Justiça (STJ) buscam fazer respeitar as normas da adoção e, ao mesmo tempo, preservar o princípio do melhor interesse da criança, sempre analisando caso a caso. Portanto, a peremptoriedade da lei não é certamente obedecida sempre em prol do bem-estar da criança e do adolescente.

Nos termos da lei, não é admitido que o magistrado conceda a supressão do pátrio poder ou poder familiar sem maiores cuidados, sob a égide de propiciar melhores condições à criança e ao adolescente.[3] Embora o interesse destes seja curial, não podemos descurar do direito inafastável

---

[3] "Apelação cível – **Ação de adoção com destituição do poder familiar** – Abandono afetivo – Perda do poder familiar confirmada – Recurso improvido – O poder familiar trata-se de conjunto de direitos e deveres atribuídos aos pais, cuja finalidade precípua é a de proteger os filhos desde o nascimento até a maioridade. Deveras, o poder familiar não se trata de mera faculdade outorgada aos pais, mas de um verdadeiro poder-dever que não foi cumprido pelo requerido. A ausência do pai como apresentada nos autos, importa em lesão a direitos fundamentais do menor e configura situação de abandono. Incorre em abandono afetivo o pai que negligencia os deveres de supervisionar os interesses do menor e fiscalizar a sua manutenção e educação, além do dever de sustento e de cuidado, manifestado na convivência e no cultivo dos laços afetivos." (TJMS – AC 0800611-09.2016.8.12.0014, 24-7-2019, Rel. Des. Divoncir Schreiner Maran).
"**Ação de destituição do poder familiar** – Art. 1.637 do Código Civil e arts. 22 e 24 do Estatuto da Criança e do Adolescente. Abandono. Menino de 06 (SEIS) anos de idade. Sucessivas alterações de residência e de guarda. Pre-

dos pais biológicos, que podem validamente opor-se à adoção. Em princípio, e sempre que possível, os pais devem consentir com a adoção, manifestando sua vontade. Essa é a regra geral.

Como se acentua, essa modalidade de adoção, conhecida como adoção plena no sistema pretérito, é destinada aos menores de 18 anos. Excepcionalmente, no sistema anterior ao corrente Código, o adotando poderia ter idade superior, se à data do pedido já estivesse sob a guarda ou tutela dos adotantes (art. 40). Segundo o estatuto, a adoção é ato que requer a iniciativa e presença dos adotantes, sendo proibida expressamente a adoção por procuração (art. 39, § 2º). Ao proibir a procuração, o estatuto exige a presença do interessado perante o juiz. Essa exigência deve ser mantida para a adoção de maiores, na forma do mais recente Código. Trata-se de ato pessoal e o contato direto dos interessados com o magistrado e seus auxiliares é fundamental. O processo de adoção deve tramitar, sempre que existente na comarca, por vara especializada da infância e da juventude.

Como observa Arnaldo Marmitt (1993:9), "*a Lei nº 8.069/90 criou uma adoção com roupagens novas, vindo toda ela impregnada de afeto e amor*". O estatuto menorista, na senda da Constituição de 1988, no art. 41, atribui

> "*a condição de filho ao adotado, com os mesmos direitos e deveres, inclusive sucessórios, desligando-o de qualquer vínculo com pais e parentes, salvo os impedimentos matrimoniais*".

A mesma regra estava presente no art. 1.626 do Código.

O cônjuge ou companheiro pode adotar o filho do consorte, ficando mantidos os vínculos de filiação entre o adotado e o cônjuge ou companheiro do adotante e respectivos parentes (art. 41, § 1º). A regra também estava descrita no art. 1.626, parágrafo único, do vigente Código. Essas situações ocorrem com frequência e, no passado, traziam divergências doutrinárias e jurisprudenciais. A lei busca situação de identidade dessa filiação adotiva com a filiação biológica, harmonizando o estado do adotado para o casal. Como notamos, a lei permite que, com a adoção, o padrasto ou madrasta assuma a condição de pai ou mãe.

---

juízo na saúde do infante que já se mostra perceptível. Vínculos afetivos com a genitora praticamente inexistentes. Atual companheiro que reconhece a ausência de condições da mãe de recuperar a guarda do filho. Contexto que autoriza a destituição do poder familiar. Princípio do superior interesse da criança. Sentença mantida. Recurso desprovido" (*TJSC* – AC 0902338-93.2016.8.24.0008, 8-8-2018, Relª Desª Maria do Rocio Luz Santa Ritta).

"Civil – Processual Civil – Recurso Especial – **Destituição do poder familiar** – Abrigamento de menores – Possibilidade – 1 – Inviável, na estreita via do recurso especial, revolver o conjunto probatório que orientou o Tribunal a decidir pela conveniência, para as menores, *in casu*, de voltarem ao lar, agora sob os cuidados exclusivos da figura materna, porquanto constatado que: i) o pai que perpetrou abusos em relação às filhas, encontra-se recluso e condenado a cumprimento de pena; II) a mãe está recebendo apoio institucional para suprir as necessidades materiais das filhas e que; III) há forte vínculo afetivo entre filhas e mãe que autorizam o restabelecimento, monitorado, do convívio familiar. 2 – Determinação de acompanhamento da situação intrafamiliar, pelo Conselho Tutelar, com o envio de relatórios ao Juízo de origem. 2 – Recurso não provido" (*STJ* – REsp 1.641.151 (2016/0191369-3), 31-5-2017, Relª Minª Nancy Andrighi).

"**Ação de destituição do poder familiar** – Abandono – Violação dos deveres decorrentes do poder familiar caracterizado – Ausente, contudo, voluntariedade no proceder – Genitora acometida por catarata e rebaixamento intelectual – Enfermidades que limitam a prática dos atos cotidianos, notadamente os devidos cuidados com a casa e crianças – Primogênito adolescente da requerida que se incumbia de parte do múnus das irmãs e que derivou para o caminho da drogadição a agravar a situação – Inicial renitência do núcleo familiar a se submeter às orientações e tratamentos disponibilizados, aparentemente revertido após acolhimento dos infantes – Possível inviabilidade da colocação de ambas em lar substituto, frente a avançada idade (10 e 11 anos) para tanto e comprovada manutenção de vínculos afetivos a motivar a continuidade pela busca de reintegração familiar, sobretudo diante da demonstração da genitora e fraterno de esforço para a reversão do quadro – Providência que prestigia os superiores interesses das infantes e atende o comando legal que obriga o esgotamento dos meios de reinserção no seio da família natural – Inteligência dos arts. 227 da CF, 19 e § 3º, 39, § 1º, 92, inciso II, e 100, inciso X, todos do ECA – Visitações autorizadas como forma de incentivo à reintegração familiar – Recurso parcialmente provido" (*TJSP* – Ap 0016208-68.2014.8.26.0196, 23-8-2016, Rel. Renato Genzani Filho).

A adoção, segundo o estatuto, não somente iguala os direitos sucessórios dos adotivos como também estabelece reciprocidade do direito hereditário entre o adotado, seus descendentes, o adotante, seus ascendentes, descendentes e colaterais, até o 4º grau, observada a ordem de vocação hereditária (art. 41, § 2º). Superam-se, portanto, todos os resquícios de discriminação na adoção, existente até a Constituição de 1988.

No Estatuto, na redação originária, a idade mínima de adoção fora sensivelmente diminuída nessa modalidade: podiam adotar os maiores de 21 anos, independentemente do estado civil (art. 42). O corrente Código Civil, levando em conta a maioridade que assume, permitiu que a pessoa maior de 18 anos pudesse adotar (art. 1.618), o que é seguido pelo art. 42 do ECA, com nova redação. A idade de 18 anos é, portanto, requisito objetivo para o adotante. A questão subjetiva, maturidade para a adoção, por exemplo, é aspecto de oportunidade e conveniência a ser analisado pelo juiz no caso concreto. A adoção por ambos os cônjuges ou companheiros pode ser concedida, desde que um dos consortes tenha completado 18 anos, de acordo com o presente Código (art. 1.618), comprovada a estabilidade da família. A redação do § 2º do art. 42 trazida pela Lei da Adoção dispõe que para a adoção conjunta "é indispensável que os adotantes sejam casados civilmente ou mantenham união estável, comprovada a estabilidade da família". O texto silencia sobre a possibilidade de adoção por casais homoafetivos. O legislador não desejou adentrar ainda nessa celeuma. Caberá ao juiz verificar da conveniência de cada adoção, examinando com acuidade a situação do casal adotante. *O adotante há de ser, pelo menos, dezesseis anos mais velho que o adotando* (art. 42, §3º do ECA).

Não é dado aos pais adotarem seus próprios filhos. A legislação não mais distingue entre filhos legítimos e ilegítimos. Não tem o menor sentido adotar quem já é filho. A proibição é expressa, vedando a adoção pelos ascendentes e irmãos do adotando (art. 42, § 1º). No sistema anterior, era admitida a adoção por avós, entendendo a jurisprudência que não havia proibição para tal, embora houvesse divergência. A disposição expressa colocou fim ao dilema. No tocante à proibição de adoção pelos irmãos, observa Artur Marques da Silva Filho (1997:78):

> "A adoção é entrevista, na forma estatutária, como autêntico direito parental e, por isso, também é vedada a irmãos. As mesmas razões que informam a restrição em relação aos avós servem para embasar o impedimento relacionado aos irmãos, posto que já existe um vínculo natural de parentesco".

A propósito, a Lei de Adoção é enfática ao determinar, na nova redação do art. 28, § 4º do ECA, que os irmãos serão colocados sob adoção, tutela ou guarda da mesma família substituta, salvo motivação muito forte em contrário. A todo custo há de se evitar o rompimento dos vínculos fraternais com a adoção, algo que é intuitivo, muito antes de ser jurídico.

Sem o menor sentido, também, discutirmos sobre a impossibilidade de adoção por pessoa jurídica, como mencionam doutrinadores, tamanha é a ilogicidade da premissa, a qual não merece qualquer comentário: a atividade da pessoa jurídica refoge ao âmbito do Direito de Família, não necessitando a lei especificar proibição expressa.

Note, porém, que não se confunde a adoção com o instituto que a lei denomina "apadrinhamento", o qual objetiva apoio ético, social e material. Assim define o art. 19-B, § 1º do ECA, com redação da Lei nº 13.509/2017:

> "O apadrinhamento consiste em estabelecer e proporcionar à criança e ao adolescente vínculos externos à instituição para fins de convivência familiar e comunitária e colaboração com o seu desenvolvimento nos aspectos social, moral, físico, cognitivo, educacional e financeiro".

Pessoas jurídicas podem ser padrinhos, algo que deve ser incentivado.

Não há qualquer restrição quanto ao estado civil do adotante: pode ser solteiro, divorciado, separado judicialmente, viúvo, concubino. A adoção, como percebemos, pode ser singular ou conjunta. A adoção conjunta é admitida por casal em matrimônio ou em união estável, entidade familiar reconhecida constitucionalmente. Os companheiros homoafetivos reconhecidos como entidade familiar, em princípio, podem adotar conjuntamente, sob as novas perspectivas já aceitas. Poderá o indivíduo homossexual adotar dependendo da avaliação do juiz, pois, nessa hipótese, não se admite qualquer discriminação.

Os divorciados e os separados judicialmente, bem como ex-companheiros, poderão adotar conjuntamente, contanto que acordem sobre a guarda e o regime de visitas, e desde que o estágio de convivência tenha sido iniciado na constância da sociedade conjugal (art. 1.622, parágrafo único, art. 42, § 4º, do ECA). Essa situação permitida na lei é excepcional e busca estabilizar o menor que já estivesse convivendo com o casal antes do desenlace. A Lei de Adoção acrescenta nesse art. 42 o § 5º, referindo-se à guarda compartilhada para essas hipóteses de separação do casal.

O § 6º do art. 42 permite que a adoção seja deferida quando o adotante vier a falecer no curso do procedimento, antes de prolatada a sentença. O procedimento já deve ter sido iniciado em vida, cabendo ao juiz analisar sobre a conveniência de adoção *post mortem*. Não é admitida a adoção sem que o interessado tenha iniciado o processo. Não se trata, pois, de modalidade de adoção nuncupativa, que o legislador não contemplou. Aponta Artur Marques da Silva Filho (1997:104) que a doutrina firma posição no sentido de alargar o "procedimento" mencionado na lei, para entender que o fato de o adotante ter já requerido a guarda tipifica a exigência legal, ainda que não tenha iniciado o procedimento de adoção. A adoção, como regra geral, produz efeito a partir do trânsito em julgado da sentença, exceto nessa situação *post mortem*, em que a lei determina o efeito retroativo à data do óbito (art. 47, § 7º). A apelação da sentença, que será ajuizada em prazo de 10 dias, com igual prazo para resposta, será recebida no efeito devolutivo;[4] em se tratando de sentença deferindo a adoção a estrangeiro, será conferido o efeito suspensivo,

---

[4] "Apelação cível. Direito de família. **Ação de reconhecimento de maternidade socioafetiva** c/c pedido de retificação civil. Sentença que reconheceu a maternidade socioafetiva da falecida e da autora. Insurgência recursal do espólio. 1. Justiça gratuita. Concessão. 2. Pretensão de reforma da sentença, a fim de afastar o reconhecimento da maternidade socioafetiva. Rejeição. Analogia do reconhecimento de parentalidade socioafetiva *post mortem* com a adoção póstuma. Manifestação inequívoca de vontade em vida não é necessária. Requisitos de relação afetiva demonstrados, tratamento como filha, relação de mãe e filha, com publicidade. Tratamento materno-filial comprovado. Fotos e depoimentos comprovam o tratamento da falecida com a autora. Prova oral no mesmo sentido. Parentalidade socioafetiva reconhecida. Sentença mantida. Recurso conhecido e parcialmente provido"(TJPR – Ap 0005946-81.2022.8.16.0188, 13-5-2024, Relª Luciane do Rocio Custódio Ludovico).

"Apelação cível – **Ação de reconhecimento de adoção** post mortem – Necessidade de preenchimento dos requisitos que comprovem a filiação socioafetiva – inocorrência – sentença mantida – O recorrente ajuizou a presente ação, para o fim de que fosse retificada a sua certidão de nascimento, para que passasse a constar, além do nome da adotante, o nome do adotante, já falecido. Com efeito, em que pese comprovada a vontade inequívoca da parte falecida em adotar uma criança/adolescente, tendo iniciado o processo para a realização de uma adoção, esta veio a óbito muito antes da concretização do procedimento, inclusive, em período anterior ao nascimento do próprio infante, ora apelante. Assim, além da vontade inequívoca em adotar, é imprescindível o preenchimento dos mesmos requisitos necessários nas ações pautadas na socioafetividade, isto é, a incontestável comprovação dos elementos caracterizadores da referida parentalidade, quais sejam, o *tractatus* – Pessoa deve ser tratada e educada como filho, e a *reputatio* – Reconhecimento pela sociedade e pela família na condição de filho, o que não restou caracterizado na presente hipótese. Recurso desprovido" (TJRS – AC 70080692031, 5-9-2019, Rel. Des. José Antônio Daltoé Cezar).

"**Reconhecimento de paternidade e maternidade sócio afetiva 'post mortem'** – Petição de herança – Autora criada pelos genitores dos réus, já falecidos, desde os 12 anos de idade. Testemunhas que não souberam informar a relação entre a autora e os réus e seus genitores. Não comprovada a intenção de adoção da autora pelos genitores dos réus.

a juízo da autoridade, sempre que houver perigo de dano irreparável ou de difícil reparação (art. 198, VI). O cuidado, neste último caso, justifica-se porque pode o estrangeiro sair do país com o adotando, frustrando cumprimento de decisão que eventualmente casse a adoção. Essa apelação permite juízo de retratação por parte do juiz de primeiro grau, que, antes da remessa dos autos à instância superior, proferirá despacho fundamentado, mantendo ou reformando a decisão, no prazo de cinco dias (art. 198, VII). Se reformada a decisão, a parte interessada, ou o Ministério Público, poderá pedir a remessa ao juízo de apelação, no prazo de cinco dias.

O art. 44, na mesma esteira do Código Civil (art. 1.620, revogado), estabelece proibição temporária para o adotante tutor ou curador: enquanto ele não prestar contas de sua administração e as tiver aprovadas, não pode adotar o pupilo ou curatelado. A proibição, de origem histórica muito antiga, é intuitiva: visa impedir que, com a adoção, o administrador de bens alheios se locuplete indevidamente. A curatela de maiores é possível no Estatuto, excepcionalmente, tratando-se de interditos, quando o adotando, com mais de 18 anos, já estiver sob a guarda ou tutela dos adotantes. A disposição só faz sentido quando o adotando tiver bens, o que é raro no sistema estatutário e na realidade brasileira.

O Ministério Público, tendo em vista o interesse público relevante, mormente de incapaz, no processo de adoção, deve dele participar necessariamente (art. 178 do CPC).

A adoção, em síntese, traduz ação de estado. Sua participação, sob a mesma óptica do interesse de incapazes, também é necessária nos procedimentos de guarda, tutela e curatela.

O consentimento dos pais ou do representante legal do adotando é necessário, como dispõe o *caput* do art. 45. No mesmo sentido estipulava o art. 1.621 do Código. Segue-se, nesse diapasão, o que já fora estabelecido nos diplomas anteriores. Como regra, ninguém pode adotar menor sem o consentimento de seus pais ou representantes. Suas declarações devem ser tomadas por termo. Essa concordância equivale, no dizer de Sílvio Rodrigues, "*à renúncia voluntária do pátrio poder*" (1999:338). Em situações excepcionais, como vimos, a adoção pode ser deferida ainda que na ausência da manifestação dos pais, quando desconhecidos, e mesmo contra sua vontade, quando destituídos do poder familiar,[5] mas, nesse caso, o critério para permitir a adoção deve ser mais aprofundado e rigoroso.

Adoção que não pode ser presumida. Precedentes desta Corte. Sentença mantida. Honorários majorados. Recurso não provido, com observação" (*TJSP* – Ap 1002504-88.2016.8.26.0296, 22-8-2018, Relª Fernanda Gomes Camacho).

"Recurso Especial – Direito de família – Guarda – Arts – 33, § 2º, e 35 do ECA – Instituto Autônomo – Assistência devida. **Adoção *post mortem*.** Inequívoca vontade. Inexistência. Requisitos. Súmula nº 7/STJ. 1. A guarda é considerada a modalidade mais simples de colocação da criança em família substituta, podendo atender a situações peculiares, temporárias ou mesmo suprir a falta eventual dos pais ou do responsável, o que não se confunde, necessariamente, com uma medida de preparação para futura adoção. 2. Há uma escala ascendente de intensidade na colocação em família substituta em relação à guarda, à tutela e à adoção, institutos específicos para tratar de situações diversas. 3. O bom exercício do *munus* assumido em decorrência da guarda de uma criança, devidamente assistida, material, moral e educacionalmente, não se confunde com a assunção da plena filiação, objeto de procedimento próprio de adoção, sob pena de não se justificar a existência do instituto autônomo. 4. É possível o deferimento da adoção póstuma, mesmo que o adotante não tenha dado início ao processo formal para tanto, desde que presente a inequívoca vontade para tanto. 5. Rever as conclusões do Tribunal de origem que afastou os requisitos para a configuração da adoção por ausência do vínculo de filiação encontra óbice formal no teor da Súmula nº 7/STJ. 6. Recurso especial não provido" (*STJ* – REsp 1.593.656 – (2015/0144756-6), 16-8-2016, Rel. Min. Ricardo Villas Bôas Cueva).

[5] "Apelação. Adoção unilateral c.c. destituição do poder familiar. Sentença de procedência. Apelo da genitora. Irresignação sem no conjunto probatório. Descumprimento dos deveres inerentes ao poder familiar. Ocorrência. Violação aos arts. 22 do ECA e 1.634 do Código Civil. Criança de 03 (três) anos de idade que, desde o seu nascimento, encontra-se sob os cuidados da adotante. Exercício da parentalidade delegada. Omissão quanto à criação do menino. Descumprimento dos deveres de guarda, proteção e educação caracterizados. Destituição que se impõe, fundada no superior interesse da infante. Inteligência do art. 1.638, II, do Código Civil. Vínculo constituído. Superior interesse da criança. Norma disposta no *caput* do art. 45 do ECA que não tem aplicabilidade no caso dos

O consentimento dos pais ou dos representantes legais era revogável até a publicação da sentença constitutiva de adoção, segundo dispunha o revogado art. 1.621, § 2º do Código Civil. Note que o Código falava em publicação da sentença e não em trânsito em julgado. O art. 166, § 5º do ECA, com redação dada pela Lei nº 13.509/2017, dispõe que o consentimento é retratável até a data da realização da audiência, cuja realização é essencial, segundo o § 4º do mesmo dispositivo, e os pais, por seu turno, podem exercer o arrependimento no prazo de dez dias, contado da data de prolação de extinção do poder familiar. Depois de ultimada, a adoção é irrevogável.

O menor, com mais de 12 anos de idade, também deverá ser ouvido, e será necessário seu consentimento (art. 28, § 2º). Como acentuamos e foi por nós referido, o menor é considerado sujeito de direito pelo estatuto, ao contrário da legislação anterior. A negativa do menor em ser adotado, por si só, não condiciona peremptoriamente o juiz ao indeferimento do pedido, mas a adoção nessas circunstâncias deve ser cercada de cuidados mais delicados, pois a opinião do adotando é fundamental. Em se tratando de adotando maior de 18 anos não pairam dúvidas de que a adoção somente pode ocorrer com seu consentimento.

O ECA, quanto aos menores, abre exceção, contudo, ao dispor que *"o consentimento será dispensado em relação à criança ou adolescente cujos pais sejam desconhecidos ou tenham sido destituídos do poder familiar"* (art. 45, § 1º). A válvula pode ensejar fraudes, como demonstram acontecimentos narrados por nossa imprensa, e merece cuidado em sua aplicação. De qualquer forma, toda decisão envolvendo adoção não deve merecer uma orientação estrita.

13.6.1 Estágio de Convivência

Antecedente de muita importância na adoção estatutária é o estágio prévio de convivência:

> "Art. 46. A adoção será precedida de estágio de convivência com a criança ou adolescente, pelo prazo máximo de (90) noventa dias, observadas as peculiaridades do caso" (ECA, redação dada pela Lei nº13.509/2017).

O texto anterior permitia que o juiz fixasse esse prazo.

Esse estágio tem por finalidade adaptar a convivência do adotando ao novo lar. O estágio é um período em que se consolida a vontade de adotar e de ser adotado. Nesse estágio, terão o juiz e seus auxiliares condições de avaliar a conveniência da adoção. Nem sempre nesse prazo estabelecido pela mais recente lei o juiz terá condições seguras de definição. O juiz poderá dispensar o estágio se o adotando já estiver na companhia do adotante tempo suficiente para poder ser avaliada a conveniência da constituição do vínculo (art. 46, § 1º, com redação da lei da Adoção). A criança em tenra idade adapta-se com maior facilidade à nova família. Ao deferir o estágio de convivência, o juiz estará, na verdade, deferindo a guarda do menor ao interessado na adoção.

---

autos, versando sobre pedido de adoção, por **não ter sido deduzido com o consentimento da mãe biológica**, cumulado ao de destituição do poder familiar. Seria ilógico exigir, como condição de procedibilidade e final enfretamento do mérito da causa, que a genitora desaparecida anuísse ao pedido de adoção. Judicialização pela adotante, exatamente em razão da resistência implícita, por parte da mãe biológica. Sentença mantida. Recurso não provido" (*TJSP* – Ap. 1001315-79.2018.8.26.0369, 13-1-2021, Rel. Sulaiman Miguel).

"Apelações cíveis – ECA – **Ação de destituição do poder familiar e adoção** – Negligência – Genitores usuários de drogas – Ausência de condições do exercício do poder familiar – Cabível a destituição do poder familiar, imposta aos genitores que não cumpriram com os deveres insculpidos no art. 1.634 do Código Civil e nos arts. 227 e 229 da Constituição Federal, porquanto não apresentam condições de cuidar dos filhos menores de idade. Além de usuários de drogas, não possuem condições de zelar pelas necessidades materiais e emocionais dos infantes. Recurso desprovido" (*TJRS* – AC 70077988996, 28-6-2018, Relª Desª Liselena Schifino Robles Ribeiro).

13.6.2 Adoção Internacional

O envio de crianças brasileiras para o exterior somente é permitido quando houver autorização judicial. Desse modo, na adoção por pessoa residente ou domiciliada fora do país, aspecto que traz a maior esfera de problemas nessa matéria, nunca será dispensado o estágio, que será cumprido no território nacional, com duração de 30 a 45 dias, prorrogável por até igual período (art. 46, § 3º, com redação dada pela Lei nº 13.509/2017), mediante decisão fundamentada.[6] A

---

[6] "Direito internacional privado – Processual Civil – Sentença estrangeira contestada – Adoção – Falta de consentimento do pai biológico – Citação – Desnecessidade – Abandono – Situação de fato consolidada em benefício do adotando – Arts. 15 e 17 da Lei de Introdução às Normas do Direito Brasileiro – Arts. 960 e seguintes do CPC/2015 – Arts. 216-C, 216-D e 216-F do RISTJ – Requisitos Atendidos – Pedido de homologação de sentença estrangeira deferido – 1- A homologação de decisões estrangeiras pelo Poder Judiciário possui previsão na Constituição Federal de 1988 e, desde 2004, está outorgada ao Superior Tribunal de Justiça, que a realiza com atenção aos ditames dos arts. 15 e 17 do Decreto-Lei nº 4.657/1942 (LINDB); Do art. 960 e seguintes do Código de Processo Civil de 2015; E do art. 216-A e seguintes do RISTJ. 2- Nos termos dos arts. 15 e 17 da Lei de Introdução às Normas do Direito Brasileiro; Art. 963 do CPC/2015; E arts. 216-C, 216-D e 216-F do Regimento Interno do Superior Tribunal de Justiça, que, atualmente, disciplinam o procedimento de homologação de sentença estrangeira, constituem requisitos indispensáveis ao deferimento da homologação, os seguintes: (i) instrução da petição inicial com o original ou cópia autenticada da decisão homologanda e de outros documentos indispensáveis, devidamente traduzidos por tradutor oficial ou juramentado no Brasil e chancelados pela autoridade consular brasileira; (ii) haver sido a sentença proferida por autoridade competente; (iii) terem as partes sido regularmente citadas ou haver-se legalmente verificado a revelia; (iv) ter a sentença transitado em julgado; (v) não ofender a soberania, a dignidade da pessoa humana e/ou a ordem pública. 3- Segundo a legislação pátria, a adoção de menor que tenha pais biológicos no exercício do pátrio poder pressupõe, para sua validade, o consentimento deles, exceto se, por decisão judicial, o poder familiar for perdido. Nada obstante, não se pode formular exigências descabidas e inexequíveis, sob pena de se negar acesso à Justiça nacional. 4- Sentença estrangeira de adoção, assentada no abandono pelo pai de filho que se encontra por anos convivendo em harmonia com o padrasto que, visando legalizar uma situação familiar já consolidada no tempo, pretende adotá-lo, prescinde de citação, mormente se a Justiça estrangeira, embora tenha envidado esforços para localizar o interessado, não logrou êxito. Precedentes do STJ. 5- Pedido de homologação de sentença estrangeira deferido." (STJ – HDE 144/EX – C.Esp, 13-9-2019, Rel. Min. Og Fernandes).
"**Sentença estrangeira – Adoção** – Contestação – Homologação – 'Direito internacional privado. Pedido de homologação de sentença estrangeira. Contestação. Alegação de ausência de prova do trânsito em julgado. Carimbo que comprova o fato. Situação definitiva. Ausência de citação no processo original. Inexistência de interesse em participar no processo estrangeiro. Citação no presente feito. Desinteresse evidente mitiga o óbice de citação. Adoção benéfica em sintonia com realidade consolidada. Precedentes. 1. Cuida-se de pedido de homologação de sentença de adoção de um menor brasileiro e estrangeiro por mãe brasileira, com consentimento do pai, o qual também possui cidadania dupla; a mãe biológica foi representada pela Defensoria Pública da União, a qual manejou dois óbices formais à homologação, assim como alega haver ofensa à ordem jurídica pátria. 2. Não há falar em ausência na prova do trânsito em julgado da sentença estrangeira, pois existe um carimbo aposto nela (fl. 15), com a devida tradução juramentada (fl. 21); ainda que houvesse dúvida, o caso dos autos bem evidencia que a adoção ocorrida no estrangeiro é definitiva e consolidada. Precedente: SEC 3.281/EX, Relª Min. Maria Thereza de Assis Moura, Corte Especial, publicado no DJe em 19.12.2011. 3. O título judicial estrangeiro indica que não houve interesse da mãe biológica em participar do processo original, bem como não houve interesse dela em se manifestar no pleito de homologação, apesar de ter sido devidamente citada (fl. 70); a jurisprudência do STJ já firmou que o manifesto desinteresse em participar da lide pode acarretar a mitigação do óbice alegado pela requerida: SEC 6.396/EX, Rel. Min. Luis Felipe Salomão, Corte Especial, publicado no DJe em 06.11.2014. 4. No caso dos autos, a sentença estrangeira frisa que a adoção é benéfica ao menor, bem como o contexto demonstra que a criança está inserida em uma unidade familiar, residindo no país estrangeiro desde tenra idade, em situação consolidada (fls. 21-22); a Corte Especial do STJ possui jurisprudência favorável em prol da homologação de adoção, quando o menor reside no estrangeiro com a parte adotante por muitos anos, em companhia de um dos pais biológicos: SEC 8.600/EX, Rel. Min. Og Fernandes, publicado no DJe em 16.10.2014. 5. Ainda que assim não fosse, a Corte Especial do STJ tem o entendido ser possível a concretização da adoção sem a anuência de um dos pais biológicos se tal decisão jurídica for favorável ao interesse da criança. Precedentes: SEC 10.700/EX, Rel. Min. Raul Araújo, publicado no DJe em 04.08.2015; e SEC 9.073/EX, Relª Min. Maria Thereza de Assis Moura, publicado no DJe em 24.09.2014. 6. Atendidos os requisitos dos arts. 960 e seguintes do Código de Processo Civil, bem como dos arts. 15 e seguintes da LINDB e os termos do RISTJ, deve ser homologada a sentença estrangeira. Pedido de homologação deferido.'" (STJ – SEC 15.091 – (2015/0322950-5), 23-3-2018, Rel. Min. Humberto Martins).
"Sentença estrangeira contestada – **Adoção** – Falta de consentimento do pai biológico – Citação – Desnecessidade – Abandono – Situação de fato consolidada em benefício do adotando – Estudo social e laudo pertinente às condições do adotante – Desnecessidade – Homologação – 1 – Segundo a legislação pátria, a adoção de menor que tenha pais biológicos no exercício do pátrio poder pressupõe, para sua validade, o consentimento deles, exceto

adoção internacional, mais suscetível a fraudes e ilicitudes, é dos temas mais delicados, sujeito a tratados e acordos internacionais e a reciprocidade de autoridades estrangeiras. Procura-se minimizar a problemática do tráfico de crianças. O estrangeiro, domiciliado no Brasil, submete--se às regras nacionais de adoção e pode adotar, em princípio, como qualquer brasileiro.

Anteriormente à Constituição de 1988, a adoção por estrangeiros, embora não prevista no Código Civil, era usualmente praticada. O presente Código determinava que a adoção internacional se submetesse à lei especial. Essas adoções eram feitas geralmente sem a participação dos adotantes, que se faziam representar por procuração, hoje vedada expressamente. O Código de Menores permitiu que os estrangeiros não residentes no país adotassem menor brasileiro em situação irregular. No sentido de coibir abusos, a Constituição de 1988 foi expressa ao mencionar que a adoção será assistida pelo Poder Público, com menção expressa às condições de efetivação por parte de estrangeiros (art. 227, § 5º). O Estatuto da Criança e do Adolescente, no entanto, como lei ordinária, não cumpriu plenamente a contento o desiderato constitucional.

"A adoção deve ser deferida preferencialmente a brasileiro"; essa é noção básica. "A adoção por estrangeiros deve ser excepcional" (art. 31, do ECA).[7]

Essa orientação deverá sempre nortear o magistrado. Aliás, toda e qualquer adoção, por si só, deve ser encarada como uma exceção, uma saída, em princípio, para menores desamparados ou em estado de abandono. Muitos abusos ocorreram, pois nem sempre as adoções internacionais obedecem a um critério afetivo e protetivo do menor, dando margem à atuação de organismos privados não governamentais de discutível transparência. A modalidade não deve ser discriminada, porém, sob pena de respaldar um nacionalismo preconceituoso.

Considera-se adoção internacional aquela na qual a pessoa ou casal postulante possui residência habitual em país parte da Convenção de Haia, de 1993, é residente ou domiciliado fora do Brasil (art. 51, com redação fornecida pela Lei da Adoção). O que define, portanto, como internacional a adoção não é a nacionalidade dos adotantes, mas sua residência ou domicílio fora do país. O juiz pátrio deve definir com o maior cuidado a oportunidade e conveniência dessa adoção, obedecendo ao que determina o art. 51. Os brasileiros residentes no exterior terão preferência aos estrangeiros nessa adoção internacional (§ 2º). Os requisitos para essa

---

se, por decisão judicial, o poder familiar for perdido. Nada obstante, não se pode formular exigências descabidas e inexequíveis, sob pena de se negar acesso à justiça nacional. 2 – Sentença estrangeira de adoção assentada no abandono pelo pai de filho que se encontra por anos convivendo em harmonia com o padrasto que, visando legalizar uma situação familiar já consolidada no tempo, pretende adotá-lo, prescinde de citação, mormente se a Justiça estrangeira, embora tenha envidado esforços para localizar o interessado, não logrou êxito. 3 – As normas atinentes à adoção internacional, previstas na Convenção de Haia e incorporadas pelo Estatuto da Criança e Adolescente, aplicam-se aos casos em que o adotante seja domiciliado fora do Brasil e seja necessário o deslocamento do adotando para outro país, bem como haja inserção completa em outra unidade familiar (ou seja, casos em que o adotando passe a conviver com novos pais). O presente caso, não obstante, trata de situação diversa: adoção unilateral (apenas pelo padrasto), quando o infante já vivia no mesmo território do adotante, bem como em situação que não implicou a completa inserção em outra unidade familiar, pois a criança continuou convivendo com a mãe biológica. 4 – Presentes os demais requisitos objetivos e verificado que o teor da decisão não ofende a soberania nem a ordem pública (arts. 5º e 6º da Resolução STJ nº 9/2005). 5 – Pedido de homologação deferido" (STJ – SEC 8.600 – (2014/0096575-7), 16-10-2015, Rel. Min. Og Fernandes).

[7] "Civil e processo civil. **Direito da criança e do adolescente**. Apelação cível. Alvará de autorização para viagem. Ação de adoção internacional em curso. Impossibilidade. Trânsito em julgado de sentença prolatada nos autos da adoção. Requisito indispensável à concessão do alvará. Aplicação do disposto nos artigos 52, § 8º, 83 a 85 do Estatuto da Criança e do Adolescente – Eca. Previsão legal que privilegia a proteção integral de crianças e adolescentes. Princípio do melhor interesse da menor. Recurso conhecido e desprovido" (TJRN – AC 2012.015545-0, 7-2-2013, Rel. Des. Cláudio Santos).

modalidade estão descritos nos arts. 165 a 170 do ECA, com as especificações do art. 52, com a redação da Lei da Adoção.

O art. 52 dispôs, entre outros requisitos, que a adoção internacional será condicionada a estudo prévio e análise de uma comissão estadual judiciária de adoção, que fornecerá o respectivo laudo de habilitação para instruir o processo competente. No Estado de São Paulo, foi criada a Comissão Estadual Judiciária de Adoção Internacional (CEJAI), em 1992. Há várias entidades estrangeiras ligadas à adoção, credenciadas pelo organismo paulista.

A adoção é objeto de regras internacionais. O Brasil é signatário da Convenção sobre Cooperação Internacional e Proteção de Crianças e Adolescentes em Matéria de Adoção Internacional, concluída em Haia, em 29-5-93. Essa convenção foi ratificada pelo Brasil por meio do Decreto Legislativo nº 3.087/99. Essa norma internacional tem disposições que devem ainda ser adaptadas à legislação interna, como, por exemplo, a designação de *"autoridade central"* no país, encarregada de dar cumprimento às obrigações impostas pela convenção, algo que ainda não está suficientemente claro.

O vigente Código Civil, tal como aprovado, determinava que *"a adoção por estrangeiro obedecerá aos casos e condições que forem estabelecidas em lei"* (art. 1.629). Melhor seria que o Código balizasse ao menos os princípios gerais dessa adoção, o que foi feito pelo ECA. Comente-se, ainda, que o atual Código não foi expresso quanto à revogação total ou parcial do Estatuto da Criança e do Adolescente, o que trazia dúvidas.

13.6.3 Sentença e Registro

A sentença que concede a adoção tem cunho constitutivo. Quando prolatada a sentença de adoção, opera-se simultaneamente a extinção do poder familiar anterior.

> *"A destituição do pátrio poder constitui, na verdade, sanção aplicada aos pais biológicos (ou adotivos) pelo fato de terem desprezado o dever de criar, assistir e educar seus filhos, conforme determina a lei"* (Liberati, 1995:162).

Após o trânsito em julgado, será inscrita no Cartório do Registro Civil, mediante mandado do qual não será fornecida certidão. É cancelado o registro original do adotado, não mais se fazendo menção quanto à modificação. Ressaltemos, porém, que os dados permanecerão disponíveis para eventual requisição por autoridade judiciária. O cartorário do registro que indevidamente revelar os dados ficará sujeito, além das reprimendas administrativas e criminais, a responder por perdas e danos, mormente de ordem moral. A sentença conferirá ao adotado o nome do adotante e, a pedido de qualquer deles, poderá determinar a alteração do prenome (art. 47, § 5º). Cuida-se, aqui, de uma exceção ao princípio da imutabilidade do prenome.

A sentença que deferir a adoção produz efeitos desde logo, sendo a apelação recebida apenas no efeito devolutivo, *"salvo se se tratar de adoção internacional ou se houver perigo de dano irreparável ou de difícil reparação ao adotando"* (art. 199-A do ECA, introduzido pela Lei da Adoção). Cabe ao detido critério do juiz avaliar a possibilidade de dano ao adotando, para receber a apelação em ambos os efeitos. Os recursos nos procedimentos de adoção e de destituição do poder familiar serão processados com *"prioridade absoluta"* (art. 199-A).

Aponta a doutrina que são necessários dois mandados emergentes da sentença de adoção: um para o cancelamento do registro anterior e outro para a inscrição (Silva Filho, 1997:165).

13.6.4 Efeitos da Adoção

A adoção nos moldes ora estabelecidos é irrevogável. Uma vez estabelecida a adoção, a sentença de adoção somente pode ser rescindida de acordo com os princípios processuais. A morte dos adotantes ou do adotado não restabelece o vínculo originário com os pais naturais (art. 49). A nova redação do art. 48 do ECA autoriza o adotado a conhecer sua origem biológica, após completar 18 anos. Esse reconhecimento é de ordem moral e não terá reflexos patrimoniais.

Não esqueçamos que o menor pode ser adotado novamente, obedecendo-se os requisitos legais. Essa a solução que se divisa na hipótese de a primeira adoção não ser bem-sucedida, perante a impossibilidade de sua revogação.

A Constituição de 1988 já estabelecera plena igualdade de todas as formas de filiação (art. 227, § 6º). A adoção estatutária pressupõe perfeita integração do adotado em sua nova família, com ruptura de seus vínculos biológicos com os pais e parentes naturais.[8] Como corolário, o poder familiar é assumido pelo adotante, com todos os deveres respectivos, suprimindo-se o poder familiar dos pais biológicos a partir da sentença que defere a adoção. Na adoção derivada do Código Civil de 1916, como vimos, essa integração não era completa. A legitimação adotiva, vigente no passado entre nós, também rompia com os vínculos biológicos, de modo que o

---

[8] "Apelação cível. Ação de destituição do poder familiar cumulada com adoção. Pleito de regulamentação de visitas da prole pelo genitor. Incabível. Sentença mantida. No caso dos autos, o apelante foi destituído do poder familiar em relação aos dois filhos, os quais, inclusive, foram adotados, e encontram-se na nova família, a qual supre suas necessidades. Em suas razões, no entanto, o recorrente não pretende a reforma da decisão no ponto, mas a regulamentação de visitas aos filhos, o que foi indeferido em sentença. Todavia, descabido o pleito, considerando que o direito de visitas decorre do poder familiar, do qual o recorrente foi destituído. Salienta-se que a destituição do poder familiar se trata de ruptura de todos os vínculos dos protegidos com a família biológica, logo, não há que se falar em manutenção da convivência, ainda que reduzida. Recurso desprovido" (TJRS – Ap. 70083158519, 19-6-2020, Rel. José Antônio Daltoe Cezar).
"Recurso Especial – **Ação de adoção** c/c pedido de extinção do poder familiar – magistrado singular que julgou procedentes os pedidos – tribunal de origem que, de ofício, extinguiu a demanda por ilegitimidade ativa da autora – A controvérsia reside em saber se, nos termos do art. 155 do Estatuto da Criança e do Adolescente, constitui requisito para o pedido de adoção cumulada com pedido de destituição do poder familiar que o interessado ostente algum laço familiar com o adotando. 1- O art. 155 do ECA estabelece hipótese de legitimação ativa concorrente para o procedimento de perda ou suspensão do poder familiar, atribuindo a iniciativa tanto ao Ministério Público como a quem tenha o legítimo interesse, esse caracterizado pela estreita relação/vínculo pessoal do sujeito ativo e o bem-estar da criança ou adolescente. 2- O legislador não definiu quem teria, em tese, o 'legítimo interesse' para pleitear a medida, tampouco fixou requisitos estanques para a legitimação ativa, tratando-se de efetivo conceito jurídico indeterminado. A omissão, longe de ser considerada um esquecimento ou displicência, constitui uma consciente opção legislativa derivada do sistema normativo protetivo estatuído pelo Estatuto da Criança e do Adolescente, que tem como baliza central os princípios do melhor interesse da criança e da proteção integral. Eventuais limitações e recrudescimento aos procedimentos de proteção e garantia de direitos previstos no ECA são evitados para abarcar, na prática, um maior número de hipóteses benéficas aos seus destinatários. 3- A existência de vínculo familiar ou de parentesco não constitui requisito para a legitimidade ativa do interessado na requisição da medida de perda ou suspensão do poder familiar, devendo a aferição do legítimo interesse ocorrer na análise do caso concreto, a fim de se perquirir acerca do vínculo pessoal do sujeito ativo com o menor em estado de vulnerabilidade. 4- Recurso especial parcialmente provido." (STJ – REsp 1203968/MG, 23-10-2019, Rel. Min. Marco Buzzi).
"Apelação Cível – **Ação de adoção** – Sentença de improcedência, motivada na impossibilidade jurídica do pedido. Inconformismo dos autores. Adoção. Medida excepcional e irrevogável, possível quando inviável a manutenção da criança ou adolescente em sua família natural ou extensa. Art. 39, § 1º, da lei nº 8.069/1990. Pretendida a adoção dos netos pela avó e seu companheiro. Vedação expressa constante no art. 42, § 1º, do Estatuto da Criança e do Adolescente. Extensão do impedimento à pessoa em união estável, em razão da afinidade. Exegese do art. 1.595 do Código Civil. Possibilidade de flexibilização da norma obstativa em atenção aos princípios da integral proteção e melhor interesse do menor. Precedentes do Superior Tribunal de Justiça. Caso concreto em que é recomendável o indeferimento da pretensão exordial. Avó que, apesar de ter a guarda dos infantes, não representa figura materna. Imperativa manutenção da sentença apelada. Recurso conhecido e desprovido" (TJSC – AC 0305301-26.2016.8.24.0008, 19-4-2018, Relª Desª Rosane Portella Wolff).

sistema estatutário não constitui novidade. Muitos são os exemplos da legislação comparada que adotam o mesmo sistema, alguns mantendo ainda duas modalidades de adoção, plena e restrita.

A inscrição do adotado no registro civil consignará o nome dos adotantes como pais, bem como o nome de seus ascendentes (art. 47, § 1º). O art. 1.627 do Código Civil também estipulava que a decisão que decretasse a adoção conferiria ao adotado o sobrenome do adotante, podendo determinar a modificação de seu prenome, se menor, a pedido do adotante ou do adotado. Se é a mulher casada que adota, é seu sobrenome que é conferido ao adotado e não o do marido e vice-versa. Tudo se faz, portanto, para que a integração do adotado na nova família seja a mais completa possível. É aberta, destarte, exceção ao princípio de imutabilidade do prenome. Diferente, como vimos, era o sistema da adoção civil no Código de 1916, pois os nomes de família originários podiam ser mantidos, com ou sem o acréscimo do nome do adotante. De qualquer modo, após certa idade, o menor já integra sua personalidade ao prenome: melhor seria que a lei permitisse a modificação do prenome apenas para menores em tenra idade.

Embora a lei iguale todos os direitos do adotado e o insira integralmente na família do adotante, ressalva os impedimentos matrimoniais. O impedimento matrimonial, por força do parentesco biológico, é irremovível na esteira de razões morais, éticas e genéticas. Nesse diapasão, os impedimentos atingem o adotado com relação a ambas as famílias, a adotante e a biológica.

Quanto aos efeitos materiais, considera-se que o adotado passa a ser herdeiro do adotante, sem qualquer discriminação, e o direito a alimentos também se coloca entre ambos de forma recíproca. Nesses aspectos, desvincula-se totalmente o adotado da família biológica.

Questão tormentosa era saber se o filho adotivo poderia ingressar com ação de investigação de paternidade para evidenciar quem são seus pais biológicos. A lei não vedava expressamente, sendo inevitável reconhecer-se inelutável interesse moral do adotado para essa ação, a qual, no entanto, nunca poderia ter o condão de romper a filiação estabelecida pela adoção, não tendo qualquer repercussão patrimonial, mas unicamente moral. A nova redação do art. 48 do ECA tornou a questão superada. É claro, também, que a adoção, como qualquer outro ato ou negócio jurídico, fica sujeita a nulidades ou anulabilidades, dentro das regras gerais. Nessas ações, geralmente serão interessados o adotante e o adotado, embora possa haver interesses de terceiros para essas ações, parentes, sucessores e legatários. O prazo prescricional para a ação decorrente de anulabilidade é de 10 anos (art. 205). O negócio nulo não prescreve (art. 169).

13.6.5 Cadastro de Crianças e Adolescentes para Adoção

No sistema do Código de Menores, muitos juízes preocuparam-se em cadastrar os adotandos potenciais, sem que a lei o exigisse. Essa atividade serviu de base para que o Estatuto da Criança e do Adolescente passasse a exigir que cada comarca ou foro regional mantivesse um registro de crianças e adolescentes e outro de pessoas interessadas na adoção (art. 50). As justiças estaduais passaram a regulamentar o dispositivo. Há necessidade de um cadastro nos Estados. É importante que o sistema de triagem seja suficientemente criterioso, sério e veraz, pois a colocação de menor em família substituta é ato da mais alta responsabilidade. O fato de um pretendente à adoção não estar cadastrado não é, no entanto, óbice para o pedido, embora existam opiniões em contrário.

É fato, contudo, que a inscrição no cadastro permite melhor critério nas adoções. A Lei da adoção abriu unicamente três exceções para ser deferida adoção em favor de candidato domiciliado no Brasil não cadastrado previamente: "*I – se tratar de pedido de adoção unilateral; II – for formulada por parente com o qual a criança ou adolescente mantenha vínculos de afinidade e afetividade; III – oriundo o pedido de quem detém a tutela ou guarda legal da criança maior de 3 (três) anos ou adolescente, desde que o lapso de tempo de convivência comprove a fixação de laços de afinidade e afetividade, e não seja constatada a ocorrência de má-fé ou qualquer das situações previstas nos arts. 237 ou 238 desta Lei"* (art. 50, § 13 do ECA, com nova redação). Os arts. 237 e 238 tipificam crimes de subtração e desvio de menor. Essas exceções autorizam certa elasticidade, permitindo ao juiz avaliar detidamente a situação dos envolvidos no caso concreto, com auxílio dos órgãos auxiliares.

13.7 ADOÇÃO: O ESTATUTO DA CRIANÇA E DO ADOLESCENTE E O ATUAL CÓDIGO CIVIL. LEI DA ADOÇÃO

Em mais de uma oportunidade já nos referimos à inconveniência de mantermos um Código Civil ao lado de um microssistema. O presente Código Civil, no intuito anacrônico de ser uma lei geral, nos moldes dos velhos princípios da codificação, esbarra constantemente em leis desse nível. Assim é com o Estatuto da Criança e do Adolescente, tal como ocorre com o Código de Defesa do Consumidor. O ECA é exemplo palpável de que melhor seria termos um Estatuto da Família, que regulasse não só o menor e o adolescente, mas também todos os princípios do direito de família, com suas novíssimas manifestações. Tal como promulgado, o vigente Código esbarraria em problemas de interpretação e teria, necessariamente, que sofrer modificações muito rápidas. É o que ocorreu no regulamento da adoção, cujos princípios fundamentais persistem sendo regulados pelo ECA, sem grandes inovações no Código.

Desse modo, persistiu a aplicação do Estatuto da Criança e do Adolescente em matéria de adoção, em tudo que não conflitasse com normas inovadoras introduzidas no Código Civil. Como vimos, muitos dos dispositivos são repetitivos e expressam a mesma noção do ECA. A nova redação conferida pela Lei da Adoção ao art. 1.618 determina que a adoção de crianças e adolescentes será regulada pelo ECA (Lei nº 8.069/90). Da mesma forma, a redação nova do art. 1.619 dispõe que a adoção de maiores de 18 anos dependerá de assistência efetiva do poder público e sentença constitutiva, aplicando-se, no que couber, o ECA. Desaparece, portanto, a dicotomia de legislação, como era nossa previsão.

14

PODER FAMILIAR. ALIENAÇÃO PARENTAL

14.1 INTRODUÇÃO. LINEAMENTO HISTÓRICO. COMPREENSÃO

Em várias oportunidades, nos capítulos anteriores, referimo-nos ao poder familiar, que o Código de 2002, cioso da igualdade constitucional entre o homem e a mulher, preferiu denominar *poder familiar*. O projeto do Estatuto das Famílias prefere denominar "autoridade parental", fugindo da ideia de poder, que não deve existir no seio da família. Trata-se de instituto que se alterou bastante no curso da história, acompanhando, em síntese, a trajetória da história da própria família. No Direito Romano, a *patria potestas* representava um poder incontrastável do chefe de família. Nosso Código de 2002, a exemplo do que já fazia o velho diploma, no art. 379, sem defini-lo, dispõe no art. 1.630:

> "Os filhos estão sujeitos ao poder familiar, enquanto menores".

Muito mais aceitável neste século a dicção do futuro Estatuto das Famílias: *"A autoridade parental deve ser exercida no melhor interesse dos filhos"* (art. 87). O Projeto de reforma do Código Civil atual enfrentará o tema.

Jean Carbonnier recorda os termos do art. 371 do Código francês: o menor, de qualquer idade, deve honrar e respeitar seu pai e sua mãe. A mesma ideia estava presente em nosso Código (art. 1.634, IX), quando se referia à possibilidade de os pais exigirem obediência e respeito dos filhos. O autor aponta que se trata de dispositivo do qual todos nós não gostamos muito enquanto jovens (1999:167). O novo texto legal modificado desse dispositivo diz que os pais podem exigir que os filhos prestem obediência, respeito e serviços próprios de sua idade e condição. Visto sob o prisma do menor, o pátrio poder ou poder familiar encerra, sem dúvida, um conteúdo de honra e respeito, sem traduzir modernamente simples ou franca subordinação. Do ponto de vista dos pais, o poder familiar contém muito mais do que singela regra moral trazida ao Direito: o poder paternal, termo que também se adapta a ambos os pais, enfeixa um conjunto de deveres com relação aos filhos que muito se acentuam quando a doutrina conceitua o instituto como um pátrio dever. A denominação poder familiar do vigente Código também não se coaduna perfeitamente com sua extensão e compreensão.

A modificação do entendimento dessa relação entre pais e filhos, porém, não é muito antiga. A redação originária do art. 264 do Código argentino, por exemplo, conceituava o pátrio poder como o conjunto de direitos dos pais com relação às pessoas e aos bens dos filhos menores. Essa noção traduzia a ideia imperante até o século XIX e início do século XX. Até então, o pátrio poder ainda tinha a compreensão da *patria potestas* do Direito Romano. A sociedade rural, em nosso país, incentivava a manutenção do poder patriarcal de forma quase incontrastável. Com a urbanização, industrialização, a nova posição assumida pela mulher no mundo ocidental, o avanço das telecomunicações e a globalização da sociedade, modificou-se irremediavelmente esse comportamento, fazendo realçar no pátrio poder os deveres dos pais com relação aos filhos, bem como os interesses destes, colocando em plano secundário os respectivos direitos dos pais. O exercício desse poder pressupõe o cuidado do pai e da mãe em relação aos filhos, o dever de criá-los, alimentá-los e educá-los conforme a condição e fortuna da família.

Desse modo, comparando-se a noção do pátrio poder em Roma, com o instituto moderno, nota-se, destarte, uma profunda e radical modificação, que afeta sua própria estrutura. Em Roma, o pátrio poder tem uma conotação eminentemente religiosa: o *pater familias* é o condutor da religião doméstica, o que explica seu aparente excesso de rigor. O pai romano não apenas conduzia a religião, como todo o grupo familiar, que podia ser numeroso, com muitos agregados e escravos. Sua autoridade era fundamental, portanto, para manter unido e sólido o grupo como célula importante do Estado. De fato, sua autoridade não tinha limites e, com frequência, os textos referem-se ao direito de vida e morte com relação aos membros de seu clã, aí incluídos os filhos. O *pater*, *sui juris*, tinha o direito de punir, vender e matar os filhos, embora a história não noticie que chegasse a este extremo. Estes, por sua vez, não tinham capacidade de direito, eram *alieni juris*. O patrimônio era integralmente do pai. Os filhos não tinham bens próprios. Essa primeira concepção romana vai-se abrandando com o tempo. Permite-se, por exemplo, que o filho adquira o pecúlio castrense, propriedade de bens adquirida e decorrente de atividade militar. Outros pecúlios vão sendo paulatinamente permitidos ao *filius familiae*. Com Justiniano, já não mais se admite o *ius vitae et necis* (direito de vida e morte).

Na Idade Média, é confrontada a noção romana de pátrio poder com a compreensão mais branda de autoridade paterna trazida pelos povos estrangeiros.

De qualquer modo, a noção romana, ainda que mitigada, chega até a Idade Moderna. O patriarcalismo vem até nós pelo Direito português e encontra exemplos nos senhores de engenho e barões do café, que deixaram marcas indeléveis em nossa história. Na noção contemporânea, o conceito transfere-se totalmente para os princípios de mútua compreensão, a proteção dos menores e os deveres inerentes, irrenunciáveis e inafastáveis da paternidade e maternidade. O pátrio poder, poder familiar ou pátrio dever, nesse sentido, tem em vista primordialmente a proteção dos filhos menores. A convivência de todos os membros do grupo familiar deve ser lastreada não em supremacia, mas em diálogo, compreensão e entendimento.

Arnaldo Rizzardo (1994:897) observa que, atualmente, preponderam direitos e deveres numa proporção justa e equânime no convívio familiar; os filhos não são mais vistos como esperança de futuro auxílio aos pais. O poder familiar, ou melhor, a autoridade parental, não é o exercício de um poder ou uma supremacia, mas de um encargo imposto pela paternidade e maternidade, decorrente da lei. Nesse sentido, entendemos o pátrio poder como o conjunto de direitos e deveres atribuídos aos pais com relação aos filhos menores e não emancipados, com relação à pessoa destes e a seus bens. Nesse diapasão, João Andrades Carvalho (1995:175) define pátrio poder como "*o conjunto de atribuições, aos pais cometidas, tendo em vista a realização dos filhos menores como criaturas humanas e seres sociais*". Como estampado no art. 1.630, do corrente Código, o poder familiar direciona-se a todos os filhos reconhecidos, independentemente de sua origem. Eduardo dos Santos (1999:511), ao escrever sobre o Direito lusitano, em situação análoga à nossa, observa:

"O poder paternal já não é, no nosso direito, um poder e já não é, estrita ou predominantemente, paternal. É uma função, é um conjunto de poderes-deveres, exercidos conjuntamente por ambos os progenitores".

14.2 TITULARIDADE DO PODER FAMILIAR. SUJEITOS

Até a Constituição de 1988, era defensável a posição do Código Civil de 1916, deferindo a proeminência do marido no exercício do pátrio poder:

"Art. 380. Durante o casamento compete o pátrio poder aos pais, exercendo-o o marido com a colaboração da mulher. Na falta ou impedimento de um dos progenitores passará o outro a exercê-lo com exclusividade.

Parágrafo único. Divergindo os progenitores, quanto ao exercício do pátrio poder, prevalecerá a decisão do pai, ressalvado à mãe o direito de recorrer ao juiz para solução da divergência".

Essa redação fora dada pela Lei nº 4.121/62 (Estatuto da Mulher Casada). Na redação originária do Código Civil, cabia ao marido, como chefe da sociedade conjugal, exercer o pátrio poder sobre os filhos menores e somente em sua falta ou impedimento a incumbência era deferida à mulher, nos casos em que ela passava a exercer a chefia da sociedade conjugal.

Essa construção foi demolida pelo art. 226, § 5º, da Constituição de 1988: *"Os direitos e deveres referentes à sociedade conjugal são exercidos igualmente pelo homem e pela mulher".*

Nesse sentido, acentuou o art. 21 do Estatuto da Criança e do Adolescente (Lei nº 8.069/90):

"O poder familiar será exercido, em igualdade de condições, pelo pai e pela mãe, na forma do que dispuser a legislação civil, assegurado a qualquer deles o direito de, em caso de discordância, recorrer à autoridade judiciária competente para a solução da divergência".

A referência aos princípios da legislação civil é superfetação. Ambos os pais devem exercer o pátrio poder, em ambiente de compreensão e entendimento. O conflito poderá ser, em última análise, definido pelo tribunal: imaginemos, por exemplo, a hipótese de os pais divergirem irremediavelmente acerca da modalidade de educação a ser dada ao menor, bem como da instituição escolhida para fazê-lo; sobre tratamento médico ou psicológico a ser seguido em caso de necessidade; sobre autorização de viagem ao exterior etc. Ademais, na conduta do patrimônio do menor podem surgir divergências acerca da melhor forma de administração dos bens.

Atendendo aos novos princípios, o art. 1.631 do presente Código estampou:

"Durante o casamento e a união estável, compete o poder familiar aos pais; na falta ou impedimento de um deles, o outro o exercerá com exclusividade.

Parágrafo único. Divergindo os pais quanto ao exercício do poder familiar, é assegurado a qualquer deles recorrer ao juiz para solução do desacordo".

Nenhum dos pais perde o exercício do poder familiar com a separação judicial ou divórcio.[1] O pátrio poder ou poder familiar decorre da paternidade e da filiação e não do

---

[1] "Modificação de guarda e regime de visitas – **Guarda compartilhada** – Medida que não se mostra salutar à menor no caso concreto. Genitor que, embora não possua a guarda judicial, pode exercer o poder familiar perante a filha. Ampliação do regime de visitas, considerada a idade da menor, que é medida que se impõe, diante da inexistência

casamento, tanto que o mais recente Código se reporta também à união estável. A guarda normalmente ficará com um deles, assegurado ao outro o direito de visitas. Atualmente, não é afastada a possibilidade de guarda compartilhada, como vimos, na qual, por períodos definidos ou concomitantemente, ambos os cônjuges a exercem. Tal, porém, não suprime ou suspende o pátrio poder do pai ou da mãe. Essa, aliás, a noção do art. 1.632. A guarda e a visita dos filhos era disciplinada pelos arts. 9º a 16 da Lei nº 6.515/77 e a elas já fizemos referência no Capítulo 9. É certo que o cônjuge que não detém a guarda tem, na prática, os poderes do pátrio familiar enfraquecidos. O cônjuge, no entanto, nessa situação, pode recorrer ao Judiciário quando entender que o exercício direto do pátrio poder pelo guardião não está sendo conveniente. Aplica-se mesma conclusão à separação de fato e às uniões sem casamento. Também permanece para os pais o pátrio poder na anulação de casamento, pouco importando se putativo ou não. Com a morte de um dos pais, o sobrevivente exercerá isoladamente, é evidente, o pátrio poder.

O art. 1.633 refere-se ao filho não reconhecido pelo pai. Nesse caso, o pátrio poder ou poder familiar será exercido pela mãe. Se desconhecida a mãe, ou incapaz de exercer o pátrio poder, dar-se-á tutor ao menor.

Como vimos no Capítulo 13, quando é deferida a guarda a terceiros, estes passam a exercer algumas das prerrogativas do poder familiar, o qual, porém, não se extingue. Na separação ou divórcio, como vimos, os filhos menores ficarão com quem tiver melhores condições, expressão que deve ser entendida com certos rebuços. Os filhos permanecem sob a guarda de terceira pessoa, notoriamente idônea, da família de qualquer dos cônjuges ou mesmo sem parentesco, quando, na separação judicial ou no divórcio, o juiz verificar da inconveniência de o menor permanecer com os pais, aplicando-se o art. 1.584 e seus parágrafos do atual Código. Da mesma forma, a guarda pode ser deferida segundo o Estatuto da Criança e do Adolescente, como forma de regularizar posse de fato do menor, em período antecedente à adoção ou tutela; ou, excepcionalmente, para atender a situações peculiares ou suprir a falta eventual dos pais ou responsável (art. 33). A guarda é sempre situação transitória, em qualquer caso, e pode ser alterada pelo juiz, na conveniência do menor.

Pela nova ordem constitucional, da mesma forma, estava derrogado o art. 385 do Código de 1916, que conferia preponderantemente ao pai a administração legal dos bens dos filhos e apenas na falta daquele a administração seria da mãe. Perante a igualdade dos cônjuges na lei, ambos os pais devem exercer essa administração de comum acordo. Desse modo, ambos os progenitores deverão firmar os contratos referentes aos bens dos filhos menores, podendo um só fazê-lo somente se tiver procuração do outro. Ademais, o antigo Código Civil, em seu art. 386, dispunha que os pais, no exercício do pátrio poder, não poderiam praticar atos que resultassem na diminuição do patrimônio do menor sem prévia autorização judicial. Os atos livres desta prévia autorização são os de mera administração. O princípio continua presente.

Todos os filhos, enquanto menores, estão sujeitos ao poder familiar. Já não distingue a ordem constitucional entre legítimos, ilegítimos ou adotivos. Lembre-se de que, atualmente, há ampla liberdade para o reconhecimento de filiação. Como apontamos, ainda que a guarda seja confiada a terceiros, os pais não perdem o pátrio poder. A guarda absorve apenas alguns aspectos do pátrio poder.

---

de prejuízo. Sentença neste aspecto mantida. Verba honorária sem majoração. Recurso parcialmente provido." (*TJSP* – AC 1010555-57.2017.8.26.0004, 9-10-2019, Rel. João Pazine Neto).

14.3 CONTEÚDO DO PODER FAMILIAR OU DA AUTORIDADE PARENTAL

Cabe aos pais dirigir a educação dos filhos, tendo-os sob sua guarda e companhia, sustentando-os e criando-os. O poder familiar é *indisponível*.[2] Decorrente da paternidade natural ou legal, não pode ser transferido por iniciativa dos titulares, para terceiros. Como vimos, os

---

[2] "Agravo de instrumento. Indenização aferida por menor em sentença. Depósito em conta bancária bloqueada até a maioridade. Atos de disposição. Exigência de prévia autorização judicial. Ausência de conflito com o poder familiar. Decisão mantida. Agravo desprovido. 1. As recorrentes argumentam que o depósito dos valores obtidos pela menor em conta bancária bloqueada, que só pode ser movimentado com prévia autorização judicial, viola o poder familiar da genitora e os poderes especiais outorgados do advogado constituídos no mandato. 2. Verifica-se a distinção do **poder familiar** em relação aos herdeiros menores quanto aos atos de simples administração e aos atos de disposição. Relativamente aos primeiros é clara a discricionariedade dos genitores que podem, em regra, administrar os bens independente da prévia autorização judicial. No que se concerne aos segundos, porém, em que há efetiva disposição, a prática dos atos está condicionada à prévia autorização judicial, a qual depende da demonstração da necessidade ou do evidente interesse do menor. 3. Se o poder familiar deve ser mitigado diante da doutrina de proteção integral da criança e do adolescente, com muito menos razão se pode pretender afastá-la com fundamento nos poderes especiais outorgados ao causídico. Trata-se de garantia de natureza fundamental e, portanto, indisponível. 4. Agravo de instrumento conhecido e desprovido" (TJDFT – Ap 07428981520238070000, 21-3-2024, Relª Lucimeire Maria da Silva).

"Apelação cível. Reconhecimento de paternidade (*post mortem*) e maternidade socioafetiva. Princípios da dignidade da pessoa humana e da paternidade responsável. Direito personalíssimo, indisponível e imprescritível. Vínculo existente desde a tenra idade até a maioridade. Multiparentalidade não afasta vínculo biológico. Relação de filiação. Responsabilidade pela criação, educação e sustento exercida pelos tios. Mesmos cuidados dispensados aos filhos biológicos. Relação pública. Reconhecido publicamente como membro da família. Manifesta existência de vínculo socioafetivo. Fixação de honorários recursais. Recurso não provido. 1. O reconhecimento do estado de filiação é direito personalíssimo, indisponível e imprescritível, podendo ser exercido contra os pais ou seus herdeiros, sem qualquer restrição. Tem fundamento nos princípios da dignidade da pessoa humana e da paternidade responsável. Bem como no disposto no artigo 1.593, do Código Civil que especifica ser o parentesco natural ou civil, conforme resulte de consanguinidade ou outra origem. 2. O vínculo socioafetivo se caracteriza pela identificação da posse do estado de filho, que ocorre quando há tratamento que revela a relação de filiação, envolvendo criação, educação, exercício de poder familiar e que haja reconhecimento social, público e contínuo. 3. A paternidade socioafetiva, declarada ou não em registro público, não impede o reconhecimento do vínculo de filiação concomitante baseado na origem biológica, com os efeitos jurídicos próprios (STF, RE 898060, Rel. Min. LUIZ FUX, Tribunal Pleno, julgado em 21/09/2016)" (TJPR – Ap 0003208-92.2020.8.16.0123, 30-1-2023, Rel. Rogério Etzel).

"Ação de modificação de guarda e regime de visitas, anteriormente de forma compartilhada, com residência da menor no domicílio materno – Procedência parcial do pedido – Vedação apenas de pernoite da infante com o genitor em razão da alteração do endereço paterno sem comunicação à genitora – Art. 1.589, do Código Civil – Não verificada qualquer conduta do pai que o torne inapto para o exercício do poder familiar – Manutenção da guarda na modalidade compartilhada, com o estabelecimento da residência junto à mãe – **Direito indisponível** – Observância aos interesses da infante – Inteligência do art. 1.584, § 2º, do Código Civil – Sentença mantida – Recurso não provido". (TJSP – Ap 1011114-02.2021.8.26.0577, 19-9-2022, Rel. César Peixoto).

"Ação de modificação de guarda da modalidade compartilhada para a unilateral proposta pelo genitor do infante, autos n. 1002372-48.2019.8.26.0224, julgada em conjunto com a ação declaratória de alienação parental promovida pela genitora, autos n. 1009586-90.2018.8.26.0009, feitos apensados – Inexistência de nulidade no pronunciamento judicial – Inaplicabilidade dos efeitos da revelia, tratando-se de **direito indisponível dos pais** – Ausência de prova cabal e idônea quanto à impossibilidade ou inaptidão dos genitores para o exercício do poder familiar – Regularidade da guarda compartilhada, nos termos do art. 1.584, § 2.º do Código Civil – Sentença mantida – Recurso não provido". (TJSP – Ap. 1002372-48.2019.8.26.0224, 23-4-2021, Rel. César Peixoto).

"Apelação cível – **Ação de destituição do poder familiar** c/c suspensão do poder familiar ajuizada pelo ministério público contra ambos os genitores. Sentença de parcial procedência. Destituição quanto à genitora e suspensão do poder familiar do genitor. Inconformismo do órgão ministerial. Sustentada a ocorrência de negligência e abandono moral pelo genitor diante do uso de drogas dentro da residência da família. Genitor que procurou tratamento tão somente após o acolhimento da menor. Pleito de destituição do poder familiar. Não acolhimento. Conjunto probatório que demonstra modificação de comportamento do genitor após sua internação. Comparecimento a tratamento ambulatorial semanalmente e à grupos terapêuticos e de autoajuda com frequência. Vínculo afetivo fortalecido entre pai e filha. Laudos da equipe técnica que atestam mudanças positivas em relação à condição de vida do genitor. Suspensão do poder familiar que deve ser mantida, contudo por prazo determinado. Aplicação, de ofício, de prazo de seis meses que atende à proteção integral e ao melhor interesse da criança. Direito indisponível que pode ser revisto a qualquer momento. Recurso conhecido e desprovido." (TJSC – AC 0900191-38.2018.8.24.0004, 3-10-2019, Relª Desª Haidée Denise Grin).

pais que consentem na adoção não transferem o pátrio poder, mas a ele renunciam. Também, indiretamente, renunciam ao poder familiar quando praticam atos incompatíveis com o poder paternal. De qualquer modo, contudo, por exclusivo ato de sua vontade, os pais não podem renunciar ao poder familiar. Trata-se, pois, de estado irrenunciável. Cuida-se de condição existencial entre pai e filho. O revogado Código de Menores permitia a delegação do pátrio poder, a qual foi abolida de nosso ordenamento. Por decisão judicial, na hipótese de guarda, alguns dos direitos e deveres do pátrio poder podem ser atribuídos ao guardião.

O poder familiar é *indivisível*, porém não seu exercício. Quando se trata de pais separados, cinde-se o exercício do poder familiar, dividindo-se as incumbências. O mesmo ocorre, na prática, quando o pai e a mãe em harmonia orientam a vida dos filhos. Ao guardião são atribuídos alguns dos deveres inerentes ao pátrio poder, o qual, no entanto, não se transfere nessa modalidade, quando se tratar de família substituta.

O poder familiar também é *imprescritível*. Ainda que, por qualquer circunstância, não possa ser exercido pelos titulares, trata-se de estado imprescritível, não se extinguindo pelo desuso. Somente a extinção, dentro das hipóteses legais, poderá terminá-lo.

14.4 PARTICULARIDADES

O art. 1.611 dispõe que o filho havido fora do casamento, reconhecido por um dos cônjuges, não poderá residir no lar conjugal sem o consentimento do outro. Muitos entenderam que esse dispositivo, então presente no art. 359 do antigo Código, estava revogado pela nova ordem constitucional, por ser discriminatório. Não nos parece, no entanto. O dispositivo foi estabelecido em prol da harmonia da família. Um filho estranho a um dos cônjuges pode se converter em elemento perturbador no âmbito da convivência do lar. Não há discriminação nesse artigo, mas apenas regulamentação. Essa disposição é complementada pelo art. 15 do Decreto-lei nº 3.200/41, que continua com plena aplicação:

> *"Se um dos cônjuges negar consentimento para que resida no lar conjugal o filho natural reconhecido do outro, caberá ao pai, ou à mãe, que o reconheceu, prestar-lhe, fora do seu lar, inteira assistência, assim como alimentos correspondentes à condição social em que viva, iguais aos que prestar a filho legítimo, se o tiver".*

Recordamos também que, em matéria de responsabilidade civil, o pátrio poder acarreta ônus aos pais. Nesse sentido, o art. 932 estatui que são responsáveis pela reparação civil os pais pelos filhos menores que estiverem sob seu poder e em sua companhia. A ideia é no sentido de que, em se tratando de pais separados, responsáveis pelos atos do menor, será o progenitor que detiver sua guarda. No entanto, a jurisprudência tende a alargar o conceito, dependendo do caso concreto, buscando, quanto possível, responsabilizar ambos os pais.

14.5 PODER FAMILIAR QUANTO À PESSOA DOS FILHOS

Sob esse título, o Código Civil disciplina a matéria de forma concisa no art. 1.634:

> *"Compete a ambos os pais, qualquer que seja a sua situação conjugal, o pleno exercício do poder familiar, que consiste em, quanto aos filhos:*
>
> *I – dirigir-lhes a criação e a educação;*
>
> *II – exercer a guarda unilateral ou compartilhada nos termos do art. 1.584;*
>
> *III – conceder-lhes ou negar-lhes consentimento para casarem;*

IV – conceder-lhes ou negar-lhes consentimento para viajarem ao exterior;

V – conceder-lhes ou negar-lhes consentimento para mudarem sua residência permanente para outro Município;

VI – nomear-lhes tutor por testamento ou documento autêntico, se o outro dos pais não lhe sobreviver, ou o sobrevivo não puder exercer o poder familiar;

VII – representá-los judicial e extrajudicialmente até os 16 (dezesseis) anos, nos atos da vida civil, e assisti-los, após essa idade, nos atos em que forem partes, suprindo-lhes o consentimento;

VIII – reclamá-los de quem ilegalmente os detenha;

IX – exigir que lhes prestem obediência, respeito e os serviços próprios de sua idade e condição".

Cabe aos pais, primordialmente, dirigir a criação e educação dos filhos, para proporcionar-lhes a sobrevivência. Compete aos pais tornar seus filhos úteis à sociedade. A atitude dos pais é fundamental para a formação da criança. Faltando com esse dever, o progenitor faltoso submete-se a reprimendas de ordem civil e criminal, respondendo pelos crimes de abandono material, moral e intelectual (arts. 244 a 246 do Código Penal). Entre as responsabilidades de criação, temos que lembrar que cumpre também aos pais fornecer meios para tratamentos médicos que se fizerem necessários. Sob certas condições o abandono afetivo e intelectual pode acarretar responsabilidade civil que deságua numa indenização. A matéria, contudo, ainda é nova.

O inciso II menciona que é direito dos pais ter os filhos em sua companhia e guarda. Trata-se de complemento indispensável do dever de criação e educação. Somente em casos excepcionais, como vimos, a guarda pode ser suprimida. Já nos referimos anteriormente quanto à situação de pais separados.

O inciso III refere-se ao consentimento para os filhos menores se casarem. Como examinamos no Capítulo 3, há que ser suprido judicialmente esse consentimento quando negado injustificadamente, ou impossível de ser obtido. Como apontamos, esse consentimento deve ser específico, nos moldes requeridos pelo Direito matrimonial, isto é, para casar com determinada pessoa. Curial que essa autorização vise favorecer o menor.

A faculdade de nomear tutor (inciso VI) é de pouca utilização prática, objetivando também o cuidado com a prole, mormente na morte do progenitor.

A representação dos filhos ocorre até que estes completem 16 anos. Dessa idade, até os 18 anos, os menores são assistidos (inciso VII). A regra é repetida pelo art. 1.690, do presente Código. Reporta-se ao que estudamos em nosso *Direito civil: parte geral* (Capítulo 19). Ato praticado por menor absolutamente incapaz sem representação é nulo; ato praticado por menor relativamente incapaz sem assistência, é anulável.

O inciso VIII dispõe que os pais podem reclamar os filhos de quem ilegalmente os detenha.[3] Para tal, valer-se-ão da ação de busca e apreensão do menor. Se se trata, porém, de

---

[3] "Agravo de instrumento – Busca e apreensão de menores – Ação proposta pelo genitor – Caso em que duas menores, nascidas em 24.09.2010 e 10.02.2014, passaram para a guarda de fato da tia e prima materna depois do falecimento da genitora – Insurgência do autor contra decisão que revogou a tutela provisória de urgência que havia sido concedida em seu favor, determinando a busca e apreensão das crianças – Acolhimento – Decorre do exercício do poder parental o **direito de reclamar os filhos de quem ilegalmente os detenha** – Art. 1.634, inc. VIII, do Código Civil – Ausência de situação de risco a justificar que as infantes não permaneçam junto do pai, guardião legal das mesmas – Decisão reformada – Recurso provido" (TJSP – Agravo de Instrumento 2225834-26.2019.8.26.0000, 13-2-2020, Rel. Rodolfo Pellizari).

pais separados, nem sempre a traumática ação de busca e apreensão, com tutela liminar, será necessária, sendo suficiente pedido de modificação de guarda. O caso concreto nos dará a solução, nesse drama nem sempre fácil de ser equacionado.

Quanto ao inciso IX, reportamo-nos a ele logo na abertura deste capítulo. Os pais devem exigir respeito e obediência dos filhos. Não há, contudo, uma subordinação hierárquica. O respeito deve ser recíproco. A desarmonia e a falta de respeito, em casos extremos, podem desaguar na suspensão ou perda do pátrio poder. Podem também os pais exigir serviços próprios da idade do menor. Havemos de respeitar a legislação específica a respeito do trabalho do menor. A legislação trabalhista proíbe seu trabalho fora do lar até os 16 anos, salvo na condição aprendiz, a partir dos 14, conforme art. 7º, XXXIII, da CF, sendo-lhe proibido o trabalho noturno, perigoso e insalubre até os 18 anos. Todos os abusos em matéria de menor devem ser severamente combatidos. Não é admitido também o castigo imoderado, que pode, inclusive, ocasionar a perda do poder familiar (art. 1.638). A Lei nº 13.715/2018 acrescenta parágrafo único a esse artigo:

> *"Perderá também por ato judicial o poder familiar aquele que:*
>
> *I – praticar contra outrem titular do mesmo poder familiar:*
>
> *a) Homicídio ou lesão corporal de natureza grave ou seguinte de morte, quando se tratar de crime doloso envolvendo violência doméstica e familiar ou menosprezo ou discriminação à condição de mulher;*
>
> *b) Estupro ou outro crime contra a dignidade sexual sujeito à pena de reclusão;*
>
> *II – praticar contra filho, filha ou outro descendente:*
>
> *a) homicídio, feminicídio ou lesão corporal de morte, quando se tratar de crime doloso envolvendo violência doméstica e familiar ou menosprezo ou discriminação à condição de mulher;*
>
> *b) estupro, estupro de vulnerável ou outro crime contra a dignidade sexual sujeito à pena de reclusão."*

"Apelação Cível – ECA – **Destituição do poder familiar** – Caso em que foi provado que a genitora apelante negligenciou os cuidados mínimos necessários à filha menor, pois permitiu que a infante fosse abusada pelo companheiro, evento que teve por consequência a infecção de DST pela menor. Para além disso, mostrou-se ainda despreocupada em relação aos cuidados da filha ao se colocar ao lado do companheiro, mesmo após ter ciência da probabilidade do abuso e da doença transmitida, também não tomando providências para o pronto atendimento de saúde necessário à menor. Hipótese em que foi demonstrado descumprimento dos deveres decorrentes do poder familiar. Correta a sentença de destituição. Negaram provimento" (TJRS – AC 70076029099, 10-5-2018, Rel. Des. Rui Portanova).

"Embargos de declaração – Ação de guarda – **Decisão que suspende o poder familiar** – Agravo da decisão – Alegação de omissão do acórdão que manteve a suspensão liminar do poder familiar da embargante. Alegação de omissão do aresto, além de prequestionamento. Descabimento. Pretensão expressa de novo exame da matéria de fundo. Inviabilidade. Inconformismo que não se presta a alterar o julgamento proferido. Embargos rejeitados" (TJSP – EDcl 2002344-32.2014.8.26.0000, 9-2-2016, Rel. Carlos Dias Motta).

"Apelação cível. Direito da criança e do adolescente. **Suspensão do poder familiar**. Existência de causa para a aplicação da medida. Alimentos. Fixação no valor ofertado pelo genitor, alimentante, em audiência. Recurso do réu não provido. As disposições contidas no art. 227 da Constituição Federal e no art. 4º do ECA dispõem que os direitos da criança e do adolescente têm absoluta prioridade no ordenamento jurídico brasileiro. O poder familiar deve ser exercido em benefício dos filhos, sendo que a sua suspensão é medida que se impõe em razão das peculiaridades do caso e do estudo psicossocial realizado. Havendo sido apenas homologados os alimentos ofertados pelo alimentante em juízo e considerando a ausência de demais elementos de informação acerca da real situação econômico-financeira do genitor, mantém-se o valor (meio salário mínimo mensal), já que extremamente razoável em se tratando de três alimentados" (TJDFT – AC 20110130028715 – (696437), 29-7-2013, Relª Desª Carmelita Brasil).

São situações de extrema gravidade que geram o ato também extremo de decretação de perda do poder familiar. Com infeliz frequência, os noticiários reportam ações desse naipe. Contudo, não pode o magistrado ficar adstrito apenas ao texto legal. Qualquer ato de violência física ou moral de gravidade deverá sofrer a mesma reprimenda, ainda que não tipificada na lei civil. Não estamos no campo de uma lei penal de interpretação estrita.

Por outro lado, o Código Penal tipifica o crime de maus-tratos, previsto no art. 136.

14.6 USUFRUTO E ADMINISTRAÇÃO DOS BENS DE FILHOS MENORES

Os filhos menores não possuem capacidade de direito para administrar seus bens, que a eles podem advir de várias formas, mormente por doação ou testamento ou por fruto de seu trabalho. Geralmente, no entanto, a situação de administração ocorre com a morte de um dos pais, com relação aos bens que os menores recebem como herança do falecido. A matéria é tratada pelos arts. 1.689 a 1.693 do vigente Código. A questão era tratada pelos arts. 385 a 391 do antigo Código. Em princípio, salvo disposição em contrário, os pais são administradores naturais dos bens dos filhos menores, de acordo com o art. 1.689, II. Os atos de mera administração não autorizam, em princípio, a alienação. A administração a que se refere a lei abrange apenas os atos restritos de administração, como locação, aplicações financeiras, pagamento de impostos, defesa de direitos, por exemplo.

Haverá necessidade de autorização judicial para alienação de bens imóveis, conforme o art. 1.691, do atual Código Civil:

> "Não podem os pais alienar, ou gravar de ônus real os imóveis dos filhos, nem contrair, em nome deles, obrigações que ultrapassem os limites da simples administração, salvo por necessidade ou evidente interesse da prole, mediante prévia autorização do juiz.
>
> *Parágrafo único*. Podem pleitear a declaração de nulidade dos atos previstos neste artigo:
>
> *I – os filhos;*
>
> *II – os herdeiros;*
>
> *III – o representante legal".*

O pedido de alienação ou gravame deve ser feito em juízo e somente podem esses atos ocorrer com autorização judicial. O parágrafo único descreve a legitimidade para a ação de nulidade nessas hipóteses. Sem autorização judicial, decorrente de procedimento no qual participa o Ministério Público, o ato é nulo por ausência de agente capaz. Em juízo deve ser provada a necessidade ou conveniência de alienação ou oneração do bem com relação ao menor. Os imóveis devem ser avaliados, não se admitindo alienação por venda inferior ao preço de mercado.

Quando colidirem os interesses do progenitor com o do filho menor, este deverá ser representado ou assistido por curador especial, a requerimento do filho ou do Ministério Público, também como aplicação dos princípios gerais sobre conflitos entre representantes e representados (art. 1.692).[4] Tal colisão de interesses deve ser vista objetivamente, sempre que as

---

[4] "Agravo de instrumento – Ação de inventário – **Herdeira Menor** – Interesses colidentes com a representante legal – Nomeação curador especial – No procedimento de Inventário, quando for verificada a existência de herdeiro incapaz sem representante legal ou com interesses conflitantes aos de seu representante legal, deverá ser nomeado curador especial para exercer a função como medida acautelatória, para proteger os interesses do incapaz – Assim, constatado nos autos da Ação de Inventário a existência de herdeiro menor, correta a decisão do juízo *a quo* ao nomear curadora especial para atuar em defesa dos interesses do incapaz, evitando possível conflito de interesses entre este e seu representante legal" (*TJMG* – AI-Cv 1.0704.13.009094-4/001, 29-3-2016, Relª Yeda Athias).

vantagens colimadas ou os direitos na berlinda possam afrontar ou ferir os interesses do filho. Assim, se o pai demonstrar necessidade ou utilidade para venda ou hipoteca de imóvel do filho, ao ser deferida a autorização judicial, incumbe ao juiz que nomeie o curador. Washington de Barros Monteiro (1996:291) lembra que é necessária a nomeação de curador:

> "a) para receber em nome do menor doação que lhe vai fazer o pai; b) para concordar com a venda que o genitor efetuará a outro descendente; c) para intervir na permuta entre o filho menor e os pais; d) para levantamento da inalienabilidade que pesa sobre o bem de família".

Nessa administração legal, não há necessidade de caução ou qualquer modalidade de garantia, pois entendemos que ninguém melhor do que os próprios pais para aquilatar o que é melhor para o patrimônio de seu filho. O progenitor somente responde por culpa grave, e não está também obrigado a prestar contas.

Quanto ao usufruto, é ele inerente ao poder familiar, como declara o art. 1.689, I. Sua origem histórica é encontrada no usufruto concedido ao *pater famílias*, na legislação de Justiniano. Procura-se justificar o instituto sob duas faces: esse usufruto compensaria o pai pelos encargos do múnus do poder familiar e, sob o prisma da entidade familiar, entendemos que todos os seus membros devem compartilhar dos bens. A estrutura desse usufruto aproxima-se do direito real de usufruto, disciplinado no direito das coisas, mas, como na maioria dos institutos de direito de família, tem compreensão própria. Desse modo, difere do usufruto de direito real porque não deriva de negócio jurídico, mas da lei; não necessita de inscrição imobiliária; abrange todos os bens dos filhos menores, salvo exceções previstas no Código; é irrenunciável e intransferível. Assim, os frutos e rendimentos produzidos pelos bens dos filhos menores pertencem aos pais que exercerem a administração, podendo consumi-los, sem necessidade de prestação de contas.

Uma vez alcançada a maioridade, os bens são entregues aos filhos, com seus acréscimos, sem que os pais tenham direito a qualquer remuneração.

A lei enumera os bens que são excluídos do usufruto, assim como da administração dos pais. Dispõe o art. 1.693:

> "Excluem-se do usufruto e da administração dos pais:
>
> I – os bens adquiridos pelo filho havido fora do casamento, antes do reconhecimento;
>
> II – os valores auferidos pelo filho maior de dezesseis anos, no exercício de atividade profissional e os bens com tais recursos adquiridos;
>
> III – os bens deixados ou doados ao filho, sob a condição de não serem usufruídos, ou administrados, pelos pais;
>
> IV – os bens que aos filhos couberem na herança, quando os pais forem excluídos da sucessão".

Quanto aos bens adquiridos pelo filho havido fora do casamento, antes do reconhecimento, a norma tem nítido caráter moral: pretende-se não transformar o ato de reconhecimento como incentivo à cupidez para o pai reconhecente. Ademais, enquanto não houver reconhecimento, não há poder familiar.

Os valores e bens auferidos pelo filho menor, como produto de seu trabalho, são bens próprios e reservados. A lei menciona o trabalho do maior de 16 anos. Como regra, os valores adquiridos pelo menor dessa idade, embora não se lhe permita, em princípio, o trabalho regular, pertencerão à administração e usufruto dos pais. O Código de 1916 se referia a bens adquiridos em serviço militar, ou decorrentes de função pública, o que era resquício do pecúlio castrense do Direito Romano, parcela de bens que o *alieni juris* poderia ter para si, sem que integrasse o patrimônio do *pater familias*. Hoje, não mais se justifica a restrição ao produto decorrente de função pública, pois muitas são as hipóteses de fruto de trabalho de menores na atividade privada.

Na terceira hipótese, o doador ou testador pode incluir cláusula vedando a administração ou usufruto dos bens. Há de ser obedecida a vontade do disponente, nesses negócios gratuitos. Se não for nomeado administrador, incumbe ao juiz fazê-lo, na hipótese de ambos os pais terem sido vetados para o encargo. Também não podem ser administrados ou usufruídos pelos pais os bens que couberem aos filhos na herança, quando os pais forem excluídos da sucessão. A regra tem evidente cunho moral.

Sempre que a administração dos bens do menor não puder ser exercida por um dos genitores, o juiz deverá nomear curador especial para tal.

14.7 SUSPENSÃO, PERDA E EXTINÇÃO DO PODER FAMILIAR

Como o poder familiar é um múnus que deve ser exercido fundamentalmente no interesse do filho menor, o Estado pode interferir nessa relação, que, em síntese, afeta a célula familiar. A lei disciplina casos em que o titular deve ser privado de seu exercício, temporária ou definitivamente.

Primeiramente, o Código descreve alguns fatos causadores da extinção do pátrio poder, no art. 1.635:

> *"Extingue-se o poder familiar:*
>
> *I – pela morte dos pais ou do filho;*
>
> *II – pela emancipação, nos termos do art. 5º, parágrafo único;*
>
> *III – pela maioridade;*
>
> *IV – pela adoção;*
>
> *V – por decisão judicial, na forma do artigo 1.638".*

Como referimos, a morte de um dos pais não faz cessar o poder familiar, que remanesce na pessoa do genitor sobrevivente. Originalmente, na redação do Código Civil de 1916, a mãe perdia o pátrio poder se contraísse novas núpcias, o que foi modificado pela Lei nº 4.121/62. Nesse sentido, o art. 1.636 é expresso no sentido de que o pai, ou a mãe, que contrai novas núpcias ou estabelece união estável não perde os direitos do poder familiar com relação aos filhos havidos na relação anterior, exercendo-os sem qualquer interferência do novo cônjuge ou companheiro.

A emancipação do filho importa atribuir-lhe completa capacidade de direito. A maioridade é a forma normal de extinção do poder familiar. Quanto à adoção, qualquer que seja sua modalidade, ela extingue o poder familiar da família original, que passa a ser exercido pelo adotante.[5] Na verdade, a adoção transfere o poder familiar, não o extingue. Quando o indivíduo for adotado pelo casal, aos pais adotivos cabe o exercício do poder familiar. Quando

---

[5] "Apelação cível. Civil. Processo civil. Ação de alimentos. Filha maior de idade. Matrícula em curso técnico. Trinômio. Necessidade. Possibilidade. Proporcionalidade. Pensionamento adequado. Sentença mantida. 1. **A obrigação dos pais de prestar alimentos aos filhos cessa com a maioridade civil**, ocasião em que, nos termos do que dispõe o art. 1.635, III, do CC/02, extingue-se o poder familiar. A partir da maioridade civil, é possível a permanência do encargo alimentar, agora fundado na relação de parentesco, desde que demonstrada a impossibilidade de o filho maior prover a subsistência dele. 2. Os alimentos devem ser fixados na proporção das necessidades do reclamante e dos recursos da pessoa obrigada (§1º do art. 1.694 do Código Civil). 3. Ponderando a capacidade contributiva do genitor e a necessidade da alimentanda, que se encontra matriculada em curso técnico, revela-se correta a manutenção dos alimentos no percentual estabelecido na sentença, em observância ao trinômio necessidade-

a pessoa for adotada só pelo marido ou companheiro, ou só pela mulher ou companheira, só ao adotante, individualmente, compete o exercício do poder familiar. Não é a melhor solução, como apontamos no Capítulo 13.

A decisão judicial lastreada no art. 1.638 é aquela que conclui por um dos fatos graves ali descritos, que se mostram incompatíveis com o poder familiar.

Por outro lado, a suspensão do poder familiar é decretada pela autoridade judiciária, após a apuração de conduta grave. Nesse sentido, o art. 1.637 refere que podem os pais ser suspensos do poder familiar quando agirem com abuso, faltarem com os deveres inerentes ou arruinarem os bens dos filhos. O pedido de suspensão pode ser formulado por algum parente ou pelo Ministério Público, ou mesmo de ofício. Caberá ao prudente critério do juiz suspender o pátrio poder pelo tempo que achar conveniente, adotando também as medidas necessárias. O parágrafo único do citado art. 1.637 dispõe que também será suspenso o pátrio poder se o pai ou a mãe forem condenados em crime cuja pena exceda de dois anos de prisão.[6] A condenação por crimes apenados com reprimendas inferiores poderá ocasionar a suspensão, ou até a perda do pátrio poder, dependendo da gravidade com relação ao filho. Examina-se o caso concreto.

As causas de suspensão do poder familiar descritas no Código são apresentadas de forma genérica, dando margem ampla de decisão ao magistrado. O Estatuto da Criança e do Adolescente faz referência à perda e suspensão poder familiar no art. 24, reportando-se ao descumprimento

---

-possibilidade-proporcionalidade. 4. Apelação conhecida e não provida" (*TJDFT* – Ap 07073935820228070012, 18-4-2024, Relª Lucimeire Maria da Silva).

"Apelação. Infância e juventude. Ação de destituição do poder familiar. Pais adotivos. Improcedência da demanda. Irresignação dos genitores adotivos. Maioridade civil do jovem atingida antes da prolação da sentença. **Autoridade parental que se extingue com a maioridade civil**. Inteligência do art. 1.635, III, do CC. Condição de filho atribuída em razão da adoção, que não cessa com a extinção do poder familiar em razão da maioridade. Perda superveniente do interesse recursal. Sentença que deve ser extinta sem resolução do mérito por falta de interesse processual. Art. 485, VI, do CPC. Recurso não conhecido". (*TJSP* – Ap 0001399-63.2018.8.26.0445, 24-2-2022, Rel. Daniela Cilento Morsello).

"Ação de alimentos – I- Maioridade civil alcançada pela alimentanda. **Cessação do poder familiar**. Artigo 1.635, inciso III, do Código Civil. Extinção do dever de sustento por parte do genitor. II- Inexistência de elementos materiais a afastar a presumida capacidade laborativa da alimentanda. Frequência a curso superior, sem dedicação de tempo integral. Possibilidade, na espécie, do concomitante exercício de atividade laboral. Inviabilidade da manutenção da obrigação com fulcro no artigo 1.694, do Código Civil. Precedente desta C. Câmara. Sentença reformada. Apelo provido." (*TJSP* – AC 1000183-10.2019.8.26.0447, 24-10-2019, Rel. Donegá Morandini).

"Apelação Cível – Infração Administrativa – Evasão Escolar – Emancipação – Sentença extintiva mantida – Irretocável a sentença acoimada, que julgou extinto o processo, sem resolução de mérito, por ausência de interesse de agir (art. 485, VI, do CPC), na medida em que, diante a emancipação da adolescente, na forma do art. 1.635, II, do CCB, extinguiu-se o poder familiar e, por conseguinte, a obrigação dos genitores em manter a filha frequentando o ambiente escolar. Apelação desprovida" (*TJRS* – AC 70078060142, 18-10-2018, Rel. Des. Ricardo Moreira Lins Pastl).

6 "Apelação. Ação de **suspensão do poder familiar**. Sentença de procedência. Apelo do genitor. Alegado desacerto da decisão porque ausente hipótese a legitimar a medida excepcional. Descabimento. Conjunto probatório suficiente. Estupro de vulnerável contra a própria filha. Comprovação. Sentença condenatória transitada em julgado. Hipótese legal de suspensão configurada. Inteligência do art. 1.637, caput e par. único, do CC. Prevalência do melhor interesse da adolescente. Menor sob a guarda da tia materna. Possibilidade de fruir de seu direito à convivência familiar no seio da família biológica. Sentença mantida. Precedentes. Recurso não provido". (*TJSP* – Ap. 1001016-69.2017.8.26.0650, 28-4-2021, Rel. Sulaiman Miguel).

"Agravo de instrumento – **Destituição de poder familiar** – Determinação de suspensão do poder familiar da agravante – Conjuntura dos autos que indica possível inserção dos menores em situação de risco, bem como eventual tentativa de adoção irregular. Hipóteses demonstradas pelo conjunto probatório até então produzido. Legitimidade da decisão verificada. Suspensão do poder familiar que é de ser mantida. Decisão mantida. Recurso desprovido". (*TJSP* – AI 2139795-26.2019.8.26.0000, 1-11-2019, Relª Ana Lucia Romanhole Martucci).

"Apelação Cível – **Suspensão do poder familiar** – Violação dos deveres e obrigações inerentes ao poder familiar – Comprovado o descumprimento, por parte da requerida, dos deveres e obrigações inerentes ao poder familiar, previstos no art. 22 do Estatuto da Criança e do Adolescente, uma vez que, no momento, não apresenta condições de se responsabilizar pelos filhos, o que autorizada a medida de suspensão do poder familiar. Recurso desprovido" (*TJRS* – AC 70075805390, 8-3-2018, Relª Desª Liselena Schifino Robles Ribeiro).

injustificado dos deveres e obrigações descritos no art. 22. Esse dispositivo, por sua vez, reporta-se aos deveres de sustento, guarda e educação dos filhos, bem como à obrigação de cumprir e fazer cumprir as determinações judiciais, no interesse deles. Portanto, o caso concreto dará ao juiz os parâmetros para a grave decisão de suspensão do poder familiar. Não esqueçamos, por outro lado, que os processos de perda e suspensão do pátrio poder devem assegurar o contraditório, com amplo direito de defesa aos envolvidos, devendo ser nomeado advogado dativo para a defesa, se for caso de pobreza e a assistência judiciária oficial não estiver disponível. Os arts. 155 ss do Estatuto da Criança e do Adolescente disciplinam os procedimentos para a perda ou suspensão do poder familiar. A sentença que decretar a perda ou suspensão do poder familiar será averbada à margem do registro de nascimento da criança ou adolescente.

Uma vez suspenso o poder familiar, perde o genitor todos os direitos em relação ao filho, inclusive o usufruto legal. Se houver motivos graves, a autoridade judiciária poderá decretar liminarmente a suspensão do poder familiar, dentro do poder geral de cautela. Trata-se de uma medida que se aproxima a uma antecipação de tutela. Nessa hipótese, defere-se a guarda provisória a terceiro, até final decisão (art. 157 do Estatuto da Criança e do Adolescente).

A suspensão é medida menos grave do que a destituição ou perda porque, cessados os motivos, extinta a causa que a gerou, pode ser restabelecido o poder paternal. Por outro lado, como apontamos, a suspensão pode-se referir a apenas parte dos atributos do poder familiar.

A perda ou destituição do poder familiar é a mais grave sanção imposta aos pais que faltarem com os deveres em relação aos filhos. Disciplina o art. 1.638:[7]

---

[7] "Apelações cíveis. Direito de família. **Ação de destituição do poder familiar**. Melhor interesse da criança. Adoção. Parecer psicossocial favorável. Laços afetivos não verificados. Manutenção dos vínculos familiares impossível. Destituição do poder familiar necessária. Sentença mantida. Recursos desprovidos. 1. A Constituição Federal de 1988, em seu art. 227, atribuiu à família uma série de responsabilidades para com as crianças e adolescentes. Em consonância, o art. 22 do Estatuto da Criança e do Adolescente estabelece que "Aos pais incumbe o dever de sustento, guarda e educação dos filhos menores, cabendo-lhes ainda, no interesse destes, a obrigação de cumprir e fazer cumprir as determinações judiciais", sendo que o descumprimento injustificado de tais encargos enseja a perda do poder familiar, conforme art. 24 do ECA. E, os incisos II e III do art. 1.638 do Código Civil, preveem, entre as causas de perda do poder familiar, deixar o(a) filho(a) em abandono ou praticar atos contrários à moral e aos bons costumes. 2. Uma vez verificado o abandono material, afetivo/moral e intelectual da filha, aliada à impossibilidade de reintegração da infante aos cuidados da família biológica ou extensa, escorreita a sentença que, embasada em laudo psicossocial, decretou a destituição do poder familiar dos genitores e determinou o cadastramento da menor para adoção, nos moldes do art. 1.638, incisos II e III, do Código Civil. 3. Recursos conhecidos e desprovidos" (TJDFT – Ap 07054812320228070013, 23-5-2024, Rel. Luís Gustavo B. de Oliveira).
"Apelação cível. Estatuto da criança e adolescente. **Ação de destituição do poder familiar**. Menor em situação de vulnerabilidade. Excepcionalidade da medida. Melhor interesse das crianças e adolescentes. Sentença mantida. 1. A destituição do poder familiar configura medida excepcional, que apenas se justifica nas hipóteses arroladas no artigo 1.638 do Código Civil, em procedimento regulamentado pelos artigos 19, 22 e 24 do Estatuto da Criança e do Adolescente. 2. Apesar de a legislação eleger a manutenção ou reintegração das crianças e adolescentes à família biológica, o princípio máximo que orienta as normas concernentes ao direito em questão é o maior interesse dos menores. 3. No caso dos autos, além de existência de relatórios que indicam grave situação de violência sexual, a adolescente concorda com a perda do poder familiar da genitora e está em situação estável com a família paterna. 4. Apelo não provido" (TJDFT – Ap 00040717320198070013, 7-6-2023, Rel. Arquibaldo Carneiro Portela).
"Infância e juventude. Apelação. **Destituição do poder familiar**. Sentença que julgou procedente a pretensão inicial para o fim de destituir os genitores da autoridade parental. Irresignação do requerido. Menor com arraigada vivência de violência física. Genitor que nunca admitiu a ocorrência de agressões contra a infante, desprezando os seus vestígios e os próprios relatos da filha. Capacidade protetiva absolutamente comprometida que persistiu após tentativa de reinserção da menor no seio da família de origem. Incapacidade para o exercício dos atributos inerentes ao poder familiar cabalmente comprovada. Inteligência do art. 1.638, II, do CC. Aplicação do postulado normativo do interesse superior da criança. Sentença mantida. Recurso desprovido". (TJSP – Ap 1004408-25.2021.8.26.0408, 25-8-2022, Rel. Daniela Cilento Morsello).
"Apelação. **Destituição do poder familiar**. Demonstração do abandono moral, material e afetivo dos genitores. Prática de feminicídio, admitido pelo recorrente. Inviabilidade de encaminhamento da prole à família extensa. Hipóteses previstas nos artigos 1.638, inciso II, e parágrafo único, inciso I, alínea 'a', do Código Civil e 24 do ECA.

"Perderá por ato judicial o poder familiar o pai ou a mãe que:

I – castigar imoderadamente o filho;

II – deixar o filho em abandono;

III – praticar atos contrários à moral e aos bons costumes;

IV – incidir, reiteradamente, nas faltas previstas no artigo antecedente".

V – entregar de forma irregular o filho a terceiros para fins de adoção. (Incluído pela Lei nº 13.509, de 2017)

Parágrafo único. Perderá também por ato judicial o poder familiar aquele que: (Incluído pela Lei nº 13.715, de 2018)

I – praticar contra outrem igualmente titular do mesmo poder familiar: (Incluído pela Lei nº 13.715, de 2018)

a) homicídio, feminicídio ou lesão corporal de natureza grave ou seguida de morte, quando se tratar de crime doloso envolvendo violência doméstica e familiar ou menosprezo ou discriminação à condição de mulher; (Incluído pela Lei nº 13.715, de 2018)

b) estupro ou outro crime contra a dignidade sexual sujeito à pena de reclusão; (Incluído pela Lei nº 13.715, de 2018)

II – praticar contra filho, filha ou outro descendente: (Incluído pela Lei nº 13.715, de 2018)

a) homicídio, feminicídio ou lesão corporal de natureza grave ou seguida de morte, quando se tratar de crime doloso envolvendo violência doméstica e familiar ou menosprezo ou discriminação à condição de mulher; (Incluído pela Lei nº 13.715, de 2018)

b) estupro, estupro de vulnerável ou outro crime contra a dignidade sexual sujeito à pena de reclusão. (Incluído pela Lei nº 13.715, de 2018)".

Os fatos graves relatados na lei devem ser examinados caso a caso. Sevícias, injúrias graves, entrega do filho à delinquência ou sua facilitação, entrega da filha à prostituição etc. são

---

Prevalência do superior interesse dos menores a impor a manutenção da sentença. Recurso improvido. 1. Menores encaminhados à instituição de acolhimento. 2. Demonstração nos autos de que as intervenções do Conselho Tutelar no núcleo familiar ocorrem sistematicamente desde 2012 e evidenciaram problemas relacionados ao consumo de drogas, ciclos de vulnerabilidade dos menores, conflitos conjugais e, inclusive, o crime de feminicídio praticado pelo genitor contra a genitora em 2018, razão que o levou ao encarceramento em estabelecimento prisional. 3. Embora o requerido ainda aguarde o julgamento, na esfera criminal, deve-se considerar que, em seu depoimento, admitiu a grave transgressão, que transformou de maneira irreversível o já tumultuado ambiente familiar. 4. Nem mesmo a indicação de possíveis parentes capacitados para o exercício da guarda pode ser considerada para desconstituir a decisão guerreada, pois, a despeito dos incessantes esforços para viabilizar o encaminhamento à família substituta, as equipes técnicas envolvidas no caso desestimularam o prosseguimento das buscas por não entreverem sua concretização. 5. Decretação da perda do poder familiar, nas hipóteses do artigo 1.638, inciso II, e parágrafo único, inciso I, alínea 'a', do Código Civil, e artigo 24, do Estatuto da Criança e do Adolescente, que se impõe. 6. Apelação não provida". (TJSP – Ap. 0002080-14.2021.8.26.0191, 27-10-2021, Rel. Luis Soares de Mello Neto).

"Apelação. Infância e juventude. **Destituição do poder familiar. Genitor que foi condenado pela prática de homicídio contra a genitora dos menores e que está cumprindo pena privativa** de liberdade por tráfico de entorpecentes. Ausência de membro da família extensa com aptidão para assumir a guarda dos adolescentes. 1. Sentença que julgou procedente o pedido vestibular. Apelo do demandado. 2. Acolhimento institucional dos adolescentes decorrente do falecimento da avó materna e guardiã, bem como da impossibilidade da assunção da guarda pelo genitor que estava cumprindo pena privativa de liberdade em regime fechado. 3. Crime de homicídio perpetrado pelo requerido, cuja vítima foi a genitora dos menores, que causou graves traumas emocionais na prole. Ato ilícito incompatível com o exercício da autoridade parental. 4. Fato que se subsume à hipótese insculpida no art. 1.638, parágrafo único, I, 'a', do CC. Aplicação do postulado normativo do superior interesse e da proteção integral. 5. Recurso improvido". (TJSP – Ap. 1006725-87.2019.8.26.0077, 17-9-2021, Rel. Daniela Cilento Morsello).

sérios motivos que devem ser corretamente avaliados pelo juiz. Abandono não é apenas o ato de deixar o filho sem assistência material: abrange também a supressão do apoio intelectual e psicológico. A perda poderá atingir um dos progenitores ou ambos.

Vimos que o Estatuto da Criança e do Adolescente trata da suspensão e perda do pátrio poder nos mesmos dispositivos, inclusive processuais. Os fatos graves devem ser sopesados pelo juiz, que decidirá sobre a perda ou suspensão. Em qualquer situação, perante motivos graves, pode decretar a suspensão liminar. A gravidade da conduta dependerá sempre do acurado exame do caso concreto. Ressalte-se, mais uma vez, que o art. 23 do Estatuto da Criança e do Adolescente observa que a falta ou carência de recursos materiais não constitui motivo suficiente para a perda ou suspensão do poder familiar. Nesses casos, cabe ao Estado suprir as condições mínimas de sobrevivência.

A Lei nº 13.715/2018, já por nós referida anteriormente, acrescentou parágrafo único ao art. 1.638, reportando situações graves e extremas que ocasionam também a perda do poder familiar. Essa mesma lei acrescenta modificação ao § 2º do art. 23 do Estatuto da Criança e do Adolescente:

"A condenação criminal do pai ou da mãe não implicará a destituição do poder familiar, exceto na hipótese de condenação por crime doloso sujeito à pena de reclusão contra outrem igualmente titular do mesmo poder familiar ou contra filho, filha ou outro descendente."

Essa nova redação é mais abrangente para cuidar de condutas de extrema gravidade.

Como observa Sílvio Rodrigues (1999:359), a suspensão ou destituição do poder familiar constituem menos um intuito punitivo dos pais e mais um ato em prol dos menores, que ficam afastados da presença nociva. Uma vez decretada a perda do poder familiar a um dos genitores, o outro passa a exercê-lo isoladamente, salvo se não tiver condições, caso em que deverá ser nomeado um tutor ao menor.

Anota Marco Aurélio S. Viana (1998b:272) que o que foi destituído do poder familiar pode ser nele reinvestido, provando judicialmente que as razões que determinaram a medida cessaram.

Em sede de suspensão ou perda do poder familiar, cabe sempre ao juiz, avaliando a urgência e a necessidade que a situação requer, sempre em prol do que melhor for para o menor, usar de seu poder geral de cautela, determinando medidas provisórias, deferindo e determinando a busca e apreensão e a guarda provisória dos menores a terceiros ou a estabelecimentos idôneos, enquanto a matéria é discutida no curso do processo. Lembre-se de que a suspensão do poder familiar suprime alguns direitos do genitor, mas não o exonera de prestar alimentos.

Os procedimentos de perda ou suspensão do poder familiar terão início por iniciativa do Ministério Público ou de quem tenha legítimo interesse, conforme o art. 24 e art. 155 do Estatuto da Criança e do Adolescente (Lei nº 8.069/90). Trata-se de processo, pois há que se assegurar ao réu o princípio do contraditório e da ampla defesa. O menor deve ser ouvido sempre que possível e razoável. A competência para essas ações será dos juízos da infância e do adolescente (art. 148, parágrafo único, *b*, da mesma lei). O procedimento é regulado pelos arts. 155 ss do ECA. A sentença que decretar a perda ou suspensão do poder familiar deverá ser averbada no registro de nascimento no menor (art. 164 do ECA e art. 102, § 6º, da Lei dos Registros Públicos). O futuro Estatuto das Famílias dispõe que em qualquer situação: "é possível, no melhor interesse do filho, o restabelecimento da autoridade parental por meio da decisão judicial" (art. 95).

14.8 ALIENAÇÃO PARENTAL

Essa questão já vinha sendo tratada pela doutrina, afligindo os tribunais. A Lei nº 12.318, de 26 de agosto de 2010, houve por bem colocar a problemática em termos legislativos, embora não fosse matéria essencial para isso, pois se inclui na proteção do menor, dentro do poder geral do juiz. A síndrome de alienação parental (SAP) só vem sendo estudada sob padrões científicos mais recentemente no mundo ocidental. Apenas nas últimas décadas tivemos os primeiros trabalhos publicados. Trata-se de um transtorno psíquico que geralmente aflora na separação, quando a guarda do menor é atribuída a um dos genitores, geralmente a mãe, ou a terceiros, parentes ou não. Nesse diapasão, o guardião projeta no menor seus rancores, dúvidas e ressentimentos, dificultando, impedindo o contato e denegrindo a figura do outro ascendente ou mesmo de parentes próximos, como avós, tios e irmãos. Nem sempre é fácil de ser aferida à primeira vista, e necessitará, então, de acurado exame da prova, principalmente técnica. Não apenas os pais, mas qualquer parente ou terceiro que incorra na situação pode ser acometido da síndrome e deve ser punido ou, ao menos, jurídica e psicologicamente orientado. O ofensor deverá sofrer, conforme o caso, as reprimendas civis e criminais do ordenamento, até mesmo a suspensão ou perda do poder familiar.

A questão toca diretamente o poder familiar ou a autoridade parental, como muitos preferem. Segundo o art. 2º da citada lei, "*considera-se ato de alienação parental a interferência na formação psicológica da criança ou do adolescente sob a sua autoridade, guarda ou vigilância para que repudie genitor ou que cause prejuízo ao estabelecimento ou à manutenção de vínculos com este*".

No dizer de Rolf Madaleno,

> "*A maliciosa manipulação da indefesa mentalidade de uma criança ou de um adolescente constitui um dos mais perversos instintos do ser humano, que não se importa com o mal que causa ao seu próprio filho ou familiar, considerando que também avós e parentes próximos podem atuar ativamente na obstrução do contato do filho com o outro ascendente*" (2013:462).

Não raro os filhos menores são tidos como um joguete na separação dos pais. O ranço da separação pode traduzir-se numa atitude beligerante em relação ao outro genitor, geralmente aquele que não tem a guarda, embora isso não seja uma regra. Mesmo aquele que só recebe os filhos nos finais de semana e em datas específicas pode ter conduta de alienação parental. O guardião em geral, seja ele separado de fato, divorciado ou fruto de união estável desfeita, passa a afligir a criança com ausência de desvelo com relação ao outro genitor, imputando-lhe má conduta e denegrindo sua personalidade sob as mais variadas formas. Nisso o alienador utiliza todo tipo de estratagemas. Trata-se de abuso emocional de consequências graves sobre a pessoa dos filhos. Esse abuso traduz o lado sombrio da separação dos pais. O filho é manipulado para desgostar ou odiar o outro genitor.

O parágrafo único do artigo transcrito apresenta apenas exemplificativamente sete modalidades de condutas reprováveis, as quais não podem mesmo ser exaustivas. Veja, por exemplo, a descrita no inciso VII, exemplo marcante de alienação parental quando o guardião muda de domicílio para local distante injustificadamente visando dificultar a convivência do menor com o outro genitor, seus familiares e pessoas queridas.[8]

---

[8] "Direito processual civil. Apelação. Direito civil. Direito de família. Guarda unilateral concedida. Medidas protetivas. Regime de convivência entre o genitor e a prole. Deferimento. Parcial provimento. 1. A guarda compartilhada é um direito que a criança possui, responsabilizando os pais devido ao poder familiar dos filhos comuns, nos termos do Art. 1.583, § 1º do Código Civil. 2. De acordo com o art. 1.584, § 2º quando não houver concordância entre os genitores a guarda será compartilhada, salvo no caso de identificada a violência doméstica. 3. No presente caso, ante as provas que evidenciam a violência doméstica do genitor contra a genitora, a guarda ser exercida de forma unilateral pela genitora. 4. A convivência entre pais e filhos, leva em consideração o interesse do menor, para que o desenvolvimento deste seja saudável. O art. 2º da Lei nº 12.318 (Lei de Alienação Parental), fixa como **alienação**

parental o ato de dificultar o exercício a convivência entre o genitor e a prole. 5. Mesmo nos casos de violência doméstica há necessidade de estipular um convívio mínimo entre pai e o filho, haja vista a prevalência do interesse do menor. É essencial fortalecer os laços de confiança e confidencialidade entre o genitor e o menor, pois isso não só contribui para um relacionamento saudável e seguro, mas também cria um ambiente de convivência positivo que beneficia o bem-estar da criança. 6. No caso, o regime de convivência de convivência deve ser fixado nos termos propostos pelo genitor e intermediados pela avó paterna, ante as medidas protetivas estabelecidas em favor da genitora. 7. Recurso conhecido e parcialmente provido para manter a guarda unilateral com a genitora e estabelecer o regime de convivência do menor com o genitor, com a intermediação da avó paterna"(*TJDFT* – Ap 07357480820228070003, 29-8-2024, Rel. Roberto Freitas Filho).

"Agravo de instrumento. Ação de alteração de guarda unilateral para compartilhada. Decisão que indeferiu o pedido de tutela antecipada para proibir que a ré mude de domicílio para outro Estado levando consigo a filha menor das partes sem autorização e determinou a realização de estudo psicossocial com as partes envolvidas. Inconformismo do autor quanto ao indeferimento da tutela antecipada. Cabimento. Agravada que confirmou na contestação sua pretensão de mudar para a Bahia. Verossimilhança da alegação e elementos que evidenciam a probabilidade do direito do agravante. Eventual mudança da agravada para outro Estado da Federação levando a filha menor das partes sem a concordância do genitor ou autorização judicial que implicaria em ato de **alienação parental** (art. 2º, parágrafo único, inciso VII e art. 6º, ambos da Lei nº 12.318/2010). Acolhimento do pedido do agravante que se mostra prudente. Agravo provido". (*TJSP* – AI 2096597-31.2022.8.26.0000, 27-8-2022, Rel. Pedro de Alcântara da Silva Leme Filho).

"Apelação cível. Direito constitucional. Direito de família. Direito civil. Direito processual civil. Ação de ampliação de visitas. **Alienação parental**. Comprovada. Recurso conhecido e parcialmente provido. Sentença parcialmente reformada. 1. Os litígios que versam sobre o poder familiar devem observar o melhor interesse da criança. 2. A Lei nº 12.318/2010 exemplifica como forma de alienação parental mudar o domicílio para local distante, sem justificativa, visando dificultar a convivência da criança ou adolescente com o outro genitor, com familiares deste ou com avó; deixar de comunicar ao genitor informações pessoais relevantes sobre a criança ou adolescente, inclusive escolares, médicas e alterações de endereço 2.1. No caso dos autos, restou demonstrado que a genitora praticou atos de alienação parental, o que autoriza a aplicação de instrumento processuais que atenuem seus efeitos, como a ampliação do regime de convivência. 3. A convivência entre pais e filhos é direito não só dos genitores, mas também dos menores, sendo certo que contribui para o desenvolvimento integral da criança devendo ser fixada sempre observando o melhor interesse do menor. 4. Recurso conhecido e parcialmente provido. Sentença parcialmente reformada" (*TJDFT* – Ap. 07040701320208070013, 24-11-2021, Rel. Romulo de Araujo Mendes).

"Ação de modificação de guarda – Guarda unilateral que havia sido, de início, atribuído à mãe, por força de acordo celebrado quando da dissolução da união estável - Ação ajuizada pelo pai, fundamentada na prática de atos de **alienação parental** – Tutela provisória concedida em audiência, em 2018, no qual foi invertida a guarda, que passou a ser atribuída ao pai - Sentença de procedência - Irresignação da ré – Não acolhimento – Comprovação de relação conflituosa entre as partes – Ré que, enquanto manteve a guarda da menor, obstou o direito de visitas do pai e dificultou o acesso à criança, havendo elementos que indicam que formulou, contra ele, falsa denúncia de abuso sexual contra a menor – Laudos psicossociais que indicam que a criança, desde que passou a viver com o pai, encontra-se bem assistida e cuidada – Laudos minuciosos e bem elaborados - Recomendação para que a guarda permaneça com o pai, reconhecido o direito de visitas da mãe - Nova inversão da guarda que, por ora, não atende os interesses da menor, que devem prevalecer – Recurso desprovido". (*TJSP* – Ap. 1000003-50.2017.8.26.0548, 27-5-2021, Rel. Marcus Vinicius Rios Gonçalves).

"Apelação cível. Ação de inversão de guarda cumulada com declaratória de alienação parental. Constatação. Alteração da guarda. Prevalência dos precípuos interesses do menor. Sentença de parcial procedência confirmada. 1. A **alienação parental** consiste na interferência na formação psicológica da criança ou do adolescente promovida ou induzida por um ou ambos os genitores, pelos avós ou pelos que tenham a criança ou adolescente sob a sua autoridade, guarda ou vigilância para que repudie genitor ou que cause prejuízo ao estabelecimento ou à manutenção de vínculos com este. Caso concreto em que o conjunto probatório trazido aos autos, especialmente os estudos sociais e avaliações psicológicas e psiquiátrica, identificaram a ocorrência de alienação parental. 2. As alterações de guarda, em regra, devem ser evitadas, na medida em que acarretam modificações na rotina de vida e nos referenciais dos menores, e, por conseguinte, geram transtornos de toda ordem. As crianças necessitam de segurança para viver e se desenvolver, e seu bem-estar deve se sobrepor, como um valor maior, a qualquer interesse outro. A julgar pelos elementos constantes nos autos, a genitora apresenta plenas condições de continuar exercendo a guarda da filha menor, garantido o direito de visitas ao genitor. Não se verificam, assim, razões plausíveis para que seja operada reforma na sentença, cuja solução é a que melhor atende aos interesses da infante. Apelação desprovida" (*TJRS* – Ap. 70083723965, 10-12-2020, Rel Sandra Brisolara Medeiros).

"**Alienação parental** – Proibição do genitor de comparecer no colégio da filha em dias e horários que não sejam aqueles em que possui o direito de retirá-la em visitas. A beligerância quase extrema entre os pais e os conflitos que daí decorrem em prejuízo para a criança justificam a decisão que proíbe o agravante de se encontrar com a filha na saída da escola fora dos seus dias em que está autorizado a retirá-la. Visitas que devem se restringir ao que foi estabelecido no acordo, até que sobrevenha o laudo pericial. Recurso improvido." (*TJSP* – AI 2225942-89.2018.8.26.000, 20-2-2019, Rel. Maia da Cunha).

Cabe ao juiz, de ofício ou a requerimento, em ação autônoma ou incidentalmente, com participação do Ministério Público, tomar as medidas urgentes necessárias conforme o caso concreto, no sentido de resguardar a higidez psicológica do menor.

A síndrome da alienação parental deve ser vista como uma moléstia psíquica grave. Em muitas situações o alienador não tem consciência plena do mal causado. Sua intenção é mais do que denegrir, destruir o outro genitor perante os filhos. Se necessário, o juiz determinará realização de perícia psicológica ou biopsicossocial (art. 5º da Lei nº 12.318/2010). A escolha do profissional capacitado para essa perícia será essencial, podendo ser realizada por equipe multidisciplinar. Psicólogos, psiquiatras, pedagogos, assistentes sociais poderão participar do exame. Provada a existência de desvio psicológico, essa sociopatia é sumamente prejudicial para os filhos e o genitor inocente.

A lei citada abre amplo espectro de opções instrumentais ao juiz para inibir ou atenuar os efeitos desse desvio de conduta, conforme a gravidade e a situação concreta (art. 6º):

"I – declarar a ocorrência de alienação parental e advertir o alienador;

II – ampliar o regime de convivência familiar em favor do genitor alienado;

III – estipular multa ao alienador;

IV – determinar o acompanhamento psicológico e/ou biopsicossocial;

V – determinar a alteração da guarda compartilhada ou sua inversão;

VI – determinar a fixação cautelar do domicílio da criança ou adolescente;

VII – (revogado).

Esse rol é apenas exemplificativo e o juiz deverá verificar qual a solução mais plausível no caso concreto. Nada impede que algumas dessas medidas sejam aplicadas cumulativamente. Situações ocorrem em que a simples advertência atingirá resultados. Outras situações exigirão medidas mais rudes e drásticas. A lei não esclarece a natureza da multa, mas quer parecer que a melhor solução será das *astreintes* ou multa diária. O tirocínio do julgador será fundamental na aplicação das medidas, sob pena de jogar por terra a intenção da lei. A suspensão da *autoridade parental*, examinada no tópico anterior deste capítulo, é expressão que mais modernamente se refere ao *poder familiar*, pois há autores que querem afastar a ideia de poder nas relações de família.

O dispositivo se reporta também à mudança abusiva de endereço, inviabilizando ou obstruindo a convivência familiar. O juiz poderá inverter a obrigação de retirar o menor da residência do genitor. Tudo isso no sentido formal: nem sempre a situação concreta permitirá solução descrita na lei.

"Ação de alienação parental – Decisão que postergou para depois da realização de estudo psicológico e social a análise do pedido de tutela de urgência objetivando a suspensão do direito de visitas dos avós paternos – Atos de alienação parental que dependem de dilação probatória – Prudente a manutenção do convívio da criança com a família paterna – Decisão mantida – Recurso improvido" (TJSP – AI 2152825-02.2017.8.26.0000, 21-8-2018, Rel. Eduardo Sá Pinto Sandeville).

"Apelação – Alegação de **síndrome da alienação parental** – Laudos psicológicos que não comprovam sua ocorrência – Pleito judicial embasado em laudo formulado pela psicóloga que atendia a infante – Genitora que apenas procurou preservar o melhor interesse da filha – Inexistência da alienação parental. Verba honorária readequada em razão do trabalho despendido pelo patrono. Recurso conhecido e parcialmente provido. Apelação. Autora. Cerceamento de defesa – Afronta aos princípios do contraditório e ampla defesa – Não ocorrência – Juiz destinatário das provas – Julgamento antecipado da lide que não caracteriza nulidade. Ampliação do direito das visitas – Atendimento ao melhor interesse da infante – Visitas fixadas de forma equilibrada e propiciando a reinserção desta no seio familiar paterno. Recurso conhecido e não provido" (TJPR – AC 1372594-3, 8-4-2016, Rel. Des. Ruy Muggiati).

Rolf Madaleno, em sua exaustiva e profunda obra sobre direito de família, lembra ainda que, ao lado da SAP, deve ser considerada também a *síndrome das falsas memórias* (2013:468). A terminologia ainda não é definitiva. Cuida-se, entre outros aspectos, da lembrança de abusos sexuais que alguém traz da infância ou adolescência. As falsas memórias provêm daqueles que perpetraram abuso e têm interesse em implantar memórias no indivíduo de molde que os fatos respectivos fiquem apagados ou exatamente o contrário, implantação de memórias de abuso na infância, quando este não ocorreu. A memória da criança é falível e muito suscetível a esse fenômeno. A psiquiatria vem estudando com afinco essa denominada síndrome nas últimas décadas.

Quando há suspeita dessa situação, em processo ou fora dele, o Judiciário não pode fazer vistas grossas e deve aprofundar a prova tanto quanto possível e necessário para apurar fatos tão graves, que maculam e prejudicam a formação do caráter do menor e do futuro adolescente ou adulto. O cônjuge alienador é geralmente pessoa com baixa estima, manipuladora, dominadora, que se recusa a cumprir decisões judiciais e dá-lhes pouca importância, como, com agudeza, aponta Juliana Mezzaroba Tomazoni de Almeida Pinto[9], em trabalho divulgado na internet. Usa dessa alienação como instrumento de vingança contra o ex-companheiro, esquecendo-se dos seus deveres como mãe (ou pai). A moléstia é grave e deve ser coibida prontamente pelo juiz ao tomar conhecimento dos fatos.

Existem opiniões e estudos que propugnam por modificação radical dessa lei em torno da alienação parental, nem sempre bem aplicada na prática. Certamente, com a próxima alteração do Código Civil, essa matéria será enfrentada.

---

[9] Disponível em: <http://www.jurisway.org.br/v2/dhall.asp?id_dh=6552>.

15

REGIMES DE BENS

15.1 INTRODUÇÃO

A união pelo casamento, assim como a união estável ou convivência almejam mútua cooperação, assim como assistência moral, material e espiritual. O casamento não deve possuir conteúdo econômico direto. No matrimônio, sobrelevam-se os efeitos pessoais entre os cônjuges e destes com relação aos filhos. No entanto, a união de corpo e alma do homem e da mulher traz inexoravelmente reflexos patrimoniais para ambos, mormente após o desfazimento do vínculo conjugal. Ainda, durante a vida matrimonial há necessidade de o casal fazer frente às necessidades financeiras para o sustento do lar. Cumpre, portanto, que se organizem essas relações patrimoniais entre o casal, as quais se traduzem no regime de bens. Ainda que não se leve em conta um cunho econômico direto no casamento, as relações patrimoniais resultam necessariamente da comunhão de vida. A união estável também pode e deve se valer dos mesmos pactos aplicáveis ao casamento.

Desse modo, o regime de bens entre os cônjuges compreende uma das consequências jurídicas do casamento. Nessas relações, devem ser estabelecidas as formas de contribuição do marido e da mulher para o lar, a titularidade e administração dos bens comuns e particulares e em que medida esses bens respondem por obrigações perante terceiros. Portanto, *"regime de bens é o estatuto que regula as relações patrimoniais entre os cônjuges, e entre estes e terceiros"* (Santos, 1999:291).

Tecnicamente, a denominação *regime de bens* não é a melhor, porque mais exato seria referir-se a regimes patrimoniais do casamento. No entanto, a expressão é consagrada, sintética e com significado perfeitamente conhecido. Regime de bens constitui a modalidade de sistema jurídico que rege as relações patrimoniais derivadas do casamento. Esse sistema regula precipuamente a propriedade e a administração dos bens trazidos antes do casamento e os adquiridos posteriormente pelos cônjuges. Há questões secundárias que também versam sobre o direito patrimonial no casamento e da união estável que podem derivar do regime de bens, como o dever de alimentos à prole e o usufruto de seus bens, da mesma forma que importantes reflexos no direito sucessório.

Desse modo, a existência de um regime de bens é necessária, não podendo o casamento subsistir sem ele. Ainda que os cônjuges não se manifestem, a lei supre sua vontade, disciplinando o regime patrimonial de seu casamento. Augusto César Belluscio (1987, v. 2:4) aponta que, na prática, todos os ordenamentos estabelecem um regime de bens. Somente o Código soviético da família, de 1918, o proibiu, embora tenha sido uma posição meramente teórica, tanto que o Código de 1926 voltou a restabelecê-lo. Enquanto o casamento é regido por normas rígidas e imperativas, o regime de bens pode adotar várias fórmulas flexíveis e combinadas. Raras são as legislações que adotam um regime único de bens; a maioria oferece várias modalidades, permitindo a livre escolha pelos nubentes. Quando os cônjuges não exercem essa opção, a lei lhes supre a vontade, regulando seus interesses patrimoniais.

No Direito Romano, vigorava o princípio da absorção: o patrimônio da mulher era absorvido pelo marido, que se tornava único proprietário e administrador. Tratava-se de consequência do casamento *cum manu*, ao qual já nos referimos. Como a mulher ficava sujeita ao poder do *pater familias*, assim também ficavam seus bens. O antigo direito saxão também estabelecera uma unidade patrimonial entre os esposos e foi aplicado igualmente nos Estados Unidos até meados do século XIX, sendo substituído pelo regime da separação, como consequência da emancipação da mulher. A legislação comparada toma os mais diversos rumos nessa matéria, não se divisando tendência de uniformidade, como ocorre em inúmeros outros institutos jurídicos. Cada país apresenta matiz próprio, porque o regime de bens conjugais depende dos costumes e das necessidades sociais locais. Daí afirmar Guillermo A. Borda (1993, v. 1:206) que o estudo de direito comparado nesse campo oferece interesse reduzido, quando se trata de interpretar disposições da lei nacional.

Nosso Código Civil adota, como regra geral, a liberdade de escolha pelos cônjuges do regime patrimonial no casamento: *"É lícito aos nubentes, antes de celebrado o casamento, estipular, quanto aos seus bens, o que lhes aprouver"* (art. 1.639).[1]

---

[1] "Apelação cível. Direito de família. Casamento. **Regime de bens. Modificação.** Art. 1.639, § 2.º, do CC. Separação obrigatória. Art. 1.641, III do CC. Alteração para comunhão universal. Artigo 1.667 do CC. Manifestação expressa da vontade dos cônjuges. Garantias patrimoniais. Ampliação. Efeitos *ex tunc*. Precedente do STJ. Recurso conhecido e provido. 1. Art. 1.639 do CC: 'É admissível alteração do regime de bens, mediante autorização judicial em pedido motivado de ambos os cônjuges, apurada a procedência das razões invocadas e ressalvados os direitos de terceiros'. 2. '[...] A eficácia ordinária da modificação de regime de bens é *ex nunc*, valendo apenas para o futuro, permitindo-se a eficácia retroativa (*ex tunc*), a pedido dos interessados, se o novo regime adotado amplia as garantias patrimoniais, consolidando, ainda mais, a sociedade conjugal. [...]'. (REsp n. 1.671.422/SP, relator Ministro Raul Araújo, Quarta Turma, julgado em 25/4/2023, DJe de 30/5/2023.). 3. A não retroação dos efeitos da mudança do regime de bens desnatura a sistemática da comunhão universal, que prevê a comunhão de todo o patrimônio do casal, presente e futuro. 4. Recurso conhecido e provido" (TJPR – Ap 0001258-18.2023.8.16.0099, 8-4-2024, Rel. Desembargador Fabio Haick Dalla Vecchia).

"**Alteração consensual de regime de bens no casamento.** Modificação do regime da separação de bens para o da comunhão parcial de bens. Aplicação do § 2º do art. 1.639 do CC. Requisitos presentes, a autorizar a pretensão. Alteração que produz efeitos "*ex nunc*", com expressa ressalva a direitos de terceiros anteriormente constituídos. Sentença reformada. Recurso provido". (TJSP – Ap. 1000014-65.2021.8.26.0281, 10-12-2021, Rel. João Pazine Neto).

"Apelação cível. Ação de **alteração de regime de bens**. Comunhão parcial para separação total. Atribuição de eficácia *ex tunc*. Cabimento. Inexiste óbice à procedência do pedido, de alteração do regime de bens, da comunhão parcial para separação total, com eficácia *ex tunc*, de acordo com a vontade expressamente manifestada pelos cônjuges, uma vez que eventuais direitos de terceiros já são ressalvados por força do art. 1.639, § 2º, do CC, ressalva essa que só tem cabimento em razão da possibilidade de retroação. Sentença reformada. Apelação provida" (TJRS – Ap. 70083960005, 23-4-2020, Rel. Ricardo Moreira Lins Pastl).

"Apelação – **Pedido de alteração do regime de bens** – Casal que contraiu matrimônio no ano de 1999, no regime da comunhão parcial de bens e pretende sua alteração para a participação final nos aquestos. O Código Civil de 2002 passou a prever a mutabilidade do regime matrimonial desde que cumpridos os seguintes requisitos: pedido sólido e motivado de ambos os cônjuges, autorização judicial e preservação do interesse de terceiros. Presente justo motivo. Não se vislumbra potencial prejuízo a terceiros, uma vez que a mudança do regime de bens somente produzirá efeitos para as dívidas contraídas após o trânsito em julgado da sentença que reconhecer a pretensão (*ex nunc*). Recurso provido." (TJSP – AC 1001917-86.2018.8.26.0299, 11-10-2019, Rel. Piva Rodrigues).

"Apelação Cível – **Pedido de alteração do regime de bens** – Procedimento de jurisdição voluntária – Sentença de improcedência – Insurgência dos demandantes – Pretensa alteração do regime de bens – Casamento celebrado

Há necessidade, porém, de escritura antenupcial se os nubentes desejarem outro regime que não o da comunhão de aquestos, o que será muito bem corrigido pelo futuro Estatuto das Famílias, que dispensará a escritura, se os interessados escolherem o regime da comunhão universal ou o da separação de bens. Esse projeto exclui o regime de participação final de aquestos, assim como o projeto de reforma do Código Civil enviado ao Senado, monstro legal inútil trazido pelo Código de 2002.

Como vimos e como claramente expressava a lei, a escolha do regime de bens devia necessariamente anteceder ao casamento, pois o Código de 1916 estabelecia a imutabilidade do regime de bens, ou melhor, sua irrevogabilidade (art. 230). A imutabilidade, como explanado, constava na lei como garantia aos próprios cônjuges e para resguardo ao direito de terceiros. No curso da vida conjugal, um dos cônjuges poderia fazer prevalecer indevidamente sua vontade para alterar o regime, em detrimento do outro ou de credores do casal. Terceiros que contraem obrigações com pessoas casadas devem conhecer seu regime de bens, porque dele decorrem inúmeros reflexos nos negócios jurídicos. Neste sentido, nosso sistema de 1916 não permitia, pois, que o regime escolhido fosse alterado no curso da vida conjugal, em sentido contrário ao observado em outras legislações.

Tomando o exemplo do direito comparado, o Código de 2002 passou a admitir a alteração do regime de bens,

> *"mediante autorização judicial em pedido motivado de ambos os cônjuges, apurada a procedência das razões invocadas e ressalvados os direitos de terceiros"* (art. 1.639, § 2º).

Os julgados sob esse dispositivo nos apontam que andou bem o legislador. Sem dúvida, os rumos tomados pela união estável sem casamento influenciaram o legislador nesse sentido: os companheiros sempre gozaram de maior mobilidade no tocante aos bens comuns. Manter a imutabilidade do regime de bens seria tratar o casamento de forma mais rigorosa que a união sem casamento.

O art. 734 do CPC de 2015, em boa hora, regula a alteração do regime de bens, que caía em um vazio processual. Especifica que a medida poderá ser requerida motivadamente em petição firmada por ambos os cônjuges, declinando as razões da pretensão. Do procedimento

---

sob a égide do Código Civil de 2002 no regime legal. Cônjuge varão que ao exercer atividade empresarial contraiu inúmeras dívidas, inclusive como avalista. Causa de frequente desentendimentos entre o casal que justifica a motivação exigida pelo art. 1.639, § 2º do Código Civil. Mudança para o regime da separação total de bens. Possibilidade. Autorização judicial que produz efeitos ex nunc e resguarda interesses de terceiros. Autorização, cuja eficácia fica condicionada à averbação no assento de casamento dos consortes. Sentença reformada. Recurso conhecido e provido" (*TJSC* – AC 0301293-44.2014.8.24.0018, 15-8-2018, Rel. Des. Subst. José Maurício Lisboa).

"Apelação cível – **Pedido de alteração de regime de bens** – Litigantes casados pelo regime de comunhão parcial de bens – Pretendida alteração para separação total de bens – Justificativa de novo planejamento familiar e de desinteresse na comunicação dos bens – Motivação e discernimento de ambos os cônjuges para escolher o regime de bens que melhor lhes convenha – Direitos de terceiros ressalvados – Recurso conhecido e provido – O art. 1.639, § 2º, do Código Civil, permite que os cônjuges promovam, judicialmente, a alteração do regime de bens do casamento, mediante pedido motivado na liberdade de gerir o patrimônio, resguardados direitos de terceiros" (TJSC – AC 2015.066509-1, 21-1-2016, Rel. Juiz Saul Steil).

"Civil – Processual civil – Família – **Regime de bens – Alteração** – Possibilidade – Interesse processual – Existência – Recurso especial provido – 1 – O Código Civil de 2002 alterou o ordenamento jurídico brasileiro, modificando o sistema em relação ao princípio da imutabilidade absoluta de regime de bens permitindo a sua alteração justificada ou motivada e desde que demonstrado em procedimento de jurisdição voluntária a procedência da pretensão que deve ser manifestada por ambos os cônjuges, observados os direitos de terceiros. 2 – Presente o interesse processual, apto a possibilitar a pretendida alteração de regime conjugal, já que a paz conjugal precisa e deve ser preservada. 3 – Recurso especial provido" (*STJ* – REsp 1.446.330, (2013/0381841-1), 27-3-2015, Rel. Min. Moura Ribeiro).

participará o Ministério Público e será publicado edital com prazo de 30 dias. Medida útil consta do § 2º do artigo, que permite aos cônjuges requerer meio alternativo de divulgação, a fim de resguardar direitos de terceiros. Assim, podem ser utilizadas as redes sociais, por exemplo. O essencial é que se acautelem terceiros que eventualmente possam ser prejudicados com a alteração do regime de bens.

Após o trânsito em julgado da sentença procedente, serão expedidos mandados de averbação aos cartórios do registro civil e de imóveis e, caso qualquer dos cônjuges seja empresário, ao Registro Público de Empresas Mercantis e Atividades Afins (§ 3º).

Os efeitos da alteração de regime serão sempre *ex nunc*, não retroagindo para antes da sentença.

Como se nota, contudo, não será livre a possibilidade de os cônjuges alterarem seu regime de bens, não se erigindo essa possibilidade em um direito meramente potestativo. A modificação do regime somente decorrerá de autorização mediante decisão judicial.

Quatro eram os regimes de bens descritos por nossa lei de 1916: comunhão universal (arts. 262 a 268), comunhão parcial (arts. 269 a 275), separação (arts. 276 e 277) e dotal (arts. 278 a 311). Até o advento da Lei do Divórcio (Lei nº 6.515/77), a redação original do Código anterior dispunha que no silêncio dos nubentes o casamento seria regido pelo regime da comunhão universal. Essa lei modificou tal orientação, dispondo que o regime da comunhão parcial regeria a vida patrimonial dos cônjuges na ausência de pacto antenupcial. Leva-se em conta que a maioria dos matrimônios ocorre com pessoas jovens, ainda de parco ou nenhum patrimônio, o qual será amealhado, sem dúvida, com o esforço comum na futura vida conjugal. É mantida essa mesma diretriz no Código de 2002 (art. 1.640). Não havendo convenção antenupcial, ou sendo ela nula ou ineficaz, vigorará quanto aos bens entre os cônjuges o regime da comunhão parcial.

O Código de 2002 disciplina a comunhão parcial (arts. 1.658 a 1.666); a comunhão universal (arts. 1.667 a 1.671); a participação final nos aquestos (arts. 1.672 a 1.686) e a separação de bens (arts. 1.687 e 1.688). Suprime-se o regime dotal, de praticamente nenhuma utilização em nosso país, introduzindo-se o regime de participação final de aquestos, que já de plano se mostrava supérfluo e sem adequação em nosso meio social. Outra inutilidade como fora o regime dotal.

Na verdade, os regimes patrimoniais para os cônjuges não representam compartimento estanque, pois os interessados podem combiná-los entre si. Leve-se em conta, por exemplo, que o regime dotal não era um regime propriamente dito, mas uma modalidade de administração de bens que se combinava com os demais regimes.

Vigora, portanto, no sistema de 1916 e no de 2002, salvo as situações de separação obrigatória, plena liberdade para os interessados na elaboração da escritura antenupcial, que somente encontra obstáculos em normas de ordem pública. Desse modo, os nubentes podem não só adotar um dos regimes descritos na lei, assim como mesclá-los entre si. No sistema a ser introduzido pelo Estatuto das Famílias, a escritura somente será necessária se os nubentes optarem por mesclar regimes. Podem, por exemplo, determinar que o regime será o da comunhão universal, mas que determinado bem, como um imóvel, as quotas de uma sociedade ou as ações de uma empresa, permaneçam na propriedade exclusiva de um dos cônjuges; podem estipular que o regime será o da separação completa de bens, mas que determinado bem móvel ou imóvel será comum etc. Mais explícito a respeito é o Código português, que esclarece:

> "Os esposos podem fixar livremente, em convenção antenupcial, o regime de bens, quer escolhendo um dos regimes previstos neste Código, quer estipulando o que a esse respeito lhes aprouver, dentro dos limites da lei" (art. 1.698).

Desse modo, se os nubentes desejarem assumir o regime de comunhão parcial, não necessitarão de pacto. Se outra modalidade de regime for sua escolha, precisarão estipulá-la por meio de escritura pública. Desse modo, embora seja facultativa a escolha do regime, os cônjuges necessariamente devem recorrer ao pacto se não desejarem a comunhão parcial.

Quando o casamento se desenvolve sem maiores sobressaltos, nada interferirá na vida econômica dos cônjuges. O regime de bens repousa em recôndito esquecido da vida em comum. Quando, porém, o casamento balouça em mares bravios e soçobra, nos momentos de fricção ou quando se desfaz a sociedade conjugal, surgem problemas derivados do regime de bens, quer levantados pelos próprios cônjuges, quer por seus herdeiros, no caso de morte.

15.2 PRINCÍPIOS GERAIS. REQUISITOS DO PACTO ANTENUPCIAL

O princípio da imutabilidade foi consagrado pelo Código napoleônico, do qual passou para a maioria das legislações ocidentais. Não mais vige, porém, na França, tendo desaparecido com a reforma do Código Civil de 1965. Admite-se, naquele país, a mudança do regime durante o casamento, por acordo dos cônjuges ou sentença judicial requerida a pedido de um deles, após a duração inicial do regime por dois anos.

Vimos que nosso atual Código se posicionou no mesmo sentido, permitindo a alteração do regime de bens, mediante autorização judicial requerida por ambos os cônjuges, apurada a procedência das razões invocadas e ressalvado o direito de terceiros. A atual lei não estabelece um prazo mínimo para possibilitar esse requerimento. Verificamos, portanto, tendência geral de modificação do princípio que entre nós era mantido como dogmático desde antes da promulgação do Código Civil de 1916.

Outro princípio do regime de bens já por nós acenado é a autonomia da vontade dos cônjuges. Os esposos têm a sua disposição supletivamente o regime da comunhão parcial na lei, não sendo obrigados a elaborar escritura antenupcial. No entanto, como vimos, têm ampla oportunidade de fazê-lo, adotando os demais regimes descritos pelo legislador ou combinando-os entre si. Os únicos obstáculos serão normas de ordem pública.

O projeto do Estatuto das Famílias extingue esse regime de separação obrigatória cujos resultados mostraram-se pífios. No mesmo sentido se apresenta o projeto de reforma do Código Civil atualmente no Senado.

15.2.1 Separação Obrigatória de Bens

Existem exceções a essa autonomia de escolha, como estudamos, em situações nas quais a lei impõe o regime da separação. Trata-se de regime obrigatório, imposto em determinadas condições, que não se confunde com o regime legal da comunhão parcial, supletivo da vontade dos interessados. Nesse sentido dispõe o atual diploma:

> "Art. 1.641. É obrigatório o regime da separação de bens no casamento:
>
> I – das pessoas que o contraírem com inobservância das causas suspensivas da celebração do casamento;
>
> II – da pessoa maior de setenta anos (com a redação dada pela Lei nº 12.344, de 9 de dezembro de 2010);
>
> III – de todos os que dependerem, para casar, de suprimento judicial".[2]

---

[2] O art. 258, parágrafo único, do Código de 1916 dava como obrigatório o da separação de bens no casamento:
"I – das pessoas que o celebrarem com infração do estatuído no art. 183, XI a XVI (art. 216);
II – do maior de 60 (sessenta) e da maior de 50 (cinquenta) anos;

Quanto aos casamentos com infração às cláusulas suspensivas nos ocupamos anteriormente no Capítulo 4. O casamento de incapazes, sem autorização legal, é anulável. O mesmo ocorre no casamento dos que não atingiram a idade núbil. Persistindo o enlace, porém, o regime será o da separação.

Lembrando o último inciso desse dispositivo, o princípio geral é que, em todo casamento que necessite de autorização judicial, o regime será o da separação. Acende-se a chama da suspeita para o legislador com relação a todos aqueles que necessitam de autorização judicial para se casarem. O legislador entende, por exemplo, que o menor que se casa com suprimento judicial da vontade de seus pais ou para furtar-se à imposição de pena criminal necessita de maior proteção no curso do casamento. No entanto, o legislador, direcionado para uma posição essencialmente patrimonial, esbarra em nossa realidade social. Geralmente, os casamentos de pessoas nessas condições ocorrem nas classes menos favorecidas, cujo patrimônio se constituirá nos anos futuros ao casamento. Ainda porque os membros das classes mais favorecidas terão maiores possibilidades de elaborar pacto antenupcial. O melhor regime, o que mais atende às situações sociais, não somente nessa hipótese de imposição legal, mas também nas demais, é o da comunhão parcial. É de curial justiça que os bens adquiridos pelo esforço comum de ambos os cônjuges pertençam a ambos. Não se justifica que em casamento estável, perdurando por décadas, haja imposição de separação absoluta de bens. Como veremos a seguir, a jurisprudência do Código anterior encarregou-se de aparar essa aresta. Essa matéria, sem dúvida, será alterada na próxima versão de nosso Código Civil.

Questão que ora se coloca diz respeito à possibilidade de ser alterado o regime compulsório de separação, com fulcro no art. 1.639, § 2º. Pergunta-se: podem os cônjuges, mediante justificação e razões plausíveis, alterar voluntariamente um regime imposto pela lei? Certamente que a resposta, com base no texto literal e nos princípios gerais, é pela negativa. Dirá o exegeta estrito da lei que qualquer tentativa de alteração do regime legal imposto será fraudatória. Sem dúvida, o texto não permitiria outra interpretação se estivéssemos no campo obrigacional. Como alertamos de início, o direito de família rege-se por princípios diversos; não é um direito patrimonial. Nesse sentido, não será esta a melhor solução, sem dúvida, para inúmeras situações concretas que são trazidas aos tribunais.

Quanto ao casamento do maior de 60 e da maior de 50 anos no Código de 1916, o legislador compreendera que, nessa fase da vida, na qual presumivelmente o patrimônio de um ou de ambos os nubentes já está estabilizado, e quando não mais se consorciam no arroubo da juventude, o conteúdo patrimonial deve ser peremptoriamente afastado. A ideia é afastar o incentivo patrimonial do casamento de uma pessoa jovem que se consorcia com alguém mais idoso. O vigente Código, em atendimento à perfeita igualdade constitucional do homem e da mulher, estabeleceu a idade de 60 anos para ambos os sexos. Sílvio Rodrigues (1999:165) posiciona-se francamente contra a disposição, sustentando, com razão, que se trata de imposição legal atentatória contra a liberdade individual. Dizia, com base no antigo diploma:

> "Aliás, talvez se possa dizer que uma das vantagens da fortuna consiste em aumentar os atrativos matrimoniais de quem a detém. Não há inconveniente social de qualquer espécie em permitir que um sexagenário ou uma quinquagenária ricos se casem pelo regime da comunhão, se assim lhes aprouver".

III – do órfão de pai e mãe, ou do menor, nos termos dos arts. 394 e 395, embora case, nos termos do art. 183, XI, com o consentimento do tutor;
IV – de todos os que dependerem, para casar, de autorização judicial (arts. 183, XI, 384, III, 426, I, e 453)".

Como se nota, em que pese a resistência doutrinária, o presente Código manteve a restrição. A Lei nº 12.344/2010 elevou essa idade para *"pessoa maior de setenta anos"* (art. 1.641, II). Essa majoração mais recente da idade atende a contemporaneidade, tendo em vista novos padrões de saúde e sociais. Há quem sustente a inconstitucionalidade do princípio com base na proteção à dignidade da pessoa. A matéria já foi discutida na Suprema Corte, decidindo-se por um meio termo, possibilitando aos nubentes alterarem essa situação por vontade, sem se debruçar pela inconstitucionalidade. Destarte, entendeu-se que o regime da separação legal não é obrigatório. A matéria continua palpitante e mesmo o projeto de reforma do Código Civil enviado ao Senado possui posições contraditórias.

Quanto aos órfãos de pai e mãe, a lei antiga impunha o regime legal da separação, ainda que existisse a autorização do tutor, porque pretendeu colocar a salvo o patrimônio do nubente, quando o casamento poderia servir de meio para dissipá-lo. Entendia a lei que o tutor não tinha a mesma confiabilidade dos pais no tocante à proteção do interesse dos filhos. O mais recente Código não repete a disposição.

15.2.1.1 Comunhão de aquestos na separação legal no sistema de 1916. O atual Código

É importante que se mantenha este estudo neste volume porque, por muito tempo, ainda teremos a influência e aplicação de dispositivos do Código Civil antigo.

No passado, o art. 259 do Código de 1916 provocou celeuma na doutrina e na jurisprudência. Restou predominante a corrente jurisprudencial que entendia que o regime legal de separação não obstava a comunhão dos aquestos. Traz-se à berlinda a dicção do art. 259:

> *"Embora o regime não seja o da comunhão de bens, prevalecerão, no silêncio do contrato, os princípios dela, quanto à comunicação dos adquiridos na constância do casamento".*

O legislador do antigo Código preparou uma armadilha indesejável para os que escolhiam no pacto antenupcial o regime da separação: se não fossem expressos a respeito da incomunicabilidade absoluta, estariam casando-se, na verdade, sob o regime da comunhão de aquestos.

No tocante ao regime de separação imposto por lei, a interpretação gramatical do texto, por si só, não permitia esse entendimento. É fato que o art. 259 teve por objetivo unicamente as convenções voluntárias (*"no silêncio do contrato"*). Por outro lado, como aponta Sílvio Rodrigues (1999:168), se o legislador quisesse determinar que o casamento fosse regido pela comunhão parcial, não se teria referido ao regime da separação, como faz no art. 258, mas expressamente ao regime da comunhão parcial. Ademais, as várias leis subsequentes que interferiram no tema, como o Estatuto da Mulher Casada (Lei nº 4.121/61) e a Lei do Divórcio (nº 6.515/77), poderiam ter alterado o dispositivo e não o fizeram. Prova de que o legislador é pertinaz nessa orientação é sua posição na redação do Projeto original de 1975, pois, ao estabelecer esse regime obrigatório, foi expresso que essa separação ocorre *"sem a comunhão de aquestos"* (art. 1.669 do Projeto primitivo). Note que o texto promulgado do presente Código suprimiu essa expressão no atual art. 1.641, o que pode, novamente, dar margem a dúvidas quanto à comunicação de aquestos no regime obrigatório, que, aliás, traria a solução mais justa na maioria dos casos.

Para essa hipótese, a Lei nº 6.515/77, art. 54, abrira exceção temporária, ao permitir a livre escolha do regime de bens, desde que antes do casamento os nubentes tivessem tido vida em comum há mais de 10 anos consecutivos até 28-6-77, ou que da união anterior a essa data tivesse resultado prole.

A jurisprudência, no entanto, procurou abrandar iniquidades em casos concretos trazidos pelo texto objetivo da lei, como apontamos. A maioria dos casamentos realizados sob o regime da separação legal é de jovens que amealham seu patrimônio no curso do casamento. Seria injusto, em princípio, não se comunicarem os bens adquiridos pelo esforço comum. A intenção do legislador, porém, não foi essa. A ideia, todavia, é de que, mesmo se casando sob o regime da separação, durante o casamento estabelece-se uma sociedade de fato entre os esposos, e os bens são adquiridos pelo esforço comum. A discussão dessa matéria nos tribunais redundou na Súmula 377 do STF:

> *"No regime de separação legal de bens comunicam-se os adquiridos na constância do casamento".*

Não se entenda, contudo, que a questão se encontra isenta de discussões. A súmula não ressalva que os bens que se comunicam são os comprovadamente decorrentes do esforço comum. Essa matéria é daquelas nas quais há um descompasso entre a doutrina e a jurisprudência.

Nova discussão sobre a matéria será aberta, doravante, com o vigente Código. Acreditamos, embora seja um mero vaticínio, que mesmo perante o corrente Código, será mantida a orientação sumulada, mormente porque, como vimos, o texto final do novel diploma suprimiu a disposição peremptória.[3]

---

[3] "Agravo de instrumento. Direito de família. Inventário. Bem imóvel. Meação. De cujus casado pelo regime de separação total de bens. **Súmula 377 do STF**. Necessidade de comprovação de esforço comum. Inocorrência. Viúva falecida que não faz jus à meação do imóvel. Decisão reformada. Recurso conhecido e provido" (*TJPR* – Ap 0026991-55.2024.8.16.0000, 1-7-2024, Rel. Des. Luís Cesar de Paula Espíndola).

"Ação de nulidade de ato jurídico. Alegação de que a viúva participara onerosamente na aquisição de bem imóvel doado ao filho do cônjuge falecido. Sentença de procedência. Apelação dos réus. Preliminar de cerceamento de defesa afastada. Mérito. No regime de separação legal de bens, comunicam-se os adquiridos na constância do casamento, desde que comprovado o esforço comum para sua aquisição. Superior Tribunal de Justiça. EREsp 1.623.858-MG. Entendimento que não afasta a aplicação da Súmula 377 do STF, mas impõe a comprovação do esforço comum. Inexistência de prova de esforço comum na aquisição do imóvel indicado pela autora. Sentença reformada, para julgar a ação improcedente a ação, nos termos do artigo 487, I, do CPC. Recurso provido" (TJSP – Ap 1027263-13.2020.8.26.0576, 16-3-2023, Rel. Ana Maria Baldy).

"Declaratória - Propositura pelos herdeiras do falecido, que era casado com a ré pelo regime de separação obrigatória de bens - Verificada a aquisição de dois imóveis durante o matrimônio, constando um deles somente em nome da mulher - Autores alegam que tais bens foram adquiridos com recursos exclusivos do varão, motivo pelo qual devem integrar o acervo hereditário do autor da herança, com a consequente partilha em prol dos sucessores, pois, em razão do regime de bens, a ré não pode ser considerada herdeira, tampouco meeira - Parcial acolhimento - Inexistência de direito de herança, em concorrência aos descendentes do 'de cujus' - Inteligência do artigo 1.829, I, do Código Civil - A viúva não é herdeira, não lhe podendo ser atribuído o direito sucessório, mas faz jus à meação, por força da Súmula 377 do Col. Supremo Tribunal Federal - Segundo interpretação mais recente do Col. Superior Tribunal de Justiça acerca da matéria, no regime da separação legal de bens, comunicam-se os bens adquiridos na constância do casamento, desde que comprovado o esforço comum na aquisição - Demonstrada a colaboração financeira do cônjuge falecido para obtenção dos bens - À ré será reservada a meação atinente ao casamento e não decorrente do falecimento do cônjuge - Portanto, diante comprovação do esforço comum na aquisição dos imóveis, especialmente o matriculado sob nº 17.555, aplica-se, ao caso, a Súmula 377 do C. Supremo Tribunal Federal, segundo sua recente interpretação, a impor a reforma da r. sentença, a fim de que sejam considerados tais limites para fins sucessórios - Sentença reformada - recurso parcialmente provido." (*TJSP* – Ap. 1005357-03.2020.8.26.0079, 9-12-2021, Rel. Elcio Trujillo).

"Apelação cível. Inventário. Direito de habitação. Cônjuge sobrevivente. Único imóvel do espólio. Fato superveniente não comprovado. Regime da separação legal de bens. Comunicação dos bens adquiridos na constância do casamento. Súmula 377 do E. STF. I - O cônjuge sobrevivente possui direito real de habitação, podendo permanecer no imóvel em que residia o casal. II - No regime da separação obrigatória ou legal comunicam-se os bens adquiridos onerosamente na constância do casamento, sendo presumido o esforço comum. Súmula 377 do STF. III - Apelação desprovida". (*TJDFT* – Ap. 07020304520178070019, 26-5-2021, Rel. Vera Andrighi).

"Inventário. Insurgência da viúva inventariante em face da decisão que excluiu seu direito à meação das aplicações financeiras do falecido. Decisão reformada. Casamento pelo regime da separação obrigatória de bens. Súmula 377 do STF. Comunicação dos aquestos. Presunção de esforço comum no período de convivência. Direito à meação

15.2.2 Redução a Termo. Escritura Pública

O regime legal da comunhão parcial atualmente vigente no sistema resulta da vontade tácita dos nubentes (art. 1.640). A escolha de regime diverso do legal, porém, deve ser formalizada por escritura pública antecedente ao casamento.

O Código de 2002 inova a respeito do regime legal, pois dispõe no parágrafo único do art. 1.640 que:

> *"poderão os nubentes, no processo de habilitação, optar por qualquer dos regimes que este código regula. Quanto à forma, reduzir-se-á a termo a opção pela comunhão parcial, fazendo-se o pacto antenupcial, por escritura pública, nas demais escolhas".*

Essa tomada de termo no tocante ao regime da comunhão parcial é redação nova. A intenção da lei foi tornar absolutamente claro aos nubentes as consequências do casamento, sem pacto antenupcial, pois, na grande maioria das vezes, os interessados não têm plena noção das consequências do regime de comunhão de aquestos, bem como dos demais. Com o alerta constante do termo no processo de habilitação, deverão ser esclarecidos a respeito pelo oficial do cartório. Essa norma completa a do art. 1.528 que enfatiza o dever de o oficial do registro esclarecer os nubentes a respeito dos diversos regimes de bens.

No sistema a ser introduzido pelo Estatuto das Famílias, bastará a declaração dos nubentes ao oficial do registro civil, podendo eles escolher qualquer dos regimes de bens estabelecidos no estatuto (art. 38, § 1º).

Com o casamento, o pacto escolhido entra em vigor. Vimos que no sistema de 1916 o regime não mais podia ser alterado, o que não mais ocorre com o atual Código. A escritura pública é necessária para a validade do ato, sendo nula a convenção que não obedecer a esse formalismo. Art. 1.653: *"É nulo o pacto antenupcial se não for feito por escritura pública, e ineficaz se não lhe seguir o casamento".*

Na escritura pública antenupcial, deverão estar presentes os cônjuges para assiná-la, podendo também participar terceiros, parentes ou não, que façam doações aos nubentes em razão do casamento a ser realizado. A legitimação para essa escritura não é idêntica àquela para os atos civis em geral, mas à legitimação matrimonial, identificando-se seus requisitos com os exigidos para contrair matrimônio. Podem realizar pacto antenupcial os que podem casar-se. Desse modo, os menores e interditos podem firmar pacto, necessitando de assistência dos respectivos pais, tutores e curadores. Caio Mário da Silva Pereira (1996:122), ressalvando a posição contrária majoritária, e a redação do presente Código, que é expresso a esse respeito, entendem que essa assistência não é necessária, porque se trata de interferência indevida na vontade do nubente e de certa forma um atentado à liberdade matrimonial. No entanto, o art. 1.654 é expresso:

---

das aplicações financeiras e valores em contas correntes. Cotitularidade de uma das contas e recebimento de benefício previdenciário nela que apenas reforçam o direito à meação da viúva. Recurso provido" (*TJSP* - Agravo de Instrumento 2251357-06.2020.8.26.0000, 2-2-2021, Rel. Carlos Alberto de Salles).

"Família – **Regime de bens – Alteração** – Impossibilidade – Regime de separação obrigatória de bens – Pedido formulado que se interpreta como afastamento dos efeitos da Súmula 377 do STF – Sentença que concede a modificação é *extra petita* – Modificação de ofício para manter o regime de bens – Admissão da vontade dos cônjuges com natureza de pacto antenupcial – Efeito 'ex tunc' – Preservação de situações consolidadas anteriormente e os interesses de terceiros – Recurso parcialmente provido." (*TJSP* – AC 1010566-50.2018.8.26.0037, 3-10-2019, Rel. Luiz Antonio Costa).

> "A eficácia do pacto antenupcial, realizado por menor, fica condicionada à aprovação de seu representante legal, salvo as hipóteses de regime obrigatório de bens".

Essa aprovação pode ocorrer no próprio instrumento ou em instrumento à parte, admitindo-se, portanto, a confirmação.

Admitido entre nós o casamento por procuração, nada impede que o pacto seja firmado por procurador com poderes especificamente descritos.

A escritura antenupcial é realizada sob condição suspensiva. Não se lhe seguindo o casamento, frustra-se a condição. Na verdade, o negócio resta vazio de efeitos, não obtendo eficácia, embora o Código de 1916 a conceituasse como nulidade (art. 256, parágrafo único, II). Corretamente, o vigente diploma refere-se à ineficácia (art. 1.653). Questão em aberto, não resolvida pela lei, é o prazo para a realização do casamento, após a celebração do pacto. Não havendo termo expresso em seu bojo, qualquer dos contratantes pode pedir a declaração de ineficácia da escritura, embora, na realidade, não havendo casamento, o ato não gere efeito nenhum. Da mesma forma, caducará o pacto se escoar o prazo nele fixado, se algum dos contratantes vier a falecer ou se casar com pessoa diversa. Por outro lado, enquanto não se realizar o casamento, o pacto pode ser revogado, retificado ou alterado pelos interessados. Sua intangibilidade, agora de caráter relativo, decorre unicamente da celebração do casamento.

O pacto antenupcial é negócio jurídico de direito de família e sua finalidade é exclusivamente regular o regime patrimonial dos cônjuges no casamento a realizar-se. Não se admitem outras disposições estranhas a essa finalidade. Essa escritura não admite, por exemplo, pactos sucessórios entre os cônjuges, que devem ser objeto de testamento individual de cada cônjuge. Admite-se, porém, o reconhecimento de filho, cujo conteúdo da declaração basta como regra geral, de per si, independentemente do documento em que se encontre. Cuida-se, em última análise, de prova escrita de filiação. O art. 1.655 expressa que será nula a convenção ou cláusula dela que contravenha disposição absoluta de lei. A anulação para as nulidades relativas, seguindo a regra geral, dependerá da iniciativa dos interessados.

Escritura anulável pode ser ratificada, como os negócios jurídicos em geral. Se for nula, no entanto, não admitirá ratificação, sujeitando-se o casamento ao regime legal da comunhão parcial. Por outro lado, pode ser válido o pacto e inválida alguma de suas disposições que afetam normas de ordem pública ou prejudicam direitos conjugais ou do pátrio poder. Aplica-se o princípio *utile por inutile non vitiatur*.[4]

A ideia mantém-se no corrente diploma (art. 1.655), lembrando que a nulidade em geral alcança qualquer disposição que prejudique os direitos ou deveres conjugais ou paternos. Será nula, por exemplo, a cláusula que determine que caberá a apenas um dos cônjuges a educação dos filhos; que imponha que os nubentes ou um deles abracem determinado credo, religião, partido político ou profissão, por exemplo. Na verdade, não se pode admitir no pacto qualquer disposição que contrarie ou infrinja direitos fundamentais ou da personalidade. O pacto deve ter em mira exclusivamente os direitos patrimoniais e cabe ao cartorário encarregado de documentá-lo orientar os nubentes e recusar-se a inserir disposições nulas, levantando-se dúvida, se for o caso.

---

[4] Nesse sentido, estabelecia o art. 257 do antigo Código:
"Ter-se-á por não escrita a convenção, ou a cláusula:
I – que prejudique os direitos conjugais, ou os paternos;
II – que contravenha disposição absoluta da lei".

O pacto tem plena eficácia entre os cônjuges, independentemente de registro. No entanto, para a eficácia *erga omnes*, o art. 1.657 estabelece:

> "As convenções antenupciais não terão efeito para com terceiros senão depois de registradas, em livro especial, pelo oficial do Registro de Imóveis do domicílio dos cônjuges".

Na sistemática da Lei dos Registros Públicos (Lei nº 6.015/73), trata-se de registro, segundo o elenco estabelecido no art. 167, I, nº 12, pois o Código de 1916 se referia a "transcrição". Por outro lado, a lei registrária permite a averbação das convenções antenupciais e do regime de bens diversos do legal nos registros referentes a imóveis ou a direitos reais pertencentes a qualquer dos cônjuges, inclusive os adquiridos posteriormente ao casamento. Essa averbação tem por finalidade acautelar terceiros que contratam com o casal.

Não esqueçamos, porém, que do assento de casamento deverá constar obrigatoriamente:

> "O regime de casamento, com declaração da data e do cartório em cujas notas foi tomada a escritura antenupcial, quando o regime não for o da comunhão ou o legal que, sendo conhecido, será declarado expressamente" (Lei nº 6.015/73, art. 70, § 7º).

Na prática, essa referência constante da certidão de casamento será o mais eficiente alerta para terceiros.

15.3 COMUNHÃO PARCIAL

A ideia central no regime da comunhão parcial, ou comunhão de adquiridos, como é conhecido no direito português, é a de que os bens adquiridos após o casamento, os aquestos, formam a comunhão de bens do casal. Cada esposo guarda para si, em seu próprio patrimônio, os bens trazidos antes do casamento. É o regime legal, o que vigora nos casamentos sem pacto antenupcial ou cujos pactos sejam nulos, vigente entre nós após a lei introdutória e regulamentadora do divórcio (Lei nº 6.515/77). Não havendo convenção antenupcial ou sendo esta nula, vigorará, quanto aos bens entre os cônjuges, o regime da comunhão parcial. Na comunhão parcial, comunhão de aquestos ou separação parcial, como também é denominado esse regime, existem três massas de bens: os bens do marido e os bens da mulher trazidos antes do casamento e os bens comuns, amealhados após o matrimônio. Trata-se de regime da maioria absoluta dos casamentos realizados após 1977, pois os pactos nupciais são raros. Dispõe o art. 1.658 do atual Código:

> "no regime de comunhão parcial, comunicam-se os bens que sobrevieram ao casal, na constância do casamento, com as exceções dos artigos seguintes".

Essa regra geral, como se nota, cria os três patrimônios na relação conjugal.

A comunhão parcial, assim como a universal, dissolve-se também por morte, separação, divórcio ou anulação do casamento. Uma vez dissolvida a comunhão, cada cônjuge retirará seus bens particulares, e serão divididos os bens comuns. Algumas noções fundamentais são expressas na lei. Assim, são incomunicáveis os bens cuja aquisição tiver por título uma causa anterior ao casamento (art. 1.661). Desse modo, se o consorte firmara compromisso de compra e venda de imóvel antes do casamento, esse bem não se comunica, ainda que a escritura definitiva seja firmada após, salvo se houver prova de que houve contribuição financeira do outro cônjuge após o casamento.

15.3.1 Bens Excluídos da Comunhão Parcial

É natural que o âmbito dos bens que não se comunicam na comunhão parcial seja de maior espectro do que na comunhão universal. Podemos dizer que há uma comunhão mais intensa na comunhão universal e menos intensa na comunhão de aquestos. Assim, disciplina o art. 1.659, do vigente Código Civil, que se excluem da comunhão:[5]

> *"I – os bens que cada cônjuge possuir ao casar, e os que lhe sobrevierem, na constância do matrimônio por doação ou por sucessão, e os sub-rogados em seu lugar;*
>
> *II – os bens adquiridos com valores exclusivamente pertencentes a um dos cônjuges, em sub-rogação dos bens particulares;*
>
> *III – as obrigações anteriores ao casamento;*
>
> *IV – as obrigações provenientes de atos ilícitos, salvo reversão em proveito do casal;*

---

[5] "Agravo de instrumento. Ação monitória em fase de cumprimento de sentença. Não localização de bens em nome da executada. Inconformismo contra decisão que indeferiu pedido de pesquisa de bens em nome de seu cônjuge. Comunhão parcial de bens. Dívida contraída antes do casamento. Ausência, ademais, de que fora utilizada em benefício da família. Inteligência do **art. 1.659, III, do Código Civil**. Decisão mantida. Recurso não provido" (TJSP – AI 2232212-22.2024.8.26.000015-8-2024, Rel. Décio Rodrigues).

"Partilha de bens – Reconhecimento e Dissolução de União Estável – Pelo regime da comunhão parcial comunicam-se todos os bens que sobrevierem ao casal na constância do casamento, com exceção dos bens adquiridos com valores exclusivamente pertencentes a um dos cônjuges em sub-rogação dos bens particulares, o que se aplica à união estável – Requerido que logrou comprovar ter adquirido o imóvel e o automóvel em sub-rogação às verbas trabalhistas adquiridas em processo iniciado antes da união estável – Inteligência do **art. 1.659, II e III do CC** – **Partilha afastada** – Verbas sucumbenciais adequadas – Recurso desprovido" (TJSP – Ap. 1030799-08.2020.8.26.0002, 4-2-2021, Rel. Alcides Leopoldo).

"**Divórcio – Casamento sob o regime da comunhão parcial de bens** – Patrimônio constituído de uma casa e dois veículos amealhado na constância do matrimônio – Bens pertencentes a ambos, em iguais proporções de 50% para cada qual – Sentença confirmada – Recurso desprovido." (TJSP – AC 1000790-26.2016.8.26.0577, 30-9-2019, Rel. Theodureto Camargo).

"Agravo de instrumento – Cumprimento de sentença – Penhora de bens da esposa do executado – **Casamento pelo regime da comunhão parcial de bens** – Por força do disposto no art. 1.658 do CC, no regime de comunhão parcial, comunicam-se os bens que sobrevierem ao casal, na constância do casamento, ressalvadas algumas exceções. Quanto à constrição de valores, em princípio, descabe a pretensão recursal, porquanto hipótese que se enquadra no inciso VI do art. 1.659 do CC, segundo o qual se excluem da comunhão parcial de bens os proventos do trabalho pessoal de cada cônjuge. De outro lado, relativamente a eventuais outros bens, móveis ou imóveis, é de ser admitida a penhora, mas somente caso não obtido êxito na constrição de bens do executado, porquanto se enquadram no art. 1.660, I, do CC. Situação em que, caso não obtido êxito na penhora de bens do executado, possível então que a constrição judicial atinja o patrimônio (bens móveis e imóveis) de sua esposa. Agravo de instrumento parcialmente provido" (TJRS – AI 70077517811, 23-8-2018, Rel. Des. Voltaire de Lima Moraes).

"Apelação cível – Divórcio direto litigioso – Direito civil e processual civil – Inovação Recursal – Conhecimento em parte do recurso – Mérito – **Regime de comunhão parcial** – Partilha de bens – Cotas Sociais – Ingresso na sociedade em período anterior ao matrimônio – Não cabimento – Compensação pecuniária das forças armadas – Caráter remuneratório – Exclusão legal – Bem imóvel comum – Fixação de usufruto em favor do filho menor – Ausência de previsão legal – Sentença mantida – 1 – Não se conhece, em grau recursal, de matéria não suscitada na petição inicial e/ou reconvenção e não acobertada pelas exceções constantes dos arts. 303 e 517 do CPC. 2 – No regime de comunhão parcial de bens, comunicam-se os bens que sobrevierem ao casal, na constância do casamento, excluídos, entre outros, aqueles que cada cônjuge possuir ao casar, bem como aqueles que lhe sobrevierem ao tempo da união por doação ou sucessão, e os sub-rogados em seu lugar. Inteligência dos arts. 1.658 e 1.659 do CC. 3 – Demonstrado que o valor correspondente às cotas sociais da empresa foi adquirido anteriormente à constituição do matrimônio, compondo propriedade exclusiva de um dos cônjuges, impõe-se sua exclusão do montante partilhável. 4 – Ainda que a compensação pecuniária a que faz jus o militar temporário não se trate de verba indenizatória trabalhista propriamente dita, deve ser assim compreendida para fins de partilha de bens por ocasião da dissolução conjugal, não cabendo sua inclusão no acervo partilhável. 5 – Ante a ausência de previsão legal, mostra-se inviável a determinação de partilha do imóvel comum com a fixação de usufruto em favor do filho menor do casal. A fixação do usufruto gratuito só se justifica na hipótese de acordo entre os ex-cônjuges. 6 – Apelação conhecida em parte e, nessa extensão, não provida" (TJDFT – AC 20130111868265 – (916796), 11-2-2016, Relª Desª Simone Lucindo).

V – *os bens de uso pessoal, os livros e instrumentos de profissão;*
VI – *os proventos do trabalho pessoal de cada cônjuge;*
VII – *as pensões, meios-soldos, montepios e outras rendas semelhantes".*

Esses bens não se comunicam ao outro esposo, conservando cada consorte exclusivamente para si os que possuía ao contrair matrimônio. A comunhão se formará, como regra, com os bens adquiridos a título oneroso na constância do casamento. Desse modo, são bens particulares dos cônjuges os bens que estes possuíam quando do casamento. Os débitos anteriores ao casamento não se comunicam, porque os patrimônios de ambos os cônjuges são mantidos separados e as dívidas fazem parte deles.

Quanto às dívidas, veremos que na comunhão universal não se comunicam as obrigações anteriores ao casamento (art. 1.668, III), comunicando-se, porém, aquelas provenientes dos aprestos do casamento ou que tiverem revertido em proveito comum do casal. Na comunhão parcial, não se comunicam as obrigações de cada consorte, ainda que contraídas para os aprestos.

Os bens que substituem os bens particulares, os que a lei se refere como sub-rogados, também se excluem da comunhão. Para que se aplique o dispositivo, é necessário que o cônjuge ressalve essa sub-rogação no título aquisitivo e prove que de fato um bem substituiu outro. A matéria tem pertinência no tocante aos imóveis, pois quanto aos móveis vigora a presunção do art. 1.662, no sentido de que foram adquiridos na constância do casamento. Não se exclui, em princípio, a sub-rogação dos bens móveis na espécie, mas sua prova é mais difícil.

Como vimos, o art. 1.661 dispõe que *"são incomunicáveis os bens cuja aquisição tiver por título uma causa anterior ao casamento"*. A causa anterior deve ser examinada caso por caso. Imaginemos, por exemplo, o prêmio de loteria aquinhoado para um dos cônjuges antes do casamento, mas cujo pagamento somente ocorra após o matrimônio, ou os efeitos econômicos de uma ação judicial proposta pelo cônjuge antes do casamento, cuja liquidação ocorra após.

Cessando o regime da comunhão parcial pela morte, separação, divórcio ou anulação do casamento, os bens que não se comunicaram continuam pertencendo a cada consorte.

No sistema anterior, as modificações trazidas pela Lei nº 4.121/62 trouxeram alguma perplexidade, tendo em vista a falta de cuidado do legislador na harmonização das inovações. Essa lei incluiu, no art. 263, XIII, do antigo Código, a disposição no sentido de que não se comunicavam os frutos civis do trabalho ou indústria de cada cônjuge, ou de ambos, no regime da comunhão universal. No entanto, o mesmo Estatuto da Mulher Casada não alterou o art. 271, VI, que determinava a comunicação dos frutos civis do trabalho e da indústria de cada cônjuge ou de ambos no regime da comunhão parcial. Ainda, a situação era de maior paradoxo, porque houve alteração no art. 269, com o acréscimo do inciso IV, que determinava a exclusão, na comunhão parcial, dos demais bens que se consideram também excluídos da comunhão universal. Tendo em vista que se tratava mesmo de um paradoxo, Sílvio Rodrigues (1999:186) concluiu que o intérprete devia buscar a solução que mais se amoldasse ao espírito da lei:

> *"tendo em vista que o regime da comunhão parcial visa dentro do possível assegurar aos cônjuges a comunhão de todos os aquestos (cuja causa de aquisição seja posterior ao casamento), entendo que o produto do trabalho dos cônjuges se comunica".*

O legislador deveria ter revogado o inciso IV do art. 271, mas não o fez. Essa interpretação harmonizava-se com a intenção e a origem da lei. O novel legislador foi expresso, encerrando a celeuma, estatuindo que se excluem da comunhão os proventos do trabalho pessoal de cada cônjuge (art. 1.659, VI). O Projeto nº 6.960, porém, excluiu esse tópico do rol, adotando posição contrária, para evitar com isso problemas de ordem prática. Na verdade, é difícil precisar o momento exato em que os valores deixam de ser proventos do trabalho e passam a ser bens comuns, volatizados para atender às necessidades do lar conjugal.

Refere-se, ainda, o presente Código à exclusão das obrigações provenientes de atos ilícitos, salvo reversão em proveito do casal. Impõe-se examinar no caso concreto se o ato ilícito promoveu benefício para o casal, o que nem sempre será simples. No sistema de 1916, as obrigações provenientes de atos ilícitos eram excluídas da comunhão universal (art. 263, VI), disposição não repetida pelo corrente Código, como veremos.

As pensões, meios-soldos, montepios e outras rendas semelhantes também são mencionados no dispositivo como não comunicantes. Pensão é a quantia paga periodicamente a alguém para sua subsistência, decorrente de lei, decisão judicial, contrato ou testamento. Meio-soldo é o valor pago pelo Estado aos servidores reformados das Forças Armadas. Montepio é a quantia paga pelo Estado aos beneficiários de funcionário falecido. O Código anterior referia-se ainda às tenças. Tença é a pensão recebida periodicamente do Estado ou de particular para subsistência do beneficiário.

O direito decorrente dessas pensões não se comunica no casamento sob comunhão parcial de bens, pertencendo exclusivamente ao cônjuge beneficiário. São direitos personalíssimos. Em síntese, a pensão e seus assemelhados não se incorporam à comunidade patrimonial.

Note que os bens referidos nos incisos V a VII do art. 1.659 também são excluídos da comunhão no regime da comunhão universal, por força do art. 1.668.[6]

---

[6] "Apelação – Ação de Sobrepartilha – Propositura pela cônjuge virago – Sentença de parcial procedência - Inconformismo da autora – Autora, alegando que desconhecia bens imóveis e móveis a partilhar quando da homologação da ação de divórcio consensual ajuizada pelas partes - Existência de Acordo Extrajudicial firmado entre as partes o qual demonstra a existência de dois veículos e de imóvel objeto dos autos que servia de moradia para a autora e seus filhos a afastar a alegação de desconhecimento dos bens à época do divórcio - Ausência de comprovação de vício de vontade a ensejar a anulação do acordo de divórcio consensual o qual previu expressamente que as partes não tinham bens a partilhar – FGTS e créditos trabalhistas devem ser partilhados na forma da sentença, ausente recurso do réu - Fundo de pensão (previdência privada fechada) e seguro desemprego que não devem ser partilhados, inteligência do art. 1.659, incisos VI e VII, do CC - Crédito de ação indenizatória movida pelo réu que não deve ser partilhada, considerando que se trata de verba relacionada ao imóvel, objeto dos autos que não pode ser partilhado – Recurso desprovido". (TJSP – Ap. 1010644-39.2019.8.26.0189, 2-12-2021, Rel. José Aparício Coelho Prado Neto).

"Apelação cível – Divórcio – Partilha de bens – **Regime da comunhão universal** – Caso concreto em que os litigantes contraíram matrimônio pelo regime da comunhão universal de bens, motivo pelo qual todos os bens adquiridos na constância do casamento, bem como aqueles recebidos por herança e os adquiridos anteriormente, devem ser partilhados de forma igualitária, observadas as exceções previstas no art. 1.668 do CCB, cessando o regime de bens quando da ruptura da vida em comum. Não existindo acordo entre as partes no tocante à divisão cômoda do patrimônio amealhado, inviável autorizar que o apelante permaneça na posse de bem imóvel determinado. Considerando a data do óbito dos genitores da virago e o regime de bens adotado pelos litigantes, possível assegurar ao réu o direito à metade do que a autora receber de herança pelo falecimento de seus pais. A pretensão à prestação de contas dos aluguéis alegadamente recebidos pela virago deve ser buscada em demanda própria, garantido o contraditório e a ampla defesa. Apelo parcialmente provido." (TJRS – AC 70081258451, 26-6-2019, Relª Desª Sandra Brisolara Medeiros).

"Ação de partilha - **Regime da comunhão universal de bens** – Dívida – 1 – Sendo o casamento regido pelo regime da comunhão universal de bens, imperiosa a partilha igualitária de todo o patrimônio comum, ou seja, comunicam-se os bens presentes e futuros de cada cônjuge, bem como, as dívidas, nos termos do art. 1.667 do CCB. 2 – Inviável a partilha da dívida cobrada de terceiro, mormente quando não comprovado pelo réu ter sido ele quem efetuou a quitação. Recurso desprovido" (TJRS – AC 70077245454, 30-5-2018, Rel. Des. Sérgio Fernando de Vasconcellos Chaves).

Também não se comunicam os direitos patrimoniais de autor, excetuados os rendimentos de sua exploração, salvo disposição contrária em pacto antenupcial (Lei nº 9.610/98, art. 39).

Recorde-se que o art. 499, do atual Código, inserido no capítulo da compra e venda, é expresso ao estabelecer que é lícita a compra e venda entre cônjuges, com relação a bens excluídos da comunhão.

15.3.2   Bens que Ingressam na Comunhão

Segundo o art. 1.660, entram na comunhão:

> "I – os bens adquiridos na constância do casamento por título oneroso, ainda que só em nome de um dos cônjuges;
>
> II – os bens adquiridos por fato eventual, com ou sem o concurso de trabalho ou despesa anterior;
>
> III – os bens adquiridos por doação, herança ou legado, em favor de ambos os cônjuges;
>
> IV – as benfeitorias em bens particulares de cada cônjuge;
>
> V – os frutos dos bens comuns, ou dos particulares de cada cônjuge, percebidos na constância do casamento, ou pendentes ao tempo de cessar a comunhão".

Esses dispositivos não apresentam maior dificuldade de entendimento. Será fato eventual, por exemplo, o prêmio de loteria. Por outro lado, os bens móveis presumem-se adquiridos na constância do casamento, salvo prova em contrário que o foram em data anterior (art. 1.662). A disposição fora introduzida no Código de 1916 pela Lei nº 4.121/62, buscando dirimir polêmica a respeito. Portanto, há necessidade de descrição minuciosa dos bens móveis no pacto antenupcial, sob pena de serem reputados comuns.

15.3.3   Administração dos Bens na Comunhão Parcial

O art. 1.663 estabelece que a administração do patrimônio comum compete a qualquer dos cônjuges.[7] O Código de 1916 estabelecia que essa administração competia ao marido, o

---

[7] "Civil e processual civil. Ação de conhecimento. Empréstimo de dinheiro a filho para aquisição de imóvel e edificação de residência. Partilha do bem imóvel em decorrência da dissolução da união estável. Inadimplemento do valor emprestado. Condenação da companheira do mutuário ao pagamento de metade da verba emprestada. Cabimento. 1. Nos termos do § 1º do artigo 1.663 do Código Civil, "As dívidas contraídas no exercício da administração obrigam os bens comuns e particulares do cônjuge que os administra, e os do outro na razão do proveito que houver auferido". 2. Constatado que a ré/apelante foi beneficiada com a partilha do imóvel adquirido com os recursos emprestados a seu ex-companheiro, correta se mostra a sua condenação ao pagamento de metade do montante emprestado, sob pena de enriquecimento ilícito. 3. Recurso de Apelação conhecido e não provido". (TJDFT, Proc. 00214221320158070009 (1301024), 1-12-2020, Rel. Nídia Corrêa Lima)."

"Apelação cível – Direito privado não especificado – Embargos de terceiro – Penhora – **Regime de comunhão parcial de bens** – Recebimento por herança – Discussão que envolve bem recebido por herança. Tratando-se de débito contraído no exercício da administração do patrimônio do casal, por haver prova de que o embargante atuou ativamente nas negociações, por ele respondem seus bens particulares. Modificação da sentença para julgar improcedentes os embargos à execução e manter a penhora sobre o imóvel. Apelação provida." (TJRS – AC 70080574320, 29-9-2019, Relª Desª Cláudia Maria Hardt).

"Apelação – Ação declaratória de inexistência de débito c/c com danos morais e materiais – Débito realizado em conta corrente – Necessidade de autorização expressa – Contrato de seguro aderido – Indicação de conta corrente para contratação – Aceite realizado por cônjuge varão – **Contrato de seguro de automóvel – Bem Familiar** – Inteligência dos arts. 1.663 e 1.664 do Código Civil – Proveito revertido a bem comum do casal – Inexistência de ato ilícito – Dano moral inexistente – Contrarrazões – Pedido de litigância de má-fé – ausência dos requisitos do art. 80 do CPC – Impugnação da assistência judiciária gratuita – Inexistência de prova da

que não mais podia vigorar após a Constituição Federal de 1988. As dívidas contraídas nessa administração obrigam os bens comuns e os particulares do cônjuge que os administra, e os do outro na razão do proveito auferido (art. 1.663, § 1º). A aplicação desse dispositivo, presente também no Código anterior, que apresenta clareza lógica, na prática, quando a convivência do casal se mostra desgastada, abrirá infindáveis discussões sobre o proveito dos gastos feitos por um ou por outro cônjuge.

Acrescenta ainda o § 2º que é necessária a anuência de ambos os cônjuges para os atos a título gratuito, que impliquem cessão do uso ou gozo dos bens comuns. Assim, por exemplo, não será válido o comodato de um imóvel do casal a terceiro, se ambos os cônjuges não acordarem a esse respeito. O negócio com a omissão da outorga conjugal será, portanto, anulável. A disposição não constava do Código anterior e se afigura justa, tendo em vista questões que surgiram no passado.

Finaliza ainda o § 3º do art. 1.663 que *"em caso de malversação dos bens, o juiz poderá atribuir a administração a apenas um dos cônjuges"*. Malversar significa fazer má administração,

---

alteração das condições da apelante – Benesse Mantida – Recurso não provido – Havendo contratação de seguro, pelo cônjuge varão, para assegurar automóvel de uso familiar, indicando conta corrente da esposa para realização do débito, e esta não se insurgindo no momento da contratação, não há que se falar de indevido o débito realizado em razão da alteração da classe de bônus do seguro, uma vez que há incremento do produto a bem do patrimônio familiar. Aplicação inteligente do art. 1.663, § 1º do Código Civil: "A administração do patrimônio comum compete a qualquer dos cônjuges. § 1º As dívidas contraídas no exercício da administração obrigam os bens comuns e particulares do cônjuge que os administra, e os do outro na razão do proveito que houver auferido." Não havendo preenchimento de uma das hipóteses do art. 80 do CPC, não há que se impor a condenação por litigância de má-fé. É possível a impugnação da concessão de assistência judiciária gratuita, em sede de contrarrazões, conforme dispõe o art. 100 do CPC, contudo não havendo alteração das condições financeiras e/ou econômica da beneficiária, não se apresenta justificável a revogação do benefício" (TJMT – Ap 25421/2017, 8-6-2018, Relª Desª Nilza Maria Pôssas de Carvalho).

"Recurso especial – Processo civil e civil – **Direito de família – Regime de bens** – Comunhão de bens – Doação – Matrimônio anterior – Art. 265 do Código Civil de 1916 – Cláusula genérica – Frutos civis – Incomunicabilidade – Possibilidade – Cláusula expressa – Inexistência de vedação – Conta conjunta no exterior – Incontrovérsia – Princípio da boa-fé objetiva – Necessidade de partilha – Fundamento autônomo – Enriquecimento sem causa – Súmula nº 283/STF – Alimentos – Dever de sustento – Filho comum – Binômio necessidade e possibilidade – Súmula nº 7/STJ – Necessidade de pacto antenupcial – Súmulas nºs 282, 356 e 284/STF – 1 – O doador pode dispor em cláusula expressa a incomunicabilidade dos frutos de bem doado no benefício exclusivo do cônjuge beneficiário antes da celebração de casamento sob o regime de comunhão parcial de bens. 2 – O mandamento legal previsto no art. 265 do Código Civil de 1916 (correspondente ao art. 1.669 do atual Código Civil), de natureza genérica, não veda previsão em sentido contrário. 3 – A partilha de conta conjunta aberta no exterior é incontroversa nos autos, circunstância insindicável ante o óbice da Súmula nº 7/STJ. 4 – O princípio da boa-fé objetiva (art. 422 do Código Civil) rege as relações de família sob o prisma patrimonial. 5 – Incide o óbice da Súmula nº 283 do Supremo Tribunal Federal, pois há fundamento autônomo inatacado no especial, a saber: a possibilidade de locupletamento ilícito do cônjuge varão de quantia pertencente ao casal. 6 – O dever de prover o sustento da filha comum compete a ambos os genitores, cada qual devendo concorrer de forma proporcional aos seus recursos, circunstâncias e variáveis insindicáveis nesta instância especial. 7 – A alegação de que os gravames da incomunicabilidade deveriam ter sido realizados através de pacto antenupcial ou registrados em cartório não foi prequestionado, inexistindo alegação de dispositivo legal violado nesse ponto, o que atrai o teor das Súmulas nºs 282, 356 e 284/STF. 8 – Recurso especial parcialmente conhecido, e nessa parte, não provido" (STJ – REsp 1.164.887 (2004/0119745-4), 29-4-2014, Rel. Min. Ricardo Villas Bôas Cueva).

"Ação de divórcio litigioso. **Regime da comunhão parcial de bens**. Partilha de bens adquiridos na constância da sociedade conjugal. Imóvel financiado. Prestações pagas exclusivamente pelo varão, na constância do casamento. Possibilidade de contribuição da cônjuge nas prestações após o divórcio não comprovada. Obrigação do varão após a separação. Dispõe o art. 1.663 do Código Civil que a administração do patrimônio comum compete a qualquer dos cônjuges e consoante seu § 1º, as dívidas contraídas no exercício da administração obrigam os bens comuns e particulares do cônjuge que os administra, e os do outro na razão do proveito que houver auferido. Nada mais lógico que o marido continue a arcar com as prestações do financiamento do imóvel, se as provas dos autos indicam que a virago não tem condições que fornecer qualquer aporte sem prejuízo de sua sobrevivência" (TJMG – Acórdão Agravo de Instrumento 1.0045.11.000087-9/001, 5-2-2013, Rel. Des. Vanessa Verdolim Hudson Andrade).

dilapidar bens. Se um dos cônjuges é um estroina que coloca em risco o patrimônio comum, pode ser afastado da administração, tal como em uma sociedade empresária. Como se nota, há necessidade de decisão judicial. Não se esqueça de que se um dos cônjuges ocasionar prejuízo ao outro em sede de administração de bens, ficará obrigado a reparar o dano, nos termos gerais do art. 186, independentemente de aspectos que possam gerar indenização com a ruptura do vínculo do casamento, segundo defende parte da doutrina. Essa situação ora enfocada é daquelas que podem justificar a modificação do regime de bens no curso do casamento (art. 1.639, § 2º).

Consoante o art. 1.664, do presente Código, os bens comuns responderão pelas obrigações contraídas pelo marido e pela mulher para atender aos encargos do lar. Por outro lado, a administração dos bens constitutivos do patrimônio particular compete ao cônjuge proprietário, salvo convenção diversa no pacto nupcial (art. 1.665). Percebe-se, portanto, que o pacto antenupcial pode dispor que a administração ou a alienação dos bens particulares somente podem ser ultimadas com a autorização de ambos os cônjuges. É importante que os terceiros fiquem alertas a esse respeito.

Ainda, de acordo com o atual art. 1.666, as dívidas contraídas por qualquer dos cônjuges na administração de seus bens particulares e em benefício destes, não obrigam os bens comuns.

Essas normas denotam de maneira clara que, conforme afirmamos, na comunhão parcial existem três massas de bens: a do marido, a da mulher e a de ambos os cônjuges. Para tal, estabelecem-se regras de administração, protegendo tanto quanto possível o patrimônio de cada um, embora, inelutavelmente, pela própria natureza do convívio, por vezes as obrigações se interpenetrem.

15.4 COMUNHÃO UNIVERSAL DE BENS

Nosso Código de 1916, atendendo à tradição do direito lusitano, escolhera originalmente o regime da comunhão universal como regime legal supletivo por motivos de ordem histórica e moral. Entendia-se que a união espiritual do homem e da mulher trazia como corolário também a união de patrimônios. Essa ideia romântica não tem mais reflexos na realidade.

Nesse regime, em princípio, comunicam-se todos os bens do casal, presentes e futuros, salvo algumas exceções legais (art. 1.667). Como regra, tudo que entra para o acervo dos cônjuges ingressa na comunhão; tudo que cada cônjuge adquire torna-se comum, ficando cada consorte meeiro de todo o patrimônio, ainda que um deles nada tivesse trazido anteriormente ou nada adquirisse na constância do casamento. Há exceções, pois a lei admite bens incomunicáveis, que ficarão pertencendo a apenas um dos cônjuges, os quais constituem um patrimônio especial.

Em boa hora, contracorrente doutrinária conservadora na época, a lei que introduziu o divórcio (Lei nº 6.515/77) alterou o regime legal para o da comunhão de aquestos, modificando a redação do art. 258 do velho Código, regra agora mantida no Código de 2002. De fato, esse é o regime que mais se coaduna com o sentido do casamento, com o esforço comum. O sistema da comunhão universal como regime legal pode oferecer percalços e surpresas, podendo prejudicar um dos cônjuges, geralmente a mulher, no passado. Tendo o marido, naquela época, a regência da sociedade conjugal, poderia facilmente impor sua vontade, para dissipar os bens comuns e em especial os trazidos pela mulher. Na peculiar linguagem do sempre lembrado Washington de Barros Monteiro (1996: 155), *"o regime da comunhão era ainda aquele que melhor favorecia as ambições dos caça-dotes e das pescadeiras de maridos ricos"*.

O art. 1.667 estabelece:

"O regime da comunhão universal importa a comunicação de todos os bens presentes e futuros dos cônjuges e suas dívidas passivas, com exceções do artigo seguinte".[8]

Desse modo, com as exceções legais que confirmam a regra e mencionaremos a seguir, a regra geral é o condomínio de todos os bens dos consortes, presentes e futuros. Essa ideia era completada pelo art. 266 do antigo diploma: *"Na constância da sociedade conjugal, a propriedade e posse dos bens é comum"*.

No regime da comunhão universal, há um patrimônio comum, constituído por bens presentes e futuros. Os esposos têm a posse e propriedade em comum, indivisa de todos os bens, móveis e imóveis, cabendo a cada um deles a metade ideal. Como consequência, qualquer dos consortes pode defender a posse e a propriedade dos bens. Cuida-se de sociedade ou condomínio conjugal, com caracteres próprios. Quanto à administração dos bens, o art. 1.670 determina que se apliquem os princípios relativos à comunhão parcial, que já examinamos. Assim, no que couber, são aplicáveis os dispositivos do art. 1.663.

15.4.1 Bens Excluídos da Comunhão Universal

A existência desse condomínio de natureza especial, porém, não impede exceções que criam patrimônio especial em determinadas situações descritas em lei. O art. 1.668 descreve elenco de bens que:

---

[8] "Agravo de instrumento. Execução de título extrajudicial. Pedido de pesquisa e penhora de bens em nome da esposa do devedor. Regime da comunhão universal de bens. Pleito que pretende atingir somente a meação dos bens comuns que cabe ao executado. Possibilidade. **Artigo 1.667, do Código Civil**. Penhora de bens do devedor em nome da cônjuge que não submete o patrimônio de terceiro à execução. Recurso provido". (*TJSP* – AI 2151323-18.2023.8.26.0000, 18-8-2023, Rel. Roberto Mac Cracken).

"Embargos de terceiro – Mulher casada sob o regime de comunhão universal de bens – Débito inadimplido pelo marido, constituído na vigência do matrimônio – Acolhimento em primeiro grau – **Comunicabilidade e responsabilidade concorrente pelas dívidas passivas dos cônjuges** – Interpretação lógico-sistemática do art. 1.667 do Código Civil, com o art. 790, IV, do Código de Processo Civil – Inocorrência das exceções legais – Subsistência e legitimidade da penhora de ativos financeiros especulativos, em percentual inferior à meação pertencente a cada consorte – Rejeição do pedido – Sentença reformada – Recurso provido". (*TJSP* – Ap. 1049278-38.2019.8.26.0114, 23-11-2021, Rel. César Peixoto).

"Divórcio litigioso. Gratuidade da justiça. Impugnação. Partilha de bens. Regime da comunhão universal de bens. Dívidas. Sucumbência mínima. Inocorrência. 1. A isenção do pagamento das custas processuais e dos honorários advocatícios somente deve ser deferida àqueles que não podem, comprovadamente, custeá-las sem prejuízo do próprio sustento ou de sua família, conforme prevê o art. 98 do CPC/2015. Comprovada a insuficiência de recursos, mantém-se o benefício. 2. No regime da comunhão universal de bens (Art. 1.667 do Código Civil), adotado pelas partes, **comunicam-se todos os bens, presentes e futuros, dos cônjuges, ainda que adquiridos por apenas um deles, assim como as dívidas contraídas durante o casamento**. Logo, impõe-se a partilha de todos os bens integrantes do acervo único, exceto aqueles contemplados pela regra de exclusão (art. 1.668 do Código Civil), na proporção de 50% para cada um. 3. Nos casos de sucumbência recíproca, é possível que uma das partes arque por inteiro com as despesas e com os honorários advocatícios, desde que comprovado que o outro litigante tenha sucumbido em parte mínima do pedido (art. 86, parágrafo único do CPC). 4. Recursos conhecidos e não providos". (*TJDFT* – Proc. 07097222420198070020, 3-8-2020, Re. Diaulas Costa Ribeiro).

"Ação de partilha de bens – Procedência – **Litigantes casados sob o regime da comunhão universal** – Bem advindo ao casal durante o matrimônio, mas cuja propriedade foi regularizada apenas após a dissolução do vínculo conjugal. Doação pela prefeitura que não pode beneficiar individualmente um dos cônjuges, à míngua de subsunção a qualquer das hipóteses do art. 1.668 do Código Civil. Gênese da aquisição que ocorreu durante o casamento. Bem que, portanto, deve integrar a meação da autora. R. sentença inalterada. Apelação desprovida." (*TJSP* – AC 1000532-42.2016.8.26.0439, 29-10-2019, Rel. Carlos Goldman).

"Ação de partilha – **Regime da comunhão universal de bens** – Dívida – 1 – Sendo o casamento regido pelo regime da comunhão universal de bens, imperiosa a partilha igualitária de todo o patrimônio comum, ou seja, comunicam-se os bens presentes e futuros de cada cônjuge, bem como, as dívidas, nos termos do art. 1.667 do CCB. 2 – Inviável a partilha da dívida cobrada de terceiro, mormente quando não comprovado pelo réu ter sido ele quem efetuou a quitação. Recurso desprovido" (*TJRS* – AC 70077245454, 30-5-2018, Rel. Des. Sérgio Fernando de Vasconcellos Chaves).

"São excluídos da comunhão:

I – os bens doados ou herdados com a cláusula de incomunicabilidade e os sub-rogados em seu lugar".[9]

A cláusula de incomunicabilidade pode ser imposta por terceiros em doação ou testamento. Geralmente, vem acompanhada das cláusulas de inalienabilidade e impenhorabilidade. Discutia-se se a cláusula de inalienabilidade, por ser mais ampla, implicava nas outras duas. A conclusão majoritária foi estampada na Súmula 49 do STF. O Superior Tribunal de Justiça também já se manifestara nesse sentido (RE 50.008 – SP – Rel. Min. Eduardo Ribeiro, DJ 19-4-99). Comunicação implica, em síntese, alienação. O vigente Código assumiu expressamente essa posição ao estatuir que

"a cláusula de inalienabilidade, imposta aos bens por atos de liberalidade, implica impenhorabilidade e incomunicabilidade" (art. 1.911).

Dúvida não há, todavia, de que a incomunicabilidade é cláusula que pode ser imposta isoladamente. Os bens que eventualmente substituírem os incomunicáveis por meio da

---

[9] "Apelação – sobrepartilha – herança – **regime de comunhão universal de bens** – Pretensão de partilha de bem herdado pelo ex-cônjuge – Sentença de parcial procedência – Inconformismo do réu – Rejeição – No regime de comunhão universal comunicam-se todos os bens presentes e futuros dos cônjuges, inclusive os herdados que não estiverem com cláusula de incomunicabilidade – Art. 1.667 e inteligência do art. 1.668, I do Código Civil – Sentença ratificada – negaram provimento ao recurso". (TJSP – Ap 1051277-95.2019.8.26.0576, 29-7-2022, Rel. Alexandre Coelho).
"Agravo de instrumento. Decisão que determinou a exclusão de imóvel de propriedade exclusiva da viúva do plano de partilha. Inconformismo da inventariante. Não acolhimento. Imóvel em questão que foi adquirido exclusivamente pela viúva, por meio de permuta com sub-rogação de cláusulas de inalienabilidade, incomunicabilidade e impenhorabilidade, não havendo que se falar em meação do de cujus a ser partilhada. Previsão expressa no art. 1.668, I do CC, de exclusão da comunhão universal dos bens doados ou herdados com cláusula de incomunicabilidade, e aqueles sub-rogados em seu lugar, situação configurada no caso em tela. Descabimento de discussão acerca da justa causa na imposição da cláusula de incomunicabilidade, uma vez que o ato que lhe deu causa ocorreu na vigência do CC 1.916. Precedente. Negado provimento ao recurso". (TJSP – Agravo de Instrumento 2280704-21.2019.8.26.0000, 11-6-2020, Rel. Viviani Nicolau).
"Ação de partilha – **Regime da comunhão universal de bens** – 1- Sendo o casamento regido pelo regime da comunhão universal de bens, todo o patrimônio pertencente a qualquer dos cônjuges se comunica, nos termos do art. 1.667 do CCB. 2- Correta a exclusão da partilha de bens registrados em nome de terceiros e daquela cuja existência sequer restou cabalmente comprovada, devendo eventual discussão acerca da ocorrência de fraude no registro ou transferência de bens ser travada em ação própria. 3- Comprovada a sociedade do varão com seu irmão no Matadouro, devem ser partilhados os bens que guarnecem o imóvel onde se localizam, assim como a plantação de eucaliptos lá existente, pois tais bens constaram dos autos de arrolamento encartados nos autos do processo. Recursos desprovidos." (TJRS – AC 70079412136, 27-2-2019, Rel. Des. Sérgio Fernando de Vasconcellos Chaves).
"Apelação – Divórcio – Partilha de bens – Regime de casamento – **Comunhão universal de bens** – Recurso provido – 1 – O regime de casamento adotado pelas partes – Comunhão universal de bens, p. 08 – Importa na comunicação de todos os bens presentes e futuros dos cônjuges e suas dívidas passivas, guardando observância ao elenco do art. 1.668, I a V, do Código Civil , inexistindo nos autos prova de qualquer das hipóteses excepcionais. 2 – Julgados da Sétima Câmara Cível do Tribunal de Justiça do Rio Grande do Sul: a) 'Sendo o casamento regido pelo regime da comunhão universal de bens, imperiosa a partilha igualitária de todo o patrimônio comum, pois se comunicam os bens presentes e futuros de cada cônjuge, bem como, as dívidas, nos termos do art. 1.667 do CCB . 2 – Descabida nestes autos a discussão sobre bens adquiridos juntamente com familiares da autora e de eventuais valores a eles emprestados pelo réu, pois além de não integrarem a relação processual, há notícia do ajuizamento de ações relativamente a tais questões, nas quais as controvérsias serão resolvidas. 3 – Não há litigância de má-fé, quando não comprovada qualquer das hipóteses dos arts. 80 o 81 do NCPC. Recurso desprovido (Apelação Cível nº 70075386995, Tribunal de Justiça do Rio Grande do Sul. Sétima Câmara Cível. Des. Sérgio Fernando de Vasconcellos. Julgado: 28/02/2018)' b) 'Os bens e as dívidas contraídas na constância do casamento pelo regime da comunhão universal de bens, devem ser partilhados de forma igualitária. Apelação cível desprovida (Apelação Cível nº 70075713529, Tribunal de Justiça do Rio Grande do Sul. Sétima Câmara Cível. Des. Jorge Luís Dalla'agnol. Julgado: 28/02/2018)'. 3 – Recurso provido" (TJAC – Ap 0713630-22.2016.8.01.0001 – (19.734), 12-11-2018, Relª Desª Eva Evangelista.

sub-rogação também não se comunicam. Não se esqueça de que, pelo art. 1.848 do Código de 2002, as cláusulas de inalienabilidade, impenhorabilidade e incomunicabilidade sobre os bens da legítima somente podem ser impostas pelo testador se houver justa causa.

O art. 1.669 realça que a incomunicabilidade não se estende aos frutos dos bens gravados, quando se percebam ou vençam durante o casamento. Para que também os frutos restem incomunicáveis, é necessária disposição expressa no ato que constituiu a incomunicabilidade. Nesse caso, impera a interpretação restritiva. Sem a ressalva, os frutos comunicam-se, ainda que o regime seja o da separação (Monteiro, 1996:173).

Arnaldo Rizzardo (1994, v. 1:280) aponta que também é incomunicável o bem doado com cláusula de reversão. Conforme o art. 547, o doador pode estipular que o bem volte a seu patrimônio, se sobreviver ao donatário. Somente com a incomunicabilidade em favor do beneficiado torna-se viável a disposição. O Código lusitano é expresso a respeito dessa incomunicabilidade (art. 1.733, 1, *b*).

"II – os bens gravados de fideicomisso e o direito do herdeiro fideicomissário, antes de realizada a condição suspensiva".

A propriedade do fiduciário no fideicomisso é restrita e resolúvel (art. 1.951). Sob certo tempo, condição ou com sua morte o bem fideicomitido será transferido ao fideicomissário. O fiduciário recebe o bem com o encargo de transferi-lo. Por essa razão, não poderá comunicar-se, para não inviabilizar a transferência. Veja o que examinamos sobre fideicomisso (Parte II, Capítulo 38). Da mesma forma, não haverá comunicação do direito do herdeiro fideicomissário, enquanto não se realizar a condição ou decurso de prazo, pois sem isso o agente não terá ainda a propriedade do bem, mas mero direito eventual.

Note, no entanto, que, se a propriedade consolidar-se em mãos do fiduciário em virtude da pré-morte do fideicomissário, a propriedade do primeiro passa a ser plena e ocorre desse modo a comunicação.

"III – as dívidas anteriores ao casamento, salvo se provierem de despesas com seus aprestos, ou reverterem em proveito comum".

Não pode o casamento converter-se em forma de extinção de obrigações ou obtenção de vantagens. As dívidas que o cônjuge possui, quando das núpcias, não se comunicam. Nem sempre será fácil a aplicação prática desse dispositivo. O art. 264 do Código anterior fazia observar que essas duas exceções dentro da exceção (despesas com aprestos ou que reverterem em proveito comum) somente poderiam pagar-se durante o casamento, pelos bens que o cônjuge devedor trouxer para o casal. Hipótese de difícil apuração, o dispositivo do art. 264 foi suprimido no diploma mais recente. A intenção legal era fazer com que a sociedade conjugal se iniciasse isenta de dívidas comuns.

"IV – as doações antenupciais feitas por um dos cônjuges ao outro com a cláusula de incomunicabilidade".

A razão persiste idêntica em todas as hipóteses em que é imposta a cláusula de incomunicabilidade. No caso presente, persiste a incomunicabilidade, ainda que o doador seja o outro cônjuge.

"V – os bens referidos nos incisos V a VII do art. 1.659."

Cuida-se nesse dispositivo de alguns bens que também se excluem na comunhão de aquestos, bens de uso pessoal, os livros e instrumentos de profissão; os proventos do trabalho pessoal de cada cônjuge e as pensões, meios-soldos, montepios e outras rendas semelhantes, como já referimos.

No Código de 1916, havia outras classes de bens que também não se comunicavam, reduzidas apenas a essas cinco classes no atual diploma. Entre elas, o art. 263, VI, referia-se às obrigações provenientes de atos ilícitos. A ideia central nesse caso era de que a pena e suas consequências não devem ultrapassar a pessoa que deu origem ao dano. As indenizações decorrentes de atos ilícitos implicavam onerar somente os bens do cônjuge causador do dano. A situação não era de fácil deslinde, na prática. A questão era saber como imputar a responsabilidade na meação do cônjuge obrigado. Evidente, que terceiros não podiam ficar obstados de acionar o obrigado, nem de penhorar bens da sociedade conjugal. Em princípio, enquanto persistisse a sociedade conjugal, não havia como se destacar o valor dessa responsabilidade. Como conclui Washington de Barros Monteiro (1996:168), o cônjuge que desejasse obter o reconhecimento judicial da incomunicabilidade por força desse inciso:

> *"terá que ministrar obrigatoriamente a prova do seguinte: a) que a obrigação em causa procede de ato ilícito do outro cônjuge; b) que os bens sobre os quais incide a execução pertencem à comunhão conjugal; c) que o reclamante não compartilhou das vantagens desse ato".*

Reconhecida a ressalva, o valor deveria ser destacado, quando findasse a sociedade conjugal. Tantos eram os obstáculos e tão restrito o alcance da norma, que o presente Código não a exprimiu. O Código de 2002, contudo, manteve a exclusão da comunhão das obrigações provenientes de atos ilícitos no regime da comunhão parcial, salvo reversão em proveito do casal (art. 1.659, IV).

Outras exceções de bens que não se comunicavam no antigo Código se tornaram inócuas, pois se referiam ao dote, a bens reservados, a frutos de trabalho comum, fiança sem outorga conjugal, questões superadas no vigente sistema.

A dissolução da comunhão de bens, parcial ou total, traz inúmeros efeitos. Segundo o art. 267 do antigo Código, texto não repetido na lei atual, mas certamente aplicável, dissolve-se a comunhão:

> *"I – pela morte de um dos cônjuges;*
> *II – pela sentença que anula o casamento;*
> *III – pela separação judicial;*
> *IV – pelo divórcio".*

A mesma compreensão persiste. Entenda-se que a separação judicial deixa de existir no ordenamento brasileiro com a Emenda Constitucional nº 66/2010.

Observe-se que a ocorrência de qualquer desses eventos não põe fim imediatamente à comunhão, o que somente ocorrerá com a partilha. No interregno até a partilha, o patrimônio continuará na administração do cônjuge sobrevivente ou do que tiver a administração dos bens. Decisão judicial pode atribuir a administração a um dos cônjuges ou até mesmo a terceiro. Durante esse estado transitório de indivisão, os frutos, rendimentos e ganhos de capital em geral continuarão a agregar-se ao patrimônio comum, devendo ser igualmente partilhados. Lembre-se de que, se o casal teve filhos, o cônjuge supérstite não pode contrair novo matrimônio, enquanto não ultimar a partilha; se o fizer, o regime do novo casamento será o da separação. Veja o que estudamos a esse respeito.

Se o desfazimento da sociedade conjugal decorrer de separação ou divórcio, a partilha pode decorrer de mútuo acordo. Extinta a comunhão com a partilha, isto é, a divisão do ativo e do passivo, como decorrência lógica cessará a responsabilidade de cada cônjuge para com os credores do outro (art. 1.671).

Como vimos, também não se comunicam os direitos patrimoniais de autor, salvo os respectivos rendimentos, a não ser que diferentemente expresso em pacto antenupcial (art. 39 da Lei nº 9.610/98).

15.5 REGIME DE PARTICIPAÇÃO FINAL NOS AQUESTOS

Trata-se de inovação inoportuna do Código de 2002, que suprimiu o regime dotal e introduziu, nos arts. 1.672 a 1.686 o regime de participação final nos aquestos. Desaparecerá e não fará falta alguma com a reforma do Código. Já se tinha certeza quando promulgado o Código atual que esse regime não seria aceito e buscado pelos nubentes.

Esse é um regime híbrido, no qual se aplicam regras da separação de bens quando da convivência e da comunhão de aquestos, quando do desfazimento da sociedade conjugal. A noção geral está estampada no art. 1.672: cada cônjuge possui patrimônio próprio e lhe caberá, quando da dissolução da sociedade conjugal, direito à metade dos bens adquiridos pelo casal, a título oneroso, na constância do casamento. Tal regime, com muitas nuanças e particularidades diversas, é adotado também em outras legislações. Sua utilidade maior, em princípio, é para aqueles cônjuges que atuam em profissões diversas em economia desenvolvida e já possuem certo patrimônio ao casar-se ou a potencialidade profissional de fazê-lo posteriormente. Na parte introdutória ao regime de bens, dando já inicialmente a noção do alcance desse novo regime, o art. 1.656 estabelece:

> "No pacto antenupcial, que adotar o regime da participação final nos aquestos, poder-se-á convencionar a livre disposição dos bens imóveis, desde que particulares".

No silêncio do pacto, a liberdade para alienação se restringirá aos bens móveis (art. 1.647, parágrafo único). Como se nota, portanto, o regime pressupõe certo desenvolvimento financeiro e econômico dos cônjuges.

Esse regime não se adapta ao gosto de nossa sociedade, o que já foi confirmado nestes anos de vigência do atual Código Civil. Por si só, verifica-se que se trata de estrutura complexa, disciplinada por nada menos do que 15 artigos, com inúmeras particularidades. Não se destina, evidentemente, à grande maioria da população brasileira, de baixa renda e de pouca cultura. Não bastasse isso, embora não seja dado ao jurista raciocinar sobre fraudes, esse regime ficará sujeito a vicissitudes e abrirá campo vasto ao cônjuge de má-fé. Basta dizer que esse cônjuge poderá adredemente esvaziar seu patrimônio próprio, alienando seus bens, com subterfúgios ou não, de molde que não existam bens ou qualquer patrimônio para integrar a comunhão quando do desfazimento previamente engendrado da sociedade conjugal. Sabemos que a necessidade de outorga conjugal para a alienação de imóveis não obsta a condução de vontade, a supremacia da vontade de um dos cônjuges sobre o outro no recôndito do lar. Isso trará sem dúvida uma instabilidade não só ao consórcio, como também aos terceiros que contratam com o casal nesse regime. Levante-se até mesmo a necessidade, *de lege ferenda*, de um período suspeito para os atos de disposição de bens, que poderão ocorrer em fraudes contra terceiros e contra o próprio cônjuge, tal como existe na falência. Essas cautelas podem até mesmo ser colocadas na escritura do pacto, mas transformariam, sem dúvida, o casamento estritamente em um negócio patrimonial. Aliás, esse pacto, por si só, já denota um negócio patrimonial que suplanta o cunho afetivo que deve conter o casamento. O casamento passa a exigir uma contabilidade permanente, sob pena de ser impossível efetuar a comunhão de aquestos final. Tudo leva a crer que na próxima reforma do Código Civil de 2002 esse regime deverá ser excluído, pois nunca deveria ter nele entrado.

Nesse regime, existem somente duas massas de bens, a do marido e a da mulher. Nesse sentido, expressa o art. 1.673:

> *"Integram o patrimônio próprio os bens que cada cônjuge possuía ao casar e os por ele adquiridos, a qualquer título, na constância do casamento.*
>
> *Parágrafo único. A administração desses bens é exclusiva de cada cônjuge, que os poderá livremente alienar, se forem móveis".*

Os cônjuges conduzem-se durante o casamento como se estivessem sob o regime da separação de bens. Mantêm, porém, a *expectativa da meação* ao final do casamento. Persiste, no entanto, a necessidade de autorização conjugal para a prática dos atos relacionados no art. 1.647. As exceções trazidas aparentemente pela Lei que instituiu o programa Casa Verde e Amarela não tolhem o princípio geral.

Quando da dissolução da sociedade conjugal, ocorrerá então o fenômeno que justifica o título desse regime. Conforme o art. 1.674,

> *"apurar-se-á o montante dos aquestos, excluindo-se da soma dos patrimônios próprios:*
>
> *I – os bens anteriores ao casamento e os que em seu lugar se sub-rogaram;*
>
> *II – os que sobrevieram a cada cônjuge por sucessão ou liberalidade;*
>
> *III – as dívidas relativas a esses bens.*
>
> *Parágrafo único. Salvo prova em contrário, presumem-se adquiridos durante o casamento os bens móveis".*

Quanto aos bens imóveis, vimos que o pacto pode autorizar a alienação dos bens particulares de cada consorte (art. 1.656). Nota-se, portanto, que somente haverá meação a se analisar, quando do desfazimento do vínculo conjugal. No entanto, a própria lei encarrega-se de estabelecer certa confusão nesse sentido.

A seguir, a lei aporta questiúnculas ao regime, algumas de difícil entendimento, a desencorajar, sem dúvida, quem pretenda abraçá-lo no futuro casamento. Passemo-las em revista.

Dispõe o art. 1.675 do atual Código:

> *"Ao determinar-se o montante dos aquestos, computar-se-á o valor das doações feitas por um dos cônjuges, sem a necessária autorização do outro; nesse caso, o bem poderá ser reivindicado pelo cônjuge prejudicado ou por seus herdeiros, ou declarado no monte partilhável, por valor equivalente ao da época da dissolução".*

Nessa situação, percebe-se que, apesar de o cônjuge ser titular de seu próprio patrimônio, não pode fazer doações sem a autorização do outro. Se o fizer, quando da apuração dos aquestos, a final, o valor de doação não autorizada deve ser computado no monte partível e, o que é mais rigoroso, pode ser reivindicado pelo cônjuge prejudicado ou seus herdeiros. Imagine-se, porém, uma doação não autorizada que tenha ocorrido muitos anos antes do desfazimento da sociedade conjugal. Cria-se situação de instabilidade.

O art. 1.676 é de difícil compreensão:

> *"Incorpora-se ao monte o valor dos bens alienados em detrimento da meação, se não houver preferência do cônjuge lesado, ou de seus herdeiros, de os reivindicar".*

Ora, em princípio, nesse regime, só há que se falar em meação, à época da dissolução da sociedade conjugal. Esse dispositivo, porém, estampa que o valor do bem alienado em detrimento dessa "futura" meação incorpora-se ao monte, para efeito de divisão. No entanto, mais do que isso, o artigo ainda menciona a possibilidade de o cônjuge preterido, ou seus herdeiros, reivindicar os bens. Ademais, é necessário estabelecer qual o direito de preferência a que a lei se refere. Ainda, é de perguntar se esse dispositivo se aplica aos bens imóveis, para cuja alienação há necessidade de autorização conjugal. Parece que, em princípio, o artigo apenas se refere aos bens móveis.

Segundo o art. 1.677,

> *"pelas dívidas posteriores ao casamento, contraídas por um dos cônjuges, somente este responderá, salvo prova de terem revertido, parcial ou totalmente, em benefício do outro".*

Ora, na convivência conjugal, parte-se do pressuposto de que as dívidas contraídas pelo cônjuge o sejam em benefício do lar conjugal e da convivência. Não se deve presumir o contrário. Pois é exatamente o que faz esse artigo: parte do pressuposto de que cada cônjuge responde pelas dívidas que contraiu, salvo se provar o proveito para o outro cônjuge. Ora, quem paga o IPTU do imóvel onde o casal reside, ainda que pertencente a um deles, por exemplo, efetua despesas em proveito do outro? O cônjuge que adquire um veículo para o seu trabalho e o lazer do casal e dos filhos nos finais de semana; que modalidade de despesa é essa? Na verdade, esse regime de bens transforma o casamento em um complexo negócio patrimonial. Se houver conflito na dissolução do vínculo matrimonial, as questões a serem levantadas serão infindáveis.

O art. 1.678 exige que seja feito um balanço contábil e financeiro na data de dissolução do casamento:

> *"Se um dos cônjuges solveu uma dívida do outro com bens do seu patrimônio, o valor do pagamento deve ser atualizado e imputado, na data da dissolução, à meação do outro cônjuge".*

Imagine-se essa atualização se passados muitos anos da solução da dívida.

O art. 1.679 é prova de que o legislador disciplinou esse regime de bens no casamento como se estivesse regulando uma empresa:

> *"No caso de bens adquiridos pelo trabalho conjunto, terá cada um dos cônjuges uma quota igual no condomínio ou no crédito por aquele modo estabelecido".*

Ora, se os cônjuges trabalham como sócios em pessoa jurídica, há de se obedecer, quanto aos proventos, o que foi estabelecido no contrato social. Se se trata de trabalho informal, devem os cônjuges estabelecer uma participação nesse condomínio. A dificuldade e os problemas que podem advir desse dispositivo dispensam maiores comentários.

Outra duvidosa disposição é encontrada no art. 1.680: *"As coisas móveis, em face de terceiros, presumem-se do domínio do cônjuge devedor, salvo se o bem for de uso pessoal do outro"*. Gostaríamos de ser um pouco mais simpáticos para com esse regime de bens, mas não resistimos a perguntar: de quem é a titularidade do colar de brilhantes que a mulher usa, mas pertence ao marido? Como poderão os terceiros credores posicionar-se com esses bens, se em cada situação devem provar evidências de fato? Estará aí uma situação propícia para a fraude e para complexas ações de embargos de terceiro.

O art. 1.681 estampa uma regra geral verdadeira e aparentemente óbvia, a fim de estabelecer a propriedade dos bem imóveis para os cônjuges: os bens imóveis são de propriedade do cônjuge cujo nome constar no registro. No entanto, o parágrafo único adverte: *"Impugnada a titularidade, caberá ao cônjuge proprietário provar a aquisição regular dos bens"*. O Código estabelece aí uma situação de fraude contra credores. Um dos cônjuges pode ter adquirido um imóvel e tê-lo registrado em nome do outro. Em caso de execução, o titular do registro deve provar a aquisição do bem. Mais uma situação de muita discussão processual, mormente em embargos de terceiro, embora a matéria também possa ser versada na ação pauliana ou em ação de nulidade por simulação.

O art. 1.682, por sua vez, estabeleceu que a meação não é renunciável, cessível ou penhorável na vigência do regime conjugal. Não se admite a renúncia ou cessão da meação no curso do casamento para que se evite a preponderância ou condução da vontade de um dos cônjuges em detrimento do outro, o que levaria à penúria um deles quando do desfazimento do casamento. Qualquer ato nesse sentido é ineficaz. Por outro lado, a meação, como parte indivisa é impenhorável durante o matrimônio, mas não são impenhoráveis os bens que a compõem. Após o desfazimento do casamento, esses atos são admitidos.

O art. 1.683 é importante porque fixa o momento em que será apurado o montante dos aquestos:

> *"Na dissolução do regime de bens por separação judicial ou por divórcio, verificar-se-á o montante dos aquestos à data em que cessou a convivência"*.

O montante dos aquestos a ser dividido é o da data em que cessou a convivência, e não o da data em que se decretou a separação judicial ou divórcio. O estabelecimento da cessação da convivência é questão de fato, a ser apurada no caso concreto. Pode decorrer, por exemplo, da decisão que decretou a separação de corpos. A situação é importante porque após o encerramento da convivência, sem que tenha havido a separação ou divórcio, pode ter-se alterado a situação patrimonial dos cônjuges, a qual não deve ser levada em conta para apuração da meação.

O art. 1.684, a seu turno, traça regras para a divisão dos bens e apuração de valores:

> *"Se não for possível nem conveniente a divisão de todos os bens em natureza, calcular-se-á o valor de alguns ou de todos para reposição em dinheiro ao cônjuge não proprietário.*
> *Parágrafo único. Não se podendo realizar a reposição em dinheiro, serão avaliados e, mediante autorização judicial, alienados tantos bens quantos bastarem"*.

A matéria trará problemas de difícil transposição, aos que ousarem escolher esse regime, mormente quando o cônjuge não mais possui patrimônio quando da dissolução do casamento ou numerário suficiente para efetuar as tornas em dinheiro que o dispositivo acena. O art. 1.685 refere-se à dissolução da sociedade conjugal por morte:

> *"Na dissolução da sociedade conjugal por morte, verificar-se-á a meação do cônjuge sobrevivente de conformidade com os artigos antecedentes, deferindo-se a herança aos herdeiros na forma estabelecida neste Código"*.

Por fim, o art. 1.686 encerra esse capítulo dispondo que as dívidas de um dos cônjuges, quando superiores a sua meação, não obrigam ao outro, ou a seus herdeiros. O dispositivo refere-se à meação, isto é, refere-se à situação após dissolução da sociedade conjugal. Caberá ao devedor ou ao cônjuge provar que há valor de débito que supera a meação.

Vistos esses dispositivos, é claro que os nubentes se desencorajarão com esse regime, como afirmamos de início. Ou se assim desejarem casar, melhor será que já contratem uma assessoria contábil para o curso de seu matrimônio. É claro que o regime de comunhão parcial o supera com enormes vantagens para os cônjuges, bem como com referência ao relacionamento com terceiros.

15.6 SEPARAÇÃO DE BENS

Característica desse regime é a completa distinção de patrimônios dos dois cônjuges, não se comunicando os frutos e aquisições e permanecendo cada qual na propriedade, posse e administração de seus bens. Dispõe o art. 1.687:

> *"Estipulada a separação de bens, estes permanecerão sob a administração exclusiva de cada um dos cônjuges, que os poderá livremente alienar ou gravar de ônus real".*

O corrente Código estabelece verdadeiramente uma separação de patrimônios, pois no Código de 1916, mesmo no regime de separação absoluta, havia necessidade de outorga conjugal para a alienação de imóveis. Disciplinava o art. 276:

> *"Quando os contraentes casarem, estipulando separação de bens, permanecerão os de cada cônjuge sob administração exclusiva dele, que os poderá livremente alienar, se forem móveis".*

O art. 1.647 do presente Código foi expresso, autorizando os negócios ali descritos, os quais podem livremente ser praticados pelo cônjuge no regime de separação de bens.

O segundo e último artigo sobre esse regime estipula que ambos os cônjuges são obrigados a contribuir para as despesas do casal na proporção dos rendimentos de seu trabalho e de seus bens, salvo estipulação em contrário no pacto antenupcial.[10]

Esse regime isola totalmente o patrimônio dos cônjuges e não se coaduna perfeitamente com as finalidades da união pelo casamento. De qualquer modo, afora o regime dotal, letra morta em nosso ordenamento no passado, não é muito utilizado entre nós.

Esse regime decorre não só da vontade dos nubentes, mas também por imposição legal, conforme apontamos. Portanto, a separação de bens pode ser legal ou convencional.[11]

Na separação de bens convencional, como apontamos, nada impede que os cônjuges estabeleçam a comunhão de certos bens, se assim o desejarem, bem como a forma de administração. No silêncio do pacto, cada cônjuge conserva a administração e fruição de seus bens.

Existem várias referências na legislação acerca do regime da separação.

---

[10] O art. 277 do Código de 1916, que complementava o capítulo referente à separação de bens, composto também de dois únicos dispositivos, tratava da obrigação da mulher nesse regime em contribuir com os rendimentos de seus bens para as despesas do casal, quando não existia a igualdade constitucional entre o homem e a mulher.

[11] Como expusemos, a lei de 1916 preparara uma armadilha para os que escolhessem o regime de separação: se não fossem expressos acerca da distinção absoluta de patrimônios, operaria o art. 259, já por nós decantado: *"Embora o regime não seja o da comunhão de bens, prevalecerão, no silêncio do contrato, os princípios dela, quanto à comunicação dos adquiridos na constância do casamento".*
A lei, portanto, demonstrava certa aversão pela separação absoluta de bens e incentivava a comunicação de aquestos. Como afirmamos, em princípio, não mais existe esse posicionamento no atual Código.

15.7 REGIME DOTAL

O Código de 2002 suprimiu esse regime. Não há por que dar muita atenção a ele, pois não caiu no gosto de nossa sociedade, não se mostrou útil e não foi utilizado em nosso meio. Lembremos tão somente as noções básicas. Foi muito utilizado nas civilizações antigas, mormente em Roma, sendo ainda costume em algumas sociedades modernas. Nosso Código de 1916 tratava desse regime nos arts. 278 a 307, em nada menos que 34 artigos.

Dote, no sentido técnico, consiste em um bem ou conjunto de bens que a mulher, ou um terceiro por ela, transfere ao marido, para que este tire de seus rendimentos os recursos necessários para atender aos encargos do lar. Não se confunde com doações e presentes que os noivos recebem por ocasião das bodas e que passam a integrar seu patrimônio. A finalidade do dote é atribuir meios de subsistência ao lar conjugal. O dote pode, portanto, ser constituído pela mulher, por seus ascendentes ou por qualquer outra pessoa (art. 279). Esses bens são incomunicáveis e inalienáveis, ficando sob a administração do marido. Dissolvida a sociedade conjugal, os bens dotais, ou seu valor, devem ser restituídos à mulher, ou ao dotador, se este for um terceiro.

O dote, como os demais pactos antenupciais, também se constituía por escritura pública. O dote podia conviver com os outros regimes, pois se admitia que terceiro constituísse dote mesmo durante o casamento. A mulher somente podia constituí-lo por pacto antenupcial. Os bens dotais passavam a coexistir com os bens do casal. O dote podia ter a cláusula de reversão, determinando o retorno dos bens ao dotador, no desfazimento da sociedade conjugal.

Nesse regime, podiam subsistir os chamados bens parafernais, quais sejam, os bens incomunicáveis da mulher que não integram o dote. A mulher conservava a propriedade, administração e gozo e livre disposição desses bens, com exceção dos imóveis, no que se referia à alienação. O marido podia administrar os bens parafernais como procurador da mulher, ficando sujeito à prestação de contas dos frutos e rendimentos, salvo dispensa expressa.

Esse regime infringia, sem dúvida, a igualdade jurídica dos cônjuges, conflitando com a nova ordem constitucional. Não fosse seu absoluto desuso, certamente seria discutida e sustentável a perda de eficácia de seus dispositivos (Viana, 1998:140).

15.8 OUTROS REGIMES

No sistema brasileiro, os cônjuges podem optar por um dos regimes de bens disciplinados no Código e combiná-los entre si, desde que não contrariem normas de ordem pública. No sistema do Estatuto das Famílias, apenas se optarem por essa última hipótese necessitarão de escritura pública.

São muitos e variados os regimes de bens disciplinados no direito comparado. Já nos referimos ao sistema do Direito Romano da absorção de bens: o marido absorvia os bens trazidos pela mulher, tornando-se o único proprietário.

Alguns ordenamentos adotaram, por exemplo, o regime de união dos bens. Todo o acervo da mulher, bem como aquele formado no casamento passavam para o marido, que administrava o patrimônio e recebia os frutos para a manutenção do lar. Com a dissolução, a mulher ou seus herdeiros recebia em retorno os bens trazidos. O direito da mulher equivale a um direito de crédito sobre o valor dos bens (Arnaldo Rizzardo, 1994, v. 1:316). O regime de comunhão é adotado por várias legislações, com matizes próprios.

O regime da participação final nos aquestos é adotado em vários países, com particularidades e denominações variáveis.

15.9 DOAÇÕES ANTENUPCIAIS

O marido não podia constituir dote em favor da esposa, mas a lei permitia que fizesse doações no pacto antenupcial, salvo nas hipóteses de imposição legal do regime de separação de bens. A mesma faculdade era atribuída à mulher. Dispunha o art. 312 do Código anterior:

> "Salvo o caso de separação obrigatória de bens (art. 258, parágrafo único), é livre aos contraentes estipular, na escritura antenupcial, doações recíprocas, ou de um ao outro, contanto que não excedam à metade dos bens do doador (arts. 263, VIII, e 232, II)".

Esse ato de liberalidade não fugia à regra geral das doações: o legislador cerca-o de maiores cautelas, pois a doação pode transgredir o pacto antenupcial. Essas doações deviam integrar o pacto antenupcial. Se o regime fosse o da comunhão universal, esses bens doados não integrariam a comunhão, devendo necessariamente ser incomunicáveis, de outro modo o negócio não se justificaria. Assim, há que se entender como implícita essa cláusula, se o doador não foi expresso a respeito.

De outra face, nada impede hodiernamente que os cônjuges efetuem doações entre si durante o casamento, se não houver conflito com o regime de bens. Desse modo, será inócua e ineficaz a doação, se o regime de bens é o da comunhão universal. Nada impede a doação, se o regime for o da comunhão parcial ou da separação, desde que não coercitiva. Em qualquer caso, há que se acautelarem os direitos de terceiros. Doações entre cônjuges, ainda que não conflitem com o pacto antenupcial, podem, por exemplo, configurar fraude contra credores. Também não será permitida a doação nessa hipótese, se o regime é o da separação imposta por lei, pois haveria transgressão ao preceito imposto.

A doação para fins de casamento é negócio condicional, pois fica com seus efeitos subordinados à realização do enlace. Os terceiros também podem formalizar doações *propter nuptias*: Nesse sentido aduz o art. 546 do presente Código:

> "A doação feita em contemplação de casamento futuro com certa e determinada pessoa, quer pelos nubentes entre si, quer por terceiro a um deles, a ambos, ou aos filhos que, de futuro, houverem um do outro, não pode ser impugnada por falta de aceitação, e só ficará sem efeito se o casamento não se realizar".

O art. 1.668, IV, estatui que as doações antenupciais feitas por um dos cônjuges ao outro, com a cláusula de incomunicabilidade é excluída da comunhão.

Nada impede, também, que as doações recíprocas entre os cônjuges sejam efetuadas no curso do casamento, salvo se o regime for de separação obrigatória. Também será inócua a doação no regime de comunhão de bens, porque o patrimônio é único. Também não pode prejudicar a legítima de herdeiro necessário.

O art. 314 do Código de 1916 estabelecia o único caso de doação *causa mortis* no ordenamento:

> "As doações estipuladas nos contratos antenupciais, para depois da morte do doador, aproveitarão aos filhos do donatário, ainda que este faleça antes daquele. Parágrafo único. No caso, porém, de sobreviver o doador a todos os filhos do donatário, caducará a doação".

Finalidade precípua dessa modalidade era beneficiar a prole eventual do donatário, pois o negócio persiste ainda que este falecesse antes do doador. Somente perderia eficácia a doação se o doador sobrevivesse a todos, isto é, ao donatário e sua prole. Esse dispositivo foi suprimido no atual Código, não mais sendo possível essa modalidade de doação (Diniz, 2002:177). Preceitua-se, na reforma do Código, uma reapresentação de possibilidades de doação *propter nuptias*.

15.10 DISCIPLINA PATRIMONIAL ENTRE COMPANHEIROS OU CONVIVENTES. CONTRATO DE CONVIVÊNCIA NA UNIÃO ESTÁVEL

Já apontamos de início que a união estável do homem e da mulher sem casamento é um estado de fato com reflexos e consequências jurídicas. Nesse aspecto, afina-se com nosso entendimento de posse, explanado no volume IV, dedicado aos Direitos Reais. A posse também é um estado de fato protegido pelo ordenamento. Como vimos, o casamento, sob o prisma da celebração, é um negócio jurídico e em sua compreensão mais ampla é uma instituição.

Como examinado neste capítulo, a lei ordena[12] o sistema que rege a situação patrimonial dos cônjuges, disciplinando o regime de bens no curso do casamento.

Por várias vezes, em nossas obras temos enfatizado que a Constituição de 1988 representa um verdadeiro divisor de águas no direito brasileiro, especificamente no direito privado. Desse modo, o direito civil era um antes de 1988 e é outro depois dessa carta. Essa Constituição, como tantas vezes apontado, reconhece definitivamente a união estável:

> *"Para efeito da proteção do Estado, é reconhecida a união estável entre o homem e a mulher como entidade familiar, devendo a lei facilitar sua conversão em casamento".*

Até esse momento legislativo, embora a jurisprudência já estivesse a reconhecer diversos efeitos patrimoniais à união sem casamento, nosso meio jurídico, mormente os tribunais, recusava-se a admitir a possibilidade de os companheiros ou concubinos, como então eram denominados genericamente, regularem, por negócio jurídico, sua convivência.

Os chamados contratos de convivência recebiam a pecha da nulidade porque entendia-se que afrontavam o ordenamento e colocavam em risco a solidez jurídica do casamento como instituição. Um contrato que objetivasse disciplinar as relações patrimoniais e de outra natureza entre os companheiros era tido como ilícito em razão de sua imoralidade. Como lembra Francisco José Cahali, as Corregedorias dos Tribunais de Justiça de São Paulo e do Rio Grande

---

[12] "Direito Constitucional e Civil – Recurso extraordinário – Repercussão geral – Aplicação do artigo 1.790 Do Código Civil à sucessão em união estável homoafetiva – Inconstitucionalidade da distinção de regime sucessório entre cônjuges e companheiros – 1 – A Constituição brasileira contempla diferentes formas de família legítima, além da que resulta do casamento. Nesse rol incluem-se as famílias formadas mediante união estável, hétero ou homoafetivas. O STF já reconheceu a 'inexistência de hierarquia ou diferença de qualidade jurídica entre as duas formas de constituição de um novo e autonomizado núcleo doméstico', aplicando-se a união estável entre pessoas do mesmo sexo as mesmas regras e mesas consequências da união estável heteroafetiva (ADI 4277 e ADPF 132, Rel. Min. Ayres Britto, j. 05.05.2011). 2 – Não é legítimo desequiparar, para fins sucessórios, os cônjuges e os companheiros, isto é, a família formada pelo casamento e a formada por união estável. Tal hierarquização entre entidades familiares é incompatível com a Constituição de 1988. Assim sendo, o art. 1.790 do Código Civil, ao revogar as Leis nº 8.971/1994 e nº 9.278/1996 e discriminar a companheira (ou o companheiro), dando-lhe direitos sucessórios bem inferiores aos conferidos à esposa (ou ao marido), entra em contraste com os princípios da igualdade, da dignidade humana, da proporcionalidade como vedação à proteção deficiente e da vedação do retrocesso. 3 – Com a finalidade de preservar a segurança jurídica, o entendimento ora firmado é aplicável apenas aos inventários judiciais em que não tenha havido trânsito em julgado da sentença de partilha e às partilhas extrajudiciais em que ainda não haja escritura pública. 4 – Provimento do recurso extraordinário. Afirmação, em repercussão geral, da seguinte tese: 'No sistema constitucional vigente, é inconstitucional a distinção de regimes sucessórios entre cônjuges e companheiros, devendo ser aplicado, em ambos os casos, o regime estabelecido no art. 1.829 do CC/2002'". (STF – RE 646.721 – Rio Grande do Sul – Plen. – Rel. Min. Marco Aurélio – J. 10.05.2017).

do Sul chegaram a baixar norma sobre a nulidade dos chamados "casamentos por contrato", impondo aos cartorários proibição para lavraturas de escritura e registros desses instrumentos (2002:305). Essa situação repetia-se de forma mais ou menos ampla em todo o país. Em muitas oportunidades em nossa judicatura, adotamos no passado essa posição refratária, com base na doutrina e jurisprudência da época. Todavia, muda a sociedade e seus costumes, mudam as leis e mudamos nós. O Direito é um dado histórico, como sempre abordamos, e o juiz julga de acordo com as necessidades e a sociedade de seu tempo.

Todavia, muitos eram os especialistas em direito de família na época que justificavam a necessidade, utilidade e validade dos pactos entre os conviventes, como forma de aplacar e amainar problemas que certamente adviriam no desfazimento da convivência, quer por morte, quer por outra razão.

Com a guinada representada pela posição constitucional, uma nova postura fez-se necessária, e, reconhecido e protegido esse estado de fato pelo ordenamento, razão maior não haveria para admitir esses pactos. As dúvidas, no entanto, mudaram de óptica e passaram a residir no âmbito que poderia ser dado a um negócio desse jaez. A ideia central, contudo, girou em torno de assemelhá-lo ao pacto antenupcial no casamento. No entanto, por se tratar de negócio que se dirige a um estado de fato, na ausência de disciplina legal restritiva, há possibilidade de ser muito amplo o âmbito desse contrato. Com a dicção constitucional, portanto, o âmbito de validade dos chamados contratos de convivência deslocou-se para o exame do alcance de seu conteúdo ou eficácia, não mais sendo discutida sua validade.

O fato é que a legislação pós-constitucional que objetivou ordenar a união estável foi um desastre porque toda ela mal foi redigida e lacunosa. Esperava-se que o vigente Código Civil, pela grandeza da obra que se propõe, fosse mais completo e eficiente, mas esse diploma também é irritantemente deficiente nessa matéria, como em tantas outras.

A Lei nº 8.971/74 que regulou inicialmente os direitos dos companheiros a alimentos e à sucessão foi omissa a respeito do contrato de convivência, mas não o proibiu. A Lei nº 9.278/96, tão confusa quanto a anterior e que com ela convive, estabelecera originalmente no art. 3º a possibilidade de contrato escrito entre os conviventes para regular seus direitos e deveres, tendo estabelecido no art. 4º seu requisito de validade por meio da inscrição no Registro Civil e comunicação ao Registro de Imóveis. Esses dispositivos foram vetados pela Presidência da República, sob justificativa de que criavam um casamento de segundo grau e não regulavam apenas a união estável.

No entanto, persiste nesta última lei o art. 5º que se refere expressamente a contrato escrito:

> *"Os bens móveis e imóveis adquiridos por um ou por ambos os conviventes, na constância da união estável e a título oneroso, são considerados fruto do trabalho e da colaboração comum, passando a pertencer a ambos os cônjuges, em condomínio e em partes iguais, salvo estipulação contrária em contrato escrito".*

Afora a impropriedade da referência ao condomínio, nesse fenômeno, há de se concluir que a lei reconheceu expressamente a possibilidade do pacto de convivência e admitiu que os companheiros podem contratar diferentemente, ou seja, estabelecer uma porcentagem desigual na propriedade comum dos bens adquiridos, bem como elidir a presunção legal, declarando que um bem ou determinados bens pertencem a apenas um dos companheiros. Essa situação pode ser descrita no próprio negócio constitutivo de aquisição do bem ou em documento à parte. O contrato de convivência submete-se aos requisitos do negócio jurídico em geral (art. 185). Como se vê, a lei não exige escritura pública, mas apenas contrato escrito. Esse contrato pode ser registrado em Títulos e Documentos, mas a lei não prevê o registro imobiliário. Desse modo, não se acautelam devidamente os direitos de terceiros que tratam com os conviventes. Caberá a eles, dentro do sentido da boa-fé, declinar sua condição no trato negocial com terceiros. Há necessidade de que seja elaborada norma dentro do ordenamento para regulamentar esse dever dos companheiros, um dos grandes problemas do fenômeno.

O Código Civil de 2002, do qual se esperava que regulasse com maior amplitude a matéria, limitou-se, no art. 1.725, a dizer:

> *"Na união estável, salvo contrato escrito entre os companheiros, aplica-se às relações patrimoniais, no que couber, o regime da comunhão parcial de bens".*

Infere-se, assim, que, como regra geral, os bens adquiridos na constância da convivência dos companheiros comunicar-se-ão, aplicando-se os arts. 1.658 ss. Na prática, por vezes, as dificuldades situam-se em identificar o momento temporal de início da união estável.

O contrato de convivência não tem de *per si* o condão de criar ou reconhecer a união estável. Também não pode regular direito sucessório, o que somente pode ser feito por testamento.

O fato dessa união nunca dependerá da existência de contrato. A união dos conviventes é fenômeno de fato e não de direito. Pode ser firmado antes e durante a convivência, bem como pode ser alterado no curso da união entre os companheiros, aspecto que fá-lo diferir grandemente dos princípios do pacto antenupcial. Esse contrato representa o instrumento pelo qual os sujeitos dessa relação regulamentam sua situação de fato. Nada impede, também, que seja concluído pelos interessados para atingir situações pretéritas, como definir a propriedade de um bem adquirido anteriormente pelo casal. Não tendo também o mais recente Código modificado a exigência da lei anterior, permite-se que seja formalizado por instrumento particular ou por escritura pública. Tal como nos pactos antenupciais, são ineficazes disposições que não se atenham exclusivamente à disciplina dos bens. Não podem os companheiros, portanto, regular o poder familiar atinente aos filhos diferentemente do que impõe a lei, por exemplo. Não podem também renunciar ao direito de alimentos. No exame das ilegalidades, a ilicitude das disposições deve ser vista sob o prisma dos direitos fundamentais e da moral e dos bons costumes. As pessoas sujeitas ao poder familiar também possuem legitimidade para esse negócio que podem concluir devidamente assistidas ou representadas. Pela natureza desse contrato e pela lacuna de sua disciplina legal, como vimos, o contrato de convivência não tem efeito *erga omnes*. É necessário que norma impositiva estabeleça a obrigação de toda pessoa declarar não somente seu estado civil, mas também sua relação em união estável para maior segurança no trato negocial com terceiros. Anote-se também que o distrato de uma união estável também não estabelece por si só seu término: para tal, há que se provar que os termos do contrato coincidem com o que ocorreu entre os companheiros.

Como não existe disciplina legal em contrário, podem ser vários os pactos entre os conviventes, completando-os ou revogando-os uns aos outros, o que torna a situação instável e altamente inconveniente, não só para os próprios partícipes, como também para os terceiros, cujos direitos devem sempre ser preservados. A matéria é complexa.

Aguarda-se que num futuro diploma legal da união estável, que melhor estaria em um estatuto mais amplo ou microssistema sobre a família, o menor e o adolescente, fora do Código Civil, estabeleça terreno mais seguro nessa matéria. Não nos parece que o projeto do Estatuto das Famílias tenha ido a fundo nessa problemática. No sistema atual, não existe exigência, por exemplo, de que um companheiro obtenha autorização do outro para alienação de bem imóvel. Nem sempre os terceiros estarão acautelados, por maior cuidado que tenham. É de toda conveniência que se obtenha a outorga do companheiro, sempre que possível.

16

ALIMENTOS

16.1 INTRODUÇÃO. CONCEITO. ORIGENS

O ser humano, desde o nascimento até sua morte, necessita de amparo de seus semelhantes e de bens essenciais ou necessários para a sobrevivência. Nesse aspecto, realça-se a necessidade de alimentos. Desse modo, o termo *alimentos* pode ser entendido, em sua conotação vulgar, como tudo aquilo necessário para sua subsistência. Acrescentemos a essa noção o conceito de obrigação que tem uma pessoa de fornecer esses alimentos a outra e chegaremos facilmente à noção jurídica. No entanto, no Direito, a compreensão do termo é mais ampla, pois a palavra, além de abranger os alimentos propriamente ditos, deve referir-se também à satisfação de outras necessidades essenciais da vida em sociedade.

O Código Civil, no capítulo específico (arts. 1.694 a 1.710), não se preocupou em definir o que se entende por alimentos. Porém, no art. 1.920 encontramos o conteúdo legal de alimentos quando a lei se refere ao legado: *"O legado de alimentos abrange o sustento, a cura, o vestuário e a casa, enquanto o legatário viver, além da educação, se ele for menor"*.

Flávio Tartuce lembra que a descrição de direitos fundamentais do art. 6º da Constituição Federal se aplica perfeitamente à noção de conteúdo dos alimentos: educação, saúde, alimentação, trabalho, moradia, transporte, lazer, segurança, previdência social, proteção à maternidade e à infância, e a assistência aos desamparados. E lembra que os direitos sociais também devem ser entendidos como direitos fundamentais (2015:420).

Assim, alimentos, na linguagem jurídica, possuem significado bem mais amplo do que o sentido comum, compreendendo, além da alimentação, também o que for necessário para moradia, vestuário, assistência médica e instrução. Os alimentos, assim, traduzem-se em prestações periódicas fornecidas a alguém para suprir essas necessidades e assegurar sua subsistência. Nesse quadro, a doutrina costuma distinguir os *alimentos naturais ou necessários*, aqueles que possuem alcance limitado, compreendendo estritamente o necessário para a subsistência; e os *alimentos civis ou côngruos*, isto é, convenientes, que incluem os meios suficientes para a satisfação de todas as outras necessidades básicas do alimentando, segundo as possibilidades do obrigado. O Código de 1916 não distinguia ambas modalidades, mas o atual Código o faz (art. 1.694), discriminando alimentos necessários ao lado dos indispensáveis, permitindo ao juiz que fixe apenas estes últimos em determinadas situações restritivas. No § 2º, encontra-se a noção destes: *"Os alimentos serão apenas os indispensáveis à subsistência, quando a situação* de necessidade resultar de culpa de quem os pleiteia". Por outro lado, o § 1º estabelece a regra geral dos alimentos amplos, denominados côngruos ou civis: *"Os alimentos devem ser fixados na proporção das necessidades do reclamante e dos recursos da pessoa obrigada"*.[1]

---

[1] "Apelação. Ação de investigação de paternidade c.c. retificação de registro de nascimento e **fixação de alimentos**. Sentença de procedência. Não se conhece da pretensão da autora formulada em contrarrazões para reforma da sentença, a fim de alterar a verba alimentar. Via inadequada. Inconformismo do réu. Redução da pensão alimentícia. Impossibilidade. Arbitramento dos alimentos que observou o binômio necessidade-possibilidade. Inteligência do art. 1.694, § 1º, do Código Civil. Percentual fixado que se mostra razoável e condizente com as necessidades da alimentada e com as possibilidades do alimentante. De rigor a manutenção dos alimentos fixados na sentença, a fim de se preservar a igualdade entre a prole. Sentença mantida. Recurso não provido" (TJSP – Ap 1000579-03.2022.8.26.0634, 5-7-2024, Rel. Emerson Sumariva Júnior).

"Agravo de instrumento. Ação de alimentos entre cônjuges. Decisão que arbitrou os alimentos provisórios em 20% dos rendimentos líquidos do réu. Irresignação da autora para majorar a obrigação alimentar provisória para 40% dos rendimentos líquidos. Não acolhimento. No caso em apreço, nota-se que o réu aufere mensalmente proventos de aposentadoria superior a autora, sendo capaz de contribuir para o custeio das necessidades básicas de sua esposa ainda que também idoso e atualmente empregando parte de seus rendimentos para custeio de assistências médicas. Inteligência das normas contidas no artigo 1.694, caput e §1º, do CC. Descabe, por fim, acolher pedido contraposto do recorrido para revogação da r. decisão eis que tal irresignação deveria ter sido formulada por meio do devido recurso de agravo de instrumento. Decisão mantida. Agravo desprovido" (TJSP – AI 2158079-43.2023.8.26.0000, 19-9-2023, Rel. Donegá Morandini).

"**Alimentos** – Fixação – Filho menor com necessidades presumidas – Obrigação alimentícia fixada com observância ao art. 1.694, parágrafo único do Código Civil – Pretensão de majoração – Descabimento – Percentual que se afigura razoável para suprir as necessidades do infante – Observância do binômio necessidade-possibilidade, bem como da razoabilidade – Sentença mantida – Ratificação dos fundamentos do "decisum" – Aplicação do art. 252 do RITJSP/2009 – Recurso improvido" (TJSP – Ap. 1002492-82.2020.8.26.0539, 10-1-2022, Rel. Alvaro Passos).

"Agravo de instrumento. Ação de alimentos. Alimentos provisórios. Redução. Capacidade econômica insuficiente. Não demonstração. Necessidades comprovadas. Análise preliminar. Necessidade de dilação probatória. 1. Preconiza o § 1º do art. 1.694 do Código Civil que "os alimentos devem ser fixados na proporção das necessidades do reclamante e dos recursos da pessoa obrigada", de tal modo que o quantum da verba alimentar deve ser firmado com arrimo no **binômio possibilidade/necessidade, respectivamente do alimentante e do alimentando**, fatos que, via de regra, necessitam de dilação probatória completa. 2. Se a decisão que fixou os alimentos provisórios avaliou os elementos necessários à apreciação do binômio necessidade e possibilidade, estabelecendo montante razoável e proporcional diante das provas até então produzidas, não há se falar em sua reforma, necessitando o feito de dilação probatória para averiguar a real possibilidade do alimentante. 3. Na situação posta, em que pese a parte ré/agravante argumentar não suportar a prestação dos alimentos provisórios tal qual fixada na decisão recorrida, verifico que o conjunto probatório o qual evidencia a capacidade econômico-financeira do agravante apresentado nos autos até o momento não se mostra suficiente a comprovar tal alegação. 4.1. A decisão deve ser mantida por seus fundamentos, sem prejuízo de posterior reanálise pelo juízo de origem, após a necessária instrução do feito. 4. Agravo de Instrumento conhecido e desprovido". (TJDFT – AI 07450608520208070000, 5-2-2021, Rel. Gislene Pinheiro).

"Alimentos – Fixação – Observância do binômio necessidade-possibilidade – Alimentos fixados em benefício de menor, que possui necessidade presumida. Minoração. Descabimento. Alimentante que não demonstrou a incapacidade de arcar com a quantia estipulada. Desemprego que não exime o réu da responsabilidade pelo pagamento dos alimentos. Verba que se revela adequada ao sustento do menor. Decisão mantida. Recurso desprovido." (TJSP – AC 1000359-74.2019.8.26.0063, Barra Bonita, 6ª CDPriv., 25-10-2019, Rel. Vito Guglielmi).

"**Alimentos – Binômio necessidade e possibilidade** – Minoração. A quantificação da verba alimentar deve lastrear-se nas necessidades do alimentando e na possibilidade do alimentante em prove-la, e a integração desses critérios deve observar o princípio da proporcionalidade e merece atenta análise das características que circundam o caso concreto à luz do bom-senso e da justeza. Não se pode permitir, com o objetivo de alcançar o imprescindível equilíbrio, que o valor fixado fique aquém do necessário para o credor viver com dignidade e nem supere a razoável possibilidade do devedor em fornecer alimentos" (TJSC – AC 0301045-12.2016.8.24.0082, 31-1-2018, Rel. Des. Luiz Cézar Medeiros).

"Agravo interno no agravo em recurso especial – Processual Civil – Cerceamento de defesa – Não Ocorrência – Alimentos – **Binômio necessidade/possibilidade** – Revisão – Súmula 7/STJ – Recurso desprovido – 1 – As instâncias ordinárias, soberanas na análise do contexto fático e probatório dos autos, afastaram o alegado cerceamento de defesa sob o fundamento de que os documentos contidos nos autos seriam suficientes para a análise do binômio necessidade-possibilidade. Afirmaram, além disso, que as provas requeridas pelas agravantes buscam a demonstração de fatos já delineados pelo conjunto probatório dos autos. 2 – É entendimento desta Corte que a produção probatória se destina ao convencimento do julgador, e, sendo assim, o juiz, por estar mais próximo da realidade, pode rejeitar a produção de determinadas provas, em virtude da irrelevância para a formação de sua convicção,

O Código Civil francês usa as palavras *"nourrir, entretenir et éléver"* (alimentar, manter e educar) (art. 203). O Código português define:

> *"Por alimentos entende-se tudo o que é indispensável ao sustento, habitação e vestuário. Os alimentos compreendem também a educação do alimentando no caso de este ser menor"* (art. 2.003).

Não existe, portanto, divergência conceitual substancial na doutrina e no ordenamento comparados quanto ao conteúdo da expressão.

No Direito Romano clássico, a concepção de alimentos não era conhecida. A própria estrutura da família romana, sob a direção do *pater familias*, que tinha sob seu manto e condução todos os demais membros, os *alieni juris*, não permitia o reconhecimento dessa obrigação. Não há precisão histórica para definir quando a noção alimentícia passou a ser conhecida. Na época de Justiniano, já era conhecida uma obrigação recíproca entre ascendentes e descendentes em linha reta, que pode ser vista como ponto de partida (Cahali, 1979:47). O Direito Canônico alargou o conceito de obrigação alimentar. A legislação comparada regula a obrigação de prestar alimentos com extensão variada, segundo suas respectivas tradições e costumes.

Nosso Código Civil anterior originalmente disciplinara a obrigação alimentar dentre os efeitos do casamento, inserindo-a como um dos deveres dos cônjuges (*"mútua assistência"*, art. 231, III e *"sustento, guarda e educação dos filhos"*, art. 231, IV), bem como mencionando competir ao marido, como chefe da sociedade conjugal, *"prover a manutenção da família"* (art. 233, IV), além de fazer a obrigação derivar do parentesco (arts. 396 ss). A legislação complementar posterior, por força das sensíveis transformações sociológicas da família, já analisadas nesta obra, introduziu várias nuanças na regulamentação do instituto. Anote-se também que há interesse público nos alimentos, pois se os parentes não atenderem às necessidades básicas do necessitado, haverá mais um problema social que afetará os cofres da Administração.

Em linha fundamental, quem não pode prover a própria subsistência nem por isso deve ser relegado ao infortúnio. A pouca idade, a velhice, a doença, a ausência de trabalho ou qualquer incapacidade pode colocar a pessoa em estado de necessidade alimentar. A sociedade deve prestar-lhe auxílio. O Estado designa em primeiro lugar os parentes para fazê-lo, aliviando em parte seu encargo social. Os parentes podem exigir uns dos outros os alimentos e os cônjuges devem-se mútua assistência. A mulher e o esposo, não sendo parentes ou afins, devem-se alimentos com fundamento no vínculo conjugal. Também os companheiros em união estável estão na mesma situação atualmente. Daí decorre, igualmente, o interesse público em matéria de alimentos. Como vemos, a obrigação alimentar interessa ao Estado, à sociedade e à família.

---

mormente se voltadas a demonstrar o quanto já revelado no processo por outras vias, descaracterizando, assim, o prejuízo capaz de viciar o feito, como ocorreu na espécie. 3 – Quanto aos alimentos, verifica-se que foram fixados em R$ 500,00 (quinhentos reais), levando em conta os elementos de prova constantes dos autos, bem como o binômio necessidade/possibilidade e proporcionalidade. 4 – A alteração do entendimento firmado no acórdão recorrido demandaria, necessariamente, novo exame do acervo fático-probatório, o que é vedado no recurso especial pela Súmula 7 do STJ. Precedentes. 5 – Agravo interno a que se nega provimento" (*STJ* – AGInt-AG-REsp 855.974 – (2016/0027221-0), 15-9-2016, Rel. Min. Raul Araújo).

"Agravo – **Ação de alimentos** – Decisão que fixou os alimentos provisórios em dois salários mínimos. Inconformismo das alimentandas. Acolhimento parcial. Valor fixado com razoabilidade. Réu que suporta também despesas com plano de saúde e com escola das filhas. Inclusão na obrigação alimentar provisória destas despesas, sem prejuízo do valor de dois salários mínimos. Decisão reformada neste tópico. Recurso parcialmente provido" (*TJSP* – AI 2003939-66.2014.8.26.0000, 9-5-2014, Relª Viviani Nicolau).

É importante ressaltar uma distinção que tem reflexos práticos: o ordenamento reconhece que o parentesco, o *jus sanguinis*, estabelece o dever alimentar, assim como aquele decorrente do âmbito conjugal definido pelo dever de assistência e socorro mútuo entre cônjuges e, modernamente, entre companheiros. Existe, pois, no ordenamento, uma distinção entre a obrigação alimentar entre parentes e aquela entre cônjuges ou companheiros. Ambas, porém, são derivadas da lei.

É enorme a pletora de ações de alimentos em nossas cortes, de modo que as questões exigem muita dedicação e perspicácia dos magistrados, em nação de acentuada pobreza e com injusta distribuição de riquezas.

16.2 PRESSUPOSTOS DA OBRIGAÇÃO ALIMENTAR

De acordo com o art. 1.695,

"São devidos os alimentos quando quem os pretende não tem bens suficientes, nem pode prover, pelo seu trabalho, à própria mantença, e aquele, de quem se reclamam, pode fornecê--los, sem desfalque do necessário ao seu sustento".

O dispositivo coroa o princípio básico da obrigação alimentar pelo qual o montante dos alimentos deve ser fixado de acordo com as necessidades do alimentando e as possibilidades do alimentante, complementado pelo art. 1.694, § 1º, já transcrito. Eis a regra fundamental dos chamados alimentos civis: *"os alimentos devem ser fixados na proporção das necessidades do reclamante e dos recursos da pessoa obrigada"*.[2]

---

[2] "Agravo de instrumento. **Ação de alimentos entre cônjuges**. Decisão que arbitrou os alimentos provisórios em 20% dos rendimentos líquidos do réu. Irresignação da autora para majorar a obrigação alimentar provisória para 40% dos rendimentos líquidos. Não acolhimento. No caso em apreço, nota-se que o réu aufere mensalmente proventos de aposentadoria superior a autora, sendo capaz de contribuir para o custeio das necessidades básicas de sua esposa ainda que também idoso e atualmente empregando parte de seus rendimentos para custeio de assistências médicas. Inteligência das normas contidas no artigo 1.694, caput e § 1º, do CC. Descabe, por fim, acolher pedido contraposto do recorrido para revogação da r. decisão eis que tal irresignação deveria ter sido formulada por meio do devido recurso de agravo de instrumento. Decisão mantida. Agravo desprovido". (TJSP – AI 2158079-43.2023.8.26.0000, 19-9-2023, Rel. Donegá Morandini).
"**Alimentos** – Fixação – Filho menor com necessidades presumidas – Obrigação alimentícia fixada com observância ao art. 1.694, parágrafo único do Código Civil – Pretensão de majoração – Descabimento – Percentual que se afigura razoável para suprir as necessidades do infante – Observância do binômio necessidade-possibilidade, bem como da razoabilidade – Sentença mantida – Ratificação dos fundamentos do "decisum" – Aplicação do art. 252 do RITJSP/2009 – Recurso improvido" (TJSP – Ap. 1002492-82.2020.8.26.0539, 10-1-2022, Rel. Alvaro Passos).
"Agravo de instrumento. Ação de alimentos. Alimentos provisórios. Redução. Capacidade econômica insuficiente. Não demonstração. Necessidades comprovadas. Análise preliminar. Necessidade de dilação probatória. 1. Preconiza o § 1º do art. 1.694 do Código Civil que "os alimentos devem ser fixados na proporção das necessidades do reclamante e dos recursos da pessoa obrigada", de tal modo que o quantum da verba alimentar deve ser firmado com arrimo no **binômio possibilidade/necessidade, respectivamente do alimentante e do alimentando**, fatos que, via de regra, necessitam de dilação probatória completa. 2. Se a decisão que fixou os alimentos provisórios avaliou os elementos necessários à apreciação do binômio necessidade e possibilidade, estabelecendo montante razoável e proporcional diante das provas até então produzidas, não há se falar em sua reforma, necessitando o feito de dilação probatória para averiguar a real possibilidade do alimentante. 3. Na situação posta, em que pese a parte ré/agravante argumentar não suportar a prestação dos alimentos provisórios tal qual fixada na decisão recorrida, verifico que o conjunto probatório o qual evidencia a capacidade econômico-financeira do agravante apresentado nos autos até o momento não se mostra suficiente a comprovar tal alegação. 4.1. A decisão deve ser mantida por seus fundamentos, sem prejuízo de posterior reanálise pelo juízo de origem, após a necessária instrução do feito. 4. Agravo de Instrumento conhecido e desprovido". (TJDFT – AI 07450608520208070000, 5-2-2021, Rel. Gislene Pinheiro).
"Alimentos – Fixação – Observância do binômio necessidade-possibilidade – Alimentos fixados em benefício de menor, que possui necessidade presumida. Minoração. Descabimento. Alimentante que não demonstrou a

O princípio da razoabilidade ou proporcionalidade no *quantum* dos alimentos deve ser sempre um norteador. A necessidade também é aspecto que não deve ser descuidado.

O projeto do Estatuto das Famílias apresentou diferente compreensão dos alimentos: "Podem os parentes, cônjuges, conviventes ou parceiros pedir uns aos outros os alimentos de que necessitem para viver com dignidade e de modo compatível com a sua condição social" (art. 115). Aqui o princípio da vida com dignidade tem proeminência, já trazendo esse projeto a possibilidade de alimentos entre parceiros homoafetivos.

Não se pode pretender que o fornecedor de alimentos fique entregue à necessidade, nem que o necessitado se locuplete a sua custa. Cabe ao juiz ponderar os dois valores de ordem axiológica em destaque, bem como a vida com dignidade não somente de quem recebe, mas também de quem os paga. Destarte, só pode reclamar alimentos quem comprovar que não pode sustentar-se com seu próprio esforço.[3] Não podem os alimentos converter-se em prêmio para os

---

incapacidade de arcar com a quantia estipulada. Desemprego que não exime o réu da responsabilidade pelo pagamento dos alimentos. Verba que se revela adequada ao sustento do menor. Decisão mantida. Recurso desprovido." (*TJSP* – AC 1000359-74.2019.8.26.0063, Barra Bonita, 6ª CDPriv., 25-10-2019, Rel. Vito Guglielmi).

"**Alimentos – Binômio necessidade e possibilidade** – Minoração. A quantificação da verba alimentar deve lastrear-se nas necessidades do alimentando e na possibilidade do alimentante em provê-la, e a integração desses critérios deve observar o princípio da proporcionalidade e merece atenta análise das características que circundam o caso concreto à luz do bom-senso e da justeza. Não se pode permitir, com o objetivo de alcançar o imprescindível equilíbrio, que o valor fixado fique aquém do necessário para o credor viver com dignidade e nem supere a razoável possibilidade do devedor em fornecer alimentos" (*TJSC* – AC 0301045-12.2016.8.24.0082, 31-1-2018, Rel. Des. Luiz Cézar Medeiros).

"Agravo interno no agravo em recurso especial – Processual Civil – Cerceamento de defesa – Não Ocorrência – Alimentos – **Binômio necessidade/possibilidade** – Revisão – Súmula 7/STJ – Recurso desprovido – 1 – As instâncias ordinárias, soberanas na análise do contexto fático e probatório dos autos, afastaram o alegado cerceamento de defesa sob o fundamento de que os documentos contidos nos autos seriam suficientes para a análise do binômio necessidade-possibilidade. Afirmaram, além disso, que as provas requeridas pelas agravantes buscam a demonstração de fatos já delineados pelo conjunto probatório dos autos. 2 – É entendimento desta Corte que a produção probatória se destina ao convencimento do julgador, e, sendo assim, o juiz, por estar mais próximo da realidade, pode rejeitar a produção de determinadas provas, em virtude da irrelevância para a formação de sua convicção, mormente se voltadas a demonstrar o quanto já revelado no processo por outras vias, descaracterizando, assim, o prejuízo capaz de viciar o feito, como ocorreu na espécie. 3 – Quanto aos alimentos, verifica-se que foram fixados em R$ 500,00 (quinhentos reais), levando em conta os elementos de prova constantes dos autos, bem como o binômio necessidade/possibilidade e proporcionalidade. 4 – A alteração do entendimento firmado no acórdão recorrido demandaria, necessariamente, novo exame do acervo fático-probatório, o que é vedado no recurso especial pela Súmula 7 do STJ. Precedentes. 5 – Agravo interno a que se nega provimento" (*STJ* – AGInt-AG-REsp 855.974 – (2016/0027221-0), 15-9-2016, Rel. Min. Raul Araújo).

"Agravo – **Ação de alimentos** – Decisão que fixou os alimentos provisórios em dois salários mínimos. Inconformismo das alimentandas. Acolhimento parcial. Valor fixado com razoabilidade. Réu que suporta também despesas com plano de saúde e com escola das filhas. Inclusão na obrigação alimentar provisória destas despesas, sem prejuízo do valor de dois salários mínimos. Decisão reformada neste tópico. Recurso parcialmente provido" (*TJSP* – AI 2003939-66.2014.8.26.0000, 9-5-2014, Relª Viviani Nicolau).

[3] "Agravo de instrumento. **Ação de alimentos**. Pretensão da ex-esposa à fixação de auxílio transitório por seu ex--esposo indeferida na origem. Recurso da acionante. Exegese do art. 1.694 do CC/2002. Fixação do auxílio que exige a prova sumária da impossibilidade de uma parte se sustentar após o fim do casamento. Demandante que aparenta auferir renda com o percebimento de alugueres. Possibilidade de prover seu próprio sustento. Excepcional auxílio que, à luz da prova dos autos, no momento não se mostra cabível. Precedentes. Melhor instrução do feito a fim de apurar o direito – ou não – à verba transitória. Decisão confirmada. Recurso conhecido e desprovido. Agravo interno deflagrado contra o pronunciamento que indeferiu o pedido de tutela recursal de urgência. Julgamento do recurso principal nesta ocasião que implica na substituição da decisão provisória objurgada. Perda do objeto configurada. Análise do agravo interno prejudicada. Recurso não conhecido" (*TJPR* – AI 5053488-33.2023.8.24.0000, do Tribunal de Justiça de Santa Catarina, 29-2-2024, Rel. Luiz Felipe Schuch, Quarta Câmara de Direito Civil).

"**Alimentos – Fixação – Binômio necessidade-possibilidade** – 'Direito civil. Alimentos. Fixação. Binômio necessidade-possibilidade. I – Os genitores possuem o dever de contribuir para o sustento dos filhos, fornecendo-lhes assistência material e moral a fim de prover as necessidades com alimentação, vestuário, educação e tudo o mais que se faça imprescindível para a manutenção e sobrevivência da prole. II – A teor do disposto no art. 1.694, § 1º,

néscios, indolentes e descomprometidos com a vida. Se, no entanto, o alimentando encontra-se em situação de penúria, ainda que por ele causada, poderá pedir alimentos. Do lado do alimentante, como vimos, importa que ele tenha meios de fornecê-los: não pode o Estado, ao vestir um santo, desnudar o outro. Não há que se exigir sacrifício do alimentante. Lembre-se de que em situações definidas como sendo de culpa do alimentando, os alimentos serão apenas os necessários, conforme o § 2º do art. 1.694, mas os demais princípios continuam aplicáveis.

O art. 1.694 assegura, em terminologia inovadora, que os alimentos devem preservar a *condição social* de quem os pleiteia.[4] Assim, o novel ordenamento civil é claro no sentido

---

do Código Civil, os alimentos devem ser fixados considerando-se as necessidades do alimentando e a possibilidade da pessoa obrigada a prestá-los. III – Negou-se provimento ao recurso." (*TJDFT* – Proc. 07267999220188070016 (1192276), 20-8-2019, Rel. José Divino).

"Alimentos – Fixação – **Binômio necessidade-possibilidade** – Filho menor, que conta com dezesseis anos de idade, e cuja necessidade dos alimentos é presumida. Réu, por seu turno, que é motorista e não fez prova de sua incapacidade de arcar com os alimentos fixados no percentual de 20% de seus rendimentos líquidos, em caso de emprego, e 50% do salário mínimo, em caso de desemprego. Descabida, por outro lado, a majoração do encargo para 30% dos rendimentos líquidos do alimentante, ausente qualquer prova de gastos extraordinários do alimentado. Obrigação de sustento dos filhos menores, ademais, que cabe a ambos os genitores. Sentença mantida. Recursos improvidos" (*TJSP* – Ap 0000777-59.2003.8.26.0299, 12-3-2018, Rel. Vito Guglielmi).

"Agravo regimental no agravo (art. 544 do CPC/73) – **Ação de alimentos** – Decisão monocrática negando provimento ao reclamo – Binômio necessidade/possibilidade – Incidência da Súmula 7/STJ – Insurgência da autora – 1 – A conclusão da Corte local acerca do binômio necessidade-possibilidade foi inferida a partir da análise do acervo fático-probatório constante dos autos. Assim, o acolhimento da tese veiculada nas razões do especial, no sentido de que a parte adversa teria possibilidade de arcar com alimentos em maior valor do que aquele arbitrado pelas instâncias ordinárias, demandaria revolvimento desses elementos, situação que atrai a incidência da Súmula nº 7 do STJ. 2 – Agravo regimental desprovido" (*STJ* – AgRg-AG-REsp. 672.140 – (2015/0048472-0), 31-5-2016, Rel. Min. Marco Buzzi).

"Apelação – **Ação de divórcio direto litigioso c/c alimentos** – Irresignação restrita à partilha e aos alimentos (não arbitrados em favor da autora apelante) – Somente devem ser partilhados os bens que, ao tempo da dissolução do vínculo conjugal, ainda forem de propriedade do casal – Desse contexto excetuam-se, por óbvio, aqueles que, por livre consentimento dos consortes, acabaram alienados em data anterior. Indagações sobre vícios dos negócios jurídicos escapam aos lindes desta demanda. No atinente aos alimentos, uma vez que o dever entre ex-cônjuges tem caráter assistencial, constitui ônus da postulante a prova da extrema impossibilidade de prover à própria subsistência digna, do grau das necessidades havidas e da possibilidade econômica do ex-consorte, demonstrações essas que não sucederam na espécie. Sentença correta. Recurso desprovido" (*TJSP* – Ap. 0002407-25.2011.8.26.0347, 8-4-2014, Rel. Beretta da Silveira).

[4] "Apelação – **Alimentos** – Prestação fixada em 30% da renda líquida do alimentante – Percentual adequado – Alimentos garantem aos filhos conforto próximo ao desfrutado pelo pai – Dever de oferecer mesma condição social à prole (CC 1.694) – Base de cálculo – Comissões de vendas recebidas pelo alimentante têm valor variável, mas tem natureza remuneratória e permanente – PLR de natureza eventual e não abrangida por alimentos – Honorários aumentados para 15% a serem calculados sobre 12 prestações mensais – Superveniência de tutela provisória em ação de modificação da residência proposta – Suspensão do pagamento dos alimentos enquanto os menores estiverem residindo com o genitor – Recursos parcialmente providos, com observação". (*TJSP* – Ap. 1054250-04.2016.8.26.0002, 3-3-2021, Rel. Luiz Antonio Costa).

"Civil – Família – Alimentos provisórios – **Binômio necessidade e possibilidade** – Pretendida majoração – Descabimento. A quantificação da verba alimentar, mesmo de forma provisória, deve lastrear-se nas necessidades do alimentando e na possibilidade do alimentante em prové-la, e a integração desses critérios deve observar o princípio da proporcionalidade e merece atenta análise das características que circundam o caso concreto à luz do bom-senso e da justeza. Não se pode permitir, com o objetivo de alcançar o imprescindível equilíbrio, que o valor fixado fique aquém do necessário para o credor viver com dignidade e nem supere a razoável possibilidade do devedor em fornecer alimentos sem privá-lo da própria subsistência." (*TJSC* – AI 4008399-43.2019.8.24.0000, 29-5-2019, Rel. Des. Luiz Cézar Medeiros).

"Apelação cível – Alimentos – **Binômio necessidade/possibilidade** – 1 – O desemprego, mesmo que involuntário do genitor, não pode ser fundamento para fixar a verba alimentar em patamar reduzido, sob pena de vulnerar as condições de desenvolvimento da filha. 2 – Mantém-se o valor fixado na sentença (25% do salário mínimo vigente), por observar o binômio necessidade/possibilidade (CC/2002 1694 § 1º). 3 – Conheceu-se em parte do apelo do réu, e na parte conhecida, negou-se-lhe provimento" (*TJDFT* – Proc. 20160210042374APC – (1126921), 1-10-2018, Rel. Sérgio Rocha).

de que os alimentos devem preservar o *status* do necessitado. Se isto estava, de uma maneira ou de outra, presente nas petições dos alimentandos no passado, com respaldo por vezes nas decisões, tal não constava de texto legal expresso. Como assevera Luiz Felipe Brasil Santos, essa expressão é de total impropriedade, pois pode dar margem a abusos patentes. Daí porque o texto legal vigente *"compatível com sua condição social"* deve ser substituído pela ênfase *à dignidade do necessitado de alimentos*, como já faz o citado projeto do Estatuto (in Delgado--Alves, 2004:211). Também se mostra inadequada a generalização de alimentos que incluam necessidades de educação para todos os parentes e o cônjuge ou companheiro. As necessidades de educação devem ser destinadas exclusivamente aos filhos menores e jovens até completar o curso superior, se for o caso.

Por outro lado, as condições de fortuna de alimentando e alimentante são mutáveis, razão pela qual também é modificável, a qualquer momento, não somente o montante dos alimentos fixados, como também a obrigação alimentar pode ser extinta, quando se altera a situação econômica das partes. O alimentando pode passar a ter meios próprios de prover a subsistência e o alimentante pode igualmente diminuir de fortuna e ficar impossibilitado de prestá-los. Daí por que sempre é admissível a ação revisional ou de exoneração de alimentos. Decisão que concede ou nega alimentos nunca faz coisa julgada.[5] Nesses termos, clarifica o art. 1.699:

"Agravo regimental no recurso especial – **Ação de alimentos** – Aplicação do art. 13, § 2º, da Lei nº 5.478/1968 – Retroação à data da citação – Agravo regimental improvido – 1 – No julgamento do EREsp nº 1.181.119/RJ, a Segunda Seção desta Corte firmou orientação no sentido de que os efeitos da sentença proferida em ação de revisão de alimentos, independentemente de referir-se a aumento, redução ou exoneração, retroage à data da citação. 2 – Se a parte agravante não apresenta argumentos hábeis a infirmar os fundamentos da decisão regimentalmente agravada, deve ela ser mantida por seus próprios fundamentos. 3 – Agravo regimental a que se nega provimento" (*STJ* – AgRg-REsp 1.502.691 – (2014/0322958-6), 1-4-2016, Rel. Min. Marco Aurélio Bellizze).

[5] "Apelação cível. Alimentos. Revisional. Filha estudante universitária em face de genitor. Sentença de parcial procedência para condenar o réu ao pagamento integral das mensalidades e taxa de matrícula perante estabelecimento de ensino. Irresignação do réu-alimentante. Coisa julgada. **Decisões proferidas nas ações de alimentos não transitam em julgado**, podendo ser modificadas para mais ou para menos, sempre que houver alteração da situação financeira dos interessados. Mérito. Interpretação do artigo 1.699 do Código Civil. Alimentanda que demonstrou condição universitária. Necessidade dos alimentos *in natura* para propiciar conclusão de curso universitário. Alimentante com renda elevada. Despesas sopesadas. Eventual desemprego da atual esposa do alimentante é fator transitório. Genitor não demonstrou incapacidade financeira em prover alimentos. Questão resolvida à luz do art. 373, I e II, NCPC. Decisão irretocável. Motivação do decisório adotado como julgamento em segundo grau. Inteligência do art. 252 do RITJ. Honorários recursais. Aplicabilidade da disposição contida no artigo 85, § 11, NCPC (de forma equitativa). Resultado. Preliminar rejeitada. Recurso não provido". (*TJSP* – Ap 1003966-23.2020.8.26.0011, 6-4-2022, Rel. Edson Luiz de Queiróz).

"Apelação. Ação de revisão de alimentos. Sentença de improcedência. Inconformismo do alimentante. Preenchimento dos requisitos previstos no artigo 1.699 do CC. Alimentante que constituiu nova família com o nascimento de dois filhos e está desempregado. Prudente a fixação de 20% sobre os rendimentos líquidos para o caso de emprego formal ou o percentual de 30% do salário mínimo para o caso de desemprego ou emprego informal. Sentença reformada. Recurso a que se dá provimento" (*TJSP* – Ap. 1001001-48.2020.8.26.0116, 16-12-2020, Rel. José Rubens Queiroz Gomes).

"Alimentos – Execução – **Binômio possibilidade do alimentante e necessidade do alimentado** – Prova pré-constituída – 'Civil e processual civil. Agravo interno no *habeas corpus*. Execução de alimentos. Writ substitutivo de recurso ordinário. Ilegalidade ou abuso de poder. Não caracterização. Inadequação da via eleita. Obrigação alimentar. Inadimplência. Binômio possibilidade do alimentante e necessidade do alimentado. Prova pré-constituída. Ausência. Necessidade de dilação probatória. Impossibilidade por meio do habeas corpus. Execução das três prestações anteriores ao ajuizamento e das vincendas no curso do processo. Prisão civil. Possibilidade. Decisão mantida.' 1. O *habeas corpus* não pode ser utilizado como sucedâneo recursal, sendo medida excepcional e extrema, somente admissível na hipótese de evidente violência ou coação da liberdade de locomoção, por ilegalidade ou abuso de poder (art. 5º, LXVIII, da CF). 2. 'O *habeas corpus* não é a via adequada para o exame aprofundado de provas a fim de averiguar a condição econômica do devedor, a necessidade do credor e o eventual excesso do valor dos alimentos' (RHC 38.232/SP, Relª Min. Maria Isabel Gallotti, 4ª T., J. 19.11.2013, DJe 26.11.2013). 3. 'O cancelamento de pensão alimentícia de filho que atingiu a maioridade está sujeito à decisão judicial, mediante contraditório, ainda que nos próprios autos' (Súmula nº 358/STJ). 4. 'O débito alimentar que autoriza a prisão civil do alimentante

"Se, fixados os alimentos, sobrevier mudança na fortuna de quem os supre, ou na de quem os recebe, poderá o interessado reclamar do juiz, conforme as circunstâncias, exoneração, redução ou agravação do encargo".

16.3 MODALIDADES. CARACTERÍSTICAS

Os alimentos ora enfocados são aqueles derivados de direito de família, do casamento e do companheirismo, portanto obrigação legal, como estatui o art. 1.694:

"Podem os parentes, os cônjuges ou companheiros pedir uns aos outros os alimentos de que necessitem para viver de modo compatível com a sua condição social, inclusive para atender às necessidades de sua educação".

O frustrado Projeto nº 6.960/2002 tentou modificar o final dessa redação para dizer que os alimentos devem servir para a pessoa *"viver com dignidade"*, expressão repetida pelo futuro Estatuto das Famílias. No entanto, os alimentos, com a mesma compreensão básica, podem decorrer da vontade, serem instituídos em contrato gratuito ou oneroso e por testamento,[6] bem como derivar de sentença condenatória decorrente de responsabilidade civil aquiliana. Nada

---

é o que compreende as três prestações anteriores ao ajuizamento da execução e as que se vencerem no curso do processo' (Súmula nº 309/STJ). 5. Agravo interno desprovido." (*STJ* – Ag Int-HC 473985/PE, 1-8-2019, Rel. Min. Antonio Carlos Ferreira).

"Civil – Família – Alimentos – **Binômio necessidade/possibilidade** – Alimentos devidos pelo pai aos três filhos menores e fixados em 39% dos rendimentos líquidos do alimentante, abatidos apenas os descontos legais e obrigatórios, fixando para o caso de ausência de vínculo empregatício em 60% do salário mínimo, situação que atende ao binômio necessidade/possibilidade e diante da co-obrigação alimentar dos pais. Sentença que se exibe incensurável por pesar e sopesar adequadamente a situação contemporânea. Desprovimento do recurso. Unânime" (*TJRJ* – AC 0015268-03.2016.8.19.0011, 3-7-2018, Relª Marília de Castro Neves Vieira).

"**Direito internacional.** Processual civil. Sentença estrangeira. Pedido de homologação. Acordo sobre guarda de menor. Sentença brasileira superveniente. Modificação da situação jurídica. Possibilidade. Óbice à homologação do título estrangeiro. Cláusula de vedação ao acesso à justiça. Impossibilidade de homologação. Precedentes. 1 – Cuida-se de pedido de homologação de sentença estrangeira, que disciplinou acordo entre as partes sobre guarda de menor, efetuado no Reino Unido. Após o acordo, todavia, sobreveio sentença judicial brasileira – Modificativa dos termos do acordo – Que determinou a guarda para um dos cônjuges. 2 – Em caso semelhante, a Corte Especial do STJ já consignou que 'as decisões acerca da guarda de menor e respectivos alimentos não se submetem aos efeitos da coisa julgada, que pode ser relativizada diante da alteração dos fatos, sempre, sobrelevando o interesse do infante (...) Nesse contexto, homologar o provimento estrangeiro que decidiu sobre a mesma matéria, mas em circunstâncias outras – Já modificadas, e reconsideradas, (...), implicaria a coexistência de dois títulos contraditórios, em manifesta afronta à soberania da jurisdição nacional' (SEC 5.635/DF, Rel. Ministra Laurita Vaz, Corte Especial, *DJe* 9.5.2012). No mesmo sentido: SEC 4.913/EX, Rel. Ministro João Otávio de Noronha, Corte Especial, *DJe* 22.05.2012. 3 –'Não é passível de homologação no Superior Tribunal de Justiça sentença estrangeira que, em processo consensual ou litigioso, exclua expressamente ou possa excluir na sua execução, de antemão, a competência da Justiça brasileira, sob pena de se ferir a soberania nacional' (SEC 5.262/EX, Rel. Ministro Cesar Asfor Rocha, Corte Especial, *DJe* 16.12.2011). Pedido de homologação indeferido" (*STJ* – SEC 7.331 – (2012/0042159-1), 16-10-2013, Rel. Min. Humberto Martins).

6 "**Alimentos** – Fixação a favor de ascendente com mais de noventa anos – Cabimento – Valor da pensão alimentar arbitrado em 25% dos rendimentos líquidos do filho, no mínimo 1/3 do salário mínimo nacional vigente, fixado o mesmo percentual para o caso de trabalho informal – Pretensão de minoração do percentual fixado – Redução cabível, mas não no percentual pretendido – Observância do binômio necessidade-possibilidade – Alimentos que passam a ser judicialmente fixados no percentual de 20% do salário líquido, em caso de emprego formal, e de 20% do salário mínimo, em caso de desemprego ou trabalho informal – Recurso provido em parte." (*TJSP* – AC 1007236-87.2017.8.26.0099, 9-4-2019, Rel. Augusto Rezende).

"Apelações cíveis – **Ação de alimentos** – Alimentos em favor da ascendente – Quantum – Atenção ao binômio necessidade-possibilidade – A fixação de alimentos há de atender ao binômio possibilidade-necessidade, de modo que o valor deva ser em conformidade com as despesas comprovadas nos autos e que os descendentes contribuam com o sustento da genitora. Apelações desprovidas" (*TJRS* – AC 70075563494, 28-2-2018, Rel. Des. Jorge Luís Dall'agnol).

impede, embora raro seja, dentro da autonomia da vontade, que os interessados contratem pensão alimentícia, nem que por testamento ou doação seja ela atribuída. A obrigação alimentar consequente da prática de ato ilícito constitui uma forma de reparação do dano. Nesse sentido, o art. 948, II, estipula como uma das modalidades de indenização para o caso de homicídio, a "*prestação de alimentos a quem o defunto os devia*". O art. 950 determina a fixação de uma pensão proporcional no caso de ofensas físicas, quando a vítima tem sua capacidade funcional debilitada ou diminuída. O regime jurídico desses alimentos de natureza diversa, embora tenham particularidades próprias, obedece a um sistema ao menos análogo. Nada obsta que, perante a omissão da lei ou dos declarantes de vontade, os princípios alimentares do direito de família sejam utilizados na interpretação. Advertimos, de plano, que a prisão civil do devedor alimentante pode ser aplicada unicamente no tocante aos alimentos derivados do direito de família, ao lado de outras modalidades de execução, como desconto em folha de pagamento, como veremos e nunca nos casos de descumprimento de legado de alimentos ou de não pagamento de alimentos decorrentes de indenização por ato ilícito.

Quanto à finalidade, denominam-se alimentos provisionais ou provisórios aqueles que precedem ou são concomitantes a uma demanda de separação judicial, divórcio, nulidade ou anulação de casamento, ou mesmo ação de alimentos. Recorde-se que a Emenda Constitucional nº 66/2010 retirou do ordenamento nacional a separação judicial, embora sua menção continue na legislação ordinária, com resistência de boa parte da doutrina. A finalidade dos alimentos é propiciar meios para que a ação seja proposta e prover a mantença do alimentando e seus dependentes durante o curso do processo. São regulares ou definitivos os alimentos estabelecidos como pensão periódica, ainda que sempre sujeitos à revisão judicial. A referência aos alimentos provisionais no presente Código Civil é feita no art. 1.706, que determina que se obedeça à lei processual. Os alimentos provisionais são estabelecidos quando se cuida da separação de corpos, prévia à ação de nulidade ou anulação de casamento, de separação ou divórcio. Nesse caso, os provisionais devem perdurar até a partilha dos bens do casal (Monteiro, 1996:305). Mas os alimentos provisórios podem ser requeridos sempre que movida a ação de alimentos, com fixação *initio litis* (art. 4º da Lei nº 5.478/68), desde que já haja prova pré-constituída do dever de prestá-los. Provisórios ou provisionais, pouco importando sua denominação, sua compreensão e finalidades são idênticas.

Quanto ao tempo em que são concedidos, os alimentos podem ser futuros ou pretéritos. Futuros são aqueles a serem pagos após a propositura da ação; pretéritos, os que antecedem a ação. Em nosso sistema, não são possíveis alimentos anteriores à citação, por força da Lei nº 5.478/68 (art. 13, § 2º). Se o necessitado bem ou mal sobreviveu até o ajuizamento da ação, o direito não lhe acoberta o passado. Alimentos decorrentes da lei são devidos, portanto, *ad futurum*, e não *ad praeteritum*. O contrato, a doação e o testamento podem fixá-los para o passado, contudo, porque nessas hipóteses não há restrições de ordem pública.

"Agravo de instrumento – **Ação de divórcio** – Decisão agravada que arbitrou os alimentos provisórios em favor da autora, no valor equivalente a um salário mínimo mensal. Inconformismo. Não acolhimento. Alimentos provisórios arbitrados com razoabilidade, considerando o contexto fático e probatório existente na fase inicial do processo. Recorrente que não logrou êxito em demonstrar que a fixação supera as suas possibilidades ou as necessidades da autora. Decisão mantida. Negado provimento ao recurso" (*TJSP* – AI 2255444-78.2015.8.26.0000, 1-4-2016, Relª Viviani Nicolau).

"Agravo de instrumento. **Ação de alimentos**. 1 – Arbitramento dos alimentos provisórios – Verba estabelecida no valor equivalente a 30% (trinta por cento) dos rendimentos líquidos do agravante. Excesso reconhecido. 2 – Provisórios reduzidos para a quantia equivalente a 20% (vinte por cento) dos rendimentos líquidos do agravante. Valor que se enquadra na capacidade contributiva do alimentante. Adequação ao binômio necessidade-possibilidade. Decisão parcialmente reformada. Agravo parcialmente provido" (*TJSP* – AI 0049967-63.2013.8.26.0000, 11-10-2013, Rel. Donegá Morandini).

O art. 1.701 também faculta ao devedor prestar alimentos sob a forma de pensão periódica ou sob a modalidade de concessão de hospedagem e sustento ao alimentando. Essa modalidade somente se aplica aos alimentos derivados do parentesco e não se aplicará, em princípio, aos alimentos decorrentes do casamento ou da união estável. O Projeto nº 6.960 faz esse acréscimo para deixar esse aspecto expresso. O art. 25 da Lei nº 5.478/68 eliminara em parte essa faculdade do devedor, estabelecendo que a prestação não pecuniária só pode ser autorizada pelo juiz se com ela anuir o alimentando capaz. De qualquer modo, compete ao juiz estabelecer as condições dessa pensão, conforme as circunstâncias.

Na maioria das vezes, a obrigação alimentar gira em torno de uma quantia em dinheiro a ser fornecida periodicamente ao necessitado. O fornecimento direto de alimentos no próprio lar do alimentante caracteriza a denominada obrigação alimentar própria, pouco utilizada na prática, em razão das inconveniências que apresenta. Sem dúvida, duas pessoas que se digladiam em processo judicial não serão as melhores companhias para conviver sob o mesmo teto. Desse modo, embora a lei faculte ao alimentante escolher a modalidade de prestação, o juiz poderá impor a forma que melhor atender ao caso concreto, de acordo com as circunstâncias, conforme estampado no parágrafo único do mencionado art. 1.701. É inócuo para o demandado alegar, em sua defesa, no pedido de alimentos, que já vem fornecendo sustento e morada ao reclamante: essa matéria deverá ser sopesada na ação, sempre podendo o necessitado pleitear judicialmente a regulamentação da prestação alimentícia.

Não se esqueça também da distinção feita de plano no início deste capítulo quanto aos alimentos *naturais ou necessários* e os alimentos *civis ou côngruos*, que devem ganhar nova compreensão com a exclusão da noção de culpa nos desfazimentos conjugais.

Analisemos as características básicas dos alimentos, conforme apontadas com pouca dissensão pela doutrina:

a) *Direito pessoal e intransferível*. Sua titularidade não se transfere, nem se cede a outrem. Embora de natureza pública, o direito é personalíssimo, pois visa preservar a vida do necessitado. O direito não se transfere, mas uma vez materializadas as prestações periódicas como objeto da obrigação, podem elas ser cedidas.

O art. 402 do Código de 1916 estampava princípio tradicional do direito alimentar ao expressar que a obrigação de prestar alimentos não se transmitia aos herdeiros do devedor.[7] Essa

---

[7] "Agravo de instrumento. Inventário. Decisão que indeferiu o pagamento de alimentos pelo espólio. Pretensão de reforma. Cabimento. Alimentado herdeiro, filho do de cujus. Obrigação que se transmite ao espólio, pois previamente constituída por acordo homologado judicialmente. Inteligência do **art. 1.700, do CC**. Jurisprudência uníssona do STJ. Decisão reformada. Recurso provido" (TJSP – AI 2298309-38.2023.8.26.0000, 23-1-2024, Rel. Schmitt Corrêa).
"Inventário – **Falecimento do alimentante** – Extinção da obrigação personalíssima, quando do óbito do alimentante – Transmissibilidade da obrigação, a teor do art. 1.700 do CC/02, que atinge obrigações pré-constituídas e não o dever abstrato de prestar alimentos – Precedente da 2ª Seção do STJ – Afastado, nessa fase, o pedido dos agravantes de levantamento de valor mensal – Decisão de primeiro grau que merece confirmação – Recurso não provido" (TJSP – AI 2099414-34.2023.8.26.0000, 7-7-2023, Rel. Elcio Trujillo).
"**Alimentos - Exoneração** – Ausência de prova inequívoca de fatos objetivos, graves e excepcionais, posteriores à decisão que se pretende rever, que demonstrem a alteração das diretrizes que compõem o binômio necessidade/ possibilidade – Inteligência dos artigos 1.694, § 1º e 1.699 do Código Civil – Alimentandas que, embora tenham atingido a maioridade civil, estão estudando, uma frequentando curso de ensino superior e, outra, preparatório para vestibular – Necessidade que ainda persiste – Sentença de improcedência mantida – Recurso desprovido." (TJSP – AC 1009021-42.2018.8.26.0037, 18-11-2019, Rel. José Roberto Furquim Cabella).
"Apelação – **Alimentos – Exoneração** – Ação ajuizada por pai em face de filho que, a teor da inicial, alcançou a maioridade civil e exerce atividade laborativa. Processo extinto com fundamento no art. 267, VI e § 3º, do CPC/73. Apelo do autor. Inconsistência do inconformismo. Hipóteses ensejadoras da exoneração que já foram expressa-

regra peremptória e tradicional de não transmissibilidade por herança foi colocada na berlinda com a disposição do art. 23 da Lei nº 6.515/77, Lei do Divórcio, que introduziu a polêmica redação do art. 23: "*A obrigação de prestar alimentos transmite-se aos herdeiros do devedor, na forma do art. 1.796 do Código Civil*". Essa regra foi repetida no Código Civil de 2002, no art. 1.700. Ainda é grande a perplexidade exegética que o dispositivo causa, após tantos anos de vigência da lei, que merece referência em tópico à parte, a seguir, neste capítulo.

b) *Irrenunciabilidade*. O direito pode deixar de ser exercido, mas não pode ser renunciado, mormente quanto aos alimentos derivados do parentesco.[8] Dispõe o art. 1.707 do vigente Código: "*Pode o credor não exercer, porém lhe é vedado renunciar o direito a alimentos, sendo o respectivo crédito insuscetível de cessão, compensação ou penhora*".

O encargo alimentar é de ordem pública. Conforme examinamos anteriormente, existe a problemática referente à renúncia dos alimentos na separação e no divórcio, propendendo a doutrina e jurisprudência majoritárias do passado pela renunciabilidade nessas hipóteses, uma vez que esposos não são parentes, e a eles não se aplicaria a disposição.[9] No entanto, houve uma guinada na redação do corrente Código, parecendo que não mais se distinguirão os alimentos quanto à irrenunciabilidade. Veja o que falamos a esse respeito quando tratamos da separação

---

mente previstas no acordo que fixou o encargo. Previsão, outrossim, do direito de acrescer, em benefício de irmã que não ocupa o polo passivo da ação. Interesse de agir ausente. Sentença confirmada. Negado provimento ao recurso" (TJSP – Ap 0006257-41.2015.8.26.0220, 29-8-2016, Relª Viviani Nicolau).

"Agravo de instrumento. Direito de família. Ação revisional de alimentos. Cumprimento de sentença. Maioridade. Desistência do feito. Substituição processual. Genitora. Sub-rogação. Impossibilidade. Caráter personalíssimo. Via própria. 1. O direito aos alimentos é de caráter personalíssimo, insuscetível de renúncia, cessão, compensação ou penhora (**artigo 1.707 do Código Civil**). 2. Não há como se admitir que a genitora suceda ao filho maior no Cumprimento de Sentença. A legislação preceitua no artigo 871 do Código Civil uma via própria para averiguação e cobrança do valor que o outro genitor deixou de prestar a título de alimentos. 3. Recurso conhecido e provido" (TJDFT – AI 07082986520238070000, 25-7-2023, Rel. Eustáquio de Castro).

[8] "Apelação. Ação de dissolução de união estável. Contrato celebrado entre as partes com renúncia de alimentos em eventual dissolução. Impossibilidade. **Irrenunciabilidade dos alimentos.** Inteligência do artigo 1.707, do Código Civil. Alimentos. Ex-cônjuge. Fixação excepcional e por termo certo. Análise do binômio 'necessidade/possibilidade'. Apelante que pretende o recebimento de 03 salários mínimos. Fixação em 1,5 salário mínimo por 24 meses. Sentença reformada. Recurso parcialmente provido". (TJSP – Ap. 1024512-97.2018.8.26.0196, 3-2-2021, Rel. Rogério Murillo Pereira Cimino).

"**Execução de alimentos – Desistência** – Possibilidade – Artigo 1.707 do Código Civil – Desistência que não implica renúncia aos alimentos – Extinção da execução homologada – Recurso provido." (TJSP – AI 2220533-98.2019.8.26.0000, 14-11-2019, Rel. Augusto Rezende).

[9] "Apelação cível – Investigação de paternidade c/c alimentos – **Renúncia de crédito alimentar pretérito** – Acordo firmado pelos genitores do menor – Homologação e extinção dos feitos – Possibilidade – 1 – É irrenunciável o direito de alimentos presentes e futuros (art. 1.707 do CC), mas pode o alimentando renunciar aos alimentos pretéritos devidos e não prestados. Se a verba alimentar não veio a tempo, contingenciar de terminada situação, por ser olvidada enquanto valor, mas não como direito. Sermão de Pe. Cícero: 'quem errou não erre mais'. 2 – A renúncia a crédito alimentar não se confunde com renúncia ao direito aos alimentos, inexistindo qualquer óbice legal para a homologação do acordo entabulado pelas partes. 3 – Recurso Conhecido e desprovido. Sentença confirmada" (TJCE – Acórdão 0000049-08.2007.8.06.0146, 24-2-2012, Rel. Durval Aires Filho).

Pode, contudo, haver a dispensa precária da prestação de alimentos sem caracterizar a renúncia propriamente dita. "Civil – Processual civil – Agravo interno no agravo em recurso especial – **Família – Alimentos – Dispensa temporária de um dos genitores** – Possibilidade – Renúncia – Não ocorrência – Binômio necessidade/possibilidade – Reexame das circunstâncias fáticas – Incidência da Súmula nº 7 do STJ – Decisão mantida – 1 – O recurso especial não comporta o exame de questões que impliquem revolvimento do contexto fático-probatório dos autos, a teor do que dispõe a Súmula nº 7 do STJ. 2 – No caso dos autos, o acórdão recorrido consignou que existe o reconhecimento recíproco e consciente dos postulantes de que a mãe não possui condições financeiras de pagar alimentos, enquanto o pai tem possibilidade de arcar suficientemente com as despesas do menor, concluindo que tal situação não representa renúncia ao direito a alimentos. Para alterar esse entendimento, seria imprescindível a análise do conteúdo fático dos autos. 3 – Agravo interno a que se nega provimento" (STJ – AGInt-AG-REsp 1.215.167 – (2017/0310543-3), 13-8-2018, Rel. Min. Antonio Carlos Ferreira).

e do divórcio. O beneficiário pode, contudo, renunciar aos valores dos alimentos vencidos e não pagos, como ressalva a lei.[10]

   c) *Impossibilidade de restituição*. Não há direito à repetição dos alimentos pagos, tanto os provisionais como os definitivos. Desse modo, o pagamento dos alimentos é sempre bom e perfeito, ainda que recurso venha modificar decisão anterior, suprimindo-os ou reduzindo seu montante. No entanto, como sempre, toda afirmação peremptória em Direito é perigosa:[11] nos casos patológicos, com pagamentos feitos com evidente erro quanto à pessoa, por exemplo, é evidente que o *solvens* terá direito à restituição.

---

[10] "Agravo de instrumento. Execução de alimentos. Rito da constrição patrimonial. Acordo entre os litigantes. **Renúncia a crédito pretérito. Possibilidade.** Precedentes jurisprudenciais. Dispõe o artigo 1.707, do CCB que o direito a alimentos é irrenunciável. Contudo, tal característica não abrange o direito de cobrar alimentos pretéritos, os quais inclusive já perderam a atualidade no caso concreto. Homologação da transação e extinção do feito que se impõe. Decisão agravada reformada. Agravo de instrumento provido". (*TJRS* – Agravo de Instrumento 70083232447, 28-4-2020, Rel. Sandra Brisolara).

"Agravo de instrumento – Ação de alimentos – Cumprimento de sentença – Cobrança de prestações alimentícias vencidas – Reconhecimento do instituto do *supressio* – **Direito irrenunciável e indisponível** – Incabível – Decisão mantida – 1- A hipótese em apreço não enseja o reconhecimento do instituto da *supressio*, haja vista que tal teoria se refere a possibilidade da supressão de um direito ou de prerrogativa contratual em decorrência do decurso do tempo, associado ao princípio da boa-fé objetiva, porém, a própria natureza da obrigação discutida nos presentes autos, obsta a invocação do instituto, já que se trata de alimentos destinados a filho menor, que são irrenunciáveis e indisponíveis. 2- Diante da natureza da obrigação alimentar originária do dever de assistência inerente ao vínculo de parentesco e ao poder familiar, é juridicamente inviável invocar o instituto da *supressio* como forma de ilidir obrigação alimentar titularizada por alimentando incapaz. 3- Agravo de Instrumento conhecido e desprovido." (TJDFT – Proc. 07017255020198070000 (1169629), 14-5-2019, Relª Gislene Pinheiro).

"Agravo de instrumento – **Alimentos** – Preliminar de violação ao princípio da taxatividade do recurso de agravo – Afastada – Acordo celebrado entre as partes – Inconformismo do Ministério Público – Prejuízo ao menor afastado – Possibilidade de renúncia de parte do débito pretérito – Art. 1.707 do Código Civil – Perda do caráter alimentar – Transação realizada por intermédio da mãe, representante dos menores, e o pai – Validade – Decisão mantida – Recurso desprovido – 1 – Tratando-se na origem de feito executivo de alimentos, o cabimento do recurso de agravo de instrumento encontra-se expressamente consignado no parágrafo único do art. 1.015/CPC. 2 – Embora seja a obrigação alimentar irrenunciável, nos termos do art. 1.707 do Código Civil, a vedação legal não abrange os alimentos pretéritos, os quais, por já terem perdido o caráter alimentar, permite a transação do débito entre as partes. 3 – Ainda que se trate de credores absolutamente incapazes, estando representado em juízo por sua mãe, pessoa que conhece perfeitamente as necessidades das crianças, é possível que esta transacione sobre o crédito de alimentos não pagos, ainda que em tal acordo haja renúncia de parte do valor devido. 4 – Recurso desprovido" (TJMS – AI 1402206-65.2018.8.12.0000, 19-6-2018, Rel. Des. Vladimir Abreu da Silva).

"Apelação cível – Alimentos – **Direito indisponível e irrenunciável** – Crédito Pretérito – Renúncia expressa e específica – Sentença anulada – 1 – Conforme ensina a Constituição Federal, em seu art. 227, *caput*, é dever da família, da sociedade e do estado assegurar à criança e ao adolescente, com absoluta prioridade, o direito à alimentação, entre outros. Ainda, no art. 6º, *caput*, a Carta Magna consagra como direitos sociais a alimentação e a proteção à infância. 2 – Na demanda de alimentos requerida pelo menor, é incontroversa a indisponibilidade do direito à alimentação, porquanto consubstancia-se na própria dignidade da pessoa humana e no direito a uma vida digna, buscando garantir o mínimo existencial necessário para a criança e/ou adolescente. 3 – É possível a renúncia ao crédito alimentar pretérito, contudo deve a declaração tratar especificamente sobre este assunto, não sendo suficiente a mera informação de ausência de interesse no prosseguimento do feito. 4 – Recurso provido, sentença anulada" (TJES – Ap 0004194-35.2010.8.08.0021, 8-10-2015, Rel. Des. Walace Pandolpho Kiffer).

[11] "Execução de alimentos provisórios – Irretroatividade da decisão interlocutória que reduziu o valor da verba alimentar fixada provisoriamente – Mesmo que tenha sido redefinido o valor dos alimentos provisórios, o novo valor não retroage, pois, caso contrário, o alimentante seria estimulado a inadimplir o encargo durante a tramitação da ação revisional, já que os **alimentos, pela sua natureza, são irrepetíveis e incompensáveis**. Recurso desprovido." (TJRS – AI 70078063146, 27-2-2019, Rel. Des. Sérgio Fernando de Vasconcellos Chaves).

"Apelação cível – **Direito de família** – Ação de fiscalização de alimentos – 1 – É cediço que a prestação de contas, de uma maneira geral, tem por finalidade averiguar a administração do patrimônio de determinada pessoa que se encontra sob a responsabilidade de outra, para que, ao final, caso fique comprovado o desvio na condução do citado encargo, apure-se eventual saldo devedor, que será cobrado pelo demandante legitimado. 2 – É necessário, porém, salientar a Orientação Jurisprudencial pacífica dessa Egrégia Corte, no sentido da ausência de interesse processual do alimentante para a ação de prestação de contas em face da genitora que detém a guarda do menor, excetuando-se

d) *Incompensabilidade*. A lei expressamente ressalva que as obrigações alimentícias não se compensam (art. 373, II).¹² Tendo em vista a finalidade dos alimentos, qual

---

12 os casos de curadoria, uma vez que os **alimentos são irrepetíveis**. 3 – É nesse contexto que se situa o caso em deslinde, eis que, tratando-se de alimentos prestados pelo genitor em face do filho menor em comum com a recorrida, que atua na incumbência de seu poder familiar, não há que se falar em fiscalização de contas. 4 – Dessa forma, a verificação de idoneidade daquele que administra os alimentos deve se restringir às ações de destituição do poder familiar ou alteração da guarda do filho menor, bem como em eventual demanda revisional de alimentos. Recurso a que se nega provimento" (TJRJ – Ap 0004606-88.2013.8.19.0203, 19-2-2016, Relª Marcia Ferreira Alvarenga).
"Agravo de instrumento. Execução de alimentos. Excesso não verificado. Compensação. Impossibilidade. 1. Incidência dos alimentos sobre o 13º salário. Extensão do título executivo. Não conhecimento. A questão da extensão do título executivo, se engloba ou não o 13º salário, não foi submetida à apreciação do magistrado singular. Impossibilidade de este Colegiado deliberar sobre o pleito, sob pena de supressão de um Grau de Jurisdição. Recurso não conhecido, no ponto. 2. Cálculos apresentados pela exequente. Excesso não verificado. Ausência de demonstração de superveniência de acordo verbal entre as partes, que teria ensejado a redução dos alimentos fixados em sentença, e consequente excesso dos cálculos apresentados pela exequente. Ainda que assim não o fosse, a redução estaria em desacordo com o melhor interesse do alimentando e careceria de homologação judicial, não podendo ser considerado. Impossibilidade de compensação com valores pagos referentes a despesas com aparelho ortodôntico e material escolar da criança. **Incompensabilidade do crédito alimentar** (art. 1.707 do CC). Agravo de instrumento parcialmente conhecido e, no ponto em que conhecido, desprovido". (TJRS – Agravo de Instrumento 70083513622, 28-4-2020, Rel. Afif Jorge Simões Neto).
"**Cumprimento de sentença** – Indeferimento do pedido de desbloqueio de valores penhorados em conta de fundo de garantia por tempo de serviço da devedora, ora agravante – Inadmissibilidade – A jurisprudência do STJ somente tem admitido a penhora de verbas de natureza alimentar, bem como de valores decorrentes de FGTS, depositadas em conta-corrente, nas hipóteses de execução de alimentos. Nas demais execuções, as referidas verbas estão resguardadas pela impenhorabilidade – Ademais, são impenhoráveis valores depositados em conta da devedora de saldo inferior a quarenta salários mínimos – Inteligência do art. 833, IV e X, do CPC – Recurso provido." (TJSP – AI 2203490-85.2018.8.26.0000, 22-1-2019, Rel. Mendes Pereira).
"Civil – Processual civil – Direito de família – Exoneração de alimentos e restituição de valores pagos após o falecimento do credor – Negativa de prestação jurisdicional – Inocorrência – Vício de citação – Ausência de prequestionamento – Súmula 211 /STJ – Reexame de fatos e provas – Súmula 7 /STJ – Competência do juízo de família para o pedido de restituição – Questão conexa à exoneração de alimentos – Possibilidade – Ilegitimidade passiva – Causa de pedir e pedidos deduzidos em face de cada réu corretamente individualizados – Cumulação de pretensões distintas em face de diferentes réus – Possibilidade – Interpretação sistemática dos arts. 46 e 292, ambos do CPC/73 – Restituição de valores pagos após o falecimento do credor – Possibilidade – Ausência de boa-fé de quem se manteve inerte diante da cessação da obrigação alimentar – **Irrepetibilidade e incompreensibilidade** – Benefício exclusivo do credor dos alimentos – 1 – Ação distribuída em 02/04/2014 – recurso especial interposto em 29/03/2016 e atribuído à relatora em 15/09/2016 – 2 – Os propósitos recursais consistem em definir se houve negativa de prestação jurisdicional, se houve vício de citação do espólio que, em litisconsórcio, compõe o polo passivo em conjunto com a recorrente, se o juízo de família é competente para processar o pedido de restituição de valores, se as partes são legítimas para responder aos pedidos de exoneração de alimentos cumulado com restituição de valores, se os pedidos de exoneração de alimentos e de restituição de valores são cumuláveis e, finalmente, se a restituição de valores é efetivamente devida. 3 – Ausentes os vícios do art. 535, I e II, do CPC/73, não há que se falar em negativa de prestação jurisdicional. 4 – A despeito de se tratar de questão de ordem pública, a eventual existência de vício na citação não prescinde do efetivo enfrentamento da questão nos graus de jurisdição ordinários, sendo inviável o seu reexame nesta Corte, também, em virtude da necessidade de reapreciação de fatos e provas. Aplicação das Súmulas 7 e 211 do STJ. Precedentes. 5 – A competência do juízo de família abrange também o julgamento de pedidos que intimamente se relacionem com as questões familiares, como, por exemplo, a existência de direito à restituição de valores quitados indevidamente à título de pensão alimentícia – Questão subsequente e subordinada – Cumulado com o pedido de exoneração da obrigação alimentar – Questão antecedente e subordinante –, inclusive para evitar a prolação de decisões conflitantes. 6 – Não há ilegitimidade de partes em situação de litisconsórcio passivo quando, a partir do exame da petição inicial, permite-se inferir quais causas de pedir e quais pedidos foram dirigidos a cada um dos réus. 7 – É admissível a cumulação de pretensões distintas em face de diferentes réus se, presentes os requisitos do art. 292 do CPC/73, também se verificar a presença de alguma das hipóteses previstas no art. 46 do CPC/73. Precedentes. 8 – Na hipótese, a exoneração de alimentos e a restituição dos valores pagos após o falecimento do credor são conexas em razão do objeto e da causa de pedir e afins por ponto comum de fato e de direito, autorizando a cumulação das pretensões para evitar a prolação de decisões conflitantes e, ainda, como medida que concretiza os princípios da economia, da celeridade e da razoável duração do processo. 9 – A compatibilidade de pedidos exigida pelo art. 292 do CPC/73 é jurídica e não lógica, motivo pelo qual são compatíveis os pedidos que não se excluem mutuamente, sendo irrelevante, nesse particular, a natureza jurídica da pretensão deduzida pela parte. 10 – Admite-se a cumulação de pretensões sujeitas a diferentes procedimentos, desde que o rito eleito seja o ordinário. 11 – Não se coaduna com a boa-fé objetiva a conduta de

seja a subsistência do necessitado, a eventual compensação dos alimentos com outra obrigação anularia esse desiderato, lançando o alimentando no infortúnio. Temos entendido, contudo, que se admite compensação com prestações de alimentos pagas a mais, tanto para os provisórios, como para os definitivos (Cahali, 1979:114).

e) *Impenhorabilidade*. Pela mesma razão, os alimentos não podem ser penhorados.[13] Essa regra geral, tida como dogma, deve ser vista atualmente com maior cuidado. Destinados à sobrevivência, os créditos de alimentos não podem ser penhorados. Essa impenhorabilidade, no entanto, não atinge os frutos.

f) O art. 833, IV do CPC de 2015, na mesma linha do art. 649, IV do estatuto anterior coloca como impenhoráveis *"os vencimentos, os subsídios, os soldos, os salários, as remunerações, os proventos de aposentadoria, as pensões, os pecúlios e montepios, bem como as quantias recebidas por liberalidade de terceiro e destinadas ao sustento do devedor e de sua família, os ganhos de trabalhador autônomo e os honorários de profissional liberal, ressalvado o § 2º."*

g) A linha geral é que, portanto, a pensão alimentícia é impenhorável. Contudo, a ressalva no citado § 2º dispõe: "*O disposto nos incisos IV e X do caput não se aplica à hipótese de penhora para pagamento de prestação alimentícia, independentemente de sua origem, bem como às importâncias excedentes a 50 (cinquenta) salários mínimos mensais, devendo a constrição observar o disposto no art. 528, § 8º, e no art. 529, § 3º*". Desse modo, não há mais como se sustentar que a impenhorabilidade da pensão alimentícia é absoluta. Assim, segundo o texto, os alimentos podem ser penhorados naquilo que exceder os cinquenta salários mínimos. A nova lei processual entende que esse montante é o mínimo necessário para a sobrevivência. Certamente, o texto veio motivado por abusos que se praticavam sob a bandeira da impenhorabilidade. Destarte, os alimentos e pensões não são mais absolutamente impenhoráveis.

h) *Impossibilidade de transação*. Assim como não se admite renúncia ao direito de alimentos, também não se admite transação. O *quantum* dos alimentos pode ser transigido, pois se trata de direito disponível. O direito, em si, não o é. O caráter personalíssimo desse direito afasta a transação. O art. 841 somente admite transação para os direitos patrimoniais de caráter privado. O direito a alimentos é direito privado, mas de caráter pessoal e com interesse público.

i) *Imprescritibilidade*. As prestações alimentícias prescrevem em dois anos pelo Código de 2002 (art. 206, § 2º). Esse prazo era de cinco anos no código anterior (art. 178, § 10, I). O direito a alimentos, contudo, é imprescritível. A qualquer momento, na vida da pessoa,

---

quem, ciente do falecimento do credor e da continuidade do desconto da pensão alimentícia vinculada à folha de pagamento, não buscou meios de imediatamente restituir os valores indevidamente pagos pelo devedor. 12 – A incompensabilidade e a irrepetibilidade dos alimentos, em virtude do caráter personalíssimo da obrigação, beneficiam exclusivamente o credor dos alimentos, não se estendendo, após o falecimento deste, à genitora que não demonstrou ter revertido os valores recebidos em favor do menor. 13 – Recurso especial parcialmente conhecido e, nessa extensão, desprovido" (STJ – REsp 1.621.204 – (2016/0218532-0), 15-2-2018, Relª Minª Nancy Andrighi).

[13] "Agravo de instrumento – **Alimentos** – Fase de cumprimento de sentença – Bloqueio de valores – Impenhorabilidade de quantia depositada em conta poupança, até o limite de 40 salários mínimos – São impenhoráveis os valores depositados em caderneta de poupança, até o limite de 40 salários mínimos – São impenhoráveis os valores depositados em caderneta de poupança até o limite de 40 salários mínimos, conforme expressa previsão do art. 833, inc. X, do CPC. Ademais, de acordo com a jurisprudência do STJ, tal impenhorabilidade também se estende ao valor de até 40 salários mínimos depositados em conta corrente ou em fundos de investimento, ou mesmo guardados em papel-moeda, salvo em casos de abuso, má-fé, ou fraude, não evidenciados na espécie. Deram provimento. Unânime" (TJRS – AI 70075131185, 8-2-2018, Rel. Des. Luiz Felipe Brasil Santos).

pode esta vir a necessitar de alimentos. A necessidade do momento rege o instituto e faz nascer o direito à ação (*actio nata*). Não se subordina, portanto, a um prazo de propositura. No entanto, uma vez fixado judicialmente o *quantum*, a partir de então inicia-se o lapso prescricional. A prescrição atinge paulatinamente cada prestação, à medida que cada uma delas vai atingindo o quinquênio, ou o biênio, a partir da vigência do Código de 2002.

j) *Variabilidade*. A pensão alimentícia é variável, segundo as circunstâncias dos envolvidos na época do pagamento. Modificadas as situações econômicas e as necessidades das partes, deve ser alterado o montante da prestação, podendo ocorrer sua extinção. Daí porque o art. 1.699 permite a revisão, redução, majoração ou exoneração do encargo.

k) *Periodicidade*. O pagamento da obrigação alimentícia deve ser periódico, pois assim se atende à necessidade de se prover a subsistência. Geralmente, cuida-se de prestação mensal, mas outros períodos podem ser fixados. Porém, não se admite que um valor único seja o pago, nem que o período seja longo, anual ou semestral, porque isso não se coaduna com a natureza da obrigação. O pagamento único poderia ocasionar novamente a penúria do alimentando, que não tivesse condições de administrar o numerário.

l) *Divisibilidade*. A obrigação alimentar é divisível entre os vários parentes, de acordo com os arts. 1.696 e 1.697. Desse modo, vários parentes podem contribuir com uma quota para os alimentos, de acordo com sua capacidade econômica, sem que ocorra solidariedade entre eles.[14]

---

[14] "Agravo de instrumento. Civil. Processual civil. Gratuidade de justiça. Deferimento anterior. Preclusão. Alimentos avoengos. Litisconsórcio passivo facultativo. **Obrigação divisível**. Inclusão de todos os avós no polo passivo. Desnecessidade. Recurso provido. 1. Falece interesse recursal quanto ao pedido de concessão de gratuidade de justiça, uma vez que já deferido o benefício em decisão proferida pelo juízo de origem. 2. Dispõe o artigo 1.698 do Código Civil que se o parente, que deve alimentos em primeiro lugar, não estiver em condições de suportar totalmente o encargo, serão chamados a concorrer os de grau imediato; sendo várias as pessoas obrigadas a prestar alimentos, todas devem concorrer na proporção dos respectivos recursos; e, intentada ação contra uma delas, poderão as demais ser chamadas a integrar a lide. 3. Segundo o STJ, a natureza jurídica do mecanismo de integração posterior do polo passivo previsto no art. 1.698 do CC se equipara ao litisconsórcio facultativo ulterior simples, observada a possibilidade de provocação da ampliação ser realizada pelo próprio integrante originário do polo passivo. 4. É descabida a determinação *ex offício* de inclusão de todos os avós no polo passivo, pois se trata de hipótese em que não se fala em litisconsórcio passivo necessário, por se tratar de obrigação divisível. Assim, inexiste óbice a que a parte credora formule seu pedido a qualquer dos coobrigados, sendo certo que cada um deles deverá arcar com a verba alimentar apenas no que concerne à sua cota parte, conforme as suas possibilidades. 5. Agravo de instrumento parcialmente conhecido e provido" (TJDFT – AI 07382295020228070000, 4-4-2023, Rel. Soníria Rocha Campos D'Assunção).
"Agravo de instrumento. Alimentos avoengos. Extinção parcial do processo. Descabimento. Chamamento dos avós coobrigados. Litisconsórcio passivo necessário. Recurso parcialmente provido. Ação de alimentos avoengos. Extinção parcial do processo. Descabimento. Chamamento dos demais avós coobrigados para integrarem o polo passivo da demanda. Aplicação do art. 1698 do CC. Litisconsórcio passivo necessário. Obrigação subsidiária que deve ser diluída entre os avós maternos e paternos, dada sua **divisibilidade e possibilidade de fracionamento**, conforme jurisprudência consolidada do STJ. Interpretação que melhor atende aos interesses da menor alimentando. Decisão reformada em parte. Recurso parcialmente provido". (TJSP – AI 2230666-34.2021.8.26.0000, 30-11-2021, Rel. J.B. Paula Lima).
"Apelação cível. Alimentos. Fixação. Ação movida por genitor idoso e interditado contra quatro filhos maiores. Acordo homologado com três dos filhos, prosseguindo a lide em relação ao último deles. Sentença de procedência para fixar alimentos individuais em 15% do salário mínimo. Irresignação da filha remanescente. Mérito. Aplicação do artigo 1.696 do Código Civil e do artigo 229 da Constituição Federal. Obrigação dos filhos em pagar pensão alimentícia aos seus genitores. **Obrigação divisível.** Não demonstrada incapacidade da filha remanescente em auxiliar de alguma forma com sustento de seu genitor. Fixação dos alimentos em patamar compatível com os requisitos de possibilidade e necessidade. Motivação do decisório adotado como julgamento em segundo grau. Inteligência do art. 252 do RITJ. Honorários recursais. Aplicação da regra do artigo 85, § 11, CPC/2015. Verba honorária majorada para 20% do valor da condenação, observada a gratuidade da justiça concedida. Resultado. Recurso não provido". (TJSP – Ap. 1005193-92.2018.8.26.0019, 26-8-2020, Rel. Edson Luiz de Queiróz).
"Apelação cível – Recurso adesivo – 1 – **Obrigação alimentar avoenga** – A obrigação de pagar alimentos recai nos parentes mais próximos em grau, inicialmente em linha reta ascendente, uns em falta de outros (art. 1.696 do CCB). Desta forma, tratando-se de alimentos postulados aos avós, é preciso averiguar se as condições de

16.4 SUJEITOS DA OBRIGAÇÃO ALIMENTÍCIA

Nos alimentos derivados do parentesco, como demonstra o art. 1.696, o direito à prestação é recíproco entre pais e filhos, extensivo a todos os ascendentes, recaindo a obrigação nos mais próximos em grau, uns em falta de outros.[15] Notemos que, existindo vários parentes do mesmo

---

[15] que desfrutam ambos os genitores inviabilizam o atendimento minimamente adequado das necessidades dos alimentandos, sendo certo, outrossim, que estes não têm direito a desfrutar de eventual padrão de vida que os progenitores lhes possam proporcionar, devendo ficar restritos ao que é possível dispor com a renda de pai e mãe. Ausência de prova de que os genitores não tenham condições de proverem as necessidades mínimas dos filhos. 2 – Alimentos devidos pelo genitor ao filho – Majoração – Conforme os depoimentos da própria genitora e da avó materna, os gastos com o infante giram em torno de R$1.200,00 e R$1.500,00. Nesse contexto, tendo em conta que as despesas do filho devem ser compartilhadas entre os pais, e que não há maiores elementos a demonstrar que o menino tenha gastos superiores a R$ 1.500,00, penso que, no momento, o quantum alimentar de 80% do salário mínimo (R$ 763,20 – aproximadamente metade do valor indicado como gastos do infante) está de acordo ao binômio necessidade-possibilidade, levando-se em conta a idade da infante, sem prejuízo que tal verba venha a ser redimensionada posteriormente, com o incremento da idade do menino. Em caso de trabalho informal, os alimentos corresponderão a 30% do salário mínimo. Deram parcial provimento a ambos os recursos, afastando-se a obrigação alimentar avoenga e majorando-se os alimentos devidos pelo genitor. Unânime" (*TJRS* – AC 70075048785, 12-4-2018, Rel. Des. Luiz Felipe Brasil Santos).

"Agravo de instrumento – Ação de fixação de alimentos em favor de genitora, ajuizada contra os filhos – Pedido de justiça gratuita formulado nas razões recursais – Deferimento – Decisão interlocutória que fixou alimentos provisórios em 50% do salário-mínimo nacional para cada filho – **Reciprocidade na obrigação de prestar alimentos entre pais e filhos** – Art. 1.696 do Código Civil – Autora que recebe benefício previdenciário de baixo valor e necessita de tratamento *home care* – Ausência de demonstração da impossibilidade da prestação alimentar nos termos fixados neste momento de cognição superficial do litígio – Decisão mantida – Recurso não provido" (*TJSP* – AI 2315803-13.2023.8.26.0000, 23-4-2024, Rel. César Peixoto).

"Apelação cível. Civil e processual civil. Família. Jurisdição voluntária. Homologação de acordo de prestação de alimentos entre mãe e filho. Necessidade da genitora. Não demonstração. Manutenção do *decisum*. 1. Entre pais e filhos, o dever de prestar alimentos está previsto no art. 1.696, do CC, fundado no **dever de assistência mútua**, sendo certo que os alimentos devem ser fixados com amparo no binômio necessidade-possibilidade, a teor § 1º do art. 1.964, do referido Código instrumentário. Ademais, o art. 1.695, do referido diploma legal, preceitua que os alimentos são devidos 'quando quem os pretende não tem bens suficientes, nem pode prover, pelo seu trabalho, à própria mantença, e aquele, de quem se reclamam, pode fornecê-los, sem desfalque do necessário ao seu sustento'. 2. Não demonstrados os fatos constitutivos do direito ventilado, na forma do art. 373, inciso I, do CPC, não tendo as partes apresentando qualquer prova hábil a comprovar, efetivamente, a necessidade genitora, sequer se esta não possui renda ou bens, ou mesmo que possa prover seu próprio sustento, bem como evidenciado o nítido propósito financeiro e previdenciário, com a perspectiva de ocorrência de elisão fiscal, impõe-se a improcedência do pedido de homologação de acordo, nos moldes da sentença recorrida. 3. Apelo não provido". (*TJDFT* – Ap. 07032659020208070003 (1293080), 28-10-2020, Rel. Arnoldo Camanho).

"**Alimentos – Pretensão de recebimento dos avós paternos** – Natureza própria da obrigação avoenga, estabelecida quando o genitor não reúna condição alguma ou não possua condição integral de prover a todas as necessidades do credor. Disposição dos arts. 1.696 e 1.698 do CC. Acordo recentemente firmado com o genitor, em valor que afasta a pretensão contra os avós. Necessidades do menor que se devem amoldar ao padrão econômico oferecido por seus genitores, e não ao padrão que os avós maternos desejam oferecer e, ao mesmo tempo, repassar também aos avós paternos. Sentença mantida. Recurso desprovido." (*TJSP* – AC 1030038-85.2018.8.26.0506, 29-10-2019, Rel. Claudio Godoy).

"Apelação cível – Direito de família – **Ação de exoneração de alimentos** – Obrigação alimentar avoenga – Sentença de improcedência – Apelo autoral pretendendo a exoneração da obrigação ou a redução do quantum fixado. Descabimento. Ausência de comprovação cabal da mudança de fortuna a justificar a exoneração ou mesmo qualquer redução no pensionamento dos réus, à luz do disposto no art. 1.699 do Código Civil. Obrigação alimentar avoenga que possui natureza subsidiária e complementar. Art. 1698 c/c art. 1.694, § 1º, do CC/02. Valor pago pelo genitor dos réus que se afigura insuficiente para a manutenção digna dos mesmos nos dias de hoje, ante os elevados gastos que devem ser despendidos com sua alimentação, saúde, vestuário, educação e atividades físicas, dentre outros. Recorrente que possui remuneração muito acima da média do país. Litigância de má-fé não caracterizada. Majoração dos honorários advocatícios. Desprovimento do recurso da autora/apelante 1 e parcial provimento do recurso dos réus/apelantes 2" (*TJRJ* – AC 0018945-97.2014.8.19.0209, 12-4-2018, Relª Mônica Feldman de Mattos).

"**Alimentos** – Fixação de pensão complementar – Avós Paternos – Possibilidade – Agravo regimental. Recurso especial. Alimentos. Fixação de pensão complementar. Avós paternos. Possibilidade. Complementação. 1. 'A responsabilidade dos avós de prestar alimentos aos netos não é apenas sucessiva, mas também complementar, quando demonstrada a insuficiência de recursos do genitor' (REsp 579.385/SP, Relª Min. Nancy Andrighi, *DJ* de 04.10.2004). 2. Na hipótese, entender sobre a desnecessidade de complementação alimentar pelos avós, haja

grau, em condições de alimentar, não existe solidariedade entre eles. A obrigação é divisível, podendo cada um concorrer, na medida de suas possibilidades, com parte do valor devido e adequado ao alimentando. Na falta dos ascendentes, caberá a obrigação aos descendentes, guardada a ordem de sucessão e, faltando estes, aos irmãos, assim germanos, como unilaterais (art. 1.697). A falta de parente alimentante deve ser entendida não somente como inexistência, mas também, ausência de capacidade econômica dele para alimentar.

A questão era saber se todos os parentes do mesmo grau deveriam ser colocados no polo passivo da demanda. A posição ortodoxa da doutrina era no sentido afirmativo. Assim, mesmo que se soubesse que apenas um dos genitores possuía condições de alimentar, a ação deveria ser movida contra o pai e contra a mãe, por exemplo. A sentença, como regra, deverá ratear, de acordo com as condições de fortuna dos réus, o montante da pensão. No entanto, nada impedia no sistema de 1916 que a ação fosse movida contra um só dos parentes do mesmo grau. Este não podia defender-se, em tese, alegando que existem outros em melhores condições de alimentar, mas o autor da ação se sujeitaria à eventual improcedência ou à condenação de pensão inferior ao valor de que necessita, ficando aberta a ação contra os outros parentes, para eventual complementação de valor. Essa situação decorria da divisibilidade da obrigação.

O art. 1.698 do mais recente Código veio dirimir essas dúvidas:

> *"Se o parente, que deve alimentos em primeiro lugar, não estiver em condições de suportar totalmente o encargo, serão chamados a concorrer os de grau imediato; sendo várias as pessoas obrigadas a prestar alimentos, todas devem concorrer na proporção dos respectivos recursos, e, intentada ação contra uma delas, poderão as demais ser chamadas a integrar a lide".*

Desse modo, atende-se processualmente ao princípio da divisibilidade da obrigação alimentícia, permitindo-se que, no mesmo processo, sejam outros alimentantes chamados a integrar a lide. A lei processual deve traçar normas concretas para possibilitar a eficiência do dispositivo. O dispositivo cria nova modalidade de intervenção de terceiros no processo, instrumento que merece toda a cautela do magistrado, pois pode se tornar expediente para procrastinar feitos.

De qualquer forma, são chamados a prestar alimentos, primeiramente, os parentes em linha reta, os mais próximos excluindo os mais remotos. Assim, se o pai puder prestar alimentos, não se acionará o avô. O mesmo se diga do alimentando que pede alimentos ao neto, porque o filho não tem condições de pagar. Não havendo parentes em linha reta, ou estando estes impossibilitados de pensionar, são chamados para a assistência alimentícia os irmãos, tanto unilaterais como germanos. Apontemos que somente os irmãos estarão obrigados a alimentar na linha colateral. Os demais parentes e afins estão excluídos dessa obrigação legal em nosso ordenamento.[16] Não ficam excluídos, contudo, dentro do limite legal, os filhos ilegítimos e os

---

vista o acordo judicial do pai em ação revisional de alimentos, demandaria a revisão do contexto fático-probatório dos autos, o que encontra óbice na Súmula nº 7 do STJ. 3. Agravo regimental a que se nega provimento" (*STJ* – AgRg-REsp 1.358.420 – (2011/0284906-4), 21-63-2016, Rel. Min. Luis Felipe Salomão).

[16] "Agravo de instrumento – decisão que, em sede de cognição sumária, negou o pedido de fixação de **alimentos provisórios entre sobrinhos e tio** – ausência de previsão legal expressa no sentido de permitir alimentos entre parentes tais – interpretação do disposto no artigo 1.647, do Código Civil que deve ser restritiva - alimentos provisórios entre irmãos, outrossim, que dependem da comprovação das possibilidades dos alimentantes – necessidade de aprofundamento da fase instrutória do processo – natureza dos alimentos, ademais, que é excepcional e irrepetível – decisão mantida - recurso não provido". (*TJSP* – Agravo de Instrumento 2125784-55.2020.8.26.0000, 30-6-2020, Rel. Erickson Gavazza Marques).

"Agravo de instrumento – **Ação de alimentos – Pleito dos sobrinhos em relação às tias** – Inexistência de obrigação legal – Ultrapassada a linha colateral em segundo grau – Reforma da decisão de primeiro grau – Recurso

adotivos, mormente depois que a Constituição de 1988, no art. 227, § 6º, equiparou os filhos de qualquer natureza. As Leis nº 8.971/94 e nº 9.278/96, já referidas, criaram direitos de assistência recíproca para os companheiros em união estável, os quais persistem no atual Código.

O parágrafo único do art. 399 do Código antigo, acrescentado pela lei nº 8.648/93, estampara:

> *"No caso de pais que, na velhice, carência ou enfermidade, ficaram sem condições de prover o próprio sustento, principalmente quando se despojaram de bens em favor da prole, cabe, sem perda de tempo e até em caráter provisional, aos filhos maiores e capazes, o dever de ajudá-los e ampará-los, com a obrigação irrenunciável de assisti-los e alimentá-los até o final de suas vidas".*

Essa disposição era uma superfetação, pois os princípios gerais do direito alimentar já atendem a essas situações. A redação, de pouca técnica e em linguagem quase coloquial, nada mais acrescentou ao que a doutrina estava farta de admitir. Contudo, decisões injustas dos tribunais motivaram o dispositivo que, além de ser péssimo exemplo de redação legal, em nada modificou ou acrescentou aos princípios básicos do direito alimentar. Salvo alguns julgados deslocados, nunca se duvidou de que os filhos devem prover a subsistência dos pais na velhice ou na doença.[17]

---

conhecido e improvido. I – A obrigação alimentar decorre da lei, que indica os parentes obrigados de forma taxativa e não enunciativa, sendo devidos os alimentos, reciprocamente, pelos pais, filhos, ascendentes, descendentes e colaterais até o segundo grau, não abrangendo, consequentemente, tios e sobrinhos. II – Recurso conhecido e improvido." (TJSE – AI 201900823144 (30082/2019), 31-10-2019, Rel. Des. Alberto Romeu Gouveia Leite).

"*Habeas corpus* – **Prestação de alimentos pelo tio-avô** – Impossibilidade prisão civil – Reconhecida – Exoneração de alimentos – Matéria que foge ao âmbito restrito do remédio heroico – Ordem parcialmente concedida – Na execução dos alimentos prestados por parentes, a despeito do caráter subsidiário e meramente complementar, não podem ser aplicadas as mesmas técnicas coercitivas relativas à cobrança de dívida alimentar devida pelos pais (prisão civil). Na via estreita do habeas corpus, não cabe o exame aprofundado de provas para verificar a obrigação legal do paciente de prestar alimentos" (TJMS – HC 1400030-16.2018.8.12.0000, 7-3-2018, Rel. Des. José Ale Ahmad Netto).

"Apelação cível – **Ação de alimentos proposta em face de tia** do alimentando e companheira do alimentante – Demandada que não detém a qualidade de parente do alimentando – Obrigação alimentar inexistente – Manutenção da exclusão da lide – Alimentos perseguidos por sobrinho em relação à tia, herdeira do alimentante – Pretensão que não encontra guarida no ordenamento jurídico – Pensão alimentícia personalíssima – Cessação com a morte do alimentante – Inexistência de dívida pretérita ao óbito – Ausência de ação de inventário – Inocorrência da hipótese do art. 1.700 do Código Civil – Intransmissibilidade – Manutenção da sentença – Desprovimento – É juridicamente impossível a obrigação alimentar ser imposta a quem não detém grau de parentesco com o alimentando – A pretensão de alimentos em relação ao tio, parente colateral de terceiro grau, não encontra guarida no ordenamento jurídico, pois a legislação aplicável à espécie é clara em estabelecer a obrigação de alimentos entre ascendentes e descendentes, até mesmo entre irmãos, mas em nenhum momento faz alusão ao dever do tio em relação ao sobrinho – A pensão alimentícia somente é devida pelo alimentante, extinguindo-se com o óbito, ou, ainda pelo espólio, enquanto perdurar o procedimento de inventário e, nesse caso, estendendo-se até o limite do débito – É intransmissível, salvo os casos ressalvados em lei, a obrigação de alimentos quando da morte do alimentante" (TJPB – Ap 0019677-82.2013.815.2001, 2-3-2016, Relª Desª Maria das Graças Morais Guedes).

"Direito de família – Prestação de alimentos – Rol taxativo – **Tios e sobrinhos** – Parente de 3º grau – Fixação – Impossibilidade – Art. 1.697 do CC. 1 – Trata-se de recurso de apelação interposto contra sentença nos autos de Ação de Alimentos que decidiu pela improcedência do pedido inaugural, por entender que não há obrigação alimentícia entre parentes colaterais de 3º grau. 2 – A obrigação alimentar decorre da lei, que indica os parentes obrigados de forma taxativa e não enunciativa, sendo devidos os alimentos, reciprocamente, pelos pais e filhos, ou, em sua falta, pelos ascendentes, descendentes e colaterais até ao segundo grau, não abrangendo, consequentemente, tios e sobrinhos, conforme art. 1697 do CC. 3 – Recurso conhecido e desprovido, confirmando a sentença exarada" (TJCE – Ap 0795779-96.2000.8.06.0001, 6-4-2015, Rel. José Tarcílio Souza da Silva).

17 "Agravo de instrumento – **Ação de alimentos** – Pedido dos pais-idosos em desfavor de uma de suas filhas - alimentos provisórios – fixação na proporção das necessidades dos autores-alimentados e dos recursos da pessoa obrigada – ausência de provas quanto à alegada impossibilidade material da ré-agravante de pagar a quantia fixada liminarmente. 1- Hipótese na qual se discute a razoabilidade e a proporcionalidade dos alimentos provisórios fixados a cargo da filha em favor de seus pais-idosos, à luz da necessidade destes e dos recursos daquela. 2- Nos termos do art. 1.697, do CC/02, na falta dos ascendentes cabe a obrigação aos descendentes, guardada a ordem

16.4.1 Alimentos aos Filhos Menores. Alimentos à Mulher Gestante

No decorrer de nosso estudo, mormente quanto ao poder familiar, enfatizou-se que o dever de os pais proverem a subsistência e educação dos filhos é fundamental. Esse dever transmuta-se na obrigação legal de prestar alimentos. Não somente o Código Civil, como também a Lei do Divórcio, preocuparam-se com o problema. Nesse sentido, o art. 20 deste último diploma menciona que os cônjuges separados deverão contribuir na proporção de seus recursos para a manutenção dos filhos. Esse dispositivo é repetido pelo art. 1.703 do vigente Código. O art. 21 da lei citada completa, por sua vez, que o juiz pode determinar a constituição de garantia real ou fidejussória para assegurar o cumprimento dessa obrigação. O art. 22 do Estatuto da Criança e do Adolescente reafirma o dever dos pais com relação aos filhos menores. Atualmente, como sempre se repete, não se faz mais distinção entre filhos legítimos e ilegítimos. O descumprimento contumaz do dever alimentar pode até mesmo autorizar a suspensão ou perda do pátrio poder, como vimos no capítulo anterior.

Defende-se também que ao nascituro é possível a prestação alimentícia, sob o fundamento de que a lei ampara a concepção. Vale lembrar também do artigo 121, do Código de 1916, que permite ao titular de direito eventual exercer os atos necessários à conservação de tais direitos, embora divirja a doutrina a esse respeito. Arnaldo Rizzardo (1994:711) observa que,

> "desde que presentes os requisitos próprios, como o fumus boni iuris e a certeza de quem é o pai, mesmo os alimentos provisionais é possível conceder, com o que se garantirá uma adequada assistência pré-natal ao concebido".

Diploma legal mais recente veio beneficiar diretamente o nascituro na pessoa da progenitora. A Lei nº 11.804, de 5 de novembro de 2008, inovou e alargou em matéria de alimentos ao permiti-los de forma contundente à mulher gestante, os chamados *alimentos gravídicos*. Em seu art. 2º especifica que os alimentos conforme essa lei "*compreenderão os valores suficientes para cobrir as despesas adicionais do período de gravidez e que sejam dela decorrentes, da concepção ao parto, inclusive as referentes a alimentação especial, assistência médica e psicológica, exames complementares, internações, parto, medicamentos e demais prescrições e terapêuticas, a juízo do médico, além de outras que o juiz considere pertinentes*". Como se nota, a extensão ou compreensão dos alimentos é ampla no dispositivo, além de ser uma norma aberta, pois o juiz pode concedê-los levando em consideração o que for pertinente.[18]

---

de sucessão, e, faltando estes, aos irmãos, assim germanos como unilaterais. 3- Segundo o § 1º, do art. 1.694, do CC/02, os alimentos devem ser fixados na proporção das necessidades do reclamante e dos recursos da pessoa obrigada. 4- Agravo de Instrumento conhecido e não provido." (*TJMS* – AI 1401213-85.2019.8.12.0000, 1-4-2019, Rel. Des. Paulo Alberto de Oliveira).

"Apelação Cível – **Ação de exoneração de alimentos** – Descendente em favor do ascendente – Dever de solidariedade entre os familiares – Ainda que a alimentanda seja idosa, percebendo modesta renda proveniente de aposentadoria, houve alteração nas possibilidades do alimentante, com o nascimento de uma filha e o desemprego. Verificado que os rendimentos do alimentante equivalem ao benefício econômico da alimentanda, deve ser mantida a sentença que exonerou o apelado da obrigação alimentar. Apelação desprovida" (*TJRS* – AC 70078046075, 29-8-2018, Rel. Des. Jorge Luís Dall'agnol).

[18] "Agravo de instrumento. Direito civil e processual civil. **Alimentos gravídicos**. Indícios de paternidade. Recurso desprovido. 1. Nos termos do art. 6º da Lei nº. 11.804/2008, convencido da existência de indícios da paternidade, o juiz fixará alimentos gravídicos que perdurarão até o nascimento da criança, sopesando as necessidades da parte autora e as possibilidades da parte ré. 2. O arbitramento da prestação de alimentos deve respeitar a proporção dos recursos dos genitores, considerando as despesas que deverão ser custeadas pelo pai, bem como a contribuição que também deverá ser dada pela mulher grávida. Inteligência do art. 2º, parágrafo único, da Lei nº 11.804/2008. 3. Agravo de Instrumento conhecido e não provido" (*TJDFT* – AI 07046452120248070000, 4-6-2024, Rel. Eustáquio de Castro).

O parágrafo único desse artigo pontua que tanto o indigitado pai, como a mãe devem contribuir para as despesas da gravidez, na proporção de seus respectivos recursos. Nessa hipótese, aplica-se a regra geral sobre alimentos.

A inovação mais significativa desse diploma legal está presente no art. 6º, porque permite que o juiz estabeleça *alimentos gravídicos*, conforme denominação da lei, convencido da *existência de meros indícios da paternidade*. Esses alimentos perdurarão até o nascimento da criança, convertendo-se em pensão alimentícia a partir do nascimento com vida. O discernimento do juiz no caso concreto torna-se fundamental ao se examinarem os indícios, que devem ser claros e veementes: não se pode negar a ampla defesa ao indigitado pai. Há que se coibir também a má-fé, situação que, em princípio, não permite que se aplique o princípio da irrepetibilidade dos alimentos, ensejando perdas e danos.

O art. 1.705 refere-se à possibilidade de o filho havido fora do casamento acionar o genitor para obter alimentos. Nesse caso, será facultado ao juiz determinar, a pedido de qualquer das partes, que a ação se processe em segredo de justiça. O que se mostra é que o juiz deve deferir o segredo de justiça nessa situação, se lhe for requerido. É comum o ajuizamento de ações de investigação de paternidade cumuladas com pedido de alimentos, cujo procedimento será o comum. Também nestas se aplica o princípio do segredo de justiça (art. 189, II, do CPC).

"Agravo de instrumento. Direito civil. **Alimentos gravídicos**. Termo inicial da sua exigibilidade. Decisão que os fixou. 1. Os alimentos gravídicos são regulados pela Lei nº 11.804/2008, que os estabelece em favor do nascituro, garantindo e auxiliando a manutenção da gestante, em especial quanto às despesas provenientes do período da gravidez. 2. Em que pese a lei garantir à gestante o direito de pleitear os alimentos desde a concepção, esse encargo somente se torna exigível a partir do momento em que há o exercício desse direito, acrescido de uma determinação judicial dando conta dessa obrigação alimentar. 3. No caso, deve-se aplicar supletivamente a Lei 5.478/68 (Lei de Alimentos), que estabe-lece, no seu art. 4º, que o marco da exigibilidade dos alimentos ocorre a partir da decisão judicial que os fixou. 4. Recurso conhecido e parcialmente provido" (TJDFT – AI 07106214320238070000, 27-7-2023, Rel. Ana Maria Ferreira da Silva).

"**Alimentos gravídicos**. Sentença que fixou alimentos a favor da gestante, que seriam devidos desde a data da citação. Insurgência da autora. Pretensão de incidência dos alimentos desde a data da concepção. Acolhimento. Art. 2º, Lei 11.804/2008 (Lei dos alimentos gravídicos) que dispõe que os alimentos gravídicos devem cobrir as despesas no período da gravidez, desde concepção até o parto. Recurso provido". (TJSP – Ap 1001933-11.2022.8.26.0037, 26-9-2022, Rel. Ana Maria Baldy).

"Civil e apelação civil. Família. **Alimentos gravídicos**. Lei n. 11.804/2008. Binômio necessidade/possibilidade. Situação financeira do alimentante. Quantum fixado em sentença adequado. Gratuidade de justiça. Hipossuficiência econômica demonstrada. Sentença mantida. Recurso desprovido. 1. A Lei 11.804/2008 disciplinou o direito de alimentos da mulher gestante e a forma como deve ser exercido. 2. Os alimentos gravídicos têm por objetivo cobrir as despesas do período de gravidez entre a concepção e o parto, tais como alimentação especial, assistência médica e psicológica, exames complementares, pré-natal, internações, parto, medicamentos e demais prescrições preventivas e terapêuticas indispensáveis, a juízo do médico. (art. 2º da Lei 11.804/2008). 3. A fixação dos alimentos deve ser orientada pelo o artigo 1.694, § 1º do Código Civil, que prevê que os alimentos devem ser fixados de modo que a pensão atenda às necessidades básicas do alimentado e seja compatível com as possibilidades do alimentante. 4. A ausência de comprovação de maior capacidade contributiva do apelado capaz de afetar o equilíbrio do binômio necessidade-possibilidade ponderado por ocasião da fixação da verba, inviabiliza a pretensão recursal de modificação do quantum fixado. 5. Recurso conhecido e desprovido" (TJDFT – Ap. 07020227120218070005, 30-11-2021, Rel. Soníria Rocha Campos D'Assunção).

"**Alimentos gravídicos** – Alimentos fixados em 50,10% do salário mínimo – Insurgência do alimentante quanto ao termo inicial de incidência – Pedido para que os alimentos incidam a partir da condenação e não da citação – Valor fixado com razoabilidade, observando-se o binômio necessidade/possibilidade – Termo inicial corretamente definido, nos termos do art. 13, § 2º, da Lei 5478/68 - Sentença mantida – Recurso desprovido". (TJSP – Apelação Cível 1000303-82.2018.8.26.0481, 5-2-2021, Rel. Costa Netto).

"**Alimentos gravídicos** – Decisão que fixou a verba paga pelo réu em meio salário mínimo – Inconformismo deste – Acolhimento – Embora à época em que foi fixada a pensão estivessem atendidos os indícios de paternidade previstos no art. 6º da Lei 11.804/2008, com o transcorrer do trâmite processual e ulterior conversão dos alimentos gravídicos em provisórios (em razão do nascimento da criança) a ulterior vinda de laudo de exame de DNA, atestou a inexistência de vínculo biológico entre o réu e o filho da autora – À míngua de vínculo de paternidade biológica ou socioafetiva, não há fundamento ao suposto dever alimentar do requerido - Alimentos revogados – Recurso provido." (TJSP – AI 2049604-32.2019.8.26.0000, 10-10-2019, Rel. Rui Cascaldi).

Importante alteração que acrescenta parágrafo único ao art. 130 da Lei nº 8.069/90, trazida pela Lei nº 12.415, de 9 de junho de 2011, para determinar que alimentos provisórios sejam fixados cautelarmente em favor da criança ou adolescente cujo agressor seja afastado da moradia comum por determinação judicial nas hipóteses de maus-tratos, opressão ou abuso sexual. Dispõe ainda a lei que "da medida cautelar constará, ainda, a fixação provisória dos alimentos de que necessitem a criança ou o adolescente dependentes do agressor".

16.4.2 Alimentos aos Filhos Maiores, Pais e Irmãos

Certamente, a problemática de alimentos aos filhos menores é a que mais preocupa a sociedade. Contudo, outros problemas sociais podem advir com relação aos demais parentes.

Os parentes, carentes de meios econômicos, também podem exigir reciprocamente alimentos. Vimos, acima, sobre o acréscimo trazido pelo parágrafo único do art. 399 do Código de 1916, que se preocupou com a necessidade dos pais.

Observamos, de outro lado, que, com relação ao direito de os filhos maiores pedirem alimentos aos pais, não é o poder familiar que o determina, mas a relação de parentesco, que predomina e acarreta a responsabilidade alimentícia. Com relação aos filhos que atingem a maioridade, a ideia que deve preponderar é que os alimentos cessam com ela. Entende-se, porém, que a pensão poderá distender-se por mais algum tempo, até que o filho complete os estudos superiores ou profissionalizantes, com idade razoável, e possa prover a própria subsistência.[19-20]

---

[19] "Ação exoneratória de alimentos. Pedido do genitor em face de filha maior. Sentença de improcedência. Apela o autor sustentando estar a autora com 25 anos de idade, ter retornado à faculdade após o ajuizamento da lide, possuir condições de obter renda e ausência de prova de frequência escolar. Descabimento. O fim da menoridade aos 18 anos faz cessar o dever de sustento, mas não a obrigação de prestar alimentos, que pode continuar em razão do parentesco. Necessidade de manutenção dos alimentos em razão do ingresso da alimentanda no ensino superior de faculdade particular antes da citação. Apesar da idade da alimentanda, ela está no último ano da graduação. Desoneração da pensão de plano poderá prejudicar a conclusão dos estudos em momento culminante para a obtenção de grau de nível superior. Recurso improvido". (TJSP – Ap. 1003658-64.2019.8.26.0417, 22-1-2021, Rel. James Siano).
"**Alimentos – Exoneração** – Ausência de prova inequívoca de fatos objetivos, graves e excepcionais, posteriores à decisão que se pretende rever, que demonstrem a alteração das diretrizes que compõem o binômio necessidade/possibilidade – Inteligência dos artigos 1.694, § 1º e 1.699 do Código Civil – Alimentandas que, embora tenham atingido a maioridade civil, estão estudando, uma frequentando curso de ensino superior e, outra, preparatório para vestibular – Necessidade que ainda persiste – Sentença de improcedência mantida – Recurso desprovido." (TJSP – AC 1009021-42.2018.8.26.0037, 18-11-2019, Rel. José Roberto Furquim Cabella).
"Apelação – **Alimentos – Exoneração** – Filho conta com 20 anos de idade, o que afasta a presunção de necessidade, pelo implemento da maioridade. No caso, ficou claramente comprovado que o alimentando não exerce atividade laboral e retomou os estudos na categoria EJA, necessitando de auxílio financeiro do genitor. Não tendo sido comprovado pelo alimentante a mudança de sua capacidade financeira, correta a sentença em julgar improcedente a ação. Apelo improvido. Unânime" (TJRS – AC 70073266868, 22-3-2018, Rel. Des. Ivan Leomar Bruxel).
"Agravo de instrumento – **Ação de execução de alimentos** – Inconformismo contra decisão que rejeitou a impugnação ao cumprimento de sentença, determinou a investigação sobre bens do executado e consultou a exequente acerca do interesse no bloqueio e certidão de protesto – Questão sobre exoneração ou redução do valor dos alimentos que não pode ser discutida no agravo – Rito, igualmente, pois fora objeto de apreciação em agravo anterior – Veículo ofertado que desrespeitou a ordem de preferência – A preferência legal na indicação de bens à penhora é da exequente – Credora que não aceitou o bem ofertado – Veículo, ainda, em nome da empresa – Suposta autorização da empresa para penhora do veículo que foi assinada somente pelo executado e não pelos sócios – Investigação sobre existência de outros bens que foi corretamente deferida – Bloqueio e expedição de protesto que não foram decididos em primeira instância – Decisão que não é *ultra petita* – Decisão mantida – Recurso improvido" (TJSP – AI 2270390-55.2015.8.26.0000, 21-6-2016, Rel. Silvério da Silva).

[20] Súmula 358 STJ: "*O cancelamento de pensão alimentícia de filho que atingiu a maioridade está sujeito à decisão judicial, mediante contraditório, ainda que nos próprios autos*".

Nesse sentido, o art. 1.694 do presente Código sublinha que os alimentos devem atender, inclusive, às necessidades de educação. Tem-se entendido que, por aplicação do entendimento fiscal quanto à dependência para o Imposto de Renda, que o pensionamento deva ir até os 24 anos de idade. Outras situações excepcionais, como condição de saúde ou outras situações avaliadas no caso concreto, poderão fazer com que os alimentos possam ir além da maioridade, o que deverá ser examinado no caso concreto. Nesse diapasão, o Projeto nº 6.960/2002 objetivou acrescentar o § 3º com a seguinte redação:

> *"A obrigação de prestar alimentos entre parentes independe de ter cessado a menoridade, se comprovado que o alimentando não tem rendimentos ou meios próprios de subsistência, necessitando de recursos, especialmente para sua educação".*

O projeto do Estatuto das Famílias dispõe diferentemente a esse respeito estabelecendo que *"a maioridade civil faz cessar a presunção de necessidade alimentar, salvo se o alimentando comprovadamente se encontrar em formação educacional, até completar vinte e cinco anos"* (art. 116, parágrafo único), seguindo caudal jurisprudencial. Essa posição objetiva traz menos dúvidas ao caso concreto.

Não podemos esquecer, também, que os filhos adotivos estão em tudo equiparados aos filhos biológicos.

Com relação aos irmãos, unilaterais ou bilaterais, conforme o art. 1.697 (antigo, art. 398), podem eles acionar-se reciprocamente para pedir alimentos, mas somente na hipótese de não existirem ascendentes ou descendentes em condições de alimentá-los.[21]

Afora esses colaterais irmãos, nenhum outro parente ou afim tem direito de pedir alimentos, desconhecendo nossa legislação a possibilidade, presente no direito comparado, de serem acionados sogros, genros ou noras.

---

[21] "Direito civil. Alimentos. Irmãos. Responsabilidade subsidiária. Fixação. Complementariedade. Proporcionalidade. Comprovação. 1. O dever de prestar alimentos é, em regra, atribuível aos genitores. Excepcionalmente, em razão da solidariedade familiar, que decorre da relação de parentesco, admite-se que, na falta de ascendentes ou descendentes, a obrigação recaia sobre os irmãos. É o que estabelece o **art. 1.697 do Código Civil**. 2. A responsabilidade dos irmãos é subsidiaria e complementar, conforme disposto no art. 1.698 do Código Civil. Portanto, devida na proporção dos respectivos recursos. 3. Deu-se parcial provimento ao recurso" (*TJDFT* – AP 0752099512021807016, 26-6-2024, Rel. Fabrício Fontoura Bezerra).

"**Ação de alimentos**. Sentença de improcedência. Irresignação da autora. Pretensão que carece de respaldo jurídico, nos termos do art. 1.697 do CC. Relação familiar entre tios e sobrinhos que não garante a percepção de alimentos. Precedentes desta Corte e do STJ. Disposições do Estatuto do Idoso que não têm o condão de fazer surgir obrigação alimentar entre os litigantes. Inteligência do art. 11 da Lei nº 10.741/03. Ação improcedente. Sentença mantida. Recurso desprovido". (*TJSP* – Ap 1024221-35.2021.8.26.0506, 12-7-2022, Rel. Alexandre Marcondes).

"**Alimentos** – Provisórios arbitrados em 10% dos rendimentos líquidos de cada agravante sobrinhos da alimentante - Pedido de suspensão - Acolhimento - Responsabilidade pelos alimentos, via de regra, de natureza sucessiva e subsidiária, atendendo a uma ordem preferencial - Apenas na hipótese de total impossibilidade dos mais próximos é que a obrigação recairá sobre os mais remotos - Disposição dos artigos 1.697 e 1.698 do Código Civil - Cabimento da obrigação imposta que deve ser mais bem analisada no curso do feito, notadamente diante da existência de irmãos vivos da autora - Recursos providos". (*TJSP* – AI 2294374-92.2020.8.26.0000, 12-7-2021, Rel. Galdino Toledo Júnior).

"Alimentos – **Alimentos pleiteados aos irmãos unilaterais** – Impossibilidade – Não demonstração, de plano, de que as necessidades do menor não possam ser plenamente satisfeitas pelos ascendentes – Somente na falta de ascendentes e descendentes, ou na impossibilidade financeira destes, cabe a obrigação de prestar alimentos aos irmãos germanos ou unilaterais - Inteligência do art. 1.697 do Código Civil – Recurso desprovido". (*TJSP* – Ap. 1030055-08.2018.8.26.0576, 20-1-2020, Rel. Alcides Leopoldo).

16.4.3 Alimentos Decorrentes do Casamento

Já decantamos em nosso estudo que os cônjuges devem-se mútua assistência (art. 1.566, III). Daí o direito a alimentos, embora a expressão "mútua assistência" não se refira somente aos alimentos. A regra geral é, portanto, que, em caso de separação judicial ou de fato, o marido prestará pensão alimentícia à mulher. A situação do divórcio merece exame casuístico. A doutrina e a jurisprudência brasileira

> "têm emprestado à pensão, concedida na separação judicial ou no divórcio, nítida natureza alimentar, representativa do prolongamento do dever de assistência, nascido com o vínculo do casamento" (Pereira, 1998:89).

O Código Civil de 1916, todavia, não continha dispositivo algum referente a alimentos entre cônjuges, pois a disciplina dos arts. 396 a 405 dirigia-se ao parentesco. O Código de 2002 destaca os arts. 1.702, 1.703 e 1.704, para enfrentar situações de alimentos no desfazimento da sociedade conjugal.

Com a igualdade de direitos entre os cônjuges, estabelecida no ordenamento constitucional, nada obsta, perante os pressupostos legais, que o homem venha pedir alimentos à mulher. Ocorre, porém, na maioria das vezes, caber ao varão suprir a maior parte das necessidades do lar. Nem sempre, no entanto, a mulher será a parte mais fraca na relação conjugal. Não subsiste o direito alimentar se ambos os cônjuges desfrutam de igual situação financeira. Perante a equivalência de posição jurídica do marido e da mulher, todos os deveres e direitos que se analisam aplicam-se reciprocamente a ambos.

Lembremos, por outro lado, que não impede o pedido de alimentos o fato de o casal estar habitando sob o mesmo teto, desde que se demonstre que um dos cônjuges não está sendo devidamente suprido pelo outro das necessidades de subsistência, embora esta não seja opinião unânime. A situação, se não é comum, não é cerebrina (*RT 574/271*). Os dramas na convivência conjugal vão muito além dos esquemas jurídicos. Ademais, não é necessária a separação judicial, também, para que se requeiram alimentos. Os separados de fato podem fazê-lo.

O ordenamento descreve situações nas quais se exclui o dever de prestar alimentos. Assim, o art. 234 do Código de 1916 descrevia que cessava para o marido essa obrigação quando a mulher abandonava sem justo motivo o lar conjugal. Aplicando-se a isonomia, o mesmo se daria com relação à mulher, quando era o marido que saía injustificadamente do lar. Portanto, o abandono voluntário do lar conjugal fazia cessar o direito de pedir alimentos. Não se aplicava o dispositivo, se a saída do lar fosse provocada pelo outro cônjuge, ou, genericamente, por motivo justo.[22] A matéria era de prova.

O novel Código, o qual, como comentamos, introduziu no ordenamento os alimentos denominados necessários, aqueles de âmbito restrito, a eles se refere nas hipóteses nas quais o cônjuge é declarado culpado. O art. 1.704 se reporta, na verdade, aos alimentos côngruos também chamados civis, no *caput*, e aos alimentos necessários ou naturais, no parágrafo único:

---

[22] "**Alimentos – Pedido aos irmãos** – Cabimento – Binômio possibilidade-necessidade – Inteligência dos artigos 1.694, § 1º E 1.697 do CCB – 1 – É cabível a fixação de alimentos em favor do irmão enfermo e que está carente de recursos financeiros. 2 – Sendo a obrigação dos irmãos divisível, cada um deve contribuir dentro de suas possibilidades financeiras, atendendo-se ao binômio possibilidade-necessidade. 3 – Não merece reparo a fixação da verba alimentar quando afeiçoada ao binômio legal. Recursos desprovidos" (*TJRS* – AC 70077492288, 20-6-2018, Rel. Des. Sérgio Fernando de Vasconcellos Chaves).

> "Se um dos cônjuges separados judicialmente vier a necessitar de alimentos, será o outro obrigado a prestá-los mediante pensão a ser fixada pelo juiz, caso não tenha sido declarado culpado na ação de separação judicial.
>
> Parágrafo único. Se o cônjuge declarado culpado vier a necessitar de alimentos, e não tiver parentes em condições de prestá-los, nem aptidão para o trabalho, o outro cônjuge será obrigado a assegurá-los, fixando o juiz o valor indispensável à sobrevivência".

Como a Emenda Constitucional citada retirou do direito brasileiro a noção de culpa ao extinguir o estado de separação judicial, esse artigo deve, doravante, ser tido como inaplicável, cabendo à jurisprudência atentar para os princípios gerais do direito a alimentos.

Como se observa, nesse caso os alimentos necessários somente seriam devidos por um cônjuge ao outro culpado quando este não tiver parentes em condições de prestá-los, nem aptidão para o trabalho. Já de há muito se discute sobre a inconveniência de ser levada a culpa para as situações de desfazimento da sociedade conjugal. Esse elemento já deveria ter sido suprimido. Há, portanto, vários aspectos de fato, presente essa indesejável noção de culpa na separação ou divórcio, em boa hora extinta, que podiam ser trazidos à discussão em um processo de alimentos sob essas premissas. O réu poderia, por exemplo, provar que o autor da ação possui parentes em condições de alimentá-lo. Também poderia ocorrer que o cônjuge pedisse os alimentos completos e, em face da contestação e do que for provado, o juiz apenas deferisse os alimentos necessários. É importante compreender que os alimentos necessários, quase mero óbolo, serão apenas aqueles estritamente imprescindíveis para a sobrevivência, ou seja, à subsistência do alimentando, como menciona o art. 1.694, § 2º. O caso concreto deveria definir seu montante. É discutível o alcance e a justiça desses alimentos, que muitas vezes poderão ser malvistos pelo meio social.

Se culpados ambos os cônjuges, não é justo, em princípio, que seja mantido o dever de alimentar.[23] Afasta-se, no entanto, doravante, qualquer noção de culpa no desfazimento do casamento. Note que o Código Civil permitiu a percepção de alimentos necessários até mesmo na hipótese de culpa exclusiva do alimentando, não é de se negar a percepção dos alimentos mínimos nessa hipótese de culpa concorrente.

Por outro lado, o art. 1.702 traduz a regra geral de alimentos na separação judicial litigiosa:

> "Na separação judicial litigiosa, sendo um dos cônjuges inocente e desprovido de recursos, prestar-lhe-á o outro a pensão alimentícia que o juiz fixar, obedecidos os critérios estabelecidos no art. 1.694".

Disposição semelhante é encontrada na Lei nº 9.278/96, art. 7º, no que se refere aos companheiros:

---

[23] "Separação judicial – **Divórcio** – Imputação de culpa ao outro cônjuge – Irrelevância – "Agravo interno no agravo em recurso especial. Ação de separação judicial/divórcio. Imputação de culpa ao outro cônjuge. Irrelevância para o efeito de alimentos, no caso concreto. Decisão mantida. Recurso desprovido. 1. Não configura ofensa ao art. 535 do Código de Processo Civil de 1973 o fato de o col. Tribunal de origem, embora sem examinar individualmente cada um dos argumentos suscitados pela parte recorrente, adotar fundamentação contrária à pretensão da parte, suficiente para decidir integralmente a controvérsia. 2. Depreende-se do acórdão recorrido que a questão dos alimentos devidos ao cônjuge virago foi examinada, exclusivamente, diante do trinômio necessidade/possibilidade/proporcionalidade, sendo irrelevante, no caso concreto, para o efeito de alimentos, a culpa da mulher. 3. Esta Corte já se manifestou no sentido de que, no divórcio direto, nos termos do art. 40 da Lei nº 6.515/1977, é irrelevante a culpa da mulher, para o efeito de alimentos (REsp 67.493/SC, Rel. Min. Paulo Costa Leite, 3ª T., J. 30.10.1995, DJ de 26.08.1996, p. 29.681). 4. A verificação da ofensa ao art. 535 do CPC/1973 decorre da especificidade de cada caso concreto, sendo impossível a demonstração da divergência jurisprudencial. 5. Agravo interno não provido." (STJ – AgInt-Ag-REsp 343.031 – (2013/0148081-4), 2-4-2018, Rel. Min. Lázaro Guimarães).

"Dissolvida a união estável por rescisão, a assistência material prevista nesta Lei será prestada por um dos conviventes ao que dela necessitar, a título de alimentos".

Afaste-se, contudo, a aplicação desses dispositivos com a extirpação da noção de culpa no término da relação conjugal.

Reitere-se que a insistência do legislador em mencionar culpa na separação conjugal conflitava frontalmente com a doutrina e a tendência das modernas legislações. Este e outros aspectos atinentes aos alimentos entre os cônjuges foram mencionados no Capítulo 9.

Também cessará o direito a alimentos se o cônjuge alimentando unir-se em casamento, união estável ou concubinato (art. 1.708).[24] Acrescenta ainda o parágrafo único desse artigo que o procedimento indigno do credor de alimentos, nessa situação, faz cessar o direito a alimentos. A indignidade do procedimento deve ser aferida no caso concreto. O alimentando que se entrega à delinquência ou à prostituição, por exemplo, pode perder o direito à pensão alimentícia. A norma possui evidente conteúdo ético e moral.

Por outro lado, o novo casamento do cônjuge devedor não extingue a obrigação constante da sentença de divórcio (art. 1.709; idem, art. 30, da Lei nº 6.515/77). O Projeto nº 6.960 tentou

---

[24] "Agravo de Instrumento. **Ação de exoneração de alimentos**. Recurso contra a decisão que indeferiu a tutela de urgência. Partes que se divorciaram há mais de 15 anos, obrigando-se o agravante a pagar à ex-esposa alimentos de 50% de seus rendimentos líquidos. Agravada que contraiu novo casamento em 2015. Cessação da obrigação alimentícia do ex-marido, nos termos do art. 1.708 do CC. Agravada que não comprovou, em sede de cognição sumária, a necessidade dos alimentos. Irrepetibilidade dos alimentos pagos que configura risco de dano patrimonial ao agravante. Requisitos do art. 300 do CPC caracterizados. Tutela de urgência concedida para cessar imediatamente a obrigação alimentícia do agravante. Recurso provido". (*TJSP* – AI 2251576-82.2021.8.26.0000, 9-8-2022, Rel. Alexandre Marcondes).
"**Exoneração de Alimentos entre cônjuges**. Possibilidade. Provado que a alimentante constituiu união estável com terceira pessoa, o ex-marido fica exonerado do dever de lhe prestar alimentos. (art. 1.708 do Código Civil). Sentença mantida. Recurso desprovido". (*TJSP* – Ap. 1003504-46.2019.8.26.0126, 3-11-2020, Rel. Coelho Mendes).
"**Exoneração de alimentos** – Ex-mulher – Cabimento – Como os alimentos foram fixados em razão da necessidade da ex-esposa, é certo que, quando ela passou a ser pensionista militar, a sua necessidade desapareceu, pois este valor é muito superior ao próprio valor da pensão fixada, sendo suficiente para prover as suas necessidades, razão pela qual se mostra cabível a exoneração do encargo alimentar do ex-marido. Recurso desprovido." (*TJRS* – AC 70079528345, 27-2-2019, Rel. Des. Sérgio Fernando de Vasconcellos Chaves).
"Apelação Cível – **Exoneração de alimentos** – Ex-cônjuge – Autor que, atualmente com 75 anos e portador de diabetes, pretende eximir-se da obrigação alimentar. Sentença de improcedência. Parte ré que é pessoa idosa, com 73 anos de idade e não aufere nenhum tipo de benefício previdenciário. Conquanto seja reconhecida a excepcionalidade da obrigação alimentar entre ex-cônjuges, deve ela ocorrer quando configurada a dependência econômica e a impossibilidade de autossustento, sendo essa a hipótese dos autos, uma vez que não se verificou a alteração nas condições vigentes ao tempo da celebração do acordo entabulado entre as partes. Desprovimento do recurso" (*TJRJ* – AC 0009831-85.2013.8.19.0075, 10-7-2018, Rel. Luciano Saboia Rinaldi de Carvalho).
"Apelação cível – **Exoneração de alimentos** – Ex-cônjuge – Revelia – União de sete anos – Pensionamento por 27 anos – Modificação do binômio necessidade-possibilidade – Ausência de comprovação da manutenção do quadro médico depressivo da ré – Manutenção da sentença de procedência – Desprovimento do recurso – 1 – O direito que os cônjuges e ex-cônjuges têm de pedir alimentos entre si, decorrente do dever de mútua assistência inserto no art. 1.694 do Código Civil, deve ser analisado caso a caso, sob os pressupostos da obrigação alimentar, sopesando-se a necessidade de quem os pleiteia e a correlata possibilidade do alimentante em potencial, à luz do princípio da proporcionalidade e da razoabilidade. 2 – No presente caso, é importante ressaltar que as partes permaneceram casadas pouco mais que sete anos, sendo certo que, provavelmente, já viviam separados por quatro anos após o casamento, quando foi fixada a obrigação alimentícia. 3 – Em razão desta união, o autor paga em favor da ré alimentos há vinte e sete anos, tendo a alimentada ao tempo do divórcio 27 anos. 4 – Constituiu o autor nova família, tendo um filho menor e novas despesas habituais, que justificam o pedido de exoneração da obrigação alimentícia em relação à ex-cônjuge. 5 – A ré, por sua vez, não demonstrou a permanência de situação de fato atual que caracterize a manutenção da obrigação, deixando de acostar aos autos qualquer documento que indique a saúde incapacitante alegada. 6 – Manutenção da sentença de procedência. 7 – Desprovimento do recurso" (*TJRJ* – Ap 0013923-70.2012.8.19.0066, 1-2-2016, Rel. Elton Martinez Carvalho Leme).

modificar a redação do art. 1.709 para colocar o alcance da norma pretendido pelo legislador em termos corretos: *"A constituição superveniente de família pelo alimentante não extingue sua obrigação alimentar anterior"*.

Quanto à possibilidade de renúncia ao direito de alimentos por parte do cônjuge, a matéria já foi objeto de nosso estudo no Capítulo 9, referente à separação e divórcio. Aqui, enfatizamos mais uma vez que os termos aparentemente peremptórios do art. 1.707 do mais recente Código podem não pôr termo à questão. Vimos que o Projeto nº 6.960 tentou modificar a redação do art. 1.707 para permitir a renúncia dos alimentos entre os cônjuges. Não se confunde, no entanto, a renúncia aos alimentos, que é definitiva,[25] com sua dispensa, que é temporária. Os caminhos jurisprudenciais parecem indicar novamente que a renúncia de alimentos entre ex-cônjuges é peremptória e definitiva. Como está na exposição de motivos do futuro Estatuto das Famílias, a irrenunciabilidade dos alimentos foi limitada ao parentesco, abandonando-se a ideia de valorar a culpa do rompimento das relações afetivas, o que em nada melhora os direitos das famílias.

Como se observa das transcrições, o casamento e a união estável, por si só, não implicam dever de alimentar. Em qualquer situação, devem ser provados a necessidade e os demais requisitos dessa obrigação. Não há que entender os alimentos como uma singela indenização ao cônjuge inocente. Deve ser afastada essa ideia, ainda defendida por alguns.

No divórcio e na separação consensual, a petição indicará o valor da pensão, bem como poderá indicar garantias para o cumprimento da obrigação. No caso de divórcio decorrente da separação judicial, conforme o art. 26 da lei do Divórcio, o cônjuge que teve a iniciativa da separação, nos casos dos §§ 1º e 2º do art. 5º, da Lei do Divórcio, continuará com o dever de assistência ao outro.

Quando se trata de conversão em divórcio, na forma consensual, podem os cônjuges manter ou alterar as condições preestabelecidas para os alimentos. Há entendimento de que os alimentos não podem ser requeridos nessa modalidade de divórcio ou após sua decretação, se não estabelecidos anteriormente, porque a obrigação cessa definitivamente com o divórcio e a consequente ruptura do vínculo. Em se tratando de conversão litigiosa, o entendimento é no sentido de que não pode ser cumulada com pedido de majoração, redução ou exoneração do dever alimentar (Oliveira, 1999*b*:73). Nessa hipótese, a matéria da contestação é limitada (art. 36).

16.4.4 Alimentos na União Estável

No Capítulo 2 deste volume, tratamos do casamento e da união estável. Reportamos ao que falamos acerca dessa união sem casamento protegida como entidade familiar, conforme a atual Constituição Federal (art. 226, § 3º). Desse modo, vimos que não é mais só pelo casamento que se constitui a entidade familiar, mas também pela comunidade formada por qualquer dos pais e seus descendentes, na dita família monoparental, e, para efeito de proteção do Estado, também a união estável entre homem e mulher, devendo a lei facilitar sua conversão em casamento.

Até a Lei nº 8.971/94, os tribunais entendiam majoritariamente que não existia dever alimentar entre os companheiros, pois silenciava a lei na proteção específica a essa união, embora

---

[25] "Agravo de instrumento – **Ação de exoneração de alimentos** – Pedido de dispensa do encargo – Concordância dos alimentados – Pleito acolhido – O presente recurso tem por objetivo a reforma da decisão que, nos autos da ação de exoneração de alimentos, indeferiu o pedido liminar, preservando a obrigação alimentar em prol dos agravados. Para tanto, o agravante, genitor dos alimentados, requereu a antecipação da tutela, para que seja exonerado do encargo, ou para que a verba seja fixada em 20% do salário mínimo nacional. Malgrado as alegações recursais, os filhos não se opuseram ao requerimento do pai, sob o argumento de que, momentaneamente, não carecem do auxílio do agravante. Recurso provido" (*TJRS* – AI 70078293198, 4-10-2018, Rel. Des. José Antônio Daltoé Cezar).

vários diplomas legais a protegessem. Havia, porém, quem entendesse o contrário, admitindo o cabimento de pensão à ex-companheira, comprovada a convivência duradoura (Pereira, 1998:123). A Constituição de 1988, porém, ao reconhecer a união estável como entidade familiar, tornou inafastável esse direito. A lei nº 8.971 permitiu, no art. 1º, que

> "a companheira comprovada de um homem solteiro, separado judicialmente, divorciado ou viúvo, que com ele viva há mais de 5 (cinco) anos, ou dele tenha prole, poderá valer-se do disposto na Lei nº 5.478, de 25 de julho de 1968, enquanto não constituir nova união e desde que prove a necessidade.
>
> Parágrafo único. Igual direito e nas mesmas condições é reconhecido ao companheiro de mulher solteira, separada judicialmente, divorciada ou viúva".

Nessa não muito elogiável redação, reconheceu-se o direito a alimentos aos companheiros. A seguir, a Lei nº 9.278/96 reconheceu a entidade familiar duradoura de um homem e de uma mulher e prescreveu a assistência material recíproca (art. 2º, II). No art. 7º, a noção é completada:

> "Dissolvida a união estável por rescisão, a assistência material prevista nesta Lei será prestada por um dos conviventes ao que dela necessitar, a título de alimentos".

Antes dessas leis, não havia obrigação alimentar decorrente do companheirismo na lei, e os reflexos patrimoniais eram conferidos a outro título, sem relação com o instituto. Anotamos, das dicções legais, que somente se admitem as uniões estáveis entre pessoas de sexo diferente. Nada impede, também, para reconhecimento dessa união, que os conviventes sejam casados com terceiros, separados de fato ou não, pois a Lei nº 9.278/96 não faz a distinção, que estava presente na lei anterior (nº 8.971/94), que se referia à convivência de pessoa solteira, separada judicialmente, divorciada ou viúva. Desse modo, é perfeitamente possível, no caso concreto, que pessoa separada de fato ou de direito ou divorciada tenha que fornecer alimentos tanto ao cônjuge como à concubina, da mesma forma que é possível pensionar mais de uma ex-esposa. A problemática, na verdade, se inicia por definir se o atual Código Civil revogou efetivamente essas duas leis.

Firmada pela lei a obrigação alimentícia entre os companheiros, identicamente ao casamento, há causas que admitem sua exclusão e extinção. Identicamente, portanto, conforme o art. 1.724 do presente Código, *"as relações pessoais entre os companheiros obedecerão aos deveres de lealdade, respeito e assistência, e de guarda, sustento e educação dos filhos"*. Assim, por exemplo, por perfeita analogia com o matrimônio, aquele que voluntariamente abandona o lar perde o direito a alimentos. A mesma jurisprudência aplicável ao casamento nessa hipótese também se amolda à união estável. É importante ter em mente que benefício algum, superior, maior ou melhor que os concedidos ao casamento, deve ser outorgado à união sem casamento. Como em toda situação de alimentos, também entre os companheiros há que existir necessidade de ser beneficiário de alimentos; extinguir-se-á a obrigação de alimentar se o companheiro se une a outra pessoa etc. Da mesma forma que no casamento, não sendo os conviventes parentes, pode haver renúncia aos alimentos no desfazimento dessa sociedade.

16.5 TRANSMISSÃO DA OBRIGAÇÃO ALIMENTAR

Apontamos anteriormente que o art. 23, da Lei nº 6.515/77, Lei do Divórcio, estampou que a obrigação de prestar alimentos transmite-se aos herdeiros do devedor, redação mantida pelo art. 1.700 do vigente Código. Essa dicção colocou em xeque o art. 402 do Código de 1916, que se referia à regra tradicional da intransmissibilidade da obrigação alimentícia aos herdeiros do devedor. Essa inovação, como dissemos, continua a disseminar incertezas. Devemos, todavia, propender para a posição mais lógica dentro do sistema.

Sílvio Rodrigues (1999:367) era peremptório ao afirmar, a nosso ver com absoluta razão, que, como o legislador inseriu esse art. 23 na lei sobre dissolução de sociedade conjugal, esse preceito é restrito ao caso de alimentos fixados no desfazimento da sociedade conjugal e limita-se às obrigações envolvendo exclusivamente os cônjuges. Desse modo, não havia como se estender a transmissibilidade da obrigação alimentícia para o parentesco, permanecendo para ele perfeitamente aplicável o antigo art. 402.[26] Presente agora a disposição de forma genérica no corrente Código, a argumentação cai por terra. Yussef Said Cahali, em sua profunda monografia sobre alimentos, aponta vários julgados que sufragaram esse entendimento (1979:84). Conclui, porém, que o dispositivo não se restringe unicamente aos cônjuges.

O mencionado art. 23, de seu lado, reportava-se ao art. 1.796 do velho Código, pelo qual a herança responde pelas dívidas do falecido; contudo, feita a partilha, só respondem os herdeiros, cada qual em proporção à parte que na herança lhe coube. Anote-se, portanto, que embora o dispositivo em berlinda fale em transmissão aos herdeiros, essa transmissão é ao espólio. É a herança, o monte-mor, que recebe o encargo. É justamente nesse sentido que se posiciona o projeto do Estatuto das Famílias: à obrigação alimentar transmite-se ao espólio, até os limites das forças da herança (art. 119). De qualquer forma, ainda que se aprofunde a discussão, os herdeiros jamais devem concorrer com seus próprios bens para alimentar o credor do morto. Por isso, devem fazer o inventário, justamente para discriminar o patrimônio próprio e os bens recebidos na herança. Participam da prestação alimentícia transmitida, na proporção de seus quinhões hereditários. Não há sucessão da pensão alimentícia além das forças da herança; isto é uma verdade que não pode ser subvertida (Rizzardo, 1994:736). Cabe ao credor tomar as medidas procedimentais cabíveis para que se assegure a manutenção da pensão, conforme os ativos da herança. Também parece decorrer do texto legal que esses alimentos transmissíveis são somente aqueles já firmados em decisão judicial ou decorrentes de ação já proposta quando da morte do alimentante.

Há, porém, outras posições interpretativas do dispositivo, inclusive a extremada que entende que a transmissão da obrigação alimentar é integral e incondicionada, bem como outra corrente que entende que essa obrigação refere-se apenas às prestações vencidas até a data da morte. Tudo é no sentido, porém, de que o legislador foi particularmente obscuro ao redigir esse art. 23, repetindo-o no atual Código. O Projeto nº 6.960 procurou também restringir devidamente o alcance dessa norma, nos termos em que a maioria tem entendido, redigindo-a da seguinte forma:

---

[26] "Agravo de instrumento – **Ação de alimentos c/c pedido de alimentos provisórios** – Inventário – Transmissão da obrigação alimentar – Filho Menor – Binômio necessidade-possibilidade – O estabelecimento do encargo alimentar aos herdeiros tem suporte legal na transmissibilidade da obrigação alimentar prevista no art. 1.700 do CCB, e obedece às diretrizes do art. 1.694 do CCB. No caso, o alimentado tem as suas necessidades presumidas, e o espólio possui liquidez para arcar com o pagamento da verba alimentar. Recurso parcialmente provido." (TJRS – AI 70080271786, 21-3-2019, Relª Desª Liselena Schifino Robles Ribeiro).

"Apelação Cível – **Exoneração de alimentos** – Morte do autor/alimentante no curso do processo – extinção do processo sem resolução do mérito – extinção da obrigação – transmissão da obrigação alimentar aos herdeiros do alimentante – A obrigação de prestar alimentos transmite-se aos herdeiros do devedor, na forma do artigo 1.694 do Código Civil (inteligência do artigo 1.700 do Código Civil). Desse modo, aplicando-se o artigo 1.694 do Código Civil, tem-se que a apelante, para transmitir a obrigação aos herdeiros, deverá fazê-lo mediante pedido autônomo, em processo próprio. Razão pela qual, correta a sentença que extinguiu o processo, sem resolução do mérito, pela morte do autor/alimentante, reconhecendo a extinção da obrigação alimentar. Negaram provimento" (TJRS – AC 70075242446, 22-3-2018, Rel. Des. Rui Portanova).

"A obrigação de prestar alimentos decorrentes do casamento e da união estável transmite-se aos herdeiros do devedor, nos limites das forças da herança, desde que o credor da pensão alimentícia não seja herdeiro do falecido".

Ainda que não se converta tal dicção em lei, nem a do projetado Estatuto das Famílias, essa deve ser a correta interpretação do art. 1.700 atual, porque traduz a *mens legis* e harmoniza-se com o sistema. Se o alimentando é herdeiro do falecido, do mesmo modo não subsiste razão para que persista o direito a alimentos após a morte do autor da herança. Da mesma forma, a transmissão da obrigação de alimentar no texto projetado fica restrita apenas aos alimentos decorrentes do casamento e da união estável, o que por si só não se justifica.

16.6 CONTEÚDO E CONDIÇÕES DA PRESTAÇÃO ALIMENTÍCIA

Apontamos anteriormente, com respaldo no art. 1.694, que os alimentos devem ser fixados de acordo com a necessidade do alimentando e as possibilidades do alimentante. A necessidade é considerada em função de cada caso concreto, necessidades educacionais, culturais etc., levando-se em conta também o nível social das pessoas envolvidas. Mencionamos também que os alimentos chamados *necessários* possuem um espectro bem mais reduzido.

Não tem o alimentante, por seu lado, obrigação de dividir sua fortuna com o necessitado. O espírito dos alimentos não é esse. O pagamento é periódico, tendo em vista a natureza dessa obrigação. Nessa fixação reside a maior responsabilidade do juiz nessas ações. Nem sempre será fácil aquilatar as condições de fortuna do indigitado alimentante: é frequente, por exemplo, que o marido ou pai, sabedor que poderá se envolver nessa ação, simule seu patrimônio, esconda bens e se apresente a juízo como um pobre eremita. Desse modo, a prova dos ganhos do alimentante é fundamental. Não há norma jurídica que imponha um valor ou padrão ao magistrado. Quando se trata de pessoa assalariada regularmente, os tribunais têm fixado a pensão em torno de um terço dos vencimentos, mormente quando trata de alimentos pedidos pela mulher ao marido. Por outro lado, os alimentos devem ser fixados com base nos rendimentos do alimentante, e não com fundamento em seu patrimônio. O sujeito pode ter bens que não produzem renda. Não há mínima condição de forçá-lo, direta ou indiretamente, a vender seus bens para suportar o pagamento.

A prestação alimentícia pode ser alterada a qualquer tempo. Questão importante é a correção monetária. Consoante o art. 1.710, as prestações alimentícias, de qualquer natureza, serão atualizadas segundo índice oficial regularmente estabelecido. Nada impede, porém, que os reajustes tenham como base as majorações que sofrem os proventos do alimentante, assegurando-se sempre o poder aquisitivo do valor monetário. No entanto, impõe-se um critério justo a partir da fixação dos provisórios, pois o inadimplemento pode dar margem à grave sanção da prisão. Importa também que o juiz aprecie as condições de quem pede: ainda que seja a mulher, hoje sua situação na sociedade exige que se insira no mercado de trabalho. O estabelecimento da pensão alimentícia não pode, em hipótese alguma, ser incentivo ao ócio. Diferente será a situação se o alimentando é criança, inválido ou pessoa de avançada idade, alijada do mercado de trabalho.

16.7 AÇÃO DE ALIMENTOS. LEI Nº 5.478/68

A ação de alimentos disciplinada pela Lei nº 5.478/68 tem rito procedimental sumário especial, mais célere; uma espécie de sumaríssimo, como o dos Juizados Especiais, e destina-se àqueles casos em que não há necessidade de provar a legitimação ativa do alimentando. O

CPC de 2015 trata das ações de família nos arts. 693 ss, mas ressalva a aplicação da lei específica na hipótese de alimentos (art. 693, parágrafo único). Aplicam-se os artigos do CPC no que for compatível. Essa lei será expressamente revogada quando entrar em vigor o Estatuto das Famílias, que apresenta exaustiva parte processual. Essa nova lei busca maior facilidade na execução e maior coercibilidade. Quando a paternidade ou maternidade, o parentesco, em geral, não está definido, o procedimento deve ser comum, cumulando o pedido de investigação com o pedido de alimentos. Modernamente, não há mais restrições a qualquer reconhecimento de filiação, não havendo mais necessidade de a sentença decidir acerca da paternidade apenas incidentalmente, para o fim de conceder alimentos, como nas antigas hipóteses quando o filho não podia ser reconhecido. A lei especial permite a concessão liminar de alimentos provisórios. Sem a prova pré-constituída do parentesco, não podem ser concedidos os provisórios nem mesmo se admite essa ação de procedimento especial. Poderá o interessado, porém, ainda que se utilizando do procedimento comum, valer-se do poder geral de cautela do juiz para esse fim.

De qualquer modo, a ação para pleitear o benefício é a ação de alimentos. No sistema do CPC de 1939, admitia-se medida cautelar de prestação de alimentos provisionais, após instrução sumária.

A Lei nº 883/49, dispondo sobre o reconhecimento de filho ilegítimo, disciplinou que o autor teria direito a alimentos provisionais desde que lhe fosse favorável a sentença de primeira instância, embora submetida a recurso (art. 5º).

Foi, no entanto, a Lei nº 5.478/68 que ordenou de forma sistemática a pretensão a alimentos, almejando maior celeridade e eficiência. Permanece possível a ação de procedimento comum, como vimos, e o CPC de 2015 introduz algumas modificações à lei anterior. A Lei do Divórcio também trouxe algumas disposições processuais sobre alimentos e a Lei nº 8.560/92, já por nós examinada, atinente à investigação de paternidade, também determina que, quando a sentença de primeiro grau reconhecer a paternidade, nela se fixarão os alimentos provisionais ou definitivos do reconhecido que deles necessite (art. 7º). A fixação na sentença de primeiro grau, nesses casos, procura atender à premência da necessidade do filho, com certo grau de verossimilhança.

Desse modo, a ação especial de alimentos, aquela fundada em prova pré-constituída da obrigação, vem sendo aplicada com aceitação desde sua promulgação, há várias décadas. Trata-se, portanto, de ação que compete a uma pessoa para exigir de outra, em razão de parentesco, casamento ou união estável, os recursos de que necessita para subsistência, na impossibilidade de prover por si o próprio sustento (Covello, 1994:27). A ação pode ser ajuizada pelo interessado, por seu representante legal e pelo Ministério Público. Cabe ao Ministério Público intentar a ação em favor de menores de 18 anos, sempre que se fizer necessário, nos termos do art. 201, III, do Estatuto da Criança e do Adolescente. No Estado de São Paulo, tradicionalmente, quando não há órgão próprio de assistência judiciária, cabe ao promotor público intentar a ação, na falta de provisão a advogado dativo nomeado pelo juiz. Em qualquer situação, a participação do Ministério Público nas ações de alimentos é obrigatória (art. 178, II, do CPC).

A legitimidade do Ministério Público como substituto processual na ação de alimentos, conforme Súmula 594 do STJ:

> "O Ministério Público tem legitimidade ativa para ajuizar ação de alimentos em proveito de criança ou adolescente independentemente do exercício do poder familiar dos pais, ou do fato de o menor se encontrar nas situações de risco descritas no artigo 98 do Estatuto da Criança e do Adolescente, ou de quaisquer outros questionamentos acerca da existência ou eficiência da Defensoria Pública na comarca" (STJ. 2ª Seção. Aprovada em 25/10/2017, DJe 06/11/2017).

Vários dispositivos inovadores em prol da celeridade foram introduzidos na ação de alimentos, depois absorvidos por leis processuais posteriores, alguns emprestados da experiência do processo do trabalho; outros, do direito estrangeiro.

O pedido independe de distribuição e de prévio pedido de gratuidade, bastando a simples afirmação de pobreza pelo interessado. O autor pode dirigir-se ao juízo pessoalmente ou por advogado, provando apenas o parentesco ou a obrigação alimentar do réu. Se o autor não indicar advogado para assisti-lo, o juiz fará a designação (art. 1º).

Disposição fundamental é a que permite ao juiz fixar desde logo alimentos provisórios, salvo se o devedor declarar expressamente que deles não necessita. Será designada audiência, com prazo razoável para que o réu apresente contestação. A lei permite que o juiz oficie ao empregador do réu, ou responsável pela repartição, se for funcionário público, para que informe até a audiência sobre os vencimentos, sob pena de crime contra a administração da justiça (art. 5º, § 7º). A medida visa possibilitar a revisão dos provisórios e o estabelecimento dos definitivos.

Quanto aos alimentos provisórios, podem ser revistos a qualquer tempo, processando-se em apartado (art. 13, § 1º). Os alimentos, em qualquer caso, retroagem à data da citação (§ 2º). Os alimentos provisórios serão devidos até a decisão final, inclusive o recurso extraordinário (§ 3º). Cumpre salientar que, nesses casos, o recurso será recebido somente em seu efeito devolutivo, por expressa ordem legal (CPC, art. 1.012, § 1º, II). Segundo o *caput* do art. 13, o disposto nessa lei se aplica, no que couber, às ações ordinárias de separação judicial, nulidade, anulação de casamento, revisionais de alimentos e respectivas execuções. O art. 15 observa que a decisão judicial sobre alimentos não transita em julgado, podendo ser revista a qualquer tempo, com observância dos requisitos já apontados.

16.7.1 Execução de Alimentos. Prisão do Devedor

A Constituição Federal dispôs:

> "Não haverá prisão civil por dívida, salvo a do responsável pelo inadimplemento voluntário e inescusável de obrigação alimentícia e a do depositário infiel" (art. 5º, LXVII).

O art. 19 da Lei de Alimentos permite que o juiz tome todas as providências possíveis para a satisfação dos alimentos determinados, inclusive a decretação de prisão do devedor até 60 dias. O art. 733 do CPC de 1973, lei posterior, fixou o prazo de um a três meses de prisão. O CPC de 2015 mantém o prazo de um a três meses de prisão e ainda determina o protesto da decisão judicial (art. 528, § 3º).

O cumprimento dessa pena de prisão, contudo, não exime o devedor do pagamento das prestações vincendas e vencidas e não pagas (art. 528, § 5º). A prisão é meio coercitivo para o pagamento, mas não o substitui. A possibilidade de prisão do devedor de prestação alimentícia insere-se entre os atos concretos que o Estado pode praticar para satisfação do credor. A jurisprudência tem restringido a óptica dessa prisão aos últimos meses de inadimplência por parte do alimentante, geralmente três últimos meses em aberto, dada a natureza intrínseca da finalidade da prisão e dos alimentos. Não há que se decretar a prisão por alimentos pretéritos, distantes da necessidade premente e atual do alimentando.[27]

---

[27] "Agravo de instrumento. Direito processual civil. **Prisão civil**. Execução de alimentos. Acordo celebrado entre as partes. Débito pretérito. Incabível prisão civil. Recurso conhecido e desprovido. 1. A prisão civil ocorre em decorrência de inadimplemento de alimentos e constitui o último reduto da responsabilidade pessoal em nosso ordenamento, que, como regra, restringe a responsabilidade civil ao patrimônio dos indivíduos. 2. Segundo o entendimento

O ordenamento procura facilitar a satisfação do credor de pensão alimentícia, colocando à disposição várias modalidades de execução. O aspecto da prisão do devedor é apenas um deles. O CPC cuida da execução da prestação alimentícia nos arts. 911 a 913). A forma mais cômoda de execução, recomendada pelo art. 16 da lei especial, é o desconto em folha de pagamento: quando o devedor for funcionário público, militar, diretor ou gerente de empresa, bem como empregado sujeito à legislação do trabalho, o juiz mandará descontar em folha de pagamento a importância da prestação alimentícia (art. 912). A comunicação ao órgão encarregado do desconto será feita por ofício.

Na execução de sentença da decisão de obrigação alimentícia, o juiz mandará citar o devedor para, em três dias, efetuar o pagamento, provar que o fez ou justificar a impossibilidade de efetuá-lo (art. 911). Se o executado não pagar ou se a justificativa apresentada não for aceita,

---

consolidado na Súmula 309, do Superior Tribunal de Justiça, 'o débito alimentar que autoriza a prisão civil do alimentante é o que compreende as três prestações anteriores ao ajuizamento da execução e as que se vencerem no curso do processo'. 3. Deve ser revogada a prisão civil quando o réu, apesar de não estar cumprido o acordo entabulado entre as partes, não cessou o pagamento mensal da pensão. 4. A cobrança do acordo pretérito deve ser realizada por meio de constrição patrimonial e não como constrição pessoal. Assim, não é razoável a prisão civil da parte que tem obrigação alimentar pretérita em atraso, devendo neste caso ser efetivada a constrição patrimonial do devedor. 5. Recurso conhecido e desprovido" (*TJDFT* – AI 07368053620238070000, 10-4-2024, Rel. Robson Barbosa de Azevedo).

"Agravo de Instrumento – Ação de Alimentos em fase de cumprimento de sentença – Decisão que rejeitou a impugnação e determinou a intimação do Executado para pagamento do débito, no prazo de 15 dias, sob pena de prosseguimento da execução e decretação da prisão civil – Insurgência – Desnecessidade de produção de prova pericial contábil – Possibilidade de apuração do valor devido por simples cálculos aritméticos – Quitação integral da dívida alimentar não comprovada – **Prisão** – Período exequendo de 01/11/2009 a 01/02/2012 – Prestações antigas perdem o caráter alimentar – Medida coercitiva excessiva – Precedentes jurisprudenciais – Decisão parcialmente reformada – Recurso parcialmente provido". (*TJSP* – AI 2181906-83.2023.8.26.0000, 22-9-2023, Rel. Luiz Antonio Costa).

"*Habeas corpus*. Prisão civil de devedor de alimentos. Determinação para cumprimento pelo prazo de (3) três meses, em regime fechado. Pedido para cumprimento da ordem de prisão no regime domiciliar. Cabimento. Efeitos da pandemia (Covid-19). Situação excepcional. Recomendação nº 62/2020 do CNJ. Enquanto não resolvida a questão dos riscos epidemiológicos, não há como manter o decreto prisional em regime fechado. Liminar confirmada, para que o cumprimento do período da prisão civil ocorra em regime domiciliar. Ordem concedida". (*TJSP* – HCcível 2035252-98.2021.8.26.0000, 23-3-2021, Rel. Edson Luiz de Queiróz).

"**Prisão civil** – "Habeas corpus" – Execução de alimentos – Processamento pelo art. 528 do CPC – Possibilidade – Cobrança de parcelas vencidas há três meses do ajuizamento do processo – Súmula nº. 309 do STJ respeitada – Prisão decretada pelo prazo de 60 dias que se justifica – Caso em que o executado usou de subterfúgio para não ser encontrado e, assim, livrar-se da obrigação - Possibilidade excepcional de cumprimento da prisão civil em **regime domiciliar em razão da pandemia de covid-19** - Recomendação nº 62/2020 do Conselho Nacional de Justiça, prorrogado em 15/09/2020 por mais 180 dias – Decisão proferida pelo C. STJ e estendida a todo o território nacional - Ordem concedida em parte, apenas para esse fim". (*TJSP* – HCcível 2302279-51.2020.8.26.0000, 16-3-2021, Rel. Rui Cascaldi).

"*Habeas corpus* – **Prisão Civil – Execução de alimentos** – Inadimplemento referente aos meses de outubro a dezembro/2013, mais os vencidos no curso da execução. Ausência de justificativa escusável apta a embasar a pretensão do alimentante. Ainda que ele tenha obtido êxito na ação revisional de alimentos, a decisão da separação do casal permanece hígida até superveniente decisão em sentido contrário. Inexistência de comprovação da quitação dos alimentos referentes aos meses perseguidos na execução e também aos meses subsequentes. Prisão fundada em justa causa que decorre do rito adotado (art. 733, CPC). O mandado de prisão acostado expirou em 28.10.2017, não se prestando a embasar a prisão do alimentante. Ordem denegada." (*TJSP* – HC 2224206-02.2019.8.26.0000, 17-10-2019, Rel. James Siano).

"**Execução – Alimentos – Prisão civil** – Embora se afigure, à primeira vista, medida necessária a constranger o devedor a adimplir a obrigação alimentar, a prisão não se revela a mais adequada ao caso em exame – Prestação alimentar destinada à alimentanda que vem sendo paga desde outubro de 2017 – Hipótese em que, inobstante a persistência de débito alimentar, a liberdade do agravante deve ser preservada, de modo ensejar a manutenção de tais pagamentos mensais, o que, por ora, permite que o alimentando não permaneça ao absoluto desamparo material – Privação de liberdade que a nada de positivo levaria, prestando-se unicamente a trazer malefícios maiores à alimentanda, que teria inviabilizada de vez a possibilidade de recebimento do montante devido – Prisão afastada – Agravo provido". (*TJSP* – AI 2064337-37.2018.8.26.0000, 6-8-2018, Rel. Luiz Antonio de Godoy).

o juiz, além de mandar protestar o pronunciamento judicial, decretará a prisão de um a três meses (art. 528, § 3º). Apesar da aparente peremptoriedade da lei, não se decretará a prisão de ofício (*RT 732/357*). Essa prisão cabe no descumprimento de pagamento de alimentos tanto provisórios, como definitivos.[28]

Podemos concluir com Araken de Assis (1996:130):

"Foi pródiga a disciplina legal em relação aos meios executórios da obrigação de prestar alimentos. Três mecanismos tutelam a obrigação alimentar: o desconto (art. 734 do CPC), a expropriação (art. 646) e a coação pessoal (art. 733). O legislador expressou, na abundância da terapia executiva, o interesse público prevalente da rápida realização forçada do crédito alimentar".

Advirta-se, contudo, que a jurisprudência somente tem admitido a execução nos termos do art. 733 do CPC de 1973, com prisão do alimentante, (CPC de 2015, art. 911 e 528, § 3º, do CPC de 2015) para cobrança das prestações alimentares dos últimos três ou no máximo seis meses; para as mais antigas, exige que a execução seja nos termos do art. 732, do mesmo diploma legal. Neste sentido:

"Habeas corpus. Prisão civil. Devedor de alimentos. Execução na forma do artigo 733 do Código de Processo Civil. Na execução de alimentos, prevista pelo artigo 733 do Código de Processo Civil, ilegítima se afigura a prisão civil do devedor fundada no inadimplemento de prestações pretéritas, assim consideradas as anteriores às três últimas prestações vencidas antes do ajuizamento da execução. Ordem parcialmente concedida" (Superior Tribunal de Justiça, HC 11040/SP (199900966252), j. 2-12-1999, 4ª Turma, Relator: Ministro Cesar Asfor Rocha, *DJ*, 27-3-2000, p. 105, unânime).

"Execução de alimentos. Prisão. Débito que se estende ao longo do tempo. Construção que se limita ao adimplemento das prestações mais recentes. Concessão parcial da ordem de Habeas Corpus. A pena de prisão por dívida alimentar tem como pressuposto a atualidade do débito, de sorte que determinada a constrição como meio de coagir à quitação de prestações inadimplidas por quase dois anos, cabível é a concessão parcial da ordem para condicioná-la, apenas, ao pagamento das três últimas parcelas. II. Ordem concedida em parte" (Superior Tribunal de Justiça, Acórdão: HC 11540/SP (199901169208), j. 18-4-2000, 4ª Turma, Rel. Min. Aldir Passarinho Junior, *DJ*, 26-6-2000, p. 172).

---

[28] "**Execução de alimentos** – Ordem de prisão civil do devedor – Afastamento – Exequente que, por meio de sua representante legal e da advogada constituída, reiterou nos autos que houve a quitação do débito pendente, postulando inclusive pela extinção da execução – Dúvida acerca da validade do recibo apresentado que, *prima facie*, não se justifica – Má-fé não evidenciada – Manutenção da prisão que se mostra ilegal, ao menos por ora – Agravo provido." (TJSP – AI 2186062-56.2019.8.26.0000, Rel. Galdino Toledo Júnior).

"*Habeas corpus* – Prisão Civil – **Execução de alimentos** – Proposta de parcelamento somado a dois depósitos com a pensão vencida – Flexibilização da Súmula nº 309 do C. Superior Tribunal de Justiça – Revogação do Decreto de prisão civil – Ordem concedida". (TJSP – HC 2163689-65.2018.8.26.0000, 10-10-2018, Rel. Percival Nogueira).

17

BEM DE FAMÍLIA

17.1 ORIGEM HISTÓRICA

O bem de família constitui-se em uma porção de bens que a lei resguarda com os característicos de inalienabilidade e impenhorabilidade, em benefício da constituição e permanência de uma moradia para o corpo familiar. A matéria tem relação direta, mas não exclusiva, com o direito de família, razão pela qual o Código de 2002 aí disciplina esse instituto (arts. 1.711 ss). Nada impediria que a matéria continuasse a ser tratada pela parte geral, assim como pelos direitos reais e principalmente pela lei registrária, com a qual possui maiores afinidades.

Originou-se, nos EUA, do *homestead*. O governo da então República do Texas, com o objetivo de fixar famílias em suas vastas regiões, promulgou o *Homestead Exemption Act*, de 1839, garantindo a cada cidadão determinada área de terras, isentas de penhora. O êxito foi grande, tanto que o instituto foi adotado por outros Estados da nação norte-americana, tendo ultrapassado suas fronteiras; hoje é concebido na grande maioria das legislações, com modificações que procuram adaptá-lo às necessidades de cada país.

No entanto, apesar de sua difusão, o sucesso da instituição não alcançou a dimensão esperada, mormente em nossa pátria, onde sua utilização voluntária é diminuta.

No Brasil, antes da vigência do Código Civil, houve várias tentativas de introdução do instituto, o qual foi adotado e incluído no atual Estatuto, em razão de uma emenda apresentada pela Comissão Especial do Senado.

O *homestead* nos Estados Unidos é a isenção de penhora sobre uma pequena propriedade. Em nosso país, a lei oferece à família o amparo de moradia.

17.2 LEGISLAÇÃO. CONCEITUAÇÃO. NATUREZA JURÍDICA

O bem de família era exclusivamente regulado entre nós pelos arts. 70 a 73 do Código de 1916. Tais dispositivos foram complementados pelos arts. 19 a 23 do Decreto-lei nº 3.200/41. A parte processual vinha regulada no CPC, de 1939, arts. 647 a 651, que foram mantidos em vigor até que a legislação especial tratasse da matéria, o que é feito atualmente pelos arts. 260 a 265 da Lei nº 6.015/73, Lei dos Registros Públicos.

O instituto constava da Parte Geral do Código antigo, mas deveria figurar, como alertamos, na parte do Direito de Família, como faz o atual Código.

Pelo nosso ordenamento civil de 1916, o *homestead*, conhecido como bem de família, o que não é uma tradução, vinha estatuído no art. 70:[1]

> "É permitido aos chefes de família destinar um prédio para domicílio desta, com a cláusula de ficar isento de execução por dívidas, salvo as que provierem de impostos relativos ao mesmo prédio.
>
> Parágrafo único. Essa isenção durará enquanto viverem os cônjuges e até que os filhos completem sua maioridade".

O atual Código, por sua vez, conceitua:

> *"Podem os cônjuges, ou a entidade familiar, mediante escritura pública ou testamento, destinar parte de seu patrimônio para instituir bem de família, desde que não ultrapasse um terço do patrimônio líquido existente ao tempo da instituição mantidas as regras sobre a impenhorabilidade do imóvel residencial estabelecida em lei especial"* (art. 1.711).

O objeto do bem de família é um imóvel, "um prédio", rural ou urbano, em que a família fixa sua residência, ficando a salvo de possíveis e eventuais credores. O presente estatuto civil acentua que o bem de família consistirá em *"prédio residencial urbano ou rural, com suas pertenças e acessórios, destinando-se em ambos os casos a domicílio familiar, e poderá abranger valores mobiliários, cuja renda será aplicada na conservação do imóvel e no sustento da família"* (art. 1.712). No atual Código há uma abrangência maior na conceituação do bem de família, como veremos.

---

[1] "**Penhora – Bem de família** – Prova de que o imóvel penhorado é utilizado como residência da entidade familiar – Incidência do disposto no art. 1º da Lei nº 8.009/90 – Impossibilidade de constrição – Sentença mantida – Recurso não provido." (TJSP – AC 1055124-15.2018.8.26.0100, 5-7-2019, Rel. Maia da Rocha).

"**Penhora – Bem de família** – Constrição que recaiu sobre imóvel dado em garantia hipotecária por sócio da empresa executada com a finalidade de assegurar o cumprimento da obrigação assumida pela pessoa jurídica em mútuo bancário. Interpretação restritiva da exceção à impenhorabilidade a que alude o inciso V, do artigo 3º, da Lei nº 8.009/90. Inadmissibilidade da incidência da penhora sobre imóvel que se presta à moradia dos executados e de seus filhos, ora embargantes, porque constitui bem de família. Hipótese em que não resultou elidida a presunção de que o crédito exequendo não reverteu em benefício da entidade familiar. Levantamento da penhora determinado. Sentença reformada. Embargos de terceiro acolhidos. Recurso provido. Dispositivo: deram provimento ao recurso" (TJSP – Ap 0061156-94.2007.8.26.0114, 23-7-2018, Rel. João Camillo de Almeida Prado Costa).

"Agravo de instrumento – Ação de Cobrança de Despesas Condominiais em fase de cumprimento de sentença. Revelia do Réu na fase de conhecimento. Penhora do imóvel. Decisão agravada que rejeitou a objeção de pré-executividade e indeferiu o pedido de justiça gratuita. Insurgência. Pedido de justiça gratuita. Alegação de ilegitimidade passiva em razão da doação da parte ideal aos filhos e de que o imóvel penhorado é **bem de família**. Agravante é parte legítima, pois consta na matrícula do imóvel como coproprietário do imóvel. Doação não averbada na escritura do imóvel. Obrigação 'propter rem' Agravo provido apenas para conceder a assistência judiciária" (TJSP – AI 2126134-82.2016.8.26.0000, 16-9-2016, Rel. Morais Pucci).

"**Alegação de bem de família** – Imóvel único de propriedade do agravante arrematado em hasta pública – Proteção da Lei nº 8.009/90 – Prova insuficiente – Recurso improvido – O objetivo da Lei é proteger exclusivamente o imóvel próprio do devedor que sirva para sua moradia. O executado não deve provar que possui uma única propriedade, mas demonstrar satisfatoriamente que o imóvel penhorado é seu e se destina à moradia. Não reconhecida a impenhorabilidade do imóvel, o saldo remanescente do produto da arrematação não seguirá resguardado pelas garantias legais do bem de família" (TJSP – AI 2018483-59.2014.8.26.0000, 21-3-2014, Rel. Renato Sartorelli).

"Cumprimento de sentença. Penhora. **Bem de família**. Imóvel destinado à moradia. Proteção da Lei nº 8.009/90. Recurso provido. O objetivo da lei é proteger exclusivamente o imóvel próprio do devedor que sirva para sua moradia. O devedor executado não deve provar que possui uma única propriedade, mas demonstrar satisfatoriamente que o imóvel penhorado é seu e se destina à moradia" (TJSP – AI 0244119-48.2012.8.26.0000, 13-2-2013, Rel. Renato Sartorelli).

No tocante à natureza jurídica, entendem alguns que há transmissão da propriedade na instituição do bem, em que o adquirente é a família, como personalidade coletiva, sendo transmitente o instituidor, como o chefe da família. Como a família não tem personalidade jurídica, não pode ser aceita essa posição.

Serpa Lopes entende que o bem de família é um condomínio *sui generis*, em que nenhum dos cotitulares possui quota individual.

Para Caio Mário da Silva Pereira, o instituto é uma forma de

> "afetação de bens a um destino especial, que é ser a residência da família, e, enquanto for, é impenhorável por dívidas posteriores à sua constituição, salvo as provenientes de impostos devidos pelo próprio prédio".

Trata-se da destinação ou afetação de um patrimônio em que opera a vontade do instituidor, amparada pela lei. É uma forma de tornar o bem como coisa fora do comércio, em que são combinadas a vontade da lei e a vontade humana. Nesse diapasão, o bem de família fica isento de execução por dívidas posteriores a sua instituição, salvo as que provierem de tributos relativos ao prédio ou despesas de condomínio (art. 1.715). Como se vê, o bem de família não pode ser instituído em prejuízo aos credores, ou melhor, em fraude contra credores. O benefício perdurará enquanto viver um dos cônjuges, ou na falta destes, até que os filhos completem a maioridade. Veja o que comentamos a seguir.

O projeto do Estatuto das Famílias suprime o instituto do bem de família por entender corretamente o seu absoluto desuso e o fato de aquele introduzido pela Lei nº 8.009/90, comentada a seguir, consultar suficientemente a proteção e o interesse da família. Esse instituto, tal como está no atual Código Civil, tornou-se inútil.

17.3   A LEI Nº 8.009, DE 29-3-90

Proveniente da Medida Provisória nº 143, de 1990, nos estertores de mandato presidencial, foi promulgada a Lei nº 8.009, de 29-3-90. Esse diploma legislativo surpreende não unicamente por seu alcance jurídico, mas pela importante particularidade de aplicação imediata aos processos em curso.[2]

---

[2] "Agravo de instrumento. Monitória em fase de cumprimento de sentença. Penhora de imóvel impugnação pelos devedores. **Bem de família**. 1. Impugnação à penhora veiculando alegação de impenhorabilidade do bem de família. 2. Exceção rejeitada pela r. decisão agravada, em razão da intempestividade. 3. Preclusão temporal, contudo, incapaz de afetar a alegação de bem de família. 4. Matéria de ordem pública e não decidida anteriormente. Precedentes do C STJ e deste E. TJSP. 5. Prova documental capaz de demonstrar que o imóvel serve de residência à entidade familiar dos agravantes. 6. Contas de consumo relativa aos três últimos anos, corroboradas pelos próprios documentos que aparelharam a ação monitória. 7. Contrato bancário objeto de cobrança e petição inicial que já indicavam o endereço em questão como domicílio dos agravantes. 8. Comunicação da penhora aos agravantes que ocorreu por diligência de oficial de justiça no próprio endereço do imóvel, logrando êxito na localização dos devedores. 9. Bem de família reconhecido. 10. Impositiva outorga da proteção legal estabelecida no art. 1º da Lei n.º 8.009/90. 11. Cancelamento da penhora e dos atos de excussão praticados perante o Juízo Singular. 12. Recurso provido". (TJSP – AI 2192988-14.2023.8.26.0000, 28-9-2023, Rel. Luís H. B. Franzé).
"**Penhora – Bem de família** – Elementos reunidos nos autos insuficientes a indicar que o imóvel penhorado serve de morada da entidade familiar, e nem que é o único bem em nome da recorrente – Não juntada aos autos nem mesmo cópia da declaração do imposto de renda que serviria a indicar o endereço declarado ao fisco, e relação de bens em nome da agravante – Requisitos indispensáveis não verificados – Impenhorabilidade não reconhecida – Decisão singular mantida – Agravo não provido. Dispositivo: Negaram provimento ao recurso." (TJSP – AI 2275034-36.2018.8.26.0000, 29-4-2019, Rel. Ricardo Negrão).

Trata-se de norma que amplia o bem de família tradicional (seu título refere-se ao instituto), de evidente cunho de ordem pública, colocando a salvo de credores basicamente o imóvel residencial do casal ou da entidade familiar. Foi ressalvada expressamente sua vigência pelo atual Código, de acordo com o art. 1.711. Dispõe o art. 1º dessa lei:

> "*o imóvel residencial próprio do casal, ou da entidade familiar, é impenhorável e não responderá por qualquer tipo de dívida civil, comercial, fiscal, previdenciária ou de outra natureza, contraída pelos cônjuges ou pelos pais ou filhos que sejam seus proprietários e nele residam, salvo nas hipóteses previstas nesta Lei.*
>
> *Parágrafo único. A impenhorabilidade compreende o imóvel sobre o qual se assentam a construção, as plantações, as benfeitorias de qualquer natureza e todos os equipamentos, inclusive os de uso profissional, ou móveis que guarnecem a casa, desde que quitados*".

Por outro lado, diz o art. 5º dessa lei:

> "*Para os efeitos de impenhorabilidade, de que trata esta Lei, considera-se residência um único imóvel utilizado pelo casal ou pela entidade familiar para moradia permanente.*
>
> *Parágrafo único. Na hipótese de o casal, ou entidade familiar, ser possuidor de vários imóveis utilizados como residência, a impenhorabilidade recairá sobre o de menor valor, salvo se outro tiver sido registrado, para esse fim, no registro de Imóveis e na forma do art. 70 do Código Civil*".

Em atenção aos princípios constitucionais atuais não se distingue a família legítima ou ilegítima. Basta que se configure a entidade familiar.[3]

"**Bem de família – Impenhorabilidade – Requisitos** – "Processual civil. Agravo interno no agravo em recurso especial. Bem de família. Impenhorabilidade. Requisitos. Reexame do conjunto fático-probatório dos autos. Inadmissibilidade. Incidência da Súmula nº 7/STJ. Decisão mantida. 1. O recurso especial não comporta o exame de questões que impliquem revolvimento do contexto fático-probatório dos autos (Súmula nº 7 do STJ). 2. No caso concreto, o Tribunal de origem concluiu pela ausência de comprovação dos requisitos necessários para caracterização do imóvel como bem de família. Alterar esse entendimento demandaria reexame das provas produzidas nos autos, vedado em recurso especial. 3. Agravo interno a que se nega provimento." (*STJ* – Ag Int-Ag-REsp 1.189.340 – (2017/0271014-1), 13-3-2018, Rel. Min. Antonio Carlos Ferreira).

"Agravo interno – Agravo em recurso especial – **Penhora – Bem de família** – Condição não demonstrada – Propriedade de outros bens – Reexame de prova – 1 – Não se admite o recurso especial quando sua análise depende de reexame de matéria de prova (Súmula 7 do STJ). 2 – Agravo interno a que se nega provimento" (*STJ* – AgRg-AG-REsp. 721.511 – (2015/0131313-6), 24-6-2016, Relª Minª Maria Isabel Gallotti).

"**Propriedade rural familiar** – Garantia hipotecária – Impenhorabilidade – 'Direito civil e processual civil. Pequena propriedade rural familiar. Garantia hipotecária. Impenhorabilidade. Exceção. Lei nº 8.009/1990. Matéria infraconstitucional. Alegação de afronta aos arts. 3º, 5º, XXVI, e 226, da Constituição Federal. Ausência de prequestionamento. Súmulas nºs 282 e 356/STF. Acórdão recorrido publicado em 10.01.2011. A matéria constitucional versada no recurso extraordinário, arts. 3º e 226, da Constituição Federal, não foi analisada pelas instâncias ordinárias, tampouco ventilada em embargos de declaração. Óbice das Súmulas nºs 282 e 356/STF. Divergir do entendimento do acórdão de origem quanto à possibilidade de penhora do bem de família. Pequena propriedade rural familiar. Dado como garantia hipotecária, demandaria a reelaboração da moldura fática e análise da legislação infraconstitucional que regula a matéria. Art. 3º, V, da Lei nº 8.009/1990, o que torna oblíqua e reflexa eventual ofensa, insuscetível, portanto, de viabilizar o conhecimento do recurso extraordinário, considerada a disposição do art. 102, III, *a*, da Constituição Federal. Precedentes. As razões do agravo regimental não são aptas a infirmar os fundamentos que lastrearam a decisão agravada, mormente no que se refere à ausência de prequestionamento, ao âmbito infraconstitucional do debate e a reelaboração da moldura fática constante no acórdão de origem, a inviabilizar o trânsito do recurso extraordinário. Agravo regimental conhecido e não provido" (*STF* – AgRg-RE-Ag 678.338, 25-3-2014, Relª Min. Rosa Weber).

3 "Agravo de instrumento – Ação de homologação de transação extrajudicial, em fase de cumprimento de sentença – Decisão rejeitou impugnação à penhora da coexecutada, mantendo a penhora do imóvel (matrícula 14.814 do RI de Porto Ferreira/SP) – Alegação de **impenhorabilidade do imóvel, por se tratar de bem de família** – Cabimento – O

A inspiração desse diploma é, sem dúvida, o bem de família tradicional, de nosso Código Civil. Entretanto, perante essa lei de ordem pública, deixa de ter maior utilidade prática o bem de família voluntário, por nós já referido como de pouco alcance prático. Estando agora, por força de lei, isento de penhora o imóvel residencial que serve de moradia, não há necessidade de o titular do imóvel se valer do custoso procedimento para estabelecer o bem de família. Os efeitos a partir da lei são automáticos. Como percebemos, a Lei nº 8.009/90 amplia o alcance da impenhorabilidade desses imóveis, não impondo as restrições do art. 70 do Código Civil de 1916.

A impenhorabilidade não implica inalienabilidade. O titular do imóvel não perde a disponibilidade do bem. Isso também ocorre no bem de família tradicional.

A divagação agora gira em torno da inspiração sociológica e histórica dessa lei. Pacífico é que se trata de diploma de ordem pública. Embora regulando relações privadas, tem reflexos fundamentais no processo executório, de direito público, portanto. Não se trata, porém, de simples norma processual, como não o é o bem de família no Código Civil.

Em um primeiro enfoque, pareceu que a lei incentivava o calote e a fraude. De fato, permite-se que com facilidade suas disposições sejam utilizadas fraudulentamente. A nosso ver, porém, existe outro efeito que não pode ser desconsiderado. Haverá, sem dúvida, maiores dificuldades de obtenção de crédito por todos aqueles que nada mais possuem, que não um imóvel residencial. Nesse aspecto, não podemos deixar de concluir que se trata de lei de visão estreita. Muitas relações negociais foram assim prejudicadas.

Por outro lado, positivamente, nota-se que a lei procurou proteger a família do devedor,

> "garantindo as condições mínimas de sobrevivência digna, a salvo das execuções por dívidas, avolumadas, em grande parte, não pela voracidade consumista do devedor, mas pelos

---

art. 1º da Lei nº 8.009/90 prevê a impenhorabilidade do bem de família com a finalidade de assegurar o direito de moradia à entidade familiar – Prova da impenhorabilidade do imóvel produzida, demonstrando tratar-se do único imóvel utilizado pelo coexecutado e sua família para fins de moradia – Desnecessária a prova de que o imóvel onde reside o devedor é o único de sua propriedade, para o reconhecimento da impenhorabilidade do bem de família, com base na Lei nº 8.009/90 – Jurisprudência do STJ – Recurso provido" (TJSP – AI 2148006-75.2024.8.26.0000, 6-9-2024, Rel. Francisco Giaquinto).

"**Penhora – Bem de família** – Renúncia à impenhorabilidade – A circunstância de se cuidar de bem imóvel dado em garantia hipotecária em razão de outra dívida, não implica renuncia à impenhorabilidade prevista na Lei do Bem de Família. Recurso provido para que o juízo aprecie a alegação de impenhorabilidade." (TJSP – AI 2013767-13.2019.8.26.0000, 3-4-2019, Rel. Itamar Gaino).

"Execução – Bem de família – **Imóvel – Impenhorabilidade – Preclusão** – "Agravo interno em agravo em recurso especial. Execução. Bem de família. Imóvel. Impenhorabilidade. Preclusão. Discussão posterior. Pequena propriedade rural. Impossibilidade. Arts. 474 do CPC/1973 e 508 do CPC/2015. 1. Exercitada previamente a tentativa de reversão da penhora sob alegação de tratar-se o imóvel constrito de bem de família, transitando em sentido oposto ao pretendido pelos recorrentes, não se admite a discussão posterior da questão nos próprios autos ou em processo diverso. 2. A imutabilidade da decisão judicial transitada em julgado, em que oferecida a ampla defesa e cumprido o devido processo legal, conta com proteção constitucional em nível de direito fundamental, equivalendo-se a quaisquer outros princípios. 3. Transitada em julgado a sentença, reputam-se deduzidas todas as alegações tanto ao acolhimento como à rejeição do pedido, nos termos dos arts. 474 do revogado Código de Processo Civil e 508 do vigente. 4. Agravo interno a que se nega provimento." (STJ – Ag Int-Ag-REsp 643.785 – (2014/0339237-2), 20-4-2018, Relª Min. Maria Isabel Gallotti).

"Agravo de instrumento – Execução de título extrajudicial – **Bem de família – Impenhorabilidade** – Único imóvel – Ônus da prova – Hipótese em que a parte ideal do imóvel penhorado, é o único imóvel de propriedade do agravante e de sua família – Declaração de imposto de renda juntada aos autos, e contas de consumo, que atestam tal condição – Precedentes da C. 24ª Câmara de Direito Privado – Hipótese em que era ônus do agravado comprovar que o imóvel não é o único de propriedade do devedor – Ônus do qual não se desincumbiu a contento – Aplicabilidade do art. 1º, da Lei nº 8.009/90 – Penhora levantada – Decisão reformada – Agravo provido" (TJSP – AI 2017722-91.2015.8.26.0000, 22-6-2015, Rel. Salles Vieira).

tormentos e desacertos de uma economia cronicamente conturbada como é a do nosso país" (Czajkowski, 1992:16).

Há igualmente certa dúvida na sinceridade de propósitos sociais da lei, que não distingue a moradia humilde e tosca do palacete luxuoso e ostentativo.

De qualquer forma, a jurisprudência já se encarregou de afastar sua inconstitucionalidade, de fato inexistente, defendida a princípio por alguns juristas.

Também, terá apenas valor histórico a polêmica causada pela suspensão das execuções em curso e o canhestro "cancelamento" destas, por força da Medida Provisória nº 143 e do art. 6º da lei. Os termos da lei são equivocados e apenas acrescentamos que, de plano, nos mostramos, no passado, contrários à aplicação imediata da impenhorabilidade aos processos em curso.

17.4 OBJETO E VALOR DO BEM DE FAMÍLIA

De acordo com o art. 70 do Código de 1916, o objeto do instituto era prédio destinado ao domicílio da família, não se distinguindo prédio urbano ou rural. O art. 1º da Lei nº 8.009/90 refere-se ao imóvel residencial, evitando falar em domicílio, conceitos jurídicos nem sempre coincidentes. Também na dicção da lei atual, o conceito é aplicado tanto ao imóvel urbano como ao rural (art. 1.712). Há amplitude maior no estatuto de 2002, pois permite que a instituição, tendo como objeto bem urbano ou rural, com suas pertenças e acessórios, abranja também valores mobiliários, cuja renda será aplicada na conservação do imóvel e no sustento da família. O acréscimo é justo e visa fortalecer o instituto. Acrescenta, porém, o art. 1.713, que o valor desses bens mobiliários não poderá exceder o valor do prédio, à época da instituição. Nem sempre será aceitável uma avaliação tida como justa nesse sentido, o que pode dar margem a fraudes. Ainda, nesse mesmo artigo encontra-se dispositivo no § 3º que permite ao instituidor determinar que a administração dos valores mobiliários seja confiada a instituição financeira, bem como a forma de atribuição de benefícios. Haverá, certamente, necessidade de intervenção judicial quando surgir essa complexidade.

O Decreto-lei nº 3.200/41 ampliara o âmbito do bem de família, permitindo não só que o imóvel rural pudesse ser objeto do instituto, como também autorizou a inclusão na destinação da mobília, utensílios de uso doméstico, gado e instrumentos de trabalho, descritos expressamente no ato constitutivo.

Atualmente, carecendo de interesse prático a instituição voluntária do bem de família, suas disposições legais devem servir de adminículo para a interpretação da Lei nº 8.009/90, omissa em muitos aspectos.

A nova lei, no tocante ao imóvel rural, restringe a impenhorabilidade à sede de moradia, com os respectivos bens móveis, e, nos casos do art. 5º, inciso XXVI, da Constituição, à área limitada como pequena propriedade rural (art. 4º, § 2º). O dispositivo constitucional referido diz respeito à pequena propriedade rural, mandando que a lei ordinária defina.

Por outro lado, como visto na redação do parágrafo único do art. 1º da referida lei, também são excluídos de penhorabilidade as plantações, benfeitorias e equipamentos de uso profissional e móveis que guarnecem a casa, desde que quitados. O art. 2º exclui veículos de transporte, obras de arte e adornos suntuosos.[4]

---

[4] "Monitória – Fase de cumprimento de sentença – Penhora que recaiu sobre o veículo de propriedade da agravante – Pretendido pela agravante o reconhecimento da impenhorabilidade do veículo por utilizá-lo para tratamento médico – Descabimento – Não comprovada a indispensabilidade da utilização do citado veículo para locomoção

Nos princípios do Código Civil, o bem urbano ou rural não tem restrições quanto à extensão, desde que sirva de residência para a família.

O Código de 1916 não fixara teto para o valor do imóvel. Leis posteriores encarregaram-se de fazê-lo, desestimulando ainda mais sua instituição. O bem de família agora por força de lei não possui limite de valor.

O art. 19 do Decreto-lei nº 3.200/41, com a redação da Lei nº 5.653/71, elevou o teto para 500 vezes o maior salário mínimo do país. A fixação de valor máximo reduz bastante o alcance da proteção procurada pela lei. A ausência de qualquer critério de valor, por outro lado, também é inconveniente, porque abre válvulas à fraude. A Lei nº 6.742, de 5-12-79, eliminou qualquer limite de valor para o bem de família, desde que o imóvel seja residência dos interessados por mais de dois anos.

Afigura-se inconveniente a prefixação de valor. Melhor que seja fixada uma porcentagem sobre o patrimônio líquido da família, como pretendeu o atual Código, o qual, no entanto, limitou a um terço do patrimônio líquido existente ao tempo da instituição (art. 1.711).

A nova roupagem do bem de família entre nós irá demonstrar sua conveniência ou não. É inconveniente a oneração de todo o patrimônio do interessado. É desvantajoso para a sociedade e para o próprio instituidor a oneração de seu único imóvel, porque isso dificultará sua vida negocial: não poderá contrair empréstimos de vulto, pois as instituições financeiras pedirão outras garantias. Cremos que tal crítica está doravante mais ainda apropriada.[5]

---

da agravante – **Impossibilidade de se estender a impenhorabilidade do 'bem de família' ao veículo em discussão** – 'Caput' do art. 2º da Lei 8.009/1990 que excluiu do rol dos bens impenhoráveis, expressamente, os 'veículos de transporte' – Agravo desprovido". (TJSP – Agravo de Instrumento 2169429-33.2020.8.26.0000, 30-7-2020, Rel. José Marcos Marrone).

"Agravo de instrumento – Ação monitória – Fase de cumprimento de sentença – **Penhora sobre bens que guarnecem a residência do devedor** – Microondas, coocktop, e móveis propriamente (mesas, cadeiras, estofados, poltronas, cômoda, e banquetas) – Bens necessários e úteis ao regular funcionamento da residência – Artigo 1º, § 1º da Lei 8009/90 – Bens que não podem ser considerados como supérfluos – Demais bens que, pelas características ou quantidade, ultrapassam as necessidades comuns correspondentes a um médio padrão de vida – Constrição mantida em relação a estes – Decisão reformada – Recurso parcialmente provido." (TJSP – AI 2113014-64.2019.8.26.0000, 5-11-2019, Rel. Irineu Fava).

"Agravo de instrumento – Ação indenizatória – Cumprimento de sentença – **Penhora sobre bens móveis que guarnecem a residência** – A exceção de pré-executividade é meio hábil para a discussão da Impenhorabilidade do bem de família – Matéria de ordem pública, cognoscível a qualquer momento, e que não depende de dilação probatória – Os bens de propriedade dos executados sobre os quais o credor pretende que seja mantida a constrição se enquadram na hipótese prevista no art. 1º, Parágrafo único, da Lei nº 8.009/90 – Bens imprescindíveis ao convívio familiar e à habitabilidade condigna, que não se apresentam em duplicidade, não revelam luxo e nem se classificam como adornos – Precedentes do Superior Tribunal de Justiça – Recurso provido" (TJSP – AI 2013559-63.2018.8.26.0000, 288888-20, Rel. Hugo Crepaldi).

"Processual civil – Agravo de instrumento – **Penhora de bens móveis que guarnecem a residência** do representante legal da empresa – Possibilidade quando, embora úteis, não sejam indispensáveis à manutenção da família – É cabível a penhora de bens móveis que guarnecem a residência do responsável legal da empresa quando, embora sejam úteis, não são indispensáveis para manutenção da família. Agravo de instrumento parcialmente provido" (TRF-3ª R. – AI 0024191-02.2014.4.03.0000/SP,16-3-2016, Rel. Juiz Fed. Conv. Wilson Zauhy).

"Agravo regimental no recurso especial. **Penhora de bens que guarnecem a residência dos devedores.** Duplicidade. Possibilidade. Agravo regimental não provido. 1 – Os bens que guarnecem a residência são impenhoráveis, a teor da disposição da Lei nº 8.009/90, excetuando-se aqueles encontrados em duplicidade, por não se tratarem de utensílios necessários à manutenção básica da unidade familiar (REsp 533.388/RS, Relator Ministro Teori Albino Zavascki, DJ de 29/11/2004). 2 – Agravo regimental não provido" (STJ – AgRg-REsp 606.301 – (2003/0183923-2), 19-9-2013, Rel. Min. Raul Araújo).

[5] "Embargos à penhora – **Bem de família legal** – O art. 1º da Lei 8.009/90 prevê a impenhorabilidade do bem de família com a finalidade de assegurar o direito de moradia à entidade familiar – Existência de elementos a demonstrar tratar-se de imóvel utilizado como bem de família, portanto, impenhorável – Recurso negado. Penhora da nua-propriedade – Descabimento – Pressuposto para o reconhecimento da penhora da nua-propriedade é a

A seguir, analisaremos os aspectos do bem de família no Código Civil de 1916, em cotejo com o atual bem de família legal, ainda lembrando que o desuso do primeiro será mais acentuado. Na parte final deste capítulo, examinaremos o bem de família à luz do atual Código.

17.5 LEGITIMAÇÃO PARA A INSTITUIÇÃO E DESTINAÇÃO DO BEM

O art. 70 do Código de 1916 permitia que os chefes de família instituíssem o bem.

De acordo com o art. 233, chefe de família era o marido. A Constituição federal de 1988 já não permitia mais esse entendimento. Na falta deste, embora a lei não o diga, a prerrogativa passa para a mulher. É esse o espírito da lei, pelo que se inferia dos arts. 251, 380 e 466. Também era preciso admitir titularidade à mulher no caso de ausência do marido. A mulher, ao assumir a direção do lar, deveria ter o poder de instituir o bem, pois, de acordo com o art. 251, IV, podia até alienar os imóveis do casal, com autorização judicial. No entanto, perante a igualdade de direitos dos cônjuges atribuída pela Constituição havia, destarte, que se atribuir legitimidade a ambos os cônjuges para a instituição. Esse é o sentido do novo Código também.

Na origem do Código antigo, as pessoas solteiras, por conseguinte, ainda que vivessem em concubinato duradouro, não podiam instituir bem de família, assim como não tinham esse direito os tutores e curadores em benefício dos pupilos. Modernamente, há que se admitir que a instituição do bem de família dirige-se à entidade familiar, ainda que monoparental, como garante a Constituição.

Não pode também instituí-lo o avô, pois com o casamento é criada uma nova família. É essa a intenção da lei.

Desse modo, um terceiro não pode instituir o bem de família. O atual Código Civil autoriza terceiro a fazer tal instituição, por testamento ou doação, com aceitação expressa dos cônjuges beneficiados (art. 1.711, parágrafo único). Nesse caso, como terceiro, o avô pode fazer a instituição, desde que o faça com os próprios bens.

Note que a instituição só pode ocorrer se não prejudicar credores existentes à época do ato. Daí por que o bem de família só pode ser criado por quem seja solvente, isto é, quando a instituição não fraudar o direito dos credores, quando sobrar bens suficientes para pagar as dívidas existentes na época. Por dívidas posteriores, pois, não responde o bem separado.

Pergunta-se: a família de fato pode ser beneficiada com a instituição? Hoje, a orientação constitucional não admite dúvida. Mesmo no sistema anterior, não tendo a lei feito distinção,

---

existência de cláusula de usufruto – Imóvel objeto de penhora não gravado com cláusula de usufruto vitalício, sendo incabível a penhora da nua-propriedade – Recurso negado. Recurso negado." (TJSP – AC 1001583-31.2018.8.26.0306, 30-5-2019, Rel. Francisco Giaquinto).

"Recurso Especial – Direito processual civil – Bem Imóvel – Alienação fiduciária em garantia – Direitos do devedor fiduciante – Penhora – Impossibilidade – **Bem de família legal** – Lei nº 8.009/1990 – 1 – Recurso especial interposto contra acórdão publicado na vigência do Código de Processo Civil de 2015 (Enunciados Administrativos nºs 2 e 3/STJ). 2 – Cinge-se a controvérsia a definir se os direitos (posse) do devedor fiduciante sobre o imóvel objeto do contrato de alienação fiduciária em garantia podem receber a proteção da impenhorabilidade do bem de família legal (Lei nº 8.009/1990) em execução de título extrajudicial (cheques). 3 – Não se admite a penhora do bem alienado fiduciariamente em execução promovida por terceiros contra o devedor fiduciante, haja vista que o patrimônio pertence ao credor fiduciário, permitindo-se, contudo, a constrição dos direitos decorrentes do contrato de alienação fiduciária. Precedentes. 4 – A regra da impenhorabilidade do bem de família legal também abrange o imóvel em fase de aquisição, como aqueles decorrentes da celebração do compromisso de compra e venda ou do financiamento de imóvel para fins de moradia, sob pena de impedir que o devedor (executado) adquira o bem necessário à habitação da entidade familiar. 5 – Na hipótese, tratando-se de contrato de alienação fiduciária em garantia, no qual, havendo a quitação integral da dívida, o devedor fiduciante consolidará a propriedade para si, deve prevalecer a regra de impenhorabilidade. 6 – Recurso especial provido" (STJ – REsp 1.677.079 – (2017/0026538-5), 1-10-2018, Rel. Min. Ricardo Villas Bôas Cueva).

havendo filhos na família ilegítima ou não unida pelo casamento, era concebível a instituição. Aliás, a nova terminologia a ser adotada é entidade familiar e união estável, repelindo-se a referência à ilegitimidade da família.

A atual Constituição reafirmou esse entendimento, independentemente de prole. A Lei nº 8.009 não faz distinção entre família legítima e ilegítima, e fala em "entidade familiar".[6]

17.6 REQUISITOS

O primeiro requisito é a instituição ser feita pelo chefe da família, com a observação feita supra. Modernamente, há uma extensão de legitimidade aos cônjuges ou companheiros.

Em segundo lugar, o prédio deve ser de propriedade dos cônjuges ou companheiros conviventes, exclusivamente. Se o bem pertencer somente a um deles, no regime de separação ou de comunhão de aquestos, nada impede que ele ou ela ofereça o bem para que seja atingida a finalidade da lei.

Em terceiro lugar, não pode haver dívidas suficientes para prejudicar os credores. São dívidas anteriores ao ato instituidor que prejudicam o instituto (art. 1.715). As dívidas posteriores não atingem a garantia, aliás é essa a finalidade da instituição. O sistema do Código de 1916 permitia a instituição somente por escritura pública (art. 73), enquanto o atual Código autoriza também por testamento (art. 1.711).

Questão relevante é saber se um prédio onerado com hipoteca pode ser objeto do instituto. Maior importância tem ainda diante da difusão do antigo Sistema Financeiro de Habitação. Em que pesem opiniões contrárias, entendemos que nada impede que, nesse caso, seja instituído o bem, pois a hipoteca anterior ficará por ele resguardada e garantida. A garantia do bem de família só fica a salvo das dívidas posteriores e pode a execução hipotecária recair sobre ele por interpretação do parágrafo único do art. 71. Contudo, tratando-se de hipoteca, é dispensada qualquer prova de solvência ou insolvência do instituidor, porque o próprio prédio está garantindo a dívida.

Em quarto lugar, o prédio deve ser destinado efetivamente ao domicílio da família. O instituto não foi criado nem para dar garantia real à família, nem para fornecer alimentos, mas exclusivamente para garantir a moradia. Se for alterado o destino, perde eficácia a instituição, devendo ser desconsiderada pelos devedores. Isto se aplica também ao bem de família legal.

---

[6] "Promessa de compra e venda – Penhora – **Bem de família** – Exceção – Possibilidade – Agravo interno no agravo em recurso especial. Contrato de promessa de compra e venda. Penhora. Bem de família. Exceção. Possibilidade. Agravo desprovido. 1. Nos termos da jurisprudência aplicada pelo Superior Tribunal de Justiça, existe possibilidade de penhora do bem de família para saldar débito decorrente de contrato de promessa de compra e venda para aquisição do imóvel. 2. A constrição é admissível com base na interpretação conferida ao art. 3º, I, da Lei nº 8.009/1990, a qual decorre da compatibilização da proteção legal conferida ao bem de família com a livre manifestação de vontade do proprietário que, *in casu*, ao expor o imóvel em banco de negociação, adotou conduta incompatível com a manutenção da impenhorabilidade legal conferida ao bem. 3. Agravo interno desprovido." (*STJ* – Ag Int-AREsp 1420192/SP, 6-8-2019, Rel. Min. Marco Aurélio Bellizze).
"Agravo interno no recurso especial – Execução – **Impenhorabilidade do bem de família** – Imóvel dado em garantia de empréstimo de terceiros, pessoa jurídica – 1 – "É iterativa a jurisprudência deste e. Superior Tribunal de Justiça que entende ser admissível a penhora do bem de família hipotecado quando a garantia real for prestada em benefício da própria entidade familiar, e não para assegurar empréstimo obtido por terceiro ou pessoa jurídica, sendo vedado se presumir que a garantia fora dada em benefício da família, para, assim, afastar a impenhorabilidade do bem com base no art. 3º, V, da Lei nº 8.009/90" (AgInt no AgInt no AREsp 927.036/MG, Rel. Ministro Marco Buzzi, Quarta Turma, julgado em 24/10/2017, *DJe* 10/11/2017). 2 Na hipótese, o próprio acórdão recorrido reconhece que, apesar de entender irrelevante, trata-se de hipoteca voltada a assegurar empréstimo obtido por terceiro, pessoa jurídica, da qual a executada não fazia parte. 3 – Agravo interno não provido" (*STJ* – AGInt-REsp 1.689.748 – (2017/0191537-7), 18-9-2018, Rel. Min. Luis Felipe Salomão).

Em quinto lugar, de acordo com o art. 1.717, o prédio não poderá ser alienado sem o consentimento dos interessados e de seus representantes legais. O dispositivo não está bem redigido. Para se conseguir autorização dos menores à liberação do bem há necessidade de intervenção judicial. Dificilmente, na prática, tal autorização é concedida, pois o *pater familias* precisa provar a necessidade da alienação e que os menores continuarão garantidos até a maioridade. Contudo, só o caso concreto poderá dar a solução. Pode ocorrer que a família mude de domicílio e queira transferir a instituição para outro bem; isto é possível atendendo-se aos requisitos gerais aqui expostos.

O art. 1.714 do atual Código acentua que o bem de família constitui-se pelo registro de seu título no Registro de Imóveis. Antes do registro, portanto, não há eficácia *erga omnes*.

17.7 INALIENABILIDADE E IMPENHORABILIDADE DO BEM DE FAMÍLIA. APLICAÇÃO NA LEI Nº 8.009/1990

Na forma do art. 1.717, o bem de família é declarado inalienável. Tal inalienabilidade é feita em benefício da família para proporcionar-lhe abrigo seguro e duradouro.

É preciso entender, contudo, que essa inalienabilidade é tão só acidental; pode ser removida, desde que haja aquiescência dos interessados. Estes, quando incapazes, devem ser representados por curador especial, pois há conflito fundamental com os representantes.

Característica fundamental é a impenhorabilidade. É este o próprio cerne do instituto, como diz o art. 1.716, deixando o bem *"isento de execução por dívida"*, salvo as provenientes de impostos relativos ao mesmo prédio.[7]

A primeira exceção à impenhorabilidade é justamente a de débitos tributários relativos ao imóvel.

Não prevalece também a impenhorabilidade no caso de fraude contra credores ou em detrimento de débito anterior. Por isso dispunha o art. 71 que, para o exercício da faculdade

---

[7] "Apelação – **Ação declaratória de impenhorabilidade de bem de família** – Sentença de improcedência – Inconformismo – Acolhimento – Credor hipotecário que habilita seu crédito em processo de inventário – Ação declaratória proposta pelo meeiro e codevedor – Bem inventariado diverso daquele objeto da hipoteca – Inaplicabilidade da exceção do art. 3º, da lei 8.009/90 – Litisconsortes facultativos – Omissão sobre o pedido de sua inclusão – Créditos de naturezas diversas – Processo já sentenciado – Anulação do processo que seria desproporcional – Possibilidade de ajuizamento de nova demanda – Decisão reformada – Ação procedente – Deram provimento ao recurso." (*TJSP* – Ap 1000965-59.2018.8.26.0218, 21-2-2019, Rel. Alexandre Coelho).

"Agravo interno no recurso especial – **Ação declaratória de impenhorabilidade de bem de família** – Desmembramento – Necessidade de retorno dos autos à origem – Recurso parcialmente provido – 1 – A jurisprudência desta Corte assegura a prevalência da proteção legal ao bem de família, independentemente de seu padrão. A legislação é bastante razoável e prevê inúmeras exceções à garantia legal, de modo que o julgador não deve fazer uma releitura da lei, alegando que sua interpretação atende melhor ao escopo do diploma legal. 2 – Admite-se, excepcionalmente, a penhora de parte do imóvel quando for possível o seu desmembramento em unidades autônomas, sem descaracterizá-lo, levando em consideração, com razoabilidade, as circunstâncias e peculiaridades do caso. 3 – Na hipótese, apesar de o imóvel ser composto por três matrículas, a instância ordinária não examinou a possibilidade de seu desmembramento, sem descaracterização do bem ou prejuízo para a área residencial. 4 – Agravo interno parcialmente provido, determinando-se o retorno dos autos à origem para que, reconhecida a impenhorabilidade do imóvel litigioso, seja avaliada a possibilidade de desmembramento em unidades autônomas, sem descaracterização do bem ou prejuízo para a área residencial" (*STJ* – AGInt-REsp 1.669.123 – (2017/0098276-0), 22-3-2018, Rel. Min. Lázaro Guimarães).

"Agravo de instrumento – Interposição contra decisão que deixou de conhecer da impugnação à penhora ofertada pela agravante, por ser intempestiva – **Impenhorabilidade de bem de família** – Matéria de ordem pública não sujeita à preclusão, que antes da arrematação, pode ser arguida a qualquer tempo – Hipótese em que a apreciação da questão importará em ofensa ao princípio do duplo grau de jurisdição – Possibilidade de discussão do tema pelo juízo de primeiro grau. Recurso parcialmente provido" (*TJSP* – AI 2245722-20.2015.8.26.0000, 11-8-2016, Rel. Luís Fernando Lodi).

de instituição, é necessário que os instituidores no ato não tenham dívidas cujo pagamento possa ser prejudicado.[8]

Não é anulada, no entanto, a instituição quando aparece dívida anterior e é provado que àquela época o instituidor não era insolvente. Se a insolvência é posterior, em nada prejudica o bem de família.

No bem de família legal da Lei nº 8.009/1990, o art. 3º trata das exceções à impenhorabilidade:

> *"II – pelo titular do crédito decorrente do financiamento destinado à construção ou à aquisição do imóvel, no limite dos créditos e acréscimos constituídos em função do respectivo contrato;*
>
> *III – pelo credor de pensão alimentícia, resguardados os direitos, sobre o bem, do seu coproprietário que, com o devedor, integre união estável ou conjugal, observadas as hipóteses em que ambos responderão pela dívida; (alterado pela Lei n.13.144/2015)*
>
> *IV – para cobrança de impostos, predial ou territorial, taxas e contribuições devidas em função do imóvel familiar;*
>
> *V – para execução de hipoteca sobre o imóvel oferecido como garantia real pelo casal ou pela entidade familiar;*[9]

---

[8] "Apelação – Embargos à execução – **Alegação de bem de família – Garantia hipotecária** – Exceção à regra de impenhorabilidade – Se a execução tem como objeto cédula de crédito em que o imóvel constrito foi oferecido como hipoteca para garantir o pagamento da dívida, não há que se falar em impenhorabilidade decorrente do bem de família, nos termos do art. 3º, V, da Lei nº 8.009/90." (TJMG – AC 1.0003.17.001776-2/002, 23-8-2019, Rel. Luiz Carlos Gomes da Mata).

[9] "Agravo de instrumento. Locação. Cumprimento de sentença. Decisão que defere penhora sobre imóvel de propriedade dos fiadores. Insurgência dos executados. Manutenção. Hipótese que se subsume à exceção prevista no artigo 3º inciso VII da Lei 8.009/90. Proteção legal que não se aplica ao fiador em contrato de locação. É válida a penhora de bem de família pertencente ao fiador, seja em locação comercial ou em locação residencial. Tema nº 1127 STF e Súmula nº 549 do Superior Tribunal de Justiça. Penhora mantida. Recurso improvido". (TJSP – AI 2169450-04.2023.8.26.0000, 29-9-2023, Rel. Celina Dietrich Trigueiros).

"Processo civil. Agravo de instrumento. Cumprimento de sentença. **Bem de família**. Penhora. Preclusão. Inocorrência. Dívida objeto de execução adquirida para compra do imóvel. Bem oferecido em hipoteca. Exceção à impenhorabilidade. Art. 3º, inciso II e V, da Lei n.º 8.009/90. 1. Tratando-se de matéria de ordem pública, a discussão em torno da natureza de bem de família do imóvel objeto de penhora nos autos de origem não se preclusa para este egrégio Tribunal de Justiça, se a questão ainda não foi debatida em segunda instância, ainda que já tenha sido analisada por decisão pretérita do juízo a quo, que não foi, à época, desafiada por recurso. 2. Nos termos do art. 3º, inciso II, da Lei n.º 8.009/90, a impenhorabilidade do bem imóvel de família não se opõe à execução instaurada pelo titular do crédito decorrente do financiamento destinado à sua aquisição. Além disso, tal impenhorabilidade não pode ser invocada se o imóvel foi oferecido à parte em garantia hipotecária e também não se opõe ao titular da garantia da hipoteca, consoante o disposto no inciso V do art. 3º da Lei referida. 3. Agravo de instrumento não provido". (TJDFT – Ap. 07039411320218070000, 18-11-2021, Rel. Arnaldo Camanho).

"Embargos de declaração. Agravo de instrumento. Constrição de imóvel. Impugnação a penhora. **Bem de família**. Acórdão que manteve a decisão agravada e afastou a alegação de bem de família arguida pelo devedor. Imóvel oferecido espontaneamente pelo embargante em favor do banco para garantia de 'Cédula de Crédito Comercial' que embasa a exordial, a título de hipoteca em 1º grau. Exceção à regra de impenhorabilidade, prevista no art. 3º, V, da Lei 8.009/90. Ademais, não há elementos concretos a comprovar que o devedor e a entidade familiar dele residem no imóvel. Ausentes as hipóteses autorizadoras do recurso integrativo. Embargos rejeitados". (TJSP – Embargos de Declaração Cível 0057975-63.2012.8.26.0000, 28-1-2021, Rel. Afonso Bráz).

"Execução por título extrajudicial – Cédula de crédito bancária com garantia hipotecária – **Impenhorabilidade – Bem de família** – Tendo o executado cedido o imóvel em garantia à confissão de dívida firmada, não há que se falar em impenhorabilidade do bem – Penhora mantida – Decisão reformada – Recurso provido." (TJSP – AI 2151577-30.2019.8.26.0000, 10-10-2019, Rel. Maia da Rocha).

"Processual Civil – Direito Civil – Embargos de divergência – **Bem de família** oferecido em garantia hipotecária pelos únicos sócios da pessoa jurídica devedora – Impenhorabilidade – Exceção – Ônus da prova – proprietários – 1 – O art. 1º da Lei nº 8.009/1990 instituiu a impenhorabilidade do bem de família, haja vista se tratar de instrumento de tutela do direito fundamental à moradia da família e, portanto, indispensável à composição de

VI – *por ter sido adquirido com produto de crime ou para execução de sentença penal condenatória a ressarcimento, indenização ou perdimento de bens".*

A vigente Lei do Inquilinato (nº 8.245/91) incluiu mais uma exceção ao art. 3º:

"VII – por obrigação decorrente de fiança concedida em contrato de locação".

O legislador do inquilinato apercebeu-se que a aplicação da impenhorabilidade dificultaria a obtenção de fiadores na locação.

O art. 2º da lei do bem de família legal, como já referimos, exclui também da impenhorabilidade *os veículos de transporte, obras de arte e adornos suntuosos.*[10]

---

um mínimo existencial para uma vida digna, ao passo que o art. 3º, inciso V, desse diploma estabelece, como exceção à regra geral, a penhorabilidade do imóvel que tiver sido oferecido como garantia real pelo casal ou pela entidade familiar. 2 – No ponto, a jurisprudência desta Casa se sedimentou, em síntese, no seguinte sentido: a) o bem de família é impenhorável, quando for dado em garantia real de dívida por um dos sócios da pessoa jurídica devedora, cabendo ao credor o ônus da prova de que o proveito se reverteu à entidade familiar; E b) o bem de família é penhorável, quando os únicos sócios da empresa devedora são os titulares do imóvel hipotecado, sendo ônus dos proprietários a demonstração de que a família não se beneficiou dos valores auferidos. 3 – No caso, os únicos sócios da empresa executada são os proprietários do imóvel dado em garantia, não havendo se falar em impenhorabilidade. 4 – Embargos de divergência não providos". (STJ – ED-AG-REsp 848.498 – (2016/0003969-4), 7-6-2018, Rel. Min. Luis Felipe Salomão).

"Agravo interno no Recurso Especial – Processual civil e civil – **Bem de família** – Violação ao art. 3º, V, da Lei nº 8.009/90 caracterizada – Interpretação restritiva – Agravo desprovido – 1 – O art. 3º, V, da Lei nº 8.009/90 representa norma de exceção à ampla proteção legal conferida ao bem de família; Dessa forma, a regra interpretativa aplicável não deve ser estendida a outras hipóteses não previstas pelo legislador, uma vez que, do contrário, estar-se-ia ampliando as restrições à proteção legal. Precedentes. 2 – Agravo interno desprovido" (STJ – AGInt-REsp 1.561.079 – (2015/0123129-0), 29-6-2018, Rel. Min. Lázaro Guimarães).

"Processo civil. Execução fiscal. **Bem de família** dado em garantia. Imóvel rural. Art. 4º, § 2º, da Lei 8.009/90. Possibilidade na parte que excede ao necessário à moradia do devedor e de sua família. 1 – Inexiste violação ao art. 535 do CPC se o Tribunal aborda todas as questões relevantes para o julgamento da lide. 2 – Aplica-se à penhora de imóvel rural o § 2º do art. 4º que dispõe:'quando a residência familiar constituir-se em imóvel rural, a impenhorabilidade restringir-se-á à sede de moradia, com os respectivos bens móveis, e, nos casos do art. 5º, inciso XXVI, da Constituição, à área limitada como pequena propriedade rural'. 3 – Recurso especial parcialmente provido para determinar a penhora do imóvel rural no percentual que exceda o necessário à moradia do devedor" (STJ – REsp 1.237.176 – (2011/0031420-0), 10-4-2013, Relª Minª Eliana Calmon).

[10] "Agravo de instrumento – execução de título extrajudicial – Recurso contra a r. decisão que indeferiu o pedido de expedição de mandado de constatação na residência do executado – Pretensão à sua reforma – Admissibilidade – Esgotamento das diligências visando localização de patrimônio passível de constrição em nome dos devedores – **Excluem-se da impenhorabilidade** do bem de família (Lei 8.009/90, art. 1º, parágrafo único) os **bens supérfluos**, como obras de arte e adornos suntuosos (art. 2º), devendo ser considerada, ainda, sua indispensabilidade para a família – Precedentes desta C. Câmara – decisão reformada – agravo provido" (TJSP – AI 2209621-03.2023.8.26.0000, 9-1-2024, Rel. Fábio Podestá).

"Agravo de instrumento – Execução de título extrajudicial – **Bem de família – Impenhorabilidade – Único imóvel – Pequena propriedade rural** – I- Hipótese em que o imóvel penhorado nos autos da ação executiva é o único de propriedade dos coexecutados, ora agravantes – Provas documentais suficientes a corroborar esta alegação – Ainda que os agravantes tenham declinado no contrato executado, possuir residência em outro endereço, era ônus da agravada comprovar que o imóvel em questão não é o único de propriedade dos devedores – Ônus do qual não se desincumbiu a contento – Aplicabilidade do art. 1º, da Lei nº 8.009/90 – Impenhorabilidade do imóvel reconhecida – Precedentes do C. STJ – II- Ante o reconhecimento da impenhorabilidade com fulcro na Lei nº 8.009/90, desnecessário adentrar no mérito da questão relativa à pequena propriedade rural – Resultado prático obtido com o provimento jurisdicional que será o mesmo – Penhora levantada – III- Em razão do acolhimento da impugnação à penhora apresentada pelos agravantes, de rigor a imposição dos ônus sucumbenciais à parte adversa – Art. 85, §§s 1º e 8º, do NCPC – Decisão reformada – Agravo provido". (TJSP – AI 2220748-11.2018.8.26.0000, 5-11-2019, Rel. Salles Vieira).

"Agravo de instrumento – Negócios jurídicos bancários – Execução de título extrajudicial – **Penhora de bens que guarnecem a residência do devedor** – Impossibilidade – Precedentes do STJ – Bens impenhoráveis – Decisão reformada – Consoante entendimento do STJ os bens móveis que guarnecem a residência do devedor são impenhoráveis, pois abrangidos pela Lei 8.009/1990 que dispõe sobre a impenhorabilidade do bem de família. Caso.

O locatário também foi lembrado no bem de família legal, pois

"no caso de imóvel locado, a impenhorabilidade aplica-se aos bens móveis quitados que guarneçam a residência e que sejam de propriedade do locatário, observado o disposto neste artigo" (parágrafo único do art. 2º).

O art. 4º procura evitar a fraude dispondo:

"Não se beneficiará do disposto nesta Lei aquele que, sabendo-se insolvente, adquire de má-fé imóvel mais valioso para transferir a residência familiar, desfazendo-se ou não da moradia antiga.

§ 1º Neste caso poderá o juiz, na respectiva ação do credor, transferir a impenhorabilidade para a moradia familiar anterior, ou anular-lhe a venda, liberando a mais valiosa para execução ou concurso, conforme a hipótese".

A redação é ruim. Não se trata de o juiz "transferir" o vínculo, mas de considerá-lo ineficaz em benefício do credor, nos próprios autos da execução, para coibir a fraude. A lei nada diz acerca de terceiros de boa-fé. Poderá, contudo, ocorrer fraude contra credores ou fraude de execução, quando então será caso de aplicar a anulação dentro dos princípios desses institutos.

17.8 DURAÇÃO

De acordo com o parágrafo único do art. 70 do código antigo, o benefício duraria *"enquanto viverem os cônjuges e até que os filhos completem sua maioridade"*. Aí o instituto terá atingido sua finalidade.

Dizíamos, sob a égide do estatuto anterior, contra a opinião de alguns, que permanecia o bem vinculado no caso de existência de filhos interditos que se equiparam aos menores. O atual Código foi, como se nota é expresso nesse aspecto.

O benefício, ainda, pode ser extinto voluntariamente. É decorrência lógica da natureza do instituto. A questão é da conveniência da família. Pode acontecer de a instituição ter ocorrido em circunstâncias de uma época na vida da família que não mais perduram. Os interessados são os juízes dessa conveniência e haverá autorização judicial para tal; se existirem incapazes, deve ser-lhes nomeado curador especial, com participação do Ministério Público, em qualquer caso.

Se o prédio deixar de servir como domicílio da família, haverá a extinção do benefício, por requerimento de qualquer interessado.

A propósito, dizia o art. 21 do Decreto-lei nº 3.200/41:

"Art. 21. A cláusula de bem de família somente será eliminada, por mandado do juiz, e a requerimento do instituidor, ou, nos casos do art. 20, de qualquer interessado, se o prédio deixar de ser domicílio da família, ou por motivo relevante plenamente comprovado.

A questão atinente à impenhorabilidade dos bens restou evidente, tendo em vista que os bens sobre os quais a agravante pretende a penhora, ou seja, móveis que guarneçam a residência (forno micro-ondas e condicionadores de ar, bem como bens encontrados em duplicidade), não se enquadram em bens supérfluos a autorizar a penhora, mas sim de bens necessários a manutenção básica da unidade familiar. Deram provimento ao agravo de instrumento. Unânime" (*TJRS* – AI 70075716456, 22-2-2018, Rel. Des. Giovanni Conti).

"Agravo de instrumento – Ação de indenização em fase de cumprimento de sentença – **Alegação de bem de família** – Não comprovação do uso residencial do imóvel – Decisão mantida – Recurso não provido – É inviável a proteção da impenhorabilidade do bem de família, se inexistente prova suficiente do fim residencial do imóvel penhorado" (*TJSP* – AI 2067229-84.2016.8.26.0000, 31-5-2016, Rel. Vicente de Abreu Amadei).

§ 1º Sempre que possível, o juiz determinará que a cláusula recaia em outro prédio, em que a família estabeleça domicílio.

§ 2º Eliminada a cláusula, caso se tenha verificado uma das hipóteses do art. 20, entrará o prédio logo em inventário para ser partilhado".

No bem de família legal, a instituição independe de qualquer formalidade.

Portanto, por morte de um dos cônjuges o bem não irá a inventário, mas se o cônjuge sobrevivente dele se mudar e não ficar residindo algum filho menor, a cláusula será eliminada e o imóvel será partilhado.

O art. 1.721 do Código de 2002 exprime que a dissolução da sociedade conjugal não extingue o bem de família, mas, dissolvido o matrimônio pela morte de um dos cônjuges, o sobrevivente poderá pedir a extinção do bem de família se for o único bem do casal.

O credor terceiro, como interessado, pode requerer a ineficácia do vínculo caso o seja anterior a sua constituição (art. 71 e parágrafo único do Código Civil de 1916), ou no caso de provar que o imóvel já não sirva para o domicílio da família. É preciso entender, contudo, que nesses casos não há necessidade de que o credor promova o cancelamento do vínculo, mas que simplesmente *"desconsidere"* sua existência em eventual execução e penhora. Trata-se de ineficácia com relação a esse interessado.

Os interessados podem também provar judicialmente a impossibilidade de manutenção da instituição, nas condições em que foi constituído (art. 1.719). Nessa hipótese, o juiz poderá extingui-lo ou autorizar a sub-rogação dos bens instituídos em outros, ouvindo sempre o instituidor e o Ministério Público. Assim, pode ocorrer que o imóvel e os bens móveis acessórios que o secundam se tornem excessivos ou insuficientes para a família, necessitando esta de outro prédio ou de outros investimentos garantidores. A necessidade será apurada no caso concreto.

17.9 PROCESSO DE CONSTITUIÇÃO

O procedimento para a constituição do bem de família vem estatuído nos arts. 260 a 265 da Lei nº 6.015/73 (Lei dos Registros Públicos).

A instituição deverá ser feita por escritura pública (art. 260). A instituição por testamento, do novo Código, deve ser regulamentada. A escritura do imóvel será apresentada ao oficial do registro para a inscrição, a fim de que seja publicada na imprensa local (art. 261) ou, em sua falta, na da Capital do Estado ou do Território. A finalidade da publicidade é dar conhecimento a eventuais credores que tenham motivo para se oporem à constituição.

Não havendo razão para dúvida, a publicação será feita de acordo com o art. 262, da qual constará:

"I – o resumo da escritura, nome, naturalidade e profissão do instituidor, data do instrumento e nome do tabelião que o fez, situação e característicos do prédio;

II – o aviso de que, se alguém se julgar prejudicado, deverá, dentro em 30 (trinta) dias, contados da data da publicação, reclamar contra a instituição, por escrito e perante o oficial".

Não havendo determinação expressa da lei, a publicação será feita uma única vez pela imprensa.

Findo o prazo de 30 dias, sem qualquer reclamação (art. 263), o oficial transcreverá a escritura integralmente e fará a matrícula, arquivando um exemplar do jornal da publicação e restituindo o instrumento ao apresentante, com a nota da inscrição.

No caso de ser apresentada reclamação (art. 264), o oficial fornecerá cópia ao instituidor e lhe restituirá a escritura, com a declaração de haver sido suspenso o registro, cancelada a prenotação.

Nessa hipótese, o instituidor poderá insistir no registro, requerendo ao juiz competente que o determine sem embargo da reclamação (art. 264, § 1º). Caso o juiz estabeleça que se proceda ao registro nessas circunstâncias, ressalvará ao reclamante o direito de recorrer à ação competente para anular a instituição ou promover execução sobre o prédio instituído, se se tratar de dívida anterior.

Trata-se de fase administrativa. Ainda que seja determinado o registro, resta sempre ao prejudicado o direito de invalidar a instituição ou *"desconsiderá-la"*, na via judicial própria.

Se o juiz indeferir o registro, pode também o instituidor recorrer à via judiciária, *a contrario sensu*.

Em qualquer caso, nessa fase administrativa, *"o despacho do juiz será irrecorrível e, se deferir o pedido, será transcrito integralmente, juntamente com o instrumento"* (art. 264, § 3º).

Nessa fase administrativa, o conhecimento do juiz é incompleto, não há coisa julgada, daí porque se pode sempre recorrer às vias ordinárias, podendo fazê-lo, de acordo com as circunstâncias, quer o instituidor, quer o prejudicado com a instituição. Não é necessário, para invalidar a instituição, que o prejudicado tenha apresentado reclamação na fase administrativa. É claro que, se o tiver feito, terá situação melhor no processo, mas não é requisito de procedibilidade.

Complementa o art. 265 da Lei dos Registros Públicos:

> *"Quando o bem de família for instituído juntamente com a transmissão da propriedade (Decreto-lei nº 3.200, de 14 de abril de 1941, art. 8º, § 5º), a inscrição far-se-á imediatamente após o registro da transmissão, ou, se for o caso, com a matrícula".*

Trata-se da hipótese em que o instituidor adquire o imóvel e já no mesmo ato institui o bem de família.

17.10 O BEM DE FAMÍLIA NO CÓDIGO CIVIL DE 2002

Os arts. 70 ss do Código Civil antigo abriam importante exceção à regra de que ninguém pode, como proprietário, tornar seus próprios bens impenhoráveis, porque o princípio geral é de que o patrimônio do devedor deve garantir suas dívidas. No caso, porém, o legislador desejou cercar a família de garantias para um teto, um local permanente onde morar, a salvo das intempéries financeiras do *pater*, colocando o bem a salvo dos credores.

Nas edições anteriores desta obra, dizíamos que o recrudescimento das dificuldades econômicas que afligiram e afligem o país aconselhava que a instituição do bem de família fosse mais utilizada.

A Lei nº 8.009/90, com todas as suas falhas, foi evidentemente muito mais avançada, fazendo com que a impenhorabilidade do imóvel de moradia decorra imperativamente da lei, independendo da vontade do titular do direito. O tempo de sua vigência já demonstra que a lei foi incorporada ao mundo negocial e ao espírito da sociedade. Como visto, essa lei, que institui o bem de família por imperativo legal, desestimula e suprime utilidade para a instituição voluntária, custosa e procedimental.

Como dissemos, o atual Código disciplina o instituto dentro do direito de família. Mantida a base estrutural, há novos pressupostos na atual lei.

O art. 1.711, como apontamos, faculta a ambos os cônjuges ou à entidade familiar a legitimidade para a instituição. Nesse mesmo dispositivo, abre-se a possibilidade de o testamento instituir o bem de família. Uma vez instituído por testamento, a lei registrária deve ser alterada para admitir esse procedimento, cabendo às Corregedorias, enquanto isso não ocorrer, possibilitar o que a lei material permite. Como aponta Álvaro Villaça Azevedo, a instituição por testamento trará dificuldades, mormente porque seus efeitos ocorrem apenas após a morte, quando então será avaliado o patrimônio, sujeito também aos credores do espólio. Melhor que se mantivesse unicamente a possibilidade por escritura pública pelos cônjuges, a qualquer momento (1999:226).

A administração do bem compete a ambos os cônjuges, salvo disposição em contrário no ato de instituição, resolvendo o juiz em caso de divergência (art. 1.720). Esse mesmo dispositivo, no parágrafo único, indica o filho mais velho para prosseguir na administração, se for maior, ou, no caso, seu tutor, com o falecimento de ambos os consortes. Poderá não ser a solução mais conveniente para o caso concreto, decidindo o juiz, conforme a situação. Não sendo oportuno e conveniente que o filho mais velho seja o administrador, caberá ao juiz verificar, dentre os membros da família, preferentemente residentes no local, qual o que possui melhores condições para a função.

A dissolução da sociedade conjugal não extingue, obviamente, o bem de família (art. 1.721). Há que se ver qual dos cônjuges permanecerá no imóvel, o qual poderá, inclusive, excepcionalmente, ficar na posse direta unicamente dos filhos. Se a sociedade conjugal for dissolvida pela morte de um dos cônjuges, faculta-se ao sobrevivente pedir a extinção do bem de família, se for o único bem do casal (art. 1.721, parágrafo único). Esta última disposição não é conveniente, pois poderá prejudicar os filhos menores (Azevedo, 1999:227).

Se, por um lado, no art. 1.712 há a especificação de que o bem de família constituir-se-á em um prédio residencial urbano ou rural, com suas pertenças e acessórios, por outro, o art. 1.711 limita o valor da instituição a um terço do patrimônio líquido existente ao tempo da instituição. A lei que ordena os registros públicos deverá também disciplinar essa prova do valor do bem. Apresentada a documentação ao registro, havendo dúvida quanto ao limite imposto na lei, poderá o cartorário submeter a questão a juízo. Não se suprime a possibilidade de qualquer interessado insurgir-se contra a instituição, a qual, em qualquer caso, não pode prejudicar as dívidas do instituidor até então existentes.

O parágrafo único do art. 1.711 permite que terceiro institua o bem de família, por testamento ou doação, dependendo, da eficácia do ato, da aceitação expressa de ambos os cônjuges beneficiados ou da entidade familiar beneficiada. Essa aceitação pode ocorrer no mesmo instrumento de doação ou posteriormente, mormente quando se tratar de instituição por testamento. O terceiro não está sujeito ao limite de um terço do patrimônio.

Ao estipular que o benefício deve consistir em prédio urbano ou rural, destinado ao domicílio da família, o art. 1.712 inova e esclarece dúvida da doutrina no passado, autorizando que as pertenças e os acessórios integrem a instituição, podendo também abranger valores mobiliários, "*cuja renda será aplicada na conservação do imóvel e no sustento da família*". O atual diploma encara o bem de família em seu sentido global e social: de nada adianta para a família ter seu prédio residencial imune a execuções se não há possibilidade de mantê-lo e de manter ali os integrantes da família. Nesse sentido, permite o Código de 2002 que o instituidor destine recursos para essa manutenção que poderá consistir em aplicações financeiras, alugueres etc. A maior dificuldade será isentar esses recursos das execuções por parte de terceiros. O art. 1.713 dispõe que os valores mobiliários desse jaez não poderão exceder o valor do prédio instituído, à época da instituição. O texto não é muito claro e pode dar a ideia que outro um terço do patrimônio atual possa ser destacado para o bem de família, o que, em síntese, poderia somar 2/3 do patrimônio e contrariar o art. 1.711. Parece a melhor interpretação ser no sentido de que o prédio, suas pertenças e acessórios e os bens afetados para sua manutenção e sustento da família deverão, no total, limitar-se a um terço do patrimônio líquido atual do instituidor. No entanto, se a interpretação sistemática é essa, a interpretação gramatical não propende nesse sentido.

O art. 1.713 esclarece que os valores mobiliários afetados ao bem de família deverão ser devidamente individualizados no instrumento de instituição (art. 1.713, § 1º). Se forem títulos nominativos, a instituição deverá constar dos respectivos registros (art. 1.713, § 2º). O instituidor poderá determinar que a administração dos bens mobiliários seja confiada a instituição financeira, bem como disciplinar a forma de pagamento da respectiva renda aos beneficiários, caso em que a responsabilidade dos administradores obedecerá às regras do contrato de depósito (art. 1.713). A figura do administrador, nesse caso, mais se aproxima do contrato de fidúcia do que do de depósito. A lei reporta-se ao depósito certamente para conceder maior rigor na apuração da conduta do administrador.

O art. 1.714 dispõe que, em sendo a instituição formalizada pelos cônjuges ou por terceiros, constituir-se-á pelo registro do título no Registro de Imóveis. Se constituída por terceiros, será feita a transcrição. Esta última solução deverá ser adotada, como regra geral, quando se tratar de entidade familiar.

Atendendo ao princípio geral do instituto, o bem de família é isento de execução pelas dívidas posteriores a sua constituição, salvo as que provierem de tributos relativos ao prédio, ou de despesas de condomínio (art. 1.715). A regra é similar aos bens gravados com a cláusula de inalienabilidade. Esclarece o parágrafo único desse artigo que, na execução dessas dívidas afeitas ao próprio prédio, o saldo remanescente será aplicado em outro prédio, como bem de família, ou em títulos da dívida pública, para sustento familiar, salvo se motivos relevantes aconselharem outra solução, a critério do juiz. O interesse a ser visto pelo magistrado, nesse caso, é o da entidade familiar: poderá não ser a solução mais conveniente a aplicação do saldo eventualmente remanescente em títulos da dívida pública.

Em paralelo ao disposto no Código anterior, a isenção que beneficia o prédio e seus acessórios durará enquanto viver um dos cônjuges, ou, na falta destes, até que os filhos completem a maioridade. Deve existir um alargamento nessa interpretação: se há filhos que não atingem a plena capacidade civil porque lhes falta o devido discernimento, ou por desenvolvimento mental incompleto, continuando incapazes, permanecerá o benefício, pois esse é o intuito da lei, a qual aliás é expressa no art. 1.722.

A alienação do prédio e respectivos valores mobiliários não poderão ter destino diverso, somente sendo utilizados para domicílio familiar e somente podendo ser alienados com o consentimento dos interessados e seus representantes legais, ouvido o Ministério Público. Trata-se da extinção voluntária do bem de família descrita no art. 1.717. Caberá ao juiz, em síntese, a palavra final sobre a extinção.

Outra situação que pode apresentar-se, como vimos, é a impossibilidade de o bem continuar a servir como bem de família, qualquer que seja a causa. Nessa hipótese, poderá o juiz, a requerimento dos interessados, extingui-lo ou autorizar sua sub-rogação em outros bens, ouvidos o instituidor e Ministério Público (art. 1.719). No projeto que já se apresenta para alterar o atual Código (nº 6.960/2002), nesse dispositivo pode ser autorizada também a alienação do bem, dependendo da prova de oportunidade e conveniência.

O bem de família extingue-se também pelo término de seu destino natural, com a morte de ambos os cônjuges e a maioridade dos filhos, desde que não sujeitos à curatela (art. 1.722).

Importante é a disposição do art. 1.718. Qualquer forma de liquidação das entidades administradoras dos valores mobiliários não deverá atingir os valores a ela confiados, devendo o juiz ordenar sua transferência para outra instituição semelhante. Na falência, possibilita-se o pedido de restituição. Como vimos, a responsabilidade da instituição é a do depositário.

Embora muito bem detalhado o bem de família no presente Código, e por isso mesmo de complexa efetivação, tudo é no sentido de que continuará com pouca utilização, em face do bem de família legal da Lei nº 8.009.

18

UNIÃO ESTÁVEL. UNIÕES HOMOAFETIVAS

18.1 UNIÃO ESTÁVEL E DIREITO DE FAMÍLIA

Ao encerrarmos nosso estudo de direito de família, é importante tecer mais algumas considerações a respeito da união estável. Como o leitor notou, em todos os tópicos foram mencionados aspectos que dizem respeito a esse estado de fato conjugal. Conceituamos sua problemática no Capítulo 2 desta obra, após enfocarmos a estrutura do casamento. Ali, traçamos as características básicas na definição do concubinato ou da união estável. No decorrer de nosso estudo, em inúmeras e frequentes passagens, fizemos referência à união estável, ao direito dos companheiros, ao art. 226, § 3º, da Constituição Federal e às polêmicas Leis nos 8.971/94 e 9.278/96.

Ao fim do estudo do Direito de Família, é certo que muitas dúvidas certamente ainda persistem, mormente porque o instituto é regulado especificamente apenas nos arts. 1.723 a 1.727 do atual Código. Impossível equacioná-las por completo em decorrência dessas normas imperfeitas e repletas de imprecisões. O legislador não foi claro, ou porque não soube, ou porque assim não desejou. Desse modo, é difícil sistematizar os direitos dos companheiros e, muito mais que isso, nos casos práticos será por vezes difícil harmonizar efeitos da união estável com efeitos do casamento, quando ambos se apresentam concomitante ou sucessivamente aos olhos do intérprete. Em qualquer exame que se faça doravante no direito brasileiro, como é curial, nunca mais há de se colocar o casamento como compartimento isolado, estanque, sem relação com a família derivada da união estável.

Por igual, a própria Constituição reconhece que pode existir família, entidade familiar, fora do casamento e fora da união estável, constituída por apenas um dos genitores e seus descendentes, a chamada família monoparental (art. 226, § 4º). A igualdade dos filhos para todos os fins foi definitivamente estabilizada.[1] Na verdade, mudou a família e mudamos nós todos na

---

[1] "**Reconhecimento e dissolução de união estável** – Presença dos requisitos necessários exigidos pelo artigo 1.723, do Código Civil – Entidade caracterizada – Partilha dos bens e das dívidas adquiridas durante o período de convívio – Presunção de esforço comum do casal para a constituição do patrimônio adquirido durante a vigência do relacionamento – Determinação de partilha dos bens com exceção do imóvel adquirido com recursos próprios em sua maioria (partilha somente do remanescente) – Ação parcialmente procedente – Decisão mantida – Recurso não provido." (*TJSP* – AC 1062399-13.2016.8.26.0576, 18-11-2019, Rel. Erickson Gavazza Marques).

forma como encará-la. O sentido da lei, pouco importando suas falhas formais que paulatinamente serão corrigidas principalmente pelo trabalho dos tribunais, traduz o sentimento social: a lei não se adianta aos fenômenos sociais, vem sempre ao encontro deles. Desse modo, há, sem dúvida, um novo Direito de Família no Brasil, a partir de 1988. Muitos dos postulados do Código Civil, ainda vigente, têm atualmente mero valor histórico. Nessas premissas, as novas gerações do final do século XX e do século XXI já nascem sob um novo paradigma social e também sob novos princípios jurídicos.

Por muito tempo, ainda, discutir-se-á sobre a conveniência da sistematização do atual Direito de Família. Orlando Soares (1999:44) comenta a esse respeito:

> "Seja como for, o desinteresse pelo casamento acabou provocando uma espécie de clamor público, no sentido de que fossem constitucionalizadas e reguladas, legislativamente, as uniões livres entre o homem e a mulher, para efeito de recíproca assistência e proteção à prole, daí resultante; originando a noção de entidade familiar, prevista na Carta Política de 1988, em razão do que não mais se pode falar em família ilegítima, em oposição à família legítima, pois ambas essas situações estão sob o manto da proteção legal e constitucional".

Recorde-se, ademais, de que o Código Civil de 1916 possuía vários dispositivos nos quais era discriminado o concubinato impuro, em proteção à família legítima. O art. 1.177 permitia a anulação da doação do cônjuge adúltero a seu cúmplice, pelo outro cônjuge, ou por seus herdeiros necessários. Note-se que essa disposição persiste no vigente Código, no art. 550. O art. 1.474 proibia à concubina de homem casado ou ao concubino de mulher casada ser indicado como beneficiário de contrato de seguro de vida, ao proibir que se instituísse como

---

"Apelação Cível – **Ação de reconhecimento e dissolução de união estável** – Sentença de parcial procedência com reconhecimento da união pelo período de julho de 2007 até maio de 2012, com partilha dos bens e, no que tange ao imóvel financiado, estabeleceu o condomínio, com previsão para que as prestações do financiamento que se vencerem após o trânsito em julgado deverão ser partilhadas na proporção de 50% para cada parte, fixando-se os alimentos para a ex-companheira em 13% dos rendimentos líquidos do requerido. Recurso do varão defendendo existência de namoro prolongado, alegando que somente as parcelas do financiamento do imóvel, quitadas no curso do relacionamento devem ser partilhadas, pugnando pelo afastamento da pensão alimentícia. Sentença parcialmente reformada – União estável configurada, até mesmo pelo documento nesse sentido acostado aos autos. Partilha, todavia, somente dos valores quitados até a ruptura da união estável, não havendo falar em condomínio, porque o imóvel é financiado, sob pena de enriquecimento ilícito. Alimentos – Ausência de prova da necessidade alimentar – Apelada que laborava de forma autônoma durante a união estável, inexistindo prova da alegada depressão e incapacidade laboral, sendo proprietária de imóvel, que pode alugar – Pensão alimentícia, ademais, que já vem sendo paga desde a fixação dos provisórios, em 2013, não se justificando a sua manutenção – Recurso parcialmente provido" (TJSP – Ap 0008355-16.2013.8.26.0625, 18-9-2018, Rel. José Joaquim dos Santos).

"Apelação – **Reconhecimento e dissolução de união estável** – Partilha – Regime de comunhão parcial de bens ante a ausência de disposição em contrário. Art. 1.725 do Código Civil. Comunicabilidade dos bens adquiridos na constância da união estável. Divisão corretamente determinada. Sentença mantida. Recursos a que se nega provimento" (TJSP – Ap 4000265-67.2013.8.26.0554, 22-1-2016, Rel. José Rubens Queiroz Gomes).

"Apelação cível – **Ação de reconhecimento e dissolução de união estável**, cumulada com partilha de bens e alimentos. Sentença de parcial procedência. Inconformismo das partes. Não acolhimento. Autor que não se desincumbiu do ônus de provar o alegado maior período de duração da união estável, tampouco a necessidade de perceber alimentos. Partilha corretamente realizada, considerando a presunção de esforço comum do casal em relação aos bens adquiridos durante a união estável. Sentença mantida. Negado provimento aos recursos" (v.19505). (TJSP – Ap 0004359-84.2010.8.26.0408, 11-6-2015, Relª Viviani Nicolau).

"Agravo regimental – Agravo em recurso especial – **Ação de reconhecimento e dissolução de união estável** – Requisitos da união estável – Não comprovação da comunhão de esforços para formação de patrimônio comum – Desnecessidade – 1 – O fato de o casal não ter adquirido nenhum bem durante o período de convivência não afasta a possibilidade de reconhecimento da união estável, visto que a comunhão de esforços para a formação de patrimônio comum não é requisito necessário para a sua caracterização, nos termos do art. 1.723 do CC e da jurisprudência desta Corte Superior. Precedentes. 2 – Agravo regimental a que se nega provimento" (STJ – AgRg--AG-REsp 168.780 (2012/0081606-0), 17-9-2014, Relª Minª Maria Isabel Gallotti).

beneficiário pessoa legalmente inibida de receber doações do segurado. O art. 1.719, II, proibia à concubina do testador casado ser nomeada herdeira ou legatária, com idêntica proibição ao concubino da testadora casada. Essa restrição foi amenizada na nova redação (art. 1.801, III). Essas restrições passam a ser discutíveis perante a novel legislação, ainda que, em parte, tenham sido modificadas pelo presente Código. Fortes motivações existirão certamente nos casos concretos, com forte carga de equidade, que induzirão a jurisprudência a entender como inaplicáveis essas restrições perante a proteção que o ordenamento ora dedica à união estável.

No entanto, é importante reiterar que o legislador do Código Civil optou por distinguir claramente o que se entende por união estável e por concubinato, não podendo mais essas expressões ser utilizadas como sinônimas, como no passado. O termo *concubinato* fica reservado, na forma do art. 1.727, às relações não eventuais entre o homem e a mulher, impedidos de casar, o que não é também uma expressão muito precisa, como apontaremos. Trata-se da união sem casamento, impura ou adulterina. Como conclui Rodrigo da Cunha Pereira:

> *"com a evolução do pensamento construtor da doutrina sobre o direito concubinário, podemos dizer que concubinato não adulterino é união estável e o adulterino continua sendo o concubinato propriamente dito"* (In: DIAS, Marina Berenice; PEREIRA, Rodrigo da Cunha (Coord.). *Direito de família e o atual código civil*, 2001:213).

Note-se que o legislador, ao referir-se, no art. 1.727, aos impedidos de casar, disse mais do que pretendia, pois, por exemplo, os separados judicialmente estão impedidos de casar, mas não estão impedidos de constituir união estável.

É importante distinguir união estável de concubinato, nessas respectivas compreensões, pois há consequências jurídicas diversas em cada um dos institutos. No concubinato podem ocorrer os efeitos patrimoniais de uma sociedade de fato, sem que existam outros direitos dedicados exclusivamente à união estável, tratada muito proximamente como se matrimônio fosse.

A entidade familiar reconhecida como tal é denominada união estável, conforme o art. 1.723:

> *"É reconhecida como entidade familiar a união estável entre o homem e a mulher, configurada na convivência pública, contínua e duradoura e estabelecida com o objetivo de constituição de família.*
>
> *§ 1º A união estável não se constituirá se ocorrerem os impedimentos do art. 1.521; não se aplicando a incidência do inciso VI no caso de a pessoa casada se achar separada de fato ou judicialmente.*
>
> *§ 2º As causas suspensivas do art. 1.523 não impedirão a caracterização da união estável".*

O Projeto nº 2.285/07 (Estatuto das Famílias) mantém a mesma redação, mas acrescenta importante texto no parágrafo único: "A união estável constitui estado civil do convivente, independentemente de registro, e deve ser declarado em todos os atos da vida civil". A proteção a terceiros é fundamental e sendo a união estável um estado de fato, esse controle nunca será perfeito. Muitas redações novas virão com o projeto de reforma do Código Civil em curso.

"**Ação de reconhecimento e dissolução de união estável.** Partilha de Bens e Guarda de Menor. Incontroversa a convivência do casal. Acordo formalizado no curso da ação com relação à guarda do filho menor e visitas paternas. Partilha. Insurgência. Automóvel alienado na constância da união. Indenização. Descabimento. Partilha de bem imóvel. Inteligência do art. 5º da Lei nº 9.278/96. O patrimônio adquirido na constância da união deve ser partilhado na proporção de 50% para cada convivente. Recurso parcialmente provido" (TJSP – Ap. 0043115-25.2010.8.26.0001, 10-5-2013, Rel. Luiz Antonio Costa).

Entidade familiar é conceito mais amplo que família. A expressão foi introduzida pela Constituição de 1988. Sob forte aspecto, a regulamentação da união estável, uma relação de fato, é um paradoxo, pois quem escolhe por assim viver não quer se prender aos formalismos de um ordenamento. Argumenta, porém, Rodrigo da Cunha Pereira, que "*a manifestação de liberdade encontra também limitações. Mesmo porque o direito de viver informalmente não significa viver à margem da lei*" (2003:6). Desse modo, ao contrário da maioria das legislações, o legislador brasileiro optou por uma postura francamente intervencionista na vida íntima dos unidos sem casamento. Trata-se, sem dúvida, de uma publicização da vida privada. Se, por um lado, o Direito não pode ignorar os fenômenos sociais, por outro, a excessiva regulamentação tolhe a liberdade de cada um. Se o casal opta por viver à margem do casamento é porque não deseja a intervenção do ordenamento em sua relação. Desse modo, mostra-se como um certo paradoxo a regulamentação desse estado de fato. Toda a criação dos direitos em torno da união sem casamento é resultado de longo trabalho jurisprudencial, como já apontamos no início desta obra.

A definição estabelecida pelo art. 1.723 é muito semelhante àquela então fornecida pelo art. 1º da Lei nº 9.278/96. Trata-se de um conceito aberto de união estável, sem as amarras temporais do passado. O vínculo duradouro e não um limite de tempo poderá definir a solidez dessa união. A primeira lei que regulamentou o § 3º do art. 226 da Constituição federal foi a de nº 8.971/94, que se referia a um lapso temporal de cinco anos.

De acordo com o § 1º, a união de fato, tal como concebida na Constituição, não pode ser reconhecida nas hipóteses nas quais o casal está impedido de casar. Nessas situações, pode ocorrer concubinato, dentro da nomenclatura adotada pelo atual Código. Às pessoas casadas, porém, abre-se exceção: pode configurar-se a união estável quando os partícipes estão separados de fato ou judicialmente.[2] Enquanto a separação judicial, já extinta no ordenamento, se prova objetivamente, a separação de fato requer sua evidenciação, o que poderá trazer dúvidas no

---

[2] "Apelação cível. Direito de família. **Ação de reconhecimento e dissolução de união estável *post mortem*.** Concubinato. Inexistência. Requisitos preenchidos. União estável caracterizada. Sentença mantida. 1. Preenchidos os requisitos da convivência duradoura, pública e contínua, correta a sentença que declara a união estável. 2. O art. 1.723, § 1º, do Código Civil, ressalva a possibilidade de reconhecimento da união estável nos casos em que a pessoa casada se encontra separada de fato ou judicialmente, o que torna inviável o reconhecimento de concubinato. 3. Recurso desprovido" (*TJDFT* – Ap 07044491820198070003, 12-6-2024, Rel. Getúlio de Moraes Oliveira).

"**União estável – Ação de reconhecimento e dissolução** – Contrato de convivência em que os conviventes optaram pelo regime da separação total de bens. Escritura pública. Desnecessidade. Exigência apenas da forma escrita, nos termos do artigo 1.725 do Código Civil. Aplicação, ademais, da vedação do 'venire contra factum proprium'. Bem imóvel adquirido exclusivamente pela apelada que não deve ser objeto da partilha. Dissolução da união estável por acordo homologado judicialmente. Desnecessidade de assinatura por testemunhas para que a dissolução surta efeitos. Sentença mantida. Recurso improvido." (*TJSP* – AC 1012789-52.2016.8.26.0002, 14-11-2019, Relª Maria Cláudia Bedotti).

"Apelação Cível – **Ação de reconhecimento e dissolução de união estável** – Sentença de parcial procedência com reconhecimento da união pelo período de julho de 2007 até maio de 2012, com partilha dos bens e, no que tange ao imóvel financiado, estabeleceu o condomínio, com previsão para que as prestações do financiamento que se vencerem após o trânsito em julgado deverão ser partilhadas na proporção de 50% para cada parte, fixando-se os alimentos para a ex-companheira em 13% dos rendimentos líquidos do requerido. Recurso do varão defendendo existência de namoro prolongado, alegando que somente as parcelas do financiamento do imóvel, quitadas no curso do relacionamento devem ser partilhadas, pugnando pelo afastamento da pensão alimentícia. Sentença parcialmente reformada – União estável configurada, até mesmo pelo documento nesse sentido acostado aos autos. Partilha, todavia, somente dos valores quitados até a ruptura da união estável, não havendo falar em condomínio, porque o imóvel é financiado, sob pena de enriquecimento ilícito. Alimentos – Ausência de prova da necessidade alimentar – Apelada que laborava de forma autônoma durante união estável, inexistindo prova da alegada depressão e incapacidade laboral, sendo proprietária de imóvel, que pode alugar – Pensão alimentícia, ademais, que já vem sendo paga desde a fixação dos provisórios, em 2013, não se justificando a sua manutenção – Recurso parcialmente provido" (*TJSP* – Ap 0008355-16.2013.8.26.0625, 18-9-2018, Rel. José Joaquim dos Santos).

"**Ação de reconhecimento e dissolução de união estável** – Improcedência – Inconformismo – Não acolhimento – Relacionamento amoroso que não se revestiu dos requisitos necessários à configuração da convivência marital,

caso concreto. Na forma do § 2º, as causas suspensivas de per si não serão óbice para o reconhecimento da união estável, como não o são para o próprio casamento.

O tantas vezes mencionado Projeto nº 6.960/2002 sugeriu a introdução de duas novas normas a esse dispositivo. No § 2º, traz a seguinte redação: *"Aplica-se à união estável o regime da separação de bens nas hipóteses previstas no art. 1.641, inciso I e II"*. A ideia é fazer com que a situação de fato se aproxime tanto quanto possível ao casamento, não se outorgando prerrogativas mais amplas à situação de fato da união estável em detrimento do casamento. Esse desiderato é tanto quanto mais difícil em sua normatização justamente porque é um estado de fato e, como tal, de forma natural, permite maior liberdade aos partícipes. Equiparar o regime de bens do casamento à união estável por si só apresenta vicissitudes. Impor o regime de separação legal obrigatória (afronta às causas suspensivas; pessoas maiores de 60 anos e hipóteses nas quais há necessidade de suprimento judicial para o casamento) à união estável apresentará obstáculos fáticos de difícil solução na prática, em que pese a boa intenção do legislador, a principiar pela definição da data exata em que começou a convivência com contornos de união de fato.

O § 3º sugerido pelo Projeto dispõe:

"A produção de efeitos da união estável, inclusive quanto a direitos sucessórios, havendo litígio entre os interessados, dependerá da demonstração de sua existência em ação própria".

Na verdade, nunca houve dúvida de que situações de fato incertas ou duvidosas podem merecer um processo judicial para declará-las. O dispositivo projetado apenas constata isso e não se mostra essencial. No entanto, no país em que tudo se coloca em dúvida, nada impede que integre o ordenamento.

O § 4º sugerido pelo Projeto é um complemento do anterior. Dispõe que *"poderá ser homologada judicialmente a extinção consensual da união estável"*. Assim como pode ser declarada por sentença a existência da união de fato, pode ser declarada sua inexistência e, por consequência, sua extinção. O dispositivo projetado vai mais além, autorizando a homologação judicial da extinção consensual da união estável, a exemplo do que ocorre na separação e no divórcio consensual. O dispositivo é importante, pois aplaca dúvidas daqueles legalistas extremados.

O projeto do Estatuto das Famílias dispõe acertadamente, em paralelo à entidade familiar com casamento, acerca dos impedimentos que obstam o reconhecimento da união estável: "A união estável não se constitui: I – entre parentes na linha reta, sem limitação de grau; II – entre parentes na linha colateral até terceiro grau, inclusive; III – entre parentes por afinidade em linha reta. Parágrafo único. A união formada em desacordo aos impedimentos legais não exclui os deveres de assistência e a partilha de bens" (art. 64). O ordenamento não pode admitir como união estável situação sob esses impedimentos, que contrariam a ética, a moral e os bons costumes, nem se pode admitir à união estável uma extensão maior que o próprio casamento. Uma entidade constituída com infração a esses impedimentos é tratada à semelhança do antigo concubinato impuro, não prescindindo dos deveres de assistência recíproca e da partilha de bens.

Portanto, a união estável, denominada na doutrina como concubinato puro, passa a ter perfeita compreensão como aquela união entre o homem e a mulher que pode converter-se em

---

mormente quanto à duração e intenção de constituição de família – Sentença mantida – Recurso desprovido. (*TJSP* – Ap 0019676-65.2012.8.26.0566, 23-6-2016, Rel. Grava Brazil).

"Agravo de instrumento – **Ação de reconhecimento e dissolução de sociedade de fato** – União estável reconhecida – Partilha de bens móveis determinada – Trânsito em julgado da sentença – Alienação de coisa comum – Prestação jurisdicional esgotada – Demanda a ser dirimida no juízo cível – Decisão mantida – Agravo improvido" (*TJSP* – AI 2209528-55.2014.8.26.0000, 7-1-2015, Rel. Giffoni Ferreira).

casamento. Tanto assim é que, em complemento a dispositivo constitucional, o art. 1.726 dispõe que *"a união estável poderá converter-se em casamento, mediante pedido dos companheiros ao juiz e assento no registro civil"*. Essa transformação em casamento não prescinde e depende, é evidente, dos procedimentos preliminares e do processo de habilitação regular. Por essa razão, esse artigo e os demais que o precederam com o mesmo sentido são inócuos e nada acrescentam. Sentido haveria na disposição se dispensasse alguns dos procedimentos prévios para a realização do casamento ou se estabelecesse regras patrimoniais retroativas ao termo inicial da união estável, o que não ocorre entre nós.

Por outro lado, o texto definitivo do corrente Código não exigiu prazo mínimo de convivência para a caracterização da união estável como se fez no passado e como fazia a redação anterior do dispositivo citado no Projeto do Código Civil de 1975. A estabilidade da união entre o homem e a mulher deve ser definida no caso concreto, como vimos no Capítulo 2, e independe de período mínimo de convivência. Anote-se, também, que o texto legal do presente Código permite que se conceitue a união estável para pessoas separadas de fato. Desse modo, poderá existir uma faixa tênue de exame probatório para dirimir se a relação é meramente concubinária ou estável, dentro da conceituação da lei para ambos os institutos.

Importa agora tão só sintetizar alguns pontos já referidos anteriormente.

18.2   RECONHECIMENTO DA UNIÃO ESTÁVEL

Como ressaltamos no Capítulo 2, caberá aos conviventes ou a qualquer interessado comprovar a sociedade de fato e a união estável. Observados os requisitos da união, bastará a obediência das normas para efeito de dissolução, rescisão ou morte de um dos companheiros (art. 7º, parágrafo único, da Lei nº 9.278/96). Em suma, uma vez reunidos os elementos necessários para a configuração da união estável, seu reconhecimento dependerá da iniciativa dos interessados, conviventes ou herdeiros, matéria que pode ser discutida em ação ajuizada exclusivamente para esse fim ou decidida incidentemente em pedidos de várias naturezas (alimentos, filiação, direitos sucessórios etc.). De há muito, no entanto, a jurisprudência admite a ação de reconhecimento ou declaratória da união estável ou sociedade de fato, consagrada pela Súmula 380 do Supremo Tribunal Federal. Havendo falecido o convivente, a ação deve ser movida contra os herdeiros, e não contra o espólio (*RTJSP* 41/52). Desse modo, ainda que se considere revogada a Lei nº 9.278/96, o que será objeto de celeuma, o princípio geral persiste.

18.3   APONTAMENTOS SOBRE A POLÊMICA LEGISLAÇÃO

Como foi apontado em várias oportunidades, os dois diplomas legais referidos continuam a causar dificuldades interpretativas. O problema persistirá em parte com o atual Código, pois não houve revogação expressa desses diplomas. A Lei nº 8.971/94, no intuito de regulamentar a entidade familiar sem casamento, consagrada pela Constituição, não se refere especificamente à união estável ou entidade familiar, mas reporta-se ao companheiro e companheira, sob o prisma dos alimentos e da sucessão. Essa lei, ao mencionar que o companheiro teria direito à totalidade da herança, na ausência de descendentes e ascendentes, colocava o convivente em terceiro lugar na ordem de vocação hereditária, em conjunto com o cônjuge. Desse modo, os colaterais somente seriam chamados à sucessão se o convivente não fosse casado nem deixasse companheira de união estável. Poderiam conviver, destarte, direitos hereditários concomitantes do cônjuge e da companheira, se o concubinato fosse adulterino. Já pelo vigente Código, a sucessão do companheiro ou da companheira foi tratada de forma estranha, antes da ordem de vocação hereditária, no art. 1.790. Ainda que com certo atraso, o art. 1.790 foi dado como inconstitucional pelo STF. Não mais se faz distinção entre cônjuges ou companheiros para fins hereditários, como queria o legislador de 2002.

18.4 CONVENÇÕES ENTRE OS CONVIVENTES

Sobre o tema, deve ser consultado o que foi observado a respeito no capítulo dedicado ao regime de bens (Capítulo 15). Como examinado, no casamento o regime de bens começa a vigorar desde a data do enlace, não sendo mais irrevogável pelo mais recente Código. Sob a união estável, é possível aos companheiros celebrar convenções, por escrito, sob a égide das duas leis citadas.[3] A esses pactos, por analogia, devem ser aplicados os princípios dos regimes de bens. Não é exigida, porém, escritura pública, pois a lei menciona apenas a necessidade de contrato escrito (art. 5º, § 2º da Lei nº 9.278/96). Não podem ser admitidas, em princípio, cláusulas que nos pactos antenupciais também são vedadas. Sob hipótese alguma podem ser concedidos direitos mais amplos à união estável do que aqueles outorgados ao casamento, embora, por vezes, a lei acene com essa possibilidade, e na prática seja difícil que exista esse controle. De qualquer modo, é inelutável que as convenções entre os companheiros sobre a administração de seus bens (art. 5º da Lei nº 9.278/96) podem ser modificadas de comum acordo a qualquer tempo, enquanto o regime de bens no casamento é imutável. O novel Código, no art. 1.725, também estabelece que os companheiros podem ajustar sua vida patrimonial por contrato escrito, não se exigindo a escritura pública, aplicando-se, no que couber, e na ausência de pacto, o regime da comunhão parcial de bens. Desse modo, terceiros que tratam ou negociam com alguém em união estável não podem ser prejudicados pela omissão do fato, pois não se presume a publicidade do regime de bens entre os conviventes, como ocorre com o pacto antenupcial no casamento, por força do registro civil e do registro imobiliário. Por essa razão, o Projeto nº 6.960 sugeriu acrescentar parágrafo ao art. 1.725, determinando que os conviventes que vierem a firmar instrumentos com terceiros deverão mencionar a existência da união estável e a titularidade do bem objeto da negociação. Não o fazendo, os responsáveis deverão arcar com perdas e danos, além de responderem na esfera criminal pela omissão ou pela declaração falsa, preservando-se, ainda, os direitos dos terceiros de boa-fé. Por essa razão, é de toda conveniência que, em qualquer negócio jurídico, quando a parte se declara solteira, viúva, separada judicialmente ou divorciada, deva ser exigido que declare se está ou não ligada em relação de união estável, ainda que o texto projetado não esteja em vigor.

Ademais, complementa o citado projeto, acrescentando em mais um parágrafo ao art. 1.725, que *"não se comunicam os bens adquiridos com recursos obtidos anteriormente à constituição da união estável"*. Como se nota, são inúmeras as questões que podem advir da união estável e avulta a importância da jurisprudência nessa seara, enquanto não tivermos normas suficientemente claras a respeito.

18.5 CONTRATOS AFETIVOS

Nesta era tecnológica, de comunicações imediatas, conhecimento de centenas de pessoas no mundo virtual, pressão social e profissional e um sem número de normas legais a serem obedecidas, era inevitável que as relações afetivas fossem afetadas e se transformassem.

---

[3] "Apelação Cível – **Ação anulatória de escritura pública de reconhecimento e dissolução de união estável** – Pacto firmado entre as partes – Inocorrência de vício de consentimento – Não comprovado vício de consentimento, descabe a pretendida anulação da escritura pública. Apelação desprovida" (*TJRS* – AC 70076589183, 25-4-2018, Rel. Des. Jorge Luís Dall'agnol).

O velho e tradicional namoro, situação prévia para o casamento, que apontava para um noivado antecedente, desapareceu tal como era em algumas décadas atrás. As velhas regras sociais e freios sexuais do passado não existem mais. As inúmeras regras que impõem novos deveres sociais, morais e responsabilidade patrimonial aos envolvidos em um relacionamento afetivo forçam cada dia mais uma nova perspectiva nessa área de convivência. O temor da responsabilização financeira após o final de uma relação tem incentivado muitos a redigir os chamados contratos afetivos, ou contratos de namoro. Nesse sentido expõe Maria Berenice Dias (2010:181) com objetividade: *"Desde a regulamentação da união estável, levianas afirmativas de que simples namoro ou relacionamento fugaz podem gerar obrigações de ordem patrimonial provocaram pânico. Diante da situação de insegurança, começou a se decantar a necessidade de o casal de namorados firmar contrato para assegurar **a ausência de comprometimento** recíproco e a incomunicabilidade do patrimônio presente e futuro".*

Os pactos antenupciais, regulados pelo Código Civil, tem por função precípua regular o regime patrimonial durante o casamento e após seu desfazimento, sendo estranho a eles, em princípio, tudo que não diga respeito a esse enfoque. Nos contratos de convivência que atestam e declaram uma união estável, apesar de o fulcro ser também essencialmente esse, podem ser incluídos outros aspectos como os que dizem respeito aos filhos menores de um e de outro membro do casal, domicílio conjugal e dos filhos, especificação de direitos de visita dos descendentes etc. Como o casamento é um negócio jurídico e a união estável consiste numa situação de fato, o contrato de convivência desta pode ser mais amplo do que a simples adoção de um sistema patrimonial, descrito na lei ou fora dela. Não é pelo fato de existir uma escritura de convivência entre os partícipes da união que esta se converte em negócio jurídico. Ainda porque, de qualquer forma, o simples fato de existir um documento não atesta que o casal efetivamente tem conduta como marido e mulher, algo que apenas a exterioridade social poderá demonstrar.

Por outro lado, a conhecimento intrínseco entre o namoro e a união estável nem sempre será simples no caso concreto. Cada situação concreta geralmente apresenta uma diferente compreensão e composição. Primeiramente porque nosso ordenamento não exige que duas pessoas envolvidas em relação afetiva convivam sob o mesmo teto. O Código Civil estabelece que será reconhecida a união estável entre o homem e a mulher, com convivência pública, contínua e duradoura e estabelecida com o objetivo de constituir família. Evidente que essa convivência que se traduz em união estável, gera efeitos patrimoniais recíprocos que se aguçam quando do término da relação.

Pois é justamente no intuito de afastar esses consectários patrimoniais que a prática criou, nos últimos anos, esses *contratos de namoro*, cuja finalidade é afastar a situação de fato que poderia ser compreendida como união estável. A perspectiva é avaliar até que ponto é possível outorgar validade e eficácia a esses pactos que se travestem à primeira vista de negócio jurídico, seu alcance e seus efeitos.

No início de um namoro a paixão com frequência obscurece a razão. Nem sempre o apaixonado é racional de início. Com o tempo e o decorrer da relação começam a surgir os questionamentos nos enamorados. Para onde vamos? Vamos conviver? Só namorar? Casar? Evoluir de alguma forma na relação ou involuir?

Não é fácil uma definição apriorística do que se entende por namoro e por união estável depois de tantas mudanças sociais. O caso concreto examinado a fundo deverá dar a solução, o que nem sempre será fácil. Se um dos cônjuges demonstrar a intenção de formar uma família, um namoro poderá ser interpretado como união estável e ensejar a separação patrimonial no que couber no término da relação.

Sob esse clima muitos tem recorrido aos denominados *contratos de namoro*, também referidos como *contratos de intenções afetivas recíprocas* e outros termos análogos. Procura-se, destarte, regular o amor. Assim, há de se concluir que nem mesmo as reações afetivas podem mais ser espontâneas.

Na verdade, esses contratos procuram afastar a responsabilização patrimonial que pode ocorrer no término da relação. São levados à sua redação aqueles casais que têm essa situação. Verdadeiro temor ao amor.

Os relacionamentos afetivos possuem as mais variadas gradações: pernoita-se na casa do(a) companheiro(a); passam os finais de semana juntos; roupas já ficam na casa do outro etc. A Súmula 382 do STF já definira que a vida em comum sob o mesmo teto não é indispensável para a caracterização do concubinato e hoje da união estável.

Há que se entender que um contrato desse naipe não terá o condão de alterar a situação fática do casal, a qual definirá se vivem ou não em união estável. Desse modo, na companhia de notáveis especialistas, não diviso efeitos jurídicos nesses surpreendentes pactos, muito mais porque a situação fática se altera com muita facilidade e seria necessária uma série ampla de alterações nesses escritos para espelhar a realidade de cada momento. Tudo na relação deve ser examinado quando se faz necessário, geralmente no final do conúbio: se a relação era única e com fidelidade, se era adúltera ou não; periódica ou constante; exclusivamente para relações sexuais etc. Tudo porque o simples reconhecimento de um namoro não gera direitos e deveres patrimoniais. Para caracterizar a união estável o vínculo deve ser forte, como se os atores fossem marido e mulher, com plena exterioridade social. Mas, como se sabe, nenhum desses argumentos vistos isoladamente será conclusivo.

Propondo, portanto, pela corrente que entende que esses contratos de namoro são nulos (art. 166, VI do Código Civil), embora com forte reação doutrinária em contrário. Sua finalidade, na massiva maioria das vezes, é proteger o partícipe que possui patrimônio em detrimento daquele que não o tem, com nítida ofensa aos princípios da dignidade humana e do direito de família. Assim sendo, um contrato desse jaez não poderá nunca impedir o reconhecimento da união estável, assim como uma declaração de união estável poderá levar a uma conclusão de sua inexistência. Recorde-se que não estamos no campo dos contratos patrimoniais e sim na seara da família, cujos princípios são diversos. Destarte, muito distante desses pac-tos está o princípio do pacta sunt servanda. Nesse campo, os fatos superam qualquer escrito!

Não se justifica mais uma possibilidade de intervenção na vida privada. Quando houver necessidade de comprovar a união estável há uma série de elementos que trarão elementos de convicção ao julgador, a começar pelo teto em comum; colocação do convivente como beneficiário de seguro de vida; pagamento de plano de saúde; aluguel de imóvel comum, correspondência em endereço comum etc.

Acrescente-se que nosso sistema de união estável ainda não é o ideal, não somente para os próprios conviventes, mas mormente para o eventual relacionamento com terceiros. Melhor seria que tivéssemos, como no direito comparado, a obrigatoriedade de um contrato de convivência.

Assim, o decantado contrato de namoro não produzirá efeito se provada a união estável, como também não os produzirá se apenas o superficial, singelo e fugaz namoro, na pureza de sua essência, persistir.

O amor por si só, entendido como afeto, ternura, amparo, proteção recíproca e relação sexual, não pode ficar preso a planos futuros e a contratos de curta ou média duração. Apesar de tudo que se diz e que se disse a respeito desses contratos. Há que se deixar o amor seguir seu próprio caminho e se a vida levar para uma união estável ou casamento, estar-se-á seguindo uma ordem natural. Uma ligação erótica natural e espontânea, em especial entre pessoas solteiras ou livres, deve ocorrer com naturalidade, sem desvios sociais ou jurídicos, não importando se a relação é heteroafetiva ou homoafetiva. Cabe também ao jurista sublimar o desejo de viver, ser feliz, o desejo de amar sem linhas ou amarras, pois essas certamente virão com o casamento ou a união estável, e nem sempre serão as mais agradáveis. No lapidar dizer de Maria Berenice Dias (2010:182), essas avenças meramente afetivas que tentam regular o namoro *"com o intuito de prevenir responsabilidades, não dispõe de nenhum valor, a não ser o de acabar monetarizando singela relação afetiva"*.

Deixemos a vida seguir seu rumo de forma tão simples quanto possível. As relações afetivas já estão plenamente reguladas pelos emaranhados princípios do casamento e mais recentemente da união estável para que coloquemos outro obstáculo ao amor sincero e desprovido de outro interesse que não a busca perene da felicidade, a qual, nas sempre lembradas palavras do poeta Vicente de Carvalho, *"está sempre onde nós a pomos, mas nunca a colocamos onde nós estamos"*.

18.6 DISSOLUÇÃO DA UNIÃO ESTÁVEL. PATRIMÔNIO

O art. 7º da Lei nº 9.278/96 previa a hipótese de rescisão da união estável, por iniciativa de um ou de ambos os conviventes:

> *"Dissolvida a união estável por rescisão, a assistência material prevista nesta Lei será prestada por um dos conviventes ao que dela necessitar, a título de alimentos".*

O Código de 2002 enfatiza a obrigação de prestar alimentos entre os companheiros, nos mesmos moldes dos cônjuges no casamento (art. 1.694), como analisamos no Capítulo 16. Veja ali o que falamos sobre os alimentos côngruos e os necessários. Também no desfazimento da relação de companheirismo exige-se, portanto, a noção de culpa (art. 1.694, § 2º).

O art. 1.724 do vigente Código dispõe que as relações pessoais entre os companheiros obedecerão aos deveres de lealdade, respeito e assistência, e de guarda, sustento e educação dos filhos. Desse modo, não somente no tocante aos alimentos, mas também quanto ao exercício do poder familiar e aos deveres recíprocos, a união estável se aproxima do casamento. É certo que nos estritos termos não se configura adultério na união estável, mas devem os companheiros guardar lealdade um para com outro.

O termo *rescisão* é mais uma imprecisão da lei citada. No direito contratual, normalmente nos referimos à rescisão quando há culpa de um dos contratantes. Na convivência estável, nem sempre se discutirá culpa, nem o instituto deve ser tratado como um contrato. De qualquer modo, no desfazimento dessa sociedade conjugal, o quadro assemelha-se ao que ocorre na separação consensual ou litigiosa. Se não houver contrato de convivência, haverá, na maioria das vezes, necessidade de ação de reconhecimento da sociedade de fato. Se falecidos ambos os conviventes, a iniciativa será dos herdeiros.[4]

---

[4] *"Apelação. **Reconhecimento e dissolução de união estável**. Partilha de bens. Insurgência do autor contra a parte da sentença que deixou de determinar a partilha sobre bem móvel. Recorrente aponta que o veículo foi adquirido na constância da união estável, sendo imperiosa a sua divisão. Não acolhimento. Inteligência do art. 1.725 do Código Civil. Na união estável, salvo contrato escrito entre os companheiros, aplica-se às relações patrimoniais, no que couber, o regime da comunhão parcial de bens. Hipótese dos autos denuncia que, a despeito do referido veículo ter sido adquirido na constância da união, o autor transferiu a propriedade do bem à demandada, não havendo que se falar, portanto, em sua partilha, posto que não mais pertencente ao ex-casal. Sentença mantida e ratificada, nos termos do art. 252 do RITJSP. Recurso desprovido".* (TJSP – Ap 1013281-54.2020.8.26.0309, 13-10-2022, Rel. Clara Maria Araújo Xavier).

O reconhecimento de sociedade de fato entre parceiros de união estável procura evitar o enriquecimento sem causa de um em detrimento do outro; significa reconhecer direito de propriedade a quem ainda não o teve reconhecido formalmente (Rainer Czajkowski, 1996:112). Nesse sentido, o art. 5º da Lei nº 9.278/96 coroava esse entendimento, canalizado por longo caminho jurisprudencial:

> "Os bens adquiridos por um ou por ambos os conviventes, na constância da união estável e a título oneroso, são considerados fruto do trabalho e da colaboração comum, passando a pertencer a ambos, em condomínio e em partes iguais, salvo estipulação em contrário por escrito".

Essa compreensão deve persistir no atual Código, que não é detalhadamente expresso a esse respeito, mas que determina a aplicação dos princípios da comunhão de aquestos (art.

"Apelação. Ação de reconhecimento e dissolução de união estável post mortem. Sentença de procedência. Insurgência do réu. Legitimidade ativa de todos os herdeiros. Convivência da autora no período pré-nupcial. Provas documentais e testemunhais de que o requerente mantinha com a autora relacionamento público, com reconhecimento dos companheiros em seu meio social, principalmente perante filhos, amigos, parentes e colegas de trabalho, com a intenção de constituir família, tanto assim que se casaram, e com ela permaneceu até seu falecimento. Relacionamentos paralelos com outras mulheres que se deram de forma secreta, atuando como amantes e não companheiros. Reconhecimento da união pelo período indicado na inicial, com partilha dos bens onerosamente adquiridos determinada. Sentença mantida. Recurso improvido". (TJSP – Apelação Cível 0068810-04.2012.8.26.0100, 20-11-2020, Rel. Pedro de Alcântara da Silva Leme Filho).
"**Ação de reconhecimento e dissolução de união estável** – Sentença de parcial procedência, para reconhecer a união no período de 2013 a 2017. Apela a ré afirmando que a sentença não se atentou à prova testemunhal que assevera ter morado com o autor desde 2011. Descabimento. A prova testemunhal é contraditória. Para que seja reconhecida a entidade familiar mister que ambos demonstrassem a vontade dirigida para a constituição de família, o que não se verificou, até que as partes se mudassem para imóvel adquirido pelo autor no início do relacionamento. A ré nada soube declarar acerca do preço, pagamento e condições da aquisição de tal imóvel, não ficando demonstrada a concorrência de esforço comum. Recurso improvido." (TJSP – AC 1000759-86.2017.8.26.0248, 21-10-2019, Rel. James Siano).
"**Reconhecimento e dissolução de união estável** *post mortem* – Alegação de união estável de 1997 até 2012, data do óbito do suposto companheiro – Afirmação de que o falecido estava separado de fato da esposa havia vários anos – De cujus casado desde 1977 com Z. P. B – Escritura de testamento público, feita em 2001, em que o falecido deixou à autora a parte disponível de sua herança e aduziu ser separado de fato – Viúva e filha que refutam toda a inicial, negando ocorrência de separação de fato – Diversos documentos anexados para comprovação da manutenção do casamento até o falecimento de C.B – Oitiva de testemunhas – Sentença de improcedência – Inconformismo da autora – Requerimento de procedência da demanda, afirmando gozar a escritura de fé pública – Não acolhimento – Não comprovada a ocorrência de separação de fato – Impossibilidade de aplicação do artigo 1.723, § 1º, CC – Extenso conjunto probatório de que o de cujus permaneceu casado e em comunhão com a esposa – Possível existência de relacionamento extraconjugal, que não se confunde com união estável – Inexistência dos requisitos de configuração de união estável – Ajuizamento de ação anulatória do testamento pelas rés, que foi julgada procedente, declarando-o nulo, já com trânsito em julgado – Sentença mantida –. Negaram provimento ao recurso" (TJSP – Ap 0011539-85.2012.8.26.0084, 2-8-2018, Rel. Alexandre Coelho).
"**Reconhecimento e dissolução de união estável** *post mortem* – Improcedência – Ausência de comprovação de união pública, contínua, duradoura, com o intuito de constituir família – Caracterização, no máximo, de mero namoro – *Animus* de constituir família e vida *more uxório* não demonstrados – Sentença mantida – Recurso desprovido. Litigância de má-fé – Inocorrência das hipóteses do art. 80, do NCPC – Inaplicabilidade da multa a que alude o art. 81, do NCPC" (TJSP – Ap 0039460-34.2013.8.26.0100, 18-7-2016, Rel. Moreira Viegas).
"Processual civil e administrativo. Agravo regimental no recurso especial. Servidor público. Pensão por morte. **União estável**. Acórdão recorrido. Fundamento não impugnado. Súmula 283/STF. Incidência. 1. O Tribunal de origem concedeu pensão às duas mulheres que conviviam com o servidor falecido, em união estável, tendo em vista a convivência marital, a dependência econômica e a existência de prole em ambos os casos. 2. A autarquia recorrente, por sua vez, limitou-se à alegação de que não há como conceder a pensão em conjunto às autoras, pois a legislação brasileira não prevê união estável de um homem com duas companheiras, em concomitância. 3. Encontra óbice na Súmula nº 283 do Supremo Tribunal Federal o recurso especial que não ataca fundamento suficiente para manter o acórdão. 4. Agravo regimental a que se nega provimento" (STJ – Acórdão AgRg no Recurso Especial nº 979.562 – RS, 9-4-2013, Rel. Min. Og Fernandes).

1.725), não havendo contrato em contrário. Há que se examinar, em cada caso, o âmbito da exclusão por escrito e se não houve vício de vontade. Excluem-se, portanto, os bens adquiridos a título gratuito, por doação (art. 1.659, I). Em princípio, não se comunicam ao patrimônio comum quando adquiridos com produtos de bens com causa anterior ao início da união (art. 5º, § 1º). Na verdade, essa matéria deveria ser carreada expressamente para o bojo do vigente Código Civil. Aplicando-se, porém, na omissão dos interessados, o regime da comunhão parcial de bens, deverão ser observados os arts. 1.658 ss, do corrente Código. O maior volume de problemas surge quando se desfaz concubinato, com aquisição comum de patrimônio, com existência paralela de casamento.[5] Nesse caso, as discussões serão profundas acerca de atribuição do patrimônio. O mesmo se diga quando ocorrem duas uniões sem casamento concomitantemente. Temos que definir duas massas patrimoniais, a meação, atribuível ao companheiro(a) e atribuível ao esposo(a). Em princípio, caberá dividir o patrimônio com base no esforço comum desse triângulo, o que nem sempre será fácil de estabelecer na prática. Já decidiu o STJ que é incabível o reconhecimento de união estável paralela, ainda que iniciada antes do casamento.[6]

Lembremos que essas disposições e eventual acerto patrimonial por escrito pelos conviventes apenas afetam os companheiros e não as relações destes com terceiros. Também não podem dispor para depois da morte, o que só pode ser feito por testamento. Veja o que expusemos no tópico anterior. Os terceiros, ao contratar com conviventes, não estão obrigados a averiguar sua situação se os contratantes se declinam como solteiros ou divorciados e não alertam que existe pacto negocial. Se um companheiro, em razão de negócio com terceiro, prejudica o patrimônio comum, a questão será dirimida entre os conviventes, sem afetar o terceiro de boa-fé. Aliás, há necessidade de estatuto que regule a união estável e a adapte ao Código Civil. Entre as novas disposições que se aguardam de *lege ferenda*, deve ser incluído dispositivo que obrigue o companheiro ou companheira a declinar essa condição no trato com terceiros, sob pena, inclusive, de cometer ilícito penal, como, aliás, já faz o Projeto mencionado.

Muitos dos temas tratados no decorrer desta obra ficarão no aguardo de novas regulamentações e decisões judiciais, bem como de um novo estatuto legal, o qual, esperamos, possa dirimir a pletora de dúvidas que a legislação confusa acarretou. O atual Código Civil disciplinou de forma absolutamente superficial a maioria das questões, o que exige desde já sua complementação, o que não é digno de elogios.

---

[5] "Apelação cível – **Ação de reconhecimento e dissolução de união estável** – Recursos interpostos por ambas as partes em face de sentença de procedência do pedido. Alimentos. A sentença examinou de forma detalhada os elementos probatórios constantes dos autos, estabelecendo prestação condizente com a situação econômica do réu. Os alimentos retroagem à data da citação, nos termos do art. 13, § 2º, da Lei nº 5.478/1968. Partilha. Em relação ao veículo, inexiste prova de que o réu o adquiriu apenas com o esforço próprio, estando correta a determinação de partilha. Sobre a fração de 73,75% de uma casa residencial e respectivo terreno, já existe prévia disposição sobre a proporção pertencente a cada uma das partes, existindo, na realidade, condomínio. Alienação que poderá ser requerida em fase de execução, por economia processual. Bens móveis partilhados pela sentença observando estimativa da autora, que não foi impugnada. Sentença reformada em parte, para fixar o termo da obrigação de alimentos e afastar a determinação de partilha em igual proporção do imóvel. Recursos parcialmente providos". (*TJSP* – AC 1000792-42.2018.8.26.0539, 16-10-2019, Relª Viviani Nicolau).
"**Ação de reconhecimento de união estável e partilha de bens** – Autora que se insurge em apelo pugnando pela partilha dos bens, direito o qual não lhe assiste, porquanto inexistentes nos autos documentos a provarem aquisição durante a vigência da união. Submissão da Autora à suposta vontade do Requerido de proibi-la de laborar não faz nascer, agora, direito a pensão alimentícia, em virtude de não ter sido obrigada a conviver com a pessoa do Réu. Recurso a que se nega provimento" (*TJSP* – Ap 3001620-27.2013.8.26.0394, 27-4-2018, Relª Maria de Lourdes Lopez Gil).

[6] Disponível em: https://www.stj.jus.br/sites/portalp/Paginas/Comunicacao/Noticias/2022/15092022-E-incabivel--o-reconhecimento-de-uniao-estavel-paralela--ainda-que-iniciada-antes-do-casamento.aspx. Acesso em: 29 out. 2022.

18.7 UNIÃO DE PESSOAS DO MESMO SEXO. HOMOAFETIVIDADE E O DIREITO

18.7.1 Introdução

Quando o jurista se volta para a problemática dos direitos relativos a conviventes do mesmo sexo deve, primeiramente, se despojar de preconceitos, impostos por uma moral cristã de muitos séculos. A tarefa nem sempre será fácil, em razão de profundas raízes históricas e sociais. Temos acentuado quando nos questionam se sou contra ou a favor de direitos amplos para essas pessoas, que como um cientista social, e o jurista o é, não se deve ser contra ou a favor. O jurista, o magistrado e o operador do Direito em geral devem dar uma resposta adequada à sociedade que os rodeia, resposta essa que seja aceita e absorvida por essa mesma sociedade no presente. Para isso, ponderam-se os valores vigentes e a transformação cada vez mais dinâmica deles em torno das famílias contemporâneas. Toda questão sociojurídica deve ser assim avaliada. E quando a sociedade brasileira, na sua considerável maioria, aceitar amplos direitos aos conviventes homoafetivos, a jurisprudência dará sua resposta definitiva, como já enceta os passos iniciais, e o legislador a seguirá.

Assim, ao analisar a amplitude de direitos dessas pessoas, muito antes de se definir por uma solução jurídica, entram em jogo princípios éticos, morais, religiosos, comportamentais, regionais etc. Há já uma série de julgados entronizando soluções que só o futuro nos dirá se proferidas no caminho mais adequado. Sempre, em questões desse nível, entrarão em debate os princípios constitucionais da dignidade e da igualdade. Revolve-se a denominada Nova Retórica, cujos princípios fazem por afastar a aplicação positivista da lei e convida o intérprete a ir sempre além do texto legal, sem contrariá-lo ou vilipendiá-lo. Sob esse aspecto, toda norma é, em princípio, aberta, não necessitando que a lei o diga. A preocupação do intérprete será sempre aplicar a norma de forma mais adequada, no aqui e no agora. Toda decisão será injusta se utilizar fundamentos no passado ou tentar prever o futuro.[7-8]

---

[7] "Previdenciário. Pensão por morte de servidor público. **União estável**. Suficiente, pois, parece ser o conjunto probatório para confirmar a existência da união estável, averbando-se que ela já foi reconhecida na ação de reconhecimento de união estável homoafetiva ajuizada pelo demandante, com trânsito em julgado aos 3 de outubro de 2019. Não provimento da apelação e da remessa obrigatória, que se tem por interposta" (TJSP – Ap 1034922-22.2022.8.26.0053, 13-3-2023, Rel. Ricardo Dip).

"**Reconhecimento e dissolução de união estável homoafetiva com pedido de guarda de animais** – Sentença que julgou a ação procedente em parte e determinou que o requerido ficará com os animais (dois cachorros e uma gata) – Insurgência do autor, que pretende ficar com um dos cachorros e a gata, sob a alegação de que detém plenas condições para criá-los, sendo que o réu mudou de casa e de trabalho e isso prejudicará os cuidados com os bichos – Descabimento – Bem-estar dos animais que deve ser considerado – Separação que não se mostra razoável – Ausência de demonstração que o requerido não permanece cuidando bem dos animais desde a separação – Ratificação dos fundamentos da sentença – recurso desprovido". (TJSP – Ap 1014753-07.2021.8.26.0002, 22-8-2022, Rel. Miguel Brandi).

"Apelação. **Ação de reconhecimento e dissolução de união estável homoafetiva "post mortem"**. Das provas dos autos, comprovou-se a consistência necessária para o reconhecimento do instituto da união estável pelo período reconhecido em sentença, evidenciada a convivência pública, contínua e duradoura com intenção de constituição de uma família. Sentença que deve ser mantida. Apelo desprovido". (TJSP – Ap. 1026218-89.2015.8.26.0562, 1-9-2021, Rel. Silvério da Silva).

"**União estável homoafetiva**. Ação de reconhecimento "post mortem". Sentença de procedência. Provas testemunhais e documentais que confirmam a veracidade dos fatos narrados na inicial e indicam a existência de relação familiar entre o autor e o "de cujus" durante 18 anos. Sentença mantida. Recurso desprovido". (TJSP – Ap. 1025816-60.2019.8.26.0564, 17-8-2021, Rel. Alexandre Marcondes).

"Civil. Família. **Reconhecimento e dissolução de união estável** *post mortem*. Relação homoafetiva. Requisitos do art. 1.723 do código civil. Observância. Publicidade. Relativização. Prova documental e testemunhal de vida a dois. Sentença mantida. 1. Apelação interposta contra sentença que julgou parcialmente procedente o pedido a fim de declarar a existência da união estável homoafetiva havida entre o requerente e o falecido. 2. Para ser reconhecida a união estável, faz-se necessário o cumprimento dos requisitos previstos no artigo 1.723 do Código Civil, quais sejam, a convivência pública, contínua e duradoura e o objetivo de constituir família. 3. Conquanto a união entre pessoas do mesmo sexo não esteja prevista expressamente na Constituição Federal ou na legislação infraconstitucional, é pacífico o entendimento doutrinário e jurisprudencial no sentido de que tal formatação familiar faz jus à tutela jurídica. 4. Diante das particularidades envolvendo as relações homoafetivas, o requisito da publicidade, embora não possa ser desconsiderado da análise, tampouco pode protagonizar a tomada de decisão acerca da existência de união estável - devendo a abordagem de tal pressuposto ser guiada pelos demais elementos probatórios constantes nos autos. Doutrina. Precedentes. 5. Se o acervo probatório demonstra o atendimento aos requisitos do art. 1.723 do Código Civil - e estando ausentes os impedimentos previstos pelo mesmo diploma - deve ser mantida a sentença que reconhece a união estável post mortem. 6. Recurso conhecido e desprovido". (*TJDFT* – Ap. 07059129320188070014, 14-7-2021, Rel. Sandoval Oliveira).

"Família. União estável homoafetiva. Ação de reconhecimento 'post mortem'. Sentença de procedência. Prova testemunhal e documental que confirma a existência da união estável. Sentença mantida. Recurso desprovido". (TJSP – Apelação Cível 1121110-81.2016.8.26.0100, 5-8-2020, Rel. Alexandre Marcondes).

Repete-se aqui relevante julgado do STF:

"**União civil entre pessoas do mesmo sexo** – Alta relevância social e jurídico-constitucional da questão pertinente às uniões homoafetivas – Legitimidade constitucional do reconhecimento e qualificação da união estável homoafetiva como entidade familiar: posição consagrada na jurisprudência do Supremo Tribunal Federal (ADPF 132/RJ E ADI 4.277/DF) – O afeto como valor jurídico impregnado de natureza constitucional: a valorização desse novo paradigma como núcleo conformador do conceito de família – O direito à busca da felicidade, verdadeiro postulado constitucional implícito e expressão de uma ideia-força que deriva do princípio da essencial dignidade da pessoa humana – Alguns precedentes do Supremo Tribunal Federal e da Suprema Corte Americana sobre o direito fundamental à busca da felicidade – Princípios de *yogyakarta* (2006): direito de qualquer pessoa de constituir família, independentemente de sua orientação sexual ou identidade de gênero – Direito do companheiro, na união estável homoafetiva, à percepção do benefício da pensão por morte de seu parceiro, desde que observados os requisitos do art. 1.723 do Código Civil – O art. 226, § 3º, da lei fundamental constitui típica norma de inclusão – A função contramajoritária do Supremo Tribunal Federal no estado democrático de direito – A proteção das minorias analisada na perspectiva de uma concepção material de democracia constitucional – O dever constitucional do estado de impedir (e, até mesmo, de punir) 'qualquer discriminação atentatória dos direitos e liberdades fundamentais' (CF, art. 5º, XLI) – A força normativa dos princípios constitucionais e o fortalecimento da jurisdição constitucional: elementos que compõem o marco doutrinário que confere suporte teórico ao neoconstitucionalismo – Recurso de agravo improvido. Ninguém pode ser privado de seus direitos em razão de sua orientação sexual – Ninguém, absolutamente ninguém, pode ser privado de direitos nem sofrer quaisquer restrições de ordem jurídica por motivo de sua orientação sexual. Os homossexuais, por tal razão, têm direito de receber a igual proteção tanto das leis quanto do sistema político-jurídico instituído pela Constituição da República, mostrando-se arbitrário e inaceitável qualquer estatuto que puna, que exclua, que discrimine, que fomente a intolerância, que estimule o desrespeito e que desiguale as pessoas em razão de sua orientação sexual. Reconhecimento e qualificação da união homoafetiva como entidade familiar – O Supremo Tribunal Federal – Apoiando – Se em valiosa hermenêutica construtiva e invocando princípios essenciais (como os da dignidade da pessoa humana, da liberdade, da autodeterminação, da igualdade, do pluralismo, da intimidade, da não discriminação e da busca da felicidade) – Reconhece assistir, a qualquer pessoa, o direito fundamental à orientação sexual, havendo proclamado, por isso mesmo, a plena legitimidade ético-jurídica da união homoafetiva como entidade familiar, atribuindo-lhe, em consequência, verdadeiro estatuto de cidadania, em ordem a permitir que se extraiam, em favor de parceiros homossexuais, relevantes consequências no plano do direito, notadamente no campo previdenciário, e, também, na esfera das relações sociais e familiares – A extensão, às uniões homoafetivas, do mesmo regime jurídico aplicável à união estável entre pessoas de gênero distinto justifica-se e legitima-se pela direta incidência, dentre outros, dos princípios constitucionais da igualdade, da liberdade, da dignidade, da segurança jurídica e do postulado constitucional implícito que consagra o direito à busca da felicidade, os quais configuram, numa estrita dimensão que privilegia o sentido de inclusão decorrente da própria Constituição da República (art. 1º, III, e art. 3º, IV), fundamentos autônomos e suficientes aptos a conferir suporte legitimador à qualificação das conjugalidades entre pessoas do mesmo sexo como espécie do gênero entidade familiar – Toda pessoa tem o direito fundamental de constituir família, independentemente de sua orientação sexual ou de identidade de gênero. A família resultante da união homoafetiva não pode sofrer discriminação, cabendo-lhe os mesmos direitos, prerrogativas, benefícios e obrigações que se mostrem acessíveis a parceiros de sexo distinto que integrem uniões heteroafetivas. A dimensão constitucional do afeto como um dos fundamentos da família moderna – O reconhecimento do afeto como valor jurídico impregnado de natureza constitucional: um novo paradigma que informa e inspira a formulação do próprio conceito de família. Doutrina. Dignidade da pessoa humana e busca da felicidade – O postulado da dignidade da pessoa humana, que representa – Considerada a centralidade desse princípio essencial (CF, art. 1º, III) – Significativo vetor interpretativo, verdadeiro valor-fonte que conforma e inspira todo o ordenamento constitucional vigente em nosso país, traduz, de modo expressivo, um dos fundamentos em que se assenta, entre nós, a ordem republicana e democrática consagrada pelo sistema de direito constitucional positivo. Doutrina – O princípio constitucional da busca da felicidade, que decorre, por implicitude, do núcleo de que se irradia o postulado da dignidade da pessoa humana, assume papel de extremo relevo no processo de afirmação, gozo e expansão dos direitos fundamentais, qualificando-se, em função de sua própria teleologia, como fator de neutralização de práticas ou de omissões lesivas cuja ocorrência possa comprometer, afetar ou, até mesmo, esterilizar direitos e franquias individuais – Assiste, por isso mesmo, a todos, sem qualquer exclusão, o direito à busca da felicidade, verdadeiro postulado constitucional implícito, que se qualifica como expressão de uma ideia-força que deriva do princípio da essencial dignidade da pessoa humana. Precedentes do Supremo Tribunal Federal e da Suprema Corte Americana. Positivação desse princípio no plano do direito comparado. A função contramajoritária do Supremo Tribunal Federal e a proteção das minorias – A proteção das minorias e dos grupos vulneráveis qualifica-se como fundamento imprescindível à plena legitimação material do estado democrático de direito – Incumbe, por isso mesmo, ao Supremo Tribunal Federal, em sua condição institucional de guarda da constituição (o que lhe confere 'o monopólio da última palavra' em matéria de interpretação constitucional), desempenhar função contramajoritária, em ordem a dispensar efetiva proteção às minorias contra eventuais excessos (ou omissões) da maioria, eis que ninguém se sobrepõe, nem mesmo os grupos majoritários, à autoridade hierárquico-normativa e aos princípios superiores consagrados na lei fundamental do estado. Precedentes. Doutrina" (*STF* – AgRg-RE 477.554 – Rel. Min. Celso de Mello – *DJe* 26-8-2011, p. 55).

[8] "Família. União estável homoafetiva. Ação de reconhecimento 'post mortem'. Sentença de procedência. Prova testemunhal e documental que confirma a existência da união estável. Sentença mantida. Recurso desprovido". (*TJSP* – Apelação Cível 1121110-81.2016.8.26.0100, 5-8-2020, Rel. Alexandre Marcondes).

"Administrativo – Pensão por morte – **União estável homoafetiva** comprovada nos autos – Cabimento – Aplicabilidade dos artigos 1.723 e 1.724 do Código Civil, e do artigo 226, § 3º, da Constituição da República – Lei 9.278/96 – Redução dos honorários sucumbenciais – Possibilidade – Remessa parcialmente provida e recurso da união provido. – Cinge-se a controvérsia à manutenção ou não da sentença que julgou procedente o pedido de pagamento de pensão por morte instituída pela ex-servidora a favor da autora, bem como ao quantum fixado, a título de honorários sucumbenciais. – Conforme entendimento jurisprudencial consolidado, em sede de requerimento de concessão de pensão afigura-se aplicável a legislação vigente à época do óbito do instituidor. *In casu*, verifica-se que a servidora faleceu em 21/04/2005 (fl. 27), sob a égide das Leis 8.112/90 e 9.278/96. – O artigo 1º da Lei 9.278, de 1996, que regula o § 3º, do art. 226, da Constituição Federal, reconhece como entidade familiar a convivência duradoura, pública e contínua do casal, estabelecida com objetivo de constituição de família, não determinando tempo mínimo para a caracterização da união estável. Da mesma forma, no seu artigo 2º, a referida lei destaca que são direitos e deveres iguais dos conviventes: o respeito e consideração mútuos e a assistência moral e material recíproca. – *In casu*, a autora pretende seja reconhecido seu direito à pensão por morte instituída por sua companheira, a ex-servidora pública. Em que pese ter alegado, em sede requerimento administrativo, que mantinha com a de cujus união homoafetiva há mais de 30 anos, o pedido foi indeferido (fls. 18/22). – Conforme interpretação dada em julgamento das ADI 4.277 e ADPF 132, DJe 14/10/2011, nova inteligência foi conferida aos artigos 1.723 e 1.724 do Código Civil e ao artigo 226, § 3º da Constituição da República , sendo reconhecida a aplicabilidade de regime de união estável entre pessoas do mesmo sexo, diante da observância dos princípios essenciais constitucionais, como os da dignidade da pessoa humana, da igualdade, da liberdade, da não discriminação e da autodeterminação, tendo restado reconhecidas as mesmas consequências da união estável heteroafetiva. Com base na observância de tais princípios a mesma interpretação deve ser dada à Lei 9.278/96, que regula o artigo 226, § 3º da Constituição da República, dispondo, no artigo primeiro, que É reconhecida como entidade familiar a convivência duradoura, pública e contínua, de um homem e uma mulher, estabelecida com objetivo de constituição de família – Dessa forma, comprovada a união estável entre a ex-servidora e a autora, esta fará jus à percepção do benefício ora pleiteado. – Compulsando os autos, verifica-se que a autora junta cópia de providências e despesas por ela realizadas com o funeral da ex-servidora (28/33), tendo até sido sepultada em jazigo pertencente à autora; Cópia de testamento público firmado em 16.09.2004, tendo a autora recebido de herança apartamento (fls. 66/73), onde residia com a falecida (fls. 36/37), bem como a respectiva certidão (fls. 40/43); Cópia de petição de abertura de inventário de proposta pela autora (fls. 45/49), na condição de inventariante dos bens, nomeada pela inventariada no testamento (fl. 50); Seguro de vida instituído pela servidora, tendo a autora como beneficiária (fls. 56/63); Conta conjunta no Banco do Brasil (fls. 134/138); Fotos de convivência familiar (fls. 140/144); E declarações de convivência *more uxorio* (fls. 146/148). – Destarte, pelo conjunto probatório carreado aos autos, restou demonstrada a união estável em tela, circunstância que impõe o reconhecimento do direito à percepção da pensão pleiteada, ressalvadas as parcelas alcançadas pela prescrição, como disposto na sentença. – No que tange aos honorários advocatícios, o recurso da União Federal merece acolhida. – O artigo 20 , § 4º, do Código de Processo Civil de 1973, vigente à época da sentença, determina que, nas causas de pequeno valor, nas de valor inestimável, naquelas em que não houver condenação ou for vencida a Fazenda Pública, e nas execuções, embargadas ou não, a verba honorária deverá ser arbitrada consoante apreciação equitativa do juiz, atendidos o grau de zelo do profissional, o lugar de prestação do serviço, a natureza e importância da causa, o trabalho realizado pelo advogado e o tempo exigido para o seu serviço. – No caso dos autos, tendo em vista que a causa não demanda maiores complexidades, não havendo sequer apelo do mérito, razoável a redução da verba honorária para 5% (cinco por cento) do valor da condenação. – Remessa necessária parcialmente provida e recurso da União Federal provido" (*TRF-2ª R.* – AC-RN 0004634-84.2011.4.02.5101, 7-6-2018, Relª Desª Fed. Vera Lucia Lima).

Repete-se aqui relevante julgado do STF:

"**União civil entre pessoas do mesmo sexo** – Alta relevância social e jurídico-constitucional da questão pertinente às uniões homoafetivas – Legitimidade constitucional do reconhecimento e qualificação da união estável homoafetiva como entidade familiar: posição consagrada na jurisprudência do Supremo Tribunal Federal (ADPF 132/RJ E ADI 4.277/DF) – O afeto como valor jurídico impregnado de natureza constitucional: a valorização desse novo paradigma como núcleo conformador do conceito de família – O direito à busca da felicidade, verdadeiro postulado constitucional implícito e expressão de uma ideia-força que deriva do princípio da essencial dignidade da pessoa humana – Alguns precedentes do Supremo Tribunal Federal e da Suprema Corte Americana sobre o direito fundamental à busca da felicidade – Princípios de *yogyakarta* (2006): direito de qualquer pessoa de constituir família, independentemente de sua orientação sexual ou identidade de gênero – Direito do companheiro, na união estável homoafetiva, à percepção do benefício da pensão por morte de seu parceiro, desde que observados os requisitos do art. 1.723 do Código Civil – O art. 226, § 3º, da lei fundamental constitui típica norma de inclusão – A função contramajoritária do Supremo Tribunal Federal no estado democrático de direito – A proteção das minorias analisada na perspectiva de uma concepção material de democracia constitucional – O dever constitucional do estado de impedir (e, até mesmo, de punir) 'qualquer discriminação atentatória dos direitos e liberdades fundamentais' (CF, art. 5º, XLI) – A força normativa dos princípios constitucionais e o fortalecimento da jurisdição constitucional: elementos que compõem o marco doutrinário que confere suporte teórico ao neoconstitucionalismo – Recurso de agravo improvido. Ninguém pode ser privado de seus direitos em razão de sua orientação sexual – Ninguém, absolutamente ninguém, pode ser privado de direitos nem sofrer quaisquer restrições de ordem jurídica por motivo de sua orientação sexual. Os homossexuais, por tal razão, têm direito de receber a igual proteção tanto das leis quanto do sistema político-jurídico instituído pela Constituição da República, mostrando-se arbitrário e inaceitável qualquer estatuto que puna, que exclua, que discrimine, que fomente a intolerância, que estimule o desrespeito e que desiguale as pessoas em razão de sua orientação sexual. Reconhecimento e qualificação da união homoafetiva como entidade familiar – O Supremo Tribunal Federal – Apoiando – Se em valiosa hermenêutica construtiva e invocando princípios essenciais (como os da dignidade da pessoa humana, da liberdade, da autodeterminação, da igualdade, do pluralismo, da intimidade, da não discriminação e da busca da felicidade) – Reconhece assistir, a qualquer pessoa, o direito fundamental à orientação sexual, havendo proclamado, por isso mesmo, a plena legitimidade ético-jurídica da união homoafetiva como entidade familiar, atribuindo-lhe, em consequência, verdadeiro estatuto de cidadania, em ordem a permitir que se extraiam, em favor de parceiros homossexuais, relevantes consequências no plano do direito, notadamente no campo previdenciário, e, também, na esfera das relações sociais e familiares – A extensão, às uniões homoafetivas, do mesmo regime jurídico aplicável à união estável entre pessoas de gênero distinto justifica-se e legitima-se pela direta incidência, dentre outros, dos princípios constitucionais da igualdade, da liberdade, da dignidade, da segurança jurídica e do postulado constitucional implícito que consagra o direito à busca da felicidade, os quais configuram, numa estrita dimensão que privilegia o sentido de inclusão decorrente da própria Constituição da República (art. 1º, III, e art. 3º, IV), fundamentos autônomos e suficientes aptos a conferir suporte legitimador à qualificação das conjugalidades entre pessoas do mesmo sexo como espécie do gênero entidade familiar – Toda pessoa tem o direito fundamental de constituir família, independentemente de sua orientação sexual ou de identidade de gênero. A família resultante da união homoafetiva não pode sofrer discriminação, cabendo-lhe os mesmos direitos, prerrogativas, benefícios e obrigações que se mostrem acessíveis a parceiros de sexo distinto que integrem uniões heteroafetivas. A dimensão constitucional do afeto como um dos fundamentos da família moderna – O reconhecimento do afeto como valor jurídico impregnado de natureza constitucional: um novo paradigma que informa e inspira a formulação do próprio conceito de família. Doutrina. Dignidade da pessoa humana e busca da felicidade – O postulado da dignidade da pessoa humana, que representa – Considerada a centralidade desse princípio essencial (CF, art. 1º, III) – Significativo vetor interpretativo, verdadeiro valor-fonte que conforma e inspira todo o ordenamento constitucional vigente em nosso país, traduz, de modo expressivo, um dos fundamentos em que se assenta, entre nós, a ordem republicana e democrática consagrada pelo sistema de direito constitucional positivo. Doutrina – O princípio constitucional da busca da felicidade, que decorre, por implicitude, do núcleo de que se irradia o postulado da dignidade da pessoa humana, assume papel de extremo relevo no processo de afirmação, gozo e expansão dos direitos fundamentais, qualificando-se, em função de sua própria teleologia, como fator de neutralização de práticas ou de omissões lesivas cuja ocorrência possa comprometer, afetar ou, até mesmo, esterilizar direitos e franquias individuais – Assiste, por isso mesmo, a todos, sem qualquer exclusão, o direito à busca da felicidade, verdadeiro postulado constitucional implícito, que se qualifica como expressão de uma ideia-força que deriva do princípio da essencial dignidade da pessoa humana. Precedentes do Supremo Tribunal Federal e da Suprema Corte Americana. Positivação desse princípio no plano do direito comparado. A função contramajoritária do Supremo Tribunal Federal e a proteção das minorias – A proteção das minorias e dos grupos vulneráveis qualifica-se como fundamento imprescindível à plena legitimação material do estado democrático de direito – Incumbe, por isso mesmo, ao Supremo Tribunal Federal, em sua condição institucional de guarda da constituição (o que lhe confere 'o monopólio da última palavra' em matéria de interpretação constitucional), desempenhar função contramajoritária, em ordem a dispensar efetiva proteção às minorias contra eventuais excessos (ou omissões) da maioria, eis que ninguém se sobrepõe, nem mesmo os grupos majoritários, à autoridade hierárquico-normativa e aos princípios superiores consagrados na lei fundamental do estado. Precedentes. Doutrina" (*STF – AgRg-RE 477.554 – Rel. Min. Celso de Mello – DJe 26-8-2011, p. 55*).

18.7.2 Escorço Histórico

A relação atualmente denominada homoafetiva não era condenada na Antiguidade. Não se cuidava de qualquer marginalização ou repulsa, o que veio ocorrer muito mais tarde no curso da História. Na maioria das civilizações clássicas antigas a sexualidade era irrelevante, importando o estado que o indivíduo representava na sociedade. O afeto entre homens era aceito no mundo antigo. Há poucas notícias do relacionamento entre mulheres. Não se dava, porém, importância à sexualidade. Assim, os historiadores apontam que a relação e o amor de pessoas do mesmo sexo eram aceitos não somente na Grécia e em Roma, existindo toda uma literatura a esse respeito. Havia diferenças de conduta, no entanto. Os gregos cortejavam os meninos a fim de persuadi-los a reconhecer sua honra e boas intenções; para os romanos o amor por meninos livres era proibido; era-lhes permitido apenas o relacionamento com meninos escravos (*Vecchiatti*, 2008: 45).

Com a era cristã começaram a surgir as ideias homofóbicas, tendo Justiniano editado leis nesse sentido. Daí para frente há Estados com legislações que repudiavam o homossexualismo, tendo como base a possibilidade e o incentivo de repovoar a Europa devido à diminuição populacional causada por epidemias. Os legisladores viam na relação homoafetiva uma ameaça à estabilidade das populações. A ligação entre o homossexualismo e a feitiçaria fez com que cada vez mais aumentasse a intolerância a essas relações. No século XVII e seguintes o capitalismo nascente gera o estímulo à competitividade entre os homens, o que mais inibiu e colocou à margem das vistas da sociedade o relacionamento entre pessoas do mesmo sexo.

Houve, portanto, nos últimos séculos um crescente repúdio ao homossexualismo e ao que hoje denomina-se homoafetividade. O século XIX e boa parte do século XX, com maior racionalidade e menor religiosidade, passou a ver a problemática não mais como um pecado, mas como uma doença a ser tratada, algo que desaparece por volta dos anos 1970.

É fato que mercê desse embasamento histórico, é ainda alto o preconceito homofóbico, fazendo com que os homossexuais sejam forçados a se retrair, a esconder sua verdadeira sexualidade. O termo "homossexualidade" vem composto pelo grego *homo*, que significa semelhante, e pela palavra latina *sexus*, que se refere à identificação do sexo, feminino ou masculino. A palavra apareceu pela primeira vez em 1890, utilizada por Charles Gilbert Chaddock, tradutor de *Psycopathia Sexualis*, de Richard Von Krafft-Ebing (*Talavera*, 2004:45). Anteriormente usava-se o termo "inversão" para designar essas pessoas. No Brasil, eram utilizados os termos "sodomita", "uranista" e para a mulher homossexual, o termo "tríbade" (*Talavera*, ob. cit., loc. cit.).

Como se nota, a homossexualidade transitou da plena tolerância à mais alta rejeição. No último quartel do século XX a ciência médica deixou de considerar a homossexualidade uma patologia. Entendeu a psiquiatria que a homossexualidade por si só não deve ser considerada uma perturbação mental. Em 1993 a Organização Mundial de Saúde excluiu-a de sua classificação internacional de doenças, entendendo que a orientação sexual não deve ser vista como um distúrbio. Menciona Paulo Vecchiati (2008:73) que em nosso País o Conselho Federal de Psicologia foi mais preciso ao afirmar que a escolha por pessoas do mesmo sexo não é moléstia, desvio psicológico ou perversão (Resolução 01/99).

Embora a sociedade brasileira não absorva ainda plenamente essas conclusões, que com maior ou menor profundidade são admitidas no mundo ocidental, já foram dados muitos passos em prol da aceitação da homoafetividade, com reflexos diretos na jurisprudência e ainda tímidos na legislação. Na maioria dos países muçulmanos, todavia, a homossexualidade é tipificada como crime, com reprimendas que chegam à prisão perpétua e à pena de morte. A problemática continua aberta à discussão, com barreiras difíceis de ser rompidas.

18.7.3 Aspectos

A primeira ideia que aflora ao tratarmos dos direitos dos homoafetivos prende-se aos denominados direitos humanos, no que tange à igualdade e à proteção da dignidade humana. As legislações ocidentais, com temperamentos, procuram seguir a Declaração dos Direitos Humanos buscando exorcizar qualquer forma de discriminação atentatória à dignidade, colocando em destaque o gozo de direitos independente de distinção de raça, cor, sexo, língua, religião etc. O que está em jogo no título que tratamos é a homossexualidade como conceito, sentimento, afeto e atração por pessoa do mesmo sexo. O princípio da defesa da dignidade humana é essencial a todo Estado democrático contemporâneo.

Não se confunde o homossexual com o *transexual*, pessoa que sofre dissociação entre seu sexo físico e sexo psíquico. Nesse caso a problemática é diversa. O homossexual não traz qualquer problema de identidade com seu sexo biológico: é homem ou mulher que se afeiçoa a pessoas de igual sexo. É evidente que nessa perspectiva há temperamentos, não sendo possível classificar todos os homossexuais sob uma mesma ótica. Assim, como enfocamos, no curso da História vem-se notando preconceito homofóbico, com dificuldades imensas de aceitação pelas sociedades em geral. Não se diga que sofra de repressão legal nos países ocidentais; sofre da repressão social, mais sensível e grave que a primeira. É fato que as pessoas homossexuais não sofrem, como regra, em razão de sua sexualidade, como afirmam os especialistas em psicologia e psiquiatria, mas devido ao preconceito e rejeição social, cuja tendência é abrandar com o decorrer deste século.

Cada vez mais se assenta entre os cientistas que a origem da homossexualidade é biológica. Nesse sentido, Vecchiatti cita as palavras de Suzana Herculano-Houzel, neurocientista e professora da Universidade Federal do Rio de Janeiro ao afirmar *"não ser a sexualidade uma 'opção', mas, ao contrário, ser ela determinada biologicamente mediante a influência de genes e hormônios durante a formação, ainda no útero, de determinadas regiões cerebrais, que, por sua vez, determinarão mais tarde a preferência sexual, depois de amadurecidas na adolescência"* (2008:104).

Nesse quadro, importa examinar o estágio dos direitos das pessoas homoafetivas em nosso País. A legislação brasileira em nada proíbe, mas também não regula especificamente essa problemática social. Há, portanto, ainda, um vazio legislativo que convida os tribunais a se debruçarem sobre o tema. A questão maior é saber até que ponto podem as relações homoafetivas ser tratadas como uma modalidade de família, dentro do moderno conceito geral do ora denominado direito das famílias.

18.7.4 Direitos

A primeira conclusão a que se pode chegar sob a atual sociedade brasileira é que ela ainda não está completamente preparada para absorver amplos direitos para os casais homoafetivos, embora já se desenhem caminhos nos tribunais. A Constituição de 1988 protege expressamente a entidade familiar constituída pelo homem e a mulher. Tal não é mais, a nosso ver, um impedimento para um alargamento do conceito, quando o sistema social estiver pronto para significativa mudança. Destarte, enquanto não houver aceitação social majoritária dessas uniões, que se traduza em possibilidade legislativa, as repercussões serão majoritariamente patrimoniais, por analogia a sociedades de fato. Crescem, porém, julgados e movimentos em favor do reconhecimento legal de relações afetivas duradouras entre pessoas do mesmo sexo. No dizer de Maria Berenice Dias:

> *"simplesmente encobrir a realidade não irá solucionar as questões que emergem quando do rompimento das relações que, mais do que sociedades de fato, constituem sociedades*

de afeto, o mesmo liame que enlaça os parceiros heterossexuais. Necessário é encarar a realidade, pois descabe estigmatizar quem exerce orientação sexual diferente" (2000:87).

Há julgados que outorgam direitos a essas uniões. Há que se aguardar o curso da História. O Instituto Nacional de Seguro Social – INSS, autarquia federal responsável pela administração de planos de custeio e de benefícios previdenciários, reconhece, já faz algum tempo, como dependente do segurado a ele vinculado, para fins previdenciários, o companheiro homoafetivo. O tema, portanto, já faz parte do ordenamento jurídico pátrio. A Lei nº 11.340/2006, conhecida como Lei Maria da Penha, no intuito de conceder proteção integral à mulher, traz em seu bojo a descrição das relações homoafetivas, deixando claro que a orientação sexual de cada um não é suficiente a afastar seus direitos.

O Projeto do Estatuto das Famílias (2.285/2007) dispõe expressamente acerca da união afetiva (art. 68), além de fazer referência a essa entidade em várias oportunidades, sem esbarrar no obstáculo constitucional, mostrando-se vanguardeiro. Dispõe esse artigo:

"É reconhecida como entidade familiar a união entre duas pessoas do mesmo sexo, que mantenham convivência pública e contínua, duradoura, com objetivo de constituição de família, aplicando-se, no que couber, as regras concernentes à união estável".

"Parágrafo único. Dentre os direitos assegurados, incluem-se:

I – guarda e convivência com os filhos;

II – adoção de filhos;

III – direito previdenciário;

IV – direito à herança".

Certamente os debates serão acalorados e os esforços ingentes em torno desse artigo, já convertido em lei em muitos países. O aspecto acerca da adoção por essas pessoas acarreta ainda inúmeras incertezas, sendo talvez o mais polêmico.

18.7.5 Homoafetividade e União

"União sexual que jamais ensejará a configuração do companheirismo é a relação mantida entre pessoas do mesmo sexo, ainda que duradoura, contínua, única e informal".

Com essas palavras, no início deste século, Guilherme Calmon Nogueira da Gama abre sua discussão sobre a temática, tanto a gosto de nossos órgãos de imprensa (2001:544). De fato, no atual estágio legislativo e histórico da nação, a chamada sociedade homoafetiva não pode ganhar completo status de proteção como entidade familiar. A Constituição de 1988 protege expressamente a entidade familiar constituída pelo homem e pela mulher. Para a existência do reconhecimento do companheirismo, portanto, é necessário que não haja impedimento para o casamento. Há países que permitem o casamento de pessoas do mesmo sexo, o que implica reconhecimento dessa união como entidade.[9]

---

[9] "Apelação cível. Direito civil. **União estável homoafetiva** *post mortem*. Art. 1.723 do CC. APDF 132/STF. Convivência pública. Relativização. Ambiente militar. Disciplina e costumes rígidos. Notoriedade. União por longa data. *Animus* de constituição de família. Presença dos demais requisitos. Reconhecimento. 1. O art. 1.723 do CC disciplina a união estável entre o homem e a mulher a partir da presença de requisitos fáticos, quais sejam, a convivência pública, contínua e duradoura estabelecida com o objetivo de constituição de família, estendida aos casais homoafetivos por meio da decisão proferida pelo STF na ADPF 132. 2. O requisito fático da convivência pública deve ser relati-

vizado em se tratando de relacionamento homoafetivo de oficial militar, cuja disciplina e costumes incorrem na relutância em reconhecer/aceitar tais uniões dos que integram suas fileiras, fato marcado pela notoriedade, de modo que não se afasta o reconhecimento da união estável aos companheiros que optaram por estabelecer um relacionamento discreto a fim de evitar possível perseguição. 3. Deve ser reconhecida a união estável *post mortem* aos companheiros que se uniram com inequívoco *animus* de constituição de família e coabitaram por mais de três décadas, com a realização de viagens, muitas internacionais, desde a juventude madura de ambos, e pelo fato do falecido ter incluído o companheiro como beneficiário de plano de previdência privada contratado muito antes de sua morte, circunstâncias fáticas que afastam a possibilidade da mera função de cuidador, versão trazida pela parte contrária, a qual se sucumbe diante das provas documentais acostadas aos autos. 4. Deu-se provimento ao recurso" (*TJDFT* – Ap 07109966420218070016, 3-4-2024, Rel. Mauricio Silva Miranda).

"Direito de família. Processo civil. Reconhecimento e dissolução de **união estável homoafetiva**. *Post mortem*. Ônus da prova. Autor. Convivência pública e contínua. Objetivo. Constituir família. Ausência de comprovação. Descaracterização da união estável. Namoro qualificado. 1. A Constituição Federal, no artigo 226, § 3º, e o Código Civil, no artigo 1.723, reconheceu como entidade familiar a união estável entre o homem e a mulher, configurada na convivência pública, contínua e duradoura e estabelecida com o objetivo de constituição de família. Por sua vez, o Supremo Tribunal Federal, por meio da ADPF nº 132 e ADI nº 4277, reconheceu e qualificou a união homoafetiva como entidade familiar. 2. Cabe ao autor, nos termos do art. 373, inciso I, do Código de Processo Civil, comprovar os fatos constitutivos de seu direito, notadamente a convivência *more uxorio*, a data de início e fim de seu relacionamento, bem como o ânimo de constituir família. 3. A simples realização de viagens compartilhadas não é suficiente para atestar a existência de união estável. O relacionamento ou período em que não há a vontade de se constituir uma família, ou que se verifique uma intenção para o futuro, não se considera união estável, mas conforme amplo entendimento doutrinário e jurisprudencial pode consubstanciar-se como 'namoro qualificado'. 4. A ausência de notoriedade da alegada união estável impede o seu reconhecimento judicial, uma vez que se trata de requisito legalmente previsto para tanto, o qual não pode sequer ser substituído pela coabitação das partes. 5. Recurso conhecido e desprovido" (*TJDFT* – Ap 07014886520198070016, 15-3-2023, Rel. Maria de Lourdes Abreu).

"**União estável homoafetiva *post mortem*** – Reconhecimento em primeiro grau – Preliminares de preclusão de prova testemunhal e cerceamento de defesa afastadas – Apelo das requeridas, sobrinhas da ex-companheira falecida – Comprovada a convivência pública, contínua e duradoura entre a autora e a falecida que caracteriza união estável – Alternância de residências que confirmam tal relacionamento – Sentença mantida – Honorários majorados – Preliminares afastadas, recursos não providos". (*TJSP* – Ap 1002412-31.2020.8.26.0568, 12-8-2022, Rel. Fernanda Gomes Camacho).

"**Reconhecimento de união estável homoafetiva** – Existência de vida comum – *More Uxorio* – Presença dos requisitos exigidos pelo artigo 1723 do Código Civil – Entidade caracterizada – Regime da comunhão universal de bens – Inteligência dos artigos 1667 e 1668 do Código Civil – Réu que inovou em sede recursal formulando pedido não ventilado anteriormente na demanda – Ação parcialmente procedente – Sentença mantida – Recurso não provido." (*TJSP* – AC 1104042-55.2015.8.26.0100, 4-11-2019, Rel. Erickson Gavazza Marques).

"Processual Civil – Agravo interno no agravo em Recurso Especial – Recurso manejado sob a égide do NCPC – **Ação de reconhecimento e dissolução de união estável *post mortem*** – Relação Homoafetiva – Separação de fato – Demonstrada – Provas quanto aos elementos caracterizadores da união estável – Requisitos Preenchidos – Pretensão recursal que envolve o reexame de provas – Incidência da súmula nº 7 do STJ – Recurso manifestamente inadmissível – Incidência da multa do art. 1.021, § 4º, do NCPC – Agravo interno não provido – 1 – Aplica-se o NCPC a este julgamento ante os termos do Enunciado Administrativo nº 3, aprovado pelo Plenário do STJ na sessão de 9/3/2016: Aos recursos interpostos com fundamento no CPC/2015 (relativos a decisões publicadas a partir de 18 de março de 2016) serão exigidos os requisitos de admissibilidade recursal na forma do novo CPC. 2 – A alteração das conclusões do acórdão recorrido exige reapreciação do acervo fático-probatório da demanda, o que faz incidir à Súmula nº 7 do STJ. 3 – Em virtude do não provimento do presente recurso, e da anterior advertência em relação à aplicabilidade do NCPC, incide ao caso a multa prevista no art. 1.021, § 4º, do NCPC, no percentual de 3% sobre o valor atualizado da causa, ficando a interposição de qualquer outro recurso condicionada ao depósito da respectiva quantia, nos termos do § 5º daquele artigo de lei. 4 – Agravo interno não provido, com imposição de multa" (*STJ* – AGInt-AG-REsp 1.201.966 – (2017/0291007-9), 24-8-2018, Rel. Min. Moura Ribeiro).

"Apelação cível – Ação de restituição de valores cumulada com indenização por danos morais – Autor que mantinha **união estável homoafetiva** com o filho falecido dos réus em acidente automobilístico e que pretende a restituição dos valores por eles recebidos decorrentes de indenização do seguro obrigatório DPVAT – Sentença de parcial procedência reconhecendo o direito do autor à restituição de metade da indenização recebida pelos réus, afastado o pedido de indenização por danos morais – Recurso apenas dos réus – Preliminar de carência de ação afastada – União estável reconhecida em ação movida pelo autor em face do INSS para a concessão de benefício de pensão por morte – Autor que, na condição de companheiro da vítima, faz jus ao recebimento de metade do capital segurado, nos termos dos arts. 4º da Lei 6.194/74 e 792 do Código Civil – Precedentes deste Egrégio Tribunal de Justiça – Indenização securitária que não integra o patrimônio do 'de cujus' e, portanto, não tem natureza jurídica de herança – Manutenção da R. Sentença. Nega-se provimento ao recurso" (*TJSP* – Ap 0009247-50.2014.8.26.0572, 7-6-2016, Relª Christine Santini).

Destarte, enquanto não houver aceitação social majoritária das uniões homoafetivas em nosso país, que se traduza em uma possibilidade legislativa, as uniões de pessoas do mesmo sexo devem gerar apenas reflexos patrimoniais relativos às sociedades de fato. No entanto, os países ocidentais têm adotado postura de reconhecer o casamento entre pessoas homoafetivas. A Suprema Corte norte-americana já reconheceu essa possibilidade, o que já ocorre com quase unanimidade em nosso país.[10]

18.7.6 Homoafetividade e Adoção

A adoção não é deferida a qualquer pessoa que tenha interesse. Há requisitos e medidas de prevenção a serem seguidos em prol da criança e do adolescente. A adoção busca imitar, tanto quanto possível a família biológica (veja Capítulo 13).

O primeiro e mais importante requisito da adoção é a idade mínima para adotar. O ECA estabelece 21 anos como idade mínima para tornar-se adotante, entretanto, ainda determina outro requisito a ser obedecido; a diferença de idade entre o adotante e o adotado deve ser de pelo menos, 16 anos. O Código Civil de 2002 conserva a necessidade de que o adotante seja pelo menos 16 anos mais velho que o adotado, mas, reduz o limite de idade mínima do adotante para 18 anos. A jurisprudência tem reforçado essa orientação.

Em relação ao estado civil do pretenso adotante, a lei não faz distinção. Assim, podem adotar os solteiros, independente do sexo, os casados, os divorciados, desde que o estágio de convivência com a criança tenha se iniciado durante o casamento e que estejam de acordo quanto à guarda e às visitas. Pode adotar quem vive em união estável, comprovada a estabilidade familiar, sendo que, nesse caso, a adoção deverá ser pretendida e solicitada por ambos, e estes participarão juntos de todas as etapas do processo.

Ainda pode ocorrer de um dos cônjuges ou concubinos adotar o filho do outro. Na chamada adoção unilateral, do tutor ou curador da criança ou do adolescente, adotá-lo, desde que encerrada e quitada a administração dos bens, ou ainda, o pretendente que tenha falecido durante o processo de adoção, na chamada adoção póstuma.[11]

---

[10] "Civil – Direito de família – **Habilitação de casamento homoafetivo** – Possibilidade. A partir do julgamento da Ação Declaratória de Inconstitucionalidade nº 4277 e da Arguição de Descumprimento de Preceito Fundamental nº 132, pelo Supremo Tribunal Federal, reconhecendo, dentre outros aspectos, a relação entre pessoas do mesmo sexo como entidade familiar, o casamento homoafetivo passou a ser reconhecido pelo ordenamento constitucional-jurídico pátrio. Tanto que, em cumprimento à decisão da Corte Suprema, o Conselho Nacional de Justiça editou a Resolução nº 175/2013 que em seu art. 1º dispõe ser 'vedada às autoridades competentes a recusa de habilitação, celebração de casamento civil ou de conversão de união estável em casamento entre pessoas de mesmo sexo.'" (TJSC – AC 0000193-97.2017.8.24.0091, 29-5-2019, Rel. Des. Luiz Cézar Medeiros).
"Apelação Cível – **Pedido de habilitação de casamento homoafetivo** – Sentença homologatória do pedido – Insurgência do representante do Ministério Público – Alegação de inexistência de previsão legal reconhecendo o casamento de pessoas do mesmo sexo. Insubsistência do apelo. Interpretação abrangente dada ao termo "família" constante no art. 226, caput, da Constituição Federal, pelo STF, ao julgar a ADI 4277. Reconhecimento do casamento homoafetivo pelo STJ no RESP 1.183.378 e pelo CNJ na resolução nº 175/2013. Precedentes desta corte de justiça com mesmo entendimento. Ausência de ilegalidade. Sentença homologatória mantida. Recurso conhecido e desprovido" (TJSC – AC 0000115-74.2015.8.24.0091, 2-10-2018, Relª Desª Cláudia Lambert de Faria).

[11] "Recurso especial – Direito de família – **União homoafetiva** – Reprodução assistida – **Dupla paternidade ou adoção unilateral** – Desligamento dos vínculos com doador do material fecundante – Conceito legal de parentesco e filiação – Precedente da suprema corte admitindo a multiparentalidade – Extrajudicialização da efetividade do direito declarado pelo precedente vinculante do STF atendido pelo CNJ – Melhor interesse da criança – Possibilidade de registro simultâneo do pai biológico e do pai socioafetivo no assento de nascimento – Concreção do princípio do melhor interesse da criança – 1- Pretensão de inclusão de dupla paternidade em assento de nascimento de criança concebida mediante as técnicas de reprodução assistida sem a destituição de poder familiar reconhecido em favor do pai biológico. 2- 'A adoção e a reprodução assistida heteróloga atribuem a condição de filho ao adotado e à criança resultante de técnica conceptiva heteróloga; Porém, enquanto na

Em relação ao adotado, poderá ser qualquer criança ou adolescente, que não seja irmão ou descendente do adotante e que tenha, no máximo, 18 anos até a data do requerimento de adoção, salvo se já estiver sob a guarda ou tutela do adotante. Além disso, podem ainda ser adotadas crianças e adolescentes cujos pais sanguíneos tenham falecido, tenham sido judicialmente destituídos do poder familiar, tenham consentido legalmente na colocação de seus filhos no programa de família substituída ou tenham sido abandonadas e os familiares não encontrados. É importante destacar que quando tratar-se de adoção de crianças maiores de doze anos, ficará subordinada à sua expressa concordância.

Em sede de adoção nunca deve ser esquecido que esse instituto na atualidade vê o conforto, o carinho e a afetividade em prol do menor e apenas secundariamente o interesse dos adotantes. O interesse do menor adotando deve ter sempre prioridade. Essa é certamente a principal razão de a adoção somente ser conferida por sentença judicial em nosso sistema. Sob esse prisma não existe no ordenamento qualquer proibição expressa acerca da adoção por duas pessoas homoafetivas. A complexidade se transporta para a oportunidade de conveniência de cada caso concreto. Sob o ponto de vista dos princípios da igualdade e dignidade da pessoa não há que se ver óbice para essa adoção. A questão já vem sendo enfrentada com galhardia nos últimos anos pela justiça brasileira. É fato que uma vez reconhecida a união de homoafetivos como modalidade de união estável, o passo seguinte é a permissão da adoção. Nesse campo, com maior incidência, é fundamental o apoio de operadores de ciências auxiliares, como pedagogos, psicólogos, psiquiatras, sociólogos etc. Com a palavra esses profissionais sobre a possibilidade de adoção por casais homoafetivos. Cabe ao jurista estar aberto à recepção das manifestações sociais, sem preconceitos, mas com a temperança necessária que nossa ciência exige em cada solução. Só com a análise profunda de cada caso é que se terá condições de se responder se existe ambiente familiar propício para a adoção nesse caso e, na verdade, em qualquer outra situação, dentro da regra geral que rege as adoções. Não há nada que indique a priori que a adoção por um casal homoafetivo seja inconveniente, degradante ou dificultoso

---

adoção haverá o desligamento dos vínculos entre o adotado e seus parentes consanguíneos, na reprodução assistida heteróloga sequer será estabelecido o vínculo de parentesco entre a criança e o doador do material fecundante.' (Enunciado nº 111 da Primeira Jornada de Direito Civil). 3- A doadora do material genético, no caso, não estabeleceu qualquer vínculo com a criança, tendo expressamente renunciado ao poder familiar. 4- Inocorrência de hipótese de adoção, pois não se pretende o desligamento do vínculo com o pai biológico, que reconheceu a paternidade no registro civil de nascimento da criança. 5- A reprodução assistida e a paternidade socioafetiva constituem nova base fática para incidência do preceito 'ou outra origem' do art. 1.593 do Código Civil. 6- Os conceitos legais de parentesco e filiação exigem uma nova interpretação, atualizada à nova dinâmica social, para atendimento do princípio fundamental de preservação do melhor interesse da criança. 7- O Supremo Tribunal Federal, no julgamento RE 898.060/SC, enfrentou, em sede de repercussão geral, os efeitos da paternidade socioafetiva, declarada ou não em registro, permitindo implicitamente o reconhecimento do vínculo de filiação concomitante baseada na origem biológica. 8- O Conselho Nacional de Justiça, mediante o Provimento nº 63, de novembro de 2017, alinhado ao precedente Vinculante da Suprema Corte, estabeleceu previsões normativas que tornariam desnecessário o presente litígio. 9- Reconhecimento expresso pelo acórdão recorrido de que o melhor interesse da criança foi assegurado. 10- Recurso especial desprovido." (STJ – REsp 1608005/SC, 21-5-2019, Rel. Min. Paulo de Tarso Sanseverino).

"Direito civil e processual civil – **Adoção Póstuma** – Manifestação inequívoca da vontade do adotante – Inexistência – Laço de afetividade em vida – Demonstração cabal – 1. A adoção póstuma é albergada pelo direito brasileiro, nos termos do art. 42, § 6º, do ECA, na hipótese de óbito do adotante, no curso do procedimento de adoção, e a constatação de que este manifestou, em vida, de forma inequívoca, seu desejo de adotar. 2. Para as adoções *post mortem*, vigem, como comprovação da inequívoca vontade do de cujus em adotar, as mesmas regras que comprovam a filiação socioafetiva: o tratamento do adotando como se filho fosse e o conhecimento público dessa condição. 3. Em situações excepcionais, em que demonstrada a inequívoca vontade em adotar, diante da longa relação de afetividade, pode ser deferida adoção póstuma ainda que o adotante venha a falecer antes de iniciado o processo de adoção. 4. Recurso especial conhecido e provido." (STJ – REsp 1.663.137 – (2017/0068293-7), 22-8-2017, Relª Min. Nancy Andrighi).

para a formação do menor adotado, como também não há certeza alguma a esse respeito quando os adotantes são heterossexuais.

Não restam dúvidas que há novas famílias possíveis, que devem ser analisadas e ordenadas pelo Direito nesta contemporaneidade. Casamentos, adoções e demais direitos atinentes às chamadas uniões homoafetivas estão paulatinamente ganhando espaço em nossa legislação e nos tribunais.

19

TUTELA

19.1 INTRODUÇÃO. CONCEITO. ORIGENS

A tutela e a curatela são institutos que objetivam suprir incapacidades de fato e de direito de pessoas que não as têm e que necessitam de proteção. Para agir na vida civil, reclamam a presença de outrem que atue por elas.

Para assistência e proteção de menores que não estão sob autoridade dos pais, o ordenamento estrutura a tutela, instituto pelo qual uma pessoa maior e capaz é investida dos poderes necessários para a proteção de menor. A tutela é utilizada quando o menor não tem pais conhecidos ou forem falecidos e quando os genitores forem suspensos ou destituídos do pátrio poder.[1] A matéria vem disciplinada não somente nos arts. 1.728 a 1.766 do Código Civil, mas

---

[1] "Apelação Cível – **Empréstimo consignado firmado por tutor** – Ausência de autorização judicial – Nulidade – Dano moral – Quantificação – Honorários – Para que o tutor firme empréstimos consignados sobre a pensão recebida pelo menor, é necessária a prévia autorização judicial. Hipótese em que inexistindo autorização judicial para o procedimento, além de qualquer outro documento, impõe-se o reconhecimento da nulidade dos empréstimos e consequentemente dos débitos – É evidente o abalo psicológico que passa a pensionista que é surpreendida com sucessivos descontos mensais na pensão que aufere, fazendo jus, portanto, ao recebimento de indenização por danos morais – Na fixação da indenização pelos danos morais, deve-se atentar para as circunstâncias dos fatos e das partes, evitando o enriquecimento indevido, mas proporcionando à vítima uma satisfação e ao ofensor um desestímulo à prática de condutas abusivas – Nas demandas condenatórias, os honorários de sucumbência devem ser fixados em percentual entre 10% e 20% sobre o valor da condenação" (TJMG – AC 1.0145.15.030970-9/001, 9-3-2018, Rel. Tiago Pinto).
"Investigação de paternidade cumulada com pedido de herança – **Absolutamente incapaz representado por tutor** – Prescrição – Recurso especial. Ação de investigação de paternidade cumulada com pedido de herança. Ofensa ao art. 458 do CPC. Inobservância. Absolutamente incapaz representado por tutor. Prescrição. Inaplicabilidade. Recurso especial parcialmente provido. 1. Não se verifica a alegada vulneração ao art. 458, I e II, do Código de Processo Civil, porquanto a Corte local apreciou a lide, discutindo e dirimindo as questões fáticas e jurídicas que lhe foram submetidas. O teor do acórdão recorrido resulta de exercício lógico, ficando mantida a pertinência entre os fundamentos e a conclusão. 2. Diferentemente do que ocorre com o incapaz acometido de patologia – física ou mental – percebe-se, em relação aos menores impúberes, que, independentemente de sua representação – seja pelos pais, seja pelo tutor – o prazo prescricional fica suspenso até que ultrapasse a idade dos 16 anos, pois somente a partir de então é que se terá o termo inicial do referido prazo. 3. Recurso especial parcialmente provido" (STJ – REsp 1.272.982 – (2011/0197112-5), 11-5-2016, Rel. Min. Luis Felipe Salomão).
"Direito civil – Estatuto da Criança e do Adolescente – Ação de tutela c/c destituição de poder familiar – Indeferimento do pedido de tutela antecipada – Confusão entre os institutos da guarda, tutela e adoção – Ausência de demonstração de interesse do suposto tutor em adotar a criança. Ausência de bens a serem tutelados. Princípio

também no Estatuto da Criança e do Adolescente e no Código de Processo Civil. A proteção dos incapazes em geral, em nosso direito, é feita pela tutela, curatela, adoção e guarda.

A propósito da compreensão da tutela, o art. 1.728 dispõe:

> "Os filhos menores são postos em tutela:
> I – falecendo os pais, ou sendo julgados ausentes;
> II – decaindo os pais do poder familiar".

Os tutores assumem o exercício do poder familiar, sempre que, por qualquer razão, os pais estejam ausentes ou incapacitados de fazê-lo. Desaparecendo a incapacidade e estando presente qualquer dos pais, em princípio, cessará a tutela. Lembre-se de que o atual Código alargou as possibilidades de morte presumida, que pode independer da declaração de ausência. Nas hipóteses de suspensão do poder familiar, como é evidente, persistindo os motivos graves, não cessará a tutela. No entanto, os poderes da tutela são mais limitados do que os do poder familiar. Apesar de ambos os institutos estarem colocados em círculos concêntricos, o raio da tutela é de menor âmbito, tanto que a tutela é exercida com estrita vigilância judicial. O destinatário da tutela é objetivamente o menor e não o incapaz, pois somente o menor necessita do pátrio poder. Para os maiores incapazes o ordenamento reserva o instituto da curatela. Não basta, porém, a menoridade para que o menor seja posto sob tutela: é necessário que não esteja sob o manto do poder familiar. Embora assuma o tutor o exercício do poder familiar, o exercício da tutela dele difere, pois se trata, basicamente, de conjunto de direitos destinado à administração dos bens do pupilo, sob fiscalização judicial.

A tutela disciplinada pelo Código Civil de 1916 era instituto destinado fundamentalmente à proteção e à administração dos bens do menor.[2] Ao disciplinar a tutela, o legislador

---

do melhor interesse da criança. Acolhimento institucional visando a inclusão do infante em programa de adoção. Sob os auspícios da doutrina da proteção integral e do princípio do melhor interesse da criança, havendo a clara manifestação da mãe em entregar o filho, por não ter o interesse nem a disposição para DELE cuidar, muito mais responsável e prudente é obedecer aos trâmites legais para garantir a essa criança que seja adotada por um interessado, devidamente cadastrado e habilitado para tanto perante as instituições da justiça, do que facultar o seu cuidado a um tutor, quando inexistente sequer bens a serem administrados (finalidade maior do instituto da tutela). Recurso não provido" (*TJMA* – Proc. 0001134-24.2014.8.10.0000 (148901/2014), 26-6-2014, Rel. Jamil de Miranda Gedeon Neto).

[2] "Agravo de instrumento – Ação de inventário – **Contratação de advogado pelo tutor** – Ausência de prévia autorização judicial – Levantamento de valores para pagamento de honorários advocatícios – Impossibilidade – Art. 1.748 do Código Civil – Decisão mantida – Sabe-se que a administração pelo tutor dos bens do tutelado não é livre, devendo, na maioria das hipóteses, ser requerida a autorização judicial para realização de atos que importem em gasto de numerário. Na hipótese, não tendo sido demonstrada a prévia autorização judicial para que o tutor efetuasse a contratação de advogados em nome da tutelada, conforme expressa previsão constante no art. 1.748 do CC, a manutenção da decisão agravada que indeferiu o pedido de levantamento de valores para pagamento de honorários advocatícios é medida que se impõe. Recurso não provido" (*TJMG* – AI-Cv 1.0027.12.033761-6/002, 6-8-2018, Rel. Gilson Soares Lemes).

"Apelação cível – **Ação de destituição de poder familiar** – Descumprimento dos deveres inerentes ao poder familiar – Art. 1.638, incs. II, III e IV do Código Civil – Comprovação da negligência da genitora – Abuso sexual cometido pelo companheiro da apelante contra a menor acometida por retardo mental – Ciência dos fatos e inércia da genitora – Princípio do melhor interesse do menor – Recurso desprovido – 1 – O contexto probatório produzido nos autos demonstrou que, de fato, a mãe da menor incorreu em abandono moral e psicológico em relação a sua filha, sendo conivente com a inaceitável e repudiável violação à integridade física, psíquica e moral realizada dentro de sua própria residência, durante cerca de dois anos, inobservando o dever de guarda imposto no art. 22 do Estatuto da Criança e do Adolescente. 2 – Restando comprovada a negligência da apelante em relação a sua filha, sendo conivente com os abusos sexuais praticados dentro de sua própria residência ao longo de aproximadamente 02 anos, impõe-se a decretação da perda do poder familiar, nos termos do art. 1.638, incisos II, III e IV do Código Civil. 3 – Tal como destacou o douto Procurador de Justiça em seu parecer de fls. 187/193, o fato

do Código Civil de 1916 e de 2002 teve em mira, primordialmente, o menor com patrimônio. A tutela também é referida no Estatuto da Criança e do Adolescente para os menores sob seu enfoque, em situação irregular, embora pouca alteração tenha sido feita à estrutura do Código. Modernamente, a tutela deve ter uma compreensão mais ampla, fazendo com que o tutor assuma efetivamente as prerrogativas e deveres do poder familiar. Nas palavras de Sílvio Rodrigues (1999:380),

> "o legislador de 1916, ao cuidar da tutela, preocupou-se, principalmente, com o órfão rico, pois ao disciplinar o tema teve em vista, em primeiro lugar, a preservação dos bens; aliás, dos quarenta artigos consagrados ao assunto, apenas um se refere aos menores abandonados".

O mesmo autor observa que, no entanto, a legislação previdenciária nacional, exigindo que responsáveis recebam benefícios em nome do menor órfão ou sem pais conhecidos, difundiu e popularizou a tutela.

A tutela não possuía, portanto, um intuito proeminentemente protetivo à pessoa do menor, como é traduzido pela filosofia do Estatuto da Criança e do Adolescente. No art. 28 desse diploma, como vimos ao examinar a adoção, a tutela é uma das modalidades de ingresso do menor em família substituta, ao lado da guarda e da adoção.[3] O conceito estatutário é de proteção

---

da menor haver declarado, nos autos da medida de suspensão do poder familiar, que gostaria de voltar a viver com sua genitora, 'não tem o condão de modificar a decisão guerreada, pois essa vontade é claramente prejudicial a ela. Ademais, a sua manifestação não pode ser levada em conta, diante do seu quadro de 'desenvolvimento mental retardado grau moderado a grave', evidenciado no documento psiquiátrico acostado às fls. 134/136 e, por essa razão, a adolescente não possui o necessário discernimento para fazer essa escolha' 4 – Recurso conhecido e desprovido" (*TJES* – Ap 0002402-25.2009.8.08.0007, 23-7-2015, Relª Janete Vargas Simões).

"Civil – Processual civil – Direito de família – **Ação de destituição de poder familiar** – Afastamento do lar e suspensão da visitação – Fortes indícios de violência física, psicológica e alienação parental – Agravo de instrumento – Ausência dos requisitos – Recurso a que se nega provimento – 1 – Decisão interlocutória proferida no bojo de ação de destituição de poder familiar ajuizada pelo Ministério Público, que determinou o afastamento do Agravante do lar e suspendeu as visitas aos filhos menores. 2 – Não estão presentes os requisitos indispensáveis à concessão de liminar, quais sejam, o *fumus boni iuris* e o *periculum in mora*, não havendo nos autos demonstração pela parte Agravante do aparente direito que possui na pretensão perseguida, nem demonstração de risco de lesão grave se não for concedida a tutela requerida. 3 – O regime de convivência paterno-filial permita a necessária e efetiva aproximação entre genitor e filho, a fim de desenvolver cada vez mais o vínculo afetivo entre eles, que é imprescindível para o desenvolvimento saudável da criança, e, sem dúvida, é fator que contribui para a estabilidade emocional desta e da família. No entanto, sobrevindo informação através de relatório apresentado pelo conselho tutelar de que a convivência com o genitor pode ser prejudicial aos menores, por ter temperamento violento, ser alcoólatra e não proporcionar aos filhos condições melhores de moradia, privilegiando a compra de bens supérfluos, não é razoável, ao menos em sede de cognição sumária, que haja alteração da decisão de primeiro grau. 4 – Agravo de Instrumento a que se nega provimento. À unanimidade" (*TJPE* – AI 0013641-56.2013.8.17.0000, 6-3-2014, Rel. Des. Stênio José de Sousa Neiva Coêlho).

"**Agravo de instrumento.** Ação de guarda. Decisão judicial que conferiu tutela provisória de um dos filhos dos litigantes aos avós paternos. Alegação de ofensa aos princípios do contraditório e do devido processo legal, bem como do axioma processual da estabilização da demanda. Não reunindo as partes condições de se responsabilizar pelo menor, a guarda provisória pode ser imputada a terceiros que não fazem parte da ação original. No conflito que se faz presente, entre princípios processuais e o princípio do melhor interesse do menor, evidente que o último deve prevalecer, sob pena de exposição da integridade física da criança e de comprometimento do seu desenvolvimento psicológico. Recurso improvido" (*TJSP* – AI 0045190-35.2013.8.26.0000, 18-10-2013, Rel. Beretta da Silveira).

[3] "Família – **Tutela dativa** – Tia biológica – Ex-companheiro/pai afetivo – Melhor interesse do menor – 1 – A tutela é uma forma de colocação do menor em família substituta, com o objetivo de lhe garantir a criação, boa educação e assistência material e moral adequadas. 2 – No caso específico dos autos, apesar de a tia afirmar ser credora do menor, não há nada que desabone sua conduta na criação do menor, como vem realizando desde a morte da mãe do adolescente, que está bem inserido na família e manifestou sua vontade de com ela permanecer. 3 – No objetivo de resguardar o melhor interesse da criança, nomeia-se seu pai afetivo (ex-companheiro da sua mãe) para ajudar na administração de seus bens. 4 – Deu-se provimento ao apelo da autora para nomeá-la tutora do menor, e o ex-companheiro de sua mãe como protutor" (*TJDFT* – Proc. 20090510060575 – (586569), 16-5-2012, Rel. Des. Sérgio Rocha).

integral à personalidade da criança e do adolescente, pois essa lei tem em mira basicamente o menor desprovido de recursos econômicos e morais.[4] Nos termos do art. 19,

> "É direito da criança e do adolescente ser criado e educado no seio de sua família e, excepcionalmente, em família substituta, assegurada a convivência familiar e comunitária, em ambiente que garanta seu desenvolvimento integral".

A tutela, deferida nas hipóteses do Estatuto da Criança e do Adolescente, implica necessariamente o dever de guarda (art. 36, parágrafo único), com obrigação de assistência moral e educacional.[5]

De qualquer dessas concepções decorre que a tutela é instituição supletiva do poder familiar. Pressupõe que o menor não tenha pai e mãe ou, tendo um deles ou ambos, estão privados ou suspensos do poder familiar. O Código argentino anterior, ao contrário de nosso, apresenta no art. 377 a definição de tutela:

> "é o direito que a lei confere para governar a pessoa e bens do menor de idade, que não está sujeito ao pátrio poder, e para representá-lo em todos os atos da vida civil".

Leoni Lopes de Oliveira (1999c:103) define com técnica:

> "A tutela é um conjunto de direitos e deveres que a lei estabelece em relação a uma pessoa, com a finalidade de proteger o menor de vinte e um anos de idade que não esteja sob o pátrio poder".

Lembre-se de que, no sistema em vigor, a tutela cessará com 18 anos.

A tutela possui, então, três finalidades curiais: os cuidados com a pessoa do menor; a administração de seus bens; e sua representação para os atos e negócios da vida civil. No Estatuto da Criança e do Adolescente, a tutela possui caráter protetivo dos menores que se encontrem em uma das hipóteses do art. 98, isto é, sempre que os direitos do menor forem violados:

> "I – por ação ou omissão da sociedade ou do estado;
>
> II – por falta, omissão ou abuso dos pais ou responsável;
>
> III – em razão de sua conduta".

Os dispositivos do Estatuto da Criança e do Adolescente e do Código Civil são compatíveis. O juiz da infância e da juventude será competente para os casos de menores sob as condições

---

[4] "Agravo de instrumento – Preliminar de inépcia da inicial – Rejeição – Medida de proteção – **Menor em situação de risco** – Inserção em programa denominado 'mãe social' – Tutela antecipada – Requisitos – Demonstração – Recurso provido – No âmbito do Município de Campos Gerais, foi criada a Lei Municipal n° 2.854/11, a qual prevê a figura da 'mãe social', cuja atividade consiste em cuidar da criança/menor na residência da servidora, oferecendo todo o suporte necessário para o seu desenvolvimento, enquanto perdurar a situação de risco ou até a inserção em família substituta, restando observado o disposto no § 2°, do art. 33, do Estatuto da Criança e Adolescente, o qual autoriza, 'excepcionalmente, deferir-se-á a guarda, fora dos casos de tutela e adoção, para atender a situações peculiares ou suprir a falta eventual dos pais ou responsável'" (*TJMG* – AI 1.0116.11.003703-7/001, 4-5-2012, Rel. Washington Ferreira).

[5] "**Guarda de menor** – Homologação de acordo entre os pais e avós da criança que residem no mesmo imóvel – Impossibilidade – Ausência dos requisitos autorizadores – Art. 33, § 2°, ECA – Sentença mantida – Recurso desprovido – O instituto da guarda é responsável por colocar o menor em família substituta e apenas será deferido fora dos casos de tutela ou adoção, para atender situações peculiares ou suprir a falta eventual dos pais ou responsável. Inteligência do art. 33, § 2°, do ECA. Desta forma, estando a menor sob os cuidados regular e legal do pai, não existe respaldo jurídico para a concessão da guarda aos avós, por ausência de situação excepcional" (*TJMT* – Ap. 18073/2012, 11-7-2012, Rel. Des. Carlos Alberto Alves da Rocha).

relatadas; menores com patrimônio que se veem em estado de orfandade terão a tutela regulada, em princípio, pelos juízes das varas de família.[6] Sob esse prisma, o art. 36 do Estatuto da Criança e do Adolescente estatui que a tutela será deferida aos menores de 21 anos, "*nos termos da lei civil*". A atual lei civil, como se sabe, faz com que a tutela abranja os menores até 18 anos, em face da nova idade para a maioridade. Notemos que a extensão e o alcance da tutela são de âmbito mais amplo do que a guarda, definida na lei dos menores.

19.2 PARTICULARIDADES DA TUTELA. RESPONSABILIDADE DO TUTOR

A tarefa dos tutores e curadores é ampla e exige muita atenção.

O art. 1.746 especifica que "se o menor possuir bens, será sustentado e educado às expensas deles, arbitrando o juiz para tal fim as quantias que lhe pareçam necessárias, considerando o rendimento da fortuna do pupilo quando o pai ou a mãe não houver fixado". Como toda pessoa que administra bens alheios, o tutor ou curador deve prestar contas, ainda que os pais dos tutelados tenham disposto em contrário (art. 1.755). Essas contas devem ser prestadas de dois em dois anos (art. 1.757) ou quando o juiz achar conveniente, ou quando deixarem a tutela. No final de cada ano de administração, os tutores devem apresentar balanço, que depois de aprovado deve ser juntado aos autos (art. 1.756).

A instituição de tutor é ato unilateral, mas revogável a qualquer tempo, de acordo com as circunstâncias que se apresentarem. O art. 104 do projeto do Estatuto das Famílias dispõe de modo mais atual que "as crianças e os adolescentes são postos em tutela quando a nomeação for feita pelos pais em testamento ou documento particular, produzindo efeitos com a morte ou perda da autoridade". Só quem exerce a autoridade parental pode nomear tutor.

Seus antecedentes históricos são antigos. Reportamo-nos ao que repetidamente já falamos a respeito da família romana. O *pater familias* exercia seu poder sobre todos os filhos, independentemente da idade. Essa autoridade abrangia também a pessoa dos netos, pois todos eram incapazes; unicamente, o *pater* era *sui juris*. Falecendo o pai de família, os filhos tornavam-se *sui juris*, livres, independentemente da idade. Se fossem menores, porém, não se impedia que para estes fossem designados tutores, para cuidar de sua pessoa e de seus bens. Ao lado dessa tutela para os menores impúberes, também era conhecida a tutela para as mulheres, estas também púberes, mas *alieni juris*, em caráter permanente, para proteger sua condição e debilidade do sexo (Zannoni, 1998, v. 2:833). As mulheres, não importando a idade, sempre sofriam restrição de direito. Em épocas mais modernas do Direito Romano, a tutoria da mulher vai diminuindo de importância.

Quando o menor atingia a puberdade, 14 anos para o homem e 12 anos para a mulher, cessava a tutela e, até a idade de 25 anos, tratando-se de varão, ficava sob a proteção de um curador. Havia também curatela para os maiores dessa idade em se tratando de loucos, pródigos,

---

[6] "Conflito de competência – **Tutela modificada em ação própria** – Remessa dos autos ao novo domicílio do menor – Possibilidade – Obrigação que se renova após a prolação da sentença – Prestação de contas do tutor que deve ocorrer no Foro do domicílio do tutelado – Inteligência do art. 147, I e II, do Estatuto da Criança e do Adolescente, que afasta a aplicação do princípio da perpetuação da jurisdição (art. 87 do CPC de 1973) – Conflito procedente – Competência do Juízo suscitante" (*TJSP* – CC 0008034-08.2016.8.26.0000, 27-6-2016, Rel. Ademir Benedito).
"Agravo de instrumento – Família – **Ação de modificação de guarda c/c alteração de regulamentação de visitas**. Decisão que antecipou em parte os efeitos da tutela. Pedido de efeito substituto ativo ao recurso, em tutela antecipada, para que o genitor esteja com os filhos nas quartas-feiras, ao invés das terças e quintas-feiras. A conveniência dos pais não determina o regime de visitas aos filhos, mas sim, o melhor interesse das crianças. Requisitos previstos no art. 273 do CPC, atendidos. Busca pela melhor maneira de preservar os vínculos afetivos entre pais e filhos. Mantida a decisão. Negado provimento ao agravo. Decisão unânime" (*TJPE* – AI 0012024-32.2011.8.17.0000, 7-3-2012, Rel. Carlos Antônio Alves da Silva).

surdos-mudos e com outras enfermidades permanentes. A distinção entre tutela e curatela residia, por conseguinte, no fato de que, para a primeira, era uma atribuição de autoridade semelhante ao pátrio poder, enquanto para a segunda, uma administração de bens. A tutela era dada, em síntese, para os impúberes, incapazes, que não podiam reger seus atos. A curatela era dirigida para os púberes e os enfermos para proteção de seus bens. Paulatinamente, no curso da história, ocorre uma assimilação das funções do tutor pelo curador, de forma que se confundem as duas figuras; tanto que na época de Justiniano ambos têm funções praticamente idênticas, para finalmente se confundirem no direito medieval.

Em decorrência da origem histórica, no direito comparado não existe identidade de conceitos para a tutela e a curatela. Várias legislações denominam tutela a instituição tanto para os menores como para os incapazes maiores. Alguns ordenamentos conhecem outras figuras de proteção, como o protutor, no direito italiano e francês, o conselho de família, que no direito francês é órgão encarregado de fiscalizar o tutor, bem como tutores especiais para determinados atos, que nós denominamos curadores especiais. O vigente Código Civil revive a figura do protutor, pessoa encarregada pelo juiz para fiscalização dos atos do tutor (art. 1.742).

Em nosso direito foi mantida, em síntese, a distinção do direito antigo: a tutela dirige-se aos menores e a curatela, aos maiores incapazes.

19.3 FONTES DA TUTELA

A doutrina aponta três modalidades de tutela: testamentária, legítima e dativa. Dizem respeito mais propriamente às formas de nomeação ou fontes. A modalidade de nomeação não modifica, contudo, os atributos do instituto. Outra modalidade, no entanto, deverá ser acrescentada, pois o parágrafo único do art. 1.729 menciona que a nomeação de tutor deve constar de testamento ou de qualquer outro documento autêntico.

Pelo art. 407 do Código de 1916, o pai e a mãe tinham direito de nomear tutor por ato de última vontade. O dispositivo também permitia que o avô paterno e o avô materno nomeassem por testamento, numa elasticidade de legitimidade que modernamente não mais se justifica. A inclusão do avô nesse artigo era ranço do Direito Romano, pois não existe pátrio poder ou poder familiar dos avós em relação aos netos. A nomeação de tutor por testamento é uma extensão do poder familiar após a morte dos pais, pois se trata de manifestação de índole protetiva.

O art. 1.729 do Código Civil restringe a possibilidade de nomeação aos pais, em conjunto. Existindo apenas um dos genitores ou somente um deles estando apto, é certo que poderá fazer a nomeação isoladamente. O Código de 2002 eliminou a possibilidade constante da lei pretérita que também permitia aos avós a possibilidade de nomeação de tutor. Tratava-se de reminiscência românica injustificável, pois não exercem os avós o poder familiar.

Quanto à nomeação pelos pais, está colocado o acréscimo colimado pelo Projeto nº 6.960/2002, que se refere a essa possibilidade em parágrafo que acresce ao art. 1.729:

> "A nomeação poderá ser realizada por somente um dos pais, se o outro estiver, por qualquer motivo, impossibilitado ou se negue, sem justa causa, a fazê-lo e desde que atenda aos interesses do filho".

O testamento, instrumento para a tutela testamentária, pode ser utilizado tão só para a nomeação de tutor e, nesse caso, na hipótese de nulidade que não vicie essa vontade, deve prevalecer como documento autêntico. Deve ser entendido como documento autêntico todo aquele apto a gerar efeitos, até mesmo uma carta para essa finalidade. Também deve prevalecer a vontade do genitor se o testamento, contendo também disposições patrimoniais, for anulado por questões de forma ou que não afetem a indicação de tutoria. Villaça Azevedo lembra da possibilidade de cada genitor nomear, em testamento, ou outro ato válido, tutores diferentes. Nesse caso, conclui que a solução deverá ser dada pelo juiz, levando em conta as circunstâncias em concreto, atendendo aos interesses do tutelado (2003:325). E conclui: "*Será autêntico o documento escrito que preencha formalidades e que demonstre a vontade dos nomeadores de tutor*" (loc. cit.).

Os filhos adotivos e extramatrimoniais, com maior razão após a Constituição de 1988, também podem ter tutor nomeado por testamento. Ressalte-se que somente quem é detentor do poder familiar ao tempo da morte pode nomear tutor (art. 1.730).

O art. 407, do antigo diploma, estabelecia a ordem de preferência na nomeação: 1. pai; 2. mãe; 3. avô paterno; 4. avô materno. Segundo essa lei, cada uma dessas pessoas exerceria o direito de nomear tutor "*no caso de falta ou incapacidade das que lhes antecederem na ordem aqui estabelecida*". Com a isonomia constitucional de homens e mulheres (art. 5º, inciso I), não havia mais razão do prevalecimento do varão sobre a mulher. Em qualquer caso, porém, a nomeação não deveria ser inflexivelmente seguida, se o juiz constatasse que era prejudicial para o menor. Sobre a supressão do direito de nomeação dos avós, já fizemos referência.

O art. 1.733 afirma que, se mais de um tutor foi nomeado em disposição testamentária, entende-se que a tutela foi atribuída ao primeiro, e os outros hão de sucedê-lo pela ordem de nomeação, no caso de morte, incapacidade, escusa ou outro impedimento legal. Por outro lado, o § 2º desse dispositivo acrescenta que, instituído o menor herdeiro ou legatário, o testador poderá nomear-lhe curador especial para os bens deixados, ainda que o menor se ache sob o poder familiar ou sob tutela. Trata-se de hipótese de curador *ad hoc*. Em nosso sistema, sempre que ato semelhante é atribuído a alguém que não o pai ou tutor, denomina-se curador especial a pessoa designada, quando não houver a figura do protutor. Esse curador especial terá sua atuação restrita a poucos atos e não exerce poderes de tutela.

Somente os pais no exercício do poder familiar têm legitimidade para nomear tutor (art. 1.730). Quem não está no exercício de um direito não pode outorgá-lo. O artigo em questão se refere à nulidade de nomeação nesse caso, mas a hipótese mais se amolda à ineficácia. Ou em outras palavras: não possui legitimidade para nomear tutor o pai ou a mãe que não esteja em pleno exercício do poder familiar. Por outro lado, enquanto vivo e exercendo o poder familiar um dos genitores, a nomeação testamentária feita pelo falecido é ineficaz. Quando há suspensão do poder familiar, há ilegitimidade provisória para a nomeação.

Como mencionado, a lei admite que, além do testamento, outro documento autêntico pode ser utilizado para a nomeação. Assim, codicilos, escrituras públicas, escritos particulares do nomeante, com disposição clara, são também meios idôneos, assim como testamentos nulos ou anuláveis, quando não se macula a vontade quanto à nomeação. Não podemos exigir maior rigor ao documento, mesmo porque o juiz poderá sempre desatender à nomeação, se assim for conveniente para o menor.

A *tutela legítima* ocorre na falta de tutor nomeado pelos pais, sendo de caráter subsidiário. O tutor, em princípio, será escolhido na ordem estabelecida no art. 1.731:

"*Em falta de tutor nomeado pelos pais incumbe a tutela aos parentes consanguíneos do menor, por esta ordem:*

I – aos ascendentes, preferindo o de grau mais próximo ao mais remoto;

II – aos colaterais até o terceiro grau, preferindo os mais próximos aos mais remotos, e, no mesmo grau, os mais velhos aos mais moços; em qualquer dos casos, o juiz escolherá entre eles o mais apto a exercer a tutela em benefício do menor".

O art. 409 do velho Código atribuía uma ordem complexa, preferindo avô paterno ao materno; a avó paterna à materna etc. em um casuísmo hoje anacrônico.

O Código deste século eliminou, como devia fazer, a prevalência masculina na nomeação de tutor. A ordem deve ser, em princípio, seguida, não sendo, contudo, inflexível, sempre sendo ponderado o interesse do menor. O juiz poderá desobedecê-la, sempre na defesa dos interesses do pupilo. Nesse sentido, existe acréscimo pretendido pelo Projeto nº 6.960, que acresce parágrafo único ao art. 1.731: *"Poderá o juiz, levando em consideração o melhor interesse do menor, quebrar a ordem de preferência, bem como nomear tutor terceira pessoa"*. Nem sempre os avós, em avançada idade, ou o irmão muito jovem serão os tutores mais indicados. De outro lado, a identidade de direitos de homens e mulheres, de acordo com a Constituição de 1988, inadmite discriminação de sexos.

Finalmente, a *tutela dativa* é a exercida por um terceiro, estranho à consanguinidade estabelecida no dispositivo citado. Dispõe o art. 1.732:

> *"O juiz nomeará tutor idôneo e residente no domicílio do menor:*
>
> *I – na falta de tutor testamentário, ou legítimo;*
>
> *II – quando estes forem excluídos ou escusados da tutela;*
>
> *III – quando removidos por não idôneos o tutor legítimo e o testamentário".*

A nomeação de tutor dativo somente pode ocorrer quando, em síntese, não for possível o tutor testamentário ou legítimo. Essa nomeação tem, portanto, caráter subsidiário. É certo que o juiz deverá procurar alguém relacionado social e afetivamente com o menor, cujo contato lhe será benéfico. O art. 1.734, que se reporta a menores abandonados, referindo-se a estabelecimentos públicos destinados a recebê-los e a pessoas voluntárias, deve ser visto em harmonia com o Estatuto da Criança e do Adolescente, que disciplina a forma e os procedimentos pelos quais o menor é colocado em família substituta.

A tutela dativa pode ser recusada se houver no lugar parente idôneo, consanguíneo ou afim, em condições de exercê-la (art. 1.737). Apresentada essa impugnação pelo nomeado dativo, cumpre ao juiz analisar da conveniência de nomear a pessoa apontada.

Por vezes, na doutrina, encontra-se menção à denominada *tutela irregular*, situação na qual, sem qualquer formalidade legal, alguém zela pelo menor e cuida de seus interesses, como se tutor fosse. A situação é semelhante à guarda de fato para os menores em situação irregular. Essa tutela, porém, não gera efeitos jurídicos do instituto, devendo ser tratada como mera gestão de negócios, resumindo-se aos preceitos legais deste negócio jurídico inclusive com responsabilidade civil do gestor quanto aos danos causados ao menor, até mesmo na hipótese de caso fortuito, como dispõe o art. 862 do corrente Código.

A lei não proíbe, em princípio, que a nomeação testamentária seja feita sob condição ou a termo. Nada impede, por exemplo, que seja nomeado um tutor até o início da adolescência do menor e outro a partir daí (Azevedo, 2003:326). Em qualquer caso, contudo, na dúvida ver-se-á o melhor interesse do tutelado.

O art. 760 do CPC de 2015 trata da *escusa da tutela*. Essa escusa pode ocorrer por variados motivos, elencados no art. 1.736 do estatuto material. Essas situações não devem ser tidas como número fechado. O juiz deve avaliar com critério quando é apresentado pedido de escusa, que é um múnus público. As hipóteses são comuns à tutela e à curatela. Não sendo requerida a escusa no prazo estabelecido no art. 760, *caput*, considerar-se-á renunciado o direito de alegá-la.

19.3.1 Requisitos da Tutela

Para que tenha lugar a tutela, afora a situação dos órfãos, é necessário que os pais do menor tenham sido destituídos ou estejam suspensos do poder familiar. Se isto não ocorre, a forma de o menor ser colocado em família substituta é por meio da guarda. A inibição do poder familiar é essencial para a tutela, pois não convivem ambos os exercícios.

Outra situação que deve ser levada em conta, contudo, é a hipótese de pais ausentes. Desaparecidos os pais, sem que se saiba de seu paradeiro, a tutela é meio idôneo para proteger o menor e administrar seus bens, até que retornem os progenitores. Quando se trata de desaparecimento voluntário, abandono dos menores, a situação é de destituição do pátrio poder. Todavia, o desaparecimento pode ser fortuito. Nesse caso, somente após a declaração judicial de ausência deverá ser deferida a tutela. Temporariamente, o menor deve ser colocado sob a guarda de família substituta. Para atos urgentes, poderes devem ser conferidos a um curador especial.

Para desempenho da tutela, o tutor é provido de soma de poderes que se assemelha ao poder familiar, mas com este não se confunde. O tutor possui poderes para praticar atos em prol do menor, mas não terá as mesmas faculdades do pai: age sob vigilância do juiz, necessitando de autorização judicial para a prática de inúmeros atos, em dimensão maior que a restrição imposta aos pais.

Orlando Gomes (1983:374) acentua que a dignidade do cargo não permite que o ofício seja remunerado, admitindo, porém, que na administração dos bens do menor abastado seja justa uma gratificação, como permite a lei. Esse pagamento tem a natureza de uma indenização, mormente na hipótese de herança dativa. De qualquer forma, o tutor deverá sempre ser reembolsado das despesas relativas aos bens do pupilo; não com relação aos alimentos, fornecidos em espécie ou pecúnia, pois se trata de dever inerente ao encargo. O protutor tem direito a uma gratificação módica, pela fiscalização efetuada (art. 1.752, § 1º, do atual Código).

O presente Código suprimiu a referência feita à gratificação de até 10% da renda líquida anual dos bens, presente no art. 431, parágrafo único, do antigo diploma. Não se proíbe, porém, que o encargo seja razoavelmente gratificado, pois o art. 1.752 esclarece que o tutor tem direito a perceber remuneração proporcional à importância dos bens administrados. Todavia, a questão deve ficar claramente delineada antes que o tutor assuma a tutela. Se ele se compromete a exercer o cargo gratuitamente, não poderá perceber a remuneração.

19.4 OS TUTORES. TUTELA E PODER FAMILIAR

Sob o prisma do tutor, a tutela é função personalíssima, um múnus público. É encargo, em princípio, irrenunciável. Como decorrência, é também um encargo unipessoal; somente uma pessoa pode ser nomeada tutor de um menor, ao menos na forma do Código Civil de 1916: o encargo, em princípio, não podia ser exercido concomitantemente por mais de uma pessoa. Em nosso direito positivo, não existia a figura do tutor sub-rogado, substituto do tutor. O protutor, pessoa encarregada de fiscalizar o tutor, não se confunde com este. O Código de 2002 modifica parcialmente esse entendimento, ao permitir que o exercício da tutela seja parcialmente delegado, na forma do art. 1.743:

> "Se os bens e interesses administrativos exigirem conhecimentos técnicos, forem complexos, ou realizados em lugares distantes do domicílio do tutor, poderá este, mediante aprovação judicial, delegar a outras pessoas físicas ou jurídicas o exercício parcial da tutela".

Desse modo, se o vulto e a complexidade do patrimônio do menor o exigir, o tutor poderá requerer a delegação de parte do seu múnus a um administrador, contador, economista etc. A necessidade deve ser justificada em juízo, o qual deverá provar a pessoa indicada. A delegação, como se percebe, pode ser feita a pessoa jurídica. Procura-se, nesse sentido, uma maior eficiência na administração dos bens do pupilo. Nesse caso, a responsabilidade perante o menor será, em última análise, sempre do tutor, que poderá ter ação regressiva contra o terceiro delegado. Nessa situação, torna-se aconselhável a nomeação do protutor, para fiscalizar os atos, nos termos do art. 1.742.

Em nosso sistema, quando ocorre colidência de interesses entre o tutor e o pupilo, deve ser nomeado um curador especial para o ato ou negócio. Nosso direito também não admite que uma entidade especializada desempenhe diretamente a função, embora esta seja, atualmente, tendência moderna na problemática do menor desamparado. Vimos que o tutor pode delegar funções a pessoa jurídica.

No sistema de 1916, o encargo, de natureza pessoal, impedia que o tutor delegasse seus poderes. Ainda que não delegue oficialmente, como permite o mais recente ordenamento, tal, contudo, não impede que se valha de outras pessoas para auxiliá-lo no múnus. O que não pode é fazer-se substituir no encargo de tutor. Destarte, não lhe é dado outorgar procuração para prática de atos inerentes à tutela, como, por exemplo, consentimento para casar.

A tutela é, portanto, um sucedâneo do poder familiar ou poder parental: na falta dos pais dos menores, é necessário que alguém os substitua. A tutela possui, destarte, um caráter subsidiário com relação ao poder familiar.

Como enfatizamos, diversamente do poder familiar, o exercício da tutela é uma conduta fiscalizada e controlada pelo Poder Judiciário, com o concurso do Ministério Público.

De acordo com o art. 759 do CPC, o tutor deverá ser intimado a prestar compromisso no prazo de cinco dias contados da nomeação ou intimação. Essa disposição é reiterada pelo art. 32 do Estatuto da Criança e do Adolescente, que também exige o compromisso do tutor de bem e fielmente desempenhar o encargo. Incumbe ao tutor, portanto, reger a pessoa do menor, representá-lo, velar por sua educação, saúde e bem-estar e administrar-lhe os bens. No dizer do art. 1.741 do corrente Código, *"incumbe ao tutor, sob inspeção do juiz, administrar os bens do tutelado, em proveito deste, cumprindo seus deveres com zelo e boa-fé".* O zelo e a boa-fé, termos introduzidos no atual dispositivo, são fatores essenciais ao exercício do cargo. Essa administração pelo tutor tem como objetivo preservar o patrimônio do menor, buscando sempre que possível a sua valorização. A fiscalização do juiz nesse aspecto ganha importância vital.

Enquanto absolutamente incapaz, o tutor representará o pupilo; enquanto relativamente capaz, o tutor o assistirá. Certidão do termo de tutela será o documento hábil para comprovar e credenciar sua condição e legitimidade perante terceiros.

O tutor, como reiterado, exerce um encargo ou múnus público. Assim conceituada sua natureza jurídica, significa que se trata de delegação do Estado. No entanto, o tutor não se reveste da condição de funcionário público, mas em um cargo de elevada função social que o Estado lhe confia, acorrendo para o instituto preceitos de direito público e de direito privado (Gomes, 1983:372). A atividade que exerce, contudo, é eminentemente de direito privado.

O art. 1.733 dispõe que aos irmãos órfãos se dará um único tutor. A disposição visa facilitar a administração dos bens. Giovane Serra Azul Guimarães (2000:27) aponta que a unicidade da tutela não pode ser absoluta, podendo o juiz nomear tutores diferentes para os irmãos, tendo em vista o caso concreto e o interesse dos menores, especialmente nas situações do Estatuto da Criança e do Adolescente.

Como acentuado, o âmbito de atuação na tutela é menor do que no poder familiar. Já apontamos que a tutela é exercida sob supervisão do Judiciário. Ademais, o exercício da tutela, por ser um encargo, é temporário, uma vez que o tutor deve servir por dois anos (art. 1.765), embora os períodos possam ser prorrogados até a maioridade do pupilo. Outra sensível distinção é que na tutela o tutor não tem o usufruto dos bens do pupilo, como acontece com os pais. Na tutela, a venda de bens dos menores está cercada de maiores cautelas, exigindo-se hasta pública e não a mera autorização judicial. Diverge também a forma de emancipação voluntária: os pais formalizam-na por escritura pública, enquanto dos tutores se exige a sentença judicial.

19.4.1 Nomeação de Casal para o Encargo de Tutores

Acentuou-se anteriormente que a tutela é encargo unipessoal. A lei civil não prevê a nomeação de mais de um tutor concomitantemente para o exercício do encargo. Na sistemática do Estatuto da Criança e do Adolescente, nas situações de menores que essa lei regula, perfeitamente sustentável que a situação é outra, levando em consideração o conjunto de disposições dessa lei e os princípios estabelecidos pela Carta de 1988. O intuito dessa legislação protetiva é integrar a criança e o adolescente na família substituta. Não existe forma melhor de fazê-lo, tal como na guarda e na adoção, do que entregá-lo ao carinho e à proteção de um casal que lhe dê um lar. A concepção do estatuto faz com que o critério tradicional do Código Civil seja revisto, pois não se cuida aqui de cuidado com os bens do menor unicamente, mas de sua formação e personalidade. Nesse mesmo sentido, manifesta-se Giovane Serra Azul Guimarães (2000:27) em obra sobre a matéria, apontando que, no caso, sempre será necessária a aquiescência dos dois cônjuges ou companheiros e sempre deverá preponderar o interesse do menor, obedecidos os requisitos do art. 165, I, do Estatuto da Criança e do Adolescente.

19.5 INCAPAZES DE EXERCER A TUTELA

O cargo de tutor é de confiança do Estado e exige absoluta idoneidade e ausência de conflito com o menor e seu patrimônio. O art. 1.735 enumera os não legitimados que não podem ser tutores, e serão exonerados da tutela, caso a exerçam:

> "I – os que não tiverem a livre administração de seus bens;
>
> II – os que, no momento de lhes ser deferida a tutela, se acharem constituídos em obrigação para com o menor, ou tiverem que fazer valer direitos contra este; e aqueles cujos pais, filhos, ou cônjuges tiverem demanda contra o menor;
>
> III – os inimigos do menor, ou de seus pais, ou que tiverem sido por estes expressamente excluídos da tutela;
>
> IV – os condenados por crime de furto, roubo, estelionato ou falsidade, contra a família ou os costumes, tenham ou não cumprido a pena;
>
> V – as pessoas de mau procedimento, ou falhas em probidade, e as culpadas de abuso em tutorias anteriores;
>
> VI – os que exerceram função pública incompatível com a boa administração da tutela".

As situações descritas nesse dispositivo são mais propriamente de impedimento ou falta de legitimação e não de incapacidade. Cuida-se de obstáculos que impedem a assunção ou a manutenção no cargo. A exigência de idoneidade é de tal nível que ocorre durante todo o tempo de exercício da tutela. Verificada a inabilidade durante seu exercício, o tutor deve ser substituído. A situação é de destituição do encargo, pois esta terá caráter de sanção aplicável aos tutores que agem com culpa na tutela.

As causas são por si explicativas. Para proteger o menor e cuidar de seu patrimônio, há necessidade de idoneidade e disponibilidade. Quem não pode administrar os próprios bens também não poderá fazê-lo quanto aos bens de terceiros. Quem tem obrigação ou direito contra o menor não terá, objetivamente, isenção para o encargo. Inimigos do menor ou de seus pais e quando estes expressamente vedaram a tutela são situações por demais óbvias. Os crimes descritos no inciso IV não favorecem a administração de bens de outrem ou o trato com menores, assim como o mau procedimento e a improbidade. Muitas dessas situações exigirão exame no caso concreto.

O Código ressalva os que exercem função pública incompatível com o encargo: injustificável a restrição exclusivamente à função pública. Há funções privadas que mais se mostram incompatíveis com a tutela, as que exigem viagens constantes, prolongada ausência do domicílio, por exemplo. O juiz haverá de ponderar no caso concreto. Essa situação, de qualquer forma, é mais adequada para os casos de escusa da tutela.

19.5.1 Proibições Legais

O tutor está proibido da prática de determinados atos. Basicamente, cuida-se de atos pelos quais os tutores poderiam colocar em preferência seus próprios interesses em detrimento dos direitos do pupilo, prevalecendo-se de sua posição. São atos que não podem ser praticados, sob pena de nulidade absoluta, mesmo com autorização judicial. Diz o art. 1.749:

> *"Ainda com autorização judicial não pode o tutor, sob pena de nulidade:*
>
> *I – adquirir por si, ou por interposta pessoa, mediante contrato particular, bens móveis ou imóveis pertencentes ao menor;*
>
> *II – dispor dos bens do menor a título gratuito;*
>
> *III – constituir-se cessionário de crédito ou de direito, contra o menor".*

Não se trata de incapacidade. O tutor, portanto, não tem legitimidade para a prática desses atos. Os atos são nulos por falta de agente capaz (art. 104). Cuidando-se de restrições de direito, a enumeração é taxativa; não pode ser ampliada. Os poderes de administração lhe são obviamente transferidos: pode alugar imóveis de acordo com o estipulado na lei, assim como fazer aplicações financeiras etc.

19.6 ESCUSA DOS TUTORES

A tutela é um múnus público e em princípio não pode ser recusada. Por essa razão, as possibilidades de escusa constam da lei. O art. 1.736 estabelece:

> *"Podem escusar-se da tutela:*
>
> *I – mulheres casadas;*
>
> *II – maiores de sessenta anos;*
>
> *III – aqueles que tiverem sob sua autoridade mais de três filhos;*
>
> *IV – os impossibilitados por enfermidade;*
>
> *V – aqueles que habitarem longe do lugar onde se haja de exercer a tutela;*

VI – aqueles que já exercerem tutela ou curatela;

VII – militares em serviço".

O legislador, como facilmente se percebe, procura dificultar a recusa da tutela, pois sabe que é um múnus público que requer ingentes esforços. A recusa ou renúncia somente pode ocorrer dentro do balizamento da lei.

As mulheres, no Direito Romano, eram incapazes para a tutela. O direito vigente suprimiu a incapacidade, mas permitiu a escusa. O ordenamento vigente refere-se às mulheres casadas, não possibilitando mais a escusa às solteiras, divorciadas ou separadas. Às casadas equiparam-se certamente as que convivem em união estável. Entendeu-se que a mulher casada já teria os ônus e deveres do casamento como pesadas tarefas. Modernamente, porém, também essa é uma forma de discriminação e o Projeto nº 6.960 retira as mulheres casadas desse rol de escusas.

Os casos de escusas não se alargam. São apenas os constantes da lei. Quem não se inserir em uma das dicções deve assumir o encargo. Entende-se, por exemplo, que quem tem perante sua autoridade mais de três filhos já tem encargos suficientes para assumir o fardo pesado da tutela. O Código antigo referia-se à pessoa com mais de cinco filhos. Por outro lado, a tutela exige a presença física do tutor junto ao pupilo e a residência distante do local onde será exercida a tutela será inconveniente. Quanto aos militares em serviço, sabido é que se mudam constantemente de domicílio. As causas de escusas são, portanto, explicativas por si.

O art. 1.737 descreve mais uma possibilidade de recusa, específica para tutela dativa: quem não for parente do menor não poderá ser obrigado a aceitar a tutela, se houver no lugar parente idôneo, consanguíneo ou afim, em condições de exercê-la. Pressupõe a lei que o parentesco indica maiores afinidades com o tutelado, o que denota que a tutela está intimamente ligada à família. Nem sempre isto é verdadeiro.

É claro que, em todo caso concreto, o juiz deverá ver o que é de melhor interesse para o menor. Condições de idade avançada, doença, analfabetismo ou mesmo renitente falta de disposição para o cargo farão com que juiz propenda para nomear a pessoa mais indicada, que, em princípio, não poderá opor recusa. Por outro lado, uma tutela imposta pode ser gerida com má vontade, o que virá em detrimento do menor. Bom senso ao julgador é sempre o que se recomenda.

A escusa deverá ser apresentada nos cinco dias seguintes à intimação, embora a lei atual fale em designação, sob pena de entender-se renunciada a possibilidade de alegação (art. 760 do CPC de 2015). Se o motivo de escusa ocorrer depois de aceita a tutela, esse prazo contar-se-á do dia em que ele sobrevier (art. 1.738). Esse prazo é decadencial.

O art. 1.739 é decorrente do rigor com que é vista a obrigação de assumir a tutela: se o juiz julgar improcedente a recusa, durante o processamento do respectivo recurso, o indicado deverá exercer a tutela, respondendo desde logo por perdas e danos que o menor venha a sofrer. Em resumo, a lei significa que o recurso da decisão que nomeia tutor não terá efeito suspensivo.

19.7 GARANTIA DA TUTELA

A garantia da tutela estava prevista nos arts. 418 a 421 do Código de 1916; art. 37 do Estatuto da Criança e do Adolescente; e arts. 1.188 a 1.191 do CPC de 1973. O CPC de 2015 não mais faz referência à hipoteca, instituto em desuso que dificultava a aceitação e exercício da tutela. As garantias visam assegurar a boa administração dos bens e certificar que o tutor terá meios para responder em caso de ser considerado culpado de prejuízos causados ao pupilo. Desse modo, a hipoteca legal visava resguardar os interesses do tutelado, sujeitando-se à inscrição.

O dispositivo acentuava a índole legal da tutela, dirigida a menores abastados, como se isso ocorresse com frequência em nosso país de milhões de necessitados. Acentua-se mais uma vez, nesse dispositivo, a filosofia individualista e patrimonialista de nosso Código de 1916.

E se todos os bens imóveis do candidato a tutor não fossem suficientes para garantir a tutela da criança abastada? O Código ia mais além ao exigir reforço da hipoteca legal mediante caução real ou fiança: *"salvo se para tal não tiver meios, ou for de reconhecida idoneidade"* (art. 419). Não bastasse o pesado gravame de ter todos os bens imóveis hipotecados, a lei exigia ainda a presença de um fiador ou outra garantia, sempre no intuito de proteger o pupilo com patrimônio. Todavia, o Código prosseguia fazendo com que o juiz respondesse subsidiariamente pelos prejuízos sofridos em razão da insolvência do tutor, pelo fato de não ter exigido a garantia legal ou de não o ter removido, quando se tornara suspeito (art. 420). Acrescentava ainda o art. 421 que a responsabilidade do juiz era pessoal e direta, quando não tivesse nomeado tutor ou quando a nomeação não houvesse sido oportuna (art. 421). Não havia na lei civil outro exemplo de rigor igual. Destarte, não havendo motivos plausíveis, os magistrados, em princípio, dispensavam a hipoteca.

Ora, a tutela em si já é um ato de desprendimento do tutor que acresce às suas próprias responsabilidades a proteção e administração dos bens do pupilo. A se levar em conta ao pé da lei as determinações do código antigo, dificilmente se obteria tutor disponível: em primeiro porque era de sumo transtorno a hipoteca de seus bens; em segundo porque o juiz, mediante a responsabilização que lhe faz a lei, teria dificuldades e rebuços para nomear um tutor, sendo, em síntese, corresponsável por sua administração. Por último, embora se saiba que a tutela é obrigatória, é de suma inconveniência atribuir o encargo a alguém, contra sua vontade. Por tudo isso, e porque nossos órfãos não são ricos como regra, era comum que se dispensasse a hipoteca legal e outras formas de garantia, limitando-se o tutor a firmar o compromisso. De outro modo, dificilmente se chegaria a uma tutela.

Nesse sentido, a hipoteca legal, prevista na anterior redação do art. 37 da Lei 8.069/90, atuava como exceção, unicamente para os casos nos quais, efetivamente, o patrimônio ponderável do pupilo devesse ser protegido. Destarte, o art. 37 do Estatuto da Criança e do Adolescente dispõe que a *"o tutor nomeado por testamento ou qualquer documento autêntico, conforme previsto no parágrafo único do art. 1.729 da Lei nº 10.406, de 10 de janeiro de 2002 – Código Civil, deverá, no prazo de 30 (trinta) dias após a abertura da sucessão, ingressar com pedido destinado ao controle judicial do ato, observando o procedimento previsto nos arts. 165 a 170 desta Lei"*. O parágrafo único deste artigo ainda acrescenta:

> *"Na apreciação do pedido, serão observados os requisitos previstos nos arts. 28 e 29 desta Lei, somente sendo deferida a tutela à pessoa indicada na disposição de última vontade, se restar comprovado que a medida é vantajosa ao tutelando e que não existe outra pessoa em melhores condições de assumi-la".*

Reduziu-se, portanto, a garantia da tutela a seu contorno real. No presente Código, restringe-se a exigência a qualquer modalidade de garantia legal ou caução por parte do tutor e não necessariamente à hipoteca, como mencionam o art. 1.744, II, e art. 1.745, parágrafo único. A hipoteca é apenas uma das modalidades de caução.

Mantém o vigente Código o rigor para com o juiz, pois determina que a responsabilidade do magistrado será direta e pessoal, *"quando não tiver nomeado o tutor, ou não o houver feito oportunamente"* (art. 1.744, I), e subsidiária, *"quando não tiver exigido garantia real do tutor, nem o removido, tanto que se tornou suspeito"* (art. 1.744, II). Essa responsabilidade do juiz já ocorria, com linhas semelhantes, no Código anterior. O legislador procura cercar a tutela e sua lisura das maiores cautelas, inclusive a responsabilidade pessoal do juiz, que é exceção dentro do sistema. Em qualquer caso, porém, é necessário que se comprove que a omissão do juiz constituiu o nexo causal para o prejuízo do curatelado. Não há, porém, como ser leniente com juiz desatencioso, ímprobo ou que se desvia propositalmente do seu elevado mister, causando prejuízos ao incapaz. A responsabilidade pessoal e direta do juiz, mencionada na lei, não suprime a responsabilidade do Estado.

É incumbência do juiz, também, nomear, se achar conveniente, o *protutor*, nos termos do art. 1.742 do Código. Essa pessoa, de confiança do juízo, cuja origem remonta ao direito francês, assume o compromisso de fiscalizar a atuação do tutor. Poderá o juiz especificar quais atos serão necessariamente aprovados ou verificados pelo protutor. De qualquer modo, não pode o tutor furtar-se a fornecer informações ao protutor e este deverá sempre se dirigir ao juiz para informar qualquer suspeita ou irregularidade na conduta do tutor. Responderá por perdas e danos se se omitir em tal mister. O protutor não exerce a tutela, é bom que se diga, mas apenas a supervisiona. Torna-se necessária a presença do protutor morment e na administração de grandes patrimônios, para cuja fiscalização a presença do juiz se mostra distante. De qualquer modo, também a atividade do protutor será fiscalizada pelo juiz.

As disposições do Estatuto da Criança e do Adolescente devem servir de suporte para a decisão do juiz em dispensar as garantias em todas as hipóteses de tutela em que isto se mostrar conveniente. O Código Civil de 2002 também traz, como apontamos, disposição flexível, não impondo a hipoteca:

> *"Se o patrimônio do menor for de valor considerável, poderá o juiz condicionar o exercício da tutela à prestação de caução bastante, podendo dispensá-la se o tutor for de reconhecida idoneidade"* (art. 1.745, parágrafo único).

19.8 EXERCÍCIO DA TUTELA

Incumbe ao tutor, sob inspeção do juiz, reger a pessoa do menor, por ele velar e administrar-lhe os bens (art. 1.741). Os bens serão entregues ao tutor mediante termo especificado, com os respectivos valores, ainda que os pais tenham dispensado (art. 1.745). Os deveres de administração e conduta estão completados pelo art. 1.740. Note que o vigente Código acrescenta que incumbe ao tutor cumprir os deveres que normalmente cabem aos pais, ouvida, porém, a opinião do menor, se este já contar 12 anos de idade. Por exemplo, deve o menor opinar sobre a escolha de estabelecimento de ensino que irá cursar ou a escolha da prática de determinado esporte.

Admitiu-se, no passado, que o poder de correção fosse utilizado com extrema moderação. Sílvio Rodrigues (1999:387) afirma:

> *"ao contrário do pai, que pode recorrer a castigos físicos moderados, para emendar o filho, o tutor não pode aplicá-los, devendo circunscrever-se a punições de caráter moral. Em casos mais graves deve reclamar ao juiz que providencie, como houver por bem, quando o menor haja mister correção".*

Na realidade, a moderna educação nem mesmo admite castigos moderados por parte dos pais.

Se o menor possuir bens, será educado e sustentado às suas expensas, devendo o juiz arbitrar o valor necessário para esse fim, com base em sua fortuna e condições, quando o pai ou a mãe não o tiver fixado (art. 1.746). O juiz e o tutor deverão sempre considerar as melhores condições para a educação do menor, de acordo com as possibilidades de seu patrimônio.

O tutor representará o menor até 16 anos e o assistirá dos 16 aos 18 anos de idade. Recebe-lhe as rendas e pensões; faz as despesas de manutenção e pode alienar os bens destinados à venda (art. 1.747). O corrente Código acrescentou que o tutor pode promover, mediante preço conveniente, o arrendamento de imóveis. Esses atos inserem-se no rol de simples administração. Pode vender, sem autorização judicial, os bens destinados à venda, como, por exemplo, o estoque de varejo de negócio pertencente ao pupilo.

O tutor necessita, porém, de autorização judicial para (art. 1.748):

> "Compete também ao tutor, com autorização do juiz:
>
> I – pagar as dívidas do menor;
>
> II – aceitar por ele heranças, legados ou doações, ainda que com encargos;
>
> III – transigir;
>
> IV – vender-lhe os bens móveis, cuja conservação não convier, e os imóveis nos casos em que for permitido;
>
> V – propor em juízo as ações, ou nelas assistir o menor, e promover todas as diligências a bem deste, assim como defendê-lo nos pleitos contra ele movidos.
>
> Parágrafo único. No caso de falta de autorização, a eficácia de ato do tutor depende da aprovação ulterior do juiz".

Esses atos somente podem ser praticados com autorização judicial. Os pais também necessitam de autorização para a venda de imóveis. No entanto, no caso de tutores, era essencial, no antigo diploma civil, que essa venda se desse por hasta pública, sob pena de nulidade. A atual lei suprimiu essa exigência, pois sabido é que a hasta pública não assegura o melhor preço.

O art. 1.750 esclarece que "*os imóveis pertencentes aos menores sob tutela somente podem ser vendidos quando houver manifesta vantagem, mediante prévia avaliação judicial e aprovação do juiz*". O juiz, com o auxílio do Ministério Público, deverá aquilatar oportunidade e conveniência da alienação. Nem sempre o melhor preço é conseguido em leilão, o qual, no entanto, poderá ser determinado de acordo com as circunstâncias. O normal, contudo, será a venda por propostas, com base na avaliação, esta não podendo ser dispensada. O arrendamento de bens imóveis, na nova lei, não mais requer hasta pública, como na lei anterior, o que era manifestamente inconveniente e dificultava a locação de bens do menor. Em edição anterior desta obra, dizíamos que, a nosso ver, a simples autorização criteriosa do juiz, nesse caso, podia validamente suprir a hasta e ser mais vantajosa para o pupilo. O estatuto atual corrigiu essa situação.

Se o tutor praticar os atos descritos no art. 1.748 do atual Código sem a devida autorização judicial, sua eficácia depende de aprovação ulterior do juiz (parágrafo único). Se a ratificação judicial for negada, o ato não deverá gerar efeitos, devendo ainda o tutor ser responsabilizado se ocasionar prejuízos (art. 1.752).

Existem atos que nunca podem ser praticados pelo tutor, como referimos, ainda que com autorização judicial: adquirir para si, ou por interposta pessoa, por contrato particular, ou em hasta pública, bens móveis, ou de raiz pertencentes ao menor; dispor dos bens a título gratuito e constituir-se cessionário de crédito ou direito contra o menor (art. 1.749). O sentido lógico, ético e moral da disposição é evidente: o tutor não deve locupletar-se à custa da tutela. Se, ao assumir a tutela, o tutor tiver crédito com relação ao tutelado, deverá fazer essa declaração em juízo, sob pena de não poder cobrar a obrigação durante a tutoria, "*salvo provando que não conhecia o débito quando a assumiu*" (art. 1.751).

O tutor não tem o usufruto dos bens do tutelado, mas pode ressarcir-se do que pagou a título de exercício de tutela, salvo no caso de crianças de parcos ou nenhum recurso, e terá direito a uma remuneração proporcional à importância dos bens administrados (art. 1.752). Também ao protutor será arbitrada uma gratificação módica, como menciona a lei. Ainda que seja um múnus público, o exercício da tutela não será gratuito se assim permitir o patrimônio do tutelado. Cuidado extremo devem ter os magistrados nesse campo, balizando sua decisão entre dois pontos: a remuneração justa, nunca diminuta ou exagerada, e os elevados interesses do menor.

O tutor responderá pelos prejuízos, que, por negligência, culpa ou dolo, causar ao pupilo. A conduta do tutor deve ser a do *bonus pater familias* na conduta da administração. A ação pode ser movida pelo Ministério Público, pelo menor e por qualquer outro interessado. O novo tutor nomeado em substituição pode tomar a iniciativa, como representante.

A tutela, como se nota, possui menor âmbito que o exercício do poder familiar. Contudo, não se suprime do tutor o dever de amparar o pupilo sob os prismas material e imaterial. Compete-lhe, sem dúvida, orientar sua educação e tudo fazer para que se torne cidadão adaptado e útil à sociedade. Compete, sem dúvida, ao juiz, verificar no caso concreto se esse desiderato está sendo cumprido, tomando as decisões prontas sempre que assim exigir o melhor interesse do menor. As incompatibilidades insuperáveis devem ser imediatamente corrigidas.

19.9 BENS DOS ÓRFÃOS

A lei dispensa zelos especiais com os bens de órfãos, ainda arraigados a velhos preceitos, hoje anacrônicos. Os tutores não podem conservar consigo dinheiro dos pupilos, além do necessário para as despesas ordinárias com seu sustento, sua educação e administração de seus bens (art. 1.753).[7] O § 1º desse artigo determina que os objetos de ouro, prata, pedras preciosas e móveis serão avaliados por pessoa idônea e, após autorização judicial, alienados. Seu produto será convertido em títulos, obrigações e letras de responsabilidade direta ou indireta da União

---

[7] "Agravo de instrumento. Ação de interdição. Insurgência da curadora em face da decisão que determinou o depósito judicial do saldo remanescente do valor resgatado da previdência privada do curatelado. Não acolhimento. Curadora que não pode conservar em seu poder recursos do curatelado, salvo o estritamente indispensável ao suprimento de suas despesas ordinárias. Ausência de comprovação da necessidade de utilização do saldo remanescente levantado para o pagamento desses dispêndios. Inteligência do **art. 1.753, *caput*, do Código Civi**l. Inviabilidade da livre movimentação de contas bancárias e aplicações financeiras independentemente de autorização judicial. Despesas de sustento, saúde e administração de bens. Previsibilidade quanto à data do desembolso que permite prévio orçamento para oportuna autorização judicial. Observância do disposto no artigo 1.754 do Código Civil. Precedentes desse E. Tribunal de Justiça. Recurso desprovido" (TJSP – AI 2088168-07.2024.8.26.0000, 6-9-2024, Relª. Daniela Cilento Morsello).

"Agravo de instrumento. Interdição. Ação de interdição. Decisão agravada que deferiu a expedição de ofício a instituições financeiras determinando a indisponibilidade para saques ou transferências dos valores contidos em conta poupança e VGBL da interditanda. Ausência de prova que os proventos da interditanda são insuficientes para arcar com as despesas cotidianas. Tutora que não pode conservar em seu poder dinheiro da tutelada além do necessário para as despesas ordinárias com o seu sustento (art. 1.753 do CC). Decisão mantida. Agravo desprovido". (TJSP – Agravo de Instrumento 2176751-07.2020.8.26.0000, 30-9-2020, Rel. Alexandre Marcondes).

"Cumprimento de sentença – Levantamento de depósito – Interesse de incapaz – **Tutela** – Decisão que deferiu levantamento em favor de menor, em cumprimento provisório de sentença. Irresignação do Ministério Público. Manutenção do depósito. Necessidade de avaliação judicial para levantamento de valores acima das necessidades do menor. Inteligência dos artigos 1.753 e 1.754 do Código Civil. Cabimento do levantamento somente de R$ 30.000,00 (trinta mil reais), da indenização dos danos morais da mãe do menor, com atualização monetária e juros de mora correspondentes. Decisão parcialmente reformada. Recurso provido em parte." (TJSP – AI 2108663-48.2019.8.26.0000, 12-9-2019, Rel. Carlos Alberto de Salles).

e dos Estados, atendendo-se preferentemente à rentabilidade, e recolhidos ao estabelecimento bancário oficial ou aplicado na aquisição de imóveis, conforme determinado pelo juiz. É evidente que o menor deverá ser ouvido sempre que tiver mais de 12 anos, ou mesmo se mais jovem quando possível, e sua opinião deverá ser levada em consideração não somente neste, mas em todos os aspectos da tutoria. A situação é rara e ressalta que mesmo no mais recente Código o conteúdo da tutela é essencialmente patrimonialista.

Nem sempre a venda desses bens será a melhor opção, e nem sempre os títulos públicos oferecem melhores vantagens. A matéria deve ser analisada no caso concreto. O mesmo será feito com dinheiro arrecadado para o menor proveniente de qualquer outra procedência (art. 1.753, § 2º).

Em qualquer caso, os tutores respondem pela demora na aplicação dos valores, pagando juros legais desde o dia em que deveriam ter-lhes dado destino, sem prejuízo da devida aplicação no mercado financeiro (art. 1.753, § 3º). Temos que entender que aos juros se acresce a correção monetária.

De acordo com o art. 1.754, os valores depositados em estabelecimento oficial não poderão ser retirados senão mediante ordem do juiz e somente:

> "I – para as despesas com o sustento e educação do pupilo, ou a administração de seus bens;
>
> II – para se comprarem bens imóveis e títulos, obrigações ou letras, nas condições previstas no § 1º do artigo antecedente;
>
> III – para se empregarem em conformidade com o disposto por quem os houver doado, ou deixado;
>
> IV – para se entregarem aos órfãos, quando emancipados, ou maiores, ou, mortos eles, aos seus herdeiros".

19.10 PRESTAÇÃO DE CONTAS

Como toda pessoa que administra bens alheios, o tutor deve prestar contas. Desse modo, ainda que desse encargo tenha sido dispensado pelos pais dos tutelados, a obrigação persiste (art. 1.755).[8] Ao final de cada ano de administração, deverá submeter o balanço ao juiz para aprovação (art. 1.756). Afora o balanço anual, a cada dois anos prestará contas e bem assim

---

[8] "Apelação. Curatela. Pretensão do curador de afastar obrigação de prestar contas anualmente. Impossibilidade. Irrelevância do fato da curatelada possuir patrimônio diminuto. Obrigação que decorre de imposição legal (art. 84, § 4º, do Estatuto da Pessoa com Deficiência e **arts. 1.755 e 1.781 do Código Civil**). Sentença mantida. Recurso improvido" (*TJSP* – Ap 1013514-14.2021.8.26.0019, 3-7-2024, Rel. Ademir Modesto de Souza).

"Apelação – **Responsabilidade civil** – Ação indenizatória – Expressivos saques realizados nas contas-poupança dos então menores autores, pela respectiva tutora, sem autorização judicial – Demandantes que, segundo alegam, só tiveram conhecimento do fato tempos depois de terem atingido a plena capacidade civil, após deixarem a residência da tia e outrora tutora – Quadro caracterizando o chamado fato do serviço e, pois, se subordinando à regra prescricional do art. 27 do CDC – Prazo em questão se contando a partir da data em que o consumidor tem inequívoco conhecimento do dano e da respectiva autoria, nos expressos termos daquele dispositivo legal – Situação dos autos em que absolutamente nada comprova terem os autores tomado conhecimento dos indevidos saques logo ao atingir a maioridade – Inteiramente plausível a assertiva segundo a qual tal ciência só se deu depois de os autores terem deixado a residência da tia – Prova que, de toda sorte, tocava ao réu, a quem interessava o reconhecimento da prescrição – Quinquênio prescricional não transcorrido – Inequívoca a falha na prestação dos serviços, por inobservância do disposto no art. 1.754 do CC – Responsabilidade do banco depositário pela restituição do valor dos indevidos saques – Dano moral também caracterizado – Presumido o sofrimento íntimo experimentado pelos autores em virtude da privação da considerável quantia retirada de suas contas-poupança, o que decerto lhes tolheu a possibilidade de, ainda jovens, desfrutarem de maior conforto material e de melhores

quando, por qualquer motivo, deixar o exercício da tutela e toda vez que o juiz entender conveniente (art. 1.757). A prestação de contas deve ser apresentada sob a forma contábil. Após a prestação, o tutor deverá recolher os saldos em instituição bancária oficial ou adquirir títulos da dívida pública. As despesas com a prestação de contas devem ser pagas pelo pupilo (art. 1.761). Se houver saldo em favor do tutor, este poderá cobrá-lo ao findar a tutela, ou pedir seu abono ao juiz durante seu exercício. Por intermédio da prestação de contas terá o juiz condições de aferir a efetividade do exercício da tutela.

A falta de prestação de contas ou sua desaprovação poderá motivar a destituição do tutor e o ajuizamento de ação indenizatória pelo Ministério Público ou outro interessado. O alcance do tutor, bem como os saldos do tutelado vencerão juros desde o julgamento definitivo das contas (art. 1.762). Aplica-se, também, a correção monetária.

Quando o tutelado atinge a maioridade, o fato de este aprovar as contas do tutor não produzirá efeitos, antes de aprovadas pelo juiz, subsistindo até então, inteiramente, a responsabilidade do tutor (art. 1.758). Trata-se de cautela extrema e denota mais uma vez o interesse público no exercício da tutela.

No caso de morte, ausência ou interdição do tutor, as contas serão prestadas por seus herdeiros, ou representantes (art. 1.759). Nessas situações não há mais como pessoalmente o tutor apresentar suas contas. As despesas justificadas que se provarem proveitosas em benefício do pupilo serão levadas a crédito do tutor (art. 1.760). Cabe ao tutor provar que efetuou despesas em proveito do tutelado.

Como se nota, a lei trata do tutor e de sua conduta com extremo rigor, tornando a tutela, além de um múnus, um verdadeiro fardo para os que não contam com a devida estrutura pessoal, mormente em se tratando de patrimônio vasto. Daí por que se justifica a gratificação por seu exercício (art. 1.752).

Bem observa Caio Mário da Silva Pereira (1996, v. 5:260) que

> "a responsabilidade do tutor não se limita, obviamente, ao resultado contábil de sua prestação de contas. Se da sua gestão resultar prejuízo ao tutelado, incumbe-lhe o dever de ressarci-lo, segundo as regras que presidem a composição do princípio da responsabilidade civil: procedimento culposo do tutor, dolo causado, relação de causalidade entre um e outro".

19.11 CESSAÇÃO DA TUTELA

Sob o prisma do tutelado, a tutela cessa com sua maioridade ou emancipação, ou caindo o menor sob o poder familiar (art. 1.763). São fatos objetivos que extinguem o estado de tutela. Pelo lado do tutor, cessam suas funções quando expirado o termo em que estava obrigado a servir, sobrevindo escusa legítima ou sendo removido (art. 1.764).

O tutor tem o encargo de exercer a tutoria por dois anos, podendo continuar além desse prazo, se assim desejar e o juiz entender conveniente (art. 1.765). Desse modo, o tutor tem o direito à cessação da tutela ao fim desse prazo, do qual apresentará a prestação de contas. Pode ocorrer que o juiz não consiga nomear substituto ao final desse prazo. Como não pode o menor ficar sem administrador de seus bens, embora a lei não o diga, nada impede que seja nomeado curador especial ou tutor interino, para a prática de atos urgentes, até que novo

---

oportunidades profissionais – Sentença reformada, com a proclamação da procedência da demanda. Apelação a que se dá provimento" (TJSP – Ap 0000996-36.2013.8.26.0424, 11-6-2015, Rel. Ricardo Pessoa de Mello Belli).

tutor seja regularmente nomeado. Aliás, a possibilidade de tutoria interina consta do estatuto processual, como a seguir referimos (art. 762 do CPC). Pode, também, o magistrado deferir a guarda provisória a quem estiver habilitado para tal.

Observe-se que, cessando as funções de tutor ou curador pelo decurso de prazo em que era obrigado a servir, deve ingressar com pedido de exoneração no prazo de 10 dias seguintes à expiração do prazo; não o fazendo, entender-se-á como reconduzido, salvo se o juiz o dispensar (art. 763 do CPC).

Sempre que o tutor praticar ato contra os interesses da tutela, por culpa ou dolo, ou quando incorrer em incapacidade, deverá ser destituído (art. 1.766). Compete ao Ministério Público, ou a qualquer interessado, provocar a remoção (art. 761 do CPC). Em caso de extrema gravidade, o juiz poderá suspender o tutor do exercício de suas funções, nomeando-lhe substituto interino (art. 762 do CPC).

O projeto do Estatuto das Famílias restringe a apenas cinco artigos as disposições sobre tutela (arts. 104 a 108), relegando as questões como escusas para assumir o encargo, exercício e garantia da tutela, prestação de contas, aos princípios gerais.

19.12 PROCESSO DE INTERDIÇÃO

O Código de Processo Civil de 2015 introduz muitas modificações no processo de interdição (arts. 747 a 758). A matéria se aplica à curatela e, no que couber, à tutela. Tratamos do assunto no capítulo seguinte.

São múltiplas e variadas as sugestões de modificação do regulamento da tutela no projeto de reforma do Código Civil enviado ao Senado, buscando atualização oportuna dos textos. Aguardemos.

20

CURATELA

20.1 INTRODUÇÃO. CONCEITO

Ao iniciarmos o estudo da tutela, apontamos a origem comum de ambos os institutos, tutela e curatela, e sua confusão. Ambas as modalidades de proteção a incapazes estiveram praticamente unificadas a partir de Justiniano. Destarte, a curatela também é instituto de interesse público, destinada, em sentido geral, a reger a pessoa ou administrar bens de pessoas maiores, porém incapazes de regerem sua vida por si, em razão de moléstia, prodigalidade ou ausência. Temos que nos referir também à curatela dos bens dos ainda por nascer, mas já concebidos, os nascituros. O fulcro do instituto, disciplinado nos arts. 1.767 ss, porém, é a proteção aos que não tiverem o necessário discernimento para os atos da vida civil.

O Estatuto da Pessoa com Deficiência (Lei nº 13.146/2015) alterou substancialmente esse Capítulo do Código Civil. Na nova redação do art. 1.767, a curatela é destinada a *"aqueles que por causa transitória ou permanente, não puderem exprimir sua vontade"*, *"ébrios habituais e os viciados em tóxico"* e aos pródigos. A alteração é mais semântica do que de fundo, para harmonizar-se com o referido estatuto. A nomenclatura dessas pessoas sujeitas à curatela está consentânea com o rol das incapacidades enunciadas no Código Civil, nos arts. 3º e 4º, conforme as estudamos em nosso volume 1, com as alterações do mencionado estatuto, que alterou as redações desses artigos. Como afirma o art. 109 do projeto do Estatuto das Famílias: *"rege-se o instituto da curatela pelo princípio do melhor interesse do curatelado"*.

A ideia central dessa importante lei é que toda pessoa com deficiência tem direito à igualdade de oportunidades com as demais pessoas e não sofrerá nenhuma espécie de discriminação (art. 4º da Lei nº 13.146/2015). Desse modo, o consentimento da pessoa com deficiência poderá ser suprido sob os princípios da curatela.

O Código Civil de 1916 elencava, no art. 446, como estando sujeito à curatela, os loucos de todo gênero; os surdos-mudos, sem educação que os habilitasse a enunciar precisamente sua vontade, e os pródigos. Após a edição desse Código Civil, foram contempladas situações de curatelas especiais, como a dos toxicômanos, que permitiram graduação de limites de atuação do curador. O Estatuto da Pessoa com Deficiência dispõe: *"Considera-se pessoa com deficiência aquela que tem impedimento de longo prazo de natureza física, mental, intelectual ou sensorial, o qual em interação com uma ou mais barreiras, pode obstruir sua participação plena e efetiva na sociedade em igualdade de condições com as demais pessoas"* (art. 2º). Verifica-se, destarte, que a curatela pode suprir de forma mais ou menos ampla a pessoa do deficiente, com mais ou menos poderes, o que dependerá do exame do caso concreto.

A regra geral, como é óbvio, é que todas as pessoas maiores são capazes; as incapacidades devem ser declaradas pelo ordenamento, decorrendo de procedimento próprio. A capacidade se presume; a incapacidade deve ser comprovada. Como notamos, tutela e curatela são institutos muito semelhantes e com fins idênticos, tanto que as disposições da tutela se aplicam à curatela, com certas alterações (art. 1.774).

A finalidade da curatela é principalmente conceder proteção aos incapazes no tocante a seus interesses e garantir a preservação dos negócios realizados por eles com relação a terceiros. Enquanto a tutela é sucedâneo do poder familiar, a curatela constitui um poder assistencial ao incapaz maior, completando ou substituindo-lhe a vontade. O principal aspecto é o patrimonial, pois o curador protege essencialmente os bens do deficiente, auxiliando em sua manutenção e impedindo que sejam dissipados. Nesse sentido, fica realçado o interesse público em não permitir que o incapaz seja levado à miséria, tornando-se mais um ônus para a Administração.

O termo *curador* deriva da raiz latina *curare*, que significa cuidar: quem exerce a curatela cuida dos interesses do incapaz. No direito pátrio, existe uma multiplicidade de encargos reunidos sob a mesma denominação, e sob o termo *curadoria* existem várias funções atribuídas ao Ministério Público e a outros órgãos: curadoria de família, de ausentes, de registros públicos etc. Já nos referimos ao curador especial, nomeado *ad hoc*, em situações de conflito do interesse do menor com seu pai ou tutor. A nós, aqui, interessa unicamente a curadoria dos incapazes, de Direito Privado, mas com interesse público, conforme definido pelo Código Civil. No próprio Código, há referência a outras curatelas, como para a herança jacente (art. 1.819); as instituídas para proteger o vínculo nas ações de nulidade e anulação de casamento no Código de 1916, todas com sentido mais processual do que material.

O Estado incumbiu-se da proteção dos incapazes como um dever social, assumindo a curatela, a exemplo da tutela, a natureza de um múnus público. Curatelado ou interdito é a pessoa submetida à curatela, a exemplo do tutelado ou pupilo, submetido à tutela.

A curatela, como a tutela, o serviço militar e eleitoral, o serviço do Júri, é um múnus público, ou seja, um encargo imposto pelo Estado em benefício coletivo. Por isso, tal como na tutela, para a curatela concorrem princípios de Direito Público e de Direito Privado. São várias as modalidades de curatela, tais como a curatela do nascituro e a curatela da pessoa com deficiência. Da curadoria de ausentes, sucessão provisória e sucessão definitiva nos ocuparemos no capítulo 21. Não há outras pessoas sujeitas à curatela: velhice, cegueira, analfabetismo etc. não permitem, por si sós, interdição.[1] Há necessidade de que ao interdito falte o devido discernimento. Acentua o Estatuto da Pessoa com Deficiência (art. 2º, § 1º) que

---

[1] "Apelação cível. **Interdição**. Paciente diagnosticada com enfermidade psíquica, asilada em residência inclusiva, ante ausência de familiares. Pretensão movida por Prefeitura Municipal do Guarujá/SP. Enfermidade evidenciada em prova técnica. Sentença de procedência. Irresignação da curadora especial (Defensoria Pública do Estado de São Paulo) para limitação da curatela. Mérito. Interdição plena (sem restrição). Anomalia psíquica. Constatação por prova pericial apontando incapacidade mental incurável, sendo total e definitiva. Demais provas se coadunam com referida conclusão pericial. Presença da situação prevista no art. 1.767, inciso I, do Código Civil. Sentença mantida. Motivação do decisório adotado como julgamento em segundo grau. Inteligência do art. 252 do RITJ. Resultado. Recurso não provido". (TJSP – Ap. 1009126-43.2018.8.26.0223, 28-7-2021, Rel. Edson Luiz de Queiróz).

"**Curatela – Ação de interdição** – Propositura com fundamento de existência de doença degenerativa no filho da requerente que o impede de se locomover sozinho e praticar atos corriqueiros com independência – Documentação que demonstra comprometimento físico, havendo necessidade de cadeira de rodas, uso de aparelho de ventilação mecânica por insuficiência respiratória e deficiência nos membros que culminam em total dependência de terceiros – Laudo pericial que indica inexistir redução cognitiva e constata capacidade de compreensão e de comunicação "*a avaliação da deficiência, quando necessária, será biopsicossocial, realizada por equipe multiprofissional e interdisciplinar e considerará:*

I – os impedimentos nas funções e nas estruturas do corpo;

II – os fatores socioambientais, psicológicos e pessoais;

III – a limitação no desempenho de atividades; e

IV – a restrição de participação".

---

preservada – Advento de legislação acerca da pessoa com deficiência que altera a matéria da capacidade das pessoas naturais no Código Civil – Interdição e curatela que se apresentam como figuras legais excepcionais – Revogação de anterior previsão do Código Civil que permitia o estabelecimento de curadoria para gerir negócios ou bens daquele que tem deficiência física – Procedimento de interdição que não se confunde com o novo de 'tomada de decisão apoiada' e que não se apresenta como uma condição para ele – Possibilidade de a interessada buscar outras formas de auxiliar o filho (demandado) nas condutas corriqueiras, inclusive outorga de procuração por instrumento público ou a referida 'tomada de decisão apoiada' – Recurso improvido." (*TJSP* – AC 1002648-31.2017.8.26.0101, 29-7-2019, Rel. Alvaro Passos).

"**Interdição – Curatela** – Apelada que apresenta quadro demencial (Alzheimer), e não se encontra apta e capaz para os atos da vida civil. Sentença que reconheceu incapacidade total e nomeou a diretora do abrigo como sua curadora. Insurgência da terceira interessada a fim de ser nomeada curadora. Alegação de que cuidava da idosa. Não comprovação. Interditada que vivia em situação de abandono e desamparo. Ação ajuizada pelo Ministério Público ante a situação de risco em que a idosa estava. Idosa que está bem atendida no abrigo. Apelada que não nutre afetos muito positivos, de acordo com relatório elaborado pelo setor técnico, pela apelante, deixando transparecer sua irritação em relação a ela. Sentença mantida. Recurso não provido" (*TJSP* – Ap 1023680-56.2015.8.26.0071, 23-5-2018, Relª Fernanda Gomes Camacho).

"Agravo de instrumento – Ação de interdição – **Curatela** – Decisão que indeferiu a movimentação de contas bancárias e previdência privada e determinou o depósito de 50% do valor apurado com a venda de veículo para autorizar a transferência do bem. Descabimento. Agravante casada pelo regime de comunhão universal de bens há 45 anos. Anuência dos filhos acerca da administração da curadora. Inteligência do art. 1.783 CC. Possibilidade de movimentação de 50% dos saldos das contas bancárias e previdência privada, independentemente da prestação de contas. Desnecessidade de depósito do valor apurado com a venda do veículo. Autorizada a transferência. Acervo patrimonial capaz de compensar o interdito se futuramente for verificada a dilapidação do patrimônio. Recurso a que se dá provimento" (*TJSP* – AI 2071221-53.2016.8.26.0000, 8-7-2016, Rel. José Rubens Queiroz Gomes).

"Agravo de instrumento – Interdição – **Curatela** – Movimentação irrestrita das contas bancárias titularizadas pela interditanda. Impossibilidade. Prestação de contas bienal de contas pela curadora. Inteligência dos artigos 1.755 e 1.774 do Código Civil. Recurso desprovido" (*TJSP* – AI 2026506-28.2013.8.26.0000, 15-7-2014, Relª Ana Lucia Romanhole Martucci).

"Agravo de instrumento – Interdição – Interrogatório – Impossibilidade de dispensa – Dada a natureza protetiva da curatela é que se faz do ato do interrogatório uma necessidade, não, obviamente, para o 'exame' do interditando, nem mesmo juízo do seu 'estado mental', que se fará por profissional médico, mas para conhecimento e verificação da situação pessoal daquele que pode vir a ter confirmada a incapacidade, por enfermidade ou deficiência mental, que compromete, total ou parcialmente, seu discernimento para a prática dos atos civis. O juiz constata, ainda que perfunctoriamente, se está sendo bem tratado, se não sofre qualquer tipo de violência ou coação, servindo o ato de verdadeiro meio de defesa – Pedido de alvará de alienação de bem da interditanda – Inconveniência de se processar nos autos da interdição, porque, no caso, importaria em tumulto processual. Recurso desprovido" (*TJSP* – AI 2082359-85.2014.8.26.0000, 22-9-2014, Rel. Alcides Leopoldo e Silva Júnior).

"Apelação. Interdição. Ação ajuizada por mulher em face do marido, com pedido de curatela provisória. Procedência. Apelo do réu. Reiteração, em preliminar, das razões aduzidas em agravo de instrumento, convertido em retido. Agravo manejado contra interlocutória que, *initio litis*, decretou a interdição provisória do réu, nomeando a apelada para exercer a função de curadora. Confirmação da tutela antecipada pela sentença. Agravo retido prejudicado. Cerceamento de defesa. Inocorrência. Provas suficientes para a resolução da lide. Réu, tenente-médico da Polícia Militar do Estado de São Paulo, considerado, pela Corporação, definitivamente incapaz de responder pelos atos da vida civil ou militar. Conselho Regional de Medicina que concluiu pelo comprometimento das funções intelectivas, especialmente de juízo e crítica, não apresentando condições de exercer as funções médicas. Conclusão da perícia judicial no sentido de que o apelante não reúne condições necessárias para, com discernimento, exercer os atos da vida civil. Réu portador de esquizofrenia paranoide. Inconsistência, ademais, do pleito de destituição da curadora, casada com o apelante sob o regime de comunhão universal de bens. Confiança na esposa declarada pelo próprio interditando em sede de interrogatório. Ausência de provas em sentido contrário. Sentença mantida. Negado provimento ao recurso de apelação, prejudicado o agravo retido" (*TJSP* – Ap. 0612520-62.2008.8.26.0001, 9-9-2013, Relª Viviani Nicolau).

Incumbe ao Poder Executivo criar os devidos instrumentos para essas avaliações (§ 2º). Espera-se que o texto dessa lei não fique como letra morta, como tantas outras disposições, em país que se descura da saúde de sua população de forma vergonhosa e contumaz.

Comparando os regimes de curatela nos ordenamentos civis, existem os que estabelecem um só regime para a curatela, para qualquer tipo de enfermidade mental, como decorrência da interdição, enquanto outros estabelecem gradações, dependendo do nível da enfermidade. O sistema brasileiro estatui uma única forma de curatela, porém com efeitos distintos, segundo o nível de discernimento do interdito, o que mais se acentua com o Estatuto ora comentado.

Na verdade, existe uma interdição absoluta para os atos da vida civil quando se trata de ausência total de discernimento, podendo a curatela ser parcial e ter gradações nas outras hipóteses. Nosso ordenamento não distinguiu entre a interdição propriamente dita, de cunho mais amplo, e as inabilitações para certos atos, como fazem certas legislações. Como veremos, a prodigalidade, por exemplo, entre nós estampa mais propriamente uma situação de inabilitação, pois proíbe ao pródigo certos atos, sem a assistência do curador, permitindo-lhe outros, o mesmo podendo ocorrer com os ébrios e os toxicômanos, bem como com os que possuem discernimento reduzido.

Desse modo, como decorrência da realidade, os interditos não podem submeter-se a um regime igual de incapacidades, pois mesmo aqueles com restrições mentais, motoras ou sensoriais podem ter parcial discernimento e habilidade para certos atos. O art. 2º e seu § 1º do Estatuto da Pessoa com Deficiência traçam os rumos de avaliação para a gradação da deficiência. O juiz, no caso concreto, com fundamento na prova, mormente a pericial, deve estabelecer os limites da curatela. Na redação do art. 1.772 (revogado pelo art. 1.072 do CPC/2015), aduzia, com a mesma finalidade da redação originária: "*O juiz determinará, segundo as potencialidades da pessoa, os limites da curatela, circunscritos às restrições constantes do art. 1.782, e indicará curador*". Esses limites, se assim for conveniente, podem ser aqueles definidos para a interdição do pródigo no art. 1.782: o interdito não poderá, sem curador, emprestar, transigir, dar quitação, alienar, hipotecar, demandar ou ser demandado, e praticar, em geral, os atos que não sejam de mera administração. O juiz poderá restringir ou ampliar o campo de atuação do interdito. Poderá proibir, por exemplo, que ele frequente locais públicos com aglomeração de pessoas, se isto lhe é desaconselhado.

Aponta Villaça Azevedo que,

> "*embora a tutela e a curatela sejam institutos de amparo e de proteção ao incapaz, deve ser assinalada uma diferença importante: o tutor pode ser nomeado pelo pai ou pela mãe, que procuram escolher quem será melhor e mais apto para substituí-los; já o curador não pode ser escolhido dessa forma, existindo, na lei, o critério de sua nomeação*" (2003:425).

Acreditamos, porém, que essa afirmação com base na doutrina tradicional, deve ser entendida *cum granum salis*. Caberá, sem dúvida, ao juiz, atender à última vontade do pai ou da mãe ao nomear um curador, para o filho sabidamente incapaz.

20.2 PRINCÍPIOS DA CURATELA. QUEM PODE SER CURADOR

O regime da curatela não é plenamente autônomo, pois se vale dos princípios da tutela, tendo em vista os evidentes pontos comuns. Assim é que o art. 1.774 determina que se aplicam à curatela as disposições concernentes à tutela, com as modificações dos artigos seguintes. Portanto, os curadores devem-se ater aos atos de administração, alguns subordinados a autorização judicial. Idênticas obrigações são exigidas do curador, mormente a prestação de contas.

O mesmo sistema de escusas da tutela se aplica. O mesmo que se examinou acerca das garantias da tutela, remoção e dispensa do tutor, também se amolda à curatela.

A curatela também pode ser legítima, testamentária ou dativa. O cônjuge, ou companheiro, não separado judicialmente ou de fato, é, de direito, curador do outro, quando interdito (art. 1.775). O EPD introduziu o art. 1.775-A no Código Civil: *"Na nomeação de curador para a pessoa com deficiência, o juiz poderá estabelecer curatela compartilhada a mais de uma pessoa"*. A disposição é importante ao permitir pluralidade de curadores, pois é sabido como é grande o múnus da curatela. Dividir a tarefa pode ser conveniente. Importante que o juiz seja criterioso nessa nomeação. Na falta de cônjuge, é curador legítimo o pai ou a mãe; na falta destes, o descendente que se mostrar mais apto. Entre os descendentes, os mais próximos precedem aos mais remotos.[2] Na falta das pessoas mencionadas, compete ao juiz a escolha do curador

---

[2] "Agravo de instrumento. Interdição e curatela. Nomeação de curador. Decisão agravada que nomeou um dos autores, NB, filho da interditanda, como curador provisório. Insurgência do cônjuge/agravante. Acolhimento parcial. Cônjuge da interditanda que, por direito, é seu curador legítimo. **Ordem de preferência** estabelecida pelo art. 1.775 do Código Civil. Ausência de indícios de que o agravante, apesar de sua idade avançada, não possa exercer o encargo. Recomendável, porém, nos termos do art. 1.775-A do Código Civil, que a curatela seja compartilhada com o outro autor, JB, também filho da interditanda, indicado pelo agravante. Não obstante não haja qualquer restrição à indicação do filho NB para exercer a curatela, o estudo psicossocial constatou uma animosidade entre ele e o genitor, razão pela qual é acolhido o pedido alternativo do agravante, com a determinação de curatela compartilhada entre o cônjuge/agravante e seu filho JB. Procuradoria de Justiça que entendeu necessária a realização de perícia, não obstante o atestado médico juntado aos autos. Acolhimento da pretensão. Prejudicada a discussão a respeito do estudo social. Laudo psicossocial juntado aos autos. Decisão parcialmente reformada. Recurso parcialmente provido, na parte conhecida" (v. 45787). (TJSP – AI 2097961-67.2024.8.26.0000, 17-9-2024, Relª Viviani Nicolau).

"Agravo de instrumento – Ação interdição/curatela – Decisão que nomeou a agravada como curadora provisória de seu genitor – Inconformismo da agravante, também filha – Alegação de ausência de incapacidade do curatelado e má-fé da recorrida não demonstradas. Decisão liminar amparada em laudo médico – Divergências entre as irmãs que impedem, neste momento processual, a adoção da curatela compartilhada prevista no **artigo 1.775-A do Código Civil**. Manutenção da autora como curadora provisória que, por ora, melhor atende aos interesses do interditando – Recurso desprovido". (TJSP – AI 2217561-53.2022.8.26.0000, 13-2-2023, Rel. Gilberto Cruz).

"**Modificação da curatela provisória**. Sentença de improcedência. Recurso desprovido. Modificação da curatela provisória. Insurgência contra sentença de improcedência. Filha que pretende o exercício da curatela, afastando a mulher do interditando do encargo. Ordem para a escolha do curador prevista no art. 1.775 do CC, conjugada com o art. 755, § 1º, do CPC. Estudos psicossociais produzidos no processo de interdição apontam a apelada como pessoa mais indicada para o exercício da curatela provisória. Suposta malversação dos bens do interditando. Apelada que está sujeita à prestação de contas, nos termos do art. 736, § 2º, do CPC. A legislação ainda autoriza à apelante o ajuizamento de ação autônoma, exigindo contas da curadora. Curatela compartilhada. Embora admitido o exercício da curatela por mais de uma pessoa, na forma do art. 1.775-A, do CC, a nomeação conjunta da mulher e filha para o encargo não atende aos interesses do curatelado, em virtude do litígio entre as partes, que dificultaria a tomada de decisões e administração do patrimônio do interditando. Sentença mantida. Recurso desprovido". (TJSP – Ap 1025231-95.2021.8.26.0577, 13-9-2022, Rel. J. B. Paula Lima).

"Ação de modificação de curador – Sentença de improcedência – Pretensão da curadora, irmã da interdita, em face da sobrinha, filha da interdita – Ambas as partes demonstraram apresentar dificuldades no exercício da curatela – Peculiaridades do caso autorizam o exercício compartilhado do mister – **Inteligência do artigo 1.775-A do Código Civil** – Sentença modificada em parte. Dá-se provimento em parte ao recurso". (TJSP – Ap. 1002823-67.2020.8.26.034, 4-9-2021, Rel. Marcia Dalla Déa Barone).

"**Curatela** – Ação de interdição – Decisão que indeferiu curatela provisória do interditando à esposa requerente – Inconformismo desta – Não acolhimento – Persistem dúvidas acerca do real estado de saúde mental do interditando – Documentos médicos trazidos aos autos fazem menção apenas a estados episódicos de agitação e confusão – Elementos insuficientes à curatela, medida de caráter excepcional – Razoável que se aguarde melhor instrução do feito, pelo menos com a audiência de interrogatório e, se necessária, perícia médica – Decisão interlocutória mantida – Recurso não provido." (TJSP – AI 2077091-74.2019.8.26.0000, 26-9-2019, Rel. Rui Cascaldi).

"Apelação cível – **Interdição civil plena** – Incapacidade Absoluta – Atos do curador – Autorização Judicial – Consignação expressa na sentença – 1 – Tratando-se de interdição plena, decorrente do reconhecimento de incapacidade absoluta para os atos da vida civil, não se faz necessário fixar limites à curatela, pois o interditado necessitará ser representado pelo curador em qualquer ato que praticar. 2 – Considerando as facilidades que os benefícios previdenciários percebidos pela interditada (pensão por morte e aposentadoria) proporcionam junto a instituições

dativo. Conveniente, quando possível, que seja pessoa do relacionamento do interdito. Nesse sentido, se posta o parágrafo único do art. 1.772, com redação dada pelo Estatuto:

> "Para escolha do curador, o juiz levará em conta a vontade e as preferências do interditando, a ausência de conflito de interesses e de influência indevida, a proporcionalidade e a adequação às circunstâncias da pessoa".

Nesse aspecto, mostra-se fundamental a perspicácia do magistrado nessa nomeação, nem sempre sendo conveniente seguir a ordem de pessoas apontadas no Código.

A curadoria também pode ser testamentária: na hipótese de os pais nomearem curadores para os filhos que não possuem desenvolvimento mental para plena capacidade após atingirem a maioridade. Aplicam-se também os princípios da curatela dativa, quando não existem ou não podem assumir o cônjuge ou parentes designados pela lei. Assim como na tutela, havemos de admitir que o curador pode ser nomeado em documento autêntico (art. 1.729, parágrafo único). Aplica-se o que foi dito a respeito da tutela.

Se o curador for o cônjuge e o regime de bens do casamento for o de comunhão universal, não será obrigado à prestação de contas, salvo determinação judicial (art. 1.783). O art. 455 do Código de 1916 era mais amplo e dispensava o cônjuge de apresentar balanços anuais e de fazer inventário, se o regime do casamento fosse o da comunhão, ou se os bens do incapaz se achassem descritos em instrumento público, qualquer que fosse o regime do casamento. Ninguém melhor do que o comunheiro para administrar os bens comuns. Assim como na tutela, o juiz pode alterar a ordem legal de nomeação, se entender de conveniência para o interdito.[3]
A curatela é uma das modalidades de *capitis deminutio*: modifica o estado da pessoa. De fato, como regra, o capaz passa a incapaz. No novo sistema do estatuto, relativamente incapaz.

O art. 1.778 do Código, na mesma senda do estatuto anterior (art. 458), dispõe que a autoridade do curador estende-se à pessoa e aos bens dos filhos do curatelado, enquanto estes forem menores e incapazes. O dispositivo visa facilitar a administração, pois seria inconveniente a nomeação concomitante de um curador e um tutor nessa hipótese.

---

financeiras em geral para contratação de empréstimos em diferentes modalidades, revela-se prudente consignar que qualquer empréstimo tomado em seu nome deverá ser precedido de autorização do il. Juízo prolator da sentença de interdição. 3 – Recurso provido" (*TJDFT* – AC 20150610037515APC – (937724), 4-5-2016, Rel. Des. J. J. Costa Carvalho).

[3] "Agravo de instrumento – Tutela e curatela – Tutela provisória – Ação de substituição de curatela – Decisão agravada que concedeu à autora a curatela provisória do irmão. Recurso interposto pelo atual curador. Pese a alegação do curador de que exerce corretamente suas funções, há graves fatos constatados na seara criminal, em relação a crime praticado contra o próprio pai, por deixar de lhe prestar assistência. Embora se trate de condenação em Primeiro Grau, ainda sujeita à revisão, esta circunstância autoriza a tomada de medida de cautela na esfera civil, evitando-se a exposição do atual curatelado ao risco de ficar sem assistência adequada. No decorrer do processo, o ora recorrente terá a oportunidade de apresentar sua versão dos fatos e produzir as provas que entender necessárias para demonstrar que não há justificativa para sua remoção do cargo. Decisão preservada. Negado provimento ao recurso." (*TJSP* – AI 2012673-30.2019.8.26.0000, 15-4-2019, Relª Viviani Nicolau).

"Interdição – **Curatela provisória** – Cabimento – 1 – Havendo elementos de convicção que demonstram a existência de incapacidade civil da interditanda, por enfrentar doença mental incapacitante, é cabível a nomeação de curador provisório. 2 – A providência deferida é provisória, tem nítido caráter protetivo e poderá ser revista a qualquer tempo. Recurso provido" (*TJRS* – AI 70076120195, 25-4-2018, Rel. Des. Sérgio Fernando de Vasconcellos Chaves).

"Agravo de instrumento. **Ação de remoção de curador.** Acordo firmado entre as partes, com homologação judicial. – Apelo intentado pelos agravantes, que não tomaram parte na relação processual. Inadmissibilidade. Alegação de que o acordo prejudica os interesses do curatelado. Prejuízo, no entanto, que deve alcançar diretamente os apelantes. Falta de interesse jurídico dos agravantes para o manejo da apelação bem reconhecida. Decisão mantida. Agravo improvido, revogado o efeito suspensivo" (*TJSP* – AI 0276530-47.2012.8.26.0000, 26-4-2013, Rel. Donegá Morandini).

As regras a respeito do exercício da tutela se aplicam ao da curatela (art. 1.781), salvo o art. 1.782, que se refere à curadoria do pródigo e demais incapacitados e à hipótese do art. 1.783, aqui mencionada. Assim, aplicam-se as regras referentes à incapacidade para o exercício da curatela; as escusas na aceitação da tutela; as incumbências do tutor etc.

20.2.1 Administração Provisória

O Decreto nº 24.559/34, que estabelecera normas de proteção à pessoa e aos bens dos psicopatas, criou, no art. 27, § 2º, a figura do administrador provisório. A ele incumbia receber as pensões, administrar os bens e tomar as providências em favor dos deficientes mentais, enquanto não colocados sob curatela. Os tribunais, com base nesse dispositivo, vinham procurando alargar o conceito, admitindo o administrador provisório para todas as modalidades de curatela. De fato, por vezes, a demora na conclusão do processo de interdição pode prejudicar o deficiente. Aliás, nada obsta que o juiz, como regra geral, dentro de seu poder geral de cautela, tome qualquer decisão para a proteção de direitos. A nomeação de administrador provisório é uma delas. Nada impede, em princípio, que o administrador provisório seja nomeado posteriormente curador. O CPC de 2015 já possibilita expressamente a nomeação desse curador provisório para a prática de determinados atos (art. 749, parágrafo único).

20.3 PESSOAS COM DEFICIÊNCIA

A expressão está em consonância com a descrição do Estatuto de Pessoa com Deficiência. Substitui a denominação anacrônica *"loucos de todo o gênero"* do direito anterior que não pode mais ser admitida pela ciência. O atual Código, ao tratar do incapaz por enfermidade mental, mais propriamente já se referia aos que não possuem o devido discernimento. O Código de Processo Civil/2015 refere-se a doença mental grave, conforme art. 748, *caput* (anterior art. 1.178, I). De qualquer forma, na expressão se incluem os deficientes em geral, os psicopatas, portadores de anomalias que impedem o discernimento. Em razão de herança congênita ou adquirida, essas pessoas não têm condições de reger sua vida apesar de terem cronologicamente atingido a maioridade civil. Não é necessário darmos uma definição restrita aos amentais, pois o caso concreto e a perícia médica definirão a incapacidade.

Observemos que o estado curatelar pode ser permanente ou temporário e assim também pode ocorrer com a incapacidade. Cessada a incapacidade mental pela cura, levanta-se a interdição e o curatelado adquire ou readquire a plena capacidade. Há que ser, no entanto, um estado duradouro, que justifique a interdição, não bastando um estado fugaz e passageiro de falta de percepção, ou ausência temporária de outra habilidade. Não há necessidade, também, de que o estado de deficiência mental seja contínuo, pois os chamados *"lúcidos intervalos"* não obstam a interdição.

Em princípio, pelos dispositivos originários do Código, a interdição dos que não possuem o necessário discernimento é total, atingindo todos os atos da vida civil. Sabemos que a deficiência mental apresenta gradações, razão pela qual há outra posição do corrente Código. Daí por que o vigente ordenamento considera relativamente incapazes os que apresentam discernimento reduzido ou desenvolvimento mental incompleto, *"aqueles que, por causa transitória ou permanente, não puderem exprimir sua vontade"*, com a nova redação do inciso III do art. 4º do CC. Desse modo, com a nova indicação do Estatuto, esses sujeitos são tratados pelo ordenamento como relativamente incapazes, não estando mais presentes no rol dos absolutamente incapazes. Cabe ao juiz deferir, quando possível, a prática de certos atos ao interdito, com base na perícia médica, inclusive como forma de integrá-lo à sociedade.

20.4 AQUELES QUE POR CAUSA TRANSITÓRIA OU PERMANENTE NÃO PUDEREM EXPRIMIR SUA VONTADE

Essa expressão, que consta do art. 1.767, I, com a nova redação fornecida pelo Estatuto, permite que se decrete a interdição de quem não possa exprimir sua vontade durante período incerto ou ponderável. Trata-se de toda e qualquer causa que suprima a possibilidade de expressão de vontade do agente, ainda que transitoriamente. Assim, os indivíduos em estado de coma, em estado de inconsciência em razão de moléstias ou traumatismos, necessitam da nomeação de um curador enquanto não retomarem à plenitude de suas funções mentais. O prognóstico favorável de que a pessoa recupere a consciência não pode fazer aguardar indefinidamente pela administração de seu patrimônio. Essa é a ideia quanto à tal modalidade de interdição.

20.5 ÉBRIOS HABITUAIS E VICIADOS EM TÓXICOS

Nessa categoria incluíam-se as pessoas que podiam ser interditadas em razão de deficiência mental relativa por fatores congênitos ou adquiridos, como os alcoólatras e os viciados em tóxicos. Como essas pessoas podem ser submetidas a tratamento e voltar à plenitude de suas condutas, os estados mentais descritos são, em princípio, reversíveis.

O art. 5º, III, do Código de 1916, incluía nas incapacidades absolutas os surdos-mudos que não pudessem exprimir sua vontade. Estarão sujeitos à interdição os surdos-mudos que carecem da devida educação que os habilite a enunciar precisamente sua vontade. Surdo-mudo é quem, incapacitado de ouvir, não consegue emitir sons articulados. A surdo-mudez congênita é indício de grave problema mental. As modernas técnicas da ciência permitem que essas pessoas recebam educação adequada e integrem-se, não sem muito esforço, à sociedade. Enquanto não adquirem o poder de comunicação, devem manter-se interditos. Considerando o nível de incapacidade da surdo-mudez, o juiz assinará também os limites da curatela. Assim, esse incapaz, como os demais aqui nomeados, poderá praticar, se autorizado, determinados atos sem a presença do curador. O juiz poderá dar-lhe inteira capacidade para determinados atos jurídicos. Os limites da curatela, tal como permite a dicção do art. 1.772, aplicam-se também aos surdos-mudos. Dependendo do grau de discernimento, o surdo-mudo, o deficiente mental, o ébrio e o toxicômano podem praticar certos atos.

O art. 26 do Decreto nº 24.559/34 criara uma distinção até então desconhecida na legislação. Sabemos que o Código de 1916 qualificara o louco como absolutamente incapaz, enquanto esse decreto afirmou que os psicopatas podiam ser declarados, pela perícia, absoluta ou relativamente incapazes para o exercício pessoal dos atos. Dessa forma, ficara autorizado o juiz a estabelecer uma gradação na interdição do doente mental. Situação semelhante foi definida quanto aos toxicômanos (Decreto-lei nº 30, § 5º). Essa orientação foi tomada, como vimos, pelo Código Civil de 2002. Cabe ao juiz fixar os limites da incapacidade nessas situações, que é posição que se afina com a ciência psiquiátrica e com outras legislações. Se cessar a incapacidade, com o sucesso do tratamento ou da educação, deverá ser levantada a interdição dessas pessoas.

A toxicomania é o vício de uso de tóxicos, tantos são os que desgraçam as famílias e a humanidade: álcool, morfina, cocaína, heroína, maconha, *crack* etc. Tóxico é qualquer substância natural ou sintética que, uma vez introduzida no organismo, pode modificar suas funções. A curatela dos toxicômanos foi introduzida em nosso ordenamento por lei especial, Decreto nº 891, de 25-11-38. Esse diploma estabeleceu um regime destacado de curatela. Permitiu-se ao juiz definir a modalidade de curatela ao viciado, ao lado da curatela plena, também uma modalidade de curatela parcial, segundo a gravidade da intoxicação. Será limitada a curatela se o paciente estiver em condições de opinar sobre os atos da vida civil; será absoluta quando não puder fazê-lo. Esses enfermos, por essa lei, estavam sujeitos à interdição em estabelecimentos especializados, obrigatória ou facultativa, por tempo determinado ou indeterminado, orientação que ora se mantém. Caberia ao laudo médico orientar a decisão do juiz. Essa modalidade de curatela parcial não estava prevista no Código de 1916.

Tal orientação foi tomada pelo Código de 2002 e enfatizada pelo EPD. O juiz deferirá a interdição com a devida gradação, fixando seus limites, segundo o estado ou desenvolvimento mental do agente. Se entender conveniente, o juiz deferirá ao interdito as mesmas interdições destinadas aos pródigos, descritas no art. 1.782.

20.6 PRÓDIGOS

Como definimos em nossa obra *Direito civil: parte geral*, v. 1 (Capítulo 10), pródigo é aquele que desordenadamente gasta e destrói seus bens. A origem dessa interdição remonta ao Direito Romano, quando se considerava o patrimônio uma propriedade comum e a dilapidação da fortuna afetava todo o grupo familiar. A interdição era decretada em benefício coletivo. Hoje, também se leva em conta o benefício ao próprio incapaz e não somente a sua família.

A prodigalidade é uma enfermidade mental, usualmente ligada a jogos e a outros vícios. A prodigalidade é, ao mesmo tempo, uma problemática social, jurídica e psiquiátrica. Do ponto de vista jurídico, é muito discutida essa incapacidade. Alguns ordenamentos optam por um sistema de inabilitação, restrição mais branda do que a interdição.

O ordenamento brasileiro optou por situar o pródigo entre os relativamente incapazes, tolhendo-o com relação à prática de certos atos e negócios jurídicos. Assim é que, de acordo com o art. 1.782:

> "A interdição do pródigo só o privará de, sem curador, emprestar, transigir, dar quitação, alienar, hipotecar, demandar ou ser demandado e praticar, em geral, atos que não sejam de mera administração".

Como consequência, o pródigo não pode ser tutor por não ter a livre administração de seus bens, mas pode praticar os atos em geral que não se inserem na expressão da lei. As restrições são de cunho exclusivamente patrimonial. Não têm eles restrições de caráter pessoal, podendo assim exercer profissão que não implique prática dos atos restritivos, contrair matrimônio com autorização do curador, votar e ser votado etc. Nem sempre será fácil distinguir a prodigalidade no caso concreto. Aponta com argúcia Arnaldo Rizzardo (1994, v. 1:967):

> "O grande problema é definir as fronteiras entre a desordem mental ou falta de coerência na direção do patrimônio com a conduta desvairada de perdulário por querer a pessoa aproveitar a vida, canalizando sua fortuna ou ganhos em diversões, noitadas em bares, boates, motéis e outras formas de dilapidação do patrimônio, obrigando a família a sofrer necessidades, inclusive alimentares. Há uma diferença entre a demência e a irresponsabilidade. Talvez, o que se verifica mais amiúde é a conduta irresponsável, a total ausência de compromisso, ou despreocupação com a sorte dos membros da família".

A interdição do pródigo visa, em princípio, proteger sua pessoa e sua família porque, se ocorrer sua ruína, o perdulário irá tornar-se um ônus para a família e também para a sociedade. Cabe ao juiz a difícil tarefa de definir e decretar a prodigalidade, mormente nos casos limítrofes entre a normalidade e a excentricidade. São anuláveis os atos praticados pelos pródigos dentro de sua proibição, podendo propor a ação o curador ou quem demonstrar interesse. A interdição perdurará enquanto durar os sintomas de prodigalidade. No sistema anterior podia ser levantada a prodigalidade quando não mais existissem os parentes designados no ordenamento (art. 461). Se desaparecesse quem pudesse preocupar-se com os bens do pródigo, desapareceria a restrição. O Código de 2002, denotando preocupação social, não repete o dispositivo, de modo que há de se concluir que a interdição do pródigo vem também em seu próprio benefício e não unicamente no de sua família próxima.

Da mesma forma, como apontamos em nosso volume dedicado à parte geral, o Código de 2002 não repetiu a dicção do art. 460 do estatuto revogado. Por esse dispositivo, o pródigo somente incorreria em interdição se tivesse cônjuge, ascendentes e descendentes legítimos que a promovessem. O interesse era apenas o econômico da família. A eliminação desse artigo afina-se com a nova filosofia social do Código, não mais individualista.

> *"o intuito de proteção do pródigo e de sua família deve existir sempre, sem restrições, para que se evite que esse incapaz seja alvo de ataques interesseiros de pessoas menos escrupulosas, que queiram aproveitar-se de seu patrimônio e da sua fraqueza"* (Azevedo, 2003:489).

A interdição por prodigalidade diferencia-se, portanto, das demais interdições. A sentença tem apenas eficácia *ex nunc*, isto é, após publicada, sendo válidos os atos praticados pelo agente até então. Protege-se a boa-fé de terceiros que atuaram com o pródigo (Pereira, 2003:466).

20.7 NASCITUROS

Nascituro é o ser humano já concebido, que se encontra no ventre materno por nascer. Sua potencialidade de vida deve ser protegida pelo ordenamento. Duas condições são necessárias para possibilitar a curatela de seus bens: falecimento do pai ou perda do poder familiar se estiver a mulher grávida e não se encontrar esta em condições de exercer o pátrio poder. O interesse prático é pequeno nessa matéria. Os princípios a serem obedecidos são os mesmos da tutela e da curatela no que couber. Se a mãe estiver interdita, seu curador será também o do nascituro (art. 1.779 e parágrafo único).

A finalidade dessa curadoria é zelar pelos interesses do nascituro e impedir, em favor do feto e de terceiros, a substituição e a supressão do parto (Viana, 1998b:322). Surge o interesse nessa curadoria quando o nascituro tem herança, legado ou doação a receber. Assim, nascendo com vida, estarão resguardados seus direitos.

20.8 TOMADA DE DECISÃO APOIADA. MENTORES OU PRECEPTORES

O Código de 2002 introduzira nova modalidade de curatela destinada ao enfermo ou portador de restrição mental ou deficiência física, a fim de que o curador cuidasse de todos ou de alguns de seus negócios (art. 1.780).[4] O próprio enfermo ou deficiente podia requerer essa

---

[4] "Agravo de instrumento – Tutela provisória de urgência – **Ação de interdição e curatela** – Insurgência contra decisão que concedeu a curatela provisória do interditando, privando-o de praticar atos de natureza patrimonial ou negocial. Requisitos para a concessão da tutela provisória preenchidos. Prova satisfatória da enfermidade. Medida protetiva proporcional às necessidades do interditando (art. 84, § 3º e art. 85, *caput*, da Lei nº 13.146/2015). Ausência de prejuízo. Decisão mantida. Recurso desprovido." (TJSP – AI 2006933-28.2018.8.26.0000, 18-7-2019, Rel. Manoel Ribeiro).
"**Curatela** – Ação de interdição – 'Apelação cível. Direito de família. Ação de interdição. Curatela. Provas que comprovam a plena capacidade civil da interditanda. Acolhimento do parecer do MP. Apelo conhecido e não provido. 1. Trata-se a presente demanda de recurso de apelação movida pelo apelante buscando reformar sentença que negou o pedido de interdição de sua genitora. 2. Nos autos encontra-se prova pericial (fls. 63/72, E-SAJ) que constata leves distúrbios psicológicos, sem, contudo, atestar a incapacidade civil da interditanda. Ademais, tem-se estudo social

curatela. O Estatuto da Pessoa com Deficiência derrogou esse artigo, possibilitando uma nova sistemática para as pessoas nessa situação.

Essa curatela de menor extensão somente ganharia utilidade quando não fosse conveniente ao agente nomear procurador para determinados atos. Como a responsabilidade do curador é mais rigorosa do que a do mandatário, aquele que, por exemplo, não podia transitoriamente se locomover para cuidar da administração de um negócio; aquele que é submetido a um longo tratamento hospitalar; aquele cuja enfermidade não tolhe as faculdades mentais, mas torna sofrida a vida negocial, poderá nomear curador para tratar de toda a sua vida civil ou de apenas alguns de seus negócios ou bens.

Essa curadoria não se destinava, portanto, tipicamente a um incapaz, mas a alguém que não possuísse plenas condições físicas ou materiais para exercer seu papel negocial e cuidar de seus próprios interesses.

O Estatuto substitui o instituto do art. 1.780 e insere artigos para regular o que denomina "Tomada de Decisão Apoiada", definindo-a no art. 1.783-A[5]:

(fls. 86/88, E-SAJ) indicando outrem que não o presente apelante como curador apto a amparar a interditanda. Por fim, entrevista conduzida pelo juízo de piso constatou o pleno exercício da capacidade civil da interditanda (fl. 99, E-SAJ). 3. A deficiência por si não afeta o pleno exercício da capacidade civil, conforme preleciona o art. 6º da Lei nº 13.146/2015. Assim, a interdição realizada por meio do instituto da curatela não é a regra em nosso ordenamento jurídico, sendo necessário acervo probatório que demonstre a incapacidade do interditando de exercer, de fato, os atos da vida civil. Precedentes TJCE. 4. Ante as provas juntadas no presente autos, bem como observando o parecer do Ministério Público (fls. 129/136, E-SAJ), tem-se que não foi possível constatar incapacidade da interditanda, restando demonstrado, ao contrário, sua regular capacidade civil. 5. Apelo conhecido e não provido.'" (TJCE – Ap 0003430-58.2014.8.06.0120, 9-3-2018, Rel. Teodoro Silva Santos).

"Civil – Processo Civil – **Ação de interdição** – Transtorno afetivo bipolar e mental – Comprovação de incapacidade parcial – Patologia Controlada – Capacidade gestão atos cotidianos e remuneração – 1 – Nos casos de curatela deve-se sempre considerar a excepcionalidade da medida, bem como a necessidade de preservação da esfera personalíssima do interditado, conforme suas capacidades atestadas. 2 – O ajuste dos limites da curatela às condições pessoais do interditado mostra-se possível e, acima de tudo, recomendável. Desta forma, como restou comprovado que a apelante, apesar de não possuir discernimento para a prática de alguns atos da vida civil, possui plena possibilidade de gestão de sua própria remuneração, no que tange aos atos cotidianos, impõe-se a reforma da r. sentença apenas nesse ponto. 3 – Apelação conhecida e provida" (TJDFT – Proc. 20140510102588 – (926771), 17-3-2016, Relª Desª Ana Maria Duarte Amarante Brito).

5   "Civil e processual civil. Ação de interdição. **Conversão em tomada de decisão apoiada**. Incabível. Esquizofrenia paranoide. Doença mental grave, crônica e incurável. Curatela compartilhada. Medida adequada. I. As matérias impugnadas devolvidas centram-se nos seguintes pontos controvertidos de mérito: (1) qual dos institutos, curatela ou tomada de decisão apoiada, é o mais adequado ao caso; (2) indicação (ou não) da curatela compartilhada. II. A tomada de decisão apoiada, prevista no **art. 1.783-A do Código Civil** e inserida pela Lei nº 13.146/2015 (Estatuto da Pessoa com Deficiência), é um instrumento menos restritivo que a curatela e visa promover a autonomia da pessoa com deficiência. No entanto, ela pode não ser suficiente para garantir a proteção do indivíduo e da sociedade em casos de transtornos mentais graves, especialmente quando há risco de condutas violentas. III. O curatelado apresenta um quadro grave de esquizofrenia, com histórico de surto psicótico que resultou em atos de violência extrema, culminando na prática de um crime contra seus próprios pais. Nessas situações, a curatela, regulamentada pelos arts. 1.767 e seguintes do Código Civil, pode ser mais adequada. IV. Na falta das pessoas referidas no art. 1.775 do Código Civil, será nomeado um terceiro para assumir o encargo de curador, considerando que o § 1º do art. 755 do Código de Processo Civil dispõe que "a curatela deve ser atribuída a quem melhor possa atender aos interesses do curatelado". V. O art. 1.775-A do Código Civil ainda prevê a possibilidade de a curatela ser exercida por mais de uma pessoa (curatela compartilhada), quando se tratar da medida que melhor atenda os interesses do curatelado. VI. Apelação desprovida" (TJDFT – Ap 07096995820218070004, 10-7-2024, Rel. Fernando Antonio Tavernard Lima).

"Interdição. Insurgência em face de decisão que nomeou, como curadora da interditanda, sua filha Maristela. Decisão reformada. Ausente comprovação da incapacidade total da interditanda para ex-primir sua vontade, não é o caso de desde logo nomear curadora em seu favor (art. 1.767, I, CC). Para o momento, adota-se o procedimento da **tomada de decisão apoiada** (art. 1.783-A, CC), não havendo óbice a que os apoiadores eleitos pela interditanda residam fora do país, dada a possibilidade de utilização de meios eletrônicos para prestar o auxílio necessário. Recurso parcialmente provido" (TJSP – AI 2134384-60.2023.8.26.0000, 30-8-2023, Rel. Carlos Alberto de Salles).

> "A tomada de decisão apoiada é o processo pelo qual a pessoa com deficiência elege pelo menos 2 (duas) pessoas idôneas, com as quais mantenha vínculos e que gozem de sua confiança, para prestar-lhe apoio na tomada de decisão sobre atos da vida civil, fornecendo-lhes elementos e informações necessários para que possa exercer sua capacidade".

Esses apoiadores, mentores ou preceptores, tal como se possa talvez melhor denominá-los, exercerão uma quase curatela, uma situação de apoio ao deficiente. Este, por sua vez, para que possa validamente pedir sua nomeação, deve ter discernimento suficiente para fazê-lo. Total falta de discernimento impede essa modalidade. O pedido é feito pelo próprio agente.

O próprio sujeito que necessita dessa proteção fará o pedido, ninguém mais poderá fazê-lo, indicando expressamente as pessoas aptas a prestarem o apoio (art. 1.783-A). Preceptores e apoiado devem especificar em termo os limites dessa atividade, inclusive prazo de vigência, e compromisso de manter a vontade, os direitos e os interesses da pessoa apoiada (art. 1.783-A, § 1º).

O juiz será necessariamente assistido por equipe multidisciplinar e ouvirá o Ministério Público, bem como pessoalmente o interessado e as pessoas indicadas (§ 3º). Nem sempre o foro encontrará facilmente uma equipe técnica para lhe dar apoio.

Note que como o apoiado possui o necessário discernimento para indicar mentores, poderá também, a qualquer tempo, solicitar ao juiz desligamento destes (§ 9º). Da mesma forma, o apoiador também pode requerer seu desligamento do encargo (§ 10).

Questão sensível diz respeito a eventual remuneração dos mentores, O § 11 diz que, ao presente instituto, aplicam-se, no que couber, as disposições referentes à prestação de contas na curatela. Como na curatela se aplicam os princípios da tutela, também no que for admissível, recorde-se que o art. 1.752 concede possibilidade de o tutor perceber importância proporcional aos bens administrados, o que pode ser aplicado à tomada de decisão apoiada. O bom senso do magistrado deve permitir ou não esse aspecto. O caso concreto deverá sustentar a solução. Por outro lado, em princípio, atendendo aos ditames da lei, não havendo bens a administrar, não haverá direito à remuneração.

No mesmo sentido se coloca o § 6º, em caso de negócio jurídico que possa trazer risco ou prejuízo relevante. Havendo divergência de opiniões entre o apoiado e um dos apoiadores,

---

"Curatela compartilhada – Demanda ajuizada pela genitora e irmã da ré – Procedência decretada – Recurso interposto pela requerida – Acolhimento – Prova pericial conclusiva no sentido de ser a apelante portadora de deficiência intelectual em grau leve (exercendo atividade laborativa e possuindo duas filhas menores) – Hipótese que não restou evidenciada a incapacidade total da recorrente para gerir atos patrimoniais – Inviabilidade da curatela, medida extrema que não se justifica no caso concreto – Inteligência do art. 84, § 3º, da Lei nº 13.146/15 – De rigor a **conversão ao procedimento de tomada de decisão compartilhada** (art. 1.783-A, do Código Civil) – Medida sugerida pela própria perícia – Precedentes – Sentença anulada – Recurso provido". (TJSP – Ap 1005101-74.2021.8.26.0451, 9-9-2022, Rel. Salles Rossi)."

"Apelação cível. Ação de interdição. Prova produzida que demonstra a capacidade mental da interditanda. Limitações físicas que não justificam a interdição. Sentença de improcedência mantida. Recurso não provido. 1. Diante da demonstração, por laudo pericial, de que a requerida goza de capacidade de autodeterminação, é de rigor a manutenção da improcedência do pedido de interdição, pois, sabidamente, esta é medida drástica e excepcional, que só se justifica se houver prova segura de incapacidade. 2. Com o advento da Lei nº 13.146/15, o fato de a pessoa possuir alguma deficiência física deixou de ser motivo para interdição, podendo, eventualmente, dar ensejo ao pedido de decisão apoiada, nos termos do art. 1.783-A do Código Civil". (TJSP – Ap. 1006109-58.2020.8.26.0019, 18-12-2021, Rel. Maria do Carmo Honorio)."

"Apelação – Ação de Interdição – Curatela – Procedência – Insurgência contra parte da sentença que determinou que atos outros não alcançados pela curatela se submeteriam à decisão apoiada – Tomada de decisão apoiada que é medida alternativa à curatela e não suplementar a ela – Pessoa apoiada que não manifestou aquiescência quanto à medida – Medida que é faculdade da pessoa apoiada – Inteligência do art. 1.783-A, §2º, do CC – Procedimento que determina a indicação de pelo menos 2 apoiadores – Supressão da parte final do dispositivo da sentença – Sentença parcialmente reformada – Recurso provido". (TJSP – Ap. 1021420-11.2018.8.26.0003, 8-9-2021, Rel. Luiz Antonio Costa)."

o juiz deverá decidir, ouvido o Ministério Público. A nosso ver, o princípio também se aplica quando mais de um dos apoiadores divergir, reforçando, porém, a opinião do apoiado.

Os mentores devem agir com diligência que se assemelha à do curador. Se agirem com negligência ou se mostrarem inaptos, a pessoa apoiada ou qualquer outra pessoa pode apresentar denúncia ao Ministério Público ou ao juiz. Se procedente a denúncia, o juiz destituirá o apoiador e nomeará outro, a critério do apoiado (§ 8º).

Esse instituto de apoio poderá surtir bons efeitos no desiderato de amparo à pessoa com certa deficiência. Caberá às autoridades indicadas fazerem com que esses dispositivos sejam ágeis e eficientes às pessoas que dele necessitem.

20.9 LEGITIMIDADE PARA REQUERER A INTERDIÇÃO

O estatuto civil estabeleceu uma legitimação geral para todas as tutelas e curatelas. Assim, o art. 1.768 permitiu que a interdição seja promovida: I – pelos pais ou tutores; II – pelo cônjuge, ou por qualquer parente; III – pelo Ministério Público e IV – pela própria pessoa. O inciso IV é novidade em nosso ordenamento. O exame desses dispositivos entra em colidência porque o CPC de 2.015 revoga os arts. 1.768 a 1.773 do Código Civil. Mantemos por ora o presente texto aguardando manifestação do legislador e da jurisprudência! Mais uma vez o legislador demonstra falta de cuidado. Cabe ao leitor ter em mente esse aspecto, ainda porque essas inovações do Estatuto são importantes.

Inovação importante trazida pelo Estatuto é, destarte, permitir que o próprio interditando possa requerer sua interdição, seguindo muitas das legislações comparadas (inciso IV do art. 1.768, introduzido pelo Estatuto da Pessoa com deficiência). O próprio interessado pode ter condições de perceber que não consegue reger seus atos da vida civil.

O art. 1.769 completou afirmando que o Ministério Público somente promoverá a interdição: I – em caso de doença mental grave; II – se não existir ou não promover a interdição alguma das pessoas designadas nos incisos I e II do artigo antecedente.

Com a entrada em vigor do CPC de 2015, deve ser observado o art. 747, que já menciona a legitimidade do companheiro. De acordo com esse artigo, a legitimidade para o pedido será: I – do cônjuge ou companheiro; II – dos parentes ou tutores, III – do representante de entidade em que se encontra abrigado o interditando e IV – do Ministério Público. Como vimos, o parentesco é o relacionamento que vai até o quarto grau (art. 1.592). Mesmo anteriormente, não se podia negar que o companheiro na união estável também terá a legitimidade descrita no art. 1.768.

O Ministério Público, segundo o art. 748 do CPC de 2015, "*só promoverá a interdição em caso de moléstia mental grave: I – se as pessoas designadas nos incisos I, II, e III do art. 747 não existirem ou não promoverem a interdição; II – se, existindo, forem incapazes as pessoas mencionadas nos incisos I e II do art. 747*".[6] O juiz nomeará defensor ao suposto incapaz. Nos demais casos, o Ministério Público será o defensor (art. 1.770). A ampla defesa por parte do indigitado incapaz é importantíssima. Em diversas oportunidades decidimos casos nos quais as tentativas de interdição por familiares tinham meros interesses escusos, de apropriação patrimonial. Lembre-se, sempre, de que a idade avançada, por si só, não autoriza a interdição.

---

[6] "Agravo de instrumento – **Ação de interdição com pedido de curatela provisória** – Decisão que requereu a regularização do feito mediante a substituição do polo passivo da demanda por um dos legitimados no rol dos arts. 747 e 748 do CPC diante da ilegitimidade do menor para postular a tutela do agravado. Recurso do autor. Decisão que não se enquadra em qualquer das hipóteses do art. 1.015 do CPC/15. Rol taxativo. Não cabimento da via eleita. Recurso não conhecido" (*TJSC* – AI 0033697-13.2016.8.24.0000, 22-5-2018, Rel. Des. André Luiz Dacol).

O CPC de 2015 coloca os aspectos de legitimidade de forma mais consentânea com a realidade, permitindo às entidades que abriguem os interditandos possam requerer sua interdição. Insere-se aqui mais uma pessoa legitimada para requerer a interdição. Quanto ao Ministério Público, far-se-á necessário que a situação do agente seja de moléstia mental grave, o que deve ser avaliado no caso concreto.

O Código de 1916 se referia, com falta de técnica, à legitimidade do parente próximo, o que dava margem a dificuldades interpretativas. Há também os que entendem que parentesco, em sentido lato, abrange também a cognação. Eduardo Sócrates Castanheira Sarmento (1981:44) ainda acrescenta:

> "A par dessas considerações de ordem jurídica, as de ordem sentimental, moral e da força do vínculo de parentesco por vezes sobrelevam, sendo de reconhecer tal legitimidade; por tais razões, entendemos que não deve negar aos genros e cunhados, por exemplo, e vice-versa, o direito de promover a interdição de seus sogros e respectivos cunhados, quando haja justificativa".

O EPD reforça o entendimento do autor na redação dada ao parágrafo único do art. 1.772 do CC, ampliando mais ainda as pessoas que podem ser nomeadas, de acordo com melhor oportunidade e conveniência.

Ao descrever os legitimados para pedir a interdição, o Código não estabelece uma ordem, no sentido de que os parentes mais próximos excluem os mais remotos, embora deva ser levado em conta que, por exemplo, tendo o incapaz cônjuge, não será dado ao irmão intentar a interdição. Quando isso ocorrer, sempre será exigível a cautela do juiz para examinar, no caso concreto, a legitimidade do requerente e a razão da inércia do cônjuge ou do parente mais próximo. Também não deve ser entendido que necessariamente ambos os pais devam requerer a interdição, embora essa conclusão possa decorrer da interpretação literal do texto. Ocorrerá apenas maior cuidado do julgador quando houver omissão ou oposição de um dos genitores. O bom senso do magistrado, em cada caso, definirá a questão a respeito da interdição, cuja sentença sempre tem sérias consequências.

O Decreto nº 24.559/34 previa a nomeação de um administrador provisório para os psicopatas, pelo tempo não excedente a dois anos, salvo se fosse entendido que era conveniente a interdição imediata (art. 27, § 2º). Decorrido esse prazo de dois anos, as pessoas legitimadas na lei civil deveriam promover a interdição. Se não o fizessem, o Ministério Público deveria obrigatoriamente intentá-la. Essa providência tinha em mira fazer cessar a provisoriedade da administração. No sistema da nova lei civil, como falamos, nada impede que seja nomeado o administrador provisório dos bens do incapaz, sempre que houver necessidade e até que se logre nomear o curador (vide art. 749, parágrafo único, do CPC de 2015).

20.10 PROCESSO DE INTERDIÇÃO

A interdição e nomeação de curador também devem decorrer de decisão judicial. O procedimento é regulado pelos arts. 747 a 758 do CPC de 2015 (arts. 1.177 a 1.186 do diploma processual anterior). O projeto do Estatuto das Famílias tem sua parte processual e regula o processo de interdição, com minúcias (arts. 220 a 243). Muitos dos dispositivos do CPC reiteram direito material e devem ser adaptados ao novel Código. Na petição inicial, o requerente especificará sua legitimidade e os fatos que autorizam a interdição (art. 749). Na tentativa de espantar dúvidas do sistema anterior, esse dispositivo anota que, na inicial, devem ser descritos os fatos que demonstram a incapacidade do interditando e, "*se for o caso, para praticar atos da vida civil, bem como o momento em que a incapacidade se revelou".* Essa última disposição é importante para que o juiz possa definir, em sua decisão, a partir de quando os atos praticados pelo agente devem ser tidos como írritos. Com justificada urgência, o juiz pode nomear curador provisório ao interditando para a prática de determinados atos (art. 749, parágrafo único). O requerente deverá juntar laudo médico na inicial ou informar da impossibilidade de fazê-lo (art. 750).

> *"O interditando será citado para, em dia designado, comparecer perante o juiz, que o entrevistará minuciosamente acerca de sua vida, negócios, bens, vontades, preferências e laços familiares e afetivos e sobre o que mais lhe parecer necessário para convencimento quanto à sua capacidade para praticar atos da vida civil, devendo ser reduzidas a termo as perguntas e respostas" (art. 751 do CPC).*

O Código Civil, no art. 1.771, previa que, *"antes de pronunciar-se acerca da interdição, o juiz, assistido por especialistas, examinará pessoalmente o arguido de incapacidade".*

O interrogatório do interditando é fundamental nesse procedimento. Fez bem o CPC de 2015 em detalhar a atividade do juiz nesse ato. O § 2º do art. 751 inova, pois estatui que a entrevista poderá ser acompanhada por especialista. Em princípio, será critério do juiz trazer especialista a essa audiência. Nem sempre haverá, por este imenso País, profissional disponível. O § 3º permite que para o interrogatório seja assegurada a utilização de recursos tecnológicos, para facilitar a comunicação. Outra inovação desse artigo (§ 4º) é permitir ao juiz, a seu critério, a oitiva de parentes e pessoas próximas ao interditando.

Pode ocorrer que o estado de debilidade mental não permita qualquer manifestação ou locomoção por parte do citado. Se o interditando não puder locomover-se, o juiz deverá dirigir-se ao local onde ele se encontra para realizar o interrogatório. Se a pessoa não puder expressar-se, o juiz deverá fazer constar o fato do auto, descrevendo o mais que for de interesse para o processo. Se o indigitado incapaz puder se expressar, deverá ser-lhe perguntado sobre os fatos triviais, para avaliação de seu estado mental: valor de dinheiro, conhecimento de fatos atuais, nomes de pessoas da família, depósitos em bancos, propriedades, suas emoções sociais e afetivas etc. O contato direto do interditando com o juiz possibilita que este, à primeira vista, possa já fazer seu conceito, independentemente do laudo pericial, que também é essencial. Não devemos esquecer que o pedido de interdição pode mascarar interesse de familiares em tomar posse dos bens do parente. Já enfrentamos, mais de uma vez, situação na qual o interditando, apesar de idade avançada, era perfeitamente lúcido e, inclusive, declinou que os parentes tentavam enganá-lo com o processo. Posteriormente, o exame psiquiátrico confirmou sua lucidez. Há que se exigir cuidado do magistrado nos casos limítrofes. O magistrado, de qualquer modo, não está adstrito ao interrogatório, devendo-se valer de outras provas, mormente a pericial. Nulo será o processo se não for feito o exame pericial (*RT* 715/133, 718/212).

É assegurada ampla defesa ao interditando. Dentro do prazo de 15 dias contados da entrevista, o interditando poderá impugnar o pedido (art. 752 do CPC). Esse mesmo dispositivo, em seus parágrafos, acrescenta que o Ministério Público atuará como fiscal da ordem jurídica; que o interditando pode constituir advogado e, caso não o faça, lhe será nomeado curador especial. Acrescenta o § 3º que caso o interditando não constitua advogado, o seu cônjuge, companheiro ou qualquer parente sucessível poderá intervir como assistente.

O art. 753 do CPC refere-se à produção da prova pericial, que antecede a prova testemunhal. Aponta o § 2º desse dispositivo que o laudo deve indicar, especificadamente, se for o caso, os atos para os quais haverá necessidade de curatela. Esse aspecto é fundamental, mormente quando a incapacidade não é total. No caso do pródigo, por exemplo, o sujeito mantém uma órbita de atos que não necessitam de curatela. O mesmo ocorre quando a incapacidade é parcial. A sentença definirá os limites de atuação do interdito, se não for completa sua incapacidade. Trata-se, na sentença, de estabelecer os limites da curatela (art. 755 do CPC).

No processamento da interdição, decorrido o prazo de impugnação, o juiz nomeará perito para proceder ao exame do interditando. Apresentado o laudo, o juiz designará audiência de instrução e julgamento (art. 753 do CPC). A audiência não é obrigatória, se prova alguma será produzida. Os interessados podem apresentar outras provas, inclusive crítica de assistente técnico. Não é possível negar a presença do assistente, cuja manifestação pode divergir ou completar o laudo oficial, principalmente quando há impugnação à pretensão. Seguem-se os princípios que regem a produção da prova pericial no estatuto processual. Procedente o pedido e decretada a interdição, o juiz nomeará o curador ao interdito. Essas disposições também se aplicam aos pedidos de interdição em geral (art. 1.185 do CPC/1973, sem correspondente no atual CPC). O laudo pericial é essencial nesse procedimento para avaliação do estado mental do interditando, fora dos limites de conhecimento do magistrado. O Ministério Público deve participar do processo sob pena de nulidade.

O processo é classificado pelo estatuto processual como de jurisdição voluntária, apesar da possibilidade de resistência à pretensão. Discute-se acerca do foro competente. O CPC não consagra regra de competência para os processos de jurisdição graciosa. A solução mais lógica na situação em estudo é fixar a competência sob o prisma territorial no foro domicílio do interditando (Sarmento, 1981:39). O pedido será processado pelas Varas de Família, onde houver.

20.11 SENTENÇA DE INTERDIÇÃO

O Código Civil de 2002, seguindo a trilha do estatuto processual anterior, dispunha no art. 1.773 que a sentença que declara a interdição produz efeitos desde logo, embora sujeita a recurso.

O código processual deu evidente cunho declaratório à sentença de interdição que, ontologicamente, tem conteúdo constitutivo. Não pode a incapacidade firmada na sentença retroagir a período anterior. Os atos praticados pelo interdito são nulos *ex nunc*. Para os atos praticados anteriormente à sentença, deve ser proposta ação de nulidade dos negócios jurídicos praticados pelo agente incapacitado. Nessa situação, em prol dos contratantes de boa-fé, somente é de se anular o ato quando a anomalia mental ressalta evidente, saltando aos olhos do homem médio, sob pena de ser trazida insegurança às relações jurídicas. Assim se manifesta Sílvio Rodrigues (1999:399):

> "decretada a interdição por moléstia, os atos praticados pelo interdito são nulos, nos termos do art. 145, I, do Código Civil; praticado o ato antes de decretada a interdição, é ele meramente anulável, se o interessado provar que a doença já existia à época do negócio".

Com propriedade, afirmou Ministro do Superior Tribunal de Justiça:

> "Para resguardo da boa-fé de terceiros e segurança do comércio jurídico, o reconhecimento de nulidade dos atos praticados anteriormente à sentença de interdição reclama prova inequívoca, robusta e convincente da incapacidade do contratante" (STJ – 4ª Turma, RE 9.077-RS, Rel. Min. Sálvio de Figueiredo).

Desse modo, conforme maioria doutrinária, mostra-se inócua e ineficaz a menção de termo inicial da incapacidade na sentença de interdição, pois, por imposição legal, os efeitos da incapacidade ocorrem após essa decisão. Assim, nem mesmo para o momento da propositura da ação pode ser admitida retroação da incapacidade.

Terceiros que tratem com o interdito devem se inteirar do teor da sentença, para saber dos limites de atuação do interessado e evitar nulidades.

Dessa forma, a sentença deve ganhar publicidade para acautelar terceiros. Deve ser inscrita no registro de pessoas naturais e o art. 755, § 3º, determina que seja imediatamente publicada na rede mundial de computadores, no sítio do tribunal a que estiver vinculado o juízo e na plataforma de editais do Conselho Nacional de Justiça, além de outas providências, acompanhando o atual estágio tecnológico.

20.12 LEVANTAMENTO DE INTERDIÇÃO. INTERNAMENTO

A incapacidade pode cessar após o decreto de interdição, qualquer que tenha sido a causa da incapacidade. A deficiência mental pode desaparecer, o ébrio ou o toxicômano podem curar-se, assim como pode o surdo-mudo, mediante educação apropriada, adquirir capacidade de entendimento. Nesse sentido, dispõe o art. 756 do CPC que será levantada a curatela, cessando a causa que a determinou.[7] O pedido pode ser formulado pelo Ministério Público, pelo curador ou pelo interessado (art. 720 e 756). Não mais é questionada, após a edição da norma processual, a possibilidade de o próprio interdito requerer a medida. O pedido será apensado aos autos da interdição, nomeando-se perito para proceder ao exame de sanidade. Acolhido o pedido, o juiz decretará o levantamento da interdição e mandará publicar a sentença, após o trânsito em julgado, na forma do art. 755, § 3º, do CPC. Enquanto não houver norma expressa noutro sentido, o recurso dessa sentença será recebido no efeito suspensivo e o interdito recuperará a capacidade apenas após o trânsito em julgado. Nada impede que o levantamento da interdição seja parcial, isto é, que ao interdito absoluto seja permitida a prática de certos atos em razão de melhora de seu estado.

Não se esqueça de que, havendo meio de recuperar o interdito, o curador promover-lhe-á o tratamento em estabelecimento apropriado. Devem o juiz e o membro do Ministério Público zelar e auxiliar no sentido de que a disposição seja cumprida, inclusive obtendo internação em estabelecimentos oficiais, quando o curatelado não tiver meios de obter tratamento em estabelecimento particular.

---

[7] "Apelação. Interdição. Sentença de procedência. Recurso conhecido e desprovido. Apelação. Interdição. Sentença de procedência. Alegação de nulidade. Ausência de nomeação de curador especial para o interditando. Violação do art. 725, § 2º, do CPC. Decurso do prazo para o recurso de apelação. Sentença de interdição que não faz coisa julgada material. Art. 756, caput, do CPC. Jurisprudência. Condições de julgamento imediato. Art. 1.013, § 3º, I, do CPC. Levantamento da interdição que pode se dar a qualquer tempo. Novo laudo pericial, elaborado por dois médicos psiquiatras, passados dois anos desde a sentença de interdição. Necessidade de manutenção da curatela. Recurso conhecido e desprovido" (TJSP – Ap 1008290-94.2018.8.26.0506, 13-1-2023, Rel. J.B. Paula Lima).

"Interdição. **Ação de levantamento de interdição**. Sentença de improcedência. Apelo do autor. Perícia psiquiátrica que concluiu ser temerário o levantamento total da interdição. Observância do art. 85, do Estatuto da Pessoa com Deficiência. Sentença parcialmente reformada. Recurso acolhido em parte". (TJSP – Ap 1003892-60.2019.8.26.0477, 21-9-2022, Rel. Wilson Lisboa Ribeiro).

"Apelação cível – **Ação de levantamento de interdição** – Julgamento de improcedência – Adequação – Decisão escorreita. Recurso conhecido e desprovido. Consoante o art. 756 CPC 'Levantar-se-á a curatela quando cessar a causa que a determinou'. Caso em que descabe o levantamento da interdição da autora/apelante, porque não restou demonstrada a cessação da causa que a levou à interdição". (TJPR – Ap. 0007971-25.2017.8.16.0194, 30-11-2021, Rel. Mauro Bley Pereira Junior).

"**Requerimento de levantamento de interdição** – Relato autoral de que se encontra capacitado para exercer suas atividades inerentes à vida civil. Sentença de improcedência. Apelo do interdito. Perícia psiquiátrica que concluiu que o apelante não é capaz de, por si, responder pelos atos da vida civil, por ser portador de esquizofrenia paranoide. Inviável, pois, o levantamento da interdição. Inteligência do art. 756, caput, do novo CPC. Desprovimento do recurso" (TJRJ – AC 0306625-13.2016.8.19.0001, 25-5-2018, Relª Sirley Abreu Biondi).

Conforme o grau de incapacidade, o interdito estará impedido de conviver em sociedade. Por essa razão, o art. 1.777 induz que os interditos referidos no inciso I do art. 1.767 serão recolhidos em estabelecimentos adequados, quando não se adaptarem ao convício doméstico. A nova redação do art. 1.777, conferida pelo Estatuto do Deficiente, contudo, expressa que "*as pessoas referidas no inciso I do art. 1.767 receberão todo o apoio necessário para ter preservado o direito à convivência familiar e comunitária, sendo evitado o seu recolhimento que os afaste do convívio*". São pessoas cujo grau de incapacidade recomenda a reclusão não só em proteção a terceiros, mas também para sua própria proteção. Assim estará, portanto, o insano violento, o viciado em tóxicos obsessivo etc. A moderna psiquiatria, todavia, só aconselha o internamento em casos extremos, daí o teor da nova dicção do art. 1.777. Muitas alterações deverão advir nessa matéria com o projeto já apresentado de reforma do Código Civil.

21

AUSÊNCIA

21.1 INTRODUÇÃO

Essa matéria foi introdutoriamente tratada em nosso v. 1 (Capítulo 10). Ali expusemos que o Código de 1916 incluía os ausentes como absolutamente incapazes. O atual Código exclui essa modalidade de incapacidade, tratando a ausência de forma autônoma, na parte geral (arts. 22 ss). Em que pese essa topologia, a problemática da ausência afeta diretamente o direito de família, razão pela qual volvemos à matéria nesta oportunidade.

A problemática do desaparecimento de uma pessoa, afora as implicações sociológicas e afetivas, impõe que o Estado defina uma forma de serem administrados seus bens. Desse modo, sob o prisma jurídico, o instituto interessa, quando o ausente deixou bens, sem alguém para por eles zelar. Cumpre ao Estado proteger os bens em prol dos herdeiros e da própria sociedade. É verdade que, na maioria dos casos, as pessoas que desaparecem não possuem fortuna, o que faz desaparecer o interesse dos herdeiros pelo processo de ausência. Sob dois prismas deve ser visto o fenômeno: a pessoa ainda pode estar viva, devendo seu patrimônio ser preservado para quando de seu retorno ou, já estando falecida, a preservação será feita em benefício dos herdeiros. Como percebemos, a matéria afeta tanto o direito de família como o direito hereditário. O direito processual regula também parte considerável do fenômeno. Aliás, vários dispositivos do Código Civil sobre o tema foram absorvidos e regulados pelo CPC.

Há situações que se assemelham à ausência, mas tecnicamente com esta não se confundem. O simples abandono da coisa pelo dono é figura que denota extinção da propriedade, mas não caracteriza ausência.

O interesse prático pelo instituto da ausência recrudesce em países envolvidos em guerras ou revoluções. Muitos foram os desaparecidos no passado não muito remoto neste país, em época de governo autoritário. A situação tem a ver com a problemática da morte presumida, vista como exceção em nosso ordenamento, hoje como possibilidade expressa no art. 7º, do presente Código, ao lado da ausência.

Em princípio, no direito brasileiro, no sistema de 1916, não existia morte presumida. Veja o que expusemos em nosso v. 1 (seção 10.9). A esse propósito, situação especial foi criada pela Lei nº 9.140/95, que reconhece como mortas, para todos os efeitos legais, as pessoas que elenca, além de outras que possam ser reconhecidas por Comissão Especial, que estejam desaparecidas em razão de participação política, ou acusação de participação, no período entre

2 de setembro de 1961 e 15 de agosto de 1979, em seguida à detenção por agentes oficiais da repressão. O cônjuge, companheiro ou companheira, descendente, ascendente ou colateral até quarto grau poderá requerer ao oficial do registro civil de seu domicílio a lavratura do assento de óbito, permitindo-se, em caso de dúvida, justificação judicial. Nesses casos, a lei permite que se abra imediatamente a sucessão definitiva, com transmissão de bens aos herdeiros, sem que ocorram as fases prévias da curadoria do ausente e da sucessão provisória, ora sob exame.

A Lei dos Registros Públicos também traz hipótese que se aproxima da morte presumida, no art. 88, afirmando que os juízes poderão admitir justificação para lavratura do assento de óbito de pessoas desaparecidas em sinistros ou catástrofes, provada a presença delas nos locais sinistrados e a impossibilidade de se encontrar os cadáveres.

Não há notícia da existência do instituto no Direito Romano, embora fosse conhecida a *cura bonorum absentis* (Monteiro, 1996:336). A ausência chegou a nosso direito por intermédio das Ordenações do Reino, decorrente do direito da Idade Média.

O conceito vulgar de ausente, isto é, não presente em determinado lugar, não é o mesmo da conotação jurídica. Sob o prisma legal, ausente é quem desaparece de seu domicílio, sem que dele se tenha notícia. Nosso ordenamento, durante a vigência do Código de 1916, o considerou incapaz, o que era uma distorção injustificável do conceito: ele é incapaz, porque ausente no local em que não se encontra, mas é perfeitamente capaz onde se encontra e lá pode validamente praticar atos da vida civil. A situação é, sem dúvida, singular. Para que se configure a ausência, três são os requisitos que devem estar presentes: *não presença, falta de notícias* e *decisão judicial*.

O Código Civil estabelece três fases. Primeiramente, configura-se a *curadoria do ausente*, que tem por finalidade a conservação de seus bens e a preservação de seus interesses. O curador limita-se a atos de administração. Em seguida, a preocupação da lei dirige-se aos sucessores do ausente, atribuindo-lhes certos direitos com cunho de provisoriedade, abrindo-se a *sucessão provisória*. Posteriormente, após certo prazo do trânsito em julgado da sentença que decreta a sucessão provisória, abre-se a *sucessão definitiva*.

21.2 CURADORIA DO AUSENTE

A curadoria do ausente pressupõe um estado transitório, que pode cessar a qualquer momento, com o retorno do ausente ou a confirmação de sua morte.

O art. 22 do Código Civil dá os contornos da ausência, ao fixar a curadoria de ausentes:

> "*Desaparecendo uma pessoa do seu domicílio, sem dela haver notícia, se não houver deixado representante ou procurador a quem caiba administrar-lhe os bens, o juiz, a requerimento de qualquer interessado, ou do Ministério Público, declarará a ausência, e nomear-lhe-á curador*".

Pela dicção legal, há necessidade de se provar: o desaparecimento de uma pessoa de seu domicílio, a existência de bens de sua propriedade em abandono, a falta de notícias de seu paradeiro, a falta de um representante ou procurador para administrar os bens, a recusa ou impossibilidade destes em exercer a respectiva administração.

A preocupação é não permitir que o patrimônio do desaparecido fique acéfalo e sofra deterioração. Portanto, havendo um administrador ou procurador com poderes de administração, não há necessidade de instituição de curadoria. Pode ocorrer que esse administrador ou mandatário não queira ou não possa empreender a administração; nesse caso, também se nomeará curador ao ausente (art. 23).

Tomando conhecimento da ausência, o juiz mandará arrecadar os bens do ausente, nomeando curador. Segundo decorre do art. 22, qualquer interessado e o Ministério Público terão legitimidade para comunicar ao juiz o desaparecimento da pessoa e pedir a arrecadação de bens. A teor dos arts. 744 e 738 do CPC, se o juiz souber da existência do desaparecimento nas condições da lei, poderá tomar a iniciativa de instaurar, por portaria, o procedimento de curatela do ausente ou representar ao Ministério Público para que o requeira, se ninguém tomar essa iniciativa. Cuida-se de uma das poucas possibilidades no ordenamento em que o juiz pode proceder de ofício. O procedimento para arrecadação dos bens segue as regras da herança jacente. Ao iniciar o procedimento, o juiz deverá ir até o local em que estiverem os bens para proceder à arrecadação, lavrando termo com descrição minuciosa. Os bens móveis e os perecíveis serão recolhidos. Não podendo comparecer pessoalmente, poderá requisitar o auxílio da autoridade policial. Durante a arrecadação, buscará informações com vizinhos, parentes e pessoas do relacionamento com o desaparecido.

Cabe ao juiz estabelecer os limites de atuação desse curador, ao nomeá-lo, fixando-lhe os poderes, aplicando-se, no que for possível, as disposições a respeito da tutela e da curatela (art. 24). Também são aplicáveis, no instituto, por analogia, as disposições sobre herança jacente, como aliás mencionava o art. 468, do antigo Código. Verificamos, portanto, que a matéria vem disciplinada de forma dispersa, pois nela há a interpenetração de vários institutos jurídicos.

A nomeação da curatela do ausente pode ocorrer mesmo na falta de bens administráveis, podendo restringir-se somente à percepção de benefícios previdenciários.

A curatela dos bens do ausente perdura, em princípio, por um ano, período no qual o magistrado determinará a publicação de editais, de dois em dois meses, convocando o ausente para reaparecer e retomar a posse de seus haveres (art. 745 do CPC). A curadoria cessará com o comparecimento do ausente, de seu procurador ou de quem o represente, com a certeza de sua morte ou com a abertura da sucessão provisória. De acordo com o art. 745, § 1º, do CPC, passado um ano da publicação do primeiro edital, sem que se saiba do ausente ou de algum representante, os interessados poderão requerer a abertura da sucessão provisória, cessando essa curatela. O citado prazo de um ano conta-se sempre da primeira publicação, ainda que as demais tenham suplantado os prazos de dois meses (*STJ* – 3ª T., RE 21.096-7, SP, Rel. Dias Trindade).

Como administrador de bens alheios, o curador deverá prestar contas, sujeitando-se à apresentação de balanço anual e contas finais, semelhantemente à tutela e curatela. Essa curadoria, como notamos, fica restrita tão somente à administração dos bens.

De acordo com o art. 25, o cônjuge do ausente, se não estiver separado judicialmente, ou de fato por mais de dois anos antes da declaração de ausência, será o legítimo curador. É também aplicável o que afirmamos nos capítulos anteriores a respeito dos companheiros na união estável. Com a nova ordem constitucional, que reconhece a união estável, e a legislação que a regulamentou, o companheiro ou companheira também deverá ser considerado curador legítimo do ausente, não sendo admissível essa omissão do vigente diploma.

Lembre-se de que as Leis nºs 8.971/94 e 9.278/96, principalmente esta última, no art. 5º, regularam os direitos dos companheiros, garantidos pela Constituição de 1998 no art. 226, § 3º, determinando o condomínio dos bens comuns, em partes iguais, equiparando-se ao regime da comunhão parcial. O mesmo princípio é repetido pelo mais recente Código, no art. 1.725.

Na ausência de cônjuge ou companheiro, a nomeação deve recair sobre os pais ou descendentes, nesta ordem, desde que não exista impedimento que os iniba de exercer o cargo (art. 25, § 1º). Entre os descendentes, os mais próximos precedem os mais remotos. Suprimiu-se dispositivo do Código anterior que preferia os varões às mulheres, se do mesmo grau. Como na tutela e curatela, essa ordem não é inflexível; motivos de oportunidade e conveniência podem fazer com que o juiz não a obedeça. Não se distinguem também entre os descendentes provenientes ou não do casamento dos pais. Os impedimentos para exercer a tutela são, em princípio, aplicáveis integralmente à curadoria do ausente (art. 1.735). Também as garantias da curadoria podem ser amenizadas, de acordo com o corrente código. O encargo deve ser remunerado com a gratificação acenada no art. 1.752, que se refere à tutela. Na falta das pessoas mencionadas, o juiz nomeará um curador dativo (art. 25, § 3º).

A curatela do ausente, instituto de direito material, não se confunde com a curadoria especial no processo, quando, entre outros casos, o demandado é revel, citado por edital ou por hora certa, por não ter sido encontrado (art. 72 do CPC). Nessas situações, a curadoria limita-se exclusivamente ao plano processual e ao processo em que foi promovida.

21.3 SUCESSÃO PROVISÓRIA

Como acentuamos, o atual Código disciplina também a sucessão provisória e a sucessão definitiva na parte geral (arts. 26 ss), o que não se nos afigura a melhor solução, pois a matéria é pertinente ao direito das sucessões.

O art. 1.163 do CPC anterior alterara o art. 469 do Código Civil de 1916: passado um ano da publicação do primeiro edital, nas condições referidas, os interessados poderão requerer que se abra a sucessão provisória. O art. 26 do atual diploma, por sua vez, dispõe:

> "Decorrido um ano da arrecadação dos bens do ausente, ou, se ele deixou representante ou procurador, em se passando três anos, poderão os interessados requerer que se declare a ausência e se abra provisoriamente a sucessão".

O art. 27 considera *interessados* somente:

> "I – o cônjuge não separado judicialmente;
>
> II – os herdeiros presumidos, legítimos e os testamentários;
>
> III – os que tiverem sobre os bens do ausente direito dependente de condição de morte;
>
> IV – os credores de obrigações vencidas e não pagas".

Esses interessados, como notamos, têm interesse patrimonial na abertura da sucessão provisória.[1] O companheiro ou companheira, ligado por união estável com o ausente, também é

---

[1] "Agravo de instrumento. Imissão na posse. Agravantes que são filhos do irmão do agravado. Agravantes que ingressaram com ação de ausência, em face do desaparecimento de seu genitor, há mais de um ano. Pedido de imissão provisória na posse do imóvel de propriedade do genitor, que está habitado pelo agravado. Indeferimento. Inconformismo recursal que não prospera. Os agravantes não são proprietários do bem, para formular o pedido de imissão. O genitor ainda sequer foi declarado ausente, não tendo havido abertura de **sucessão provisória**. Ademais, o contraditório ao agravado deve ser assegurado, inclusive para justificar sua posse. Recurso desprovido". (TJSP – AI 2193273-41.2022.8.26.0000, 15-9-2022, Rel. Silvério da Silva).

"Agravo de instrumento – **Sucessão provisória** – Levantamento de dinheiro – Caução – Necessidade – Os ascendentes, descendentes, cônjuges e companheiros, uma vez provada sua condição de herdeiros provisórios, poderão, independentemente de garantia, entrar na posse dos bens do ausente, salvo se o bem se constituir em dinheiro depositado, hipótese em que, para se garantir futura restituição em caso de aparecimento do ausente e em defesa de seu patrimônio (art. 36, CC), prévia caução se faz necessária, ressalvado contudo o levantamento dos juros do capital depositado (art. 33, CC) – Decisão parcialmente reformada. Deram parcial provimento ao recurso." (TJSP – AI 2195479-67.2018.8.26.0000, 29-1-2019, Rel. Alexandre Coelho).

"Declaração de ausência – **Abertura da sucessão provisória** – Apelação da ré, através do curador especial – Apelação por negativa geral – Impossibilidade – A regra do art. 302, parágrafo único, CPC/1973 não se aplica às razões

inexoravelmente parte legítima para requerer a abertura da sucessão. Quanto à hipótese do item III, estarão nessa situação, entre outros, por exemplo, os legatários, cujo direito sucessório está subordinado à condição de morte e os nus-proprietários de bem usufruído pelo desaparecido.

Ao ser requerida a abertura da sucessão provisória, o interessado pedirá a citação pessoal dos herdeiros presentes e do curador e, por editais, a dos ausentes, para oferecerem habilitação (art. 745, § 2º, do CPC).[2]

O sucessor provisório já é tratado como herdeiro, ainda que em situação precária e transitória. Trata-se, porém, de um herdeiro presuntivo, pois não ingressa definitivamente na titularidade do patrimônio do ausente. Como possuidor, cabem-lhe legalmente os frutos e rendimentos dos bens, se o sucessor for o cônjuge, descendente ou ascendente. Se a sucessão for deferida a outros herdeiros, terão apenas direito à metade das rendas; a outra metade será poupada para o ausente, na hipótese de seu retorno. Esses rendimentos deverão ser capitalizados pelos herdeiros (art. 33).

---

de apelação. Inobservância aos requisitos do art. 514, II, CPC/1973. Recurso não conhecido" (TJSP – Ap 0003209-86.2012.8.26.0541, 9-6-2016, Rel. Alexandre Lazzarini).

"Agravo de instrumento – Inventário – Agravantes que comunicaram ao juízo *a quo*, no tríduo legal, a interposição do recurso em conformidade com o art. 526 do CPC. Embargos de declaração recebidos como pedido de reconsideração. Intempestividade. Inexistência de interrupção do prazo para a interposição do recurso cabível quanto à decisão que manteve o pronunciamento anteriormente deferido. Tempestividade do recurso no que toca o aditamento da decisão. Sucessão provisória. Preservação do patrimônio do ausente. Herdeiros que devem tomar todas as medidas assecuratórias até a efetiva entrega dos bens. Validade da cessão dos direitos hereditários do ausente condicionados ao depósito dos valores objetos da cessão. Recurso parcialmente conhecido e desprovido" (TJSC – AI 2014.055862-1, 24-8-2015, Rel. Des. Júlio César M. Ferreira de Melo).

"Recurso especial – Civil e processual civil – Seguro de vida – Declaração de ausência da segurada – **Abertura de sucessão provisória** – Pagamento da indenização – Necessidade de se aguardar a abertura da sucessão definitiva, quando será presumida a morte da pessoa natural – 1 – O instituto da ausência e o procedimento para o seu reconhecimento revelam um iter que se inaugura com a declaração, perpassa pela abertura da sucessão provisória e se desenvolve até que o decênio contado da declaração da morte presumida se implemente. 2 – Transcorrido o interregno de um decênio, contado do trânsito em julgado da decisão que determinou a abertura da sucessão provisória, atinge sua plena eficácia a declaração de ausência, consubstanciada na morte presumida do ausente e na abertura da sua sucessão definitiva. 3 – A lei, fulcrada no que normalmente acontece, ou seja, no fato de que as pessoas, no trato diário de suas relações, não desaparecem intencionalmente sem deixar rastros, elegeu o tempo como elemento a solucionar o dilema, presumindo, em face do longo transcurso do tempo, a probabilidade da ocorrência da morte do ausente. 4 – Estabelecida pela Lei a presunção da morte natural da pessoa desaparecida, é o contrato de SEGURO de vida alcançado por esse reconhecimento, impondo-se apenas que se aguarde pelo momento da morte presumida e a abertura da sucessão definitiva. 5 – Recurso especial a que se nega seguimento" (STJ – REsp 1.298.963 (2011/0303963-1), 25-2-2014, Rel. Min. Paulo de Tarso Sanseverino).

"**Ação declaratória de morte presumida.** Declaração de ausência já transitada em julgado há anos. Fase da curadoria. Hipótese na qual, entretanto, não houve a subsequente e necessária fase de sucessão provisória. Autora que busca, na realidade, a concessão de benefício previdenciário. Possibilidade de ajuizamento de ação contra o INSS na Justiça Federal. Recurso desprovido, alterado o fundamento da sentença, para extinguir a ação sem resolução do mérito" (TJSP – Ap. 0003678-20.2007.8.26.0150, 14-12-2013, Rel. Milton Carvalho).

[2] "Agravo de instrumento – **Ação declaratória de ausência** – Indeferimento do pedido de tutela de urgência visando à livre movimentação na conta corrente do desaparecido – Subsistência de dúvidas objetivas e fundadas sobre a dependência econômica da agravante em relação ao desaparecido, seu pai, bem como sobre a morte dele – Probabilidade do direito e perigo de dano não demonstrados – Ausência de preenchimento dos requisitos exigidos pelo art. 300 do Código de Processo Civil – Necessidade de observância ao procedimento trifásico estabelecido pelo Código Civil, conforme arts. 22 a 39 – Hipótese em que a ausência sequer foi declarada, não arrecadados os bens e não expedido edital – Inteligência dos arts. 744 e 745 do Código Civil – Decisão mantida – Recurso não provido" (TJSP – AI 2282805-26.2022.8.26.0000, 12-5-2023, Rel. César Peixoto).

"Agravo de instrumento – **Declaração de ausência** – Filho em face do genitor – Decisão que determinou a abertura de sucessão provisória do ausente – Declarada por sentença a ausência deverá ser aberta a sucessão nos termos do art. 745, §§ 1º e 2º do CPC – Possibilidade de expedição de alvará para venda de quota-parte do ausente (12,5%) do imóvel, depositando-se judicialmente o respectivo valor – Decisão modificada – Recurso parcialmente provido" (TJSP – AI 2122580-08.2017.8.26.0000, 15-5-2018, Rel. Egidio Giacoia).

A venda de imóveis é proibida durante a sucessão provisória, exceto em caso de desapropriação ou por ordem judicial, para evitar-lhes a ruína, (art. 31). O curador deve provar a conveniência ou necessidade de sua alienação, processando-se a devida avaliação e determinando-se a venda em hasta pública, se assim for conveniente. O valor será depositado em banco oficial, para rendimento, ou aplicado na aquisição de outro imóvel. Sempre haverá a participação do Ministério Público, sob pena de nulidade.

O legislador é cauteloso, pois concede longo prazo para que o ausente reapareça. O art. 28 estabelece que a sentença que decretar a abertura da sucessão provisória só produzirá efeito cento e oitenta dias após sua publicação pela imprensa. Desse modo, a prescrição, por exemplo, não corre nesse período de suspensão.

De outro lado, logo que transite em julgado, se procederá à abertura do testamento, se houver, e ao inventário e à partilha, como se o ausente fosse falecido (art. 28). A partir desse trânsito em julgado, a figura do curador do ausente é substituída pela do inventariante. Essa sentença deve ser averbada no Registro Civil de Pessoas Naturais (art. 104, parágrafo único, da LRP). Se não aparecer nenhum herdeiro, a herança será considerada jacente. A jacência da herança é uma situação transitória para a herança vacante, ponte de transferência dos bens do monte-mor ao Estado, na ausência de outro herdeiro. Veja o que escrevemos a respeito no Capítulo 26 da Parte II.

Como a situação dos herdeiros imitidos na posse dos bens não é definitiva, deviam prestar caução de os restituir segundo o art. 1.166 do CPC de 1973. O dispositivo não é repetido no CPC de 2015. Entende-se, então, que a caução só deve ser prestada se algum interessado colocar em dúvida a solvência dos herdeiros imitidos na posse. Entretanto, o art. 30 do Código Civil reporta-se às garantias de restituição, pignoratícias ou hipotecárias, equivalentes aos respectivos quinhões. O § 1º desse artigo afirma que quem não puder prestar a garantia não entrará na posse provisória, devendo seu quinhão ficar sob a administração de curador ou de outro herdeiro que preste a garantia. O § 2º acrescenta, contudo, que os ascendentes, os descendentes e o cônjuge, uma vez provada sua qualidade de herdeiros, poderão, independentemente de garantia, entrar na posse dos bens do ausente.

Como o estatuto processual, diferentemente do Código Civil, não especifica a modalidade de caução, há que se admitir também a garantia fidejussória. O herdeiro que não puder ingressar na posse provisória, nesses termos, poderá requerer que lhe seja entregue metade dos rendimentos de seu quinhão hereditário (art. 34). Nem sempre a solução será possível no caso concreto.

Nessa sucessão provisória, como vimos, uma vez provada a morte, abre-se imediatamente a sucessão definitiva. Se reaparecer o ausente, restabelece-se sua plena capacidade, assumindo a posse, propriedade e administração dos bens.

Se, por outro lado, vier a ser conhecida a data exata da morte do ausente durante o procedimento, considera-se aberta a sucessão nessa data (art. 35). Essa determinação é importante, pois o momento da morte estabelece a condição jurídica de herdeiro.

21.4 SUCESSÃO DEFINITIVA

A fase de sucessão definitiva constitui o terceiro e último momento de toda a estrutura processual que se inicia com a ausência.

Com o comparecimento do ausente, é evidente que cessa a sucessão provisória e ele reassume seu patrimônio.

Dez anos depois de passada em julgado a sentença que concede a abertura da sucessão provisória, os interessados poderão requerer a sucessão definitiva e o levantamento das cauções prestadas (art. 37). Pode ser requerida a sucessão definitiva, também, provando-se que o ausente conta com 80 anos de idade, e que de cinco datam as últimas notícias dele (art. 38). Nessas situações, o prognóstico de retorno do desaparecido é reduzido.

No entanto, ainda que decretada a sucessão definitiva, o art. 39 acrescenta:

> *"Regressando o ausente nos dez anos seguintes à abertura da sucessão definitiva, ou algum de seus descendentes ou ascendentes, aquele ou estes haverão só os bens existentes no estado em que se acharem, os sub-rogados em seu lugar, ou o preço que os herdeiros e demais interessados houverem recebido pelos bens alienados depois daquele tempo".*

Trata-se, portanto, de uma sucessão quase definitiva. Notamos, destarte, que não obstante a abertura da sucessão definitiva, ainda se aguarda o reaparecimento do titular nos 10 anos seguintes. Até que se consolidem definitivamente os bens da herança na propriedade dos herdeiros, esta é propriedade resolúvel. Os direitos de terceiros, porém, são resguardados, não se desfazendo as aquisições realizadas.

A transformação da sucessão provisória em definitiva não é automática. Os interessados deverão formalizar pedido, comprovando uma das hipóteses legais ensejadoras da sucessão definitiva. De outro lado, há que se prestar contas da gestão na sucessão provisória, com a conservação dos bens recebidos.

Se nenhum interessado promover a sucessão definitiva, porém, aplica-se o parágrafo único do art. 39:

> *"Se, nos dez anos a que se refere este artigo, o ausente não regressar, e nenhum interessado promover a sucessão definitiva, os bens arrecadados passarão ao domínio do Município ou do Distrito Federal, se localizados nas respectivas circunscrições, incorporando-se ao domínio da União, quando situados em território federal".*

Originalmente, no Código de 1916, os bens eram atribuídos ao Estado ou ao Distrito Federal, se o ausente era domiciliado nas respectivas circunscrições, ou à União, se o era em território ainda não constituído em Estado.

21.5 CONSEQUÊNCIAS PARA O DIREITO DE FAMÍLIA

Se o ausente deixar filhos menores, e o seu cônjuge houver falecido, ou não tiver direito ao exercício do poder familiar, proceder-se-á com esses filhos como se fossem órfãos de pai e mãe, como consequência lógica (art. 1.728). Portanto, os infantes devem ser colocados sob tutela. O tutor poderá ser também o curador do ausente.

Por mais prolongada que fosse a ausência, nosso direito não a fazia equivaler à morte, senão para efeitos patrimoniais. Desse modo, o cônjuge presente não podia contrair novas núpcias, a não ser que obtivesse o divórcio, sucessivo à separação judicial já extinta do nosso direito, em ação movida contra o ausente, podendo ser alegada a ruptura da vida comum. Impossibilitam-se a separação e o divórcio consensuais, em razão da ausência do cônjuge para a conciliação e concordância com o pedido, que são essenciais.

Contudo, como analisamos em nosso v. 1 (capítulo 10), teremos doravante a possibilidade de decretação da morte presumida por sentença, sem decretação de ausência (art. 7º). Há questões que podem afetar diretamente a família com o regresso daquele declarado morto. Serão situações que passam agora a preocupar o doutrinador e, certamente, no futuro, serão trazidas aos tribunais. As doutrinas e soluções do direito comparado nos auxiliarão no deslinde, algumas delas já apontadas por nós na obra citada.

Parte II
DIREITO DAS SUCESSÕES

22

NOÇÕES INTRODUTÓRIAS

22.1 SUCESSÃO. COMPREENSÃO DO VOCÁBULO. O DIREITO DAS SUCESSÕES

Suceder é substituir, tomar o lugar de outrem no campo dos fenômenos jurídicos. Na sucessão, existe uma substituição do titular de um direito. Esse é o conceito amplo de sucessão no direito.

Quando o conteúdo e o objeto da relação jurídica permanecem os mesmos, mas mudam os titulares da relação jurídica, operando-se uma substituição, diz-se que houve uma transmissão no direito ou uma sucessão. Assim, o comprador sucede ao vendedor na titularidade de uma coisa, como também o donatário sucede ao doador, e assim por diante.

Destarte, sempre que uma pessoa tomar o lugar de outra em uma relação jurídica, há uma sucessão. A etimologia da palavra (*sub cedere*) tem exatamente esse sentido, ou seja, de alguém tomar o lugar de outrem.

No direito, costuma-se fazer uma grande linha divisória entre duas formas de sucessão: a que deriva de um ato entre vivos, como um contrato, por exemplo, e a que deriva ou tem como causa a morte (*causa mortis*), quando os direitos e obrigações da pessoa que morre transferem-se para seus herdeiros e legatários.

Quando se fala, na ciência jurídica, em direito das sucessões, está-se tratando de um campo específico do direito civil: a transmissão de bens, direitos e obrigações em razão da morte. É o direito hereditário, que se distingue do sentido lato da palavra *sucessão*, que se aplica também à sucessão entre vivos.

Assim como entre vivos a sucessão pode-se dar a título singular (num bem ou em certos bens determinados), ou a título universal (como, por exemplo, quando uma pessoa jurídica adquire a totalidade do patrimônio de outra, direitos e obrigações, ativo e passivo), também no direito das sucessões, que ora passamos a estudar, existem os dois tipos de sucessão. Quando, pela morte, é transmitida uma universalidade, ou seja, a totalidade de um patrimônio (ver noção do instituto no v. 1 desta obra), dá-se a sucessão hereditária, tem-se a *herança*, que é uma universalidade, pouco importando o número de herdeiros a que seja atribuída. A sucessão a título singular, no direito hereditário, ocorre, por via do testamento, quando o testador, nesse ato de última vontade, aquinhoa uma pessoa com um bem certo e determinado de seu patrimônio, um legado. Cria, assim, a figura do legatário o titular do direito, e o legado, o objeto da instituição feita no testamento. Tais noções introdutórias serão retomadas em breve.

Vê-se, então, que o direito que vamos estudar neste volume, tratado como direito das sucessões e disciplinado no atual Código sob tal título no Livro V, a partir do art. 1.784, é o último compartimento do direito civil ali colocado e trata das regras de transmissão de bens em razão da morte de um titular. A terminologia *Direito das Sucessões*, portanto, para os juristas, tem alcance certo e não se confunde com as sucessões operadas em vida, pelos titulares dos direitos, normalmente disciplinadas pelo direito das obrigações, embora não seja privilégio único deste compartimento do direito.

22.2   DIREITO DAS SUCESSÕES NO DIREITO ROMANO

O compartimento das sucessões, ao contrário do que ocorre nas obrigações e nos direitos reais, foi o que mais sofreu mutações com relação ao direito moderno. Isso porque uma das fundamentais características do direito clássico era de que o herdeiro, na época, substituía o morto em todas as relações jurídicas e, também, nas relações que nada tinham a ver com o patrimônio, mas com a religião. O sucessor *causa mortis* era o continuador do culto familiar. A continuação da pessoa do morto no culto doméstico era uma consequência necessária da condição assumida de "herdeiro" (Arrangio-Ruiz, 1973:576).

A situação assim se apresentava porque o direito de propriedade estabeleceu-se para a efetivação de um culto hereditário, razão pela qual não se podia extinguir pela morte do titular. Deveria sempre haver um continuador da religião familiar, para que o culto não se extinguisse e, assim, continuasse íntegro o patrimônio. O lar não poderia nunca ficar abandonado e, mantida a religião, persistiria o direito de propriedade (Coulanges, 1957:101).

Assim, a aquisição da propriedade fora do culto era exceção. Por essa razão, o testamento sempre foi muito importante em Roma e nos demais povos antigos, assim como o instituto da adoção. A morte sem sucessor traria a infelicidade aos mortos e extinguiria o lar, segundo acreditavam. Cada religião familiar era própria e específica de cada família, independia do culto geral da sociedade. Por meio da adoção e do testamento, o romano impedia que se extinguisse a religião. Segundo lembra Fustel de Coulanges, a felicidade durava enquanto durasse a família; com a descendência continuaria o culto. Também, nessa linha social, a sucessão só se operava na linha masculina, porque a filha não continuaria o culto, já que com seu casamento renunciaria à religião de sua família para assumir a do marido. Isso ocorria na generalidade das civilizações antigas, apresentando resquícios em certas legislações modernas, que dão maiores vantagens ao filho varão, mantendo a tradição arraigada no espírito dos povos latinos atuais de valorizar mais o nascimento do filho homem.

No direito oriental antigo, nada existe de palpável, para concluir por outra forma de sucessão que não aquela sem testamento, apesar de se ter notícia do testamento entre os hebreus (Nascimento, 1979:67). Era peculiar ao velho direito oriental a faculdade de o pai distribuir seu patrimônio, em vida, entre os herdeiros.

Os romanos, assim como os gregos, admitiam as duas formas de sucessão, com ou sem testamento. O direito grego, contudo, só admitia a sucessão por testamento na falta de filhos.

No Direito Romano, a sucessão testamentária era a regra, daí a grande importância do testamento na época. Isso era consequência da necessidade de o romano ter sempre, após sua morte, quem continuasse o culto familiar. Pelas mesmas razões tinha importância o instituto da adoção. A propriedade e o culto familiar caminhavam juntos. A propriedade continuava após a morte, em razão da continuidade do culto.

A linha hereditária, portanto, surgia na continuidade do filho varão. A filha, se herdeira, o era sempre provisoriamente (se solteira), em situação assemelhada ao usufruto (Coulanges, 1957:103). Eram criadas várias situações para que a filha casasse e a herança passasse ao marido.

O testamento passa a ser conhecido em Roma só na época clássica, sendo desconhecido, ao que tudo indica, nos primórdios da história romana.

Afora o interesse religioso na sucessão hereditária, até aqui destacado, na herança, já havia o interesse dos credores do defunto, que tinham na pessoa do herdeiro alguém para cobrar os créditos, já que o patrimônio do herdeiro, à época, unia-se ao patrimônio do falecido (Petit, 1970:666). A divisão de patrimônios, do morto e do herdeiro, como veremos, surge muito mais tarde, no curso da história.

Ainda, na ausência de herdeiro, não fosse simplesmente o problema religioso, os credores podiam apossar-se dos bens da pessoa falecida, vendendo-os em sua totalidade, como uma universalidade. Tal venda de bens (*bonorum venditio*) "manchava de infâmia a honra do defunto" (Petit, 1970:666).

A noção de sucessão universal já era bem clara no Direito Romano: o herdeiro recebia o patrimônio inteiro do falecido, assumindo a posição de proprietário, podendo propor ações na defesa dos bens e ser demandado pelos credores. Ao contrário do que ocorre modernamente, a sucessão por testamento não podia conviver com a sucessão por força da lei. Ou era nomeado um herdeiro pelo ato de última vontade do autor da herança, ou era, na falta de testamento, a lei quem indicava o herdeiro. A essa noção voltaremos ao falar do testamento.

22.3 IDEIA CENTRAL DO DIREITO DAS SUCESSÕES

O homem, pouco importando a época ou sua crença, sempre acreditou, ou ao menos esperou, poder transcender o acanhado lapso de vida. Já vimos que a personalidade surge com o nascimento e extingue-se com a morte. No direito sucessório, porém, não se pode aplicar o brocardo *mors omnia solvit*, uma vez que as relações jurídicas permanecem após a morte do titular.

Há, pois, uma ideia central inerente no corpo social, que é a da figura do *sucessor*. Essa noção parte de uma das ficções mais arraigadas no pensamento social, ou seja, a ideia de continuação ou continuidade da pessoa falecida (autor da herança) na pessoa do sucessor universal (veremos que a figura do sucessor singular na herança, o legatário, requer já uma especificação jurídica).

Como vimos, se hoje o direito moderno só vê a sucessão *causa mortis* sob o ponto de vista material, sua origem histórica foi essencialmente extrapatrimonial. Inobstante, hoje a ideia de que o sucessor continua as relações jurídicas da pessoa falecida permanece viva.

A ideia da sucessão por causa da morte não aflora unicamente no interesse privado: o Estado também tem o maior interesse de que um patrimônio não reste sem titular, o que lhe traria um ônus a mais. Para ele, ao resguardar o direito à sucessão (agora como princípio constitucional, art. 5º, XXX, da Carta de 1988), está também protegendo a família e ordenando sua própria economia. Se não houvesse direito à herança, estaria prejudicada a própria capacidade produtiva de cada indivíduo, que não tenha interesse em poupar e produzir, sabendo que sua família não seria alvo do esforço. Como lembra Washington de Barros Monteiro (1977, v. 67), até mesmo a revolução russa teve que voltar atrás, uma vez que abolira o direito sucessório. A constituição soviética de 1936 acabou por restabelecer o direito à herança, sem restrições.

Assim, torna-se despiciendo analisar a posição histórica dos que, no passado, impugnavam o direito sucessório.

O direito das sucessões disciplina, portanto, a projeção das situações jurídicas existentes, no momento da morte, da desaparição física da pessoa, a seus sucessores. A primeira ideia, com raízes históricas, é de que a herança (o patrimônio hereditário) se transfere dentro da família. Daí, então, a excelência da ordem de vocação hereditária inserida na lei: a chamada "sucessão legítima". O legislador determina uma ordem de sucessores, a ser estabelecida, no caso de o falecido não ter deixado testamento, ou quando, mesmo perante a existência de ato de última vontade, este não puder ser cumprido.

Divaga-se a respeito de por que o testamento é parcialmente utilizado entre nós. Uma primeira resposta a essa indagação é justamente porque a ordem de chamamento hereditário feito pela lei atende, em geral, ao vínculo afetivo familiar. Normalmente, quem tem um patrimônio espera que, com sua morte, os bens sejam atribuídos aos descendentes. E são eles que estão colocados em primeiro lugar na vocação legal. Entre nós é possível a convivência da sucessão legítima (a que decorre da ordem legal) com a sucessão testamentária (a que decorre do ato de última vontade, do testamento).

No Direito Romano, o princípio era diverso: a sucessão *causa mortis* ou se deferia inteiramente por força de testamento, ou inteiramente pela ordem de vocação legal. Isso porque o patrimônio do defunto se transmitia de forma integral. Caso o autor da herança falecesse com testamento, o herdeiro nomeado, como vimos, seria um continuador do culto, recebendo todo o patrimônio.

Daí então as duas formas de sucessão que nos vêm do velho direito: uma regulada pela vontade do falecido, *a sucessão testamentária*, e outra derivada da lei, ou seja, *a sucessão ab intestado* (sem testamento).

Outra noção central no direito das sucessões é a que decorre da ideia de propriedade. Só se transferem bens e direitos pertencentes a alguém. A ideia central da sucessão deriva, portanto, da conceituação da propriedade e, como tal, sendo dela um reflexo, depende do tratamento legislativo da propriedade. Assim, tanto mais amplo será o direito sucessório quanto maior for o âmbito da propriedade privada no sistema legislativo. E vice-versa, tanto mais restrita será a transmissão sucessória quanto mais restrito for o tratamento da propriedade privada na lei.

Daí por que só se pode falar em direito das sucessões quando a sociedade passa a conhecer a propriedade privada. Enquanto, no curso da civilização, a propriedade for coletiva, pertencente a um grupo social, não haverá sucessão individual.

Sempre temos afirmado que o direito não possui compartimentos estanques. O direito é um só, interpenetra-se. A noção de propriedade individual foi fator de agregação da família. Quando se corporifica a família, nasce a propriedade privada. Com a família e a propriedade surge o direito sucessório como fator de continuidade do corpo familiar (com cunho exclusivamente religioso, a princípio), como vimos.

Desse modo, a ligação do direito das sucessões com o direito de família e o direito das coisas é muito estreita. Como a transmissão da herança envolve ativo e passivo, direitos e obrigações, não se prescinde no campo ora estudado do direito das obrigações e muito menos da parte geral do Código Civil. Essa a razão pela qual o direito das sucessões é colocado como a última parte do Código e, também, didaticamente, é o último compartimento de estudo nas escolas de Direito.

Contudo, no âmbito da interação do Direito, o direito sucessório será continuamente tocado por outros campos do direito, como o direito tributário (mormente para o recolhimento do imposto específico, *causa mortis*; questões de imposto de renda relativas ao *de cujus* etc.), o direito previdenciário, o direito penal (para exame das causas de deserdação e indignidade, por exemplo), isso sem falar do direito processual, no procedimento do inventário e seus incidentes e das ações derivadas da herança, como a ação de sonegados e de petição de herança.

22.4 NOÇÃO DE HERANÇA. HERANÇA DIGITAL

Embora, com frequência, seja empregado o termo *sucessão* como sinônimo de herança, já vimos que é necessária a distinção. A sucessão refere-se ao ato de suceder, que pode ocorrer por ato ou fato entre vivos ou por causa da morte.

O termo *herança* é exclusivo do direito que ora estudamos. Daí entender-se *herança* como o conjunto de direitos e obrigações que se transmitem, em razão da morte, a uma pessoa, ou a um conjunto de pessoas, que sobreviveram ao falecido.[1]

A expressão *de cujus* está consagrada para referir-se ao morto, de quem se trata da sucessão (retirada da frase latina *de cujus sucessione agitur*). Já nos referimos ao termo *espólio* como o conjunto de direitos e deveres pertencentes à pessoa falecida, ao *de cujus*, ao tratarmos dos grupos com personificação anômala (*Direito civil: parte geral*, seção 14.6.2). O espólio é visto como uma simples massa patrimonial que permanece coesa até a atribuição dos quinhões hereditários aos herdeiros. O termo *espólio* é usado sob o prisma processual, sendo o inventariante quem o representa em juízo (art. 75, VII, do CPC).

Destarte, a herança entra no conceito de patrimônio. Deve ser vista como *o patrimônio do de cujus*. Definimos o patrimônio como *o conjunto de direitos reais e obrigacionais, ativos e passivos, pertencentes a uma pessoa*. Portanto, a herança é o patrimônio da pessoa falecida, ou seja, do *autor da herança*.

O patrimônio transmissível, portanto, contém bens materiais ou imateriais, mas sempre coisas avaliáveis economicamente. Trata-se do patrimônio intangível do falecido. Os direitos e deveres meramente pessoais, como a tutela, a curatela, os cargos públicos, extinguem-se com a morte, assim como os direitos personalíssimos.

Já é hora de todo esse aspecto ser objeto de disciplina legal, o que faz o projeto de reforma do Código Civil em curso. Nesse sentido, julgado do Tribunal de Justiça de São Paulo, que fez analogia do patrimônio digital com cartas e manuscritos pessoais: "Possibilidade de herdeiro acolhê-los, com acesso às contas digitais" (*TJSP* – Ap 1123920-82.2023.8.26.010030-8-2024,

---

[1] "Investigação de paternidade – **Petição de herança** – 1- Devem figurar no polo passivo da ação de investigação de paternidade cumulada com petição de herança todos os herdeiros do *de cujus*, bem como todas as pessoas que podem ser atingidas pela eventual procedência da ação. 2- Se um dos demandados é herdeiro da viúva meeira do investigado – E não do marido dela –, correta a sua exclusão do polo passivo. Recurso desprovido." (*TJRS* – AI 70075023952, 21-3-2019, Rel. Des. Sérgio Fernando de Vasconcellos Chaves).
Petição de herança – Condição de herdeiro que somente foi adquirida após o trânsito em julgado da sentença que reconheceu a paternidade – Prazo prescricional de vinte anos, reduzido para dez anos pelo atual Código Civil – Incidência da regra de transição do artigo 2028 do CC – Pretensão fulminada pela prescrição – Sentença mantida – Recurso desprovido". (*TJSP* – Ap 1002415-37.2017.8.26.0100, 28-6-2018, Rel. A. C. Mathias Coltro).
"Apelação Cível – **Ação de petição de herança** – Herdeira Necessária Preterida – Falecimento ocorrido sob égide do Código Civil de 1916 – Prazo prescricional vintenário – Termo *a quo* – Abertura da sucessão – Princípio da *saisine* – Prescrição – Ocorrência – Manutenção da sentença – 1 – A petição de herança possui dupla finalidade: o reconhecimento do direito sucessório de herdeiro preterido em inventário findo e a restituição dos bens hereditários, sendo certo que aplicável o prazo prescricional vintenário na hipótese do falecimento do titular dos bens ter ocorrido sob a égide do Código Civil de 1916, a contar da data da abertura da sucessão – Princípio da *saisine*. 2 – Tendo a abertura da sucessão se dado com o falecimento do titular da herança, ocorrido em 30 de agosto de 1974, deve ser mantida a sentença que reconheceu a ocorrência da prescrição da pretensão contida na ação de petição de herança ajuizada no ano de 2012. 3 – Recurso desprovido" (*TJMG* – AC 1.0084.12.001938-9/001, 11-9-2017, Relª Teresa Cristina da Cunha Peixoto).
"Agravo de instrumento – Ação de Reconhecimento de Paternidade Sócio Afetiva c/c **Petição de Herança** – Insurgência contra decisão que deferiu pedido liminar para bloqueio de matrícula imobiliária – Possibilidade – Pleito de reconhecimento do status de filha e herdeira da Agravada – Reserva de bem com fim a assegurar a possível sucessão – Recurso improvido" (*TJSP* – AI 2071290-85.2016.8.26.0000, 8-8-2016, Rel. Luiz Antônio Costa).
"**Agravo regimental no agravo em recurso especial** – Sucessão – Inventário – Pedido de habilitação da nora no inventário do seu sogro – Ação de separação judicial em tramitação – Discussão do **direito sobre a herança** deixada ao seu marido que deve ser realizada no curso da ação de separação. Inexistência de direito à habilitação no inventário do sogro. Precedente. Ausência de demonstração do dissídio. Ausência de prequestionamento. Atração do Enunciado 7/STJ no que toca à litigância de má-fé. Agravo regimental desprovido" (*STJ* – AgRg-AG-REsp 112.466 – (2012/0017529-9), 1-9-2014, Rel. Min. Paulo de Tarso Sanseverino).

Rel. Celina Dietrich Trigueiros). O projeto de reforma do Código em curso trará inúmeros dispositivos sobre essa matéria muito importante na nossa realidade atual.

Nesta era informatizada que vivemos, já é oportuno pensar numa herança digital. Há, sem dúvida, bens intangíveis que pertencem ao patrimônio da pessoa. Em trabalho percussor sobre a matéria, anota Gustavo Soares Gomes Pereira:

> "É verdade que a dialética de fatores, como os espantosos avanços da tecnologia digital e informacional, aliados à relativa democratização do acesso a dispositivos eletrônicos com conexão à internet, revolucionou diversos aspectos da vida individual e em sociedade. Dentre eles, o hábito de aquisição e armazenamento de bens digitais, em detrimento dos físicos, e a viabilização de novas formas de auferir renda, como a manutenção de páginas na internet, tais como blogs e até mesmo perfis em redes sociais..." (2020: 3).

Esse aspecto se consignou denominar de *herança digital*. Essas criações possuem, induvidosamente, em muitas situações, conteúdo patrimonial que deve integrar o direito das sucessões. Cuida-se de artigos, opiniões, entrevistas, textos de todos os níveis, aulas, palestras, discursos etc. que se inserem no patrimônio da pessoa falecida.

O legislador já está a enfrentar essa problemática com alguns projetos, porque normalmente se esbarra nos direitos alegados pelos dirigentes de redes sociais, que se recusam a reconhecer o conteúdo sucessório do armazenamento informático de que são detentores, recusando a informação de senhas e conteúdos. Há um direito sucessório inarredável nas tarefas virtuais deixadas pelo *de cujus*, que deverão ser atribuídos aos herdeiros da linha sucessória legal ou testamentários, seguindo os princípios das leis civis, inclusive as normas que regulam os direitos autorais e conexos, enquanto não houver lei específica a esse respeito. Caberá aos sucessores definir o destino desses conteúdos.

Os bens digitais com claro valor econômico seguirão, sem maior dificuldade, os princípios gerais do direito sucessórios, com a *saisine* e demais consequências legais.

As dificuldades surgem nos inúmeros bens digitais insuscetíveis de valoração econômica, que atinem aos direitos da personalidade, ou naquelas situações, ainda que patrimonialmente avaliáveis, implicam em violação póstuma dos direitos da personalidade. Nessa última hipótese, o testamento será de grande valia. Na sua ausência, há que se avaliar de forma concreta e objetiva ou tentar perceber o desejo da pessoa falecida, se isso for possível. Não será tarefa simples. Essa matéria exige ampla digressão de cunho monográfico. De qualquer forma, há que se levar em contato acervo digital da pessoa falecida.

A compreensão da herança, portanto, é de uma universalidade. O herdeiro recebe a herança toda ou uma quota-fração dela, sem determinação de bens, o que ocorrerá somente na partilha. O herdeiro pode ganhar essa condição por estar colocado na ordem de vocação hereditária (art. 1.829) ou por ter sido aquinhoado com uma fração da herança por testamento. A figura do *legatário* só pode derivar do testamento. O legatário recebe coisa ou coisas determinadas do monte hereditário. Por isso o herdeiro é sucessor universal do *de cujus*; o legatário é sucessor singular, como estudaremos.

Interessa notar que, com a morte do sujeito, desaparece o titular do patrimônio. No entanto, por uma necessidade prática, o patrimônio permanece íntegro, sob a denominação de espólio, como vimos. A unidade patrimonial, até a atribuição aos herdeiros e legatários, permanece como uma unidade teleológica. Isto é, o patrimônio permanece íntegro, objetivando, tendo por finalidade facilitar a futura divisão ou transmissão integral a um só herdeiro (Zannoni, 1974:57). Portanto, o espólio é uma criação jurídica. Daí referirmo-nos a ele como uma entidade com personalidade anômala.

Durante o período em que a herança tem existência, o patrimônio hereditário possui o caráter de indiviso, como consequência da universalidade que é. Cada herdeiro se porta como condômino da herança.

Embora a herança seja uma unidade abstrata, ideal, que pode até mesmo prescindir da existência de bens materiais, não se deve acreditar, de plano, que seja indivisível. Quando existem vários herdeiros chamados a suceder o *de cujus*, divide-se entre eles em partes ideais, fracionárias, de metade, um terço, um quarto etc. Desse modo, a unidade da universalidade concilia-se com a coexistência de vários herdeiros, porque cada um deles tem direito a uma quota-parte ou porção ideal da universalidade. A ideia é de condomínio, como já dito. Disso decorrem muitas consequências, como se pode prever. Cada um dos herdeiros é potencialmente proprietário do todo, embora seu direito seja limitado pela fração ideal.[2]

---

[2] "Apelação – Ação de anulação de negócio jurídico – **Cessão de direitos hereditários sobre imóvel** – Procedência em parte – inconformismo da autora – rejeição – Caso em que reconhecida a validade da alienação das frações ideais dos direitos sobre o imóvel objeto da herança, em relação aos herdeiros que assinaram o contrato particular – Ressalvado o quinhão hereditário dos herdeiros não participantes do negócio, inclusive da autora – Contrato considerado inexistente em relação à fração que cabe a autora – Desacolhida pretensão de anulação de todo o negócio ante a não configuração de hipótese de nulidade absoluta – Indivisibilidade dos direitos dos herdeiros sobre a posse da herança que é regulada pelas normas relativas ao condomínio – Possibilidade dos demais condôminos em alienar suas cotas do imóvel – Artigos 1.013 e 1.791 do CC – Sentença mantida – Negaram provimento ao recurso" (*TJSP* – Ap 1012587-61.2019.8.26.0005, 27-4-2023, Rel. Alexandre Coelho). "Apelação cível. Ação de reintegração de posse cumulada com perdas e danos e antecipação dos efeitos da tutela. Procedência. Concessão da justiça gratuita pelo juízo *a quo*. Ausência de revogação ou de impugnação pela parte adversa. Falta de interesse recursal. Não conhecimento. Cerceamento de defesa. Audiência de instrução. Prova oral. Comprovação de livre acesso dos autores ao imóvel. Desnecessidade da prova pretendida. Falsidade de documentos. Procurações. Preclusão. Contestação intempestiva. Nulidade relativa. Inexistência de demonstração do prejuízo. Regularização procedida. Ação declaratória de deserdação. Fato que, por si só, não afasta a regra de direito à herança. Posse que se transmite imediatamente após a morte da titular da herança. Princípio da *saisine*. Julgamento antecipado da lide. Artigo 355, I, do CPC. Poder/dever do magistrado que é o destinatário da prova. Contestação apresentada a destempo. Declaração dos efeitos da revelia. Artigo 344 do CPC. Não incidência de quaisquer das hipótese elencadas no artigo 345, I a IV, do CPC. Intempestividade da contestação e reconvenção não rebatida. Bem imóvel de cotitularidade dos litigantes – recebimento por herança. Regime de condomínio indiviso entre as partes. Posse *pro indiviso*. Atos possessórios. Direitos iguais. Nenhum dos herdeiros pode exercer atos sobre o imóvel que redundem na exclusão da posse dos outros. Falta de interesse de agir. Busca em repelir o direito da posse da parte ré. Artigo 1.314 do Código Civil. A posse comum sobre a coisa indivisa não pode excluir o exercício pelos demais copossuidores, em razão de que nenhum deles possui a coisa por inteiro. Insatisfação com o regime do condomínio a ser instaurada e debatida em sede própria e adequada. Ocupação da parte ré. Remanesce o seu dever de indenizar aos condôminos privados de perceber os frutos da coisa comum. Artigo 1.319 do Código Civil. Sucumbência recíproca. Redistribuição dos ônus sucumbenciais. Recurso parcialmente conhecido e, nessa extensão, parcialmente provido" (*TJPR* – Ap. 0005676-02.2019.8.16.0014, 9-12-2020, Rel. Espedito Reis do Amaral). "Apelação – **Petição de herança** – Herdeiro universal não contemplado na partilha – Posterior alienação do imóvel pelo herdeiro aparente a terceiro de boa-fé – Validade do negócio jurídico – Obrigação de o herdeiro aparente pagar ao herdeiro legítimo o valor do imóvel – Em ação de petição de herança, o herdeiro legítimo não contemplado na partilha pediu o reconhecimento de seu direito hereditário e a nulidade da partilha – Sentença que constata a posterior alienação do único bem integrante do monte-mor pelo herdeiro aparente a terceiro de boa-fé e faz aplicação da norma do art. 1.827, parágrafo único, do CC – Decisão que anula a partilha, mas mantém hígido o negócio entre o herdeiro aparente e o terceiro, estabelecendo que o autor deve mover ação própria contra o herdeiro aparente – Inconformismo do autor – Alegação de que a partilha e o negócio com o terceiro devem ser invalidados – Entendimento doutrinário e jurisprudencial no sentido de que, havendo boa-fé por parte do terceiro no negócio em que o herdeiro aparente lhe alienou onerosamente o bem, a regra do art. 1.827, parágrafo único, do CC, mantém validade do negócio estabelecido com terceiro, abrindo-se ao herdeiro legítimo o direito de obter condenação do herdeiro aparente, com base no valor do bem – Ocorre que, para se manter a validade de tal negócio, não cabe anular a partilha, onde materializada a adjudicação do imóvel pelo herdeiro aparente, sob pena de este não ter mais título para ter realizado a alienação do imóvel ao terceiro de boa-fé – Opção legislativa que prefere a segurança jurídica nas relações sociais ao direito à propriedade – Partilha que deve continuar eficaz – Desnecessidade, porém, de nova demanda condenatória do herdeiro aparente, porquanto devidamente citado para os termos da ação em que se buscava a nulidade da adjudicação com a qual se tornou proprietário do bem – Valor da condenação a ser apurado em liquidação, com base no valor de mercado do imóvel à data em que realizado o negócio – Sentença parcialmente reformada. Deram parcial provimento ao recurso." (*TJSP* – AC 1024223-93.2015.8.26.0577, 24-10-2019, Rel. Alexandre Coelho).

22.5 SUCESSÃO LEGÍTIMA E TESTAMENTÁRIA. LEI APLICÁVEL. LEGADO NÃO SE CONFUNDE COM HERANÇA

A herança dá-se por lei ou por disposição de última vontade (art. 1.786). O testamento traduz esta última vontade, como veremos. Quando houver testamento, atende-se, no que couber, segundo as regras hereditárias, a vontade do testador. Quando não houver testamento ou no que sobejar dele, segue-se a ordem de vocação hereditária legítima, isto é, estabelecida na lei. Entre nós, portanto, podem conviver as duas modalidades de sucessão, o que não ocorria no velho Direito Romano. A vocação legítima prevalece quando não houver ou não puder ser cumprido o testamento. A sucessão testamentária é detalhadamente ordenada pelo nosso ordenamento, como veremos.

Matéria que passa doravante a ter maior importância, face ao novel ordenamento, diz respeito à lei aplicável às sucessões abertas. O art. 1.787 regula de forma tradicional o fenômeno, determinando que se aplique a lei vigente ao tempo da morte, a sucessão e a legitimação para suceder. Desse modo, as sucessões hereditárias que se abriram até a data do término da vigência do Código de 1916 serão regidas por ele. Desse modo, quem era considerado herdeiro naquele momento concorrerá a herança, ainda que o mais recente ordenamento o exclua dessa condição.

Por outro lado, o testamento feito sob a égide formal do Código de 1916 será válido e os testamentos elaborados dentro da vigência do mais recente Código devem obedecer a seus requisitos formais. Isso quanto aos aspectos formais. Prevalece a regra do momento da morte quanto à capacidade para suceder, aplicando-se o art. 1.787.

"**Ação de petição de herança** – Pretensão da filha aos direitos sucessórios do pai que, antes de falecer, doou todos os bens aos outros dois filhos. Sentença de parcial procedência. Insurgência parcial de ambas as partes. Apelação da autora. Insurgência contra a sucumbência parcial. Acolhimento. Pedido de 1/3 do patrimônio do genitor, que era 50% dos imóveis doados. Pedido integralmente procedente. Sucumbência total dos réus. Recurso provido. Apelação dos réus. Insurgência contra a condenação ao pagamento dos frutos percebidos dos imóveis desde a citação na ação de reconhecimento de paternidade. Manutenção. Posse de má-fé desde a ciência da invalidade da doação em detrimento de herdeira legítima. Ação de reconhecimento de paternidade instruída, desde a inicial, com exame de DNA positivo, além de pedido expresso de nulidade da doação. Mora evidente. Recurso não provido." (*TJSP* – Ap 1116705-70.2014.8.26.0100, 6-4-2018, Rel. Carlos Alberto de Salles).

"Agravo de instrumento – Alvará judicial – **Cessão de direitos pelos herdeiros** em favor da mãe, viúva do autor da herança, que, no caso, equivale à renúncia translativa, veiculada em simples contrato particular – Ineficácia – Negócio jurídico que deve ser efetivado por mero termo nos autos ou por escritura pública – Inteligência do artigo 1.806 do Código Civil – Precedentes deste E. Tribunal e do Colendo Superior Tribunal de Justiça – Decisão mantida – Agravo desprovido" (*TJSP* – AI 2003915-67.2016.8.26.0000, 25-2-2016, Rel. A. C. Mathias Coltro).

Partilha – Legitimidade ativa – Herdeiros – Não verificação – "Processual civil. Agravo regimental no agravo em recurso especial. Ação de prestação de contas. Partilha ainda não verificada. Legitimidade ativa. Herdeiros. Decisão mantida. 1. Consoante a jurisprudência desta Corte, '**aberta a sucessão, cria-se um condomínio pro indiviso sobre o acervo hereditário**, regendo-se o direito dos coerdeiros, quanto à propriedade e posse da herança, pelas normas relativas ao condomínio (art. 1.791, parágrafo único, do Código Civil)' (REsp 1.192.027/MG, Rel. Min. Massami Uyeda, 3ª T., j. 19.08.2010, DJe 06.09.2010). 2. Dessa forma, o herdeiro tem legitimidade ativa para propor demanda visando defender o patrimônio comum. 3. Agravo regimental a que se nega provimento" (*STJ* – AgRg-Ag-REsp 528.849 – (2014/0139333-2), 11-3-2015, Rel. Min. Antonio Carlos Ferreira).

"**Apelação cível** – Embargos de terceiros – Cessão de direitos hereditários mediante escritura pública. Invalidade. Condomínio. Indivisibilidade. Penhora decorrente de dívida do coerdeiro. Desconstituição. Impossibilidade. I – É cediço que após aberta a sucessão o domínio e a posse da herança transmitem-se, desde logo, aos herdeiros e testamenteiros. Todavia, até a partilha, tal direito é indivisível, não podendo ser disposto do acervo hereditário, salvo mediante autorização judicial e nos casos expressos em lei. II – Os embargos de terceiro não tem o condão de desconstituir a penhora efetivada em momento posterior à aquisição do bem da herança considerado singularmente, feita mediante escritura pública de cessão de direitos, operada sem a observância da forma prescrita em lei. III – Considera-se em condomínio a posse de coerdeiro até que seja ultimada a partilha, motivo pelo qual nenhuma eficácia possui a cessão de direitos hereditários concedida sem a anuência de todos os outros herdeiros. IV – Destarte, sem autorização judicial, é permitida pelo artigo 1.793 do Código Civil, apenas a cessão civil de fração ideal dos direitos hereditários. Isto porque, com a cessão, são transmitidos não só os bens e créditos, mas também, as dívidas do sucedido. Apelo conhecido, mas desprovido" (*TJGO* – AC 201192276876, 29-8-2014, Rel. Wilson Safatle Faiad).

Embora o atual estatuto não mais se refira no citado artigo sobre a capacidade para suceder, porque termo redundante no dispositivo, a capacidade para suceder e para adquirir herança é verificada no momento da abertura da sucessão. Desse modo, não há possibilidade de ser aplicada lei mais ou menos favorável porque os termos peremptórios da lei são inflexíveis. A lei do momento da morte será a reguladora. Como recorda Eduardo de Oliveira Leite a matéria ganhou vital importância com a Constituição de 1988, que igualou o direito dos filhos, independentemente de sua origem (art. 227, § 6º) (2003:30).

Já apontamos anteriormente e agora acentuamos a diferença entre herança e legado. Dissemos que a herança é uma universalidade. Os herdeiros, não importando o número, recebem uma fração indivisa do patrimônio, até que sua quota-parte se materialize na partilha.

Legado é um bem determinado, ou vários bens determinados, especificados no monte hereditário. O *legatário* sucede a título singular, em semelhança ao que ocorre na sucessão singular entre vivos. Só existe legado, e consequentemente a figura do legatário, no testamento. Não tendo o morto deixado um testamento válido e eficaz, não há legado.

No testamento poderão coexistir instituições de herdeiros e legatários. O testador poderá deixar 1/3 de sua herança a Fulano e o imóvel da Rua X a Beltrano, existindo aí um herdeiro e um legatário, respectivamente. O tema será reexaminado, mas essas noções introdutórias são fundamentais.

Nem sempre será fácil, na prática, a distinção entre herança e legado, no exame da vontade do testador, como veremos. Essa diferença, herdeiro e legatário, acarreta enormes consequências práticas. Basta dizer, a princípio, que o legatário não tem a posse que detém o herdeiro com a abertura da sucessão. Como regra geral, o legatário necessita pedir ao herdeiro a entrega da coisa legada.

O legatário, salvo disposição expressa do testador, não responde pelo pagamento das dívidas do espólio, atribuição dos herdeiros. O herdeiro responde pelas dívidas do *de cujus*, na proporção de seu quinhão.

Note, contudo, que não são todas as legislações que fazem essa distinção, tradicional na técnica jurídica brasileira. O Código francês denomina legatário quem quer que venha a ser aquinhoado por testamento, não importando o conteúdo da deixa testamentária, existindo, portanto, um legatário a título universal. Daí porque, ao se ler o texto francês, temos de ter em mira o sistema adotado.

Em nosso sistema, pois, nada impede que uma mesma pessoa seja, ao mesmo tempo, herdeira e legatária.

O legado consiste em uma coisa definida e muito se assemelha a uma doação, constando apenas de um testamento e não de um contrato (Pereira, 1984, v. 6:186).

23

ABERTURA DA SUCESSÃO. TRANSMISSÃO DA HERANÇA. ACEITAÇÃO E RENÚNCIA DA HERANÇA. CESSÃO DA HERANÇA

23.1 FATO QUE DETERMINA A SUCESSÃO

Como é fundamental, a sucessão hereditária gravita em torno da morte. A morte do titular de um patrimônio determina a sucessão. O fato da morte, fato jurídico, indica o momento em que *"a herança transmite-se, desde logo, aos herdeiros legítimos e testamentários"* (art. 1.784). No antigo Código: *"o domínio e a posse da herança transmitem-se desde logo aos herdeiros legítimos e testamentários"* (art. 1.572).

Tempo e lugar da abertura da sucessão são importantes para as consequências jurídicas. Entre nós, *"a sucessão abre-se no lugar do último domicílio do falecido"* (art. 1.785). Fixa-se aí o foro universal da herança, como examinaremos.

23.2 MOMENTO DA ABERTURA DA SUCESSÃO. A COMORIÊNCIA

Tendo em vista a transmissão imediata do acervo aos herdeiros, é importante a fixação exata do tempo da morte.

Somente a morte pode dar margem à sucessão. A morte física, o desaparecimento da vida do titular. O direito moderno já não conhece a morte civil. Como as consequências da morte são inúmeras, a lei fixa preceitos para a determinação do momento da morte, bem como sua prova.

A Lei dos Registros Públicos (Lei nº 6.015/73) regula o assento de óbito, a partir do art. 77. No volume 1 desta obra, acentuamos que o atual Código passa a admitir, sob estrita observância legal, a morte presumida. O art. 80 da LRP dá os requisitos que devem estar presentes no assento, entre eles a hora, se possível, do passamento e o local com indicação precisa. Presumem-se verdadeiros os fatos constantes do registro. Os interessados poderão apresentar provas contrárias aos fatos ali descritos, já que a presunção não é absoluta, permitindo-se a retificação dos assentos.

Nosso direito anterior não admitia morte presumida, ao menos com essa amplitude. No caso de desaparecimento de alguma pessoa, havia que se estabelecer o processo de *ausência*, regulado no direito de família, arts. 463 ss do Código de 1916. Nesse procedimento, existem três fases: a curadoria de ausentes, a abertura da sucessão provisória e, por fim, a sucessão definitiva. Veja o que falamos a esse respeito na parte sobre o direito de família, inclusive sobre a morte presumida. O processo de ausência, contudo, constitui apenas uma forma de atribuição do patrimônio de uma pessoa que desapareceu de seu domicílio sem deixar rastro, ou seja, notícia ou representante para administrar os bens. Mesmo após a abertura de sucessão definitiva, a lei prevê o retorno do ausente nos 10 anos seguintes (art. 39). O vigente Código trata da ausência na parte geral, arts. 22 ss, bem como da sucessão provisória e sucessão definitiva. Já cuidamos da ausência nesse diploma no volume I desta obra (Capítulo 10), bem como no Capítulo 21 deste Volume 5.

A Lei dos Registros Públicos, contudo, já permitia a justificação da morte, perante juízes togados,

> *"para o assento de óbito de pessoas desaparecidas em naufrágio, inundação, incêndio, terremoto ou qualquer outra catástrofe, quando estiver provada a sua presença no local do desastre e não for possível encontrar-se o cadáver para exame" (art. 88).*

O mesmo se aplica para o desaparecimento em campanha (parágrafo único). É claro que aí pode haver a possibilidade de o indigitado não ter morrido, mas a aplicação cautelosa da lei afasta com muita segurança a possibilidade de erros. Caso tenha sido lavrado indevidamente um assento de óbito, por erro ou malícia, as consequências jurídicas transportam-se para o campo da responsabilidade civil (art. 186).

A presunção de morte, de que tratava o art. 10 do Código de 1916, reportando-se às regras da sucessão definitiva (arts. 481 e 482), não tinha, em absoluto, a compreensão que à primeira vista possa parecer, pois não ia dissolver o vínculo conjugal, nem obstava o ausente de retomar seu patrimônio, como acenamos.

O momento da morte é outro ponto importante. Deve ser fixado, sempre que possível, no assento de óbito. A partir desse momento é que passa a existir herança e esta se transfere aos herdeiros.

A regra do art. 8º de nosso Código fixa a comoriência:

> *"se dois ou mais indivíduos falecerem na mesma ocasião, não se podendo averiguar se algum dos comorientes precedeu aos outros, presumir-se-ão simultaneamente mortos".*

É a solução mais razoável, diferente de outras legislações, como a francesa, inspirada na codificação romana, que estabelece presunções de anterioridade das mortes, baseada na maior probabilidade de sobrevivência dos mais jovens em relação aos mais velhos.

Já nos referimos à comoriência (*Direito civil: parte geral*, Capítulo 10). Ali dissemos ser o assunto de vital importância, já que a pré-morte de um casal, por exemplo, tem implicações no direito sucessório. Se faleceu primeiro o marido, transmitiu a herança à mulher; se ambos não tivessem descendentes ou ascendentes, e a mulher falecesse depois, a herança iria para os herdeiros dela, ou seja, seus colaterais. O oposto ocorreria se provasse que a mulher falecera antes. Tal situação pode ocorrer em casos de catástrofes, acidentes ou mesmo por coincidência. Para evitar os entraves das presunções de pré-morte, portanto, o Código presume a comoriência, isto é, o falecimento conjunto.

De qualquer modo, nada se provando em contrário, têm-se como certos o local e a hora do passamento constantes do registro público.

23.3 TRANSMISSÃO E ACEITAÇÃO DA HERANÇA. LEI QUE REGULA A SUCESSÃO E A LEGITIMAÇÃO PARA SUCEDER

Por nosso direito, com a morte, abertura da sucessão, o patrimônio hereditário transmite-se imediatamente aos herdeiros legítimos e testamentários (art. 1.784).[1] Trata-se da adoção

---

[1] "Apelação cível – Inventário – Único herdeiro, maior incapaz, representado por curador provisório, e que faleceu no curso da ação sem deixar herdeiros necessários – Sentença que extinguiu o processo sem resolução de mérito, em razão do óbito prematuro do inventariante, anotando que a herança caberia a eventuais parentes colaterais da autora da herança, cujo patrimônio estava sendo inventariado nestes autos – Insurgência do curador provisório, parente colateral de terceiro grau do inventariante falecido – Acolhimento – Preliminar acolhida – Sentença prolatada antes do decurso do prazo de 20 (vinte) dias concedido para comprovar a abertura do inventário do único herdeiro, falecido no curso da ação, que se conta em dias úteis – Decisão surpresa e contraditória à determinação retro – Mérito – Com razão o apelante – Pelo princípio da *saisine*, a herança transmitiu-se ao herdeiro desde a abertura da sucessão (**art. 1.784 do CC**) – O óbito do único herdeiro no curso do inventário, antes da homologação da partilha, legitima a habilitação dos seus sucessores (herdeiros necessários ou colaterais), admitindo-se que o inventário do herdeiro falecido seja realizado conjuntamente ao inventário da *de cujus*, autora da herança discutida nestes autos – recurso provido, anulando-se a sentença recorrida" (TJSP – Ap 1005978-72.2017.8.26.0477, 27-8-2024, Rel. Fernando Reverendo Vidal Akaoui).

"Indenização por uso exclusivo de coisa comum. Imóvel comum, partilhado em escritura de inventário do genitor das partes. Falecimento posterior da genitora, cujo inventário não foi ainda aberto. Posse e propriedade dos bens de herança se transmitem imediatamente aos herdeiros, por força do **princípio da saisine** (art. 1.784 CC). Uso exclusivo do prédio pelos réus, que nele residem. Sentença de procedência. Reforma parcial, tão somente para determinar o abatimento das despesas fiscais solvidas pelos requeridos após o termo inicial da indenização. Gastos ordinários com conservação do imóvel que devem ser suportados pelos réus, já que ocupantes do imóvel inicialmente a título gratuito e em seguida a título oneroso. Na presente ação não se pede a extinção do condomínio, mas tão somente indenização por uso exclusivo de coisa comum. Eventual indenização pelas acessões e benfeitorias feitas no imóvel somente terá relevância no momento da patilha ou da extinção de condomínio. Recurso provido em parte" (TJSP – Ap 1024563-96.2021.8.26.0554, 3-8-2023, Rel. Francisco Loureiro).

"Inventário – Homologação de partilha – Insurgência de coerdeiro – Descabimento – Não há prazo prescricional para inventariar – Os bens do *de cujus* são transmitidos imediatamente com o evento morte (**princípio da saisine**, positivado no art. 1.784 do Código Civil) e a propriedade tem por característica ser plena, exclusiva e perpétua (enquanto não sobrevier causa legal extintiva) – Em razão dos bens serem de propriedade dos herdeiros e o domínio ter caráter perpétuo, não há sentido na fixação de prazo prescricional para inventariar – O propósito do inventário é arrolar os bens deixados pelo falecido para partilhá-los e distribuí-los aos sucessores – Não há relação de prejudicialidade entre esta ação e a ação de usucapião (processo nº 1005585-41.2022.8.26.0100) – Suspensão – Inviabilidade – Inexistência de proposta de acordo – Ausência de nulidade – recurso improvido". (TJSP – Ap 1001218-27.2020.8.26.0008, 23-3-2022, Rel. Miguel Brandi).

"Agravo de instrumento. Cumprimento de sentença. Penhora. Acervo hereditário. Universalidade. **Princípio da saisine**. Inventário e partilha. Procedimento necessário. Decisão mantida. 1. Agravo de instrumento contra decisão que, em sede de cumprimento de sentença, indeferiu o pedido de penhora on-line na conta bancária do genitor do executado, falecido. 2. Aberta a sucessão, transmite-se a herança, desde logo, aos herdeiros legítimos e testamentários, nos moldes do art. 1.784 do Código Civil. No entanto, enquanto não finalizada a partilha, a herança é bem indivisível e deve observar o regramento conferido ao condomínio (art. 1.791 do CC). 3. Inviável a penhora de valores ainda não conferidos ao herdeiro/devedor, ante a inexistência de inventário e a possibilidade, no caso, de ampliação do rol dos herdeiros. 4. Recurso conhecido e desprovido" (TJDFT – AI. 07152892820218070000, 25-8-2021, Rel. Sandoval Oliveira).

"Posse – Ação de reintegração – Imóvel residencial urbano – Herança. Pelo **princípio da *saisine***, consagrado pelo art. 1.784 do Código Civil, 'Aberta a sucessão, a herança transmite-se desde logo aos herdeiros legítimos e testamentários'. O domínio transmite-se automaticamente. A posse fática, porém, só se transmite se era exercida pelo *de cujus*. Ação improcedente. Recurso não provido" (TJSP – Ap. 1004288-84.2018.8.26.0020, 29-1-2021, Rel. Itamar Gaino).

"Reintegração de posse – **Princípio da *saisine*** – Enquanto não havida partilha, todos os herdeiros detêm a composse do bem – Herdeiro Hélio que, contudo, privou os outros herdeiros do uso e fruição de parte do imóvel (fazenda) – Reintegração de rigor, com fixação de valor de locativo em favor dos outros herdeiros, proporcionalmente a seus quinhões – Quanto ao réu Álvaro, pelo mesmo motivo de prevalecimento do condomínio indiviso enquanto não havida a partilha, não se extraem efeitos da cessão particular de outra parte do imóvel enquanto não averiguada a cota parte de cada coerdeiro – Esbulho igualmente caracterizado – Locativos igualmente devidos – Observação, contudo, de ausência de prova de anterior notificação dos réus para desocupação das respectivas áreas – Citação que deve ser tida como meio de constituição em mora – Pretensão de retenção e indenização por benfeitorias descabida – Sucumbência mantida – Recurso parcialmente provido." (TJSP – AC 1000272-67.2018.8.26.0059, 5-11-2019, Relª Lígia Araújo Bisogni).

do sistema pelo qual a herança transmite-se de pleno direito. Aplica-se o sistema da *saisine*, de origem germânica não muito clara. Não é princípio do Direito Romano. Na herança, o sistema da *saisine* é o direito que têm os herdeiros de entrar na posse dos bens que constituem a herança. A palavra deriva de *saisir* (agarrar, prender, apoderar-se). A regra era expressa por adágio corrente desde o século XIII: *"Le mort saisit le vif"* (o morto prende o vivo). Conforme afirma Eduardo de Oliveira Leite, trata-se de um dos mais antigos exemplos do direito comum costumeiro (2003:8).

No entanto, ninguém pode ser herdeiro contra sua vontade. O herdeiro pode deixar de aceitar, renunciar à herança. Há que se harmonizar o sistema da *saisine* com o repúdio à herança.

Na verdade, dentro da problemática da aceitação da herança, além do sistema de aquisição *ipso iure* pelos herdeiros, outros sistemas adotam a aceitação da herança somente após a declaração de vontade por parte do herdeiro ou então mediante pronunciamento judicial que imite o herdeiro na posse dos bens. Os três sistemas encontram-se representados na tradição romana (Coviello, 1937:37). A aquisição de pleno direito ocorria com os herdeiros necessários (*sui et necessarii*), os quais adquiriam a herança sem necessidade de uma declaração especial de vontade. O sistema de aceitação, *adição* da herança (*aditio*) era aplicado a quem não fosse herdeiro necessário. O sistema do deferimento judicial era relegado aos casos não considerados do *ius civile*, mas de direito pretoriano, no qual havia a apreensão dos bens (*bonorum possessio*). No direito de Justiniano, desaparece a diferença entre *hereditas* e *bonorum possessio*, e o sistema que em geral se segue é o da aceitação da herança.

O sistema da *saisine* chega até nós, de sua origem germânica, pelo Direito francês, que adota o princípio no art. 724 do Código de Napoleão.

Embora em nosso sistema, na grande maioria dos casos, as fases de abertura da herança, oferta e aceitação sejam imperceptíveis, elas estão presentes.

A *abertura da sucessão* já foi por nós fixada no momento da morte. Tal determina a *"transferência abstrata do acervo"* (Pereira, 1984, v. 6:40). Aberta a sucessão, segue-se a *delação*, isto é, o oferecimento da herança. O termo não é muito usado, mesmo porque essa fase é absorvida em nosso sistema pela aceitação. Existe a *delação*, sempre que existir uma possibilidade de se aceitar a herança (adir a herança, *adição*, aceitação). A ordem de vocação hereditária, fixada na

---

"Apelação Cível – Posse (bens imóveis) – Ação de reintegração de posse – *Saisine* – Ausência de prova da posse anterior e do esbulho – **Princípio da *saisine*** – Interrupção da posse direta – I – Por força do princípio da *saisine*, insculpido no art. 1.207 c/c o art. 1.784, ambos do CC/2002, com a abertura da sucessão ocorreu a transmissão da universalidade dos bens e direitos dos de cujus aos seus herdeiros, demandados na ação possessória. II – Por outro lado, em desatendimento ao ônus que lhe impunha o art. 373, I, do CPC/2015, o requerente não logrou êxito em demonstrar a continuidade do exercício da sua posse sobre 3 ha da área maior, com o fito de plantar árvores de sombra e bananeiras. Em que pese o demandante embase sua pretensão em 'Escritura Pública de Cessão de Direitos Hereditários e Ações', a prova testemunhal coligida em juízo demonstra que houve a interrupção de seu exercício. Ou seja, quando da morte de Teli, o autor não se encontrava mais ocupando o local. III – Destarte, não estando preenchidos os requisitos do art. 561 do NCPC, imperiosa a manutenção da sentença que julgou improcedente o pedido de reintegração de posse. IV – Por força do art. 85, § 11, do NCPC, os honorários advocatícios devidos aos causídicos dos réus serão majorados. Negaram provimento ao apelo. Unânime." (TJRS – AC 70078822046, 12-9-2018, Rel. Des. Dilso Domingos Pereira).

"Recurso especial – Ação de dissolução parcial de sociedade – Apuração de haveres – Coerdeiro Necessário – Defesa de interesse próprio e individual – Ilegitimidade Ativa – Recurso especial provido – 1 – É legitimado para propor ação de dissolução parcial de sociedade, para fins de apuração da quota social de sócio falecido, o espólio. 2 – A legitimidade ativa, em decorrência **do direito de *saisine* e do estado de indivisibilidade da herança**, pode ser estendida aos coerdeiros, antes de efetivada a partilha. Essa ampliação excepcional da legitimidade, contudo, é ressalvada tão somente para a proteção do interesse do espólio. 3 – No caso dos autos, a ação foi proposta com intuito declarado de pretender para si, exclusivamente, as quotas pertencentes ao autor da herança, independentemente da propositura da correspondente ação de inventário ou de sua partilha. Desse modo, não detém o coerdeiro necessário a legitimidade ativa para propor a presente ação. 4 – Recurso especial provido" (STJ – REsp 1.645.672 (2016/0326070-6), 29-8-2017, Rel. Min. Marco Aurélio Bellizze).

lei, e a vontade do *de cujus*, fixada no testamento, abrem a delação. Destarte, delação e vocação hereditária são faces do mesmo fenômeno.

A *aditio* é uma declaração de vontade que aceita a herança, implicando obrigações e direitos. No sistema brasileiro, a aceitação tem efeito retro-operante: retroage à data da abertura da sucessão. A aceitação da herança tem o efeito de confirmar a atribuição de bens anteriormente feita. Todavia, não temos que entender que a aquisição ocorra com a aceitação, porque os direitos hereditários nasceram antes, com a morte do autor da herança. Trata-se, sem dúvida, de uma engenhosidade técnica, que os juristas denominam ficção jurídica. A aceitação é uma confirmação do direito do herdeiro. No entanto, tal aceitação é necessária e essencial, já que, como falamos, ninguém pode ser herdeiro contra a vontade (art. 1.805).

Uma vez aceita a herança, o herdeiro não mais se despoja dessa sua condição, como regra geral:

> *"Art. 1.804. Aceita a herança, torna-se definitiva a sua transmissão ao herdeiro, desde a abertura da sucessão.*
>
> *Parágrafo único. A transmissão tem-se por não verificada quando o herdeiro renuncia à herança".*

Quando ocorrer renúncia da herança, entende-se que nunca o renunciante foi herdeiro. Por essa razão, a renúncia deve ser a mais pronta possível, pois, praticando o herdeiro atos compatíveis com a aceitação, será tido como sucessor do *de cujus*, pois haverá aceitação tácita.

Consequência importante da transmissão imediata da herança, por força do art. 1.784, é que os herdeiros podem incontinenti, de per si, defender a posse dos bens da herança.

O herdeiro, na defesa dos bens hereditários, pode exercer ação de esbulho, ou de turbação, ou qualquer ação possessória. Se o herdeiro falecer antes de promover a medida, o direito passa a seus próprios sucessores. Note que a pessoa jurídica pode ser herdeira, por meio do testamento. Desempenhará as mesmas funções de qualquer herdeiro, podendo ingressar com ações de defesa da posse.

Como tratamos com uma figura técnica de ficção, pode haver uma *delação sucessiva* da herança, quando ocorrer *renúncia* do herdeiro chamado e no caso da substituição fideicomissária, como veremos.

Pelo princípio da *saisine*, na transmissão da posse e propriedade, tudo se transmite como estava no patrimônio do *de cujus*. Transmitem-se também as dívidas, pretensões e ações contra ele, já que o patrimônio compreende ativo e passivo (Miranda, 1973, v. 55:18). Note, de plano (e voltaremos ao assunto) que a transmissão do passivo, da dívida do *de cujus* sofre limitação (art. 1.792).[2]

---

[2] "Imissão na posse – Imóvel relacionado em inventário – Domínio decorrente do **princípio de *saisine*** – Pretensão exercitável pelo adquirente com base no *jus possidendi* contra mero detentor em nome do alienante – Validade – Documentos que reforçam o pleito – Sentença confirmada – Apelo não provido." (TJSP – Ap 1077060-96.2018.8.26.0100, 21-1-2019, Rel. Giffoni Ferreira).

"Ação possessória – Reintegração de posse – Esbulho não caracterizado – Sucessão hereditária – Partilha ainda não realizada – **Princípio da '*saisine*'** – Direito indivisível dos coerdeiros à propriedade e posse da herança, regulando-se pelas normas relativas ao condomínio – Art. 1.791 do Código Civil – Sentença de improcedência mantida. Ratificação do julgado – Hipótese em que a sentença avaliou corretamente os elementos fáticos e jurídicos apresentados pelas partes, dando à causa o justo deslinde necessário – Artigo 252, do Regimento Interno do TJSP – Aplicabilidade – Recurso não provido." (TJSP – Ap 1027744-81.2016.8.26.0554, 25-4-2018, Rel. Spencer Almeida Ferreira).

"Ação de despejo – Coisa comum – Aplicação do princípio de '***saisine***', pelo qual a herança se transmite aos herdeiros a partir do falecimento – Uso exclusivo da coisa por um dos condôminos – Inaplicabilidade da lei locatícia – Carência de ação configurada – Recurso desprovido" (TJSP – Ap 1003249-29.2014.8.26.0073, 20-7-2016, Rel. Edgard Rosa).

A posse dos bens hereditários mencionada pelo art. 1.572 do Código de 1916 é de qualquer natureza: imediata ou mediata, justa ou injusta. O presente Código não mais faz referência ao domínio e à posse, mas simplesmente se refere à transmissão da herança, em sua totalidade, o que abrange a posse e a propriedade do acervo hereditário.

A lei que regula a sucessão e a legitimação para suceder é a lei vigente ao tempo da morte do autor da herança (art. 1.787). Essa matéria agora avulta sobremaneira de importância tendo em vista o Código de 2002, que alterou inclusive a ordem de vocação hereditária, mormente no tocante ao cônjuge. Assim, para as sucessões abertas até a data anterior de vigência do novel Código, aplica-se o Código de 1916. A partir da vigência do Código de 2002, as sucessões que se abrem serão regidas pelas normas desse mais recente diploma. A regra é geral e se aplica às normas que, no passado, alteraram a ordem de sucessão e a legitimação para suceder. O princípio encontra respaldo constitucional no que diz respeito ao direito adquirido, ato jurídico perfeito e coisa julgada (art. 5º, XXXVI da Constituição Federal), bem como na Lei de Introdução ao Código Civil (art. 6º), atualmente denominada Lei de Introdução às Normas do Direito Brasileiro, Lei nº 12.376 de 30-12-2010. Desse modo, a lei revogada continua a governar os atos ocorridos sob sua vigência. Modificações posteriores à morte não podem modificar a aplicação dessa lei. Há, portanto, uma eficácia residual da lei revogada, isto em todos os campos jurídicos. No testamento elaborado sob a lei de 1916, por exemplo, deve-se observar se as formalidades do antigo ordenamento foram observadas. Mas, quanto à legitimação para suceder, observar-se-á a lei nova. Há particularidades interessantes nesse campo testamentário, contudo, mormente em testamentos feitos em período de *vacatio legis*, cujo estudo deve ser aprofundado em obra mais ampla.

O art. 611 do CPC dispõe que

> *"O processo de inventário e partilha deve ser instaurado dentro de 2 (dois) meses, a contar da abertura da sucessão, ultimando-se nos 12 (doze) meses subsequentes, podendo o juiz prorrogar esses prazos, de ofício ou a requerimento de parte".*

A crítica que sempre se fez a esses prazos foi a ausência de sanção quando não obedecidos, exemplo de lei imperfeita. Contudo, isso nunca impediu os Estados de impor multa tributária para essa hipótese.

Essa redação, homogênea com a última adotada pelo CPC revogado, aduz que a partilha amigável, celebrada entre as partes, nos termos do art. 2.015 do Código Civil, será homologada de plano pelo juiz, mediante a prova da quitação dos tributos relativos aos bens do espólio e às suas rendas, com observância dos arts. 660 a 663 do CPC.

23.4 ACEITAÇÃO DA HERANÇA. CONTEÚDO. FORMAS. RENÚNCIA

Pela aceitação, portanto, o herdeiro mostra sua vontade de adir a herança, recebê-la. No dizer de Washington de Barros Monteiro (1977, v. 6:46), *"é o ato jurídico pelo qual a pessoa chamada a suceder declara que deseja ser herdeiro e recolher a herança"*. O ato não depende de ser comunicado a quem quer que seja. Insere-se na categoria de ato não receptício. Produz efeitos independentemente do conhecimento de terceiros.

A aceitação, destarte, retroage à data da morte: é uma confirmação, como vimos.

O art. 1.581 do Código de 1916 dispunha que *"a aceitação da herança pode ser expressa ou tácita; a renúncia, porém, deve constar, expressamente, de escritura pública, ou termo judicial"*. Por seu lado, o art. 1.805 do mais recente diploma, de forma mais técnica, expressa no *caput* do dispositivo: *"A aceitação da herança, quando expressa, faz-se por declaração escrita; quando tácita, há de resultar tão somente de atos próprios da qualidade de herdeiro"*.

Enquanto o herdeiro não aceitar a herança, permanece uma situação de pendência e incerteza. Normalmente, na grande maioria dos casos concretos, ocorre a aceitação tácita. Tão logo ocorrida a morte, o herdeiro passa a comportar-se, perante todos, como tal. Suas atitudes sociais e jurídicas são de herdeiro. Nas dúvidas, que não serão muitas, há que se examinar o caso concreto. O herdeiro em expectativa, isto é, aquele que subentrará na condição de herdeiro no caso de não aceitação, tem interesse no fenômeno, tanto que a lei lhe confere o direito do art. 1.807, para afastar a incerteza da situação: o prazo para deliberar.

A questão da *aceitação tácita* ou *presumida*, que geralmente ocorre, não deixa de requerer cuidados. O próprio Código traça algumas regras.

"Não exprimem aceitação da herança os atos oficiosos, como o funeral do finado, os meramente conservatórios, ou os de administração e guarda provisória" (art. 1.805, § 1º).

Esses atos, citados apenas exemplificativamente no texto, não exprimem aceitação, mas são fortes indícios de que ela tenha efetivamente ocorrido. Quem recebe uma joia valiosa, guarda-a com cuidados e a usa ostensivamente, está aceitando a herança, sem dúvida. Se repudiá-la, posteriormente estará fazendo um ato de transmissão *inter vivos*, pois recebeu a coisa *causa mortis* e a transmitiu posteriormente por negócio entre vivos. Cada circunstância deve ser sempre analisada. A questão ganha mais importância em relação aos imóveis, tendo em vista as implicações tributárias: quem recebe um imóvel por herança paga o imposto que tem como fato gerador a morte (imposto *causa mortis*).[3] Se renuncia simplesmente à herança, o imposto

---

[3] "Apelação – mandado de segurança – tributário – **ITCMD** – exigibilidade – termo inicial – Pretensão de recolhimento do ITCMD sem encargos moratórios até a data de homologação da partilha – Cabimento – A transmissão da herança se dá com a abertura da sucessão (art. 1.784 do CC), mas a exigibilidade do ITCMD fica condicionada à identificação do patrimônio transferido e dos herdeiros, para que sejam apurados os 'tantos fatos geradores distintos' (art. 35, par. único, do CTN), o que somente se dá com a homologação da partilha – Precedentes do STJ e desta Corte – Sentença de concessão da ordem mantida – Recurso de apelação e reexame necessário improvidos" (TJSP – Ap./Remessa Necessária 1058670-49.2023.8.26.0053, 6-5-2024, Rel. Maurício Fiorito).
"Apelação cível – ação anulatória – ITCMD – recolhimento a menor – **fato gerador** ocorre com a sucessão legítima a partir da **morte do 'de cujus'** – A obrigatoriedade do pagamento do Imposto sobre Transmissão Causa Mortis e Doação (ITCMD) nasce com a transmissão do bem, pelo falecimento do proprietário (causa mortis) ou pela doação em vida (*inter vivos*), haja vista que surgem, nesse momento, os fatos geradores do tributo mencionado – O recolhimento do ITCMD deverá obedecer à lei em vigor na data da abertura da sucessão, ou seja, na data da morte do autor da herança – Sentença mantida – Honorários recursais arbitrados – Recurso não provido". (TJSP – Ap. 1011244-80.2019.8.26.0344, 14-10-2020, Rel. Ponte Neto).
"Inventário – **Renúncia à herança** – Agravante que se insurge contra a r. decisão que indeferiu o pedido de renúncia à herança por ele manifestada nos autos do inventário de seu pai – Prática anterior de atos próprios de herdeiro que implicaram aceitação tácita – Ingresso nos autos para se manifestar a respeito dos depósitos judiciais feitos pela locatária do imóvel inventariado, sem se insurgir com relação às primeiras declarações, em que constou do rol de herdeiros – Pedido de renúncia formulado por mera declaração nos autos, sem observância dos requisitos formais dispostos no art. 1.806 do Código Civil, além de posterior à sentença favorável ao condomínio, ora agravado, credor das despesas condominiais relativas ao imóvel inventariado, bem como ao pedido de penhora no rosto dos autos, oriunda de demandas trabalhistas ajuizadas contra o Espólio – Renúncia que não pode ser manifestada após a aceitação, tendo em vista o caráter irrevogável do ato, nos termos do art. 1.812 do Código Civil – Aceitação tácita da herança que restou inquestionável – Decisão agravada mantida. Recurso desprovido."
(TJSP – AI 2201085-13.2017.8.26.0000, 25-2-2019, Relª Angela Lopes).
"Agravo de instrumento – Inventário – **Renúncia à herança** – Aceitação tácita – Inocorrência – Expressa renúncia na petição inicial – Validade – Art. 1.813, CC – Credor do herdeiro – Ineficácia da renúncia – Constando da petição inicial do inventário disposição expressa dos herdeiros de que renunciam à herança, não importa em aceitação tácita o fato de terem requerido a abertura do inventário, com a regularização processual, máxime quando o único herdeiro aceitante é pessoa incapaz, representada por um dos herdeiros renunciantes, a justificar a sua atuação no processo. É válida a renúncia perpetrada por herdeiro que, no momento da abertura da sucessão, possua credor, contudo, o ato é ineficaz em relação a este, até o limite da dívida, na forma do art. 1.813 do Código Civil. A renúncia à herança tem por consequência o retorno da cota parte do renunciante ao monte, sendo inválida a renúncia translativa, por força da qual o renunciante dispõe de sua cota parte em favor de outro herdeiro, pois tal

será de responsabilidade do herdeiro sucessivo.⁴ No entanto, se alguém recebe o imóvel e depois, impropriamente, diz que renuncia à herança, o novo aquinhoado deve arcar com o imposto de transmissão entre vivos (ITCD).⁵ Não importa a denominação dada pelas partes ao ato. Devem ser examinados seu conteúdo e as respectivas circunstâncias que o revestem.

O art. 1.805, § 2º equipara a renúncia à cessão gratuita, pura e simples da herança, aos demais coerdeiros.⁶ Quem cede gratuitamente a herança nunca teve realmente a intenção de ser herdeiro: essa é a ideia que centraliza o dispositivo.

---

importaria em recebimento da herança e imediata doação patrimonial." (*TJDFT* – Proc. 07007133520188070000 – (1100680), 7-6-2018, Relª Carmelita Indiano Americano do Brasil Dias).

"Agravo de instrumento – Inventário – **Renúncia** – Fração do imóvel pertencente ao cônjuge supérstite – Impossibilidade – Inviável que o cônjuge supérstite renuncie à sua meação em favor dos filhos, reservando para si o usufruto do imóvel, pois, a doação da propriedade, ainda que parcial, não se confunde com o instituto da renúncia à herança, na forma como estatuído pelo art. 1.806 do CC. Sua pretensão deverá constar de instrumento idôneo para tal finalidade, *in casu*, o contrato de doação, com cláusula de usufruto. Recurso improvido" (*TJSP* – AI 2085379-79.2017.8.26.0000, 3-7-2017, Relª Rosangela Telles).

"Agravo de instrumento – Arrolamento – Meação – **Renúncia** – A meação decorre do regime de bens e é preexistente ao óbito do outro cônjuge, sendo apurada sempre que dissolvida a sociedade conjugal. A herança, por sua vez, é parte do patrimônio que pertencia ao cônjuge falecido, transmitindo-se aos seus sucessores ou testamentários. Em suma, herança e meação não se confundem. *In casu*, não há falar em renúncia à meação, mas em cessão em favor dos filhos herdeiros, que s**e sujeita à tributação. Precedente C. STJ. Decisão mantida. Negado provimento ao agravo de instrumento**" (*TJSP* – AI 2250996-62.2015.8.26.0000, 4-5-2016, Rel. Fábio Podestá).

"Direito civil e processual civil. **Renúncia à herança**. Requisitos formais. Mandato. Transmissão de poderes. – 1. O ato de renúncia à herança deve constar expressamente de instrumento público ou de termo nos autos, sob pena de invalidade. Daí se segue que a constituição de mandatário para a renuncia à herança deve obedecer à mesma forma, não tendo validade a outorga por instrumento particular. 2. Recurso especial provido" (*STJ* – REsp 1.236.671/SP, 9-10-2013, Rel. Min. Massami Uyeda).

⁴ "Agravo de instrumento – Inventário – Declaração de ineficácia de renúncia – Inadequação – **Renúncia translativa** – Cabimento – Requisitos Preenchidos – Recurso Provido – 1 – Mostra-se inviável a renúncia de parte da herança, na forma do artigo 1.808 do CC/2002, inexistindo empecilho legal, noutro giro, para a renuncia a pessoas individualizadas (renúncia translativa), ao invés de se beneficiar todos os coerdeiros (renúncia abdicativa), tratando-se na realidade de negócio jurídico de alienação. 2 – Recurso provido" (*TJMG* – AI-Cv 1.0388.15.001526-0/001, 14-3-2017, Relª Teresa Cristina da Cunha Peixoto).

⁵ "Inventário – **Renúncia translativa e abdicativa** – Cessão de direitos hereditários – 1- A jurisprudência dominante neste Tribunal de Justiça admite a cessão de direitos hereditários por termo nos autos do inventário, com suporte no art. 1.806 do Código Civil, entendendo que a disposição legal abrange tanto a renúncia abdicativa, quanto a renúncia translativa, denominação doutrinária que se refere, em verdade, à cessão de direitos hereditários. 2- Embora o art. 1.793 do CCB estabeleça que a cessão de direitos deve ser formalizada através de escritura pública, entende-se que a renúncia translativa pode ser formalizada por termo nos autos, pois é também forma pública de externar a vontade. Recurso provido em parte." (*TJRS* – AI 70080763188, 31-7-2019, Rel. Des. Sérgio Fernando de Vasconcellos Chaves).

"Agravo de instrumento – Doação com reserva de usufruto em favor do viúvo – Possibilidade – **Renúncia Translativa** – Formalização por meio de escritura pública – Ato translativo que pode ser tomado por termo nos autos – Inteligência do artigo 1.806 do Código Civil – Agravo provido." (*TJSP* – AI 2198482-64.2017.8.26.0000, 2-3-2018, Rel. Natan Zelinschi de Arruda).

"Agravo de instrumento – Inventário – Sobrepartilha – Renúncia em favor de uma única herdeira – Renúncia 'translativa' – Ato complexo – **Aceitação tácita e cessão de direitos** – Declaração expressa – Necessidade – Incidência de tributo inter vivos – ITCD – Recurso desprovido – Opera-se a renúncia translativa, ou imprópria, quando os herdeiros renunciam o seu direito sobre o bem herdado, e, no caso, a ser sobrepartilhado, em benefício de uma determinada pessoa. A renúncia é ato solene e deve ser expressa, nos termos definidos pela lei, sob pena de nulidade. Tratando-se de ato complexo, que constitui em aceitação tácita da herança e posterior cessão de direitos a alguém específico, há incidência de dois tributos: o *causa mortis* e o *inter vivos*" (*TJMG* – AI-Cv 1.0210.03.015771-8/001, 28-9-2018, Rel. Edilson Olímpio Fernandes).

"**Alienação de bem comum**. Extinção sem apreciação do mérito. Descabimento. Falecimento de um dos condôminos, cujo inventário de bens ainda não se findou. Irrelevância. Posse e propriedade do *de cujus* que, por ocasião da abertura da sucessão, transmitem-se automaticamente para seus herdeiros. Princípio da *saisine* (CC 1.784). Produto da alienação do bem comum que passará a integrar o patrimônio do espólio. Precedentes. Recurso provido para afastar a sentença, devendo o processo retomar seu curso" (*TJSP* – Ap 4002901-83.2013.8.26.0302 – 14.04.2015, Rel. Luis Mario Galbetti).

⁶ "Sobrepartilha – **Renúncia translativa e abdicativa** – Cessão de direitos hereditários – 1- A jurisprudência dominante neste Tribunal de Justiça admite a cessão de direitos hereditários por termo nos autos do inventário, com

Clóvis Beviláqua (1939, v. 6:26) conceitua os *atos oficiosos* de que fala a lei; são *"os que se praticam desinteressadamente, no intuito de prestar um favor, de ser agradável, de satisfazer sentimentos piedosos ou humanitários"*. Assim, não implica aceitação o simples fato de o presumido herdeiro limpar os imóveis do *de cujus* e evitar sua ruína, por exemplo, ou de amparar a viúva. Assim também, portanto, os atos conservatórios.

No entanto, a aceitação tácita deriva de qualquer ato positivo em favor do herdeiro ao subentrar na posse e propriedade da herança. Se o herdeiro constitui advogado e se faz representar como tal no inventário, está inelutavelmente aceitando a herança; porém, simples requerimento de abertura de inventário não induz aceitação (Monteiro, 1977, v. 6:47), por se tratar de obrigação legal do herdeiro. Assim também se o interessado propõe ação para defender o espólio, promete alienar bens da massa hereditária etc.

Até a Lei nº 4.121/62, Estatuto da Mulher Casada (art. 242, IV), esta não podia aceitar herança ou legado, sem autorização do marido. Tal proibição não mais se justificava quando a mulher atingiu os mesmos direitos do marido pelo princípio constitucional de 1988.

O pagamento de dívida do *de cujus*, com dinheiro próprio do herdeiro, também, por si só não induz aceitação. Pode ser um ato de filantropia. Não o será se o pagamento for feito com numerário proveniente do monte-mor (Pereira, 1984, v. 6:41).

Rara será a *aceitação expressa*. No entanto, o art. 1.807 junge o herdeiro à aceitação expressa, a qual, no entanto, poderá ser *presumida* ou *ficta*: se o herdeiro nada disser no prazo fixado pelo juiz, ter-se-á por aceita a herança. Trata-se de um ato de omissão que implica aceitação. A aceitação expressa requer forma escrita (art. 1.805), não importando qual seja o escrito, desde que autêntico. Quando é o herdeiro quem aceita a herança, diz-se que a aceitação é *direta* (Pereira, 1984, v. 6:41). Há, todavia, *formas indiretas* de aceitação, expostas na lei.

Pode ocorrer que o primeiro herdeiro chamado não tenha tido oportunidade de aceitar a herança, falecendo antes da declaração. Nesse caso, o direito transfere-se aos herdeiros desse herdeiro primitivamente falecido. Tal declaração vale como se partisse do herdeiro primitivo propriamente dito. É o que dispõe o art. 1.809. Não opera a hipótese, no entanto, se se trata de instituição suspensiva e esta ainda não se verificou (art. 125). Doutro lado, a aceitação da herança não se insere entre os atos ditos personalíssimos; por isso, nada impede que seja feita por procurador.

O parágrafo único do art. 1.809 do corrente Código inova no sentido de possibilitar aos chamados à sucessão do herdeiro falecido antes da aceitação, desde que aceitem a segunda

---

suporte no art. 1.806 do Código Civil, entendendo que a disposição legal abrange tanto a renúncia abdicativa, quanto a renúncia translativa, denominação doutrinária que se refere, em verdade, à cessão de direitos hereditários. 2- Embora o art. 1.793 do CCB estabeleça que a cessão de direitos deve ser formalizada através de escritura pública, entende-se que a renúncia translativa pode ser formalizada por termo nos autos, pois é também forma pública de externar a vontade. Recurso provido." (*TJRS* – AI 70081327082, 28-8-2019, Rel. Des. Sérgio Fernando de Vasconcellos Chaves).

"Inventário – **Renúncia Abdicativa** – ITCD – 1 – É abdicativa ou pura a renúncia em favor do monte, i.e., sem a indicação de beneficiário determinado, natureza que não fica prejudicada se nomeados todos os herdeiros remanescentes, sem exceção nem diferenciação, ou do único que permaneceu, pois, ainda que silente a renúncia, estes seriam automaticamente beneficiados por força de lei. 2 – O CCB 1.805, § 2º equipara à renúncia pura a cessão gratuita, pura e simples da herança, aos demais coerdeiros. 3 – Pode ser feita por termo nos autos ou escritura pública, independentemente do pagamento de ITCD, do qual o renunciante não é contribuinte, uma vez que não aceitou a herança nem, por conseguinte, efetuou doação." (*TJDFT* – Proc. 20160020159449AGI – (1091385), 2-5-2018, Rel. Fernando Habibe).

"Agravo de instrumento – Inventário – Decisão que entendeu não incidente imposto (ITCMD) em razão de renúncia de herdeiros – **Renúncia abdicativa** e não *in favorem*, não havendo incidência do tributo – Decisão mantida – Agravo improvido" (*TJSP* – AI 2106263-66.2016.8.26.0000, 24-1-2017, Rel. José Carlos Ferreira Alves).

herança, aceitar ou renunciar à primeira. Assim, falecido o filho Tício, antes que delibere sobre a herança de avô Caio, o neto Cícero, aceitando a herança do seu pai Tício, pode aceitar ou renunciar à herança do avô Caio. Se, por acaso, o neto Cícero rejeita a herança do pai Tício, não poderá deliberar sobre a herança do avô Caio, pois não terá a legitimidade conferida pela condição de herdeiro para essa aceitação.

Pode o herdeiro recusar a herança, no intuito de prejudicar terceiros. Se o herdeiro possui credores e sabe que a herança terá a finalidade de satisfazer a seus débitos, não terá interesse em aceitá-la.[7] É hipótese já por nós analisada ao estudarmos a fraude contra credores (*Direito civil:*

---

[7] "Apelação cível. Ação declaratória de nulidade de ato de renúncia à herança. Sentença de procedên-cia. Irresignação da ré. Descabimento. Renúncia a direitos hereditários que configura doação, passível de anu-lação. Hipótese em que a **renúncia à cota parte da herança** deixada pelo de cujus, manifestada pela ré, deu-se em tentativa de fraude contra credores e fraude à execução. Anulação que era de rigor. Senten-ça mantida. Recurso desprovido" (*TJSP* – Ap 1078579-38.2020.8.26.0100, 17-5-2023, Rel. Márcio Boscaro). "Agravo de instrumento. Inventário. Insurgência contra r. Decisão que não acolheu a renúncia à herança apresen-tada pela herdeira ADELMA. Inadmissibilidade. Pedido de homologação do acordo celebrado entre os herdeiros necessários em que consta a renúncia à herança apresentada pela herdeira. Existência anterior de penhora no rosto dos autos do inventário em benefício do credor da herdeira. **Renúncia da herdeira que traria prejuízo ao seu credor**. Fraude contra credores. Decisão mantida. Adoção do art. 252 do RITJ. Recurso desprovido". (*TJSP* – AI 2088570-59.2022.8.26.0000, 15-7-2022, Rel. Jair de Souza).
"Embargo de terceiro – Fraude à execução – Preclusão não verificada – Matéria posta em apreciação (fraude à execução) que difere daquela decidida na ação anulatória de partilha (fraude contra credores) – Renúncia de quinhão hereditário quando já tramitava ação capaz de levar os réus/executados à insolvência (artigo 792, IV, do CPC) – Súmula nº 375, do STJ – Má-fé evidenciada – Renúncia realizada sem qualquer contraprestação, em favor da embargante, genitora dos executados, a indicar a intenção de resguardar patrimônio de eventual futura execução – Sentença mantida – Recurso desprovido." (*TJSP* – Ap. 1019290-14.2018.8.26.0564, 26-8-2020, Rel. Fábio Podestá).
"Fraude à execução – Execução de título extrajudicial contra espólio – **Única herdeira que renuncia à herança no inventário extrajudicial** – Adjudicação do único bem do Espólio à neta, e posterior alienação a terceiros, tornan-do insolvente o Espólio – Boa-fé – Inexistência: – Inexistindo outros bens de propriedade do Espólio executado, inviável a alegação da única herdeira de que estava de boa-fé, no tocante à renúncia da herança, adjudicação do bem à filha e posterior alienação a terceiros, tornando insolvente o Espólio, e sem comprovação da adoção de mínimas cautelas para verificar a pendência de débitos do falecido. Recurso não provido." (*TJSP* – AI 2128254-93.2019.8.26.0000, 2-10-2019, Rel. Nelson Jorge Júnior).
"**Processual civil**. Recurso especial. Fraude de execução. Devedor citado em ação que procede à renúncia da herança, tornando-se insolvente. Ato atentatório à dignidade da justiça, caracterizando fraude à execução. Ineficácia perante o exequente. Pronunciamento incidental reconhecendo a fraude, de ofício ou a requerimento do exequente prejudicado, nos autos da execução ou do processo de conhecimento. Possibilidade. Renúncia translativa. Ato gratuito. Desnecessidade de demonstração da má-fé do beneficiado. Imposição de multa pela fraude, que prejudica a atividade jurisdicional e a efetividade do processo. Cabimento. 1. Os bens presentes e futuros, à exceção daqueles impenhoráveis, respondem pelo inadimplemento da obrigação, conforme disposto nos arts. 591 do Código de Processo Civil e 391 do Código Civil. Com efeito, como é o patrimônio do devedor que garante suas dívidas, caracteriza fraude à execução a disponibilidade de bens pelo demandado, após a citação, que resulte em sua insolvência, frustrando a atuação da Justiça, podendo ser pronunciada incidentalmente nos autos da execução, de ofício ou a requerimento do credor prejudicado, sem necessidade de ajuizamento de ação própria. 2. O art. 592, V, do Código de Processo Civil prevê a ineficácia (relativa) da alienação de bens em fraude de execução, nos limites do débito do devedor para com o autor da ação. Nesse passo, não se trata de invalidação da renúncia da herança, mas sim na sua ineficácia perante o credor – O que não implica deficiência do negócio jurídico –, atingindo apenas as consequências jurídicas exsurgidas do ato; Por isso não há cogitar das alegadas supressão de competência do Juízo do inventário, anulação da sentença daquele Juízo, tampouco em violação à coisa julgada. 3. Assim, mesmo em se tratando de renúncia translativa da herança, e não propriamente abdicação, se extrai do conteúdo do art. 1.813, do Código Civil/02, combinado com o art. 593, III, do CPC que, se o herdeiro prejudicar seus credores, renunciando à herança, o ato será ineficaz perante aqueles com quem litiga. Dessarte, muito embora não se possa presumir a má-fé do beneficiado pela renúncia, não há como permitir o enriquecimen-to daquele que recebeu gratuitamente os bens do quinhão hereditário do executado, em detrimento do lídimo interesse do credor e da atividade jurisdicional da execução. 4. 'É o próprio sistema de direito civil que revela sua intolerância com o enriquecimento de terceiros, beneficiados por atos gratuitos do devedor, em detrimento de credores, e isso independentemente de suposições acerca da má-fé dos donatários (*v. g.* arts. 1.997, 1.813, 158 e 552 do Código Civil de 2002) (REsp 1.163.114/MG, Rel. Ministro Luis Felipe Salomão, quarta turma, julgado em

parte geral, Cap. 26). Na forma do art. 1.813, podem os credores aceitar a herança renunciada pelo devedor-herdeiro.[8] Tal aceitação é feita com autorização do juiz, em nome do herdeiro, até a quantia suficiente para cobrir o débito. Como não houve aceitação por parte do herdeiro e sim renúncia, o montante remanescente ao débito não ficará com o herdeiro renunciante, mas será devolvido ao monte para partilha entre os demais herdeiros. O § 1º do art. 1.813 do novel diploma estabelece o prazo decadencial de 30 dias para os credores aceitarem a herança, prazo esse que será contado a partir do conhecimento do fato. Incumbe aos credores que aceitam a herança nessa situação comprovar quando tomaram conhecimento da renúncia prejudicial da herança, efetivada pelo herdeiro. O "fato" que menciona a lei nova nesse dispositivo é, sem dúvida, o ato de renúncia do herdeiro, em fraude de credores. Melhor seria que a lei fosse expressa a esse respeito. Leve-se em conta que o conhecimento dessa renúncia pode ocorrer muito tempo após sua efetivação, o que poderá trazer problemas procedimentais no inventário.

Como vimos, a aceitação da herança possui natureza de ato unilateral, não receptício. Não pode ser subordinada a termo ou condição (art. 1.808). Não pode haver aceitação parcial. Não pode, pois, o herdeiro aceitar apenas alguns ou algum bem da herança. A herança é uma universalidade, como vimos, e assim é transmitida, ainda que em fração ideal. Se ao herdeiro, porém, foram atribuídos legados, pode ele aceitar apenas os legados ou legado ou apenas a herança. É o que autoriza o art. 1.808, § 1º. Acresce ainda o § 2º desse artigo que se o herdeiro é chamado à sucessão de vários quinhões hereditários, provenientes de títulos sucessórios diversos,

---

16-6-2011, *DJe* 1º-8-2011)". 5. Recurso especial não provido" (*STJ* – REsp 1.252.353 – (2011/0062484-9), 21-6-2013, Rel. Min. Luis Felipe Salomão).

[8] "Habilitação. Inventário. Sentença que deferiu o pedido de habilitação do credor da herdeira renunciante. Recurso desprovido. Habilitação. Inventário. Insurgência contra sentença que deferiu o pedido de habilitação do credor da herdeira renunciante. Efeito suspensivo indeferido. Habilitação do credor, em substituição à herdeira renunciante, limitada a aceitação da herança ao valor do crédito. Cabimento. Aplicação do **art. 1.813 do CC**. Agravada que é credora quirografária da herdeira renunciante, e que não pode ser prejudicada pela renúncia em favor dos agravados. Herdeira que é devedora contumaz, havendo outro credor habilitado nos autos do inventário. Decisão mantida. Recurso desprovido". (*TJSP* – Agravo de Instrumento 2102303-63.2020.8.26.0000, 29-6-2020, Rel. J.B. Paula Lima).

"Inventário – **Renúncia à herança** – Agravante que se insurge contra a r. decisão que indeferiu o pedido de renúncia à herança por ele manifestada nos autos do inventário de seu pai – Prática anterior de atos próprios de herdeiro que implicaram aceitação tácita – Ingresso nos autos para se manifestar a respeito dos depósitos judiciais feitos pela locatária do imóvel inventariado, sem se insurgir com relação às primeiras declarações, em que constou do rol de herdeiros – Pedido de renúncia formulado por mera declaração nos autos, sem observância dos requisitos formais dispostos no art. 1.806 do Código Civil, além de posterior à sentença favorável ao condomínio, ora agravado, credor das despesas condominiais relativas ao imóvel inventariado, bem como ao pedido de penhora no rosto dos autos, oriunda de demandas trabalhistas ajuizadas contra o Espólio – Renúncia que não pode ser manifestada após a aceitação, tendo em vista o caráter irrevogável do ato, nos termos do art. 1.812 do Código Civil – Aceitação tácita da herança que restou inquestionável – Decisão agravada mantida. Recurso desprovido." (*TJSP* – AI 2201085-13.2017.8.26.0000, 25-2-2019, Relª Angela Lopes).

"Agravo de instrumento – Irresignação em face de decisão que em ação de inventário indeferiu o pedido de aceitação da herança por parte dos credores do herdeiro em caso de renúncia deste a seu quinhão. Descabimento. Não há meios de se promover a aceitação da herança por parte dos credores nesta fase, porquanto nem se sabe se haverá a renúncia. Ato de renúncia somente se faz eficaz diante de instrumento público ou termo judicial, nos moldes do art. 1.806, CC. Em caso de renúncia, por meio de autorização judicial, podem os **credores aceitar a herança** no prazo de 30 dias contados a partir da ciência. Inteligência do art. 1.813, § 1º, CC. Recurso improvido." (*TJSP* – AI 2052802-14.2018.8.26.0000, 18-4-2018, Rel. James Siano).

"Inventário – Decisão que declarou ineficaz a **renúncia abdicativa** e autorizou o credor a aceitar a parte do herdeiro renunciante e a se habilitar nos autos, determinando ao inventariante a reserva de bens para pagamento das dívidas e a apresentação de novo plano de partilha – Inconformismo – Desacolhimento – Aplicação do disposto no art. 252 do RITJSP – Herdeiro renunciante que possui dívida advinda de processos civil e trabalhista – Ausência de comprovação da existência de outros bens para satisfação do débito – Possibilidade de aceitação da herança pelo credor – Inteligência do art. 1.813 do Código Civil – Decisão mantida – Recurso desprovido" (*TJSP* – AI 2096587-94.2016.8.26.0000, 24-8-2016, Rel. J. L. Mônaco da Silva).

pode livremente deliberar quanto aos quinhões que aceita e aos que renuncia. Assim, o filho, chamado à herança de seu pai e à herança de sua mãe, pode aceitar ou renunciar a uma e outra.

A aceitação da herança, tradicionalmente, é irrevogável: uma vez herdeiro, sempre herdeiro (*semel heres semper heres*). Nesse sentido, o atual Código foi textualmente expresso: "*São irrevogáveis os atos de aceitação ou de renúncia de herança*" (art. 1.812).[9] É evidente que não se

---

[9] "Civil e processual civil. Agravo de instrumento. Ação de inventário. Procedimento. Óbito da esposa e genitora dos postulantes. Meeiro. Incapacidade afirmada. Processamento pelo rito de arrolamento sumário. Inviabilidade. Vedação legal (CPC, art. 659, *caput*). Trânsito sob o procedimento do arrolamento comum. Avaliação dos bens arrolados. Possibilidade (CPC, art. 664). Herdeiros. Renúncia à herança. Renúncia abdicativa. Escritura lavrada sob essa formatação. Anulação/revogação. Postulação à guisa de vício de manifestação volitiva. Pretensão de formulação de renúncia translativa. Renúncia destinada ao genitor. Invalidação, anulação ou revogação do ato volitivo. Postulação no bojo do processo sucessório. Inadequação. Ato jurídico solene e, em princípio, irrevogável (**CC, art. 1.812**). Segurança jurídica e regulação legal. Disposição pelos interessados. Inviabilidade. Agravo parcialmente provido. 1. De conformidade com o regramento inserto no art. 659 do Código de Processo Civil, 'A partilha amigável, celebrada entre partes capazes, nos termos da lei, será homologada de plano pelo juiz, com observância dos arts. 660 a 663', daí defluindo que, subsistindo herdeiro ou meeiro incapaz, conquanto viável a opção pelo processamento do processo sucessório pelo procedimento do arrolamento comum (sumaríssimo) por se enquadrar a avaliação do patrimônio na limitação estabelecida, conforme previsto no art. 664 daquele Códex, inviável a opção pelo procedimento que demanda que todos os insertos no processo sejam capazes. 2. São irrevogáveis os atos de aceitação ou de renúncia da herança (CC, art. 1.812), tornando juridicamente inviável que, firmada escritura pública de renúncia abdicativa, via da qual a herança que cabia aos renunciantes retorna ou permanece integrando o monte partilhável, favorecendo todos os coerdeiros, os herdeiros renunciantes, no ambiente do processo sucessório, demandem a invalidação, revogação ou anulação de sua manifestação volitiva sob o prisma de que firmada em erro, porquanto sua real intenção seria a formalização de renúncia translativa destinada a favorecer o pai, que está inserto como meeiro no processo sucessório. 3. A revogação, anulação ou invalidação de escritura pública de renúncia abdicativa de herança somente é passível de ocorrer nas situações que legitimam a invalidação do ato jurídico aperfeiçoado e em ambiente próprio, o que não se compreende no ambiente do processo sucessório, cuja vocação é adstrita à inventariança e partilha dos bens legados pelo inventariado, à medida em que, tratando-se de ato que, conquanto conexo à sucessão, não está jungido ao alcance do processo sucessório, sua invalidação não é matéria própria para o processo sucessório, não se abalando essa constatação eventual manifestação dos coerdeiros beneficiados pela manifestação volitiva. 4. Agravo conhecido e parcialmente provido. Unânime" (TJDFT – Ap 07407364720238070000, 24-1-2024, Rel. Teófilo Caetano).

"Apelação cível – Anulação Parcial de Escritura Pública – Renúncia à herança de companheira – Alegação de vício de conhecimento – Transação para anulação parcial – Inadmissibilidade – É expresso o art. 1.812 do Código Civil no sentido de ser **irrevogável os atos de renúncia da herança**, e por cuidar-se de norma de ordem pública, não poderia ser objeto de transação, e a anulação somente é cabível nas hipóteses previstas de anulação dos negócios jurídicos – Anulação da r. sentença para produção de prova oral – Recurso provido". (*TJSP* – Ap 1001445-75.2021.8.26.0236, 3-8-2022, Rel. Alcides Leopoldo).

"Agravo de instrumento – Inventário – Decisão recorrida determinou a retificação dos documentos de determinados herdeiros quanto ao nome da 'de cujus' – Irresignação do inventariante – Herdeiros K.O.S e M.M.M.C manifestaram renúncia à herança em favor do monte mor, por meio de instrumento público, em consonância com o art. 1.806 do CC – **São irrevogáveis os atos de renúncia da herança**, segundo o art. 1.812 do CC – Herdeiro M.M.M adotou forma diversa em seu termo de renúncia – Desnecessário processo de retificação dos K.O.S e M.M.M.C – Acervo constituído de um único bem – Ausente erro gráfico grosseiro do nome da 'de cujus' no assento do herdeiro beneficiado pela renúncia, qual seja, o inventariante – Prejudicado o pleito de homologação das renúncias no presente momento, sob pena de supressão de instância – Desnecessidade de retificação dos assentos de K.O.S e M.M.M.C – Decisão recorrida parcialmente reformada –Recurso provido em parte". (*TJSP* – AI 2036006-40.2021.8.26.0000, 11-3-2021, Rel. Costa Netto).

"Ação declaratória de nulidade de partilha e petição de herança – Trânsito em julgado no ano de 2007 da sentença que homologou a partilha, entre os irmãos, dos bens deixados pelo de cujus – Reconhecimento, no ano de 2017, da paternidade socioafetiva do de cujus em relação à autora – **Renúncia** desta à herança por escritura pública – **Ato irrevogável e irretratável** – Ajuizamento da presente demanda sob a alegação de que teria sido induzida a erro – Pleito de declaração de nulidade da escritura pública – Ausência de demonstração do alegado vício de vontade – Documento, assinado pela autora meses antes da renúncia, que mencionava os imóveis supostamente sonegados, não havendo que se alegar desconhecimento dos bens – Sentença mantida – Recurso desprovido". (*TJSP* – Ap. 1013259-75.2019.8.26.0100, 17-12-2020, Rel. Luiz Antonio de Godoy).

"Inventário – **Renúncia à herança** – Agravante que se insurge contra a r. decisão que indeferiu o pedido de renúncia à herança por ele manifestada nos autos do inventário de seu pai – Prática anterior de atos próprios de herdeiro que implicaram aceitação tácita – Ingresso nos autos para se manifestar a respeito dos depósitos judiciais feitos

confunde a irrevogabilidade com as nulidades. A aceitação ou a renúncia podem ter decorrido de vícios de vontade e como tal os atos são anuláveis. Nesse diapasão, o art. 1.590 dispunha que a renúncia era retratável quando proveniente de violência, erro ou dolo, mas a situação, como se vê, era de anulabilidade dos negócios jurídicos em geral. Melhor a redação do presente Código que espanca dubiedades do ordenamento anterior e evita incertezas. Evidente que qualquer negócio jurídico pode ser anulado por vício de vontade, não se tratando de revogação.

O Código de 1916, no entanto, permitia a retratação do aceitante na segunda parte do art. 1.590: *"a aceitação pode retratar-se, se não resultar prejuízo a credores, sendo lícito a estes, no caso contrário, reclamar a providência referida no art. 1.586"*. Clóvis Beviláqua (1939, v. 6:33) alertava que a primeira leitura do artigo fazia parecer que a retratação só era possível quando não acarretasse prejuízo aos credores, quando não era essa a interpretação. Não se podia retratar a aceitação quando havia prejuízo a credores. A aceitação retratava-se por simples declaração unilateral, como a própria aceitação. Feita a retratação, era como se nunca tivesse havido aceitação. O direito de aceitar seria então dos demais herdeiros. Não haveria dupla tributação no caso. Tratava-se de situação idêntica à *anulação* da aceitação (Viana, 1987:21). Esse dispositivo, de flagrante inconveniência e gerador de instabilidade, não mais está presente no ordenamento. A aceitação é anulável pelos vícios dos atos jurídicos em geral, menos pela fraude contra credores que têm tratamento próprio: os credores podem impugnar a renúncia, que lhes é lesiva; não, porém, a aceitação, que lhes facilitará a cobrança e satisfação do crédito.

Se a aceitação não requer formalidade especial, tal não ocorre com a *renúncia da herança*. Como se trata de negócio jurídico abdicativo, de despojamento de direitos, a lei o cerca de cautelas.[10]

---

pela locatária do imóvel inventariado, sem se insurgir com relação às primeiras declarações, em que constou do rol de herdeiros – Pedido de renúncia formulado por mera declaração nos autos, sem observância dos requisitos formais dispostos no art. 1.806 do Código Civil, além de posterior à sentença favorável ao condomínio, ora agravado, credor das despesas condominiais relativas ao imóvel inventariado, bem como ao pedido de penhora no rosto dos autos, oriunda de demandas trabalhistas ajuizadas contra o Espólio – Renúncia que não pode ser manifestada após a aceitação, tendo em vista o caráter irrevogável do ato, nos termos do art. 1.812 do Código Civil – Aceitação tácita da herança que restou inquestionável – Decisão agravada mantida. Recurso desprovido." (TJSP – AI 2201085-13.2017.8.26.0000, 25-2-2019, Relª Angela Lopes).

[10] "Agravo de Instrumento. Procedimento de Inventário. Decisão. Quota-parte da herança aos herdeiros. **Renúncia translativa.** Cessão de direitos hereditários. Formalidade. Escritura pública. Necessidade. Nulidade absoluta. Ocorrência. Cassação ex officio. Recurso conhecido e, no mérito, prejudicado, com cassação de ofício da decisão. 1. 'A renúncia da herança é ato solene, exigindo o art. 1.806 do CC, para o seu reconhecimento, que conste 'expressamente de instrumento público ou termo judicial', sob pena de nulidade (CC, art. 166, IV), não produzindo nenhum efeito, sendo que 'a constituição de mandatário para a renúncia à herança deve obedecer à mesma forma, não tendo validade a outorga por instrumento particular' (AgInt no REsp n. 1.420.785/PR, relator Ministro Raul Araújo, Quarta Turma, julgado em 11/4/2022, DJe de 13/5/2022.) 2. A doutrina e a jurisprudência são unânimes em delimitar que a cessão de direitos hereditários – espécie correta ao ato, conhecido como renúncia translativa – necessita de instrumento público ou de mandato, com poderes específicos, ou, ainda – de acordo com parte da doutrina – por termo nos autos, o que inexiste no caso.3. A disposição de vontade particular, que não atende a forma legal, configura, por si só, o ato nulo, nos termos do artigo 166, inciso IV, do Código Civil, além de violar as disposições contidas nos artigos 104, 108, 109, 1.793 e 1.806, do diploma civilista" (TJPR – AI 0013111-64.2022.8.16.0000, 6-3-2023, Rel. Rogério Etzel).

"Apelação – Sucessões – **Ação de nulidade de inventário e renúncia de herança** – alegação de vício absoluto por defeito de forma na renúncia – Inocorrência – Valor de honorários – Caso em que, por ocasião do julgamento de recurso de apelação anterior, esta Oitava Câmara Cível definiu que o pedido de nulidade do termo de renúncia à herança dos apelantes tem como causa de pedir, defeito de forma. E definido o contorno do pedido, verifica-se que o termo de renúncia foi realizado nos autos do inventário anterior e não por representante constituído. No mesmo passo, foram os próprios herdeiros/autores que compareceram ao cartório judicial e renunciaram à herança, perante o escrivão judicial, que lavrou o termo. Tudo conforme as formalidades previstas no artigo 1.806 do Código Civil. Razão pela qual a sentença de improcedência do pedido de nulidade do inventário, decorrente da nulidade da renúncia de direitos, deve ser mantida. Honorários: Honorários arbitrados em R$ 5.000,00, que são proporcionais à complexidade da causa e duração do processo. Negaram provimento." (TJRS – AC 70078550126, 27-6-2019, Rel. Des. Rui Portanova).

A renúncia deverá constar expressamente de escritura pública, ou termo judicial (art. 1.806).[11] Só se admite, portanto, a renúncia expressa. Todo ato de renúncia não se presume.

Como o direito do herdeiro (ou do legatário) surge somente depois da morte, só a partir daí é que pode haver renúncia. Como os pactos sucessórios são vedados em nosso Direito, não pode haver renúncia prévia, pois nesse caso haveria negócio jurídico sobre herança de pessoa viva.

A renúncia da herança, a exemplo da aceitação, é declaração unilateral de vontade, só que necessita de *vontade expressa* e *escrita*. A forma prescrita em lei é a escritura pública ou o termo judicial. A escritura deve ser levada aos autos de inventário. O termo é feito perante o juízo do inventário. A lei nada fala a respeito da homologação judicial da renúncia. É de toda conveniência a homologação, uma vez que, para a renúncia, há necessidade de capacidade especial de alienar e essa capacidade deve ser aferida pelo juiz (Oliveira, 1987:198). Como em toda homologação judicial, não se obsta a anulação do ato por ação própria, porém o juiz já

"Nulidade de ato jurídico – **Renúncia à herança** – Petição nos autos de arrolamento subscrita por procurador sem poderes para tanto. Sentença de procedência. Inconformismo dos réus. 1 – Decadência afastada. Ato jurídico praticado sem observância de forma prescrita em lei é nulo, e não anulável, sendo insuscetível de confirmação ou convalescimento. Arts. 166, IV, e 169 do CC. Ato jurídico praticado pelo procurador sem poderes suficientes para tanto é ineficaz com relação ao mandante, e não anulável. Art. 662 do Código Civil. 2 – Patronos de dois dos autores que tinham poderes especiais para renunciar à herança. Admissibilidade, em tese, de renúncia à herança pelo procurador. Renúncia à herança que constou do aditamento às primeiras declarações nos autos do arrolamento. Simples petição acostada aos autos. Renúncia da herança deve constar expressamente de instrumento público ou termo judicial. Art. 1.806 do CC. Inobservância da forma prescrita em lei. Nulidade absoluta. Art. 166, IV, do CC. Reconhecida a nulidade do ato de renúncia à herança dos autores, deve igualmente ser reconhecida a nulidade da sobrepartilha na qual foram preteridos os direitos hereditários dos autores, em razão da suposta renúncia. Ato jurídico nulo que não é suscetível de confirmação, nem convalesce pelo decurso do tempo. Art. 169 do CC. 3 – Recurso desprovido." (*TJSP* – Ap 1004356-90.2016.8.26.0606, 6-3-2018, Relª Mary Grün).

"Inventário – Impugnação pelo cônjuge varão de renúncia à herança – Sentença que reconhece a invalidade e homologa plano de partilha, admitindo a metade ideal do imóvel inventariado para cada herdeiro. Apela o coerdeiro sustentando não ter sido apresentado plano de partilha pela coerdeira. Discorda do plano de partilha homologado e por não ter outorgado poderes ao advogado que o subscreveu. Ausência de intimação para se manifestar sobre esse documento. Marido da coerdeira sempre teve ciência da renúncia de sua esposa. Inexiste transmissão da herança se houver renúncia, que possui efeitos retroativos à data da abertura da sucessão. Pugna que seja homologado o plano de partilha em que consta a renúncia à herança. Descabimento. Renúncia à sucessão oferecida por mera declaração em instrumento particular. Necessidade de constar expressamente de instrumento público ou termo judicial inteligência do art. 1.806 do CC. Ato ineficaz pelo descumprimento de formalidade indispensável. Ausência também de consentimento do cônjuge. Considerado imóvel para efeitos legais o direito à sucessão aberta. Inteligência do art. 80, II, do CC. Segundo o princípio da 'saisine', desde a morte do autor da herança os sucessores são havidos como condôminos do monte-mor. Inteligência do art. 1.784 do CC. Renúncia para surtir efeitos depende de anuência do cônjuge. Inteligência do art. 1.647, II, do CC. Casamento pelo regime da comunhão universal. Admissível o plano de partilha apresentado pela parte contrária, ainda que não tenha sido subscrito pelo apelante. Montemor está restrito a um único imóvel e a sugestão de partilha acolhida é de 50% para cada herdeiro. Apelante deixou de ofertar qualquer razão para discordar do plano de partilha homologado, além da renúncia que não pode ser considerada válida. Inexiste prejuízo aos sucessores diante do condomínio instituído em partes iguais. Possível sua extinção em ação própria ou a discussão dos valores despendidos no imóvel pelo apelante. Temáticas que extrapolam os limites do procedimento de inventário. Recurso improvido" (*TJSP* – Ap 0006105-94.2005.8.26.0526, 7-3-2016, Rel. James Siano).

"Agravo de instrumento – Inventário – **Herdeiros que simplesmente renunciaram à herança** – Hipótese de renúncia abdicativa, não translativa – Não incidência do ITCMD (art. 5º, I, da Lei estadual nº 10.705/2000) – Recurso provido" (*TJSP* – AI 2073671-03.2015.8.26.0000, 13-10-2016, Rel. Rômolo Russo).

[11] "Agravo de instrumento. Execução. Reconhecimento da ilegitimidade do agravado para figurar no polo passivo da execução. Comprovação de que ele renunciou à totalidade da herança de seu pai, um dos codevedores originários, em favor do espólio. Formalização do ato de renúncia através de escritura pública. Observância da exigência imposta no **art. 1.806 do Código Civil**. Validade do ato. Não recebendo o agravado nenhum acréscimo patrimonial decorrente dos bens deixados pelo falecido pai, não poderá arcar com qualquer encargo dele nesta execução. Decisão mantida. Recurso desprovido" (*TJSP* – AI 2139505-35.2024.8.26.0000, 29-8-2024, Rel. Afonso Bráz).

"Agravo de Instrumento. Inventário. Decisão que determinou a inclusão do herdeiro no plano de partilha. Insurgência da inventariante, ao fundamento de que o herdeiro teria renunciado à herança, por meio de

faz uma verificação prévia formal, quando o homologa. A renúncia deve ser um ato puro. A renúncia em favor de determinada pessoa é ato de cessão da herança ou doação; não é renúncia.

O ato de renúncia, com esse cunho formal da necessidade de instrumento público ou termo judicial, acautela eventuais decisões precipitadas do interessado.

O herdeiro que aceita a herança e depois dela renuncia opera uma transmissão *intervivos*. A renúncia também admite o mandato, com poderes especiais: requer a procuração pública.

A lei anterior falava em retratação de renúncia por violência, erro ou dolo, *"ouvidos os interessados"* (art. 1.590). Ora, como qualquer negócio jurídico, a renúncia da herança ficava sujeita à anulação pelos vícios de vontade e os defeitos em geral, salvo o caso de fraude, especial, já mencionado como tendo diferente tratamento. O Código mencionava *retratação*. Pois bem, a retratação era possível, dentro do inventário, com a concordância dos interessados. No entanto, se algum interessado não concordasse, só pela via ordinária seria possível atingir a retratação pelos vícios de vontade. O herdeiro chamado em lugar do retratante teria legitimidade para se opor à retratação. Evidentemente, não haveria necessidade de ação se todos os interessados concordassem com a retratação. No sistema do vigente Código, se todos forem maiores e capazes no inventário e concordarem com a alegação de vício de vontade na aceitação ou na renúncia da herança do agente, não haverá necessidade de ação judicial, bastando que se tome por termo nos autos ou que se junte documento idôneo nesse sentido, pois todos serão capazes de transigir. Da mesma forma, se não houver unanimidade entre os herdeiros, somente a ação judicial poderá dirimir a questão envolvendo a manifestação de vontade na aceitação ou renúncia da herança.

Como não pode ser aceita herança em parte, também *não pode haver renúncia em parte* (art. 1.808). Pode ocorrer, no entanto, como vimos, renúncia da herança e aceitação dos legados e vice-versa.

Já mencionamos a possibilidade de os credores do herdeiro aceitarem a herança, pelo renunciante, quando dessa renúncia resultar-lhes prejuízo (art. 1.813).[12] Cuida-se de aplicação específica do princípio da fraude contra credores. Veja o que falamos a esse respeito em nosso

---

[12] acordo firmado entre as partes. Alegação de que ajuizou ação de obrigação de fazer em face do herdeiro, para cumprimento do acordo, que prevê dentre outras questões a renúncia. Ação julgada improcedente, pese tenha a ré interposto recurso de apelação. **Renúncia à herança** que só pode ser feita por **escritura pública ou termo judicial** Inteligência do art. 1.806 do CC. Recurso improvido". (TJSP – Agravo de Instrumento 2112873-11.2020.8.26.0000, 23-7-2020, Rel. Maria de Lourdes Lopez Gil).

"Agravo de instrumento – Inventário e partilha – Arrolamento sumário – Pretendida homologação de partilha amigável – **Renúncia translativa da viúva meeira** – Decisão agravada que voltou atrás e indeferiu o pleito – Renúncia simples ou translativa que pode ser tomada por termo nos autos, desde que recolhido o ITCMD devido a título de doação – Precedentes jurisprudenciais – Recurso provido." (TJSP – AI 2141541-26.2019.8.26.0000, 1-8-2019, Rel. José Carlos Ferreira Alves).

"Agravo de Instrumento – Inventário – Habilitação de Crédito – **Pretensão deduzida por credor de herdeiro que renunciou a herança** – Decisão que extinguiu o efeito, sem exame do mérito – Inconformismo – Acolhimento – Decisão de extinção que, na hipótese, configura negativa de prestação jurisdicional – Credora que está autorizada a receber a herança no lugar do herdeiro renunciante, diante do manifesto prejuízo causado pela renúncia – Inteligência do artigo 1.813 do Código Civil – Recurso provido". (TJSP – AI 2191905-31.2021.8.26.0000, 9-3-2022, Rel. José Aparício Coelho Prado Neto).

"Agravo de instrumento – Inventário – **Cessão de direitos hereditários** – Termo judicial – Descabimento – Formalização por escritura pública – Manutenção da decisão – A cessão de direitos hereditários reclama a observância da forma prevista no art. 1.793 do CCB (escritura pública), não consagrando esta disposição a hipótese de renúncia abdicativa à herança de que trata o art. 1.810 do CC – E que pode ser formalizada por 'instrumento público ou termo judicial' (art. 1.806, CC). Agravo de instrumento desprovido." (TJRS – AI 70082593120, 26-9-2019, Rel. Des. Ricardo Moreira Lins Pastl).

"Agravo de instrumento – Ação de inventário – **Pretensão de renúncia ao direto de herança** – Impossibilidade – Viúva era casada sob o regime da comunhão universal de bens, de forma que já era proprietária de metade do

volume 1 (seção 26.5). A lei requer, nessa aceitação, autorização do juiz. Se houver oposição de alguém com interesse na herança, ou no ato de renúncia, a questão deve ser resolvida em ação própria, uma vez que o processo de inventário não permitirá esse tipo de decisão, por ser de alta indagação (art. 612 do CPC).

Sendo o ato de renúncia assemelhado a uma alienação, o renunciante deve ter capacidade de alienar. Os incapazes só podem renunciar com autorização judicial. Por essa razão, sendo a herança considerada bem imóvel (art. 80, II), a renúncia depende de autorização do cônjuge, se o renunciante for casado, exceto no regime de separação absoluta (art. 1.647, I).

A incapacidade absoluta torna nula a renúncia. A incapacidade relativa torna-a anulável. O herdeiro renunciante não tem a condição de herdeiro e é considerado como se nunca tivesse sido. Não existe representação na terminologia do direito das sucessões de herdeiro renunciante (art. 1.811) e na sucessão legítima, a parte do renunciante acresce aos outros herdeiros da mesma classe, e, sendo o renunciante o único de sua classe, o patrimônio é devolvido aos da classe subsequente.

Quem renuncia deixa de ser herdeiro *ex tunc*, isto é, desde a abertura da sucessão, como se nunca o fora. De acordo com o art. 1.811, pois, se um filho único renunciar à herança, e este tiver também filhos (netos, portanto, do falecido), esses netos herdam, por direito próprio e por cabeça. Se forem três os netos, a herança será dividida em três partes. E pelo art. 1.589 do antigo Código, princípio lógico que permanece, se o único filho renunciar, não havendo netos, procura-se a classe subsequente, isto é, serão herdeiros o cônjuge, os pais do *de cujus* (art. 1.829), ou outros ascendentes vivos à época da morte. Note que, pelo presente Código, os descendentes podem concorrer na herança com o cônjuge sobrevivente em determinadas situações, assim como com os ascendentes (art. 1.829). Na falta de ascendentes e de cônjuge, serão chamados os colaterais até o quarto grau.

Na renúncia do herdeiro testamentário, há que se verificar a vontade do testador. Se foi nomeado substituto, este será chamado a aceitar a deixa. Na falta de disposição testamentária, a parte que caberia ao renunciante segue a ordem de vocação legítima, acrescendo-se ao monte.

Portanto, o mais comum é que a parte do renunciante acresça aos demais herdeiros. Se um filho renuncia, toda a herança será repartida entre os demais filhos, seus irmãos. Os filhos do irmão renunciante não podem representá-lo, então, na herança do avô, o que fariam caso seu pai tivesse pré-morrido.

Nos termos do art. 1.810, ocorrendo a renúncia da herança, na sucessão legítima, a porção do renunciante será acrescida aos herdeiros da mesma classe e, sendo ele o único da sua classe, devolve-se aos da subsequente. De forma mais sintética, considera-se o renunciante como se não existisse, como se nunca tivesse sido herdeiro. Assim, havendo três filhos herdeiros do *de cujus*: renunciando um deles, toda a herança será dividida entre os dois remanescentes. Se fosse filho único, renunciando, a herança iria ter aos netos, se existissem ou aos pais do morto. Veja a dicção do art. 1.811:

> "*ninguém pode suceder, representando herdeiro renunciante. Se, porém, ele for o único legítimo da sua classe, ou se todos os outros da mesma classe renunciarem a herança, poderão os filhos vir à sucessão, por direito próprio e por cabeça*".

Voltaremos a tratar dessa matéria no exame da ordem de vocação hereditária.

23.4.1 Direito de Deliberar

A aceitação não requer forma especial, como vimos. Pode ocorrer, no entanto, que o herdeiro chamado em primeiro lugar na vocação (portanto, herdeiro propriamente dito) não tome qualquer iniciativa com relação à herança, trazendo incerteza aos próximos chamados, se estes serão ou não herdeiros. O citado art. 1.807 fixa o chamado prazo para deliberar:

> "o interessado em que o herdeiro declare se aceita, ou não, a herança, poderá, vinte dias depois de aberta a sucessão, requerer ao juiz prazo razoável não maior de trinta dias, para dentro dele, se pronunciar o herdeiro, sob pena de se haver a herança por aceita".

Note que o silêncio, aí, implica o ato positivo da aceitação, com todas as consequências que disso decorrem. Qualquer interessado pode provocar a deliberação, inclusive os credores do herdeiro e do *de cujus*.

A origem do instituto é do Direito Romano. No direito justinianeu concedia-se um prazo ao herdeiro para que pudesse examinar o montante do patrimônio e seus encargos, podendo então declarar se aceitava a herança. Hoje, tendo em vista a aceitação sob benefício de inventário, o enfoque fica restrito à interpelação do art. 1.807. Não havendo interpelação, não haverá prazo para o herdeiro efetivar a aceitação.

23.4.2 Aceitação da Herança sob Benefício de Inventário

A fixação da responsabilidade pelo pagamento das dívidas do *de cujus* sempre foi de alta relevância. O inventário tem por finalidade fazer uma descrição, a mais minuciosa possível, do estado do monte. Trata-se, na verdade, de uma descrição patrimonial, mais ou menos complexa, que implicará, por vezes, balanço contábil. São descritos o ativo e o passivo.

No Direito Romano, como consequência da aquisição universal da herança, com a aceitação, havia uma confusão automática de patrimônios. Confundia-se o patrimônio do herdeiro com o patrimônio da herança. Como decorrência, o herdeiro respondia *ultra vires hereditas*, além das forças da herança, já que assumia a condição de devedor a título próprio (Zannoni, 1974:245). Assim, uma herança poderia trazer prejuízo ao herdeiro.

A ideia da separação de patrimônios foi a que permitiu ao herdeiro não responder por dívidas que não fossem suas próprias. Note que, mesmo com a separação de patrimônios, a herança não perde sua unidade, apenas que o monte deve-se bastar para satisfazer às obrigações do *de cujus*. Há, inclusive, obrigações do falecido intransmissíveis, que terminam com a morte. Em razão dessa problemática é que avultava de importância em Roma o direito de deliberar do herdeiro chamado.

Já na Antiguidade, para evitar tais inconveniências, admitiu-se a aceitação da herança sob benefício de inventário. Itabaiana de Oliveira (1987:58) lembra da primeira aplicação do princípio por Adriano, em benefício de um particular. Na definição do autor,

> "benefício de inventário é um privilégio concedido pela lei ao herdeiro e que consiste em admiti-lo à herança do de cujus, sem obrigá-lo aos encargos além das forças da mesma herança".

Generalizaram-se evidentemente as aceitações da herança, sob benefício, mesmo porque patrimônios muito complexos dificilmente seriam aceitos, o que traria um grande ônus ao Estado. Muitas vezes, o herdeiro não tem condições de saber, de plano, ou *a priori*, as condições do passivo da herança. O benefício de inventário passou para as legislações modernas com diversas roupagens.

No Código argentino anterior, por exemplo, o benefício era visto como uma medida excepcional, dependendo de requerimento expresso ao juiz, no exíguo prazo de 10 dias (art. 3.363, derrogado). Havia ainda uma série de prazos para que o benefício se completasse. Lei posterior na legislação argentina automatizou o recebimento da herança, mediante benefício de inventário em linhas gerais.

Nosso direito, anterior ao Código de 1916, era dúbio. Uns entendiam que havia necessidade de declaração expressa pelo herdeiro; outros diziam que, em qualquer caso, não respondiam os herdeiros pelos débitos além das forças da herança.

O Código de 1916, de forma correta, adotou expressamente o princípio, no que foi seguido pelo Código de 2002:

> "o herdeiro não responde por encargos superiores às forças da herança; incumbe-lhe, porém, a prova do excesso, salvo se existir inventário, que a escuse, demonstrando o valor dos bens herdados" (art. 1.792).[13]

Avulta de importância, portanto, para o herdeiro, elaborar o inventário. Ali, ele provará as forças da herança para os credores. Na ausência de inventário, ou com um inventário lacunoso, tem que se valer de outros meios de prova, para evidenciar "o excesso" de que fala a lei, isto é, um débito além das forças da herança. Veja o que falamos no estudo do direito de família sobre a transmissibilidade da obrigação de pagar alimentos. As dívidas do morto nunca deverão onerar os bens do herdeiro, nos termos desse importante artigo, fundamento básico do direito sucessório moderno.

Portanto, a separação de patrimônios, do *de cujus* e dos herdeiros, é que permite o benefício. Como consequência, pode o herdeiro pagar os credores em dinheiro e ficar com os bens em espécie da herança. Pode o herdeiro cobrar da herança os créditos que tinha para com o *de cujus*, bem como a herança responde por suas próprias despesas, como despesas de funeral; pode também o herdeiro fazer valer contra a herança qualquer direito real que possua.

---

[13] "Inventário – ação regressiva – Demanda ajuizada pelos herdeiros em face da inventariante – Pretensão exordial que busca o ressarcimento de despesas do inventário, suportadas pelos herdeiros – Improcedência decretada – Inconformismo – Não acolhimento – **Dívida do espólio em face da qual respondem os herdeiros, até as forças da herança** – Inteligência do art. 1.792, CC c.c. 796, CPC – Circunstância que torna descabido pleitear o ressarcimento junto à inventariante (em face da qual sequer houve pedido de prestação de contas) – Sentença mantida – Recurso improvido". (TJSP – Ap 1008879-35.2021.8.26.0004, 13-10-2022, Rel. Salles Rossi).

"Ação de cobrança – Falecimento do devedor – **Herdeiros que respondem pelas dívidas deixadas pelo de cujus apenas no limite da herança que lhes couber** (art. 796 do CPC e artigos 1.792 e 1.997 do CC) – No caso dos autos, embora encerrado o inventário extrajudicial, observa-se que o falecido possui crédito a receber por meio de ação judicial em fase de cumprimento de sentença - Banco credor que poderá promover a execução do valor integral da dívida em face da herdeira, no limite da herança, com possível indicação de bens e valores que deixaram de compor o inventário extrajudicial – Sentença reformada neste ponto – Tutela de urgência para bloqueio dos valores a serem recebidos – Inadmissibilidade – Ausência dos requisitos do artigo 300 do CPC, notadamente perigo de dano - recurso parcialmente provido". (TJSP – Ap. 1001420-13.2018.8.26.0157, 26-11-2021, Rel. Fábio Podestá).

"Agravo de instrumento. Ação monitória, em fase de cumprimento de sentença. Inclusão dos herdeiros do devedor no polo passivo do cumprimento de sentença, observados os limites da herança, conforme previsto no **artigo 1.792 do Código Civil**. Admissibilidade. Ausência de comprovação de abertura de inventário. Decisão mantida. Recurso desprovido". (TJSP – Agravo de Instrumento 2156162-91.2020.8.26.0000, 2-9-2020, Rel. Pedro Kodama).

"**Agravo de instrumento** – Inteligência dos arts. 1.792 e 1.997 do CC – A base de cálculo do ITCMD é o patrimônio líquido a ser partilhado, após a dedução das dívidas e dos encargos pertencentes ao 'de cujus'. Herdeiros que não respondem por encargos superiores às forças da herança. Implementação do fato gerador após a formação do monte-mor transmissível. Revogação tácita do artigo 12 da Lei Estadual 10.705/2000, pois contrária e anterior ao CC. Jurisprudência pacífica deste E. Tribunal de Justiça. Decisão reformada. Recurso provido." (TJSP – AI 2219574-98.2017.8.26.0000, 4-4-2018, Rel. Beretta da Silveira).

Infere-se, portanto, que a herança deve-se bastar para pagar as dívidas do espólio. Se o passivo for superior ao ativo da herança, a situação é de insolvência civil.

Note, contudo, que o imposto de transmissão por causa de morte é obrigação pessoal do herdeiro, ou legatário.

23.5 CESSÃO DE DIREITOS HEREDITÁRIOS (VENDA OU ALIENAÇÃO DA HERANÇA OU DE BENS DA HERANÇA)

Uma vez aberta a sucessão, pelo evento da morte, surge a figura do herdeiro. Por força da *saisine*, o herdeiro já é titular dos direitos hereditários, da *universalidade* da herança, de uma fração do patrimônio que lhe foi transmitido pelo *de cujus* (ou de todo o patrimônio se for único herdeiro).

Como titular do patrimônio, pode aliená-lo, como todo bem que está no comércio, que não tenha as restrições de inalienabilidade. Não é necessário esperar nem mesmo a abertura do inventário. Aliás, a alienação da herança antes da abertura do inventário induz, inevitavelmente, sua aceitação.

Desse modo, o herdeiro legítimo ou testamentário pode ceder, gratuita ou onerosamente, seus direitos hereditários, transferindo-os a outrem, herdeiro, legatário ou pessoa estranha à herança. É o que se denomina *cessão da herança* (ou cessão de direitos hereditários, como é preferido na prática forense).

O legislador de 1916 não traçou normas específicas para esse negócio. O art. 1.078 desse Código determinava que fossem aplicadas a outras cessões as disposições da cessão de crédito (*Direito civil: obrigações e responsabilidade civil*, Cap. 7).

O Código de 2002 trouxe apropriadamente regras específicas sobre cessão dos direitos hereditários, nos arts. 1.793 a 1.795.

Tal como a cessão de crédito, a cessão de direitos hereditários tem evidente cunho contratual. Como a herança é considerada bem imóvel (art. 80, II), o negócio jurídico requer escritura pública. Simples promessa de cessão pode ser feita por escrito particular e anexada ao inventário, possibilitando a cessão definitiva quando da partilha. Pode ser um negócio gratuito ou oneroso: se gratuito, a cessão assemelha-se a uma doação; se oneroso, a uma compra e venda. Dependendo de sua natureza, esses negócios deverão ser interpretados segundo as regras peculiares a esses atos. Dispõe o art. 1.793:

> *"O direito à sucessão aberta, bem como o quinhão de que disponha o coerdeiro, pode ser objeto de cessão por escritura pública.*
>
> *§ 1º Os direitos, conferidos ao herdeiro em consequência de substituição ou de direito de acrescer, presumem-se não abrangidos pela cessão feita anteriormente.*
>
> *§ 2º É ineficaz a cessão, pelo coerdeiro, de seu direito hereditário sobre qualquer bem da herança considerado singularmente.*
>
> *§ 3º Ineficaz é a disposição, sem prévia autorização do juiz da sucessão, por qualquer herdeiro, de bem componente do acervo hereditário, pendente a indivisibilidade".*

Essa matéria é toda ela resultado de um caldeamento da jurisprudência e da doutrina do século passado. Doravante, portanto, serão mais seguros os passos a serem tomados em sede de cessão de herança ou, mais utilmente, a alienação de bem determinado da herança. Note que a atual lei se reporta tanto à cessão do direito à sucessão aberta como do direito de cessão do quinhão hereditário do herdeiro, situações que não se confundem. Outra disposição para qual se chama a atenção de plano é a do § 3º, que espanca dúvida anterior, permitindo que, mediante autorização judicial, possa ser alienado bem determinado do monte-mor, enquanto pendente a indivisibilidade. Como regra geral, contudo, o § 2º estatui que é ineficaz a cessão de bem da herança considerado singularmente. A redação desses dois parágrafos do art. 1.793 deveria pertencer a um único dispositivo, pois a matéria é sobre o mesmo assunto.

O objeto da cessão da herança é a *universalidade* que foi transmitida ao herdeiro. Destarte, não pode o herdeiro, em princípio, individualizar bens dentro dessa universalidade. Se houver essa individualização (e isso ocorre ordinariamente), não poderia o herdeiro, nesse negócio, garantir que esse determinado bem fosse atribuído na partilha ao cessionário, a não ser que todos os herdeiros e interessados concordassem, mas nem por isso se desvirtuaria o caráter da cessão, para a venda de um bem determinado. Nesse caso, haveria uma promessa de venda. O corrente Código afasta dúvidas doravante, como dissemos, ao estabelecer a possibilidade no § 3º do art. 1.793. Se, contudo, for efetuada a venda de bem certo e determinado da herança, sem prévia autorização judicial e antes de terminada a indivisibilidade com a partilha, essa disposição será ineficaz, na dicção legal. Essa ineficácia, na realidade, é com relação à herança, mas poderá ter a função de promessa de venda e ser assim considerada entre as partes, como se reconhecia no passado.

O cessionário da herança adquire por ato entre vivos. No entanto, como, na regra geral, está adquirindo uma universalidade, não podemos dizer que tal aquisição seja a título singular. É uma aquisição a título universal, porque recebe uma quota-parte do patrimônio (ver contra, Oliveira, 1987:62). Interessante notarmos que a doutrina nunca pareceu preocupar-se com esse aspecto. Se o herdeiro adquire uma universalidade, seu cessionário o sucede também na universalidade. Tanto é assim que a escritura de cessão de direitos hereditários, em princípio, não pode ser objeto de matrícula no registro imobiliário, por lhe faltar um dos requisitos essenciais, ou seja, a especialidade objetiva (Viana, 1987:27). É claro que quando a alienação é de bem determinado, com a autorização judicial, a situação é outra, como observamos. Anote-se que, pelo princípio da continuidade, deve ser observado o registro antecedente.

Na cessão de crédito, o cedente é responsável pela existência do crédito ao tempo da cessão, se esta se operou a título oneroso (art. 295 do Código Civil). Na cessão da herança, enquanto universalidade, por consequência, o herdeiro é obrigado a garantir sua condição de herdeiro, uma vez que condição primordial para esta cessão é a existência da sucessão aberta. Nada existindo na avença, não havendo ressalvas de direitos, o herdeiro não se responsabiliza pelo bom ou mau, maior ou menor conteúdo da herança. O negócio, mormente antes do inventário, é aleatório e não responde o herdeiro pela evicção. No entanto, em regra, na prática, o cedente garante determinada coisa, ou coisas, ao cessionário. Se o cessionário não vier a receber o prometido, sendo impossível a execução específica, a questão resolve-se em perdas e danos entre cedente e cessionário.

Adquirir a herança, porém, não importa transmitir a qualidade de herdeiro, pois essa qualidade não se transfere. Trata-se de negócio de conteúdo exclusivamente patrimonial. O cessionário assume posição "equiparável" ao herdeiro. Não se transforma em herdeiro, porque o que se equipara não tem a qualidade do equiparado. O cessionário fica, então, responsável pelo pagamento, dentro das forças do quinhão hereditário, das dívidas que caberiam ao cedente (salvo se foi feita ressalva a esse respeito na avença).

Só existe cessão antes da partilha. Após, a alienação será de bens do herdeiro. O cessionário participa do processo de inventário, pois se sub-roga na posição do cedente.

A cessão não pode prejudicar os credores do espólio, permitindo-se a estes que acionem o cedente, mesmo que o cessionário assuma a dívida, já que os credores não participaram do negócio. É evidente que a figura do devedor não pode ser substituída sem a anuência do credor. Da mesma forma, presentes os pressupostos, a cessão de bens da herança pode-se constituir em fraude contra credores, permitindo que cedente e cessionário sejam acionados com a ação pauliana.

A herança, como tal, é indivisa, e os vários herdeiros são condôminos da coisa, dos bens que a compõem. Por essa razão, dentro dos princípios do condomínio, não pode o coerdeiro vender sua parte a terceiros estranhos à herança, sem dar preferência aos demais herdeiros, por força do art. 1.314, parágrafo único e de acordo com o ali contido, matéria que deve ser estudada por ocasião do exame do condomínio. Assim, da cessão deverão ter ciência o cônjuge meeiro e os demais herdeiros.[14] O mais recente Código introduziu norma específica sobre essa particularidade:

---

[14] "Apelação cível. Coisa comum. Ação anulatória de compra e venda de bem imóvel. Alegação dos autores de que não foram comunicados pelo corréu da locação e posterior venda de imóvel comum. Sentença de improcedência. Preparo recursal. Insurgência contra o valor recolhido. Afastamento. Preparo do recurso devidamente recolhido. Mérito. Posse do imóvel transmitida às partes. Falecimento do genitor no ano de 2015. Partilha de bens não realizada. Indivisibilidade da herança. Instituição de condomínio entre os herdeiros. Propriedade e posse da herança indivisível. Aplicação do art. 1791, parágrafo único do Código Civil. Falta de consenso dos demais condôminos na realização do negócio jurídico impugnado. **Proibição prevista no art. 1.314, parágrafo único do Código Civil**. Negócio jurídico que deveria ter sido realizado por escritura pública, conforme regra do artigo 1.793, *caput*, do Código Civil. Cessão dos direitos possessórios do bem não obedeceu à forma prescrita em lei (art. 104, III do CC). Direito de preferência dos demais condôminos não garantido. Decadência de 180 dias prevista no artigo 504 do CC que se inicia com o registro da compra e venda perante o Cartório de Imóveis. Negócio jurídico formalizado por instrumento particular. Decadência não caracterizada. Nulidade do contrato de cessão de direitos possessórios firmado entre os réus reconhecida. Sentença reformada para julgar a ação procedente. Litigância de má-fé. Pedido de aplicação das penalidades aos autores. Inviabilidade ante o acolhimento da pretensão inicial. Sucumbência invertida. Resultado. Recurso provido" (TJSP – Ap 1024016-20.2022.8.26.0005, 14-3-2024, Rel. Edson Luiz de Queiróz).

"Reintegração de posse – Imóvel residencial urbano – Casa nos fundos de terreno, a casa da frente ocupada pela ré – Imóvel que é herança dos pais do autor e casa nos fundos construída por ele sem a oposição dos irmãos, notadamente o irmão casado com a ré que morou, até morrer, na casa da frente – Casa dos fundos desocupada pelo autor e tentativa de voltar a ocupá-la – Resistência do irmão, enquanto vivo, e da ré sem amparo nas regras que disciplinam o condomínio formado por força do 'droit de saisine' com a morte dos pais – Interpretação do **art. 1.314 e parágrafo único do Código Civil** – Condomínio que autoriza a posse do autor e coíbe que, no futuro, entregue a posse a terceiros, segundo conjetura a ré, sem o consenso dos outros herdeiros – Recurso da ré desprovido e honorários advocatícios majorados (art. 85, § 11, do novo CPC), ressalvada a gratuidade". (TJSP – Ap. 1003233-92.2017.8.26.0001, 30-3-2020, Rel. Cerqueira Leite).

"Obrigação de fazer – **Cessão de direitos hereditários sobre imóvel** – Réus que providenciaram a abertura de inventário e a adjudicação do imóvel no curso do processo – Perda superveniente do interesse processual – Danos materiais não comprovados – Danos morais inocorrentes – Recurso desprovido." (TJSP – AC 1039696-75.2014.8.26.0506, 6-6-2019, Rel. Moreira Viegas).

"**Cessão de direitos hereditários** – Ação de adjudicação compulsória movida pelos cessionários com pedido de condenação dos cedentes à outorga da escritura pública e ao pagamento da multa prevista na cláusula VII do respectivo contrato. Sentença que carreou a penalidade apenas a um dos cedentes, por considerar que não houve resistência dos demais. Interpretação acertada, diante da prova de que, notificados, a maioria estava disposta a outorgar a escritura definitiva do imóvel. Sentença mantida. Recurso Adesivo. Recurso declarado deserto em exame de admissibilidade realizado em primeira instância. Não conhecimento. Apelação desprovida, não conhecido o Adesivo." (TJSP – Ap 1009407-43.2014.8.26.0577, 22-10-2018, Rel. Araldo Telles).

"Agravo interno no agravo em recurso especial – Ação Anulatória – **Cessão de direitos hereditários** – Nulidade do negócio por ausência de autorização judicial – Ausência de prequestionamento – Incidência das súmulas 282 e 356 do STF – Impossibilidade de o pai dispor dos bens pertencentes aos filhos menores – Carência de interesse – Razões recursais insuficientes – Agravo desprovido – 1 – Quanto à tese de nulidade do negócio jurídico por inexistência de autorização judicial, afronta ao disposto nos arts. 1.791 e 1.793, §§ 2º e 3º, do Código Civil, incidem, na espécie, as Súmulas 282 e 356 do Supremo Tribunal Federal, ante a ausência de prequestionamento. 2 – Com relação ao argumento de impossibilidade de o pai dispor de bens pertencentes aos filhos incapazes, observa-se a carência de interesse, visto que a decisão recorrida resguardou os direitos hereditários das filhas incapazes. 3 – Razões recursais insuficientes para a revisão do julgado. 4 – Agravo interno desprovido" (STJ – AGInt-AG-REsp 805.419 – (2015/0272450-0), 18-5-2017, Rel. Min. Marco Aurélio Bellizze).

"Apelação cível – **Adjudicação compulsória** – Pleito fundado em instrumento particular de cessão de direitos hereditários, em face do espólio da cedente. Extinção do processo sem aferição do mérito. Declaração prévia dos herdeiros de que concordam com a adjudicação, o que revela a ausência de pretensão resistida e macula o

> *"Art. 1.794. O coerdeiro não poderá ceder a sua quota hereditária a pessoa estranha à sucessão, se outro coerdeiro a quiser, tanto por tanto".*
>
> *"Art. 1.795. O coerdeiro, a quem não se der conhecimento da cessão, poderá, depositado o preço, haver para si a quota cedida a estranho, se o requerer até cento e oitenta dias após a transmissão.*
> *Parágrafo único. Sendo vários os coerdeiros a exercer a preferência, entre eles se distribuirá o quinhão cedido, na proporção das respectivas quotas hereditárias."*

Essa ciência aos demais coerdeiros da alienação que se propõe pode ocorrer dentro ou fora do bojo do inventário; importante, porém, que seja inequívoca. Aplicam-se, subsidiariamente, sempre que necessário, os princípios que regem o fenômeno no condomínio, que possui princípio semelhante.

Juntando-se ao processo de inventário o título de cessão de direitos hereditários, pode o cessionário intervir no processo sem que, com isso, se impeça qualquer interessado de impugná-la, quer para exercer o direito de preferência, quer por qualquer outro motivo legítimo. Se não puder ser decidida de plano, pelo juiz, qualquer impugnação à cessão, as partes devem recorrer às vias ordinárias, ficando reservada a quota da herança *sub judice*.

A cessão, como negócio jurídico que é, fica sujeita aos vícios de nulidade e de anulação dos negócios jurídicos em geral. Sendo ato translativo de direitos, requer capacidade plena do cedente, capacidade de alienar.

Antes da morte, qualquer cessão de herança é nula ou inexistente, por falta de objeto. Nossa lei proíbe contratar sobre herança de pessoa viva (art. 426).

Lembre-se, por fim, de como fizemos ao tratar da cessão de crédito, cuja leitura recomendamos, que a partir do momento da cessão, independentemente do conhecimento de terceiros, como já há um valor que integra o patrimônio do cessionário, ele pode tomar a iniciativa de qualquer medida conservatória de seu direito (*Direito civil: obrigações e responsabilidade civil*, Cap. 7). Pode, portanto, usar das mesmas ações possessórias e reivindicatórias que intitulavam o herdeiro cedente.

Por fim, há que se mencionar o § 1º do art. 1.793, que expõe que os direitos conferidos ao herdeiro em consequência de substituição ou de direito de acrescer presumem-se não abrangidos pela cessão feita anteriormente. Trata-se de aplicação do princípio segundo o qual ninguém pode transferir mais direitos do que tem. Assim, antes de efetivada a substituição ou o direito de acrescer que fazem o herdeiro subentrar em posição mais ampla de titular, a cessão não abrange esse acréscimo. Ou, se quisermos uma frase lapidar, a cessão de direitos hereditários interpreta-se restritivamente.

---

interesse de agir da autora. Por outro lado, a cessão de direitos hereditários exige, para sua validade, a forma de instrumento público, nos termos do artigo 1.793 do Código Civil em vigor. Documento que ampara a pretensão da autora que se consubstancia em instrumento particular. Ausência de interesse processual caracterizada. Precedente deste Tribunal de Justiça neste sentido. Negado provimento ao recurso" (*TJSP* – Ap 1006889-89.2014.8.26.0477, 15-2-2016, Relª Viviani Nicolau).

"**Adjudicação compulsória** – Cessão de direitos hereditários – Instrumento particular e recibo de quitação – Ausência de documentação indispensável à propositura da ação – Cessão de direitos hereditários exige instrumento público. Aplicação do artigo 1.793, *caput*, do Código Civil. Indeferimento da inicial deve sobressair. Apelo desprovido" (*TJSP* – Ap 1003718-70.2014.8.26.0010, 14-5-2015, Rel. Natan Zelinschi de Arruda).

24

INVENTÁRIO: NOÇÃO. POSSE DOS HERDEIROS E POSSE DO INVENTARIANTE. INDIVISIBILIDADE DA HERANÇA. CAPACIDADE PARA SUCEDER. PACTOS SUCESSÓRIOS

24.1 INVENTÁRIO E INDIVISIBILIDADE DA HERANÇA

Com a abertura da sucessão, o falecimento do autor da herança, o *de cujus*, o patrimônio hereditário transmite-se uno aos herdeiros. Os herdeiros mantêm-se em estado de comunhão até que se ultime a partilha (arts. 2.013 ss).

A herança é considerada como um bem imóvel para efeitos legais (art. 80, II, o direito à sucessão aberta). Daí, qualquer herdeiro poderá defender ou reivindicar de terceiros a herança, parcial ou totalmente. De acordo com o art. 1.580 de nosso provecto Código de 1916, *"sendo chamadas simultaneamente, a uma herança, duas ou mais pessoas, será indivisível o seu direito, quanto à posse e ao domínio, até se ultimar a partilha"*. Havia mesmo que se atualizar o conceito, embora tradicional e perfeitamente conhecido. O Código de 2002, no art. 1.791, expressa diretamente: *"A herança defere-se como um todo unitário, ainda que vários sejam os herdeiros"*. Completa o parágrafo único: *"Até a partilha, o direito dos coerdeiros, quanto à propriedade e posse da herança, será indivisível, e regular-se-á pelas normas relativas ao condomínio"*. Sem dúvida, estabelece-se um condomínio e uma composse entre os herdeiros como decorrência da *saisine* e da causa da morte.

Essa indivisibilidade, ou *todo unitário*, como classifica o mais recente Código, ocorre por força legal e diz respeito à posse e ao domínio. De fato, podem os herdeiros já ter feito uma divisão informal, que só ganhará força jurídica ou eficácia com a partilha. Só com a partilha o direito do herdeiro que estiver desfrutando isoladamente da posse de um bem da herança se materializa. Nada garante, embora seja a tendência natural, que o bem de posse de certo herdeiro seja a ele atribuído em domínio na partilha. Esse todo unitário que menciona a mais moderna lei dá claramente a noção de patrimônio e universalidade que se mantém indivisos até a partilha. Como decorrência dessa indivisibilidade qualquer herdeiro pode defender e reclamar a posse e a propriedade da universalidade da herança.

A indivisibilidade dos bens componentes da herança decorre do conceito de universalidade já mencionado, ínsito na ideia do patrimônio hereditário.[1] Como vimos, o cessionário

---

[1] "Mandado de segurança – ITBI – Pretensão de exigência do imposto sobre cada bem oriundo de partilha que, segundo o Município, excedeu o quinhão legal devido ao herdeiro – Descabimento – Hipótese em que, nos termos do Código Civil, a herança transmite-se a todos os herdeiros no momento da morte (princípio da saisine), constituindo um todo unitário e indivisível até o momento da partilha – Quinhão do herdeiro que deve ser cotejado à **universalidade da herança** para que se verifique eventual excesso de partilha, sendo inviável a consideração individual dos imóveis para esse fim – Sentença mantida – Recurso desprovido". (*TJSP* – Apelação/ Remessa Necessária 1026643-18.2020.8.26.0053, 14-12-2020, Rel. Mônica Serrano).

"Apelação cível – Posse (bens imóveis) – Ação de reintegração de posse – Ausência de prova cabal da posse anterior e do esbulho – Manutenção da sentença – I- Hipótese em que, da leitura das razões recursais da parte autora, não se extrai a reprodução dos termos da peça vestibular, tampouco a ausência de ataque à sentença, razão pela qual deve ser afastada a preliminar suscitada pelo réu. II- Para a concessão da reintegração de posse, necessário o preenchimento dos requisitos elencados no art. 561 do NCPC. III- Por força do **princípio da** *saisine*, insculpido no art. 1.207 c/c o art. 1.784, ambos do CC/2002, com a abertura da sucessão ocorre a transmissão da universalidade dos bens e direitos dos *de cujus* aos seus herdeiros. IV- Hipótese em que, em desatendimento ao ônus que lhes impunha o art. 373, I, do CPC/2015, os requerentes não lograram êxito em demonstrar o exercício da posse do avô do coautor Agostinho sobre o imóvel em discussão – E, em verdade, a propriedade em si, já que há aparente conflito de matrículas. Conjunto probatório que indica que o uso do imóvel havia sido, de longa data, cedido para o uso de um time de futebol – O qual, entretanto, extinguiu-se há anos -, sem que haja demonstração da sua retomada pela família. V- Ausente, assim, prova da posse anterior e do esbulho, deve ser mantida hígida a sentença que julgou improcedente o pedido de reintegração de posse. VI- Por força do art. 85, § 11, do NCPC, os honorários advocatícios devidos aos causídicos do réu serão majorados. Afastaram a preliminar contrarrecursal e negaram provimento ao apelo. Unânime". (*TJRS* – AC 70080590375, 13-3-2019, Rel. Des. Dilso Domingos Pereira).

"Apelação cível – Ação de usucapião – Imóvel objeto de herança – **Saisine – Universalidade** – Impossibilidade de aquisição pela usucapião – Segundo o princípio da *saisine*, os herdeiros são imediatamente investidos na posse e propriedade dos bens deixados pelo de cujus, independentemente de qualquer ato. A herança é considerada indivisa até à sua partilha, a teor do que dispõe o artigo 1.791 do Código Civil, motivo pelo qual não se mostra possível a propositura de ação de usucapião pelos herdeiros, pois até à ultimação da partilha, os bens do acervo hereditário permanecem indivisíveis." (*TJMG* – AC 1.0878.15.002746-3/001, 15-5-2018, Rel. José Augusto Lourenço dos Santos).

"Recurso Especial – Processual Civil e Civil – **Ação reivindicatória** – Prova do domínio – Titular Falecido – Ação proposta por herdeiro – Legitimidade Ativa – Direito hereditário – Forma de aquisição da propriedade – Universalidade – Direito à reivindicação em face de terceiro – Desnecessidade de partilha prévia – Recurso especial provido – 1 – A ação reivindicatória, de natureza real e fundada no direito de sequela, é a ação própria à disposição do titular do domínio para requerer a restituição da coisa de quem injustamente a possua ou detenha (CC/1916, art. 524; CC/2002, art. 1.228). Portanto, só o proprietário pode reivindicar. 2 – O direito hereditário é forma de aquisição da propriedade imóvel (direito de *Saisine*). Aberta a sucessão, o domínio e a posse da herança transmitem-se *incontinenti* aos herdeiros, podendo qualquer um dos coerdeiros reclamar bem, integrante do acervo hereditário, de terceiro que indevidamente o possua (CC/1916, arts. 530, IV, 1.572 e 1.580, parágrafo único; CC/2002, arts. 1.784 e 1.791, parágrafo único). Legitimidade ativa de herdeiro na ação reivindicatória reconhecida. 3 – Recurso especial provido" (*STJ* – REsp 1.117.018 (2009/0008121-5), 14-6-2017, Rel. Min. Raul Araújo).

"**Apelação cível** – Oposição de terceiros no interdito proibitório movida pelo espólio – Falta de interesse de agir reconhecida – Possibilidade de qualquer dos herdeiros estar em juízo para defender a universalidade da herança – Ausência de prejuízo às partes – Processo julgado extinto, sem resolução do mérito – Verba sucumbencial – Princípio da causalidade – 1 – Qualquer herdeiro, até que seja feita a partilha de bens do espólio, é parte legítima para figurar no polo passivo da ação de interdito proibitório, que tem por objeto o monte partilhável, pois age como mandatário dos demais. 2 – De acordo com a moderna ciência processual, que evidencia o princípio da instrumentalidade, antes de anular-se todo o processo, ou determinados atos, atrasando a prestação jurisdicional, deve-se comprovar o efetivo prejuízo causado às partes. 3 – Deste modo, subsistindo a legitimidade de qualquer um dos herdeiros, e, ainda, verificando-se a ausência prejuízo às partes, correta está a sentença, que acolhe a preliminar de falta de interesse de agir do Oponente e, via de consequência, determina a extinção do processo de oposição de terceiros, sem resolução do mérito, nos termos do artigo 267, VI, do CPC, diante da desnecessidade de promover-se a citação de todos os herdeiros do espólio, para integrar a ação de interdito proibitório. 4 – Segundo o princípio da causalidade, aquele que deu causa à instauração do processo deve responder pelas custas processuais e honorários advocatícios. Apelação cível conhecida e desprovida. Sentença reformada de ofício" (*TJGO* – AC 200590109014, 8-5-2015, Rel. Des. Francisco Vildon Jose Valente).

"**Agravo de instrumento** – Inventário – Imóvel que integra o espólio – Ordem para desocupação – Possibilidade – Bem não partilhado que integra a universalidade da herança – Desocupação mantida – Recurso improvido – I

da herança, assumindo a posição de herdeiro, também assume todas as prerrogativas dessa situação no tocante às demandas dos bens da herança. Como consequência do estado de indivisibilidade da herança, há necessidade, para que se chegue à atribuição dos bens a cada herdeiro e à satisfação dos credores do *de cujus*, que se saiba exatamente do que é composto o monte hereditário. Tal interesse não é apenas privado, já que é da conveniência dos herdeiros terminar com o estado de comunhão, como também do Estado, que deverá receber o tributo *causa mortis*.

Mesmo perante a existência de um só herdeiro, persiste o interesse na descrição dos bens hereditários, não fosse pelo interesse público, pelo interesse dos credores do espólio.

Daí, então, a necessidade de ser elaborado o *inventário* da herança. A palavra *inventário* decorre do verbo *invenire*, do latim: encontrar, achar, descobrir, inventar e do verbo *inventum*: invento, invenção, descoberta. A finalidade do inventário é, pois, achar, descobrir, descrever os bens da herança, seu ativo e passivo, herdeiros, cônjuge, credores etc. Trata-se, enfim, de fazer um levantamento, que juridicamente se denomina inventário da herança. Tanto mais complexo será o inventário quanto complexas eram as relações negociais do *de cujus*. O termo *inventário*, vernacularmente, é utilizado comumente no mesmo sentido em linguagem coloquial. Sempre que se desejar fazer uma averiguação sobre o estado de qualquer patrimônio, faz-se uma descrição dos bens, isto é, um "inventário".

Como se vê, o inventário dos bens hereditários tem muito de instrumentalidade. Destarte, cabe às regras de processo regulá-lo. No entanto, o direito material traça-lhe o fundamento básico (art. 1.991). A interpenetração das regras processuais será estudada no final desta obra. Por ora, nos ocupemos da noção básica do inventário e suas consequências.

– Não exercendo mais os poderes inerentes a inventariança não se justifica manter a herdeira na posse do imóvel objeto do espólio, pois até ser liquidada e partilhada, permanece a herança um conjunto de bens indivisíveis que precisam ser administrados. II – A ordem de desocupação mostra-se como consectário lógico da destituição dos poderes de inventariante, não se revelando arbitrária ou injusta, mas decorrente da mudança de titularidade do inventariante responsável pela administração dos bens do espólio. III – Recurso improvido" (*TJMS* – AI 1408626-28.2014.8.12.0000, 3-10-2014, Rel. Des. Dorival Renato Pavan).

"**Civil**. Processo civil. Herança. Universalidade. Legitimidade de qualquer dos coerdeiros para atuar em busca da defesa dos bens e direitos da universalidade. Precedentes STF e STJ. Sigilo fiscal. Princípio não absoluto. Interesse dos herdeiros. Necessidade de acesso. 1. A legitimidade do inventariante para responder ativa e passivamente nas ações em que o espólio figure como autor, réu ou interessado, não afasta a legitimidade de herdeiro para propor ações em busca do reconhecimento ou da defesa de bens e direitos do espólio. Precedentes do STF (MS 24.110/DF, relator Min. Moreira Alves) e STJ (REsp 36.700, relator Min. Sálvio de Figueiredo Teixeira), o que se reconhece com fundamento no parágrafo único do artigo 1.791 do Código Civil. 2. Os sigilos bancário e fiscal, por não constituírem direitos absolutos, não podem ser oponíveis aos herdeiros que buscam o reconhecimento do efetivo valor de sua herança, fazendo-se necessário o conhecimento dos dados existentes em declarações de renda ou movimentações financeiras, especialmente, quando evidenciado o desentendimento entre algum dos herdeiros e os sócios remanescentes da pessoa jurídica, especialmente, quando se indica possível omissão de patrimônio ou rebaixamento da avaliação dos bens. 3. Direito de acesso reconhecido, com determinação de fornecimento dos dados até a data do falecimento do sócio instituidor da herança. 4. Não compete à Justiça Federal indicar os processos em que os dados obtidos poderão ou deverão ser utilizados, restringindo-se a concessão da segurança a indicar o fundamento para o acolhimento da pretensão, que é o efetivo reconhecimento do valor correto da participação acionária do sócio falecido e sua conversão em pecúnia, e a possibilidade de condução aos autos do inventário para acrescer ao espólio os bens, direitos ou dívidas oriundos do conhecimento obtido. 5. Restringe-se, apenas, a utilização desses dados para qualquer fim que não seja destinado à apuração de bens e direitos de titularidade da herança, que devem ter relação direta com a pessoa jurídica envolvida e a participação societária do *de cujus*. 6. Apelação do impetrante parcialmente provida para esclarecer que não cumpre ao Tribunal determinar ou impedir a utilização dos dados em processos entre os herdeiros, coerdeiros e a pessoa jurídica de que o falecido era sócio, cumprindo às autoridades judiciais que a ele tenham acesso, observar os limites impostos por esta impetração e examinar ou rejeitar os documentos segundo suas convicções. 7. Apelação do litisconsorte passivo improvida. 8. Remessa oficial improvida" (*TRF-1ª R.* – AC 2010.38.02.000346-5/MG, 27-5-2013, Relª Desª Fed. Selene Maria de Almeida).

Portanto, o inventário, aqui estudado, consiste na descrição pormenorizada dos bens da herança, tendente a possibilitar o recolhimento de tributos, o pagamento de credores e, por fim, a partilha.

Entre nós, o inventário sempre fora um procedimento contencioso, embora nada obstasse que o legislador optasse por solução diversa, permitindo o inventário extrajudicial, mormente se todos os interessados forem maiores e capazes. Finalmente, a Lei nº 11.441, de 4 de janeiro de 2007, atendeu nossos ingentes reclamos. Permitiu-se que, sendo todos os interessados capazes e concordes, poderá fazer-se o inventário e a partilha por escritura pública, a qual constituirá título hábil para o registro imobiliário. Havendo testamento ou interessado incapaz, o inventário será judicial. Quanto ao incapaz, a judicialidade é importante para a fiscalização e proteção de seus interesses. Quando há testamento, há interesse público para a plena eficácia do ato de última vontade, embora entendam alguns que mesmo assim, se todos os interessados forem capazes, não há impedimento para a escritura. É importante que se libere o Judiciário da atual pletora de feitos de cunho administrativo e o inventário, bem como a partilha, quando todos os interessados são capazes, podem muito bem ser excluídos, sem que se exclua o advogado de sua atuação. Essa possibilidade foi sobremaneira ampliada, possível mesmo com herdeiros incapazes, com a fiscalização do Ministério Público.

Ao estudarmos as regras do inventário, veremos que qualquer pessoa com legítimo interesse pode pedir a abertura do inventário: não só o cônjuge supérstite, como também os herdeiros e até mesmo o credor do espólio, além de vários outros intitulados.[2]

Enquanto não houver partilha, permanecendo o estado de indivisibilidade, qualquer herdeiro reivindicando qualquer bem da herança não o estará fazendo para si, mas para a comunhão. Cada herdeiro, ou grupos de herdeiros, defende a herança no interesse de todos, à semelhança da solidariedade ativa.

24.1.1 Foro Competente

Como a sucessão se abre no lugar do último domicílio do falecido (art. 1.785), é nesse domicílio que deve ser ajuizado o inventário. Se o *de cujus* teve mais de um domicílio, competente é o último, segundo a lei. Assim, as partes não podem escolher outro foro.[3] Aqui se

---

[2] "Agravo de instrumento – **Inventário – Foro do domicílio do inventariado** – Em se tratando de inventário, a competência é do foro do domicílio do autor da herança, nos termos do caput do art. 48 do CPC/2015. Divergência quanto ao local de domicílio do inventariado, devendo prevalecer o que consta na certidão de óbito. Agravo de instrumento desprovido." (*TJRS* – AI 70080369580, 24-4-2019, Rel. Des. Jorge Luís Dall'agnol).

"**Inventário – Abertura pelo credor** – Possibilidade – Legitimidade concorrente do credor do autor da herança – Aplicação do inciso VI do art. 616 do Código de Processo Civil – Decisão mantida – Agravo não provido." (*TJSP* – AI 2111068-28.2017.8.26.0000, 22-10-2018, Rel. Elcio Trujillo).

"**Conflito de competência** – Ação de inventário de bens – Juízo suscitado que determina a redistribuição do feito para o último domicílio do *de cujus*. Impossibilidade de reconhecimento da incompetência de ofício. Competência territorial e, portanto, relativa. Exegese da Súmula nº 33 do Superior Tribunal de Justiça e Súmula nº 71 deste Tribunal de Justiça. Conflito julgado procedente. Competência do Juízo da 1ª Vara da Família e Sucessões do Foro Regional do Ipiranga, ora suscitado" (*TJSP* – CC 0056243-76.2014.8.26.0000, 16-4-2015, Rel. Issa Ahmed).

"**Direito processual civil**. Agravo de instrumento. Ação de inventário. Regra de competência. Foro do lugar do último domicílio do falecido. 1. Nas ações de inventário deve prevalecer a competência do foro do lugar do último domicílio do falecido, nos termos do art. 1.785 do Código Civil. 2. Somente nas hipóteses em que o autor da herança não tiver domicílio certo o que não é o caso dos autos a competência desloca-se para o foro do lugar da situação dos bens ou do lugar em que ocorreu o óbito, consoante regra inserta nos incisos I e II, do parágrafo único, do art. 96 do Código de Processo Civil. 3. Agravo de instrumento conhecido e não provido" (*TJDFT* – Proc. 20100020030891 – (696302), 26-7-2013, Relª Desª Nídia Corrêa Lima).

[3] "Conflito negativo de competência. Inventário. Distribuído o feito ao juízo da vara de sucessões e registros públicos da comarca da capital (...) 1. **Último domicílio do autor da herança** no município de Florianópolis/SC. Compe-

trata da competência para o inventário dos bens localizados no país. É o que dispõe o art. 48 do CPC. O foro do domicílio do autor da herança no Brasil é o competente, ainda que o óbito tenha ocorrido no estrangeiro. O parágrafo único desse dispositivo processual abre outras possibilidades de competência em casos dúbios: é competente o foro da situação dos bens, se o autor da herança não tinha domicílio certo e o do lugar em que ocorreu o óbito, se o *de cujus* não tinha domicílio certo e possuía bens em lugares diferentes. É de vital importância o foro do inventário, pois para lá acorrem todas as ações em que o espólio figurar como réu, bem como todos os incidentes a respeito do testamento.[4] Diz-se, então, que o juízo do inventário é universal, competindo-lhe decidir as ações relativas (art. 48 do CPC).

---

tência definida pelos arts. 1.785 e 1.796 do Código Civil e art. 48, caput, do Código de Processo Civil. 2. Conflito procedente. Competência do juízo suscitado." (*TJPR* – CC. 5010505-82.2024.8.24.0000, 29-5-2024, Rel. Raulino Jacó Bruning).

"Inventário. Decisão que declinou da competência para processar o feito e destituiu da inventariança a companheira. Manutenção. Foro competente. **Último domicílio do autor da herança** (artigo 1.785 do Código Civil). Falecido domiciliado na Comarca de Embu-Guaçu, com inventário já aberto por uma das filhas. Acertada a remessa dos autos ao Juízo da Comarca do último domicílio do autor da herança para processar o inventário. Destituição da companheira da inventariança. Qualidade de herdeira da companheira supérstite é matéria controvertida. Ordem de preferência na nomeação de inventariante não é absoluta, conforme entendimento pacífico do STJ. Companheira não vinha dando regular andamento ao inventário. Filha já nomeada inventariante pelo Juízo competente. Destituição da companheira mantida, sem prejuízo da reapreciação da matéria pelo Juízo competente. Recurso desprovido" (*TJSP* – AI 2037971-82.2023.8.26.0000, 21-3-2023, Rel. Francisco Loureiro).

"Conflito negativo de competência. Ação de inventário. Sobrepartilha. **Local do último domicílio do autor da herança**. Declinação de ofício verificada. Aplicação da súmula 33 do STJ. Art. 48 do CPC. Reconhecimento de ofício. Impossibilidade. Fixada a competência do juízo suscitado. 1. O motivo do dissenso entre os juízos consiste no debate sobre a impossibilidade de declinação de ofício da competência com eventual conflito em relação à norma que determina a competência do domicílio do autor da herança (falecido) para julgamento das ações de inventário (sobrepartilha). 2. Aberta a sucessão, a herança se tramite, desde logo, aos herdeiros legítimos e testamentários, consoante o art. 1.784 do Código Civil, sendo considerado para essa finalidade o lugar do último domicílio do falecido, nos termos do art. 1.785 do Código Civil, aplicável aos casos de sobrepartilha. 3. Mesmo dispondo o art. 48 do CPC que o foro do domicílio do autor da herança, no Brasil, é o competente para o inventário e sobrepartilha e para todas as ações em que o espólio for réu, em se tratando de competência territorial, e, portanto, relativa, não se admite o reconhecimento de ofício da incompetência (Súmula 33 do STJ), mesmo que a pretexto de ter provocado a parte a emendar a petição inicial. 4. Conflito de competência conhecido e fixada a competência do juízo suscitado, da 1ª Vara de Família e de Órfãos e Sucessões de Águas Claras". (*TJDFT* – CC 07334802420218070000, 4-3-2022, Rel. Diva Lucy de Faria Pereira).

"Conflito de competência – **Inventário negativo** – Ministério Público – Menores incapazes – Foro do domicílio do autor da herança – I- O Ministério Público, no processo em que atua devido à presença de menores incapazes, tem legitimidade para arguir a incompetência relativa, arts. 65, parágrafo único, e 178, II, ambos do CPC. II- Alegada a incompetência relativa pelo Ministério Público na primeira oportunidade em que se manifestou nos autos, de modo a evitar a prorrogação da competência, e observada a regra do art. 48 do CPC, a MM. Juíza declinou da competência para o foro do domicílio da autora da herança, qual seja, o Juízo da Vara de Família, de Órfãos e Sucessões de Águas Claras/DF. III- Conflito conhecido e declarado competente o Juízo Suscitante." (*TJDFT* – Proc. 07190576420188070000 – (1154634), 8-3-2019, Relª Vera Andrighi).

[4] "Agravo de instrumento – **Inventário** – Pedido de inventário – Declinação de ofício da competência a comarca de foro diverso, em virtude de figurar como último domicílio da autora da herança. Insurgência do inventariante. Acolhimento devido. Artigo 48 do Código de Processo Civil que descreve regra de competência territorial e, portanto, relativa. Entendimento firmado na Súmula 71 desta Corte. Inadmissibilidade de declinação de ofício. Inteligência da Súmula 33 do Superior Tribunal de Justiça. Precedentes desta Câmara e do E. Tribunal. Decisão reformada. Agravo provido." (*TJSP* – AI 2079251-72.2019.8.26.0000, 6-5-2019, Rel. Donegá Morandini).

"Agravo de instrumento – **Competência – Inventário** – Autor da herança, idoso, casado e residente em município do Estado de Santa Catarina que, por problemas médicos, muda-se para cidade no interior de São Paulo, passando a residir em clínica geriátrica, para o devido tratamento – Posterior interdição, com a nomeação de uma das filhas como curadora provisória – Domicílio do interdito que passou a ser o de sua curadora – Exegese do artigo 76 do Código Civil – Ajuizamento do inventário no foro do último domicílio do falecido – Competência relativa – Inteligência do artigo 48 do Código de Processo Civil – Redistribuição do feito para a comarca da cidade de Santa Catarina aonde reside ainda a viúva – Inadmissibilidade – Remoção da filha do cargo de inventariante – Impossibilidade – Viúva que não reúne condições físicas para exercer tal função, tanto que já outorgou poderes a terceiro para gerir seus negócios, inclusive bancários – Decisão mantida – Agravo desprovido, cassado o efeito suspensivo." (*TJSP* – AI 2200945-13.2016.8.26.0000, 13-4-2018, Rel. A. C. Mathias Coltro).

Todos os bens da pessoa falecida, ainda que falecida ou domiciliada no estrangeiro, devem ser inventariados no Brasil, assim como partilhados (art. 23, II, do CPC). Trata-se de lei de processo. No tocante ao direito material, o art. 10 da Lei de Introdução ao Código Civil, atual Lei de Introdução às normas do Direito Brasileiro, Lei nº 12.376 de 30-12-2010, manda aplicar a lei do país em que era domiciliado o *de cujus*, qualquer que seja a natureza dos bens. No entanto, para os bens situados no Brasil, só é competente o juiz brasileiro para o processo de inventário e partilha. Aplicar-se-á a lei brasileira quando esta for mais favorável ao cônjuge brasileiro de falecido estrangeiro, assim como aos filhos do casal (§ 1º do citado art. 10).[5]

Como se nota, a matéria sobre a abertura da sucessão reflete dois aspectos importantes; um de ordem interna e outro de ordem internacional. No campo internacional, a lei competente para reger a sucessão de móveis é a lei do local de abertura da sucessão.

24.1.2 Inventariança

Ao inventariante cabe a administração dos bens da herança. O inventariante é nomeado pelo juiz do inventário. Até que o inventariante preste compromisso, pode ser nomeado um administrador provisório (art. 613 do CPC). Esse administrador representa o espólio ativa e passivamente (art. 614 do CPC). Na prática, somente em heranças de vulto, ou quando há dificuldades para nomear-se um inventariante, é que surge administrador provisório. O art. 1.797 do atual Código prevê essa figura:

> "Até o compromisso do inventariante, a administração da herança caberá, sucessivamente:
>
> I – ao cônjuge ou companheiro, se com o outro convivia ao tempo da abertura da sucessão;
>
> II – ao herdeiro que estiver na posse e administração dos bens, e, se houver mais de um nessas condições, ao mais velho;
>
> III – ao testamenteiro;

"**Competência – Inventário** – Decisão que, *ex officio*, determinou a remessa dos autos para a Comarca de Itabatã, Bahia, local declarado na certidão de óbito como residência do de cujus – A competência territorial de foro contida no art. 96 do Código de Processo Civil é relativa e não poderia ser declarada de ofício pelo magistrado – Inteligência da Súmula nº 33 – Decisão reformada – Recurso provido" (TJSP – AI 2270020-76.2015.8.26.0000, 18-2-2016, Rel. Rui Cascaldi).

[5] "Agravo de instrumento – Inventário – Incompetência da justiça brasileira para alcançar bens depositados no exterior e colação de bens imóveis doados ao agravante. Decisão que deve ser parcialmente modificada. A competência da justiça brasileira se restringe a bens depositados no país, porém, apreciação de eventual adiantamento de herança não pode ser dirimida na via estreita de inventário. Inteligência do art. 612 do CPC. Recurso parcialmente provido." (TJSP – AI 2185441-93.2018.8.26.0000, 3-4-2019, Rel. Maurício Campos da Silva Velho).

"Agravo de instrumento – Inventário – I – **Bens do espólio localizados no exterior** – Incompetência da jurisdição brasileira para arrecadação e partilha de tal patrimônio. Inteligência do artigo 23, inciso II, do Código de Processo Civil. Adoção do princípio da pluralidade de juízos sucessórios. Precedentes desta Câmara e do E. Superior Tribunal. Consequente impertinência de o julgador pátrio aferir a legitimidade ou a regra legal aplicável à sucessão de tais bens, cabendo tal deliberação ao juiz estrangeiro competente. II – Requisição das declarações de IRPF do falecido entre 2008 e 2012. Determinação, no Acórdão editado no Agravo de Instrumento nº 2224828-52.2017.8.26.0000, de que se colacionassem as declarações fiscais referentes aos anos-base de 2010 a 2016. Providência que se revela suficiente, por ora, para garantia dos esclarecimentos pretendidos, sobretudo dada a carência de elementos a evidenciar doações realizadas, pelo de cujus aos descendentes, em período pretérito. III – Quebra de sigilo fiscal da viúva-meeira. Indeferimento. Incontroversa adoção do regime da comunhão universal de bens pelo casal. Falta de elementos a demonstrar, todavia, que consorte supérstite esteja subtraindo patrimônio à apreciação do juízo, quando da apresentação das declarações de bens partilháveis. Medida invasiva que se revela desproporcional e irrazoável. Eventual sonegação, no mais, que demanda esclarecimento pela via própria. Precedentes desta Câmara e do E. Tribunal. Decisão preservada. Agravo desprovido." (TJSP – AI 2223279-07.2017.8.26.0000, 4-5-2018, Rel. Donegá Morandini).

IV – a pessoa de confiança do juiz, na falta ou escusa das indicadas nos incisos antecedentes, ou quando tiverem de ser afastadas por motivo grave levado ao conhecimento do juiz".

Cabe também ao juiz nomear administrador enquanto houver dissidência a respeito da nomeação de inventariante. Não é conveniente que, entrementes, seja administrador um dos litigantes ou pessoas ligadas a eles. Desse modo, dependendo do vulto da herança e da conveniência do momento, não havendo pessoas ligadas à herança aptas para administração, o juiz poderá nomear o administrador dativo, na forma do inciso IV.

Como vimos, o espólio tem representação processual do inventariante, sendo por isso classificado por nós como entidade com personalidade anômala (*Direito civil: parte geral*, seção 14.6.2).

O inventariante não se confundia, necessariamente, com o chamado "cabeça de casal", que o código anterior mencionava no art. 1.769. Ao cônjuge sobrevivo, casado sob o regime da comunhão de bens, cabia continuar até a partilha na posse da herança, como cabeça de casal. Tal terminologia pode hoje ser desprezada, pois não tem qualquer significado prático maior. Quando estudarmos o processo de inventário, voltaremos ao assunto.

O inventariante desempenha a atividade de auxiliar do juízo no inventário. Trata-se, sem dúvida, de um encargo público, de um *munus* (Monteiro, 1977, v. 6:38). A ele cabe a guarda, administração e defesa dos bens da herança. Os herdeiros, em geral, também, como veremos, podem defender os bens da herança, mas a função administrativa do inventariante é a primeira que se ressalta.

Como já examinamos, o espólio não é pessoa jurídica, porém, a lei lhe outorgou personalidade processual (trata-se de uma entidade com personalidade anômala ou reduzida, como denominamos), cabendo sua representação ativa e passiva ao inventariante (arts. 75, VII, e 618, I, do CPC). A função do inventariante, portanto, é muito importante: é ele quem deve ser citado nas ações contra o espólio; é ele quem tem legitimidade para propor ações em nome do espólio. Os herdeiros podem assisti-lo nos processos (instituto da assistência).

Questão que aflora com frequência na prática é a necessidade de mover ação contra o espólio quando ainda não há inventário, ou quando não há ainda nomeação de inventariante. Nesse caso, a ação deve ser movida contra todos os herdeiros, em regra geral, forçando-se, se for o caso, a abertura do inventário.

Quando o inventariante é *dativo*, isto é, estranho à herança, fica apenas na função de administrador da herança, não lhe cabendo a representação do espólio: todos os herdeiros e sucessores do *de cujus* serão intimados no processo em que o espólio for parte (art. 75, § 1º, do CPC).[6]

Como administrador de bens alheios (embora parte deles também seja sua, na maioria das vezes), deve o inventariante portar-se com o zelo normal de quem trata de interesses alheios:

---

[6] "Agravo de instrumento. Ação de cobrança. Direito de vizinhança. Decisão agravada que, dentre outros pontos, rejeitou a preliminar de ilegitimidade passiva levantada por Guiomar, deferiu prova pericial e indeferiu qualquer outra. Espólio que está representado por inventariante dativo. **Necessidade de intimação dos sucessores do falecido** na forma do art. 75, §1º, do CPC. Pertinência subjetiva caracterizada, não havendo que se falar em ilegitimidade passiva. Herdeiros que, no entanto, só responderão em nome próprio e na proporção da parte da herança que lhes couber após feita a partilha. Agravante, casada sob o regime da separação obrigatória de bens, que foi contemplada por disposição testamentária, sucedendo como herdeira testamentária e não legatária como a Santa Casa. Alegada nulidade da decisão agravada, por supostamente não ter aguardado o término do prazo para que as partes especificassem as provas pretendidas, que não se sustenta. Ausência de prejuízo, uma vez que o juízo enfatizou que a única prova pertinente, a seu ver, seria a pericial de engenharia, indeferindo qualquer outra. Decisão mantida. Recurso improvido". (TJSP – AI 2200849-22.2021.8.26.0000, 4-11-2021, Rel. Ruy Coppola).

tem o dever de prestar contas ao juízo e aos herdeiros, como veremos no estudo da parte procedimental. Cabe a ele descrever os bens constantes do monte; reivindicar os bens no poder e posse de terceiros; trazer para o inventário o nome dos herdeiros e apontar a existência de testamento etc. Como administrador de bens alheios responde civil e criminalmente, se agir com dolo e culpa.

24.1.3 Nomeação e Remoção do Inventariante

Existe, como mencionamos, uma ordem legal a ser seguida pelo juiz na nomeação do inventariante (art. 617 do CPC): terá preferência o cônjuge ou companheiro, desde que estivesse convivendo com o *de cujus* à época da morte. Em sua falta, o juiz nomeará as pessoas a seguir designadas no artigo citado, a começar pelo herdeiro que se achar na posse e administração dos bens. Contudo, e ao contrário do que a princípio parecem demonstrar alguns autores, essa ordem legal de nomeação não é inexorável. Deve ser levado em conta, também, que o companheiro, na união estável, pode e deve assumir o encargo, se estivesse convivendo com o *de cujus* quando da morte. A oportunidade e conveniência da nomeação hão de ser vistas no caso concreto.

Por vezes, o estado de dissensão ou beligerância entre os herdeiros, o cônjuge supérstite e os demais interessados na herança é tão grande que desaconselha a obediência à ordem, podendo o juiz, em casos extremos e para evitar maiores problemas futuros com as coisas da herança, nomear um estranho, como está no inciso V do citado dispositivo: *"pessoa estranha idônea, onde não houver inventariante judicial"*. Nesse caso, de inventariante dativo, melhor será que se nomeie advogado que terá maiores facilidades de exercer o *munus*.

No entanto, sempre que possível, deve o juiz obedecer, na nomeação, a ordem legal, mas

"*a ordem prevista pelo art. 990 do CPC pode ser desobedecida quando, dadas as circunstâncias de fato, nenhum dos herdeiros está em condições de exercer o munus*" (RTJ 101/667).

A subversão da ordem legal deve ser vista como exceção.

"Agravo de instrumento – Embargos à execução. Decisão que deixou de aplicar o art. 75, § 1º, do CPC/2015. Insurgência. Necessidade de intimação dos herdeiros quando o espólio for representado por inventariante dativo. Agravo provido". (TJSP – Agravo de Instrumento 2074624-88.2020.8.26.0000, 20-12-2020, Rel. Morais Pucci).

"Inventário – **Nomeação de inventariante dativo** – Ausência de motivos para a desconsideração da ordem de nomeação prevista no art. 617 do CPC. Agravante, que é curadora da viúva meeira, encontra-se na administração de fato dos bens do Espólio (art. 617, II, do CPC). Ministério Público favorável ao pedido. Inventariante dativo implicará em despesa desnecessária para o processo neste momento. Decisão reformada. Recurso provido." (TJSP – AI 2042255-75.2019.8.26.0000, 2-5-2019, Rel. Paulo Alcides).

"Inventário – **Nomeação de inventariante – Dativo** – Descabimento – Ordem de preferência estabelecida no artigo 617 do Código de Processo Civil que deve ser observada. Ausência de comprovação de justo impedimento para que os herdeiros não assumam a inventariança, ainda que não sejam aqueles na posse e na administração do espólio. Decisão mantida. Recurso desprovido." (TJSP – AI 2163091-48.2017.8.26.0000, 22-1-2018, Rel. Vito Guglielmi).

"Agravo de instrumento – Ação cautelar incidental de arrolamento de bens – Inventário – Decisão que indeferiu o pedido liminar de arrolamento de bens. Bens sujeitos a inventariança e já declarados nos autos de inventário. **Inventariante dativo** (divergência entre sucessores e interessados). Obrigação de declaração do inventariante e dos demais interessados. Eventuais bens sonegados deverão ser objeto de ação de sonegados. Recurso improvido" (TJSP – AI 2160646-28.2015.8.26.0000, 3-3-2016, Rel. Silvério da Silva).

"Agravo de instrumento – Ação de reintegração de posse – Ineficácia da constituição em mora com a notificação do **inventariante dativo**. Herdeiros e sucessores do *de cujus* que serão autores ou réus nas ações em que o espólio for parte. Art. 12, § 1º, CPC – Incidência – Inocorrência da rescisão do compromisso de compra e venda porque os herdeiros não foram notificados, mas somente o inventariante dativo. Extinção da ação sem resolução do mérito. Recurso provido" (TJSP – AI 2013833-03.2013.8.26.0000, 6-3-2015, Rel. Afonso Bráz).

O inventariante pode ser removido, de ofício ou a requerimento, nas hipóteses do art. 622 do CPC. São todas situações em que a administração e a confiança no inventariante não estão a contento.[7] Toda situação de remoção deve ser devidamente sopesada e examinada pelo juiz. O juiz pode, sem dúvida, remover de ofício o inventariante, assim como todos os que desempenham funções semelhantes no processo, como o síndico na falência, por exemplo.[8]

---

[7] "Agravo de instrumento. Inventário. Irresignação em face de decisão que indeferiu o **pedido de remoção de inventariante**. Agravam os herdeiros. A questão colocada em discussão versa acerca da desídia da inventariante na promoção das diligências necessárias ao andamento do inventário. Cabimento. Inventariante deixou de promover a quitação de débitos condominiais, objeto de ação de cobrança, além de ter deixado de entregar a declaração de imposto de renda para o ano corrente, não apresentando qualquer justificativa para a omissão Desídia configurada. Inteligência do art. 622, II, do CPC. Destituição da inventariante e transmissão do encargo para herdeira. Recurso provido." (*TJSP* – AI 2206463-03.2024.8.26.0000, 4-9-2024, Rel. James Siano).
"Agravo de instrumento – **Incidente de remoção de inventariante** – Rejeição – Inconformismo – Não acolhimento – Embora não seja exaustivo o rol do art. 622 do CPC (mas exemplificativo), não se verifica, no âmbito dos autos do inventário, qualquer irregularidade praticada pelo inventariante – De qualquer forma, após a troca do causídico, o inventário passou a ter regular andamento – Manutenção do agravado no exercício da inventariança, corretamente determinada – Precedentes – Decisão mantida – Recurso improvido" (*TJSP* – AI 2212856-75.2023.8.26.0000, 18-9-2023, Rel. Salles Rossi).
"Agravo de instrumento. Ação de inventário. **Incidente de remoção de inventariante**. Deliberação de remoção de inventariante. Irresignação. Manutenção. Desídia no cumprimento das deliberações judiciais, conferindo impulso processual ao feito. Inércia processual injustificada. Caracterizada a infringência dos deveres do artigo 622, inciso II, do Código de Processo Civil. Precedentes do Tribunal. Decisão mantida. Negado provimento ao recurso". (*TJSP* – AI 2198104-35.2022.8.26.0000, 6-10-2022, Rel. Donegá Morandini).
"Inventário – Remoção de inventariante – Insurgência contra decisão que acolheu o pedido de remoção da inventariante – Insurgência – Cabimento – Fatos narrados que não têm o condão de ensejar a remoção pretendida – Ausência de comprovação acerca de conduta desidiosa ou ímproba que autorize a destituição da inventariante – Não caracterização de qualquer das hipóteses previstas no art. 622, do Código de Processo Civil – Atual inventariante que deve, por ora, ser mantida no cargo – Decisão reformada – Agravo provido". (*TJSP* – AI 2269242-96.2021.8.26.0000, 17-12-2021, Rel. Luiz Antonio de Godoy).
"Arrolamento sumário – **Remoção de inventariante** – Possibilidade – A principal função do inventariante é administrar o acervo hereditário e promover o inventário e a partilha – Nomeado o inventariante, o pedido de remoção pode ser feito a qualquer tempo, desde que presentes uma das hipóteses previstas no art. 622, do Código de Processo Civil/2015 – Inventariante que deixou de promover o regular andamento da ação – Decisão mantida – agravo não provido". (*TJSP* – Agravo de Instrumento 2197674-54.2020.8.26.0000, 17-11-2020, Rel. Elcio Trujillo).
"**Inventário – Remoção de inventariante** – Decisão que removeu a suposta companheira do cargo de inventariante, ante a ausência de comprovação da existência da união estável, e da resistência dos herdeiros, irmãos do falecido – Intensa litigiosidade entre a agravante, alegada companheira, e os irmãos do falecido – Particularidades do caso que recomendam cautela na administração dos bens do espólio, não podendo restar quaisquer dúvidas acerca de sua legitimidade para o exercício do múnus – Recorrente que, por ora, não demonstrou preencher requisito necessário para sua nomeação, nos termos do artigo 617, I, do CPC, ou seja, que estaria convivendo com o autor da herança ao tempo da sua morte – Inexistência das alegadas violações à ordem legal inserta no artigo 617, I, ou mesmo ao procedimento para remoção do inventariante previsto nos artigos 622, 623 e 624, do CPC – Decisão mantida. Recurso desprovido." (*TJSP* – AI 2022065-28.2018.8.26.0000, 19-11-2019, Relª Angela Lopes).
"Arrolamento – **Remoção de inventariante** – Autos no arquivo provisório por duas vezes, dada a ausência de andamento por mais de um ano – Primeiras declarações apresentadas apenas após a remoção – Desídia configurada – Decisão mantida – Recurso improvido." (*TJSP* – AI 2221715-90.2017.8.26.0000, 20-8-2018, Rel. Eduardo Sá Pinto Sandeville).

[8] "Inventário – **Remoção de inventariante judicial** – Nomeação de inventariante dativo em razão ausência de manifestação dos herdeiros para exercerem o cargo – Profissional que auxilia o juízo no andamento do processo, além das obrigações inerentes à administração dos bens do espólio - Destituição que pode se dar de ofício e fora das hipóteses do art. 622 do CPC, por não ser taxativo. Em razão de tal encargo ser personalíssimo, não poderia o inventariante dativo, advogado, ter constituído patrono para que cumpra o seu encargo, sem a anuência do juízo. Dessa feita, perfeitamente possível sua destituição. Honorários – Arbitramento – Questão ainda não suscitada no primeiro grau – A decisão desse ponto no presente recurso implicaria em supressão de instância. Recurso improvido". (*TJSP* – AI 2249955-16.2022.8.26.0000, 29-8-2023, Rel. Fernando Marcondes).
"**Inventário – Remoção de inventariante** – Decisão que acolheu pedido de remoção da inventariante, nomeando dativo em substituição – Inconformismo da removida – Não acolhimento – Gestão ineficiente dos bens do espólio – Demora injustificada no ajuizamento de ação de despejo contra inquilino que acumulou dívida de aluguel de 24 meses – Tentativa de solução amigável que não impede a tomada de providências no âmbito judicial para

Perdida a confiança, não há razão para a mantença no cargo. Não pode, nessa situação, ficar o juiz adstrito à iniciativa de qualquer interessado, sob pena de subverter sua função jurisdicional. De igual forma, mesmo havendo pedido de remoção, e com maior razão, a situação deve ser devidamente examinada, não podendo a destituição ocorrer sem motivo e sem motivação. Erram os que entendem que a remoção do inventariante dependa exclusivamente do interesse e do pedido dos interessados, por não atender devidamente à função jurisdicional. Do mesmo modo, nada impede que o juiz, tomando conhecimento de falta grave do inventariante, o remova de plano. O juiz não está obrigado a exercer sua função com alguém que não confia ou talvez, até mesmo, o boicote (ver opinião contrária de José da Silva Pacheco, 1980:819). Ao assunto voltaremos quando do exame do processo de inventário.

24.1.3.1 Leitura complementar

Posse dos Herdeiros e Posse do Inventariante. Pelo princípio da *saisine*, o art. 1.784 dispõe que *"aberta a sucessão, a herança transmite-se, desde logo, aos herdeiros legítimos e testamentários"* (antigo, art. 1.572). Portanto, nossa lei não se ateve à tradição romana, a qual aguardava um interregno, após a morte, com a delação e a adição da herança para passar os bens aos herdeiros. A questão entre nós merece destaque, tendo em vista as consequências da *posse imediata* por parte dos herdeiros. No regime do Código de 1916, cabia estudar a disposição do art. 1.572 com a do art. 1.579, *caput*, que apresentam aparente contradição: '*ao cônjuge sobrevivente, no casamento celebrado sob o regime da comunhão de bens, cabe continuar até a partilha na posse*

---

preservação do patrimônio do 'de cujus' – Demora no atendimento de determinações judiciais – Ausência de demonstração inequívoca do direcionamento de recursos levantados para o pagamento de dívidas específicas – Alta litigiosidade entre os herdeiros (a própria requerente da remoção já fora removida da inventariança anteriormente) recomendava mesmo a designação de um dativo – Decisão interlocutória mantida por seus próprios fundamentos, conforme possibilita o art. 252 do Regimento Interno do TJSP – Recurso não provido." (TJSP – AI 2075599-47.2019.8.26.0000, 16-8-2019, Rel. Rui Cascaldi).

"Inventário – **Remoção de inventariante** – Insurgência contra decisão que acolheu o pedido e determinou a substituição do inventariante. Manutenção. Inventariante que não apresentou contas e documentos comprobatórios de forma contábil e satisfatória, além de se recusar a cumprir a ordem da Prefeitura de desocupação de imóvel do espólio em razão de interdição. Recurso não provido." (TJSP – AI 2242107-51.2017.8.26.0000, 19-3-2018, Rel. Carlos Alberto de Salles).

"Agravo interno no Recurso Especial – Agravo de instrumento – **Remoção de inventariante** – Animosidade entre herdeiros – Art. 995 do CPC/73 – Rol não exaustivo – Possibilidade de remoção e nomeação de inventariante dativo – Reexame de fatos e provas – Impossibilidade – Decisão Mantida – Recurso Desprovido – 1 – Recurso especial interposto em face de acórdão que confirmou decisão que, nos autos de inventário, acatou os pedidos formulados por herdeiros em incidente de remoção de inventariante, removendo-o do cargo e nomeando inventariante dativo. 2 – Segundo o Tribunal de origem, a remoção do inventariante foi justificada pelo intenso dissenso entre a maioria dos herdeiros e explícito conflito de interesses entre o inventariante e o espólio (o inventariante é sócio das empresas cujas cotas são objeto de partilha), mencionando também desídia na condução do inventário (andamento lento sem perspectiva de solução) e acusações de condutas graves na condução do cargo (utilização do acervo patrimonial para se enriquecer ilicitamente). 3 – O magistrado tem a prerrogativa legal de promover a remoção do inventariante caso verifique a existência de vícios aptos, a seu juízo, a amparar a medida, mesmo que não inseridos no rol do artigo 995 do Código de Processo Civil de 1973. 4 – Justifica-se a aplicação da medida de remoção quando o julgador atesta a ocorrência de situação de fato excepcional, como, por exemplo, a existência de animosidade entre as partes, fatos ou condutas que denotam desídia, má administração do espólio e mau exercício do múnus da inventariança. 5 – A ordem de nomeação de inventariante, prevista no artigo 990 do Código de Processo Civil de 1973, não apresenta caráter absoluto, podendo ser alterada em situação excepcional, quando tiver o juiz fundadas razões para tanto, sendo possível a flexibilização e alteração da ordem de legitimados, inclusive com a nomeação de inventariante dativo, para se atender às peculiaridades do caso concreto. Precedentes. 6 – A reforma do acórdão recorrido, quanto às razões que justificaram a remoção do inventariante e a nomeação de inventariante dativo, demandaria o reexame do acervo fático-probatório dos autos, o que é inviável no recurso especial, a teor do disposto na Súmula 7 deste Tribunal Superior. 7 – Agravo interno não provido" (STJ – AGInt-REsp 1.294.831 (2011/0281491-0), 20-6-2017, Rel. Min. Raul Araújo).

da herança com o cargo de cabeça de casal'. Em consequência desses dispositivos, os herdeiros podem alienar validamente suas partes ideais na herança. Quanto à posse, podem eles valer-se dos remédios possessórios para a defesa da mesma, para a defesa dos bens do patrimônio hereditário, continuando com as ações propostas anteriormente pelo falecido. Na condição de compossuidores de parte indivisa, podem defender qualquer bem do monte. Um só dos herdeiros pode fazê-lo, enquanto não ultimada a partilha. No entanto, se por um lado o herdeiro pode defender a posse de qualquer dos bens do acervo, o inventariante, que não o dativo, em princípio, também pode fazê-lo. A aparente contradição entre os dispositivos dos arts. 1.572 e 1.579 do velho Código desaparecia com a compreensão dos institutos da posse direta e da posse indireta. O cabeça de casal e inventariante tinham a posse direta, e o herdeiro, a posse indireta. Ambas coexistem. Ambos podiam e podem recorrer aos interditos. O inventariante, contudo, com a administração dos bens do espólio, tem o dever de defender a posse. Note que a posse se transmite ao sucessor (a qualquer título), com os mesmos caracteres anteriores. No tocante aos sucessores *causa mortis*, o Código é expresso (art. 1.206; antigo art. 495). Assim, se o *de cujus* não tinha a posse e precisava pedi-la, tal direito se transmite aos herdeiros, que receberam, no caso, um direito à posse, e não a posse (Miranda, 1973, v. 16:155). Cumpre sempre lembrar que o que se transmite com a morte é *um patrimônio*. Portanto, a referência à herança como um todo é abrangente dessa ideia (art. 1.784). No patrimônio, haverá domínio, é verdade, mas também débitos e créditos. A referência ao 'cabeça de casal' da lei antiga, no art. 1.579, dizia respeito ao chefe da família. A noção não é mais útil, na medida em que os direitos do homem e da mulher devem ser idênticos, a partir da Constituição de 1988. No dizer de Carlos Maximiliano (1952, v. 3:285), '*cabeça de casal é o indivíduo que tem a posse e administração dos bens do espólio enquanto não se realiza a partilha. Por lhe caber, em geral, proceder ao inventário, comumente o confundem com inventariante*'. A mulher casada sob o regime da comunhão, ou o homem casado, seria o inventariante, pois eles deviam ser considerados cabeças de casal. Outras pessoas, enumeradas na lei, também podem assumir a inventariança, inclusive o companheiro, como enfatizamos. O legatário, como regra geral, não tem a posse do legado com a morte. A posse deve ser pedida aos herdeiros, salvo, é claro, se já estivessem na posse da coisa quando da morte. No entanto, a propriedade é sua desde a abertura da sucessão. De qualquer forma, a posse deferida ao cônjuge supérstite ou a outra pessoa tem índole provisória, já que é exercida em proveito dos herdeiros, com o fito da guarda e proteção dos bens enquanto existe um todo indiviso".

24.2 INDIVISIBILIDADE DA HERANÇA

Em nosso *Direito civil: parte geral* (seção 15.5), já fixamos a noção de patrimônio: o conjunto de direitos reais e obrigações, ativos e passivos, pertencentes a uma pessoa. A herança é um patrimônio transmitido por força da morte: é uma universalidade. O patrimônio é uma universalidade, ou seja, um complexo de direitos economicamente apreciáveis. Nesse diapasão, de universalidade de direito, a herança coloca-se no mesmo nível da massa falida, do dote e do estabelecimento comercial.

Também ao examinarmos a pessoa jurídica em *Direito civil: parte geral* (seção 14.6), qualificamos o *espólio* como a massa patrimonial hereditária que tem personalidade anômala. O espólio é a herança em juízo, ou seja, o patrimônio do *de cujus* em juízo. É o inventariante que representa processualmente o espólio (art. 75, VII, do CPC).

A herança (e, portanto, a universalidade) mantém-se até a partilha. Até aí existe a indivisibilidade. Com a partilha, atribuem-se os bens aos herdeiros e legatários, desaparece a herança, desaparecendo a *indivisibilidade*.

Destarte, os herdeiros, sendo chamados simultaneamente à herança, detêm a posse e o domínio indivisível até a partilha, esse todo unitário, como já referido. Daí a razão do que expusemos a respeito da cessão de direitos hereditários.

Como consequência da indivisibilidade, do condomínio dos coerdeiros, pode qualquer um deles reclamar a herança, no todo ou em parte, de terceiros. A reivindicação é titulada a qualquer herdeiro. Como informa Arthur Vasco Itabaiana de Oliveira (1978:35),

> *"reivindicando o herdeiro qualquer coisa da herança, antes da partilha, não o reivindica para si, mas para a comunhão e, em consequência, o demandado não pode opor-lhe a exceção de que a herança lhe não pertence por inteiro, por isso que o herdeiro demanda como mandatário tácito dos outros coerdeiros, defendendo a herança no interesse de todos; só depois da partilha é que poderá, então, o herdeiro reivindicar, para si, a parte que lhe tiver sido aquinhoada".*

Trata-se de aplicação do princípio do condomínio (art. 1.314). A lei considera a massa hereditária como coisa imóvel (art. 80, II). Assim, qualquer demanda que envolva a herança deve ser considerada ação real.

A indivisibilidade da herança acaba por vir enfatizada no próprio capítulo específico do Código (art. 1.791). Assim, trata-se de princípio absoluto, calcado na noção de universalidade.

24.3 CAPACIDADE PARA SUCEDER

Capacidade é a aptidão para receber, exercer e transmitir direitos. O que nos interessa agora é a capacidade passiva, isto é, a capacidade de alguém adquirir bens numa herança. Para que uma pessoa possa ser considerada herdeira, há que se atentar para três requisitos: deve existir, estar vivo ou já concebido na época da morte, ter aptidão específica para aquela herança e não ser considerado indigno.

O primeiro aspecto é o fato de estar vivo quando da morte do autor da herança. Já vimos, na Parte Geral, que a personalidade começa com o nascimento com vida, mas, na forma do art. 2º, a lei põe a salvo, desde a concepção, os direitos do nascituro. A capacidade sucessória é aferida no momento da morte. Daí então existir a norma da comoriência no art. 11. A ideia central é que o herdeiro *exista* no momento da morte. *"Legitimam-se a suceder as pessoas nascidas ou já concebidas no momento da abertura da sucessão"* (art. 1.798).[9]

Cumpre lembrar que as pessoas jurídicas também são sujeitos de direitos e, portanto, também têm capacidade sucessória passiva. É evidente que a pessoa jurídica só pode ser aquinhoada por testamento. A existência da pessoa jurídica, quando da morte, contudo, não é requisito essencial: pode o testador instituir uma *fundação* em seu ato de última vontade. Pode também condicionar a deixa testamentária à criação de outra forma de pessoa jurídica. O paralelismo da sociedade por se formar é com o nascituro. Se o nascituro nasce com vida, torna-se herdeiro desde a concepção; formada a pessoa jurídica, após a morte do testador que a instituiu, ou a condicionou, confirma-se a ela a delação da herança (Gomes, 1981:31).

---

[9] "Agravo de instrumento – Ação de inventário – **Herdeiro testamentário** – Posse do imóvel transmitido pela herança – Administração do bem – Possibilidade – Não redução das disposições testamentárias – Aberta a sucessão, a herança transmite-se, desde logo, ao herdeiro testamentário, que passa imediatamente à condição de proprietário do imóvel rural, tendo o direito à posse e administração do imóvel, pois não comprovado o excesso a legítima e não reduzidas as disposições testamentárias, em ação própria. Recurso conhecido e provido." (TJMG – AI-Cv 1.0701.15.038528-7/001, 13-3-2019, Rel. Albergaria Costa).

Outro requisito é a aptidão específica para determinada herança. A aptidão específica para determinado ato jurídico se denomina *legitimação*, em terminologia emprestada do direito processual. Não basta existir quando da morte: é necessário que a pessoa esteja legitimada para aquela herança determinada. Assim, existindo descendentes, por exemplo, os ascendentes não podem ser herdeiros, por lhes faltar a devida legitimação. Nesse mesmo diapasão, não têm legitimação para ser herdeiros os colaterais além do quarto grau (art. 1.839), porque a lei atual faz terminar aí a vocação legítima. Do mesmo modo, até a atual Constituição, havia restrição a direitos hereditários de certos descendentes ilegítimos. Houve um avanço legislativo paulatino no direito do filho espúrio ou ilegítimo. Na origem do Código, os filhos incestuosos e adulterinos não podiam suceder, como regra geral. A lei civil não lhes dava legitimação na herança. Examinaremos a questão ao tratarmos da sucessão dos descendentes.

O terceiro requisito é que não pode o pretendente à herança ser considerado indigno. A indignidade vem tratada no Código (arts. 1.814 ss) sob o título *"Dos Excluídos da Sucessão"*. O Código anterior se referia *"aos que não podem suceder"*. Trata-se de eufemismo da lei para dispor sobre os casos de indignidade. A lei tira a aptidão passiva do herdeiro se este houver praticado atos, contra o autor da herança, presumidos incompatíveis com os sentimentos de afeição real ou presumida.[10]

A lei da data da abertura da sucessão é que rege a capacidade para suceder, como analisamos no capítulo anterior (art. 1.787). A lei posterior não pode alcançar as sucessões já abertas (Constituição Federal, art. 5º, XXXVI: *"a lei não prejudicará o direito adquirido, o ato jurídico perfeito e a coisa julgada"*).

Nesse sentido, o presente Código é expresso no art. 1.787: *"Regula a sucessão e a legitimação para suceder a lei vigente ao tempo da abertura daquela"*. Desse modo, o Código de 1916 regulará todas as sucessões que se abrirem até o último dia de sua vigência. É garantia fundamental do indivíduo e da tradição de nosso direito. No entanto, há um exemplo terrível de retroatividade da lei, da época da ditadura getulista: O Decreto-lei nº 1.907, de 26-12-1939, expressamente atribuiu efeito retroativo à lei, para alcançar sucessões abertas antes de sua vigência, tolhendo o direito hereditário de herdeiros legítimos. O episódio visou modificar a sucessão dos bens deixados por Paul Louis Joseph Deleuze, em episódio que denigre a história jurídica de nosso país.

O mesmo princípio é aplicado aos herdeiros testamentários e legatários. No testamento, afere-se a capacidade para suceder quando da morte e não quando da feitura do ato de última vontade.

---

[10] "Recurso – Apelação – Partilha de bem – inventário – Cônjuge sobrevivente – Sucessão de bem particular do falecido – **Sucessão e legitimação para suceder que devem ser reguladas pela lei vigente à época da abertura da sucessão**, nos termos do artigo 1.577 do Código Civil de 1916 e dos artigos 1.787 e 2.041 do Código Civil em vigor. Inconformismo das herdeiras, filhas da falecida. O cônjuge sobrevivente, casado no regime de comunhão parcial de bens, concorre com os descendentes quanto aos bens particulares. Decisão mantida. Majoração dos honorários advocatícios fixados na Instância de piso ao advogado dos autores para o valor correspondente a 12% do valor atualizado da condenação. Sentença mantida. Recurso Improvido, com majoração dos honorários advocatícios." (*TJSP* – AC 1006391-24.2018.8.26.0292, 14-8-2019, Rel. Beretta da Silveira).
"Direito das sucessões – Apelação Cível – **Ação de petição de herança** – Nascituro – Alvará judicial – Recebimento de valor – avós – concepção anterior à morte – qualidade de herdeiro – art. 1.798 CC – Sentença mantida – A ação de petição de herança constitui uma proteção da qualidade de sucessor, tendo em vista que pelo princípio da 'saisine', desde a abertura da sucessão a herança pertence ao herdeiro, conforme dispõe o art. 1.784 do CC – Nos termos dos artigos 2º e 1.798 do Código Civil , as pessoas já concebidas no momento da abertura da sucessão devem ser consideradas legítimas herdeiras." (*TJMG* – AC 1.0153.15.001884-1/001, 24-10-2018, Rel. Dárcio Lopardi Mendes).

Existem situações legais que inibem a ordem de vocação hereditária estabelecida ordinariamente na lei. É o que a doutrina chama de sucessões irregulares. É o que ocorre com a sucessão de bens de estrangeiros situados no país, que

> "será regulada pela lei brasileira em benefício do cônjuge ou dos filhos brasileiros, sempre que não lhes seja mais favorável a lei pessoal do de cujus" (art. 5º, XXXI, da Constituição Federal e art. 10, § 1º, da Lei da Introdução ao Código Civil).[11]

Outro exemplo é o do Decreto-lei nº 3.182/41, o qual proíbe a sucessão de estrangeiros em ações ou quotas de instituições bancárias. Outros exemplos existem na legislação esparsa.

24.4 PACTOS SUCESSÓRIOS

Ninguém pode dispor sobre herança de pessoa viva. Esse é o princípio geral exposto no art. 426: *"Não pode ser objeto de contrato a herança de pessoa viva"*. Pacto sucessório é, portanto, a crença que tem por objeto a herança de pessoa viva. A proibição é da tradição do Direito Romano. Não pode a transmissão hereditária ter origem contratual. Talvez tenhamos novidade, pois há forte corrente entre os doutrinadores, encarregados da reforma do atual Código Civil, para permitir negócios sobre a herança de pessoa viva. O projeto de reforma do Código Civil em curso abre exceção ao princípio, ao mencionar possibilidade dos herdeiros necessários descendentes discutirem a partilha com o autor da futura herança vivo. Aguardemos.

O Direito Romano condenava tanto o contrato que tinha por objeto a própria herança como aquele que objetivava a herança de terceiro. A principal razão da proibição era de que, com o pacto vedado, poder-se-ia derrogar a ordem de vocação hereditária.

A razão da existência de norma expressa em nosso direito é que o antigo direito germânico não proibia o pacto sucessório. Enquanto o Direito Romano se baseava no poder irrestrito do *pater familias*, o direito germânico levava em conta o interesse coletivo, não individualístico, próprio do direito latino. O direito germânico permitia o pacto na ausência de herdeiro de sangue. Como assinala Lodovico Barassi (1944:46), com a recepção do Direito Romano na Alemanha, tais contratos se transformaram em verdadeiros contratos *causa mortis*. O contrato sucessório distinguia-se do testamento tão só por sua formação e pelo fato de ser irrevogável.

---

[11] "**Inventário – Renúncia à herança** – Agravante que se insurge contra a r. decisão que indeferiu o pedido de renúncia à herança por ele manifestada nos autos do inventário de seu pai – Prática anterior de atos próprios de herdeiro que implicaram aceitação tácita – Ingresso nos autos para se manifestar a respeito dos depósitos judiciais feitos pela locatária do imóvel inventariado, sem se insurgir com relação às primeiras declarações, em que constou do rol de herdeiros – Pedido de renúncia formulado por mera declaração nos autos, sem observância dos requisitos formais dispostos no art. 1.806 do Código Civil , além de posterior à sentença favorável ao condomínio, ora agravado, credor das despesas condominiais relativas ao imóvel inventariado, bem como ao pedido de penhora no rosto dos autos, oriunda de demandas trabalhistas ajuizadas contra o Espólio – Renúncia que não pode ser manifestada após a aceitação, tendo em vista o caráter irrevogável do ato, nos termos do art. 1.812 do Código Civil – Aceitação tácita da herança que restou inquestionável – Decisão agravada mantida. Recurso desprovido." (TJSP – AI 2201085-13.2017.8.26.0000, 25-2-2019, Relª Angela Lopes).
"Inventário – **Renúncia à herança** – Acordo entabulado entre os herdeiros e os de cujus que estabeleceu renúncia de um dos herdeiros aos direitos hereditários sobre imóveis de seu genitor antes do falecimento deste. Arts. 426 e 1.808, *caput*, do CC. Nulidade da renúncia parcial à herança de pessoa viva, mantendo-se a parte em que os herdeiros se dão quitação dos bens e valores recebidos do genitor comum. Necessidade de elaboração de novo plano de partilha. Pedidos de arbitramento de aluguel por ocupação exclusiva de imóvel do espólio por herdeiro, declaração de herdeiro universal de terceira pessoa e retificação da certidão de óbito do de cujus que deverão ser buscados nas vias adequadas. Recurso parcialmente provido." (TJSP – Ap 1016995-35.2014.8.26.0114, 28-8-2018, Relª Mary Grün).

Como, entre nós, e na maioria das legislações de inspiração romana, o testamento é sempre ato da última vontade do *de cujus*, e sempre revogável, foi mantida a tradição da proibição.

Não discrepa a doutrina em entender os pactos sobre herança de pessoa viva como imorais. Imagine a situação do futuro herdeiro ou legatário, protegido por um contrato desses, sabendo que o mesmo não poderia ser revogado. Não resta dúvida de que o futuro beneficiário do contrato não zelaria muito pela vida do transmitente dos bens. O mesmo Barassi mostra sua estranheza à solução alemã, entendendo que ali existe uma sensibilidade diferente para o que seja ou não seja moral nesse aspecto (1944:47).

Também, os pactos sucessórios violariam as regras do direito das sucessões, com interferência do contrato nas disposições exclusivas de herança. Tais contratos, portanto, constituiriam uma especulação sobre a morte de uma pessoa, contrariando a moral e os bons costumes (Oliveira, 1987:42). Tanto que eram denominados *pacta corvina*.

O princípio, porém, sofre duas exceções entre nós. Uma das situações é a possibilidade de, nos pactos antenupciais, os nubentes poderem dispor a respeito da recíproca e futura sucessão. Tratava-se da doação *propter nuptias* que, estipulada no pacto antenupcial, aproveitava aos filhos do donatário, se este falecesse antes do doador. Note, aqui, que a doação não vem subordinada à morte, mas às bodas; sendo a morte mera consequência, não encontrando oposição no atual sistema.

Outra exceção é a do art. 2.018: *"É válida a partilha feita por ascendente, por ato entre vivos ou de última vontade, contanto que não prejudique a legítima dos herdeiros necessários"*. Esta é, na verdade, a única exceção real ao art. 426, porque possibilita a ocorrência de uma disposição antecipada de bens para após a morte. Embora seja de pouco uso corrente, não tem grandes inconvenientes, pois só pode abranger bens presentes.

25

CAPACIDADE PARA SUCEDER. INDIGNIDADE. APARÊNCIA E HERDEIRO APARENTE

25.1 CAPACIDADE PARA SUCEDER

A capacidade para suceder é a aptidão para se tornar herdeiro ou legatário numa determinada herança. A vocação hereditária está na lei, norma abstrata que é. Daí porque a lei diz que são chamados os descendentes, em sua falta os ascendentes, cônjuge, colaterais até quarto grau e Estado. O cônjuge, no mais recente Código, ascende ao estado de herdeiro necessário e concorrerá à herança com os descendentes, em determinadas situações, bem como com os ascendentes (art. 1.829).[1]

---

[1] "Agravo de instrumento. Ação de inventário e partilha de bens. Decisão que determinou a inclusão da companheira do de cujus nos autos da partilha, bem como, reconheceu o seu direito à vocação hereditária. Irresignação das agravantes. Descabimento. Aplicação do **art. 1.829, I, do CC** e do entendimento exarado no Tema 809 do STF. Decisão mantida. Recurso desprovido" (*TJSP* – AI 2025960-84.2024.8.26.0000, 22-5-2024, Relª. Lia Porto).
"Civil. Sucessões. Inventário. Ordem de vocação hereditária. Cônjuge supérstite casada sob o regime da comunhão parcial de bens. Bem particular herdado pelo 'de cujus' com cláusula de incomunicabilidade. Irrelevância. 1. Tratando da **ordem de vocação hereditária**, dispõe o art. 1.829, I, do Código Civil que a sucessão legítima defere-se, primeiramente, aos descendentes, em concorrência com o cônjuge sobrevivente, salvo se casado este com o falecido no regime da comunhão universal, ou no da separação obrigatória de bens (art. 1.640, parágrafo único); ou se, no regime da comunhão parcial, o autor da herança não houver deixado bens particulares. 2. O instituto da meação não se confunde com o da herança, razão pela qual a cláusula de incomunicabilidade imposta a um bem não se relaciona com a vocação hereditária. Assim, se o indivíduo recebeu por doação ou testamento bem imóvel com a referida cláusula, sua morte não impede que seu herdeiro receba o mesmo bem. Precedentes do C. STJ e deste E. TJSP. 3. Agravada que, enquanto cônjuge supérstite do autor da herança, deve concorrer com os agravantes na sucessão hereditária relativa ao imóvel discutido. 4. Cláusula de incomunicabilidade, ademais, instituída com a finalidade expressa de evitar redução patrimonial dos herdeiros em razão do divórcio, cenário distinto do apresentado nos autos. 5. Decisão mantida. Recurso desprovido" (*TJSP* – AI 2006315-10.2023.8.26.0000, 21-9-2023, Rel. Clara Maria Araújo Xavier).
"Agravo de instrumento. Reconhecimento de união estável 'post mortem'. Decisão que determinou a emenda da inicial para a inclusão no polo passivo da demanda dos herdeiros do falecido, seguindo a ordem de sucessão: ascendentes e colaterais; e, caso inexistentes, determinando a inclusão do Município, em face do seu interesse como possível adjudicatário dos bens da herança tida como jacente, depois vacante. Inconformismo da autora. Município que não tem interesse público na ação, já que sequer há declaração de vacância dos bens. Determinação, todavia, que é inócua e não será efetivada, já que há herdeiros colaterais. Necessidade de manter a determinação

Também em um testamento, a regra geral é que toda pessoa natural ou jurídica pode ser aquinhoada pelo ato de última vontade.[2] Essa aptidão genérica materializa-se quando da morte, quando é aberta a sucessão.

---

de inclusão dos colaterais, já que eles poderão ser atingidos diretamente em caso de procedência da ação. Situação que poderá afastar o direito à herança, conforme preceitua o artigo 1.829 do CC. Decisão que deve ser mantida. Recurso não provido". (*TJSP* – AI 2133727-55.2022.8.26.0000, 27-6-2022, Rel. Ana Maria Baldy).

"Inventário – Decisão que determinou a exclusão do cônjuge sobrevivente da qualidade de herdeira do falecido – Viúva casada pelo regime da separação convencional de bens com o autor da herança – inteligência do art. 1.829, inc. I do Código Civil – regime que impede a meação, mas permite a concorrência do cônjuge supérstite com os descendentes na condição de herdeiro necessário – precedente do C. STJ – Decisão reformada – Agravo provido". (*TJSP* – Agravo de Instrumento 2195306-72.2020.8.26.0000, 27-1-2021, Rel. Theodureto Camargo).

"Na falta de indicação expressa, 'serão beneficiários' do capital segurado, 'por metade', o 'cônjuge não separado judicialmente' e, no 'restante', os 'herdeiros, obedecida a **ordem da vocação hereditária**' – Nessa ordem, descendente, filho ou neto etc., é o primeiro e exclui ascendente, pais ou avós etc. Revelando-se, assim, a ilegitimidade da autora, mãe do segurado que deixou filha, para a demanda por indenização do seguro, mantém-se o Decreto de extinção do processo sem exame de mérito." (*TJSP* – AC 1002341-85.2018.8.26.0572, 3-10-2019, Rel. Celso Pimentel).

[2] "Apelação cível – Investigação de paternidade *post mortem* – Preliminares – Ausência de interesse recursal – Ilegitimidade Recursal – Rejeição – Petição de herança indeferida – Ausência de comprovação da relação hereditária com o *de cujus* – Não configurado o legítimo interesse para contestar a ação. Apelo desprovido – Devem integrar o polo passivo da Investigação de Paternidade *post mortem* os herdeiros necessários, na **ordem de vocação do art. 1.829 do Código Civil** – Carece de legitimidade para figurar como parte na Ação de Investigação de Paternidade *post mortem*, pessoa de relação conjugal não comprovada com o *De Cujus* – Apenas se admite intervenção de terceiros na investigação de paternidade, sob a premissa do justo interesse, nos termos do art. 1.615 do Código Civil – Incomprovada a união estável até o momento da decisão, bem como ausente o legítimo interesse, afigura-se correto o indeferimento do pleito de habilitação formulado pela ora apelante junto ao juízo de primeiro grau." (*TJPB* – Ap 0004269-92.2015.815.0251, 7-2-2019, Rel. Des. Oswaldo Trigueiro do Valle Filho).

"Recurso especial – **Direito das sucessões** – Bem gravado com cláusula de inalienabilidade – Cônjuge que não perde a condição de herdeiro – 1 – O art. 1.829 do Código Civil enumera os chamados a suceder e define a **ordem em que a sucessão é deferida**. O dispositivo preceitua que o cônjuge é também herdeiro e nessa qualidade concorre com descendentes (inciso I) e ascendentes (inciso II). Na falta de descendentes e ascendentes, o cônjuge herda sozinho (inciso III). Só no inciso IV é que são contemplados os colaterais. 2 – A cláusula de incomunicabilidade imposta a um bem não se relaciona com a vocação hereditária. Assim, se o indivíduo recebeu por doação ou testamento bem imóvel com a referida cláusula, sua morte não impede que seu herdeiro receba o mesmo bem. 3 – Recurso especial provido" (*STJ* – REsp 1.552.553 – (2014/0289212-8), 11-2-2016, Relª Minª Maria Isabel Gallotti).

"Responsabilidade civil – Recurso Especial – Acidente aéreo que vitimou irmão da autora – Legitimidade ativa para a ação indenizatória por danos morais – Valor da indenização mantido – Irmão Unilateral – Irrelevância – Dano moral *in re ipsa* – 1 – Por analogia ao que dispõem os arts. 12 e 948 do Código Civil de 2002; art. 76 do Código Civil de 1916; e art. 63 do Código de Processo Penal, com inspiração também no art. 1.829 do Código Civil de 2002, como regra – Que pode comportar exceções diante de peculiaridades de casos concretos –, os legitimados para a propositura de ação indenizatória em razão de morte de parentes são o cônjuge ou companheiro(a), os descendentes, os ascendentes e os colaterais, de forma não excludente e ressalvada a análise de peculiaridades do caso concreto que possam inserir sujeitos nessa cadeia de legitimação ou dela excluir. 2 – No caso em exame, seja por força da estrita observância da **ordem de vocação hereditária** – Pois a autora é a única herdeira viva do falecido –, seja porque pais, filhos, cônjuge e irmãos formam indissolúvel entidade familiar, reconhece-se a legitimidade da irmã da vítima para o pleito de indenização por dano moral em razão de sua morte. 3 – O fato de a autora ser irmã unilateral e residir em cidade diferente daquela do falecido, por si só, não se mostra apto para modificar a condenação, uma vez que eventual investigação acerca do real afeto existente entre os irmãos não ultrapassa a esfera das meras elucubrações. No caso, o dano moral continua a ser *in re ipsa*. 4 – Valor da indenização mantido, uma vez que não se mostra exorbitante (R$ 81.375,00). 5 – Recurso especial não provido" (*STJ* – REsp 1.291.845 – (2011/0165462-0), 9-2-2015, Rel. Min. Luis Felipe Salomão).

"Agravo interno – Decisão monocrática – Agravo de instrumento – Inventário – **Ordem de vocação hereditária** – Concorrência do cônjuge supérstite com o filho – Cabimento – 1 – Comporta decisão monocrática o recurso que versa sobre matéria já pacificada no Tribunal de Justiça. Inteligência do art. 557 do CPC. 2 – A Lei que rege a capacidade sucessória é aquela vigente no momento da abertura da sucessão. Inteligência do art. 1.787 do CCB. 3 – Tendo o casamento sido realizado pelo regime da separação convencional de bens, a cônjuge supérstite deve ser chamada para suceder, concorrendo com os filhos do *de cujus* aos bens deixados por ele. Recurso desprovido. Agravo interno" (*TJRS* – AGInt-AI 70058604604, 26-2-2014, Rel. Des. Sérgio Fernando de Vasconcellos Chaves).

Quando da morte verifica-se quais são as pessoas que têm capacidade para suceder naquela herança. Tal capacidade é um direito concreto que pressupõe capacidade geral, para todos os direitos e obrigações. Segundo o art. 1.798 do Código de 2002, *"legitimam-se a suceder as pessoas nascidas ou já concebidas no momento da abertura da sucessão".* Vê-se, portanto, que o nascituro possui legitimidade para ser herdeiro. No entanto, como acrescenta o art. 1.799, podem também ser chamados a suceder:

> *"I – os filhos, ainda não concebidos, de pessoas indicadas pelo testador, desde que vivas estas ao abrir-se a sucessão;*
>
> *II – as pessoas jurídicas;*
>
> *III – as pessoas jurídicas, cuja organização for determinada pelo testador sob a forma de fundação".*

No caso de herdeiros ainda não concebidos, os bens da herança serão confiados, após a partilha, a curador nomeado pelo juiz (art. 1.800). Se, após dois anos contados da abertura da sucessão, não nascer o herdeiro esperado, os bens reservados caberão aos herdeiros legítimos, salvo disposição em sentido diverso feita pelo testador (art. 1.800, § 4º). Nesse caso, resolve-se a disposição testamentária. Essa questão prende-se diretamente às inseminações artificiais e fertilização assistida em geral, quando seres humanos podem ser gerados após a morte dos pais. Veja o que falamos a esse respeito na Parte I, sobre direito de família. Se não houver previsão testamentária para esses filhos, pelo princípio atual não serão herdeiros.

O dispositivo também dirime qualquer dúvida, se é que ainda existe, quanto à capacidade sucessória das pessoas jurídicas. Quanto às fundações, o testamento é mesmo uma de suas formas legais de constituição, no direito tradicional. A dúvida se desloca para as pessoas jurídicas não constituídas ou em formação: no caso concreto há que se apurar se há intenção de fraude por meio da deixa sucessória.

Portanto, a capacidade para suceder é aferida no momento da morte. Não há mais que se falar em certas incapacidades do direito precodificado que surgiam com a morte civil ou a condição de estrangeiro. Como os direitos sucessórios são adquiridos no momento da morte, pela *saisine*, é lógico que esse é o momento de aferição da capacidade.

Assim, para suceder, não basta que alguém invoque a ordem de vocação hereditária ou seu aquinhoamento no testamento. Há certas condições a serem verificadas. A pessoa deve reunir três condições básicas: (a) estar viva; (b) ser capaz; e (c) não ser indigna. É claro que a atribuição de herança a herdeiro esperado é exceção dentro do sistema, a qual, aliás, já estava presente no código anterior (art. 1.718).

Destarte, para suceder é necessário que o sucessor *exista* quando da delação. Deve já ter nascido, embora fiquem ressalvados, entre nós, o direito do já concebido, do nascituro, bem como a situação do sucessor esperado do art. 1.800. Sobre o nascituro já tecemos considerações no *Direito civil: parte geral*, Capítulo 10. A condição do nascituro é peculiar. O já concebido poderá vir a ser sujeito de direitos no futuro. Tem um direito eventual enquanto não nascido, já protegido pelo direito (o que distingue o direito eventual da mera expectativa de direito). Os direitos do nascituro só ganharão forma com seu nascimento com vida. A situação do nascituro, pois, traça uma forma de exceção à regra da existência da pessoa quando da morte, para que isso possibilite uma sucessão em razão da morte. Não se identifica a posição de nascituro com o embrião, matéria que merece um estudo à parte.

A segunda condição é de que a pessoa tenha capacidade para suceder, ou, pelo contrário, que não seja incapaz para suceder.[3] A regra geral é que *todos são capazes*. Só determinadas pessoas não têm capacidade para receber *em certas heranças*. Assim, o filho natural ou espúrio e não reconhecido não tem capacidade. Contudo sua incapacidade cessa no momento em que é reconhecido, voluntariamente ou por decisão judicial. Ainda, o art. 1.801 do Código Civil diz:

> *"Não podem ser nomeados herdeiros, nem legatários:*
>
> *I – a pessoa que, a rogo, escreveu o testamento, nem o seu cônjuge ou companheiro, ou os seus ascendentes e irmãos;*
>
> *II – as testemunhas do testamento;*
>
> *III – o concubino do testador casado, salvo se este, sem culpa sua, estiver separado de fato do cônjuge, há mais de cinco anos;*
>
> *IV – o tabelião, civil ou militar, ou o comandante ou escrivão, perante quem se fizer, assim como o que fizer, ou aprovar o testamento".*

Tais pessoas aí enumeradas possuem uma incapacidade *relativa*. O Projeto nº 6.960/2002 objetivou suprimir o requisito temporal de cinco anos, presente no inciso III, uma vez que isto apresenta dificuldades no caso concreto. Essas pessoas não podem ser sucessoras na herança com a qual tiveram o vínculo apontado pela lei. O conceito é, na verdade, mais próximo da falta de legitimação para a sucessão do que propriamente uma incapacidade. A ideia de suspeição está literalmente presente nesse artigo. Todas as pessoas aí colocadas estão em posição

---

[3] "Agravo de instrumento – Inventário – Habilitação de colaterais – Indeferimento – Regime de separação de bens – Cônjuge sobrevivente – Na **ordem de vocação hereditária**, o cônjuge sobrevivente exclui os colaterais, ainda que casado com o *de cujus* sob o regime de separação de bens, consoante expresso na lei e reafirmado em jurisprudência." (TJMG – AI-Cv 1.0005.17.003067-9/001, 11-3-2019, Rel. Oliveira Firmo).

"Agravo de instrumento – Direito sucessório – Morte do "de cujus" – **Abertura da sucessão e transmissão da herança** – Processo de inventário – Prosseguimento condicionado à comprovação dos dados necessários para formalização da partilha – 1 – Verificada a morte do de cujus, há a abertura da sucessão e a herança se transmite imediatamente aos herdeiros legítimos e testamentários, sobreviventes, que se tornem titulares dos direitos adquiridos, subordinada obviamente a que tenham capacidade para suceder; 2 – Pelo princípio da indivisibilidade, todos os bens que compõem a herança não poderão ser divididos até que o processo de inventário esteja concluído, mediante a comprovação dos dados necessários à formalização da partilha." (TJMG – AI-Cv 1.0035.05.051645-5/001, 7-8-2018, Rel. Renato Dresch).

"Agravo de instrumento – Ação de inventário – Objeto do recurso – Nomeação para inventariante de parente do 'de cujus', em 5º grau na linha colateral, domiciliado em país estrangeiro. Agravante alega a condição de única herdeira, segundo a tese de que a capacidade de suceder se regula pela lei do autor da herança, relativizando o disposto no art. 10, 'caput', da LINDB. Cognição não exauriente da matéria aponta para o não atendimento dos pressupostos que autorizam a antecipação da tutela recursal. Inconsistência jurídica da tese da agravante. A capacidade para suceder não se confunde com qualidade de herdeiro. Enquanto esta última exprime a ordem da vocação hereditária, que no Brasil é regida pela lei do país em que era domiciliado o 'de cujus', aquela se refere à incapacidade ou **capacidade da pessoa para receber a herança**, com solução através da análise de lei do domicílio do herdeiro. Inteligência do § 2º do art. 10 da LINDB. Precedente do STJ. No plano da cognição sumária, a alegação da agravante não reúne consistência jurídica, porque os documentos não informam a vocação para suceder aos bens do falecido, porquanto a agravante possui vínculo parentesco colateral que ultrapassa o 4º grau colateral. Inteligência do art. 1.830 C.C. Decisão mantida. Negado provimento ao recurso. (TJSP – AI 2054548-48.2017.8.26.0000, 22-5-2017, Rel. José Maria Câmara Junior).

"Direito Civil – Sucessão – Abertura – **Herança – Transmissão – Legitimados – Ordem – Vocação – Hereditária** – Descendentes – Herdeiros Necessários – Exclusão – Hipótese – Ausência – 1 – Aberta a sucessão, a herança transmite-se, desde logo, aos herdeiros legítimos e testamentários (artigo 1.784, CC). 2 – São legitimados a suceder as pessoas nascidas ou já concebidas no momento da abertura da sucessão (artigo 1.798, CC). 3 – O ordenamento estabelece a ordem da vocação hereditária (artigo 1.829, CC). 4 – Os descendentes são herdeiros necessários (artigo 1.845, CC). 5 – Não se tem notícia da ocorrência de qualquer circunstância ensejadora de exclusão da sucessão (artigo 1.814 e seguintes, CC)" (TJRJ – AI 0031928-08.2016.8.19.0000, 1-9-2016, Rel. Milton Fernandes de Souza).

de alterar indevidamente a vontade do testador, que deve ser a mais livre possível. O art. 1.802 ainda completa essa noção para dispor que são nulas as disposições testamentárias em favor dos não legitimados, ainda que simuladas sob a forma de contrato oneroso ou por meio de interposta pessoa. A essa matéria voltaremos no curso do estudo de testamentos.

Por fim, a última condição, além de a pessoa estar viva e ser capaz, *é que não seja indigna*. O código nomeia o capítulo da indignidade sob o título "Dos Excluídos da Sucessão" (arts. 1.814 ss). O Código de 1916 referia-se a "Dos que não podem suceder" (arts. 1.595 a 1.602).

25.2 INDIGNIDADE PARA SUCEDER

A vocação hereditária nascida do parentesco ou da vontade (legítima ou testamentária) supõe uma relação de afeto, consideração e solidariedade entre o autor da herança e o sucessor (Borda, 1987, v. 1:75). No entanto, o sucessor, chamado pela ordem de vocação hereditária, pode praticar atos *indignos* dessa condição de afeto e solidariedade humana. É moral e lógico que quem pratica atos de desdouro contra quem lhe vai transmitir uma herança torna-se indigno de recebê-la. Daí porque a lei traz descritos os casos de indignidade, isto é, fatos típicos que, se praticados, excluem o herdeiro da herança. A lei, ao permitir o afastamento do indigno, faz um juízo de reprovação, em função da gravidade dos atos praticados. Como veremos, no entanto, não existe a exclusão automática por indignidade. O indigno só se afasta da sucessão mediante uma sentença judicial. É isto que torna peculiar a exclusão por indignidade e a afasta do conceito de incapacidade. Historicamente, a indignidade aparece estritamente vinculada à deserdação. No Direito Romano, o autor da herança podia afastar de sua sucessão o herdeiro mediante uma deserção, que era, a princípio, completamente livre. Posteriormente, já com Justiniano é que as hipóteses são limitadas. Sobre esse conceito de deserdação se enxerta posteriormente a indignidade (Colin e Capitant, 1934:472).

Nosso direito mantém as duas formas de afastamento da herança, sendo a deserdação tratada pelos arts. 1.961 ss. Enquanto a indignidade se posiciona na sucessão legítima e seus casos constituem, na verdade, pelo padrão da moral, a vontade presumida do *de cujus*; a deserdação é instrumento posto à mão do testador. Só existe deserdação no testamento, e seu fim específico é afastar os herdeiros necessários da herança, suprimindo-lhes qualquer participação, tirando-lhes a legítima, ou seja, a metade da herança que, afora tal situação, não pode ser afastada pelo testamento.

As hipóteses do art. 1.814 são comuns à indignidade e à deserdação. Nenhuma alteração substancial ocorreu com o mais recente Código, salvo a modificação trazida pela Lei nº 13.532/2017, que deu, agora expressamente, legitimidade ao Ministério Público para propor ação por indignidade nos casos do inciso I do art. 1.814. Essa impropriedade do Código era constantemente apontada. No caso de homicídio doloso contra o autor da herança, o criminoso poderia safar-se da punição civil por falta de quem propusesse a ação de indignidade. Com essa alteração há tanto tempo esperada, cessam as áridas discussões sobre a legitimidade do MP nesse caso.

Para a deserdação abrem-se outras possibilidades nos casos descritos nos arts. 1.962 e 1.963. Porém, o fundamento de tais institutos é idêntico, necessitando, em ambos os casos, de uma ação e uma sentença para afastar o sucessor. A deserdação é específica para afastar os herdeiros necessários, porque para afastar os herdeiros não necessários (os colaterais no Código de 2002) basta que o testador não os beneficie no ato de última vontade. Em síntese, a indignidade não passa de uma deserdação determinada de ofício pela lei, em casos de tal gravidade, nos quais não há que se duvidar que essa seria a vontade real do *de cujus*. No entanto, pode haver perdão ao indigno, não tolhendo a lei essa possibilidade, como veremos.

25.3 CARACTERÍSTICAS DA INDIGNIDADE

A indignidade exposta na lei não opera automaticamente e não se confunde com incapacidade para suceder. Há necessidade que seja proposta uma ação, de rito ordinário, movida por quem tenha interesse na sucessão e na exclusão do indigno. O Ministério Público recebeu expressa legitimidade para essa ação, por lei mais recente, como expusemos no tópico anterior. Os casos típicos de indignidade descritos no art. 1.814 devem ser provados no curso da ação. O prazo para essa ação é de quatro anos a contar da abertura da sucessão (art. 1.815, § 1º).

Interessante notar que existe forte resquício da morte civil na pena de indignidade. O art. 1.816 diz que os efeitos da indignidade são pessoais e acrescenta: "*os descendentes do herdeiro excluído sucedem, como se ele morto fosse antes da abertura da sucessão*". O vigente Código acrescentou esta última dicção (antes da abertura da sucessão) justamente para tentar excluir essa pecha. Dessa forma, os filhos do indigno representam o pai na herança do avô, se concorrerem com irmão do indigno (art. 1.852).

O Estado está colocado na posição de herdeiro, ou, ainda que assim não se considere, pode ser interessado na herança quando não houver outros herdeiros, de modo que o Poder Público está legitimado a mover a ação contra o indigno, se não houver sucessor mais próximo legitimado a fazê-lo. Seria absurdamente imoral que se permitisse que um filho patricida ou matricida herdasse dos falecidos pai ou mãe, só porque não havia parente próximo algum intitulado para afastá-lo da sucessão.

O *de cujus*, contudo, pode ter perdoado o indigno, por ato autêntico ou testamento (art. 1.818). O perdão deve ser inequívoco, mas, uma vez eficaz, reabilita o indigno, não podendo ser impugnado por nenhum outro herdeiro, a não ser em caso de nulidade do próprio ato (Oliveira, 1987:94). O parágrafo único do art. 1.818 acrescenta que se não houver reabilitação expressa, o herdeiro, mesmo que se amolde às causas de indignidade (art. 1.814), não estará impedido de concorrer à herança se, quando o testador elaborou o testamento, já conhecia ele a causa de indignidade. Trata-se de uma modalidade de perdão implícito que exigirá o cuidado do intérprete bem como prova intrincada e complexa. Imagine-se, por exemplo, quão dificultosa será a avaliação da prova para se saber se o testador sabia da calúnia praticada em juízo ou de crime contra honra, contra si, contra seu cônjuge ou companheiro, quando aquinhoou o indigitado em testamento.

De outro lado, o Código de 2002 permitiu que o testador, mesmo sabedor da causa de indignidade, atribua herança de forma mitigada ao indigitado herdeiro. Nesse sentido, há que se entender a dicção legal do parágrafo único do art. 1.818: "*pode suceder no limite da disposição testamentária*". Nessa situação, o indigno parcialmente perdoado poderá receber quinhão menor.

A ação para o interessado pedir a declaração de indignidade na vigência do Código de 1916 prescrevia em quatro anos (art. 178, § 9º, IV). No Código de 2002, que simplificou marcadamente os prazos extintivos, definiu que o direito de demandar a exclusão do herdeiro ou legatário prazo de decadência extingue-se em quatro anos, a contar da abertura da sucessão (art. 1.815, § 1º).

Questão que se ligava ao interesse público e que merecia de fato a atenção do legislador e do julgador dizia respeito à possibilidade de o Ministério Público promover a ação de indignidade, mormente nas hipóteses de homicídio e sua tentativa contra o autor da herança. Imagine-se a situação de um parricídio praticado por filho único, único herdeiro. Não havendo outros herdeiros que pudessem promover a ação, o homicida seria herdeiro. Essa situação atentava contra a Moral e a Lógica do Direito. Desse modo, havia que se entender que o Estado possuía legitimidade, como derradeiro herdeiro que é, ainda que tecnicamente não o seja, para promover a ação de indignidade. O Estado possui interesse na sucessão. Os últimos casos relatados pela imprensa exigiam que essa matéria fosse repensada em prol da credibilidade do ordenamento. A Lei nº 13.532/2017, mencionada acima, corrigiu essa falha terrível. O art. 1.596, ao se expressar sobre a legitimidade para promover a ação de indignidade, dispunha sobre *"ação ordinária, movida por quem* tenha interesse na sucessão". Sobre a legitimidade para a ação de indignidade, ao comentar o art. 1.815, Eduardo de Oliveira Leite concluiu:

> *"O novo dispositivo legal silenciou, inexplicavelmente, sobre quem "tenha interesse na sucessão", mas certamente, aquele princípio continua implícito a reger a matéria. Por razões óbvias. Interessado na sucessão é, quem quer que, no caso de ser favorável a sentença em ação de exclusão por indignidade, ou de serem favoráveis as sentenças em duas ou mais ações, tenha direito de herdeiro ou de legatário"* (2003:166).

Pois parecera claro que no exemplo citado ocorria o interesse do Estado, e, mais do que isso, levantavam-se razões de ordem ética e moral. Já não sem tempo o legislador corrigiu a dúvida.

A Lei nº 14.661/2023, não sem atraso, determinou, nos casos de indignidade, que o trânsito em julgado da sentença pena condenatória acarretará a exclusão imediata do herdeiro ou legatário indigno. Assim, incluiu-se o art. 1.815-A:

> *"Em qualquer dos casos de indignidade previstos no art. 1814, o trânsito em julgado da sentença penal condenatória acarretará a imediata exclusão, independentemente da sentença prevista no* caput *do art. 1.815 deste Código".*

Corrigiu-se mais uma aberração com esse dispositivo, pois com a sentença penal condenatória à indignidade terá aplicação imediata.

25.4 EFEITOS DA INDIGNIDADE

Com o trânsito em julgado da ação de indignidade julgada procedente, teremos os seguintes efeitos, segundo Itabaiana de Oliveira (1987:95): (1) com efeito retroativo, desde a abertura da sucessão (*ex tunc*) os descendentes do indigno sucedem como se ele morto fosse (art. 1.816); (2) o indigno é obrigado a devolver os frutos e rendimentos da herança, já que é considerado *possuidor de má-fé* com relação aos herdeiros, desde a abertura da sucessão (art. 1.817, parágrafo único); (3) na forma do art. 1.817, os atos de administração e as alienações praticadas pelo indigno antes da sentença de exclusão são válidos.[4] Trata-se de dispositivo que merecerá

---

[4] "Apelação – **Ação de exclusão de herdeiro por indignidade** – Sentença de parcial procedência – Inconformismo dos autores – Não acolhimento – Impossível a declaração genérica de que a apelada não pode ser beneficiária de eventuais seguros de vida. Indignidade afeita apenas a direitos sucessórios. Ausência de comprovação da existência de seguros de vida contratados pelo de cujus que tenham a apelada como beneficiária. Questão que deve ser apreciada em ação própria, na ocorrência de concreta lesão ou ameaça de lesão a direitos dos apelantes. Recurso não provido." (TJSP – Ap 1000437-97.2017.8.26.0464, 21-1-2019, Rel. Piva Rodrigues).
"Direito civil – **Ação declaratória exclusão de herdeiro por indignidade** – Sentença de improcedência – Apelação do autor – Alegação de que o herdeiro submetia o falecido, quando em vida, a maus-tratos e a negligências graves e incompatíveis com as necessidades decorrentes da esquizofrenia da qual era portador. Direito de herança garantido pelo artigo 5º, XXX da Constituição Federal. Impossibilidade de interpretação extensiva aos atos de indignidade descritos no rol do artigo 1.814 do Código Civil. Exclusão de herdeiro possível apenas

maior estudo a seguir por envolver questões de herdeiro aparente, contudo o efeito, aqui, é *ex nunc*. Só não valem as alienações praticadas após a sentença de indignidade. E ressalvado o direito pessoal do novo herdeiro em cobrar perdas e danos do indigno.

Por outro lado, o desapossamento dos bens da herança, pelo indigno, não pode ser instrumento de um injusto enriquecimento por parte do herdeiro. O excluído, na forma do art. 1.601 do antigo Código, teria direito de reclamar indenizações por acréscimos e melhoramentos feitos na conservação dos bens hereditários, assim como direito de cobrar os créditos que lhe assistissem contra a herança. Temos para nós que a regra não é repetida no presente Código porque a situação deve ser vista de acordo com o sistema das benfeitorias (ver nosso *Direito civil: parte geral*, seção 16.8.2), analisando-se, em cada caso, se houve boa ou má-fé.

Questão importante erigida na lei, sem a qual a pena de indignidade perderia sua força, é a perda ao direito de usufruto e administração dos bens dos filhos que representam o indigno, bem como à sucessão eventual desses bens (art. 1.693, IV). Não fosse essa proibição, o indigno poderia beneficiar-se da herança da qual foi excluído por via transversa. Ou seja, como o indigno é tratado como se morto fosse, seus filhos representam-no na herança, como se tivesse havido uma pré-morte. Se os filhos fossem incapazes, o indigno teria o usufruto legal desses bens, assim como sua administração (art. 1.689), como efeitos inerentes ao poder familiar. Da mesma forma, a lei veda que o excluído por indignidade venha a receber por herança esses bens que lhe foram tolhidos, caso venha a suceder seus filhos, em caso de morte destes.

No entanto, deve ser lembrado que os efeitos da indignidade, como pena que é, são personalíssimos. Não deixará o indigno, pois, de ter o usufruto legal, a administração ou o direito a eventual herança de seus descendentes, no tocante a bens que não se refiram à exclusão e que pertençam a seus herdeiros por título diverso.

---

nos casos ali expressamente previstos, não sendo a hipótese dos autos contemplada. Caso em que, ademais, o falecido era absolutamente incapaz para os atos da vida civil, não lhe sendo mesmo possível dispor livremente de seus bens, além do que a curatela vinha sendo exercida pelo próprio requerente no último ano anterior ao óbito. Sentença mantida. Recurso improvido." (*TJRJ* – AC 0015999-55.2014.8.19.0209, 24-4-2018, Rel. Marco Antonio Ibrahim).

"Declaratória – **Ação de exclusão de herdeiro por indignidade** – Recurso contra sentença de improcedência – Descabimento – Relato do autor, somado à ausência de provas, que não se ajusta às hipóteses previstas no art. 1.814, incisos II e III, do Código Civil – Sentença mantida – Recurso desprovido." (*TJSP* – Ap 1002043-65.2015.8.26.0001, 24-4-2018, Rel. Rui Cascaldi).

"Direito civil e processual civil – Ação anulatória de testamento e **ação de indignidade** – Coação – Fundado temor – Violência – Não Comprovada – Ato de última vontade – Livre disposição dos bens – I – O Código Civil dispõe em seu art. 1.814, III, que serão excluídos da sucessão os herdeiros ou legatários que, por violência, inibirem ou obstarem o autor da herança a dispor livremente de seus bens por ato de última vontade. Trata-se de hipótese de indignidade, em que um sucessor comete um ato ilícito incompatível com a sucessão, sofrendo a pena de exclusão. II – Como os negócios jurídicos em geral, o testamento também pode ser anulado por algum vício de vontade, como o erro, o dolo ou a coação (art. 1.909 do Código Civil). III – Inexistindo prova robusta da coação, caracterizada pelo fundado temor de dano iminente, ou da violência perpetrada pelo réu com a finalidade de inibir o autor da herança de dispor livremente de seus bens por ato de última vontade, a improcedência da ação anulatória de testamento e da ação de indignidade é medida que se impõe. IV – Deu-se provimento ao recurso" (*TJDFT* – Proc. 20120111843444APC (1013200), 2-5-2017, Rel. José Divino).

"Apelação cível – Direito das sucessões – **Ação declaratória de indignidade** – Demanda intentada com fundamento na hipótese do art. 1.814, I do CC – Réu, autor de crime de homicídio contra a esposa e as duas filhas, absolvido na esfera criminal, ante o reconhecimento de inimputabilidade por doença mental. Sentença de procedência, que declara a indignidade. Inconformismo. Não acolhimento. A possibilidade de inclusão do agente que cometeu o crime de homicídio na sucessão das vítimas avilta o fundamento ético da indignidade. Irrelevância do reconhecimento da inimputabilidade, no âmbito criminal. Exclusão bem determinada. Sentença mantida. Negado provimento ao recurso". (v. 20396). (*TJSP* – Ap 4009140-57.2013.8.26.0576, 7-10-2015, Relª Viviani Nicolau).

"A **deserdação** só pode ser declarada em testamento. Mantém-se a extinção do processo sem julgamento de mérito" (*TJSP* – Ap 9.216.131-35.2008.8.26.0000, 9-5-2013, Rel. Antonio Vilenilson).

A nomeação de curador para a administração dos bens será restrita aos bens da herança da qual o herdeiro foi excluído.

Como não se confunde herança com meação, esta deve ser atribuída ao indigno, caso a herança provenha do cônjuge, uma vez que se trata unicamente de se separar um patrimônio comum.

Atente, também, para a *indivisibilidade da ação de indignidade*. Ainda que um só interessado promova a ação, sua declaração aproveita aos demais, que não participaram do processo. Trata-se de uma situação que vem beneficiar e atingir terceiros estranhos à ação. E tal não pode ser visto diferentemente, tendo em vista a situação de direito material em jogo. Os efeitos da coisa julgada, portanto, de forma peculiar, alcançam quem não foi parte. Isso ocorre porque a ordem de vocação hereditária não tem caráter individual. A condição de herdeiro é indivisível. Daí por que não pode haver renúncia parcial da herança. A exclusão que se opera por indignidade é feita *com relação à herança* (Zannoni, 1974, v. 1:174), o que acentua o caráter universal do chamamento e aquisição hereditários. Se mais de um herdeiro mover ação concomitante ou sucessivamente, devem elas ser reunidas para julgamento uno.

25.5 REABILITAÇÃO DO INDIGNO

Como mencionamos, o *de cujus*, ofendido por uma das causas de indignidade, é o primeiro e melhor juiz para saber se a pena deve ser aplicada. Daí porque pode ele perdoar o ofensor. Esse perdão, já por nós aqui acenado, é ato formal e privativo da vítima. Só o próprio ofendido pode fazê-lo. Ninguém o fará por ele: é ato personalíssimo. Assim, o perdão pode ter como veículo o testamento, que é ato personalíssimo por excelência, além de ato autêntico, citado pela lei (art. 1.818). Se o ato provém de testamento, basta que se insira em qualquer das formas permitidas pela lei. A questão maior é saber se persiste o perdão se o testamento caducar ou for anulado. O posicionamento a ser adotado diz mais respeito aos conceitos dos princípios testamentários, para os quais remetemos o leitor, nesta mesma obra (Capítulo 30).

No entanto, pode-se adiantar que se o testamento caducar (ver Capítulo 25), tal não tira a eficácia do perdão, pois que o testamento continua válido, como ato autêntico, para as disposições não patrimoniais.

Também no caso de anulação, entende-se que o perdão do indigno é disposição não patrimonial inserida no testamento. Como examinaremos no local próprio, o testamento pode ter disposições que lhe são próprias e típicas, que são as disposições patrimoniais. Isto é, a função precípua do ato de última vontade é dispor da herança para depois da morte. No entanto, o ato pode conter disposições que não tenham esse caráter, ao menos da forma direta, como é o caso da nomeação de um tutor, do reconhecimento de um filho ilegítimo. O perdão do indigno coloca-se entre essas disposições.

Como a reabilitação do indigno pode ser feita tanto por testamento como por ato autêntico, qualquer escrito público do ofendido contra o qual não se suspeita de sua autenticidade, o perdão do indigno, mesmo em um testamento inválido, deve ser visto sob esse prisma. Só que, nesse caso, o testamento deve ser público (Pereira, 1984, v. 6:36).

Assim, se o testamento é anulado por qualquer vício de forma, que não vício de vontade, não há por que negar eficácia à vontade que perdoou o indigno. No entanto, se o vício no testamento se situa na vontade, como o erro, o dolo e a coação, a autenticidade do ato perde força e o perdão não pode ser admitido como válido e eficaz, assim como as demais disposições testamentárias desse nível. De qualquer forma, a doutrina está longe de um entendimento pacífico nessa matéria. Como a lei fala em perdão, em "ato autêntico", só o será a escritura pública, com obediência às formalidades legais, afora o testamento (Barreira, 1970:112; Gomes, 1981:38).

Outra questão intrincada que aflora na matéria era saber se o perdão podia ser *tácito*, pois o antigo Código se referia à forma expressa. Vimos que o Código de 2002, no parágrafo único do art. 1.818, reporta-se expressamente à possibilidade de perdão ao indigno ser implícito ou tácito. Na aplicação estrita do art. 1.597 antigo não era admitida a forma tácita. No entanto, na prática, podia ocorrer que pelo comportamento do ofendido, por sua conduta, tudo levasse a concluir que perdoara seu ofensor. Porém, perante a lei de 1916, não podia ser admitido o perdão. A doutrina, no entanto, admitia a forma tácita de perdão se o testador ofendido, ciente da ofensa, aquinhoara seu ofensor, sem, contudo, referir-se expressamente à reabilitação. Aqui o perdão devia ser entendido como existente (Pereira, 1984, v. 6:37). É a posição que passou a constar do Código de 2002.

Interessante, a propósito, a disposição do Código italiano, no caso, que admite que o herdeiro excluído possa receber a herança tão só nos limites da deixa testamentária (art. 466, segunda parte, do Código italiano). Na realidade, ao menos em princípio no nosso ordenamento, não há como aceitar uma realidade parcial; o perdão existe ou não existe; e se o testador entendeu que o ofensor poderia participar de sua herança (*sabendo já da causa de exclusão*), devemos ter o perdão como plenamente existente.

No entanto, a exemplo do que fez o estatuto italiano que nos serviu como modelo, nosso atual Código passou a admitir também a reabilitação tácita e parcial, permitindo que o indigno receba benefício hereditário limitado, como vimos, nos termos do parágrafo único do art. 1.818. Contudo, o testador deve ser claro não só a respeito dessa limitação da herança, que poderá restringir a legítima, como também quanto ao fato de conhecer a causa de indignidade. Nem sempre será tarefa fácil para o intérprete.

O ato de perdão não requer palavras textuais, nem descrição completa do fato que se perdoa. Basta a vontade inequívoca de perdoar. Porém, no texto de nossa lei não basta a simples reconciliação para admitir o indigno na herança. Tal abriria um conceito muito elástico em cada caso.

Outra questão é saber se, revogado o testamento que contém o perdão, fica revogado também este. Entendem alguns que o ato do perdão não admite retratação. Mas deve ser visto se o testador, ao revogar o testamento, não fez expressa menção ao perdão, mantendo a remissão, ou retirando-a. O problema, como bem diz Caio Mário S. Pereira (1984, v. 6:36), é de interpretação da vontade testamentária, não merecendo uma orientação dogmática.

Uma vez existente o perdão, silencia-se sobre o fato de deserdação, não se admitindo mais a ação de exclusão. Pode ocorrer, no entanto, que seja encontrado ato de remissão após a propositura da ação. No curso da ação, no caso, esta está fadada à carência. Já havendo sentença de exclusão, só uma outra ação poderá devolver ao excluído sua capacidade sucessória, com o cancelamento da pena de indignidade. O excluído, então, tem direito à herança originária e, se esta não mais existir, receberá seu valor atualizado.

25.6 CASOS DE INDIGNIDADE

O art. 1.814 descreve os fatos típicos que autorizam a declaração de indignidade, mediante a devida ação de rito ordinário. Como a indignidade é uma pena, tais situações são *numerus clausus*, não permitindo interpretação extensiva.[5] São excluídos da sucessão os herdeiros ou legatários:

---

[5] "Apelação cível. Ação de exclusão de herdeiro por indignidade. Sentença de indeferimento da petição inicial, nos termos do art. 330, inciso I e §1º, inciso III, do CPC. Insurgência da parte autora. 1. Contrarrazões. Impugnação à

"I – que houverem sido autores, coautores ou partícipes de homicídio doloso, ou tentativa deste, contra a pessoa de cuja sucessão se tratar, seu cônjuge, companheiro, ascendente ou descendente".

A razão moral da exclusão é por si só explicativa. Quem de qualquer modo concorre para o homicídio, ou tentativa deste, do *de cujus*, fica excluído de sua sucessão. Nada importa a motivação do crime. O Código em vigor acrescentou ainda o homicídio ou sua tentativa dolosa contra o cônjuge, companheiro, ascendente ou descendente, o que corrobora o sentido ético e moral do dispositivo. Não se indaga, doutro lado, se o móvel do crime foi precipuamente o de adquirir a herança. Tal fato é irrelevante. A lei aponta que se trata de crime doloso. Não se pune aí o homicídio culposo.

A inimputabilidade, que no juízo criminal afasta a punição, deve ser vista aqui *cum granum salis*, isto é, com reservas. O menor de 18 anos é inimputável, mas não seria moral, sob qualquer hipótese, que um parricida ou matricida adolescente pudesse se beneficiar de sua menoridade para concorrer na herança do pai que matou. E não são poucos os infelizes exemplos que ora e vez surgem nos noticiários.

---

justiça gratuita em contrarrazões. Ausência de elementos aptos a elidir a presunção de hipossuficiência. Manutenção da gratuidade processual em favor da parte autora. Tese de ilegitimidade. Não conhecimento. Matéria não analisada na origem. Impossibilidade de análise de argumentos e pleitos que não foram objeto da sentença, sob pena de violação dos princípios do duplo grau de jurisdição, do contraditório e do devido processo legal. 2. Mérito. Ordenamento jurídico pátrio que autorizou, de forma expressa, a possibilidade de se declarar, judicialmente, a exclusão do herdeiro ou legatário da sucessão, quando comprovado a ocorrência de qualquer das práticas preconizadas como hipótese de indignidade, nos termos delineados nos incisos do **art. 1.814 do CC**. Rol taxativo do art. 1.814 do CC que não induz à necessidade de interpretação literal de seu conteúdo e alcance. Taxatividade do rol que é compatível com as interpretações lógica, histórico-evolutiva, sistemática, teleológica e sociológica das hipóteses taxativamente listadas (STJ – RESP: 1943848/PR). Necessidade de instrução processual. Extinção do processo precipitada. Análise da ocorrência de hipótese de indignidade constitui o próprio mérito da pretensão. Sentença reformada para afastar a inépcia da inicial e determinar o prosseguimento do processo. Recurso conhecido e provido" (TJPR – Ap 0001959-08.2022.8.16.0036, 15-4-2024, Relª Luciane do Rocio Custódio Ludovico).

"Indeferimento da inicial. **Pedido de exclusão da herança**, sob a alegação de abandono do réu e de que se encontrava em separação de fato da autora da herança desde o ano de 1972. Rol previsto no art. 1.814, do Código Civil, que é taxativo, por importar em restrição de direitos. Precedentes. Interesse de agir ausente. Pretensão que deve ser buscada em demanda de outra natureza. Sentença mantida. Recurso a que se nega provimento". (TJSP – Ap 1064624-45.2017.8.26.0002, 29-3-2022, Rel. Wilson Lisboa Ribeiro).

"**Exclusão de herdeiro por indignidade.** Pleito deduzido pelos irmãos do de cujus em face do genitor comum. Sentença extintiva. Inconformismo. Tese de que houvera abandono material, moral e psicológico perpetrado pelo pai em relação ao irmão falecido e à família. Desacolhimento. Hipóteses legais de exclusão por indignidade previstas no artigo 1.814 do Código Civil. Rol que, por importar em restrição de direitos, é taxativo. Interpretação extensiva, mesmo à luz do princípio da afetividade, que redundaria em violação ao preceito do art. 5º, XXX, da Constituição Federal. Precedentes. Sentença mantida. Recurso desprovido". (TJSP – Ap. 1021223-18.2019.8.26.0554, 26-3-2021, Rel. Rômolo Russo).

"Apelação – **exclusão de herdeiro por indignidade** – Companheira condenada, por sentença penal transitada em julgado, pelo crime de tortura e absolvida sumariamente da acusação de crime de instigação ao suicídio – Crime de tortura não previsto no rol do artigo 1.814 do Código Civil – Norma restritiva de direitos – **Hipóteses taxativamente previstas** – Impossibilidade de interpretação extensiva – Conduta da ré, ademais, que não violou qualquer dos valores resguardados em referidos incisos – Absolvição da acusação de instigação ao suicídio fundada no artigo 415, inciso II, do CPP – Não comprovado o suicídio e a existência de conduta da ré capaz de sugerir na vítima intenção de eliminar a própria vida – Hipóteses legais de indignidade não configuradas – Sentença de improcedência mantida – Negaram provimento ao recurso". (TJSP – Ap. 1009129-03.2018.8.26.0286, 30-9-2020, Rel. Alexandre Coelho).

"Apelação cível – **Ação de exclusão de herdeiro por indignidade** – Sentença que excluiu o cônjuge, autor de homicídio contra sua esposa, da sucessão hereditária e meação. Exclusão da sucessão por indignidade tem natureza de sanção civil. Interpretação restritiva. Inviável a extensão da pena à meação a que tem direito o réu, casado sob o regime de comunhão universal com a falecida. Meação que é direito próprio do cônjuge, em decorrência do casamento e deve ser resguardada. Reforma parcial da sentença. Recurso provido em parte" (TJRJ – Ap 0029839-63.2008.8.19.0203, 13-6-2016, Rel. Pedro Saraiva de Andrade Lemos).

Assim sendo, a afirmação peremptória de que *"quando falta a imputabilidade, não há indignidade"* (Gomes, 1981:32) deve admitir válvulas de escape, levando-se em conta, primordialmente, que há um sentido ético na norma civil que extrapola o simples conceito legal de inimputabilidade. Levemos em conta, ainda, que o menor, inimputável, fica sujeito às reprimendas da legislação específica no caso de infração adequada aos tipos penais. Não é exigida a condenação penal. O exame da prova será todo do juízo cível. Indigno é o que comete o fato e não quem sofre a condenação penal (Pereira, 1984, v. 6:30). No entanto, se o juízo criminal conclui pela inexistência do crime ou declara não ter o agente cometido o delito, bem como se há condenação, isso faz coisa julgada no cível.

Questão de alta controvérsia, pelas implicações morais, é a da morte piedosa, da eutanásia. Dolor Barreira (1970:96) dá razão aos que excluem a pena do herdeiro nesses casos, ou seja,

> *"que não deve ser excluído da sucessão o que auxiliou o suicídio do de cujus, ou, a pedido deste, lhe apressou a morte, para minorar-lhe os sofrimentos. É que, em tal hipótese, desaparece a razão da lei. Pois, ao invés de revelar o agente do auxílio que lhe faltava amizade ao morto, demonstrou tê-la em excesso, a ponto de se expor a um processo e uma condenação criminal".*

Essa conduta, no entanto, é hoje matéria de permanentes estudos no campo jurídico, sociológico, psicológico e médico. Não cremos que essa seja a melhor orientação, abrindo perigosas válvulas no inciso legal. Enquanto a morte piedosa for considerada crime, não há como excluí-la do caso de indignidade em estudo. Inclusive, devemos ir mais além, entendendo que até mesmo a instigação ao suicídio, dentro do espírito da lei, deve equiparar-se ao homicídio, para efeito de indignidade (Pereira, 1984, v. 6:30).

A extinção da pena no juízo criminal também não elide a exclusão por indignidade. No caso de crime preterintencional e de *aberratio ictus* não existe a intenção homicida, razão pela qual não deve o herdeiro ser excluído. Assim também nas situações de legítima defesa, estado de necessidade ou exercício regular de um direito. Aqui são os princípios de Direito Penal que devem ser levados em conta. Todavia, talvez pelo fato de serem parcos os casos da jurisprudência, há questões que ficam em aberto sob a rubrica ora estudada.

A intenção do legislador ao reprimir o homicida é de cunho universal.[6] É preciso entender, porém, que a disposição é de pequeno alcance, já que outras situações moralmente justificáveis

---

6 Esclarecedor o seguinte acórdão:
"**Ação ordinária** – Declaração de *indignidade* e exclusão da *Sucessão*. Esposa que é denunciada como partícipe mandante do assassinato do marido. Filhos menores que são representados pelo avô paterno a quem se deferiu judicialmente a tutela dos netos. Legitimidade de parte. Carência da ação repelida. Procedência do pedido. Apelação. Suspensão do curso do processo determinada em segunda instância. Julgamento da ação penal. Condenação da ré na instância criminal a 18 anos de reclusão. Retomada do curso do processo cível. Recursos improvidos. 1 – Os filhos menores devidamente representados por tutor, órfãos do pai, assassinado a mando e participações da sua esposa, são parte legítima para promover ação ordinária visando excluir da *sucessão*, com declaração de *indignidade*, a mãe que, de forma insensível e condenável, participa do assassinato do *pater familias*. 2 – Morto o progenitor e presa a mãe coautora do homicídio, incensurável conduta do Dr. Juiz que, em sentença fundamentada, confere o encargo de tutor provisório dos menores impúberes ao avô paterno. 3 – A *indignidade*, que na acepção técnico-jurídica é uma pecha e consequente pena civil que sobre si atrai a pessoa, que olvidando os sentimentos de afeição, respeito, acatamento, amor e amizade participa do homicídio ou sua tentativa contra aquele de quem é herdeiro – justifica a sua exclusão da cadeia sucessória. 4 – A condição de esposa não isenta a apelante da sua exclusão nos direitos sucessórios do marido. Incorrem em *indignidade* tanto os herdeiros legítimos como os sucessores irregulares ou ilegítimos, os universais e os singulares, os que recebem por força da lei e os aquinhoados em testamento, vale dizer, todos os que possam adquirir *causa mortis*. 5 – Comprovado nos autos, inclusive pela decisão do tribunal do júri, que a esposa do *de cujus* participou ativamente do homicídio do seu marido, para se proclamar judicialmente a

deveriam afastar o infrator de concorrer à herança da vítima, tais como lesões corporais, fraudes e crimes sexuais, por exemplo.

> *"II – que houverem acusado caluniosamente em juízo o autor da herança ou incorrerem em crime contra a sua honra, ou de seu cônjuge ou companheiro."*

Esse dispositivo refere-se aos arts. 339 (denunciação caluniosa), 138 (calúnia), 139 (difamação) e 140 (injúria) do Código Penal.

Como a lei se refere a herdeiros ou legatários que *houverem acusado* caluniosamente em juízo ou *incorrerem em crime*, parece claro ser necessária a condenação criminal.

Já a denunciação caluniosa constitui-se no fato de alguém dar causa à instauração de investigação policial ou processo judicial contra outrem, imputando-lhe crime de que sabe ser inocente. Os reflexos devem atingir o juízo criminal, ainda que a imputação tenha sido veiculada no juízo civil. Aqui, pela dicção legal, não há necessidade de condenação criminal.

> *"III – que, por violência ou meios fraudulentos, inibirem ou obstarem o autor da herança de dispor livremente de seus bens por ato de última vontade."*

A lei preserva a liberdade de testar. A vontade testamentária deve ser livre. No caso, a lei pune o herdeiro ou o legatário que viciaram a vontade do testador. Qualquer que seja a inibição perpetrada pelo interessado contra a vontade testamentária, insere-se na reprimenda. O óbice oposto pelo sucessor, pois, pode ser tanto físico como moral. A questão sofrerá toda a prova no curso da ação ordinária. Não se leva em conta o fato de o coator, eventualmente, até mesmo ter sido beneficiado pelo testamento. A inibição da vontade testamentária é vista aqui de forma genérica. Os meios fraudatórios podem ser os mais variados possível, pois, como enfatizamos, a fraude é um vício de muitas faces.

25.7 APARÊNCIA E HERDEIRO APARENTE. O ART. 1.817 DO CÓDIGO CIVIL. POSIÇÃO DO HERDEIRO APARENTE NO CÓDIGO DE 2002

A teoria da aparência no campo jurídico, embora não seja erigida em instituto jurídico, tem uma estrutura que auxilia a adequação da norma à realidade e necessidade sociais, finalidade última do Direito.[7]

---

indignidade, desnecessária a indagação de seus motivos, sendo despiciendo provar que o fato típico, antijurídico e culpável não tenha sido cometido por excesso de cobiça ou com o intuito de precipitar o uso e gozo do patrimônio do espólio. 6 – Como o destacado por Carlos Maximiliano, a pena civil da *indignidade* é cominada para o homicídio em geral. É simplesmente o caso a que se aplica o provérbio jurídico alemão – *'blutige hand nimmt kein erbe'*: *'mão ensanguentada não apanha herança'*; ou a apóstrofe recolhida pelos expositores do direito francês posta pelo escritor Corneille na boca de Simeão, orador do tribunato: *'on n'herite pas de ceux qu'on assassine'* – *'ninguém herda dos que assassina'"* (TJPR – Ac. 4781 – Apelação Cível – Londrina – 6ª Vara Cível – 1ª Câmara Cível – Rel. Des. Oto Sponholz – 17-6-87).

[7] "Apelação cível. Ação de petição de herança. Ação real e universal. Sentença *citra petita*. Pretensão de restituição dos bens. Necessidade de realização de nova partilha. Alcance da nulidade declarada. Preservação do direito real de terceiro de boa-fé. Manutenção do registro da alienação fiduciária em garantia. Abatimento das dívidas do espólio. Cabimento. 1. Consoante o art. 1.824, do CC, é da essência da ação de petição de herança viabilizar que se persiga não apenas o reconhecimento do direito sucessório, como a efetiva restituição da herança. Assim, requerida a reabertura do inventário ou, subsidiariamente, a conversão em perdas e danos, classifica-se como *citra petita* a sentença que se limita a declarar a nulidade da partilha e da sobrepartilha extrajudiciais, sem realizar a necessária nova partilha. 2. Consoante o art. 1.827, parágrafo único, do CC, são eficazes as **alienações feitas, a título oneroso, pelo herdeiro aparente a terceiro de boa-fé**. Portanto, embora a compra e venda realizada entre os herdeiros apelantes seja nula, remanesce íntegra a alienação fiduciária feita em favor do terceiro de boa-fé que financiou

A princípio, num pensamento fundamental, é preciso entender que

> "entre um interesse aparente e um interesse protegido por lei, não pode haver dúvida possível quanto à prevalência do segundo em relação ao primeiro, e que num país regido por um Direito escrito, os costumes, as solicitações da equidade, as máximas e os ensinamentos da tradição não poderão jamais revogar ou modificar o sistema legislativo" (Porto, 1966:128).

Prossegue o autor, porém (1966:129): *"teoricamente, assim é, mas praticamente, assim não acontece".*

De fato, a convivência social de *per si* tornar-se-ia impensável sem confiança na aparência. Por exemplo: se antes de embarcarmos em uma aeronave fôssemos nos certificar se a pessoa que se apresenta como piloto, com o uniforme da empresa, está realmente habilitada

---

o capital necessário. Inteligência do art. 184, do CC, segundo o qual a invalidade parcial de um negócio jurídico não o prejudicará na parte válida, se esta for separável. 3. Feito o esclarecimento quanto ao alcance subjetivo da decisão judicial, não se vislumbra a necessida-de de formação de litisconsórcio necessário com o terceiro, já que preservados os seus interesses jurídicos. 4. Sendo imperiosa a realização de nova partilha, é inevitável levar em consideração as dívidas do espólio, ainda que sonegadas na primeira partilha, até porque as convenções ou omissões dos herdeiros não seriam oponíveis a terceiros, remanescendo as responsabilidades respectivas, até o limite das forças da herança. 5. Apelo parcialmente provido" (*TJDFT* – Ap 07121176020218070006, 10-7-2023, Rel. Arnoldo Camanho).

"Apelação – Petição de herança – Herdeiro universal não contemplado na partilha – **Posterior alienação do imóvel pelo herdeiro aparente a terceiro de boa-fé** – Validade do negócio jurídico – Obrigação de o herdeiro aparente pagar ao herdeiro legítimo o valor do imóvel – Em ação de petição de herança, o herdeiro legítimo não contemplado na partilha pediu o reconhecimento de seu direito hereditário e a nulidade da partilha – Sentença que constata a posterior alienação do único bem integrante do monte-mor pelo herdeiro aparente a terceiro de boa-fé e faz aplicação da norma do art. 1.827, parágrafo único, do CC – Decisão que anula a partilha, mas mantém hígido o negócio entre o herdeiro aparente e o terceiro, estabelecendo que o autor deve mover ação própria contra o herdeiro aparente – Inconformismo do autor – Alegação de que a partilha e o negócio com o terceiro devem ser invalidados – Entendimento doutrinário e jurisprudencial no sentido de que, havendo boa-fé por parte do terceiro no negócio em que o herdeiro aparente lhe alienou onerosamente o bem, a regra do art. 1.827, parágrafo único, do CC, mantém validade do negócio estabelecido com terceiro, abrindo-se ao herdeiro legítimo o direito de obter condenação do herdeiro aparente, com base no valor do bem – Ocorre que, para se manter a validade de tal negócio, não cabe anular a partilha, que materializou a adjudicação do imóvel pelo herdeiro aparente, sob pena de este não ter mais título para ter realizado a alienação do imóvel ao terceiro de boa-fé – Opção legislativa que prefere a segurança jurídica nas relações sociais ao direito à propriedade – Partilha que deve continuar eficaz – Desnecessidade, porém, de nova demanda condenatória do herdeiro aparente, porquanto devidamente citado para os termos da ação em que se buscava a nulidade da adjudicação com a qual se tornou proprietário do bem – Valor da condenação a ser apurado em liquidação, com base no valor de mercado do imóvel à data em que realizado o negócio – Sentença parcialmente reformada –. Deram parcial provimento ao recurso." (*TJSP* – AC 1024223-93.2015.8.26.0577, 24-10-2019, Rel. Alexandre Coelho).

"Reivindicação de posse, combinada com indenização por perdas e danos – Sentença que a julgou procedente – Recurso dos requeridos – Alegação de que seriam terceiros de boa-fé, por celebrar negócio com '**coerdeiro aparente**' – Descabimento – Vendedores que eram herdeiro e viúva meeira, mas comprovadamente não buscaram a anuência de outra coerdeira – Parte que manifestamente dispensou a certeza do aceite de todos os herdeiros – Demolições no imóvel, sem autorização, que restou demonstrada – Valores cobrados em decorrência do fato que são devidos – Ratificação dos fundamentos da sentença –. Recurso desprovido." (*TJSP* – Ap 0024766-15.2012.8.26.0482, 6-6-2018, Rel. Miguel Brandi).

"Ação declaratória de nulidade de negócio jurídico – Venda de imóvel realizada pelos **herdeiros aparentes** – Má-fé dos terceiros adquirentes não comprovada – Preço proporcional ao valor venal informado pela municipalidade – Sentença reformada – Recurso provido" (*TJSP* – Ap 0006804-57.2012.8.26.0068, 10-5-2016, Rel. Giffoni Ferreira).

"Ação declaratória de nulidade de negócio jurídico cumulada com reintegração de posse e indenização por danos materiais – Sentença de improcedência – Insurgência da autora – Não acolhimento – Venda de bem determinado feita pelo próprio espólio – Herdeira reconhecida posteriormente – Boa-fé dos terceiros adquirentes – **Teoria da aparência** – Fatores que têm a força de superar o caráter real da ação de petição de herança. Negócio jurídico mantido. As alienações feitas por herdeiro aparente a terceiros de boa-fé, a título oneroso, são juridicamente eficazes. Art. 1.827, parágrafo único, do CC/2002. Ausência de nulidade. Aplicação do art. 252 do Regimento Interno deste Tribunal. Recurso desprovido" (*TJSP* – Ap 0012314-54.2009.8.26.0198, 15-3-2016, Relª Mary Grün).

para a função; se o motorista de um ônibus tem realmente habilitação e é empregado regular da transportadora; se o funcionário público que nos dá informação em um guichê de uma repartição está com sua situação funcional regular e assim por diante. Ora, em nosso convívio social, não havendo motivos palpáveis para suspeitar em contrário, confiamos nas aparências que se nos apresentam.

Evidentemente, como cabe ao Direito ordenar a sociedade, não pode ele prescindir das aparências. Daí porque, embora não seja a aparência uma categoria jurídica autônoma (e nem poderia sê-lo), ora e vez a lei dá valor preponderante à aparência, em prol da boa-fé e da paz social.

São os casos, por exemplo, do erro, como fator de anulação do negócio jurídico (art. 138); do pagamento feito ao credor putativo (art. 309); da presunção de autorização para receber pagamento por quem seja portador da quitação (art. 311), sem mencionar toda a estrutura da *posse*, que protege um estado de fato, uma aparência de propriedade. Não apenas no direito privado existe a preponderância jurídica da aparência. No direito penal, podemos lembrar a teoria da legítima defesa putativa. No direito tributário, várias categorias jogam com conceitos de aparência, em torno das noções de contribuinte e fato gerador.

Não existia em nossa lei, no entanto, disposição alguma acerca do herdeiro aparente. Todavia, situações ocorrem em que alguém, com boa ou má-fé, assume a condição de herdeiro, entra na posse dos bens hereditários, pratica atos de alienação e administração e, após certo tempo, surge o verdadeiro herdeiro que, pelo princípio da *saisine*, tem essa condição desde a abertura da sucessão. É o caso, por exemplo, de um sobrinho que não sabe, ou oculta, a existência de um filho natural do *de cujus*, cuja existência só vem a ser conhecida muito tempo depois do ingresso do sobrinho nos bens da herança.

A situação crítica é saber se os terceiros de boa-fé que negociaram com o falso herdeiro serão prejudicados. Coloque-se na posição de alguém que adquiriu um bem da herança, de forma onerosa, com alvará judicial, de uma pessoa devidamente autorizada pelo juízo e em tudo e por tudo, à vista de todos, portando-se como herdeiro. É evidente que no exame dos dois valores: o aparente e o real, devemos proteger a boa-fé, com preponderância para a aparência.

Dentro dessas premissas, podemos chamar mais uma vez o estudo profundo da matéria de Mário Moacyr Porto (1966:132), para ressaltar sua definição de herdeiro aparente: *"é o que, não sendo titular dos direitos sucessórios, é tido, entretanto, como legítimo proprietário da herança, em consequência de erro invencível e comum"*.

Não restam dúvidas acerca da validade dos atos de administração praticados pelo herdeiro aparente. O problema maior surge nas alienações. Embora haja exemplos da jurisprudência do passado em contrário, por uma questão de equidade não há como se negar validade às alienações onerosas feitas a adquirentes de boa-fé. Aliás, assim se posicionou finalmente o presente Código Civil, no parágrafo único do art. 1.827: *"são eficazes as alienações feitas a título oneroso, pelo herdeiro aparente a terceiro de boa-fé"*.

O Código de 2002 também se colocou da mesma forma que o diploma anterior, no capítulo referente à indignidade:

> *"São válidas as alienações onerosas de bens hereditários a terceiros de boa-fé, e os atos de administração legalmente praticados pelo herdeiro, antes da sentença de exclusão; mas aos herdeiros subsiste, quando prejudicados, o direito de demandar-lhe perdas e danos"* (art. 1.817).

A situação narrada, porém, se amolda à conceituação típica de herdeiro aparente.

Fica o verdadeiro herdeiro com direito a acionar o aparente para o devido reembolso, que variará dependendo de sua boa ou má-fé. Lembre-se, ademais, de que é possível uma mesma pessoa reunir, ao mesmo tempo, a condição de herdeiro real e herdeiro aparente, quando não se sabe da existência de um coerdeiro descendente, por exemplo. A teoria da aparência, evidentemente, só se aplica à quota que não pertencia ao herdeiro (Borda, 1987, v. 1:368).

Nessa dicção do art. 1.817 ficam estampados os direitos dos prejudicados e do excluído, em quatro hipóteses distintas: (a) serão válidas as alienações onerosas pelo herdeiro aparente antes da sentença de exclusão; (b) fica assegurado aos coerdeiros o direito de demandar perdas e danos; (c) o excluído fica obrigado a restituir frutos e rendimentos recebidos; e (d) reconhece-se ao excluído o direito a indenização pela conservação dos bens, evitando-se o injusto enriquecimento (Leite, 2003:171).

Tratando-se de alienações a título gratuito, não se justifica a mantença do ato de alienação praticado pelo herdeiro aparente, já que não haverá prejuízo. Nessa hipótese, deve ser dada preponderância à situação do herdeiro real.

Procurou-se estabelecer, portanto, a analogia entre a teoria do herdeiro aparente e daquele excluído por indignidade, conforme da redação do art. 1.817.

A questão torna-se complexa porque parte da doutrina entendeu não ser possível assimilar o herdeiro excluído ao herdeiro aparente, porque o indigno é herdeiro até o advento da sentença que o exclui. Por essa razão, as alienações feitas pelo indigno são válidas, pois não se trata de atos de disposição *a non domino* (por quem não é dono). Tudo é no sentido de que não mais se discuta a situação em face da admissão expressa da situação de herdeiro aparente, pelo Código mais recente.

Cremos ser essencial a opinião de Sílvio Rodrigues a respeito. Acentua o autor (1978, v. 7:63) que, embora o argumento seja defensável em teoria, não apresenta nenhuma utilidade prática. São as mesmas razões práticas que inspiram a validade dos atos de alienação do herdeiro indigno que também inspiram as situações do herdeiro aparente. Tanto num como noutro caso, a validade dos atos só é reconhecida se a alienação for onerosa, estando os adquirentes de boa-fé. A conclusão, pois, como faz o citado mestre, é no sentido de que o herdeiro excluído é uma espécie de herdeiro aparente, estendendo-se a aplicação do art. 1.817 aos outros casos de herança aparente.

Complementando a ideia no sentido de que o mais recente Código admite a teoria, o art. 1.828, dentro do capítulo da petição de herança, dispõe que

> "o herdeiro aparente, que de boa-fé houver pago um legado, não está obrigado a prestar o equivalente ao verdadeiro sucessor, ressalvado a este o direito de proceder contra quem o recebeu".

A situação é restrita ao pagamento de legado, cumprimento de obrigação testamentária, como se vê, não se aplicando às situações de alienação pelo herdeiro aparente. Nesse caso, apenas o que recebeu o legado indevido poderá ser acionado pelo verdadeiro sucessor.

26

HERANÇA JACENTE. HERANÇA VACANTE. SUCESSÃO DO ESTADO. SUCESSÃO DO AUSENTE

26.1 HERANÇA SEM HERDEIROS. JACÊNCIA

Nossa lei não trata de forma muito clara a situação de uma herança sem herdeiros conhecidos. A herança é jacente quando não conhecemos quais são os herdeiros, ou então quando os herdeiros conhecidos repudiaram a herança, renunciaram, não existindo substitutos.

O estado de jacência é simplesmente uma passagem fática, *transitória*. Da herança jacente, não logrando entregar a herança a um herdeiro, passamos à herança vacante, ou seja, sem titular, como ponte de transferência dos bens do monte-mor ao Estado.

No Direito Romano, o problema era colocado de forma diferente. Como a herança aguardava que o herdeiro a aceitasse, com a adição da herança, até que houvesse essa adição, *hereditas jacet*, a herança era jacente. Os romanos superavam os inconvenientes de um patrimônio sem titular com uma série de ficções, como a que reputava que sobrevivesse o defunto, no interesse do futuro herdeiro (Barreira, 1970:113).

Em razão da situação ocorrente em Roma, a herança jacente era equiparada a uma pessoa jurídica, embora a entidade moral não fosse, a princípio, conhecida com os contornos modernos. Como havia uma necessidade de proteger o patrimônio sem titular, a aparência era a de uma pessoa jurídica.

Como modernamente, pelo princípio da *saisine*, não é admitida, juridicamente, uma herança sem titular, não pode a herança jacente ser tida como uma pessoa jurídica. Essa é a opinião generalizada entre nós. Como já estudamos em *Direito civil: parte geral*, Capítulo 14, para a existência da pessoa jurídica há, sempre, a necessidade de certos requisitos, como um interesse coletivo, a vontade na formação etc., que estão ausentes na herança jacente.

No entanto, como existe um administrador na herança jacente, na pessoa do curador, como veremos, a exemplo de outras entidades que não são pessoas jurídicas, como a massa falida, o condomínio em unidades autônomas, a herança jacente deve ser classificada como uma *entidade com personificação anômala*, ou personalidade reduzida, como preferem alguns. O CPC (art. 174, VI) diz que a herança jacente ou vacante é representada em juízo pelo seu curador. Ao tratarmos do assunto em *Direito civil: parte geral*, fizemos referência ao fenômeno. A exemplo de outras situações, a herança jacente abarca uma série de medidas que têm por objetivo proteger os bens de um titular ainda desconhecido. O mesmo ocorre nos casos de nascituro e do ausente. Daí porque não podemos negar uma forma de personificação dessas situações, como a própria lei processual o faz.

A característica principal da herança jacente é sua transitoriedade. Os bens dessa herança serão entregues aos herdeiros que se habilitarem, ou então será declarada a herança vacante. Difere da situação do espólio, quando os herdeiros são conhecidos.[1]

26.2 CASOS DE HERANÇA JACENTE

Dispunha o art. 1.591 do Código Civil de 1916:

---

[1] "Agravo de instrumento – **Herança jacente** – Existência de pretérita apelação, interposta em demanda conexa de declaração de união estável, distribuída e julgada pela Colenda 8ª Câmara de Direito Privado. Prevenção estabelecida para o julgamento do presente recurso, à luz do disposto no artigo 105 do Regimento Interno desta Corte. Determinação de remessa dos autos à Câmara competente. Recurso não conhecido, determinada a sua redistribuição." (*TJSP* – AI 2160775-91.2019.8.26.0000, 13-8-2019, Rel. Donegá Morandini).

"Agravo de instrumento – **Herança jacente** – Deferimento de expedição de ofícios ao Instituto de Identificação Richard Gumbleton Daunt e ao Tribunal Regional Eleitoral – Requisição de informação sobre o paradeiro do suposto herdeiro – Pedido de reforma do credor – Cabimentdogmao [sic] Renúncia expressa em petição elaborada de próprio punho pelo sobrinho da autora da herança – Reconhecimento de firma pelo Oficial de Registro Civil de Pessoas Naturais – Prova emprestada dos autos da Ação de Cobrança de Despesas Condominiais – Aplicação de analogia sobre a exigência de solenidade de instrumento público quanto ao termo judicial – Presunção de boa fé e lealdade processual – Natureza da causa de jurisdição voluntária que permite mitigação – Respeito ao princípio da economia e celeridade processual – Incidência do dogma da insignificância – Obtenção de máximo resultado com o mínimo emprego de atividades públicas e privadas – Possibilidade de adjudicação Frustração da intimação do sucessor colateral anterior à regra do Novo Código de Processo Civil – Existência de posicionamento precedente sobre prescindível investigação persecutória para a localização do local em que o interessado poderia ser encontrado – Excessiva duração da suspensão do feito por prazo indeterminado – Emprego dos preceitos informativos da teoria dos prazos (Brevidade – Utilidade – Continuidade – Inalterabilidade) – Presença de limite temporal à consecução da providência – Presença de citação por edital – Convalidação do ato jurídico perfeito – Dispensável requisição de dados – Diligência inútil – Falta de concreto prejuízo processual – Autorização de propositura de ação autônoma pelo interessado para salvaguarda de seu direito material porventura existente mesmo após a coisa julgada da vacância Decisão interlocutória retificada – Recurso provido." (*TJSP* – AI 0284425-93.2011.8.26.0000, 5-7-2018, Rel. Salles Rossi).

"Civil e processual civil – Apelação Cível – Sucessão – **Herança Jacente** – Pedido de habilitação – Vínculo Socioafetivo – Não demonstração – 1 – É certo que o artigo 1.593 do Código Civil ampliou o conceito de parentesco civil, passando a ser parente todo aquele que integre a família, independentemente da relação de consanguinidade. 2 – Para que tal vínculo seja reconhecido, há que se fazer prova da convivência familiar baseada em sentimentos de ternura e de querer bem, ou seja, em sentimento voluntário, desprovido de interesses pessoais e materiais, bem como considerar critérios para consubstanciar tal vínculo, tais como: se a pessoa acolhida é tratada e apresentada a todos como membro da família (*tractatus*). Se usa o nome da família e assim se apresenta perante terceiros (*nominatio*) ou se é reconhecida perante a sociedade como pertencente à família (*reputatio*). Não fazendo a parte prova nesse sentido, vínculo de parentesco não há, o que, consequentemente, não autoriza a habilitação nos autos do inventário. No caso, a apelante não demonstrou o direito (art. 333, I, do CPC). 3 – Apelação conhecida e não provida" *TJDFT* – Proc. 20130410110260APC – (948013), 20-6-2016, Rel. Marco Antonio da Silva Lemos).

"Civil e processual civil - Apelação cível – Ação de usucapião – **Herança jacente** – Bem público – 1 – O bem integrante de herança jacente só passa a ser considerado público com a sua declaração de vacância, motivo pelo qual, nesse interregno, admite-se a usucapião. 2 – Apelação provida. Sentença cassada. Unânime" (*TJDFT* – Proc. 20130111785469 – (804395), 21-7-2014, Rel. Des. Silva Lemos).

"Agravo de instrumento. Declaração de **herança jacente**. Compromisso de compra e venda celebrado entre a falecida e os agravantes. Prosseguimento do arrolamento de herança jacente com relação ao direito de crédito oriundo do contrato. Impossibilidade de se outorgar a escritura de compra e venda em favor dos agravantes. Recurso parcialmente provido" (*TJSP* – AI 0054390-66.2013.8.26.0000, 10-9-2013, Rel. Milton Carvalho).

> "Não havendo testamento, a herança é jacente, e ficará sob a guarda, conservação e administração de um curador:
>
> I – se o falecido não deixar cônjuge, nem herdeiros, descendente ou ascendente, nem colateral sucessível, notoriamente conhecido;
>
> II – se os herdeiros, descendentes ou ascendentes, renunciarem à herança, e não houver cônjuge, ou colateral sucessível, notoriamente conhecido".

Por seu lado, o art. 1.819 do Código de 2002 estatui:

> "Falecendo alguém sem deixar testamento nem herdeiro legítimo notoriamente conhecido, os bens da herança, depois de arrecadados, ficarão sob a guarda e administração de um curador, até a sua entrega ao sucessor devidamente habilitado ou à declaração de sua vacância".

Existe jacência, pois, quando, em síntese, não se sabe de herdeiros: ou porque não existem, ou porque não se sabe de sua existência, ou porque os herdeiros eventualmente conhecidos renunciaram à herança.

A dicção do Código de 1916 pecava por ser prolixa e não muito clara. O art. 1.591 do antigo Código regulava os casos de jacência sem testamento. A alusão legal a herdeiros *notoriamente conhecidos* sempre foi tida pela doutrina como referente a sucessores presentes no local da sucessão. Também a locução só se refere aos colaterais. Lembre que o colateral sucessível é aquele que vai até o quarto grau.

A jacência com testamento era tratada pelo art. 1.592 do antigo Código:

> "Havendo testamento, observar-se-á o disposto no artigo antecedente:
>
> I – se o falecido não deixar cônjuge, nem herdeiros descendentes ou ascendentes;
>
> II – se o herdeiro nomeado não existir, ou não aceitar a herança;
>
> III – se, em qualquer dos casos previstos nos dois números antecedentes, não houver colateral sucessível, notoriamente conhecido;
>
> IV – se verificada alguma das hipóteses dos três números anteriores, não houver testamenteiro nomeado, o nomeado não existir, ou não aceitar a testamentaria".

A redação também era prolixa e criticável. A situação, em qualquer das hipóteses, aqui, ou no dispositivo antecedente, era a ausência de alguém que recebesse e administrasse a herança. Bastaria, no segundo caso, que o legislador dissesse que a herança seria jacente quando o beneficiário pelo testamento não existisse ou não aceitasse a herança (Monteiro, 1977, v. 6:59). De qualquer forma, os vários incisos do art. 1.592 não podiam ser lidos isoladamente, pois levariam à enganosa conclusão, por exemplo, que a herança seria jacente se o falecido não deixasse cônjuge, nem herdeiros descendentes ou ascendentes. Por tudo isso, optou o Código de 2002 pela forma sintética do art. 1.819 que espelha a regra geral: a herança é jacente quando não há quem dela possa legitimamente cuidar.[2]

---

[2] "Inventário – decisão que converteu o feito em herança jacente e nomeou curador – 'de cujus' que faleceu sem deixar irmãos, descendente, cônjuge ou ascendentes de primeiro grau – demanda que discute o reconhecimento de união estável homoafetiva 'post mortem' em curso – necessidade de reconhecimento da jacência – inteligência do art. 1.819 do CC – provisoriedade da situação até a localização dos herdeiros – indemonstrada questão prejudicial capaz de suspender o curso da demanda – decisão mantida – recurso desprovido". (*TJSP* – Agravo de Instrumento 2267854-32.2019.8.26.0000, 20-3-2020, Rel. Theodureto Camargo).

Há outros casos de jacência, como a do nascituro, enquanto não ocorre o nascimento, não havendo outro sucessor, e da pessoa jurídica em formação por força de uma deixa testamentária, também não havendo outros sucessores. A situação é a mesma no caso de herdeiro sob condição suspensiva, enquanto não ocorrer o implemento da condição.

Em qualquer dos casos, a *notoriedade* de que fala a lei é de compreensão fácil. Se o corpo social sabe da existência de um sucessor, ainda que existente em local diverso do domicílio do *de cujus*, não há que se falar em herança jacente.

26.3 ARRECADAÇÃO DOS BENS DA HERANÇA JACENTE

O procedimento da arrecadação vem versado nos arts. 738 a 743 do CPC de 2015. O art. 738 do CPC determina ao juiz, nos casos em que a lei civil considere jacente a herança, que proceda sem perda de tempo à arrecadação de todos os seus bens. O juiz competente é o da comarca do domicílio do falecido, porque geralmente é lá que estão o centro de negócios e a maioria dos bens.

É caso excepcional dentro da lei processual em que o juiz age de ofício, iniciando o processo por portaria. Na maioria das vezes, o juiz fica sabendo de falecimento nessas condições pelo assentamento do Registro Civil. O declarante deve informar sobre a existência de herdeiros. Pode, no entanto, não os conhecer. Nem por isso a herança deixa de ser jacente.

"Agravo de instrumento – **Herança jacente** – Decisão agravada que determinou o recolhimento dos alvarás expedidos anteriormente para autorizar a ora Agravante, então Inventariante, a outorgar escrituras em relação aos imóveis em questão, ante a potencialidade de prejuízos à Municipalidade, bem como referiu que eventuais nulidades dos títulos devem ser objeto de ações próprias. Insurgência. Não acolhimento. Elementos colacionados no processo que não corroboram a ocorrência dos negócios jurídicos entre a ora Agravante e a falecida. Decisão mantida. Recurso não provido." (*TJSP* – AI 2155686-87.2019.8.26.0000, 18-10-2019, Rel. João Pazine Neto).

"Apelação cível – **Arrecadação de herança jacente** – Emenda da inicial – Comprovação do óbito e da existência de bens do de cujus – Não atendimento – Extinção do processo mantida – 1 – A atividade jurisdicional não é incondicionada, exigindo-se para o seu desenvolvimento o atendimento de pressupostos processuais de existência e de validade. 2 – Em conformidade com os arts. 320 e 321 do CPC afigura-se lícito ao Magistrado no procedimento de arrecadação da herança jacente determinar ao autor a emenda da inicial para coligir documentos indispensáveis para o processamento da ação. 3 – No caso, o autor foi intimado para acostar ao caderno processual comprovação do óbito da senhora da existência de bens em nome dela, mas tal intimação não foi atendida pelo apelante. Acertado é o indeferimento da petição inicial, devendo ser mantida a sentença de extinção do processo. 4 – Recurso desprovido." (*TJES* – Ap 0014333-31.2012.8.08.0068, 16-2-2018, Rel. Des. Subst. Rodrigo Ferreira Miranda).

"Apelação cível – **Herança Jacente** – Direito hereditário reclamado pelo ex-companheiro – inexistência de título de vocação hereditária – princípio da *saisine* – 1 – Como a sucessão foi aberta em 1990, o ex-companheiro da falecida não ostentava título de vocação hereditária, que somente foi estabelecido com o advento das Leis nº 8.971/94 e nº 9.278/96. Incidência dos art. 1.577 e art. 1.603 do CCB/1916. 2 – Não deixando a inventariada descendentes, ascendentes, cônjuge ou parentes colaterais até o 4º grau, operou-se a condição de vacância. 3 – A questão relativa às ações de usucapião, que foram julgadas conjuntamente em primeiro grau, deverão ser julgadas por uma das Câmaras, do 7º, 9º e 10º Grupos Cíveis, *ex vi* do art. 11, inc. VII, alínea 'e', e inc. IX, alínea 'b', da Resolução nº 01/98, impõe-se a redistribuição do recurso. Recurso desprovido" (*TJRS* – AC 70072121015, 27-9-2017, Rel. Des. Sérgio Fernando de Vasconcellos Chaves).

"Agravo de instrumento – Ação de inventário – Decisão que declarou **jacente a herança** deixada pelo *de cujus* – Pedido de reforma da decisão sob o argumento de que o processo deveria ser remetido às vias ordinárias para instrução processual ante a insuficiência das provas documentais apresentadas – Improcedência – Parte que não comprovou ser herdeiro legítimo e, por tanto, não se enquadra nas hipóteses previstas no artigo 988 do Código de Processo Civil – Ausência de legitimidade para abertura de inventário – Habilitação de eventuais herdeiros que deverá ocorrer conforme a previsão dos artigos 1.152 e 1.153 do Código de Processo Civil. Decisão mantida. Recurso não provido" (*TJPR* – AI 1357377-6, 6-4-2016, Rel. Des. Rui Bacellar Filho).

"**Inventário** – recurso de agravo interposto contra decisão que determinou a conversão em herança jacente – nulidade configurada – Inventariante que não teve oportunidade de se manifestar sobre a intervenção requerida pela municipalidade. Ofensa ao devido processo legal. Deslinde do feito que depende da prévia análise da validade e eficácia de testamento e da existência de união estável entre o falecido e a agravante. Decisão anulada. Recurso provido" (*TJSP* – AI 2086599-20.2014.8.26.0000, 10-6-2015, Rel. Paulo Alcides).

Pode não ter havido ainda, por qualquer motivo, o registro do óbito. De qualquer forma que venha o juiz a saber da morte sem herdeiros, ele deve iniciar o processo por portaria. Tal não impede, contudo, que o procedimento seja provocado por quem tenha tomado conhecimento de morte nessas condições, como o Ministério Público, o detentor dos bens, a autoridade policial ou tributária, ou qualquer outra pessoa que leve a informação ao juízo.

O que devemos levar em conta é que a arrecadação é, antes de mais nada, um procedimento cautelar: os bens são arrecadados para evitar uma dilapidação por terceiros oportunistas, em prol de futuros herdeiros a serem encontrados ou, em última análise, do Estado, que também é herdeiro.

Contudo, deve sempre o juiz ter algum fundamento para iniciar o processo, ou, ao menos, suspeita de que os bens possam desaparecer se as medidas previstas no procedimento não forem tomadas de plano. Bens sem titular conhecido são chamariz para aproveitadores.

A finalidade do procedimento, essencialmente cautelar, como vimos, é a arrecadação de todos os bens, de qualquer natureza, e sua guarda, conservação e administração, assim como a procura de herdeiros ou legatários. Frustrada a descoberta de sucessores, passa-se à fase seguinte, que é a de vacância da herança. O juiz deve ser suficientemente diligente para usar de todos os meios ao seu alcance para a localização de herdeiros. No início de nossa carreira de magistrado, logramos localizar herdeiros de pessoa falecida sem qualquer parente conhecido, enviando carta informal à Prefeitura de pequena cidade na Itália, onde o morto havia nascido. Os herdeiros fizeram-se representar em nosso país e processaram o inventário.

Por sua natureza, como afirmado, a jacência é transitória. A herança fica sob a administração de um curador (art. 739 do CPC) até a entrega dos bens ao sucessor legalmente habilitado, ou até a declaração de vacância, quando a herança será incorporada ao Estado.

O procedimento de jacência está intimamente ligado à vacância e à sucessão do Estado. Na verdade, existem quatro fases: a arrecadação, a publicação de editais e a procura de herdeiros (art. 741 do CPC), a entrega de bens ao Estado e a definitiva transferência do domínio dos bens ao Estado.

As atribuições do curador, nomeado pelo juiz, são, em geral, as de qualquer pessoa que administra bens alheios (art. 739, § 1º, do CPC). No processo de herança jacente, participa obrigatoriamente o Ministério Público (art. 739, § 1º, I). A função do curador é remunerada, exercendo ele uma atribuição auxiliar do juiz. Sua remuneração deve levar em conta o trabalho efetuado e o montante dos bens administrados. Deve agir com diligência, já que é pessoa de confiança do juízo. Qualquer quebra de confiança autoriza o juiz a destituí-lo, bem como a suprimir seus salários.

O art. 740 do CPC expõe como deve o juiz proceder na arrecadação, lavrando-se auto circunstanciado. O oficial de justiça, juntamente do escrivão, do chefe de secretaria e do curador farão o arrolamento de bens que se encontrarem na residência do morto ou em outro local. Não tendo havido tempo hábil para a nomeação do curador, nada impede que seja nomeado um curador *ad hoc* apenas para essa primeira atividade, ou que se nomeie um depositário, como fala o § 2º do dispositivo.

Cabe ao juiz examinar reservadamente os papéis, cartas e livros domésticos do falecido. Os guardados sem interesse serão lacrados para entrega aos herdeiros, ou serão queimados, se os bens forem declarados vacantes. Pode o juiz ordenar que a autoridade policial proceda à arrecadação, se não puder comparecer por motivo justo, ou por estarem os bens em lugar muito distante (art. 740, § 1º, do CPC). Trata-se de exceção, já que o juiz deve zelar por fazer a diligência.

O procedimento é suspenso se aparecer algum herdeiro ou testamenteiro notoriamente conhecido, sem oposição do curador, do órgão do Ministério Público, da Fazenda Pública, ou de qualquer interessado (art. 740, § 6º). O juiz deve julgar de plano as eventuais oposições. A exemplo do inventário, não se decide no procedimento matéria de alta indagação (que requeira produção de prova que não documental). Tal deve ser decidido em ação autônoma.

O curador, o Ministério Público e a autoridade policial devem auxiliar o juiz na busca de sucessores. Feito o auto de arrecadação de todos os bens, o juiz manda expedir edital na forma do art. 741 do CPC. O edital será publicado inclusive na rede mundial de computadores do sítio do tribunal respectivo, para que se habilitem os sucessores do *de cujus* no prazo de seis meses contados da primeira publicação. A citação será pessoal, se houver testamenteiro em lugar certo. Haverá comunicação à autoridade consular se o falecido era estrangeiro. Nada impede que seja solicitada da autoridade consular a localização de pessoa no estrangeiro. Note que se trata de procedimento de jurisdição voluntária, não estando o juiz adstrito ao critério da legalidade estrita (art. 723 do CPC).

Admitido o herdeiro que se habilitou (art. 741, § 3º, do CPC), a arrecadação é convertida em inventário. Da decisão que admite ou não herdeiro cabe apelação. Note que a habilitação pode ter sido temporariamente inadmitida por falta de provas, quando a situação será de agravo de instrumento. A habilitação deve ser processada em apartado.

26.4 HERANÇA VACANTE

Nos termos do art. 743 do CPC:

> *"Passado 1 (um) ano da primeira publicação do edital e não havendo herdeiro habilitado nem habilitação pendente, será a herança declarada vacante. § 1o. Pendendo habilitação, a vacância será declarada pela mesma sentença que a julgar improcedente, aguardando-se, no caso de serem diversas as habilitações, o julgamento da última".*

O art. 1.820 do Código Civil de 2002 dispõe no mesmo sentido:

> *"Praticadas as diligências de arrecadação e ultimado o inventário, serão expedidos editais na forma da lei processual, e, decorrido um ano de sua primeira publicação, sem que haja herdeiro habilitado, ou penda habilitação, será a herança declarada vacante".*

Pela vacância, os bens são entregues ao Estado. Essa fase, porém, não tem o condão de incorporar os bens definitivamente ao Estado, o que só vem a acontecer após cinco anos da abertura da sucessão. A propriedade transferida aí ao Poder Público é resolúvel, já que no quinquênio poderá ainda surgir algum herdeiro. Após a declaração de vacância, dizia o art. 1.594, parágrafo único, do antigo Código, que eram excluídos os colaterais que não fossem notoriamente conhecidos.[3] O parágrafo único do art. 1.822 do Código de 2002 dispõe que *"não*

---

[3] "Petição de herança – Ação movida pela sobrinha do 'de cujus' – **Herança declarada vacante** e arrecadada pelo Município de Campinas – Curador do 'de cujus' que, prontamente, promoveu a ação de arrecadação de herança jacente e, não tendo qualquer relação de parentesco com o 'de cujus', desconhecia a existência de herdeiros – Convocação de herdeiros via edital – Autora que não se habilitou no momento oportuno – Ausência de irregularidade ou ilegalidade nos autos da ação de arrecadação – Autora que não tem legitimidade para pleitear a restituição de herança vacante por meio de petição de herança – Inteligência do parágrafo único do art. 1.822 do Código Civil e do art. 743, § 2º, do Código de Processo Civil – Indeferimento da inicial sob o fundamento de ausência de pressupostos de constituição e de desenvolvimento válido e regular do processo que se mantém – Motivação da sentença, que é adotada como razão de decidir em Segundo Grau – Aplicação do art. 252, do Novo Regimento Interno do Tribunal de Justiça – Recurso improvido". (TJSP – Ap 1020736-10.2019.8.26.0114, 6-10-2022, Rel. Fábio Quadros).

"Usucapião constitucional urbana – **Herança vacante** – Prescrição aquisitiva consumada anteriormente à sentença de vacância – Possibilidade de usucapir o bem no período de jacência da herança – Precedentes do STJ – Ação de imissão de posse improcedente – Recurso provido." (TJSP – AC 1017239-09.2014.8.26.0196, 4-10-2019, Rel. Alcides Leopoldo).

se habilitando até a declaração de vacância, os colaterais ficarão excluídos da sucessão". Essa, portanto, é a consequência principal da declaração de vacância, qual seja, afastar os colaterais da herança. A passagem dos bens vacantes ao Estado opera-se sem necessidade de aceitação.

Também será imediatamente declarada a vacância quando todos os herdeiros chamados renunciarem à herança (art. 1.823). A hipótese é diversa, pois aqui os herdeiros são perfeitamente conhecidos, mas repudiam a herança, que resta sem titular. Esse dispositivo é introduzido pelo presente Código e visa evitar o desnecessário processo de vacância.

O prazo de incorporação dos bens vacantes ao Estado sofreu modificações legislativas. Na redação original do art. 1.594 do antigo diploma, tais bens só passavam definitivamente ao Estado no prazo máximo de usucapião, que na época era de 30 anos.

Como a sentença de vacância não incorpora definitivamente os bens ao Estado, seu principal efeito, como vimos, é excluir os colaterais. Mas a sentença de vacância traz ainda outro efeito, tornando a propriedade do Estado plena e definitiva (art. 1.822). A Fazenda Pública fica na condição de depositária dos bens, até a incorporação definitiva.[4]

"**Herança Vacante** – Declaração – Interessado que reclama sem ostentar a condição de herdeiro – Vocação sucessória que devia mesmo ter sido objeto de reconhecimento em ação própria, dizendo-se havida relação avoenga "por consideração", então acaso socioafetiva. Caso que não se resolve à luz de pretensa prioridade no requerimento de herança jacente, depois declarada vacante. Sentença mantida. Recurso desprovido." (TJSP – Ap 0022619-26.2011.8.26.0005, 27-3-2018, Rel. Claudio Godoy).

"Herança jacente – **Declaração de vacância** – Insurgem-se os interessados afirmando serem proprietários de um dos imóveis declarados vacantes. Acostam documentos com a apelação a fim de comprovar a cadeia sucessória. Conhecimento do recurso obstado, sob pena de violação aos princípios do contraditório e duplo grau de jurisdição. Interessados que ingressaram nos autos somente em sede de apelação, não obstante ter sido dada publicidade à arrecadação de bens por meio de averbação na matrícula do imóvel, em data muito anterior à prolação da sentença. Matérias suscitadas nas razões recursais não submetidas à apreciação do Juízo *a quo* – Supressão de instância. Não conhecimento do recurso que não enseja afastamento da jurisdição – Direito que pode ser perseguido por meio de ação direta – Inteligência do artigo 1.158 CPC/73. Decisão mantida. Recurso não conhecido" (TJSP – Ap 0024302-31.2007.8.26.0590, 23-1-2017, Rel. Fábio Podestá).

[4] "Apelação – Compromisso de compra e venda – Vênia conjugal – Ação proposta por entidade pública, que adquiriu imóvel em razão de **herança vacante** e não obteve registro do seu título por conta de prévio registro de compromisso de compra e venda celebrado pela falecida, visando declaração de nulidade do compromisso e subsequentes registros em razão da falta de anuência do cônjuge da promitente-vendedora quando da realização do negócio. Sentença de procedência. Reforma. Malgrado existência de posição doutrinária e jurisprudencial em sentido contrário, a jurisprudência do Superior Tribunal de Justiça tem se orientado no sentido de que a promessa de compra e venda tem natureza meramente pessoal, razão pela qual sua validade não depende de outorga uxória, valendo como promessa de fato de terceiro o compromisso sem vênia conjugal, obtendo o compromissário-comprador direito restrito, sem eficácia real. Rejeição, conforme tal entendimento, do pedido de declaração de nulidade do compromisso. Manutenção do registro imobiliário. A rigor o compromisso de compra e venda sem anuência do cônjuge não autorizaria registro e efeito real. Porém, no caso concreto o cônjuge que deveria manifestar anuência faleceu antes da esposa (promitente-vendedora), não havendo outros herdeiros, de modo que a esposa, por força do princípio da *saisine*, adquiriu desde logo a propriedade exclusiva do imóvel que anteriormente havia prometido à venda, não mais existindo necessidade de vênia conjugal. O registro somente foi efetuado após o óbito do cônjuge e da própria promitente-vendedora, de modo que à época inexistia óbice à sua realização, pois a propriedade havia se consolidado exclusivamente em nome da promitente-vendedora. A norma do Código Civil que exige outorga conjugal para alienação de imóveis tem por finalidade proteger o patrimônio da família. No caso em questão não houve qualquer prejuízo ao cônjuge, cuja anuência não foi colhida, nem aos seus herdeiros. O cônjuge não sofreu qualquer restrição ao seu direito, não houve pretensão manifestada pelo compromissário-comprador, sendo a propriedade posteriormente consolidada exclusivamente em mãos da promitente-vendedora, que também foi herdeira do cônjuge preterido no negócio. Anulação do negócio ou do registro que em nada melhora a condição jurídica do cônjuge que deveria ter anuído ou de seus herdeiros, causando grave prejuízo à série de subadquirentes do bem. No conflito entre aquele que pretende assegurar aumento de seu patrimônio (*certat de lucro captando*) e aquele que busca evitar um prejuízo (*certat de damno vitando*) deve ser protegido aquele que visa evitar um prejuízo, o que no caso corresponde à proteção do compromissário-comprador e dos demais sucessores. Ação anulatória improcedente. Recurso provido." (TJSP – AC 0403260-37.1995.8.26.0053, 6-8-2019, Rel. Enéas Costa Garcia).

"Direito civil e processual civil – Inventário – Apelação cível – **Herança declarada vacante** – Adjudicação em favor do município do Natal – Impossibilidade – Ação de usucapião transitada em julgado – propriedade transferida an-

"Transitada em julgado a sentença que declarou a vacância, o cônjuge, o companheiro, os herdeiros e os credores só poderão reclamar o seu direito por ação direta" (art. 743, § 2º do CPC).

Portanto, nada mais é discutido no processo de jacência e vacância. A ação direta será movida contra a Fazenda Pública. Uma vez os bens atribuídos ao Estado, o patrimônio devia ser empregado no ensino universitário (Decreto-lei nº 8.207/45, art. 3º). Os bens eram incorporados ao domínio da União, dos Estados ou do Distrito Federal, conforme o caso.

A Lei nº 8.049, de 20-6-90, modificou o destino dos bens ao Estado. Alterou a redação do art. 1.594 do Código antigo, determinando que os bens arrecadados passassem ao *"domínio do Município ou do Distrito Federal, se localizados nas respectivas circunscrições, incorporando-se ao domínio da União, quando situados em território federal"*. Caberá aos municípios regular o destino desses bens. Foi alterado também o inciso V do art. 1.603 do antigo Código, colocando-se em quinto lugar na ordem de vocação hereditária os Municípios, o Distrito Federal ou a União,⁵ e o presente Código manteve a mesma orientação no art. 1.822.

O Código de 2002 apresenta artigo com redação nova que é surpreendente por ser absolutamente inócua. Dispõe o art. 1.821 que *"é assegurada aos credores o direito de pedir o pagamento das dívidas reconhecidas, nos limites das forças da herança"*. Nunca se duvidou que os credores pudessem cobrar suas dívidas do espólio, até as forças da herança, conforme o benefício de inventário. O dispositivo era plenamente dispensável.

26.5 SUCESSÃO DO ESTADO

Vimos que a herança jacente passa a vacante quando não há sucessores. A vacância é a forma de se atribuir os bens da herança ao poder público, colocado em último lugar na ordem de vocação hereditária, após os colaterais de quarto grau.

Dado o caráter especial e peculiar da sucessão do Estado, não tem ele a *saisine*, não entrando, portanto, na posse e propriedade dos bens da herança tão só pela abertura da sucessão.⁶

---

teriormente à apelante – Prescrição aquisitiva – Não aplicação ao ente público do princípio da *saisine* – Precedentes dos tribunais pátrios – Reforma da sentença – Conhecimento e provimento do apelo." *(TJRN* – AC 2015.014606-5, 25-9-2018, Rel. Juiz Conv. Eduardo Pinheiro).

"Adjudicação compulsória de imóvel – Adjudicação dos direitos da promessa de cessão de venda e compra de imóvel pela autarquia na **herança vacante** da última cessionária, que era viúva, estrangeira, vivendo só. Quitação geral. Inexistência. Presunção do pagamento integral do preço pela omissão de a cedente adotar qualquer providência tendente a reclamar o crédito, como a habilitação em seu inventário ou então o ajuizamento da ação de rescisão contratual cumulada com a reintegração de posse. O art. 320, parágrafo único, do CC diz que valerá a quitação à falta do seu comprovante, quando for possível compreender pelas circunstâncias a sua existência, não havendo qualquer ação da cedente. E mais: transformando-se a obrigação em natural para impedir que se oponha à adjudicação. Recurso de apelação a que se dá provimento" *(TJSP* – Ap 0042562-31.2011.8.26.0554, 1-9-2016, Rel. Mauro Conti Machado).

5 "Agravo de instrumento – Embargos de terceiro – Decisão que indeferiu o pedido de antecipação da tutela para a liberação de transferência dos veículos para o nome da agravante. Acerto. Questão que envolve **herança vacante**, sendo necessária a regular tramitação processual para a elucidação da controvérsia. Municipalidade que manifestou oposição aos embargos de terceiro. Por ora, a manutenção do bloqueio de transferência dos veículos se mostra adequada. Providência que denota cautela do MM. Juiz 'a quo'. Agravo desprovido" *(TJSP* – AI 2123517-52.2016.8.26.0000, 11-8-2016, Rel. Natan Zelinschi de Arruda).

6 "Agravo interno no Recurso Especial – Civil – Reintegração de posse – Requisitos – **Herança jacente** – Transferência ao ente público – Momento – Declaração da vacância – Sucessão Possessória – Ausência – Revisão – Súmula 07/STJ – 1- A pretensão de revisão das conclusões das instâncias ordinárias de que agravante não comprovara a posse anterior do imóvel – Ocupado pela agravada desde o falecimento da autora da herança e, tampouco, a sua perda através do alegado esbulho, faz atrair o óbice do Enunciado da Súmula nº 07 /STJ. 2- 'É entendimento

A doutrina muito discutiu a respeito da natureza jurídica desse direito sucessório do Estado. Defendeu-se que o Estado herda em razão de seu *iure occupationis* (direito de ocupação). Isso porque o poder público se apoderaria das coisas sem dono. Como bem critica Washington de Barros Monteiro (1977, v. 6:91), tal tese não encontra ressonância na estrutura jurídica da propriedade e da sucessão:

> "o falecido não abandona os bens hereditários; se houvesse abandono, pertenceriam estes, inquestionavelmente, a quem deles se apoderasse em primeiro lugar, o que não é verdadeiro".

Também não pode ser aceita a opinião de que o Estado recebe a herança em razão de sua soberania (*ius imperii*). Na verdade, como conclui Dolor Barreira (1970:170), o direito do Estado à herança não diverge em nível do direito dos demais herdeiros, a não ser pelo fato de ser uma herança compulsória, que não pode ser renunciada. Daí por que conclui o autor, e com razão, que a discussão acerca da natureza jurídica ora referida é acadêmica, sem maiores alcances práticos.

Como referimos, o Estado devia aplicar as heranças em fundações destinadas ao ensino universitário (Decreto-lei nº 8.207/45). Agora caberá a destinação, primordialmente aos Municípios. Justamente porque se considera o Estado como um herdeiro com compreensão diversa, o art. 1.829 do vigente Código não o menciona na ordem de vocação hereditária.

26.6 SUCESSÃO DO AUSENTE. SUCESSÃO PROVISÓRIA E DEFINITIVA

Já nos referimos à ausência no estudo da parte geral do Código, quando dissemos que o instituto está ligado ao Direito de Família, com reflexos no Direito das Sucessões. Normalmente, a doutrina trata da matéria no Direito de Família, pois é ali que o assunto vinha tratado no Código anterior (arts. 463 ss). Como mencionamos no primeiro volume desta obra e reiteramos no estudo do direito de família, a curadoria do ausente no Código de 2002 é tratada na parte geral (arts. 22 a 25). Contudo, os reflexos no Direito das Sucessões impõem que aqui se faça uma breve referência sobre o fenômeno.

Conceituamos a ausência como sendo o fato de uma pessoa deixar seu domicílio sem dar notícias de seu paradeiro. Enquanto na herança jacente existe uma morte, sem a existência de sucessores conhecidos, na ausência existe um desaparecimento, uma suspeita de morte, embora, geralmente, haja sucessores (herdeiros ou legatários) conhecidos. Como vemos, os institutos têm pontos de contato, mesmo porque a sucessão do ausente pode converter-se em herança jacente e vacante, quando desconhecida é a existência de herdeiros (art. 28, § 2º). O sentido da lei ao disciplinar a ausência é defender o patrimônio daquele que se ausentou, proporcionando a sua transmissão aos herdeiros.

Já nos referimos à impropriedade de o ausente ser tratado, como fazia a lei anterior, como incapaz. Tal "incapacidade" devia ser vista com a devida reserva, pois se há uma declaração de ausência em determinado lugar, tal não retira a capacidade da pessoa no local onde se encontra e onde tem sua vida negocial.

---

consolidado neste Superior Tribunal de Justiça que os bens jacentes são transferidos ao ente público no momento da declaração da vacância, não se aplicando, desta forma, o princípio da *saisine*' (AgRg no Ag 851.228/RJ, Rel. Min. Sidnei Beneti, Terceira Turma, julgado em 23/09/2008, DJe 13/10/2008). 3- Razões do agravo interno que não alteram as conclusões da decisão agravada, no sentido do desprovimento do recurso especial. 4- Agravo interno desprovido." (STJ – AGInt-REsp 1283365/RJ, 25-4-2019, Rel. Min. Paulo de Tarso Sanseverino).

A proteção aos bens do ausente segue três fases distintas: a curadoria do ausente, a sucessão provisória e a sucessão definitiva. O processo de declaração de ausência vem disciplinado nos arts. 744 a 745 do CPC.

Qualquer interessado (cônjuge, herdeiros, credores do desaparecido) e o Ministério Público podem pedir a nomeação de curador (art. 22). O juiz deve fixar a extensão dos poderes do curador, que aqui também é um auxiliar do juízo, observadas as disposições da tutela e curatela, no que couberem (art. 24).

A fase da sucessão provisória tem início na forma do art. 26:

> "Decorrido um ano da arrecadação dos bens do ausente, ou, se ele deixou representante ou procurador, em se passando três anos, poderão os interessados requerer que se declare a ausência e se abra provisoriamente a sucessão".

Como o desaparecido pode aparecer a qualquer momento, os bens não podem ser dissipados. A posse dos herdeiros fica sujeita a garantias prestadas por eles (art. 30). A posse é provisória. Aquele que não puder apresentar garantias para usufruir dessa posse será dela excluído, ficando sua parte dos bens com o curador, ou outro herdeiro designado pelo juiz, que possa apresentar tal garantia (art. 30, § 1º).

A lei procura assegurar ainda a preservação maior do patrimônio, determinando que os bens imóveis sejam confiados em sua integridade aos sucessores provisórios mais idôneos. Não podem ser alienados os bens do ausente nessa fase provisória, salvo para evitar sua ruína. Se os bens não podem ser alienados na sucessão provisória, os frutos podem ser vendidos. Se o ausente aparecer, ou se souber de sua existência, durante a posse provisória dos herdeiros, perdem eles todas as vantagens, devendo tomar, no entanto, medidas assecuratórias até a entrega dos bens ao dono (art. 36).

A sucessão definitiva só pode ocorrer, pelo atual Código, dez anos depois de passada em julgado a sentença concessiva da sucessão provisória, podendo, então, ser levantadas as cauções prestadas (art. 37). O art. 481 do Código de 1916 estabelecia o prazo de 20 anos depois do trânsito em julgado dessa sentença.

Embora nosso direito de 2002 passe a admitir expressamente possibilidades de morte presumida (art. 7º), dispõe também o art. 38:

> "Pode-se requerer a sucessão definitiva, também, provando-se que o ausente conta 80 (oitenta) anos de nascido, e que de 5 (cinco) datam as últimas notícias suas".

Nessa situação, diminuem muito as possibilidades de retorno do ausente. Na sucessão definitiva, a posse provisória dos herdeiros é transformada em propriedade resolúvel, já que, se o ausente regressar nos 10 anos seguintes à abertura da sucessão definitiva,

> "ou algum de seus descendentes, ou ascendentes, aquele ou estes haverão só os bens existentes no estado em que se acharem, os sub-rogados em seu lugar, ou o preço que os herdeiros e demais interessados houverem recebido pelos alienados depois daquele tempo" (art. 39).

Na sucessão definitiva os sucessores adquirem os frutos dos bens e seus rendimentos. Não estão obstados a alienar ou gravar os bens. Não estão mais obrigados a prestar caução. Aplicam-se, em geral, os princípios da propriedade resolúvel na hipótese. Observe-se, como faz Arnoldo Wald (1988:41), que há importantes princípios aplicáveis quando ocorre o retorno do ausente após aberta a sucessão definitiva: os atos praticados pelo sucessor são válidos; não pode haver um injusto enriquecimento por parte do sucessor, o ausente não pode diminuir o patrimônio do sucessor; o ausente recebe os bens e o capital no estado em que se encontram, sem direito ao recebimento dos frutos.

É de ser lembrado que, se por um lado o sucessor não pode se locupletar à custa do ausente, o ausente deve indenizar o sucessor se este fez melhoramentos e acréscimos na coisa no curso do lapso da ausência. Felizmente, a matéria é de pouco alcance prático, dada a raridade das situações, uma vez que a posse provisória e a propriedade resolúvel presentes nos institutos são sumamente inconvenientes e geradoras de problemas. Contudo, a lei acautela os interesses em jogo e não poderia dispor de forma diversa. De qualquer modo, é no estudo do Direito de Família que o instituto da ausência deve ser mais aprofundado.

27

INVENTÁRIOS E ARROLAMENTOS. PROCESSO. PETIÇÃO DE HERANÇA

27.1 INVENTÁRIO E PARTILHA. JUDICIALIDADE E EXTRAJUDICIALIDADE DO INVENTÁRIO. LEI Nº 11.441/07. QUESTÕES DE ALTA INDAGAÇÃO

No Capítulo 24 deste livro, traçamos algumas linhas a respeito do inventário. A esta altura já está fixada a ideia da indivisibilidade da herança até a partilha. A fim de que se possa dividir o patrimônio do morto, é necessário que se faça uma descrição pormenorizada de todos os bens que o integram, débitos e créditos, para, depois de satisfeitas as dívidas, serem atendidos os herdeiros e legatários, bem como os cessionários de direitos hereditários. Ali também expusemos que o inventário se faz necessário, mesmo existindo um único herdeiro, embora o procedimento possa ser simplificado sob a forma de arrolamento, a quem será adjudicada toda a herança, não fosse apenas pelo interesse do Fisco, mas também por eventual interesse de credores do espólio. Ao abrirmos o capítulo respectivo, lembramos que "inventário" vem do termo *invenire* (achar, descobrir, inventar). Mesmo coloquialmente, dissemos que, quando houver necessidade de levantamento de um estado atual de uma situação, faz-se um "inventário".

As regras do inventário, portanto, têm preeminente caráter instrumental. O valor da causa, por exemplo, não deve incluir a meação do cônjuge, porque não constitui herança. Será o processo civil que regulará a forma de apuração e descrição dos haveres do monte-mor e de pagamento dos tributos. Os fundamentos de direito material do inventário ficavam restritos aos arts. 1.770 e 1.771 do Código Civil de 1916. O vigente Código dedica ao inventário exclusivamente o art. 1.991, segundo o qual desde a assinatura do compromisso até a homologação da partilha a administração da herança será exercida pelo inventariante. Há, contudo, outros princípios de direito material, como colação, pagamento de dívidas do espólio, sonegados etc., que interessam diretamente ao processo de inventário ou arrolamento.

Em nenhuma outra matéria de direito privado estarão tão ligadas as disposições de forma e de fundo, devendo cuidar o legislador para que não conflitem. Sem um procedimento inventarial, seria impossível proceder à partilha, ou ao menos homologá-la, porque a partilha não necessita ser judicial.

Os herdeiros, apesar de já serem titulares dos bens da herança, e interessados em geral no patrimônio, só poderão materializar seus direitos, como regra, no curso ou no bojo do procedimento de inventário. Terminado o inventário, se fracionarão os bens por meio da partilha.

Após a homologação da partilha, só por ação própria o herdeiro ou interessado preterido poderá reclamar. Na partilha, como corolário de um princípio geral de direito, dar-se-á a cada um aquilo que é seu.

A redação originária do art. 982 do CPC de 1973, seguindo a mesma regra do estatuto processual anterior, ao determinar que "proceder-se-á ao inventário judicial, ainda que todas as partes sejam capazes", subtraía qualquer dúvida quanto à possibilidade de o inventário ser ultimado por acordo extrajudicial. Essa renitente posição, reiterada por incompreensível vezo corporativo dos advogados do passado, de há muito não mais se sustentava. A redação original do estatuto processual atual permitia o inventário extrajudicial, desde que capazes todos os herdeiros. Antes mesmo que entrasse em vigor o Código, foram suprimidos os parágrafos do art. 982 (Lei nº 5.925, de 1º-10-73), voltando-se à tradição anterior. Já era tempo, contudo, de se pensar em soluções para aliviar a pletora de feitos desnecessários no Judiciário. O inventário tem plenas possibilidades de realizar-se sem intervenção judicial, quando de acordo todos os herdeiros maiores e capazes. Tecnicamente, porém, nada impede que a lei autorize o procedimento particular. A questão é de orientação legislativa. O inventário judicial, em princípio, melhor assegura o direito dos sucessores e dos credores do espólio, apresentando terreno mais firme para as ações derivadas do direito sucessório, mas são muitos os processos que se eternizam desnecessariamente nos tribunais. Muito se facilitou, já, com as novas regras que ordenam o arrolamento, simplificando-se bastante o procedimento.

27.1.1 Inventário e Partilha Extrajudicial. Aspectos do Inventário Judicial

Finalmente a Lei nº 11.441, de 4-1-2007, veio a autorizar o inventário e a partilha por escritura pública, a qual constituirá título hábil para o registro imobiliário. Secundando o que já estava na nova redação do art. 982 do CPC anterior, o art. 610 do CPC de 2015 dispõe:

> *"Havendo testamento ou interessado incapaz, proceder-se-á ao inventário judicial.*
>
> *§ 1º Se todos forem maiores e concordes, o inventário e a partilha poderão ser feitos por escritura pública, a qual constituirá documento hábil para qualquer ato de registro, bem como para o levantamento de importância depositada em instituições financeiras.*
>
> *§ 2º O tabelião somente lavrará a escritura pública se todas as partes interessadas estiverem assistidas por advogado ou por defensor público, cuja qualificação e assinatura constarão do ato notarial".*

Não há necessidade de homologação judicial, esse é o ponto mais saliente da lei. Persiste a necessidade de inventário judicial se houver testamento ou interessado incapaz. No testamento, há interesse público para seu exame e, havendo incapaz, há que se assegurar sua plena proteção. Muitos defendem que se todos forem capazes, a existência de testamento não deve obstar a escolha pela escritura pública, já existindo posicionamento jurisprudencial nesse sentido (RE 1.808.767. STJ, Rel. Luís Felipe Salomão). A tendência é ampliar-se a possibilidade de inventário extrajudicial, mesmo com incapazes, sob vigilância do Ministério Público.

Essa escritura pública somente será lavrada se todos os interessados estiverem assistidos por advogado comum ou advogados de cada uma das partes, cuja qualificação e assinatura constarão do ato notarial. Não há necessidade de procuração, pois a presença do profissional ao ato, junto com os interessados, a torna desnecessária. Nesse diapasão, avulta a importância dos advogados, notários e registradores.

Não está mais prevista no novo estatuto processual a gratuidade aos necessitados, como no CPC anterior.

Assim, caberá às partes escolher a via judicial ou extrajudicial, se estiverem dentro dos requisitos legais.

O companheiro que tenha direito à sucessão do autor da herança poderá participar dessa escritura, mediante decisão judicial se não houver outro herdeiro ou não houver consenso de todos os herdeiros.

O inventário extrajudicial é grande passo em prol da dinamização das questões judiciárias.

Já anteriormente, desde o revogado Código, era permitida, porém, a partilha por escritura pública, quando os herdeiros forem maiores e capazes, assim como por termo nos autos ou escrito particular homologado pelo juiz (art. 2.015). A sucessividade do processo de partilha não implica reconhecer-lhe diverso procedimento. Ao inventário, sempre judicial, seguirá a partilha, ou, mais propriamente, sua homologação, quando esta tiver sido feita anteriormente.

O CPC mantém o processo de inventário, bem como o de arrolamento, sua forma simplificada, entre os procedimentos especiais de jurisdição contenciosa. Pontes de Miranda (1973, v. 60:196) defende essa posição, sob fundamento de que onde houver possibilidade de controvérsia, o elemento contraditório exclui a jurisdição voluntária, mormente levando em conta a partilha. Essa orientação era diversa do CPC de 1939, que inserira o processo entre aqueles de jurisdição voluntária, optando por corrente dominante, à época, na doutrina. As controvérsias que surgem e as possibilidades de reflexos na coisa julgada aconselharam a nova orientação (Amorim e Oliveira, 1985:67).

O processo de inventário, contudo, não se presta à produção de provas que não a documental. Essa conclusão deflui do que entende a lei por questões de alta indagação, no art. 612 do CPC:

> "O juiz decidirá todas as questões de direito desde que os fatos relevantes estejam provados por documento, só remetendo para as vias ordinárias as questões que dependerem de outras provas".

O novo Código Processual evitou a expressão "questões de alta indagação". Tudo que puder ser comprovado por documentos, não exigindo outras provas, pode ser decidido no curso do inventário. Destarte, por mais controvertida e complexa que seja a questão de direito trazida à baila no inventário, é no bojo do inventário ou do arrolamento que o juiz deve decidir. As partes só recorrerão aos processos próprios, e assim o juiz determinará, quando houver necessidade de produção de provas, as quais não podem ser produzidas no inventário. Também quando as partes não chegam a um acordo, não tendo o juiz elementos probatórios no inventário, devem recorrer às vias ordinárias.

Assim sendo, a nulidade de testamento por vício interno, por exemplo, não pode ser decidida no inventário. A nulidade de forma, que salta à vista ao primeiro exame, é decidida de plano no inventário, o que não impede que as partes recorram também à ação própria. Do mesmo modo, assim será feito no tocante à discussão da condição de herdeiro, legatário, credor do espólio etc. Como regra geral, o juiz decidirá também no inventário, ou no curso dele, a nomeação ou remoção de inventariante ou testamenteiro, a interpretação das cláusulas testamentárias, a renúncia da herança, o direito de representação, por exemplo. Nas situações nas quais a própria lei exige o processo, não poderá haver decisão no inventário, como é o caso da indignidade e deserdação.

O juiz aplicará, portanto, o direito no inventário à vista dos documentos trazidos pelos interessados, ainda que se trate só de uma questão de fato. Se houver necessidade, para sua convicção, de tomada de depoimentos, oitiva de testemunhas ou perícias, tal não poderá ser decidido no inventário, que tem rito procedimental sumário, inadaptável à produção dessas provas. Terceiros que não tiveram seus interesses atendidos no inventário deverão recorrer também aos processos autônomos específicos. As ações que digam respeito ao juízo de inventário devem ser distribuídas por dependência a ele.

27.2 DISPENSA DO PROCESSO DE INVENTÁRIO. ALVARÁS

A prática demonstrou que em certas situações, apesar da obrigatoriedade do inventário, do arrolamento e da partilha, tais requisitos podem ser simplificados ou até mesmo dispensados.

Como não há interesse do Fisco, quando a herança é composta somente de valores mobiliários, ou de um único bem móvel (um automóvel, por exemplo), sendo poucos e conhecidos os herdeiros, passou-se à prática de permitir tão só um pedido de alvará para a liberação desses valores aos herdeiros e ao cônjuge, levando-se em consideração, principalmente, o caráter finalístico da lei e a instrumentalidade do processo. Assim, normalmente, se faz quando se cuida, por exemplo, apenas de autorizar a transferência de um automóvel, ou a abertura de um cofre de aluguel, como único(s) bem(ns) deixado(s) pelo *de cujus*. Esse procedimento também passou a ser utilizado para atribuir aos sucessores os valores em dinheiro não recebidos em vida pelo autor da herança, pois a Lei nº 6.858/80, visando homogeneizar os procedimentos díspares nos casos concretos, dispôs acerca da atribuição desses valores aos dependentes e sucessores.[1] Por esse diploma, os saldos de salário, os depósitos do Fundo de Garantia por Tempo de Serviço, bem como o Fundo de Participação PIS-Pasep serão pagos independentemente de inventário, em quotas iguais,

---

[1] "**Alvará judicial** – Pleito de atribuição de efeito suspensivo, nos termos do art. 1.012, § 3º, do CPC – Admissibilidade, ante a possibilidade de dano irreparável ou de difícil reparação pela execução incontinenti do r. decisum. Apelação. Alvará judicial – Pretensão à obtenção de alvará judicial para levantamento de numerário em instituição financeira em razão de falecimento de pensionista – Instituição bancária que informa nos autos a existência de suposto inventariante do falecido que efetuou movimentação e saques do numerário – Procedimento de jurisdição voluntária que não comporta dilação probatória – Controvérsia a ser objeto de jurisdição contenciosa, com a observância dos princípios da ampla defesa e contraditório- – Via eleita inadequada – Extinção do processo, sem resolução do mérito, por falta de interesse processual, nos termos do art. 485 , VI, do CPC – Sentença reformada – Precedentes desta Eg. Câmara e Corte – Honorários recursais fixados – Recurso provido." (TJSP – AC 1037165-75.2018.8.26.0053, 30-5-2019, Rel. Rebouças de Carvalho).
"**Alvará judicial** – Pleito formulado pela viúva, para levantamento dos valores depositados em conta corrente de titularidade do *de cujus*. Certidão de óbito onde consta que o falecido deixou filhos maiores. Determinação para emenda da inicial para sua inclusão. Não atendimento. Existência de herdeiros necessários, os quais não anuíram com o pedido, que impede o prosseguimento da ação como proposta. Inteligência do artigo 114 do CPC/2015. Extinção com fundamento no artigo 485, I, do CPC/2015. Sentença mantida. Recurso desprovido." (TJSP – Ap 1013186-73.2017.8.26.0068, 18-4-2018, Rel. Paulo Alcides).
"**Alvará judicial** – Pretensão de levantamento de quantias relativas ao FGTS, PIS, verbas rescisórias, saldo em conta bancária e caderneta de poupança. Decisão que determinou apresentação de isenção do ITCMD ou concordância expressa da Fazenda do Estado com eventual valor a ser recolhido, além da juntada de plano de partilha. Instauração de procedimento formal que se revela desnecessário. Isenção do imposto causa mortis disciplinada na Lei Estadual nº 10.705/2000, consolidada pela Lei nº 10.992/2001 e que pode ser reconhecida pelo d. Juízo, independentemente da manifestação da Fazenda Pública, porque dispensado, por exclusão, pelos arts. 7º e 8º do Regulamento do Imposto sobre Transmissão Causa Mortis e Doação de Quaisquer Bens ou Direitos – Decreto nº 45.837/2001. Autorização do levantamento das importâncias pertencentes ao menor mediante comprovação da efetiva necessidade, a ser aferida em primeira instância. Decisão reformada. Recurso provido em parte" (TJSP – AI 2015458-67.2016.8.26.0000, 27-6-2016, Rel. Paulo Alcides).
"**Agravo de instrumento. Alvará judicial.** Venda de automóvel. Único bem deixado pelo *de cujus*. Possibilidade – desnecessidade de inventário ou arrolamento. Precedentes deste TJSP. Agravo provido" (TJSP – AI 0089098-79.2012.8.26.0000, 13-2-2013, Rel. Cesar Ciampolini).

> "aos dependentes habilitados perante a Previdência Social ou na forma de legislação específica dos servidores civis e militares, e, na sua falta, aos sucessores previstos na lei civil indicados em alvará judicial" (art. 1º da Lei nº 6.858/80).

Tratou-se de beneficiar uma população que normalmente tem parcos recursos, não havendo a menor necessidade de maior formalismo. O art. 666 do CPC, mantendo redação do estatuto processual anterior, ratificou tais dispositivos. Note que esses direitos fogem à própria ordem de vocação hereditária, uma vez que os dependentes da previdência ou do funcionalismo público nem sempre serão os herdeiros da vocação legal. O mesmo procedimento foi autorizado para as restituições relativas ao Imposto de Renda e outros tributos da pessoa física, e

> "não existindo outros bens sujeitos a inventário, aos saldos bancários e de contas de caderneta de poupança e fundos de investimento de valor até 500 (quinhentas) Obrigações Reajustáveis do Tesouro Nacional" (depois BTN) (art. 2º da lei citada).

O Decreto nº 85.845/81, que regulamentou a Lei nº 6.858/80, autorizou até mesmo a liberação administrativa desses valores, independentemente de alvará. Aliás, isso deveria ocorrer em número maior de situações. Só na falta de dependentes habilitados perante a Previdência é que os interessados, sucessores na ordem civil, pedirão alvará. Então, nesse procedimento, deverão participar todos os interessados, que serão citados. O Ministério Público zelará para que os bens dos incapazes fiquem em depósito, até a idade de 18 anos, ou prova de necessidade. O mesmo procedimento, antes mesmo da lei, já vinha sendo aplicado a outros valores mobiliários. O pedido de alvará, nesses casos, independe da existência de inventário ou arrolamento. Não devemos confundir, porém, esses alvarás autônomos com aqueles feitos no curso do inventário ou arrolamento. O termo *alvará*, nesses casos, refere-se a uma autorização judicial para a prática de certos atos. Assim sendo, se o inventariante, o testamenteiro, ou qualquer interessado tiver necessidade de, no curso do inventário, praticar qualquer dos atos descritos no art. 619 do CPC, após a oitiva dos interessados, o juiz autorizará, mediante alvará:

> "alienar bens de qualquer espécie, transigir em juízo ou fora dele, pagar dívidas do espólio e fazer as despesas necessárias com a conservação e o melhoramento dos bens do espólio."

O pedido de alvará para tais atos, ou outros análogos, que se processam no inventário, devem ser autuados em apenso aos autos do inventário, para que o processo principal não se tumultue. Assim também, e com maior razão, os alvarás pedidos por terceiros (para outorga de escritura definitiva de imóvel, por exemplo).

O alvará contém mera autorização e não um mandado, uma ordem. Se o alvará não puder ser cumprido em razão de obstáculos jurídicos, administrativos ou resistência de terceiros, a questão será resolvida pelas vias ordinárias, caso não possa o juiz, de plano, determinar o cumprimento por mandado emanado do inventário, dependendo do exame do caso concreto, à vista dos documentos juntados.

Na grande maioria das vezes, o alvará antecipa uma providência que só poderia ser tomada com a partilha. De qualquer modo, não se expedirá alvará se todos os interessados não se tiverem manifestado, ou tenham tido prazo para tal, e não tiverem eles seus eventuais direitos, decorrentes da medida, devidamente acautelados. Cabe ao bom senso do juiz o exame de cada caso, prevenindo as fraudes, mas sem impedir o legítimo direito dos interessados no inventário, que trata, em síntese, da administração pelo judiciário, de interesses privados.

27.3 INVENTÁRIO NEGATIVO

Como vimos, o inventário será necessário para a apuração dos haveres existentes na herança. Só nas exceções, a confirmar a regra, é que se dispensa o inventário. Porém, podem ocorrer situações em que haverá a necessidade de se provar que alguém não deixou qualquer patrimônio, que não existe bem algum a inventariar. Tal ocorria quando o cônjuge sobrevivente, que quisesse casar novamente, não desejasse submeter-se ao regime de separação legal de bens, imposta por força do que dispõe o art. 183, XIII (c/c art. 258, I); nem às penas do art. 225 (perda do usufruto dos bens dos filhos do primeiro casamento), dispositivos do Código de 1916. A finalidade desses dispositivos, repetidos sob outras vestes no Código de 2002, como estudamos **na parte dedicada** ao Direito de Família, é evitar a confusão de patrimônios do primeiro e do segundo casamento. Não será, com certeza, o único caso. O mundo jurídico é muito vasto para uma exclusão apriorística de condutas. Pode o herdeiro, por exemplo, ter interesse em provar aos credores do falecido que o *de cujus* não deixou bens, para que seu patrimônio não seja confundido e venha a suportar dívida que não é sua, em face do princípio do benefício de inventário, e a necessidade da separação de patrimônio pelo inventário. Outra hipótese é o caso de o *de cujus* ser compromissário vendedor de imóveis e ter necessidade o espólio de outorgar escrituras definitivas.

A certidão do inventário negativo, no caso, instruirá a habilitação para o casamento. Era a única forma, no sistema anterior, de o cônjuge sobrevivente casar-se novamente sem as penas civis que lhe seriam impostas (Diniz, 1983, v. 6:267). A simples declaração de não existir bens a inventariar, segundo se entendia, podia facilmente dar margem a abusos ou equívocos. O mesmo ocorrerá ainda ao herdeiro acionado para pagar dívidas de uma herança sem patrimônio positivo.[2]

---

[2] "Agravo de instrumento. Cumprimento de sentença. Ajuizamento por herdeiro do credor originário. Decisão que determina à parte que comprove a instauração de prévio inventário e partilha de bens. Exigência que tem amparo legal (art. 611, CPC) e que se justifica para evitar, dentre outras coisas, prejuízo a sucessores legais eventualmente excluídos e a credores do falecido, e, por fim, à fazenda pública, pois inexistiria controle sobre o pagamento dos tributos incidentes sobre a transmissão. Precedentes. Caráter prescritivo da regra jurídica. Decisão mantida. Recurso não provido. 1. Obrigatoriedade de Abertura de Inventário: A abertura de inventário é medida imposta pelo art. 611 do CPC, sendo indispensável mesmo em caso de inexistência de bens (**inventário negativo**), conforme jurisprudência e doutrina. Caráter prescritivo das regras jurídicas. 2. Fé Pública e Verificação de Bens: A declaração na certidão de óbito sobre inexistência de bens não isenta os herdeiros de requerer inventário, uma vez que a fé pública confere validade aos atos notariais, mas não ao conteúdo declarado ou à veracidade das informações prestadas. 3. Proteção de Herdeiros e Credores: O inventário, seja judicial ou extrajudicial, assegura a informação correta sobre a existência de herdeiros, bens e dívidas, protegendo os herdeiros e resguardando os interesses de credores, conforme o art. 642 do CPC/15. 4. Competência do Juízo: Questões relativas ao cálculo do ITCMD e à linha sucessória devem ser dirimidas no âmbito do inventário, sendo o juízo da Vara da Fazenda Pública incompetente para decidir tais questões" (*TJPR* – AI 0029469-36.2024.8.16.0000, 16-9-2024, Rel. Horacio Ribas Teixeira).

"Alvará judicial – Pleito de alvará, visando obter a transferência da titularidade do veículo pertencente à falecida – Desnecessária conversão em arrolamento ou **inventário negativo** – Concordância de todos os herdeiros (maiores e capazes) – Inteligência do art. 666 do CPC – Precedentes, inclusive desta Turma Julgadora – Decisão reformada – Recurso provido" (*TJSP* – AI 2257389-22.2023.8.26.0000, 28-9-2023, Rel. Salles Rossi).

"Civil. Processo civil. Apelação. Inventário. Direitos possessórios sobre bem imóvel. Quebra da cadeia possessória reconhecida em sentença transitada em julgado em autos diversos. Inexistência de bens a partilhar. Efeitos de **inventário negativo**. Apelação desprovida. 1. No caso em que o único bem arrolado como objeto do processo de inventário e partilha tem sua posse e propriedade retirada do espólio, por sentença transitada em julgado em ação de anulação da cessão de direitos, tem-se que a inexistência de bens a partilhar atrai a incidência dos efeitos do inventário negativo. 1.1. Assim, correta a declaração judicial, por sentença, da inexistência de bens a partilhar.

Nesse processo, o interessado pedirá a declaração formal de inexistência de bens a inventariar, provando a necessidade. Ouvidos os interessados, como em qualquer inventário, não havendo oposição, o juiz homologará o inventário declarando inexistir bens do *de cujus*. No processo de inventário, não se admite prova testemunhal, mas nada obsta que o interessado instrua o pedido com um processo cautelar de justificação ou produção antecipada de provas (Oliveira, 1987:445). Aliás, o art. 668 do CPC prevê especificamente a produção de medidas cautelares no inventário. Contudo, a aplicação é do poder geral de cautela conferido ao juiz pelo diploma processual.

O presente Código procurou evitar a necessidade do inventário negativo, ao menos nessa situação, como vimos no estudo do Direito de Família, permitindo aos nubentes tolhidos de casar pelas causas suspensivas do art. 1.523, provando a inexistência de prejuízo para os interessados, conforme dispõe o parágrafo único desse mesmo artigo de lei. Uma das formas pelas quais poderão eles provar a inexistência de prejuízo nessas hipóteses será justamente com o inventário negativo. Poderão, no entanto, provar por outros meios.

27.4 LEGITIMIDADE PARA REQUERER O INVENTÁRIO. PRAZOS

Àquele que estiver na posse e administração do espólio (art. 615 do CPC) incumbe, no prazo de dois meses a contar da morte (art. 611, com nova redação), requerer o inventário e a partilha. Documento essencial para instruir o pedido é a certidão de óbito (parágrafo único do art. 615). Juntar-se-á também a procuração do advogado, com convenientes poderes para prestar compromisso de inventariante. Têm legitimação concorrente para requerer o inventário as pessoas relacionadas no art. 616, a começar pelo cônjuge supérstite.

Não se confunde a legitimidade para requerer o inventário com a legitimidade para exercer a inventariança. Mesmo que vários dos legitimados requeiram o inventário, o processo será um só. Se, por inadvertência, mais de um inventário tiver início, deve apenas o ajuizado em primeiro lugar, ou aquele do juízo competente, ter andamento, aplicando-se as regras de prevenção e competência.

Todos os legitimados concorrentes têm interesse direto no cumprimento do testamento. O testamenteiro, como cumpridor da última vontade do testador, tem o dever de fazê-lo, sob pena de ser removido por incúria no exercício do mister. Se o juiz tiver conhecimento da morte, e da existência de bens, e não tendo qualquer dos legitimados promovido o ajuizamento do processo, no prazo legal, o magistrado o instaurará, numa das exceções legais do sistema, pela qual o magistrado inicia o processo, sem provocação, contrariando o brocardo

---

2. Não se verifica ofensa ao direito de saisine quando, no estrito âmbito de discussão da posse, sem envolver propriedade, há legítima transferência de tais direitos a terceiros, hipótese em que a quebra da cadeia sucessória, albergada pelo trânsito em julgado, afasta o bem do domínio do espólio. 3. Apelação desprovida". (TJDFT – Ap 00209434820098070003, 7-7-2021, Rel. Alfeu Machado).

"Processo civil – Inventário – Sentença que julgou improcedente o pedido de processamento de **inventário negativo** – Juízo a quo, entretanto, que, para lastrear a improcedência e julgar o pedido inicial no mérito, valeu-se de fundamento preliminar (falta de interesse de agir na modalidade necessidade), já afastado em acórdão proferido anteriormente no processo, que anulou a primeira sentença prolatada neste feito – Em se tratando de inventário negativo, ademais, é necessária a citação de todos os sucessores da de cujus, o que, no caso em tela, não ocorreu – *Decisum* anulado, com determinações." (TJSP – AC 0640559-63.2008.8.26.0100, 29-10-2019, Rel. Rui Cascaldi).

"Agravo de instrumento – **Inventário negativo** – Emenda à petição inicial para adequar à pretensão de adjudicação compulsória – Desnecessidade – Credores que possuem legitimidade concorrente para ajuizamento de inventário (artigo 616, VI do CPC/15). Recurso provido." (TJSP – AI 2047974-72.2018.8.26.0000, 2-5-2018, Rel. José Carlos Ferreira Alves).

ne procedat index ex officio. Nesse caso, o processo é iniciado por portaria do juízo. Raro, porém, esse procedimento na prática. Não podemos esquecer que o administrador provisório também tem essa legitimidade, uma vez que terá a posse dos bens da herança (arts. 613 e 614 do CPC). Esse administrador, figura oficializada pelo atual código de processo, é aquele que detém os bens da herança. Incumbe ao juiz verificar a conveniência ou não de mantê-lo na função. Lembre-se de que, como vimos, o administrador provisório é figura contemplada pelo vigente diploma civil, no art. 1.797, o qual inclui inclusive o companheiro ou companheira.

Também deverão tomar a iniciativa aqueles que têm interesse no inventário, mas não têm legitimidade para instaurá-lo, como é o caso do sócio do morto, que possui interesse na apuração dos haveres da sociedade. Os sucessores *causa mortis* dos herdeiros ou legatários falecidos, após a morte do autor da herança, devem ser entendidos como tendo legítimo interesse para a abertura do processo. Isso porque o direito que possuía o herdeiro na sucessão do *de cujus* é transmitido a seus respectivos sucessores. O prazo de 30 dias, a contar da morte, para a abertura do inventário, é exemplo de norma imperfeita: não possui sanção. Os Estados-membros, porém, estatuíram, como regra, uma sanção indireta: ora dando um desconto no imposto *causa mortis*, se requerido no prazo, ora impondo uma multa tributária pelo excesso de prazo, o que na prática vem a dar no mesmo. A esse respeito a Súmula do STF: *"não é inconstitucional a multa instituída pelo Estado-membro, como sanção pelo retardamento do início ou da ultimação do inventário"*. A Lei nº 9.591/66 do Estado de São Paulo, ora revogada, determinava a incidência de multa de 10% sobre o imposto devido, se o inventário fosse aberto após 60 dias da morte, aumentando-a para 20% se o atraso fosse superior a 180 dias (art. 27). Esse diploma fiscal continua aplicável às mortes ocorridas durante sua vigência.

O art. 611 do CPC dispõe que o processo de inventário e partilha deve ser aberto dentro de dois meses a contar da abertura da sucessão, ultimando-se nos doze meses subsequentes, podendo o juiz prorrogar tais prazos, de ofício ou a requerimento de parte. Como se nota, esses prazos não são peremptórios e não há repriminenda específica para seu cumprimento. Geralmente, há um incentivo nos Estados, com redução tributária para que sejam cumpridos. Havendo testamento, deve este ser previamente distribuído, no juízo competente para o inventário, com processamento autônomo, para que seja determinado seu registro.

Deverá ser distribuído por dependência o inventário do cônjuge que vier a falecer antes da partilha do consorte pré-falecido. As duas heranças poderão ser inventariadas e partilhadas em conjunto, com a nomeação de um só inventariante, desde que comuns os herdeiros, conforme o art. 672 do CPC. Da mesma forma, falecendo herdeiro do inventariado e não possuindo o primeiro outros bens, o seu inventário também poderá ser processado e partilhado juntamente com os bens do monte-mor. Esse procedimento não será possível se o herdeiro falecido tiver outros bens além dos ali inventariados.

27.5 FORO DO INVENTÁRIO

Na seção 24.1.1, referimo-nos ao foro competente para o inventário. O art. 1.785 manda que se abra a sucessão no último domicílio do falecido. No último domicílio do *de cujus*, presume-se que terá o juízo maiores facilidades para processar o inventário, por terem ali gravitado os negócios do autor da herança. O art. 48 do CPC distende a ideia da competência. Será a do domicílio no Brasil, ainda que o óbito tenha ocorrido no exterior. Examine-se, em cada caso, as regras de direito material que regem o domicílio. Uma vez fixado o foro do inventário, de acordo com o art. 48 e seu parágrafo único, ter-se-á aí o juízo universal da herança. Para esse juízo acorrerão todas as ações que tenham a ver com o inventário e a partilha. O art. 23 do CPC completa a noção, determinando que o inventário e a partilha de bens situados no Brasil, mas de falecido estrangeiro, caberão à autoridade judiciária de nosso país.

Expandindo o que foi dito nas noções introdutórias desta obra, podemos concluir, a contrário, que as pessoas domiciliadas no Brasil com bens no exterior terão seus bens processados pela autoridade estrangeira. Tudo dependerá da resolução das normas de conflito de leis no espaço, regras de direito internacional privado. A regra geral é que as ações propostas contra o espólio devem correr por onde é processado o inventário.

Interessante notar que o foro do inventário permanece com competência residual. Qualquer pedido ou ação referente à herança correrá por esse juízo, *ainda que já terminado o inventário*. Assim, pede-se nesse juízo, por exemplo, alvará para mudança de titularidade de concessão de linha telefônica; para o inventariante outorgar escritura calcada em compromisso feito pelo *de cujus*; para o inventariante retificar escritura por exigência do Registro de Imóveis etc. (Pacheco, 1980:369).

O art. 672 do CPC, como vimos, estabelece formas de *inventários conjuntos* em prol da economia processual.[3] Por esse dispositivo, se falecer o cônjuge meeiro sobrevivente antes da partilha, as duas heranças serão processadas em conjunto e assim partilhadas, se os herdeiros de ambos forem os mesmos, permanecendo um único inventariante. Mais conveniente que o segundo inventário seja processado em apenso, o dispositivo só será aplicado se ainda não houver partilha da herança do primeiro cônjuge. A dicção da lei parece não permitir outra solução nesse dispositivo, que atende ao interesse comum dos interessados. Já o art. 1.044 trata da morte de algum herdeiro na pendência do inventário. Se esse herdeiro não possuir outros bens além de seu quinhão na herança, *poderá* este ser partilhado juntamente com os bens do monte. Há facultatividade. Contudo, o inventário autônomo, nessa situação, geralmente só encarecerá e dificultará o processo. Nessas duas hipóteses, haverá economia, porque serão aproveitadas as primeiras declarações e as avaliações, se não houve alteração de valor dos bens (art. 673). Fora dessas hipóteses, não será permitido processamento conjunto, nem derrogação dos princípios gerais da competência.

---

[3] "Agravo de instrumento. Inventário. Decisão que indefere a abertura do inventário da esposa do *de cujus*. Recurso da herdeira. **Pedido de processamento em conjunto dos inventários entre cônjuges.** Acolhimento. Cônjuges casados em comunhão universal de bens. Identidade entre os herdeiros. Possibilidade de processamento conjunto dos inventários conforme prevê art. 672, inc. I e II do CPC. Ademais, juízo singular que detém a competência para julgar ambos os inventários. Cumulação de inventários que não causará tumulto processual. Decisão reformada. Precedentes. Recurso conhecido e provido" (*TJPR* – AI 0029290-05.2024.8.16.0000, 8-7-2024, Rel. Sandra Bauermann).
"Agravo de instrumento – Arrolamento – Decisão interlocutória que determinou a redistribuição livre, considerando a inexistência de prevenção – Hipótese que, durante a tramitação do inventário de Ademar, sobreveio o falecimento da viúva meeira – Cabimento da cumulação pretendida, consoante o disposto no artigo 672 do CPC – Precedentes – Decisão reformada - recurso provido". (*TJSP* – AI 2187505-37.2022.8.26.0000, 29-9-2022, Rel. Benedito Antonio Okuno).
"Agravo de Instrumento – Inventário sob rito de Arrolamento – Decisão que indeferiu **processamento conjunto de inventários**, determinando a exclusão da inventariada – Existência de único bem a ser partilhado – Concordância dos herdeiros – Possibilidade de processamento e julgamento conjunto dos inventários – Artigo 672, II e III, CPC – Observância dos princípios da economia e celeridade processuais – Decisão reformada – Recurso provido" (*TJSP* – Agravo de Instrumento 2253901-64.2020.8.26.0000, 17-12-2020, Rel. Luiz Antonio Costa).
"Agravo de instrumento – **Inventário** – **Pretensão de processamento conjunto** – Feito originário que se processa pela Vara Cível e foi convertido em arrolamento sumário. Nova sucessão aberta depois da criação de Varas de Família, com competência absoluta, ademais não se demonstrando compatibilidade com o rito sumário ou a completa identidade de bens que, se ausente, determina tramitação separada (art. 672, parágrafo único, do CPC). Decisão mantida. Recurso desprovido." (*TJSP* – AI 2254244-31.2018.8.26.0000, 21-1-2019, Rel. Claudio Godoy).

27.6 QUESTÕES RELATIVAS À INVENTARIANÇA

No Capítulo 24, seções 24.1.2 e 24.1.3, estudamos a natureza da inventariança, bem como a nomeação e remoção do inventariante. Não nos incumbe aqui analisar com profundidade o processo do inventário, porque refoge ao âmbito do direito material estudado. Examine-se, contudo, o que mais comumente chama a atenção. Lembre-se de que, se por um lado deve o juiz seguir a ordem legal de preferência do art. 990 para nomear inventariante, dela pode afastar-se se essa nomeação acirrar os ânimos entre os interessados, tumultuando o processo. Contudo, as razões de inversão da ordem devem ser de natureza grave.[4]

Como representante do espólio (art. 12, § 1º), não sendo dativo, o inventariante assume a direção dessa entidade anômala, personalizada transitoriamente (*Direito civil: parte geral*, seção 14.6.2). O espólio é uma massa patrimonial que permanece coesa, até a partilha, quando cessa, em tese, a função de inventariante, embora por vezes exista para ele uma atividade residual já mencionada. Nos processos em que o espólio é autor ou réu, podem os herdeiros participar como assistentes, mas não têm legitimidade para demandar ou serem demandados. Não se confundem as ações do espólio com as ações próprias dos direitos dos herdeiros e legatários. Como um auxiliar do juízo, as atribuições do inventariante estão nos arts. 618 e 619 do CPC. Como um administrador de bens alheios, entre suas principais obrigações está a de prestar contas de sua gestão ao deixar o cargo ou sempre que o juiz lhe determinar (art. 618, VII).[5]

---

[4] "Embargos de declaração no agravo de instrumento – Arrolamento de bens – **Nomeação de inventariante** – Alegação de omissão – Embargos declaratórios opostos em face de acórdão que manteve a decisão agravada, nomeando um dos embargados, irmão do *de cujus*, como inventariante, preterindo a embargante, que pretende ser incluída no inventário na condição de filha socioafetiva, pendente o reconhecimento judicial dessa condição – Alegação de omissão porquanto não teria sido comprovada a condição de herdeiros, pela falta de certidão de óbito do genitor do *de cujus*, que se rejeita, uma vez que seria mera irregularidade, aliás, também possível de ser sanada pela embargante, tanto que assim foi decidido em primeiro grau, mas manteve-se inerte, a corroborar o óbito dos genitores do falecido, que contava com 83 anos na data do óbito – Decisão agravada que não decidiu acerca dos herdeiros do falecido – Inexistência de omissões. Embargos rejeitados." (*TJSP* – EDcl 2243560-47.2018.8.26.0000, 23-10-2019, Rel. Costa Netto).

"Arrolamento – **Nomeação de inventariante** – Herdeiro nomeado que está representado pelo mesmo advogado do inventariante removido, possuindo, portanto, os mesmos interesses. Situação processual que não se alterará. Feito que já tramita há doze anos. Agravante que é neto do falecido e tem condições de exercer a inventariança. Recurso parcialmente provido." (*TJSP* – AI 2057589-86.2018.8.26.0000, 19-7-2018, Rel. Maia da Cunha).

[5] "Agravo de instrumento – Ação de exigir contas – Primeira fase – Decisão que determinou prestação de contas de forma mercantil – Insurgência do réu – Desacolhimento – Procedimento da ação de exigir contas possui duas fases, sendo que na primeira é reconhecida a obrigação de prestar contas – Agravante é inventariante – **Obrigação de prestar contas decorre da lei** – Art. 618, VII, do CPC – Apuração dos bens do espólio que será feita na segunda fase da prestação de contas – Precedentes – Decisão mantida – Recurso improvido" (*TJSP* – AI 2106457-22.2023.8.26.0000, 20-7-2023, Rel. Benedito Antonio Okuno).

"Agravo de Instrumento – Decisão agravada que determinou que eventual prestação de contas deve ser objeto de ação autônoma, distribuída em autos em apenso e indeferiu a transferência da posse das joias e das chaves à nova inventariante coagravante – A lei processual determina que o inventariante que deixar o cargo deve prestar contas de sua administração à frente dos bens do Espólio, bem como deve restituí-los ao seu substituto – Arts. 618, VII, e 625 do CPC – Recurso provido" (*TJSP* - Agravo de Instrumento 2127298-43.2020.8.26.0000, 6-8-2020, Rel. Luiz Antonio Costa).

"**Incidente de remoção de inventariante** – Alegação de que o inventariante foi denunciado pelo crime de homicídio da autora da herança, além de administrar o espólio de forma temerária, ocultando e dilapidando o patrimônio. Hipóteses do art. 622 do CPC não configuradas. Enumeração que não é exaustiva, inexistindo óbice para a remoção por outras causas. Precedentes. Inventariante que teve sua prisão preventiva decretada pelo 4º Tribunal do Júri de São Paulo, sob a acusação de homicídio contra sua mulher, a autora da herança. Remoção que decorreu do prudente arbítrio do Juiz. Dúvida quanto à idoneidade moral do inventariante para o exercício do encargo. Decisão mantida. Recurso não provido." (*TJSP* – AI 2158198-43.2019.8.26.0000, 10-10-2019, Relª Fernanda Gomes Camacho).

A prestação de contas, nessa hipótese, não tem o sentido do procedimento especial com esse nome (arts. 914 a 918). Nos termos do art. 919, as contas do inventariante serão prestadas em apenso aos autos do processo em que tiver sido nomeado. A referência à ação especial de prestação de contas não significa que esse procedimento especial deva ser obedecido. Recorrer-se-á aos requisitos desse rito procedimental se as contas forem impugnadas e houver questão de alta indagação (isto é, que dependa da produção de provas). Fora isso, os incidentes das contas, que não demandem provas, serão decididos de plano, como os demais incidentes do inventário.

O *administrador provisório*, admitido pelo atual Código Civil em vigor, já mencionado pelo art. 614 do CPC, é nomeado em situações nas quais não se logrou a nomeação e aceitação da inventariança de plano. Poderá ser também aquele que já estiver na posse da herança (art. 615 do CPC). Nada impede que o administrador provisório, se houver conveniência, e na falta de quem a aceite, assuma a inventariança.

27.7 PRIMEIRAS DECLARAÇÕES

O inventariante tem prazo de 20 dias, a partir da data de seu compromisso, para apresentar as primeiras declarações, lavrando-se termo circunstanciado. Trata-se de ato crucial do processo. Nessas declarações, descrever-se-ão o estado da herança, ativo e passivo, herdeiros e legatários, com todos os pormenores possíveis. Da descrição dos imóveis aí feita é que dependerá o sucesso do registro do formal de partilha ou da carta de adjudicação, assim como o recolhimento de tributos e atribuição dos bens na partilha. Cuida dessa providência o art. 620 do CPC, desenvolvendo a noção já presente no art. 1.771 do Código Civil de 1916. O dispositivo processual descreve com minúcias o conteúdo dessas declarações, as quais servem, em síntese, para apresentar ao juízo e a todos os interessados o estado da herança. Se o inventariante deixa de prestar tais declarações, sem justa causa, poderá ser removido (art. 995, que trata das causas de remoção; os arts. 996, 997 e 998 cuidam do procedimento de remoção).[6] Se houver omissão nessas declarações, ainda haverá mais uma oportunidade

---

"**Incidente de remoção de inventariante** – Autor apontou a nulidade das disposições de última vontade e a administração temerária dos bens por parte do inventariante. Sentença de improcedência. Irresignação do autor. Não acolhimento. Ausência de comprovação de retirada indevida de conta bancária, eis que condizente com os gastos relacionados à interdita, havendo prova apenas das transferências judiciais. Sentença mantida. Recurso improvido." (TJSP – Ap 0016545-76.2017.8.26.0576, 7-5-2018, Relª Silvia Maria Facchina Espósito Martinez).

[6] "Agravo de instrumento. **Remoção de inventariante**. Questão que, a rigor, não foi recorrida no momento próprio. Demonstração, de todo modo, de causa bastante à remoção, ante o descumprimento das obrigações afetas à função. Arts. 622, incisos I e II do CPC. Inventariante que não apresentou as primeiras declarações e, malgrado reiteradamente intimado, não deu regular andamento ao inventário. Principais providências que, no caso, foram requeridas pelas herdeiras agravadas. Discussões a respeito da pretensa companheira que não exime o inventariante de comparecer aos autos do inventário, ainda que, ao menos, para postular sua suspensão. Quadro de litigiosidade que recomenda a nomeação de inventariante dativo. Decisão mantida. Recurso desprovido". (TJSP – AI 2099752-76.2021.8.26.0000, 16-8-2021, Rel. Claudio Godoy).

"**Incidente de remoção de inventariante** – Inventariante removida com fundamento no art. 622, VI, do CPC, ante a sonegação de bens do espólio (ativos financeiros). Não obstante a agravante se considere credora do espólio em decorrência de suposta promessa de doação, cabia-lhe pleitear a habilitação de tal crédito no inventário ou cobrá-lo judicialmente. Agravante que, no entanto, em março de 2018, à margem do inventário, transferiu para uma conta bancária pessoal a integralidade dos valores depositados na conta conjunta com o *de cujus*, este falecido em outubro de 2017. Ainda que a alegada promessa de doação estivesse reduzida a termo, o cumprimento da teórica obrigação do espólio deveria ocorrer nos autos do inventário, após oitiva dos interessados e autorização judicial, na forma do art. 619 do CPC. Caracterizada a efetiva sonegação de bem do espólio, a qual impõe a remoção da inventariante. Ordem de restituição ao espólio das quantias transferidas de conta corrente em cotitularidade com o *de cujus*. Hipótese em que não se configura questão de alta indagação que imponha a remessa de sua resolução às vias ordinárias, pois suficiente à sua elucidação o exame dos extratos bancários

para serem completadas, nas *últimas declarações* (art. 1.011). A função dessas declarações especificadas no processo é a de dar cumprimento ao que se reportava o art. 1.771 do Estatuto Civil anterior: *"no inventário, serão descritos com individuação e clareza todos os bens da herança, assim como os alheios nela encontrados"*. O mesmo deve ocorrer nos arrolamentos, que são formas simplificadas de inventário. Nunca se prescindem dessas detalhadas declarações, razão essencial do processo de inventário.

27.8 CITAÇÕES NO INVENTÁRIO

Após as primeiras declarações, passamos à fase citatória. O juiz mandará citar ou intimar para os termos do inventário e partilha todos os interessados referidos no art. 626 do CPC: o cônjuge, o companheiro, os herdeiros, os legatários, a Fazenda Pública, o Ministério Público, se houver herdeiro incapaz ou ausente, e o testamenteiro, se houver testamento. O cônjuge, herdeiros e legatários que se apresentam espontaneamente nos autos já se têm por citados, assim como o testamenteiro. Deve ser citado o convivente, se falecido o autor da herança sob união estável. O Fisco interessado é o estadual, no tributo *causa mortis* de sua competência, salvo no Distrito Federal e Territórios. Se houver transmissão onerosa *inter vivos* no inventário, o imposto, com a atual Constituição, é da esfera municipal (art. 156, II). O Ministério Público poderá atuar como curador de ausentes e incapazes na tutela de herdeiros nessas condições, atuando também como curador de família. O curador de resíduos participará do inventário e em todos os efeitos que envolvam testamentos ou vínculos (cláusulas restritivas já estudadas). Se no inventário houver interesse de fundações, a Curadoria de Fundações será chamada a participar. Destarte, pode ocorrer que vários integrantes do Ministério Público devam participar do mesmo inventário, na tutela de diferentes interesses. Sua participação é obrigatória sob pena de nulidade (art. 84 do CPC).

A citação dos interessados será pessoal, por correio, inicialmente (arts. 249 e ss. do CPC). Todos os citandos receberão cópia das primeiras declarações, assim como a Fazenda, o Ministério Público e o testamenteiro (parágrafos do art. 999). Essas cópias possibilitarão a esses interessados tomar as providências devidas, cada um dentro das atribuições de seu mister. Os membros do Ministério Público e da Fazenda são intimados pessoalmente. Dado o caráter marcantemente administrativo do inventário, não há pena de revelia nesse processo, a qual seria inócua. Os cônjuges dos herdeiros casados devem ter ciência do processo de inventário, porque ali serão tratados direitos que afetarão o patrimônio conjugal, sendo ademais a herança considerada bem imóvel (art. 44, III). Nenhuma alienação ou oneração de direito hereditário pode ser feita sem a anuência do cônjuge do herdeiro.

---

que já integram os autos. Solidariedade da conta corrente que somente se refere a sua movimentação perante à instituição financeira, não tornando a agravante titular em face de terceiros do numerário depositado. Inaplicável a tese de que seria titular da metade do saldo bancário, porquanto somente há presunção de titularidade dos ativos financeiros em igual proporção entre os correntistas quando não houver prova da origem dos recursos, o que não se dá na hipótese dos autos. Agravo desprovido." (TJSP – AI 2021569-62.2019.8.26.0000, 27-6-2019, Rel. Rômolo Russo).

"**Incidente de remoção de inventariante** – Inventariante removido que afirma que vinha conduzindo regularmente o feito. Agravante que, intimado a apresentar as primeiras declarações, não deu qualquer andamento ao feito, o qual permaneceu arquivado por quase três anos. Desídia evidenciada. Incidência do art. 622, I e II, do CPC. Agravo desprovido." (TJSP – AI 2142998-64.2017.8.26.0000, 2-4-2018, Rel. Rômolo Russo).

"Inventário – **Remoção de inventariante** com a nomeação de administradora dativa para o espólio – Admissibilidade – Prova da assunção de condutas processuais procrastinatórias na condução da demanda. Inteligência do art. 995 e ss do CPC. Caso de nítida colidência de interesses entre os herdeiros. Decisão mantida. Agravo improvido" (TJSP – AI 0147697-11.2012.8.26.0000, 31-10-2012, Rel. Vito Guglielmi)

O ausente deverá ter seus interesses protegidos pela curadoria. Deve ser nomeado um curador especial ao incapaz, se houver interesse concorrente na partilha com seu representante (art. 1.042).

27.9 FASE DAS IMPUGNAÇÕES NO INVENTÁRIO

Concluídas as citações, as partes têm 15 dias para se manifestar sobre as primeiras declarações. Nessa fase podem arguir erros e omissões; reclamar contra a nomeação de inventariante; contestar a qualidade de quem foi incluído no título de herdeiro (art. 627 do CPC).

O juiz mandará retificar as declarações, se for o caso, bem como removerá o inventariante, se houver razões para tal. O que depender da produção de provas que não a documental, deverá ser decidido nos meios ordinários (parágrafo único do art. 1.000). Da mesma forma, aquele que se achar preterido na condição de integrante das primeiras declarações (herdeiro, legatário, credor) pedirá sua admissão no processo. Poderá fazê-lo a qualquer momento antes da partilha (art. 1.001).[7] Em caso de resistência, a solução que já estudamos é remeter as partes às vias ordinárias. Após a partilha, só restará ao excluído o processo autônomo cabível, a ação de petição de herança (art. 1.824 do Código Civil).

Sempre que uma porção da herança estiver aguardando decisão judicial, deverá ficar reservada para quando terminar a pendência. O inventário prossegue com a parte incontroversa do patrimônio. Isso não se aplica somente ao caso de discussão a respeito da condição de herdeiro (art. 1.001, parte final). Pode estar sendo discutida uma cláusula testamentária ou a validade de todo o testamento, por exemplo. Ficam os bens envolvidos na demanda reservados para posterior partilha. Se todos os bens estiverem envolvidos no litígio, não há como prosseguir no inventário. Os interessados devem juntar os comprovantes fiscais de lançamento tributário dos imóveis. Se não o fizerem, ou não tiverem meios para tal, deverá ser intimado o Fisco estadual para informar (art. 1.002). O valor venal dos imóveis pode ser aceito pelas partes para fins de partilha e liquidação de impostos.

---

[7] "Inventário – **Habilitação de crédito** – Habilitação de crédito em inventário – Faculdade legal, conferida ao credor, de exigir o pagamento de dívidas exigíveis, respeitadas as formalidades do artigo 642 do Código de Processo Civil. Caso concreto em o pedido veio lastreado por título judicial. Suficiência a indicar obrigação alimentar titularizada pela habilitante contra o de cujus. Inexistência, ainda, de impugnação ou oposição do espólio (artigo 643, CPC). Habilitação cujo deferimento é de rigor. Sentença reformada. Apelo provido." (TJSP – AC 0013228-78.2018.8.26.0562, 15-5-2019, Rel. Donegá Morandini).

"Inventário – **Habilitação de crédito** – Cumprimento de sentença visando à execução de acordo celebrado nos autos – Homologação de cálculo do contador – Afastamento – Ausência de prévia oportunidade de manifestação das partes a respeito – Demais questões levantadas pelo recorrente que não foram objeto de deliberação pela decisão combatida – Análise obstada nesta sede, sob pena de supressão de instância – Recurso conhecido em parte e nela provido." (TJSP – AI 2108892-13.2016.8.26.0000, 2-7-2018, Rel. Galdino Toledo Júnior).

"Apelações – **Habilitação de crédito** em inventário – Processo extinto com fundamento no art. 267, IV do CPC/1973, sem condenação em honorários advocatícios. Apelo de ambas as partes. Inconsistência dos reclamos. A habilitação de crédito nos autos do inventário constitui mera faculdade atribuída ao credor, nos termos do art. 1.017, do CPC/1973. Existência, no caso, de monitória na fase de cumprimento do julgado, ajuizada pela credora objetivando o recebimento de seu crédito. Indevida reprodução de pretensões idênticas mediante procedimentos judiciais diversos. Precedentes. Demanda de jurisdição voluntária. Condenação em honorários descabida. Sentença confirmada. Negado provimento aos recursos" (TJSP – Ap 0003211-19.2010.8.26.0576, 6-6-2016, Rela Viviani Nicolau).

"**Agravo. Habilitação de crédito em inventário**. Procedência. Inconformismo. Divergência doutrinária e jurisprudencial a respeito do recurso cabível contra a decisão que julga pedido de habilitação, em inventário. Admissibilidade do recurso de agravo. Mérito. Crédito já garantido por penhora. Desnecessidade da reserva de bens. Art. 1.017 do CPC que prevê mera faculdade ao credor, o qual pode se valer das vias ordinárias para perseguir seu crédito. Decisão reformada. Recurso provido" (TJSP – AI 0026072-73.2013.8.26.0000, 28-6-2013, Rela Viviani Nicolau).

27.10 FASE DE AVALIAÇÃO E CÁLCULO DO IMPOSTO. ÚLTIMAS DECLARAÇÕES

O art. 630 do CPC diz que, superada a fase das impugnações, o juiz nomeará perito para avaliar os bens do espólio, se não houver avaliador oficial, assim como perito contador para apuração de haveres se o morto era comerciante, ou participante de sociedade.[8]

A base de cálculo para o recolhimento do imposto, normalmente, deve ser o valor venal atribuído pelo Fisco. Ao menos no Estado de São Paulo assim se procedia ordinariamente, não sendo permitida à Fazenda pedido de avaliação (*RT* 492/104). Eventual erro no lançamento tributário, em tese, não pode ser discutido no inventário. No entanto, a Lei Estadual nº 10.705/2000 reporta-se expressamente à possibilidade de avaliação judicial (art. 10). Cabe aos interessados, inclusive à Fazenda, impugnar os valores apresentados e requerer avaliação. Deve ser lembrado que com a Constituição de 1988 os impostos sobre transmissão *causa mortis* e doação, de quaisquer bens ou direitos, cabem ao Estado e ao Distrito federal (art. 155, I, *a*). Destarte, a partir de então, na sucessão hereditária a previsão de incidência fiscal é para todos os bens ou direitos, tanto móveis, quanto imóveis. Cada Estado regulará sua arrecadação. Lembre-se sempre de que meação não é herança e não existe tributo sobre essa parte, que já pertence ao cônjuge ou companheiro sobrevivente.

A avaliação possui, na verdade, antes da questão tributária, uma primeira grande função: verificar o valor total dos bens hereditários, para possibilitar a divisão equitativa. Não há necessidade de avaliação se todos os interessados, maiores e capazes, estiverem de acordo com os valores e com a futura partilha, e se o Fisco se satisfizer com o recolhimento do imposto *causa mortis* com base em seu cadastro (art. 1.007). Havendo incapazes, a avaliação faz-se necessária para impedir que eles recebam menos do que o devido na partilha. A curadoria zelará para os casos em que, excepcionalmente, tal avaliação for dispensável. Sendo todos maiores, podem os interessados transigir acerca dos montantes de cada quinhão.

A segunda necessidade de avaliação é fixar uma base de cálculo do tributo, se não houver lançamento ou o lançamento for insuficiente. Embora existam opiniões em contrário, não se pode negar aos interessados a indicação de assistentes técnicos para o avaliador nomeado pelo juiz, uma vez que se aplicam os princípios gerais de produção da prova pericial.

O juiz decidirá de plano os incidentes das avaliações, até que se dê por satisfeito com os valores obtidos. As partes impugnarão o que entender de direito (art. 635 do CPC). O magistrado,

---

[8] "Agravo de instrumento. Decisão que determinou a avaliação dos bens que compõem o espólio antes de ser deliberado acerca da impugnação às primeiras declarações. Suspensão da avaliação judicial dos bens. Cabimento. Primeiras declarações devem ser acolhidas antes da avaliação. Possibilidade de retificação do acervo patrimonial pertencente ao espólio. Inteligência do **art. 630 do Código de Processo Civil**. Agravo de instrumento conhecido e provido" (*TJPR* – AI 0039091-76.2023.8.16.0000, 18-3-2024, Rel. Desembargadora Lenice Bodstein).

"Inventário – Partilha de bens do espólio – Condomínio – 1- O inventário é o processo destinado a apurar o acervo hereditário e, após o atendimento do passivo, promover a entrega dos quinhões hereditários aos sucessores. 2- A solução posta na decisão recorrida melhor atende os interesses das partes, valendo destacar que a questão foi objeto de acordo entre os litigantes em audiência, que somente não foi homologado em razão da ausência de intimação do herdeiro LUIZ para comparecimento à solenidade, o qual, após devidamente intimado, nada opôs ao ajuste proposto. 3- A partilha nos moldes delineados, depende ainda da já determinada avaliação dos bens, a fim de não privilegiar um herdeiro em detrimento dos demais, bem como em observância ao disposto no art. 633 do NCPC, pois há interesse de menor. Recurso desprovido." (*TJRS* – AI 70080499734, 31-7-2019, Rel. Des. Sérgio Fernando de Vasconcellos Chaves).

"Agravo de instrumento – Inventário – **Avaliação dos bens do espólio** – Artigo 633 do CPC – Recurso não provido. A teor do disposto nos art. 630 e 633 do Código de Processo Civil, a existência de herdeiro incapaz, em regra, torna necessária a realização de avaliação judicial dos bens que compõem o espólio, a fim de que sejam preservados seus interesses no tocante à apuração do valor quantitativo da herança." (*TJMG* – AI-Cv 1.0000.17.035151-4/002, 12-3-2018, Rel. Belizário de Lacerda).

como sempre, não está adstrito à conclusão pericial. A decisão é sua e não do perito. Poderá o juiz mandar renovar a avaliação sempre que entender necessário, conforme a regra geral para essa modalidade de prova.[9]

Aceito finalmente o laudo, o juiz dará oportunidade e prazo ao inventariante para apresentar as *últimas declarações* (art. 636 do CPC). O inventariante poderá corrigir, emendar, aditar ou completar as primeiras declarações. Ainda que por termo negativo, as últimas declarações são essenciais, porque podem fixar responsabilidade do inventariante por sonegação. Por essa razão é que o inventariante, nessa fase, deve protestar por trazer a inventário e sobrepartilha, a qualquer tempo, qualquer bem que tenha sido omitido sem sua culpa, ou que, para evitar maior morosidade no processo, são conscientemente deixados para inventário posterior, como os litigiosos, os de liquidação morosa e difícil e os situados em lugar remoto da sede do juízo em que se processa o inventário (art. 669, II, III e IV).

A sobrepartilha se processará pela mesma forma do inventário e da partilha e nos mesmos autos do inventário (art. 670). Voltaremos à matéria no estudo da partilha. A seguir, estando as partes de acordo, será feito o cálculo do imposto (art. 637). Ouvidas as partes e a Fazenda e não havendo necessidade de retificação, será homologado o cálculo do imposto (art. 638). É o ato final do inventário, que se completa com o pagamento do imposto.

27.11 IMPOSTO *CAUSA MORTIS*

Denomina-se *causa mortis* o imposto porque tem como fato gerador a morte, e a consequente *saisine*. Trata-se de imposto da esfera estadual (art. 155, I, *a*, da Constituição Federal, definidos no Código Tributário Nacional, arts. 35 a 42, da Lei nº 5.172/66). No Estado de São Paulo, vinha esse imposto disciplinado pela Lei nº 9.591/66, complementada pela Lei nº 9.855/67, Lei nº 3.199/81 e Decreto estadual nº 47.672/67. Cabe a cada unidade da federação

---

[9] "Agravo de instrumento – Inventário – Decisão homologando o valor apurado em relação a quatro imóveis e indeferindo o pedido do herdeiro agravante para que o Inventariante Dativo tomasse as providências cabíveis, em relação à suposta relação trabalhista. Não acolhimento das argumentações do recorrente. Avaliação dos bens – Ausência de impugnação oportuna acerca do laudo apresentado – Recorrente tivera diversas oportunidades de se manifestar em impugnação, mas nada arguiu neste sentido – Preclusão bem declarada pelo D. Magistrado de Primeiro Grau – Decisão mantida no tocante à homologação da avaliação efetuada pelo Sr. Oficial de Justiça. Relação trabalhista – Ausência de prova mínima acerca da suposta relação de trabalho entre o herdeiro e o genitor ou espólio – Duas demandas trabalhistas propostas pelo agravante, ambas julgadas extintas sem resolução de mérito. Nenhuma providência a ser tomada pelo Inventariante Dativo consoante asseverado pelo D. Juiz 'a quo', existindo evidências de má-conduta do recorrente, pretendendo obter vantagem financeira em detrimento do espólio e das coerdeiras (irmãs). Decisão mantida também neste particular. Litigância de má-fé – O agravante durante todo o trâmite processual se comportou de modo a tumultuar o feito, visando permanecer na posse de alguns dos principais bens da herança, dificultando o regular seguimento dos atos processuais, os quais devem ser efetuados no interesse do espólio – Alegações das coerdeiras e do Inventariante Dativo neste sentido, corroboradas pelo D. Magistrado de Primeiro Grau nas informações prestadas nesta sede recursal – Incidência do agravante nos incisos IV, V e VII do artigo 80 do CPC – Fixação de multa de 2% do valor atualizado da causa. Recurso improvido, com observação." (*TJSP* – AI 2176110-87.2018.8.26.0000, 29-9-2019, Relª Silvia Maria Facchina Espósito Martinez).
"Agravo de instrumento – Inventário – **Pedido de avaliação de bens pelo credor do espólio** – Possibilidade – Interesse – Agravo provido – 1 – Se em desacordo os herdeiros quanto ao valor dos bens, bem como existindo suspeita de prejuízo à menores, incapazes ou à própria Fazenda Pública, tem pertinência a realização de perícia judicial objetivando à exata apuração dos bens inventariados, ao menos com relação àquele cujo valor despertou dúvida (Direito das Sucessões, Ed. RT., 3ª ed., pág. 370). Hipótese em que o credor do espólio aponta a discrepância de valores entre a avaliação levada a efeito no inventário e seu real valor imobiliário. É direito do credor a apuração do real valor dos bens inventariados, a fim de se resguardar o direito à sua habilitação. 2 – Agravo provido." (*TJPR* – AI 1696030-2, 4-4-2018, Rel. Juiz Subst. Luciano Carrasco Falavinha Souza).
"**Agravo de instrumento – Inventário – Avaliação de bens imóveis pelo fisco** –Concordância – Posterior discordância e requerimento de produção de prova pericial – Preclusão – É vedado à parte requerer perícia judicial para avaliação de bens do espólio, quando, anteriormente, ela concordou expressamente com a avaliação realizada pela Fazenda Pública, diante do fenômeno da preclusão – Recurso desprovido". (*TJMG* – AI 1.0702.06.295367-5/001, 23-4-2012, Relª Heloisa Combat).

definir as incidências do imposto, alíquotas, bases de cálculo, prazos de recolhimento etc. A incidência restringia-se, ao menos até então, aos bens imóveis. De acordo com a Súmula 112 do STF, aplica-se a alíquota vigente à época da morte do autor da herança.[10]

A Súmula 114 explicita que não é devido o imposto antes da homologação do cálculo. E a Súmula 113 diz que *"o imposto de transmissão é calculado sobre o valor dos bens na data da avaliação"*.

A sistemática foi alterada com a edição da Lei paulista de nº 10.705, de 28 de dezembro de 2000, em vigor desde 1º de janeiro de 2001, com revogação expressa da legislação anterior. Por esse atual ordenamento, no Estado de São Paulo, foi adotada base de incidência mais ampla do Imposto sobre Transmissão *Causa Mortis e Doação* (ITCMD). A incidência do imposto passou a se dar sobre a transmissão de quaisquer bens ou direitos havidos por sucessão legítima ou testamentária, inclusive sucessão provisória, bem como por doação. Os outros Estados, como regra, já haviam adaptado suas respectivas legislações à nova sistemática constitucional. Com essa inovação, buscou-se maior justiça social, tributando-se fortunas mobiliárias que antes não eram alcançadas e possibilitando-se, ao menos em tese, que pequenas heranças fiquem isentas. Há muitas particularidades a respeito dos aspectos tributários nas heranças, doações e transmissões entre vivos que merecem estudo amplo e setorizado. Sebastião Amorim e Euclides de Oliveira dedicam importante capítulo de sua obra a esse tema (2003, cap. IX). Quando há inventário, a realização do lançamento do imposto de transmissão *causa mortis* deverá aguardar o trâmite do processo, pois somente com a definição dos quinhões se procederá ao cálculo do imposto, na forma do art. 637 do CPC. Apenas nessa fase haverá manifestação da Fazenda e a respectiva homologação. Essa perspectiva não ocorre nos arrolamentos, mencionados a seguir, pois nesses procedimentos, com o pedido de abertura, como veremos, o inventariante já apresenta declarações e plano de partilha e prova de quitação de tributos. O formal de partilha e alvarás somente serão expedidos e entregues às partes após a comprovação, verificada pela fazenda, do pagamento de todos os tributos (art. 659 do CPC).

A Lei Paulista nº 10.705/2000 teve vigência efêmera nessa mixórdia legislativa tão ao gosto do executivo e do legislador brasileiro. A Lei nº 10.992, de 2 de dezembro de 2001, alterou dispositivos da lei anterior, em pontos essenciais, relativos a limites de isenção, alíquota e recolhimento de imposto. Outros Estados do país também cuidaram de rever sua legislação tributária a respeito. Constitui fato gerador do imposto sobre transmissão *causa mortis* e doação (ITCMD) a transmissão de qualquer bem ou direito havido por sucessão legítima ou testamentária, inclusive sucessão provisória e por doação, ainda que com encargo. A base de cálculo do ITCMD é o valor venal do bem ou direito transmitido. Dependendo da legislação

---

[10] "Agravo de instrumento. Inventário. Decisão determinou recolhimento complementar de ITCMD e custas processuais. Base de cálculo do tributo. Aplicação da legislação vigente à época do falecimento. Óbito ocorrido em 1997. Aplicável ao caso, a Lei 9.591/66. Considera-se caracterizado o fato gerador com a ocorrência do óbito, que se reputa como o momento da abertura da sucessão. Observância da Súmula 112, do STF: "O imposto de transmissão 'causa mortis' é devido pela alíquota vigente ao tempo da abertura da sucessão". Decisão parcialmente reformada. Recurso parcialmente provido". (TJSP – AI 2240446-32.2020.8.26.0000, 12-2-2021, Rel. Edson Luiz de Queiróz).

"Agravo de instrumento – **Inventário** – Imposto de transmissão *causa mortis* – ITCMD – Cálculo – Prévio abatimento das dívidas – A jurisprudência deste Egrégio Tribunal de Justiça de São Paulo é no sentido de que as dívidas do espólio não integram a base de cálculo do ITCMD, que deve recair exclusivamente sobre os bens e direitos efetivamente transmitidos aos herdeiros – Decisão reformada. Deram provimento ao recurso." (TJSP – AI 2003801-26.2019.8.26.0000, 14-2-2019, Rel. Alexandre Coelho).

"Inventário – **Imposto de transmissão 'causa mortis'** – Herdeira que requer a isenção de sua "quota" no recolhimento do ITCMD, por ser beneficiária da justiça gratuita – Decisão de indeferimento – Inconformismo – Não acolhimento – Benefício da gratuidade da justiça que abrange as cobranças previstas no art. 98, § 1º, do Código de Processo Civil – Qualidade de beneficiária da justiça gratuita não implica, por si só, a isenção tributária pretendida – Necessário o enquadramento nas hipóteses do art. 6º, I, da Lei Estadual 10.705/2000 – Decisão interlocutória mantida – Recurso não provido." (TJSP – AI 2221854-42.2017.8.26.0000, 24-5-2018, Rel. Rui Cascaldi).

estadual, a avaliação poderá ser dispensada se aceito o valor declarado ou constante do lançamento de imóveis. A Lei nº 10.992 retornou ao sistema de alíquota única de 4% sobre o valor da base de cálculo. Recomenda-se a obra dos doutos Sebastião Amorim e Euclides de Oliveira, que traz muita informação sobre a intrincada matéria tributária no Estado de São Paulo. Por ser matéria de competência estadual, o imposto *causa mortis* deve ser recolhido no território onde se localizam os bens. Havendo imóveis situados em outros Estados, há que se examinar a legislação local, porque o pagamento deve ser efetuado onde localizado o bem.

Não é demais lembrar que sobre a meação do cônjuge sobrevivente não há imposto, porque não há transmissão da causa de morte. O imposto devido, no caso de cessão de meação, é o *inter vivos*.

Sobre transmissão de bens entre herdeiros no inventário também haverá imposto *inter vivos*. Assim também ocorrerá quando o cônjuge recebe bens imóveis de porcentagem acima de sua meação, no que a exceder. A lei específica regulará tais situações. A instituição desse imposto *inter vivos* passou à competência dos Municípios pela atual Constituição (art. 156, II). Em cada caso, será avaliado interesse em tomar ciência do processo. O herdeiro renunciante não é herdeiro, não incidindo sobre ele o dever de pagar o tributo. São contribuintes do imposto *causa mortis* os herdeiros e legatários e eventuais cessionários. Os bens da herança localizados em outros Estados recolherão os impostos de acordo com as respectivas leis, com a expedição de carta precatória para essa finalidade. Os respectivos comprovantes de pagamento do imposto (guias) deverão ser juntados no inventário. A prova de pagamento é essencial para o registro do formal de partilha ou carta de adjudicação. Com o pagamento do tributo e reserva de bens para pagamento das dívidas do espólio, encerra-se o inventário e pode ter início a partilha (art. 647 do CPC). As questões referentes à colação, sonegados e pagamento de dívidas serão estudadas nos capítulos seguintes.

27.12 ARROLAMENTOS

O arrolamento é modalidade simplificada de inventário, que suprime grande parte de suas formalidades. É da tradição de nosso direito e já estava presente no Código de Processo anterior. A Lei nº 7.019/82 procurou facilitar ainda mais o inventário, abreviou o processo de arrolamento agora disciplinado pelos arts. 659 a 667 do CPC. Nos arrolamentos são suprimidos termos judiciais, chegando-se mais rapidamente à partilha. Perde muito sua utilização tendo em vista a possibilidade de procedimento extrajudicial.

Há duas modalidades de arrolamento. O arrolamento sumário (Amorim e Oliveira, 1985:163), regulado pelos arts. 660 a 663 do CPC, e o arrolamento para heranças de pequeno valor, que podemos denominar arrolamento de *alçada* ou, como denomina Antônio Carlos Marcato (1990:148), *comum*, na falta de rotulação legal, regulado pelo art. 664. O juiz pode converter de ofício, o inventário em arrolamento simples, quando preenchidas as condições.

Processar-se-á o inventário sob a forma de arrolamento sumário qualquer que seja o valor dos bens, sendo os interessados maiores e capazes, e estando de acordo na realização de partilha amigável, nos termos do art. 2.015 do Código Civil (art. 659 do CPC). Note que a Lei nº 11.441/2007 permite doravante inventário por escritura pública, se não houver incapaz ou não existir testamento. Mas, se houver preferência pelo arrolamento, cujas disposições parecem continuar em vigor, basta que todos os interessados apresentem a partilha, por instrumento público ou particular, para ser homologada. Nessa modalidade, todos os herdeiros devem estar presentes no requerimento, devendo todos ser capazes. Essa forma não pode ser utilizada se houver incapazes ou herdeiros ausentes, ou discordância de qualquer dos interessados (herdeiro, legatário, testamenteiro, credor do espólio).

O art. 1.032 suprime, com a nova redação, os termos de qualquer espécie. Todos os interessados, evidentemente, devem já estar representados nos autos. Nomeia-se o inventariante, na verdade o arrolante. A petição inicial do arrolamento, ou a que imediatamente se seguir, deve vir com todas as descrições que seriam feitas nas primeiras declarações do inventário, ou então a escritura de partilha amigável deve fazê-lo. Na inicial, já se atribuem valores aos bens do espólio. Ficará dispensada a avaliação (art. 1.033), salvo para a reserva de bens para pagamento de credores (art. 1.035).

O imposto de transmissão não será mais recolhido necessariamente no processo de arrolamento, nem aí será calculado. Essa foi a mais significativa simplificação da nova lei. O tributo será objeto de lançamento administrativo (art. 1.034, § 2º), de acordo com a lei estadual, não estando o Fisco adstrito aos valores declarados na inicial. Cada Estado regulará a seu modo a forma de recolhimento na esfera administrativa. Quando da apresentação do formal de partilha ou carta de adjudicação, para registro, o imposto deverá estar recolhido. Nada obsta que os interessados recolham o imposto antes mesmo do processo, ou em seu curso. As partes deverão juntar comprovante do último lançamento fiscal. A Fazenda não tem mais vista dos autos no processo de arrolamento.

Quanto aos demais impostos sobre bens do espólio, estes nada têm a ver com a causa de morte, persistindo a exigência de certidão negativa, como é a exigência do imposto de renda, Incra, IPTU etc., para a homologação da partilha (art. 1.026 e leis que completem o dispositivo).

Conforme o art. 659 do CPC, a partilha amigável, celebrada entre partes capazes, nos termos do art. 2.015 do Código Civil, será homologada de plano pelo juiz, mediante a prova da quitação dos tributos relativos aos bens do espólio e às suas rendas.

O arrolamento para bens de pequeno valor é modalidade de inventário permitida sempre que o valor dos bens do espólio for igual ou inferior a 1.000 salários mínimos (art. 664).

O inventariante aqui também apresentará, em suas declarações, que devem obedecer aos detalhes das declarações do inventário, o valor dos bens do espólio e o plano de partilha. Já na inicial o inventariante pode pedir sua nomeação e apresentar os requisitos para a partilha. Essa modalidade de procedimento pode ser utilizada mesmo existindo interessados incapazes. Os interessados ausentes devem ser citados, nessa hipótese, mesmo porque qualquer interessado pode impugnar a estimativa de valor, o que poderá obstar o rito de arrolamento (§ 1º do art. 664). Só será feita avaliação se houver impugnação de qualquer das partes ou do Ministério Público contra os valores apresentados pelo inventariante (§ 1º do art. 664). A seguir, o juiz delibera sobre a partilha. O § 2º do artigo manda que haja uma audiência para essa deliberação, mas isso na prática raramente acontece, e se mostra desnecessário. Haverá de tudo um só termo, assinado pelo juiz, pelo inventariante ou por seus advogados, o que é mais comum (§ 3º). Geralmente, as partes estarão representadas por procurador. Também nesse arrolamento, a forma de pagamento do tributo é administrativa, e aplica-se o art. 662, cabendo à Fazenda o lançamento do imposto. Com a apresentação de comprovantes de pagamento do imposto, bem como com as certidões negativas dos demais tributos, será homologada a partilha dessa modalidade bastante simplificada de inventário.

Em qualquer das duas modalidades permitidas de arrolamento, o processo só alcançará, de fato, a celeridade pretendida pelo legislador, se o inventariante apresentar a relação inicial e o plano de partilha, bem como toda a documentação correspondente, sem falhas, que permitam, de plano, a homologação. Se no curso do arrolamento verificarmos não ser o rito admissível, com o pedido de admissão de um herdeiro desconhecido, por exemplo, no arrolamento sumário; ou com o aparecimento de bens que ultrapassem o teto legal no arrolamento de alçada, por exemplo, converter-se-á o processo em inventário, aproveitando-se, tanto quanto possível, os atos até então praticados. Nada obsta, também, que, inicialmente requerido o inventário, seja o mesmo convertido em arrolamento. As questões incidentes nos arrolamentos são decididas da mesma forma que nos inventários, cujas normas se aplicam subsidiariamente (art. 67 do CPC).

27.13 PETIÇÃO DE HERANÇA

Várias ações podem estar relacionadas com a herança e com os direitos hereditários. Assim, por exemplo, as de registro de testamento, de nulidade do testamento, de nulidade de partilha, deserdação etc. Há que se fazer um destaque especial, a esta altura, à ação de petição de herança.

Pode ocorrer que herdeiros não sejam relacionados e não sejam trazidos ao inventário e à partilha por uma série de razões. Na situação, não se reconhece à pessoa sua condição jurídica de herdeiro. Um filho do autor da herança, por exemplo, que não tenha sido reconhecido, ou que não se sabia de sua existência, ocorrendo resistência dos interessados em admiti-lo como herdeiro. Da mesma forma, por exemplo, pode ser descoberto um testamento do qual não se tinha notícia, instituindo herdeiro até então desconhecido. Ao obstado dessa forma de concorrer à herança, portanto, cabe recorrer à contenda judicial para a definição de sua condição de herdeiro e, consequentemente, obter a parcela que lhe cabe na universalidade. A demanda do presumido herdeiro em torno da herança pode ocorrer fundamentalmente contra terceiro estranho à vocação hereditária; contra herdeiro aparente ou quem indevidamente se arvora herdeiro ou contra herdeiro que pretende parcela maior daquela que lhe é devida.

Na definição clássica de Itabaiana de Oliveira (1987:482),

> *"a ação de petição de herança é a que compete ao herdeiro legítimo ou testamentário contra aqueles que, pretendendo ter direito à sucessão, detêm os bens da herança no todo ou em parte".*

Nessa ação, há quase sempre discussão sobre a qualidade de herdeiro. Se essa condição de herdeiro é inconcussa e este reclama o bem contra terceiros, a ação será de outra natureza, mas não terá o conteúdo hereditário. A natureza reivindicatória, no entanto, será comum a ambas as situações. Na ação de petição de herança, existe a discussão de uma questão prévia, qual seja, a condição de herdeiro. Qualquer dos coerdeiros pode reclamar a universalidade da herança, no todo ou em parte. Trata-se de ação real, quer se postule toda a herança, quer se postule parte dela. É o meio judicial para receber os direitos hereditários indevidamente em mãos de terceiros, que podem ser o cônjuge, algum herdeiro aparente ou não, ou mesmo um usurpador qualquer. Assim, a ação de petição de herança objetiva não somente o reconhecimento da qualidade de herdeiro, mas também e principalmente sua integral satisfação no tocante ao acervo hereditário. Diz que essa ação é universal, porque busca a universalidade da herança ou de parte dela.

Na ação reivindicatória típica, porém, o objeto será, na maioria das vezes, um bem determinado. Na ação de petição de herança, sobreleva sua natureza universal, não haverá sempre identificação dos bens que constituem a herança.

É claro que, se simplesmente omitido o nome de um herdeiro no inventário e sendo este habilitado sem discussões, não haverá necessidade de ação. De acordo com a regra geral, a petição de herança apenas se faz necessária quando há pretensão resistida. Até a partilha, qualquer interessado pode ser admitido como herdeiro no inventário. Aplica-se o art. 628 do CPC. Desse modo, verifica-se que a ação de petição de herança pode ser movida no curso do inventário e da partilha, bem como posteriormente a ela.

A matéria foi relegada, no passado, a princípios gerais e esparsos, tendo sido trazida para o bojo do presente Código Civil. A definição clássica foi absorvida pelo Código de 2002, no art. 1.824:

> *"O herdeiro pode, em ação de petição de herança, demandar o reconhecimento de seu direito sucessório, para obter a restituição da herança, ou de parte dela, contra quem, na qualidade de herdeiro, ou mesmo sem título, a possua".*

O art. 1.825 complementa a noção didática, estatuindo que *"a ação de petição de herança, ainda que exercida por um só dos herdeiros, poderá compreender todos os bens hereditários".*[11]

A semelhança dessa ação com a reivindicatória é patente. Trata-se de ação universal, competindo não somente ao herdeiro direto e imediato, como também ao próprio sucessor deste, ao herdeiro fideicomissário e ao cessionário da herança. Não se esqueça de que também o companheiro ou companheira possuem direitos hereditários no ordenamento mais recente.

Essa ação deve ser intentada contra o possuidor dos bens hereditários (art. 1.826), o qual está obrigado à restituição dos bens do acervo, fixando-se sua responsabilidade conforme os princípios de possuidor de boa ou de má-fé (arts. 1.214 a 1.222), no tocante às benfeitorias e frutos. A boa ou má-fé será definida no curso da ação, embora haja que se ter em mente o disposto no art. 1.826, parágrafo único. A ação promove-se então contra o usurpador dos bens hereditários.

Nessa ação, o autor deverá provar que é herdeiro legítimo ou testamentário e que aceitou a herança, não tendo a ela renunciado, dentro dos princípios estudados. Em sua defesa poderá o réu impugnar a condição de herdeiro do postulante; que, no caso, é terceiro adquirente de boa-fé por negócio jurídico válido; que o testamento não tem validade; que a ação está prescrita etc. É frequente que essa ação seja cumulada com ações de reconhecimento de filiação, de nulidade de testamento e outras conexas que giram em torno do direito e da condição de herdeiro.

O conhecimento pelo possuidor da condição de herdeiro do reivindicante será o divisor de águas da boa ou má-fé. A partir do momento em que soube da condição de herdeiro e resistiu à pretensão, responderá como possuidor de má-fé, com todos os encargos que essa definição lhe traz. Não se estabelecendo anteriormente os efeitos da má-fé, a lei dispõe que *a partir da citação, a responsabilidade do possuidor se há de aferir pelas regras concernentes à posse de má-fé e mora* (art. 1.826, parágrafo único). Nada se opõe, contudo, que se comprove que a má-fé

---

[11] "Agravo de instrumento. Direito sucessório. **Petição de herança**. Prescrição. Termo inicial. Abertura da sucessão. Ocorrência. Decisão reformada. 1. A petição de herança objeto dos arts. 1.824 a 1.828 do Código Civil é ação a ser proposta por herdeiro para o reconhecimento de direito sucessório ou a restituição da universalidade de bens ou de quota ideal da herança da qual não participou. 2. Recentemente, a Segunda Seção do Superior Tribunal de Justiça pacificou o entendimento de que o prazo prescricional para o ajuizamento da ação de petição de herança começa a correr da data da abertura da sucessão, ainda que o possível herdeiro não tenha proposto ação de investigação de paternidade (EAREsp nº 1.260.418/MG). 3. A teor do art. 189 do Código Civil, o termo inicial para o ajuizamento da ação de petição de herança é a data em que ocorreu a suposta lesão, ou seja, na data em que afrontado o direito, no caso, com a morte daquele de quem se busca a herança. 4. Em observância ao atual entendimento do STJ sobre a questão, a pretensão da parte agravada para pedir herança foi fulminada pela prescrição em 3-2-2004 (vinte anos após a abertura da sucessão), portanto, muito tempo antes da data em que foi ajuizada a ação de investigação de paternidade, isto é, em 29-11-2011. 5. Agravo de instrumento conhecido e provido" (TJDFT – AI 07083269620248070000, 22-5-2024, Rel. Arquibaldo Carneiro Portela).

"Petição de herança – Decisão que julgou improcedente o pedido reconvencional – Recurso desprovido – **Petição de herança** – Insurgência contra decisão interlocutória que julgou improcedente o pedido reconvencional. Inteligência do art. 1.610 do CC. A contestação da paternidade é direito personalíssimo do pai. Herdeiros não têm legitimidade para interpô-la em nome próprio e em direito próprio, possível apenas dar continuidade à ação ajuizada pelo falecido. Jurisprudência do STJ. Decisão mantida. Recurso desprovido." (TJSP – AI 2140092-33.2019.8.26.0000, 26-8-2019, Rel. J. B. Paula Lima).

"**Ação de petição de herança** – Pretensão da filha aos direitos sucessórios do pai que, antes de falecer, doou todos os bens aos outros dois filhos. Sentença de parcial procedência. Insurgência parcial de ambas as partes. Apelação da autora. Insurgência contra a sucumbência parcial. Acolhimento. Pedido de 1/3 do patrimônio do genitor, que era 50% dos imóveis doados. Pedido integralmente procedente. Sucumbência total dos réus. Recurso provido. Apelação dos réus. Insurgência contra a condenação ao pagamento dos frutos percebidos dos imóveis desde a citação na ação de reconhecimento de paternidade. Manutenção. Posse de má-fé desde a ciência da invalidade da doação em detrimento de herdeira legítima. Ação de reconhecimento de paternidade instruída, desde a inicial, com exame de DNA positivo, além de pedido expresso de nulidade da doação. Mora evidente. Recurso não provido." (TJSP – Ap 1116705-70.2014.8.26.0100, 6-4-2018, Rel. Carlos Alberto de Salles).

seja anterior à citação e a partir de então se aplicam seus efeitos. Como corolário da má-fé, o responsável por ela responderá também por perdas e danos.

Pelo princípio geral, o herdeiro reivindicante pode demandar os bens da herança ainda que em poder de terceiros, sem prejuízo da responsabilidade do possuidor originário pelo valor dos bens alienados (art. 1.827). Há que se proteger, porém, os terceiros adquirentes de boa-fé. A situação transfere-se para a questão do herdeiro aparente. O terceiro, como regra geral, não tem meios de saber que está adquirindo bens de um falso herdeiro se este se apresenta com toda aparência de tal. Como se percebe, até mesmo este falso herdeiro pode não conhecer sua real situação. Em vários pontos de nossa obra, ressaltamos que a convivência se tornaria insuportável sem proteção à aparência. Lembre-se do que falamos a respeito dos atos praticados pelo excluído da sucessão por indignidade (art. 1.817). Trata-se também de hipótese de herdeiro aparente. No dizer de Orlando Gomes (1981:268), *"o herdeiro aparente é por todos considerado genuíno herdeiro, por força de erro comum, ainda quando esteja de má-fé"*.

Desse modo, provada a boa-fé do terceiro possuidor, as alienações são eficazes, conforme a expressa disposição do parágrafo único do art. 1.827. Persistindo assim a alienação, cabe unicamente ao herdeiro voltar-se contra o possuidor originário que transferira a herança com a aparência de herdeiro. A proteção à boa-fé do terceiro adquirente faz com que deva ser considerado herdeiro aparente não apenas quem se apresenta com título de herdeiro, mas também quem se comporta à vista de todos como tal (Gomes, 1987:270).

A petição de herança, como vimos, não se presta à reclamação de legado. O legatário tem a ação própria, também reivindicatória, para reclamá-lo, sob diferentes pressupostos. No entanto, o art. 1.828 do Código vigente refere-se ao legado. Estatui:

> *"O herdeiro aparente, que de boa-fé houver pago um legado, não está obrigado a prestar o equivalente ao verdadeiro sucessor, ressalvado a este o direito de proceder contra quem o recebeu".*

O pagamento de legado é, em princípio, ônus do herdeiro. Acreditando-se intimamente como tal, portanto de boa-fé, e pagando um legado, não será esse herdeiro obrigado ao reembolso, mas ressalva-se ao verdadeiro herdeiro o direito de reivindicar contra o legatário. Já nos referimos ao herdeiro aparente nesta obra.

Em todas essas situações, nas quais o direito do reivindicante geralmente surge claro e definido, a maior dificuldade será, sem dúvida, a localização dos bens e dos terceiros, bem como a fixação dos encargos pela boa ou má-fé, mormente se passado muito tempo da abertura da sucessão.

O prazo extintivo para essa ação inicia-se com a abertura da sucessão e, no atual sistema, é de 10 anos, prazo máximo permitido no ordenamento. No sistema de 1916, o prazo era de 20 anos (Súmula 149 do STF). Como vimos, a ação de investigação de paternidade é imprescritível; não o é, no entanto, a ação de petição de herança.

Há posições críticas envolvendo a aceitação simplista do direito sumular. De fato, o Código de 2002 poderia ter aclarado o prazo prescricional dessa ação de petição de herança, especificando quiçá prazo decadencial a partir do conhecimento do estado de filiação ou mesmo estabelecendo sua imprescritibilidade, segundo alguns. Esse o sentido do Código português que em seu art. 2.075 estabelece que a petição de herança pode ser exercida a qualquer tempo, sem prejuízo das regras do usucapião. Trata-se, portanto, no ordenamento lusitano, de direito potestativo, existente durante a vida do herdeiro. O estabelecimento do termo inicial do prazo extintivo continua, a nosso ver, em aberto, tendo em vista sérias injustiças que podem ocorrer com a aplicação do prazo prescricional a partir da abertura da sucessão, não bastando o fato de não ocorrer prescrição contra menores e incapazes (art. 198, I). Ademais, é perfeitamente sustentável a imprescritibilidade da ação de petição de herança, tendo em vista os novos ventos que emolduram os princípios da dignidade humana. *De lege ferenda*, é necessário que se manifeste o legislador. É possível que a situação seja aclarada na próxima reforma do Código Civil.

O foro competente para a ação de petição de herança é o do inventário (art. 48 do CPC), enquanto não ultimada a partilha. Feita a partilha, a ação deve ser dirigida contra os possuidores indevidos dos bens hereditários, seguindo-se as regras gerais de competência.

28

VOCAÇÃO HEREDITÁRIA.
SUCESSÃO LEGÍTIMA E TESTAMENTÁRIA.
ORDEM DE VOCAÇÃO HEREDITÁRIA

28.1 SUCESSÃO LEGÍTIMA E TESTAMENTÁRIA

Se a pessoa falecer sem testamento (*ab intestato*), a lei determinará a ordem pela qual serão chamados os herdeiros: a ordem de vocação hereditária. Tal ordem, no Código de 2002, vem estabelecida no art. 1.829:

> "A sucessão legítima defere-se na ordem seguinte:
>
> I – aos descendentes, em concorrência com o cônjuge sobrevivente, salvo se casado este com o falecido no regime da comunhão universal, ou no da separação obrigatória de bens (art. 1.640, parágrafo único); ou se, no regime da comunhão parcial, o autor da herança não houver deixado bens particulares;
>
> II – aos ascendentes, em concorrência com o cônjuge;
>
> III – ao cônjuge sobrevivente;
>
> IV – aos colaterais."

A posição do cônjuge na ordem de vocação hereditária do atual diploma é nova, com relação ao art. 1.603 do Código anterior: "*serão chamados, pela ordem, os descendentes, os ascendentes, o cônjuge sobrevivente, os colaterais até o quarto grau e, por fim, o Estado*".

Advirta-se, de plano, que a referência ao art. 1.640, parágrafo único constante do inciso I do art. 1.829 está incorreta. A menção correta é a do art. 1.641, que descreve as hipóteses de casamento sob regime de separação obrigatória de bens. O Projeto nº 6.960 tenta corrigir a distorção, motivada pelo açodamento de última hora na aprovação do Código.

A regra geral estabelecida no ordenamento é que os mais próximos excluem os mais remotos, ou seja, havendo descendentes do falecido, não serão chamados os ascendentes, e assim por diante. Tal regra veio a sofrer algumas exceções, com leis posteriores ao Código de 1916, como veremos. O atual diploma civil introduz a posição de vocação hereditária concorrente do cônjuge em propriedade, juntamente com os descendentes sob determinadas condições e juntamente com os ascendentes. No sistema anterior, como descreveremos, o cônjuge supérstite poderia concorrer em usufruto com outros herdeiros.

A ordem de vocação hereditária fixada na lei vem beneficiar os membros da família, pois o legislador presume que aí residam os maiores vínculos afetivos do autor da herança. No mundo contemporâneo, o conceito de família deve ser revisto. Há tendência de o âmbito familiar ficar cada vez mais restrito a pais e filhos, sendo bastante tênues, de modo geral, os vínculos com os colaterais. Por outro lado, o próprio legislador vem dando guarida às ligações estáveis sem casamento, com reflexos no campo patrimonial, como faz o Código Civil de 2002.

O testamento serve precipuamente para o autor da herança alterar a vontade do legislador. Coexistem, pois, as duas formas de sucessão: a legítima e a testamentária.

Há herdeiros ditos necessários: os que não podem ser afastados totalmente da sucessão. São, na lei de 1916, os descendentes e ascendentes (art. 1.721). No Código de 2002, atendendo aos reclamos sociais, o cônjuge também está colocado como herdeiro necessário, quando herdeiro for considerado (art. 1.845). Havendo essas classes de herdeiros, fica-lhes assegurada, ao menos, metade dos bens da herança. É o que se denomina *legítima* dos herdeiros necessários. A outra metade fica livre para o testador dispor como lhe aprouver.

Assim, o testador estatui herdeiros testamentários, ao lhes atribuir uma porção fracionária ou percentual da herança, ou legatários, ao lhes atribuir bens certos e determinados do patrimônio. O herdeiro é sucessor universal, quer provenha da ordem legal, quer provenha da vontade do testador. O legatário é sucessor singular, e só virá a existir por meio do testamento.

28.2 ORIGENS HISTÓRICAS

Historicamente, há dúvidas acerca das origens das duas formas de sucessão. Tudo indica que o testamento já era conhecido desde os primórdios de Roma, que tivesse sido conhecido muito antes da Lei das XII Tábuas, que o admite. Contudo, nessa época, o ato de última vontade não é uma prática constante, já que é solene, feito perante a assembleia popular (May, 1932:518). Após a Lei das XII Tábuas é que a utilização do testamento se generaliza. Tudo leva a crer haver predomínio do testamento em Roma, sobre a ordem de vocação. Arangio-Ruiz (1973:574) conclui por essa afirmativa, levando em conta o sistema de obras doutrinárias, que o testamento ocupa lugar proeminente e até mesmo desproporcionado na visão do jurista moderno. Acrescenta o autor que tal conclusão mais se acentua com a regra característica romana, que exclui a concorrência da vocação testamentária com a legítima sobre a mesma herança: *nemo pro parte testatus pro parte intestatus decedere potest.* Isso fazia com que o sucessor, mesmo sendo aquinhoado em apenas parte da herança no testamento, a recebesse por inteiro, não sendo beneficiado o herdeiro legítimo.

Se, por um lado, havia um predomínio da sucessão testamentária em Roma, em detrimento da sucessão legal, segundo alguns autores, por outro lado, parece exagerado dizer que era infamante, para o romano, falecer *ab intestato*. Como afirma Eugene Petit (1970:668), o que era mais desonroso era não deixar herdeiro nenhum. Como o herdeiro era principalmente um sucessor no culto familiar, os romanos cuidavam de não morrer sem sucessor.

Levemos em conta, outrossim, que o predomínio da sucessão testamentária não ocorre em todo o sistema romano. Há muitas regras que atribuem a herança do pai ao filho, sendo que a chamada de estranhos à sucessão representa uma derrogação da regra geral (Arangio--Ruiz, 1973:575).

Muitas vezes a sucessão hereditária representava mais um ônus do que um benefício, uma vez que o herdeiro, qualquer que fosse sua origem, não recebia apenas as coisas corpóreas da herança, mas também sucedia o *de* cujus em todas as relações jurídicas, ativa e passivamente, tanto em nível de relações jurídicas propriamente ditas, como de relações religiosas; ambos os aspectos intimamente ligados na época. Destarte, o sucessor tornava-se responsável também perante os credores do espólio. A única forma que tinha o herdeiro para safar-se dessa responsabilidade era a renúncia da herança. Tal renúncia, porém, só era possível aos colaterais e aos estranhos instituídos herdeiros, não sendo admitida aos herdeiros descendentes e aos escravos do morto, *investidos indissoluvelmente na herança desde o dia de sua morte* (Arangio--Ruiz, 1973:576).

Como já lembrado, a herança seguia a linha masculina, pois cabia ao sucessor do sexo masculino continuar o culto e a religião doméstica. A ordem de vocação chamava em primeiro lugar os herdeiros que, por ocasião da morte, estivessem sob o pátrio poder. Em sua falta, eram chamados os *agnados* e os *gentiles*, isto é, os membros da mesma família ou pertencentes à mesma "gens", que possuíam o mesmo nome de origem.

Firmava-se desde então o princípio pelo qual os herdeiros mais próximos excluem os mais remotos. Posteriormente, o direito pretoriano passou a contemplar os *cognatos* (parentes consanguíneos), mas não sob a forma de herança propriamente dita, mas sob o instrumento da *bonorumpossessio* (posse dos bens). A jurisprudência, portanto, possibilitou o acesso à herança dos filhos emancipados, ou adotados, das filhas casadas, dos colaterais consanguíneos e do cônjuge. Com Justiniano desaparece qualquer diferença entre *agnados* e *cognados*.

No direito atual, entre nós, a herança atinge os colaterais de quarto grau, na ordem legal desde o Decreto-lei nº 9.461/46. Acentua-se a tendência, nas legislações modernas, como faz nosso vigente Código Civil, de limitar o alcance do parentesco para fins legais e de incluir o cônjuge como herdeiro necessário.

28.3 SUCESSÃO EM LINHA RETA: SUCESSÃO DOS DESCENDENTES

A vocação dos herdeiros faz-se por *classes* (descendentes, ascendentes, cônjuge, colaterais e Estado). Portanto, cada inciso do art. 1.829 refere-se a uma classe de herdeiros. Note que no corrente diploma foi estabelecida a herança concorrente do cônjuge com descendentes e ascendentes, algo confuso que deve ser modificado.

A chamada dos herdeiros é sucessiva e excludente, isto é, só serão chamados os ascendentes na ausência de descendentes, só será chamado o cônjuge sobrevivente isoladamente, na ausência de ascendentes, e assim por diante.[1]

---

[1] "Apelação cível. Direito das sucessões. Ação de anulação de partilha e sobrepartilha extrajudiciais realizadas com adjudicação, anulação de escritura pública de doação, petição de herança. Sentença de parcial procedência. Insurgência dos réus. Justiça gratuita concedida à apelada. Impugnação pelos apelantes. Pleito de revogação da benesse. Impossibilidade. Hipossuficiência financeira demonstrada. Apelada que aufere renda mensal em valor inferior ao teto estabelecido pela câmara, de três salários mínimos. Manutenção do benefício. Sentença de anulação das escrituras públicas de inventário, sobrepartilha e doação. Irresignação dos réus. Reforma. Não cabimento. Apelada que foi casada com o de *cujus*, sob o regime da separação obrigatória de bens. Ausência de descendentes. Apelada que possui, em concorrência com os ascendentes do de *cujus*, direito à sucessão legítima. Inteligência do art. 1.829, 'II', do Código de Processo Civil. Escrituras públicas que preteriram a apelada. Declaração de nulidade escorreita. Direito real de habitação. Contradição existente entre a fundamentação e o dispositivo da sentença, não esclarecida em sede de embargos de declaração. Esclarecimento em âmbito recursal, para declarar que a apelada não possui, na espécie, o direito real de habitação. Ônus de sucumbência. Redistribuição. Despesas advindas com a anulação das escrituras. Pretensão dos apelantes para que a apelada arque proporcionalmente com as despesas. Não cabimento. Apelada que foi preterida indevidamente da divisão da herança a que possui direito. Impossibilidade de condenação ao pagamento das despesas advindas com a decretação de nulidade das escrituras públicas. Recurso conhecido e provido em parte" (TJPR – Ap 0012005-63.2021.8.16.0045, 8-4-2024, Relª Sandra Bauermann).

A regra geral é que, existindo herdeiros de uma classe, ficam afastados os das classes subsequentes. Se isso não sofria exceção à época da promulgação do Código de 1916, tal já não era mais verdadeiro mais recentemente, tendo em vista que o cônjuge podia concorrer com herdeiros das classes anteriores, por força de modificações introduzidas pelo Estatuto da Mulher Casada (Lei nº 4.121/62), como veremos.

No âmbito do direito internacional privado, dispõe a vigente LICC, atual Lei de Introdução às normas do Direito Brasileiro, Lei nº 12.376, de 30-12-2010 (art. 10): *"A sucessão por morte ou por ausência obedece à lei do país em que era domiciliado o defunto ou o desaparecido, qualquer que seja a natureza e a situação dos bens"*. O § 1º desse artigo acrescenta:

> *"a vocação para suceder em bens de estrangeiro situados no Brasil será regulada pela lei brasileira em benefício do cônjuge brasileiro e dos filhos do casal, sempre que não lhes seja mais favorável a lei do domicílio".*

Procura a lei brasileira proteger a família de nacionalidade brasileira. A regra também é constitucional (art. 5º, XXXI). Note-se, ainda, que o art. 17 do Decreto-lei nº 3.200/41, com alteração do Decreto-lei nº 5.187/43, estabeleceu sucessão do cônjuge sobrevivente em usufruto se o casamento for com cônjuge estrangeiro em regime que exclua a comunhão parcial, sendo da quarta parte da herança, se houver filhos brasileiros do casal ou do outro consorte e da metade, se não houver.

A lei, ao colocar os descendentes em primeiro lugar na sucessão, segue uma ordem natural e afetiva. Normalmente, os vínculos afetivos com os descendentes são maiores, sendo eles a geração mais jovem à época da morte. Na classe dos descendentes, há o direito de representação, que funciona como uma forma de igualar a atribuição da herança às estirpes existentes (descendentes de cada filho do morto), como veremos. A posição do cônjuge, concorrendo com os descendentes, em determinadas situações no Código de 2002, em dispositivo de lamentável redação, será aqui analisada.

"Civil. Sucessões. Inventário. **Ordem de vocação hereditária**. Cônjuge supérstite casada sob o regime da comunhão parcial de bens. Bem particular herdado pelo 'de cujus' com cláusula de incomunicabilidade. Irrelevância. 1. Tratando da ordem de vocação hereditária, dispõe o art. 1.829, I, do Código Civil que a sucessão legítima defere-se, primeiramente, aos descendentes, em concorrência com o cônjuge sobrevivente, salvo se casado este com o falecido no regime da comunhão universal, ou no da separação obrigatória de bens (art. 1.640, parágrafo único); ou se, no regime da comunhão parcial, o autor da herança não houver deixado bens particulares. 2. O instituto da meação não se confunde com o da herança, razão pela qual a cláusula de incomunicabilidade imposta a um bem não se relaciona com a vocação hereditária. Assim, se o indivíduo recebeu por doação ou testamento bem imóvel com a referida cláusula, sua morte não impede que seu herdeiro receba o mesmo bem. Precedentes do C. STJ e deste E. TJSP. 3. Agravada que, enquanto cônjuge supérstite do autor da herança, deve concorrer com os agravantes na sucessão hereditária relativa ao imóvel discutido. 4. Cláusula de incomunicabilidade, ademais, instituída com a finalidade expressa de evitar redução patrimonial dos herdeiros em razão do divórcio, cenário distinto do apresentado nos autos. 5. Decisão mantida. Recurso desprovido" (*TJSP* – AI 2006315-10.2023.8.26.0000, 21-9-2023, Rel. Clara Maria Araújo Xavier).

"Agravo de instrumento – Inventário – Inventariante – Substituição – **Vocação hereditária** – Adequação – Verificado que o único herdeiro segundo a ordem de vocação hereditária é a companheira do *de cujus*, excluindo-se, a priori, os irmãos, justifica-se a substituição do inventariante, não como punição, mas apenas para adequar-se o andamento do feito." (*TJMG* – AI-Cv 1.0180.09.046437-1/001, 30-1-2019, Rel. Oliveira Firmo).

"Inventário – **Herança** – Companheira sobrevivente reconhecida como herdeira universal, com exclusão de herdeiro colateral – Aplicação do artigo 1.829, do Código Civil tanto para a hipótese de casamento como para união estável – Distinção de regimes sucessórios entre cônjuges e companheiros declarada inconstitucional pelo Supremo Tribunal Federal – Totalidade do acervo hereditário adjudicado à companheira sobrevivente – Sentença mantida – Recurso não provido." (*TJSP* – Ap 0208301-28.2009.8.26.0004, 15-2-2018, Rel. Augusto Rezende).

28.4 IGUALDADE DE DIREITO SUCESSÓRIO DOS DESCENDENTES NA ATUALIDADE. O ART. 227, § 6º, DA CONSTITUIÇÃO FEDERAL DE 1988

Como apontamos no tomo dedicado ao Direito de Família, foi longa a evolução legislativa no tocante à sucessão dos filhos ilegítimos e adotivos.

O termo final de totalização dos direitos dos filhos veio unicamente com a atual Constituição. Estatui o dispositivo sob exame: *"os filhos, havidos ou não da relação do casamento, ou por adoção, terão os mesmos direitos e qualificações, proibidas quaisquer designações discriminatórias relativas à filiação"*. Muito teve que esperar a sociedade brasileira para atingir esse estágio.

Inicialmente, a redação original do Código Civil anterior fez distinção na sucessão dos descendentes legítimos, de um lado, sempre com todos os direitos, e os filhos naturais e adotivos de outro. De acordo com a regra do art. 1.605, equiparavam-se os filhos legítimos, os legitimados e os adotivos de casais que não tinham filhos. Pelo sistema do Código de 1916, os filhos adulterinos e os incestuosos, não podendo ser reconhecidos (art. 358), não tinham direito sucessório algum. Os filhos naturais, portanto, os concebidos antes do casamento, tinham direito à metade do que coubesse ao filho legítimo. Como se vê, o Código anterior, apesar de surgir com a abertura do século XX, muito cedo se mostrou anacrônico, fazendo uma restrição odiosa entre as várias categorias de filhos. A discriminação absoluta com relação aos adulterinos e incestuosos colocava-os como se tivessem alguma responsabilidade por terem assim sido concebidos; eram indivíduos absolutamente à margem da família. Só poderiam ser beneficiados hereditariamente por testamento.

Entendeu o legislador do início do século passado que a introdução de um descendente espúrio, ou simplesmente estranho, no seio da família, ainda que concebido antes do matrimônio, no estado de solteiro do marido (hipótese para qual se dirigia a lei), traria um fator de desconforto ao casal e ao corpo familiar, um ponto de dissensões e desavenças. Daí por que o filho natural, como um ser intruso, não tinha o mesmo direito hereditário. Na origem do Código de 1916, nem havia que se pensar em algum direito sucessório ao filho adulterino ou ao incestuoso, que recebiam verdadeira pena sem delito.

À medida que a sociedade brasileira foi se despindo dos preconceitos e atentando mais para uma realidade social e nossa inescondível origem histórica, foram surgindo, na lei, princípios tendentes a minimizar a situação de inferioridade e a distinção quanto à origem das proles.

Contudo, como já afirmamos, só com a atual Constituição é que, definitivamente, e em estágio final, não mais se distinguem direitos de acordo com a origem da filiação. Esse estágio legislativo recebeu a chancela final com o mais recente Estatuto da Criança e do Adolescente (Lei nº 8.069, de 13-7-90), bem como com o atual Código Civil.

O fato é que já a Constituição de 1937, no art. 126, estabeleceu igualdade de direitos entre os filhos legítimos e os naturais, sem ressalva alguma. Discutiu-se na época, como ocorreu com muitos dispositivos da Constituição atual, se essa disposição era autoaplicável, revogando ou não o art. 1.605, § 1º, do Código Civil. Deixemos a discussão de lado, agora, mencionando o fato apenas como uma referência histórica. No entanto, até então nada se fizera em prol dos direitos dos filhos espúrios, isto é, os adulterinos e incestuosos.

Um grande marco na legislação de direito de família no país foi, sem dúvida, a Lei nº 883, de 21-10-49. Permitiu esse diploma que o filho adulterino, uma vez dissolvida a sociedade conjugal, pudesse ser reconhecido, ou demandasse seu reconhecimento. O filho reconhecido na forma dessa lei recebia a metade do que coubesse aos filhos legítimos. A lei dizia que o filho nessa situação jurídica receberia a metade do que coubesse aos outros filhos a título de *"amparo social"*, evitando falar em herança. De qualquer forma, a existência de um filho adulterino reconhecido, na ausência de outros descendentes na herança, arredava as outras classes de herdeiros (a não ser o cônjuge, no caso do art. 3º dessa lei, como veremos).

A Lei do Divórcio extinguiu a diferença, dando nova redação ao art. 2º da Lei, atribuindo igualdade de direitos.

Mesmo perante a peremptoriedade da redação do revogado art. 2º da Lei nº 883, *"qualquer que seja a natureza da filiação, o direito à herança será reconhecido em igualdade de condições"*, autores continuaram entendendo que a igualdade de direitos beneficiava tão só os adulterinos, ficando de fora os incestuosos. Entendeu-se que tal redação se inseria em lei que alterara o art. 358 do Código Civil, impossibilitando-se reconhecimento do incestuoso. Não parece ter sido essa, contudo, a intenção do legislador da Lei do Divórcio.

Quanto à *filiação adotiva*, também havia diferenças. Embora o art. 1.605 equiparasse os filhos adotivos aos filhos legítimos, o § 2º desse artigo dizia que os adotivos receberiam metade da herança, se concorressem com filhos supervenientes à adoção. A adoção era dirigida aos casais sem filhos. O legislador visou proteger a prole de sangue, caso esta viesse a existir. Outras questões de direito intertemporal podem aflorar no tocante aos filhos adotivos, tendo em vista as várias espécies de adoção até recentemente existentes.

Todavia, o art. 227, § 6º, da Constituição é expresso em atribuir igualdade de direitos aos filhos por adoção. E o atual Estatuto da Criança e do Adolescente traz uma única forma de adoção, que iguala o filho adotivo ao filho legítimo. Desaparece a distinção entre adoção plena e adoção restrita. Ficou regida pelo Código Civil de 1916 tão só a adoção de pessoas maiores e capazes, de alcance praticamente inexistente (nesse caso, também se aplica o princípio constitucional). O presente Código amolda a adoção, em síntese, ao Estatuto da Criança e do Adolescente, como estudamos no tomo do Direito de Família. As dúvidas ficarão por conta da lei aplicável à época da morte, que rege a capacidade para suceder (inclusive no tocante às modificações introduzidas no Código de 1916 pela Lei nº 3.133/57).

Como bem lembra Sílvio Rodrigues (1978, v. 7:7), os direitos são adquiridos quando da abertura da sucessão, e a nova lei não pode afetar o direito já adquirido.[2] Observe que a regra do art. 377 do Código Civil antigo, com a redação dada pela Lei nº 3.133/57, *"quando o adotante tiver filhos legítimos, legitimados ou reconhecidos, a relação de adoção não envolve a de sucessão hereditária"*, dizia respeito apenas àquelas adoções por quem já tinha filhos. O legislador não desejou prejudicar a prole legítima. Se não houvesse filhos, mas estes nascessem após a adoção, a regra era aquela já mencionada do art. 1.605 (o adotado receberia metade da herança do irmão, filho sanguíneo). O mestre Sílvio Rodrigues (1978, v. 7:81) sempre se bateu por tal interpretação, e com toda razão. Tudo isso era válido para a adoção restrita, uma vez que a adoção plena (cujos princípios eram da anterior legitimação adotiva) desvinculava totalmente o adotivo da família originária, a exemplo da adoção agora em vigor.

Observamos ainda que, embora os requisitos para a adoção de maiores e capazes continuassem sendo os do Código Civil de 1916, como a Constituição iguala todos os direitos, não temos de negar que assim também devem ser vistos os direitos sucessórios. No entanto, para esses casos não existe a regulamentação específica da lei dos menores. Dúvidas existirão acerca da aplicação das antigas regras nesses casos. Parece-nos que não foi intenção do legislador distinguir, nem houve intenção de proibir adoções de pessoas maiores e capazes, tema que deve ser estudado no campo do direito de família. Com o mais moderno Código, deixam de existir dúvidas, pois a adoção de menores e maiores é contemplada no mesmo capítulo do vigente diploma. Como expusemos no estudo do direito de família, parece-nos ser de suma inconveniência a manutenção da possibilidade de adoção de pessoas maiores e capazes.

---

[2] *TJ* 112/440, RE 162350 e RE 19959.

Estando os adotivos equiparados e desvinculando-se da família originária, existe reciprocidade de direitos sucessórios, entre ascendentes e descendentes adotivos. É o que deflui dos expressos termos do art. 41, § 2º, do Estatuto da Criança e do Adolescente (Lei nº 8.069/90):

> "é recíproco o direito sucessório entre o adotado, seus descendentes, o adotante, seus ascendentes, descendentes e colaterais até o 4º grau, observada a ordem de vocação hereditária".

Desse modo, estava derrogado o art. 1.609 do Código de 1916 (ao menos no tocante às adoções pelo estatuto), pelo qual, na morte do filho adotivo, sem descendência, preferia a herança aos pais sanguíneos. Na falta deles é que herdaria o adotante. A intenção do legislador, no final do século XX, foi fazer desaparecer qualquer vínculo do adotivo com sua família de sangue. Até mesmo qualquer referência à origem do parentesco civil é vedada, afora exceções por requisição judicial. Essa noção foi totalmente absorvida e admitida pelo Código de 2002.

Se existe reciprocidade no vínculo da adoção, com muito maior razão tal reciprocidade é verdadeira no tocante às demais espécies de filiação. Se o descendente sempre herda do ascendente, este também é herdeiro do descendente.

Como foi a Constituição de 1988 que igualou todos os direitos dos filhos, a partir de sua vigência não se distingue mais o direito sucessório de qualquer um deles. As leis que sucedem a Carta Maior nada mais fazem do que regulamentar os princípios ali fixados.

Destarte, a plena igualdade sucessória dos descendentes só ocorre a partir da vigência da Constituição de 1988. As sucessões abertas a partir de sua vigência seguem esses princípios de igualdade. O caminho para atingir o atual estágio, de 1917 até 1988, foi longo, nem sempre acompanhando as alterações de nossa sociedade ocorridas nesse período.

O extinto Projeto nº 6.960 acrescentava à redação do art. 1.835 parágrafo único para se referir ao direito real de habitação ao filho portador de deficiência física que o impossibilite para o trabalho, se não tiver pai ou mãe, quanto ao imóvel destinado à residência da família, desde que seja o único daquela natureza a inventariar, enquanto ele permanecer nessa situação de incapacidade. Esse direito já fora adicionado mais recentemente ao ordenamento anterior, de que se olvidou o legislador de 2002.

28.5 DIREITO DE REPRESENTAÇÃO. REPRESENTAÇÃO NA CLASSE DOS DESCENDENTES

A regra geral, no chamamento sucessório, como já visto, é que, existindo alguém numa classe de herdeiros, excluem-se as classes subsequentes.

Na mesma classe, os parentes de grau mais próximo excluem os de grau mais remoto: assim, na regra geral, existindo filhos do morto, são eles os chamados, não sendo chamados os netos; na linha ascendente, existindo pai vivo do *de cujus*, ele é o herdeiro, mesmo que ainda viva o avô.[3] Contudo, especialmente na linha descendente, pode ocorrer que, por exemplo,

---

[3] "Civil e processual civil. Apelação cível. Ação de arbitramento de aluguel. Usufruto exclusivo de imóvel mantido em condomínio. Sucessão legítima. Droit de saisine. Artigo 1.851 do código civil. Legitimidade ativa do sucessor por representação ou por estirpe. Reconhecimento. 1. Nos termos do artigo 1.784 do Código Civil, [A]berta a sucessão, a herança transmite-se, desde logo, aos herdeiros legítimos e testamentários. 1.1. Aberta a sucessão, a propriedade do patrimônio integrante do acervo hereditário permanece indivisível até que seja promovido o inventário e consequente partilha, de acordo com o parágrafo único do artigo 1.791 do Código Civil. 2. Na forma prevista no artigo 1.851 do Código Civil, surge o **direito de representação**, quando a lei chama certos parentes do falecido a suceder em todos os direitos, em que ele sucederia, se vivo fosse. 2.1. Nesse caso, tem-se o que se convencionou chamar de sucessão por cabeça ou por direito próprio. 2.2. Trata-se de direito à sucessão de forma

sejam chamados a suceder determinados netos, juntamente com os filhos do autor da herança. É o chamado direito de representação, que ocorre por força do art. 1.851:

> *"dá-se o direito de representação, quando a lei chama certos parentes do falecido a suceder em todos os direitos, em que ele sucederia, se vivo fosse".*

Assim, na linha descendente, os filhos sucedem por cabeça, e os outros descendentes, *por cabeça ou por estirpe*, conforme se achem ou não no mesmo grau (art. 1.835). O que a lei estipula é que, havendo desigualdade de graus de parentesco na linha descendente, a herança pode ser atribuída a herdeiros de dois graus diversos. Por exemplo: o falecido tinha dois filhos, Antônio e Carlos. Quando do falecimento do autor da herança, um de seus filhos já falecera, porém deixara seus próprios filhos, ou seja, os netos, vivos quando da morte do avô. Em nosso exemplo, Antônio já pré-falecera, deixando os netos (seus filhos) do *de cujus*, Pedro Antônio e Marco Antônio. Como o direito de representação se dá na linha reta descendente (art. 1.852) os representantes (netos, em nosso exemplo) vão herdar o quinhão que caberia a seu pai, pré-falecido, repartido por igual entre eles (art. 1.855). Temos aí o que se denomina *herança por direito próprio e herança por representação*. Essa representação diz respeito ao direito que o herdeiro tem de receber o quinhão de seu ascendente (pai ou mãe) premorto. Não se confunde com a representação, que atribui a outrem a prática de certos atos em nome do representado, como já estudamos (*Direito civil: parte geral*, Cap. 19). A vontade da lei foi manter o equilíbrio na distribuição da herança entre os herdeiros descendentes. Quem está no grau mais próximo descendente do falecido recebe sua parte da herança por direito próprio, *por cabeça*. Quando *há desigualdade de graus, os de graus mais distantes recebem por estirpe.*[4]

---

indireta, na qual o parente mais próximo representa aquele que faleceu anteriormente ao instituidor da herança, observada a ordem de vocação hereditária. 2.3. Assim, os herdeiros do pré-morto comparecem para reivindicar os bens que lhe foram transmitidos, mediante representação daquele que seria naturalmente o sucessor, se estivesse vivo por ocasião da abertura da sucessão. 2.4. Observado, no caso concreto, que os autores excluídos do polo ativo da demanda, ostentam a condição de herdeiros, por representação de seu falecido genitor, da parte do imóvel que pertencia à sua avó paterna, tem-se por impositivo o reconhecimento de sua legitimidade para propositura de ação objetivando a percepção de aluguel mensal proporcional, em decorrência do usufruto exclusivo do bem mantido em condomínio, por um dos herdeiros. 3. Recurso de apelação conhecido e provido". (TJDFT – Ap 07214773420218070001, 29-5-2023, Rel. Carmen Bittencourt).

"Apelação cível – **Habilitação de herdeiros colaterais** – Ação cominatória – Caráter patrimonial do direito discutido – Possibilidade de sucessão processual – Consoante dispõe a norma processual civil, falecido o autor e sendo transmissível o direito em litígio, poderá ocorrer a sucessão processual por seus herdeiros, que devem promover a respectiva habilitação, sob pena de extinção do processo sem resolução de mérito – Na ausência de herdeiros necessários, os irmãos da parte falecida parentes na linha colateral, estão legalmente autorizados a suceder-lhe em seus direitos, sendo legitimados a prosseguir na demanda anteriormente intentada." (TJMG – AC 1.0183.15.005298-7/001, 12-7-2019, Rel. Vasconcelos Lins).

"Agravo de instrumento – Habilitação em herança – **Parentes Colaterais** – Companheira – I – Indeferido pedido de habilitação dos parentes colaterais e assegurada à companheira supérstite a sucessão por inteiro, visto não haver descendentes nem ascendentes do falecido, com o qual conviveu em união estável por aproximadamente 30 anos. II – O e. STF, no julgamento do RE 878.694, sob o rito da repercussão geral, reconheceu a natureza constitucional da controvérsia sobre a validade do art. 1.790 do CC, que prevê ao companheiro direitos sucessórios distintos daqueles assegurados ao cônjuge, art. 1.829 do mesmo texto legal. III – Agravo de instrumento desprovido" (TJDFT – AI 20150020258174AGI – (925016), 17-3-2016, Relª Vera Andrighi).

4 "Petição de herança cumulada com anulação de partilha. Possibilidade de anulação da partilha, cujo termo inicial é o trânsito da homologação da partilha. Omissão na inclusão da autora no inventário de seus avós maternos. Necessidade de aplicação das regras de **sucessão por estirpe**. Pretensão de colação de eventual adiantamento de legítima sem suporte. Tema que não foi objeto de reconvenção. Sentença que se apresenta adequada. Apelo desprovido". (TJSP – Ap 1019692-54.2021.8.26.0576, 11-3-2022, Rel. Natan Zelinschi de Arruda).

"Agravo de instrumento – Sucessão – Falecimento de um dos possíveis sucessores – Doação em favor das herdeiras sobreviventes – Detrimento do quinhão hereditário dos **sucessores por estirpe** – Indisponibilidade do patrimônio – Verificação da legítima – Necessidade de dilação probatória – Decisão Mantida – Recurso desprovido – 1

Vejamos o caso do exemplo citado:

HERANÇA		
† Data da morte: 1º-1-2002		
1/2 = Antônio (filho premorto)		1/2 = Carlos
1/4 = Pedro Antônio	A	(netos do autor da herança)
1/4 = Marco Antônio		

Os netos, portanto, em segundo grau na linha descendente recebem a porção da herança que caberia a seu pai falecido. Se não houver diversidade de graus, isto é, os descendentes vivos mais próximos estiverem no mesmo grau, não haverá representação: a herança é dividida por cabeça. Assim, se o falecido deixou só netos, não havendo filhos vivos, a herança é dividida pelo número exato de netos, não importando quantos tenham sido os filhos. Se existem quatro netos, sendo três gerados por um dos filhos do falecido e apenas um gerado pelo outro filho, a herança será dividida em quatro partes iguais atribuídas aos quatro netos, não sendo levada em conta sua estirpe.

Com o mesmo raciocínio, na linha descendente, enquanto houver diversidade de graus pela pré-morte, o quinhão da estirpe vai sendo subdividido. Se, em nosso exemplo, um dos

---

– Demonstrada a existência de negócios jurídicos, voltados a dividir desigualmente os bens entre os possíveis sucessores, em prejuízo dos herdeiros de um deles, já falecido (sucessão por estirpe), escorreita a decisão que determinou a indisponibilidade de bens imóveis dos agravantes, bem como das quotas e ações das pessoas jurídicas que integram o polo ativo deste recurso, até ulterior deliberação judicial. 2 – Somente após ampla dilação probatória, concebida sob o influxo das garantias do contraditório e da ampla defesa, é que será possível averiguar se o patrimônio doado ultrapassava a legítima. 3 – A eventual impossibilidade de ofertarem garantia real, caso uma das pessoas jurídicas agravantes necessite contratar financiamentos bancários, não se presta a infirmar os fundamentos da decisão recorrida, pois tal situação, acaso concretamente verificada, deverá ser dirimida casuisticamente pelo magistrado a quo. 4 – Recurso conhecido e desprovido." (TJES – AI 0012909-43.2017.8.08.0014, 24-8-2018, Relª Desª Eliana Junqueira Munhos Ferreira).

"Recurso Especial – Ação Monitória – **Dívida de ascendente premorto** – Pretensão de alcance de quinhão herdado por representação – Impossibilidade – Responsabilidade patrimonial limitada às forças da herança do devedor – Recurso especial provido – 1 – No direito das sucessões brasileiro, vigora a regra segundo a qual o herdeiro mais próximo exclui o mais remoto, excepcionada legalmente pelo sistema de sucessão por estirpe. 2 – Nos casos legalmente previstos de sucessão por representação (por estirpe), os descendentes de classe mais distante concorrerão com os mais próximos, na proporção que seria cabível ao herdeiro natural premorto, porém em nome próprio e em decorrência de expressa convocação hereditária legal. 3 – O patrimônio herdado por representação, nem mesmo por ficção legal, jamais integra o patrimônio do descendente premorto e, por isso, não pode ser alcançado para pagamento de suas dívidas. Para tanto, limita-se a responsabilidade patrimonial dos sucessores de devedor às forças da herança por ele deixada. 4 – Recurso especial provido" (STJ – REsp 1.627.110 (2016/0247360-4), 15-9-2017, Rel. Min. Marco Aurélio Bellizze).

"Inventário e partilha – Anulação da sentença – Partilha sem conotação amigável – Pluralidade de apelantes – Desistência da apelação e prosseguimento do recurso em face da não desistência por parte de um dos apelantes. Herdeiros colaterais. Direito de representação só alcança os filhos dos irmãos – Obediência ao art. 1.853 do Código Civil. **Sucessão por estirpe** – Subordinação da sentença à comprovação de quitação de tributos. Inteligência do artigo 192 do Código Tributário Nacional e dos artigos 1.026 e 1.031, ambos do Código de Processo Civil – Impossibilidade de retificação da partilha nos termos do artigo 1.028 do Código de Processo Civil. Sentença de homologação, anulada – Recurso provido" (TJSP – Ap 9152744-12.2009.8.26.0000, 28-5-2016, Rel. Fábio Podestá).

"Embargos de declaração – Apelação Cível – Suscitação de dúvida registral – Acórdão que reconheceu distribuição 'a maior' dos quinhões entre os demais herdeiros. Alegação de contradição quanto à determinação de recolhimento de tributos. Existência. **Sucessão por estirpe** evidenciada. Acolhido com efeito infringente" (TJPR – EDcl 1357999-2/01, 10-12-2015, Rel. Des. Mário Helton Jorge).

netos também pré-morrera ao *de cujus*, sua parte iria para os bisnetos existentes. A data que fixa a situação da transmissão hereditária é o dia da morte. Em nosso exemplo, deve ser verificado quem estava vivo em 1º-1-2002. Por outro lado, é claro que, se o filho premorto deixou um único filho, este receberá o mesmo que seu pai receberia, já não há com quem dividir. Lembre-se que, quando se fala em herança *por estirpe*, trata-se de direito de representação. Só existe representação na sucessão legítima. Na sucessão testamentária, não temos de falar nesse direito. O testador, desejando substituto para seus aquinhoados, pode fazê-lo. No silêncio do testamento, entende-se que o testador não quis que o herdeiro instituído ou legatário fosse substituído. Outras legislações a admitem na sucessão testamentária. Esse direito de representação hereditária ora estudado também existe, de forma mais restrita, na linha colateral, como veremos.

O art. 1.834 do presente Código coroa a igualdade de filiação ao estipular que os descendentes da mesma classe têm os mesmos direitos à sucessão de seus ascendentes. O texto não está muito claro. Na verdade, os descendentes já são de uma mesma classe. O Projeto nº 6.960 explicitou melhor a intenção do legislador ao acrescentar que os descendentes do mesmo grau, qualquer que seja a origem do parentesco, têm os mesmos direitos à sucessão de seus ascendentes.

28.5.1   Fundamento do Instituto da Representação

Na realidade, o termo *representação* não nos dá a ideia exata do instituto. O dito representante herda por si mesmo, em seu nome, porque a lei lhe faz a vocação hereditária. Não se pode dizer que seja uma sucessão indireta: tanto o que herda por cabeça quanto o que herda por estirpe, o fazem diretamente do falecido.

Esse abrandamento que a lei faz ao princípio de exclusão dos herdeiros mais remotos tem, sem dúvida, um alto cunho moral, ou seja, o de equilibrar a distribuição da herança entre os descendentes, presumivelmente ligados pela mesma afetividade ao *de cujus*. O fundamento é, em síntese, o do direito sucessório em geral. Há uma vontade presumida do falecido na sucessão legítima, e a representação insere-se nesse mesmo diapasão.

A representação foi criada, já no Direito Romano, para reparar parte do mal sofrido pela morte prematura dos pais. Não se trata de ficção legal, como defende Arthur Vasco Itabaiana de Oliveira (1987:102). É um direito fixado pela lei que poderia tê-lo ampliado ou excluído, pois há legislações em que é mais amplo, permitido até na sucessão testamentária. O Código francês a define como uma ficção.

28.5.2   Requisitos da Representação

Do que foi visto podemos deduzir os requisitos do instituto. Em primeiro lugar, o representante (sucessoriamente considerado) só terá a condição de herdeiro se o seu ascendente imediatamente anterior houver falecido antes do transmitente da herança. Não se representa pessoa viva. A única exceção é o caso de exclusão do ascendente por *indignidade* (art. 1.599). A pena de indignidade considera o excluído da sucessão como se morto fosse. Seus descendentes o sucedem, porque a pena é individual e não se pode transmitir. Trata-se de evidente sobrevivência do instituto da morte civil do direito intermédio.

Não é o que ocorre na renúncia da herança, quando o herdeiro é considerado como se não tivesse existido. Não se representa herdeiro renunciante, a não ser que ele seja o único de sua classe, ou se todos da mesma classe renunciarem, quando os respectivos filhos serão chamados, por direito próprio e por cabeça (art. 1.811).

Em segundo lugar, o representante, por sua vez, não está inibido de herdar unicamente por indignidade com relação ao ascendente que representa. Não só com relação ao pai que representa, como também com relação ao avô, que é o *de cujus* da herança tratada. Como o representante recebe a herança diretamente do avô, será tão contra o direito a tentativa de homicídio contra o avô, como contra o pai premorto. Entendíamos, sob o enfoque do Código revogado, que o alcance dos casos de indignidade não admitia outro entendimento, ao contrário do que sustentam nossos autores (Rodrigues, 1978, v. 7:95; Monteiro, 1977, v. 6:96). Tanto se podia afastar, por meio da ação judicial necessária, o herdeiro representante num como noutro caso. Seria imoral que o neto, tendo atentado contra a vida do pai, viesse a receber a herança do avô, em razão da pré-morte do pai. Tal interpretação não contraria o espírito do art. 1.814, antes com ele harmoniza-se. É a essa mesma conclusão que chega Guillermo A. Borda (1987, v. 2:27), examinando o direito argentino, cujas disposições são semelhantes. Note que o art. 1.814 do corrente Código ampliou o alcance da indignidade, reportando-se ao homicídio ou tentativa com relação ao cônjuge, companheiro, ascendente ou descendente, o que reforça nosso entendimento e dissipa dúvidas.

Caio Mário da Silva Pereira (1984, v. 6:79) entende que também é idêntica a situação do *deserdado*. Embora a lei não fale, afirma o autor, os filhos do deserdado não podem ser prejudicados pela pena imposta aos pais. Contudo, quer-nos parecer que a situação aí é diversa. Como nossa lei não prevê a representação na sucessão testamentária, não pode haver representação na deserdação, que só ocorre por testamento. Para essa conclusão há necessidade de disposição legal expressa, que muitos defendem como cabível. Como já apontamos, o testador, ao fixar uma deserdação, pode dispor acerca de substituições. Fora daí, não há como defender, por ora, a hipótese.

Por fim, recorde que a representação é feita sempre se buscando o descendente de grau imediatamente seguinte na descendência, sem que se salte qualquer grau. Desse modo, o bisneto nunca será chamado a suceder, se seu pai, neto, for vivo e legitimado a receber a herança.

28.5.3 Efeitos da Representação

O quinhão que caberia ao premorto será dividido entre os que o representam. Nem mais nem menos. A herança só sofre maior divisão (se for mais de um representante), porém, nada mais se altera (arts. 1.854 e 1.855). A divisão é feita por estirpes. Por outro lado, nada impede que o renunciante da herança de uma pessoa a represente em outra (art. 1.856). Assim, se o filho renunciou à herança do pai, pode representá-lo na do avô. Como a quota do premorto é distribuída por estirpe, se algum herdeiro dessa estirpe renuncia à herança, a parte renunciada só acresce à parte dos herdeiros do mesmo ramo, isto é, três netos representam o pai. Um dos netos renuncia. A quota dessa estirpe fica dividida entre os outros dois netos que não renunciaram. Não se acresce, com essa renúncia, o monte-mor geral, isto é, a parte desse renunciante não vai para os que recebem por direito próprio, nem para a representação de outro herdeiro premorto. Como o representante é sucessor do autor da herança, existe uma única transmissão patrimonial. Há um único imposto devido.

28.6 SUCESSÃO DOS ASCENDENTES

Não existindo descendentes, em qualquer grau, são chamados a suceder os ascendentes. A partir da vigência do Código de 2002, os ascendentes são chamados a concorrer na herança juntamente com o cônjuge supérstite (art. 1.829, II). Não há representação para os ascendentes. O mais próximo exclui o mais remoto. Vivo um dos progenitores do morto, recebe ele a herança, com exclusão dos avós. Vivos ambos os pais, a herança caberá a eles. Os ascendentes são herdeiros por direito próprio (Monteiro, 1977, v. 6:85).

No tocante ao cônjuge, sua herança será de um terço da universalidade se concorrer com ascendente de primeiro grau, sendo a metade se concorrer com um só ascendente, ou se maior for o grau (art. 1.837). Assim, de acordo com o atual Código, a herança será dividida em três partes iguais se o cônjuge sobrevivente concorrer com sogro e sogra. Se houver apenas o sogro ou a sogra vivo ou se os herdeiros ascendentes forem de grau mais distante, o cônjuge receberá sempre a metade da herança. Como se nota, não somente o cônjuge foi colocado como herdeiro necessário no presente diploma, como sua situação sucessória foi sensivelmente melhorada. Advirta-se que a situação não se aplica à união estável, que possui regra própria discutível, como veremos.

Se nenhum dos pais estiver vivo ou legitimado a receber a herança, esta se divide em duas linhas, paterna e materna (art. 1.836, § 2º: *"Havendo igualdade em grau e diversidade em linha, os ascendentes da linha paterna herdam a metade, cabendo a outra aos da linha materna"*; antigo, art. 1.608: *"Havendo igualdade em grau e diversidade em linha, a herança partir-se-á entre as duas linhas meio pelo meio"*). Não se esqueça, contudo, de que nesse caso metade da herança será do cônjuge como apontado. Após assegurada essa metade, aplicar-se-á o disposto no art. 1.836, § 2º.

Assim, se presente uma única linha (avós paternos, por exemplo), a herança será conferida a ela, assegurando-se a parcela do cônjuge sobrevivente. Havendo, por exemplo, um avô paterno e dois avós maternos, deduzida a metade do cônjuge, o restante da herança é dividido novamente ao meio, para o avô paterno e para os dois outros avós. A mesma regra será seguida se existirem ascendentes mais distantes. A divisão por linha só opera uma única vez.

O ascendente sempre será herdeiro do descendente, quando a recíproca for verdadeira. No sistema anterior à atual Constituição, a reciprocidade tem que ser examinada em cada caso. Para que a filiação opere no regime sucessório, há necessidade de seu prévio reconhecimento legal. Há situações, criadas por legislação posterior ao Código de 1916, em que os ascendentes (assim como os descendentes) concorrerão na herança com o cônjuge, como a seguir veremos.

28.7 SUCESSÃO DO CÔNJUGE SOBREVIVENTE

O cônjuge vinha, no direito anterior, colocado em terceiro lugar na ordem de vocação hereditária, após os descendentes e ascendentes. Não era herdeiro necessário e podia, pois, ser afastado da sucessão pela via testamentária.

No Direito Romano, não havia propriamente sucessão do cônjuge, já que a transmissão se efetuava pela linha masculina. Apenas na última fase do Direito Romano, já com Justiniano, é que se permitiu à mulher suceder nos bens do marido, estabelecendo-se uma possibilidade de usufruto, concorrendo com filhos.

No direito anterior ao Código de 1916, o cônjuge sobrevivente estava colocado em quarto grau na escala hereditária, após os colaterais de décimo grau. Tornava-se praticamente inviável a sucessão do viúvo ou viúva. Apenas em 1907, com a chamada "Lei Feliciano Pena", Lei nº 1.839, é que o supérstite passou a herdar em terceiro lugar.

No Código de 1916, o cônjuge herdava na ausência de descendentes ou ascendentes e desde que não estivessem separados. A dissolução da sociedade conjugal excluía o cônjuge da vocação sucessória (art. 1.611). A separação de fato não o excluía. Tal exclusão só ocorreria com sentença de separação, ou de divórcio, com trânsito em julgado. Até aí o cônjuge seria herdeiro. Separação de fato, ainda que por tempo razoável, não bastava para que o cônjuge saísse da linha sucessória. A existência de união estável no sistema de 1916 não transformava o companheiro ou companheira em herdeiro. Podia a união estável ou o concubinato gerar efeitos patrimoniais em seu desfazimento, mas não a título de herança. Leis mais recentes e o

Código de 2002 fizeram que o companheiro viesse a participar da herança, embora o artigo respectivo já tenha sido declarado inconstitucional pelo STF (art. 1.790), como veremos, não se fazendo mais distinção entre cônjuges e companheiros.

Na anulação do casamento, o cônjuge, estando de boa-fé, reconhecida a putatividade, não perde a condição de herdeiro (art. 1.561). A putatividade depende de decisão judicial.

28.7.1 Meação do Cônjuge

A **meação** do cônjuge, como já acenado, não é herança. Quando da morte de um dos consortes, desfaz-se a sociedade conjugal. Como em qualquer outra sociedade, os bens comuns, isto é, pertencentes às duas pessoas que foram casadas, devem ser divididos. A existência de meação, bem como do seu montante, dependerá do regime de bens do casamento. A meação é avaliada de acordo com o regime de bens que regulava o casamento. Na comunhão universal, todo o patrimônio é dividido ao meio. Na comunhão de aquestos, dividir-se-ão pela metade os bens adquiridos na constância do casamento. Se há pacto antenupcial, a meação será encontrada de acordo com o estabelecido nessa escritura. Os regimes de bens pertencem ao direito de família, em cujo tomo foram examinados.

Portanto, ao se examinar uma herança no falecimento de pessoa casada, há que se separar do patrimônio comum (portanto, um condomínio) o que pertence ao cônjuge sobrevivente, não porque seu esposo morreu, mas porque aquela porção ideal do patrimônio já lhe pertencia. O que se inserirá na porção ideal da meação segue as regras da partilha. Excluída a meação, o que não for patrimônio do viúvo ou da viúva compõe a herança, para ser dividida entre os descendentes ou ascendentes, ou cônjuge, conforme o caso.

Como meação não se confunde com herança, se o sobrevivente do casal desejar atribuí-la a herdeiros, tal atribuição se constitui num negócio jurídico entre vivos. Não existe, na verdade, uma renúncia à meação. O que se faz é uma transmissão aos herdeiros do *de cujus*, ou a terceiros. Embora exista quem defenda o contrário, tal transmissão requer escritura pública, se tiver imóvel como objeto, não podendo ocorrer por termo nos autos do inventário, porque ali só se permite a *renúncia da herança*, como também requer escritura a cessão de direitos hereditários feita pelos herdeiros. Transmissão entre vivos que é, sobre ela incide o respectivo imposto. Não há nenhum tributo, é óbvio, se o cônjuge mantém sua meação, que se individualiza na partilha.

28.7.2 Sucessão do Cônjuge. Evolução na Posição Sucessória da Mulher

A doutrina sempre defendeu a colocação do cônjuge como herdeiro necessário, posição que veio a ser conquistada com o Código de 2002, embora sob condições. Isso porque, no caso de separação de bens, o viúvo ou a viúva poderiam não ter patrimônio próprio, para lhes garantir a sobrevivência.

A Lei nº 4.121/62, Estatuto da Mulher Casada, justamente para proteger essa situação, instituiu o direito à herança concorrente de usufruto para o cônjuge sobrevivente, na redação do art. 1.611, § 1º:

> "o cônjuge viúvo, se o regime de bens do casamento não era o da comunhão universal, terá direito, enquanto durar a viuvez, ao usufruto da quarta parte dos bens do cônjuge falecido, se houver filhos, deste ou do casal, e à metade, se não houver filhos embora sobrevivam ascendentes do de cujus".

A exemplo de direitos estrangeiros, a lei criou uma herança concorrente, em usufruto, do cônjuge, com os descendentes ou ascendentes. A intenção da lei foi proteger a mulher (mas a situação se aplica a ambos os cônjuges) que, sem patrimônio próprio suficiente, poderia, talvez até em idade avançada, não ter meios de subsistência. A situação se aplicava nos casamentos que não sob o regime de comunhão universal. Pela dicção da lei, não havia dúvida de que isso se aplica também ao regime de comunhão parcial, colocado pela Lei do Divórcio como regime legal (aquele que se aplica na ausência de pacto antenupcial). Contudo, na comunhão dos aquestos, a mulher pode receber bens suficientes para subsistência, em razão da meação. Pergunta-se: mesmo assim, se aplicava o sistema de usufruto? Houve tendência de julgados em restringir o alcance do dispositivo acerca desse usufruto, se o cônjuge permanecesse com meios de subsistência. Ou porque fora ele contemplado em testamento, ou porque tinha bens suficientes, ou sob o argumento de que tal usufruto não podia afetar a legítima dos herdeiros necessários. Sílvio Rodrigues (1978, v. 7:86), que sempre atuou no foro nesse campo, atesta esse direcionamento dos Tribunais. No entanto, levando-se ainda em conta que a Lei do Divórcio alterou inúmeras disposições do Código de 1916, mas nada fez aqui, como com toda propriedade, conclui o aclamado autor que (1978, v. 7:86)

> "o único pressuposto para que se cristalize aquele direito é o de ser o regime de bens outro que não o da comunhão. Para o legislador é indiferente a circunstância do sobrevivo precisar ou não de amparo, embora, como foi dito, seja o propósito de amparo que o tenha inspirado".

A herança concorrente de duas classes de herdeiros existe em outras legislações, como a italiana, no caso específico do cônjuge. O mais recente Código contemplou-a também. Não se leva em conta a legítima, pois o direito de usufruto com ela não se confunde. A questão passa a ser de acomodar a partilha, de modo que o usufruto seja o mais cômodo e eficaz possível tanto para o cônjuge quanto para os herdeiros concorrentes em propriedade plena, descendentes ou ascendentes.

No entanto, não resta dúvida de que, tendo em vista o regime legal mais recente ser o da comunhão parcial, na grande maioria dos casos, todo o patrimônio do casal, ou grande parte, terá sido adquirido na constância do casamento. Existindo meação quase que idêntica, senão idêntica de fato, à comunhão universal, somos tentados a afirmar que se esvai o intuito protetivo do legislador, porque a mulher tem metade dos bens da sociedade conjugal, em propriedade. O usufruto se mostraria como um plus injustificável e um ponto de discórdia com os demais herdeiros. Contudo, a matéria não deixou de ser controvertida no passado e perderá importância à medida que as novas sucessões forem reguladas pelo atual Código. É a prudência do julgador que orientará o caso concreto, em consonância com a finalidade da lei.

Outra proteção conferida ao cônjuge viúvo, pelo mesmo Estatuto da Mulher Casada, foi *o direito real de habitação* estampado no § 2º do mesmo art. 1.611 do Código de 1916:

> "ao cônjuge sobrevivente, casado sob regime de comunhão universal, enquanto viver e permanecer viúvo, será assegurado, sem prejuízo da participação que lhe caiba na herança, direito real de habitação relativamente ao imóvel destinado à residência da família, desde que seja o único bem daquela natureza a inventariar".

O intuito foi assegurar um teto ao viúvo ou viúva, se houver um único imóvel residencial na herança. Poderiam os herdeiros, na ausência desse dispositivo, não só entrar na posse direta do bem, como aliená-lo, deixando o pai ou a mãe ao desabrigo. A lei não se importou com o montante da herança. Há o direito de habitação, desde que haja um único bem residencial e seja ele destinado à residência da família. Entende-se que o supérstite deva residir nele só ou com outras pessoas da família. Tal direito só se extingue com a morte do cônjuge, ou quando sobrevier novo casamento. É claro que eventual fraude, como, por exemplo, uma relação concubinária que evite o casamento, para não perder o benefício legal, pode inibir o direito. Contudo, a lei não é criada para ser fraudada. O desvio de finalidade da norma deve ser analisado em cada caso. Parece-nos que, também no tocante ao direito real de habitação, a Lei do Divórcio devia forçar uma nova interpretação. Essa lei alterou, como vimos, o art. 258 do antigo Código. No silêncio dos nubentes, isto é, na ausência de pacto, o regime de bens é o da comunhão parcial. Será razoável a interpretação literal da lei, após tal modificação, de que só terá direito de habitação quem, casando-se após a Lei nº 6.515/77, tenha feito pacto antenupcial em que opte pela comunhão universal? Creio que essa interpretação leva a iniquidades. Normalmente, os jovens casais não veem necessidade nenhuma de pacto nupcial, porque seu patrimônio será construído na vida em comum. No falecimento de um dos consortes, é justo que não se conceda o direito real de habitação, na forma instituída pelo Estatuto da Mulher Casada, ao único imóvel residencial do casal, só porque adotaram o regime legal? Não cremos que esta interpretação atenda às finalidades do dispositivo. A viúva ou viúvo, mesmo na comunhão de aquestos, mormente quando o imóvel residencial foi adquirido na constância do casamento, deve ter o direito de habitar o imóvel até o fim de seus dias. De qualquer modo, o legislador deveria ter-se preocupado em alterar o dispositivo, para espancar dúvidas de seu verdadeiro alcance, evitando que os julgadores sejam obrigados a prender-se a interpretações excessivamente contingenciais. Para reforçar esse entendimento, é interessante notar que o Código Civil de 2002 confere o mesmo direito real de habitação ao cônjuge sobrevivente, *"qualquer que seja o regime de bens"* (art. 1.831). Desse modo, se é espancada a dúvida na nova lei, tal reforça também nosso entendimento no sistema legal anterior, por ser, evidentemente, o mais justo. Esse art. 1.831 também não mais exige que o cônjuge sobrevivo permaneça em estado de viuvez para o gozo desse direito. No entanto, levando em conta razões éticas, o Projeto nº 6.960 dá volta atrás e reinsere o requisito no dispositivo: pelo Projeto, tal como no sistema anterior, o sobrevivente somente terá esse direito real de habitação enquanto permanecer viúvo ou não constituir união estável. Porém, enquanto não aprovado esse projeto ou outro em substituição a esse, fica amplo o direito de habitação que se constituir com a vigência do art. 1.831 tal como foi promulgado.

Como vimos, tanto o usufruto como a habitação conferidos ao cônjuge são direitos sucessórios temporários. Extinguindo-se pela morte ou pelo término do estado de viuvez do sobrevivente, o domínio pleno concentra-se na pessoa dos herdeiros. Tais direitos devem ser descritos na partilha, para constar no registro imobiliário. Interessante notar também que o art. 1.831 do vigente diploma, como enfatizamos, transformou o direito real de habitação em um direito permanente, pois não mais o subordina ao estado de viuvez. Portanto, o novo casamento ou a união estável subsequente do cônjuge supérstite não mais tolherão seu direito real de habitação. Não nos parece a forma mais justa, porque os herdeiros estranhos à nova união são prejudicados. Apenas a morte do cônjuge beneficiado fará extinguir esse direito. A modificação projetada não poderá atingir direitos já constituídos. É necessária uma sistematização legislativa no tocante ao direito sucessório, para adaptá-lo às novas leis, mormente à Lei do Divórcio e àquelas que decorreram da nova Constituição.

De qualquer modo, era mesmo tempo de se colocar o cônjuge como herdeiro necessário. O presente Código assim o faz, embora em redação canhestra, concorrendo o cônjuge com descendentes e ascendentes, em porcentagens diversas, dependendo do grau e do número de herdeiros, o que, talvez, ainda não seja a fórmula ideal.

28.7.2.1 A sucessão do cônjuge no Código de 2002

O cônjuge, como enfatizamos, foi colocado na posição de herdeiro necessário, juntamente com os descendentes e ascendentes (art. 1.845). Desse modo, aos herdeiros necessários pertence, de pleno direito, a metade dos bens da herança, que se denomina legítima (art. 1.846). Quando se trata de herdeiro cônjuge, nunca é demais reiterar que herança não se confunde com meação. Assim, havendo meação, além desta caberá ao sobrevivente, pelo menos, a metade da herança, dependendo da situação, que constitui a porção legítima.

Como já apontamos, o cônjuge está colocado em terceiro lugar na ordem de vocação hereditária, recolhendo a herança integralmente, quando não houver descendentes ou ascendentes do *de cujus*. No entanto, foi atribuída posição mais favorável ao cônjuge no atual Código porque, além de ser herdeiro necessário, poderá ser ele herdeiro concorrente, em propriedade, dependendo do regime de bens, com os descendentes e com os ascendentes, na forma do art. 1.829, I e II.

Em matéria de direito hereditário do cônjuge e também do companheiro, o Código Civil brasileiro de 2002 representa verdadeira tragédia, um desprestígio e um desrespeito para nosso meio jurídico e para a sociedade, tamanhas são as impropriedades que desembocam em perplexidades interpretativas. Melhor seria que fosse, nesse aspecto, totalmente reescrito e que se apagasse o que foi feito, como uma mancha na cultura jurídica nacional. É incrível que pessoas presumivelmente cultas como os legisladores pudessem praticar tamanhas falhas estruturais no texto legal. Mas o mal está feito e a lei está vigente. Que a apliquem de forma mais justa possível nossos tribunais! E estes tem feito isso. Esperemos que o projeto de reforma do Código Civil enviado ao Senado nos dê a melhor redação.

Conforme o art. 1.829, I, o cônjuge sobrevivente não concorrerá com os descendentes se for casado com o falecido no regime de comunhão universal de bens ou no regime de separação obrigatória (art. 1.640, parágrafo único); ou se, no regime da comunhão parcial, o autor da herança não houver deixado bens particulares. A redação legal é péssima. Nem sempre essas situações que afastam o sobrevivente da herança concorrente com os descendentes significarão sua proteção, se essa foi, como parece, a intenção do legislador. Certamente haverá oportunidades nas quais a jurisprudência deverá aparar arestas. Esse texto é um dos que merecem ser aprimorados. A intenção do legislador foi tornar o cônjuge sobrevivente herdeiro quando não existir bens decorrentes de meação. Pode ter sido o casamento regido pela comunhão parcial e o morto ter deixado apenas bens particulares de pouco valor. Ainda, não se mostrará justa, em muitas oportunidades, a exclusão do cônjuge da herança nessa hipótese legal, quando o casamento foi realizado sob o regime de separação obrigatória. Muito trabalho têm, sem dúvida, a jurisprudência e a doutrina, sob o prisma desse artigo.[5] Espera-se que a matéria seja devidamente aclarada na próxima reforma do Código Civil.

---

[5] "Agravo de instrumento. Inventário e partilha. Decisão que determinou a inclusão da viúva como herdeira necessária. Casamento, com o falecido, pelo regime da separação obrigatória de bens. Exclusão do cônjuge da ordem de sucessão hereditária. Existência de descendentes. Inteligência do artigo 1.829, I, do CC. **O cônjuge sobrevivente não concorre com os descendentes quando o casamento é pelo regime da separação obrigatória de bens**. Precedentes. Provimento do agravo para afastar a ordem de inclusão da viúva no plano de partilha" (TJSP – AI 2286227-09.2022.8.26.0000, 22-3-2023, Rel. Enio Zuliani). "Agravo de instrumento. Inventário. Decisão que determinou a inclusão da viúva como herdeira necessária. Casamento pelo regime da separação obrigatória de bens. Exclusão do cônjuge da ordem de sucessão hereditária. Existência de descendente. Inteligência do artigo 1.829 do Código Civil. Precedentes. Recurso provido. **O cônjuge sobrevivente não concorre com os descendentes quando o casamento é pelo regime da separação obrigatória de bens**". (TJSP – AI 2278902-17.2021.8.26.0000, 9-4-2022, Rel. Maria do Carmo Honorio). "Processual civil. Sucessão. Agravo de instrumento. Ação de inventário e partilha. Regime de comunhão universal de bens. Sucessão legítima. 1. Nos termos do art. 1.667 do Código Civil, todos os bens presentes e futuros pertencentes

O sentido da lei foi, sem dúvida, proteger o cônjuge, em princípio, quando este nada recebe a título de meação. Assim, quando casado em comunhão de bens, porque o patrimônio é dividido, o cônjuge não será herdeiro em concorrência com os descendentes. No regime de separação obrigatória, tantas vezes referido, o cônjuge também não herda nessa situação, pois haveria, em tese, fraude a esse regime imposto por lei. Tudo leva a crer que, no futuro, a jurisprudência se encarregará de abrandar esse rigor, como no passado, levando em consideração profundas iniquidades no caso concreto. Questão mais complexa é saber da condição de herdeiro ao cônjuge, quando casado sob o regime de comunhão parcial, se o autor da herança não houver deixado bens particulares. Pode ocorrer que o *de cujus* tenha deixado apenas bens particulares de ínfimo valor, o que exigirá um cuidado maior do julgador para alcançar o espírito buscado pela nova lei.

A maior dificuldade interpretativa do art. 1.829, I, reside justamente na hipótese do casamento sob o regime de comunhão parcial de bens. Aduz, com toda perspicácia, Eduardo de Oliveira Leite a esse respeito:

> *"Na comunhão parcial de bens, o legislador cria duas hipóteses de incidência da regra de concorrência. Primeiro (regra geral), o cônjuge sobrevivente não concorre com os demais descendentes, porque já meeiro, quando o autor da herança não houver deixado bens particulares. Segunda hipótese, se o autor da herança houver deixado bens particulares, a contrario sensu, da regra geral, conclui-se que o cônjuge sobrevivente concorre com os descendentes"* (2003: 219).

Nesta última hipótese, será herdeiro, ainda que exista meação. E conclui o autor:

> *"Na realidade, ao excetuar os três regimes de bens (comunhão universal de bens, comunhão parcial de bens e separação obrigatória de bens) o legislador só abriu possibilidade, efetivamente, do cônjuge sobrevivente concorrer como herdeiro necessário, com os descendentes, quando o autor da herança houver deixado bens particulares, no regime da comunhão parcial de bens, pois, nos demais casos, o cônjuge será meeiro ou simplesmente tomará sua massa de bens particulares"* (loc. cit.).

---

ao casal na comunhão universal de bens se comunicam. 2. No regime de comunhão universal de bens, o cônjuge sobrevivente não entra na ordem da vocação hereditária como herdeiro, apenas como meeiro, inteligência do art. 1.829, inciso I, do Código Civil. 3. Recurso parcialmente provido" (*TJDFT*, Proc. 7211384920198070000 (1259276), 8-7-2020, Rel. Mario-Zam Belmiro).

"Apelação cível – Inventário – Indeferimento de habilitação de **cônjuge casada no regime da comunhão universal com o descendente da genitora falecida** – Ausência de condição de herdeira, art. 1829, do Código Civil – Meeira que não se confunde com herdeira – Insurgência quanto à partilha amigável formulada entre os herdeiros – Questão de alta indagação – Inviabilidade da discussão em sede de inventário – Art. 612 , do CPC/15 – Sentença escorreita – Desprovimento do recurso – Aberta a sucessão, a disciplina civilista proclama como destinatários dos bens e direitos do de cujus os herdeiros legítimos, definidos por força da legislação, e os testamentários, por disposição de última vontade do sucedido. 1. Aquele que é casado sob o regime de comunhão universal de bens não é herdeiro com seu cônjuge de herança deixada por ascendente deste; É apenas meeiro. E, diversamente do que consignado no acórdão recorrido, trata-se de situações que não ocorrem concomitantemente, mas sucessivamente, pois primeiro os bens devem compor a sociedade conjugal e depois de integralizado o acervo relativo a essa sociedade é que se aferirá a meação. Assim, na partilha de bens herdados por um deles, inexiste a formação de litisconsórcio necessário, pois a comunicação de tais bens se fará em razão do casamento, e não da relação hereditária. Se inexiste título hereditário, não exigindo a partilha o concurso do cônjuge do herdeiro (exceto quando se tratar de cônjuge supérstite), esse cônjuge não tem legitimidade para propor ação de anulação de partilha sob o argumento de que foi prejudicado. 2. O procedimento de inventário não se revela adequado para discussões que demandem dilação probatória mais aprofundada (questões de alta indagação), conforme disciplina o art. 612, do CPC. Negar provimento ao apelo."(*TJPB* – Ap 0004811-13.2015.815.0251, 30-5-2019, Relª Desª Maria de Fátima Moraes Bezerra Cavalcanti).

Assim, nessa conclusão, que parece a mais lógica, somente haverá concorrência do cônjuge nessa situação nos bens particulares.

No mesmo sentido posiciona-se Euclides de Oliveira:

> "Mais adequado e harmônico, portanto, entender que a concorrência hereditária do cônjuge com descendentes ocorre apenas quando, no casamento sob regime de comunhão parcial, houver bens particulares, porque sobre estes, então sim, é que incidirá o direito sucessório concorrente, da mesma forma que se dá no regime da separação convencional de bens" (2005:108).

Mas essa conclusão a qual aderimos está longe de ser pacífica, pois existe ponderável corrente doutrinária que entende que a concorrência na herança se dará nos bens particulares e nos bens comuns.

Conclui-se do mesmo dispositivo (art. 1.829, I) que não haverá concorrência do cônjuge na separação obrigatória porque não há que se transgredir o regime imposto pela própria lei, embora a jurisprudência possa amainar esse rigor. Perante o regime da comunhão universal, entendeu o legislador que o cônjuge já estará devidamente amparado pela sua meação.

Mas o pior em matéria de dúvida está em outro dispositivo. Assim, quando o cônjuge concorre com descendentes, aplica-se o art. 1.832:

> "Em concorrência com os descendentes (art. 1.829, inciso I) caberá ao cônjuge quinhão igual ao dos que sucederem por cabeça, não podendo a sua quota ser inferior à quarta parte da herança, se for ascendente dos herdeiros com que concorrer".

A lei faz distinção se essa concorrência é com filhos comuns ou com filhos somente do cônjuge falecido. Se for ascendente dos herdeiros descendentes, fica-lhe assegurada sempre a quarta parte da herança. Assim, por exemplo, se concorrer com um filho, a herança será dividida ao meio; se concorre com dois filhos comuns, o cônjuge receberá um terço da herança. Se concorrer com três ou mais filhos comuns, ser-lhe-á assegurada sempre a quarta parte da herança, sendo o restante dividido pelos demais. Esse quinhão do cônjuge será sempre computado conforme o que couber por cabeça (art. 1.835). Assim, o mesmo princípio aplica-se, por exemplo, se o cônjuge concorre somente com netos, descendentes de filhos já premortos. Veja o que falamos quando tratamos do direito de representação.

Se, porém, o cônjuge sobrevivo concorrer com descendentes do morto dos quais o sobrevivo não seja ascendente, não há a reserva da quarta parte, sendo a herança dividida em partes iguais com os que recebem por cabeça. Se, porém, concorrer com descendentes comuns e descendentes apenas do *de cujus*, há que se entender que se aplica a garantia mínima da quarta parte em favor do cônjuge. O legislador não foi expresso nessa concorrência híbrida, mas parece ser esse o espírito da lei. A doutrina, no entanto, está longe de chegar a um acordo. Qualquer outra forma de divisão a nosso ver, existindo dois grupos de descendentes, seria ilógica e, em princípio, impossível de ser feita. O que é mais lamentável é que a situação deixada em branco pelo legislador é comuníssima, pois são muitíssimas as sucessões que se abrem com filhos comuns e filhos somente do *de cujus*. Essa omissão legislativa é absolutamente imperdoável.

Não tendo a lei feito distinção, não cabe ao intérprete distinguir. Essa a noção/posição que não fica isenta de críticas. São múltiplas as conclusões que podem ensejar dessa situação, em face da desídia do legislador. Assim, podemos enunciar uma parte da complexidade proposta por vários autores, no tocante à concorrência do cônjuge com filhos seus e do morto. Todas as soluções podem ser sustentadas:

- A primeira opinião e que se nos afigura mais sensata e de acordo com a interpretação finalística e ética do Código é assegurar-se sempre a quarta parte da herança ao sobrevivente, quando há filhos dos dois leitos, como expusemos, pois o legislador não fez restrição a esse respeito e procurou proteger o cônjuge sobrevivente com essa quota mínima, em qualquer situação.
- A segunda solução seria entender que, quando houver filhos só do morto e filhos comuns, a herança dividir-se-á em partes iguais, não se assegurando a quarta parte do sobrevivente. Não me parece a melhor solução. De outra forma, não teria o legislador protegido o cônjuge com a existência somente de filhos comuns. Por que a existência de filhos de outro leito prejudicaria o sobrevivente, nesse caso? No entanto há autores de escol que sustentam essa solução. Débora Gozzo, na esteira de Zeno Veloso (2004: 203), perante a omissão da lei, escreve: "*Se o legislador quisesse, poderia ter estabelecido norma para essa situação. Como não o fez, essa parece ser a exegese que mais se coaduna com o ordenamento jurídico, levando-se em conta uma interpretação sistemática dessa hipótese.*" A nosso ver, porém, essa interpretação sistemática cai por terra perante a interpretação histórica, por tudo que se fez no passado para proteger o cônjuge supérstite e perante a estrutura ética que o Código de 2002 adotou.
- A outra solução aventada seria dividir a herança em dois blocos ou duas metades, antes de atribuir os quinhões. No primeiro bloco, assegurar-se-ia a quarta parte ao cônjuge sobrevivente, para ser feita a divisão com os filhos comuns. No outro bloco, dividir-se-ia o monte por igual com os filhos do morto. Parece que essa situação é absolutamente indesejável e atingiria um resultado matemático complexo não pretendido pela lei.

Como se percebe, a desídia do legislador trouxe insegurança social, que poderia ter sido facilmente evitada, o que possibilitará decisões disparatadas. A mesma situação repete-se com o direito hereditário dos conviventes.

A ilustre Professora Giselda Hironaka (2003:229) faz um apanhado geral dessas hipóteses, esmiuçando os detalhes de cada uma e conclui:

"*De qualquer das formas, ao que parece, na ocorrência de uma hipótese real de sucessão de descendentes que pertencessem aos dois distintos grupos (comuns e exclusivos) em concorrência com o cônjuge sobrevivo, não haveria solução matemática que pudesse atender a todos os dispositivos do Código Civil novo, o que parece reforçar a ideia de que, para evitar uma profusão de inadequadas soluções jurisprudenciais futuras, o ideal mesmo seria que o legislador ordinário revisse a construção legal do novo Diploma Civil brasileiro, para estruturar um arcabouço de preceitos que cobrissem todas as hipóteses, inclusive as hipóteses híbridas (como as tenho chamado), evitando o dissabor de soluções e/ou interpretações que corressem exclusivamente ao alvedrio do julgador ou do hermeneuta, mas desconsiderando tudo aquilo que, a princípio, norteou o ideal do legislador, formatando o espírito da norma*".

Na falta de descendentes, o cônjuge concorrerá com os ascendentes, aplicando-se o art. 1.837:

"Concorrendo com ascendente em primeiro grau, ao cônjuge tocará um terço da herança; caber-lhe-á a metade desta se houver um só ascendente, ou se maior for aquele grau".

Desse modo, concorrendo com sogro e sogra, receberá o cônjuge um terço da herança, que será, portanto, dividida em partes iguais. Se concorrer apenas com o sogro ou com a sogra, ou com os pais destes, independentemente do respectivo número, será sempre assegurada a metade da herança ao supérstite. Veja o que falamos a respeito da sucessão dos ascendentes. Certamente o texto será modificado pelo projeto de reforma do Código Civil em curso.

O cônjuge será herdeiro único e universal na falta de descendentes e ascendentes (art. 1.838).

Já nos reportamos ao direito real de habitação a que fará jus o cônjuge sobrevivente, qualquer que seja o regime de bens, relativamente ao imóvel destinado à residência da família, desde que seja o único dessa natureza a inventariar e sem prejuízo de sua participação na herança (art. 1.831). Esse direito real de habitação, como se vê, se acresce a sua participação na herança sob a modalidade de propriedade.

28.7.2.2 Legitimidade do cônjuge para suceder

Dispositivo de curial importância, igualmente complexo, prolixo e mal redigido, é o constante do art. 1.830, que estabelece a legitimidade do cônjuge para suceder:

"Somente é reconhecido direito sucessório ao cônjuge sobrevivente se, ao tempo da morte do outro, não estavam separados judicialmente, nem separados de fato há mais de dois anos, salvo prova, neste caso, de que essa convivência se tornara impossível sem culpa do sobrevivente".

Sem que se reconheça legitimidade ao cônjuge sobrevivente, não se lhe pode atribuir a condição de herdeiro. Como se percebe, o artigo introduz situações de fato que devem ser provadas e poderão trazer discussões no caso concreto.

Se ao tempo da morte estavam os cônjuges judicialmente separados, não há que se falar em sucessão do sobrevivente. O fato é objetivo e comprova-se documentalmente. No entanto, também não haverá direito sucessório do supérstite se estava o casal separado de fato há mais de dois anos. Aqui já se abre margem a infindáveis discussões judiciais, porque pode o *de cujus* ter falecido em união estável, que pode ser reconhecida na separação de fato. A questão será então definir quem será herdeiro; o cônjuge ou o companheiro. Ainda, não bastasse esse aspecto, pode o cônjuge sobrevivente provar que a separação ocorreu porque a convivência se tornara impossível sem sua culpa. Neste ponto, poderão se abrir discussões muito mais profundas que o legislador poderia ter evitado. Aliás, esse dispositivo, em sua totalidade, será um pomo de discórdias, e terá muita importância o trabalho jurisprudencial.

Essa legitimidade do cônjuge, quando depender de prova de situações de fato, culpa pela separação do casal por exemplo, não poderá ser decidida no bojo do inventário, pois será de alta indagação. A questão deve ser versada em ação autônoma, paralisando-se o inventário. Já se pode prever que muito se digladiarão descendentes e cônjuge sobrevivente; cônjuge separado de fato e companheiro de união estável para se atingir a declaração judicial de exclusão ou admissão de herdeiro. Por tudo isso a redação do dispositivo não agrada e certamente os rumos da jurisprudência e da doutrina futuras acenarão com novas diretrizes. Como afirma José Luiz Gavião de Almeida, neste passo o atual Código criou uma zona de conflito entre o cônjuge e seu companheiro (2003:216). Todas essas situações fáticas devem ser evitadas porque trazem absoluta incerteza quanto ao direito hereditário em questão.

28.8 UNIÃO ESTÁVEL. DIREITO SUCESSÓRIO DOS COMPANHEIROS

Nos Capítulos 2 e 18 da Parte I estudamos o conceito e os direitos dos companheiros na união estável, as Leis nos 8.971/94 e 9.278/96, bem como a celeuma de sua interpretação. No decorrer de toda essa obra, com muita frequência nos reportamos aos direitos dos conviventes. Sem dúvida, essa nova legislação representa uma guinada radical nos direitos em proteção à união estável. A primeira dessas leis foi promulgada sem a devida discussão no Congresso, tendo o Presidente da República a sancionado no último dia de seu mandato. O diploma trouxe inúmeras dúvidas de interpretação. Mesmo com a matéria sendo delineada no atual Código, aguarda-se novidade legislativa sobre o tema, o qual, espera-se, venha a aplainar as inúmeras dificuldades interpretativas desses diplomas legais.

Até a promulgação da Constituição de 1988, dúvidas não havia de que o companheiro ou companheira não eram herdeiros. A nova Carta reconheceu a união estável do homem e da mulher como entidade a ser protegida (art. 226, § 3º, *"devendo a lei facilitar sua conversão em casamento"*). Contudo, em que pesem algumas posições doutrinárias e jurisprudenciais isoladas, tal proteção não atribuiu direito sucessório à companheira ou companheiro. Os tribunais admitiam a divisão do patrimônio adquirido pelo esforço comum dos concubinos (hoje denominados companheiros ou conviventes), a título de liquidação de uma sociedade de fato (Súmula 380 do STF). De qualquer modo, essa divisão podia interferir na partilha de bens hereditários quando, por exemplo, tivesse havido o chamado concubinato impuro ou adulterino e o autor da herança falecesse no estado de casado, com eventual separação de fato. Nessa situação, perdurante até a novel legislação, cabia ao juiz separar os bens adquiridos pelo esforço comum dos pertencentes à meação ou herança do cônjuge. Toda a matéria se revolve na prova.

Quando não se atribuía parte do patrimônio pelo esforço comum, a jurisprudência concedia indenização à concubina, *a título de serviços domésticos prestados*. Sob essa rotulação há evidente eufemismo, porque se pretende dizer muito mais do que a expressão encerra. Nessa hipótese, também ocorria uma diminuição do acervo hereditário, pois parte era concedida ao companheiro.

Esse patamar de direitos relativos à convivência sem casamento foi totalmente modificado com os dois diplomas legais aqui referidos. No que tange à sucessão, a Lei nº 8.971/94 inseriu o companheiro na ordem de vocação hereditária.

Entre as muitas imperfeições dessa lei, dispôs o art. 1º:

> *"A companheira comprovada de um homem solteiro, separado judicialmente, divorciado ou viúvo, que com ele viva há mais de 5 (cinco) anos, ou dele tenha prole, poderá valer-se do disposto na Lei nº 5.478, de 25 de julho de 1968, enquanto não constituir nova união e desde que prove a necessidade.*
>
> *Parágrafo único. Igual direito e nas mesmas condições é reconhecido ao companheiro de mulher solteira, separada judicialmente, divorciada ou viúva".*

De forma canhestra, a lei pretendeu atribuir direito a alimentos, referindo-se somente à lei processual que regula a ação de alimentos, omitindo-se quanto ao direito material. Essa lei também restringiu o direito aos conviventes não casados com mais de cinco anos de vida em comum ou com prole.

Sobre as primeiras dificuldades na compreensão desse dispositivo nos reportamos em nosso estudo do Direito de Família. O art. 2º desse diploma estabeleceu o direito sucessório a esses conviventes:

> "As pessoas referidas no artigo anterior participarão da sucessão do(a) companheiro(a) nas seguintes condições:
>
> I – O(a) companheiro(a) sobrevivente terá direito enquanto não constituir nova união, ao usufruto da quarta parte dos bens do de cujus, se houver filhos deste ou comuns;
>
> II – O(a) companheiro(a) sobrevivente terá direito, enquanto não constituir nova união, ao usufruto da metade dos bens do de cujus, se não houver filhos, embora sobrevivam ascendentes;
>
> III – Na falta de descendentes e de ascendentes, o(a) companheiro(a) sobrevivente terá direito à totalidade da herança."

Completava ainda o art. 3º, quanto ao direito de meação:

> "Quando os bens deixados pelo(a) autor(a) da herança resultarem de atividade em que haja colaboração do(a) companheiro(a), terá o sobrevivente direito à metade dos bens."

Como observa Francisco Pizzolante (1998:119), em coro com a doutrina, a matéria sucessória na união estável é a mais complicada entre tantas outras levantadas por essa lei. Esse diploma, como vimos, restringiu os direitos a que alude, de alimentos, de herança e de meação, aos companheiros com convivência de mais de cinco anos ou com prole. De acordo com essa lei, para fins de meação, a colaboração não se presumia e deveria ser provada em cada caso. Posteriormente, por força da segunda lei, o companheiro sobrevivente, independentemente do prazo de duração da união estável ou de existência de prole, tornou-se meeiro em relação aos bens adquiridos onerosamente na respectiva convivência.

Poderia o legislador ter optado em fazer a união estável equivalente ao casamento em matéria sucessória, mas não o fez. Preferiu estabelecer um sistema sucessório isolado, no qual o companheiro supérstite nem é equiparado ao cônjuge nem se estabelecem regras claras para sua sucessão. A tendência da jurisprudência é igualar os direitos dos companheiros aos dos cônjuges, de uma forma geral.

Como examinamos, embora haja o reconhecimento constitucional, as semelhanças entre o casamento e a união estável restringem-se apenas aos elementos essenciais. O diploma legal mais recente, Lei nº 9.278/96, que poderia aclarar definitivamente a questão, mais ainda confundiu, pois se limitou, laconicamente, a atribuir direito real de habitação ao companheiro com relação ao imóvel destinado à residência familiar, enquanto não constituísse nova união.

Na análise linear do art. 2º transcrito, observa-se que os direitos sucessórios são atribuídos às *"pessoas referidas no artigo anterior"*. Ora, essas pessoas são a companheira ou o companheiro do homem ou da mulher, respectivamente, solteiro, separado judicialmente, divorciado ou viúvo. A lei é expressa quanto à união heterossexual, ficando fora de cogitação as uniões de pessoas do mesmo sexo. Essas pessoas referidas na lei participarão da sucessão. O convivente falecido deverá ser solteiro, separado judicialmente, divorciado ou viúvo.

Essa lei, portanto, protegeu unicamente o chamado concubinato puro, para aqueles que admitem essa rotulação, isto é, aquele que não coexiste com o casamento. O denominado concubinato impuro ou adulterino convive com o casamento. Desse modo, se o falecido era casado, pouco importando se separado de fato, não haveria direito hereditário para o convivente sobrevivente, porque nesse aspecto, ao menos, a lei foi clara. Não ficaria ao desamparo o sobrevivente nessas condições, porque poderia pleitear a divisão da sociedade de fato, recebendo parte dos bens que tenha auxiliado a amealhar. Em termos hereditários, contudo, *"prevalecem os direitos do antigo cônjuge do de cujus, embora de há muito separado de fato, porque ainda não está dissolvida a sociedade conjugal, pelo menos para efeitos sucessórios"* (Rainer Czajkowski, 1996:143).

Lembre-se, ainda, a propósito, de que:

"a possibilidade de partilha de bens por meio da prova de participação na aquisição destes em função da formação da sociedade de fato, de acordo com a Súmula 380 do Supremo Tribunal Federal, subsiste ainda para todas as hipóteses em que não haja a possibilidade de concessão de direitos sucessórios nos termos da Lei nº 8.971/94" (Pessoa, 1997:236).

Passada a perplexidade inicial, concluímos que ambas as leis, de 1994 e de 1996, coexistiram. O maior problema agora será definir se esses diplomas foram inteiramente revogados pelo vigente Código Civil, pois o legislador não foi expresso a esse respeito.

Os incisos I e II do art. 2º transcrito estabelecem o denominado *usufruto vidual*, disposto igualmente para o cônjuge viúvo no art. 1.611, § 1º, examinado no tópico anterior. Ver o que dissemos a respeito, identicamente aplicável à situação presente. Nesse usufruto, houve equiparação significativa dos direitos do companheiro aos do cônjuge. Trata-se de usufruto legal que independe da situação econômica do companheiro. Pelos princípios do usufruto, não sobrevindo nova união, o usufruto é vitalício, extinguindo-se com a morte do usufrutuário. A lei da convivência estável reporta-se à extinção, quando o companheiro estabelece *nova união*. Trata-se, evidentemente, de referência a novo casamento ou a nova união estável. Nem sempre será fácil a prova desta última. Incumbe aos interessados na extinção do usufruto que promovam ação para declarar sua extinção, se não for obtida aquiescência do companheiro supérstite.

Quando houver, concomitantemente, direito ao usufruto e à meação, não há superposição de direitos, porque o usufruto incide sobre a herança, e meação não é herança. Esse usufruto, da quarta parte ou da metade dos bens, incide sobre a totalidade da herança, ainda que venha a atingir a legítima dos herdeiros necessários.

O inciso III do art. 2º, que, na realidade, por questão de lógica, deveria ser o inciso I, equiparou o companheiro sobrevivente ao cônjuge supérstite, na ordem de vocação hereditária estabelecida pelo art. 1.603 do Código de 1916. Desse modo, na falta de ascendentes ou descendentes (bem como de cônjuge, como adiante se afirma), o companheiro será herdeiro da totalidade dos bens do falecido, alijando assim os colaterais e o Estado da herança. Sob esse prisma, como é irrelevante para o direito sucessório do cônjuge o regime de bens adotado, também é irrelevante o fato de ter ou não havido conjugação de esforços para obtenção de patrimônio comum pelos companheiros. O que importa, para o direito sucessório nessa hipótese, é que tenha havido realmente uma união estável, cujo exame dos requisitos compete ao caso concreto.[6]

---

[6] "Agravo de instrumento. Ação de inventário. Insurgência contra decisão que reconheceu direito real de habitação. Descabimento. Reconhecimento de união estável entre a agravada e o *de cujus*. Possível a concessão de **direito real de habitação** sobre o imóvel que dividiam em vida. Decisão mantida. Recurso desprovido". (*TJSP* – AI 2110451-92.2022.8.26.0000, 8-9-2022, Rel. Pastorelo Kfouri).
"**Direito real de habitação** – Ação de reconhecimento de direito real de habitação da companheira viúva. Partes que não controvertem quanto à união estável havida entre a autora e o falecido, nem quanto à possibilidade jurídica de se reconhecer o direito real de habitação em favor da companheira. Controvérsia limitada à extinção do direito real de habitação em razão do inadimplemento do pagamento de tributos incidentes sobre o imóvel. Despesas que, conquanto caibam à demandante, têm sua cobrança realizada no domicílio dos réus, que passaram a paga-las diretamente. Comportamento dos réus que inibe o cumprimento da obrigação diretamente pela autora.

A inclusão do companheiro ou companheira na ordem de vocação hereditária, sem a clareza que seria de se esperar em matéria tão relevante, não autoriza que eles concorram na herança com o cônjuge. Como vimos, na ordem legal, para que seja considerado herdeiro, além da ausência de descendentes e ascendentes, o autor da herança deverá ter falecido solteiro, separado judicialmente, divorciado ou viúvo. Se faleceu no estado de casado, o cônjuge sobrevivente será em princípio herdeiro com aplicação do mencionado art. 1.830. A separação de fato não dissolve a sociedade conjugal, mas não impede o reconhecimento da união estável. Tanto para a herança em usufruto, como para a herança em propriedade, a situação é idêntica. Por outro lado, como é básico, o direito sucessório se estabelece no momento da morte. Se, quando do falecimento, já está extinta a união estável, não haverá direito hereditário para o companheiro. Competirá a este, nessa situação, provar a existência de patrimônio decorrente de esforço comum para pedir a quota respectiva. Essa matéria certamente trará infindáveis discussões nas hipóteses limítrofes, merecendo que o legislador seja mais claro no próximo estatuto da união estável que vier a editar.

Como o cônjuge, no sistema anterior, não era herdeiro necessário, na mesma situação, era colocado o convivente. Lembre-se de que, por uma questão de lógica e em decorrência do sistema constitucional sobre a família, a união estável ou o concubinato, em princípio, nunca poderá gozar de direitos mais amplos do que o casamento. Desse modo, o testamento poderá contemplar terceiros, excluindo o cônjuge ou o companheiro da ordem legítima de sucessão, assim como os colaterais (art. 1.850). Lembre-se de que a meação, que não é herança, não pode ser afastada. Temos de repelir entendimento de que o diploma da união estável tenha guindado o companheiro à posição de herdeiro necessário, no sistema do Código de 1916.[7] Repulsa a ideia de que a união estável goze de direitos mais amplos do que o casamento.

Como herdeiro, o companheiro fica sujeito também à pena de exclusão por indignidade, na forma dos arts. 1.814 ss, em ação movida pelos herdeiros interessados.

A Lei nº 9.278/96 acrescentou o *direito real de habitação*, como direito sucessório, à esfera da união estável:

No mais, ausência de risco de deterioração do bem, a permitir o acolhimento da tese de extinção do direito real de habitação. Ação procedente. Recurso não provido." (TJSP – AC 1011590-31.2018.8.26.0032, 5-8-2019, Rel. Francisco Loureiro).

[7] "Agravo de instrumento – **Inventário** – Objeto do recurso que diz respeito à legalidade do recebimento de VGBL em detrimento do espólio – Previdência privada contratada menos de um ano antes do falecimento do *de cujus*, à época já diagnosticado com neoplasia maligna no cérebro – Contrato firmado com o BB sequer encontrado e manifestação do Banco Itaú confirmando que a VGBL fora contratada por meio do banco 30H (contratação digital) – Contratação de VGBL nestes termos que se consubstancia em planejamento sucessório com o fim de fraudar a ordem de vocação hereditária – Numerário transferido para a conta da agravante a título de doação que deve retornar à colação por não comprovado o uso em favor do *de cujus* – Recurso não provido." (TJSP – AI 2181080-33.2018.8.26.0000, 28-3-2019, Rel. José Carlos Ferreira Alves).

"Civil – Seguro – DPVAT – Indenização – Pagamento administrativo parcial – Cobrança da diferença – Genitores da vítima falecida – **Ordem da vocação hereditária** – Ausência de comprovação da união estável da vítima – Sentença reformada – 1 – Nos termos do art. 4º da Lei 6.194/74 c/c art. 792 e art. 1.829, ambos do Código Civil, a indenização do Seguro Obrigatório de Danos Pessoais Causados por Veículos Automotores de Via Terrestre (DPVAT), no caso de morte, será paga por metade ao cônjuge não separado judicialmente, e o restante aos herdeiros do segurado, obedecida a ordem da vocação hereditária. 2 – Se os genitores do falecido pleiteiam o recebimento do seguro e não há comprovação de união estável, impõe-se o pagamento integral aos pais, que são os únicos herdeiros da vítima. 3 – Caso seja comprovada a existência de companheira, cabe à seguradora arcar com o pagamento do quinhão que lhe pertence, podendo, em ação regressiva, pretender o recebimento de metade do valor da indenização paga aos herdeiros conhecidos à época. 4 – Apelação conhecida e provida" (TJDFT – Proc. 20150810084652APC (1013018), 2-5-2017, Rel. Fábio Eduardo Marques).

"Dissolvida a união estável por morte de um dos conviventes, o sobrevivente terá direito real de habitação, enquanto viver ou não constituir nova união ou casamento, relativamente ao imóvel destinado à residência da família" (parágrafo único do art. 7º).[8]

Sobre a compreensão do direito real de habitação, ver o que examinamos em nossa obra *Direito civil: direitos reais*, Capítulo 20. O dispositivo também está mal colocado, em parágrafo cujo *caput*, relativo a alimentos entre companheiros, nada tem a ver com a matéria.

No casamento, esse direito estava contemplado no art. 1.611, § 2º, examinado no tópico anterior. No presente Código, a descrição está presente no art. 1.831. Em sede de união estável, o direito de habitação, na lei especial, apresenta-se de forma mais ampla, pois no casamento, no regime do Código anterior, está restrito aos enlaces sob o regime da comunhão universal, afora o fato de tratar-se de imóvel destinado à residência da família e o único bem dessa natureza a inventariar. Trata-se de restrição injustificável, que recebeu repulsa da doutrina. Nenhuma restrição é feita, quanto aos conviventes, sob esse aspecto. O corrente Código não se refere ao direito real de habitação do convivente. É de perguntar se estaria revogado o dispositivo ou se persistem vigentes os dispositivos das leis anteriores sobre a união estável não contemplados pelo atual Código. Se for entendido que as lacunosas disposições do Código de 2002 sobre a união estável revogaram as leis anteriores, a união estável será colocada, no presente sistema, em posição de extrema inferioridade em relação às duas leis anteriores. Haverá uma restrição de direitos conquistados no passado, inclusive este de habitação. Aparenta ter sido essa a intenção do legislador, mas essa não tem sido a orientação jurisprudencial atual.

No casamento, como vimos, o direito de habitação no sistema do Código anterior possuía conteúdo diverso do direito de usufruto, porque, na comunhão universal, o cônjuge remanescente já teria o respaldo da meação. Quando o casal somente possuía o imóvel residencial, a meação também atingia esse imóvel, ocorrendo maior garantia com o direito de habitação, o

---

[8] "Agravo de instrumento. Insurgência contra o indeferimento do **direito real de habitação**. Cônjuge supérstite. Constituição de nova entidade familiar. Provas insuficientes. I. A matéria impugnada versa sobre a extinção (ou não) do direito real de habitação da agravante (cônjuge supérstite), haja vista a alegação dos agravados de que ela manteria novo relacionamento amoroso, com quem teve outro filho. II. A Lei nº 9.278/1996, em seu art. 7º, parágrafo único, prevê que o direito de habitação cessa com a morte do beneficiário ou quando ele constituir novo casamento ou união estável. III. No caso concreto, as provas produzidas pelos agravados (perfil de rede social, além do nascimento de novo filho) não são suficientes para se concluir, por ora, que há convivência pública, contínua e duradoura entre a agravante e o pai do seu filho, com vontade mútua de constituir um núcleo familiar (*intuitu familiae*), que são os requisitos para o reconhecimento da união estável (Código Civil, art. 1.723). IV. Ausente o juízo de certeza do preenchimento da condição prevista na parte final do parágrafo único do art. 7º da Lei nº 9.278/1996, merece reforma a decisão de extinção do direito real de habitação. V. Agravo de instrumento provido. Liminar confirmada" (TJDFT – AI 07078072420248070000, 29-5-2024, Rel. Fernando Antonio Tavernard Lima).

"Apelação cível. Inventário e partilha. Alegação de união estável da viúva e dívidas de financiamento imobiliário e de consumo. Risco ao patrimônio das partes. Sentença homologatória do plano de partilha, com remessa às vias ordinárias discussão sobre direito real de habitação em favor da viúva. Irresignação da viúva. Mérito. **Direito real de habitação de viúva**. Alegação de nova união estável e existência de dívidas sobre o imóvel. Questões de alta indagação. Remessa da discussão para vias ordinárias. Inteligência do art. 612 do CPC e parágrafo único, artigo 7º, da Lei 9.278/96. Decisão irretocável. Motivação do decisório adotado como julgamento em segundo grau. Inteligência do art. 252 do RITJ. Recurso não provido" (TJSP – Ap 1000090-84.2022.8.26.0142, 10-2-2023, Rel. Edson Luiz de Queiróz).

"União estável – Ação de reconhecimento "post mortem" e partilha de bens – Elementos do autos que comprovam a convivência "more uxório" e "affectio maritalis" alegada na inicial a partir de outubro/2001 e até a data do falecimento do "de cujus", em 10/10/2008 – Partilha do bem corretamente determinada – Irrelevância de constar do contrato de cessão do imóvel que o adquirente era casado com a mãe da apelante, já que a prova dos autos é firme no sentido de que o casal estava separado de fato desde abril/2001, bem antes da aquisição do bem, em dezembro/2001 – Correto reconhecimento do **direito real de habitação** assegurado pelo art. 7º, parágrafo único, da Lei nº 9.278/96, não revogado expressamente pelo atual Código Civil – Recurso da ré não provido". (TJSP – Ap. 1000706-89.2019.8.26.0263, 7-1-2022, Rel. Augusto Rezende).

qual, neste caso, oneraria também a metade que não pertencia ao meeiro. O usufruto da quarta parte ou da metade, como notamos, podia atingir âmbito muito mais expressivo.

Nas peculiaridades dessas duas leis, enfatizemos outra vez que os direitos sucessórios descritos no art. 2º da Lei nº 8.971/94 somente serão atribuídos ao companheiro ou companheira de pessoa de outro sexo, solteira, separada judicialmente, divorciada ou viúva. Não se atribui a convivente casado. Por outro lado, o dispositivo relativo ao direito real de habitação, descrito de forma ilhada na Lei nº 9.278/96, não faz referência à situação do sobrevivente na união estável. Desse modo, é perfeitamente aceitável concluir que o direito de habitação pode também ser deferido ao companheiro sobrevivente, ainda que o falecido tenha morrido no estado de casado, mas separado de fato. A lei não restringiu, não podendo a interpretação restringir.

Em qualquer situação, temos de considerar que o direito real de habitação é atribuído unicamente ao imóvel destinado à residência do casal, sendo o único bem dessa natureza. Levemos em conta que se trata do imóvel destinado na maioria das vezes à moradia da mulher, que lá reside com os filhos. Importa verificar no caso concreto a destinação do imóvel. O art. 1º da Lei nº 9.278/96 reporta-se a *"convivência duradoura"*. Esse aspecto sempre deve ser levado em consideração. Quando o autor da herança morre em estado de casado, poderá coexistir o direito de habitação do convivente com o direito do usufruto vidual do cônjuge. Observa, a respeito, Rainer Czajkowski (1996:147):

> *"Não se defende, com isso, a noção de família unipessoal. O direito de habilitação surge porque família existiu, e o imóvel foi utilizado como seu abrigo. Se o parceiro falecido morava em outro lugar, ou morava também em outro lugar, isso não impede que frequentasse aquela casa onde o outro parceiro residia. Tem que haver convivência, senão não há união estável. Se com a morte de um dos parceiros, proprietário da casa, a família se dissolveu, repita-se, há direito de habitação porque família existiu. Note-se que o parágrafo único, do art. 7º, não se refere a imóvel que vá ser destinado à residência da família".*

Como assinalado neste capítulo, o usufruto e o direito real de habitação, conferidos ao cônjuge e ao companheiro, embora definidos pelos direitos reais, são institutos de direito de família; decorrem da lei. Esse direito de habitação deferido ao companheiro somente tem sentido quando ao convivente não cabe a totalidade da herança, pois inadmissível falar nesse direito restrito, se lhe couberem, em propriedade, todos os bens.

As questões sucessórias dos companheiros não se esgotam facilmente, contudo. Quanto ao inventário, se o companheiro sobrevivente estiver na posse e administração dos bens do espólio, cabe a ele requerer a abertura do inventário, na forma do art. 615 do CPC/2015. Pela mesma razão, pode fazê-lo se for herdeiro. Do mesmo modo, pode ser nomeado inventariante. Se sua condição de herdeiro ou de companheiro for contestada e depender de provas, a questão deve ser dirimida fora do inventário, pelas vias ordinárias (art. 615 do CPC/2015).

De outro lado, o direito à meação dos companheiros foi disciplinado pelo art. 3º da Lei nº 8.971/94, anteriormente transcrito. Como evidente, meação não se confunde com direito hereditário. Com a divisão da meação coloca-se termo ao estado de indivisão do patrimônio comum. A situação descrita agora na lei assemelha-se ao teor da Súmula 380 do Superior Tribunal Federal. Na aplicação dessa súmula, os julgados foram paulatinamente se posicionando no sentido de que a divisão devia ser proporcional ao esforço comprovado e não simplesmente dividir-se o patrimônio à metade. Essa solução continua possível em sede de transação, com interessados maiores e capazes. Com base na lei em questão, porém, parece que é possível manter a mesma orientação, pois foi intenção do legislador estabelecer uma proteção ao companheiro que tenha efetivamente colaborado na formação do patrimônio comum. Como observa Claudia Grieco

Tabosa Pessoa (1997:237), *"a colaboração de somenos importância não daria ao companheiro sobrevivente o direito à meação e à habilitação no inventário"*. Note, no entanto, que os cônjuges podem ter estabelecido o regime patrimonial de sua convivência de forma diversa, como permite a Lei nº 9.278/96. No silêncio dos conviventes, porém, presumem-se adquiridos pelo esforço comum os bens amealhados *"na constância da união estável, e a título oneroso, (...) passando a pertencer a ambos, em condomínio, em partes iguais"* (art. 5º). Se houver motivos para comprovar o contrário, cabe aos interessados promover ação para derrubar a presunção relativa aí estabelecida.

Pelo sistema disposto pela Lei nº 8.971/94, art. 3º, além da convivência de mais de cinco anos ou existência de prole do casal, havia necessidade de se comprovar o esforço comum na aquisição do patrimônio, o que era sempre um ônus para o interessado.

Interessante também observar que, para efeito de partilha de bens adquiridos pelo esforço comum, na constância da união estável e a título oneroso, são irrelevantes os motivos do desfazimento da união de fato, não se restringindo apenas à morte do companheiro, mas aplicando-se às situações de extinção do enlace em vida. Desse modo, não se discute culpa pelo término da união estável, pois a divisão do patrimônio comum não levará em conta esse aspecto.

28.8.1 Direitos Sucessórios dos Companheiros no Código de 2002

O atual Código conseguiu ser perfeitamente inadequado ao tratar do direito sucessório dos companheiros. A primeira preocupação já expusemos, qual seja, a manutenção ou não, no que couber, das Leis nᵒˢ 8.971/94 e 9.278/96. Ademais, o vigente Código traçou em apenas um único dispositivo o direito sucessório da companheira e do companheiro no art. 1.790[9], de forma confusa, em local absolutamente excêntrico, entre as disposições gerais, fora da ordem de vocação hereditária. Felizmente, esse dispositivo já foi, ainda que com certo retardo, extirpado de nosso ordenamento mercê sua inconstitucionalizada declarada pelo STF. Destarte, não havemos mais de nos preocuparmos com essa estapafúrdia disposição legal.

28.9 SUCESSÃO DOS COLATERAIS

Já dissemos que modernamente se restringe o conceito social de família, e o direito não pode ignorá-lo. Os colaterais até o quarto grau serão chamados, se não houver cônjuge sobrevivente legitimado na forma do art. 1.830 (art. 1.839).

São colaterais os parentes que descendem de um só tronco, sem descenderem uns dos outros. No direito anterior já se considerou a linha colateral até o sexto grau de acordo com o

---

[9] "Direito constitucional e civil. Recurso extraordinário. Repercussão geral. Inconstitucionalidade da distinção de regime sucessório entre cônjuges e companheiros. 1. A Constituição brasileira contempla diferentes formas de família legítima, além da que resulta do casamento. Nesse rol incluem-se as famílias formadas mediante união estável. 2. Não é legítimo desequiparar, para fins sucessórios, os cônjuges e os companheiros, isto é, a família formada pelo casamento e a formada por união estável. Tal hierarquização entre entidades familiares é incompatível com a Constituição de 1988. 3. Assim sendo, o art. 1790 do Código Civil, ao revogar as Leis nᵒˢ 8.971/94 e 9.278/96 e discriminar a companheira (ou o companheiro), dando-lhe direitos sucessórios bem inferiores aos conferidos à esposa (ou ao marido), entra em contraste com os princípios da igualdade, da dignidade humana, da proporcionalidade como vedação à proteção deficiente, e da vedação do retrocesso. 4. Com a finalidade de preservar a segurança jurídica, o entendimento ora firmado é aplicável apenas aos inventários judiciais em que não tenha havido trânsito em julgado da sentença de partilha, e às partilhas extrajudiciais em que ainda não haja escritura pública. 5. Provimento do recurso extraordinário. Afirmação, em repercussão geral, da seguinte tese: 'No sistema constitucional vigente, é inconstitucional a distinção de regimes sucessórios entre cônjuges e companheiros, devendo ser aplicado, em ambos os casos, o regime estabelecido no art. 1.829 do CC/2002'" (STF, RE 878694, 26-10-2018, Rel. Min. Roberto Barroso).

art. 331 do antigo Código, mas o direito sucessório não ultrapassava o quarto grau, limite que é mantido no presente Código.

Na linguagem vulgar, parentes colaterais em quarto grau são os "primos-irmãos" entre si, os "tios-avós" com relação aos "sobrinhos-netos" e estes com referência àqueles (Prats, 1983:69). Os irmãos são colaterais em segundo grau, pois que não existem colaterais em primeiro grau (para a contagem do parentesco sobe-se até o ancestral comum, descendo-se até o parente que se procura – art. 1.594). A redação primitiva do Código de 1916 levava a sucessão até os colaterais de sexto grau (art. 1.612).

Na classe dos colaterais, também os mais próximos excluem os mais remotos, mas há direito de representação dos filhos de irmãos (sobrinhos) (art. 1.840).

O art. 1.841 cuida da sucessão dos colocados em primeiro lugar na linha colateral, os irmãos (parentes em segundo grau). O Código estabelece diferença na atribuição de quota hereditária, tratando-se de irmãos bilaterais ou irmãos unilaterais. Os irmãos bilaterais, filhos do mesmo pai e da mesma mãe, recebem o dobro do que couber ao filho só do pai ou só da mãe. Na divisão da herança, coloca-se peso 2 para o irmão bilateral e peso 1 para o unilateral, fazendo-se a partilha. Assim, existindo dois irmãos bilaterais e dois irmãos unilaterais, a herança divide-se em seis partes, 1/6 para cada irmão unilateral e 2/6 (1/3) para cada irmão bilateral.

O *direito de representação*, na linha colateral, é limitado aos filhos de irmãos premortos (art. 1.843). Existindo irmãos vivos e filhos de irmão premorto, estes (sobrinhos) herdam por estirpe.[10] Se concorrerem à herança somente filhos de irmãos falecidos, herdarão eles por cabeça (art. 1.843, § 1º). A representação, no entanto, para aí. Também se obedece à bilateralidade ou unilateralidade dos irmãos quando se trata de quota de representantes (art. 1.843, § 2º),

---

[10] "Agravo de instrumento – Decisão que rejeitou a contestação dos agravantes e determinou a exclusão deles do rol de herdeiros determinando a transmissão da herança apenas à tia dos falecidos, ora agravada – Inconformismo dos requeridos – Descabimento – Herdeiros mais próximos que excluem a sucessão dos mais distantes – Impossibilidade de concorrência entre tia e primos dos de cujus – Inteligência dos artigos 1.839, 1.840 e 1.843 do CC – **Representação que cabe apenas aos filhos dos irmãos pré-mortos do *de cujus*** – Falecidos que não tinham irmãos – Regra do 1843 do CC – Decisão mantida por seus jurídicos fundamentos – Recurso desprovido" (TJSP – AI 2094736-73.2023.8.26.0000, 11-5-2023, Rel. Marcus Vinicius Rios Gonçalves).
"Inventário. Indeferimento do pedido de habilitação dos recorrentes como herdeiros. Recurso desprovido. Inventário. Insurgência contra decisão que indeferiu o pedido de habilitação dos agravantes como herdeiros da *de cujus*. Efeito suspensivo indeferido. Inteligência dos arts. 1.840 e 1.853 do CC. Na classe dos colaterais, apenas os filhos de irmãos do falecido herdam por representação. Parentes colaterais de 4º que herdam apenas por direito próprio, caso não existam parentes de grau mais próximo. Na hipótese, os sobrinhos-netos não são herdeiros, diante da existência de uma irmã e de onze sobrinhos da falecida. Jurisprudência. Decisão mantida. Recurso desprovido" (TJSP – Agravo de Instrumento 2200341-13.2020.8.26.0000, 22-9-2020, Rel. J. B. Paula Lima).
"Agravo de instrumento – Inventário – Testamento público – **Exclusão de herdeiro colateral da partilha** – Descabimento – Decisão reformada – No caso, o saldo existente em conta bancária de titularidade da falecida deve ser destinado ao irmão da inventariada, seu herdeiro legítimo na ordem de vocação hereditária, não estando englobado na disposição testamentária que lega às enteadas e às sobrinhas, em partes iguais, o único imóvel existente por ocasião da abertura da sucessão. Agravo de instrumento provido." (TJRS – AI 70082436460, 17-10-2019, Rel. Des. Ricardo Moreira Lins Pastl)
"Apelação – Ação ordinária de herança – Sucessão – Código Civil 2002 – **Herdeiros Colaterai**s – Direito de representação – Sobrinhos-Netos – Limitação – Filhos de irmão – Impossibilidade – Artigos 1.840 e 1.853, do Código Civil – Tendo o óbito ocorrido na vigência do Novo Código Civil, serão aplicáveis as regras sucessórias do referido Diploma Legal, de 2002, na forma do seu art. 1.787 – Não havendo descendentes, ascendentes ou cônjuge, a herança deve ser deferida aos colaterais, até o quarto grau – Para ocorrer a representação na linha colateral, é necessário que pelo menos um irmão do finado herde, possibilitando aos sobrinhos, filhos de irmão premorto, herdarem por representação, recebendo o que o ascendente receberia se estivesse vivo. Por expressa disposição legal (art. 1.853, CC/02), o direito de representação, na sucessão colateral, limita-se aos filhos dos irmãos, não se estendendo aos sobrinhos-netos." (TJMG – AC 1.0232.11.001157-3/001, 9-2-2018, Relª Alice Birchal).

recebendo os filhos dos irmãos unilaterais a metade da herança que couber aos filhos dos irmãos bilaterais. Se todos forem filhos de irmãos bilaterais, ou todos de irmãos unilaterais, herdarão por igual (art. 1.843, § 3º). As mesmas regras estavam presentes no art. 1.617 do Código anterior.

Não vai além, porém, a representação. Se só existirem sobrinhos vivos, como vimos, a herança é por cabeça. O princípio da representação é o mesmo; os representantes recebem o que receberia o irmão premorto.

Note que, se todos os irmãos forem unilaterais, não há diferença de atribuição. Na herança por cabeça e por estirpe, também é seguida a origem da irmandade.

Os sobrinhos e os tios estão, ambos, em terceiro lugar no grau de parentesco. Contudo, a lei prefere os sobrinhos, excluindo os tios; *"em falta de irmãos, herdarão os filhos destes"* (art. 1.617 do Código de 1916). O art. 1.617 dá a mesma ideia, dizendo apenas que, na falta de irmãos, herdarão os filhos destes. A lei preferiu atribuir aos mais jovens a herança, talvez porque, em regra, seja maior a afeição pelos sobrinhos do que pelos tios (Prats, 1983:67).

Não há representação de tios e sobrinhos. A existência de um sobrinho vivo arreda os demais colaterais. A existência de um tio vivo arreda os demais colaterais ascendentes, da mesma forma. Não havendo colaterais de terceiro grau, sucedem os parentes em quarto grau por cabeça (tios-avôs e sobrinhos – netos e primos entre si). Como a partir da Constituição vigente o adotado tem direito sucessório idêntico e recíproco, temos de entender como não mais aplicável, com a nova lei, às sucessões abertas, e com base nela, a restrição do art. 1.618 do antigo Código, que excluía a relação sucessória entre o adotado e os parentes do adotante. O art. 41, § 2º, do Estatuto da Criança e do Adolescente, é expresso nesse sentido.

28.10 SUCESSÃO DO ESTADO

O Estado recolhe a herança, mas não tem a *saisine*. Por essa razão o atual Código não o coloca na ordem de vocação hereditária. Só com a sentença de vacância, como vimos, é que os bens se incorporam ao Estado. Discute-se, por isso, sua condição de herdeiro. Não tendo as condições de herdeiro, não lhe é dado repudiar a herança. Pode, no entanto, o Estado ser instituído legatário ou herdeiro testamentário, mas não é essa a situação tratada.

A Lei nº 8.049, de 20-6-90, alterou a redação dos arts. 1.594, 1.603 e 1.619 do Código Civil de 1916. A finalidade foi atribuir aos Municípios, ao Distrito Federal, os bens das heranças vacantes neles localizados, e à União, quando os bens se localizarem em territórios federais. A redação anterior atribuía os bens aos Estados. De fato, os municípios terão melhores condições de administrar tais bens, cabendo a cada um deles regulamentar sua finalidade. No mesmo sentido se coloca o art. 1.844 do atual Código:

> *"Não sobrevivendo cônjuge, ou companheiro, nem parente algum sucessível, ou tendo eles renunciado a herança, esta se devolve ao Município ou ao Distrito Federal, se localizada nas respectivas circunscrições, ou à União, quando situada em território federal".*

28.11 SUCESSÃO DO CÔNJUGE. DIREITO REAL DE HABITAÇÃO

28.11.1 Antecedentes. Princípios

A doutrina sempre defendera no passado esfera maior de direitos sucessórios do cônjuge, principalmente sua colocação como herdeiro necessário. Essa posição, não sem críticas em virtude de redação legal ruim, foi alcançada pelo Código de 2002. No sistema de 1916, o viúvo ou a viúva poderiam restar sem patrimônio próprio, para garantir sua sobrevivência, se casados sob o regime da separação de bens.

A Lei nº 4.121/1962, Estatuto da Mulher Casada, que representou dinâmica mudança na legislação familiar brasileira, justamente para proteger essa situação, instituiu o direito à herança concorrente de usufruto para o cônjuge sobrevivente, inserindo o texto do art. 1.611, § 1º, no CC de 1916:

> "o cônjuge viúvo, se o regime de bens do casamento não era o da comunhão universal, terá direito, enquanto durar a viuvez, ao usufruto da quarta parte dos bens do cônjuge falecido, se houver filhos, deste ou do casal, e à metade se não houver filhos embora sobrevivem ascendentes do de cujus".

Ainda de forma tímida em prol dos viúvos, a lei criou, a exemplo de direitos estrangeiros, sistema de herança concorrente do cônjuge sobrevivente com os descendentes ou ascendentes. A ideia principal foi proteger a mulher, mas aplicável também ao varão, que, sem patrimônio próprio suficiente, poderia, geralmente com idade avançada, não ter um teto para sua sobrevivência. A hipótese se aplicava nos casamentos que não sob o regime de comunhão universal. Pela dicção do texto, não havia dúvida de que se aplicava também ao regime da comunhão parcial, colocado na Lei do Divórcio como regime legal, aquele se se aplica na ausência de pacto antenupcial. Contudo, na comunhão de aquestos, o cônjuge, especialmente a mulher, pode receber bens suficientes para a subsistência. A pergunta era e continua sendo, como veremos, se mesmo assim deveria ser concedido o direito real de habitação.

A herança concorrente de duas classes de herdeiros existe em outras legislações, como a italiana. O Código Civil de 2002 contemplou-a também. Não se leva em conta a legítima, pois o direito de usufruto com ela não se confunde. A questão passa a ser acomodar a partilha de forma mais racional possível para o cônjuge e os interessados. A matéria foi controvertida no passado.

Ao lado dessa modalidade de herança concorrente, outra proteção conferida ao cônjuge viúvo, também pelo Estatuto da Mulher Casada, foi o direito real de habitação estampado no § 2º do mesmo art. 1.611 do Código Civil de 1916:

> "ao cônjuge sobrevivente, casado sob o regime de comunhão universal, enquanto viver e permanecer viúvo, será assegurado, sem prejuízo da participação que lhe caiba na herança, direito real de habitação relativamente ao imóvel destinado à residência da família, desde que seja o único bem daquela natureza a inventariar".

O intuito foi assegurar um teto à viúva ou viúvo, se houver um único imóvel residencial na herança. Poderiam os herdeiros, na ausência desse dispositivo, não só entrar na posse direta do bem, como aliená-lo, deixando o pai ou a mãe ao desabrigo. O texto não se importou com o montante da herança, que poderia ser valioso. Consubstanciou-se o direito de habitação, desde que haja um único imóvel residencial no monte partilhável. Entende-se que o supérstite deva habitá-lo sozinho ou com pessoas da família. Tal direito, em princípio, só se extinguiria com a morte do beneficiado, ou quando sobreviesse novo casamento. É claro que eventual fraude deve ser coibida, porém, não cabe ao jurista raciocinar sobre fraudes. O desvio de finalidade deve ser analisado caso a caso. Parece-nos que, também, no tocante ao direito real de habitação, a Lei do Divórcio deveria forçar uma nova interpretação. Por esse diploma, o regime legal entre os cônjuges, no seu silêncio, passou a ser o da comunhão de aquestos. Suprimir o direito real nessa situação levaria, sem dúvida, a iniquidades. Portanto, mesmo sob esse regime, não poderia ser negado esse direito.

Para reforçar esse entendimento, o Código de 2002 estabeleceu o direito real da habitação ao cônjuge sobrevivente "*qualquer que seja o regime de bens*" (art. 1.831), suprimindo a interpretação restritiva e injusta. Esse mesmo artigo não exige mais que o supérstite permaneça em estado de viuvez para usufruir desse direito, o que é discutível. O mesmo se aplica às situações de união estável por uma medida de equidade e analogia, senão por interpretação sistemática do ordenamento, como veremos.

Como descrevemos, tanto o usufruto aqui mencionado como o direito real de habitação são direitos sucessórios temporários. Devem ser descritos na partilha para constar do registro imobiliário.

28.11.2 Direito de Habitação e União Estável

A Lei nº 9.728/1996 adicionou o direito real de habitação como direito sucessório na esfera da união estável:

> "*Dissolvida a união estável por morte de um dos conviventes, o sobrevivente terá direito real de habitação, enquanto viver ou não constituir nova união ou casamento, relativamente ao imóvel destinado à residência da família*" (parágrafo único do art. 7º).

No casamento, como vimos, esse direito era contemplado no art. 1.611, § 2º do CC de 1916, introduzido pelo Estatuto da Mulher Casada. No Código de 2002, o direito está presente no art. 1.831.

Em sede de união estável, o direito de habitação, na lei especial, apresentou-se de forma mais ampla, pois no casamento, no regime do Código anterior, está restrito aos enlaces sob comunhão universal, afora o fato de tratar-se de imóvel destinado à residência da família e o único bem dessa natureza a inventariar. Trata-se restrição injustificável, que recebeu repulsa da doutrina. Nenhuma restrição é feita, quando aos conviventes, sob esse aspecto.

O Código de 2002 não se refere ao direito real de habitação do convivente. A primeira dúvida que aflora é saber se estaria revogado o dispositivo da Lei nº 9.728 ou se persistem vigentes os textos anteriores sobre união estável não contemplados pelo vigente Código. Se a interpretação optar pela revogação, a união estável seria colocada em extrema inferioridade, com restrição de direitos criados no passado. Mais uma vez se enfoca que o legislador de 2002 tratou com extrema má vontade o instituto da união estável. Felizmente, a jurisprudência tem dado respostas positivas, entendendo vigentes as conquistas da convivência e aplicável também, consequentemente, o direito real de habitação. Desse modo, é perfeitamente cabível estender o direito real de habitação ao convivente sobrevivente, ainda que o companheiro tenha morrido em estado de casado, mas separado de fato.

Acentue-se que durante a vigência do direito real de habitação do sobrevivente, cônjuge ou companheiro, os herdeiros, durante o exercício, terão apenas a nua-propriedade e, portanto, mera posse indireta.

28.11.3 Aspectos do Direito Real de Habitação Sucessório. Soluções

Em qualquer situação, há que se considerar que, em princípio, o direito real de habitação é atribuído unicamente ao imóvel destinado à residência do casal, ou que possa ser destinado a essa finalidade, sendo o único bem dessa natureza a inventariar. Na maioria das vezes, esse imóvel é destinado à moradia da mulher, que lá reside só ou com os filhos. Importa verificar, no caso concreto, a destinação do imóvel. O art. 1º da Lei nº 9.278/1996 reporta-se à "*convivência duradoura*". Esse aspecto sempre deve ser levado em consideração. O direito de habitação surge porque a família existiu e perdeu um dos cônjuges ou companheiros. Tem que existir convivência, e não uma utilização efêmera ou uma passagem efêmera pelo imóvel.

Nem sempre esse direito de habitação recairá sobre a moradia do casal quando da morte: figure-se a hipótese de os consortes residirem em imóvel alheio existindo um imóvel residencial único na herança ocupado por terceiros a outro título, comodato ou locação por exemplo. Destarte, lei alguma pode ser interpretada sem uma flexibilidade social.

Ademais, não deve restar dúvida que o direito deve beneficiar também os conviventes. Melhor que o legislador aponte em lei o direito, espantando de vez dúvidas que ainda persistem. A ideia será sempre garantir morada digna ao cônjuge ou companheiro sobrevivente. Sustenta-se, ademais, que mesmo existindo mais de um imóvel residencial na herança, é possível a concessão do direito recaindo sobre o imóvel de menor valor. Há julgados nesse sentido, como aponta Luiz Paulo Viera de Carvalho (*Parecer da Comissão de Direito de família e Sucessões do instituto dos Advogados Brasileiros – IAB*, disponível em: <http://www.iabnacional.org.br/IMG/pdf/doc-19280.pdf>).

> "*Cônjuge sobrevivente, na residência em que vivia o casal. Existência de outro imóvel residencial que não exclui esse direito*" RE 1.220.838, da 3ª Turma, relator Min. Sidnei Benetti).

Como em toda lei, a aplicação do seu texto frio pode levar a iniquidades. Assim, o espólio pode ter mais de um imóvel residencial, mas que não se adeque à moradia do sobrevivente, por várias razões: localização distante, em outra cidade, imóvel em situação ruim inadequado para manter o nível de moradia etc. Cabe ao juiz analisar o caso concreto, não podendo a lei prever todas as situações. Daí, portanto, a inteligente decisão aqui colacionada.

Outra situação que deve ser enfocada é que o Código Civil vigente não mais limita a possibilidade do direito de habitação. Não exige o estatuto civil que o direito se extinga com novo matrimônio ou nova união estável. A situação não nos afigura a mais justa. Um novo consorte é trazido para dentro do imóvel a viver com o supérstite e os herdeiros legais ou testamentários não poderão usufruir do imóvel.

Nota-se, pois, que, primeiramente, deve-se avaliar com equidade o caso concreto na hipótese de concessão desse direito, mormente quando há conflito de princípios, e secundariamente, que nova descrição legal seja conferida no texto, permitindo as brechas que analisamos e tantas outras que a vida real nos apresenta. De qualquer modo, o caso concreto será sempre um desafio ao magistrado, que deve ser arguto e inovador, se necessário. A matéria fica, portanto, em aberto.

29

HERDEIROS NECESSÁRIOS. PORÇÃO LEGÍTIMA. INALIENABILIDADE E OUTRAS CLÁUSULAS RESTRITIVAS

29.1 RESTRIÇÃO À LIBERDADE DE TESTAR. HISTÓRICO. FUNDAMENTO

Como já foi exposto, o testador, tendo descendente ou ascendente sucessível, não tem plena liberdade de testar (art. 1.846). Nessa situação, só poderá dispor da metade de seus bens. A outra metade pertence aos herdeiros necessários. Há uma série de regras para reduzir as disposições, se for ultrapassado o limite, como veremos.

Ao falarmos da sucessão do cônjuge sobrevivente, vimos que não era ele herdeiro necessário pelo Código de 1916. Para amenizar sua situação firmada originalmente no Código, a Lei nº 4.121/62 (Estatuto da Mulher Casada) introduziu o direito hereditário concorrente de usufruto, assim como o direito real de habitação, de acordo com o regime de bens (parágrafos do art. 1.611 introduzidos por essa lei), situações já por nós analisadas. Reiteramos, também, o fato de que a doutrina sempre reclamou a inclusão do viúvo ou viúva como herdeiro necessário, no que foi atendida no Código de 2002, ainda que com disposições confusas.

Doutro lado, sempre se questionou se o direito de dispor do patrimônio após a morte deveria ser absoluto, ou se o testador deveria sofrer certas restrições. Como mais de uma vez aduzimos, o testamento é instrumento que serve para levar após a morte do disponente tanto o amor como o ódio; tanto o reconhecimento como o desprezo.

Quando a lei estabelece uma herança necessária, está-se colocando no meio-termo. Permite sempre o testamento, mas restringe o alcance quando há qualquer herdeiro na linha descendente, ou, em sua falta, na linha ascendente. A plena liberdade de testar fica para quando os herdeiros já estão mais distantes na linha do parentesco, quando então a lei presume que diminuem os vínculos afetivos. Entendeu o Código de 1916 de não considerar o cônjuge herdeiro necessário, acreditando que possuindo meação já lhe estaria assegurado um patrimônio de manutenção e sobrevivência. Trata-se, sem dúvida, de difícil opção legislativa estabelecer o limite do âmbito do direito de testar, em que a motivação parte de princípios éticos, religiosos, econômicos e morais da sociedade. Daí porque terem sido dadas soluções diversas nas várias legislações e de acordo com os períodos da História.

No Direito Romano, admitidos os totais poderes do *pater familias*, tinha este plena liberdade de testar. Posteriormente, foram sendo criadas regras que impediam a total liberdade, impondo-se ao testador a expressa deserdação dos herdeiros que desejasse excluir. Havia regras para as formas e consequências de deserdação, fosse ela dirigida a um filho, ou a uma filha, ou a um descendente de grau mais distante (Arrangio-Ruiz, 1973:616). A redação leva a crer que não havia abusos nas possibilidades de deserdação. Conclui Arrangio-Ruiz (1973:617) que as deserdações caprichosas deviam ser raras e desacreditadas, o que explica a intervenção do pretor para coibi-las. O excluído da sucessão tinha uma ação para anular o testamento (denominada *querella*), pretextando que o testador não estava em seu perfeito juízo quando do testamento. Era, na realidade, um pretexto para se conceder a ação, porque a insanidade do disponente traria a nulidade do ato, enquanto nessa ação se pretendia tão só anular a disposição *inoficiosa* (aquela que ultrapassava os limites de permissão) (Petit, 1970:705).

A princípio, não havia regra fixa sobre a quota mínima reservada, o que tornava insegura a aplicação da regra no caso concreto. Pouco a pouco, a jurisprudência fixou em um quarto essa parcela.

No direito de Justiniano, já existe a salvaguarda da porção hereditária, aos descendentes e ascendentes, e também aos irmãos, quando estes últimos eram afastados para a inclusão de uma pessoa torpe. Aumenta-se a legítima para um terço se o testador tem até quatro filhos e, para a metade, se tem cinco ou mais (Novelas 18 e 115).

A deserdação passa a ser admitida somente quando há expressa determinação de exclusão do herdeiro, justificada com motivos expressos e plausíveis, com base na Novela 115; pelo mesmo prisma, enfim, de nosso Direito atual. Se houver comprovação de que o motivo não é verdadeiro, não subsiste a deserdação. Já havia uma relação legal de causas para autorizar a deserdação, tais como atentado contra a vida dos progenitores; acusação de crime; impedimento ou obstáculo à vontade de testar, a exemplo do que temos em nosso Código (arts. 1.961 e 1.963).

Por outro lado, no Direito germânico a evolução foi inversa. Como todo o patrimônio era familiar, com a morte de um membro da família, necessariamente, o patrimônio não se podia afastar do grupo familiar, sendo atribuído ao primogênito. Com o tempo, permitiu-se que se dispusesse de certa quota (Wald, 1988:148).

No Direito das Ordenações, anterior ao Código de 1916, também havia limitação, não podendo o testador dispor de mais que um terço do patrimônio, reservando-se dois terços aos herdeiros necessários. Contudo, a Lei nº 1.839, de 31-12-1907, já erigira a metade da legítima e a metade disponível, situação mantida pelo Código de 1916. Portanto, modernamente, havendo herdeiros necessários, o patrimônio do morto deve ser considerado em duas porções, uma porção disponível e uma porção indisponível. Se o testador não esgotar toda parte disponível de seu patrimônio, o remanescente se acresce à legítima dos herdeiros necessários. Essas duas parcelas da herança devem ser vistas por dois ângulos. A porção que se denomina "legítima" está ligada ao direito do herdeiro. A parcela "disponível" é ligada ao ato do testador, aquela metade do patrimônio de que ele pode dispor.

Já apontamos que não se pode fazer qualquer confusão de herança com a meação do cônjuge. A quota disponível, evidentemente, é computada sobre a herança. Se existe supérstite, há que se excluir o valor da meação quando esta existir, dependendo do regime de bens. O valor remanescente é que será examinado, para fins de verificação de legítima.

Note, porém, que nem sempre a meação será a *metade* do patrimônio em discussão. Evidente que em se tratando de regime de bens em que cada cônjuge trouxe bens particulares, ou que por qualquer razão não se comunicaram, estes não entram no exame contábil da meação. Se o testador desejasse afastar o cônjuge, sob a égide do Código de 1916, bastava que dispusesse de seu patrimônio a terceiros, sem contemplá-lo (art. 1.850). Pelo Código de 2002 somente os colaterais podem ser afastados da herança por testamento, pois o cônjuge foi guindado, dependendo do regime de bens no casamento, à posição de herdeiro necessário.

A dúvida que persiste é no sentido de saber se o testador pode especificar no testamento quais os bens que se incluirão na legítima. É claro que indiretamente poderá fazê-lo, pois quando individualizar bens em legados os estará extraindo da legítima, mas quando não for esse o caso, a questão é saber se o testador pode regular toda a legítima, já especificando não só os bens que ali serão inseridos, mas também quais os herdeiros que receberão estes ou aqueles bens. Carlos Maximiliano (1952, v. 3:28) defende essa possibilidade:

> *"melhor do que o juiz e os estranhos em geral, conhece o progenitor as fraquezas, predileções justas, necessidades e conveniências de cada descendente, para afeiçoar a partilha ao caráter, ao modo de viver e trabalhar, à capacidade e à posição pecuniária de cada um. Nada mais aconselhável, portanto, do que substituir pela vontade ilustrada a fatalidade das prescrições uniformes, o critério incerto de terceiro, pouco mais valioso que a sorte, o acaso".*

Nesse caso, a partilha deverá seguir, sempre que possível, a vontade do testador. Se houver necessidade de tornas em dinheiro ou acomodação de bens, decidirá o prudente critério do juiz, com as regras da partilha, sem fugir da intenção do testador.

A parte disponível (art. 1.847) é calculada

> *"sobre o valor dos bens existentes na abertura da sucessão, abatidas as dívidas e as despesas do funeral, adicionando-se, em seguida, o valor dos bens sujeitos a colação".*

Portanto, a avaliação do que o *de cujus* podia dispor é sobre o ativo da herança. As dívidas devem ser abatidas no cálculo, pois se trata de valor negativo. Considera-se, portanto, o montante sobre a herança líquida e não sobre a herança bruta. A avaliação no curso do inventário é que vai fixar se o testador se manteve dentro da legítima. O excesso deve ser reduzido por normas específicas (arts. 1.966 a 1.968). O valor dos bens sujeitos a colação, mencionado nesse dispositivo, refere-se a adiantamento da herança em vida por doação, quando não houve dispensa de colação, como estudaremos.

Quanto à parte disponível, podia o testador impor cláusulas, condições, ônus com maior amplitude no sistema de 1916. As restrições, já estudadas, são, em regra, aquelas dos negócios jurídicos em geral.

Por sua vez, a legítima tem como regra geral o fato de ser intangível. Não pode ser suprimida dos herdeiros necessários. No entanto, no sistema de 1916 existiam importantes restrições que o testador podia apor à legítima, que cerceavam e tolhiam o exercício pleno do direito hereditário. Essas possibilidades se mostravam de fato anacrônicas e não mais se harmonizavam com o sentido social da herança e da propriedade.

O art. 1.723 do velho Código permitia ao testador determinar:

"a conversão dos bens da legítima em outras espécies; prescrever-lhes a incomunicabilidade, confiá-los à livre administração da mulher herdeira e estabelecer-lhes condições de inalienabilidade temporária ou vitalícia".

São restrições que retiravam, na verdade, grande parte do alcance da garantia da porção legitimária, como veremos.

29.1.1 Cálculo das Doações no Cômputo das Legítimas

No cálculo da legítima, os herdeiros que receberam doações do testador devem colacioná-las, para igualar as porções dos demais (art. 1.847), salvo se foram expressamente dispensados de fazê-lo.[1] Trata-se de princípio que será mais aprofundado quando do exame das colações (arts. 2.002 ss).

---

[1] "Agravo de instrumento – Família e sucessões – Inventário – Inconformismo trazido contra decisão interlocutória que, dentre outros apontamentos, determinou a colação de bem recebido pelo inventariante – Colação que deve ser feita pelo herdeiro/inventariante que recebeu a doação – Doação entre ascendente e descendente que importa em adiantamento de herança e deve ser apresentada para que seja possível a apuração da totalidade do acervo hereditário, e, consequentemente da parte disponível – Doação do bem em si que sequer está sendo questionada, ao passo que não há falar em prescrição – Decisão mantida – Recurso não provido" (TJSP – Agravo de Instrumento 2079112-86.2020.8.26.0000, 26-11-2020, Rel. José Carlos Ferreira Alves).

"Agravo de instrumento – **Incidente de colação** – Interlocutória que determinou a colação dos bens doados – Decisão mantida – Inocorrência da prescrição do direito de herança, pois o termo inicial para o ajuizamento desta ação é a data do trânsito em julgado da ação de investigação de paternidade, quando, em síntese, confirma-se a condição de herdeiro. No caso em exame, o trânsito em julgado deu-se em setembro de 2013. Prazo prescricional decenal não ultrapassado – Alegado usucapião. Ausente herdeiro conhecido, não há como se admitir a posse mansa e pacífica – Atributo da prescrição aquisitiva, pois o prejudicado, em data anterior ao seu reconhecimento como herdeiro sequer possuía interesse processual no ajuizamento de qualquer interdito possessório contra os donatários. Agravo desprovido." (TJSP – AI 2213089-48.2018.8.26.0000, 29-8-2019, Rel. Natan Zelinschi de Arruda).

"Apelação – Anulação de negócio jurídico – Doação a herdeiros necessários – Prescrição – Rejeição – Adiantamento de legítima – **Colação** – O termo inicial para contagem do prazo de prescrição da pretensão de anulação de escritura de doação realizada a descendentes é a data do reconhecimento da filiação da autora, momento em que ela passou a ter legitimidade para pleitear o direito discutido nos autos. A doação para herdeiro necessário, que em verdade constitui adiantamento de legítima, deve ser considerada inoficiosa quando for realizada em violação à legislação civil em vigor." (TJMG – AC 1.0042.11.003428-9/001, 26-1-2018, Rel. José Arthur Filho).

"Civil – Direito das sucessões – Testamento – Preliminar – Violação do art. 10 do CPC/2015 – Inocorrência – Usufruto sobre a legítima dos herdeiros necessários – Ineficácia da cláusula – **Disposição da herança nos limites da parte disponível** – Validade – Honorários advocatícios excessivos – Redução da verba – Apelação conhecida e parcialmente provida – 1 – Inexiste violação ao art. 10 do CPC quando o Juízo de origem reputa, em sentença, ineficaz cláusula referente a usufruto vitalício quando garantida às partes a oportunidade de se manifestarem sobre a matéria, respeitando-se o princípio do contraditório. Inclusive, na hipótese, o tema relativo ao usufruto foi exposto na petição inicial e explorado na contestação e na réplica. 2 – Não é nula cláusula testamentária que dispõe sobre bens respeitando a parte disponível da herança e a legítima dos herdeiros necessários. Logo, observados os parâmetros dos arts. 1.849, 1.847 e 1.967 do CC, tendo em vista que o legado não ultrapassou 50% (cinquenta por cento) dos bens da herança, não há falar em redução das disposições testamentárias. 3 – Considerando o teor do art. 1.831 do CC, que assegura ao cônjuge sobrevivente, qualquer que seja o regime de bens, sem prejuízo da participação que lhe caiba na herança, o direito real de habitação em relação ao imóvel destinado à residência da família, reputa-se ineficaz disposição testamentária que visa assegurar ao cônjuge sobrevivente o usufruto vitalício sobre imóvel de residência do casal. Em outros termos, a referida cláusula não tem aptidão de irradiar efeitos jurídicos justamente porque o pretendido benefício à viúva é inerente à situação jurídica normatizada no artigo acima destacado e, por conseguinte, não deve ser computada para fins de cálculo da legítima. 4 – Em linha de princípio, mostra-se correta a sentença que fixa honorários advocatícios com base no novo CPC, haja vista proferida sob sua vigência, porque se é certa a natureza híbrida do instituto, processual e material, é igualmente correta a conclusão de que é a sentença o marco do nascedouro do direito aos honorários advocatícios. Porém, na específica situação dos autos, a demanda foi ajuizada em 23/04/2013, sendo dado concluir, portanto, que os autores não vislumbravam a fixação de honorários no patamar de 10% (dez por cento) sobre o valor da causa (R$ 2.185.803,40) na hipótese de serem sucumbentes. Nessa medida, pautando-se no princípio da segurança jurídica e no fato de que os honorários devem ser fixados com esteio na

Em regra geral, a lei entende que quem já recebeu graciosamente bens no curso da vida do testador antecipou-se a beneficiar-se do que ocorreria tão só após a morte. Pode, contudo, o testador determinar que a doação seja destacada da parte disponível, quando então ocorrerá a dispensa de colação.

29.2 RESTRIÇÕES QUE PODE SOFRER A LEGÍTIMA. A CLÁUSULA DE INALIENABILIDADE

Ao estudarmos os bens (*Direito civil: parte geral*, seção 16.10), vimos que há bens que estão fora do comércio, de acordo com o art. 69 do Código de 1916, visto o termo *comércio* ali em seu sentido técnico-jurídico. Afora os bens que são inalienáveis por sua própria natureza e aqueles que o são por força de lei, há uma terceira espécie de bens inalienáveis: são os inalienáveis pela vontade humana, ou seja, aqueles aos quais se apõem a *cláusula de inalienabilidade*, nas doações e testamentos. Ninguém pode gravar os próprios bens. Só se gravam bens de terceiros e só por meio desses atos de disposição, *doações* e *testamentos*.

A cláusula de inalienabilidade, de per si, gera um sem-número de críticas. Sua complexidade e compreensão avultam quando a lei sucessória de 1916 permitia que o testador apusesse essa cláusula, além de outras, nos bens que compõem a legítima dos herdeiros necessários (art. 1.723).[2]

A imposição da cláusula proibitiva de alienar pelo testador pode vir imbuída de excelentes intenções: receava ele que o herdeiro viesse a dilapidar os bens, dificultando sua própria subsistência ou de sua família; tentava evitar que o sucessor ficasse, por exemplo, privado de um bem para moradia ou trabalho. Como geralmente a cláusula vem acompanhada da restrição da incomunicabilidade, procurava o testador evitar que um casamento desastroso diminuísse o patrimônio do herdeiro. São, sem dúvida, razões elevadas que, *a priori*, só viriam em benefício

---

razoabilidade e na proporcionalidade, evitando-se a imposição de excessos a qualquer das partes, tem-se que as circunstâncias *in concreto* impõem a redução da citada verba, para o importe de R$ 10.000,00 (dez mil reais), atentando-se principalmente ao trabalho despendido e à complexidade da demanda. 5 – Apelação conhecida e parcialmente provida" (TJDFT – Proc. 20130110556184APC (1005643), 27-3-2017, Relª Sandra Reves).

[2] "Testamento – **Ação de desconstituição de cláusulas de inalienabilidade, impenhorabilidade e incomunicabilidade**, instituídas na vigência do Código Civil de 1916 – Abrandamento da aplicação do artigo 1.676 do Código Civil de 1916, que já era a orientação do Superior Tribunal de Justiça, pois tais cláusulas se mostram lesivas aos interesses dos autores – Inexistência, ademais, de risco e de não ter havido aditamento do testamento, nos termos do artigo 2.042 do Código Civil – Recurso provido." (TJSP – AC 1008132-27.2016.8.26.0565, 15-5-2019, Rel. Luis Mario Galbetti).

"Apelação Cível – Ação de cancelamento de cláusula – Jurisdição voluntária – Imóveis gravados de cláusula de **inalienabilidade, impenhorabilidade e incomunicabilidade** – Aplicação do princípio da função social da propriedade – mitigação dos gravames – Possibilidade da livre circulação de riqueza – Bens que compõem a legítima – recurso provido – 1 – Em atenção ao princípio constitucional da função social da propriedade e do princípio da livre circulação de riquezas, é admissível a mitigação dos gravames de inalienabilidade, impenhorabilidade e incomunicabilidade, dispostos sobre imóvel em testamento, mesmo na vigência Código Civil de 1916, possibilitando-se a plena fruição do bem legado. 2 – Recurso provido." (TJMS – AC 0803644-58.2017.8.12.0018, 16-10-2018, Rel. Des. Vladimir Abreu da Silva).

"Direito civil – Testamento – **Cláusula de impenhorabilidade e incomunicabilidade** – Inexistência de fundamento para a sua desconstituição – Sentença mantida. I – De acordo com o artigo 1.848 do Código Civil, a cláusula de inalienabilidade, impenhorabilidade e incomunicabilidade deve estar amparada em motivo justo declinado na cédula testamentária. II. Para a validade da disposição testamentária, a lei exige apenas que a justa causa seja declarada no testamento, não se impondo ao testador a demonstração da existência ou veracidade dos fatos invocados a esse título. III. A exigência legal é atendida quando o testador explicita a sua preocupação com a preservação dos bens e com a própria subsistência dos beneficiários da liberalidade testamentária. IV. Somente pode ser desconstituída judicialmente cláusula de inalienabilidade inspirada em mero capricho do testador ou que não se revele claramente desprovida de substrato jurídico. V. Recurso conhecido e desprovido" (TJDFT – AC 20140110189460APC – (914635), 2-2-2016, Rel. Sérgio Rocha).

do herdeiro. Contudo, não bastassem os entraves que o titular de um bem com essa cláusula tem que enfrentar, como sua aposição podia ser imotivada pelo sistema de 1916, poderia o testador valer-se dela como forma de dificultar a utilização da herança, quiçá como meio de vingança ou retaliação, uma vez que não podia privar os herdeiros necessários da legítima.

A par dessas questões ora levantadas para aguçar o espírito crítico do jurista, lembre-se do que costumeiramente se fala contra a disposição: há inconveniência na inalienabilidade de um bem privado porque impede a circulação de bens e obstrui, em síntese, a própria economia da sociedade; é um elemento de insegurança nas relações jurídicas, tantas são as questões que se levantam. Tratando-se de uma proibição absoluta, nos termos do art. 1.676 do Código de 1916, abriu-se caminho para as mais elaboradas fraudes.

Se, por si só, a inalienabilidade em disposição testamentária a herdeiros instituídos e legatários tem todos esses inconvenientes, o que dizer da restrição imposta à própria legítima. Dependendo da amplitude que se dava à disposição, a legítima podia ser reduzida a total inutilidade, por toda a vida do herdeiro. Foram muitos os dramas trazidos pela cláusula que desaguaram na nova solução introduzida pelo Código de 2002.

Como bem aduz Orlando Gomes (1981:176), se a instituição da restrição, por si, não é uma aberração jurídica, porque pode até ser útil sob determinadas circunstâncias, clausular de inalienabilidade a legítima contraria a própria essência dessa reserva legal aos herdeiros necessários. Se existe um patrimônio reservado a certos herdeiros, os bens nele contidos devem ser transmitidos sob as mesmas condições que estavam em vida do disponente. O testador teria outros meios de preservar o patrimônio de seus herdeiros, sem ter que recorrer a medida tão violenta, polêmica e antipática.

Quando imposta por doação, negócio entre vivos, permite-se que o doador, enquanto viver, levante o vínculo, concordando o donatário, não havendo prejuízo de terceiros. Trata-se de um contrato, devendo preponderar a vontade das partes. A doação pode constituir-se um adiantamento de legítima, que deve ser colacionado pelo herdeiro, quando da morte, ainda que estabelecido o vínculo. Quando, porém, imposta por testamento, não havia como se suprimir o vínculo. A lei permitia e continua permitindo, no máximo, a sub-rogação, isto é, a transposição do vínculo para outros bens. A extinção só ocorria pelas formas estabelecidas na lei.

As arrazoadas críticas fizeram com que o legislador do Código de 2002 restringisse o alcance e a possibilidade de imposição dessa cláusula, no art. 1.848:

> "Salvo se houver justa causa, declarada no testamento, não pode o testador estabelecer cláusula de inalienabilidade, impenhorabilidade, e de incomunicabilidade, sobre os bens da legítima".

Desse modo, será ineficaz, no atual sistema, a imposição pura e simples dessas cláusulas, sem sua motivação declarada no testamento; motivação essa que poderá ser discutida posteriormente à abertura da sucessão, pelos interessados.[3] Essa discussão certamente paralisará o

---

[3] "Apelação cível. Ação declaratória de nulidade. Sentença de improcedência. Insurgência da parte autora. Partilha de bens recebidos em doação com **cláusula de inalienabilidade, impenhorabilidade e incomunicabilidade**. Ato de liberalidade que, a despeito de importar adiantamento de legítima, não indica justa causa para os gravames. Declaração necessária, conforme art. 1.848 do Código Civil, aplicável à doação em estudo por interpretação sistemática. Ato de disponibilidade da donatária que, ademais, decorre de inconteste vontade sua de afastar a restrição a seu direito de propriedade, que assim não pode ser suscitada como base para anulação. Vedação ao comportamento contraditório. Existência de justa causa para a instituição ou manutenção da cláusula restritiva nem sequer aventada. Pretensão deduzida a partir de interesse meramente patrimonial. Nulidade inexistente. Litigância

inventário no tocante à porção litigiosa. Caberá à jurisprudência analisar de futuro o que se entende por *justa causa* declinada pelo testador. O testador estará livre para impor as cláusulas sobre os bens da porção disponível. O Projeto nº 6.960, atento à utilidade desse dispositivo, isenta a cláusula de incomunicabilidade dessa restrição, ou seja, a declaração de justa causa. De fato, a cláusula de incomunicabilidade, quando imposta de per si, tem sentido diverso da inalienabilidade, seu alcance é limitado e é de toda justiça que possa ser imposta livremente pelo testador ou doador. Nesse sentido é feita a proposta do referido projeto, estabelecendo que *"ao testador é facultado, livremente, impor a cláusula de incomunicabilidade"*. Na forma da redação do corrente Código, exige-se a declaração de justa causa para a clausulação apenas nos bens da legítima, ficando os bens da porção disponível liberados dessa restrição.

---

de má-fé. Alteração da verdade dos fatos. Afirmação clara de ausência de ciência sobre os gravames, sem que nada indique que se tratava de ignorância apenas dos efeitos da cláusula. Conluio entre as partes para prejudicar credores, porém, não aferível. Multa reduzida, com afastamento da condenação da apelante ao pagamento de indenização aos terceiros prejudicados pela suposta fraude. Sentença reformada em parte. Recurso conhecido e parcialmente provido" (TJPR – Ap 0301515-28.2017.8.24.0011, 25-6-2024, Rel. Renato Luiz Carvalho Roberge).

"Cumprimento de sentença – Ação de obrigação de fazer – Penhora no rosto dos autos de inventário – Cerceamento de defesa – Não ocorrência – Penhora no rosto dos autos de inventário – Intimação dos patronos da recorrente quanto à constrição judicial – Apresentação pela filha-herdeira, inclusive, de impugnação à penhora – Pretendida a aplicação de **cláusulas de incomunicabilidade e impenhorabilidade** de bens por força de testamento público lavrado pelo genitor da executada, no ano de 2020 – Não acolhimento – Necessária observância ao regramento do art. 1.848, do Código Civil de 2002 – Afastada, no caso analisado, a caracterização de justa causa – Matéria, inclusive, analisada em sede de anterior recurso – Liminar cassada – Decisão mantida – Agravo não provido" (TJSP – AI 2300960-77.2022.8.26.0000, 28-2-2023, Rel. Elcio Trujillo).

"Declaratória - Pretendida desconstituição da cláusula de impenhorabilidade sobre bens legados pelo réu por força de testamento público lavrado por sua genitora - Alegada ausência de justa causa para gravar os bens – Caracterização – Aplicação do artigo 1.848 do Código Civil – Motivação genérica, a autorizar a liberação dos bens – Procedência da ação – Sentença confirmada - Aplicação do disposto no artigo 252 do Regimento Interno desta Corte - Verba honorária majorada, em atendimento ao artigo 85, parágrafo 11º do CPC - recurso não provido". (TJSP – Ap 1055984-45.2020.8.26.0100, 14-9-2021, Rel. Elcio Trujillo).

"**Doação – Cláusula de inalienabilidade, impenhorabilidade e incomunicabilidade** – Pretensão dos autores, mãe e seus três filhos, ao levantamento da cláusula incidente sobre sete imóveis doados pela própria coautora e pelo falecido cônjuge e pai dos demais coautores – Cabimento – Hipótese em que a coautora dispõe-se a renunciar à cláusula de usufruto vitalício em prol dos negócios da família, sendo certo que a cláusula em questão foi estabelecida, conforme consta da escritura pública, com a finalidade de preservar o patrimônio dos herdeiros – Inexistência de justa causa para a manutenção das restrições – Inteligência do art. 1.848, do CC – Precedentes do C. Superior Tribunal de Justiça – Sentença reformada para julgar procedente o pedido – Recurso provido" (TJSP – Ap. 1001320-19.2017.8.26.0634, 23-4-2020, Rel. Marcus Vinicius Rios Gonçalves).

"Agravo de instrumento – Ação de cobrança – Fase de cumprimento de sentença – Penhora – Bem imóvel – **Cláusula de impenhorabilidade, inalienabilidade e incomunicabilidade** – I– Hipótese em que o MM. Juiz 'a quo' deferiu a penhora sobre imóvel gravado com cláusula de impenhorabilidade, inalienabilidade e incomunicabilidades – II– Estabelecimento da cláusula sob a égide do CC/1916 – Aplicação do princípio 'tempus regit actum', devendo prevalecer o ato jurídico perfeito que se consumou sob a égide da legislação anterior – Não exigência de justa causa prevista no art. 1.848 do CC/2002 – Cláusula imposta quando da antecipação de herança ao ora agravante, o que não se confunde com testamento – Inaplicabilidade do art. 2.042 do CC/2002 – Pretensão de afastamento da cláusula restritiva que não pode se dar mediante simples requerimento do exequente, ora agravado, exigindo-se ação própria com a observância do contraditório e ampla defesa, mormente porquanto os demais coproprietários do bem não integram a lide em comento – Precedentes – Penhora levantada – Decisão reformada – Agravo provido, com recomendação." (TJSP – AI 2066888-53.2019.8.26.0000, 5-12-2019, Rel. Salles Vieira).

"**Ação de cancelamento de cláusulas de inalienabilidade, impenhorabilidade e incomunicabilidade** – Doação – Inexistência de qualquer causa que justifique o cancelamento das cláusulas – Se a propriedade é adquirida por força de liberalidade, por meio de doação ou de disposição testamentária, pode o doador ou testador impor restrições à plenitude do direito de propriedade, pela instituição conjunta ou isolada, de cláusulas de incomunicabilidade, de inalienabilidade ou impenhorabilidade – Justifica-se a imposição da inalienabilidade dos bens, como medida destinada à proteção pessoal e da família, inclusive em relação à legítima, que tem como razão 'garantir ao legitimário uma parte da herança, para prover às suas necessidades, ou servir de base ao seu desenvolvimento econômico' – Cláusulas inseridas por força de sub-rogação de vínculos – Inexistência de infringência ao art. 2.042 do Código Civil – Improcedência da ação – Recurso desprovido." (TJSP – Ap 1115102-88.2016.8.26.0100, 23-1-2018, Rel. Alcides Leopoldo e Silva Júnior).

29.2.1 Conceito da Cláusula de Inalienabilidade

Os bens inalienáveis são indisponíveis. Não podem ser alienados sob qualquer forma, nem a título gratuito nem a título oneroso. Quando o testador não especifica quais os bens que comporão a inalienabilidade, esta só se corporifica na partilha. Sendo capazes, prevalecerá a escolha dos herdeiros. Não chegando a um acordo, ou havendo herdeiros incapazes, caberá ao juiz fixar os bens que comporão o quinhão inalienável.

Antes da partilha, ainda não está materializada a inalienabilidade. Nada impede, em tese, a venda de bens no curso do inventário, desde que se reservem bens suficientes para atender à disposição do testador. Importa primordialmente, portanto, a fiscalização do juiz no curso do inventário. Nada impede, ainda, que o herdeiro prefira oferecer bens próprios para fazer repousar a cláusula, recebendo desembaraçados os bens da herança (Monteiro, 1977, v. 6:155). Evita-se, assim, que recorra após ao custoso processo de sub-rogação. A inalienabilidade cria um ônus real sobre a coisa. Esse ônus paralisa temporariamente a possibilidade de transferência do bem e pesa sobre o titular do domínio. Não há, no entanto, um direito real. O que ocorre é uma mutilação ao direito de propriedade, que perde o poder de dispor. Essa cláusula, quando imposta a imóveis, deve ser averbada no registro de imóveis (Lei nº 6.015/63, Lei dos Registros Públicos, arts. 128 e 164).

29.2.2 Espécies de Inalienabilidade

Do ponto de vista da legítima, exclusivamente, a inalienabilidade pode ser *total* ou *parcial*, conforme se estenda ou não a todos os bens que comporão a legítima. Quanto à cláusula, genericamente falando, pode ela ser *absoluta*, quando o testador impõe a impossibilidade de alienação a quem quer que seja. Esse absolutismo da cláusula pode referir-se a um, algum ou todos os bens clausulados. Se o disponente não distingue, entendemos a restrição como absoluta.

É *relativa* a imposição quando o testador proíbe a alienação sob determinadas formas, ou a determinadas pessoas. Pode o testador, por exemplo, só permitir a alienação a título gratuito, ou a determinadas pessoas. Pode o testador dispor, por exemplo, que a alienação será possível com a concordância de todos os herdeiros, ou com a concordância do cônjuge. Não se trata de uma condição, mas de um alcance relativo da restrição.

A inalienabilidade é *vitalícia* quando não aposto um termo, terminando com a morte do titular. A inalienabilidade não se transmite aos herdeiros do titular do bem gravado. Conforme a parte final do art. 1.723 do Código de 1916, os bens passam livres e desembaraçados aos herdeiros, princípio geral que se mantém no vigente diploma. Entretanto, o próprio aquinhoado de um bem gravado pode, por testamento, impor a mesma cláusula, como está nesse mesmo dispositivo legal. Esse artifício, pois, permite que se perpetue a cláusula, com o beneplácito legal, embora não se permita que o testador onere os bens além de uma geração. Com a nova orientação do Código de 2002, a questão desaparece, pois somente poderá ter eficácia a cláusula restritiva se houver justa causa declarada no testamento (art. 1.848).

Pode a cláusula ser *temporária* quando o disponente inserir um termo. Sob o aspecto puramente técnico, a cláusula será sempre finita no tempo, com a morte do titular do bem gravado. Contudo, pode o testador fixar um termo final para o ônus. Por exemplo, a maioridade do herdeiro.

Entende-se, outrossim, que também é temporária a inalienabilidade quando nela se coloca uma condição. A inalienabilidade sob condição requer maior meditação que parece passar despercebida dos vários autores. Como a inalienabilidade entre nós podia ser imposta sem justificação do motivo, a condição inserida pelo testador podia consistir exatamente, por via indireta, no motivo da cláusula. Imagine que a inalienabilidade fosse imposta a determinado herdeiro, se o mesmo se mantivesse casado com determinada pessoa. A condição, sob a forma resolutiva, tinha a nítida característica de justificar a imposição, cerceando a liberdade do titular, fazendo com que ele desfizesse o casamento, ainda que contra sua vontade, tão só para liberar o bem. Assim, aqui, mais do que em qualquer outro negócio jurídico, o exame da condição deve ser de molde a não contrariar a finalidade da lei.

O estudo reverte-se para o exame das condições. Não se pode, também, deixar a cargo de terceiro decidir acerca do implemento de uma condição, ou do termo. Entendemos ser inválida a condição de o cônjuge sobrevivente, por exemplo, decidir quando os filhos herdeiros têm necessidade de levantar o vínculo. Insere-se uma outra vontade na vontade testamentária. Só por isso a disposição seria nula, mas também porque privaria o ato de todo o seu efeito. Uma coisa é subordinar a alienação à anuência de terceiros, outra é subordinar a deixa testamentária a seu arbítrio. Também quando se atribui ao herdeiro a faculdade de provar a ocorrência deste ou daquele fato autorizando o levantamento da causa. As condições aí ou são perplexas (porque tiram totalmente o efeito do ato), ou são puramente potestativas (deixam-na ao exclusivo arbítrio da parte seu implemento) (art. 122). Nessas hipóteses, por se tratar de condições juridicamente impossíveis, os atos não valem (art. 123). Assim, se o testador coloca condição dessa espécie na inalienabilidade, e não tinha qualquer dever de fazê-lo, é de se defender a invalidade da disposição, com fundamento no art. 123 (as condições juridicamente impossíveis invalidam os atos a elas subordinados). A situação requer o maior cuidado do julgador, e o exame da teoria geral das condições nos negócios jurídicos em geral e do instituto da inalienabilidade em si. Se a conclusão for pela invalidade do negócio, não existe levantamento da cláusula, mas sim decretação de sua nulidade, com a consequente ineficácia.

29.2.3 Efeitos da Inalienabilidade. Exceções

Como já apontado, o efeito primordial da cláusula é impedir a alienação do bem gravado a qualquer título: não pode vender, doar, gravar, permutar ou dar em pagamento.

Como os direitos de hipoteca e penhor já propiciam um início de alienação, tais direitos reais são ineficazes sobre bens inalienáveis, já que não serviriam de garantia ao credor, que não pode excuti-los. Permite-se, porém, a instituição de direitos reais de gozo limitado (usufruto, uso, habitação), porque não se constituem numa alienação (Gomes, 1981:179).

Como o bem está fora de comércio, não se pode admitir a usucapião. Facílimas seriam a simulação e a fraude. Bastaria simular um abandono da propriedade, para permitir que outro possuidor, preenchendo o prazo legal, conseguisse a propriedade da coisa.

O herdeiro, como vimos, pode renunciar à herança. Percebendo que a herança vem com gravame, nada obsta que renuncie. Não pode, porém, renunciar em favor de determinada pessoa, uma vez que isso se considera cessão e estaria fraudada a disposição (Monteiro, 1977, v. 6:157), a não ser que somente reste um herdeiro a ser aquinhoado, pois isto ocorrerá automaticamente por força das circunstâncias. Mesmo a renúncia pura e simples, como deve ser, merece o exame acurado do ato e da vontade do testador. Porém, a interpretação deve ser sempre restritiva. Se há um único filho, e este renuncia, os netos recebem o bem sem o ônus. Contudo, como cabem ao pai o usufruto e a administração dos bens dos filhos menores, tal renúncia será em fraude à lei, se o testador gravou também os frutos e rendimentos. Aliás, não havendo menção expressa, na inalienabilidade não se inserem os frutos e rendimentos (Beviláqua, 1939, v. 6:188). Lembre-se de que correção monetária não é rendimento. Deveria a lei proibir ao menos essa possibilidade. Se o testador restringe também os rendimentos do bem, faz desaparecer todo o sentido da proteção à legítima. Pode transformar o herdeiro em um Midas, morrendo de fome, mas cercado de ouro. Caio Mário S. Pereira (1984, v. 6:172) é peremptório em inadmitir a cláusula sobre os rendimentos. Entende o autor que nesse caso só há como consequência a impenhorabilidade dos frutos e rendimentos. Todavia, essa interpretação, da maior equidade, não consta da lei. Melhor seria que a lei fosse expressa a respeito.[4]

Os credores do espólio não são atingidos pela disposição. Os bens da herança devem atendê-los. Só recairá a cláusula no remanescente, após o pagamento dos credores. Quando só há débitos, não há herança. A cláusula não pode ser invalidada ou dispensada por atos judiciais de qualquer espécie. As exceções estão no mesmo dispositivo da regra geral (art. 1.676 do Código de 1916). Ressalvam-se os casos de desapropriação por necessidade ou utilidade pública e a execução por dívidas provenientes de impostos referentes aos próprios imóveis. Nesses casos, bastaria que o herdeiro não pagasse os tributos e contornasse a proibição. No entanto, após esses atos judiciais, se houver numerário remanescente, sobre esse preço incide a cláusula, em sub-rogação, até que se adquiram novos bens sobre os quais recairá a disposição (art. 1.911, parágrafo único). Os bens gravados podem ser sub-rogados em outros, por iniciativa da parte, como examinaremos. A sub-rogação ocorre também no preço de indenização securitária recebida em razão de sinistro com o imóvel.[5] Se há um bem indivisível e uma de suas frações for indisponível, com a venda do bem a cláusula de inalienabilidade sub-roga-se no preço dessa fração.

Fora tais situações, por mais graves que fossem as condições do titular, ante os termos peremptórios da lei, não se podia levantar a inalienabilidade. A sub-rogação em outros bens sempre foi, porém, admitida. O art. 1.911, parágrafo único, do Código de 2002 prevê a alienação por conveniência do herdeiro, mediante a sub-rogação com autorização judicial – art. 1.911, parágrafo único, e § 2º do art. 1.848. Embora se esteja sempre contando com a possibilidade de inalienabilidade de bens imóveis, que é a mais comum, nada impede que o ônus recaia sobre qualquer tipo de bem. A fiscalização sobre a alienação de bens móveis é muito mais difícil, o que torna a disposição inoperante.

---

[4] "**Pedido de levantamento de cláusulas de inalienabilidade, impenhorabilidade e incomunicabilidade** – Hipótese de acolhimento – Testamento realizado em 1990, sem justa causa para as cláusulas restritivas – Autora que possui bens em nome do marido – Sucessão aberta em 2013, sem aditamento do testamento para acréscimo de justa causa – Não subsistência das referidas cláusulas – Inteligência do artigo 2.042 do Código Civil – Recurso provido." (TJSP – AC 1000111-92.2018.8.26.0597, 15-3-2019, Rel. Luis Mario Galbetti).
"Apelação – **Cláusula de inalienabilidade e impenhorabilidade e incomunicabilidade** – Restrições realizadas na vigência do antigo Código Civil que desautorizam a exclusão – Exigência de situação excepcional não demonstrada – Sentença mantida – Recurso improvido." (TJSP – Ap 1008132-27.2016.8.26.0565, 29-5-2018, Rel. Luis Mario Galbetti).

[5] "Agravo de instrumento – Cumprimento de sentença – Ação de sub-rogação de vínculo – Acordo homologado – Decisão que indefere expedição de mandado de averbação – Inconformismo – Acolhimento – Deve ser reformada a decisão que indeferiu pedido de expedição de mandado de averbação para cumprimento de sentença, que julgou procedente ação de sub-rogação de vínculo, diante da existência de homologação de acordo firmado pelas partes, em que pactuam a efetivação da medida – Coisa julgada material autoriza a expedição do mandado de averbação –. Deram provimento ao recurso." (TJSP – AI 2151728-93.2019.8.26.0000, 16-9-2019, Rel. Alexandre Coelho).
"Cláusulas restritivas – **Sub-rogação de vínculo** – Pedido rotulado equivocadamente de mero alvará – Interesse de agir – Exigência legal de autorização judicial, nos moldes do artigo 1.911 do Código Civil. Justa causa para a sub-rogação, permitindo a extinção de situação incômoda de condomínio mediante negócio jurídico de divisão. Vínculo que se sub-rogará no quinhão certo de domínio pleno a ser atribuído aos condôminos. Deferimento do pedido que não supera outros eventuais óbices ao registro da escritura de divisão. Recurso provido, com observação" (TJSP – Ap 0007154-26.2013.8.26.0451, 20-1-2016, Rel. Francisco Loureiro).
"**Ação de sub-rogação de vínculo**. Permuta de imóveis gravados com as cláusulas de incomunicabilidade, impenhorabilidade e inalienabilidade. Necessidade de realização de perícia para avaliação dos bens e de compensação visando à equivalência de valores entre os bens originariamente vinculados e o outro sobre o qual passarão a recair as cláusulas restritivas. – Em se tratando de ação de jurisdição voluntária, a sub-rogação de vínculos somente poderá ser deferida com a expressa anuência da agravada. A análise da extensão dos termos do contrato celebrado entre as partes extrapola os estreitos limites da ação em exame e deve ser objeto de ação própria. Recurso improvido" (TJSP – AI 0038412-49.2013.8.26.0000, 3-10-2013, Relª Márcia Cardoso).

Qualquer alienação de bem assim gravado que não seja mediante autorização judicial para sub-rogação em outros bens será nula. A ação pode ser intentada por qualquer dos herdeiros do testador, cônjuge, convivente e testamenteiro. Deve ser declarada de ofício pelo juiz. Irrelevante para a nulidade do ato que o terceiro adquirente esteja de boa-fé. Tal situação apenas será levada em conta numa ação de perdas e danos contra o alienante. A cláusula de inalienabilidade abrange necessariamente, ainda que no silêncio do disponente, as de impenhorabilidade e incomunicabilidade (veja art. 1.911 do atual Código), as quais passam a ser examinadas.

29.3 CLÁUSULA DE INCOMUNICABILIDADE

O testador pode temer pelo casamento do herdeiro, quer numa união que ele já conheça, já existente quando da elaboração do testamento, quer numa união futura, desconhecida do disponente. Pela cláusula de incomunicabilidade, os bens assim gravados não se comunicam ao cônjuge do herdeiro, não importando qual seja o regime de bens do casamento. Enfim, temendo que seu herdeiro venha a consorciar-se com um "caça-dotes", o bem incomunicável fica pertencendo só a ele.

No desfazimento da sociedade conjugal, qualquer que seja a causa, esse bem, ou conjunto de bens, não concorre para a apuração da meação. Protege o disponente seu beneficiado contra possíveis desmandos do cônjuge. A cláusula pode ser imposta ao homem ou à mulher. Como o homem tinha, no sistema anterior, a administração dos bens do casal, havia maior eficácia na cláusula quando vinha juntamente com a de atribuir exclusivamente à mulher a administração de tais bens (art. 1.723 do Código de 1916). Desnecessária era essa disposição quando o herdeiro fosse o homem.[6]

A imposição isolada dessa cláusula não impede a alienação, de modo que a intenção do legislador pode facilmente ser contornada, uma vez que o produto da venda será fatalmente utilizado em proveito do casal, se não houver a sub-rogação da cláusula sobre outro bem. Não se pode presumir a inalienabilidade, se não vier expressa no testamento. Pode o testador evitar esse óbice impondo a inalienabilidade sob certo termo, ou determinando a conversão em determinados bens, em caso de alienação.

Por outro lado, a cláusula de inalienabilidade implica necessariamente a incomunicabilidade. Não fosse assim, comunicando-se os bens inalienáveis, eles engrossariam a meação, quando do desfazimento do casamento, e os bens gravados poderiam ir ao outro cônjuge, livres e desembaraçados. É jurisprudência sumulada do Supremo Tribunal Federal (Súmula 49), e agora

---

[6] "**Ação anulatória de cláusula de incomunicabilidade** – Pretensão deduzida pela ex-mulher contra a doadora (sogra) e os beneficiários (ex-marido e irmã dele), objetivando o recebimento de direitos sobre dez imóveis doados na constância do matrimônio. Inconformismo contra o indeferimento, sob a alegação de que houve alteração unilateral do regime de bens (comunhão universal). Inocorrência. Existência de mera aceitação condicional da herança pelo ex-marido, vale dizer, com a cláusula de incomunicabilidade, o que era admitido por lei (art. 1.668, I, do CC). Vícios de coação, dolo e erro. Decadência reconhecida. Justa causa (art. 1.848 do CC). Desnecessidade em se tratando de cláusula de incomunicabilidade. De qualquer forma, constou nas escrituras de doação a finalidade de preservar o patrimônio da família. Eventual mitigação da cláusula restritiva só é possível em favor do donatário, o que não se observa no caso vertente. Sentença de improcedência confirmada. Litigância de má-fé afastada. Recurso conhecido e desprovido." (*TJSP* – AC 1007070-24.2018.8.26.0001, 27-6-2019, Rel. Paulo Alcides).
"**Recurso especial** – Direito Civil – Cláusula de incomunicabilidade – Pedido de cancelamento – 1 – Pedido de cancelamento de cláusula de inalienabilidade incidente sobre imóvel recebido pelo recorrente na condição de herdeiro. 2 – Necessidade de interpretação da regra do art. 1.576 do CC/16 com ressalvas, devendo ser admitido o cancelamento da cláusula de inalienabilidade nas hipóteses em que a restrição, no lugar de cumprir sua função de garantia de patrimônio aos descendentes, representar lesão aos seus legítimos interesses. 3 – Doutrina e jurisprudência acerca do tema. 4 – Recurso especial provido por maioria, vencida a relatora" (*STJ* – REsp 1.422.946 (2013/0398709-1), 5-2-2016, Relª Minª Nancy Andrighi).

introduzida no presente Código (art. 1.911), dispensando-se a celeuma doutrinária a respeito. Pelo casamento, com comunhão de bens, estabelece-se, entre os cônjuges, um condomínio no patrimônio ou em parte dele.

29.4 CLÁUSULA DE IMPENHORABILIDADE

Existem bens impenhoráveis por disposição legal. Para o fim precípuo de impenhorabilidade por vontade humana, afora casos como do bem de família, os princípios são os mesmos da cláusula de inalienabilidade. Só pode ser inserida por terceiros, em testamentos e doações, daí porque não se pode considerá-la uma diminuição na garantia dos credores. O testador podia impor essa cláusula a toda legítima no sistema de 1916 (ou mesmo fora dela, como já vimos), suprimindo esses bens da penhora por dívidas contraídas pelo herdeiro.

Já, de princípio, diga-se que a inalienabilidade abrange também a impenhorabilidade. Se assim não fosse, facilmente se fraudaria a impossibilidade de alienar. Basta que um credor, em crédito e execução simulados, levasse o bem à penhora, à praça e à consequente alienação a terceiros. Na inalienabilidade, há indisponibilidade do bem e a possibilidade de penhora já é potencialmente um princípio de disposição. A impenhorabilidade pode também ser absoluta ou relativa, vitalícia ou temporária. Pode abranger todos os bens, ou parte deles, pode ter como termo final a morte do herdeiro ou certo termo, ou condição. São inconvenientes termos e condições nessa cláusula.

A impenhorabilidade, por seu lado, pode ser colocada autonomamente, ainda que alienáveis os bens. Aos frutos e rendimentos, da mesma forma que a inalienabilidade, só se estende a impenhorabilidade se for vontade expressa manifestada pelo disponente. Há divergência sobre a matéria, porém. Nosso Código de Processo Civil atual, tratando do assunto na forma do Código de 1939, estabelece no art. 649, I, que são absolutamente impenhoráveis os bens inalienáveis e os declarados, por ato voluntário, não sujeitos à execução. Já o art. 650 do processo diz que *à falta de outros bens* podem ser penhorados os frutos e rendimentos dos bens inalienáveis, salvo se destinados à satisfação de prestação alimentícia, conforme alteração da Lei 11.382, de 2006. Pela dicção, os frutos e rendimentos dos bens impenhoráveis só serão constritos em último caso, quando não restarem outros bens disponíveis. Mas a lei processual não será aplicada se a vontade do testador excluir *expressamente* os frutos e rendimentos. Não serão penhorados como frutos. Se o devedor transformar o aluguel num investimento financeiro, por exemplo, desaparece a restrição da impenhorabilidade.

Carlos Alberto Dabus Maluf (1981:59), em monografia sobre a matéria, conclui, com base em parcela da jurisprudência, pelo contrário, isto é, que a lei processual deve ser aplicada independentemente da vontade do testador, dentro dos limites exclusivos da lei adjetiva: *tudo que o testador houver estipulado além desses limites deverá ser considerado como inexistente ou não escrito*. Não deixa de mencionar o autor, porém, que há muita divergência na jurisprudência. A impenhorabilidade pode ser oposta contra qualquer credor. Aqui não se pode admitir que estejam excluídos da restrição os credores anteriores à incorporação do patrimônio do devedor, uma vez que a causa da aquisição é o testamento, e a morte do testador não cria duas classes de credores do herdeiro.

29.5 CLÁUSULA DE CONVERSÃO DE BENS DA LEGÍTIMA

A lei de 1916 facultava ao testador determinar a conversão dos bens da legítima em outras espécies. O Código de 2002 não mais permite essa cláusula. Tratava-se de mais uma restrição altamente inconveniente que, como regra geral, era um gravame inútil e sumamente canhestro dentro do Código de 1916. Era uma faculdade que incentivava o arbítrio do testador. A finalidade da cláusula seria possibilitar ao pai de família uma maior igualdade na atribuição de bens aos descendentes, possibilitando que todos recebessem, tanto quanto possível, bens da mesma natureza. Assim, poderia o testador determinar que bens móveis fossem transformados em imóveis, ou vice-versa; que dinheiro fosse transformado em outros bens; que imóveis rurais fossem convertidos em urbanos; que ações de uma empresa fossem convertidas em outras, e assim por diante. A conversão podia ser determinada em bens de diferentes espécies e em diversas categorias dentro da mesma espécie.

Por muito tempo após a vigência do corrente Código a questão poderá surgir, em razão de testamentos elaborados sob o Código de 1916. A conversão, dentro desse sistema, deve ser feita após um esboço de partilha, preferentemente homologado, no qual já se discriminem os bens que serão convertidos. Não há necessidade de que na partilha já se nomeiem os novos bens. Cabe ao testamenteiro zelar pela conversão. Não só ele, mas também qualquer interessado na conversão dos bens, pode ingressar com ação, que conterá um pedido de obrigação de fazer. Itabaiana de Oliveira (1987:328) entende que a conversão deva necessariamente ser feita antes da partilha. O ideal é que assim seja, porém, tantos são os problemas que trazem essas cláusulas que uma posição dogmática pode eternizar o término do processo de partilha, em prejuízo dos próprios herdeiros. Orlando Gomes (1981:184) já diz exatamente o oposto, isto é, que a conversão só se pode fazer após a partilha, porque só assim se pode determinar a parte conversível. Enquanto não for efetuada a conversão e já feita a partilha, os bens da quota conversível, se alienados, sujeitarão os responsáveis pela alienação a responder por perdas e danos. A determinação de conversão não implica inalienabilidade. Não se confunde a disposição que impõe a cláusula de conversão com a determinação do testador no sentido de que este ou aquele bem se inclua necessariamente na legítima, como acima afirmado. É o herdeiro que recebe a deixa com a restrição quem aparece como alienante e adquirente nos negócios de alienação e aquisição (Nonato, 1957, v. 2:353). Pode, porém, ter o testador designado pessoa para fazê-lo. Mas também pode comparecer o espólio para a prática do negócio, pelo inventariante, mesmo que já ultimada a partilha, pois se permite, na prática, que, em casos excepcionais, permaneça residualmente o inventariante a representar a herança. O juiz pode, sem dúvida, na ação dos interessados, intervir na disposição testamentária se esta procura diminuir ou aumentar em excesso a qualidade dos bens de determinado herdeiro. A cláusula de conversão não pode desequilibrar a legítima (Beviláqua, 1939, v. 4:300).

29.6 CLÁUSULA DE ADMINISTRAÇÃO DE BENS À MULHER HERDEIRA NO CÓDIGO DE 1916

O testador, no sistema do Código revogado, podia impor que os bens da mulher herdeira ficassem sob sua exclusiva administração. Embora se estabelecesse uma igualdade de direitos entre marido e mulher, mormente após os novos princípios constitucionais, os bens conjugais eram, em princípio, administrados pelo marido (art. 233, II), presumindo a lei que teria ele maiores facilidades e condições para isso. O testador tinha a faculdade de retirar do marido essa possibilidade de administração. Se imposta isoladamente, e restrito o alcance dessa disposição, porque na prática, geralmente, harmonioso o casal, irrelevante quem administrasse os bens comuns, uma vez que não se obrigava a mulher a administrar. A utilidade dessa cláusula aparecia quando o bem vinha à mulher com a cláusula de incomunicabilidade, o que poderia impedir o marido de até mesmo usufruir indiretamente dos bens. Como vemos, essa cláusula só se aplicava à mulher casada. Caiu por terra com a igualdade de direitos do homem e da mulher com a Constituição de 1988.

29.7 SUB-ROGAÇÃO DE VÍNCULOS

O Código de 1916 já previra a hipótese de sub-rogar o vínculo de inalienabilidade, no caso de expropriação ou execução de dívida tributária sobre o imóvel clausulado, determinando que o produto se convertesse em outros bens com a mesma cláusula (art. 1.677). No mesmo sentido coloca-se o mais recente Código, no art. 1.848, § 2º. Já passamos pelo art. 1.676 do antigo diploma, que proibia expressamente o levantamento do vínculo por qualquer ato judicial. Vimos que, como no atual Código, a imposição de cláusula restritiva deve ser justificada, modifica-se o enfoque da questão.

O revogado Código de Processo Civil possuía normas específicas para o procedimento da sub-rogação. A jurisprudência sempre se mostrou inflexível no atendimento de dispensa da cláusula. Atendendo, porém, a prementes necessidades dos onerados e tendo em vista fatores de melhor aproveitamento da propriedade, passou-se a permitir, mediante prova de necessidade, a sub-rogação da cláusula de um bem para outro. O Decreto-lei nº 6.777/44 determinou que na sub-rogação de imóveis gravados ou inalienáveis estes serão sempre substituídos por outros imóveis ou apólices da dívida pública. Daí vemos que, partindo do próprio Código em redação original, a sub-rogação já era tecnicamente possível. Os Tribunais mostraram-se liberais nas sub-rogações. Em cada caso concreto, devem ser analisadas as circunstâncias e as necessidades. Por exemplo, há um imóvel em condomínio com apenas uma pequena parte clausulada. Evidente a utilidade não só de extinguir o condomínio, como também de não prejudicar os condôminos que têm suas quotas livres. Sempre que houver entrada de dinheiro, em processo de sub-rogação, sobre o numerário incidirá a cláusula, até que se adquira outro bem.

O CPC atual não traz um procedimento específico para a sub-rogação, mandando que se apliquem os princípios dos procedimentos gerais de jurisdição voluntária (art. 725, II). Assim, pode o juiz investigar livremente os fatos e ordenar de ofício qualquer prova como em processos similares. O Ministério Público tem participação obrigatória como fiscal da lei (art. 721).

O procedimento geralmente adotado é o de determinar uma avaliação do bem sub-rogando e do bem sub-rogado. Sendo o bem apresentado de igual ou maior valor, defere-se a sub-rogação, convencendo-se o juiz da necessidade. Determina-se que as transações sejam simultâneas, preferencialmente no mesmo instrumento. O sobrevalor do novo imóvel fica isento da cláusula. Não há necessidade de hasta pública, que pode violentar o valor do bem (*RT* 508/104). Já se decidiu que o juiz pode determinar o depósito do preço em caderneta de poupança (CPC, anotação de Theotonio Negrão, 1990:463). Não é a solução legal, mas há que se examinar a conveniência e urgência do pedido. Há situações em que a demora poderá frustrar um negócio conveniente para os interessados e que não contraria a lei.

Não resta dúvida de que por meio do procedimento de sub-rogação são praticadas fraudes. Avaliações tendenciosas, falsos motivos, pagamentos por fora. Com toda a fiscalização judicial, a fraude poderá estar presente. Tanto mais será procurada a fraude quanto mais rígida for uma disposição jurídica, como é a cláusula de inalienabilidade. Não é menos verdadeiro também que por meio da sub-rogação se minimizam os males praticados pelo testador na imposição desse gravame no passado, males esses que se estendem por anos, décadas, uma geração após sua morte. Em qualquer caso, incumbe ao juiz verificar das reais conveniência e oportunidade da sub-rogação do vínculo. O processo de jurisdição voluntária permite ao juiz que adote para cada caso a solução que reputar mais conveniente e oportuna (art. 723 do CPC). Em hipótese alguma, porém, se permite a exclusão do vínculo. No sistema do vigente Código, a solução será a mesma se a cláusula não for declarada ineficaz por sentença.

Entende-se ser ineficaz a proibição do testador de fazer a sub-rogação. A necessidade do herdeiro não pode ir a ponto, por exemplo, de obrigá-lo a residir em um imóvel em ruínas, se pode trocá-lo por outro. É indiscutível, por outro lado, que ocorrem situações extremas, nas quais o titular de um bem gravado se acha em penúria ou acometido de moléstia grave, nas quais a subsistência do vínculo se mostra sumamente injusta. Também tem sido permitida a sub-rogação de um bem recebido por um dos cônjuges, para outro em comum do casal. O pedido se processa no juízo do inventário.

Embora comumente se fale exclusivamente em sub-rogação da cláusula de inalienabilidade, o mesmo procedimento, sob as mesmas perspectivas, observa-se no tocante à incomunicabilidade e impenhorabilidade, quando essas cláusulas foram impostas, por hipótese, isoladamente. Poder-se-ão provar a necessidade e conveniência de se substituírem bens incomunicáveis e impenhoráveis.

Tantas são as dificuldades e inconveniências dessas cláusulas, não só sobre a legítima, como também em qualquer disposição, que não mereciam estar mais presentes na legislação. Talvez seja a cláusula de inalienabilidade o instituto que no Direito privado tenha originado, no curso de nossa vida jurídica, as mais veementes imprecações e os mais ardentes impropérios. Poucos institutos como esse aguçam a imaginação criadora dos aduladores da fraude.

A inalienabilidade deveria, ao menos, estar excluída da possibilidade de imposição na legítima. O testador tem muitos outros meios de proteger seus herdeiros, se essa for verdadeiramente sua intenção.

Como vimos, o atual Código, no art. 1.848, mantém a possibilidade da cláusula, mas em situação mitigada:

> "Salvo se houver justa causa devidamente expressa no testamento, não pode o testador estabelecer cláusula de inalienabilidade, impenhorabilidade, e de incomunicabilidade, sobre os bens da legítima".

A *justa causa* de que fala o mais recente Código será discutida posteriormente, em ação judicial proposta pelos interessados. Abre-se mais um ponto de dissídio, mas de qualquer maneira limita-se o excessivo arbítrio do testador. Melhor que se excluísse simplesmente a cláusula de inalienabilidade da lei, ou então se lhe impusesse um limite temporal, prazo quiçá necessário para maior meditação sobre a venda dos bens pelo herdeiro. A incomunicabilidade e a impenhorabilidade devem ser mantidas, porque demonstraram sua utilidade. Não pode, contudo, o legislador deixar de reformular integralmente um instituto anacrônico e inadequado à sociedade.

29.8 CLÁUSULAS RESTRITIVAS NO CÓDIGO CIVIL DE 2002

Com o atual Código, como se vê, restringe-se e desencoraja-se enormemente a possibilidade de serem impostas as cláusulas restritivas, como já acenamos. Cabe ao testador descrever a *justa causa*, ou seja, o motivo pelo qual está impondo a inalienabilidade, impenhorabilidade ou incomunicabilidade. Tão só por esse aspecto já se pode imaginar que serão desestimulados os disponentes para inserir essa restrição aos bens da legítima. Se houver fortes motivos, caberá ao testador descrevê-los. Posteriormente, quando da abertura da sucessão, faculta-se aos interessados discutir o cabimento da imposição. Resta a dúvida de saber se o texto que obriga a justificar a cláusula aplica-se também indistintamente às doações.

Há implicações constitucionais, mormente a partir da Carta de 1988, que colocam em conflito a possibilidade de restrição à propriedade desse molde e os princípios de utilização social do bem. É perfeitamente defensável que a cláusula de inalienabilidade tolhe o direito de uso, gozo e disposição da coisa para o fim social ao qual se destina. Ademais, essa cláusula pode ser entendida como atentatória à dignidade humana (art. 1º, III, da CF). "*Acrescente-se que a clausulação ofende o dever do Estado em assegurar à criança e ao adolescente o direito à vida, à saúde, à alimentação, à educação e ao lazer* (art. 227 da CF)" (José Carlos Teixeira Giorgis, in Delgado-Alves, 2004:157). Fica, portanto, em aberto a discussão acerca da inconstitucionalidade dessa clausulação.

É evidente que uma ação para declarar a ineficácia da cláusula restritiva poderá levar muito tempo, impedindo que se conclua o inventário. Esse risco foi certamente calculado pelo legislador. Questões processuais de monta podem surgir na espécie, como, por exemplo, a possibilidade de ser concedida tutela antecipada para alienação de bens quando da propositura dessa ação. Deve ser levada em conta, no caso, a possibilidade de sub-rogação do vínculo dos bens clausulados.

Quando o testador descrever a *justa causa* de que fala a lei, incumbe-lhe que seja suficientemente claro. Fatos genéricos ou superficiais não terão o condão de sustentar a cláusula no futuro. Assim, por exemplo, não bastará dizer que o herdeiro seja um perdulário ou estroina e poderá dissipar seus bens. Devem ser apontados fatos concretos que possam ser sustentados na futura ação. Cabe ao disponente, por exemplo, dizer que impõe a cláusula porque o herdeiro é casado com pessoa condenada por crime contra o patrimônio, e isso poderá influenciar a alienação impensada dos bens. De qualquer forma, estará aberta a porta para uma discussão extravagante nessa ação, cujo bom critério, em última análise, será do juiz, ao analisar o caso concreto. A ação deve ser movida pelo herdeiro prejudicado com a cláusula. No polo passivo, devem ser colocados, em princípio, o espólio, e os demais herdeiros, dependendo da situação que se apresente. Nessa ação devem participar, necessariamente, o testamenteiro, a quem incumbe defender as disposições testamentárias, e o Ministério Público.

Como se trata de ato a que a lei taxativamente aponta a nulidade (art. 166, VII, do Código de 2002), e como os efeitos do testamento somente se iniciam com a abertura da sucessão, somente a partir daí pode ser movida a ação para declaração de nulidade, ou mais propriamente, ineficácia da cláusula, nos termos do art. 169.

Essa *justa causa* aposta nesse dispositivo é um conceito aberto, a exemplo de inúmeros outros e das cláusulas abertas pontilhados por todo Código de 2002. Como se trata de conceito indeterminado, toda a responsabilidade para fixar o que se entende por justa causa será do caso concreto e de acordo com a jurisprudência. Não resta dúvida, porém, de que o simples fato de a lei exigir que se declare a causa da imposição da cláusula já será um importante fator restritivo e desestimulador para o interessado. Se os fatos forem verdadeiramente graves e justificados, que os descreva, com as minúcias necessárias, o testador. Se a descrição não for clara e escudada, não preponderará após sua morte. Há forte tendência da doutrina em modificar esse texto legal, ou mesmo excluir a possibilidade de inserção dessas cláusulas.

Por outro lado, o Código de 2002 proibiu expressamente que possa ser determinada pelo testador a conversão dos bens da legítima em outros de espécie diversa (art. 1.848, § 1º). Vimos como era inconveniente essa cláusula. Nem há mais que se falar em cláusula que imponha a administração dos bens da legítima a mulher casada ou a qualquer dos cônjuges.

Nas disposições transitórias do Código de 2002 foi incluído dispositivo a respeito da questão, de custoso entendimento:

> "Art. 2.042. *Aplica-se o disposto no caput do art. 1.848, quando aberta a sucessão no prazo de um ano após a entrada em vigor deste Código, ainda que o testamento tenha sido feito na vigência do anterior, Lei nº 3.071, de 1º de janeiro de 1916; se, no prazo, o testador não aditar o testamento para declarar a justa causa de cláusula aposta à legítima, não subsistirá a restrição".*

A ideia é que o *caput* do art. 1.848, que exige a justa causa na imposição das cláusulas, se aplicará na vigência do presente Código, ainda que o testamento tenha sido elaborado sob o pálio do Código de 1916. É discutível a validade dessa disposição, pois, em síntese, aponta um efeito retroativo à norma. O legislador não foi suficientemente claro. Do artigo deflui que o testador deverá aditar o testamento elaborado sob o Código antigo, declinando a justa causa, *até um ano após a vigência do novo Código*. Esse aditamento somente pode constar de outro testamento; não há outro ato possível para isso. Somente outro testamento adita ou modifica outro anterior. Se não o fizer, e a partir de um ano de vigência do atual Código, não subsistirá a cláusula restritiva se não for descrita a justa causa. Assim, cria-se mais uma restrição para a inalienabilidade e as outras cláusulas, em dispositivo que parece foi redigido de forma voluntariamente confusa. Aguardar-se-á o posicionamento da jurisprudência. Aguarda-se, também, que se aprove o projeto para que a cláusula de incomunicabilidade fique isenta da restrição.

30

TESTAMENTO

30.1 INTRODUÇÃO

Apenas tecnicamente podemos dizer que a sucessão legítima, entre nós, é su-pletiva da sucessão testamentária. Já se tornou clássica entre nossos doutrinadores a afirmação consagrada por Washington de Barros Monteiro (1977, v. 6:95) de que "para dez sucessões legítimas que se abrem ocorre uma única sucessão testamentária". Apesar do tempo decorrido, essa situação pouco se alterou, embora seja já percebida uma maior utilização desse instrumento, mormente em vista dos novos princípios sucessórios. O tema, porém, não deixa de ser importante, talvez pelo fato de ser parca a jurisprudência entre nós, sem a necessária flexibilidade que só a reiteração de julgados proporciona.

As causas da utilização restrita do testamento em nosso meio estão, sem dúvida, afetas a fatores estranhos ao direito. A questão é principalmente sociológica. No entanto, ao lado das causas que comumente se apontam, tais como a excelência da sucessão legítima, como tendência natural dos titulares de patrimônio, ou o apego à vida, porque testar é se lembrar da morte, há o fato de que o excesso de solenidades do testamento, com o risco sempre latente de o ato poder sofrer ataques de anulação após a morte, afugenta os menos esclarecidos e mesmo aqueles que, por comodismo, ou receio de ferir suscetibilidades, não se abalam em pensar em disposições de última vontade. Inobstante, não se pode afirmar seja rara a sucessão testamentária. Não o é. Como todo fenômeno jurídico, adapta-se ao fato social, adequando-se ao momento histórico. Como o direito sucessório é corolário imediato da família e mediato do direito de propriedade, também a sucessão testamentária é consequência do posicionamento da família e da propriedade dentro do contexto legal, do ordenamento jurídico.

Com as modificações feitas pelo Código de 2002 na ordem de vocação hereditária, com o malévolo imbróglio criado pelo legislador, mormente no tocante à sucessão do cônjuge e do convivente, tendo também em vista o aspecto da reprodução assistida após a morte do pai ou da mãe, o testamento ganha nova força. O Código vigente, por outro lado, de certa forma facilitou a elaboração do testamento, simplificando suas formalidades.

Destarte, o direito testamentário deve voltar-se para as transformações que sofrem hoje a família e a propriedade, procurando a lei acompanhar agora os novos fenômenos sociais. Assim, sem esquecer do formalismo inerente ao testamento, invólucro que tem em mira validamente proteger a vontade do morto, esse formalismo deve ser adaptado à época do computador, para servir àquelas duas instituições, dinamizando-se as disposições do Código Civil já anacrônicas, hoje mero exemplo de academismo jurídico. Daí porque plenamente dispensável o excessivo número de regras para interpretar a linguagem testamentária, repetidas injustificadamente no atual Código.

De qualquer forma, não se pode negar que o testamento é um dos pontos mais relevantes do direito privado, pois é nele que se revela com maior amplitude a autonomia da vontade privada.

30.2 ASPECTOS HISTÓRICOS

Primitivamente, o testamento não era conhecido. Como assevera Fustel de Coulanges (1957:114), o princípio, nas civilizações antigas, era de que toda propriedade estava ligada ontologicamente à família e, por meio da religião, não se podia afastar dela. Assim era no direito hindu e no direito grego. Na própria Roma, antes das XII Tábuas, que não são propriamente direito primitivo, a questão apresentava-se obscura. Mesmo na Lei das XII Tábuas, o trecho é por demais pequeno para uma visão de conjunto. Pelos textos dos compiladores posteriores, pôde-se saber que as formas normais de testamento eram as *calatiscomittiis* e a *in procinctu*. O *testamentumcalatiscomittiis* era feito por ocasião dos comícios, duas vezes por ano, em épocas especiais, sob a presidência do pontífice máximo, ocasião em que, com o povo por testemunha, cada pai de família podia manifestar sua última vontade. Essa forma era utilizada para os tempos de paz e caiu em desuso no século II a.C. O testamento *in procinctu* era feito perante o exército posto em ordem de combate, em tempo de guerra. Caiu em desuso no século I a.C.

Mais recente e dentro ainda do período pré-clássico, surgiu o testamento *per aeset libram* (cerimônia com a balança e bronze) (*Institutas*, Gaio, 2,102). Quem não se tivesse utilizado das duas modalidades anteriores e temesse a morte entregava seu patrimônio (com alienação por preço fictício) a um amigo, por meio do negócio denominado *mancipatio*, dizendo o que desejava que este desse a cada um após sua morte. As duas formas anteriores, caindo em desuso, fizeram perdurar unicamente a do "bronze e da balança" (*Institutas*, Justiniano, 2,10). Não há dúvida de que a partir daí o testamento passa a ser o ato mais importante que um *pater familias* podia praticar como chefe do grupo familiar (Correia e Sciacia, 1953:374). De sua forma original, mais solene, também o *per aeset libram* evoluiu para fórmulas menos complexas, tendo sido primeiramente oral, para após poder ser feito também mediante escrita. Esse testamento, utilizado desde os fins da república, chegou até os primeiros séculos do principado (Alves, 1971, v. 2:377) (ver nosso *Direito civil: parte geral*, seção 3, acerca das fases do Direito Romano).

Para evitar as múltiplas solenidades que ainda acompanhavam esse mais recente testamento, a extinção do formalismo proveio do trabalho dos pretores, e difundiu-se na prática o testamento pretoriano. No direito clássico, passa o pretor a admitir como testamento válido o escrito apresentado a sete testemunhas, ao qual estivessem apostos seus respectivos selos. Acentuam Alexandre Correia e Gaetano Sciascia (1953:375) que a evolução dessa nova forma de testamento não pode considerar-se completa senão a partir do século II d.C., quando foi permitido ao *bonorum possessor secundum tabulas* repelir com a *exceptio doli* a pretensão do herdeiro legítimo e, em certos casos, até a do instituído por força de um testamento civilmente válido (a *exceptio doli* é uma forma de defesa).

É, finalmente, no Baixo Império ou período pós-clássico que vão surgir de molde embrionário as formas de testamento que chegaram até nós. Aí estão os testamentos privados (derivados do *per ae set libram* e do testamento pretoriano, sem participação de agente do Estado) e testamentos públicos, surgidos nessa fase histórico-jurídica. Entre os testamentos particulares, incluem-se o nuncupativo (à beira da morte), o hológrafo (particular) e o *tripertitum*, assim denominado porque decorre da fusão do direito civil antigo, do direito pretoriano e das constituições imperiais (*Institutas*, Justiniano, 2,10,3).

Entre os testamentos públicos, temos então o *principio blatum*, pelo qual o testador apresentava ao príncipe seu ato de última vontade, que era confiado ao poder público para arquivá-lo, e o *apud acta conditum*, que nada mais era do que a declaração de última vontade do testador ao juiz ou autoridade municipal, que a reduzia a termo (Alves, 1971, v. 2:379). Delineiam-se, pois, nessa fase, as formas de testamento utilizadas até hoje.

Também foram conhecidas no Direito Romano as formas anormais de testamento, tais quais as reconhecem os códigos modernos, como o testamento militar, o testamento em tempo de peste (*testamentum pestis tempore*) e o testamento rurícola, para o meio rural (*ruri conditum*).

Em Roma, como já acenado, o herdeiro era continuador da personalidade do morto, dentro da família, e do culto dos antepassados. Por isso, não se admitia o recebimento do patrimônio que não fosse íntegro: não podia o testador dispor de apenas parte de seus bens; se assim o fizesse, o aquinhoado viria a herdar todo o patrimônio. Daí a razão do brocardo já referido *nemo pro parte testatus et pro parte intestatus decedere potest*. A única exceção a tal regra era para o testamento dos militares. Impossível, então, a convivência das duas formas de sucessão: a testamentária e a legítima.

Não foi, entretanto, o testamento romano recebido na forma originária pelas legislações modernas. Na Idade Média, inclusive, sua função achava-se praticamente extinta, servindo apenas para fazer legados *pios pro bono et remedio animae* (Nonato, 1957, v. 1:75). Tornou-se costume deixar sempre algo para a Igreja. O falecido que disso se olvidava era logo socorrido pelos herdeiros, que supriam "a falta". Esse costume, contudo, teve o eficaz resultado de fazer os povos bárbaros assimilarem a noção de testamento, à qual eram totalmente avessos. Entre os germanos, o testamento difundiu-se lentamente por influência da Igreja. Em Portugal, as Ordenações Afonsinas aceitaram e adotaram a noção romana de testamento, assim também a compilação filipina.

Desse modo, antes do Código Civil de 1916, as formas testamentárias, segundo as ordenações filipinas, eram: o testamento aberto ou público, feito por tabelião; o testamento cerrado, com o respectivo instrumento de aprovação; o testamento feito pelo testador (particular) ou por outra pessoa e o testamento *per palavra* (nuncupativo), com a assistência de seis testemunhas. Segundo Itabaiana de Oliveira (1987:153), a tais espécies de testamento, pertencentes à compilação filipina, os civilistas acrescentaram: o testamento marítimo, o testamento *ad pias causas*, o testamento *inter liberos*, o testamento *rure factum*, o testamento *pestis tempore* e o testamento conjuntivo ou de mão comum, todos revigorados do Direito Romano do Baixo Império.

Nosso Código Civil de 1916 instituiu os testamentos público, cerrado, particular, marítimo e militar, tendo admitido o nuncupativo apenas como forma de testamento militar e abolindo, assim, as demais formas. Não se admite expressamente o testamento conjuntivo ou de mão comum. O Código de 2002 apenas acrescenta a possibilidade do testamento aeronáutico, como forma especial, mas cria uma expressiva modalidade de testamento particular excepcional, com mínima formalidade (art. 1.879).

30.3 DEFINIÇÃO, CONCEITO E SEUS ELEMENTOS CONSTITUTIVOS

Repetimos com firmeza que não é de boa técnica o legislador usar de definições. Todavia, dada a necessidade de segurança e certeza máximas para a eficácia e validade do negócio jurídico, de maneira geral, todas as legislações definem o que seja *testamento*.

No Direito Romano, como lembra Moreira Alves (1971, v. 2:373), encontramos duas definições de testamento: *Testamentum est mentis nostrae iusta contestatio, in id solem niter factum, ut post mortem nostram valent* (O testamento é o testemunho justo de nossa mente feito de forma solene para que valha depois de nossa morte) (Ulpiano) (*Liber singularis regularum*, XX, 1). *Testamentum est voluntatis nostrae iusta sententia de eo, quod quis post mortem suam fieri velit* (O testamento é a justa expressão de nossa vontade a respeito daquilo que cada qual quer que se faça depois de sua morte) (Modestino D., XX-VIII, 1,1). As expressões latinas não perdem a perenidade.

Nosso Código de 1916, no art. 1.626, dizia: *"considera-se testamento o ato revogável pelo qual alguém, de conformidade com a lei, dispõe, no todo ou em parte, do seu patrimônio, para depois da sua morte"*. Em nosso caso, a definição de um instituto é exceção no sistema jurídico, não sendo isenta de críticas. Washington de Barros Monteiro (1977, v. 6:101) qualifica de *"manifestamente defeituosa essa definição por não mencionar as disposições de caráter não patrimonial que podem constar dos atos de última vontade"*. O Código de 2002 atendeu a essa crítica, suprimindo a definição e dispondo no art. 1.857, § 2º, que *"são válidas as disposições testamentárias de caráter não patrimonial, ainda que o testador somente a elas se tenha limitado"*.

Como veremos, embora a finalidade precípua do testamento seja dispor dos bens para após a morte, pode o ato conter disposições sem cunho patrimonial, como o reconhecimento de filiação, a nomeação de um tutor ou curador, a atribuição de um título honorífico.

A omissão, na definição, acerca das disposições patrimoniais no Código de 1916 não era só nossa. Os códigos estrangeiros também a elas não se referem. Exceção é o moderno Código Civil português, que define em seu art. 2.179:

> *"Diz-se testamento o ato unilateral e revogável pelo qual uma pessoa dispõe, para depois da morte, de todos os seus bens ou de parte deles. As disposições de caráter não patrimonial que a lei permite inserir no testamento são válidas se fizerem parte de um ato revestido de forma testamentária, ainda que nele não figurem disposições de caráter patrimonial".*

Nossa definição legal do diploma anterior também omitia ser o testamento ato pessoal, na verdade personalíssimo, unilateral, solene e gratuito. Como vemos, é impossível encontrar a definição perfeita, mormente na ciência jurídica. Dessa forma, não importam muito as definições legais, se a lei menciona os caracteres constitutivos do testamento.

O atual Código preferiu não definir o instituto, atendendo às críticas da doutrina. E agiu bem, à semelhança dos códigos suíço e alemão. Estando a noção solidificada, não há necessidade de definição na lei, não se perdendo, com isso, a certeza e segurança das relações jurídicas emergentes do testamento. O art. 1.858 enfatizou que o testamento é ato personalíssimo, podendo ser modificado a qualquer tempo.[1]

---

[1] **Testamento – Abertura, registro e cumprimento** – "Abertura, registro e cumprimento de testamento. Decisão que indeferiu pedido de levantamento de numerário, remetendo a questão à abertura de inventário. Hipótese de não conhecimento do recurso. Decisão que não consta do rol do art. 1.015 do novo CPC (taxativo) e, portanto, não pode ser desafiada por agravo de instrumento. Decisão mantida. Recurso não conhecido." (TJSP – AI 2214558-32.2018.8.26.0000, 29-1-2019, Rel. Salles Rossi).
"**Ação de registro e cumprimento de testamento – Revogação tácita do testamento** – Testamento que pode ser revogado (tácita ou expressamente) a qualquer tempo – Inteligência do art. 1.858 do CC – Alegações genéricas que não desnaturam a validade do documento acostado aos autos – Sentença mantida – Recurso improvido." (TJSP – Ap 0002331-42.2012.8.26.0322, 16-3-2018, Rel. Luiz Antonio Costa).

30.3.1 O Testamento é Negócio Jurídico

Como é manifestação de vontade destinada à produção de efeitos, o testamento é um negócio jurídico, com efeito *mortis causa*. Como afirmamos em *Direito civil: parte geral*, Capítulo 20, quando o ato busca produzir determinado efeito no campo jurídico, estamos diante de um negócio jurídico. É aí justamente que repousa a autonomia da vontade, fundamento do Direito Privado.

30.3.2 O Testamento é Ato Unilateral

Como afirma Ruggiero (1973, v. 3:145), *"é única a declaração de vontade que lhe dá vida, a do testador"*. A aceitação por parte do herdeiro ou do legatário não tem o caráter receptício do direito contratual. Essa manifestação de vontade, expressa após a morte do testador, não tem a função de completar o negócio jurídico, que se perfez pela simples vontade do testador. A manifestação do aquinhoado, ao aceitar ou repudiar a herança ou legado, também é unilateral e independente.

Lembre-se, como faz Caio Mário da Silva Pereira (1984, v. 6:130), de que a distinção será bem nítida se se recordar que a aceitação nula não vicia o testamento. Como corolário desse princípio, não é permitido o testamento no qual participem duas ou mais pessoas (conjunto ou recíproco). Nada diz contra isso o fato de a cédula testamentária poder ser redigida por outrem (como no testamento secreto em que se permite que outrem o faça a rogo do testador, art. 1.868; antigo, art. 1.638, I), ou com a assistência de terceiros, tal como um advogado. O que importa é que a conclusão testamentária seja a do testador, sem condução da vontade que a vicie. *"Nada impedirá, entretanto, haja sido essa vontade consciente e livre despertada ou suscitada por lembranças, apelos ou invocações de terceiro"* (Nonato, 1957, v. 1:105). O art. 1.864, I, do presente Código permite expressamente que o testador se valha de minuta, notas ou apontamentos, o que nunca se duvidou no regime anterior. Se, porém, existir vício na vontade do testador, o negócio jurídico situa-se na sede de anulação. O exame da prova, quando é alegado vício de vontade do autor da herança, deve ser colhido e sopesado com a máxima cautela.

30.3.3 O Testamento é Ato de Última Vontade ou *Causa Mortis*

Os efeitos do negócio principiam unicamente após a morte do testador. Seja qual for o momento em que a vontade tenha sido emitida, é sempre a vontade extrema do testador, *sua última vontade*, por maior que tenha sido o intervalo entre a manifestação volitiva e sua eficácia. Será sempre última vontade, ainda que o testador a tenha praticado no final de sua adolescência e venha a morrer em idade provecta. Como veremos, porém, disposições não patrimoniais poderão produzir efeito de imediato, como o reconhecimento de um filho (mormente no sistema atual, quando já não se faz distinção entre as origens da filiação).

Diz-se, também, que a vontade testamentária é *ambulatória*, como referido a seguir, pois sempre haverá possibilidade de o ato de última vontade ser revogado ou alterado, enquanto vivo e capaz o testador.

30.3.4 O Testamento é Negócio Jurídico Revogável

A possibilidade de revogá-lo é elemento básico do instituto. Tanto que é nula qualquer disposição que vise eliminar a revogabilidade do ato de última vontade, não se admitindo, pois, renúncia à liberdade de revogar. *Ambulatoria est voluntasdefunctiusque ad vitae supremum exitum* (*Digesto*, Livro 34, IV, fr. 4). O Direito Romano considerava a vontade do testador ambulatória, isto é, acompanhando-o a todo momento, até a morte. A definição legal de 1916 traz a revogabilidade, dando ênfase a sua essencialidade.

Permitido que fosse derrogar-se a liberdade de revogar, estar-se-ia abrindo perigosa válvula de instabilidade nas relações jurídicas e desvirtuando-se a finalidade do testamento. Uma cláusula de tal teor não invalida o testamento, mas reputa-se como inexistente, ineficaz ou não escrita.

Afirma A. Cicu (1954:19) que a razão política da revogabilidade é evidente: como a disposição é para depois da morte, não há razão para que até lá se impeça que a vontade seja alterada. Existe ainda o princípio axiomático de que vontade alguma se deve vincular a si mesma, mesmo porque nenhum direito nasce antes da morte.

Por isso, a chamada cláusula derrogatória (permitida no direito intermédio) visaria a uma segurança apenas aparente do testamento. Se o objetivo era garantir a vontade do testador contra qualquer forma de coação posterior para anular o testamento prévio, igualmente poderia ter havido vício de vontade na elaboração daquele mesmo testamento.

Contudo, mesmo essencialmente revogável, disposições não patrimoniais podem não o ser, como o reconhecimento de filhos.

30.3.5 O Testamento é Ato Solene

A manifestação de vontade contida em um testamento deve ser efetivada por meio de formalidades determinadas na lei. Tais formalidades têm por escopo dar o máximo de garantia e certeza à vontade do testador, bem como cercar de respeito o ato. São, pois, solenidades *ad substantiam* e não meramente *ad probationem* (se bem que certos autores não admitem tal diferenciação entre nós). Há nulidade absoluta no ato quando as formalidades não são seguidas fielmente (Colin e Capitant, 1934:907).[2]

---

[2] "Apelação cível – **Ação de registro de testamento** – Nulidade processual – Inocorrência – Requisitos extrínsecos – Formalidades legais observadas – Confirmação do testamento – 1- Caso em que não há que se falar prejuízo defensivo, por ausência de intimação de dois dos três herdeiros-filhos acerca da solenidade aprazada para oitiva das testemunhas testamentárias, visto que, além das três tentativas de intimação por intermédio de carta AR, a intimação via Oficial de Justiça também restou frustrada, valendo observar que, embora o meirinho tenha deixado AVISO PJ, os herdeiros não o contataram. Assim, na esteira do preconizado no parágrafo único do art. 274 do CPC, deve ser rejeitada a preliminar de nulidade processual. 2- Na espécie, o testamento particular foi escrito por intermédio de processo mecânico e rubricado e assinado pelo testador e pelas três testemunhas. Assim, considerando que duas das três testemunhas instrumentárias confirmaram o conteúdo do documento e a vontade do testador, bem como que este foi lido e assinado na presença de todas, foram atendidos os requisitos legais (art. 1.786, § 2º, do CCB), mostrando-se irretocável a sentença que confirmou o testamento particular. Preliminar rejeitada. Apelação desprovida." (TJRS – AC 70077826170, 21-3-2019, Rel. Des. Ricardo Moreira Lins Pastl).
"Sucessões – Publicação e registro de testamento particular – Sentença de procedência – Irresignação – Desacolhimento – Ato jurídico solene e formal – Cédula que fora lida e assinada pelo testador na presença de três testemunhas. Observância das formalidades legais (arts. 1.876 e 1.878 do Cód. Civil). Deferimento que atende à vontade declarada do testador. Temática atrelada a eventuais nulidades que carecem de dilação probatória, devendo os interessados valer-se das vias próprias, com observância do contraditório e ampla defesa. Sentença mantida. Recurso desprovido." (TJSP – Ap 1000770-59.2016.8.26.0666, 29-5-2018, Rel. Rômolo Russo).
"**Testamento** – Ausência de vício de vontade – **Requisitos Legais – Preenchimento** – Validade – Agravo interno no recurso especial. Testamento. Ausência de vício de vontade. Requisitos legais. Preenchimento. Validade. Finalidade do ato. Deliberação monocrática que negou provimento ao recurso. Insurgência dos autores da ação anulatória. 1. O conteúdo normativo dos dispositivos legais tidos por violados. Arts. 104, 138, 145, 166, 167, 171 e seguintes do Código Civil – não foram objeto de exame pela instância ordinária, razão pela qual incide, na espécie, o Enunciado da Súmula nº 211 /STJ. 2. A jurisprudência desta eg. Corte Superior entende que, na elaboração de testamento particular, é possível sejam flexibilizadas as formalidades prescritas em lei na hipótese em que o documento foi assinado por testador e por testemunhas idôneas. Incidência da Súmula nº 83 /STJ. Precedentes: AgRg-EAREsp 365011/SP, Rel. Min. Marco Aurélio Belizze, DJe de 20.11.2015; REsp 302767/PR, Rel. Min. Cesar Asfor Rocha, DJe de

Há sutil diferença entre formas e formalidades. O testamento tem três formas ordinárias: público, particular e cerrado. Cada uma dessas formas tem suas próprias formalidades descritas na lei. Como lembra Orosimbo Nonato (1957; v. 1:198),

> "com o afirmar ser o testamento ato formal e solene a proposição se enuncia de ser ele eficaz somente se toma uma das formas expressamente admitidas na lei e guarda, pontualmente, todos os requisitos essenciais determinados para cada uma das formas admitidas".

Como a preterição de qualquer formalidade torna o negócio nulo, deve o juiz pronunciá-la de ofício, ainda que não haja arguição dos interessados. Note que a jurisprudência mais recente tem se manifestado de forma flexível quanto ao desatendimento das formalidades no testamento. Há tendência dos julgadores de manter a vontade do testador, ainda que faltem alguns elementos obrigatórios nas formalidades do testamento. Nunca foi essa a intenção do legislador e da doutrina do passado.

Se os interessados decidem cumprir espontaneamente a vontade do testador, tal não decorre do ato *causa mortis*, mas se constitui em um ato entre vivos, que só se torna possível após a atribuição da herança da forma legítima, não se cumprindo o testamento nulo.

30.3.6 O Testamento é Ato Personalíssimo

Como vimos, o Código de 2002 realça esse aspecto, juntamente com o da revogabilidade (art. 1.858). O ato há de ser elaborado unicamente pelo testador. Vimos que, apesar de gravitarem opiniões, sugestões ou minutas em torno dessa vontade testamentária, isso não lhe retira tal característica. Não se admite a interferência de outra vontade. Por isso, não pode ser elaborado por mandatário. Não pode ser coletivo (conjunto, recíproco ou simultâneo). Duas pessoas, porém, podem testar em atos diferentes sobre bens comuns, ainda que concomitantemente. Aí teremos, porém, dois testamentos. A espontaneidade da manifestação de vontade desapareceria no testamento conjuntivo ou recíproco, porque uma vontade estaria influindo em outra. Também a liberdade de revogar, nesses casos, ficaria seriamente comprometida porque o acordo de fazer testamento suporia o acordo de não o modificar (Cicu, 1954:25).

Daí por que o Código, no art. 1.863 (antigo, art. 1.630), aboliu todas as formas de testamento conjuntivo.[3] Esclareçamos que testamento conjuntivo é aquele em que participa mais de uma pessoa. O Código refere-se, na proibição, às formas conjuntivas de testamento simultâneo,

---

24.09.2001; REsp 753261/SP, Rel. Min. Paulo de Tarso Sanseverino, *DJe* de 05.04.2011. 3. Agravo interno desprovido" (*STJ* – AgInt-REsp 1.521.371 (2015/0058004-0), 3-4-2017, Rel. Min. Marco Buzzi).

"Abertura, registro e cumprimento de testamento – **Testamento particular** – Ausência de requisitos essenciais previstos nos arts. 1.876 e 1.878 do Código Civil – Depoimentos contraditórios – Testemunhas que não presenciaram a leitura do testamento, não informando quem o fez – Testadora impossibilitada de falar à época dos fatos – Sentença Mantida – Recurso desprovido" (*TJSP* – Ap 0002345-17.2014.8.26.0076, 18-8-2016, Rel. J. B. Paula Lima).

"**Apelação** – Cumprimento de testamento particular – Ausência de assinaturas das testemunhas – Requisito essencial ao ato e pressuposto para o reconhecimento da autenticidade do testamento e a capacidade do testador – Inteligência do artigo 1.876, § 2º do Código Civil – Indeferimento do requerimento de registro e cumprimento do testamento. Decisão Mantida. Recurso Improvido" (*TJSP* – Ap 0609853-34.2007.8.26.0100, 23-6-2014, Rel. Egidio Giacoia).

3 "Apelação cível. Direito de sucessões. Ação de abertura, registro e cumprimento de testamento público. Nulidade do testamento apontada pelo ministério público. Registro e cumprimento de testamento público conjuntivo. Nulidade. Celebração por ambos os cônjuges em um único instrumento. Vedação legal. **Art. 1.863 do Código Civil**. Ato personalíssimo. Manutenção da decisão. Recurso conhecido e não provido. 1. Reconhece-se a formalização da solenidade do testamento a constituição como ato personalíssimo de manifestação da vontade sobre a disponibilização do patrimônio do testador sendo da essência para sua validade a autonomia e unilateralidade

recíproco ou correspectivo. Simultâneo é aquele em que num mesmo instrumento participam mais de uma pessoa. Correspectivo é aquele que, lavrado em um instrumento, possibilita a deixa aos testadores ou a um terceiro, mediante condições mútuas. Recíprocos são aqueles em que um e outro se atribuem bens, um em favor de outro. Se existe mera coincidência temporal na lavratura de dois testamentos, não podemos incluí-los na proibição legal. A mancomunação tem que ser necessariamente material, a fim de tratar de um único instrumento, outorgado por duas ou mais pessoas (Fassi, 1970, v. 1:22). Se há mais de um instrumento, a nulidade pode decorrer de outras causas, ou vícios de vontade, mas não dessa dicção legal.

---

para cumprimento da finalidade a que se destina, qual seja a destinação a terceiros sem interferência externa de qualquer ordem" (*TJPR* – Ap 0001108-92.2021.8.16.0071, 15-5-2024, Relª Lenice Bodstein).

"Agravo de instrumento – **Ação de cumprimento de testamento público** – Decisão recorrida que declarou a nulidade da escritura pública de testamento, por ter sido lavrada em afronta à expressa proibição legal – Insurgência – Não acolhimento – Restou incontroverso que o testamento que se busca cumprir foi feito, no mesmo ato, por duas pessoas – Testamento conjuntivo configurado – Vedação expressa constante do art. 1.863 do Código Civil de 2002, que reproduziu a disposição do art. 1630 do Código Civil de 1916 – Nulidade absoluta – Precedentes deste E. Tribunal – Decisão mantida – Recurso não provido." (*TJSP* – AI 2036295-41.2019.8.26.0000, 10-6-2019, Rel. Moreira Viegas).

"Inventário – Testamento firmado em violação ao art. 1.863 do Código Civil – **Testamento conjuntivo simultâneo** – Pretensão do polo agravante para que seja reconhecida a validade do documento para fins de partilha de bens – Impossibilidade – Nulidade absoluta – Decisão mantida –. Agravo não provido." (*TJSP* – AI 2243245-87.2016.8.26.0000, 22-6-2018, Rel. Elcio Trujillo).

"Ação Rescisória – Ação de registro e cumprimento de testamento público – Violação manifesta à norma jurídica – Artigo 966, inciso V, do Código de Processo Civil (correspondente ao art. 485, inciso V, do CPC/73) – **Testamento Conjuntivo** – Vedação Legal – Art. 1.630, do Código Civil/1916 – Nulidade – I – Configura violação manifesta de norma jurídica, nos termos do artigo 966, inciso V, do Código de Processual Civil/2015 (correspondente ao art. 485, inciso V, do CPC/73), o erro na aplicação do direito no caso concreto. II – Em todas as modalidades de testamento (público, cerrado ou particular), é proibido o testamento comum ou conjuntivo – Firmado por duas ou mais pessoas, constituindo um único instrumento – Seja simultâneo, recíproco ou correspectivo, ainda que firmado por marido e mulher, porquanto se trata de ato personalíssimo. III – Verificado que o art. 1.630 do Código Civil/1916 foi vulnerado pelo acórdão rescindendo que confirmou a sentença monocrática, que determinou o registro e cumprimento de testamento conjuntivo, acolhe-se o pedido na presente demanda, para desconstituir a coisa julgada referente à sentença rescindenda, e julgar improcedente o pedido inicial formulado na Ação de Registro e Cumprimento de Testamento Público nº 201194813550. Pedido rescisório julgado procedente. Coisa julgada desconstituída" (*TJGO* – AR 201692156233, 25-5-2017, Rel. José Carlos de Oliveira).

"Apelação cível – **Testamento conjuntivo simultâneo** – Ato jurídico defeso em lei – Por força do art. 1.630 do CCB/1916 ou do vigente art. 1.863 do CCB/2002, tem-se que o chamado 'testamento conjuntivo simultâneo', em que os testadores em um só ato legam, em conjunto, seus bens, é expressamente vedado pelo ordenamento jurídico e nulo desde a declaração de vontade das partes, pouco importa se instrumentalizado em escritura pública ou não" (*TJMG* – AC 1.0672.13.013208-3/001, 8-3-2016, Rel. Peixoto Henriques).

"**Apelação cível** – Pretensão de registro e cumprimento de testamento público – Reconhecimento da nulidade do ato de disposição de vontade – Afronta ao art. 1.863 do Código Civil – Testamento realizado pelo pai da autora juntamente com a sua esposa, em proveito de terceiros – hipótese de testamento conjuntivo simultâneo – prática expressamente vedada pela lei substantiva – proteção ao caráter personalíssimo e unilateral da manifestação de última vontade – situação que não conserva a liberdade de dispor do patrimônio individual e de redigir, modificar ou revogar as disposições testamentárias – nulidade bem reconhecida pelo juízo singular – exegese do art. 166, inc. VII, do Código Civil – A vontade de cada um, como ato personalíssimo que é, atuando como meio de deliberação testamentária, deve ser disposta através de instrumento próprio e individual, sendo vedada a prática dos pactos sucessórios, na exata interpretação da norma inscrita no art. 1.863 do Código Civil, que proíbe expressamente o testamento conjuntivo, seja ele simultâneo, recíproco ou correspectivo. Prazo quinquenal previsto no art. 1.859 do Código Civil não consumado – lapso temporal estipulado para viabilizar a impugnação de validade do testamento – termo inicial – data do registro do testamento após o óbito do testador – contagem do prazo que sequer iniciou na hipótese enfocada – 'Somente após a abertura da sucessão e da apresentação do testamento ao Juiz, com o atendimento das disposições dos arts. 1.128 e 1.133 do CPC, é que deve ocorrer o prazo quinquenal' (IMHOF, Cristiano. *Código Civil Interpretado*. 5 ed. Florianópolis: Publicações Online, 2013). Cumprimento dos requisitos insculpidos no art. 1.864 da lei civil que não elide o reconhecimento da nulidade. Recurso conhecido e desprovido" (*TJSC* – AC 2014.090457-4, 25-6-2015, Rel. Des. Subst. Jorge Luis Costa Beber).

30.4 DISPOSIÇÕES NÃO PATRIMONIAIS DO TESTAMENTO

O Código italiano, a exemplo de nosso Código de 2002 e do Código português, refere-se às disposições não patrimoniais do testamento, dizendo o art. 587 do código peninsular:

> "As disposições de caráter não patrimonial, que a lei autoriza estejam contidas em um testamento, têm eficácia, se contidas em um ato que possua a forma de testamento, mesmo que ausentes disposições de caráter patrimonial".

Já vimos que na definição do Código português há disposição semelhante. Apesar de nosso Código de 1916 ter sido omisso a respeito de tais disposições, nunca se lhes negou validade.

Eduardo Zannoni (1974, v. 1:183), analisando a questão no direito argentino, aplicável ao nosso, expõe:

> "As disposições que pode conter o testamento não revestem necessariamente o caráter patrimonial. Mediante testamento o testador pode limitar-se a reconhecer filhos extramatrimoniais".

Prossegue o autor argentino, sintetizando o conteúdo do testamento:

> "a) disposições não patrimoniais: reconhecimento de filhos ilegítimos, nomeação de tutores ou curadores, direitos inerentes à personalidade como doação de órgãos do corpo humano etc.
> b) disposições patrimoniais:
> 1. instituição de sucessores (herdeiros ou legatários);
> 2. disposições sobre o modo de operar-se a transmissão: partilha, imposição de cláusulas restritivas (inalienabilidade, incomunicabilidade etc.), nomeação de testamenteiro etc.;
> 3. disposições indiretas sobre os bens: dispensa de colação, deserdação, revogação de testamento anterior ou sua complementação etc."

Evidentemente, são as disposições patrimoniais a principal finalidade do testamento (mais especificamente a instituição de herdeiros e legatários). Pergunta-se, então, como se devem reger as disposições não patrimoniais? Devem submeter-se às mesmas formalidades de suas respectivas categorias ou submetem-se aos rigores do testamento?

Melhor entender, principalmente porque nada impede, que tais disposições subordinem-se às formalidades a elas próprias inerentes, não se submetendo ao total de formalidades do testamento. Assim é que, nulo um testamento por vício de forma, não será nulo o reconhecimento de filiação, se para esse reconhecimento seus pressupostos foram atendidos,[4] mesmo porque a

---

[4] "**Testamento Público** – Pretendida Anulação – Alegada ausência de pleno discernimento da testadora, portadora de 'mal de Alzheimer', quando do ato de disposição de última vontade – Aplicável o prazo de cinco anos para impugnar a validade do testamento, contado da data do registro – Inteligência do artigo 1.859 do Código Civil – Registro do testamento que ocorreu em junho de 2011 – Ação proposta em junho de 2017 – Decadência configurada – Improcedência da ação decretada – Dispositivo da sentença alterado para o inciso II, do artigo 487, do Código de Processo Civil – Extinção da ação, com resolução de mérito – Verba honorária que comporta redução – recurso parcialmente provido, com observação." (TJSP – AC 1017118-76.2017.8.26.0001, 8-8-2019, Rel. Elcio Trujillo).

"**Testamento público** – Ação anulatória – Decisão que indeferiu pedido cautelar incidental de reserva de bens em processo de inventário – Pretensão respaldada em duas decisões proferidas em sede de agravo de instrumento – Nulidade – Alegada falta de fundamentação da r. decisão impugnada – Expressa referência à ausência de risco de dissipação do patrimônio deixado pela falecida – Descabimento – Recurso provido." (TJSP – AI 2081571-66.2017.8.26.0000, 28-5-2018, Rel. Theodureto Camargo).

lei admite começo de prova por escrito para tal reconhecimento (art. 1.605, I), e um testamento nulo por vício de forma é muito mais que isso. Já não podemos dizer o mesmo se o testamento foi obtido mediante coação, em que se examinará a divisibilidade da coação. Pode suceder que o testador tenha sofrido coação de ordem exclusivamente patrimonial, que nada tem a ver com o reconhecimento de filho. Por igual modo, não se submetendo o reconhecimento de filiação aos parâmetros do testamento, ao mesmo também não se submete a revogação por testamento ulterior. Nesse sentido nossa jurisprudência:

> "Nos termos do art. 1.626 do CC o testamento é ato revogável, mas somente no que toca à disposição do patrimônio. Assim, se o testador, em disposição de última vontade, reconhece filiação ilegítima sua, estará confessando esse fato, não podendo torná-lo nenhum com só a revogação do mesmo testamento" (RT 469/216).

O vigente Código, como vimos, preferiu ser expresso sobre essa situação. Frisemos que, mesmo sendo disposições de ordem não patrimonial, devem elas ter cunho jurídico. Meras exortações, demonstrações de afeto ou de ódio, inseridas no ato podem, quando muito, servir como adminículo na interpretação da vontade testamentária. Portanto, como as disposições patrimoniais são sempre revogáveis, pela natureza do testamento, aquelas não patrimoniais geralmente não o são, pois dependem de sua própria origem.

30.5 GRATUIDADE DO TESTAMENTO

Patrimoniais ou não as disposições testamentárias, o ato é de natureza gratuita. Não se impõe ao beneficiado qualquer contraprestação. O encargo imposto no legado não lhe tira tal característica. Da mesma forma, a doação com encargo não perde o caráter de liberalidade. A gratuidade é própria de uma vontade que se manifesta de per si, totalmente isolada. Ainda que o testador aquinhoe alguém, impondo a este o encargo de pensionar terceiro, tal não se converte em contraprestação. Note que o herdeiro não pode responder pelas dívidas que superem o valor da herança, de acordo com a aceitação sob benefício de inventário. Se, mesmo fazendo o inventário, o herdeiro vem a solver dívidas do espólio, estará cumprindo um dever moral, quiçá uma obrigação natural, mas não uma obrigação civil. O testamento não pode criar para o herdeiro ou legatário uma obrigação. Não se pode constituir em fonte de obrigações, embora existam obrigações que surjam de atos unilaterais. Os sucessores *causa mortis* não são devedores dos credores do morto; o espólio, sim, o é. Daí porque a necessidade de se provar a divisão de patrimônios com o inventário.

"**Anulatória de testamento público** – Sentença de procedência – Inconformismo dos requeridos – Conjunto probatório contundente quanto à incapacidade da testadora ao ato de última vontade, que beneficiou os requeridos – Descumprimento à formalidade legal (CC, art. 1.865) – Assinatura a rogo por testemunha que não instrumentária – Sentença mantida – Aplicação do art. 252 do Regimento Interno deste Egrégio Tribunal de Justiça – Parecer da d. Procuradoria Geral de Justiça no mesmo sentido – Recurso não provido" (*TJSP* – Ap 0027392-39.2011.8.26.0224, 17-2-2016, Rel. Fábio Quadros).

31

CAPACIDADE DE TESTAR E CAPACIDADE DE ADQUIRIR POR TESTAMENTO

31.1 CAPACIDADE DE TESTAR (CAPACIDADE TESTAMENTÁRIA ATIVA)

Há uma capacidade especial para testar que não se confunde com a capacidade em geral para os atos da vida civil. Quando a lei regula diferentemente a aptidão para determinados atos, trata-se, na verdade, de legitimação para o ato, em terminologia destacada da teoria do processo.

Se não são todas as pessoas que podem testar, importa, então, examinar quais as pessoas legitimadas a efetuar o ato. Também não há reciprocidade, porque se, regra geral, todas as pessoas físicas ou jurídicas podem receber por testamento, só as pessoas físicas podem testar. As pessoas jurídicas têm outras formas de disposição de seu patrimônio quando de seu desaparecimento.

O agente capaz de testar tem legitimidade ativa para o testamento. Aquele que pode receber por testamento tem legitimidade passiva testamentária. Há certas pessoas, contudo, que não podem usar de certas formas de testamento. A lei lhes dá legitimidade mais restrita. O testador, por exemplo, não sabendo a língua nacional, não pode testar de forma pública, pois, para os instrumentos públicos, é essencial que sejam redigidos em português. O cego só pode testar sob a forma pública (art. 1.867). Há também restrições acerca do alcance das disposições testamentárias (não se pode dispor da *legítima*), mas a certas pessoas (mas aqui se trata, na verdade, de falta de legitimação para receber a deixa testamentária). Essas situações heterogêneas, portanto, não têm a ver propriamente com a capacidade testamentária em geral. Para a prática de qualquer ato jurídico, primeiramente verifica-se a existência da capacidade em geral; uma vez existente esta, verificar-se-á se, para o ato em questão, a lei (ou mesmo a vontade da parte, quando isto é possível) não lhe tirou a capacidade. A regra geral é a capacidade.[1] Nosso Código de 2002 regula a incapacidade ativa para o testamento no art. 1.860:

---

[1] "Declaratória de nulidade de testamento. Insurgência do autor contra sentença de improcedência. Provas dos autos indicativas de **ausência de incapacidade da falecida** à ocasião da lavratura do testamento, de modo que ausente violação ao art. 1.860 do CC. Erro, dolo ou coação, além de não comprovados, não ensejariam a nulidade do testamento, mas eventual anulação (art. 1.909 do CC). Violação à legítima não é causa de invalidação do testamento, mas de eventual redução aos limites da parte disponível (art. 1.967 do CC). Questão a ser discutida no inventário já ajuizado pelo aqui autor. Sentença mantida. Recurso desprovido" (*TJSP* – Ap 1079399-57.2020.8.26.0100, 22-8-2023, Rel. Carlos Alberto de Salles).

"Além dos incapazes, não podem testar os que, no ato de fazê-lo, não tiverem pleno discernimento.

Parágrafo único. Podem testar os maiores de dezesseis anos".

O Projeto nº 6.960 tentou corrigir essa redação, que apresentava ranço do direito anterior, para dizer simplesmente que *"além dos absolutamente incapazes, não podem testar os que, no ato de fazê-lo, não tiverem o devido discernimento"*. Com essa dicção, fica claro que os maiores de dezesseis anos podem testar.

O Código anterior dispunha no art. 1.627 que eram incapazes de testar:

"I – os menores de 16 (dezesseis) anos;

II – os loucos de todo o gênero;

III – os que, ao testar, não estejam em seu perfeito juízo;

IV – os surdos-mudos que não puderem manifestar a sua vontade".

31.1.1 Incapacidade em Razão da Idade

Quanto ao fato de se permitir que maiores de 16 anos se utilizem de testamento em ambos os diplomas, o interesse é, como regra, teórico, pois nessa idade dificilmente alguém pensará em ato de última vontade, mas a possibilidade existe e é isso que importa. As legislações comparadas também trazem idades mínimas aproximadas ou igual a nossa. Assim, o relativamente capaz tem plena capacidade de testar. Trata-se, pois, de uma capacidade mais ampla do que a capacidade geral. Importa pensar que, para fazer testamento, a lei procura reconhecer no sujeito um certo

---

"Testamento – Ação anulatória – **Capacidade civil do testador** – 'Apelação cível. Testamento. Ação anulatória. Capacidade civil do testador. Portador de tumor cerebral maligno. Prova no sentido da evolução na piora do quadro clínico e comprometimento da capacidade civil. A disposição de última vontade do testador não deve ser preservada, se for comprovada sua incapacidade mental, por ocasião do ato, para livremente dispor de seus bens. Demonstrado nos autos que a testadora estava acometida de tumor cerebral, com expectativa de vida reduzida, bem como com piora progressiva no quadro clínico que antecedeu a realização do testamento e se protraiu até sua morte, justificada por documentos médicos e depoimento de profissional que a acompanhou, a conclusão de que sua capacidade cognitiva se encontrava prejudicada e que, por consequência, o testamento é nulo, é medida que se impõe.' (TJDFT – Proc. 20170510046403APC – (1147521), 5-2-2019, Rel. Esdras Neves).

"**Testamento** – Nulidade – Capacidade mental questionada por herdeiros colaterais – Testador, médico, que formulou o ato de disposição seis anos antes de sua morte – Prova majoritária a revelar plena capacidade – Existência de epilepsia, desde a infância, a não ensejar incapacitação como a pretendida pelos herdeiros – Conjunto probatório a revelar condições plenas de discernimento sendo o ato praticado perante tabelião – Análise no campo administrativo que não afastou a fé pública do oficial – Mesma condição em fase judicial – Participação do testador, ao longo dos anos, em atividades profissionais e, em época da realização da disposição de última vontade, ministrava e participava de cursos – Condições a confirmar plena capacitação geradora da regularidade do ato praticado – Edição de três testamentos que não afasta a validade do último que, na forma da lei, deve prevalecer com revogação dos editados em datas anteriores – Análise dos demais, conforme decisão superior, para a hipótese de acolhimento de vício e consequente nulidade do mais recente, restabelecido o antecedente – Condição não apurada – Validade do último a produzir regulares efeitos e, consequentemente, a revogar os demais – Destinação do patrimônio para conhecidos e vizinhos que, por si só, não afasta a vontade do testador que, no caso, viúvo, não contava com descentes e nem ascendentes – Possibilidade da destinação, ausente direcionamento ou vício da vontade – Sentença, sob tal limite, confirmada. HONORÁRIA – Fixação diante parâmetros previstos pelo § 3º, do artigo 20 , do Código de Processo Civil de 1973 – Pretensão de mudança com aplicação do disposto pelo § 4º do mesmo artigo diante natureza da ação – Possibilidade – Aplicação do montante de 10% (dez por cento) sobre o valor da causa corrigida em face de impugnação a revelar, com atualização monetária, quantia que extrapola a justa e adequada remuneração – Arbitramento, a teor do parágrafo reclamado, em quantia fixa e com atualização a contar do julgamento do recurso nesta instância que melhor se adéqua ao parâmetro de justo pagamento e valorização do profissional da advocacia vencedor – Sentença, nessa parte, alterada –. Recurso parcialmente provido." (TJSP – Ap 0002313-87.2009.8.26.0625, 2-5-2018, Rel. Elcio Trujillo).

grau de discernimento. Acertadamente, a lei entende que o maior de 16 anos tem esse discernimento para manifestar a vontade testamentária. Caso não fosse a lei expressa, necessitaria da assistência do pai ou responsável, tal o impossibilitaria de testar, dado o personalismo do ato já aqui estudado. A origem dessa capacidade vem do Direito Romano, quando se adquiria a capacidade em geral com a puberdade, não havendo, em princípio, uma idade predeterminada.

A capacidade para testar é examinada no momento em que o ato é praticado. No dia da feitura do testamento, o menor deve ter completado a idade legal. Não se leva em conta a hora do ato, pois isto traria instabilidade desnecessária. Se houver dúvida acerca da idade, a questão é meramente de prova.

Se o menor podia testar a partir dessa idade, ao completar 18 anos, no sistema anterior, com maior razão não necessitaria da emancipação para fazê-lo. Se o menor não possui discernimento mental para o testamento, sua capacidade não advirá da idade, mas do requisito legal que exige plena higidez mental.

Como o ordenamento estabeleceu regras próprias para a capacidade testamentária ativa, mesmo que o menor atinja plena capacidade civil pelos outros meios que a lei permite (pelo casamento, por exemplo, com suplementação judicial de idade), tal não concede legitimação para o ato de última vontade. Portanto, a capacidade para testar é independente da emancipação (Cicu, 1954:152).

31.1.2 Incapacidade por Falta de Discernimento ou Enfermidade Mental

No momento da elaboração do testamento, o agente deve ter a capacidade de entender o ato e seu alcance. Importante a possibilidade de o testamento ser gravado com som e imagem, algo que o projeto de reforma do Código Civil em curso já dispõe. Com a gravação o juiz terá maior amplitude de convencimento sobre as condições do testador durante o ato.

Desse modo, a expressão legal *loucos de todo gênero* não só era obsoleta na psiquiatria como também não se amoldava à verdadeira intenção do legislador. Por essa expressão, restritamente falando, só se pode entender aqueles que tinham interdição judicial. O interdito, é evidente, não pode testar. Não se esqueça, contudo, do que sempre repetimos: que toda afirmação peremptória em direito é arriscada.

No entanto, a saúde mental deficiente no momento da feitura da cártula pode ensejar a anulação do ato. Aqui se trata de aplicar o inciso III do dispositivo anterior: *"os que, ao testar, não estejam em seu perfeito juízo"*. Ou, como dispõe o vigente Código, os que no ato de testar *não tiverem pleno discernimento*. Não havendo sentença de interdição, eventual pedido de anulação por problema mental se insere aqui.

Orlando Gomes (1981:94) critica a orientação da lei:

> *"quanto às condições mentais, melhor fora agrupá-las numa categoria única, usando expressões de recente codificação, conforme as quais não podem testar os interditos por anomalia psíquica, evitando-se a prática abusiva das anulações de testamento por ter sido o testamento feito quando o testador não estava em seu perfeito juízo".*

Refere-se o autor ao vigente Código português, que diz serem incapazes de testar os interditos por "anomalia psíquica" (art. 2.189, *b*).

Todavia, os grandes problemas a respeito ocorrem justamente quando não há decreto de interdição. Os interessados pretenderão provar que o testador não tinha higidez psíquica quando da elaboração do testamento. A prova, evidentemente toda indireta, é custosa e difícil.

O Código de 2002, como vimos, englobou em fórmula única os incisos II e III, dizendo que, *"além dos incapazes, não podem testar os que, no ato de fazê-lo, não tiverem seu pleno discernimento"* (art. 1.860).

A questão, porém, não se altera, pouco importando a redação atual da lei. A prova deve dizer se o agente estava no momento crucial na plenitude de suas faculdades mentais.

Não tem capacidade de testar tanto o demente como aquele que testou sob fugaz estado de alienação, como por exemplo sob efeito de alucinógeno, capaz de tolher o discernimento, ou em estado etílico que o leve a tal. Não se examina o estado psíquico do testador nem antes nem depois do testamento, mas *no momento do testamento* (art. 1.861). A zona fronteiriça é sempre a mais nebulosa e sempre um grande escolho para o julgador, nesses casos. De qualquer modo, afere-se a capacidade do testador quando do ato: a incapacidade superveniente não invalida o testamento, nem o testamento do incapaz se valida com a superveniência da capacidade, segundo os termos do art. 1.861.

Estando pendente processo de interdição, o exame da incapacidade, se não se lhe aguardar o resultado do processo, ou o período da interdição não atingir o momento da elaboração do testamento, faz-se no curso do pedido de nulidade. Mesmo que levantada a interdição por sentença, isto não inibe o interessado de provar que, no momento culminante, qual seja, o da elaboração do testamento, faltava discernimento ao testador. Tal não inibe que tivesse o agente uma recaída ou estivesse então atravessando um daqueles períodos de breve ou brevíssima incapacidade, como alcoolismo, sonambulismo, hipnotismo etc. Não há que se admitir capacidade testamentária a quem testa sob transe hipnótico, ou naqueles estados psíquicos que muitas ciências espiritualistas entendem que o sujeito não comanda seus atos. Nessas ações, muito importante, além dos pareceres dos psiquiatras, é todo o conjunto probatório que deve girar em torno do momento e da época em que o testamento foi feito e a situação de vida do testador. Questão das mais tormentosas é saber se, mesmo interdito, pode ele testar num estado de lúcido intervalo, ou quando a sentença de interdição não foi levantada, apesar de sua cura. Não resta dúvida que o interdito é um incapaz absoluto de testar, mas, como sempre declaramos, qualquer afirmação peremptória em direito é arriscada. Os casos concretos estão sempre a desafiar a própria ficção. O juiz deve sempre aplicar a lei com o temperamento que sua finalidade permite. A pergunta que se fará no caso é se é razoável privar do direito de testar (no caso, declarar nulo o ato) aquele que no curso de uma interdição recupera as faculdades mentais (Fassi, 1970, v. 1:75). Ou alguém, por exemplo, em estado de coma que retorna à consciência e realiza o testamento. A questão entrosa-se demais não só com a ciência médica e a ciência jurídica, mas também com valores mais altos da existência humana, que uma obra como esta deve aprofundar.[2]

---

[2] "Testamento público – **Ação de nulidade de testamento e inventario extrajudicial** – Alegação da autora, irmã do falecido, de incapacidade deste – Sentença de procedência para o fim de reconhecer a nulidade do testamento público, sob o fundamento de que estava em progresso de Alzheimer, estando comprometida, por certo, a capacidade de compreensão e expressão da vontade no momento da lavratura do testamento – Inconformismo da ré, sobrinha do testador, a quem foi deixado como legado um imóvel – Testador que não possuía herdeiros necessários, podendo livremente dispor de seus bens – Prova pericial indireta, com análise de prontuários acostados aos autos, que concluiu inexistir comprovação de insanidade mental em março de 2018, quando lavrado o testamento – Conclusão da perícia em consonância com a declaração da Tabeliã na lavratura do ato de que o testador estava em 'seu perfeito juízo, claro entendimento, livre de coação e constrangimento', consignando ainda que foi arquivado junto ao ato atestados médicos de sua plena capacidade mental – Autora que não comprovou os atos constitutivos de seu direito – Ausência de elementos que deem amparo à pretendida anulação do testamento – Recurso provido" (*TJSP* – Ap 1010007-89.2020.8.26.0048, 29-6-2023, Rel. Galdino Toledo Júnior).
"Apelação cível – Ação declaratória de nulidade – **Testamento – Capacidade** – Prova – Recurso desprovido – 1- 'Toda pessoa capaz pode dispor, por testamento, da totalidade dos seus bens, ou de parte deles, para depois de sua

De qualquer modo, há que se presumir sempre a capacidade. Na dúvida, deve-se resolver pela validade do ato. A regra é de lógica jurídica.³

---

morte'. Inteligência do art. 1.857, do Código Civil. 2- A capacidade do agente que pratica o negócio jurídico serve à aferição da legitimidade da declaração de vontade expressada, já que, somente aqueles que são capazes podem exercer atos de vontade livremente. Relativamente à capacidade para testar, o art. 1.860, caput, do Código Civil assim proclama: 'Além dos incapazes, não podem testar os que, no ato de fazê-lo, não tiverem pleno discernimento'. 3- A capacidade plena se presume e é corroborada com a realização do ato por Oficial de Registro, mediante lavratura escritura pública e na presença de duas testemunhas. 4- A desconstituição do ato de disposição de última vontade depende de prova cabal da incapacidade do testador, o que não ocorreu no presente caso. 5- Recurso desprovido." (TJES – Ap 0006797-58.2017.8.08.0014, 24-7-2019, Rel. Des. Telemaco Antunes de Abreu Filho).

"Apelação – **Ação anulatória de testamento público** – Requisitos formais presentes – Capacidade mental da testadora demonstrado por meio de depoimento de testemunhas – Depoimento de médico frágil e contraditório com outros elementos dos autos – Validade da escritura pública – Sentença reformada – Em consonância com parecer da PGJ – Recurso conhecido e provido." (TJMS – AC 0800688-07.2014.8.12.0008, 12-7-2018, Rel. Des. Júlio Roberto Siqueira Cardoso).

"Apelação cível – Direito das sucessões – Ação de anulação de testamento público – Alegação de nulidades – plena **capacidade da testadora** – Mero erro material que não macula a vontade da falecida – Recurso não provido – A incapacidade superveniente do testador não invalida o testamento, nem o testamento do incapaz se valida com a superveniência da capacidade – Constatado que por mero equívoco, fez-se incluir no testamento imóvel que não pertencia à testadora, aplicável a disposição contida no art. 1.912 do Código Civil, a saber: 'É ineficaz o legado de coisa certa que não pertença ao testador no momento da abertura da sucessão' – Tal vício não faz macular de nulidade o restante do documento público, que deve permanecer válido, em observância à vontade da testadora (artigo 1.899 do CC) – Recurso não provido" (TJMG – AC 1.0372.10.005011-4/001, 30-8-2016, Relª Heloisa Combat).

"**Apelação cível** – Ação de anulação de testamento público – Capacidade de testar não comprovada – Testadora – Internação em CTI – recurso improvido – 1 – Na hipótese, verifica-se que a Escritura de Testamento Público não cumpriu com os requisitos formais contidos em lei, bem como, foi demonstrado que a testadora se encontrava no CTI de hospital e estava com seu entendimento comprometido, de modo que não detinha a vontade livre e plena consciência para testar. 2 – Logo, impõe-se a manutenção da sentença que, reconhecendo a ocorrência de simulação, julgou procedente o pedido inicial para anular o documento em espeque" (TJMG – AC 1.0433.05.147823-1/001, 12-6-2015, Relª Hilda Teixeira da Costa).

"**Civil e processo civil** – Agravo regimental no agravo em recurso especial – Ação anulatória de testamento público – Preterição de formalidade legal – Meros vícios formais – Higidez do ato – Certeza quanto à vontade do testador – Inexistência de comprometimento – Regular manifestação de última vontade da testadora – Preservação – Prevalência – 1 – Se o contexto fático foi bem delineado pelas instâncias ordinárias, não se mostrando necessário avaliar fatos e provas dos autos para a análise da questão jurídica submetida a este Tribunal Superior, afasta-se a alegação do óbice de que trata a Súmula nº 7/STJ. 2 – A análise da regularidade da disposição de última vontade (testamento público) deve considerar o princípio da máxima preservação da vontade do testador (CC/1916, art. 1.666; CC/2002, art. 1.899). 3 – A constatação de vício formal, por si só, não deve ensejar a invalidação do ato, máxime se incontroversa a capacidade mental do testador, na oportunidade em que lavrado o ato notarial, para livremente dispor de seus bens. Precedentes do STJ. 4 – Agravo regimental a que se nega provimento" (STJ – AgRg-AG-REsp. 365.011 – (2013/0209478-6), 25-9-2014, Rel. Min. Antonio Carlos Ferreira).

³ "**Testamento** – Ação de abertura, registro e cumprimento de testamento público. Processo de jurisdição voluntária, no qual não é possível discutir o conteúdo do testamento. Escopo da ação limitado ao exame da validade formal do testamento. Apelante que contesta a capacidade do testador e a idoneidade das testemunhas testamentárias. Questões que extrapolam a estreita via desta ação e já estão sob judice em ação anulatória de inventário. Precedentes do STJ e desta Corte. Decisão mantida. Recurso desprovido." (TJSP – AC 1006894-47.2017.8.26.0529, 23-8-2019, Rel. Alexandre Marcondes).

"Apelação cível – Ação de anulação de testamento – **Incapacidade da testadora** – A idade avançada e eventual enfermidade do testador, por si só, não comprovam sua incapacidade para testar, que não pode ser presumida, devendo ser robustamente provada. Ausência de prova de que a testadora não tinha pleno discernimento dos atos quando da escrituração do testamento. Recurso desprovido." (TJRS – AC 70078772506, 26-9-2018, Relª Desª Liselena Schifino Robles Ribeiro).

"Embargos de declaração – Apelação Cível – Ação anulatória de testamento – **Testador interditado provisoriamente** – Prodigalidade – Incapacidade de testar – Ônus do autor quanto aos fatos constitutivos – Art. 333, inc. I do CPC /73 – 1 – Na sucessão testamentária exige-se a capacidade do testador, o que compreende o pleno discernimento para elaborar sua disposição de última vontade, com fulcro nos arts. 1.857 e 1.860 do CC, de modo que demonstrada em ação de interdição o comprometimento das faculdades mentais do de cujus, em decorrência da idade avançada e doenças supervenientes da velhice, corroborado pelo conjunto probatório, além de ter sido nomeado como testamenteiro advogado destituído do cargo pelo juízo a quo em razão de requerimento do parquet, a declaração da nulidade é medida que se impõe, com fulcro no art. 166 daquele diploma, entre

O respeitado civilista argentino Guillermo A. Borda (1987, v. 2:161) chama a atenção para o cuidado com a prova nos casos de alienação. Não se esqueça de que, se a avaliação da prova é dirigida ao juiz, é importante que o advogado, sem ferir sua ética, proporcione tais meios. O testamenteiro tem importante dever no exame do testamento que lhe foi confiado e não se pode omitir no processo. A prova testemunhal, mais do que normalmente, deve sofrer um aprofundado exame crítico. O valor dessa prova é mais qualitativo do que quantitativo. É absolutamente relativa a declaração do oficial público de que o testador se apresentou na plenitude de suas faculdades mentais, mera declaração de estilo cartorário.[4] Avultam de importância os testemunhos dos médicos que trataram do falecido na época do testamento. Como a perícia médica é indireta, seu valor é muito relativo. O perito só se valerá, praticamente, de todas as provas também ao alcance do juiz. Outra situação que deve ser examinada pelo juiz é a cártula testamentária em si. Como foi redigida; se vem em linguagem lógica ou não; o exame da caligrafia do testador, se se tratar de redação de próprio punho. Há técnicas apuradas que informam o estado psíquico de quem escreve. Tão só o exame da assinatura já permite essa prova.

---

outros dispositivos legais, independentemente de interdição. 2 – Com efeito, nos termos do art. 333 do CPC/73, trata-se de ônus imposto ao herdeiro beneficiário no testamento do genitor interditado em medida provisória de interdição comprovar a validade do instrumento ante a certeza de discernimento e capacidade do testador, fato este suficientemente afastado pelos autores. Embargos declaratórios rejeitados" (TJGO – AC-EDcl 201293848883, 16-8-2016, Relª Desª Sandra Regina Teodoro Reis).

"**Ação de anulação de testamento**. Pretensão de anulação de testamento público. Testador que era interdito. Levantamento da interdição ocorrido dez anos antes da lavratura do testamento público. Não comprovação de que o testador, acometido de câncer, não possuía capacidade de manifestar a sua vontade. Ausência de posterior pedido de interdição. Sentença de improcedência mantida. Aplicação do art. 252 do regimento interno do Tribunal de Justiça do Estado de São Paulo. Recurso não provido" (TJSP – Ap 9128150-31.2009.8.26.0000, 5-4-2013, Rel. Helio Fari).

[4] "Agravo de instrumento – **Ação anulatória de testamento** – Decisão que considerou suficientes os documentos coligidos aos autos para a realização da prova pericial destinada a aferir o discernimento da testadora à época da lavratura do testamento objeto dos autos – Inconformismo das autoras – Alegação de que os documentos coligidos aos autos pela Secretaria de Estado de Saúde são insuficientes para embasar o trabalho do perito nomeado pelo MM. Juízo 'a quo', tornando necessária a expedição de ofícios para outros órgãos públicos, bem como a oitiva de testemunhas para verificar a capacidade da testadora – Descabimento – Caso em que incumbe ao Juiz determinar as provas que entender necessárias para o deslinde da causa, somente a ele cabendo decidir sobre a necessidade ou não de sua realização – Inteligência do artigo 370, CPC – Recurso desprovido." (TJSP – AI 2043307-43.2018.8.26.0000, 1-4-2019, Rel. José Aparício Coelho Prado Neto).

"Apelação cível – **Ação de anulação de testamento** – Ausência de formalidades legais previstas no artigo 1.863 do Código Civil – Não ocorrência – Testamento correspectivo – Não caracterização – Sentença mantida – Recurso desprovido – Não há nulidade na confecção do testamento que obedece aos requisitos legais, notadamente quando o testador é cego e o seu conteúdo é lido duas vezes, conforme consignado expressamente na escritura pública. 'O entendimento dominante é o testamento conjuntivo só se caracterizar se efetuado no mesmo instrumento, não havendo a mesma vedação para disposições simultâneas, recíprocas ou correspectivas em cédulas separadas, pois, nesse caso, é preservada a característica essencial da revogabilidade do testamento' (ANTONINI, Mauro. Código civil comentado. 10 ed. Coord. Min. Cezar Peluso. São Paulo: Manole, 2016. p. 2147)." (TJSC – AC 0306297-21.2014.8.24.0064, 15-8-2017, Rel. Des. Fernando Carioni).

"Apelação cível – Direito Sucessório – **Testamento Público – Testador Cego** – Formalidades legais não observadas – Nulidade – Inocorrência – Presença dos requisitos essenciais de validade – Plena capacidade mental do testador – Disposição de última vontade – O art. 1.867, do Código Civil, dispõe que 'ao cego só se permite o testamento público, que lhe será lido, em voz alta, duas vezes, uma pelo tabelião ou por seu substituto legal, e a outra por uma das testemunhas, designada pelo testador, fazendo-se de tudo circunstanciada menção no testamento'. No entanto, no caso, embora não se tenha observado todas as exigências legais, pelo contexto dos autos, o testador no ato da disposição de última vontade se encontrava com plena capacidade mental para dispor de seus bens em favor do apelante, questão esta afirmada pela própria apelada quando do seu depoimento pessoal, de modo que o fato do testamento produzido não ter obedecido ao requisito da leitura também por uma das testemunhas, bem como não ter constado a condição especial do testador, não invalidam o testamento público por ter este traduzido a vontade real do testador. Recurso provido" (TJMG – AC 1.0687.11.001205-5/001, 13-4-2016, Rel. Judimar Biber).

31.1.3 Diferença entre Incapacidade de Testar e Vícios de Vontade

Não se confundem os casos de incapacidade de testar com os vícios que inquinam a vontade (erro, dolo, coação). Nada impede que se peça a declaração de nulidade por falta de discernimento e, subsidiariamente, a anulação do ato por vício. Assim, o exame dos vícios da vontade deve vir *a posteriori*, após estar assente que caso nenhum de nulidade existiu. Assim também, nem sempre os vícios de vontade anularão todo o testamento, podendo prejudicar apenas disposições em que o vício se manifestou. Aqui, tem validade o brocardo *utile per inutile non vitiatur*. Tudo que se falou a respeito do erro, dolo e coação em *Direito civil: parte geral* aplica-se ao testamento, negócio jurídico que é.

Lembremos que o presente Código fixou em cinco anos o prazo decadencial para impugnar a validade do testamento, contado o prazo da data de seu registro (art. 1.859). Ao mencionar impugnação, o diploma vigente se refere tanto aos casos de nulidade como de anulabilidade. Com isso, derroga a regra geral do art. 169, segundo o qual o negócio nulo não é suscetível de confirmação, nem convalidação pelo decurso do tempo. A natureza do testamento e as dificuldades que a regra geral da imprescritibilidade ocasionaria forçou essa tomada de posição pelo legislador. Essa exceção ao princípio geral vem demonstrar que não é conveniente essa regra geral de não extintibilidade com relação aos negócios nulos. Melhor seria que se abraçasse a corrente doutrinária anterior que entendia que os atos nulos prescrevem no prazo máximo estabelecido no ordenamento. Nesse campo de nulidades, porém, há que se atentar para as hipóteses de inexistência de testamento, quando qualquer prazo extintivo se mostra inaplicável para sua declaração, como ocorre, por exemplo, na hipótese de perfeita ausência de vontade do testador. Como já enfocamos em nossa obra *Direito civil: parte geral*, a ausência de vontade torna o ato inexistente e isto pode ser declarado a qualquer tempo.

O Projeto nº 6.960/2002 sugeriu nova redação no art. 1.859:

> "*Extingue-se em cinco anos o direito de requerer a declaração de nulidade do testamento ou de disposição testamentária, e em quatro anos o de pleitear a anulação do testamento ou a disposição testamentária*".

Essa modificação, por um lado, torna claro que o prazo de cinco anos se aplica às hipóteses de nulidade. Por outro lado, o prazo de quatro anos procura harmonizar o texto com o art. 1.909, que dispõe serem anuláveis as disposições testamentárias inquinadas de erro, dolo ou coação. Tal como está no texto promulgado, há que se levar em conta que para esses vícios de vontade o prazo decadencial será sempre de quatro anos, o que causa certa perplexidade.

O erro pode viciar uma única disposição testamentária, ou todo o testamento, conforme o caso. É situação a ser examinada quando da interpretação das cláusulas testamentárias. Todavia, em matéria de testamento o dolo assume uma feição típica que é a *captação de vontade*. Frequentemente, a captação de vontade não se resume a um único ato. Trata-se, geralmente, de uma conduta captatória, de uma manobra engendrada por aqueles que gravitam em torno do testador, muitas vezes moribundo, quando sua vontade, melhor dizendo, seu espírito já está enfraquecido. É indissociável no exame de um testamento duvidoso o exame das condições ambientais que cercaram o ato.

A captação por si não vicia o ato, tanto que Sílvio Rodrigues (1978, v. 7:108) enfatiza que a captação dita inocente não o invalida. Se a pessoa que, sem demonstração maior de interesse, cuidou por muito tempo do testador, com amparo moral e material, e só por isso vem a ser retribuída no testamento, não há que se falar em dolo. A distinção é aproximadamente, *mutatis mutandis*, aquela que fizemos de dolo bom e dolo mau (*Direito civil: parte geral*, seção 23.4.2).

O testamento deve anular-se quando a captação de vontade do disponente ocorreu com meios e procedimentos reprováveis: mentiras, armadilhas emocionais, calúnias para com terceiros relacionados com a herança, atitude de dominação para com o testador etc. Tudo isso deve ser sopesado na prova. Sem dúvida que se tornam campo propício para a captação dolosa a fraqueza de espírito, a solidão e a idade avançada, a enfermidade, embora nenhum desses aspectos possa e deva ser considerado definitivo. O dolo, nessas circunstâncias, deve anular o testamento, seja para beneficiar o próprio causador, seja para beneficiar terceiros. O que se combate é o dolo em si, e não a captação, que é espécie de dolo. Não se esqueça, outrossim, de que os princípios estudados na Parte Geral aqui se aplicam. Deve o dolo ser a causa do ato. O dolo acidental não invalida o negócio.

Também por coação, como qualquer ato, se anula o testamento. Contudo, como lembra Guillermo Borda (1987, v. 2:175), há uma particularidade em matéria de testamento:

> "como o testamento é essencialmente revogável e a revogação pode surgir de um ato secreto, como é o testamento particular ou cerrado, se faz difícil admitir a violência como causa de nulidade, se não se prova que ela se manteve continuadamente até o momento da morte".

O juiz deve examinar se a violência cessou e permitiu que o testador pudesse ter feito outro testamento ou revogado aquele. Os vícios de vontade, cumpre não esquecer, podem ser causa de indignidade ou deserdação (arts. 1.814, III, e 1.961).

31.1.4 Surdos-mudos

Enquanto a Parte Geral do Código de 1916 dava como absolutamente incapazes os surdos-mudos que não pudessem *exprimir* sua vontade (art. 5º, III), a incapacidade para fazer testamento reporta-se àqueles que não puderem *manifestar sua vontade* (art. 1.627, IV).

Para fazer testamento, não basta que o surdo-mudo possa exprimir-se. O testamento requer que ele saiba manifestar uma vontade testamentária idônea. Tão só a linguagem técnica ensinada aos surdos-mudos não é suficiente para testar, uma vez que, havendo necessidade de alguém que a interprete e traduza, tal iria contra a característica de ato personalíssimo do testamento. Dessa forma, mesmo que educados pelos modernos métodos científicos e considerados aptos para a vida civil, isto é, para aqueles atos em que a audição e a fala não são essenciais (Venosa, *Direito civil: parte geral*, seção 10.3.3), para o testamento é imprescindível que o surdo-mudo saiba escrever, podendo testar sob a forma cerrada (art. 1.873), assinando-o de sua mão e escrevendo na face externa do papel ou do envoltório que aquele é seu testamento. Podem, em princípio, mormente se for apenas surdo, testar pela forma pública, na forma do art. 1.866 do Código em vigor:

> "O indivíduo inteiramente surdo, sabendo ler, lerá o seu testamento, e, se não o souber, designará quem o leia em seu lugar, presentes as testemunhas".

Não podem testar sob a forma particular, porque não poderão ler o instrumento perante as testemunhas (art. 1.876, § 1º). Se já foi educado suficientemente para que possa falar, podendo fazer a leitura, será apenas surdo, o que não o impedirá de testar dessa última forma. Na verdade, a lei referia-se ao surdo-mudo analfabeto. Com mais propriedade, o Código argentino fala na Parte Geral (art. 153) que são incapazes os surdos-mudos que não se podem fazer entender por escrito. Esse é o real sentido dessa incapacidade testamentária.

Como assinala Borda (1987, v. 2:166),

"o que interessa aos efeitos de convalidar o testamento (como qualquer outro ato jurídico) não é uma atitude rudimentar e quase automática para descrever letras e palavras; é necessário uma escritura que permita exteriorizar o pensamento e a vontade, e que indique, ademais, uma plena compreensão do que se escreve".

Não faltando o sentido da audição, não existe incapacidade de testar, ainda que o agente se exprima mal, ou com dificuldade, mas de forma suficientemente compreensível.

31.2 SOBRE OUTRAS INCAPACIDADES

Como vimos, a capacidade de testar não coincide sempre com a capacidade em geral. Em alguns casos, são mais amplas, como aquele do maior de 16 anos; em outros casos, são mais restritas, como a questão dos surdos-mudos. Como para o testamento se exige a mais perfeita razão, a lei há de ser exigente nesse ponto, permitindo ao juiz que verifique, em cada caso, a capacidade no momento de testar. Afora, porém, as incapacidades enumeradas, não há outras. A capacidade é sempre a regra, a incapacidade, exceção. A velhice, por si só, não gera incapacidade.[5] Enquanto houver discernimento, há capacidade. O mesmo se diga a respeito

---

[5] "Apelação cível. Anulatória de testamento. Inconformismo que não comporta acolhimento. Alegação de **senilidade da falecida. Suposta incapacidade para atos da vida civil**. A capacidade se presume, a incapacidade deve ser comprovada. A senilidade, por si só, não é causa de restrição da capacidade de fato, porque não pode ser considerada equivalente a um estado psicopático. Perícia realizada em sede de ação de interdição quinze meses após a lavratura do testamento que não permite dizer que à época dos fatos a autora era incapaz para os atos da vida civil. Tabelião que na lavratura do ato atestou que a testadora estava em plena capacidade de entendimento, o que foi confirmado pelas testemunhas. Assinatura a rogo na presença do Tabelião por opção da testadora que não invalida o ato. Autor que não comprovou os atos constitutivos de seu direito. Ausência de elementos que deem amparo à pretendida anulação do testamento. Sentença de improcedência mantida. Recurso desprovido" (*TJSP* – Ap 1039076-19.2021.8.26.0506, 14-5-2024, Rel. Coelho Mendes).
"Apelação – Ação de Nulidade de Testamento – Testamento manifestado de forma idônea – Ausência de vício de consentimento a comprometer a manifestação da vontade – 'De cujus' que estava lúcida no momento da realização do ato – **Senilidade que, por si só, não restringe a capacidade do agente** – Sentença mantida – Recurso improvido" (*TJSP* – Ap 1106305-21.2019.8.26.0100, 7-6-2023, Rel. Luiz Antonio Costa).
"Apelação. Anulatória. Testamento. Inconformismo contra sentença que não acolheu a pretensão. Vício de consentimento. **Alegada incapacidade da testadora**, idosa, que morava sozinha e em péssimas condições de higiene. Irrelevância. Conjunto probatório a demonstrar plena capacidade cognitiva da testadora à época da declaração de última vontade. Testamento que preenche os requisitos do art. 1.864 do CC. Improcedência mantida, com determinação para desbloqueio de imóvel. Recurso não provido, com determinação". (*TJSP* – Ap 0000401-23.2014.8.26.0094, 9-8-2022, Rel. Schmitt Corrêa).
"**Ação declaratória de nulidade de testamento cerrado** – Pleito deduzido pelo herdeiro-neto que, por direito de representação da herdeira-filha pré-morta, sucedera o falecido avô. Sentença de parcial procedência. Disposições que revelam a vontade do testador, sem nenhum indício de mácula. Hipóteses dos arts. 1.900 e 1.909 do Código Civil inocorrentes. Vontade hígida a validar o ato de disposição impugnado. Conjunto probatório que ratifica, de forma inequívoca, que o documento fora firmado pelo próprio testador, por livre e espontânea manifestação volitiva, não pairando, tampouco, nenhuma dúvida quanto à capacidade testamentária no momento de elaboração do negócio jurídico. Testamento conjuntivo não configurado. Coincidência temporal que se admite, sobretudo ante a lavratura de dois instrumentos distintos. Precedentes. Inexistência de concreta invasão na autonomia privada do testador. Ausência de irregularidade e/ou de qualquer vício da vontade capaz de invalidar o testamento. Requisitos formais do testamento cerrado (art. 1.638 do CC/16; art. 1.868 do CC/02). Finalidade de preservação da segurança, veracidade e validade intrínseca do ato. Interpretação, contudo, que deve voltar-se às circunstâncias fáticas apresentadas, sob pena de se valorizar mais o ritualismo à autenticidade do documento. Ato solene que não deve ter como prioridade a forma em detrimento da vontade do testador. Em matéria testamentária, o rigor formal deve ceder ante a necessidade de se atender à finalidade do ato regularmente praticado. Precedentes. Eventual inobservância de uma ou outra exigência que é inábil a inquinar o testamento. Manifestação de vontade claramente expressa que não deve ser desprezada. Inconformismo afastado. Requisitos intrínsecos ou de conteúdo. É lícita ao testador a indicação dos bens que devem compor cada quinhão hereditário (art. 2.014 do Código Civil), desde que se assegure as respectivas quotas hereditárias a cada um dos herdeiros. Redução das cotas legadas dispensável, vez que o próprio testamento cuidou do regramento da proporcionalidade resguardada a cada legatário. Intangibilidade da legítima. Cláusulas que a oneraram com usufruto vitalício em favor da viúva correta-

do enfermo, ainda que moribundo. Há pessoas longevas e enfermos graves que conservam a perfeita lucidez até a expiração. *A capacidade de testar requer a capacidade de mente, não do corpo*. Da mesma forma, a ira, a cólera, o ódio, ou euforia e alegria não constituem fatores isolados de nulidade. A questão sempre se resumirá no exame do discernimento no momento da feitura do testamento e, em última análise, poderá servir de auxiliar na interpretação da vontade testamentária.

Não existe incapacidade para o suicida. A autodestruição, por si só, não significa deficiência de vontade. Assim também não há incapacidade para o falido, o insolvente e o ausente, por exemplo. A lei permite o testamento ao cego, pela forma pública (art. 1.867), assim também ao analfabeto (art. 1.865).

Como lembra Carlos Maximiliano (1952, v. 1:395), no direito atual não se fulmina mais de nulidade, como no direito anterior à codificação, o ato sob efeito de um violento acesso de ira:

> "hoje é, sempre, necessário provar que a cólera, qualquer paixão violenta, ou forte acesso de ciúme, perturbava, de modo sério, a mente do de cujus no tempo em que dispôs do patrimônio".

Destarte, não havendo incapacidade expressa, não se amplia a fixação legal. Assim, nem mesmo o pródigo está inibido de dispor por última vontade, embora tenha restrição de disposição patrimonial em vida, salvo se essa prodigalidade lhe afete a mente de modo que se constitua numa enfermidade mental. Aí, porém, a inibição de testar não advém do fato exclusivo de ser pródigo.

O Código não colocou os silvícolas como incapazes de testar, porque tão só o fato de poderem manifestar vontade testamentária será suficiente prova de estarem plenamente enquadrados em sociedade (Wald, 1988:92).

31.3 CAPACIDADE DE ADQUIRIR POR TESTAMENTO (CAPACIDADE TESTAMENTÁRIA PASSIVA)

Examinamos, agora, a aptidão para receber pelo testamento. A capacidade passiva é a aptidão de alguém poder ser instituído herdeiro ou legatário pela vontade do testador.

Da mesma forma que há uma legitimação para testar, que restringe ou amplia a capacidade ativa em certas circunstâncias, há situações de incapacidade absoluta para adquirir por testamento. Existem também outras situações, em que certas pessoas, sob determinadas condições, não podem receber em determinado testamento, isto é, não estão legitimadas naquela situação, e só naquela, para serem herdeiros testamentários ou legatários. Há, pois, uma incapacidade absoluta para receber por testamento e uma incapacidade relativa, só com relação a certos testamentos, o que nada mais é do que uma falta de legitimação.

---

mente invalidadas. Partilha em vida. Não configuração. Doações procedidas aos herdeiros necessários e netos em quinhões desiguais, não equivalentes. Caracterização de verdadeira 'partilha doação'. Necessidade de colação para equalizar os quinhões. Inteligência e aplicação conjugada dos artigos 2.002, 2.005, 2.006 e 2.018 do CC/2002 (art. 1.776 do CC/16). Correção de eventual excesso que se afigura imperiosa. Reclamo em face da dita determinação insubsistente. Sentença mantida. Contrato de arrendamento rural firmado entre o autor da herança e um dos herdeiros necessários, envolvendo extensa propriedade. Evidências de que houvera concreta cessão gratuita do bem. Liberalidade *per viam obliquam et in directam*. Frutos civis advindos da exploração da propriedade comum que integram o espólio, porquanto a herança, até a partilha, constitui um todo unitário, sendo sua propriedade e posse indivisíveis, na forma do art. 1.791 do Código Civil. Art. 2.020 do Código Civil que expressamente estabelece que os frutos dos bens da herança devem ser levados ao acervo hereditário. Integralidade dos frutos que integra o montemor que deverá ser depositada para futura partilha. Recurso parcialmente provido." (TJSP – AC 1002461-87.2016.8.26.0576, 5-11-2019, Rel. Rômolo Russo).

Também aqui, a regra geral é que qualquer pessoa é capaz de receber por testamento, seja física ou jurídica. Só a pessoa tem capacidade no direito e não é diferente no direito testamentário. Coisas e animais não podem receber por testamento, a não ser indiretamente por meio dos cuidados de um herdeiro ou legatário. Vimos na Parte Geral que uma das formas de constituição de uma fundação é por testamento. Destarte, como se vê, mesmo ainda não existente, pode uma pessoa jurídica ser aquinhoada. A criação de uma fundação vem expressa em nossa lei, no art. 62 do Código Civil. A forma de administração dessa dotação de bens é regulada pelo direito que diz respeito às fundações, conforme estudamos na obra *Direito civil: parte geral*, seção 14.12.

Se para a fundação há preceito expresso, discute-se se uma pessoa jurídica ainda não existente pode ser beneficiada. A matéria não é estreme de dúvidas. Se, porém, a lei permite que o nascituro seja sucessor, nada impediria que a pessoa jurídica, em vias de formação, também possa ser beneficiada, pois sua situação se equipara à do nascituro. Tal posição não é unânime, mas Washington de Barros Monteiro (1977, v. 6:203) aduz que as sociedades e associações não dependem de prévio registro de seus contratos, estatutos ou atos constitutivos. Se, quando da morte, a pessoa jurídica já existe de fato, ou está em vias de formação, não há que se negar capacidade testamentária passiva a essas entidades, pois o paralelismo com o nascituro é evidente. Tanto é assim que nosso CPC confere personalidade processual a essas entidades (art. 75, IX) (ver nosso *Direito civil: parte geral*, Cap. 14). O vigente Código também contempla a sociedade não personificada (arts. 986 a 990).

O que não é possível é a deixa testamentária ser destinada à criação de uma pessoa jurídica ainda não existente nem mesmo embrionariamente, afora o caso expresso da fundação. Se já existe uma pessoa jurídica em formação, existe sujeito de direito para assumir o patrimônio. Da mesma forma que para o nascituro, haverá alguém para zelar por seus bens até seu nascimento com vida (Cicu, 1954:243).

A primeira regra absoluta em muitas legislações é que, para adquirir por testamento, a pessoa deve existir ao tempo da morte do testador. No entanto, nossa lei permite que não só o já concebido quando da morte (o nascituro) possa receber pelo testamento, como também prole eventual de pessoas designadas pelo testador e existentes ao abrir-se a sucessão (art. 1.799, I).

Há que se levar em conta ainda a nova problemática trazida pela reprodução assistida e o fato de o sucessor nascer muito tempo após a morte do testador. O legislador deverá cuidar dos problemas que no futuro advirão a esse respeito. Veja o que falamos a respeito em nosso *Direito de família*. Ademais, o art. 1.799, já por nós mencionado, permite que os filhos ainda não concebidos, de pessoas indicadas pelo testador, sejam chamados a suceder, desde que vivas estas ao abrir-se a sucessão. Abre-se, portanto, uma nova perspectiva em matéria de sucessão de pessoas ainda não concebidas à época da morte do testador, cujo regramento, com certeza, deverá obedecer a novos princípios no futuro de nossa legislação.

Seres indeterminados e disposições genéricas não podem ser admitidos. Não é válida, por exemplo, a deixa testamentária aos pobres de determinado lugar.

31.3.1 Situação do Nascituro

Como vimos (*Direito civil: parte geral*, seção 10.2), embora o Código não confira expressamente personalidade ao nascituro, há várias disposições que o protegem. O art. 1.799 ressalva a possibilidade de aquele já concebido quando da morte do testador receber por testamento. Como dissemos no estudo da Parte Geral, o nascituro tem um direito protetivo na lei, que resguarda essa situação de potencialidade, que é o nascimento com vida. Trata-se de *direito eventual*.

Realmente, esse direito eventual se materializará em direito pleno, no nascimento com vida. A atribuição de herança ao nascituro não deve ser considerada, portanto, como uma disposição condicional, embora a situação seja muito semelhante. Se, porém, o concebido nasce morto, não existiu herdeiro, porque o natimorto não foi pessoa (art. 4º). Pelo princípio da *saisine*, como o nascituro nunca foi herdeiro, a herança passa diretamente do morto para os herdeiros legítimos, ou para quem o testador tenha substituído ao nascituro (caso tivesse previsto a hipótese) (Miranda, 1973, v. 58:14). Quando o nascituro nasce com vida, seu direito sucessório também se realiza no momento da abertura da sucessão. Se não há nascimento com vida e os herdeiros da ordem legítima recolhem a herança, a situação é a mesma da renúncia da herança, já que o renunciante é considerado como se nunca tivesse sido herdeiro. A ficção da *saisine* opera do mesmo modo aqui. Em ambos os casos, no ínterim, a herança estará sendo administrada por alguém, quer seja o inventariante, quer seja um curador ou administrador provisório.

31.3.2 Atribuição Testamentária à Prole Eventual

O art. 1.718 do antigo Código reportava que o testador designasse "prole eventual" de pessoas por ele designadas e existentes no momento da morte. No Código de 2002, a regra encontra-se no art. 1.799, I.

Algumas legislações, como a italiana, têm também essa exceção ao princípio de coexistência quando da morte do autor da herança. Tantos são os problemas que essa possibilidade pode causar que melhor seria extingui-la, mantendo-se o fideicomisso, que atinge a mesma finalidade, com maior segurança. Trata-se também de uma proteção ao nascituro, só que ao ainda não concebido. São pessoas que virão a nascer, geradas por pessoas designadas pelo testador, estas sim existentes quando da morte. A matéria ganha maior importância agora, com as técnicas de reprodução assistida. Na ilustrativa afirmação de Pontes de Miranda (1973, v. 58:19),

> "o que se tem por fito, com o art. 1.718, in fine é permitir um pulo por sobre uma pessoa (que por si não mereça, ou não precise, para lhe beneficiar a descendência, e acrescenta) o exemplo, que logo ocorre, é o do irmão dissipador ou inimigo do testador".

Assim, não quer o testador deixar a herança para o irmão solteiro e sem filhos, vendo-o como um dilapidador ou não digno de confiança. Atribui, então, o quinhão a sua eventual *prole*. Se o irmão, vivo quando da abertura da sucessão, não vier a ter filhos, a disposição é ineficaz, caduca. Busca-se, então, como dissemos, a ordem legítima, se não foi outra a destinação preferida pelo testador. Como se vê, nesses casos a lei nem mesmo exige a concepção quando da morte. A lei fala em *prole* eventual.[6] Se o testador não esclarecer, todos os filhos da pessoa

---

[6] "Agravo de instrumento – **Sucessão testamentária** – Falecimento de herdeiro testamentário antes da abertura da sucessão – Direito de acrescer dos demais, nos termos do art. 1.943 do Código Civil, salvo se tiver havido indicação do substituto – Cláusula testamentária que institui como herdeiros os irmãos e sucessores – Referência que só pode dizer respeito aos sucessores do irmão premorto – Sucessores que figuram como substitutos, e que devem receber a parte que caberia ao irmão premorto – Recurso provido." (*TJSP* – AI 2222909-57.2019.8.26.0000, 30-10-2019, Rel. Marcus Vinicius Rios Gonçalves).
Inventário – Coincidência de questões decididas em dois diferentes acórdãos – Inocorrência de preclusão – Colação de bens – "Civil. Processual civil. Ação de inventário. Coincidência de questões decididas em dois diferentes acórdãos. Matérias distintas. Inocorrência de preclusão. Colação de bens. Valor do bem ao tempo da liberalidade ou ao tempo da abertura da sucessão. Antinomia entre o Código Civil e o Código de Processo Civil. Indiscutibilidade acerca das sucessivas revogações promovidas pela legislação. Colação que é tema de direito material e de direito processual. Solução da antinomia exclusivamente pelo critério da temporalidade. Impossibilidade de aplicação do critério da especialidade. Autor da herança falecido antes da entrada em vigor do CC/2002. Aplicação do CPC/1973. 1. Ação distribuída em 24.01.2002. Recurso especial interposto em 26.03.2015 e atribuído à Relatora em 25.08.2016.

designada herdam por igual. Recebem a herança diretamente do *de cujus*, a exemplo dos casos do nascituro e da renúncia de herança. Não há dupla transmissão. O termo *prole* só se refere a filhos; os netos não se incluem na dicção legal, nem haveria razão para tal extensão (Monteiro 1977, v. 6:204; acompanhando Nonato, 1957, v. 2:26, Miranda, 1973, v. 58:23).

O testador não fazendo referência (e sua vontade deve ser respeitada), não se faz distinção quanto à filiação: recebem os filhos legítimos ou ilegítimos, isto é, na nova sistemática, filhos provenientes ou não de união com casamento. Afirmava-se que os adotivos não se incluíam nessa possibilidade, a menos que houvesse referência expressa do testador (Wald, 1988:94). Contudo, entendemos que a evolução da situação sucessória do adotivo não permite mais essa afirmação peremptória. Lembre-se de que houve sucessivas alterações de direito sucessório em favor do filho adotivo. A intenção do legislador foi, sem dúvida, possibilitar a contemplação dos filhos de sangue. A pessoa indicada poderia adotar exclusivamente para conseguir o benefício testamentário. Contudo, já a legitimação adotiva e a adoção plena das leis revogadas não mais permitiam diferença entre a filiação natural e a filiação civil.

Cremos que na atual legislação incumbe ao testador excluir expressamente os filhos adotivos se não desejar incluí-los, por força do art. 41 da Lei nº 8.069/90 (Estatuto da Criança e do Adolescente):

> "a adoção atribui a condição de filho ao adotado, com os mesmos direitos e deveres, inclusive acessórios, desligando-o de qualquer vínculo com pais e parentes, salvo os impedimentos matrimoniais".

Com a mesma conotação apresenta-se a adoção no Código Civil Contemporâneo. Desse modo, o filho adotivo, conforme nosso ordenamento, se insere no conceito de prole, aliás atendendo ao que a atual Constituição pretendia. Essa também é a opinião de A. Cicu (1954:238), ao comentar a lei italiana, que equipara os adotivos aos legítimos. É evidente que as leis não foram criadas para serem fraudadas. A intenção do legislador foi a melhor, ou seja, não permitir qualquer diferença entre as espécies de filiação. Se a adoção, mesmo na nova legislação, ocorre com a finalidade precípua de se inserir alguém na deixa testamentária, incumbe ao juiz impedi-lo.

Essa *prole* eventual mencionada pela lei pode já existir ou não quando da abertura da sucessão. Ela refere-se a filhos havidos antes ou depois do testamento, antes ou depois da morte. Não existindo ainda essa prole, por um período, mais ou menos longo, os bens desse quinhão deverão ficar sob guarda provisória. Há ainda uma *partilha provisória*, que depois poderá transformar-se em definitiva. Há ainda o problema de se saber de quantos filhos se constituirá

---

2. Os propósitos recursais consistem em definir se há coincidência entre as questões decididas em dois diferentes acórdãos apta a gerar preclusão sobre a matéria e se, para fins de partilha, a colação do bem deve se dar pelo valor da doação ao tempo da liberalidade ou pelo valor ao tempo da abertura da sucessão. 3. Inexiste questão decidida e, consequentemente, preclusão, quando o acórdão antecedente somente tangencia a matéria objeto de efetivo enfrentamento no acórdão posterior, referindo-se ao tema de *obter dictum* e nos limites da matéria devolvida pela parte que é distinta da anteriormente examinada. 4. É indiscutível a existência de antinomia entre as disposições do Código Civil (arts. 1.792, caput, do CC/1916 e 2.004, caput, do CC/2002), que determinam que a colação se dê pelo valor do bem ao tempo da liberalidade, e as disposições do Código de Processo Civil (arts. 1.014, parágrafo único, do CPC/1973 e 639, parágrafo único, do CPC/2015), que determinam que a colação se dê pelo valor do bem ao tempo da abertura da sucessão, de modo que, em se tratando de questão que se relaciona, com igual intensidade, com o direito material e com o direito processual, essa contradição normativa somente é resolúvel pelo critério da temporalidade e não pelo critério de especialidade. Precedentes. 5. Na hipótese, tendo o autor da herança falecido antes da entrada em vigor do CC/2002, aplica-se a regra do art. 1.014, parágrafo único, do CPC/1973, devendo a colação se dê pelo valor do bem ao tempo da abertura da sucessão. 6. Recurso especial conhecido e desprovido." (*STJ* – REsp 1698638/RS, 16-5-2019, Relª Min. Nancy Andrighi).

essa *prole*. Essa provisoriedade poderá perdurar por tempo indeterminado. Deve o patrimônio cabente à prole eventual ficar sob a guarda de um administrador, que o vigente Código denomina curador, que, se nada o impedir (a vontade testamentária poderá fazê-lo), poderá ser o pai ou mãe da futura prole (Wald, 1988:95), uma vez que os pais administram, por lei, os bens dos filhos menores, tendo seu usufruto legal. Essa disposição, aliás, consta do art. 1.800, § 1º. Lembre-se de que o Código Civil de 2002 estabeleceu o prazo de dois anos para a concepção do herdeiro esperado, salvo disposição em contrário do testador (art. 1.800, § 4º). O testador, portanto, pode fixar prazo diverso. Conforme o art. 1.800, § 3º, nascendo com vida o herdeiro esperado, ser-lhe-á deferida a sucessão, com os frutos e rendimentos relativos à deixa, a partir da morte do testador. Como, destarte, é relevante a administração do curador no tocante a esses bens, sujeita-se ele a todas as responsabilidades inerentes à curatela de incapazes (art. 1.800, § 2º). Essa matéria pode, como se nota, trazer incontáveis problemas na prática.

Pontes de Miranda (1973, v. 58:24) defendia, no sistema anterior, que na falta de disposição testamentária a administração caberia ao testamenteiro, opinião que se harmoniza com a lei. De fato, cabe ao testamenteiro fazer cumprir o testamento. Todavia, melhor será que o juiz verifique no caso concreto qual a melhor solução, pois a posse provisória de bens é de grande interesse para os interessados e requer os maiores cuidados de preservação. Note que não se trata de fideicomisso. O administrador, ou curador, como agora denomina a lei, é nomeado pelo testador ou pelo juiz. Não existe a figura do *fiduciário*, que exerceria, no caso de fideicomisso, o direito de propriedade. Os nascituros e a prole eventual recebem o quinhão com todos os frutos e acréscimos, desde a abertura da sucessão. Dada a grande responsabilidade do administrador, que pode não ser o pai ou a mãe dos menores, sua função deve ser remunerada, se não foram estes. Se for o testamenteiro, tal deve ser levado em conta em sua vintena. Note que, embora o presente Código preveja a nomeação desse curador na pessoa cujo filho o testador esperava ter por herdeiro (art. 1.800, § 1º), a disposição testamentária ou mesmo a inconveniência apurada pelo juiz no caso concreto poderá fazer com que outros sejam nomeados. A atual lei indica que se obedeça à ordem de nomeação estabelecida no art. 1.775 para a curatela, a qual, como sabemos, não é inflexível. O Projeto nº 6.960 preferiu que seja seguida a ordem estabelecida no art. 1.797, qual seja, a destinada ao administrador da herança.

31.4 INCAPACIDADE RELATIVA OU FALTA DE LEGITIMAÇÃO PARA ADQUIRIR POR TESTAMENTO

Vimos aqui que a capacidade para adquirir por testamento é geral. Amplia-se até mesmo para quem ainda não nasceu quando da morte do autor da herança.

O art. 1.801 do mais recente Código Civil trata de incapacidades específicas para determinado testamento, melhor dizendo, para determinada situação testamentária. Assim dispõe a lei:

> "Não podem ser nomeados herdeiros nem legatários:
>
> I – a pessoa que, a rogo, escreveu o testamento, nem o seu cônjuge ou companheiro, ou os seus ascendentes e irmãos;
>
> II – as testemunhas do testamento;
>
> III – o concubino do testador casado, salvo se este, sem culpa sua, estiver separado de fato do cônjuge há mais de cinco anos;
>
> IV – o tabelião, civil ou militar, ou o comandante ou escrivão, perante quem se fizer, assim como o que fizer ou aprovar o testamento".

O Projeto nº 6.960/2002 tentou suprimir o prazo de cinco anos do inciso III, que se mostra inconveniente no exame do caso concreto. Tais pessoas, à exceção do concubino, por estarem muito próximas do ato testamentário, poderiam conduzir, direta ou indiretamente, a vontade do testador. A proibição ao concubino vem imbuída de índole moral. Nosso Direito permite o testamento a rogo sob a forma cerrada, ou para o testamento marítimo. A incapacidade persiste ainda que não tenha sido o fato declarado na cédula. Evidente que essa pessoa poderia redigir diferentemente do desejado pelo testador. Aqui não se trata do caso de quem redige uma minuta ou rascunho para o testador, que o escreve de próprio punho, ou por meios mecânicos. Nada impede o disponente de valer-se de técnicos, de um advogado, para dispor corretamente de seus bens.

Como bem lembra Orosimbo Nonato (1957, v. 2:51), essa incapacidade se estabeleceu para evitar abusos e sugestões de quem escreve o testamento cerrado. Tratando-se de restrição, não há que se estender a incapacidade aos afins do redator da cédula.

As testemunhas do testamento também não podem ser beneficiadas, pois devem guardar absoluta distância das disposições testamentárias. Poderiam influenciar a vontade do testador.

O Código anterior tratava da *concubina do testador casado*. O diploma de 2002 abrandou a regra, devendo ser levado em consideração que o legislador de 2002 denomina concubinato a união impura ou adulterina.

No sistema anterior, deveriam estar presentes dois requisitos: que o testador fosse casado com outra pessoa, quando do ato, e que existisse concubinato entre ele e a herdeira ou legatária. Não se podia ampliar a restrição. O separado judicialmente e o divorciado não estavam inibidos. O separado de fato continua casado.

O Código de 2002 não mais se reporta à concubina, que era uma discriminação contra a mulher. O Código de 1916 não aplicava a restrição ao *concubino da testadora casada*. Portanto, pela dicção legal, nada impedia que o concubino viesse a ser sucessor testamentário da testadora casada. Tal distinção demonstra o espírito do Código redigido no alvorecer do século XX, talvez por se entender que era muito raro o adultério da mulher (Rodrigues, 1978, v. 7:195).

No sistema atual, o concubino em geral do testador casado, homem ou mulher, não pode ser nomeado herdeiro ou legatário. O Código de 2002, no entanto, no sentido de abrandar a norma, introduz situação de fato que deverá trazer muita discussão no caso concreto. A restrição não se aplica se o concubino estiver separado de fato do cônjuge há mais de cinco anos, sem culpa sua. Vimos que esse prazo de cinco anos se apresenta como um dificultador da prova. Serão incontáveis as demandas que discutirão o prazo de cinco anos e a ausência de culpa do concubino. O dispositivo é inconveniente porque traz muita incerteza à disposição. O Projeto o corrigiria em parte.

A incapacidade deve ser vista na época da feitura do testamento, mas a situação fática do concubinato deve ser apreciada em cada caso. A caracterização do concubinato dependerá do exame dos requisitos estudados no direito de família.

A última restrição se refere ao oficial público, ou assemelhado perante o qual se fizer o testamento, assim como para o agente que fizer ou aprovar o negócio *causa mortis*. A situação visa também coibir abusos e distorções.

A sanção, quando se beneficia qualquer dessas pessoas, não é tornar nulo o testamento, mas apenas *tornar nula a disposição que inclui os impedidos*. É o que deflui do art. 1.802. O testamento vale, mas os incapacitados não recebem.

31.5 SIMULAÇÃO DE CONTRATO ONEROSO E INTERPOSIÇÃO DE PESSOAS

O art. 1.802 dispõe que também são nulas as disposições feitas aos não legitimados a suceder ainda quando simulem a forma de um contrato oneroso ou os beneficiem por interposta pessoa. Trata-se de caso de fraude expresso em lei. Vimos em nosso *Direito civil: parte geral*, seção 26.3, que a fraude pode apresentar-se de múltiplas maneiras. Definimos a fraude como todo artifício malicioso que uma pessoa emprega com a intenção de transgredir o Direito ou prejudicar interesses de terceiros. Portanto, a fraude é aquela conduta que ilude a lei ou terceiros por via indireta, sem que haja um ato ostensivo de desrespeito ao direito.

Quando o legislador entende que a disposição legal abre brechas e desprotege em muito eventuais prejudicados, coíbe a fraude expressamente. É o que aqui ocorre.

Quando há simulação de um ato oneroso para aquinhoar as pessoas incapazes, presume-se a fraude. O testador confessa, por exemplo, ser devedor de uma dívida inexistente. A presunção é relativa. Se o ato é real, evidentemente, não há fraude. Aqui não há dúvida da relatividade da presunção, porque, se não existe simulação, não há fraude. Aplicam-se os princípios da simulação em geral.

Já no tocante à interposição de pessoas, a colocação de "testa de ferro", a doutrina não tem dúvidas em concluir por uma presunção absoluta quando se trata de pessoa interposta descrita pela lei. Dispõe o parágrafo único do art. 1.802: "*Presumem-se pessoas interpostas os ascendentes, os descendentes, os irmãos e o cônjuge ou companheiro do não legitimado a suceder*". Se, porém, a pessoa interposta for estranha a essa relação, a situação dependerá de prova, uma vez que a questão se situa no plano da simulação.

A questão da deixa testamentária ao filho da concubina ou do concubino mereceu a edição da Súmula 447 do Supremo Tribunal Federal: *"é válida a disposição testamentária em favor de filho adulterino do testador com sua concubina"*. A conclusão sumulada não permitia a conclusão de excluir a nulidade quando se tratava tão só de filho de concubina, pois nesse caso ficaria claro o intuito de favorecer a progenitora. O vigente Código é expresso a esse respeito, sintetizando o espírito dessa súmula no art. 1.803: "*É lícita a deixa ao filho do concubino, quando também o for do testador*". Desse modo, nessa hipótese, a atribuição testamentária a esse herdeiro comum retira a ilicitude do ato e a presunção de interposição de pessoa.

As pessoas consideradas interpostas podem receber normalmente, se o beneficiário já faleceu, uma vez que a interposição se torna assim impossível (Wald, 1988:98).

32

FORMAS DE TESTAMENTO. TESTEMUNHAS. CODICILOS

32.1 INTRODUÇÃO

Já vimos que o testamento é ato solene. Juntamente com o instituto do casamento, forma um dos atos mais solenes de nosso direito privado. Portanto, para que o negócio jurídico valha e ganhe eficácia, há necessidade de que sejam obedecidas as formalidades descritas na lei, para cada espécie de testamento. Já apontamos que a mais recente jurisprudência tem se mostrado flexível na decretação de nulidade por falhas formais no testamento, evitando-a tanto quanto possível.

A solenidade existente nas formas, que se exteriorizam perante testemunhas, constitui a garantia extrínseca do ato. Tudo que é formal e solene, sempre que se busca certa pompa e ostentação, não só no Direito, mas em qualquer atividade social, ganhar o respeito da sociedade. Há ponderável tendência, hoje, de se abandonar o formalismo, em prol de uma dinâmica maior das relações sociais. É fato que, modernamente, o excesso de formas torna-se um anacronismo e um empecilho ao desenvolvimento. Contudo, certos atos representam para o indivíduo, e falando agora de nosso direito privado, um momento de tal modo importante em sua vida que a forma prescrita em lei aumenta a solenidade, não só para manter o ato sob respeito da sociedade (e esta não deve ser considerada uma justificação exclusivamente jurídica, porém histórica e sociológica), mas também para assegurar a espontaneidade, autonomia e validade da manifestação de vontade. Assim, a solenidade é exceção; a lei só a torna presente para essa classe de atos. Aí o formalismo é inafastável. É o que ocorre com o testamento.

> "A ordem jurídica torna-o solenissimo rodeando-o de exigências que na Antiguidade eram sacramentais, e no direito moderno assumem a qualificação de requisitos ad substantiam" (Pereira, 1984, v. 6:148).

Já nos referimos na obra de abertura desta série (*Direito civil: parte geral*, Cap. 1) a que o Direito, para atingir o objetivo de fixar normas de conduta, joga com predeterminações formais, isto é, descreve na lei determinado comportamento, o qual, para determinado fim, deve ser obedecido. Trata-se do conceito de *tipicidade*. Quando há necessidade de maior segurança na aplicação da lei, a tipicidade é estrita, como no Direito Penal: não há crime sem que o fato seja descrito na lei como tal.[1] Em nosso campo privado, a lei também impõe condutas típicas, mais ou menos formais. Assim, só existe testamento válido se elaborado de acordo com o descrito na lei. Qualquer outra forma de disposição de patrimônio *causa mortis* será *atípica*. Por conseguinte, não pode valer como testamento uma escritura pública, ou uma missiva, ainda que registrada em cartório, porque carecem tais atos de tipicidade.

Sob o manto da solenidade, o legislador protege a manifestação de vontade do testador, sua autonomia, diminuindo as possibilidades de pressões físicas ou psíquicas. Carreiam para a mente do testador a importância e seriedade desse ato que ganhará força tão só quando ele não mais estiver presente para defender a vontade que expressou. Por outro lado, os terceiros atingidos pelo ato terão perante si a garantia da forma. Portanto, nosso Direito impõe certas formas testamentárias nem sempre coincidentes com as legislações estrangeiras, cujas formalidades não podem ser dispensadas, sob pena de nulidade do negócio (art. 145, III). A nulidade, como é básico, deve ser decretada de ofício pelo juiz.

---

[1] "Agravo interno no Recurso Especial – **Ação de nulidade de testamento** – Rol do art. 1.015 do Código de Processo Civil de 2015 – Urgência não verificada – Reexame – Súmula nº 7 /STJ – 1- Recurso especial interposto contra acórdão publicado na vigência do Código de Processo Civil de 2015 (Enunciados Administrativos nºˢ 2 e 3/STJ). 2- O Superior Tribunal de Justiça firmou entendimento no sentido de que o rol do art. 1.015 do CPC/2015 é de taxatividade mitigada, por isso admite a interposição de agravo de instrumento quando verificada a urgência decorrente da inutilidade do julgamento da questão no recurso de apelação. 3- Na hipótese, o tribunal estadual expressamente concluiu pela ausência de urgência, não sendo possível a esta Corte rever tal entendimento em virtude do óbice da Súmula nº 7/STJ. 4- Agravo interno não provido." (*STJ* – AGInt-REsp 1781314/MG, 14-8-2019, Rel. Min. Ricardo Villas Bôas Cueva).
"**Pedido de confirmação de testamento** – Ausência dos requisitos formais – 1 – O testamento particular, para ser cumprido, deve ser publicado e confirmado em juízo. Art. 737, NCPC. 2 – A intenção da lei é deixar cristalina a vontade do testador perante todas as pessoas presentes ao ato, não deixando espaço para manipulações e desvios por parte de quem quer que seja. 3 – Mesmo atendidos aparentemente os requisitos formais do ato de disposição de última vontade, resta comprometida a validade da deixa testamentária, quando o testamento hológrafo contém erro grosseiro no nome da esposa, que foi afastada da sucessão poucos dias após o casamento, e quando há flagrante contradição na disposição dos legados, inviabilizando o seu cumprimento. Recurso desprovido." (*TJRS* – AC 70077224475, 30-5-2018, Rel. Des. Sérgio Fernando de Vasconcellos Chaves).
"**Testamento** – Ausência de vício de vontade – **Requisitos Legais – Preenchimento – Validade** – Agravo interno no recurso especial. Testamento. Ausência de vício de vontade. Requisitos legais. Preenchimento. Validade. Finalidade do ato. Deliberação monocrática que negou provimento ao recurso. Insurgência dos autores da ação anulatória. 1. O conteúdo normativo dos dispositivos legais tidos por violados. Arts. 104, 138, 145, 166, 167, 171 e seguintes do Código Civil – não foram objeto de exame pela instância ordinária, razão pela qual incide, na espécie, o Enunciado da Súmula nº 211/STJ. 2. A jurisprudência desta eg. Corte Superior entende que, na elaboração de testamento particular, é possível sejam flexibilizadas as formalidades prescritas em lei na hipótese em que o documento foi assinado por testador e por testemunhas idôneas. Incidência da Súmula nº 83 /STJ. Precedentes: AgRg-EAREsp 365011/SP, Rel. Min. Marco Aurélio Belizze, *DJe* de 20.11.2015; REsp 302767/PR, Rel. Min. Cesar Asfor Rocha, *DJe* de 24.09.2001; REsp 753261/SP, Rel. Min. Paulo de Tarso Sanseverino, *DJe* de 05.04.2011. 3. Agravo interno desprovido" (*STJ* – AgInt-REsp 1.521.371 (2015/0058004-0), 3-4-2017, Rel. Min. Marco Buzzi).
"**Testamento público** – Ação declaratória de nulidade – Vício de forma – Flexibilização – 'Embargos de declaração no agravo regimental nos embargos de divergência em agravo em recurso especial. Processual civil. Ação declaratória de nulidade de testamento público. Vício de forma. Flexibilização. Prevalência da real vontade do testador. Ausência de similitude fática. Acórdão embargado em consonância com a atual jurisprudência desta Corte superior. Súmula nº 168/STJ. Alegação de omissões no decisum. Não ocorrência. Advertência de multa. Embargos rejeitados. 1. Não sendo admitido o processamento dos embargos de divergência, por ausência de similitude fática entre os arestos confrontados, revela-se despiciendo o exame dos fundamentos utilizados pelo Tribunal de origem, razão pela qual não há que se falar em omissão no acórdão embargado. 2. Advertência de que a oposição de novos embargos de declaração de cunho protelatório ensejará a aplicação de multa, nos termos do art. 538, parágrafo único, do Código de Processo Civil. 3. Embargos de declaração rejeitados'" (*STJ* – EDcl-AgRg-EDcl-Ag-REsp 365.011 – (2013/0209478-6), 2-3-2016, Rel. Min. Marco Aurélio Bellizze).
"Agravo de instrumento. **Ação declaratória de nulidade de testamento**. Indeferimento da antecipação da tutela. Pleito de suspensão do inventário e da ação de abertura, registro e cumprimento de inventário, bem como a reserva de bens deixados pela *de cujus* devem ser formulados nos autos dos respectivos processos que estão em curso. Ausência de competência deste juízo para intervir nas outras demandas. Decisão mantida. Recurso não provido" (*TJSP* – AI 2016121-84.2014.8.26.0000, 5-3-2014, Rel. Moreira Viegas).

É importante fixarmos que não se combinam as várias modalidades. As formalidades de cada tipo de testamento são estanques. Portanto, se inválido um testamento cerrado, porque não foi atendida uma sua formalidade, não pode valer o instrumento como outra forma de ato de última vontade, como testamento particular, por exemplo. Não é permitida forma híbrida de testamento.

Já nos referimos, no Capítulo 30, sobre a impossibilidade de se testar conjuntamente, quer sob a forma recíproca, simultânea ou correspectiva. A lei não quis correr o risco de atentar contra a autonomia da vontade testamentária e sua característica personalíssima.

Nosso Código descreve três formas ordinárias e tradicionais de testamento: público, cerrado e particular. Essas formas podem, afora algumas incapacidades já estudadas (cegos, surdos-mudos), ser utilizadas por qualquer pessoa, em qualquer momento de sua vida. Cada uma dessas formas apresentará vantagens e desvantagens e a escolha cabe exclusivamente ao interessado.

Os testamentos especiais, marítimo, aeronáutico e militar, são formas excepcionais de testar. Existe ainda, dentro do testamento militar, a forma nuncupativa. São testamentos de existência transitória, de pouquíssimo alcance prático. No entanto, o vigente Código permite que o testamento particular possa ser elaborado em circunstâncias excepcionais declaradas na cédula, sem testemunhas, desde que elaborado de próprio punho pelo testador (art. 1.879). Esse testamento poderá ser confirmado *"a critério do juiz"*. Nessa modalidade, que apresentará elevado risco de fraude, conforme comentaremos, poderá fazer-se presente o testamento nuncupativo, que ora se integra a nosso ordenamento.

Há ainda uma forma restrita de dispor *causa mortis*, que é o *codicilo*, um ato simplificado que serve para dádivas de pequena monta.

Não há outras formas testamentárias permitidas, apesar de o art. 1.887 afirmar que não há outros testamentos "especiais", além dos enumerados no Código. Isto ocorre porque o direito anterior admitia formas especiais, hoje abolidas, como o testamento nuncupativo, que remanesce como subespécie de testamento militar e ressurge na forma de testamento particular; o testamento rural; o *ad pias causas* e o testamento em tempo de peste. Alguns ainda são admitidos em legislações vigentes e por nós foram referidos na parte histórica (seção 30.2).

Recordemos, por fim, que nosso Código veda, no art. 426, qualquer contrato que tenha por objeto herança de pessoa viva. Na verdade, não existe herança enquanto uma pessoa vive. O que a lei não admite é que se estipule, se disponha sobre uma virtual herança, mera expectativa de direito. A proibição persiste ainda que a pessoa titular do patrimônio sob mira o consinta. Tal é irrelevante. Se alguém deseja regular seu patrimônio para após a morte, que o faça por testamento, afora a possibilidade legal de partilha em vida. A regra tem elevado cunho moral.

32.2 PERDA, EXTRAVIO OU DESTRUIÇÃO DO TESTAMENTO

Questão importante, dada a natureza do testamento, é a referente à perda, extravio ou destruição involuntária do testamento, ou mesmo destruição dolosa.

Alguns autores (entre nós, Pontes de Miranda, 1973, v. 58:301) defendem a possibilidade da reconstituição do testamento, pois se trata de uma regra geral no Direito, ou seja, qualquer documento extraviado ou perdido pode ser reconstituído. Assim, não pode ser pura e simplesmente a conclusão no caso do testamento, em que pesem as valiosas opiniões em contrário. Sem acesso à cédula testamentária, não se pode tentar recompor a vontade do testador. Isso contraria a própria natureza do ato. Haveria, sem dúvida, interferências de outras vontades na vontade testamentária. Abrir-se-ia uma porta fácil para a fraude. O que é possível é a *restauração* da cédula testamentária, isto é, a recomposição integral do documento. Por exemplo: há recursos técnicos para restaurar um documento que se tornou ilegível ou se dilacerou. Se ainda, por exemplo, desapareceu o registro do testamento público em razão de um incêndio no prédio do cartório, e não resta traslado algum do ato, impossível a restauração, e com muito maior razão a reconstituição, pelos riscos inerentes a ela. O testamento cerrado, por sua vez, cujo envoltório apresenta-se dilacerado, presume-se inválido: sugere a ideia de revogação. Em princípio, há que se admitir excepcionalmente a restauração da cédula, cabendo ao juiz no caso concreto definir por sua autenticidade. A reconstituição do testamento é a própria negação dos princípios desse negócio jurídico e não pode ser admitida (Pereira, 1984, v. 6:148).

32.3 TESTAMENTO PÚBLICO

Essa forma de testamento é a que apresenta maior segurança, pois ficará registrada em cartório. Sua maior desvantagem é não guardar segredo sobre a vontade do testador. Qualquer pessoa poderá ter acesso a ele, como qualquer escritura pública. Tendo em vista esse aspecto, o Projeto nº 6.960/2002 propôs acréscimo em parágrafo ao art. 1.864 do Código, estabelecendo que *"a certidão do testamento público, enquanto vivo o testador, só poderá ser fornecida a requerimento deste ou por ordem judicial"*. Com essa disposição, o testamento público passa a ser negócio que fica a meio caminho entre o testamento público original e o testamento cerrado.

O testamento público é um ato aberto, no qual um oficial público exara a última vontade do testador, conforme seu ditado ou suas declarações espontâneas, na presença de cinco testemunhas no sistema de 1916 e de apenas duas testemunhas no Código de 2002. No Código de 1916, em todas as formas ordinárias, o número de testemunhas era idêntico, ou seja, cinco testemunhas. Essa tradição que vinha do velho direito é modificada pelo Código de 2002.

Embora todas as formas sejam solenes, esta é especialmente solene, cercada de garantias para que a vontade do testador se manifeste em sua plenitude.

O art. 1.864 enumera seus requisitos essenciais:

> *"I – ser escrito por tabelião ou por seu substituto legal em seu livro de notas, de acordo com as declarações do testador, podendo este servir-se de minuta, notas ou apontamentos;*
>
> *II – lavrado o instrumento, ser lido em voz alta pelo tabelião ao testador e a duas testemunhas, a um só tempo; ou pelo testador, se o quiser, na presença destas e do oficial;*
>
> *III – ser o instrumento, em seguida à leitura, assinado pelo testador, pelas testemunhas e pelo tabelião.*
>
> *Parágrafo único. O testamento público pode ser escrito manualmente ou mecanicamente, bem como ser feito pela inserção da declaração de vontade em partes impressas de livro de notas, desde que rubricadas todas as páginas pelo testador, se mais de uma".*

O ato deve ser elaborado pelo titular do cartório, o oficial público. Outro escrevente só pode fazê-lo quando exerce as funções de chefia da serventia.[2] Assim, o oficial-maior só pode

---

[2] "Apelação. Ação de anulação de testamento. Improcedência. Insurgência do autor alegando nulidade do testamento em razão de incapacidade de discernimento do testador ao tempo do ato. Inexistência de prova a corroborar tal afirmação. Disposição celebrada perante tabelião. Requisitos de validade formal do testamento que devem ser analisados à luz do art. 1.864 do Código Civil. Falta de comprovação de vício na vontade do testador. Honorários advocatícios. Fixação por equidade. Inconformismo da requerida. Pretensão de definição dos honorários advocatícios nos termos do art. 85, § 2º, do CPC. Valor da causa ou proveito econômico elevados (R$6.168.412,77), que ensejaria verba honorária em quantia excessiva. Baixa complexidade da demanda. Interpretação sistemática do ordenamento jurídico. Montante manifestamente descomedido, à luz dos próprios critérios estabelecidos no art. 85, §2º do CPC/15. Vedação ao enriquecimento indevido. Arbitramento de verba honorária que não comporta a majoração pretendida, à razão de 10% a 20% do valor da causa. Verba fixada na origem (R$ 60.000,00), que, no

entanto, não comporta majoração. Apreciação equitativa. Princípios da razoabilidade e da proporcionalidade. Majoração, contudo, em R$ 20.000,00 que tem o condão de remunerar adequadamente o trabalho desenvolvido pelos patronos da requerida, no recurso, com base no artigo 85 § 11º, do Código de Processo Civil. Sentença mantida. Recursos desprovidos". (*TJSP* – Ap. 1120124-59.2018.8.26.0100, 28-9-2021, Rel. Coelho Mendes).

"Apelação – Ação de Anulação de Testamento – Sentença de improcedência – Inconformismo da autora, sob alegação de que antes do testamento, o doador já havia sido diagnosticado com demência mista e por ser incapaz de expressar sua vontade, deve haver a anulação do testamento firmado – Descabimento – Prova testemunhal que demonstrou que o doador não apresentava indícios da doença, que comprometesse suas faculdades mentais, no momento da lavratura do testamento, o qual foi elaborado por meio de escritura pública, com a observância dos requisitos formais e com a assistência de **Tabelião**, dotado de fé pública – Autora, portanto, que não logrou êxito em comprovar a falta de capacidade civil do réu para dispor da parcela disponível de seus bens – Sentença mantida – Recurso desprovido" (*TJSP* – Ap. 0001664-60.2015.8.26.0028, 16-9-2020, Rel. José Aparício Coelho Prado Neto).

"**Anulatória de testamento público** – Sentença de improcedência diante da inexistência de provas nos autos de qualquer vício que macule a validade do testamento público – Inconformismo dos autores descabido – Testamentos que foram lavrados por escritura pública e redigidos pelo Tabelião, portador de fé pública, com a respectiva leitura na presença de duas testemunhas, não havendo nada nos autos de fatos que as desabonem – Embora os testadores, fossem idosos ao elaborarem seus testamentos, não há prova apta a desconstituir a demonstração de lucidez destes, ressaltando-se que a parte autora expressamente optou pela não produção de provas, postulando pelo julgamento antecipado da lide – Sendo perfeito o gozo das faculdades mentais dos testadores por ocasião da lavratura do ato de disposição de última vontade, descabido falar-se em nulidade – Sentença mantida – Recurso não provido." (*TJSP* – AC 1002153-02.2017.8.26.0484, 2-10-2019, Rel. Salles Rossi).

"**Testamento público** – Ação anulatória – Decisão que indeferiu pedido cautelar incidental de reserva de bens em processo de inventário – Pretensão respaldada em duas decisões proferidas em sede de agravo de instrumento – Nulidade – Alegada falta de fundamentação da r. decisão impugnada – Expressa referência à ausência de risco de dissipação do patrimônio deixado pela falecida – Descabimento – Recurso provido." (*TJSP* – AI 2081571-66.2017.8.26.0000, 28-5-2018, Rel. Theodureto Camargo).

"**Testamento público** – Ação declaratória de nulidade – Vício de forma – Flexibilização – 'Embargos de declaração no agravo regimental nos embargos de divergência em agravo em recurso especial. Processual civil. Ação declaratória de nulidade de testamento público. Vício de forma. Flexibilização. Prevalência da real vontade do testador. Ausência de similitude fática. Acórdão embargado em consonância com a atual jurisprudência desta Corte superior. Súmula nº 168/STJ. Alegação de omissões no *decisum*. Não ocorrência. Advertência de multa. Embargos rejeitados. 1. Não sendo admitido o processamento dos embargos de divergência, por ausência de similitude fática entre os arestos confrontados, revela-se despiciendo o exame dos fundamentos utilizados pelo Tribunal de origem, razão pela qual não há que se falar em omissão no acórdão embargado. 2. Advertência de que a oposição de novos embargos de declaração de cunho protelatório ensejará a aplicação de multa, nos termos do art. 538, parágrafo único, do Código de Processo Civil. 3. Embargos de declaração rejeitados'" (*STJ* – EDcl-AgRg-EDcl-Ag-REsp 365.011 – (2013/0209478-6), 2-3-2016, Rel. Min. Marco Aurélio Bellizze).

"Apelação – **Declaratória de nulidade de testamento público** – Pretensão ancorada em alegação de incapacidade do testador – improcedência, carreando aos autores os ônus da sucumbência – apelo dos demandantes – preliminar de deserção do recurso aventada em contrarrazões – Gratuidade da justiça, no entanto, concedida aos autores pelo Juízo *a quo*. Matéria prejudicada. Preliminar de ofensa ao princípio da identidade física do juiz. Regra de caráter não absoluto. Ausência, ademais, de qualquer prejuízo às partes. Preliminar de nulidade decorrente de prejulgamento ou violação ao princípio do contraditório e da ampla defesa. Não configuração, ante à inequívoca ocorrência de erro material relativamente à data em que proferida a sentença. Capacidade testamentária ativa presumida. Aventada incapacidade do testador, por ocasião da lavratura do testamento, não comprovada. Higidez mental do testador atestada por perícia médica indireta e ratificada por testemunhas, inclusive pelo tabelião no cartório no qual o testamento foi lavrado. Desnecessidade de conversão do julgamento em diligência. Improcedência ratificada nos moldes do art. 252 do RITJSP – Pedido de majoração de verba honorária formulado em contrarrazões que não é conhecido, pois veiculado pela via inadequada. Litigância de má-fé dos autores não configurada. Negado provimento ao recurso" (*TJSP* – Ap 0003156-87.2007.8.26.0248, 28-7-2015, Relª Viviani Nicolau).

"Agravos retidos – Insurgência contra o indeferimento de exumação de cadáver para verificação de sua capacidade de testar e contradita de testemunha (tabelião que lavrou o **testamento público**). Desnecessidade de exumação, eventual aferição se valerá de entrevistas com pessoas próximas ao examinado, bem como exames médicos à época que testou. Cartorário que exerce sua função legal. Fé pública. Desinteresse no resultado da ação. Agravos retidos desprovidos. Anulação de testamento – pedido julgado improcedente – a regra geral é a capacidade de testar – Nulidade fundada em incapacidade do testador que exige prova cabal e irretorquível do alegado, e não admite meros indícios e participação da beneficiária na lavratura do testamento. Inexistência de prova da incapacidade de testar do testador. Perfeito juízo confirmado pelo tabelião. Situação de bem querência entre a beneficiária e o testador. Insubsistência. Sentença mantida. Apelo desprovido" (*TJSP* – Ap 9000001-06.2011.8.26.0369, 7-1-2014, Rel. Percival Nogueira).

fazer testamento quando investido, ainda que, transitoriamente, na função de tabelião (Maximiliano, 1952, v. 1:428; Monteiro, 1977, v. 6:111).

As autoridades consulares brasileiras também podem lavrar testamento público, autorizadas que estão pelo art. 18 da Lei de Introdução ao Código Civil, atual Lei de Introdução às normas do Direito Brasileiro, Lei nº 12.376, de 30-12-2010. Não se trata de outra forma de testamento, uma vez que as formalidades são as mesmas. Como todo ato do registro público, o serventuário (aqui com muito maior razão) deve certificar-se da identidade do disponente. O testador pode ditar ou declarar de própria voz suas disposições. Nada impede que traga minuta para ser copiada pelo notário, como aliás se refere expressamente o presente Código, pois a leitura das notas é essencial, de acordo com o inciso II. As testemunhas devem assistir a todo o ato. Assim se manifestava o Código anterior. O Código de 2002 determina que a leitura seja feita a um só tempo. O sentido é o mesmo. Se uma delas tiver necessidade de se retirar durante a lavratura ou leitura, o ato deve recomeçar.

A leitura pode ser feita pelo próprio testador ou pelo oficial, sempre na presença das testemunhas. Todos assinam: testador, testemunhas e oficial. Evidente que as testemunhas também devem ser devidamente qualificadas. As testemunhas devem conhecer o testador. Não há necessidade de que tenham relações amistosas. Suficiente que o tenham conhecido antes do ato, para poder afirmar sua identidade.

O testamento público pode ser lavrado fora do recinto do cartório, mas dentro do âmbito de atuação judiciária do oficial, de acordo com as leis de organização judiciária. Não há restrição quanto a horário ou dias da semana. Por essa razão, deve ter o oficial (se assim exigir a parte) o cuidado de situar onde se realiza o ato. Embora não seja requisito essencial, evita-se controvérsia futura desnecessária. Deve o oficial especificar cada uma das formalidades, portando-as por fé, afirmando haverem sido observadas. O fato de omitir a descrição torna nulo o testamento. Mesmo tendo descrito as formalidades, tanto as essenciais como as facultativas, pode-se provar sua não ocorrência em eventual ação de nulidade. Na dúvida, no entanto, a declaração merece fé e tem-se como válida. O testamento termina com a assinatura dos partícipes (inciso III do art. 1.864). Entende Carlos Maximiliano (1952, v. 1:462) que, se o testador morre depois de assinar, mas antes das testemunhas, não há porque se considerar inválido o testamento já que sua vontade estava consolidada.

A menção da data é fundamental, embora não seja entre nós requisito legal, já que a capacidade testamentária ativa é fixada por ela, não fosse ainda uma outra série de consequências, como, por exemplo, a questão da revogação.

Pelo princípio da continuidade dos atos notariais fica difícil incluir o ato em data não verdadeira, mas a fraude sempre é possível. Irrelevante que não seja a data mencionada como requisito da lei. É requisito fundamental do ato público e é condição *a priori* para o exame do testamento. O notário tem o dever funcional de colocá-la corretamente. No entanto, como não temos um

---

"**Testamento**. Nulidade. Preterição de formalidade legal. Vícios formais. "Processual civil. Direito civil. Agravo regimental no recurso especial. Nulidade de testamento. Preterição de formalidade legal. Vícios formais incapazes de comprometer a higidez do ato ou pôr em dúvida a vontade do testador. Súmula 7/STJ. 1. A análise da regularidade da disposição de última vontade (testamento particular ou público) deve considerar a máxima preservação do intuito do testador, sendo certo que a constatação de vício formal, por si só, não deve ensejar a invalidação do ato, máxime se demonstrada a capacidade mental do testador, por ocasião do ato, para livremente dispor de seus bens. Precedentes do STJ. 2. O recurso especial não comporta o exame de questões que impliquem revolvimento do contexto fático-probatório dos autos, a teor do que dispõe a Súmula 7/STJ. 3. No caso concreto, o Tribunal de origem, com suporte em ampla cognição das provas produzidas nos autos, assentou, de modo incontroverso, que a escritura pública de testamento reflete as disposições de última vontade do testador. 4. Agravo regimental desprovido" (*STJ* – AgRg-REsp 1.073.860 – (2008/0155213-8), 1-4-2013, Rel. Min. Antonio Carlos Ferreira).

dispositivo expresso na lei, não há que decretar a nulidade se houver prova de que a omissão da data não foi com intuito de fraude. É a opinião de Orosimbo Nonato (1957, v. 1:212) e Carlos Maximiliano (1952, v. 1:431). A omissão da data pode trazer grandes dificuldades quando da execução do testamento. Contudo, não podemos ampliar as exigências, e esta, inquestionavelmente, está ausente. Nosso direito anterior a exigia, como fazem outras legislações. Melhor seria se a mantivéssemos como requisito essencial. A lei também não exige que seja feito em ato temporalmente único. Os partícipes podem interromper para descanso ou por qualquer razão, recomeçando após, desde que continuem as formalidades. Conveniente, porém, que tudo seja descrito pelo oficial, que deverá também ressalvar rasuras, entrelinhas e borrões com a maior diligência.

O testamento público só pode ser lavrado em língua portuguesa. Nenhum ato notarial pode ser feito em língua estrangeira. Desse modo, só pode testar pela forma pública a pessoa que entenda a língua pátria. Note que a naturalização, embora tenha como pressuposto o conhecimento de nossa língua, não é suficiente para seu pleno conhecimento, pois sabido é que se trata de requisito em muito facilitado. Assim, se o testador, mesmo brasileiro, não compreender suficientemente o português, não pode testar pela forma pública. Deve o oficial certificar-se do fato. Não se admite intérprete, como já vimos. Devem também as testemunhas conhecer a língua nacional, pois, embora não devam guardar os detalhes das disposições, devem ser aptas a entender todo o ato. Cabe ao notário fazer constar qualquer suspeita de falta de lucidez mental por parte do testador. Deve ele, inclusive, recusar-se a elaborar o testamento se, por exemplo, o interessado apresenta-se visivelmente embriagado. Cabe também ao funcionário advertir o testador sobre disposições manifestamente contrárias à lei. Não pode, porém, o serventuário, converter-se em juiz do ato. Não tem o dever de incluir disposições imorais. Contudo, quanto às disposições que entende ilegais, deve-se limitar a advertir o manifestante, fazendo tudo constar do ato. Não pode, porém, influir na vontade testamentária. Arnoldo Wald (1988:102) lembra não ser possível o *testamento dialogado*, isto é, aquele em que o oficial faz perguntas e o testador vai respondendo.

No Código de 1916, as testemunhas deveriam ser em número de cinco. No Código de 2002, exigem-se apenas duas testemunhas (art. 1.864, II), como se faz para os demais atos notariais. O acréscimo do número de testemunhas não invalida o ato, mas aumenta a possibilidade de se incluir uma testemunha impedida. Como pessoas essenciais ao ato, devem elas permanecer atentas a tudo que acontece.[3] Mormente na oportunidade de leitura, todas devem estar sob plena atenção. O ato só se completa com a assinatura de todas. Se uma das testemunhas se

---

[3] "Apelação. Registro, arquivamento e cumprimento de testamento público. Sentença de procedência. Recurso desprovido. Apelação. Registro, arquivamento e cumprimento de testamento público. Sentença de procedência. Procedimento de jurisdição voluntária destinado à análise de eventuais vícios extrínsecos do testamento. Discussão quanto à eventual coação contra o testador e violação da igualdade entre os filhos a ser formulada em ação própria. Doutrina e jurisprudência. Erro quanto ao estado civil. Inocorrência. Testador que era divorciado. União estável que não é reconhecida como estado civil. Doutrina. Impedimento das testemunhas. Leitura do instrumento após a lavratura, perante o tabelião e duas testemunhas. Art. 1.864, II, do CC. **Requisito essencial do testamento público**. Ausência de nulidade. Impedimento de apenas uma das três testemunhas que constam da escritura, por ser comprovadamente tia materna das herdeiras testamentárias. Art. 228, V, do CC. Recurso desprovido" (*TJSP* – Ap 1005871-85.2021.8.26.0445, 4-4-2023, Rel. J.B. Paula Lima).

"Abertura, registro e cumprimento de **testamento público** – Sentença que determinou o registro, inscrição e cumprimento de testamento público deixado pela autora da herança, ante a verificação de preenchimento dos seus requisitos legais extrínsecos, a teor do artigo 1.864, do Código Civil – Alegação das apelantes de supostos vícios a inquinar o testamento, relativos à manifestação de vontade da testadora, presença do beneficiário ao ato de lavratura, escolha das testemunhas e do cartório em que lavrado o instrumento – Disposição de última vontade elaborada lavrada em tabelionato, assinada pela testadora, por **duas testemunhas presumidamente idôneas**, ausente prova de seu impedimento, e pelo tabelião – Vício alegado pela recorrente quanto à capacidade da testadora que diz respeito a requisito intrínseco de validade do testamento, matéria que extrapola os limites do presente procedimento, disciplinado pelos artigos 735 e seguintes do Código de Processo Civil – A verificação do preenchimento dos requisitos intrínsecos de validade do testamento deve ser objeto de ação anulatória proposta

recusar a assinar, o testamento é inválido. A lei manda que uma das testemunhas assine a rogo, quando o testador não puder ou não souber assinar (art. 1.865). O oficial deverá declarar esse fato. Defende-se que não é causa de nulidade a assinatura feita por uma sexta pessoa no sistema de 1916 ou terceira pessoa no sistema de 2002. No entanto, quem assina a rogo deve saber ler e não apenas assinar, podendo, inclusive, esclarecer qualquer dúvida do analfabeto. Barros Monteiro (1977, v. 6:144) diz que a proibição de servir como testemunha não abrange a que assina a rogo. Na verdade, a assinatura a rogo é apenas uma complementação da autenticidade que já faz o oficial. Essa exigência da assinatura a rogo poderia ser abolida, que não faria falta. Bastaria que se atribuísse ao notário a responsabilidade por descrever as causas da omissão de assinatura. Só é admitida a assinatura a rogo se o testador não souber ou não puder assinar. O analfabeto só pode testar pela forma pública, portanto. Também o alfabetizado, no sistema de 1916, que não pudesse e não conseguisse escrever, uma vez que:

> "considera-se habilitado a testar publicamente aquele que puder fazer de viva voz as suas declarações, e verificar, pela sua leitura, haverem sido fielmente exaradas".

Essa disposição não é repetida pelo Código de 2002, de modo que pode o testador, de acordo com o art. 1.864, servir-se de minuta, notas ou apontamentos, não havendo mais necessidade de que emita declaração de voz.

No sistema de 1916, quem não pudesse falar, pois, não poderia testar pela forma pública, ainda que a afasia fosse temporária. Nunca se esqueça de que a capacidade de testar verifica-se no momento da elaboração. Já estudamos a situação do surdo-mudo. A pessoa inteiramente surda, se souber ler, lerá o testamento, e, se não souber, *"designará quem o leia em seu lugar, presentes as testemunhas"* (art. 1.866). O surdo, mesmo analfabeto, também pode testar pela forma pública. O leitor do testamento, pessoa escolhida de confiança do surdo, não é uma das testemunhas. Contudo, a nosso ver, não induz nulidade que o seja.

O deficiente visual só pode testar por essa forma. Nessa hipótese (art. 1.867), a lei redobra a cautela e exige dupla leitura do testamento, uma pelo oficial, e a outra por uma das testemunhas designadas pelo testador. Pode efetuar a segunda leitura quem não tenha sido testemunha. Cremos que a situação seja a mesma da assinatura a rogo. Trata-se de maior segurança para o testador e nada impede traga ele uma pessoa de sua confiança para a leitura, a qual não sofre as mesmas restrições da testemunha. Se a doutrina não opõe restrições no caso da assinatura a

---

especificamente para esse fim – Precedentes desta C. Corte – Sentença mantida – Recurso desprovido" (*TJSP* – Ap. 1077667-12.2018.8.26.0100, 29-9-2020, Rel. Angela Lopes).

"**Declaratória de nulidade de testamento público** – Alegação de incapacidade para testar em razão do comprometimento neurológico e cognitivo da falecida à época. Determinação de suspensão da demanda envolvendo abertura, registro e cumprimento do testamento. Inadmissibilidade. Procedimento de jurisdição voluntária, em que o objeto se limita à análise dos requisitos extrínsecos de autenticidade do documento. Ausência de prejudicialidade ou conexão. Demandas versam sobre causas de pedir e pedidos distintos. Suposto vício intrínseco do testamento não impede seu registro. Cautela pode ser observada diretamente no inventário. Agravo provido." (*TJSP* – AI 2229098-85.2018.8.26.0000, 17-6-2019, Rel. Natan Zelinschi de Arruda).

"Apelação cível – Sucessão testamentária – Ação declaratória de **nulidade de testamento** com pedido cautelar. Testamento público. Presença de pagamento do preparo. Pedido de justiça gratuita formulado na apelação. Pleito negado. Necessidade de comprovação de hipossuficiência. Tese de cerceamento de defesa não acolhida. Nulidade de testamento público por vícios formais afastada. Formalismo que não deve se opor à vontade do testador. Sentença reformada. Inversão dos ônus sucumbenciais. Recurso conhecido e parcialmente provido" (*TJAL* – Ap 0003719-96.2011.8.02.0058, 6-1-2016, Rel. Des. Domingos de Araújo Lima Neto).

"Inventário – **Testamento** – Legado – Renúncia – Necessidade de instrumento público ou termo judicial – Ato Solene – Invalidade de documento particular – Agravo de instrumento não provido" (*TJSP* – AI 2032459-70.2013.8.26.0000, 13-2-2014, Rel. Guilherme Santini Teodoro).

rogo, não temos que nos opor no caso do cego ou deficiente visual, levando-se em conta que há uma primeira leitura pelo notário. A leitura, em qualquer caso, deve ser de todo o instrumento e em voz audível. Deve ser compreendida pelo testador e pelas testemunhas, daí todos devem entender a língua nacional.

Dizia a lei de 1916 que, faltando qualquer das formalidades, ou se o oficial não as mencionasse, o testamento seria nulo e o oficial responderia civil e criminalmente (art. 1.634, parágrafo único). Não se repete essa disposição no presente Código, pois é dever inerente à função de notário descrever as formalidades de seu mister e portá-las por fé. Incumbe, no caso concreto, verificar a ausência de formalidade que possa inquinar o testamento, sem o rigorismo estrito do diploma civil anterior. A responsabilidade, na verdade, é do Estado, por ato de seu agente (Constituição Federal, art. 37, § 6º). Os que foram prejudicados pela falha formal do oficial deverão acionar o Estado, que tem responsabilidade objetiva. O servidor responde em ação de regresso perante o Estado, se agiu com dolo ou culpa. Há responsabilidade do oficial se não obedecer às formalidades essenciais extrínsecas. Não responde pelo conteúdo das disposições. A falha funcional do servidor apurada administrativamente é estranha à decisão sobre a validade do ato, embora possa influenciá-la.

O juiz deve ser estrito na observância dos requisitos legais. Não era admissível uma jurisprudência que procurasse abrandar os requisitos das solenidades (Rodrigues, 1978, v. 7:144). Esta última afirmação não é mais verdadeira perante recentes julgados do STJ. De qualquer modo, é a forma pública a mais segura e, em que pese tornar conhecida a vontade do testador, a mais utilizada.

O parágrafo único do art. 1.864 acrescenta que

"o testamento público pode ser escrito manualmente ou mecanicamente, bem como ser feito pela inserção da declaração de vontade em partes impressas de livro de notas, desde que rubricadas todas as páginas pelo testador, se mais de uma".

Cada vez mais raro se mostra o ato notarial manuscrito, nos velhos livros de escrituras. A maioria dos cartórios utiliza-se de meios informatizados, que na verdade não se identificam perfeitamente com os meios mecânicos mencionados no dispositivo. Já vai longe no tempo também a utilização da máquina de datilografia. Não importando o meio pelo qual se apresente graficamente o testamento público no livro de notas, o importante é que todas as folhas sejam autenticadas pelo oficial e rubricadas pelo testador.

32.3.1 Registro e Cumprimento do Testamento Público (Disposições Processuais)

Após a morte do testador, o testamento deve ser apresentado a juízo, exibindo-se traslado ou certidão, por qualquer interessado, que requererá ao juiz que ordene seu cumprimento (art. 736 do CPC). Os testamentos *públicos* e *cerrados* devem ser registrados e cumpridos na forma dos parágrafos do art. 735.[4] O *testamento particular* tem um procedimento especial de *confirmação*, como veremos.

---

[4] "Apelação cível. Ação de confirmação, registro e cumprimento de testamento público. Sentença de procedência. Insurgência de um dos herdeiros. Mérito. Testamento público. Disposição de última vontade. Procedimento voltado ao exame dos requisitos extrínsecos da escritura pública e das formalidades legais do testamento. **Inteligência do art. 735 e 736 do CPC**. Documento hígido e sem vícios extrínsecos. Pretensão de ineficácia de cláusulas estabelecidas pelo testador. Questão que não versa sobre requisitos externos e formais do testamento público, mas sobre seu conteúdo. Nulidade das disposições testamentárias que depende da via processual adequada. Precedentes. Sentença mantida. Motivação do decisório adotado como julgamento em segundo

Nesse procedimento, o juiz faz um exame perfunctório da validade formal do testamento. Se verificar a presença de nulidade, não mandará cumpri-lo. Esse ato tem por finalidade um primeiro exame das formalidades extrínsecas. Achando-o em ordem, mandará registrar, arquivar e cumprir o testamento (art. 735, § 2º). Lavra-se um auto de registro e aprovação do testamento. Participa do procedimento o Ministério Público. O juiz nomeará testamenteiro, se o testador não o tiver feito. Sem o ato homologatório, o "cumpra-se" do magistrado, o testamento não pode ser registrado e processado no inventário. O procedimento é o mesmo do testamento cerrado, com a diferença de que aqui não há necessidade de se abrir o invólucro.

Já vimos que sem a cártula testamentária não é possível reconstituir a vontade do testador. Aquele que se furta a entregar o testamento ou o faz desaparecer responde por perdas e danos, além de estar sujeito ao crime de supressão de documento (art. 305 do Código Penal). Disposições regimentais de cada corregedoria estadual podem exigir outras cautelas, como, por exemplo, averiguar se não existe outro testamento do mesmo testador nos cartórios do Estado ou do país. O Colégio Notarial do Brasil deve receber as relações dos testamentos realizados no país.

Essa homologação não impede que seja provado vício formal do testamento, pois se trata de mero procedimento de jurisdição voluntária, atividade administrativa do juiz. Por outro lado, se o juiz entender de não homologar o testamento, também é verdadeiro que os interessados podem recorrer às vias ordinárias para provar sua validade.

32.4 TESTAMENTO CERRADO (SECRETO OU MÍSTICO)

Essa modalidade de testamento é escolhida por aqueles que desejam manter sua última vontade em segredo. Evitam assim maiores dissensões familiares entre os aquinhoados e

---

grau. Inteligência do art. 252 do RITJ Resultado. Recurso não provido" (TJSP – Ap 1012693-39.2023.8.26.0019, 21-5-2024, Rel. Edson Luiz de Queiróz).

"Apelação – Ação de abertura, registro e cumprimento de testamento público – **Inexistência de vício externo no testamento** – Inteligência do art. 735 do Código de Processo Civil – Remoção do testamenteiro com alta inimizade com um dos coerdeiros – Existência de ação de execução e inquérito policial que demonstra a incompatibilidade para o exercício do cargo e defesa das disposições testamentárias – Pretensão do herdeiro Fernando para exercer o cargo de testamenteiro – Existência de ferrenho conflito em virtude de contas alegadamente não prestadas pelo herdeiro relativas à época que atuou como curador da testadora – Impedimentos reconhecidos em doutrina, a corroborar a nomeação do inventariante dativo para exercício do *munus* de testamenteiro dativo – Precedente – Sentença mantida – Recursos desprovidos". (TJSP – Ap 1006365-49.2020.8.26.0100, 31-1-2022, Rel. Costa Netto).

"Testamento – **Testamento particular excepcional** – Situação excepcional que autoriza a dispensa de testemunhas não comprovada – Ausência de requisito essencial previsto no artigo 1.879 do Código Civil – Morte da testadora, ademais, ocorrida mais de dois anos depois da subscrição da declaração – Sentença de improcedência mantida – Recurso desprovido." (TJSP – AC 1024262-38.2015.8.26.0562, 3-7-2019, Rel. Moreira Viegas).

"Recurso Especial – **Testamento Particular – Pedido de confirmação, registro e cumprimento** – Assinatura do testador – Requisito Essencial de validade – Abrandamento – Impossibilidade – Assinatura a rogo – Inadmissibilidade – 1 – Cuida-se de procedimento especial de jurisdição voluntária consubstanciado em pedido de confirmação, registro e cumprimento de testamento particular. 2 – Cinge-se a controvérsia a determinar se pode subsistir o testamento particular formalizado sem todos os requisitos exigidos pela legislação de regência, no caso, a assinatura do testador. 3 – A jurisprudência desta Corte tem flexibilizado as formalidades prescritas em lei no tocante às testemunhas do testamento particular quando o documento tiver sido escrito e assinado pelo testador e as demais circunstâncias dos autos indicarem que o ato reflete a vontade do testador. 4 – No caso dos autos, além de o testamento não ter sido assinado pelo próprio testador, há fundada dúvida acerca da higidez da manifestação de vontade ali expressa. 5 – Segundo a doutrina especializada, na confecção do testamento particular não se admite a assinatura a rogo. 6 – Recurso especial não provido" (STJ – REsp 1.618.754 (2016/0203627-3), 13-10-2017, Relª Minª Nancy Andrighi).

preteridos. Embora o mestre Sílvio Rodrigues (1978, v. 7:117) considere-o uma "velharia", trata-se da única forma que tem o titular de um patrimônio de não acirrar mais as desinteligências familiares.

Inobstante, como já afirmamos, o testamento, qualquer que seja, pode sempre se converter numa arma de amor ou ódio. A forma secreta tem como desvantagem a possibilidade latente de perda, destruição ou supressão da cártula. Suas formalidades são obviamente mais amplas, para assegurar maior segurança. É também um testamento notarial porque dele participa o oficial público. No entanto, como o disponente não declara sua vontade ao serventuário, não deve ser considerado uma espécie de testamento público. Trata-se de forma intermediária entre o testamento público e o testamento particular. É, no dizer de Orosimbo Nonato (1957, v. 1:279), uma *carta sigilada*.

São requisitos essenciais do testamento cerrado (art. 1.868):

> *"O testamento escrito pelo testador, ou por outra pessoa, a seu rogo, e por aquele assinado, será válido se aprovado pelo tabelião ou seu substituto legal, observadas as seguintes formalidades:*
>
> *I – que o testador o entregue ao tabelião em presença de duas testemunhas;*
>
> *II – que o testador declare que aquele é o seu testamento e quer que seja aprovado;*
>
> *III – que o tabelião lavre, desde logo, o auto de aprovação, na presença de duas testemunhas, e o leia, em seguida, ao testador e testemunhas;*
>
> *IV – que o auto de aprovação seja assinado pelo tabelião, pelas testemunhas e pelo testador.*
>
> *Parágrafo único. O testamento cerrado pode ser escrito mecanicamente, desde que seu subscritor numere e autentique, com a sua assinatura, todas as páginas".*

Vemos, portanto, que a tipicidade dessa modalidade é das mais detalhadas.[5] O excesso de formalidades, necessárias para garantir a lisura do ato, desencoraja a escolha por essa modalidade pelos interessados.

---

[5] "Apelação cível. Ação de abertura, registro e cumprimento de **testamento cerrado**. Sentença pela qual foi determinado o registro e cumprimento do testamento. Inconformismo da filha do testador. Sem razão. Procedimento de jurisdição voluntária que se destina apenas a verificar se o testamento preenche as formalidades legais e atende às exigências do art. 1.868 e seguintes do Código Civil. Ante à inexistência de vício extrínseco, de rigor a determinação do registro e cumprimento do testamento. Não cabe nesta ação discussão quanto ao seu conteúdo ou à capacidade mental do testador. Sentença mantida. Negado provimento ao recurso". (TJSP – Ap 1009015-87.2020.8.26.0482, 5-9-2022, Rel. Christiano Jorge).

"Agravo de instrumento – **Testamento cerrado** – Inventário – Plano de partilha – Apenas após a abertura do testamento cerrado torna-se possível a apresentação de plano de partilha, pois que, antes disso, impossível saber quais eram as disposições de última vontade do autor da herança." (TJMG – AI-Cv 1.0000.19.034179-2/001, 5-7-2019, Rel. Jair Varão).

"Apelação cível – Sucessões – **Testamento cerrado** – Envelopes contendo dois testamentos que foram abertos e dilacerados pelo testador, com seu consentimento e na presença de testemunhas. Quebra de sigilo da cédula testamentária que implica em revogação e nulidade do ato de última vontade. Inteligência dos art. 1.875 e 1.972 do Código Civil. Preliminar de cerceamento de defesa. Afastamento. Demonstração nos autos que o testador se encontrava lúcido à época dos fatos. Recurso desprovido." (TJSP – Ap 0000251-40.2014.8.26.0418, 14-3-2018, Rel. Rodolfo Pellizari).

"Apelação – Direito Civil – **Testamento Cerrado** – Erro Material – Testamento Público – Procedimento de jurisdição voluntária – Requisitos de validade formal presentes – questionamentos acerca de requisitos intrínsecos – impossibilidade – O procedimento de jurisdição voluntária tem como pressuposto a ausência de situação contenciosa, cabendo ao magistrado examinar, tão somente, a validade formal do testamento, sendo que os demais requisitos e vícios intrínsecos devem ser questionados em ação própria – Com relação aos requisitos intrínsecos, como o vício na manifestação da vontade do testador e a ausência de citação dos herdeiros, seu questionamento não é admitido na estreita via dos procedimentos de jurisdição voluntária" (TJMG – AC 1.0540.16.001337-6/001, 4-5-2017, Rel. Dárcio Lopardi Mendes).

32.4.1 Atividade Notarial no Testamento Cerrado

A competência para o oficial fazer testamento cerrado é a mesma do testamento público. A cédula testamentária, após encerrado o ato, é entregue ao testador (art. 1.874). Ficará em sua posse, incumbindo-lhe o destino. Antes dessa entrega, o oficial público já terá exarado na mesma seu *auto de aprovação* (inciso III).

Antes do auto de aprovação completado, não há testamento. Deve ser feito após a última palavra do testamento, devendo o tabelião, se houver falta de espaço na última folha, apor seu sinal público (chancela ou carimbo, com rubrica ou assinatura usual), assim expondo na cédula, e se utilizar de outra folha (art. 1.869). Embora a lei não o diga, é da maior conveniência que o serventuário aponha seu sinal público em cada uma das folhas apresentadas, numerando-as.

Note que o escrivão não deve ler o testamento. Nada impede, porém, que o testador autorize a leitura, mas isso é irrelevante. O serventuário recebe a cédula do próprio testador (inciso I) na presença de pelo menos duas testemunhas. Não se admite que qualquer outra pessoa faça a entrega.

"Ação rescisória – Sucessões – Inventário – Alegação de existência de documento novo – Testamento Cerrado – Acórdão rescindendo que expressamente ressalvou a discussão em sede própria dos reflexos de eventual disposição testamentária válida sobre a adjudicação dos bens à companheira. Ausência dos requisitos próprios à via processual eleita. Extinção do processo, sem resolução de mérito" (TJSP – AR 0008724-42.2013.8.26.0000, 29-2-2016, Rel. Claudio Godoy).

"Apelação Cível – **Testamento** – Declaração de renúncia de bens prestada pelos herdeiros. Impossibilidade. Omissão de existência de herdeiros. Falsidade das declarações. Nulidade do instrumento. Provimento do apelo. I – O testamento é um negócio jurídico solene, que deve observar as formalidades legais. II – A declaração de renúncia de bens prestada pelos herdeiros no corpo do testamento é nula de pleno direito porque não há possibilidade jurídica de renúncia à herança de pessoa viva. III – Havendo omissão de existência de herdeiros é nulo instrumento porque a declaração importa em prejuízo à terceiro. IV – Apelo provido" (TJMA – AC 52.858/2014 – (188777/2016), 14-9-2016, Relª Desª Maria das Graças de Castro Duarte Mendes).

"Apelação cível – Sucessões – **Pedido de registro e cumprimento de testamento** – Procedimento de jurisdição voluntária – Inocorrência de coisa julgada – Testamento particular elaborado por processo mecânico, composto por duas folhas independentes – Disposições testamentárias constantes integralmente da primeira folha, da qual consta apenas a assinatura do testador, não assinada e nem rubricada pelas testemunhas instrumentárias – Segunda folha que se resume apenas às assinaturas das testemunhas instrumentárias, sem contar com a assinatura ou rubrica do testador – Impossibilidade de registro do testamento, diante das particularidades do caso – Existência de vício externo capaz de tornar o testamento suspeito de nulidade ou falsidade – 1 – Tratando-se de procedimento de jurisdição voluntária, não há lide e, consequentemente, a sentença prolatada não produzirá coisa julgada material, mas apenas formal. 2 – É corolário lógico de que o espírito da lei, ao exigir a assinatura do testador e das testemunhas instrumentárias no testamento particular elaborado por processo mecânico (art. 1.879, § 2º, do Código Civil), é o de revestir o documento de segurança capaz de confirmar a veracidade de que aquelas seriam as disposições de livre vontade do testador. Embora a literalidade do mencionado artigo de lei não faça expressa menção à necessidade de que, caso o testamento seja impresso em mais de uma folha, todas as páginas devem ser ao menos rubricadas – A exemplo do que preconiza o parágrafo único do art. 1.864 do CCB, relativamente ao testamento público, e o parágrafo único do art. 1.868 do CCB, relativamente ao testamento cerrado – Esta formalidade também deve ser observada no testamento particular, por ser o único modo capaz de aferir que todas as folhas apresentadas são parte integrante do documento feito pelo testador na presença das testemunhas. 3 – Nesse contexto, não se revela possível confirmar testamento particular digitado e impresso, composto por duas folhas avulsas, quando as disposições testamentárias constarem integralmente da primeira folha, assinada somente pelo testador – Não assinada e nem rubricada pelas testemunhas instrumentárias –, constando da segunda folha tão somente as assinaturas das testemunhas, dela não constando a rubrica ou a assinatura do testador. Isso porque, nessas circunstâncias, há vício externo que, evidentemente, é capaz de tornar o documento suspeito de nulidade ou falsidade, uma vez que o teor das disposições poderia ser facilmente alterado a qualquer momento posteriormente à feitura do testamento, mediante a edição de novo texto, que, depois de impresso, seria simplesmente 'juntado' às assinaturas das testemunhas, constantes de folha apartada, dando a aparência de que aquelas seriam as declarações de livre vontade do testador feitas na presença delas. Rejeitada a preliminar contrarrecursal, negaram provimento. Unânime" (TJRS – AC 70063523385, 18-6-2015, Rel. Des. Luiz Felipe Brasil Santo).

O oficial examinará, a certa distância, se existe redação na cédula, se há borrão, rasura ou entrelinha digna de ser ressalvada, no auto. A questão é para depois ser examinada pelo juiz, de acordo com o art. 426 do CPC.

As cautelas da lei servem justamente para impedir que posteriormente se possibilite a alteração do que foi escrito. Não é necessário que o testador entregue o instrumento em envelope fechado. Pode entregar simplesmente o documento redigido.

No *auto de aprovação*, que ficará no interior do envelope (ou outra forma de embalagem), uma vez que poderá constar de folha autônoma, em caso de falta de espaço, o escrivão declarará o lugar e a data do instrumento, dizendo que o testador lhe entregou a cédula, que tinha por seu testamento, "bom, firme e valioso", se foi escrito pelo próprio testador ou não, qualificando as testemunhas. Não era necessário que as palavras "bom, firme e valioso", presentes no Código de 1916 (art. 1.638, VI), tivessem o mesmo valor das fórmulas romanas. A essência da manifestação do oficial é que vale. O auto de aprovação deve descrever pormenorizadamente o ato, autenticando o testamento. Sempre será possível que o oficial tenha certificado o que não ocorreu, ou que tenha deixado de certificar o realmente ocorrido. Não deve o oficial deixar espaço em branco, começando o auto logo após a última palavra da cédula (art. 1.869). A matéria é para exame posterior na prova.[6]

Tratando-se de ato notarial, a data não é requisito essencial para o escrito do testador, mas é essencial no auto de aprovação, porque atesta o momento exato da elaboração do testamento (Beviláqua, 1939, v. 6:76). Contudo, a lei não fala de obrigatoriedade de data no auto, não se podendo dar por nulo o testamento tão só pela omissão do testador. O problema é idêntico ao enfocado no testamento público. No entanto, é falha gravíssima do funcionário a falta de declaração de data e lugar do ato, abrindo suspeitas; o que é absolutamente inconveniente. Por outro lado, o testador pode ter datado anteriormente a cédula, o que é irrelevante, porque a data da elaboração do testamento é a fixada pelo notário.

A seguir, o oficial lê o auto perante os circunstantes e declara que o leu e passa à fase das assinaturas. Assina primeiramente o oficial, pois esse instrumento é documento público; após, o testador e as testemunhas. As testemunhas também não se inteiram do conteúdo do testamento. A lei de 1916 previa expressamente que o número de testemunhas pudesse ser maior que cinco (inciso IV do art. 1.638)."[7] Tratava-se de resquício histórico. Maior número de testemunhas

---

[6] "Apelação – **Testamento particular** – Ausência de testemunhas – Nulidade – É nulo o testamento particular realizado sem a presença e assinatura de testemunhas, quando não há circunstância a justificar a ausência da formalidade exigida pelo artigo 1.876, do CC – Sentença ratificada. Negaram provimento ao recurso." (TJSP – AC 1000825-84.2016.8.26.0415, 24-6-2019, Rel. Alexandre Coelho).
"**Pedido de registro de testamento particular** – Indeferimento da inicial, ao argumento de não caracterizada a circunstância excepcional prevista no art. 1879 do CCB. Recurso visando afastamento daquela decisão. Não cabimento. Ausência, no documento, da excepcionalidade, para confirmar a validade do testamento sem testemunhas. Sentença mantida. Recurso negado." (TJSP – Ap 1038927-35.2017.8.26.0224, 24-5-2018, Relª Maria de Lourdes Lopez Gil).
"Sucessões – Apelação Cível – **Testamento particular** – Leitura do testamento pelo testamenteiro – Inobservância de formalidade prevista no art. 1.876, § 2º do CC – Pedido de decretação da nulidade do instrumento – Descabimento – Inexistência de indícios de falsidade – Vontade do testador – Prevalência – Testamento excluindo herdeiro necessário – Alegação de adiantamento de legítima – Falta de prova – Nulidade da parte que não contempla herdeiro necessário – Na interpretação das exigências testamentárias, deve prevalecer a vontade do 'de cujus', desde que verificada a presunção de legitimidade daquele ato e a capacidade mental do testador. As disposições testamentárias devem respeitar o direito dos herdeiros necessários à parte da legítima que lhes cabe, evidenciando-se a nulidade das disposições testamentárias em contrário – Apelo provido em parte"(TJMG – AC 1.0518.06.102855-2/001, 2-5-2016, Rel. Juiz Conv. Rodrigues Pereira).

[7] "**Ação de abertura, registro e cumprimento de testamento** – Procedimento de jurisdição voluntária – Apelação – 1 – Cuida-se de procedimento de jurisdição voluntária, destinado a conhecer a declaração de última vontade do falecido, cuja cognição é sumária, cingindo-se a verificar o magistrado a regularidade formal do testamento e ordenar seu cumprimento. 2 – A sentença recorrida determinou o cumprimento do testamento dos bens deixa-

concorre para aumentar as possibilidades de falhas formais. O presente Código refere-se unicamente a duas testemunhas, mas continua válido o que se diz sobre a possibilidade da presença de testemunhas excedentes. Na verdade, incumbe ao oficial impedir que isso ocorra. O oficial deve consignar que todas estiveram presentes no transcorrer de todo o ato.

O inciso X do art. 1.638 do Código anterior determinava que, se o testador não soubesse ou não pudesse assinar, que o fizesse por ele uma das testemunhas. Era dever do oficial obedecer ao requisito. Não devia admitir que assinasse quem não tivesse sido testemunha. Todavia, tal falha por si não devia induzir nulidade. Não mais persiste essa regra no Código de 2002, pois o testamento cerrado deve ser assinado pelo testador (art. 1.868, *caput*).

No testamento cerrado é importante, mas a lei não o diz, que as formalidades sejam feitas em sequência, sem intervalo na continuidade, uma vez que se trata de mera apresentação e aprovação. Se o ato for interrompido, será necessário recomeçá-lo, diferentemente do testamento público cuja redação pode levar horas e exigir interrupção para repouso. Pequeno intervalo, porém, no testamento cerrado, não induz nulidade (Maximiliano, 1952, v. 1:514). A unidade de ato não se refere à cédula, que geralmente já vem redigida, mas aos atos de entrega e aprovação descritos na lei.

A presença de um beneficiário ou aquinhoado do testamento no procedimento legal é inconveniente. Pode ensejar suspeita de captação de vontade ou outra fraude. Por outro lado, o acompanhamento do ato por um jurista, em assessoria técnica, é até aconselhável.

32.4.2 Testador e sua Posição no Testamento Cerrado

O testamento cerrado só pode ser utilizado por quem saiba ler (art. 1.872). O cego e o analfabeto só testam pela forma pública. No vigente sistema, quem não puder assinar também deve testar pela forma pública.

Pode testar pela forma cerrada o mudo ou o surdo-mudo que souber ler e escrever. De acordo com o art. 1.873, deve o surdo-mudo escrevê-lo todo, assinar de próprio punho e, ao entregar o documento ao oficial público ante as duas testemunhas (cinco, no Código anterior), deve escrever na face externa do papel, ou do envoltório, que esse é seu testamento, cuja

---

dos por entender terem sido observadas as formalidades legais, havendo concordância do Curador de Resíduos. 3 – Apelou suposta herdeira, pugnando pela reforma da sentença, alegando que esta deixou de considerar o Instrumento Público de Revogação ou sobre o rompimento em razão da superveniência de descendente sucessível do testador, na forma do artigo 1.973 do Código Civil. 4 – O procedimento de confirmação de testamento, de jurisdição voluntária, objetiva unicamente a verificação da regularidade formal do testamento apresentado, com posterior prolação de provimento jurisdicional que permita a produção de seus efeitos, nos termos do artigo 735 CPC. 5 Nega-se provimento ao recurso." (*TJRJ* – AC 0486665-24.2015.8.19.0001, 9-7-2018, Rel. Fernando Foch de Lemos Arigony da Silva).

"Apelação – Inventário – **Bens deixados em testamento** – Alegação de nulidade do ato – Ausência de ação própria de anulação de testamento – Manutenção da sentença – Necessidade – A questão relativa à anulação do testamento reclama procedimento autônomo e próprio, sendo inviável a análise quanto à sua validade nos próprios autos do inventário – Deixando os apelantes de comprovar a existência de ação autônoma relativa à alegada nulidade do testamento cerrado deixado pelo de cujus, não há que se falar em cassação ou nulidade da sentença, nem tampouco de suspensão do processo de inventário" (*TJMG* – AC 1.0024.13.077316-1/002, 26-7-2016, Rel. Elias Camilo).

"**Testamento**. Abertura, registro e cumprimento. Herdeira que comunicou a existência de testamento cerrado deixado pelo *de cujus*. Sentença extintiva do processo, com base no art. 267, inc. VI, do Código de Processo Civil, porque o testamento já foi apresentado aberto. Inconformismo. Acolhimento parcial. Matéria alegada que não pode ser discutida nos acanhados limites do procedimento de jurisdição voluntária, exigindo ação própria. Possibilidade, no entanto, do registro e arquivamento do testamento. Inteligência do art. 1.126, parágrafo único, do referido diploma processual. Cumprimento do testamento que dependerá do que for decidido em outro processo. Sentença reformada em parte. Recurso parcialmente provido" (*TJSP* – Ap 0029997-39.2011.8.26.0100, 18-4-2013, Rel. J. L. Mônaco da Silva).

aprovação pede. Em tal caso, não se admite a redação por outrem, ou seja, a rogo. É o próprio surdo-mudo que deve redigi-lo, para melhor garantir sua vontade.

Como regra geral, porém, não é necessário que o testamento cerrado seja escrito pelo próprio testador. A lei admite que seja escrito por outra pessoa a seu rogo (art. 1.868). O próprio oficial poderá escrever a rogo (art. 1.870).[8] Difícil imaginar que alguém que não saiba ler possa assinar, mas, nessa situação, e no caso de o testador não poder assinar, como vimos, no Código de 1916, uma das testemunhas assinaria a rogo do testador. Não é conveniente que o oficial que escreveu a rogo também o assine, mas a lei não impede esse entendimento. Lembre-se de que a regra geral no Código de 1916 era sempre de a assinatura ser do testador (inciso II). Só na situação do inciso III é que haveria assinatura a rogo. O presente Código suprimiu essa possibilidade, como vimos.

Discutiu-se, no passado, acerca da possibilidade de o testamento cerrado poder ser datilografado. A lei de 1916 não exigia a escrita de próprio punho. O Supremo Tribunal Federal

---

[8] "**Testamento cerrado** – Preliminar de cerceamento de defesa rejeitada – Cumprimento das exigências do art. 1.868 do Código Civil – Inexistência de violação e vícios – 1- A abertura e ratificação do testamento ocorreu na audiência designada com esse propósito, onde foram observadas todas as formalidades legais, com a presença dos herdeiros acompanhados dos advogados, do Ministério Público e das testemunhas. 2- O magistrado é o destinatário das provas. Cabe a ele determinar as providências indispensáveis à instrução do feito e aferir a necessidade ou não de formação de outros elementos para o julgamento da lide. Preliminar de cerceamento de defesa rejeitada. 3- O procedimento de jurisdição voluntária que regula a abertura, o registro e o cumprimento do testamento destina-se a conhecer a declaração de última vontade do falecido, verificar a sua regularidade formal e ordenar seu cumprimento, nos termos do que estabelece o art. 735 do Código de Processo Civil. 4- Embora o apelante alegue falta de observação de algumas formalidades legais, o que se verifica é que todos os requisitos legais exigidos para a abertura do testamento foram cumpridos, não sendo constatada pelos presentes no momento da abertura do testamento nenhuma suspeita de violação ou de vícios formais. 5- O testamento cerrado aberto em audiência, na presença dos herdeiros, Ministério Público e testemunhas cumpriu as exigências do art. 1.868 do Código Civil, sem sinais de violação ou de vícios formais que o tornem suspeito de falsidade ou nulidade. 6- Apelação desprovida." (TJDFT – Proc. 07268297520188070001, 18-7-2019, Rel. Hector Valverde).
"Apelação – **Ação declaratória de nulidade do testamento cerrado** – Improcedência – Inconformismo do autor – Descabimento – Ausência de comprovação nos autos que o falecido era incapaz de elaborar a declaração de última vontade. Quadro de demência posterior ao ato. Processo de interdição cujo desfecho restou prejudicado em razão do falecimento do testador. Declarações do Tabelião responsável por lavrar o documento que gozam de fé pública. Presunção de veracidade não ilidida pelas provas testemunhais e laudos médicos. Sentença mantida. Honorários sucumbenciais. Ressalva da gratuidade. Recurso improvido." (TJSP – Ap 0007278-41.2013.8.26.0408, 7-3-2018, Rel. Pedro de Alcântara da Silva Leme Filho).
"Apelação Cível – **Registro de testamento cerrado** – Nulidade – Litisconsórcio passivo necessário – Caso em que as legatárias (herdeiras filhas de segundas núpcias do testador) são partes necessárias ao presente pedido de registro de testamento. A presença do litisconsórcio passivo necessário obriga o julgador a ordenar à parte autora que promova a citação dos litisconsortes (artigo 47, § único do CPC/73; art. 115, § único do CPC/15), de modo que o processo não poderia ter sido julgado sem que antes fossem citadas as herdeiras interessadas. Hipótese de desconstituição da sentença, para que seja realizada a citação e oportunizada a defesa das litisconsortes passivas necessárias. Desconstituíram a sentença e julgaram prejudicada a apelação" (TJRS – AC 70072726193, 13-7-2017, Rel. Des. Rui Portanova).
"Apelação cível – **Ação de nulidade de testamento cerrado** – extinção por perda do objeto – Adequação – Caso em que a apelante deseja ver decretada a nulidade de um testamento cerrado. Contudo, outro testamento – Público – Confeccionado posteriormente pelo mesmo testador, e que continha cláusula expressa de revogação dos testamentos anteriores, foi declarado válido em anterior demanda julgada por esta Corte (AC nº 70029017506). Nesse passo, não há interesse em invalidar um testamento que não irá produzir qualquer efeito, sendo de rigor a manutenção da sentença que julgou extinto o feito, por perda do objeto. Negaram provimento" (TJRS – AC 70069227585,8-9-2016, Rel. Des. Rui Portanova).
"**Ação de abertura de testamento**. Testamento cerrado. Apresentação do ato de última vontade junto da petição inicial, desrespeitada a formalidade que exige que o instrumento seja aberto na presença do juiz, previsto pelo artigo 1.875 do Código Civil. Quebra de sigilo – Formalidade que poderá ser mitigada a fim de garantir o cumprimento da disposição dos bens apresentada pelo testador. Possibilidade de recebimento do instrumento como testamento particular, determinando-se a análise do ato, nos termos dos artigos 1.876 a 1.880 do Código Civil. Sentença de extinção com resolução do mérito. Reforma. Recurso parcialmente provido, determinando-se o retorno dos autos à Vara de origem" (TJSP – Ap 1082496-75.2014.8.26.0100, 26-3-2015, Relª Marcia Dalla Déa Barone).

manifestou-se nesse sentido, uma vez que não existia proibição no Código (*RT* 264/863, *RTJ* 77/883). Assim se posicionou a doutrina moderna (Pereira, 1984, v. 6:158); (Monteiro, 1977, v. 6:116; contra: Maximiliano, 1952, v. 1:473). Se a lei permite a redação até mesmo a rogo, nenhum obstáculo existia para a datilografia ou os demais modernos meios eletrônicos, com a assinatura do subscritor, tomando-se cuidado de rubricar ou assinar todas as páginas, com autenticação pelo oficial público. É da melhor cautela que o serventuário autentique e numere todas as folhas do testamento, embora a lei atual não o determine.

O Código em vigor, atento à época atual, expressamente se refere: *"o testamento cerrado pode ser escrito mecanicamente, desde que seu subscritor enumere e autentique com a sua assinatura, todas as páginas"* (art. 1.868, parágrafo único).[9] Não havendo restrição alguma no direito atual, até mesmo se eventualmente faltar rubrica das folhas, o testamento pode ser válido, pois terá passado pelo crivo e autenticação do oficial público, com o auto de aprovação. Essa discussão passa agora a fazer parte da história de nosso direito, como faz a que houve no início do século XX sobre a validade da sentença datilografada e, mais recentemente, da sentença emanada de computador.

Essa forma de testamento pode ser feita em língua estrangeira, pelo testador ou alguém a seu rogo (art. 1.871). A tradução só ocorrerá quando do cumprimento do testamento. Contudo, o testador deve entender a língua do testamento e as formalidades notariais orais devem ser feitas em português, ou em idioma compreensível pelo notário e pelas testemunhas. O auto de aprovação é redigido em língua nacional. Nessa hipótese, não há necessidade de as testemunhas conhecerem a língua estrangeira, pois não tomam conhecimento do conteúdo do documento.

Nada impede na lei que o testamento seja redigido parte por uma pessoa a rogo do testador, parte pelo próprio. Deve o fato, porém, constar do auto. Só a cédula apresentada e aprovada constitui o testamento. Se o testador alude a um outro documento, deve transcrevê-lo, para que faça parte de sua vontade. Documento estranho à cédula não pode integrar o testamento. Um testamento, contudo, pode completar ou revogar outro. A questão é de exame da vontade do disponente.

Não é requisito essencial que seja declarado o nome da pessoa que redigiu a rogo o testamento. Se quem redigiu a cédula assinar com o testador, o ato não ficará prejudicado.

---

[9] "Apelação cível – Ação de inventário – Juízo da origem que homologou o plano de partilha apresentado pela inventariante. Insurgência da coerdeira. Pleito de nulidade por ausência de avaliação do valor dos bens inventariados. Insubsistência. Apelante que manifestou em audiência de instrução não haver necessidade de outras provas. Preclusão do direito. Tese afastada. Requerimento de remessa dos autos ao primeiro grau para rediscussão das cláusulas do testamento. Impossibilidade. Ausência de nulidade. Recurso de apelação que se presta à função almejada. Pedido não acolhido. Mérito. Pretendida reformulação do plano de partilha em virtude de este não corresponder às disposições testamentárias. Acolhimento. Inventariante que efetivamente formulou plano de partilha em desacordo com **testamento cerrado**. Legado que não se confunde com herança testamentária. Ademais, direito de usufruto vitalício em favor da viúva meeira interpretado conforme art. 1.899 do Código Civil omitido na proposta de partilha. Cláusula testamentária duvidosa que deve ser interpretada para melhor observar a vontade soberana do testador. Intepretação do testamento de forma a dar maior eficácia e utilidade ao que foi escrito. Reformulação da partilha em observância aos ditames legais e à vontade do falecido. Sentença reformada. Recurso conhecido e provido em parte." (*TJSC* – AC 0000622-85.2012.8.24.0076, 4-7-2019, Relª Desª Rosane Portella Wolff).

"**Ação de anulação de testamento cerrado** – Cerceamento de defesa – Inexistência – Juiz que, como destinatário da prova, deve indeferir a que for protelatória ou desnecessária, observado o princípio do livre convencimento motivado – Alegação de que o testamento não preencheu as formalidades legais, porque uma das testemunhas que acompanhou a entrega no tabelionato era impedida – Ausência de irregularidade – Exigência legal de que o ato seja acompanhado por duas testemunhas (art. 1.868, I, do Código Civil) – Entrega do testamento que foi acompanhada por três testemunhas – Impedimento de uma delas que não prejudicou o ato, já que as outras duas não eram impedidas ou suspeitas – Ausência de prejuízo – Recurso desprovido." (*TJSP* – Ap 0001272-47.2014.8.26.0581, 19-6-2018, Rel. Marcus Vinicius Rios Gonçalves).

32.4.3 Abertura, Registro e Cumprimento do Testamento Cerrado (Disposições Processuais)

O testamento é entregue ao testador. Ele deverá cuidar de sua preservação. Poderá guardar consigo, em caixa-forte bancária ou confiar a guarda a um terceiro, interessado ou não. Vimos que o grande inconveniente é a dificuldade que pode apresentar sua preservação. Poderá ser redigido em mais de uma via, de teor idêntico, para favorecer a preservação.

Só o juiz poderá abri-lo (art. 1.875) e, vendo-o em ordem, mandará registrar e arquivar no cartório competente e determinará seu cumprimento. Já nos referimos ao procedimento, que é de jurisdição graciosa, aplicável também ao testamento público (arts. 735 ss do CPC).

Pelo art. 735 do estatuto processual, o juiz, ao receber testamento cerrado, após verificar que está intacto, sem vício externo, o abrirá e mandará que o escrivão o leia em presença de quem o entregou. Lavra-se *termo de abertura* (e não ato, como ali consta). Deve apresentar o testamento à pessoa a quem lhe foi confiada a guarda, ou quem o encontrou. Se há conhecimento da existência do testamento, incumbe ao inventariante e demais interessados usar dos procedimentos cabíveis para sua apresentação.

O procedimento é muito simples e não exige a citação dos interessados, cônjuge e herdeiros legítimos. Entendemos, contudo, ser da maior conveniência que ao menos o inventariante seja cientificado da apresentação do testamento. Também nada obriga, embora seja conveniente, que o juiz proceda à abertura tão logo o testamento lhe seja apresentado, como lhe diz a lei.

O juiz deve verificar se o testamento está intacto: abri-lo-á e mandará que o escrivão, ou quem suas vezes fizer, leia o documento, na presença de quem o entregou.

Nesse auto, além de mencionar os requisitos dos incisos I a III do parágrafo único do art. 1.125, o juiz deverá mencionar *qualquer circunstância digna de nota, encontrada no invólucro ou no interior do testamento*. Essa descrição é de suma importância, ainda que o juiz entenda que nada denota dilaceração ou nulidade. O exame do juiz é perfunctório e limita-se, nesse procedimento, ao exame das condições externas. Evidente que se encontrar o testamento aberto, ou com suspeita de dilaceração, não determinará seu cumprimento. Em qualquer situação, deve fazer descrição completa. Se o testamento estiver ilegível, também é possível determinar seu cumprimento, com avaliação posterior de seu entendimento. Sua descrição poderá ser prova decisiva numa ação de nulidade.

A doutrina entende ser competente o juiz do lugar onde se encontra seu portador, já que há necessidade de se proceder sem perda de tempo à abertura, a fim de evitar extravio ou fraudes (Maximiliano, 1952, v. 1:527).

É importante, portanto, que o auto descreva o mais pormenorizadamente possível o estado da cártula, pois isso em muito auxiliará o juízo universal do inventário.

Feito o registro do testamento, será intimado o testamenteiro para assumir a testamentaria, ou então nomear-se-á testamenteiro dativo (art. 735, § 3º), na forma que estudaremos a seguir.

A sentença que manda cumprir o testamento, como já falamos no testamento público, não inibe ação dos interessados em pedir sua nulidade, ainda que por vícios extrínsecos. Do mesmo modo, dada a natureza do conhecimento do juiz nesse procedimento, se entender ele que não está intacto e indeferir o cumprimento, a validade do testamento poderá ser discutida em lide, nas vias ordinárias. Tais decisões não fazem coisa julgada.

Enquanto é discutida a validade de testamento, não se faz a partilha dos bens envolvidos.

Se o testamento se apresentar dilacerado ou aberto, deve ser provado que não o foi pelo testador, nem com seu consentimento (art. 1.972). O testamento pode ter sido propositalmente rompido para evitar seu cumprimento. A matéria é de prova na lide própria. Não podemos singelamente considerar revogado o testamento que não foi aberto intencionalmente pelo testador. Voltaremos a tratar do assunto ao cuidar da revogação dos testamentos. Também no testamento cerrado há responsabilidade civil do Estado se o oficial público ocasionou a nulidade por omissão de dever de ofício.

32.5 TESTAMENTO PARTICULAR

Essa forma de testamento, também denominado hológrafo (admite-se também a grafia *ológrafo*), prescinde, em sua elaboração, da intervenção do funcionário do Estado. O presente Código Civil procurou simplificá-lo, pois no sistema de 1916 foi a modalidade menos utilizada principalmente porque, além de sofrer os mesmos riscos de perda do testamento cerrado, exigia o Código antigo, para sua execução, que pelo menos três testemunhas comparecessem após a morte do testador, para confirmá-lo. Ademais, nesse ato, eram mais difíceis de controlar as pressões dos interessados.

Em seu favor, pode ser mencionada sua rapidez de elaboração, facilidade e gratuidade.[10] A nosso ver, no entanto, a simplificação de suas formalidades no Código de 2002 foi além do que seria de desejar e pode abrir muitos flancos para a fraude.

---

[10] "Testamento particular – Pedido de cumprimento – **Não atendidos os requisitos de validade previstos no art. 1.876 do Código Civil** – Testamento particular elaborado por meio mecânico que não pode conter rasuras ou espaços em branco, devendo ser assinado pelo testador, depois de o ter lido na presença de pelo menos três testemunhas, que o subscreverão – Caso concreto em que não foi realizada a leitura e a assinatura do documento pelo testador na presença de uma das testemunhas – Além disso, não houve assinatura ou rubrica do testador e da viúva em todas as folhas do testamento, bem como ausente assinatura de uma das testemunhas – Nulidade do ato reconhecida – Sentença mantida – Recurso não provido" (TJSP – Ap 1011161-82.2021.8.26.0477, 24-7-2024, Rel. Elcio Trujillo).

"**Sucessão – Testamento particular** – Ação de confirmação – Sucessão. Testamento particular. Ação de confirmação de testamento particular. Sentença que julgou improcedente o pedido, de forma antecipada, em razão do não preenchimento do requisito do art. 1.876 do CC. Irresignação. Documento particular supostamente assinado por apenas 2 testemunhas. Vício meramente formal que, por si só, não obstaria a convalidação do testamento particular escrito de próprio punho. Precedentes do STJ. Caso concreto no qual o testamento foi assinado por 4 testemunhas que, embora não identificadas adequadamente, podem ser intimadas e ouvidas em audiência sobre a questão. Cerceamento de direito configurado. Sentença anulada, determinada a retomada da instrução processual. Recurso provido." (TJSP – AC 1001498-95.2018.8.26.0063, 26-2-2019, Rel. Alexandre Marcondes).

"**Ação de confirmação de testamento particular** – Procedimento previsto no artigo 737 do Código de Processo Civil, que tem a finalidade de verificar os requisitos extrínsecos de validade do testamento particular. Requisitos atendidos, no caso concreto. Documento lavrado mecanicamente, sem rasuras ou espaços em branco, e firmado pela testadora e mais de três testemunhas. Ausência de prova de leitura do testamento pela testadora, na presença das testemunhas. Circunstância insuficiente a comprometer a higidez do ato, uma vez observados os demais requisitos e atingida a finalidade perseguida pela falecida. Alegações de vícios intrínsecos, relativos à capacidade da testadora, insuscetíveis de análise nos estreitos limites de procedimento de jurisdição voluntária. Sentença mantida. Recursos improvidos". (TJSP – Ap 1002974-56.2015.8.26.0587, 13-8-2018, Rel. Francisco Loureiro).

"Agravo regimental no agravo em recurso especial – Comprovação da tempestividade do recurso especial em agravo regimental – Suspensão do expediente forense – Possibilidade – **Testamento particular** – Requisitos formais – Flexibilização – Testamento de emergência – Ausência de comprovação da situação excepcional – Art. 1.879 do CC – Súmula nº 7/STJ – Divergência jurisprudencial – Não realização de cotejo analítico – 1 – A comprovação da tempestividade do agravo em recurso especial em decorrência de suspensão de expediente forense no Tribunal de origem pode ser feita posteriormente, em agravo regimental, desde que por meio de documento idôneo capaz de evidenciar a prorrogação do prazo do recurso cujo conhecimento pelo STJ é pretendido. 2 – É possível flexibilizar as formalidades prescritas em lei no tocante ao testamento particular, de modo que a constatação de vício formal, por si só, não enseja a invalidação do ato, mormente quando demonstrada, por ocasião do ato, a capacidade mental do testador para livremente dispor de seus bens. 3 – Nos termos do art. 1.879 do CC, permite-se seja confirmado, a critério do juiz, o testamento particular realizado de próprio punho pelo testador, sem a presença de testemunhas, quando há circunstância excepcional declarada na cédula. 4 – Incide a Súmula nº 7 do STJ se o acolhimento da tese defendida no recurso especial reclamar a análise dos elementos probatórios produzidos ao longo da demanda. 5 – A transcrição da ementa ou do inteiro teor dos julgados tidos como divergentes é insuficiente para a comprovação de dissídio pretoriano viabilizador do recurso especial. 6 – Agravo regimental desprovido" (STJ – AgRg-AG-REsp. 773.835 – (2015/0223370-0), 10-3-2016, Rel. Min. João Otávio de Noronha).

O art. 1.876 dispõe acerca dos requisitos:[11]

> "O testamento particular pode ser escrito de próprio punho ou mediante processo mecânico.
>
> § 1º Se escrito de próprio punho, são requisitos essenciais à sua validade seja lido e assinado por quem o escreveu, na presença de pelo menos três testemunhas, que o devem subscrever.
>
> § 2º Se elaborado por processo mecânico, não pode conter rasuras ou espaços em branco, devendo ser assinado pelo testador, depois de o ter lido na presença de pelo menos três testemunhas, que o subscreverão".

---

[11] "Agravo regimental em recurso especial – Direito Civil – **Testamento particular** – Vontade do testador mantida – vícios formais afastados – capacidade mental reconhecida – jurisprudência do STJ – Súmula nº 83/STJ – revisão de provas – Súmula nº 7/STJ – 1 – Na elaboração de testamento particular, é possível flexibilizar as formalidades prescritas em lei na hipótese em que o documento foi assinado pelo testador e por três testemunhas idôneas. 2 – Ao se examinar o ato de disposição de última vontade, deve-se sempre privilegiar a busca pela real intenção do testador a respeito de seus bens, feita de forma livre, consciente e espontânea, atestada sua capacidade mental para o ato. Incidência da Súmula nº 83/STJ. 3 – Incide a Súmula nº 7 do STJ na hipótese em que o acolhimento da tese defendida no recurso especial reclama a análise dos elementos probatórios produzidos ao longo da demanda. 4 – Agravo regimental desprovido" (STJ – AgRg-REsp 1.401.087 – 2013/0290454-9, 13-8-2015, Rel. Min. João Otávio de Noronha).

"**Testamento particular** – Observância dos requisitos do artigo 1.876 do Código Civil – Oitiva das testemunhas instrumentárias – Confirmação das assinaturas, da lucidez do testador à época do testamento e da sua leitura pela testadora – Demais questões que devem ser discutidas em ação própria, se o caso – Registro, arquivamento e cumprimento do testamento bem determinados – Recurso desprovido" (TJSP – Ap 1011166-37.2014.8.26.0320, 23-2-2023, Rel. Galdino Toledo Júnior).

"Apelação – Abertura, registro e cumprimento de **testamento particular** – Sentença de improcedência mantida – Vício formal de validade – Testamento feito 8 (oito) dias antes do óbito e quando o testador encontrava-se com doença grave em estágio avançado – Evidências de ausência de livre manifestação de vontade pelo testador, pela capacidade de discernimento reduzida, não podendo prevalecer o testamento em prol da companheira autora em prejuízo da herdeira genitora do falecido, em desrespeito à legítima – Não preenchimento dos requisitos legais constantes do artigo 1.876, caput e § 1º do Código Civil – No caso concreto, uma das testemunhas subscritoras não se encontrava no hospital, não presenciando a manifestação de vontade nem a leitura ao testador do que fora redigido – Sentença de improcedência mantida – Apelo desprovido". (TJSP – Ap 1023512-34.2020.8.26.0506, 29-6-2022, Rel. José Carlos Ferreira Alves).

"**Testamento particular.** Elaboração por processo mecânico. Inteligência dos arts. 1.876 e seguintes do CC. Ato que conta com a assinatura da testadora e de três testemunhas. Ainda que as testemunhas não preencham os requisitos previstos na legislação para que possam depor em processo judicial, não há qualquer exigência nesse sentido no âmbito testamentário. Legislação que admite a confirmação do testamento na falta ou ausência de testemunhas, a critério do juiz. Flexibilização das formalidades legais para se prestigiar a vontade do testador. Precedentes do STJ e do TJSP. Capacidade atestada por laudo médico elaborado ao tempo da disposição. Sentença mantida. Honorários advocatícios sucumbenciais majorados para R$2.500,00 (art. 85, §11, CPC). Recurso desprovido, com elevação da verba honorária". (TJSP – Ap. 1000084-98.2019.8.26.0654, 19-10-2021, Rel. Beretta da Silveira).

"Apelação cível. Pedido de abertura, registro e cumprimento de testamento particular. Procedência. Irresignação de herdeiros necessários. Descabimento. Testamento elaborado por processo mecânico, sem rasuras, espaços em branco e devidamente assinado pelo testador e três testemunhas. Observância das formalidades estabelecidas no artigo 1.876 do Código Civil. Os pontos ventilados no recurso não têm o condão de nulificar o ato. Possibilidade, ademais, de relativização dos requisitos legais, em favor da vontade do testador, como decidido pelo Egrégio Superior Tribunal de Justiça. A ausência da leitura do testamento pelo testador, na presença das testemunhas não compromete a higidez do ato, pois observados os demais requisitos. Finalidade do testador atingida. Sentença mantida. Recurso não provido" (TJSP – Ap. 1025501-66.2019.8.26.0100, 15-9-2020, Rel. José Eduardo Marcondes Machado).

"Apelação – **Testamento particular** – Negativa judicial de confirmação – Manutenção – Testamento que não observou as formalidades do art. 1.876 do Código Civil. Documento firmado por uma única testemunha, que é filha dos beneficiários pelo ato de última vontade. Nulidade do ato. Relativização dos requisitos legais, em favor da vontade do testador, que não se aplica ao caso sub judice. Caráter formal do testamento necessário para assegurar a autenticidade e legitimidade do ato. Recurso improvido." (TJSP – AC 1011200-52.2015.8.26.0554, 27-5-2019, Rel. Enéas Costa Garcia).

A atual lei estatui que o testamento pode ser escrito de próprio punho ou mediante processo mecânico. Não é admitida a assinatura a rogo. Vem aqui novamente à baila a possibilidade da utilização de meios eletrônicos para sua redação. Não havia disposição pertinente no Código de 1916. A jurisprudência, com divergência, admitiu o uso da datilografia no testamento particular (*RT* 264/236, STF, *RTJ* 92/1.234, 64/339, 69/559; contra 447/213, com voto vencido), ao contrário do Código de 2002, que segue o mesmo princípio do Código italiano e do Código suíço, exigindo agora que o testamento particular seja feito de próprio punho ou por meio mecânico; o direito de 1916 exigia apenas que fosse *escrito e assinado pelo testador*. Podíamos entender que, provado que fosse o próprio testador quem datilografara ou digitara o documento, o requisito estaria preenchido.[12] Não era a melhor solução, nem a solução pretendida, com certeza, pelo legislador de 1916, quando começaram a surgir as máquinas de escrever. Hoje, com a eletrônica e a informática, outros meios de grafia podem ser utilizados. Desse modo, o novel Código deste século suplanta o problema ao admitir a escrita de próprio punho ou por meio mecânico, com a assinatura do testador. O testamento particular é presa fácil de falsificações, vícios de vontade e outras fraudes. A perícia técnica para apurar se foi determinada pessoa quem datilografou um documento é muito difícil. Muito mais se se tratar de modernos equipamentos impressores da informática. A prova testemunhal em matéria testamentária é sujeita mais ainda

---

[12] "Ação de registro, arquivamento e cumprimento de **testamento particular** – Recorrente que não possui legitimidade e interesse no deslinde da causa. Recurso não conhecido." (*TJSP* – AC 1007259-59.2019.8.26.0100, 14-11-2019, Rel. Fábio Quadros).

"Apelação – Direito das sucessões – **Testamento** – Ação de confirmação de testamento particular – Discussão a respeito de nulidade do testamento por violação da legítima e de vício do consentimento – Inadmissibilidade – Procedimento que tem por objeto análise da regularidade formal do testamento e aferição de sua autenticidade, com análise dos aspectos formais de sua elaboração – Demais matérias a serem debatidas no inventário ou por ação própria. Alegação de contrariedade no depoimento das testemunhas – Não caracterização – Testemunhas que confirmaram a leitura do testamento e a deixa testamentária em favor da irmã do de cujus, relatando com segurança a prática do negócio jurídico – Falta de indicação do nome de uma das testemunhas por uma das depoentes e menção a "casa", quando o objeto do testamento era "meação do imóvel", não têm o condão de infirmar a credibilidade das testemunhas ou colocar em dúvida a higidez do testamento. Recurso improvido." (*TJSP* – Ap 1006300-07.2014.8.26.0604, 23-1-2018, Rel. Enéas Costa Garcia).

"**Testamento Particular** – Confirmação – Requisitos Essenciais – Assinatura de três testemunhas idôneas – 'Recurso especial. Testamento particular. Confirmação. Requisitos essenciais. Assinatura de três testemunhas idôneas. Leitura e assinatura na presença das testemunhas. Inobservância. Abrandamento. Impossibilidade. Vontade do testador. Controvérsia. Reexame de provas. Inviabilidade. Súmula nº 7/STJ. 1. Cuida-se de procedimento especial de jurisdição voluntária consubstanciado em pedido de confirmação de testamento particular. 2. Cinge-se a controvérsia a determinar se pode subsistir o testamento particular datilografado formalizado sem todos os requisitos exigidos pela legislação de regência, no caso, a assinatura de pelo menos três testemunhas idôneas e a leitura e a assinatura do documento pelo testador perante as testemunhas. 3. A jurisprudência desta Corte tem flexibilizado as formalidades prescritas em lei no tocante às testemunhas do testamento particular quando o documento tiver sido escrito e assinado pelo testador e as demais circunstâncias dos autos indicarem que o ato reflete a vontade do testador. 4. No caso em apreço, o Tribunal de origem, à luz da prova dos autos, concluiu que a verdadeira intenção do testador revela-se passível de questionamentos, não sendo possível, portanto, concluir, de modo seguro, que o testamento exprime a real vontade do testador. 5. Recurso especial não provido'" (*STJ* – REsp 1.432.291 – (2014/0014173-5), 8-3-2016, Rel. Min. Ricardo Villas Bôas Cueva).

"**Civil e processual civil** – Abertura e registro de testamento particular – Ausência de testemunhas – Inobservância do requisito de validade – Flexibilização da formalidade prevista em lei – Vontade do testador não demonstrada por outros meios de prova. Indeferimento da inicial. Manutenção. 1 – De acordo com o § 1º do artigo 1.876 do Código Civil, nos casos em que o testamento particular for escrito de próprio punho, o instrumento em que for manifestada a vontade do testador deve ser lido e assinado por quem o escreveu, na presença de pelo menos 3 (três) testemunhas, que também devem subscrevê-lo. 2 – Verificado que o testamento particular redigido de próprio punho não apresenta a subscrição de 3 (TRÊS) testemunhas, nem descreve qualquer circunstância excepcional apta a justificar a inobservância de tal formalidade, como faculta o artigo 1.879 do Código Civil, tem-se por inviabilizada a sua confirmação judicial, sobretudo quando não há provas que atestem, seguramente, que o documento exprime a vontade do *de cujus*. 3 – Recurso de apelação conhecido e não provido" (*TJDFT* – PC 20140110846845 – (860154), 14-4-2015, Relª Desª Nídia Corrêa Lima).

às instabilidades e incertezas conhecidas. Destarte, se partíssemos da premissa de que a lei não proibia a datilografia no testamento particular, toda a prova seria no sentido de afirmar que foi o próprio testador quem acionara o meio mecânico ou eletrônico. Carlos Maximiliano (1952, v. 1:537) era peremptório no sentido de que esse testamento devia ser manuscrito (op. cit. nº 490), não admitindo nem mesmo o manuscrito em letra de imprensa. Deve ser redigido em papel. Materiais estranhos à escrita normal tornam suspeita a disposição. Na época atual, não havia mesmo que se repelir a elaboração desse testamento por meio mecânico, como inclusive dava a entender o projeto original do mais recente Código, embora as garantias maiores de higidez da cédula decorram mesmo do manuscrito.

Se elaborado por meio mecânico, a lei adverte que o testamento particular não pode conter rasuras ou espaços em branco, devendo ser assinado pelo testador, depois de lido na presença de *pelo menos* três testemunhas, que o subscreverão. Se escrito de próprio punho, entende-se que as entrelinhas e rasuras devem ser devidamente ressalvadas no texto para que o negócio não perca a validade.

Nessa modalidade de testamento, seja de próprio punho, seja por meio mecânico, como se percebe, o Código estabelece o número mínimo de três testemunhas. O testador poderá inserir quantas testemunhas desejar. Como há necessidade de confirmação desse testamento pelas testemunhas, o número maior representa, em tese, maior segurança. Contudo, como já afirmamos, aumenta o risco de serem trazidas testemunhas impedidas, que poderão macular o ato.

O testamento inteiro deve, em princípio, ser redigido pelo testador. Não vicia o ato o fato de ter sido copiado de uma minuta, rascunho ou anotações. Se não há controle de linguagem, o testador redige como bem quiser, com erros, contradições, linguagem grosseira, borrões, entrelinhas etc. O trabalho depois é do intérprete, do juiz.

O testamento particular pode ser redigido em língua estrangeira, contanto que as testemunhas a compreendam (art. 1.880). Todas as testemunhas devem conhecer a língua utilizada pelo testador. Uma única que não o saiba torna o negócio nulo. A data também aqui não é requisito essencial, embora seja útil e deva ser colocada. Em sua ausência, caberá à prova fixá-la. Também a lei não exige o reconhecimento de firma ou de letra do testador, nem o depósito oficial. Não há também como defendermos a necessidade de unidade de tempo e lugar na elaboração do testamento. Há que ser exigido que exista unidade de contexto, com as mesmas testemunhas e mesmas formalidades. A assinatura do testador é essencial. Mesmo manuscrito, sem sua assinatura, não é testamento.

Assim, para que o ato tenha validade, exigem-se a redação e a assinatura do testador, a leitura e a assinatura das testemunhas. A leitura, de acordo com o Código de 2002, será feita pelo testador. Na lei anterior, como não havia especificação, admitia-se a leitura por uma das testemunhas, pelo testador e até mesmo por um estranho ao ato (Gomes, 1981:132). O vigente Código foi expresso no sentido de que a leitura seja sempre feita pelo disponente, nos parágrafos do art. 1.876.

No sistema de 1916, mesmo válido o documento, para que o testamento ganhasse eficácia, havia necessidade da confirmação do ato por pelo menos três testemunhas (arts. 1.647 e 1.648). Doravante, conforme o art. 1.878 do presente Código, as testemunhas testamentárias devem ser convocadas para confirmar o negócio testamentário ou, pelo menos, sobre sua leitura perante elas, e se reconhecem as próprias assinaturas, assim como a do testador. Sua presença é importante e fundamental para avaliação da regularidade. Pela regra, todas as testemunhas que participaram do ato devem ser convocadas. Contudo, a importante inovação vem expressa no parágrafo único do art. 1.878:

"Se faltarem testemunhas, por morte ou ausência, e se pelo menos uma delas o reconhecer, o testamento poderá ser confirmado, se, a critério do juiz, houver prova suficiente de sua veracidade".

Embora não caiba ao jurista raciocinar sobre fraudes, nesse caso a simplificação, a nosso ver, abre larga margem de dúvidas. O testamento, qualquer que seja sua modalidade, é um dos negócios mais suscetíveis a fraudes e a ataques de nulidade. Toda a carga da responsabilidade, nesse caso, é transferida ao juiz, que poderá confirmar o testamento perante apenas uma das testemunhas. Melhor seria que a lei simplesmente dispensasse essa formalidade das testemunhas confirmatórias. Por outro lado, devem ser esgotadas as possibilidades de localização das testemunhas não encontradas. Nesses processos avulta de importância o papel do Ministério Público. Não há que se entender a ausência das testemunhas mencionada na lei como a ausência técnica, definida nos arts. 22 ss, mas como a impossibilidade de sua localização.

É conveniente que o testador descreva todos os atos realizados. As testemunhas devem ouvir a leitura. Suas assinaturas devem ser lançadas na presença do testador. Se houver mais de uma folha, é conveniente que testador e testemunhas assinem todas as folhas, com numeração. As testemunhas não necessitam recordar com particularidades as disposições, mas delas terão conhecimento. Tal é importante para o ato de confirmação após a morte do disponente. Perante tantos óbices impostos pela lei, nada impede que o testador faça várias vias de igual teor do testamento, todas com assinatura, sua e das testemunhas. Se há diferença entre os exemplares, haverá mais que um documento. Caberá o exame à prova.

Tem-se notado, mormente em decisões do STJ, uma elasticidade no exame dos requisitos legais e formais dos testamentos, como, por exemplo, ausência do número legal de testemunhas. Alegam os julgadores que se deve preservar a vontade do testador. A nosso ver essa orientação é de risco porque coloca por terra a solenidade do testamento, sua garantia mais importante de validade.

32.5.1 Testamento Particular Excepcional

Nosso Código de 1916 não admitia o testamento nuncupativo, a não ser como modalidade do testamento militar. O direito anterior a 1916 admitia o testamento nuncupativo como forma ordinária. Nessa modalidade, chegava-se mesmo a possibilitar o testamento oral, quando o testador, em perigo de vida, não tinha tempo de fazer testamento escrito. Exigia-se, no entanto, a presença de seis testemunhas.

Em disposição surpreendente que certamente traz celeumas doutrinárias e infindáveis contendas, o Código de 2002 introduz modalidade de testamento que açambarca a hipótese do testamento nuncupativo e outras situações extremas. Trata-se, realmente, de outra modalidade de testamento.[13] Dispõe o art. 1.879:

---

[13] "Apelações cíveis. Direito das sucessões. Ação de abertura, registro e cumprimento e testamento público c/c requerimento de autorização para realização de inventário extrajudicial. Sentença de improcedência. Declaração de nulidade do testamento particular, ante a não observância dos requisitos legais. Insurgência dos herdeiros. Pedido para reconhecimento da validade das disposições testamentárias. Possibilidade. Testamento escrito enquanto a *de cujus* estava em isolamento social, acompanhada de sua irmã e companheira, em decorrência da pandemia do coronavírus. **Possibilidade de aplicação da excepcionalidade prevista no art. 1.879 do Código Civil.** Circunstância excepcional cabalmente comprovada. Testemunhas que afirmam ter visualizada a falecida escrevendo as disposições a próprio punho em folha de caderno. Companheira que afirma ter assinado e destacado o documento do caderno, bem como levado a registro quatro dias após o falecimento da testadora. Irmã que afirma ter lido as disposições, apesar de não ter assinado. Possibilidade de flexibilização dos requisitos legais. Descumprimento de formalidades relativas às testemunhas que deve ser mitigada, dando-se prevalência à vontade da testadora.

"Em circunstâncias excepcionais declaradas na cédula, o testamento particular de próprio punho e assinado pelo testador, sem testemunhas, poderá ser confirmado, a critério do juiz".

Esse dispositivo não constava originalmente no Projeto do atual Código de 2002. O artigo foi sugerido pelo Professor Miguel Reale, tendo sido introduzido pela Emenda nº 483-r, do Senador Josaphat Marinho (Veloso, 2003:143). Mais uma vez, a carga de responsabilidade pela confirmação desse testamento excepcionalíssimo será do juiz. A primeira questão que aflora é definir quais seriam essas circunstâncias excepcionais que podem ensejar forma tão simplificada de testamento. Exige também a lei que essa excepcionalidade seja declarada na cédula. Não se admite que essa cédula testamentária seja redigida por meios mecânicos. Esse testamento, mais do que qualquer outro, há de obedecer à legalidade, ou seja, à tipicidade estrita.

A primeira situação excepcional que nos vem à mente é justamente a proximidade da morte do disponente e a impossibilidade de ele recorrer às formas ordinárias. Alerte-se, contudo, que esse testamento não se confunde com os testamentos especiais. Em princípio, quando estiver aberta a possibilidade de testar sob a forma de testamento marítimo, aeronáutico ou militar, não é de ser admitido o testamento excepcional.

Outra questão que deve ser lembrada diz respeito à cessação das condições excepcionais e à possibilidade de o testador ratificar o testamento anterior ou elaborar novo testamento pelas vias ordinárias. Se o disponente usa da faculdade do art. 1.879 por entender que está à beira da morte, mas depois sobrevive dias, meses ou outro período que lhe permitia testar sob a forma ordinária, não pode ser dada validade ao testamento excepcional. Toda essa série de aspectos fáticos deve ser examinada pelo juiz. O Código deveria ter previsto um prazo após a cessação da excepcionalidade para que novo testamento fosse elaborado sob pena de caducidade do excepcional, como faz no testamento marítimo (art. 1.891). O projeto de reforma do Código Civil em curso busca suprir essa omissão. Nesse caso, se o testador não morrer na viagem, nem nos 90 dias subsequentes a seu desembarque em terra, onde possa fazer, na forma ordinária, outro testamento, o testamento marítimo e o aeronáutico caducarão. O ordenamento italiano, em situação semelhante, no testamento lavrado em estado de calamidade pública, assina um prazo de eficácia de três meses depois da cessação da causa, para que o testamento perca sua eficácia. Parece-nos que a lacuna em nossa lei a esse respeito é injustificável e nem o Projeto decantado, nº 6.960, se apercebeu da falha. No dizer de Carlos Maximiliano, uma das principais

---

Prequestionamento implícito de todas as matérias suscitadas no recurso. Inteligência do art. 1.025 do Código de Processo Civil. Recursos conhecidos e providos, com inversão do ônus de sucumbência" (*TJPR* – Ap 0004363-95.2021.8.16.0188, 19-8-2024, Rel. Fabio Luis Franco).

"Apelação – Testamento – WhatsApp – Invalidade – Caso em que um paciente de Covid-19 estava internado em hospital e nesta condição teria enviado mensagem de WhatsApp para o grupo de sua família, dispondo sobre seus bens – Sentença que não admitiu a validade do suposto testamento e rejeitou o pedido de abertura, registro e cumprimento de testamento – Inconformismo – Rejeição – Exigência legal de que o denominado **testamento excepcional** do art. 1.879 do CC contenha a descrição das circunstâncias que dispensariam as formalidades do testamento particular – Dispensa de testemunhas que deve ter motivo bastante – Caso concreto em que o testador tinha atendentes e médicos a sua volta e que poderiam servir de testemunhas da declaração de sua última vontade – Destinatários da mensagem que não são testemunhas – Sentença mantida – negaram provimento ao recurso". (*TJSP* – Ap 1021037-74.2021.8.26.0602, 30-9-2022, Rel. Alexandre Coelho).

"**Testamento particular excepcional** – Art. 1879 do CC (Em circunstâncias excepcionais declaradas na cédula, o testamento particular de próprio punho e assinado pelo testador, sem testemunhas, poderá ser confirmado, a critério do juiz. Possibilidade legal que dispensa as formalidades essenciais aos demais testamentos previstos no Código Civil. Exigência mínima de menção à circunstância excepcional que o motivou, constante do documento, e de que seja de próprio punho e assinado pelo testador. Hipótese em que o documento não contém assinatura, nem motivo excepcional declarado no documento a justificar sua realização particular e sem testemunhas. Impossibilidade de confirmação pelo juiz. Doutrina e jurisprudência sobre o tema. Recursos providos para afastar a confirmação da r. sentença." (*TJSP* – Ap 0003344-88.2014.8.26.0360, 22-1-2019, Rel. Maia da Cunha).

características do testamento excepcional é a *efemeridade: sua eficácia é limitada no tempo* (1952, v. 2:17). O exame desse importante aspecto nesse testamento, como se nota, ficará relegado ao critério da jurisprudência no caso concreto, mas não pode ser dispensado.

Aliás, o testamento aeronáutico parece ser um paradoxo, pois não é crível que, numa aeronave em perigo, tenha seu comandante tempo e disponibilidade de preocupar-se com o testamento de um passageiro ou tripulante (art. 1.889). No entanto, aqui, sem dúvida, poderá estar presente uma situação excepcional que autorize o testamento de próprio punho, assim declarado pelo testador, conforme o art. 1.879. Tomando exemplos da legislação comparada, poderíamos imaginar outras circunstâncias excepcionais, como estar o disponente tomado de moléstia considerada contagiosa, impedindo o contato com terceiros; em local isolado por inundação ou outra intempérie, em local em estado de calamidade pública. Em algumas dessas situações excepcionais, revive-se, de certa forma, o testamento *tempore pestis* do passado remoto. Em todas as situações, porém, o que deve ser analisado pelo juiz é *o fato de o testador estar impossibilitado de se utilizar das formas ordinárias ou mesmo especiais de testamento*. Essa deve ser a primeira preocupação do juiz. De qualquer forma, o testamento em estado de necessidade ou em circunstâncias excepcionais, como diz a lei, encontrará seu espaço, nas hipóteses nas quais os testamentos especiais não são aplicáveis (Pontes de Miranda, 1973, v. 59:286).

Somente o futuro os dirá se andou bem o legislador ao quebrar o sistema formalista e introduzir essa modalidade tão simplificada de testamento.

32.5.2 Publicação e Confirmação do Testamento Particular (Disposições Processuais)

O testamento particular, seja ordinário ou excepcional, só pode ser executado, ainda que formalmente válido, após sua publicação em juízo, com citação dos herdeiros legítimos (art. 1.877).

O art. 737 do CPC dá legitimidade ao herdeiro, legatário ou testamenteiro para requerer, depois da morte do testador, a publicação do testamento. O terceiro detentor do testamento poderá fazê-lo, se se impossibilitarem os demais. O CPC de 2015 não exige a inquirição das testemunhas testamentárias, o que poderá ser feito, portanto, a critério do juiz, se tiver alguma dúvida sobre o documento.

As testemunhas devem comparecer e reconhecer a autenticidade do documento (art. 1.878). O Código Civil pede, portanto, a presença das testemunhas. Vide o que falamos a respeito da confirmação do testamento por uma única testemunha. Assim, o juiz ouve o Ministério Público e confirma o testamento, aplicando o art. 735 com preceitos atinentes às demais modalidades.

Há que se entender que o convivente deve também ser intimado, pois concorrerá na herança. Os não encontrados serão intimados por edital. No sistema de 1916, como enfatizamos, se não localizadas pelo menos três testemunhas, o testamento não podia ser executado. Devem-se esgotar, como vimos, os meios de localização. O cuidado do magistrado, quando se tratar da oitiva de apenas uma testemunha no atual sistema, deve ser redobrado, como reiteramos.

A matéria pode também ser discutida pelos meios normais. Se o juiz tiver dúvidas, deve remeter as partes às vias ordinárias, extinguindo o processo.

A exigência das três testemunhas confirmatórias era o grande inconveniente do testamento particular no Código de 1916. Se mais de duas tivessem falecido ou desaparecido, tornava-se impossível executar o testamento. A possibilidade de confirmação por uma única testemunha no Código de 2002 facilita e incentiva a elaboração desse testamento, mas abre brechas de nulidade, como vimos. Além disso, o depoimento testemunhal é falho, embora as testemunhas não devam se recordar das disposições testamentárias, mas das formalidades do ato. Melhor seria, perante essas premissas, que simplesmente fosse abolida a necessidade das testemunhas confirmatórias, como apontamos.

O Anteprojeto de 1972 havia inovado bastante no tocante a essa modalidade, tendo ocorrido profundas alterações no Projeto de 1975, que se converteu no Código Civil em vigor. Além da redução das testemunhas de cinco para duas, determinava o reconhecimento da firma e da letra do testador e da firma das testemunhas, conforme direitos estrangeiros. O oficial público lançaria nota de "apresentação" do testamento.

32.6 TESTAMENTOS ESPECIAIS

O Código de 1916 trazia o testamento marítimo e o testamento militar, este também sob a forma nuncupativa, como formas especiais. O Código de 2002 refere-se também ao testamento aeronáutico. Seu alcance é absolutamente restrito e de pouco interesse. As formas de testamento são restritas em número fechado. Somente se admitem os testamentos disciplinados no Código, enfatizando o art. 1.887 que não se admitem outros testamentos além dos contemplados na lei.

O *testamento marítimo* pode ser utilizado por quem estiver em viagem, a bordo de navio nacional, de guerra ou mercante. Será lavrado perante o comandante, em presença de duas testemunhas, por forma que corresponda ao testamento público ou ao cerrado. O registro será feito no diário de bordo (art. 1.888). Portanto, pelo vigente ordenamento, o comandante fará as vezes de oficial público, podendo o testador optar pela modalidade do testamento público ou do testamento cerrado. Devem ser seguidas as formalidades respectivas desses testamentos. O antigo Código, no art. 1.656, permitia que também o escrivão de bordo redigisse o testamento, função que praticamente desapareceu nos modernos navios. Esse testamento não terá eficácia, ainda que feito no curso de uma viagem, se ao tempo de sua lavratura o navio estava em porto onde o testador pudesse desembarcar e testar na forma ordinária (art. 1.892). O testamento será eficaz, portanto, se o navio estava atracado, mas o testador estava impedido de desembarcar.

Já nos reportamos ao testamento aeronáutico, introduzido pelo Código de 2002, no art. 1.889:

> "Quem estiver em viagem, a bordo de aeronave militar ou comercial, pode testar perante pessoa designada pelo comandante, observado o disposto no artigo antecedente".

É muito difícil que se elabore testamento a bordo de aeronave. Se a aeronave está em perigo, certamente o comandante e a tripulação não terão tempo de preocupar-se com um testamento. Se o voo é normal, não haverá o menor interesse de se fazer um testamento a bordo. Talvez o legislador já estivesse prevendo as viagens interplanetárias, fadadas a durar meses e anos. Se ocorrer pouso de emergência e o disponente encontrar-se em local ermo, a situação estará, mais provavelmente, para o testamento descrito no art. 1.879, pois estarão caracterizadas as circunstâncias excepcionais descritas na lei.

Esses testamentos, marítimo ou aeronáutico, caducarão se o passageiro não morrer na viagem, nem nos 90 dias subsequentes ao desembarque em terra, quando poderia fazer testamento pela forma ordinária (art. 1.891). Não importa que o porto ou aeroporto não seja em território nacional. O testamento marítimo não valerá, como vimos, se o navio, ao tempo do ato, estava no porto onde o testador podia desembarcar e fazer o testamento na forma ordinária. Se não podia desembarcar, o testamento equivale ao feito em alto-mar. O mesmo se diga do testamento aeronáutico quanto às escalas em viagem. Se durante a escala o disponente não puder testar da forma ordinária, a situação insere-se no curso da viagem aérea.

O *testamento militar* é permitido aos militares e demais pessoas a serviço das Forças Armadas em campanha, dentro do país ou fora dele, assim como em praça sitiada, ou quem esteja de comunicações interrompidas (art. 1.893). Esse testamento, não havendo tabelião ou substituto legal, pode ser feito perante duas testemunhas, e se o testador não puder, ou não souber assinar, perante três, caso em que uma delas assinará por ele. Conforme o § 1º desses dispositivos, se o testador estiver em teatro de operações, que o Código descreve como corpo ou seção de corpo destacado, em um posto avançado de vigília, por exemplo, o testamento será escrito pelo respectivo comandante, ainda que de graduação ou de posto inferior. De acordo com o § 2º, se o testador estiver em hospital, o testamento será escrito pelo respectivo oficial de saúde, ou pelo diretor do estabelecimento. Se o testador for o oficial mais graduado, o testamento será escrito por aquele que o substituir (§ 3º). O comandante da unidade funcionará como oficial público.

São três as formas permitidas de testamento militar: uma semelhante ao testamento público, outra semelhante ao testamento cerrado e uma forma de testamento nuncupativo.

Pode o militar ou assemelhado em campanha testar também sob a forma cerrada (art. 1.894). O testador pode apresentar a cédula redigida e assinada de forma aberta ou cerrada. O oficial ou auditor que receber a cédula exarará o auto de aprovação. Também caducam essas formas de testamentos militares depois que o testador estiver 90 dias seguidos em lugar onde possa testar ordinariamente, salvo se o testamento foi feito na forma do parágrafo único do art. 1.894, isto se se tratar de testamento feito com o próprio punho, de forma aberta ou cerrada, com a nota de aprovação do oficial.

O Código mantém a possibilidade de testamento militar *in extremis* (*nuncupativo*) como uma espécie de testamento militar. As pessoas empenhadas em campanha, em combate ou feridas, *podem testar nuncupativamente, confiando sua última vontade a duas testemunhas*. Caduca o testamento se o testador não morrer na guerra e convalescer do ferimento (art. 1.896). Trata-se de forma excessivamente perigosa e passível de fácil fraude. A vontade é manifestada oralmente em estado de extrema emoção. As testemunhas devem, logo que possam, reduzir a termo as disposições. Não justifica sua manutenção no direito moderno.

32.7 TESTEMUNHAS TESTAMENTÁRIAS NO CÓDIGO DE 1916

O Código Civil de 1916 estabelecia no art. 1.650 que não podiam ser testemunhas em testamentos:

"I – os menores de 16 (dezesseis) anos;

II – os loucos de todo o gênero;

III – os surdos-mudos e os cegos;

IV – o herdeiro instituído, seus ascendentes e descendentes, irmãos e cônjuge;

V – os legatários".

O Código antigo estabelecia, portanto, uma legitimidade específica para as testemunhas no testamento. A primeira crítica que se faria ao dispositivo é quanto ao fato de os três primeiros incisos serem ociosos por repetir o que já estava disposto no art. 142. Os menores, os loucos, os surdos-mudos e os cegos eram incapazes nesse sistema e não podiam intervir no testamento. Contudo, havia uma amplitude maior ao disposto no art. 142. Ali, os cegos e surdos não podiam ser admitidos como testemunhas, quando a ciência do fato, que se queria provar, dependia dos sentidos que lhes faltam. Aqui, no testamento, a restrição era absoluta: *"não podem testemunhar os surdos-mudos e os cegos*". A complexidade das formalidades testamentárias requer todos os sentidos das testemunhas.

Como vemos, há uma falta de legitimação para as pessoas enumeradas no dispositivo legal. Só que os loucos, os cegos e os surdos e os menores de dezesseis anos (art. 145) tinham incapacidade absoluta para testemunhar em qualquer ato ou negócio jurídico. Os menores entre 16 e 21 anos podiam testemunhar, uma vez que podiam o mais, que é fazer o testamento.

Também é evidente, embora o art. 1.650 não o dissesse, que não podiam servir como testemunhas os que não soubessem ou não pudessem assinar, pois esse é requisito básico para a testemunha instrumentária, porque é inadmissível a assinatura a rogo. Não basta saber assinar, a testemunha deve ser alfabetizada para entender a grandeza, solenidade e dizeres escritos do ato (Oliveira, 1987:201).

As duas categorias por último estipuladas referiam-se aos que direta ou indiretamente tinham interesse nas disposições testamentárias: o herdeiro instituído, seus ascendentes e descendentes, irmãos e cônjuge e os legatários. Aqui, sim, tínhamos situações de incapacidade para determinado ato, falta de legitimação. A lei falava de herdeiro instituído, de modo que não estava incapacitado para testemunhar o herdeiro legítimo. Tratava-se de uma incapacidade para testemunhar exclusivamente no testamento. A presença dessas pessoas no ato testamentário poderia induzir ou conduzir a vontade do disponente.

A dúvida que surgia era se os parentes do legatário incorriam na mesma proibição, porque a lei era silente. No entanto, o legislador de 1916 poderia ter repetido a disposição do inciso anterior (IV) e não o fez. Não podíamos ampliar a restrição colocada na lei. Logo, não existia impedimento para os parentes e cônjuge do legatário servirem como testemunhas testamentárias. Não há dúvida de que faltava lógica ao Código anterior, pois, frequentemente, o legatário era mais favorecido do que o herdeiro instituído. Aliás, como lembra Orosimbo Nonato (1957, v. 1:265), nas Ordenações do Reino havia a proibição dos parentes dos legatários servirem como testemunhas. Daí vemos que o legislador suprimiu intencionalmente a restrição. Clóvis Beviláqua (1939, v. 6:112) dizia que as pessoas relacionadas aos legatários também estavam impedidas, da mesma forma que os herdeiros, pois

> *"seria atribuir lei a feia mácula de uma grosseira inconsequência, supor que somente o cônjuge ou descendente, o ascendente e o irmão do herdeiro estão impedidos de ser testemunhas no testamento. O impedimento prevalece em relação ao cônjuge e aos mencionados parentes do legatário".*

Mas o fato é que houve falha da lei, ou verdadeira intenção de restringir a incapacidade, e se esta não distingue, não é dado ao intérprete distinguir (Rodrigues, 1978, v. 7:125; contra, acompanhando Clóvis, Monteiro, 1977, v. 6:124).

A presença de uma testemunha inibida no testamento anula o negócio, ainda que haja testemunhas em número superior ao legal (cinco para as formas ordinárias, no sistema de 1916). Uma única testemunha impedida, é o que decorria da lei, tornava o ato formalmente defeituoso. Contudo, não se podia levar a regra a extremos. Carlos Maximiliano (1952, v. 2:48) entendia que, se pelo menos cinco testemunhas fossem idôneas, havendo uma sexta ou sétima, ou tantas outras incapazes, estaria atendido o requisito legal, opinião que deve prevalecer modernamente, sob a égide do presente Código, quando é reduzido o número de testemunhas testamentárias. O exame do caso concreto deve dar a solução correta.

Situações terão ocorrido, sem dúvida, de extrema injustiça, que, não contrariando o espírito da lei, não deveriam anular o testamento. Tanto o testador como a testemunha podiam "crer" que não havia o impedimento. Trata-se do princípio da boa-fé. Daí por que Pontes de Miranda (1973, v. 59:220) diz que a capacidade *putativa* havia de ter o mesmo trato que a real. A questão resolve-se sob o prisma do erro escusável, examinando-se cada caso.

É verificada a incapacidade da testemunha no momento da feitura do testamento, a exemplo da capacidade do testador. Se uma das testemunhas, por exemplo, vinha a casar-se posteriormente com um dos herdeiros instituídos, tal não a tornaria impedida, e só por esse fato o testamento não perderia eficácia. As incompatibilidades em servir como testemunhas no ato eram no sistema de 1916, portanto, essas descritas na lei. Não se podia ampliá-las.

32.7.1 Testemunhas no Testamento no Código de 2002

O Código Civil de 2002 aboliu o dispositivo que se referia especificamente às testemunhas testamentárias. Desse modo, a problemática é definida segundo as regras gerais que traçam normas sobre as testemunhas.

Deve ser levado em conta que as testemunhas instrumentárias subscrevem o ato intervindo *ad probationem* e *ad solemnitatem*. Sua função é de fiscalização, assegurando a livre vontade do testador e sua identidade. Desse modo, só podem ser testemunhas as pessoas que possuem os sentidos plenos e que podem estar atentas às solenidades e aos atos realizados, podendo reportá-los com maiores ou menores detalhes, no futuro, se necessário. Como vimos, todas as formas ordinárias e especiais de testamentos exigem a presença de testemunhas, à exceção da forma excepcional descrita no art. 1.879.

A regra geral das incapacidades para servir como testemunhas está estampada no art. 228, situações que devem ser adaptadas aos testamentos. Assim, não podem ser admitidos como testemunhas, como vimos no estudo da parte geral:

> "I – os menores de dezesseis anos;
>
> II – aqueles que, por enfermidade ou retardamento mental, não tiverem discernimento para a prática dos atos da vida civil;
>
> III – os cegos e surdos, quando a ciência do fato que se quer provar dependa dos sentidos que lhes faltam;
>
> IV – o interessado no litígio, o amigo íntimo ou o inimigo capital das partes;
>
> V – os cônjuges, os ascendentes, os descendentes e os colaterais, até o terceiro grau de alguma das partes, por consanguinidade, ou afinidade".

Os incapazes inseridos nos três primeiros incisos não podem participar de qualquer ato. Apesar de não serem incapazes, os surdos e os cegos não podem ser testemunhas em testamentos, pois esses negócios exigem plenitude dos sentidos da visão e da audição em virtude da complexidade de suas solenidades. As incapacidades dessas testemunhas devem ser tidas como absolutas e devem ser examinadas no momento em que o testamento é elaborado.

Por aplicação do inciso IV, devem ser considerados interessados no ato os herdeiros e os legatários. Não poderão estes, em princípio, ser testemunhas no testamento. Nada impede que o amigo íntimo participe do testamento como testemunha. O inimigo capital do testador certamente não será convidado para o negócio testamentário e, se isso ocorrer, não terá o condão de inquinar o testamento. Da mesma forma, por aplicação do inciso V, o cônjuge, os ascendentes, os descendentes e os colaterais, até o terceiro grau do testador ou dos beneficiados no testamento (herdeiros ou legatários), por consanguinidade, ou afinidade, também não podem ser testemunhas.

Tudo é no sentido, porém, de que as ilegitimidades descritas nos incisos IV e V, no que se refere aos testamentos, devem ser vistas *cum granum salis*. Não há nulidade textual, pois o legislador não assume expressamente essas nulidades, como fazia o Código de 1916. Desse modo, não há que se entender como irremediavelmente nulo um testamento simplesmente porque, por exemplo, um parente do legatário participou do testamento como testemunha, sem qualquer outra atividade no ato ou na vontade do testador. Com a palavra a futura jurisprudência. De qualquer forma, há que se tomar a cautela devida no testamento, sempre sujeito a ataques de nulidade, não se inserindo como testemunha qualquer pessoa que direta ou indiretamente possa obter proveito com as disposições testamentárias. Tudo deve ser no sentido de que se evite a captação de vontade do testador ou suspeita de que ocorra. O primeiro cuidado deve ser do próprio testador na escolha das testemunhas. A cautela deve ser reiterada pelo oficial público, nos testamentos em que atua, sempre esclarecendo o testador a respeito.

Não pode também ser testemunha testamentária o analfabeto. Ainda que saiba assinar, sua incapacidade persiste, pois é imprescindível que saiba ler e escrever. Em vários pontos a lei aponta o requisito, pois a testemunha pode ser chamada a assinar a rogo do testador (art. 1.865), a ler o testamento do cego, quando por ele indicado (art. 1.867), e a reconhecer a assinatura do testador no testamento particular (art. 1.878). Apenas no testamento nuncupativo do art. 1.896 a doutrina admite a testemunha analfabeta (Oliveira, 1987:201).

Não há impedimento de que funcionários do cartório testemunhem, embora a lei de organização judiciária possa proibi-los, mas essa participação não vicia o testamento, apenas sujeita o cartorário a sanções administrativas. O próprio testamenteiro não está inibido de servir como testemunha, embora venha a ser remunerado, na execução do testamento, com a vintena. Vimos, ao examinar os testamentos, que as formalidades são estritas, não se pode ampliá-las. É claro que as testemunhas devem ser devidamente identificadas e qualificadas, mas essa lacuna por si só não traz nulidade.

32.8 CODICILOS

O termo *codicilo* é diminutivo de *codex*, derivado do latim clássico, de *caudex*, que significava inicialmente tronco de árvore, e daí o sentido de "tabuinhas de escrever" e, depois, livro, registro. Portanto, significava pequeno livro, pequeno registro.

Em nosso direito, trata-se de um ato simplificado de última vontade, para as disposições de pequena monta.

Derivado do Direito Romano, são poucas as legislações modernas que o admitem.

Diz o art. 1.881:

> "*toda pessoa capaz de testar poderá, mediante escrito particular seu, datado e assinado, fazer disposições especiais sobre o seu enterro, sobre esmolas de pouca monta a certas e determinadas pessoas, ou, indeterminadamente, aos pobres de certo lugar, assim como legar móveis, roupas ou joias, de pouco valor, de seu uso pessoal*".

A lei exige que seja escrito pelo disponente e coloca a data como requisito essencial, coisa que não existe no testamento. Não necessita de testemunhas. Se é admitido testamento particular datilografado, por ausência de proibição no passado e doravante autorizado, também assim será o codicilo.[14] A questão passa para o enfoque da prova de autenticidade. O Projeto

---

[14] "Agravo de instrumento – Inventário – **Codicilo** – Expressão 'pequeno valor' que deve ser analisada em relação à fortuna do doador, pois em se tratando de pessoa abastada, mesmo as coisas de valor elevado podem ser doadas

nº 6.960 objetivou acrescentar parágrafo único para dirimir quaisquer dúvidas, se que ainda existentes: "O escrito particular pode ser redigido mecanicamente, desde que seu autor numere e autentique, com a sua assinatura, todas as páginas". Com esse texto, porém, passam a ser requisitos de validade a numeração e assinatura do disponente em todas as páginas do codicilo.

A assinatura é essencial. É admitida, pois, só a forma hológrafa, que pode ser fechada em semelhança ao testamento cerrado. Toda pessoa que pode testar pode dispor por codicilo. Assim, se o cego pode escrever, pode dispor dessa forma.

---

mediante simples doação manual – Vontade inequívoca do finado que deve ser prestigiada, quitando mútuo ofertado em favor da esposa, uma vez que é natural a ausência de maiores formalismos em doações ou mútuos e respectivas quitações entre pessoas de uma mesma família (pai e filhos, marido e mulher ou entre irmãos) – Documento enviado ao procurador que cuidava das contas do casal, devidamente firmado pelo finado e com clara disposição que deve ser entendido como codicilo suficiente a extinguir a dívida que representa o valor existente na conta do Santander – Lisboa, que teria sido objeto de transferência do finado em favor de sua esposa, objeto do mútuo firmado igualmente em documento particular anteriormente. Recurso a que se dá parcial provimento, acompanhando no mais o voto do relator sorteado." (TJSP – AI 2004377-53.2018.8.26.0000, 21-2-2019, Rel. Luis Mario Galbetti).

"Apelação cível – Locação – Ação de anulação de negócio jurídico – **Codicilo** – Usucapião – Disposição de última vontade – Preliminares – Dano moral – AJG – Redistribuição da sucumbência – Ação anulatória de codicilo cumulada com pedido de reparação por dano material e moral. Aventadas preliminares de ilegitimidade ativa, carência de ação, incompetência do juízo e coisa julgada, nenhuma delas encontra amparo nos autos, rejeitadas de plano, portanto. No mérito, a sentença recorrida não merece reparos. A ré ocupa, modo exclusivo e gratuito, imóvel deixado de herança por falecimento de seus genitores, sustentando que está amparada por instrumento escrito elaborado por sua mãe, em que instituído codicilo em seu favor, autorizando a ocupação do mencionado bem durante toda a tramitação do processo de inventário, que se arrasta há quase trinta anos, sem arcar com qualquer encargo relacionado a tanto. O instituto do codicilo se presta a formalizar pequenas disposições de última vontade acerca de bens móveis e objetos de uso pessoal, não podendo, de forma alguma, ser estendido para transmissão de bem imóvel por doação, mormente quando atinge direitos da legítima. A tese de defesa levantada, consubstanciada no direito à aquisição originária da propriedade, também não encontra arrimo, sobretudo porque, para usucapir, é preciso *animus domini*, sem a oposição de terceiros, condições inocorrentes na espécie. Contudo, em que pese a ilicitude do agir da requerida, tal fato não gera, *ipso facto*, direito à reparação moral, que demanda suficiente comprovação do abalo psíquico ou condição similar com capacidade de gerar reflexos dessa natureza. Não havendo os autores se desincumbido do ônus que lhes competia nos termos do art. 373, I, CPC/2015, não merece reparos a sentença no ponto. Quanto à revogação da gratuidade judiciária concedida a um dos autores, a demandada também não comprovou as condições deste de arcar com as custas judiciais respectivas. Por fim, assiste razão aos autores/apelantes quanto à distribuição da sucumbência. Havendo a parte ré sucumbido na maior parte dos pedidos, deve arcar também com a maior parte das custas processuais. Honorários redimensionados conforme padrão estabelecido pelo art. 85, § 2º, CPC/2015. Apelação da parte autora parcialmente provida. Apelação da parte ré desprovida." (TJRS – AC 70077164614, 26-4-2018, Relª Desª Deborah Coleto Assumpção de Moraes).

"Apelação cível – **Abertura e publicação de codicilo** – Improcedência – A instituição de usufruto sobre bem imóvel e a deixa de veículo destoam das possibilidades de manifestação de vontade por autor da herança, através de codicilo, conforme artigo 1.881 do Código Civil. Portanto, correta a sentença que julgou improcedente o pedido de reconhecimento de eficácia do codicilo. Negaram provimento" (TJRS – AC 70069283380, 2-6-2016, Rel. Des. Rui Portanova).

"Ação declaratória e constitutiva de direito – Pretensões declaratória e constitutiva lastreadas em disposição informal de última vontade firmada por titular de aposentadoria que objetivava ver sua pensão por morte repartida por igual entre os netos então menores. Sentença de improcedência dos pedidos na origem. Recurso dos autores. Descabida a pretendida 'eleição' impositiva de representante (pela falecida titular da aposentadoria) em relação ao requerido outrora menor. Declaração de última vontade em questão que não se revestia de formalidades necessárias para que fosse considerado testamento e tampouco merecia o rótulo de **codicilo**. Deliberação dispondo sobre benefício previdenciário que, de todo modo, deveria ser tida como nula, portanto, não vinculante para o beneficiário da pensão. Dependência econômica é conceito técnico jurídico que não pode ser alterado por disposição do titular do benefício que, antes de morrer, pretende ver regulado o direito à pensão que será devida por conta de seu óbito. Sentença que atribui ao caso concreto correta solução e não comporta reforma. Recurso dos autores não provido" (TJSP – Ap 0001995-89.2009.8.26.0145, 26-2-2015, Rel. Alexandre Bucci).

"Arrolamento. Homologação da partilha com adjudicação da herança exclusivamente à filha do falecido. Cônjuge sobrevivente casada com o falecido pelo regime da separação obrigatória de bens. Incidência da exceção do art. 1.829, I, do Código Civil, que afasta a condição de herdeira do cônjuge supérstite. Escritos particulares do falecido, sem subscrição de testemunhas, que não podem dispor sobre bem imóvel (art. 1.881 do Código Civil). **Codicilos** restritos a bens móveis e de pequeno valor. Sentença mantida. Recurso desprovido" (TJSP – Ap 0321892-77.2009.8.26.0000, 9-10-2013, Rel. Salles Rossi).

O codicilo pode servir também para disposições não patrimoniais que podem constar dos testamentos, como nomeação de testamenteiros, tutores, curadores, reconhecimento de paternidade (trata-se de escrito que se insere no art. 363, III), perdão do indigno etc.

O codicilo pode ser feito sob a forma de carta enviada para a guarda de terceiro. Embora não se exijam palavras sacramentais, deve o disponente demonstrar que se trata de disposição codicilar. Conveniente que faça alusão aos dispositivos legais. A lei diz que o alcance patrimonial do codicilo deve ser de pequena monta. Tal montante deve ser visto em relação a todo o patrimônio sucessório. Nele, não é possível incluir bens imóveis. Joias de pouca monta devem ser entendidas dentro do contexto da herança. Também não há que se prefixar uma porcentagem sobre o valor da herança.

Pontes de Miranda (1973, v. 59:255) entende que, mesmo quando as deixas codicilares forem entendidas como exageradas, podem-se fazer as reduções, como se faz com os testamentos, por analogia ao art. 1.967, numa redução proporcional, ouvindo-se os interessados.

O codicilo tem vida própria, tenha ou não o autor deixado testamento (art. 1.882). Não tem valor entre nós a chamada *cláusula conciliar*, pela qual o testador dizia que, se seu ato não valesse como testamento, que servisse como codicilo. O codicilo não pode valer como testamento.

Um codicilo pode revogar outro. Um testamento também pode revogar um codicilo. No entanto, codicilo não revoga testamento, que só pode ser revogado por outro testamento. Art. 1.884: "*os atos* previstos nos artigos antecedentes revogam-se por atos iguais, e consideram-se revogados, se, havendo testamento posterior, de qualquer natureza, este os não confirmar ou modificar".

Se houver testamento posterior ao codicilo, o testamento deverá necessariamente fazer referência e confirmar o ato menor, senão este se considera revogado. Se o codicilo apresentar-se fechado, sua abertura será igual à do testamento cerrado (art. 1.885).

Processualmente, o codicilo deve ser registrado e aberto, se for o caso, como um testamento particular, segundo o estatuto processual de 2015. Não tem testemunhas. O CPC determina, no art. 737, § 3º, que se aplica ao codicilo o disposto no testamento particular.

32.9 TESTAMENTOS DIGITAIS

O universo da informática no qual vivemos nas últimas décadas não pode deixar de reconhecer que temos que mencionar a chamada *herança digital*. Acrescenta-se aos bens patrimoniais e não patrimoniais conhecidos uma série de direitos que se incluem no chamado patrimônio digital: textos, fotos, vídeos, mensagens etc. Os tribunais devem, portanto, doravante enfrentar essa herança imaterial. Sem dúvida, é matéria para ser enfrentada pela legislação.

A maior dificuldade é caracterizar exatamente os limites do patrimônio digital. O testamento, bem como o codicilo, passa a ter um papel fundamental nesse campo, sendo o maior problema a ausência deles.

Na contemporaneidade, grande parte da população mundial vivencia simultaneamente relações e bens corpóreos e incorpóreos, perante a constante digitalização em todas as esferas.

Como daí decorre, o patrimônio consiste em bens materiais e imateriais, mas quase sempre algo avaliável economicamente. Isto porque, em princípio, se afasta da patrimonialidade os direitos da personalidade. Esse aspecto é muito importante no que toca à herança digital. Há direitos personalíssimos que se extinguem com a morte, embora mantenham reflexos depois dela.

O testamento passa a ter relevância enorme no que se refere ao patrimônio digital.

As formas de testar no nosso atual Código Civil, apesar de simplificações, continua a ser um negócio que se perfaz de forma escrita e solene. É chegado o momento de reformularmos conceitos, sem fugir dos princípios básicos dos atos de última vontade. Tudo leva a concluir que a oportunidade está madura para que esses princípios se adaptem à era digital.

Há, portanto, que se buscar um novo formalismo digital, com lastreio em princípios que assegurem a autenticidade. Há que serem adaptadas as formas ordinárias de testamento, preservando a vontade testamentária.

O clássico testamento é redigido sobre um suporte material, escrito à mão ou por meios mecânicos ou eletrônicos.

O testamento digital, diferentemente, será redigido sobre um suporte imaterial, ou melhor, em um instrumento informatizado composto de bits. Esse documento será subscrito por assinatura eletrônica, protegida por criptografia e outros meios.

Estamos, indubitavelmente, caminhando nesse sentido, embora essas ideias possam parecer ainda prematuras. No entanto, a problemática da herança digital está diante de nossos olhos, a exigir soluções em seus inúmeros aspectos. Como se percebe, a questão é mais cultural do que jurídica.

As futuras disposições sobre esse testamento devem assegurar garantias avançadas. O testamento será assegurado por inúmeras disposições, mormente cartoriais.

Recorde-se que atualmente é perfeitamente possível, e mesmo aconselhável, o testamento videorregistrado, já regulado pelo projeto de reforma do Código Civil. Com a gravação visual e sonora de todas as peculiaridades que cercaram o testador quando do ato perante o notário e as testemunhas. Os arquivos terão perenidade. Certamente o vídeo-testamento deve merecer a atenção do legislador, atingindo todas as modalidades ordinárias de testamento.

Aqui ficam algumas reflexões e premissas que certamente serão discutidas pelo legislador.

33

DISPOSIÇÕES TESTAMENTÁRIAS: CONTEÚDO, INTERPRETAÇÃO E ANÁLISE

33.1 CONTEÚDO DO TESTAMENTO

As formas e formalidades do testamento, vistas anteriormente, dizem respeito ao conteúdo externo do testamento. Estudamos que a vontade testamentária vem revestida de solenidade. Importa agora examinar o conteúdo interno do testamento. O que pode a vontade testamentária expressar; como pode dispor; para quem; até que limite; qual a redação das cláusulas e seu sentido, todas essas são questões que interessam ao testamento do ponto de vista intrínseco.

Como facilmente percebemos, o testamento é negócio jurídico altamente complexo para o exame do jurista, uma vez que cada plano de existência, validade e eficácia dependem de inúmeras regras. Normalmente, quando nos lembramos da noção de testamento, vem-nos à mente o veículo para disposição de patrimônio após a morte, ou seja, a cédula testamentária.

Vimos, contudo, que o testamento pode conter disposições não patrimoniais e até mesmo ater-se exclusivamente a elas. Pode também conter conselhos, exortações, confissões, demonstrações de carinho ou repulsa, sem conteúdo jurídico e sim moral, mas que podem, eventualmente, servir para compreender o real alcance da vontade do testador em suas disposições. Todavia, sua função primordial, não se duvida, é a disposição de bens. Como a sucessão testamentária, no direito atual, convive com a sucessão legítima, a herança pode, total ou parcialmente, ser atribuída pelo testamento. A lei restringe a disponibilidade do testador, garantindo a legítima, a metade da herança dos herdeiros necessários (ascendentes, descendentes e cônjuge), como já examinado. Não havendo herdeiros necessários, o testador é livre para dispor de todos os seus bens.

Se a capacidade de testar regula-se pelas normas em vigor ao tempo do testamento, a capacidade para receber rege-se pela lei vigente ao tempo da morte. O sucessor testamentário pode ser chamado a receber uma quota da herança, ou sua totalidade, e assim será um *herdeiro instituído*: é sucessor a título universal. O conceito de quota dá ideia de universalidade. Trata-se de uma fração ou porcentagem do patrimônio. Por menor que seja a fração do herdeiro, sua posição continuará sendo de titular de uma universalidade. O legatário recebe bens determinados do patrimônio. Com a universalidade, recebe o herdeiro o ativo e o passivo do patrimônio hereditário e, pelo benefício de inventário, disciplinado por lei, tendo o cuidado de separar seu patrimônio pelo procedimento legal (inventário), não sofrerá diminuição de seu próprio patrimônio pela herança. Isso se aplica quer se trate de herdeiro legal, quer de herdeiro instituído. O legatário, ao receber bem individuado, ingressa na titularidade de uma parte do ativo do patrimônio. É sucessor a título singular.

Contudo, nem sempre será fácil, tendo em vista a redação do testamento, distinguir claramente a situação de herança e legado. Pode ocorrer que o testador descreva uma série de bens, atribuindo-os a uma pessoa, com a intenção de torná-lo herdeiro, embora fale em legado. Não havendo, porém, bens remanescentes no monte, é claro que se trata de herança. A denominação dada pelo testador, portanto, não tem vital importância, mas sim o conteúdo da deixa. A vontade do testador não pode desvirtuar os princípios legais.

Não há restrição quanto ao número de herdeiros instituídos. A porção atribuída a cada um depende da interpretação da vontade.

A redação do testamento não requer palavras sacramentais, específicas ou jurídicas. Entretanto, tanto mais fácil será a interpretação quanto mais objetiva e técnica a linguagem. Daí ser sempre aconselhável que o leigo redija sua cédula com a devida assessoria técnica. Sabemos, na prática, quantos e quão intrincados problemas surgem de má redação. Convém ser claro e preciso, ao dispor; isto se *aconselha*, não se impõe, como em Roma antiga, sob pena de nulidade; a interpretação resolve as incertezas; anula-se apenas o inteiramente incompreensível (Maximiliano, 1952, v. 2:50).

O testamento contém *toda* a vontade testamentária. Essa vontade pode ser completada por outros documentos, que não outros testamentos (ou codicilos, nas situações permitidas). Tudo o que estiver fora do testamento, tais como documentos, cartas, declarações, guardados, servirá tão somente para auxiliar na interpretação da vontade do testador.

33.2 INTERPRETAÇÃO DA VONTADE TESTAMENTÁRIA

Ao tratar das disposições testamentárias em geral e dos legados e seu pagamento, o Código faz ressaltar nítidas regras interpretativas, disposições que não faz nos outros compartimentos. Vimos que a parte geral traz a regra do art. 112 (*Direito civil: parte geral*, Cap. 21).

A preocupação do Código em descer a minúcias talvez se justifique pelo caráter pessoal e *causa mortis* do documento, mas há, sem dúvida, regras plenamente dispensáveis para interpretar a vontade do testador. Compartilhamos, sem dúvida, da opinião de Sílvio Rodrigues (1978, v. 7:130): o testador deve ser suficientemente claro. Se uma disposição sua não puder ser cumprida por ininteligível ou obscura, o exame depende do caso concreto. Nula a disposição, a ordem de vocação legítima suprirá a vontade testamentária.

A interpretação de um testamento faz-se sob os mesmos princípios de qualquer ato ou negócio jurídico. O intérprete deve procurar a real intenção do testador. Os métodos são os de interpretação em geral: estuda-se a redação; a concatenação lógica; as diversas cláusulas em conjunto; o momento em que foi elaborado o testamento; o local; a época da vida do testador e seu estado de saúde; as pessoas que o cercavam e com ele conviviam na época; seus amigos e inimigos; seus gostos e desgostos; amores e desamores; tudo enfim que sirva para ilustrar o intérprete, o julgador, em última análise, do real sentido de sua vontade. Nisso está o conjunto interpretatório testamentário, que não foge às regras gerais de interpretação. Está presente a conjugação dos métodos gramatical, lógico, sistemático e histórico. É válido tudo o que dissemos a respeito da interpretação dos negócios jurídicos em *Direito* civil: parte geral, Capítulo 21. *Interpretar o negócio jurídico é determinar o sentido que ele há de ter; é determinar o conteúdo voluntário do negócio.*

O intérprete posiciona-se, à primeira vista, entre dois extremos: o que o testador disse e o que realmente quis dizer. O juiz não pode descuidar-se do valor da palavra, da declaração expressa no testamento. A palavra exarada é garantia dos interessados. Não pode voar para meras suposições, fora do contexto testamentário. A possibilidade do art. 1.903, que diz respeito à possibilidade de identificação do herdeiro, *por outros documentos*, refere-se tão só a um adminículo na interpretação.

Muito árdua aqui a posição do julgador. Nem sempre as palavras são suficientes para demonstrar o alcance que a vontade desejou. Pode o testador ter dito mais, ou ter dito menos do que as frias palavras analisadas demonstram. Por outro lado, os interesses e as emoções envolvidos pelos interessados em processos desse jaez procuram levar a interpretação a verdadeiras elucubrações para fazer valer seu interesse, nem sempre dos mais louváveis. Em cada passo no processo interpretativo, nunca se pode fugir do bom senso.

O art. 1.899 do Código transporta para o capítulo testamentário a regra do art. 112. Neste temos que: *"nas declarações de vontade se atenderá mais à sua intenção que ao sentido literal de linguagem"*. Na disposição do capítulo específico temos: *"quando a cláusula testamentária for suscetível de interpretações diferentes, prevalecerá a que melhor assegure a observância da vontade do testador"* (art. 1.899).

Como dissemos ao analisar o art. 112, o Código afasta-se do extremismo subjetivista ou objetivista. Em primeiro lugar, terá preeminência o sentido da redação (posição objetiva). Na dúvida, parte-se para o exame da vontade interna (posição subjetiva). Não há contradição no que ora se afirma. O intérprete não pode simplesmente abandonar a declaração manifestada na letra do testamento e partir livremente, e sem freios, para investigar a vontade do testador. Na verdade, na busca da razão de ser da disposição testamentária, o intérprete entra na alma do testador. Todavia, o pensamento do testador só valerá e será eficaz se estiver expresso no testamento. A tarefa jurisprudencial é importante.[1] No entanto, em matéria testamentária há

---

[1] "Agravo de instrumento. Inventário. Decisão que resolveu as impugnações, determinando a forma da partilha, a apresentação das últimas declarações e a comprovação do recolhimento do ITCMD. Agravante que pretende ver cumprido o primeiro testamento do *de cujus*, em detrimento do segundo. Impossibilidade. Ordem de cumprimento das disposições testamentárias estabelecida em lei (art. 1.970, par. único, do CC) e nos próprios testamentos. Disposições conflitantes que se resolvem em favor daquela que melhor assegure a vontade do testador (art. 1.899 do CC). Ausência de patrimônio suficiente disponível para cumprimento do primeiro testamento. Conjecturas sobre a conduta do tabelião que extrapolam os limites do inventário. Decisão mantida. Recurso desprovido" (*TJSP* – AI 2196449-28.2022.8.26.0000, 31-3-2023, Rel. Alexandre Marcondes).
"Agravo de instrumento. Inventário. Decisão que indefere a colação de crédito previdenciário de titularidade do *de cujus*, oriundo de ação judicial, bem como a pesquisa de bens em seu nome. Inconformismo. Acolhimento. Valores não recebidos em vida que devem ser pagos prioritariamente aos dependentes habilitados à pensão por morte (art. 112 da Lei nº 8.213/91). Hipótese, contudo, em que o falecido estabeleceu, livremente, em testamento, que a parte disponível de todos os seus bens, inclusive créditos, deveria ser partilhada entre os herdeiros necessários, em frações iguais. **Princípio da vontade soberana do testador** que deve prevalecer (art. 1.899 do Código Civil). Pesquisa via Sisbajud que não fere o direito material da viúva e dos demais herdeiros. Admissibilidade, notadamente porque pode trazer resultado positivo à realidade bancária-financeira-econômica à ocasião do óbito. Decisão reformada. Agravo provido". (*TJSP* – AI 2136896-84.2021.8.26.0000, 27-1-2022, Rel. Rômolo Russo).
"Apelação cível. Ação declaratória de caducidade de testamento. Pretensão inicial de declaração de caducidade das cláusulas nº 05, 06 e 07 do testamento público deixado pela de cujus, em razão do falecimento anterior da filha 'Sarita'. Sentença de improcedência. Entendimento adotado pelo Juízo de origem no sentido de que a pré-morte de herdeiro testamentário implicaria tão somente na reintegração de seu quinhão testamentário à sucessão legítima, não impactando na parcela dos demais herdeiros testamentários. Inconformismo dos autores, sucessores da filha pré-morta. Cerceamento de defesa. Inocorrência. Havendo nos autos elementos de prova documental suficientes para formar o convencimento do julgador, não ocorre cerceamento de defesa se julgada antecipadamente a lide. Aplicação do Enunciado nº 9 desta Câmara. Julgamento ultra petita. Inocorrência. Reconhecimento de inexistência de direito de substituição por parte dos herdeiros de 'Sarita' ou de direito de acrescer dos demais herdeiros na herança testamentária que representam simples decorrência de dispositivos legais. Reconhecimento de caducidade

regras de interpretação das quais não pode fugir o intérprete. A interpretação testamentária, embora não fuja à regra do art. 112, é sem dúvida, pela própria natureza do ato, mais subjetivista que a interpretação de negócios *inter vivos*. Sempre será importante ao intérprete visualizar em sua mente o testador, levando em conta o seu nível cultural, sua profissão, sua idade quando da manifestação testamentária, bem como as condições em que foi redigida a cártula. Tudo isso e todas as demais peculiaridades que puder perceber serão matéria de reflexão por parte do intérprete. É claro que as mesmas regras de interpretação dos contratos e dos negócios jurídicos em geral devem ser chamadas à baila, mas a vontade testamentária possui meandros, como aqui expomos, que devem ser levados em consideração. Por isso não há exagero quando afirmamos que, nessa tarefa, o exegeta deve entrar na alma do testador. Tarefa tanto mais dificultada porque o seu autor da última vontade já faleceu e qualquer esclarecimento somente pode ser buscado por via indireta, com testemunhas, escritos, cartas, fitas gravadas do testador etc. Qualquer que seja a conclusão do intérprete, porém, não deve fugir do texto e do contexto do testamento. Nesse sentido deve ser compreendida a dicção do art. 1.899.

A propósito, a opinião de Zeno Veloso (2003:210):

> *"Sob pretexto de apurar qual é essa intenção, não tem direito o intérprete de criar, inventar, estabelecer o que ele acha coerente, racionável e justo, impondo, afinal, a sua vontade, substituindo-a pela do defunto, traindo a memória do de cujus e o que este deixou perenizado no seu testamento. Enfim, não pode o intérprete, interpretando, travestir-se de testador do testamento alheio".*

---

da disposição testamentária que beneficiaria a herdeira 'Sarita' que tampouco extrapola os limites objetivos da lide, uma vez tratar-se de decorrência de seu falecimento. Mérito. **Interpretação das cláusulas testamentárias que deve ser realizada de acordo com a vontade real do testador**. Inteligência do art. 1.899 do Código Civil. Elementos presentes nos autos que deixam claro que o testamento foi lavrado levando-se em consideração a possibilidade de pré-morte da herdeira 'Sarita', que era a única filha ainda viva da testadora no momento da lavratura do ato. Previsão expressa de substituição pelo herdeiro 'Alessandro' na condição de testamenteiro, na hipótese de sua falta. Longo lapso decorrido, de quase 11 anos, entre a morte da herdeira e da testadora, sem alteração ou revogação do testamento, que deixa nítida a concordância da de cujus com os termos lá lançados, mesmo diante da nova situação, não obstante a testadora já fosse muito idosa na época da realização do testamento. Interpretação em sentido contrário que implicaria na total ineficácia do ato. Sentença confirmada. Sucumbência recursal dos apelantes. Negado provimento ao recurso" (TJSP – Ap. 1010770-88.2017.8.26.0309, 16-12-2020, Rel. Viviani Nicolau).

"Agravo de instrumento – Ação de inventário – Testamento – Instituição de herdeiro universal – **Interpretação da cláusula testamentária** – Vontade manifesta do testador, viúva e sem herdeiros necessários – Impossibilidade lógico-jurídica de atribuição doutro sentido à verba – Exclusão dos colaterais – Expedição de alvará é matéria dissociada da decisão recorrida – Impossibilidade de manifestação sobre o tema sob pena de supressão de instâncias – Recurso parcialmente provido." (TJSP – AI 2157247-49.2019.8.26.0000, 8-8-2019, Rel. Moreira Viegas).

"**Testamento** – Cláusula de inalienabilidade sobre legítima de herdeiro menor – Art. 1.911 do Código Civil – Maior abrangência que a restrição geral do art. 1.691 – **Discricionariedade do testador** – Justificativa declarada – Recurso provido – 1 – A imposição de cláusula de inalienabilidade sobre legítima de herdeiro (art. 1.911 do Código Civil) é ato discricionário do testador que, no caso de menores, amplia a restrição geral ao direito de alienação dos bens herdados (art. 1.691 do CC). 2 – A imposição de cláusula restritiva à legítima imprescinde de justificativa declarada no testamento (art. 1.848 do CC). 3 – Observadas as exigências legais, a interpretação das cláusulas testamentárias deve respeitar de forma mais plena possível a vontade do testador. 4 – Recurso provido" (TJDFT – Proc. 20150610140795APC (1016493), 18-5-2017, Rel. Josapha Francisco dos Santos).

"Apelação cível – **Testamento** – Atribuição de legados – Existência de ação de usucapião sobre bem legado – Ônus do legatário – Negativa de prestação jurisdicional – Não ocorrência – Cumprimento do testamento válido – Prevalência das disposições de última vontade – Inexistindo questões que demandam alta indagação ou que dependem de outras provas, é lícito ao Julgador decidir as questões fáticas e de direito comprovadas por documento. Considerando que o testamento é a expressão máxima da liberdade do testador, não cabe qualquer interpretação além da vontade ali manifestada. A existência de ação de usucapião que tenha por objeto bem legado não obsta a homologação da partilha. O cumprimento da vontade testamentária não pode subsistir em condição suspensiva, a depender da ocorrência de fato futuro e incerto. Recurso conhecido, mas não provido" (TJMG – AC 1.0040.09.087267-8/007, 27-1-2016, Rel. Albergaria Costa).

Nosso ordenamento editou apenas a regra geral do art. 1.899 sobre interpretação dos testamentos, no que andou bem, pois não há que se outorgar balizamentos excessivos ao intérprete nesse campo, cuja doutrina já solidificou regras. Ocorre, contudo, como veremos, que o Código trouxe outras regras que, de certa forma, minudenciam a vontade do testador, conforme, aliás, já afirmamos.

Dúvidas podem surgir sobre a própria identidade do herdeiro, sobre o *quantum* da deixa testamentária, sobre o erro na designação de coisas etc.

Os arts. 1.897 ss passam a indicar essas regras interpretativas. Seu alcance é restrito. Já a cláusula de inalienabilidade, referida no art. 1.911, conjugada com as outras cláusulas restritivas permitidas pelo art. 1.723 do antigo Código, estas sim, de curial importância, merece estudo mais aprofundado, em capítulo à parte.

33.3 DISPOSIÇÕES SIMPLES, CONDICIONAIS, COM ENCARGO, POR CERTA CAUSA E A TERMO

O art. 1.897 diz que *"a nomeação de herdeiro, ou legatário, pode fazer-se pura e simplesmente, sob condição, para certo fim ou modo, ou por certo motivo"*.

O dispositivo é ocioso, porque repete o que já diz a Parte Geral. Note que não é o testamento, como negócio jurídico, que pode ser condicional ou a termo, mas a deixa testamentária. As disposições ou cláusulas testamentárias é que podem se subordinar a condição, fim, modo ou motivo. A vontade testamentária em si não pode ser condicional. Expressa com clareza Eduardo de Oliveira Leite:

> *"Inadmissível, pois, condicionalidade, na manifestação da última vontade. Assim, expressões do tipo: 'este é meu testamento, para o caso de morrer na operação que vou fazer', ou então, 'assim, disponho se não voltar de minha viagem', ou 'este testamento só é para atender-se se morrer antes de 2000', não são condições ou termos, são motivos de testar no momento em que se testa, e sem efeito jurídico"* (2003:440).

Acrescentamos ainda que essas condicionais não são mesmo válidas porque a vontade testamentária é ambulatória, podendo o testador manifestar-se assim quantas vezes desejar, revogando ou completando os testamentos anteriores, não necessitando recorrer às condições.

Cabe, portanto, ao testador instituir herdeiro ou legatário simplesmente, ou colocá-lo nessa situação mediante condição ou encargo. Reporta-se ao que se disse acerca das condições

---

"Civil e processo civil – Agravo regimental no agravo em recurso especial – Ação anulatória de testamento público – Preterição de formalidade legal – Meros vícios formais – Higidez do ato – **Certeza quanto à vontade do testador** – Inexistência de comprometimento – Regular manifestação de última vontade da testadora – Preservação – Prevalência – 1 – Se o contexto fático foi bem delineado pelas instâncias ordinárias, não se mostrando necessário avaliar fatos e provas dos autos para a análise da questão jurídica submetida a este Tribunal Superior, afasta-se a alegação do óbice de que trata a Súmula nº 7/STJ. 2 – A análise da regularidade da disposição de última vontade (testamento público) deve considerar o princípio da máxima preservação da vontade do testador (CC/1916, art. 1.666; CC/2002, art. 1.899). 3 – A constatação de vício formal, por si só, não deve ensejar a invalidação do ato, máxime se incontroversa a capacidade mental do testador, na oportunidade em que lavrado o ato notarial, para livremente dispor de seus bens. Precedentes do STJ. 4 – Agravo regimental a que se nega provimento" (STJ – AgRg-AG-REsp 365.011 – (2013/0209478-6), 25-9-2014, Rel. Min. Antonio Carlos Ferreira).

"**Partilha – Testamento** – Vontade do testador que deve ser cumprida de forma ampla e inequívoca – Inteligência do art. 1.899, do Código Civil – Produto da venda do imóvel legado, alienado pelo curador antes do óbito, que deve ser partilhado igualmente entre os legatários – Recurso desprovido" (TJSP – Acórdão Apelação Cível 0048797 – 88.2002.8.26.0114, 3-7-2013, Rel. Des. Luiz Antonio de Godoy).

e encargo em *Direito civil: parte geral*, Capítulo 27. Podemos instituir simplesmente Paulo herdeiro, ou instituí-lo herdeiro se ocorrer a morte, em sendo ele de determinada profissão. A condição pode vir combinada com o encargo: institui-se Paulo herdeiro, se for dessa ou daquela profissão, com a obrigação de editar uma obra em homenagem ao falecido. Observe que no direito hereditário existem atos que não admitem condição, como a aceitação da herança ou do legado. Aqui a lei permite que a nomeação do herdeiro ou do legatário seja condicional. A deixa testamentária pode ser condicional.

Também pode ser aposto modo ou encargo, que não se confunde com condição, como vimos no estudo da Parte Geral. Assim, por exemplo, alguém pode ser aquinhoado pelo testamento, desde que institua uma fundação com o nome do testador ou que faça doação aos pobres de determinado local. O objeto do encargo pode ser patrimonial ou não patrimonial.

O art. 1.897 também dispõe que o herdeiro ou legatário pode ser aquinhoado por certo motivo. A pessoa indicada pelo testador salvou-lhe a vida, por exemplo. O testador não está obrigado a declinar o motivo. Se declinado o motivo e este for inexistente ou falso, perderá eficácia a disposição.

Tenha-se sempre em mente a distinção entre herdeiro e legatário, pois aqui neste artigo são novamente mencionados. Como já vimos, o herdeiro recebe uma fração ou quota-parte da herança, enquanto o legatário recebe bem certo e determinado do acervo hereditário. Quando alguém, sendo herdeiro, também recebe legado, dá-se o nome de *prelegado*.

A disposição pura e simples torna o herdeiro como tal na abertura da sucessão. Se houver *condição suspensiva*, o direito do instituído só começa com o implemento. Se o herdeiro falecer antes da condição, a disposição se frustrará. O instituído nunca terá sido herdeiro. O herdeiro que aguarda o implemento de uma condição suspensiva tem seu direito *suspenso*. Trata-se de *direito eventual* (*Direito civil: parte geral*, seção 18.1.2). Se for um direito que tem toda a potencialidade de vir a incorporar-se ao patrimônio do beneficiário no futuro, já pode ser protegido por ele, pelos meios acautelatórios. Por exemplo: *A* deixa seu imóvel a Paulo se ele se graduar em curso superior. Enquanto Paulo estiver cursando escola superior, pode ingressar com medida acautelatória para que o bem não se deteriore, contra o administrador, possuidor, ou quem quer que coloque o bem em risco.

Por outro lado, o herdeiro sob *condição resolutiva* está na titularidade dos bens conferidos de forma restrita e resolúvel, desde a abertura da sucessão. É o caso do *fiduciário* no fideicomisso.

Aplicam-se, portanto, no exame das deixas condicionais, os princípios que regem as condições lícitas e ilícitas, potestativas, impossíveis etc., não sendo aqui oportuno revolver a matéria.

O art. 1.900, I, torna nula a disposição *sob condição captatória*, ou seja, desde que o herdeiro instituído disponha também por testamento, em benefício do testador, ou de terceiro. Nessas disposições captatórias, pode haver dolo ou um pacto sucessório. Segundo a maior corrente doutrinária, será o dolo intrínseco ao fenômeno da condição captatória que definirá a nulidade. Analisa-se o ânimo da disposição. No dizer de Clóvis (1939, v. 6:128), em qualquer dos casos, com dolo ou pacto sucessório, a disposição está viciada, e a lei fulmina de nulidade, porque contraria a liberdade essencial às disposições de última vontade e transforma em convenção o que a lei quer que seja espontânea manifestação unilateral. Trata-se de condição juridicamente impossível (art. 123). Nem sempre a condição captatória estará clara.

Também o *encargo* ou *modo*, como já vimos, pode ser colocado na disposição. Trata-se de restrição imposta ao beneficiário de uma liberalidade (*Direito civil: parte geral*, Cap. 27). Assim, o testador pode fazer legado de um imóvel a alguém, com o encargo de ali ser instalada uma escola. Ninguém está obrigado a aceitar a coisa com encargo. Se o faz, deve cumprir o encargo. Não há contraprestação no encargo, mas também não há limitação para essa restrição. Posso legar um imóvel a alguém para que ali instale uma escola, podendo apenas residir em determinada parte do prédio, por exemplo. Como na condição, o encargo deve trazer uma obrigação lícita e possível. Muito próxima da condição acha-se a conceituação do encargo. O encargo, porém, não impede o exercício imediato do direito ao bem desde a morte do autor da herança. Na prática, surgindo dúvidas sobre se o que foi imposto é encargo ou condição, devemos concluir pela existência de encargo, que é menos gravoso para o herdeiro ou legatário.

O cumprimento do encargo pode ser exigido em ação judicial por qualquer interessado. Assim, qualquer coerdeiro pode fazê-lo, já que sem o encargo a coisa voltará a ser partilhada entre os demais herdeiros, se assim dispôs o testador. Caso contrário, o herdeiro ou legatário não é despojado da coisa, mas submete-se a perdas e danos. Vale, outrossim, o exame da vontade do testador.

Podem promover a ação a pessoa beneficiada com o encargo; o testamenteiro, que deve zelar pelo cumprimento das disposições testamentárias; todos aqueles que serão chamados à herança no caso de descumprimento. O Ministério Público terá legitimidade para mover a ação, sempre que o interesse no encargo for público.

Não havendo prazo para o cumprimento do encargo, deve o instituído ser colocado em estado de mora. A ação é de obrigação de fazer, que se resolve, definitivamente, em perdas e danos. Note que o encargo pode ser de cunho negativo; descumpre-se com o ato proibido referido. Cada encargo deve ser examinado se foi imposto no interesse do próprio testador, de outro herdeiro ou de terceiro. Pode ter sido em favor de toda uma coletividade. Em cada situação, haverá uma ou várias pessoas legitimadas a mover a ação.

Como o herdeiro ou legatário é titular do direito desde a abertura da sucessão, se falecer sem realizar o encargo, o ônus passa a seus herdeiros, com as mesmas características, a não ser que o encargo seja personalíssimo e incompatível para terceiros. Assim como a condição, não se admitem encargos contrários à lei ou à moral, ou impossíveis de realização. A ilicitude ou impossibilidade do encargo torna-o como não escrito, valendo a disposição como se fosse pura e simples. Nisso difere da condição, em que a juridicamente impossível ou a condição ilícita ou imoral invalidam o próprio ato.

O encargo só pode atingir os bens da parte disponível. Os herdeiros legítimos não podem ser onerados com encargo em sua legítima. A legítima, no sistema de 1916, só podia sofrer as restrições legais do art. 1.723. O art. 1.848 do presente Código apenas permite as cláusulas de inalienabilidade, impenhorabilidade e incomunicabilidade sobre os bens da legítima e, ainda assim, se for declinada a justa causa pelo testador.

Os herdeiros legítimos podem receber bens com encargos, portanto, só na porção disponível (Borda, 1987, v. 2:321). O art. 1.664 falava ainda em disposição *por certa causa*. O art. 1.897 vigente refere-se a *"certo motivo"*. A terminologia do Código antigo não era mesmo apropriada. Causa ali não se confundia com encargo. No dispositivo anterior, *causa* era posta como o motivo que levou o testador a instituir o herdeiro ou legatário. A nova redação corrigiu a impropriedade. Já estudamos (*Direito civil: parte geral*, seção 20.6) que nossa lei não erige a causa em elemento essencial do negócio jurídico. A lei refere-se ao motivo determinante declinado no ato jurídico (veja o art. 140 do atual Código). Não sendo elemento essencial, quando a parte erige determinado motivo em razão de ser do negócio, passa ele a integrar sua essência. A situação muda, assim, de enfoque. Trata-se de capítulo do erro no negócio jurídico.

A causa então (entendamos, o motivo) passa a ser parte integrante do negócio, em nosso caso, da disposição testamentária. Assim, o falso motivo expresso pelo testador, como impulso dominante da deixa testamentária, vicia o ato, pois se presume que, se soubesse do fato real, não teria assim disposto. Por conseguinte, se o testador institui um sucessor porque ele é companheiro em união estável de sua filha, e este fato não é verdadeiro, estaremos diante de falsa causa. Exemplo clássico é o trazido por Barros Monteiro (1977, v. 6:143): o testador institui o herdeiro porque este lhe salvou a vida. Se o fato não é verdadeiro, a liberalidade não prevalece. A razão de ser na instituição testamentária deverá ser examinada pelo prudente critério do juiz. Viciará a deixa se foi o móvel ou motivo determinante da disposição.

O art. 1.898 trata das disposições a termo: *"a designação do tempo em que deva começar ou cessar o direito do herdeiro, salvo nas disposições fideicomissárias, ter-se-á por não escrita"*. A lei só fala em *herdeiro*. Não se aplica ao legatário, cujo exercício do direito hereditário pode subordinar-se a termo inicial e final. Na verdade, esse artigo reafirma o princípio da *saisine* estampado no art. 1.784: aberta a sucessão, a herança transmite-se, desde logo, aos herdeiros legítimos e testamentários.

O herdeiro, pelo princípio da *saisine*, ganha essa condição no momento da morte do autor da herança; não precisa aguardar outro momento. O testador não pode fixar data para o início da situação de herdeiro. Contudo, como o Código permite a condição, como vimos, tal óbice pode ser contornado pelo testador, se ele desejar. No fideicomisso, a exceção decorre da própria natureza do instituto, como veremos, por envolver uma transmissão sucessiva.

A instituição de herdeiro a prazo envolveria uma substituição sucessória proibida por lei. A proibição não atinge os legados de acordo com sua própria natureza. Nada impede que se conceda pensão a alguém por certo tempo, por exemplo. Na dúvida, se há condição ou termo, ou se a conclusão é de que a condição está, na verdade, mascarando um termo, concluímos pela existência de termo, e temos a disposição como pura e simples.

33.4 IDENTIFICAÇÃO DOS BENEFICIÁRIOS. DISPOSIÇÕES NULAS. PLURALIDADE DE SUCESSORES. DISPOSIÇÕES TESTAMENTÁRIAS ANULÁVEIS

Já vimos que o art. 1.900, I, dá como nula a instituição de herdeiro ou legatário sob condição captatória. Diz esse dispositivo que também é nula a disposição *"II – que se refira a pessoa incerta, cuja identidade se não possa averiguar"*. Perante o impossível, nada podemos fazer. Se o beneficiário não é identificável, na verdade a disposição é inexistente. Cabem aos interessados as tentativas de identificação. Todavia, como já dissemos, incumbia ao testador ser claro. O sucessor deve ser suficientemente identificado pelo disponente. Não é necessário que o qualifique, embora conveniente. Por vezes, um simples apelido ou sinal distintivo identifica-o.

Da mesma forma, é nula a disposição: *"III – que favoreça a pessoa incerta, cometendo a determinação de sua identidade a terceiro."* Não vale, por exemplo, alguém instituir herdeiro "a pessoa que for considerada idônea por meu filho". Nesta hipótese, o testamento perderia seu caráter personalíssimo. Valerá, porém, a disposição em favor de pessoa incerta que deva ser determinada por terceiro, *"dentre duas ou mais pessoas mencionadas pelo testador, ou pertencentes a uma família, ou a um corpo coletivo, ou a um estabelecimento por ele designado"* (art. 1.901, I). Aqui, o testador confere a escolha do beneficiário a terceiro, dentro de um corpo restrito. A atividade do terceiro é limitada, mas pode dar margem a discussões. As disposições em tela, no tocante à escolha, referem-se tanto a herdeiros quanto a legatários.

Também o art. 1.667 dá como nula a disposição: *"IV – que deixe ao arbítrio do herdeiro, ou de outrem, fixar o valor ao legado."* A razão é a já exposta: retira do testamento a vontade exclusiva do testador. A disposição diz respeito ao valor atual da aquisição de bens e serviços. Se o testador determinar que um herdeiro pague os estudos de um legatário, o valor está incluso e a disposição vale. Valor, no sentido da restrição, é a quantia cuja fixação fica ao arbítrio exclusivo de outrem ou do herdeiro. O Código, entretanto, abre exceção nessa restrição para permitir que o herdeiro ou outrem conceda remuneração de serviços prestados ao testador, *"por ocasião da moléstia, de que faleceu"* (art. 1.901, II). O alcance do arbítrio do terceiro nessa hipótese é bastante restrito. No mesmo diapasão dessa última exceção, há o art. 1.902 no tocante à disposição que beneficia pobres, estabelecimentos particulares de caridade ou de assistência pública. A lei entende que a deixa se refere aos pobres do lugar do domicílio do testador ao tempo de sua morte ou dos estabelecimentos aí situados. A questão, como vemos, é meramente interpretativa. Só aplicamos a disposição no caso de vontade duvidosa. O parágrafo único do artigo diz que se deve preferir as entidades particulares às entidades públicas. Contudo, se houver disposição geral aos pobres, sem especificação, é conveniente atribuir a uma instituição local encarregada do amparo aos pobres. É vazia de conteúdo uma disposição genérica aos pobres. Impera aí o bom senso do julgador.

O vigente Código acrescenta ainda no inciso V do art. 1.900 que também será nula a disposição testamentária que favorecer as pessoas a que se referem os arts. 1.801 e 1.802. Cuida-se, nessas situações já estudadas, dos que não podem ser nomeados herdeiros nem legatários (art. 1.801), bem como suas interpostas pessoas (art. 1.802). Ainda que o ordenamento não o dissesse expressamente, como ocorria no Código de 1916, não estando os herdeiros ou legatários legitimados a receber, nulas serão as disposições testamentárias que os aquinhoarem.

O art. 1.903 dispõe acerca do erro na designação da pessoa do herdeiro, do legatário, ou da coisa legada. Diz que tal erro

"anula a disposição, salvo se, pelo contexto do testamento, por outros documentos, ou por fatos inequívocos, se puder identificar a pessoa ou coisa, a que o testador queria referir-se".

A regra é óbvia e dispensável. Provando-se erro (trata-se de defeito do negócio jurídico, ver *Direito civil: parte geral*, Capítulo 22), extraverte-se a verdadeira intenção da manifestação de vontade. Se o testador designa Pedro, mas quer beneficiar Paulo, o benefício é a Paulo. A matéria é de prova.

Nada se pode fazer contra o impossível (*ad impossibilia nemo tenetur*). Destarte, provado o erro quanto ao beneficiário, ou quanto à coisa legada, e não se conseguindo fixar o verdadeiro sujeito ou objeto da disposição, esta não vale. Simplesmente porque a deixa testamentária não tem conteúdo identificável. Morto o testador, ninguém mais pode completar essa vontade. Trata-se de aplicação do instituto do erro essencial, que anula o ato. O erro acidental não o faz. A disposição repete a noção do art. 142 da Parte Geral. Aí deve ser estudada a matéria. Quanto à pluralidade de herdeiros, há outras obviedades. Se o testador instituir mais de um herdeiro, sem especificar quotas, a presunção é de que se partilhará em partes iguais a porção disponível (art. 1.904). Trata-se de presunção que pode não prevalecer no exame sistemático do testamento.

Por outro lado, *"se o testador nomear certos herdeiros individualmente e outros coletivamente, a herança será dividida em tantas quotas quantos forem os indivíduos e os grupos designados"* (art. 1.905). Essa dicção é essencialmente supletiva da vontade do testador e tem sua origem no direito romano. Assim, se o testador disser que deixa um terço da herança a Pedro e Paulo, outro terço a Antônio e outro terço aos filhos de João, a herança será dividida em três partes, porque há três grupos de divisão. Os filhos de João, não importando quantos sejam, receberão um terço da herança. Tudo isso se não se denotar que foi outra a intenção do testador.

Como vimos, convivem entre nós a sucessão testamentária e a sucessão legítima. Os bens que não se inserirem nas deixas testamentárias, remanescentes, serão atribuídos segundo a ordem de vocação legítima (art. 1.906), da mesma forma se o testador excluir expressamente determinado bem da herança conferida ao herdeiro testamentário. Esse bem, subtraído da porção do herdeiro, pertencerá aos herdeiros legítimos (art. 1.908). Assim, se o testador deixar metade da herança a Paulo, seu amigo, dizendo expressamente que nela não se incluirá determinado imóvel, esse imóvel será partilhado entre os herdeiros legítimos. E se o testador fixar os quinhões de uns herdeiros e não os de outros, primeiramente serão completadas as quotas determinadas. Os herdeiros sem porção discriminada dividirão entre si o remanescente. Pode ocorrer que o testador distribua toda a herança em quinhões e ainda nomeie outros herdeiros. Na verdade, nada restará a dividir entre estes últimos. Deve ser interpretada a vontade testamentária, no caso concreto. O art. 1.907 dispõe:

> *"Se forem determinados os quinhões de uns e não os de outros herdeiros, distribuir-se-á por igual a estes últimos o que restar, depois de completadas as porções hereditárias dos primeiros".*

Trata-se de interpretação especiosa da vontade do testador, que deveria ter sido claro.

Muitas vezes, a dicção testamentária não apresenta uma única solução, não auxiliando nem mesmo as regras fixadas na lei. Incumbe sempre lembrar o que dissemos a respeito da interpretação dos testamentos (Capítulo 30).

O Código de 2002, no art. 1.909, acrescenta que *"são anuláveis as disposições testamentárias inquinadas de erro, dolo ou coação"*. Incumbe verificar no caso concreto se apenas uma ou algumas disposições testamentárias são inquinadas ou se toda vontade testamentária é viciada. Da conclusão decorrerá a anulação apenas da cláusula ou cláusulas inquinadas ou de todo o testamento. Como a interpretação do testamento deve ser sistemática, tal como uma construção complexa, a anulação de uma cláusula poderá interferir na validade de outra. A esse propósito, aponta o art. 1.910 que *"a ineficácia de uma disposição testamentária importa a das outras que, sem aquela, não teriam sido determinadas pelo testador"*. O trabalho de Lógica incumbe, em última análise, ao magistrado. Aproveitam-se todas as disposições testamentárias hígidas, isto é, não contaminadas pela nulidade ou ineficácia de outras. Separam-se as disposições que não sofrem de qualquer vício e a elas se dá a execução da vontade testamentária.

O parágrafo único do art. 1.909 do Código em vigor estabelece: *"Extingue-se em quatro anos o direito de anular a disposição, contados de quando o interessado tiver conhecimento do vício"*. Cuida-se da anulabilidade de cláusula testamentária viciada por erro, dolo ou coação. O prazo decadencial inicia-se não da abertura da sucessão, mas quando o interessado tomar conhecimento do vício, o que, na prática, dará margem a muita discussão. De qualquer forma, como não há eficácia no testamento antes da abertura da sucessão, o termo inicial somente poderá ser contado após a morte. O Projeto nº 6.960 buscou corrigir essa redação, dispondo, a exemplo de outras situações de nulidade do testamento, que o prazo de quatro anos inicia-se da data do registro do testamento.

34

LEGADOS. MODALIDADES

34.1 INTERAÇÃO DO CONCEITO

Ao abrirmos o estudo das sucessões, fizemos a distinção entre herança e legado. O legado é uma deixa testamentária determinada dentro do acervo transmitido pelo autor da herança: um anel ou as joias da herança; um terreno ou um número determinado de lotes; as ações de companhias, ou as ações de determinada companhia.

Só há legado por via do testamento, já que sem ele só existem os herdeiros da ordem de vocação estabelecida em lei, que recolhem a herança. Nada impede, por sua vez, que o testador resolva dispor de todo o seu patrimônio sob a forma de legados, inexistindo herdeiros na herança. Todavia, suas deixas deverão ser pormenorizadas e específicas. O que remanescer não distribuído como legado será considerado herança. No Direito Romano, era imprescindível que houvesse herdeiro, o que não ocorre entre nós.

Outrossim, devemos ter sempre em mente que a preponderância será sempre da sucessão legítima (sempre herança). Prevalecerá, para todo ou para parte do acervo, a sucessão legítima sempre que, por qualquer que seja a causa, a sucessão testamentária for nula, incompleta, falha ou deficiente. Esse conceito de legado, bem objetivo aliás, aplica-se a nosso direito hereditário. Outras legislações preenchem o conceito com outros caracteres, dificultando uma nítida distinção com herança (como acontece com os Códigos francês e argentino, por exemplo). Portanto, num estudo de direito comparado, o intérprete deverá examinar o caráter da lei estrangeira. Prendamo-nos, pois, exclusivamente, à compreensão desse instituto dentro de nossa lei.

A sucessão do legatário ocorre a título singular. O herdeiro, como apontado, é sempre um sucessor a título universal, pois universalidade é o que recebe, não importando se maiúsculo ou minúsculo o conteúdo dessa parcela patrimonial que lhe chega.[1] A universalidade do herdeiro é

---

[1] "Agravo de instrumento – Inventário e partilha – **Testamento** – Divergência sobre destinatário de legado – Pessoa incerta – Disposição nula – Patrimônio que deve integrar a sucessão legítima – Ação de inventário – Decisão agravada que determinou a citação da Fundação Santo André, por reconhecer que a entidade foi indicada pela testadora como legatária. Recurso dos herdeiros colaterais da falecida. Divergência interpretativa sobre a declaração de última vontade da testadora. Disposição que indica pessoa incerta, não suprida pelo contexto, documentos ou fatos inequívocos. Nulidade caracterizada, nos termos do art. 1.903, II do CC. Herança que não pode ser conside-

um patrimônio, portanto uma universalidade de direito. O legatário pode receber uma universalidade de fato (*Direito civil: parte geral*, seção 16), tal como uma biblioteca, um rebanho, uma coleção, sem que isto o transforme em sucessor universal. Pode também o legatário receber um

---

rada jacente, dada a existência de sucessores legítimos. Colaterais que devem ser chamados à sucessão legítima do patrimônio que não constituiu legado, em razão da nulidade verificada. Decisão reformada, para reconhecer a nulidade da disposição testamentária, por consequência afastada a necessidade de integração da Fundação Santo André ao feito, devendo as cotas integrar a sucessão legítima. Dá-se provimento ao recurso." (*TJSP* – AI 2169244-63.2018.8.26.0000, 18-2-2019, Relª Viviani Nicolau).

"Direito Civil – Legado – Modificação da forma – Inadequação da denominação – **Caducidade** – Vontade do testador – Observância – Necessidade – Desprovimento – Recurso de agravo de instrumento interposto contra decisão prolatada pelo Juízo da Vara de Órfãos, Sucessões e Resíduos da Comarca que, nos autos da ação de inventário, declarou a caducidade do legado relativo a imóvel determinado, apartamento situado na Zona Sul da Cidade do Rio de Janeiro, passando este a integrar o monte partilhável entre os filhos herdeiros. Caducidade do legado ante a modificação empreendida pelo testador na coisa legada, da qual resultou a modificação de sua forma, tornando inadequada a denominação anterior. A aquisição pelo falecido da parte da apelante no imóvel, quando da dissolução da união estável, demonstra de forma clara a sua intenção de não mais partilhar com a agravante os bens que adquiriu. Agravo improvido." (*TJRJ* – AI 0068398-04.2017.8.19.0000, 12-4-2018, Rel. Adolpho Correa de Andrade Mello Junior).

"Apelação cível – Declaratória – Existência – Relação Jurídica – Testamento – **Legado** – Disposição de última vontade – Cláusula suspensiva – Caducidade – 1 – A análise da regularidade da disposição de última vontade (testamento particular ou público) deve considerar a máxima preservação do intuito do testador. 2 – Havendo, na cláusula que dispõe sobre o legado perseguido pelo autor, condição suspensiva, qual seja, reconhecimento dos atributos ali indicados à pessoa que passará pelo crivo dos testamenteiros, deixando o demandante para reclamar o legado 21 anos após a morte do testador e quando já falecidos todos testamenteiros, se revela evidente a caducidade do legado, devendo o quinhão voltar à massa hereditária, beneficiando os herdeiros, nos termos do artigo 1.788, última parte do CC/02. Apelo conhecido, mas desprovido" (*TJGO* – AC 200693392665, 16-5-2017, Rel. Des. Norival Santome).

"Agravo regimental – Agravo de instrumento – Sucessão – Testamento – Morte da legatária antes da testadora – **Caducidade do legado** – Transmissão aos herdeiros – Validade da cláusula testamentária – Súmulas 7/STJ, 282 e 283 do STF – 1 – A conclusão do acórdão de que afastar qualquer dúvida em relação à interpretação da vontade da testadora em decorrência da morte anterior da legatária não pode ser revista no âmbito do recurso especial, por demandar o reexame do conjunto fático-probatório dos autos e das cláusulas do testamento. 2 – A ausência de impugnação ao fundamento central do acórdão recorrido – Relativo à caducidade do legado em razão da pré-morte da legatária – Enseja a aplicação das Súmulas 282 e 283 do STF. 3 – Agravo regimental a que se nega provimento" (*STJ* – AgRg-AI 1.268.298 – (2010/0009623-7), 5-2-2016, Relª Minª Maria Isabel Gallotti).

"Agravo de instrumento – Inventário – **Legado** – Pretensão ao imediato levantamento de seus frutos – Conquanto o legado de coisa certa transfira também ao legatário os frutos produzidos desde a morte do testador, não há imediata transferência de sua posse ao legatário. Incidência do art. 1.923, § 1º, do Código Civil ('Não se defere de imediato a posse da coisa, nem nela pode o legatário entrar por autoridade própria'). Entrega da coisa ao legatário que deve observar as regras processuais pertinentes ao inventário. A entrega da coisa aos sucessores deve ser precedida do trânsito em julgado da partilha e da comprovação do pagamento de todos os tributos, na forma do art. 1.031, do CPC. Particularidade dos autos, na qual é pleiteado numerário expressivo, sem que tenha sido demonstrada a necessidade de acesso imediato a tais quantias, tampouco o pertinente recolhimento tributário. Entrega que deve observar o figurino legal. Recurso desprovido" (*TJSP* – AI 2198464-48.2014.8.26.0000, 30-6-2015, Rel. Rômolo Russo).

"Civil – Processual civil – Civil – Recurso especial – Testamento – Legado – Nulidade – Ocorrência – 1 – Pedido de nulidade de disposições testamentárias que favorecem legatária, ao argumento de ser a mesma, concubina do testador, ajuizada em desfavor da recorrida, em fevereiro de 1995. Agravo em recurso especial distribuído em maio de 2012. Decisão reautuando o agravo como recurso especial publicada em agosto de 2012. 2 – Controvérsia restrita à validade de testamento, onde a recorrida é aquinhoada com legado, possibilidade que seria vedada por ser concubina do testador. 3 – Inviável o recurso especial quando a solução da controvérsia demandar o reexame de matéria fática. 4 – A separação, de fato, do testador descaracteriza a existência de concubinato e, por corolário, afasta a pretensão da recorrente de ver nulo o testamento, por força da vedação legal de nomeação de concubina como legatária. 5 – Recurso especial não provido" (*STJ* – REsp 1.338.220 – (2012/0092404-4), 22-5-2014, Relª Minª Nancy Andrighi).

"Arrendamento rural. Retomada mediante despejo. Preliminar de ilegitimidade ativa. Rejeição. Preliminares de notificação premonitória extemporânea e retenção por benfeitorias apreciadas como matéria de mérito.

bem que, *em si mesmo*, encerre uma universalidade de direito, como é o caso da sucessão em um estabelecimento comercial. Contudo, para fins sucessórios, o estabelecimento comercial é um bem determinado, embora intrinsecamente contenha uma *universitas iuris*.

Desponta como conteúdo importante do conceito o fato de o legado conter uma *liberalidade* do testador. A ideia principal que nos aflora à mente é exatamente essa, e coincide com a noção romana. Se o testador atribui a alguém, por testamento, alguma coisa, é porque desejou beneficiá-lo. Assemelha-se à doação, nos atos *inter vivos*. Tudo o que for economicamente apreciável e que possa ser objeto de um negócio jurídico pode ser objeto de um legado. Todavia, nem sempre o legado será essencialmente uma liberalidade. Por vezes, o testador apõe um encargo à deixa testamentária, que a torna extremamente onerosa. Se alguém deixa uma quantidade de títulos, ações e outros valores mobiliários, para que o legatário administre uma associação de amparo aos necessitados, o cunho imediato do legado ao legatário não é uma liberalidade: cria para ele, ao aceitá-lo, um pesado fardo no cumprir a vontade do testador. De qualquer forma, no conceito de legado há que se incluir necessariamente a noção de liberalidade e vantagem patrimonial para o sucessor. Por vezes, ora uma ora outra noção não parecerá muito nítida. Note que, se o legatário entender que a deixa lhe é prejudicial, basta não a pedir, não a receber.

Carlos Maximiliano (1952, v. 2:312) entende que, se a disposição não foi feita com a intenção de gratificar, mas de tornar o instituído um instrumento da distribuição de bens (a administração de um orfanato, por exemplo), o instituído é mero intermediário da vontade do testador.

Perante a dificuldade de um conceito compreensivo do instituto, os autores, mais por influência da doutrina estrangeira, partem para um conceito por exclusão: será legado tudo o que dentro do testamento não puder ser compreendido como herança. Esse raciocínio em muito facilitará a interpretação de cláusulas dúbias na interpretação da vontade do testador.

Por vezes, a disposição testamentária não permitirá uma conclusão segura. É preciso ver se a vontade do testador foi transmitir um bem ou um conjunto de bens a título singular. Ocorrendo a negativa na interpretação, o juiz entenderá que houve transmissão de universalidade. Só o exame do patrimônio e a forma de redação das cláusulas, numa interpretação sistemática, permitirão a conclusão no caso concreto. O rótulo que o testador dá à disposição não conclui: o que importa é o conteúdo da manifestação de vontade. Como podemos verificar, voltamos ora e vez aos intrincados meandros da vontade testamentária. A redação de um testamento requer assessoria técnica, que pode estar inclusive presente às diversas formas de feitura de testamento, como vimos, sem, em regra geral, invalidá-lo. Avulta a importância do consultor jurídico que transforma (ou deve transformar) em linguagem técnica a materialização da vontade do testador, procurando, no entanto, fazê-la também acessível ao leigo. O testador pode igualmente aquinhoar com legado aquele que já é seu herdeiro legítimo. Trata-se do *prelegado*. Por exemplo, foi dito no testamento que Antônio receberá, além do que lhe couber em sua legítima, determinado imóvel. Também o herdeiro exclusivamente testamentário pode reunir as duas condições: receber uma fração da herança, pela qual será herdeiro; mais um

---

Descumprimento do contrato. Sentença mantida. Apelo improvido. I – Comprovada a titularidade do bem imóvel rural mediante escritura de doação e **legado testamentário** não se pode falar em ilegitimidade ativa *ad causam*, respeitando-se a cláusula contratual que obriga herdeiros e sucessores. Preliminar rejeitada. II – Desvirtuada a finalidade do contrato arrendamento rural a retomada do imóvel não está condicionada à notificação premonitória. III – Em decorrência, não se reconhece como causa do despejo o art. 32, I, do Decreto 59.566/66. IV – Não há direito a retenção por benfeitorias realizadas para explorar atividades diversas do plantio de cana de açúcar previsto no contrato de arrendamento. V – Sentença mantida. Apelo improvido" (*TJPE* – AI 0018932-08.2011.8.17.0000, 24-7-2013, Rel. Des. Roberto da Silva Maia).

bem determinado, pelo qual será legatário. O fato de a mesma pessoa ter as duas condições jurídicas no processo sucessório implica que se apliquem as duas situações jurídicas próprias. O legado tem que ser pedido dentro da herança; a herança transmite-se com a morte, pela *saisine*. Assim, pode o herdeiro renunciar à herança, mas aceitar o legado; e vice-versa. Como uma das espécies de disposição testamentária, ao legado aplica-se o que se estipulou a respeito das disposições testamentárias em geral, salvo naquilo que por sua natureza for exclusivo da condição de herdeiro. Assim é que o legado pode ser puro e simples, sob condição, para certo fim ou modo ou para certa causa (art. 1.897). A questão do termo no legado voltará a ser enfocada quando do exame do fideicomisso. Examinamos já essas disposições, assim como o termo e os demais artigos do Capítulo 7 (arts. 1.897 a 1.911).

Destarte, podem também os legados vir com a cláusula de inalienabilidade e as demais de índole restritiva. Não existe, como examinamos, direito de representação entre os legatários. Se o testador não nomeou substitutos para receber o benefício, o objeto da deixa seguirá as normas da sucessão legítima. Doravante, o Código passa a examinar as várias espécies em que se podem decompor os legados, com excesso de minúcias. As regras têm evidente e exclusivamente caráter interpretativo.

Sempre é oportuno recordar que o legatário, ao contrário do herdeiro, não tem a *saisine*, isto é, não ingressa na posse da coisa quando ocorre a morte do testador. No entanto, desde a abertura da sucessão, a coisa legada já pertence ao legatário.

34.2 LEGADO DE COISA ALHEIA

O princípio geral é de que ninguém pode dispor de mais direitos do que tem. Por essa razão, o art. 1.912 dispõe que *"é ineficaz o legado de coisa certa que não pertença ao testador no momento da abertura da sucessão"*. O art. 1.678 do antigo Código abria o capítulo com a disposição peremptória: *"é nulo o legado de coisa alheia"*. No entanto, valeria a disposição, conforme o antigo diploma, se a coisa integrasse o patrimônio do testador quando da morte, e a disposição valeria como se a coisa já fosse sua quando da elaboração do testamento. Toda essa descrição era ociosa, de modo que os termos peremptórios do art. 1.912 resolvem a questão. Correta a referência à ineficácia do negócio.

A regra anterior tinha sua razão de ser porque o Direito Romano distinguia se o testador sabia ou não que a coisa não era sua. Sabendo o testador que a coisa não era sua, equivalia a um encargo atribuído ao herdeiro para que adquirisse a coisa mencionada, a fim de que se cumprisse a disposição. Portanto, sem subsistência, hoje, tal pomo de discórdia.

Se o testador estava de posse de coisa que não lhe pertencia e dela dispôs, tal disposição é nula, porque o objeto não é idôneo. Da mesma forma, não pode produzir qualquer efeito a disposição se, quando da morte, o testador já não era titular da coisa. Há ainda mais uma exceção ao princípio geral de disposição de coisa alheia. O art. 1.915 diz que, se o testador dispõe de coisas determinadas pelo gênero, o legado será *"cumprido, ainda que tal coisa não exista entre os bens deixados pelo testador"*. O princípio a nortear é o das coisas fungíveis, em que o gênero nunca perece. É o herdeiro quem escolhe a coisa legada, nos termos do art. 244 (obrigações de dar coisa incerta, ver *Direito civil: obrigações e responsabilidade civil*, seção 6.2.4).

O art. 1.681 do antigo Código falava de legado de coisa *móvel*. Vale também, nada o impede, se se tratar de bem imóvel e houver forças na herança. Por isso o art. 1.915 refere-se apenas a coisa determinada pelo gênero. Por exemplo: *A* deixa uma casa de veraneio em determinada região. Todavia, aqui há que se verificar o conjunto da vontade do testador, pois o caso concreto é que deve esclarecer. Também pode o testador determinar que o herdeiro ou legatário entregue a terceiro coisa sua, para receber a liberalidade (art. 1.913): se o sucessor testamentário não desejar entregar a coisa sua, basta que não receba a deixa. Trata-se de encargo imposto ao herdeiro ou legatário.

O art. 1.913 estatui que o testador deve *ordenar* que o sucessor entregue coisa de sua propriedade. A expressão do testador deve, pois, ser absolutamente expressa. Não pode ser mero conselho ou exortação. Evidente que tais restrições não se aplicam à legítima. Se o herdeiro legítimo se recusa a cumprir o que foi *ordenado* pelo testador, renuncia à parte disponível. Evidentemente, a renúncia, sob a forma de recusa em cumprir o encargo, não pode estender-se à legítima, em que só serão possíveis as cláusulas restritivas já estudadas. O testador pode, também, determinar que alguma coisa que não lhe pertença seja adquirida e entregue ao legatário. Pode o testador dispor que o herdeiro adquira um imóvel com as forças da herança e sob a forma desse imóvel se entrega o legado. Trata-se de encargo válido, já que o testador pode até mesmo determinar a conversão dos bens da legítima. Se a coisa a ser adquirida é de difícil aquisição, no silêncio de nossa lei, importa buscar a vontade do testador: se pode ser adquirido um similar ou equivalente em dinheiro, ou se perde eficácia a disposição. Válido também o legado de pessoa determinável quando da morte do testador, mas ainda inexistente quando da feitura do ato. Se a pessoa puder ser identificada, a disposição vale. Não pode, contudo, ser deixada a cargo de terceiro a identificação (Pereira, 1984, v. 6:185), porque estaríamos infringindo o personalismo essencial ao ato de última vontade.

Se a coisa pertencer somente em parte ao testador, ou ao herdeiro ou ao legatário onerados com entrega de coisas suas, só até a parte existente valerá a disposição (art. 1.914). O legado reduz-se ao existente e possível. No mesmo diapasão estão os arts. 1.916 e 1.917.

Se o testador legar coisa sua, singularizando-a, só valerá se ela se achava entre os bens da herança. Se houver em quantidade inferior, quando da morte, vale quanto ao remanescente. O testador deixa 100 alqueires de terra. Se só tem 50 alqueires, nisto se constituirá o legado (art. 1.916). Se legar coisa ou quantidade que se deva tirar de certo lugar, só valerá se for achada no local indicado, e até a quantidade encontrada (art. 1.917). O testador deixou, por exemplo, 100 lingotes de ouro encontráveis dentro de um cofre bancário. Se nada existe no cofre, não há objeto na disposição: é nula por falta de objeto. Se a quantidade de ouro é inferior, vale naquilo que ali for encontrado.

Problema surge se a coisa foi mudada do local indicado. Se foi o próprio testador quem a mudou, torna-se ineficaz a disposição. Se o testador não sabia da mudança, a disposição deve valer. Se o testador tirou os bens de seu cofre bancário, é porque sua intenção foi de esvaziar ou diminuir a deixa testamentária. A ideia, quando a disposição fala em local, é referente a coisas que o testador destinou permanentemente a determinado lugar, valendo a disposição quer estejam, quer não, naquele local (Oliveira, 1987:257). Uma mudança fortuita não nulifica a disposição. As regras, maiormente desnecessárias, são de lógica, e de aplicação do princípio geral pelo qual ninguém pode dispor de mais do que tem.

Se o testador deixasse coisa ao legatário, mas já em vida a doasse ao beneficiário, ou a mesma já a este último pertencia, não haveria eficácia possível na cláusula. Sem objeto, a disposição é nula. A norma do diploma anterior dizia que a disposição seria nula se transferida *gratuitamente* pelo testador. Em sentido contrário, se a coisa fora transferida de forma onerosa, a disposição seria eficaz! Mas de que maneira? O mais racional seria a nulidade da cláusula se a coisa, a qualquer título, já pertencesse ao legatário. Na dicção legal, todavia, se o testador em vida transferiu o bem onerosamente ao legatário, após a morte, este deveria receber seu valor (Rodrigues, 1978, v. 7:154; Oliveira, 1987:252). Como menciona o primeiro autor citado, tal é a única solução que decorria do *gratuitamente* do texto, sendo, porém, ilógica (porque o bem já não pertence ao testador quando da morte) e irracional (porque, se o testador vendeu a coisa ao legatário, demonstrou que já não tinha interesse em legar, em fazer liberalidade). Por tudo isso, o presente Código suprimiu esse dispositivo. A questão passa a ser o exame da vontade do testador no caso concreto.

34.3 LEGADO DE USUFRUTO E DIREITOS REAIS LIMITADOS

A propriedade é o direito real mais completo. Nada impede que o testador legue tão só o usufruto a um legatário, deixando a nua-propriedade com o herdeiro ou com outrem. Assim, também os direitos reais de uso e de habitação. Podem ser vários os usufrutuários nomeados sobre o mesmo legado. No usufruto, não haverá dúvidas se o testador nomeou o usufrutuário e o nu-proprietário. Se apenas nomeou o usufrutuário, entendemos que aos herdeiros legítimos caberá a nua-propriedade. Se o testador apenas deixa ao legatário a nua-propriedade, entendemos que os herdeiros são usufrutuários (Gomes, 1981:183). O normal é que os dois titulares sejam individualizados. Como existe uma bipartição da propriedade, há duas disposições testamentárias no usufruto. O Código apenas menciona o legado de usufruto no art. 1.921, presumindo-se vitalício para o legatário, se não houve outra fixação de prazo. Não se admite o usufruto sucessivo. O mesmo se diga dos outros direitos reais mais limitados: o uso e a habitação. Examinaremos a hipótese quando do exame do fideicomisso.

O usufruto, se não houver outro prazo, extingue-se com a morte do usufrutuário. Este não pode transmitir esse direito limitado da propriedade. Em se tratando de legado, o usufruto, segundo entendemos, só pode recair sobre bens determinados. Se houver disposição sobre fração do acervo, trata-se de usufruto de herança, de uma universalidade. Temos de nos reportar ao estudo do usufruto.

O legado de usufruto pode recair sobre coisa singular e sobre universalidade. A conservação do bem é de exclusiva responsabilidade do legatário.

34.4 LEGADO DE IMÓVEL

Legado um imóvel, após o testamento, se houver acréscimo nessa propriedade, tal não se compreende no imóvel legado:

> "Art. 1.922. Se aquele que legar um imóvel lhe ajuntar depois novas aquisições, estas, ainda que contíguas, não se compreendem no legado, salvo expressa declaração em contrário do testador.
>
> Parágrafo único. Não se aplica o disposto neste artigo às benfeitorias necessárias, úteis ou voluptuárias feitas no prédio legado".

A ideia é no sentido de que o bem é entregue tal como se ache quando da morte do testador. Se o disponente constrói no imóvel, a construção insere-se no legado. Construção, tecnicamente, não é benfeitoria. Também não é nova aquisição. Trata-se de acessório do solo. Contudo, temos de tomar cuidado e verificar a intenção do disponente, pois vulgarmente se equipara construção à benfeitoria, o que vem a se denominar acessão. O melhor espírito do art. 1.922, porém, é que, se o testador deixa a alguém um terreno e depois constrói sobre ele, desejou que esse acessório se inserisse no legado. O acessório segue o principal. E o Código é expresso em acrescer ao legatário as benfeitorias de qualquer categoria. Os acréscimos *de área* no imóvel (no terreno, e não na construção) não se presumem incluídos no legado. Sempre há que se examinar a intenção do legislador, pois, como se percebe, o dispositivo ressalva *"salvo expressa declaração em contrário do testador"*.

Se o testador não se referir na disposição a imóvel, mas a *casa*, presume-se que no legado inclui-se tudo o que nela estiver, mobília, baixelas etc. (Wald, 1988:130). É um legado *ad corpus*, como o que atribui um imóvel rural com "porteira fechada".

34.5 LEGADO DE ALIMENTOS

Embora os alimentos se constituam em questão mais vinculada ao direito de família, é neste capítulo do direito das sucessões que encontramos *a única definição legal* desse importante instituto (art. 1.920): *"O legado de alimentos abrange o sustento, a cura, o vestuário e a casa, enquanto o legatário viver, além da educação, se ele for menor"*.[2] Trata-se de legado de prestações periódicas.

Tecnicamente, "alimentos" consistem em todo meio de subsistência e vivência do alimentando. Podem os alimentos decorrer dos princípios do direito de família, em razão do parentesco ou do vínculo conjugal; podem ser consequência de uma condenação por responsabilidade extracontratual; podem decorrer de contrato entre vivos (campo do direito das obrigações) e podem ser inseridos como disposição testamentária. Inobstante sua múltipla colocação no campo jurídico, só na parte do direito das sucessões é que o legislador resolveu defini-los. Já nos reportamos que toda definição é perigosa. Entretanto, aqui se trata de interpretar a vontade

---

[2] "**Sobrepartilha de bens** – Ação ajuizada sob o fundamento de que o réu omitiu o recebimento de herança quando da realização do divórcio entre as partes – Extinção da ação, sem resolução de mérito – Insurgência da autora – Cabimento – Julgamento do mérito da ação, nos termos do art. 1.013, § 3º, inciso I, do CPC – Partes que foram casadas pelo regime da comunhão universal de bens, inexistindo cláusula expressa de incomunicabilidade no testamento com relação ao legado recebido pelo réu – Ainda que o requerido tenha recebido o valor em questão somente após o divórcio, certo é que a herança é transmitida no momento da abertura da sucessão, o que ocorreu com a morte da legatária, quando as partes ainda eram casadas – Procedência da ação que é medida de rigor – Legado recebido pelo réu que deverá ser partilhado com a autora, na proporção de 50% para cada parte -. Recurso provido." (TJSP – AC 1001629-29.2018.8.26.0400, 2-5-2019, Rel. Miguel Brandi).

"Agravo de instrumento – **Ação de revogação de encargo** – Pagamento de pensão alimentícia – Suspensão – Adequação – Caso em que a parte agravada, em função de legado testamentário, recebeu imóveis, e ficou com encargo de pagar pensão vitalícia em prol da parte agravada. Passados mais de 30 anos, e o total pago já superou o valor do que foi recebido. Ademais, a parte agravante usucapiu para si parte do legado que havia sido recebido pela parte agravante. Assim agindo, a parte agravante rompeu a base sobre a qual havia se fundado o aceite do legado. No contexto, há boa probabilidade de acolhimento do pedido de revogação do encargo, assim como demonstrado perigo de dano irreparável (dada a irrepetibilidade dos alimentos), tudo a justificar a manutenção da decisão liminar de origem, que suspendeu o pagamento. Negaram provimento." (TJRS – AI 70077871606, 2-8-2018, Rel. Des. Rui Portanova).

"Apelação cível – Civil – **Sucessão testamentária** – Disposição de última vontade em que se atribui, por substituição vulgar, todo o acervo patrimonial às sobrinhas, instituindo-se legado em benefício de pessoa absolutamente incapaz sustentada pela autora da herança. Sentença homologatória da partilha de bens entre as herdeiras universais, sem individualizar o legado, relegando à sobrepartilha o debate quanto à titularidade do saldo de R$ 40.431,03 em conta poupança cotitularizada entre a testadora, Beatriz do Amparo e o marido da inventariante. Inconformismo deduzido por uma das herdeiras no tocante à sonegação de bens – Crédito em poupança e outros bens móveis –, bem como em relação à omissão no que diz respeito à legatária. 1 – Provado que a testadora ajudava regularmente no sustento da legatária, de rigor reconhecer que a disposição testamentária tem natureza de **legado de alimentos** (art. 1.899 c/c 1.920 do CC). 2 – Sentença homologatória que, sob este enfoque, deve ser anulada, tendo em mira a preterição à legatária. 3 – Apenas questões de alta indagação devem ser relegadas à sobrepartilha (art. 984 do CPC), sob pena de prejuízo à economia processual. Aliás, o novo CPC enuncia que apenas serão remetidas às vias ordinárias questões relevantes que dependerem de provas diversas da documental (art. 612), a demonstrar que a principiologia regente do atual sistema processual é informada pela efetividade e economia processual. 4 – Hipótese em que o destino dos recursos é conhecido, pois, consoante a inventariante, os mesmos passaram a integrar o patrimônio do marido dela, a quem o crédito poupado teria sido deixado em vida – Doação verbal. 5 – Todavia, ante crise de certeza a respeito do suporte jurídico para o saque e a possibilidade de prova por meio diverso do exclusivamente documental, impõe-se relegar às partes, quanto aos bens móveis – Saldo em poupança e outros –, às vias ordinárias. Recurso a que se dá parcial provimento" (TJRJ – Ap 0147841-21.2005.8.19.0001, 14-10-2015, Relª Myriam Medeiros da Fonseca Costa).

do testador. Os alimentos podem ser, na verdade, mais amplos ou mais restritos do que o expresso artigo de lei mencionado. Contudo, se o testador não distinguir, será esse o alcance de um legado de alimentos. No testamento, os alimentos são vistos de acordo com a vontade do testador e as forças da herança. Não se têm em mira, primordialmente, como no direito de família, as necessidades do alimentando. Leva-se em conta, porém, o nível social do legatário (Miranda, 1973, v. 57:195). Veja o que falamos a respeito de alimentos na parte dedicada ao Direito de Família, pois o Código de 2002 introduziu modificações a respeito.

Na falta de disposição expressa, cabe ao juiz fixar seu valor equitativamente, aplicando, sem dúvida, por analogia, os mesmos princípios do direito de família. A periodicidade, o termo e a condição dependerão da vontade do autor da herança. Constituirão ônus real se forem expressamente vinculados a um imóvel (Pereira, 1984, v. 6:188; Oliveira, 1987:259). Se o testador não o fizer, pode ser apontado imóvel para produzir os alimentos.

A exemplo do que ocorre no campo da família, os alimentos podem ser *in natura*. O testador pode determinar a um herdeiro que forneça hospedagem e sustento ao agraciado. Essa forma é altamente inconveniente e banida, na prática, nos processos específicos. Nada impede, mesmo que o testador tenha determinado a hospedagem, que o herdeiro forneça os meios econômicos para ela. Pode ocorrer que o testador tenha determinado a educação do legatário em determinado colégio. Ou seu internamento em uma unidade de saúde. Estudar-se-á em cada caso a possibilidade de atendimento de sua vontade, ou a oportunidade e a conveniência da substituição por instituição similar. Assim como os alimentos de família, os de testamento também podem ser alterados, dependendo das condições financeiras da herança (o alimentante) e das necessidades do alimentando. Evidente que os alimentos só podem sair da parte disponível do testador.

Tendo caráter de subsistência, inserem-se entre os bens impenhoráveis (Gomes, 1981:193). Se o testador fixa um rendimento ou um pagamento periódico ao legatário, rotulando-o de alimentos, mas o beneficiário tem plenas condições de subsistência, o legado deve ser tratado como uma concessão genérica de renda, e não como alimentos. Nesse caso, não haverá impenhorabilidade. O termo é restrito às necessidades de manutenção, de acordo com o padrão de vida do alimentando. Não podemos conceber o pagamento de alimentos sem necessidade destes. Se a intenção do testador foi única e exclusivamente a de garantir os meios de subsistência do legatário, os interessados podem pedir a diminuição ou cancelamento do benefício quando o beneficiário dele não mais necessitar (Borda, 1987, v. 2:432). Em que pese a autoridade do autor que defende o contrário (Monteiro, 1977, v. 6:174), também no tocante ao legado de alimentos pesam as incapacidades para adquirir por testamento (art. 1.801). As pessoas aí referidas não têm legitimidade para usufruir de qualquer disposição testamentária. Conforme a natureza dos alimentos em geral, são eles irrenunciáveis e intransferíveis.

34.6 LEGADO DE CRÉDITO

O patrimônio hereditário inclui ativo e passivo. Dentro do ativo do patrimônio, podemos incluir um crédito. O *de cujus*, ao falecer, era sujeito ativo de uma obrigação. Vimos em *Direito civil: obrigações e responsabilidade civil*, seção 7.1.1, que as obrigações, em geral, são transmissíveis. Não se manifestando expressamente o testador, os créditos transmitem-se aos herdeiros legítimos. Pode o testador, contudo, atribuir sua posição de credor por meio de um legado (art. 1.918). Por *causa mortis* são conseguidos os efeitos da cessão de crédito. Aplicam-se seus princípios. O testador não assegura o bom ou mau adimplemento da obrigação. O herdeiro não será responsável pelo pagamento, salvo disposição expressa no testamento. Como consequência dos princípios da cessão, o herdeiro cumpre esse legado, entregando ao legatário o título representativo do crédito (§ 1º do art. 1.918), quando for o caso. Só não se transmitem as obrigações que, por sua natureza ou por vontade das partes, são consideradas intransmissíveis. Para a transmissão da qualidade de credor, como estudamos no direito obrigacional, não há, como regra geral, necessidade de concordância do devedor. O devedor deve. Pouco importa para ele adimplir a obrigação a este ou àquele que se apresenta validamente na condição de *accipiens*, pois estará pagando bem.

Outra modalidade de legado de crédito é a *quitação de dívida*. O testador, se for credor do legatário, no testamento dá-lhe a quitação. Opera-se como se o testador recebesse o pagamento. É uma das formas históricas da remissão de dívida. Se o legatário, quando da morte, já pagara parte do débito, a quitação é só do saldo remanescente. Se o herdeiro se recusar a quitar a dívida, o legatário pode conseguir, pelo processo idôneo, uma declaração judicial de nada dever por força da disposição testamentária. Daí então, afirma o art. 1.918: *"O legado de crédito, ou de quitação de dívida, terá eficácia somente até a importância desta, ou daquela, ao tempo da morte do testador"*. Portanto, a dívida consolida-se na data da morte. O legado compreende o que era devido até a morte. Esse legado não abrange as dívidas: o que se vencer, após a data do testamento (§ 2º), só se refere às dívidas que o testador já conhecia. As dívidas posteriores ao testamento não se incluem, já que cabia ao testador, presume-se, fazer nova disposição testamentária sobre elas. O testador, contudo, poderá, se desejar, fazer menção expressa a futuras dívidas. O legatário, porém, receberá o capital atualizado desde a abertura da sucessão, com juros legais. Esses legados caducam, se o legatário nada dever ao testador, ou se o terceiro nada dever ao testador. Ocorre o mesmo se, quando da morte, o testador já houver recebido seu crédito, salvo vontade expressa em contrário. O crédito, quando da abertura da sucessão, já não existe.

Não haverá compensação automática de dívidas quando há legado de crédito (art. 1.919). O testador tem que ser expresso a esse respeito. Não o sendo, continuará o legatário obrigado para com o espólio e este para com o legatário. Nada impede, porém, que as partes transijam para que a compensação se opere, já na contagem da partilha. Também, por esse mesmo dispositivo, subsistirá o legado de crédito se o testador contraiu dívida posterior ao testamento e a solveu antes de morrer.

O testador pode confessar uma dívida inexistente, fazendo o legado de seu valor. Pode ter razões morais para isso: pode ser seu desejo que os herdeiros não especulem o motivo desse legado. Trata-se do chamado legado de *dívida fictícia*, não tratado expressamente pela lei. Deve ser cumprido o pagamento pelo herdeiro, uma vez que equivale a um legado puro e simples, que sairá da quota disponível, caso haja herdeiros necessários, e do acervo em geral em caso contrário (Oliveira, 1987:260). Provando-se, no entanto, que não existe a dívida, e não havendo forças na herança para o pagamento, não só caduca o legado como também não tem o pseudocredor ação de cobrança contra o espólio.

O testador pode deixar como legado um bem que não esteja totalmente pago, um imóvel, por exemplo, cujo preço vem sendo amortizado em prestações. Presume-se, no silêncio da vontade, que incumbiu ao legatário prosseguir nos pagamentos. Cabe ao legatário optar se o aceita ou não. É modalidade de legado com encargo. O legatário será responsável pelos pagamentos a partir da morte do testador. O mesmo se diga se o bem estiver onerado com hipoteca ou penhor. O legado de dívida (que equivale a assunção de débito) não tem o caráter de liberalidade, de modo que a obrigação de pagar dívida do testador só valerá como encargo ou condição de outra disposição. Se incluída a disposição autônoma, não se constitui legado. Pode valer como uma confissão de dívida. É ineficaz como disposição testamentária. A pessoa indicada para pagar pode fazê-lo, mas a questão resolve-se no âmbito das obrigações. Já o legado de posição contratual por testamento pode ocorrer quando a substituição da parte no contrato independer da aquiescência do outro contratante. O cessionário, já previamente, faculta a substituição da outra parte no contrato-base. Quando há necessidade da concordância do terceiro (que é a regra geral), este é estranho ao ato testamentário. O direito obrigacional dirimirá as dúvidas (*Direito civil: obrigações e responsabilidade civil*, seção 7). O legado então não vale. A hipótese da transmissão dos direitos de compromissário-comprador de imóvel, por disposição testamentária, nos termos do Decreto-lei nº 58/37, com ou sem quitação, é possível, assim como ato entre vivos, porque a lei permite o trespasse do compromisso, independentemente do consentimento do cedido (o promitente vendedor) e até mesmo contra sua vontade (*Direito civil: obrigações e responsabilidade civil*, seção 7). Há, aí, na verdade, sub-rogação legal na relação contratual.

Como deflui do exposto, no legado de crédito há uma verdadeira transferência ao legatário do produto de um crédito, do qual é devedor um terceiro ou o próprio onerado. Podem ser objeto dessa deixa um só ou vários créditos. Com isto, o legatário passa a ser o titular do crédito, podendo exercer todas as ações cabíveis para cobrá-lo. Se quando da morte não existir mais o crédito, o legado insubsiste por falta de objeto.

35

EFEITOS DOS LEGADOS E SEU PAGAMENTO

35.1 FORMA DE AQUISIÇÃO DOS LEGADOS

O herdeiro terá a aquisição e posse dos bens da herança no momento da morte, pela *saisine* (art. 1.784). O legatário deve pedir o legado aos herdeiros. A partir da morte do autor da herança, surge o "direito de pedir", já que ele não tem a posse da coisa legada. É o que expunha o art. 1.690 do antigo Código:

> "Art. 1.690. O legado puro e simples confere, desde a morte do testador, ao legatário o direito, transmissível aos seus sucessores, de pedir aos herdeiros instituídos a coisa legada.
> Parágrafo único. Não pode, porém, o legatário entrar, por autoridade própria, na posse da coisa legada".

O Código anterior era impreciso. O presente diploma dispõe de modo mais compreensível:

> "Art. 1.923. Desde a abertura da sucessão, pertence ao legatário a coisa certa, existente no acervo, salvo se o legado estiver sob condição suspensiva.
> § 1º Não se defere de imediato a posse da coisa, nem nela pode o legatário entrar por autoridade própria.
> § 2º O legado de coisa certa existente na herança transfere também ao legatário os frutos que produzir, desde a morte do testador, exceto se dependente de condição suspensiva, ou de termo inicial".

Como se vê, há grande diferença de tratamento para o legatário, daí a importância de bem se definir se a disposição é de herança ou de legado. O legatário, não sucedendo em uma universalidade, mas a título singular, não se pode dizer que seja um continuador na titularidade do patrimônio do *de cujus*. Essa a razão principal da diferença de tratamento. Não tem a posse do bem legado com a morte, embora a coisa já lhe pertença.

Pela dicção legal, não há dúvida de que o legatário, em legado puro e simples, ou em coisa certa, como aduz o diploma de 2002, tem o domínio da coisa, com a abertura da sucessão. A morte é o *título* que transfere a propriedade. O momento ideal para o legatário entrar na posse é a partilha (art. 647 do CPC).¹ O testamenteiro, encarregado de executar a vontade testamentária, deverá, em princípio, tomar a iniciativa das providências necessárias para a entrega do legado. Pode a entrega ocorrer, contudo, antes ou depois. Para a entrega do legado, no juízo do inventário, serão ouvidos todos os interessados e pago o tributo se houver, sendo-lhe deferida a posse. A lei confere ao legatário, portanto, ação para pedir a coisa, para reivindicá-la. Há na lei um *direito de pedir o legado*, como informa o art. 1.924. A ação é reivindicatória, no caso de recusa. O herdeiro, ou quem detiver a coisa, não pode ser coercitivamente obrigado a entregá-la no processo do inventário. Havendo recusa, a ação deve, pois, ser contenciosa. Não se decidem questões de alta indagação no inventário (que necessitem da produção de provas), como vimos ao estudá-lo. Trata-se de uma ação real, já que ele tem direito à coisa. Portanto, a ação é *erga omnes*. O art. 1.690 do Código anterior dizia que os *"herdeiros instituídos"* é que deviam entregar a coisa, referindo-se àquilo que normalmente acontece (Nonato, 1957, v. 3:82). Todavia, a coisa pode ser reivindicada de terceiros.

O testador pode, no entanto, determinar que o legatário entre imediatamente na posse da coisa. Devemos esclarecer, nessa hipótese, que enquanto não tiver o legatário o contato direto com a coisa, cuja entrega pode até mesmo ser determinada pelo juiz no inventário, estará ele no gozo da posse indireta. Caso contrário, enquanto não tiver a posse, evidentemente não tem o legatário

---

[1] "Civil e processo civil. Direito das sucessões. Agravo de instrumento. Inventário. Decisão agravada que indeferiu a antecipação do legado à legatária. Manutenção. Abertura da sucessão que transfere a legatária a titularidade do domínio, consoante o **art. 1.923, *caput*, do Código Civil**. A posse, por sua vez, somente se defere após a realização da partilha, nos termos do § 1º do referido dispositivo. 1. Com a abertura da sucessão, a titularidade do domínio se transfere imediatamente ao legatário, nos termos do art. 1.923, *caput*, do Código Civil, enquanto a posse, consoante o § 1º do referido dispositivo, só se transfere após realizada a partilha. 2. Tal cuidado decorre da possibilidade de que haja dívidas capazes de esgotar o patrimônio do Espólio, em razão mesmo do contido no art. 1997, caput, do Código Civil, que estabelece que a herança responde pelo pagamento das dívidas do falecido. 3. Assim, enquanto não finalizado o inventário, descabida a pretensão de antecipação do legado. Recurso conhecido e desprovido" (TJPR – AI 0042540-08.2024.8.16.0000, 3-7-2024, Rel. Desembargadora Ivanise Maria Tratz Martins).

"Agravo de instrumento – Inventário e partilha – Testamento – **Divergência sobre destinatário de legado** – Pessoa incerta – Disposição nula – Patrimônio que deve integrar à sucessão legítima – Ação de inventário – Decisão agravada que determinou a citação da Fundação Santo André, por reconhecer que a entidade foi indicada pela testadora como legatária. Recurso dos herdeiros colaterais da falecida. Divergência interpretativa sobre a declaração de última vontade da testadora. Disposição que indica pessoa incerta, não suprida pelo contexto, documentos ou fatos inequívocos. Nulidade caracterizada, nos termos do art. 1.903, II do CC. Herança que não pode ser considerada jacente, dada a existência de sucessores legítimos. Colaterais que devem ser chamados à sucessão legítima do patrimônio que não constituiu legado, em razão da nulidade verificada. Decisão reformada, para reconhecer a nulidade da disposição testamentária, por consequência afastada a necessidade de integração da Fundação Santo André ao feito, devendo as cotas integrar a sucessão legítima. Dá-se provimento ao recurso." (TJSP – AI 2169244-63.2018.8.26.0000, 18-2-2019, Relª Viviani Nicolau).

"Agravo de instrumento – Inventário – **Legado** – Cessão do bem que não foi precedida por autorização judicial – Alienação extrajudicial de bens singularmente considerados, a qual somente é cabível de ser efetivada nos autos do inventário mediante autorização judicial. Incabível a imediata homologação de partilha nos moldes de acordos de cessão que não observaram as formalidades legais. Pretensão ao imediato levantamento de seus frutos. Conquanto o legado de coisa certa transfira também ao legatário os frutos produzidos desde a morte do testador, não há imediata transferência de sua posse ao legatário. Incidência do art. 1.923, § 1º, do Código Civil ('Não se defere de imediato a posse da coisa, nem nela pode o legatário entrar por autoridade própria'). Entrega da coisa ao legatário que deve observar as regras processuais pertinentes ao inventário. A entrega da coisa aos sucessores deve ser precedida do trânsito em julgado da partilha e da comprovação do pagamento de todos os tributos, na forma do art. 1.031, do CPC. Recurso desprovido" (TJSP – AI 2057882-61.2015.8.26.0000, 24-5-2016, Rel. Rômolo Russo).

"Agravo de instrumento – Inventário – **Legado** – Pretensão ao imediato levantamento de seus frutos – Conquanto o legado de coisa certa transfira também ao legatário os frutos produzidos desde a morte do testador, não há imediata transferência de sua posse ao legatário. Incidência do art. 1.923, § 1º, do Código Civil ('Não se defere de imediato a posse da coisa, nem nela pode o legatário entrar por autoridade própria'). Entrega da coisa ao legatário que deve observar as regras processuais pertinentes ao inventário. A entrega da coisa aos sucessores deve ser precedida do trânsito em julgado da partilha e da comprovação do pagamento de todos os tributos, na forma do art. 1.031, do CPC. Particularidade dos autos, na qual é pleiteado numerário expressivo, sem que tenha sido demonstrada a necessidade de acesso imediato a tais quantias, tampouco o pertinente recolhimento tributário. Entrega que deve observar o figurino legal. Recurso desprovido" (TJSP – AI 2198464-48.2014.8.26.0000, 30-6-2015, Rel. Rômolo Russo).

legitimidade para as ações possessórias. Pode, no entanto, ingressar com medidas acautelatórias para impedir a deterioração ou desaparecimento das coisas legadas. Na situação da lei, o legatário não pode entrar por autoridade própria na posse da coisa legada. É violência contra o espólio e os herdeiros, que se podem defender pelos meios de defesa da posse. Pode ocorrer que seja inoportuna a entrega, que caiba aos herdeiros separar a coisa que vai integrar o legado, como nos legados alternativos e genéricos. De qualquer forma, se o legatário entra por sua ação na posse da coisa legada e assim permanece, o faz com a tolerância dos herdeiros. Não pode exercer, todavia, a posse clandestina, violenta ou precária. A ação que o legatário move contra os herdeiros, cônjuge meeiro e testamenteiro normalmente decorre do testamento. Sua reivindicação terá como fundamento a deixa testamentária. Se o bem se encontrar com terceiros, a ação será puramente de reivindicação e a vontade do testador não é oponível contra o estranho à herança. Se o legado for constituído de "gênero, espécie ou quantidade", a ação derivada do testamento será pessoal, por não se tratar de corpo certo (Maximiliano, 1952, v. 2:428). A ação é de obrigação de entregar coisa incerta contra os herdeiros e testamenteiro, na hipótese de recusa. O legado, portanto, não depende de aceitação. Se o legatário pediu a coisa é porque a aceitou. Pode, no entanto, o legatário renunciar expressamente ao legado, embora não esteja obrigado a fazê-lo. *"Renúncia"* em favor de alguém é *cessão*. A renúncia é incondicionada. Nesse caso, chama-se o substituto, ou o legado vai para o monte da herança. Se forem vários os legados atribuídos a um mesmo legatário, pode ele aceitar uns e não aceitar outros (Gomes, 1981:200). O que não pode ocorrer é a aceitação parcial de um mesmo legado.

Se os interessados desejarem que o legatário se manifeste sobre se vai pedir o legado, deverão notificá-lo, no curso do inventário. Se deixar escoar o prazo sem resposta, presume-se que não deseja o legado (Pereira, 1984, v. 6:193).

A transcrição de um imóvel legado no registro competente no curso do inventário não altera o domínio do legatário, uma vez que o bem é seu desde a abertura da sucessão. Com o registro se alcança a plenitude do efeito *erga omnes*, evitando a ação dolosa de terceiros (Miranda, 1973, v. 57:224).

35.2 QUEM EFETUA O PAGAMENTO DOS LEGADOS

Em primeiro lugar, devemos verificar a vontade do testador. Este pode ter designado algum, ou alguns dos herdeiros para fazer o pagamento. Só os designados responderão pelo pagamento. No caso de omissão na vontade do testador, o encargo cabia a todos os herdeiros instituídos, *proporcionalmente aos que herdarem* (art. 1.702). O Código de 2002 extinguiu esse casuísmo inútil, estatuindo que, *"no silêncio do testamento, o cumprimento dos legados incumbe aos herdeiros e, não os havendo, aos legatários, na proporção do que herdaram"* (art. 1.934). A herança pode ter sido repartida toda em legados e nesse caso não haverá herdeiros, mas apenas legatários.

Se houver um único herdeiro, evidentemente, caberá a ele o pagamento, salvo se dispuser diferentemente o testador. Sempre há de preponderar a vontade testamentária. O pedido de entrega pode ser feito ao testamenteiro, quando estiver na posse dos bens, como administrador e inventariante. É função do testamenteiro tudo fazer para executar o testamento. A entrega voluntária não enseja maiores problemas. Basta que aquele que entrega o legado se acautele de ter poderes para fazê-lo. Prova-se a entrega por recibo ou por qualquer outro meio. Quando se trata de imóvel, o formal de partilha ou a carta de adjudicação é que será levada a registro.

Vimos no art. 1.913 que, pertencendo a coisa ao herdeiro ou legatário, o art. 1.935 determina:

> *"Se algum legado consistir em coisa pertencente a herdeiro ou legatário (art. 1.913), só a ele incumbirá cumpri-lo, com regresso contra os coerdeiros, pela quota de cada um, salvo se o contrário expressamente dispôs o testador".*

Assim, cada herdeiro responderá proporcionalmente pelo que o herdeiro ou legatário pagar de seu legado ou herança àquele que se denomina *"sublegatário"*. O testador pode excluir a possibilidade de rateio do valor. O herdeiro, a quem incumbe entregar coisa sua, pode não o fazer, e não será obrigado a tal, como vimos, presumindo-se nesse caso que renunciou à herança (ou ao legado, em caso de sublegado). Essas hipóteses são tratadas aqui, evidentemente, como disposições com encargo. Enquanto não terminado o inventário, não é exigível o legado, mesmo que o testador determine o contrário, porque a herança pode não ter forças para pagá-lo. O legado deve ser entregue no estado que se encontrava quando da morte. Se houver perda ou deterioração, após a abertura da sucessão, caberá a apuração da culpa, para se indenizar o legatário. É matéria de direito das obrigações.

35.3 EFEITOS

Se houver *litígio acerca da validade do testamento*, não pode o legatário pedir o legado (art. 1.924). Se o testamento for nulo, não há legado. A mesma solução é aplicável aos legados a prazo ou condicionais *enquanto penda a condição ou o prazo não se vença* (art. 1.924). Se não houver implemento da condição suspensiva, o direito não é exercitável. Se a condição se frustrar, não haverá mais legado. Desaparece o legado, por essa razão, se o legatário falecer, antes do implemento da condição. O mesmo ocorre se ele falecer antes do advento do termo, *porque em matéria de sucessão* causa mortis, *o que vai tornar o direito deferido não é o testamento, mas a morte do testador* (Rodrigues, 1978, v. 7:161). São regras da Parte Geral do Código. Essa regra só atinge os legatários. Não atinge os herdeiros. Não se homologará, porém, a partilha no tocante aos bens testados se houver ação anulatória de testamento. Pode ser partilhada, contudo, a parte incontroversa da herança.

Se o litígio não versar sobre a validade do testamento, mas sobre a *validade ou interpretação de cláusula* do testamento, é evidente que, enquanto não se resolver definitivamente a questão, não pode o legatário pedir o legado referente à cláusula *sub judice*. A negativa de entrega da coisa pelo juízo do inventário não inibe a ação contenciosa para a interpretação ou declaração de validade da cláusula testamentária.

De qualquer forma, a demora na entrega da coisa ao legatário pode tornar-se excessivamente onerosa para a herança, porque, como a coisa pertence ao legatário desde a data da morte, a ele caberão seus frutos e rendimento. Essa regra, que decorre do princípio geral, vinha expressa anteriormente no art. 1.692 do Código de 1916. O administrador dos bens hereditários, inventariante ou testamentário, ou o herdeiro encarregado do pagamento deve guardar a coisa até a entrega, até a solução do litígio. O legatário tem os procedimentos acautelatórios para impedir a deterioração ou prejuízo de difícil reparação, valendo-se do poder geral de cautela conferido, ao juiz, no estatuto processual. Se se tratar de juros (frutos civis), a lei abre exceção: *"o legado em dinheiro só vence juros desde o dia em que se constituir em mora a pessoa obrigada a prestá-lo"* (art. 1.925). Há, no entanto, que se fixar a culpa. A culpa fixa-se pela mora. O legatário deverá interpelar o devedor. A citação para a ação de entrega da coisa equivale à constituição em mora. Quem não paga porque está impossibilitado de fazê-lo por caso fortuito ou força maior não incorre nos efeitos da mora. Correção monetária, lembre-se sempre, não é rendimento. No legado condicional, ou a termo, só há que se falar em juros após o implemento da condição ou advento do termo.

Excluem-se os juros e frutos, também, se a coisa não é encontrada entre os bens do testador, ou se se trata de coisa incerta (Beviláqua, 1939, v. 6:151). Tais bens, enquanto não encontrados, ou concentrados, não são exigíveis. Injusto seria onerar o herdeiro com pagamento de frutos. O legado de coisa incerta materializa-se, salvo exceção devidamente comprovada por escolha e entrega anterior, com a partilha.

A mora pode também ser do legatário, se já pediu o legado, caso a coisa tenha sido colocada a sua disposição. A ação é de consignação em pagamento.

O *legado de pensão ou renda vitalícia* só se pode iniciar a partir da morte do testador (art. 1.926). Antes da morte, não há herança e muito menos legado. Os períodos de pagamento fixados pelo testador (dias, meses, anos) são contados a partir da morte. O art. 1.927 reporta-se a *prestações periódicas, em quantidades certas*:

> "Se o legado for de quantidades certas, em prestações periódicas, datará da morte do testador o primeiro período, e o legatário terá direito a cada prestação, uma vez encetado cada um dos períodos sucessivos, ainda que venha a falecer antes do termo dele".

Se o testador deixou, por exemplo, 10 colheitas anuais de uma fazenda, ainda que em curso uma das colheitas, caberá ao legatário o resultado dela. As colheitas que se iniciarem após a morte do legatário não mais lhe pertencem, porque não haverá mais legado, e muito menos as colheitas posteriores se transmitem aos herdeiros do legatário. A periodicidade deve ser da estrutura do legado.

Não se confunde a periodicidade do art. 1927 com as prestações periódicas do art. 1.928, que *"só no termo de cada período se poderão exigir"*. Assim, por exemplo, o testador deixa parcelas em dinheiro exigíveis ao final de cada ano. Enquanto não completado o ano, não é exigível a quantia e a morte do legatário no curso do período aquisitivo extingue o legado. Abre-se exceção no parágrafo único do artigo: *"Se as prestações forem deixadas a título de alimentos, pagar-se-ão no começo de cada período, sempre que outra coisa não tenha disposto o testador"*.

Assim, um legado de alimentos com periodicidade mensal é exigível no primeiro dia de cada mês. É da índole dos alimentos. São excessivamente irritantes nesse capítulo as minúcias a que desce o legislador. O Código de 2002 poderia ter suprimido todas essas regras, que não fariam falta. Como já afirmamos, cumpre ao testador ser claro.

Os arts. 1.930 a 1933 dão orientação ao intérprete, no caso de necessidade de *escolha* dos legados. No entanto, não se esqueça de que prevalece sempre a vontade do testador. Se o legado é de coisas fungíveis, cabe ao herdeiro a escolha, que não deve dar nem as coisas melhores, nem as piores, mas o meio-termo (art. 1.929). A mesma regra se aplica se a escolha for atribuída a terceiro e, na impossibilidade deste, ao juiz (art. 1.930). O legatário não pode exigir o melhor dentre os bens designados. Em caso de dúvida, far-se-á perícia. A esse respeito nos reportamos ao que foi dito quanto às obrigações de dar coisa incerta (*Direito civil: obrigações e responsabilidade civil*, seção 6.2.4).

O art. 1.931 estabelece uma vantagem para o legatário. Se o testador deferiu a ele a escolha, pode escolher, entre o gênero, ou a espécie, *a melhor coisa que houver na herança*. Se não houver coisa de tal gênero, o herdeiro deverá dar outra semelhante, na base do meio-termo, nem a melhor, nem a pior. O testador legou um cavalo puro-sangue inglês. Se não existir um semovente dessa espécie na herança, o herdeiro deverá dar um animal que não seja um campeão, mas que também não seja um "pangaré".

Quando o legado for alternativo, *"presume-se deixada ao herdeiro a opção"* (art. 1.932) (ver art. 225, e o que estudamos a esse respeito em *Direito civil: teoria geral das obrigações e teoria geral dos contratos*, seção 6.3). Se quem tiver que fazer a opção, herdeiro ou legatário, falecer antes de sua efetivação, o direito de escolha passa aos respectivos herdeiros (art. 1.933) (se o legatário falecer antes do testador, não há legado). Toda essa matéria de escolha dos legados poderia ser resolvida com as regras obrigacionais. Ali se examinam as situações de perda da coisa com ou sem culpa deste ou daquele, riscos e acréscimos, e respectivas responsabilidades.

Leia o que dissemos a esse respeito nos Capítulos 7 a 10, e em *Direito civil: obrigações e responsabilidade civil*, Capítulo 6, seções 6.2 a 6.5. A parte processual, em caso de litígio, segue a forma de execução das obrigações de dar, fazer e não fazer, também por nós examinadas. As despesas e riscos pela entrega da coisa serão do legatário, se o contrário não dispuser o testador (art. 1.936). O legatário pagará os impostos de transmissão e se encarregará de retirar a coisa, no lugar e estado em que se encontrava quando da morte (art. 1.937). As coisas são entregues com seus acessórios. Se a coisa sofreu melhoras ou danos, assim será entregue ao legatário. Analisa-se a situação concreta para entenderem-se os acessórios, com base nos princípios gerais e na vontade do testador. Conforme a lei, todos os encargos que oneram a coisa serão de responsabilidade do legatário desde a abertura da sucessão. Se a coisa possui ônus, como penhor, hipoteca ou anticrese, assim a receberá o legatário. Da mesma forma se houver usufruto. Como não está o legatário obrigado a receber a coisa, quando o faz, a recebe com todos os gravames.

O art. 1.938 determina que se apliquem os princípios relacionados com os encargos na doação aos legados com encargo. O legatário é obrigado a cumprir o encargo, podendo ser acionado para tal. O Ministério Público tem legitimidade para propor a ação para a efetivação do encargo se for de interesse público. Já examinamos a questão ao analisarmos o art. 1.897 (Capítulo 33, seção 33.3). Pontes de Miranda (1973, v. 57:305) entende que o Ministério Público poderá sempre promover a ação de execução do encargo, pois compete a ele também velar pela correta aplicação da vontade testamentária, no que está absolutamente correto. Podem mover também a ação qualquer herdeiro ou legatário interessado e o beneficiário com a realização do encargo. O testamenteiro também pode, ou melhor, deve mover a ação, já que lhe compete zelar pela validade e execução do testamento. Pode ser revogado (na verdade se trata de anulação) o benefício por descumprimento do encargo, dependendo de sua natureza. Vimos a proximidade do encargo com a condição. Se anulado o legado por descumprimento do encargo, a deixa vai ao substituto, se houver, ou devolve-se ao monte hereditário.

36

CADUCIDADE DOS LEGADOS

36.1 INTRODUÇÃO

Caducar significa *decair*, perder a força, a eficácia, *enfraquecer*. *Caducidade*, em outro sentido técnico, é sinônimo de decadência, instituto ligado à perda de um direito pelo decurso, conforme estudado em *Direito civil: parte geral*. Distingue-se, portanto, da revogação porque esta é ato de vontade, assim como da nulidade, que apresenta princípios específicos.

O Código apresenta hipóteses sob o título de "caducidade dos legados" precisamente para demonstrar as situações nas quais o legado perde sua força, seu vigor, deixando de ter eficácia, não podendo ser tido como tal, desaparecendo, enfim, como deixa testamentária. Desaparece a razão de ser da deixa testamentária, isso em razão de algum fato posterior, ou mesmo anterior, à elaboração testamentária. A caducidade dos legados pode estar ligada à própria coisa legada ou ao legatário. Há, pois, razões de caducidade de ordem objetiva e de ordem subjetiva. Em todas as situações (algumas delas até mesmo não presentes na relação legal), ocorre uma situação que torna o legado sem sentido. Nada de muito novo, no entretanto, introduz o legislador, pois as hipóteses, em última análise, dizem respeito à interpretação da vontade testamentária, ou a regras já anteriormente expostas.

Como é evidente, com a caducidade do legado, o bem apontado permanece na massa hereditária.

Caducidade não se confunde com nulidade. Na caducidade existe apenas a perda do vigor da disposição, que, por uma questão estritamente de lógica, não pode ter eficácia. Na nulidade, há um defeito legal que torna, de plano, a cláusula inválida e consequentemente ineficaz. Sempre que não existir mais objeto ou sujeito de direito, desaparece a razão de ser da relação jurídica. Já vimos que um legado sob condição suspensiva, uma vez frustrado o implemento da condição, está caduco, não mais poderá ser atribuído. Da mesma forma, num legado a termo, o legatário não é titular da coisa enquanto não ocorrer o advento do termo. Se o beneficiário falece antes do termo, também há caducidade do legado.

Destarte, existem situações de caducidade que se situam fora da enumeração do art. 1.939. Na falta de manifestação expressa do testador sobre o destino do objeto, uma vez caduco o legado, o bem volta à massa hereditária, para a atribuição regular aos herdeiros. O art. 1.939 trata da ineficácia dos legados por causa estranha à vontade do testador. O testador pode prever a caducidade e estabelecer outro destino para a coisa. O fato de se ter um legado por ineficaz não macula o testamento. A caducidade só atinge determinada cláusula testamentária. Também não se confunde a caducidade do legado com a revogação da cláusula pelo testador. Vimos que é da essência do testamento sua revogabilidade. O testador pode revogar tácita ou expressamente um legado em outro testamento. A dúvida fica por conta da interpretação da vontade testamentária. Se a nova disposição testamentária for incompatível com a anterior, há revogação tácita.

Do mesmo modo, não haverá mais legado se o testador se desfez da coisa em vida, ou esta deixou de lhe pertencer. São questões de lógica, que a lei achou melhor traduzir, além de estampar norma a respeito do legado alternativo no art. 1.940. Se um legado caduca com encargo e há legatário substituto, a este cabe recebê-lo com o ônus, se não for personalíssimo. Se o legado caduco é devolvido ao monte, aos herdeiros há que se entender, salvo disposição contrária do disponente, desaparecer o encargo. Se o legado é destinado a pessoa que não existe ao tempo da morte do testador, fora os casos permitidos em lei, não haverá propriamente caducidade; o que existe é falta de sujeito para usufruir da relação jurídica. Não há agente capaz, em síntese, *incapacidade*. A ocorrência de causa descrita na lei, portanto, não se refere à incapacidade posterior do testador, nem à do legatário. Se houver incapacidade do testador quando da elaboração do testamento, o negócio é nulo. Se ocorrer incapacidade posterior do legatário, quando da abertura da sucessão, o *legado é nulo*.

36.2 MODIFICAÇÃO DA COISA LEGADA

O inciso I do art. 1.939 diz que o legado caducará *"se, depois do testamento, o testador modificar a coisa legada, ao ponto de já não ter a forma, nem lhe caber a denominação que possuía"*. A intenção do testador parece ser importante na dicção legal. Se o disponente deixa um anel de formatura e depois o transforma em uma aliança, fica evidente que o legado perdeu a essência. O que se presume é que se o testador transformou tão profundamente a coisa é porque não deu mais importância ao legado. Tudo vai ocorrer, porém, no exame da vontade do testador. Itabaiana de Oliveira (1957, nº 624) cita o exemplo do legado de um terreno, sobre o qual, após, se constrói um edifício. O tradicional autor entende que a transformação do legado é tal que perde a eficácia. No entanto, a afirmação peremptória nos afigura inadmissível nesse exemplo, uma vez que a construção é acessório do terreno. Pela interpretação contrária manifesta-se Barros Monteiro (1977, v. 6:187): *"assim também com relação a imóveis, melhoramentos ou benfeitorias neles introduzidos não importam transformação substancial, apta a destruir a eficácia do legado"*.

Já passamos pelo art. 1.922 e ali vimos que o aumento de *área* do imóvel não se presume incluída no legado. A lei nada diz sobre a construção. O exame das circunstâncias da vontade é importante. Se o testador, ao fazer a construção, teve oportunidade de alterar a deixa testamentária por outra e não o fez, tudo levará a crer que desejou que a construção integrasse o legado. A transformação de que fala a lei é aquela substancial, que altera até mesmo a denominação da coisa. De qualquer forma, se a transformação ocorrer por caso fortuito, ou por terceiro à revelia do testador, e ainda puder ser identificada a coisa, o legado será eficaz. O dispositivo é mais uma minúcia legal a que desce o testador na interpretação da vontade testamentária. A situação pode dar margem a infindáveis discussões. Imagine que o testador tenha deixado ações da companhia A, da qual era grande acionista. Ao falecer, só tem ações da companhia B. O juiz deve dar um paradeiro, sempre decidindo de acordo com a lógica.

O legado pode chegar também de forma parcial ao legatário, como já vimos, por não ser mais o autor da herança titular de toda a coisa legada quando da morte. Tratando-se de legado de coisas designadas pelo gênero ou espécie, a transformação faz caducar a deixa se os bens transformados se encontravam com o testador. Se o testador não os tinha, trata-se de encargo que obriga os herdeiros a adquirir as coisas dessa natureza. Assim, se o testador diz: *"deixo a Antônio meus cem lingotes de ouro"* e, ao morrer, já os transformou em objetos de arte, caduca o legado. Se apenas diz: *"deixo cem lingotes de ouro"*, tratando-se de obrigação genérica, não há caducidade (Maximiliano, 1952, v. 3:473).

36.3 ALIENAÇÃO DA COISA LEGADA

O inciso II do art. 1.939 diz que caducará o legado *"se o testador, por qualquer título, alienar no todo ou em parte a coisa legada; nesse caso, caducará, até onde ela deixou de pertencer ao testador"*.[1]

Coisa está colocada na lei de forma genérica: qualquer bem sujeito de transmissão, material ou imaterial. Presumimos que, se o testador alienou a coisa, não desejou que o legado operasse. Trata-se de legado de coisa alheia, e vimos, ao estudar o art. 1.912, que, em regra geral, é ineficaz o legado de coisa alheia. E, em complementação, o art. 1.914 informa que, se a coisa só em parte pertencer ao testador, o legado só vale no tocante a essa parte. Por outro lado, salvo vontade expressa, o testador pode sofrer uma alienação forçada, por força de execução, ou desapropriação. Trata-se, do mesmo modo, de coisa alheia, desaparecendo o legado por falta de objeto, em que pese às opiniões em contrário. Se o testador aliena a coisa e volta a adquiri-la, surge o problema do exame da caducidade. Deve ser examinada a intenção do legislador. À primeira vista, grassando dúvida na doutrina, parece-nos que houve intenção de revogar a liberalidade. O mesmo ocorre com a promessa de venda. O testador manifesta sua vontade em alienar, ainda que não constem do ato as cláusulas de irretratabilidade. A promessa de venda, mormente por nosso sistema vigente, equivale a verdadeira alienação, e isso é sufragado pela jurisprudência (Wald, 1988:136).

Se sua alienação for dada como nula, entendemos que persiste o legado se a causa da anulação afeta diretamente a vontade do testador, como, por exemplo, sua alienação mental (Rodrigues, 1978, v. 7:173). Se houve vontade do testador em alienar e a anulação se deu por outra causa, estará esvaziado o legado. Examinou-se a hipótese de a coisa já pertencer ao legatário

---

[1] "Agravo de instrumento. Inventário. Decisão agravada que declarou **caducidade de cláusula testamentária**. Inconformismo do legatário. Descabimento. Empresa objeto de legado que foi encerrada pelo falecido ainda em vida. Agravante que não tem direito a valores decorrentes da venda de direitos da empresa realizada pelo *de cujus*. Caducidade do legado. Inteligência do artigo 1.939 do CC. Precedentes. Decisão mantida. Recurso desprovido". (TJSP – AI 2021645-81.2022.8.26.0000, 21-6-2022, Rel. Hertha Helena de Oliveira).

"Direito civil – **Legado** – Modificação da forma – Inadequação da denominação – Caducidade – Vontade do testador – Observância – Necessidade – Desprovimento – Recurso de agravo de instrumento interposto contra decisão prolatada pelo Juízo da Vara de Órfãos, Sucessões e Resíduos da Comarca que, nos autos da ação de inventário, declarou a caducidade do legado relativo a imóvel determinado, apartamento situado na Zona Sul da Cidade do Rio de Janeiro, passando este a integrar o monte partilhável entre os filhos herdeiros. Caducidade do legado ante a modificação empreendida pelo testador na coisa legada, da qual resultou a modificação de sua forma, tornando inadequada a denominação anterior. A aquisição pelo falecido da parte da apelante no imóvel, quando da dissolução da união estável, demonstra de forma clara a sua intenção de não mais partilhar com a agravante os bens que adquiriu. Agravo improvido." (TJRJ – AI 0068398-04.2017.8.19.0000, 12-4-2018, Rel. Adolpho Correa de Andrade Mello Junior).

"Agravo de instrumento – Ação de inventário – *De cujus* sem herdeiro necessário – Testamento da integralidade do patrimônio em favor das sobrinhas – **Tese de caducidade do legado em face da alienação do bem**. Falecida interditada. Necessidade de autorização judicial para venda. Inocorrência. Legitimidade do testamento. Inviabilidade de habilitação da irmã como herdeira. Recurso conhecido e não provido. Decisão unânime" (TJAL – AI 0803194-85.2016.8.02.0000, 22-3-2017, Rel. Des. Fernando Tourinho de Omena Souza).

"Apelação cível – Ação de imissão na posse – Interesse de agir – Presença – Legado de imóvel – Doação posterior – **Caducidade** – O interesse de agir encontra-se presente diante da necessidade e utilidade do processo para satisfação do direito das partes. Sobrevém a caducidade do legado de imóvel, inclusive da cláusula que instituía usufruto, a doação posterior ao testamento, conforme disposto no art. 1.939, II do CC" (TJMG – AC 1.0024.09.569956-7/001, 15-7-2016, Relª Aparecida Grossi).

quando da morte, quando se esvazia a disposição. Se o testador aliena a coisa, mas guarda ou reserva o produto da venda para após sua morte, é eficaz a disposição. Não podemos presumir, por sua vez, que a permuta ou aquisição de outro bem sub-rogue o legado. O legado caduca, salvo menção expressa do testador.

36.4 PERECIMENTO OU EVICÇÃO DA COISA LEGADA

No inciso III do art. 1.939, dispõe a lei que caducará o legado: *"se a coisa perecer ou for evicta, vivo ou morto o testador, sem culpa do herdeiro ou legatário incumbido do seu cumprimento".*[2]

Trata-se da aplicação do princípio geral segundo o qual perece o direito perecendo seu objeto. O art. 78 do antigo Código estabelecia situações em que se presumia ter perecido o objeto:

> *"I – quando perde as qualidades essenciais, ou o valor econômico;*
>
> *II – quando se confunde com outro, de modo que se não possa distinguir;*
>
> *III – quando fica em lugar de onde não pode ser retirado"* (ver Venosa, *Direito civil: parte geral*, seção 18.4).

---

[2] "Apelação. Ação anulatória de registro público julgada procedente para cancelar a transferência do imóvel à donatária e determinar sua inclusão no espólio. Imóvel doado à apelante em 11.07.2000. Doadora que, contudo, legou o mesmo imóvel a terceira pessoa em testamento público posterior. Donatária que levou a escritura pública de doação a registro antes que houvesse o cumprimento do testamento. Incidência do art. 1.939, III, do Código Civil. Evicção do imóvel pela transferência de sua titularidade à apelante que importa na **caducidade do legado**, com sua correlata ineficácia. Disposição testamentária que não constituiu revogação da doação havida treze anos antes, porquanto tal medida demandaria o exercício em juízo do direito potestativo antes do esgotamento do respectivo prazo decadencial. Registro da doação hígido. Sentença reformada. Apelo provido". (*TJSP* – Ap. 1000676-75.2018.8.26.0526, 26-3-2021, Rel. Rômolo Russo).

"Inventário – Taxa judiciária que deve ter por base de cálculo o valor de todos os bens que integram o monte--mor, inclusive a meação do cônjuge supérstite. Inteligência do artigo 4º, § 7º, da Lei nº 11.608/2003. Plano de partilha. Valor do monte mor que deve corresponder ao valor venal total do imóvel no ano do óbito, em respeito ao princípio da *saisine*. *De cujus* casado sob o regime da separação obrigatória de bens. Imóvel adquirido pelo casal na constância do casamento, conforme matrícula imobiliária. Testamento deixado pelo cônjuge varão, que dispôs apenas sobre a sua meação. Impossibilidade de se fazer constar na partilha o usufruto à viúva meeira, por conta do falecimento da usufrutuária antes da abertura do inventário. Caso de extinção do usufruto e não de **caducidade do legado**. Inteligência do artigo 1.410, inciso I, do Código Civil. Decisão mantida, mas por outro fundamento no tocante ao usufruto. Recurso desprovido." (*TJSP* – AI 2224522-83.2017.8.26.0000, 22-1-2018, Rel. Paulo Alcides).

"Direito civil – Sucessões – **Testamento – Imóvel deixado a legatários** – Ausência de herdeiros – Venda do bem em vida – Não substituição do legado a tempo – Caducidade – Pretendida comprovação da vontade da falecida por meio de prova oral – Impossibilidade – Formalidade prevista em lei – Recurso desprovido. 1. Mostra-se possível a discussão encetada nos autos da ação de inventário quanto à caducidade do testamento, vez que o imóvel objeto da declaração de vontade não mais integrava o rol de bens deixados pela falecida, pois alienado em vida a terceiros. 2. A alegação de que não houve tempo hábil para que a testadora substituísse o bem e que o fato pode ser provado pela oitiva do testamenteiro/inventariante, não se sobrepõe aos requisitos formais exigidos pelo legislador. 3. Recurso desprovido" (*TJDFT* – Proc. 20150020300758AGI – (950261), 30-6-2016, Rel. Josapha Francisco dos Santos).

"Anulatória cumulada com declaratória – Registro de nascimento, testamento e declarações testamentárias – Pai da autora que viveu maritalmente com uma das rés, concomitante e posteriormente ao casamento, advindo da relação duas filhas. Reconhecimento voluntário de paternidade, concessão de legado e favorecimento em disposição de última vontade. Vício de consentimento não reconhecido. Inexistência de qualquer indício de violação de vontade. Farto conjunto probatório que justifica os atos perpetrados pelo *de cujus*. Cerceamento de defesa não caracterizado. Concubinato e união estável caracterizados. Laudos periciais que comprovam a ascendência das rés. Desnecessidade de contraprova. **Caducidade do legado** não reconhecida. Reforma do prédio que não implicou mudança da forma e denominação. Sentença mantida. Recurso não provido" (*TJSP* – Ap 0003431-53.2001.8.26.0472, 13-3-2015, Rel. Erickson Gavazza Marques).

Deixa de existir legado por falta de objeto. Como é o herdeiro quem normalmente deve entregar o legado, este caducará se o perecimento ocorrer sem sua culpa. Pode não ser o herdeiro o encarregado de entregar a coisa, mas sim outro legatário. A situação de culpa se aplica ao legatário. Se o legado pereceu por culpa de terceiro não há caducidade. Legado houve. O legatário poderá promover ação de indenização contra o terceiro (Miranda, 1973, v. 57:336). Embora a lei fale em perecimento da coisa, quando o bem se torna inalienável, a situação é análoga. Desaparece o objeto do legado. Também há caducidade. Quando se trata de legado de *gênero*, pelo que já fartamente estudamos, como o gênero nunca perece, permanece o legado de coisas fungíveis, enquanto houver forças na herança.

O perecimento da coisa deve ser visto pelo prisma dos direitos reais. Ali se vê, no art. 1.275, que o perecimento do imóvel é uma das formas de extinção da propriedade. O art. 590 do antigo Código dizia que também se perde a propriedade mediante desapropriação por necessidade ou utilidade pública. Destarte, ainda que se entenda que a desapropriação não se insere no inciso II do artigo em estudo, a desapropriação equivale à perda da propriedade imóvel. Só subsistirá o legado, nesse caso, se houver expressa menção de substituição ou sub-rogação por parte do testador. O perecimento do objeto do legado pode ocorrer antes ou depois da morte do testador. Em ambos os casos, pode ser aferida a culpa do herdeiro. Provada sua culpa, responderá ele por perdas e danos. Se a coisa perece após a morte do testador, sem culpa do herdeiro, o legado desaparece quando já na titularidade do legatário. Por consequência, segue-se o princípio da *res perit domino* (a coisa perece com o dono). Se o herdeiro já foi constituído em mora e não entregou a coisa, o princípio é de direito obrigacional. Se a coisa perecer por culpa do herdeiro, responderá pelo valor da coisa, com perdas e danos. Lembre-se das regras estudadas quanto à execução das obrigações de dar (Venosa, *Direito civil: obrigações e responsabilidade civil*, Capítulo 6) e do art. 399. O herdeiro em mora responde pelos efeitos do retardamento, ainda que por caso fortuito ou força maior, a não ser que prove que a perda da coisa ocorreria ainda que entregue a tempo. Se o perecimento foi só em parte, persiste o legado no remanescente, sem prejuízo das perdas e danos.

O art. 1.940 traça norma específica a respeito, sempre suplementar da vontade do testador, tratando igualmente do *legado alternativo*: se o legado for de duas ou mais coisas alternativamente, e algumas delas desaparecerem, subsistirá quanto às restantes. Perecendo parte de uma, valerá, quanto ao seu remanescente, o legado. A regra é da obrigação alternativa. O dispositivo explicita, porém, o que diz o art. 1.932, que poderia dar margem a dúvida quanto à extinção do legado. Não fosse a letra expressa do art. 1.940, o herdeiro poderia defender a tese da extinção do legado alternativo nesse caso. Já no tocante à *evicção*, caduca o legado porque o testador não tinha direito à coisa legada. O objeto não era idôneo. A coisa evicta se equipara a coisa alheia. A evicção (arts. 447 ss) é a perda da coisa por decisão judicial, que a declara pertencer a terceiro. Pouco importa que a evicção ocorra antes ou depois da morte do testador. A perda da coisa por decisão administrativa (apreensão policial de coisa furtada, por exemplo) equipara-se à evicção. Desnecessário um processo judicial, se a coisa evidentemente não pertence a quem a detinha ilegitimamente (no caso, o testador). A evicção é vício jurídico que afeta a coisa legada. Não pode o legatário, como regra geral, alegar vício redibitório, que é defeito material na coisa. Se o vício foi causado pelo herdeiro ou por terceiro, a situação refoge à caducidade do legado.

O herdeiro também pode ser responsabilizado por perdas e danos, no caso de evicção, se não defendeu devidamente os direitos do testador (no caso, o espólio, cabendo também a defesa ao inventariante e ao testamenteiro) sobre a coisa na ação movida por terceiro, ou não tomou medida legal alguma na apreensão administrativa. Sua culpa será apurada no caso concreto.

36.5 CADUCIDADE POR INDIGNIDADE

O inciso IV do art. 1.939 refere-se à exclusão por indignidade (art. 1.815). O excluído da sucessão por indignidade não pode ser herdeiro ou legatário. Qualquer herdeiro ou legatário que tenha interesse na herança pode mover a ação de exclusão por indignidade. Pode fazê-lo o testamenteiro, que deve zelar pela correta aplicação das disposições testamentárias. Há que se presumir que, se o testador não perdoou o legatário indigno, não desejou que este o sucedesse. A matéria foi exposta no Capítulo 25.

36.6 CADUCIDADE PELA PRÉ-MORTE DO LEGATÁRIO

É o último inciso do art. 1.939. Não há legado se o legatário morrer antes do autor da herança, simplesmente porque não há transmissão *causa mortis*. Não há legado por falta de sujeito. O objeto do legado se devolve ao monte, se não houver substitutos ou direito de acrescer com outros colegatários. Já vimos que não há direito de representação para os legatários.

37

DIREITO DE ACRESCER ENTRE HERDEIROS E LEGATÁRIOS

37.1 INTRODUÇÃO. CONCEITO

Na sucessão legítima, se houver um único herdeiro, este entrará na posse e propriedade da universalidade de toda a herança, pelo princípio da *saisine*, logo no momento da morte. Se houver mais de um herdeiro legítimo (vários filhos, por exemplo), a herança será dividida em tantas partes quanto seja o número de filhos. O direito de representação, como já estudado, é uma exceção à regra de que os herdeiros de grau mais próximo excluem os mais remotos. Desse modo, não existindo testamento, teremos uma divisão em quotas iguais; em nosso exemplo, pelo número de filhos. Se um dos filhos já tiver premorrido ao *de cujus* (e não havendo direito de representação), os filhos sobreviventes receberão a herança, já que o filho premorto não é, e nunca foi, herdeiro. Portanto, embora a lei não o diga, a quota do descendente premorto "acresce" aos demais do mesmo nível, na mesma classe, que vão receber uma parte maior do monte. Assim, se o *de cujus* tivera três filhos e ao morrer só dois lhe sobrevivem, a herança será dividida em apenas duas partes (lembre-se de que em nosso exemplo não há caso de representação). Por isso, quanto menor o número de herdeiros, maior será a quota de cada um na herança. Há um crescimento natural da herança quanto menor for o número de herdeiros legítimos.

Na renúncia da herança, o herdeiro é tratado como se nunca tivesse existido, de modo que sua quota acresce aos demais da mesma classe (art. 1.810). Aqui, o Código fala expressamente em "acrescer". Não se representa herdeiro renunciante, como ocorre com o indigno (art. 1.816), que é tratado como se morto fosse. Desse modo, na ordem de vocação legítima existe um acréscimo da herança na falta de herdeiros do mesmo nível. Todavia, o fato passa despercebido, porque se trata tão só de fazer uma divisão do patrimônio entre os herdeiros (aptos e capazes para suceder).

No âmbito da sucessão testamentária, pode ocorrer que o testador tenha instituído vários herdeiros, não lhes dividindo a quota. Ou que tenha instituído legatário sobre o mesmo bem. Surgirá a questão, portanto, de saber como ficará a parte do herdeiro inexistente, ou que não possa ou não queira suceder. Para isso, o Código traça regras acerca do direito de acrescer.

A questão remonta à Antiguidade. Vimos que, no Direito Romano, a princípio, não se admitia a convivência das duas formas de sucessão, a legítima e a testamentária (*nemo pro parte testatus, pro parte intestatus decedere potest*). Segundo esse princípio, se o testador dispunha de apenas parte da herança no ato, todo o restante de seus bens "acrescia" ao herdeiro testamentário. Essa regra desaparece no direito moderno. Não existe mais essa modalidade de direito de acrescer. A questão do direito de acrescer poderá surgir quando o testador distribui seu patrimônio entre vários herdeiros ou legatários e um deles não chega a adquirir sua parte por premoriência, incapacidade ou renúncia.[1]

A primeira regra a ser fixada é a do exame da vontade do morto. Pode ele ter disposto acerca de substituições, acréscimos ou caducidades das deixas. Sua vontade deve ser obedecida. As disposições do Código são unicamente *supletivas da vontade do testador*.

A segunda regra é observar que, se o testador silencia e nomeia dois ou mais herdeiros ou legatários, sem discriminar sua quota ou porcentagem na herança ou no objeto legado, aos sucessores remanescentes se acresce o benefício. São as chamadas disposições testamentárias *cumulativas*. O Direito Romano admitia três formas, encontradas no *Digesto* e comumente citadas pelos autores (Zannoni, 1974, v. 1:587).

A conjunção *re et verbis* ocorria quando o testador nela incluía vários herdeiros sobre a mesma quota ou coisa (*re*) e na mesma frase (*verbis*). Assim, por exemplo: *A deixa metade de sua herança a Pedro e Antônio e a outra metade a José*. Na falta de Pedro, toda a metade caberia a Antônio, e vice-versa.

A outra forma era a conjunção *re tantum*. Aqui, o testador atribui a mesma coisa (*re*) a vários herdeiros, *mas em frases distintas*, no bojo do mesmo testamento. Assim, por exemplo: *B deixa a Paulo seu cavalo "Mascote". B deixa a Pedro seu cavalo "Mascote"*. Se faltasse um dos nomeados, o remanescente recebia a coisa por inteiro. A solução é, em síntese, a mesma da situação anterior. Há dois legatários sobre a mesma coisa, mas não na mesma dicção (*verbis*).

A terceira forma era a *verbis tantum*. Assim, por exemplo: *C deixa sua casa de morada a Antônio e Pedro, metade para cada um*. Essa vocação hereditária ocorria, portanto, quando o testador incluía mais de um herdeiro na mesma disposição, especificando as porções. Na verdade, aqui há duas deixas testamentárias, com objetos diferentes, individualizados. O direito de acrescer ocorria verdadeiramente nas duas primeiras formas. Na última, as deixas eram autônomas. Como vemos pelos exemplos citados, o acrescimento pode ocorrer tanto na quota da herança, quanto na fração de um legado.

Em conclusão, o direito de acrescer tem lugar quando, sendo vários os herdeiros ou legatários nomeados pelo testador, na falta de um deles (por renúncia ou incapacidade), seu quinhão acresce ao dos outros.

Os problemas só surgirão quando o testador não for suficientemente claro (Rodrigues, 1978, v. 7:180).

---

[1] "Pedido de abertura, registro e cumprimento de testamento – sentença que declarou a **caducidade** de parte dos legados indicados, em face da **premoriência de dois dos legatários** – insurgência do autor testamenteiro, aduzindo que o juízo deveria se limitar à parte extrínseca do testamento – ademais, alega que deve ser observada a vontade da testadora – requer, assim, a manutenção da transmissão dos legados em questão aos respectivos sucessores dos premorientes – descabimento – de plano, cabe ao juízo a quo a verificação das cláusulas do documento, o que fora realizado com maestria – jurisprudência consolidada – observância do art. 1.939, V, do Código Civil – se o legatário falecer antes do testador, caducará o legado – portanto, não há que se falar na transmissão do que não fora recebido, uma vez que, quando do falecimento dos legatários, estes não tinham adquirido qualquer direito a ser transmitido aos seus herdeiros – recurso não provido – sentença mantida" (*TJSP* – Ap. 1085987-51.2018.8.26.0100, 26-3-2020, Rel. Hertha Helena de Oliveira).
"Testamento – **Premoriência da legatária** – Caducidade reconhecida – Revogação da ordem de cumprimento e quejandos e nomeação de testamenteiro – Sentença parcialmente reformada – Recurso em parte provido." (*TJSP* – AC 1001758-09.2017.8.26.0161, 1-10-2019, Rel. Giffoni Ferreira).

Alguns autores pretendem ver no fenômeno um direito de "não decrescer" e não propriamente um direito de acrescer. Segundo esse raciocínio, o herdeiro ou legatário não poderia exercer sozinho o direito, porque deveria compartilhá-lo com outro sucessor, que tinha o mesmo direito. Desaparecendo o direito deste último, o remanescente sobrevivo passa a ter o direito de forma integral (Borda, 1987, v. 2:469). A ideia é sutil demais para que se lhe dê importância.

Uma ideia que deve ficar clara é a de que, não havendo disposição conjunta no testamento e inexistindo sujeito para a deixa testamentária, ou há substituição, aposta pelo testador, ou devolve-se a porção hereditária ou o legado ao monte, para seguir o destino da vocação legítima.

A ideia do acrescimento concentra-se na existência de dois ou mais aquinhoados, na mesma disposição. É o que deflui dos arts. 1.941 e 1.942:

> "Art. 1.941. Quando vários herdeiros, pela mesma disposição testamentária, forem conjuntamente chamados à herança em quinhões não determinados, e qualquer deles não puder ou não quiser aceitá-la, a sua parte acrescerá à dos coerdeiros, salvo o direito do substituto.
>
> Art. 1.942. O direito de acrescer competirá aos colegatários, quando nomeados conjuntamente a respeito de uma só coisa, determinada e certa, ou quando o objeto do legado não puder ser dividido sem risco de desvalorização".

A falta do herdeiro ou legatário é fato inesperado para o testador, tanto que ele certamente não previu a hipótese. Contudo, quando da abertura da sucessão, o direito já está materializado pela falta de um dos cossucessores. Na dúvida, se há ou não direito de acrescer, propende-se para sua existência (Maximiliano, 1952, v. 2:517). Se há dúvida entre acrescimento ou substituição, devemos concluir pela substituição, que normalmente é a mais comum e menos caprichosa no testamento. Como sempre, porém, vai preponderar a vontade do testador. Pode ele proibir expressamente o direito de acrescer. Nesse caso, a destinação dos bens segue o determinado pelo art. 1.944.

Muito se discute acerca da natureza desse direito de acrescer. Continua a ser mais uma forma de interpretação supletiva da vontade do testador, sua vontade presumida pela lei. Em determinadas situações, evita-se o condomínio, sempre um ponto de discórdias. O fenômeno do acréscimo também só ocorre em disposições conjuntas e *no mesmo testamento*. Se a mesma coisa é atribuída a outro herdeiro ou legatário em outro testamento, há revogação da disposição testamentária anterior.

Nossa legislação anterior ao Código de 1916 não trazia a matéria sistematizada. Por essa razão, o legislador de 1916 houve por bem traçar suas normas. O projeto da lei anterior manteve as regras. O Código de 2002 também as manteve. Pelo fato de serem raras as questões emergentes do fenômeno, tal não autoriza a exclusão dos dispositivos, tamanhas são as dificuldades que podem gerar entre o conjunto de sucessores.

37.2 DIREITO DE ACRESCER ENTRE COERDEIROS

Como vimos na redação do art. 1.941, o direito de acrescer entre coerdeiros requer que haja *uma mesma disposição*, em que dois ou mais herdeiros são nomeados na mesma herança, *em quinhões não determinados*. Assim, se o testador disser: deixo um terço de minha herança a Pedro e a Paulo, a falta de um deles tornará esse terço exclusivo do herdeiro remanescente. Se o testador especificar quotas: deixo um terço de minha herança, cabendo, dentro dessa fração, metade a Pedro e metade a Paulo, falta o requisito da "não determinação dos quinhões". Se, por qualquer razão, faltar Paulo, essa metade da fração não sofrerá acrescimento. Na falta de substituto, devolve-se ao monte, na forma do art. 1.944.²

O art. 1.943 complementa a ideia inicial:

> "Se um dos coerdeiros ou colegatários, nas condições do artigo antecedente, morrer antes do testador; se renunciar a herança ou legado, ou destes for excluído, e, se a condição sob

---

² "Inventário – Testamento – **Direito de acrescer dos legatários** – Tendo em mira que o legado foi instituído em partes iguais para pessoas da mesma família (irmã e sobrinhos da falecida), a premoriência de uma delas acarreta o direito de acrescer das demais, pois o objeto do testamento é um único bem, certo e determinado, cuja divisão com os demais herdeiros poderia comprometer a vontade expressada pela testadora. Inteligência dos art. 1.942 do CCB. Recurso desprovido." (TJRS – AI 70080767403, 31-7-2019, Rel. Des. Sérgio Fernando de Vasconcellos Chaves).
"Testamento – Pré-morte de um dos beneficiários – **Direito de acrescer** – Cabimento, dada a disposição conjunta sem especificação exata da parte que caberia a cada um – Decisão reformada – Recurso provido." (TJSP – AI 2085131-16.2017.8.26.0000, 16-2-2018, Rel. Luis Mario Galbetti).
"Agravo de instrumento – Decisão que indeferiu pedido de antecipação dos efeitos da tutela, formulado para que se obrigasse a requerida, ora agravada, a promover a imediata reversão, em favor da ora agravante, da quota-parte antes devida à irmã da recorrente, isto em razão do falecimento da ex-beneficiária – O Estado de São Paulo regulou a questão relativa ao **direito de acrescer**, cuidando-se de pensão devida a servidor público, de maneira específica, não havendo de se argumentar com a norma do artigo 24, § 4º, da CF, pois a legislação federal em que a recorrente fundamenta seu pedido é toda anterior à LC 1.012/07, diploma legal este que só contempla a hipótese de reversão da pensão entre o filho e o cônjuge (ou companheiro), e vice-versa – Enfim, subsiste o desate que a decisão agravada deu ao caso, ainda que por razão diversa – Recurso improvido" (TJSP – AI 2222389-05.2016.8.26.0000, 9-2-2017, Rel. Luiz Sergio Fernandes de Souza).
"Apelações cíveis – Ação de indenização – Morte da esposa e mãe dos autores em acidente de trânsito – Sentença de parcial procedência – Insurgência de ambas as partes (I) pedido de redução da pensão mensal. Acolhimento. Ausência de comprovação de que a vítima percebia como renda a quantia de R$ 3.000,00 mensais. Valor que deve ser fixado em 50% do salário mínimo, até que a autora complete 25 anos de idade, observando-se o **direito de acrescer** e cessação do benefício em caso de núpcias ou união estável (II) manutenção da pensão ao viúvo até que a vítima completasse 72 anos de idade, e não 65 fixados na sentença. Precedentes do STJ (III) correção monetária do pensionamento. Impossibilidade de indexação ao salário mínimo. Não conhecimento. Decisão que fixa a correção monetária pelo índice INPC/IBGE (IV) indenização a título de danos morais, impossibilidade de fixação através de salários mínimos. Acolhimento. Precedentes do STJ (V) redução do quantum indenizatório a título de danos morais. Descabimento. Majoração pleiteada pelos autores. Acolhimento parcial. Valor estabelecido em R$ 80.000,00 que se mostra proporcional e adequado às circunstâncias do caso (VI) alteração da data de incidência dos juros moratórios e correção monetária. Desacolhimento. Aplicação das súmulas 362 e 54 do STJ, respectivamente (VII) requerimento de descontos dos valores percebidos a título de indenização do DPVAT. Inovação recursal. Matéria não arguida na defesa. Não conhecimento (VIII) dedução de verbas previdenciárias. Natureza distinta dos benefícios. Descabimento (IX). Pleito de limitação da responsabilidade patrimonial pelas indenizações nos limites estabelecidos aos herdeiros em formal de partilha. Acolhimento. Obrigação dos herdeiros no limite do quinhão recebido com a partilha de bens deixada pelo de cujus, art. 1997 do Código Civil. Exclusão da meação da viúva. Dedução do valor já pago pelo de cujus a título de assistência material (X) sucumbência dos autores em parte mínima. Condenação integral dos réus. Honorários arbitrados em 20% que se justificam, em vista dos critérios legais. Recurso de apelação 01 (réus) parcialmente conhecido e, na parte conhecida, parcialmente provido. Recurso de apelação 02 (autores) conhecido e parcialmente provido" (TJPR – AC 1357981-0, 1-9-2015, Rel. Juiz Subst. Osvaldo Nallim Duarte).
"Agravo de instrumento – Inventário – Testamento – Legatários premortos – **Direito de acrescer** aos colegatários – Legado individualizado – Inexistência do direito de acrescer – recurso provido – 1 – Decisão que, nos autos do inventário dos bens deixados por Amélia Sforsin Micheletti, determinou que 'apenas os bens certos e determinados destinados exclusivamente a um único legatário premorto deverão ser partilhados entre os colaterais (legítima). Já em relação aos ativos financeiros e o colar de pérolas (item IX do testamento), tendo em vista que diversos legatários foram nomeados conjuntamente para receber referidos bens, a parte cabente aos premortos deverá ser acrescida aos demais beneficiários, nos termos do art. 1.942 do CC'. 2 – Hipótese em que as disposições testamentárias são claras ao instituir legados individualizados quanto aos ativos financeiros e ao colar de pérolas. 3 – Inexistência, no caso, do direito de acrescer por parte dos demais colegatários. 4 – Quotas vagas dos colegatários premortos que passam a integrar o montante partilhável entre todos os herdeiros legítimos. Art. 1944 do CC. 5 – Recurso provido" (TJSP – AI 2016392-59.2015.8.26.0000 – São Paulo, 16-4-2015, Rel. Alexandre Lazzarini).
"**Inventário. Direito de acrescer.** Legatária falecida anteriormente à testadora. Art. 1.943 do Código Civil. Cumprimento. Necessidade. Decisão mantida, ratificando-se seus fundamentos, a teor do art. 252 do RITJSP. Recurso improvido" (TJSP – AI 0219080-49.2012.8.26.0000, 11-3-2013, Rel. Alvaro Passos).

a qual foi instituído não se verificar, acrescerá o seu quinhão, salvo o direito do substituto à parte dos coerdeiros ou colegatários conjuntos.

Parágrafo único. Os coerdeiros ou colegatários, aos quais acresceu o quinhão daquele que não quis ou não pôde suceder, ficam sujeitos às obrigações ou encargos que o oneravam".

Estão aí as formas pelas quais não ingressam os herdeiros na herança: premoriência, renúncia da herança ou exclusão, assim como não implemento ou frustração da condição aposta na herança. Todos esses institutos já foram estudados. Não há representação na sucessão testamentária, de modo que não há qualquer direito dos descendentes do herdeiro testamentário indigno.

A primeira regra que o legislador no art. 1.943 manda o intérprete observar é verificar se não há substituto. Só no caso negativo haverá acrescimento. O testador pode deixar um terço de sua herança a Pedro e Paulo, dizendo que, na falta de qualquer deles, será substituído por Antônio. Haverá aí substituição vulgar, nos termos dos arts. 1.947 e 1.948, como ainda estudaremos.

Quando o testador fixa a quota ou o objeto de cada sucessor, não haverá direito de acrescer. Essa regra constava do art. 1.711 do antigo Código e decorre da lógica da disposição. Isto vale para quando o testador fala em quota certa, ou quando usa as expressões *partes iguais, partes equivalentes*, ou expressões sinônimas. Ocorre a conjunção *verbis tantum* que exclui o direito de acrescer (Monteiro, 1977, v. 6:198). Clóvis Beviláqua (1939, v. 6:168) acrescenta que pode parecer redundância o testador falar em deixar seus bens *em partes iguais* a duas pessoas, mas foi a solução preferida pelo Código de 1916, entendendo que aí há mera conjunção verbal, duas disposições (Comentários ao art. 1.711). Evitam-se então dúvidas.

Os coerdeiros beneficiados com o acréscimo do quinhão recebem-no com as obrigações e encargos que o oneravam (art. 1.943, parágrafo único). Só se excluem os encargos personalíssimos. Há que se examinar o caso concreto. Se o herdeiro desaparecido tinha o encargo de escrever uma peça teatral em homenagem ao morto, mas não é teatrólogo, não há como se lhe exigir o encargo. Pode ocorrer que um dos herdeiros conjuntos seja incapaz de receber por testamento (art. 1.801). O art. 1.943 não tipifica essa hipótese, mas fala apenas em premoriência, renúncia, exclusão ou falta de implemento da condição. Deve ocorrer o direito de acrescer nessa hipótese? Há nulidade da disposição no tocante ao incapaz. Os herdeiros capazes, porém, não devem ser prejudicados. Mesmo porque o art. 1.943 fala em exclusão da herança, dicção que pode perfeitamente abranger os incapazes do art. 1.801, como argutamente sustenta Washington de Barros Monteiro (1977, v. 6:199), lastreando-se nas opiniões de Carlos Maximiliano e Carvalho Santos.

O art. 1.943 refere-se a premoriência, mas, se houver comoriência com o testador, a conclusão é a mesma, ocorrendo o direito de acrescer, pois que desaparece o sujeito quando da aquisição do direito. É o mesmo Washington de Barros Monteiro (1977, v. 6:199) que traz à baila a questão de o coerdeiro ceder seus direitos hereditários e, posteriormente, vir a faltar o outro coerdeiro. Ao cessionário defere-se o direito de acrescer? A nosso ver, a questão é de difícil solução. Se o direito de acrescer tem como natureza a vontade presumida do testador, quer-nos parecer difícil defender que desejasse ele o ingresso de terceiro estranho em sua herança, sem iniciativa do sucessor nomeado. O saudoso professor entende que, sendo o direito de acrescer de caráter objetivo, o cessionário usufrui do acréscimo, mas acrescenta que deve ser examinada detidamente a vontade das partes. Parece mais de acordo com a vontade presumida do testador que, se o cedente não tinha conhecimento do acréscimo, transferiu somente sua porção originária, mesmo porque sua intenção de alienação poderia não existir, se soubesse do acréscimo, e o preço pedido deveria ser maior. Importa examinar o que ficou estampado na cessão. No silêncio, o direito de acrescer beneficia o herdeiro, não beneficiando automaticamente um terceiro (Nonato, 1957, v. 3:237).

O legatário, bem como o herdeiro não podem, em princípio, renunciar ao objeto do direito de acrescer. Cindir-se-ia o legado. Se ceder a parte acrescida a outrem, trata-se de transmissão *inter vivos*. O Código de 2002 introduz redação no art. 1.945, proibindo o beneficiário do acréscimo de repudiá-lo separadamente da herança ou do legado. Desse modo, dentro dessa regra geral, não se permite que o herdeiro ou legatário cinda a aceitação da herança ou do legado quando recebe um acréscimo decorrente do direito de acrescer. No entanto, poderá repudiar o acréscimo na hipótese de este chegar-lhe com encargos especiais. A lei refere-se a encargos que se dirigiam especialmente ao beneficiário original. Nesse caso, repudiando o acréscimo, este se reverterá em favor de quem os encargos foram instituídos. Não será de fácil deslinde, na prática, o caso concreto. Não se podendo identificar o beneficiário do encargo, ou não podendo ou não querendo receber o acréscimo, este deve ser atribuído ao monte hereditário, distribuindo-se aos coerdeiros.

37.3 DIREITO DE ACRESCER ENTRE LEGATÁRIOS

O art. 1.942 estampa duas hipóteses de direito de acrescer entre legatários: quando são nomeados conjuntamente "*a respeito de uma só coisa, determinada e certa, ou quando o objeto do legado não puder ser dividido sem risco de desvalorização*". Trata-se também de uma disposição conjunta (*verbis*), na mesma coisa (*re*). A lei não se refere, como faz no artigo anterior, à deixa testamentária *na mesma disposição*. De modo que os legatários podem receber a mesma coisa, no mesmo testamento, mas em disposições diferentes (disposição *re tantum*). Pela diferença de tratamento, para os herdeiros só há direito de acrescer quando forem nomeados na mesma disposição (art. 1.941). Para os legatários basta que tenham sido aquinhoados com a mesma coisa (art. 1.942) (Rodrigues, 1978, v. 7:184). Destarte, pode haver direito de acrescer se numa disposição o testador deixar o cavalo "Mascote" a João e noutra disposição do mesmo testamento deixar o mesmo cavalo "Mascote" a Antônio.

A possibilidade de fracionamento da coisa legada deve ser vista no caso concreto. Por vezes, o fracionamento é possível, mas a perda de valor das partes fracionadas é tão grande que equivale à coisa indivisível. A desvalorização que menciona a lei, substituindo o termo *deterioração* do Código anterior, dá uma compreensão melhor do intuito da lei. Nessa situação, melhor será que se acresça. Não há direito de acrescer se o testador fixa porcentagem ou fração de cada legatário sobre a coisa. Aí a conjunção é meramente verbal (*verbis tantum*). Também ao legatário acrescido pesam os encargos e obrigações, como para os herdeiros (art. 1.943, parágrafo único). Aplica-se o mesmo que se disse anteriormente quanto ao encargo personalíssimo.

Os legados atribuídos conjuntamente a vários legatários podem ser constituídos de várias coisas: A deixa a Pedro e Antônio um anel de formatura, 100 ações de sociedade anônima, um investimento financeiro. A situação também se encaixa na dicção legal. Há direito de acrescer sobre o conjunto de bens legados. O mesmo ocorre quando o legado consiste numa universalidade de coisas (uma biblioteca), ou numa universalidade de direito individualmente considerada (um estabelecimento comercial). Existem vários legados conjuntos, atribuída englobadamente aos mesmos legatários (Wald, 1988:142). A divisibilidade deve ser estudada em cada caso. Se não houver direito de acrescer entre os legatários, o destino da quota separada é ir para o herdeiro ou legatário incumbido de satisfazer a esse legado; ou para o monte a ser dividido entre todos os herdeiros, se o legado saiu da herança (art. 1.944), sempre que o contrário não tiver sido estabelecido pelo testador.

Refere-se geralmente à incompatibilidade do direito de acrescer com o *legado de alimentos*, por sua própria natureza. Presume-se que o disponente já destinou verba necessária e suficiente a cada um dos alimentandos (Maximiliano, 1952, v. 2:532). Todavia, a lei não fez essa distinção. Impõe-se examinar o caso concreto.

37.4 DIREITO DE ACRESCER NO USUFRUTO

No legado de usufruto, transmite-se o direito de usar e gozar da coisa. Podem dois ou mais legatários receber a mesma coisa em usufruto.

Dispõe o art. 1.946:

> *"Legado um só usufruto conjuntamente a duas ou mais pessoas, a parte da que faltar acresce aos colegatários.*
>
> *Parágrafo único. Se não houve conjunção entre os colegatários, ou se, apesar de conjuntos, só lhes foi legada certa parte do usufruto, consolidar-se-ão na propriedade as quotas dos que faltarem, à medida que eles forem faltando".*

Se o usufruto foi deixado a mais de uma pessoa na mesma disposição (*re et verbis*) ou em mais de uma disposição do mesmo testamento (*re tantum*), haverá direito de acrescer entre os usufrutuários. Não haverá acrescimento se houve quota determinada ou a disposição não foi conjunta. Não havendo direito de acrescer, a propriedade vai-se consolidando com o nu--proprietário, até a consolidação plena.

Problemas práticos de difícil solução poderão ocorrer. Suponhamos que um legatário ficou com usufruto de metade ideal de um imóvel. Se nele residir, deverá pagar metade do aluguel ao nu-proprietário, já que só usufrui da metade ideal e o nu-proprietário é titular pleno da outra metade. Da mesma forma, sendo condôminos em diferentes níveis, importa saber a quem caberá decidir sobre a destinação do imóvel. A questão transfere-se para o estudo dos direitos reais. De qualquer modo, uma vez instituído o usufruto, é conveniente que o direito dos legatários usufrutuários em condomínio se acresça até a morte do último beneficiado. Essa disposição é expressa no Código italiano. Melhor seria que assim fosse entre nós. Na falta de norma, é importante que o testador estabeleça expressamente o direito de acrescer, se não desejar o infortúnio de seus sucessores.

A morte do nu-proprietário não extingue o direito do usufrutuário. Não se admite, porém, usufruto sucessivo. Extingue-se o usufruto com a morte de todos os legatários, se outro prazo não se estipulou. A questão deve ser aplicada também aos outros direitos reais limitados, o *uso* e a *habitação*, os quais, por sua natureza e finalidade, devem ter ampliada a interpretação do alcance do direito de acrescer.

38

SUBSTITUIÇÕES. FIDEICOMISSO

38.1 SUBSTITUIÇÕES. CONCEITO. ORIGEM. VONTADE DO TESTADOR E LIMITES LEGAIS

Em matéria de substituições, continuamos a cuidar da vontade do testador e de sua interpretação. A origem remonta ao Direito Romano. Sendo o herdeiro um continuador do culto doméstico, o titular de um patrimônio fazia de tudo para que não falecesse sem herdeiros.

O testador pode nomear um segundo herdeiro ou legatário, para substituir o primeiro nomeado, se, por qualquer razão, não se operar a transmissão do benefício ao indicado original. Assim como poderá nomear tantos outros substitutos, para ocupar a titularidade da deixa testamentária. Quando a nomeação for singela, e na hipótese de o herdeiro instituído ou legatário não desejar ou não puder receber a herança ou legado, na ausência de vontade do testador, a herança é devolvida ao monte, para ser recolhida pelos herdeiros legítimos. Suponhamos o caso, por exemplo, do titular de um patrimônio que não possua nenhum herdeiro legítimo, ou que seus herdeiros legítimos sejam colaterais sem nenhuma ligação afetiva. Se o testador não se precaver com a substituição dos herdeiros instituídos, na eventualidade destes não adquirirem a herança, esta vai para o Estado ou para os parentes que não têm ligação alguma com o autor da herança. Aí se encontra, de fato, a verdadeira utilidade das substituições, que impede que o testamento se esvazie por falta de titulares.

O testador pode substituir um único herdeiro ou legatário na mesma deixa, por outro ou outros beneficiários, e vice-versa. Assim, se A nomeia Paulo seu herdeiro, ele pode nomear Antônio e João para substituir Paulo. Quando a instituição é plúrima, pouco importa se decorrente de nomeado originário ou substituto; a questão se entrelaça com o direito de acrescer, como já visto. Nessa substituição, há sempre uma condição que integra a própria natureza do fenômeno: o substituído só será chamado se o nomeado anterior não reunir a situação de sucessor. Essa substituição sucessiva (um, ou mais de um, recebe na ausência do primeiro indicado) é denominada *substituição vulgar*. O substituto só é chamado a suceder na falta do nomeado anterior. A questão é simples e não apresenta maior complexidade. Essa forma de substituição foi muito utilizada em Roma, quando se introduzia comumente uma grande série de substitutos, já que nessas previsões encontrava o testador um remédio para as várias causas de caducidade a que estavam sujeitas as deixas testamentárias na época.

Ao lado dessa substituição vulgar, e no mesmo nível, coloca-se a *substituição recíproca*, aquela pela qual o testador, instituindo vários herdeiros ou legatários, os declara substitutos uns dos outros. Se algum faltar, os outros são chamados a recolher a parte do faltante. É modalidade também muito utilizada no Direito Romano. Os arts. 1.947 e 1.948 tratam dessas duas formas.

O direito antigo também conheceu a *substituição pupilar*. Nessa disposição, o *pater familias* designa um herdeiro ao filho impúbere, incapaz, sob seu pátrio poder, para que, em caso de morte também do filho sem testamento, não ficasse ele sem herdeiro, uma vez que a ordem de vocação legítima poderia não ser a ele satisfatória. No tempo de Justiniano, também era conhecida a *substituição quase pupilar*, dedicada aos insanos de mente. O pai poderia instituir um herdeiro ao filho mentalmente incapaz. Essas formas não foram admitidas no direito atual.

Há, no entanto, a possibilidade de outra modalidade de substituição, juridicamente muito rica, denominada *fideicomisso*. Por esse instituto há uma transmissão *concomitante e sucessiva* a duas pessoas. Transmite-se a propriedade da coisa a um primeiro beneficiário (o *fiduciário*), propriedade essa resolúvel, com a obrigação de que esse fiduciário a transfira para um segundo aquinhoado (o *fideicomissário*). Nessa modalidade, o testador institui dois sucessores, sucessivos; há uma dupla transmissão. Fiduciário e fideicomissário são ambos sucessores do *de cujus*.[1]

---

[1] "Inventário. Testamento. **Instituição de fideicomisso**. Determinada a intervenção dos fideicomissários. Admissibilidade. Hipótese em que são os mesmos titulares de direito real, ainda que sob condição. Fiduciário que tem o dever de conservar a coisa legada, para posterior transmissão. Inteligência dos arts. 1951 a 1960 do CC. Decisão mantida. Recurso improvido". (*TJSP* – AI 2131242-19.2021.8.26.0000, 15-6-2021, Rel. Vito Guglielmi).

"Apelação – Embargos de terceiro – **Fideicomisso** – **Espécie de substituição testamentária** consubstanciada na atribuição, pelo testador, da propriedade plena de determinado bem a herdeiro ou legatário seu, denominado fiduciário, com a imposição da obrigação de, por sua morte, a certo tempo, ou sob condição pré-determinada, transmiti-la a outrem, qualificado fideicomissário – Embora, o executado José Eduardo Leite Vieira Barsotini já fosse o legítimo proprietário do bem em questão, em virtude de decisão judicial que autorizou a sub-rogação, na coisa litigiosa, de fideicomisso já existente, imposto pela testadora Inah Leite Vieira Barsotini, então fideicomitente, aquele, na qualidade de herdeiro ou legatário desta, quedou como fiduciário e o ora embargante Luis Eduardo França Vieira Barsotini, filho do executado, como fideicomissário – Considerando-se, todavia, que a morte do fiduciário ainda não se implementou, diga-se, evento que dará azo à transmissão do domínio do bem fideicomitido ao fideicomissário, o embargante, em verdade, ostenta mera expectativa de direito, que, por óbvio, não traduz qualquer óbice à constrição efetivada – Recurso a que se nega provimento" (*TJSP* – Ap. 1002435-79.2017.8.26.0180, 18-9-2020, Rel. Mauro Conti Machado).

"Conflito negativo de competência – **Ação de extinção de fideicomisso** – Disposição de última vontade – Ação que deve tramitar no mesmo juízo em que tramitou a ação de inventário da testadora. Competência do juiz suscitado da 2ª Vara de Família e Sucessões da Capital." (*TJSP* – CC 0036119-33.2018.8.26.0000, 22-1-2019, Rel. Campos Mello).

"Tributário e processo civil – Agravo interno no recurso especial – Execução fiscal – **Fideicomisso** – Penhora de bens do fiduciário – Propriedade Resolúvel – Impossibilidade – 1 – Inexiste contrariedade ao art. 535, II, do CPC/1973 quando a Corte local decide fundamentadamente todas as questões postas a seu exame. Ademais, não se deve confundir decisão contrária aos interesses da parte com ausência de prestação jurisdicional. 2 – O Superior Tribunal de Justiça firmou a orientação no sentido de que, por analogia, o objeto de alienação fiduciária, pertencente à esfera patrimonial de outrem, não pode ser alvo de penhora no processo de execução fiscal, porquanto o domínio da coisa não pertence ao executado, mas a um terceiro, a quem não se pode atingir. No caso, o fiduciário estará na guarda e propriedade resolúvel quando não ocorra a condição resolutória, manifestação de vontade do fideicomitente (o testador). Precedente. 3 – O extinto Tribunal Federal de Recursos editou a Súmula 242, que preceitua: 'O bem alienado fiduciariamente não pode ser objeto de penhora nas execuções ajuizadas contra o devedor fiduciário.' 4 – Por outro lado, a Corte de origem proclamou o entendimento de que, tratando-se de constrição dos direitos do devedor fiduciante, é imprescindível a anuência do credor fiduciário. Tal fundamento não foi impugnado pela recorrente nas razões do apelo especial, o que, por si só, mantém incólume o acórdão combatido. Incide no ponto a Súmula 283 do STF. 5 – Agravo interno a que se nega provimento". (*STJ* – AGInt-REsp 1.505.398 – (2013/0377838-0), 13-6-2018, Rel. Min. Og Fernandes).

"Agravo de instrumento – Direito privado não especificado – Bem Imóvel – Cláusula de inalienabilidade e **fideicomisso** – Penhora – Impossibilidade – Imóvel gravado com cláusulas de inalienabilidade e fideicomisso, por disposição testamentária, em 1990. A cláusula de inalienabilidade, afora as exceções legais (expropriação por necessidade ou utilidade pública ou execução de dívida fiscal) impossibilita a penhora do referido bem por dívida do donatário. Inteligência do art. 1.676, do CC/1916. Benefício da gratuidade deferido tão somente para fins de recebimento do agravo. Agravo de instrumento provido. Unânime" (*TJRS* – AI 70073846313, 13-7-2017, Rel. Des. Pedro Luiz Pozza).

Na substituição vulgar, apenas um herdeiro ou legatário é chamado: só se pensará no substituto se eles não puderem ou não desejarem receber a herança.

No fideicomisso, a instituição é permitida a dois sucessores, que gozarão dos poderes inerentes à propriedade cada um de per si, e em épocas distintas. Nenhuma outra instituição é admitida pela lei, no entretanto, além da pessoa do fideicomissário. Na substituição vulgar, por outro lado, a adição da herança pelo primeiro herdeiro exclui todos os demais subsidiariamente indicados.

Ao analisarmos o art. 1.799, no Capítulo 31, que tratou da capacidade para adquirir por testamento, vimos que o testador pode beneficiar prole eventual de pessoas por ele designadas, desde que existentes estas últimas, quando da abertura da sucessão. Vimos da dificuldade em conceituar sua natureza jurídica e em fixar regras para a administração dos bens, enquanto se aguarda o surgimento da prole, já que o fideicomisso preenche com vantagem essa permissão legal, pois permite aquinhoar pessoas não nascidas ainda, quando da morte do testador. A matéria vem tratada nos arts. 1.951 a 1.960.

Ainda, alguns autores se referem à *substituição compendiosa*, quando se combinarem as substituições vulgares, recíproca e fideicomissária. O testador, inserindo um substituto vulgar para o fiduciário e um substituto vulgar para o fideicomissário não ultrapassa o segundo grau, em que deve cessar a disposição, e não contraria o disposto no art. 1.960.

Todas essas modalidades de substituição são critérios para dar existência a titulares das deixas testamentárias, aplicando-se juntamente com as demais regras de orientação ao julgador para a efetivação da vontade testamentária. Por conseguinte, pode ser que numa só disposição do testamento tenhamos que enfrentar problemas relacionados com as substituições, com direito de acrescer, com forma de pagamento de legados etc. A aplicação das disposições de um testamento deve ser vista em sua totalidade. Naquilo que o capítulo específico omitir, cumpre que o jurista se valha dos princípios da Parte Geral do Código e dos compartimentos da Parte Especial tocados pela vontade do testador. A vontade testamentária pode criar um verdadeiro arabesco jurídico.

"**Direito civil e processual civil** – Sucessão testamentária – **Fideicomisso** – Fideicomissário premoriente – Cláusula do testamento acerca da substituição do fideicomissário – Validade – Compatibilidade entre a instituição fiduciária e a substituição vulgar – Condenação de terceiro afastada – Efeitos naturais da sentença – 1 – Se as questões trazidas à discussão foram dirimidas pelo tribunal de origem de forma suficientemente ampla, fundamentada e sem omissões, deve ser rejeitada a alegação de contrariedade do art. 535 do Código de Processo Civil. 2 – A sentença não prejudica direitos de pessoa jurídica que não foi citada para integrar a relação processual (CPC, art. 472). Como ato estatal imperativo produz, todavia, efeitos naturais que não podem ser ignorados por terceiros. 3 – O recurso de apelação e a ação cautelar são instrumentos processuais distintos e visam a diferentes objetivos. O ajuizamento de ambos para questionar diferentes aspectos do mesmo ato judicial não configura preclusão consumativa a obstar o conhecimento da apelação. 4 – De acordo com o art. 1959 do Código Civil, 'são nulos os fideicomissos além do segundo grau'. A Lei veda a substituição fiduciária além do segundo grau. O fideicomissário, porém, pode ter substituto, que terá posição idêntica à do substituído, pois o que se proíbe é a sequência de fiduciários, não a substituição vulgar do fiduciário ou do fideicomissário. 5 – A substituição fideicomissária é compatível com a substituição vulgar e ambas podem ser estipuladas na mesma cláusula testamentária. Dá-se o que a doutrina denomina substituição compendiosa. Assim, é válida a cláusula testamentária pela qual o testador pode dar substituto ao fideicomissário para o caso deste vir a falecer antes do fiduciário ou de se realizar a condição resolutiva, com o que se impede a caducidade do fideicomisso. É o que se depreende do art. 1.958 c.c. 1.955, parte final, do Código Civil. 6 – Recurso especial a que se dá parcial provimento. 7 – Recurso especial a que se dá parcial provimento" (*STJ* – REsp 1.215.953 (2010/0191565-0), 4-2-2014, Rel[a] Min[a] Maria Isabel Gallotti).

"**Inventário** – Pedido de liberação das cláusulas de inalienabilidade, impenhorabilidade e incomunicabilidade incidentes sobre os imóveis inventariados. Deferimento condicionado à substituição dos gravames. Descabimento. Exigências estabelecidas com o propósito de garantir o **fideicomisso** instituído pelos doadores originários. Efetivação da substituição fideicomissária, com a consequente transmissão dos bens às beneficiárias, que não mais justifica a manutenção dos gravames, que notoriamente impedem o livre aproveitamento do patrimônio. Admissibilidade do pronto levantamento das restrições, sem exigência de substituição – Recurso provido" (*TJSP* – AI 0175665-79.2013.8.26.0000, 17-10-2013, Rel. Galdino Toledo Júnior).

Acrescente-se, ainda, que o codicilo só pode estabelecer substituições para as disposições de seu ínsito conteúdo. Não podemos instituir substituto para testamento no codicilo, que tem o limitado alcance já por nós examinado (Miranda, 1973, v. 58:98).

38.2 SUBSTITUIÇÃO VULGAR E RECÍPROCA

Como vimos, a substituição vulgar se constitui numa simples substituição de titulares, que fica condicionada ao primeiro herdeiro instituído ou legatário nomeado não assumir sua condição na herança.

Dispõe o art. 1.947:

> "O testador pode substituir outra pessoa ao herdeiro, ou legatário, nomeado para o caso de um ou outro não querer ou não poder aceitar a herança ou legado, presumindo-se que a substituição foi determinada para as duas alternativas, ainda que o testador só a uma se refira".

A condição implícita, portanto, para o chamado do substituto, é o substituído não querer ou não poder aceitar a herança. O "não querer" refere-se à renúncia. O "não poder" refere-se às incapacidades e ilegitimidades já vistas. Portanto, entre os outros casos, ter-se-á a vocação de um substituto, se o herdeiro tiver premorrido ao testador, for considerado indigno ou renunciar à herança. Se o testador pretender a substituição para uma só das hipóteses, deve fazê-lo expressamente, do contrário a lei presume que se referiu às duas situações, as quais, por sua vez, possuem várias modalidades. Aplica-se tanto à herança quanto ao legado. A substituição pode ser de um ou mais herdeiros; podem ser chamados a substituir, igualmente, um ou mais substitutos, sobre a mesma disposição. A substituição, então, pode ser singular ou plural.

Se a deixa testamentária continha encargo ou condição, a eles também fica submetido o substituto:

> "O substituto fica sujeito ao encargo ou condição impostos ao substituído, quando não for diversa a intenção manifestada pelo testador, ou não resultar outra coisa da natureza da condição, ou encargo" (art. 1.949).

Cumpre verificar a intenção do testador em fazer com que a condição ou encargo acompanhe o substituto e também se tais elementos não são incompatíveis com a pessoa do novo sucessor e com as circunstâncias que acompanham o substituído.

Nada impede que o substituto seja alguém da ordem de vocação legítima, que no caso se considera herdeiro instituído. Como não há representação na sucessão testamentária, os descendentes do substituído só podem ser chamados mediante vontade expressa do testador. Embora o testador possa nomear um sem-número de substitutos, a nomeação é simples, porque caducará a substituição quando o herdeiro primitivo assumir sua condição de sucessor. Reporta-se ao que foi dito acerca da aceitação da herança e da transmissão do legado.

A caducidade da substituição pode ocorrer até mesmo antes da morte, se o substituto pré-morrer ao autor da herança. Pode ocorrer após a morte, com a aceitação da herança pelo primeiro indicado. O substituto não pode renunciar à herança, enquanto o substituído não o tiver feito, pois ninguém renuncia a direitos que não tem. Enquanto não renunciada a herança pelo primeiro nomeado, o substituto ou substitutos não serão herdeiros. Há interesse dos substitutos numa manifestação expressa do herdeiro precedente. Pode o substituto valer-se da notificação de que trata o art. 1.807, para fazer cessar a incerteza.

A *substituição* recíproca ocorre quando o testador determina que entre os vários herdeiros nomeados, na ausência de um, os outros o substituam, na parte do nomeado ausente. *A* deixa sua herança dividida em três partes a Pedro, Antônio e Paulo e determina que, na ausência de um, os outros dois assumam a parte faltante. Não se confunde com direito de acrescer, porque não se trata de disposição conjunta, mas de três disposições diversas. Também no legado poderá ocorrer a substituição recíproca: *B* deixa seu imóvel rural a Pedro e seu imóvel urbano a Paulo; na falta de qualquer um dos legatários, o legatário remanescente receberá os dois imóveis.

Pode acontecer que os herdeiros ou legatários substituendos tenham recebido partes desiguais, tendo sido estabelecida uma substituição recíproca. O art. 1.950 determina que a mesma proporção originária fica mantida para os substitutos. Se, no entanto, o testador incluir um novo substituto, além dos já reciprocamente considerados, o quinhão vago, isto é, o que cabe ao sucessor que deixou de comparecer será então dividido em partes iguais (segunda parte do artigo). A proporção de que fala a lei aí é em relação ao quinhão em tela e não a toda a herança. Quando entra um substituto estranho, como não se sabe sua quota, deve esta ser dividida por igual. Proceder-se-á, com a presença desse novo substituto, no quinhão deixado, como uma substituição vulgar. Sempre se terá em mira que essas disposições são supletivas da vontade do testador.

38.3 FIDEICOMISSO

O Código trata, em conjunto com as substituições, do fideicomisso. O instituto, na verdade, merece tratamento autônomo no direito das sucessões, podendo também derivar de contrato, como sustentamos aqui.

No fideicomisso, não há propriamente uma substituição. Existe uma disposição testamentária complexa por meio da qual o testador institui alguém, por certo tempo ou condição, ou até sua morte, seu herdeiro ou legatário, o qual recebe bens em propriedade resolúvel, denominado *fiduciário*, para que, com o implemento da condição, advento do termo ou de sua morte, passe os bens a outro nomeado, o *fideicomissário*.

Tanto o fiduciário quanto o fideicomissário recebem os bens diretamente do fideicomitente (o testador). A passagem do fiduciário ao fideicomissário apenas se opera *materialmente* entre eles. Juridicamente, o fideicomissário recebe os bens por direito *causa mortis* do autor da herança. Enquanto ele não receber os bens, será titular de um direito eventual.

Trata-se de um dos institutos mais ricos em detalhes técnicos no campo da ciência jurídica. Por essa razão requer um cuidado extremo de quem o institui e de quem o interpreta. São necessariamente três os integrantes dessa operação técnica:

fideicomitente – *fiduciário* – *fideicomissário*

(testador) **(propriedade resolúvel)** **(titular de direito eventual)**

Se o fideicomisso for instituído por doação, *fideicomitente será o doador e fideicomissário, o donatário*.

Define o art. 1.951:

> "Pode o testador instituir herdeiros ou legatários, estabelecendo que, por ocasião de sua morte, a herança ou o legado se transmita ao fiduciário, resolvendo-se o direito deste, por sua morte, a certo tempo ou sob certa condição, em favor de outrem, que se qualifica de fideicomissário".

Dispunha, por sua vez, o Código de 1916, no art. 1.733:

> *"Pode também o testador instituir herdeiros ou legatários por meio de fideicomisso, impondo a um deles, o gravado ou fiduciário, a obrigação de, por sua morte, a certo tempo, ou sob certa condição, transmitir ao outro, que se qualifica de fideicomissário, a herança, ou o legado".*

Nada impede que, por ato entre vivos, no direito obrigacional, se estipule o fideicomisso. Nada existe na lei para impedi-lo e a propriedade resolúvel é legalmente aceita entre nós. Apenas ocorre que se trata de instituto típico do direito testamentário, do qual se originou. Se avençado por meio do direito obrigacional, não sofrerá as restrições próprias da sucessão. Se instituído por meio de doação, que muito se aproxima dos legados, os princípios sucessórios serão aplicados, em virtude das similitudes e dos reflexos no direito sucessório. Se inserido em negócio oneroso, tratar-se-á de contrato atípico, que apenas usa o mecanismo básico do instituto original. Ver-se-á, nesse caso, o fenômeno sob o prisma de um negócio jurídico entre vivos.

Advirta-se, porém, de início, que o *Código de 2002 restringiu consideravelmente o alcance do fideicomisso*, ao estabelecer, no art. 1.952, que somente se permite em favor dos não concebidos ao tempo da morte do testador. De acordo com o § 1º desse dispositivo, se ao tempo da abertura da sucessão já houver nascido o fideicomissário, este adquirirá a nua-propriedade do bem, porque o direito do fiduciário converter-se-á em usufruto. Dessa forma, o Código de 2002 reduz o fideicomisso a sua verdadeira utilidade, qual seja, a de beneficiar prole futura, transformando-se em usufruto, instituto que se lhe aproxima, quando ocorrer a situação descrita. De qualquer modo, o fideicomisso nunca gozou, no direito pátrio, de grande simpatia por parte dos testadores.

O projeto de reforma do Código Civil em curso fará renascer o fideicomisso pleno, sem a restrição atual, que mais atende às necessidades sociais. Já dizíamos que o fideicomisso é instituto que merece ter seu alcance ampliado, inclusive para atos entre vivos, não se restringindo apenas ao acanhado alcance que o atual Código lhe deu. Aguardemos as alterações desse diploma legal.

38.3.1 Histórico do Fideicomisso

O instituto, pela própria denominação, é baseado na confiança, fidúcia. Como em Roma muitas pessoas estavam impedidas de concorrer às heranças, o testador burlava eventuais proibições pedindo a um herdeiro que se encarregasse de entregar seus bens ao terceiro que o testador queria verdadeiramente beneficiar (Azevedo, 1973:3). O disponente confiava na boa-fé do herdeiro (*fidei tua committo*), de onde proveio a palavra fideicomisso (*fideicomissum*). O testador "cometia" (entregava) a herança a alguém, sob confiança de sua boa-fé (*fidei tua*).

Inicialmente, nada obrigava o fiduciário a cumprir o prometido, a não ser o dever moral. Posteriormente, com os previsíveis abusos que passaram a ocorrer, surgiram os pretores fideicomissários, que tornaram a obrigação moral em obrigação jurídica. Para coibir abusos, passou-se a admitir ação aos fideicomissários, para que fosse cumprida a obrigação assumida pelo fiduciário. Os pretores fideicomissários foram criados para justamente fiscalizar e coibir os abusos (Arangio-Ruiz, 1973:647).

Com tais garantias, o fideicomisso passou a apresentar vantagens sobre o formalismo do direito mais antigo. Predominava a instituição do fideicomisso universal, quando nele se incluía toda a herança. Os textos de Justiniano trazem muitas referências ao fideicomisso universal (de herança) e ao fideicomisso particular (de legado).

Por intermédio do fiduciário, o testador fazia com que a herança chegasse ao destinatário verdadeiro, o qual, de outro modo, não poderia recebê-la. Originalmente, o fiduciário era herdeiro só no nome (Correia e Sciascia, 1953:394).

Aos poucos o fideicomisso vai assumindo o lugar dos legados em Roma. O direito canônico manteve o instituto, que impunha uma obrigação ao fiduciário, geralmente um clérigo, de passar os bens para obras pias ou ordens religiosas. O direito intermédio mantém o fideicomisso, que nos chega pelas Ordenações, em disposições esparsas. O fideicomisso foi útil ao feudalismo para manter as propriedades unas e conservar as heranças. Permitiu-se até que fossem ultrapassadas várias gerações, atingindo netos e bisnetos, com a criação dos morgados. O morgadio era uma forma feudal para se manter a terra com as famílias dos senhores.

O revogado Código Civil português disciplinou o instituto na forma clássica. O atual Código lusitano não só mantém o instituto como também admite expressamente o fideicomisso por ato *inter vivos*.

Em nossos dois códigos, o fideicomisso vem sinteticamente tratado em poucos artigos. O Código de 1916 trazia as pinceladas redacionais de Rui Barbosa em dispositivos *"ricos de conteúdo e seguidores da tradição multissecular do direito brasileiro"* (Azevedo, 1973:15).

Como mencionamos, o Código de 2002 mantém o instituto (arts. 1.951 a 1.960), com restrição de seu alcance. A substituição fideicomissária ficou circunscrita tão somente aos fideicomissários ainda não concebidos à época da morte do testador. Se, quando da morte do *de cujus*, já houver nascido o fideicomissário, este adquire a nua-propriedade dos bens fideicomitidos, enquanto o direito do fiduciário converter-se-á em usufruto. Preferiu a lei nova evitar os problemas decorrentes da propriedade resolúvel do fiduciário, colocando o fideicomisso em sua mais útil e principal finalidade para o testador, qual seja, beneficiar a prole eventual de pessoa por ele designada. O presente Código realça, ademais, a similitude do direito do fiduciário ao direito do usufrutuário.

38.3.2 Modalidades de Fideicomisso. Objeto. Duração. Fideicomisso Residual

O fideicomisso pode ser composto de herança ou legado, coisas móveis e imóveis, bens corpóreos e incorpóreos. O que se transfere ao fiduciário é a propriedade, uma vez que no termo "domínio", segundo a doutrina tradicional, só se compreendem as coisas corpóreas. Destarte, tudo que puder ser objeto de herança e legado pode estar contido em um fideicomisso. Há fideicomisso universal quando se tratar de toda a herança ou fração dela; há fideicomisso singular quando a disposição recair sobre porções certas e determinadas do patrimônio. Por doação não é admissível o fideicomisso universal, porque nesse contrato é imperioso que se identifiquem os bens objeto do negócio. Não haveria, por exemplo, como registrar os imóveis não descritos. Consoante entendemos, acompanhando a doutrina mais recente, nada obsta o fideicomisso por ato entre vivos, cumprindo, também, fazer sua distinção do fideicomisso *causa mortis*. Se instituto semelhante for contratado a título oneroso, não se pode tratá-lo como fideicomisso, mas como um contrato atípico, embora as partes possam usar seu rótulo e parte de seus princípios.

Tendo em vista a facilidade de transmissão das coisas móveis, difícil será seu controle. Por essa razão é que o fiduciário deve prestar caução, para garantir a entrega dos bens sob sua confiança, se assim exigir o fideicomissário (art. 1.953, parágrafo único). A lei não distingue, para a prestação de caução, entre os bens móveis e imóveis. O processo de caução é modalidade de processo cautelar. Esse procedimento se aplica a qualquer situação em que alguém esteja obrigado a prestar caução. Se o fiduciário não puder prestar caução idônea, não poderá entrar na posse dos bens. Deve ser nomeado um administrador, até que cumpra satisfatoriamente a exigência. Cabe ao fideicomissário provar a inidoneidade do fiduciário, nessa hipótese.

Quanto aos imóveis, o fideicomisso deverá constar de averbação no registro imobiliário (art. 167, II, nº 11, da Lei nº 6.015/73, Lei dos Registros Públicos). Enquanto não houver registro, o fideicomisso só opera entre fiduciário e fideicomissário. Alienado o bem pelo fiduciário, valerá para os terceiros a alienação, não podendo o fideicomissário reivindicá-lo. Deve ser examinada, contudo, a boa-fé do terceiro adquirente. Se não puder reivindicar o bem, caberá ao fideicomissário pedir o valor da herança ou legado ao fiduciário, quando subentrar no direito sucessório, nunca antes.

A instituição fideicomissária não pode passar da pessoa do fideicomissário. Não se admite fideicomisso além do segundo grau (art. 1.959). Qualquer disposição nesse sentido é nula. Contudo, ainda que inadvertidamente o testador institua mais um grau, a disposição valerá apenas até o fideicomissário. É ineficaz a disposição que manda fazer nova transmissão, art. 1.960: *"A nulidade da substituição ilegal não prejudica a instituição, que valerá sem o encargo resolutório"*.[2] Eduardo de Oliveira Leite observa a esse respeito:

> *"Se, porém, por qualquer motivo, caducar o primeiro fideicomisso, quer pela renúncia do fiduciário, quer por haver ele morrido antes do testador, o primeiro fideicomissário passará a ser fiduciário, nada impedindo que aquele (anteriormente proibido de substituir) passe a figurar como primeiro, tornando-se perfeitamente válida a disposição. É a solução justa que resgata a intenção soberana do testador"* (2003:629).

No sistema de 1916, o direito do fiduciário ficava limitado, temporalmente, no máximo, ao momento de sua morte. Atualmente, como apontamos, a existência da prole apontada faz desaparecer o fideicomisso, surgindo o usufruto. Essa propriedade se resolve, não cabendo a seus herdeiros, mas ao fideicomissário instituído. O instituidor pode, no entanto, fixar o direito do fiduciário por certo tempo, fixando assim um prazo e um termo final, ou uma condição. Reportamo-nos a respeito de condição ao que foi dito. Não se confunde a condição resolutiva aposta pelo testador com a resolução legal do direito do fiduciário que decorre da lei. Discute a doutrina a respeito da possibilidade de instituição de *fideicomisso residual*, ou seja, o testador institui um fiduciário, autorizando-lhe a alienação dos bens fiduciados, determinando que apenas o *remanescente* seja passado ao fideicomissário. A possibilidade insere-se na esfera da vontade do testador que está dando destino a sua porção disponível (não há possibilidade de fideicomisso sobre a legítima; a legítima só pode ser clausulada pelas formas já estudadas)

---

[2] "Apelação cível – Ação de inventário – Perda do interesse processual decorrente da conclusão do inventário na via extrajudicial – Nulidade da partilha extrajudicial – **Fideicomisso instituído em testamento** – Necessidade de debate em ação ordinária própria – Considerando que o inventário do falecido (fiduciário) já está encerrado na via extrajudicial, eventual nulidade daquela escritura pública de partilha de inventário (por desrespeito a testamento que instituiu os apelantes como fideicomissários), bem como eventual defeito interno do testamento (como alegam agora os sobrinhos/apelados do falecido), exige o debate em ação própria. Razão pela qual, a sentença que extinguiu o presente processo de inventário, sem resolução do mérito, pela perda do objeto e falta de pressupostos de desenvolvimento válido, está correta. Negaram provimento." (TJRS – AC 70077020428, 22-11-2019, Rel. Des. Rui Portanova).

"Cumprimento de sentença – Penhora – **Imóvel marcado com fideicomisso** e cláusula de impenhorabilidade – Cláusula limitativa que não alcança fideicomisso – Recurso improvido." (TJSP – AI 2250428-75.2017.8.26.0000, 23-3-2018, Rel. Walter Cesar Exner).

"Agravo de instrumento – Execução de título extrajudicial – Pretensão ao acolhimento da exceção de pré-executividade fundada na alegação de impenhorabilidade do imóvel marcado com fideicomisso, cujos frutos são utilizados para subsistência do recorrente – Inadmissibilidade – **Fideicomisso** que se deu em benefício do agravante quando ele já era o proprietário do bem, sendo certo que a suposta locação e utilização dos frutos para sustento do recorrente não restaram comprovados – Decisão mantida. Recurso improvido" (TJSP – AI 2075476-54.2016.8.26.0000, 2-2-2017, Rel. Luís Fernando Lodi).

"**Sucessão**. Herança. Disposições testamentárias. **Instituição de fideicomisso**. Morte de algumas sobrinhas fideicomissárias antes do óbito da fiduciária. Caducidade do fideicomisso. Incidência do art. 1.958 do CC. Direito de representação dos sobrinhos netos. Não caracterização. Na classe dos colaterais, em que os mais próximos excluem os mais remotos, o direito de representação se dá apenas para os filhos dos irmãos do de cujus, assim como, na linha transversal, esse direito opera efeitos somente em favor dos filhos de irmãos do falecido, hipóteses não retratadas nos autos. Inteligência dos arts. 1.840 e 1.853 do CC. Decisão mantida. Recurso desprovido" (TJSP – AI 0049959-86.2013.8.26.0000, 17-7-2013, Rel. Mendes Pereira).

(Monteiro, 1977, v. 6:233). Nada obsta, portanto, o fideicomisso de resíduo, importando, isto sim, que o testador tenha sido absolutamente expresso a respeito, pois doutra maneira persistem os princípios legais na íntegra. Nada impede também que o testador autorize a alienação pelo fiduciário de certos bens e proíba a de outros.

38.3.3 Fideicomitente, Fiduciário e Fideicomissário. Direitos e Deveres. Caducidade e Extinção do Fideicomisso

Como vimos, o fideicomisso atribui a propriedade primeiramente a alguém, *depois* a outrem. O instituto não se liga automaticamente à inalienabilidade, como parece à primeira vista (Miranda, 1973, v. 58:139).

Tendo o fiduciário a propriedade da herança ou do legado, *mas restrita e resolúvel* (art. 1.953), pode exercer todos os poderes que o direito real maior lhe confere, inclusive alienar os objetos da disposição. Esse o grande inconveniente do instituto, se não for gravado com a cláusula de inalienabilidade o direito do fiduciário. Alienada a coisa, a propriedade resolve-se no momento da morte do fiduciário, no termo ou no implemento da condição, cabendo ao fideicomissário ir buscá-la, com quem quer que esteja, como corolário de seu direito de sequela, reivindicando-a. Aplicam-se os princípios da propriedade resolúvel disciplinada nos arts. 1.359 e 1.360. Por essa razão, também, é que o instituto conferido por doação permite a cláusula de inalienabilidade, o que não ocorre num negócio oneroso semelhante, já que ninguém pode gravar dessa forma seu próprio patrimônio.

Desse modo, o testador pode gravar com inalienabilidade o bem fideicomitido, como também pode condicionar o direito do fiduciário à apresentação de caução, tornando obrigatória, para o fiduciário, a caução que está colocada no art. 1.953 (art. 734), parágrafo único, como direito dispositivo do fideicomissário. Pode também o testador cometer ao testamenteiro ou a outrem a fiscalização da fidúcia, mormente quando se trata de aquinhoar prole ainda não existente. Fixemos, de novo, que tanto fiduciário como fideicomissário são sucessores da mesma herança. O fideicomissário recebe seu direito do autor da herança e não do fiduciário. No entanto, a propriedade torna-se definitiva para o fiduciário se, antes de sua morte, advento do termo ou da condição, morre o fideicomissário (art. 1.958). Do mesmo modo ocorre se o fideicomissário renuncia à herança ou legado (art. 1.955), caducando o fideicomisso e ficando os bens com o fiduciário, salvo disposição em contrário do testador. De acordo com o art. 1.954, salvo disposição diversa do testador, se o fiduciário renunciar à herança, ou ao legado, defere-se ao fideicomissário o poder de aceitar. Nesse dispositivo fica bem claro que o fideicomissário recebe a herança como herdeiro do fideicomitente.

Os motivos que excluem da sucessão os herdeiros e legatários por indignidade devem também se aplicar ao fideicomissário com relação ao fiduciário, embora não seja ele o autor da herança dos bens sob sua propriedade. A situação aplica-se ao sistema de 1916, pois não mais se adaptará, em princípio, ao art. 1.952 do Código de 2002. Sumamente imoral seria permitir que o fideicomissário recebesse os bens fideicomitidos, se atentasse contra a vida do fiduciário, por exemplo. O mesmo se diga das demais causas, não tão graves, de indignidade, do art. 1.814, que também permitem essa exegese, e vão ao encontro do espírito da lei.

O fideicomissário tem um *direito eventual* sobre bens fideicomitidos em poder do fiduciário.[3] Não há mera expectativa, que existe sim antes da morte do autor da herança. Com a

---

[3] "Apelação cível – Ação ordinária – Negócio jurídico simulado – Inexistência – Doação de avô para netos – **Fideicomisso** – Possibilidade – 1- Não se configura simulação de negócio jurídico a doação realizada pelo avô aos seus netos, com usufruto dos pais, sendo possível a condição imposta pelo fideicomitente, para que o acervo hereditário se transfira para uma terceira pessoa, fideicomissário." (TJMG – AC 1.0024.13.301201-3/001, 25-10-2019, Relª Claret de Moraes).

morte, o direito do fideicomissário já apresenta contornos nítidos, faltando apenas a verificação de alguns elementos para inteirar-se. A possibilidade de o fideicomissário renunciar à herança ou legado é prova de que o direito já existe (art. 1.955), porque não se renuncia a direito inexistente. Tanto já é direito que a própria lei lhe confere um procedimento de resguardo dos bens, por meio da exigência de caução. É um direito eventual de natureza real, que possibilitará, se necessário, a ação reivindicatória.

O segundo momento do instituto ocorre quando a herança ou legado *passa* para o fideicomissário. Esse é o termo que o testador deve usar, para evitar confusões com o usufruto. A deixa seus bens a Antônio para que ele, após sua morte, passe-os para João.

A obrigação é do fiduciário de passar os bens. O termo *transmitir* colocado no art. 1.951 pode dar ideia diversa.[4] Tecnicamente, só transmitem direitos quem os possui. Não há transmissão propriamente dita do fiduciário ao fideicomissário, mas uma passagem automática, com o advento da morte, termo ou condição. Cessado o direito do fiduciário sobre a coisa, existe mera passagem, uma transmissão anômala de direitos. É, sem dúvida, uma modalidade de *saisine* de bens hereditários. Por isso, a partir dessa *saisine* (o momento da passagem dos bens por morte, termo ou condição), o fideicomissário já está possibilitado para propor a ação reivindicatória. Pontes de Miranda (1973, v. 58:197) dá a entender, e nos parece que lhe assiste razão, que, se o fideicomissário tem a *saisine* do bem passado pelo fiduciário, mas recebido diretamente do *de cujus*, é defensável que tenha ele também as ações possessórias. Contudo, para uma sustentação prática, difícil será a propositura da possessória, nessa situação *sui generis*, mormente porque o

---

"Ação rescisória – **Sentença que extinguiu fideicomisso** – Transferência da propriedade para os herdeiros da fideicomissária – Alegação de violação ao art. 1.738 do Código Civil de 1916 – Legitimidade ad causam de terceiro – Locatário do imóvel – art. 472 e 487, II do CPC – Interesse meramente de econômico ou de fato – Ilegitimidade – Extinção do feito sem julgamento do mérito – 1 – Descabida a atuação do locatário como autor de Ação Rescisória em face de sentença que extinguiu fideicomisso e transferiu a propriedade aos herdeiros da fideicomissária. 2 – Para ocupar a posição de "terceiro juridicamente interessado" não basta o simples interesse de fato ou econômico, mas deve o terceiro possuir vínculo jurídico com a relação jurídica litigiosa. 3 – Aplicação dos Arts. 472 e 487, II do CPC/73, vigente à época do ajuizamento da ação. Extinção do processo sem resolução do mérito, nos termos do art. 485, VI do CPC." (TJRJ – AR 0061986-28.2015.8.19.0000, 5-6-2018, Relª Mônica de Faria Sardas).

"**Fideicomisso** – Inventário – Sucessão testamentária – Decisão que deferiu a habilitação dos herdeiros fideicomissários – Inconformismo do inventariante, contemplado no testamento da *de cujus* como fiduciário de todos os bens inventariados – Não acolhimento – Testamento público lavrado na vigência do ora revogado CC/1916 – Falecimento da testadora, contudo, que ocorreu somente em 2015, já na vigência do atual Código Civil – Aplicação da lei vigente à época da abertura da sucessão. Art. 1.787 do CC/2002 – Considerando que os fideicomissários já eram vivos à época da morte da testadora, deve a eles ser transmitida a propriedade dos bens fideicometidos, convertendo-se em usufruto o direito do inventariante fiduciário – Decisão interlocutória mantida – Recurso não provido" (TJSP – AI 2232490-04.2016.8.26.0000, 14-3-2017, Rel. Rui Cascaldi).

[4] "Embargos de terceiro – Penhora – Imóvel – Permuta anterior de propriedade gravada com fideicomisso – Sub-rogação do vínculo no imóvel oferecido e que foi objeto de constrição – Executado que não é seu proprietário, mas simples usufrutuário – Inteligência do parágrafo único do art. 1.953 do Cód. Civil – Sentença reformada – Apelação provida." (TJSP – AC 1000183-69.2018.8.26.0180, 25-3-2019, Rel. José Tarciso Beraldo).

"Apelação cível e remessa necessária – Ação de anulação de lançamentos tributários. ITCMD. Sentença de procedência. **Testamento instituindo fideicomisso**. Fazenda Pública Fluminense que não teve ciência sobre o fato gerador do imposto, nem tampouco sobre a homologação dos cálculos e da partilha. Lançamento por declaração do contribuinte. Inércia na comunicação que afasta a ocorrência da decadência. Lei Estadual nº 1.427/89. Enunciado nº 09, do Aviso TJ-RJ nº 97/2011. Regularidade da cobrança do imposto sobre a transmissão causa mortis e sobre a constituição do fideicomisso. Extinção do fideicomisso que não se classifica como novo fato gerador. Mera transmissão do bem do fiduciário ao fideicomissário. Sentença parcialmente reformada, com inversão do ônus sucumbenciais. Precedentes. Provimento parcial do recurso." (TJRJ – Ap-RN 0434650-78.2015.8.19.0001, 5-6-2018, Rel. Celso Silva Filho).

"Inventário – Testamento – **Instituição de fideicomisso** – Ocorrência – Cláusula testamentária ambígua – Prevalência da interpretação que mais se aproxima da vontade do testador. Inteligência do artigo 1.899 do Código Civil. Elementos constantes nos autos que evidenciam que a intenção do *de cujus* era, mesmo, a de instituir o fideicomisso em relação aos bens da herança. Decisão reformada. Recurso provido" (TJSP – AI 2090066-02.2017.8.26.0000, 10-10-2017, Rel. Vito Guglielmi).

fideicomissário não terá direito à coisa, se alienada de boa-fé e não constante o fideicomisso do registro. Todavia, se houve perda da posse por parte do fiduciário e tinha ele a ação possessória, não se nega ao fideicomissário o mesmo direito. O fiduciário tem o dever de zelar pelo bem, pois sabe ser sua propriedade resolúvel. Deve portar-se como um *bonus pater familias*, dentro dos princípios de probidade e boa-fé objetiva, na linha do Código em vigor.

O fiduciário responderá por danos que excederem o mero desgaste pelo uso. Doutro lado, se o fiduciário não quiser ou não puder receber a herança, os bens irão diretamente para o fideicomissário, se já vivo for, que adquire a propriedade plena, deixando de existir o fideicomisso. O mesmo sucede se o fiduciário tiver pré-morrido ao autor da herança. Herdeiro ou legatário sem intermediário é, nessa hipótese, o fideicomissário. Essa é a solução lógica, embora não exista em nossa lei dispositivo expresso. Contudo, o testador pode dispor diferentemente. Não só pode inserir substitutos vulgares para o fiduciário (e para o fideicomissário), como também determinar que, não havendo a transmissão dos bens ao fiduciário, caducará o fideicomisso. Cabe acurado exame da vontade do testador, para evitar fraudes por parte do fiduciário. Admite-se, porém, a consolidação em mãos do fideicomissário, em caso de renúncia do fiduciário, se não houver prejuízo para terceiros: todos os fideicomissários devem ser conhecidos e estar de acordo com o recebido do fideicomisso, não havendo possibilidade de surgirem outros fideicomissários. Em qualquer caso, deve o juiz estar atento para a possibilidade de fraude ou prejuízo a terceiros.

Pode ocorrer que a renúncia do fiduciário se dê e ainda não exista a prole eventual nomeada fideicomissária. Ninguém deve ser herdeiro contra a vontade. Os bens, sob essa contingência, deverão ser deferidos a um administrador, aguardando-se a solução com o surgimento ou não da prole. O administrador não assume a posição de fiduciário. Seus poderes serão mesmo de mera administração. A lei, no entanto, não prevê essa hipótese. Incumbe ao testador prevê-la expressamente, bem como o prazo de duração dessa administração.

Se o fiduciário abrir mão do termo, o qual se presume instituído a seu favor, poderá passar antecipadamente os bens ao fideicomissário. Questão mais intrincada é saber se antes do implemento da condição pode o fideicomissário receber os bens em questão; ou o que ocorre, se o fiduciário morre antes que haja o implemento. Cumpre, nessas hipóteses, examinar a vontade do testador. Se a hipótese não foi prevista por ele, nem há nada no testamento que o vede, o mais lógico é que os bens passem ao fideicomissário, com sua concordância. O fideicomissário, sendo um herdeiro ou legatário, pode ceder seus direitos a terceiros, como podem fazer os demais herdeiros. É uma cessão de risco, assumido pelo cessionário, mas nada obsta. Pode também o fideicomissário aquiescer com a alienação feita pelo fiduciário, transmitindo-se, assim, a terceiros o bem livre e desembaraçado.

O fideicomissário recebe os bens com os acréscimos ou cômodos feitos pelo fiduciário (art. 1.956). Não tem, pois, o fiduciário direito à indenização ou retenção por benfeitorias. Justo, contudo, que possa levantar as benfeitorias voluptuárias (Miranda, 1973, v. 58:182). Responde, porém, por culpa ou dolo no caso de perda ou deterioração dos objetos fideicomitidos. Eventualmente, podemos entender que, se houver necessidade de despesas extraordinárias na conservação da coisa, as quais ultrapassem a esfera do previsível, justo será que o fideicomissário as indenize. Dependerá do caso concreto.

Os encargos que ainda restarem na herança, quando passados os bens ao fideicomissário, ficam sob sua responsabilidade (art. 1.957). Como pesa sobre o direito do fiduciário uma *restrição*, porque restrições são as cláusulas de inalienabilidade, impenhorabilidade e incomunicabilidade, surge o problema de perguntar se pode haver *sub-rogação* dos bens fideicomitidos. Pelas mesmas razões que autorizam a sub-rogação em outros bens na inalienabilidade, não se pode negar a possibilidade também aqui. O procedimento será o mesmo já examinado quando do estudo da inalienabilidade.

Os bens podem não estar produzindo frutos; podem estar a desvalorizar por fatores estranhos à vontade do fiduciário; podem ser de difícil administração. Caberá ao juiz, no caso concreto, verificar da necessidade, oportunidade e conveniência da sub-rogação. Aqui não se podem traçar regras apriorísticas. Evidente que, nessa hipótese, não estando de acordo o fideicomissário, ou quem o represente, devem os interessados recorrer às vias ordinárias. A ação de sub-rogação será, então, litigiosa.

Cautela maior caberá ao juiz, se a deixa fideicomitida irá pertencer à prole ainda não existente ou a incapazes. O rigor na sub-rogação aqui, em procedimento de jurisdição graciosa, deverá ser muito maior. O testamenteiro deve necessariamente participar do processo, se ainda for vivo. O Ministério Público também participa tanto dos processos de jurisdição voluntária como dos processos de jurisdição contenciosa, por estar em jogo a correta aplicação da vontade testamentária. Nada impede, por outro lado, que o próprio testador autorize a sub-rogação, dando elementos para tal.

Durante o período fiducial, exerce o fiduciário todos os direitos e ações inerentes à propriedade, porque proprietário ele é. Só ocorrerá a resolução de alienação que houver feito no momento em que a propriedade passar ao fideicomissário. A locação de imóvel ajustada com o fiduciário cessa com a extinção do fideicomisso, com o término do direito do fiduciário à coisa, salvo se o fideicomissário anuiu, por escrito, no contrato, ou se a propriedade se consolidar em mãos do fiduciário (art. 7º da Lei nº 8.245/91). Abre-se aí ensejo à denúncia vazia.

O fiduciário tem o dever de inventariar os bens fideicomitidos (art. 1.953, parágrafo único). Se não o faz, pode ser acionado pelo fideicomissário, pelo testamenteiro, ou por qualquer outro interessado na herança, já que essa porção de bens deve ser separada do restante da massa. Pode ser impedido cautelarmente de entrar na posse dos bens, se não fizer inventário.

Se nem o fiduciário nem o fideicomissário aceitarem a herança ou legado, devolvem-se os bens ao monte. Os credores do herdeiro fiduciário ou fideicomissário renunciante podem aceitar o benefício, nos termos do art. 1.813, já estudado.

Também pela prescrição se extingue o fideicomisso, em 20 anos, no sistema de 1916, segundo o art. 177. No sistema de 2002, o prazo máximo é de 10 anos (art. 205). É conveniente que o testador estabeleça um prazo para o nascimento da prole eventual beneficiada como fideicomissária.

Para nós é perfeitamente aplicável, por analogia, como enfocamos adiante, o prazo de dois anos para o aguardo do nascimento ou concepção do fideicomissário, nos termos do art. 1.800, § 4º, se o testador não tiver disposto diferentemente. Do mesmo modo, extingue-se o direito do fideicomissário se no prazo prescricional, ou melhor, decadencial, ele não toma iniciativa para receber o bem. Nos casos em que o fideicomisso se extingue, ou porque se consolida a propriedade com o fiduciário, ou porque os bens passam para o fideicomissário, deve ser requerida a extinção do fideicomisso, que é simples procedimento de jurisdição voluntária (art. 725, VII, do CPC), propiciando-se o cancelamento do registro.

Se a coisa, objeto da disposição, desaparecer, também se extingue o fideicomisso. Haverá indenização, se a perda, ou deterioração, ocorreu por culpa do fiduciário.

38.3.4 Fideicomisso e Usufruto

Tecnicamente, não se confundem ambas as instituições, mas seus efeitos práticos se aproximam. No usufruto, há uma bipartição dos poderes da propriedade entre o nu-proprietário e o usufrutuário. Ambos são titulares concomitantes, em diferente nível, da mesma coisa. No fideicomisso, há uma disposição sucessiva. Primeiro um, depois outro é que exercem os poderes integrais da propriedade.

Por vezes, o testador não é suficientemente claro, o que dá margem a dúvidas. Não importa muito o rótulo dado pelo testador, mas sua verdadeira intenção. Se o testador determinou na disposição que os bens *passem* a outra pessoa, estaremos geralmente diante de fideicomisso (Monteiro, 1977, v. 6:234). Se a instituição do benefício é simultânea, haverá usufruto. Na dúvida, a melhor solução é entender que houve usufruto, porque já se atribuem direitos imediatos a ambos os nomeados, porque os direitos do fideicomissário são falíveis, o que não ocorre com o nu-proprietário. No usufruto, não se pode beneficiar prole eventual de uma pessoa. Isso só ocorrerá por fideicomisso.

O fiduciário, sendo efetivamente proprietário, pode até mesmo onerar e alienar o bem, se não houver proibição do testador. O usufrutuário não tem jamais esses poderes. Tem ele só a fruição e utilização da coisa. No usufruto, com a morte do nu-proprietário, o direito passa a seus herdeiros, permanecendo os direitos do usufrutuário. No fideicomisso, morrendo o fiduciário, aflora a propriedade do fideicomissário.

No Código de 2002, como vimos, o fideicomisso somente será permitido em favor dos não concebidos ao tempo da morte do testador (art. 1.952). Se ao tempo da morte já houver sido concebido ou nascido o fideicomissário, adquirirá este a propriedade dos bens fideicomitidos, convertendo-se em usufruto o direito do fiduciário. Assim, a instituição será tratada como usufruto, estabelecendo-se o designado fiduciário como usufrutuário, tendo o fideicomissário a nua propriedade. Essa mesma solução ocorrerá se quando da elaboração do testamento já vivem fiduciário e fideicomissário. Nesta hipótese, há que se entender que o testador está instituindo um usufruto. A proximidade e finalidade de ambos os institutos, além da própria dicção legal, permitem essa conclusão. Em qualquer situação, porém, há que se verificar se o testador não impôs solução diversa para essas hipóteses, pois sempre sua vontade deve preponderar, se não conflitar com lei cogente.

Repare-se, também, que o Código de 2002 permite que na sucessão testamentária podem ser chamados a suceder *"os filhos, ainda não concebidos, de pessoas indicadas pelo testador, desde que vivas estas ao abrir-se a sucessão"* (art. 1.799). Nessa situação, como vimos, os bens respectivos serão confiados, após a liquidação ou partilha, a curador nomeado pelo juiz. Essa possibilidade, dependendo da necessidade do testador, poderá substituir com vantagem as dificuldades concretas do fideicomisso. Recorde-se, ademais, de que nessa hipótese, se decorridos dois anos após a abertura da sucessão, não for concebido o herdeiro esperado, os bens reservados, salvo disposição em contrário do testador, caberão aos herdeiros legítimos (art. 1.800, § 4º). Esse prazo, aliás, poderá, sem dúvida, segundo entendemos, ser aplicado por analogia ao fideicomisso, quando o testador não for expresso a esse respeito. A finalidade desse dispositivo é idêntica. É de toda inconveniência que se mantenha a propriedade resolúvel nas mãos do fiduciário por longo tempo, aguardando-se a concepção ou o nascimento do beneficiário indicado como fideicomissário. Com a palavra os doutos e a futura jurisprudência.

38.3.5 Utilidade do Fideicomisso

Como examinamos, o fideicomisso dá margem a tantas nuanças e tantos problemas de difícil solução prática que sofre acerbas críticas da doutrina. Mas é negócio útil em inúmeras situações, mormente na área empresarial. Muitas legislações não o contemplam. Outras não permitem a amplitude da lei brasileira, agora já bastante restrita. Realmente, o usufruto, na grande maioria das vezes, substitui com vantagem o que foi almejado pelo testador.

Inafastável, porém, sua utilidade, para permitir ao testador projetar seu patrimônio a pessoas ainda não concebidas, quando de seu falecimento. A essa premissa se conteve o vigente Código, atento à finalidade efetiva e útil do instituto na atualidade, ficando preservada, dessa forma, toda a grandeza e engenhosidade jurídica criada pelo Direito Romano.

39

DESERDAÇÃO

39.1 EXCLUSÃO DOS HERDEIROS NECESSÁRIOS

Estamos no âmbito do estudo da sucessão testamentária. A deserdação é a única forma que tem o testador de afastar de sua sucessão os herdeiros necessários, descendentes e ascendentes, no sistema de 1916. O cônjuge também, no sistema do mais recente Código, pois este é herdeiro necessário, sob determinadas condições. Sob a égide do Código de 1916, o cônjuge, pelo espírito da lei, também poderia ser afastado de sua herança necessária de usufruto e habitação, nos casos dos §§ 1º e 2º do art. 1.611.

Quando o testador não desejar que os demais herdeiros legítimos participem da sucessão, basta que disponha seu patrimônio a terceiros em seu testamento. Recorde-se de que a lei vigente ao tempo da morte regula a sucessão e o direito sucessório respectivo dos herdeiros.

Como aos herdeiros necessários está garantida sua legítima na herança, ou seja, a metade do montante hereditário, só nos estritos limites fixados pela deserdação se abre a possibilidade de o testador afastar um filho, um neto, seu pai, sua mãe da herança.

A razão filosófica da garantia da legítima já foi por nós perpassada. Sempre reiteramos que o testamento é, para o disponente, um escudo de amor e retribuição, mas pode converter-se numa espada de vingança e ódio.

Não são, portanto, os comezinhos problemas de relacionamento familiar, nem uma paixão de momento, que possibilitarão o afastamento do herdeiro da herança. Isso ficou demonstrado como verdadeiro ao analisarmos a indignidade (Capítulo 25), na qual se autoriza a exclusão de herdeiros ou legatários, após a morte, por meio de ação comprobatória de graves atos praticados pelo herdeiro ou legatário; mais se acentua aqui, quando se abre ensejo ao próprio testador tomar a iniciativa de excluir um herdeiro necessário. Desnecessário dizer que as questões que daí advêm são sumamente traumáticas no seio da família.

A deserdação é, portanto, uma cláusula testamentária, a qual, descrevendo a existência de uma causa autorizada pela lei, priva um ou mais herdeiros necessários de sua legítima, excluindo-os, desse modo, da sucessão.[1]

---

[1] "Apelação – **Ação de deserdação** – Irmão do *de cujus* pretende excluir a esposa do falecido alegando prática de maus tratos contra o cônjuge antes de sua morte – Não acolhimento pelo d. Juízo *a quo* – Acerto – Irresig-

Há, outrossim, uma estreita ligação entre deserdação e indignidade, tanto que o testador pode deserdar em todos os casos descritos para a tipificação de indignidade.

> "Art. 1.961. *Os herdeiros necessários podem ser privados de sua legítima, ou deserdados, em todos os casos em que podem ser excluídos da sucessão.*"

Destarte, o testador pode descrever qualquer dos fatos típicos elencados nos três incisos do art. 1.814 para afastar os descendentes ou ascendentes ou cônjuge. Isso porque não basta ao testador declarar singelamente a deserdação. Na cédula testamentária, deve vir descrita necessariamente a causa: *"somente com expressa declaração de causa pode a deserdação ser ordenada em testamento"* (art. 1.964).[2]

---

nação do autor – Descabimento – A deserdação deve constar expressamente em testamento – A inexistência de disposição testamentária excluindo o herdeiro necessário impede a configuração de hipótese de deserdação – Legitimidade para ajuizar a ação restrita àqueles que se beneficiam pelo afastamento do excluído – Recurso improvido" (TJSP – Ap 1010464-16.2021.8.26.0007, 1-3-2023, Rel. Fernando Reverendo Vidal Akaoui).

"Deserdação – Forma – Testamento – Embora se refira ao afastamento do direito do herdeiro necessário à legítima, a **deserdação** deve ser feita por **testamento**, sob pena de invalidade – Artigos 1961 a 1965 do CC – Falta de interesse jurídico para que a mãe, ainda viva, obtenha a declaração judicial de deserdação do filho – Improcedência mantida - Recurso não provido" (TJSP – Ap. 1000725-30.2018.8.26.0587, 4-8-2020, Rel. Mônica de Carvalho).

"Apelação – **Deserdação** – Genitora que trabalhava autonomamente até adoecer de câncer e enfrentar metástase, a partir do que necessitou da ajuda material de ambos os filhos, adultos e capazes – Filho varão que tinha ciência da gravidade da doença e dispunha de elevados rendimentos profissionais, mas se recusou a prestar auxílio – Ajuizamento de ação de alimentos pela genitora, em que fixados alimentos provisórios em primeiro grau e ampliados em sede de recurso – Elaboração de testamento público, com cláusula de deserdação – Posterior óbito, que implicou a extinção da ação de alimentos, sem julgamento do mérito – Conjunto probatório convincente quanto à comprovação da causa deserdativa – Sentença que declara a deserdação e ultrapassa o pedido ao declarar que a irmã passou a ser herdeira única – Nulidade parcial da sentença, em razão da violação do princípio da congruência – Sentença mantida quanto à deserdação – deram parcial provimento ao recurso." (TJSP – AC 1019208-41.2017.8.26.0071, 7-8-2019, Rel. Alexandre Coelho).

"Apelação cível – **Ação de deserdação** – Penalidade – Herdeiro necessário – Sucessão – Exclusão – Desamparo – Veracidade demonstrada – A deserdação consiste em penalidade cominada pelo autor da herança, por meio de declaração testamentária, que objetiva excluir o herdeiro necessário da sucessão, inviabilizando o recebimento da legítima, em decorrência da prática de atos incompatíveis ao recebimento do respectivo legado e expressamente previstos na lei – Denota-se a eficácia da declaração testamentária de deserdação quando comprovada, em ação própria, ajuizada pela legatária, a veracidade da causa alegada pelo testador, a qual alude ao desamparo do herdeiro, filho adotivo, que deixou de dispensar os necessários cuidados afetivos, morais e materiais para com sua genitora idosa e com saúde debilitada." (TJMG – AC 1.0433.15.022418-9/001, 15-5-2018, Rel. Carlos Levenhagen).

"Apelação cível – Pedido de abertura e cumprimento de testamento público efetuado pela única beneficiária da disposição de última vontade. Homologação do plano de partilha apresentado pela requerente, com adjudicação do único bem imóvel a ela. Apelo de terceiro prejudicado, ao fundamento de que adquiriu o imóvel da testadora após a lavratura do testamento, o que enseja a sua caducidade. Observância, no entanto, de que a testadora deixou herdeira necessária, a qual, embora tenha sido deserdada pelo testamento, deveria de ter sido citada. Beneficiária, ademais, que não demonstrou a veracidade da **causa de deserdação alegada pela testadora**, nos termos do artigo 1.965 do Código Civil. Anulação da r. sentença de ofício, com determinação de citação da herdeira necessária. Alegações do terceiro prejudicado que deverão ser analisadas pelo r. Juízo de origem, após a devida instrução processual. Recurso prejudicado. Anulação da sentença, de ofício" (TJSP – Ap 0003901-36.2014.8.26.0470, 13-2-2017, Relª Viviani Nicolau).

"Apelação cível – Sucessão – **Deserdação** – Testamento – Ausência – Indignidade – Não ocorrência – 1 – Ausente disposição de última vontade da falecida, não há que se falar em deserdação de herdeiro. 2 – Não comprovada a prática por herdeiro contra autor da herança dos atos previstos no art. 1.814 do CC, inviável o reconhecimento da indignidade" (TJMG – AC 1.0672.14.013521-7/001, 8-3-2016, Rel. Oliveira Firmo).

[2] "Nulidade – Cerceamento de defesa – Dilação probatória dispensável ante os elementos dos autos suficientes à solução da lide – Possibilidade de o juiz dispensar a produção de provas – Preliminar afastada. Sucessão – Ação proposta pelo genitor em face da filha – Exclusão de herdeira – Indignidade – Conduta da ré não se enquadra nas circunstâncias previstas no inciso II, do artigo 1.814, do Código Civil – Por outro lado, não é possível que o próprio titular dos bens promova ação objetivando a deserdação de sua herdeira – **Manifestação de vontade do titular da herança se dá por meio de testamento**, nos termos do artigo 1.964 do

Aos interessados na exclusão do herdeiro indigno ou deserdado cabe o mesmo procedimento: promover uma ação contra o herdeiro indigitado para provar a veracidade da causa alegada pelo testador (art. 1.965).[3] A exemplo do que ocorre com o art. 1.815, do capítulo da indignidade, a causa

---

Código Civil – Sentença de improcedência mantida – Aplicação do disposto no art. 252 do Regimento Interno deste Tribunal – Recurso não provido" (*TJSP* – Ap 1001814-92.2021.8.26.0584, 17-5-2023, Rel. Elcio Trujillo).

"Apelação – **Ação de anulação de testamento** – Propositura pela filha contra o espólio de sua genitora – Pretensão de anulação do testamento deixado pela genitora dos litigantes, que deserdou a autora em razão da prática de injúria grave, consubstanciada em ofensas verbais e ajuizamento de ações para apropriação indevida do patrimônio da autora da herança – Sentença de improcedência – Inconformismo da autora, alegando que não restou demonstrada a prática de injúria que autorize a deserdação manifestada pela sua falecida genitora em disposição testamentária – Cabimento – Caso em que, ainda que não se verifique qualquer vício de consentimento no testamento de Irma Berni Alves, é certo que a disposição testamentária que determinou a deserdação da autora (item 5- CFr. fls. 59), deve ser anulada, uma vez que não restaram caracterizadas as hipóteses de deserdação inscupidas no artigo 1.962, do Código Civil, em especial, a injúria grave prevista no inciso II do aludido dispositivo – Recurso provido para julgar procedente a ação e anular o testamento deixado por Irma Berni Alves." (*TJSP* – AC 1007151-26.2016.8.26.0297, 16-8-2019, Rel. José Aparício Coelho Prado Neto).

"Apelação cível – **Deserdação** – Causas – Art. 1.814, II, do CCB – Acusação caluniosa em juízo – Não ocorrência – Nos termos do artigo 1.965, do CCB, a eficácia da disposição testamentária de deserdação exige a comprovação da veracidade da causa arguida pelo testador. Caso concreto em que o autor não se desincumbiu do ônus de demonstrar a veracidade das imputações apostas no testamento e atribuídas ao demandado, tornando ineficaz, por falta de operosidade, a referida disposição testamentária. Hipótese em que não restou caracterizada a acusação caluniosa em juízo, nos termos previstos no art. 1.814, II, do CCB, tendo em vista que a questão envolvendo o testador, seu filho e a falsidade da assinatura deste, não passou da esfera policial, sendo que o genitor sequer foi indiciado. O mero registro de uma ocorrência policial não significa imputar crime a outrem. Ademais, e o Superior Tribunal de Justiça possui precedente nesse sentido, o simples fato de ter sido exercido o direito de ação contra o testador ou haver alegações feitas em processo no exercício do direito de defesa, não ensejam a pena de deserdação, até porque esta possui um viés punitivo. Sentença de improcedência confirmada. Apelo desprovido." (*TJRS* – AC 70077327237, 25-7-2018, Rel.ª Des.ª Sandra Brisolara Medeiros).

"Apelação cível – **Ação de deserdação** – Extinção sem julgamento do mérito – Falta de interesse processual – Ausência de comprovação da ocorrência das hipóteses previstas no art. 1.864 do Código Civil – Deserdação que deve ser formulada por meio de testamento – Recurso não provido" (*TJSP* – Ap 1001400-72.2016.8.26.0066, 11-4-2017, Rel. José Carlos Ferreira Alves).

"Apelação cível e agravo retido – **Ação de nulidade de testamento** – Pedido de produção de prova oral – Controvérsia acerca da capacidade testamentária ativa e da existência de motivos ensejadores de deserdação – Busca da verdade real – Cerceamento de defesa – Ocorrência – No caso, a prova oral requerida revela-se fundamental para esclarecer nos autos a verdadeira condição psíquica da falecida ao tempo da testificação, informação sem a qual não é possível formar um juízo de convicção acerca capacidade testamentária ativa, o que consagra a necessidade de serem colhidos melhores elementos informativos, como oportunamente postulado pela parte. Ademais, a oitiva de testemunhas certamente contribuirá, também, para a prova do preenchimento (ou não) dos requisitos para a deserdação, já que a indignidade dos filhos decorreria, em tese, de supostas agressões, físicas e verbais, perpetradas pela prole. Reabertura da instrução para a busca da verdade real, com a oitiva das testemunhas a serem oportunamente arroladas pela parte autora. Agravo retido provido. Sentença desconstituída. Agravo retido provido. Apelação prejudicada" (*TJRS* – AC 70069810273, 25-8-2016, Rel. Des. Ricardo Moreira Lins Pastl).

"Sucessão – Exclusão – Indignidade – Inocorrência – Casos de indignidade previstos no art. 1.814 do Código Civil que consagram uma tipicidade delimitativa, que comporta analogia limitada – Conduta, entretanto, do réu que não violou qualquer dos valores que os incisos de mencionado dispositivo pretenderam preservar – Manutenção do réu na linha sucessória do falecido – **Deserdação**, também, não verificada, pois aplica-se somente a herdeiros necessários e decorre de manifestação de vontade do autor da herança, por meio de testamento (art. 1.964 do Código Civil) – Sentença mantida – Recurso desprovido." (*TJSP* – AC 1004640-02.2018.8.26.0001, 10-10-2019, Rel. Luiz Antonio de Godoy).

"Ação de indignidade – **Deserdação de ascendente** – Pedido de exclusão da sucessão da genitora do falecido – De cujus que era interditado, tendo como curador, seu irmão – Destituição do poder familiar da genitora averbada na certidão de nascimento – Genitora que não cumpriu seu dever de amparo, sustento, não somente financeiro, mas psicológico, afetivo e físico – Desamparo do filho ou neto com deficiência mental ou grave enfermidade – Aplicação do artigo 1814, 1.815 e 1.963, IV do Código Civil – Hipótese de declaração de indignidade – Ausência de deserdação por testamento – Autor da herança civilmente incapaz que não poderia dispor através de testamento sobre seus bens – Hipótese afeta à causa de indignidade – Exclusão de sucessão da herança por sentença judicial – Sentença mantida –. Recurso desprovido." (*TJSP* – Ap 1000127-70.2014.8.26.0602, 20-9-2018, Rel.ª Maria Salete Corrêa Dias).

"Ação rescisória – **Ação de deserdação** – Sentença de procedência, para confirmar a deserdação dos autores – inconformismo – Alegação de que a decisão violou literalmente disposição de lei, uma vez que o simples silêncio ou

de deserdação deve ser declarada por sentença. Embora a redação de ambos os dispositivos apresente diferenças, o fulcro é o mesmo. Sem sentença não se exclui da herança nem os herdeiros e legatários por indignidade, nem os deserdados. O Projeto nº 6.960/2002 procurou instituir o prazo de dois anos para o interessado provar a causa da deserdação, ou para o deserdado impugná-la, a contar da data da abertura da sucessão. O Código fixou esse prazo em quatro anos da data da abertura do testamento. O projeto deixa esse prazo mais claro e com o termo inicial objetivo, como no Código anterior. Estabelece ainda a redação sugerida que esse prazo se aplica não apenas para o interessado provar a causa da deserdação, como também para o indigitado deserdado adiantar e mover ação para impugnar a respectiva causa. Veja o que falamos neste capítulo a respeito dessas ações.

A indignidade aplica-se indistintamente a toda pessoa que se inclua como sucessor do *de cujus*, herdeiros legítimos, necessários ou não, herdeiros instituídos e legatários. A deserdação, decorrente da vontade do testador, serve exclusivamente para afastar os herdeiros necessários. A primeira pertence às regras da sucessão em geral; a última é típica da sucessão testamentária. Na deserdação, além dos fatos típicos enumerados na relação de indignidade, alargam-se outras situações autorizadoras de exclusão nos arts. 1.962 e 1.963.[4] Essas são de exclusiva iniciativa

---

indiferença dos herdeiros não implica em injúria grave e nem ofende a honra da falecida avó – Propositura amparada no artigo 485, V do CPC/1973 – Descabimento – Argumento apresentado com o intuito de reabrir a instrução – Improcedência" (*TJSP* – AR 2045093-93.2016.8.26.0000, 15-9-2016, Rel. José Aparício Coelho Prado Neto).

"Agravo de instrumento. Inventário. Testamento público com **cláusula de deserdação**. Herdeiros 'deserdados' que postulam ingressar no feito ao argumento da nulidade da cláusula. Decisão que remeteu as partes às vias ordinárias. Alegação de que a nulidade da cláusula permitiria o ingresso imediato da parte no inventário na qualidade de herdeiro, tendo os beneficiados deixado precluir seu direito, nos termos do art. 1.965 cc. Descabimento. Questão de alta indagação, devendo ser resolvida em ação autônoma. Juízo do inventário que não se presta à solução de tais celeumas. Ausência de prejuízo ao agravante, pois a ação autônoma, levantando questão prejudicial, culminará no sobrestamento do inventário. Decisão mantida. Agravo desprovido, com observação" (*TJSP* – AI 0090483-28.2013.8.26.0000, 20-9-2013, Rel. Miguel Brandi).

[4] "**Deserdação** – Testamento particular do genitor deserdando a filha – A deserdação se dá por vontade do titular da herança por meio de testamento, em relação ao herdeiro necessário – Não havendo defeito extrínseco ou intrínseco e, portanto, sendo válido o testamento, aprecia-se a validade da manifestação de vontade de deserdação de descendente pelo testador e a sua causa, que deve ser fundamentada e oportunamente provada a veracidade pelo herdeiro favorecido em ação contra o excluído – O 'distanciamento' da filha pelos motivos por ela alegados em contestação, por mau relacionamento com a irmã, em cuja residência foi morar, não se equipara a 'desamparo', como previsto na lei, que é de abandono material do ascendente com alienação mental ou grave enfermidade, que é relegado à mendicância, severas privações materiais ou vem a necessitar do auxílio de entidades assistenciais ou de terceiros para a subsistência, o que não ocorreu com o morto – Inteligência do inciso IV do art. 1.962 do Código Civil – Recurso desprovido" (*TJSP* – Ap 1006541-98.2022.8.26.0248, 2-8-2024, Rel. Alcides Leopoldo).

"Cerceamento de defesa. Inocorrência. **Ação de deserdação**. Alegada necessidade de dilação probatória. Prova que, além de se destinar à formação de convicção do magistrado, a quem cabe a análise de sua pertinência, era desnecessária. Preliminar rejeitada. Recurso desprovido. Ilegitimidade passiva. Ocorrência. Netos do autor da herança. Deserdação. Disposição do testador que deve ser observada. Cláusula expressa no sentido de a sanção de deserdação atingir apenas dois dos três filhos do autor da herança. Interpretação extensiva que não se autoriza em dicções normativas restritivas de direito. Efeitos personalíssimos da deserdação. Preliminar rejeitada. Recurso desprovido. Deserdação. Improcedência. Cabimento. Não ocorrência das hipóteses normativas previstas nos arts. 1.814, II e 1.962, II e IV, do Código Civil. Denunciação caluniosa e crimes contra a honra. Necessidade de sentença penal condenatória, com trânsito em julgado. Garantia de presunção da inocência em estado democrático de direito (artigo 5º, LVII, da magna carta). Somente a manifestação do direito penal, 'ultima ratio' do ordenamento jurídico, com sua caraterística de ser o ramo do direito da mais severa sanção, justifica suficientemente a limitação do âmbito de incidência do direito fundamental à herança (artigo 5º, XXX, da Constituição da república). Ademais, supostas ofensas que foram praticadas no âmbito de contenda judicial e, ao que se sabe, sem qualquer repercussão subjetiva além das partes, não se podendo presumir qualquer dano daí decorrente. Indicação de que haja sido ferida mera suscetibilidade do autor da herança ou das demandantes. Desamparo. Hipótese que supõe comportamento torpe do herdeiro, que relegue o ascendente à situação de abandono. Meras desavenças afetivas, comuns em relações familiares, que não autorizam a pena de deserção. Sentença mantida. Recurso desprovido. Honorários advocatícios. Sucumbenciais. Deserdação. Julgamento de improcedência, arbitrada a verba honorária, por equidade. Valor da causa atribuído em R$ 1.000,00. Baixo valor dado à causa que autoriza a fixação da verba honorária sucumbencial mediante apreciação equitativa do magistrado, consoante artigo 85, § 8º, do Código de

do testador. As causas comuns de indignidade, mesmo não constando do testamento, podem ser alegadas pelos interessados na ação de exclusão.

Fora das situações típicas descritas na lei, não pode haver deserdação. Por mais que as relações do morto com o herdeiro necessário tenham envolvido sérios problemas de ordem moral, ética, social ou religiosa, a questão não poderá afastar o sucessor. O espinhoso problema de definir as causas de deserdação é de ordem legislativa e, por se tratar de pena, não podem ser alargadas nem pelo testador nem pelo julgador. Cabia ao legislador, *de lege ferenda*, atualizar os dispositivos da indignidade e da deserdação do Código de 1916, alguns dos quais já se mostravam tecnicamente imperfeitos para nossa época, outros anacrônicos, isto sem falar de lacunas no *numerus clausus* que poderiam ser supridas. Houve apenas pequenas alterações no Código de 2002.

39.2 ORIGENS HISTÓRICAS

No Direito Romano, como apontamos no Capítulo 25, a deserdação surge em primeiro lugar, para depois dar margem a casos de indignidade. No direito mais antigo, quando havia a mais plena liberdade de testar, o problema não se posicionava. O pai de família estava obrigado a instituir ou deserdar seus herdeiros, não podendo omiti-los. Em princípio, o fato de o testador não se referir a um dos filhos anulava o testamento. Se se cuidava de omissão de filhas ou herdeiros mais distantes, valia o testamento, atribuindo-se uma parte da herança aos herdeiros omitidos (Petit, 1970:682).

Indica-se a *exheredidatio* como o primeiro ato solene de despojamento da herança do filho, como um castigo imposto pelo pai e como forma necessária de preparação para o *pater* adotar um estranho. Posteriormente, essa forma de deserdação converteu-se em uma simples declaração testamentária que servia para excluir certos herdeiros da sucessão (Arangio-Ruiz, 1973:615).

Processo Civil. Honorária que, em virtude do valor diminuto da causa, mostrar-se-ia ínfima e aviltante ao trabalho do causídico da parte vencedora. Fixação da verba por equidade bem aplicada pelo magistrado. Sentença mantida. Recursos desprovidos". (TJSP – Ap 1024531-66.2019.8.26.0100, 20-7-2022, Rel. Vito Guglielmi).

"Deserdação. Testamento com **deserção por injúria grave** (art. 1.962, II, do CC). Injúria grave comprovada. Sentença de improcedência por reconhecimento de perdão que tornou ineficaz a deserção, em razão de reaproximação entre o testador e o herdeiro deserdado. Perdão na deserção. Aplicação do art. 1.818 do CC, relativo à reabilitação do excluído da sucessão por indignidade. Reabilitação pode ser tácita, quando o indigno é contemplado em testamento do ofendido, ou expressa, por testamento ou outro ato autêntico. Expressão 'ato autêntico' que corresponde à necessidade de escritura pública. Doutrina e jurisprudência. Ainda que não fosse exigida escritura pública, não foi comprovada cabalmente o perdão, não sendo suficiente para tanto a convivência entre testador e herdeiro deserdado. Prova do perdão, que é fato impeditivo (art. 373, II, do CPC), incumbe ao réu. Ação procedente para declarar a deserdação. Recurso provido" (TJSP – Ap. 1006371-46.2018.8.26.0320, 9-9-2020, Rel. Mary Grün).

"**Deserdação** – Sucessor – Testamento – Apelação. Deserdação proposta por sucessor. Arts. 1.814, 1.962 e 1.964 do Código Civil. Ação denominada deserdação, desacompanhada de testamento. Possibilidade de ser acolhida como declaratória de indignidade. Primazia do julgamento de mérito. Interpretação do pedido em observância ao conjunto da postulação. Fundamentação adequada. Ausência de modificação substancial do objeto. Preenchimento dos requisitos. Tendo a mesma finalidade a ação de deserdação e a ação declaratória de indignidade, nada obsta que a deserdação equivocadamente proposta por sucessor seja recebida como declaratória de indignidade quando preenchidos os pressupostos para tanto, haja vista a ausência de prejuízo em relação ao objetivo que se pretende alcançar com a demanda, sobretudo porque o efeito tanto de uma quanto de outra é o mesmo, qual seja a exclusão do herdeiro da linha sucessória." (TJRO – Ap 7028336-44.2016.8.22.0001, 16-8-2019, Rel. Juiz Conv. Rinaldo Forti Silva).

"Apelação cível – **Ação declaratória de deserdação** rol taxativo dos casos em que se admite a exclusão da herança de descendentes e ascendentes arts. 1.962 e 1.814, do Código Civil – Desamparo do ascendente em grave enfermidade e por abandono efetivo inteligência do art. 1.962, IV, do Código Civil prova da veracidade da causa da deserdação observância do art. 1.965, de aludido diploma legal – Improvimento do apelo – Sentença mantida – Unânime." (TJSE – AC 201700722694 – (8563/2018), 24-4-2018, Rel. Des. Roberto Eugenio da Fonseca Porto).

As formas e consequências da deserdação eram diversas se dirigidas a um filho, ou uma filha, ou a outros herdeiros. Pelas fontes parece que podemos concluir que as deserdações abusivas eram raras e, nesse caso, cabia ao pretor deixar intacta a ordem legítima da herança. Havia grande margem de decisão para o pretor decidir no caso concreto. Somente na época imperial é que se concede ação contra a deserdação injusta (*querela inofficiositestamenti*), numa época em que Roma já vivia na corrupção e dissolução de costumes. Não se consegue fixar corretamente a origem dessa ação, parecendo ter sido trazida dos costumes gregos. Já por essa "querela" não se colocava o herdeiro como beneficiário do testamento, mas anulava-se todo o testamento.

No direito justinianeu, na *Novela* 115, já está criada uma herança legítima. Qualquer deserdação devia ser feita nominalmente, baseada em casos descritos na lei, inspirados sobretudo na ideia de ingratidão. O exercício da querela ficava restrito aos descendentes e ascendentes, aos irmãos e irmãs, quando eram excluídos em benefício de pessoa torpe (Arangio-Ruiz, 1973:619). Nessa época, então, a deserdação só era possível quando colocada no testamento e justificada por motivos expressos e plausíveis, cuja discussão ficava sempre aberta ao herdeiro legítimo. A expressão moderna da indignidade e deserdação já estava desde essa época desenhada.

39.3 REQUISITOS DA DESERDAÇÃO

Como só ocorre deserdação por testamento, o testamento nulo ou revogado, não gerando qualquer efeito para fins sucessórios, também não gerará a deserdação. Trata-se então de pressupostos lógicos a *validade e eficácia do testamento*. A partir desses pressupostos verifica-se a existência das premissas próprias da deserdação.

Para que ocorra a deserdação, há necessidade, em primeiro lugar, *que existam herdeiros necessários*. Se quando da morte do testador não sobrevive herdeiro necessário, a cláusula esvazia-se. É irrelevante, ineficaz, a causa de deserdação dirigida a herdeiro não necessário. Não tem conteúdo jurídico a declaração de causa de exclusão desses herdeiros. Para que não concorram à herança, deve o testador dispor de todo seu patrimônio a terceiros, não tendo herdeiros necessários. Se assim não o fez, os herdeiros não necessários só podem ser excluídos por indignidade, mesmo que o testador, por desconhecimento ou inadvertência, mencionou uma das causas dos arts. 1.962 ou 1.963, mas não os excluiu da herança com disposições a outrem. Nessa hipótese, o cônjuge (no sistema do Código de 1916) e colaterais concorrerão à herança.

Em segundo lugar, *deve constar a cláusula de deserdação no testamento*, entre aquelas existentes nos arts. 1.814, 1.962 ou 1.963. As causas são só essas, não se admitindo extensão ou analogia. Também não é possível deserdação fora do testamento.

O testador deve descrever a causa. A disposição deve ser fundamentada. Uma simples referência indeterminada a eventual injúria, por exemplo, não é suficiente. A descrição do fato deserdante não necessita, contudo, ser plena de detalhes. Quanto mais detalhado, porém, mais fácil tornará a missão do herdeiro ou interessado que propuser a ação. Não é necessário que o testamento indique ou localize as provas do fato descrito. Nada impede e melhor será que o faça. Se a causa não for suficientemente descrita, ou inexistir, restarão ao interessado as hipóteses de indignidade para excluir o herdeiro faltoso. Neste último caso, porém, a exclusão não será pedida com base no testamento, que poderá servir, contudo, como prova auxiliar no processo.

Em terceiro lugar, *não haverá deserdação se houver perdão por ato autêntico ou testamento* de acordo com o que dispõe o art. 1.818 do Código de 2002. O perdão só pode ser, evidentemente, posterior ao testamento que inseriu a deserdação. Se o testador revoga o testamento e não repete a disposição de deserdação em sua última vontade, está sem efeito o testamento revogado e não há deserdação. O perdão é implícito. Pode, porém, o testador perdoar expressamente o deserdado, assim como o indigno, em novo testamento e também por ato autêntico. Embora o art. 1.818 se insira nas disposições da indignidade, não há razão para inadmitir o perdão ao deserdado dessa forma (Miranda, 1973, v. 58:251). Os institutos da deserdação e da indignidade estão muito próximos para se fazer uma distinção cerebrina. O ato autêntico do perdão, contudo, não pode dar margem a dúvidas. Meras promessas de perdão ou inferências da atitude do testador são irrelevantes.

Em quarto lugar, como na indignidade, só haverá exclusão do herdeiro necessário por deserdação com a *prova da existência da causa determinante* em juízo, em ação movida pelos interessados, contra o herdeiro indigitado (art. 1.965). Somente a declaração no testamento é insuficiente para a exclusão. É cuidado tomado pelo legislador para evitar abusos do testador, a exemplo das ações que já existiam no Direito Romano.

39.4 PROVA DA CAUSA DA DESERDAÇÃO

Há necessidade de uma sentença acolhendo a prova da causa de deserdação. O art. 1.965 diz:

> *"Ao herdeiro instituído, ou àquele a quem aproveite a deserdação, incumbe provar a veracidade da causa alegada pelo testador.*
>
> *Parágrafo único. O direito de provar a causa da deserdação extingue-se no prazo de quatro anos, a contar da abertura do testamento".*

Esse prazo decadencial conta-se, portanto, da abertura judicial do testamento, ou seja, de seu "cumpra-se", de sua respectiva decisão judicial. Qualquer outra interpretação traria suma incerteza. Não é a melhor solução. Comentamos que o Projeto nº 6.960 tentou alterar essa redação, melhorando consideravelmente. No sistema do Código de 1916, tal como no caso de indignidade, o prazo de caducidade de quatro anos era contado a partir da abertura da sucessão (art. 178, § 9º, IV). Esse termo inicial poderia impedir, na prática, que o interessado tomasse conhecimento da deserdação ou sua causa, mas é objetivo e não se sujeita a vicissitudes processuais. No mais recente ordenamento, a solução é instável.

Se a ação não for promovida por qualquer interessado, a exemplo do que ocorre com a indignidade, o herdeiro não será excluído. Simples processo de "justificação", em que não existe lide, é insuficiente para a deserdação (Gomes, 1981:234).

Não provada a causa em juízo, a disposição é considerada *ineficaz* por falta de operosidade. Como disposição testamentária, é existente e válida. Só que não opera, faltando-lhe, pois, eficácia. É imprópria a terminologia que fala em nulidade.

Se existe cláusula de deserdação, não deve o herdeiro apontado ficar na posse dos bens da herança. Nem poderá ele, é evidente, ser inventariante. Como uma porção da herança é duvidosa, não se faz a partilha até a decisão final da causa. Também não se pode dar a posse dos bens *sub judice* ao herdeiro instituído ou legatário interessado. Os bens deverão ficar com o inventariante, pela natureza de seu cargo, ou, se for o caso, com terceiro, herdeiro ou não, mediante fiel depósito, dependendo das circunstâncias e do critério do juiz. A iniciativa do afastamento do indigitado herdeiro deve ser dos demais interessados. Se estes nada fizerem, aceitam tacitamente a posição do inquinado como herdeiro. Cada caso concreto poderá definir, contudo, uma solução diversa.

Nos casos de indignidade, não se exclui a existência plena e visível da *saisine* do indigno. Tanto que o fenômeno pode acarretar os atos de aparência construídos na doutrina do herdeiro aparente. Com a sentença de improcedência ou carência, o indigitado não será considerado indigno e há de se entender que sua *saisine* retroagiu à data da abertura da sucessão. Problema semelhante ocorre com a renúncia da herança, e a ficção jurídica não é novidade na lei. Se improcedente a ação de deserdação, o herdeiro terá essa condição, também, desde a abertura da sucessão. Enquanto não conhecido e publicado o testamento, sua situação poderá, também, acarretar aparência.

Havendo cláusula de deserdação, portanto, existe condição de procedibilidade para a propositura da ação. A lei diz que tem legitimidade para propor a ação o herdeiro instituído, ou quem se aproveite da deserdação. O interesse nesse caso é específico e é interesse econômico.

Se o testador apenas aponta a deserdação do herdeiro necessário, sem instituir outros herdeiros, os demais herdeiros e legatários, na ordem legal de 2002, passam a ter legitimidade para excluir o deserdado. Se não houver qualquer parente sucessível, é inafastável que o Estado, tendo interesse na sucessão, colocado na ordem de vocação hereditária, poderá mover a ação. Se o interesse da exclusão por deserdação é apenas econômico, o testamenteiro só terá legitimidade para a ação se o possuir, o que se apurará no caso concreto. Washington de Barros Monteiro (1977, v. 6:246) é taxativo em negar legitimidade ao testamenteiro. Já Pontes de Miranda (1973, v. 58:259) entende o contrário. Parece-nos que, como cabe ao testamenteiro bater-se pela validade do testamento (art. 1.981), e como aqui se pugna pela eficácia de cláusula testamentária, e não pela validade, é defensável ver sua legitimidade sob o prisma do interesse econômico. Interesse econômico direto não terá. Poderá seu interesse decorrer do fato de ser legatário ou herdeiro instituído, beneficiado com a deserdação. Aí, porém, não comparecerá como testamenteiro. Movida a ação pelo interessado, porém, pode participar do processo como assistente simples. Tal tese a respeito da ilegitimidade do testamenteiro para a ação, se repetida insistentemente em nossa doutrina, assim não o é em direitos estrangeiros. A doutrina argentina, cujas disposições não discrepam da nossa a respeito da deserdação e do testamenteiro, é unânime em outorgar legitimidade a ele (Borda, 1987, v. 1:141; Fassi, 1970, v. 1:381, entre outros). Por essa razão, cremos que entre nós deva ser mais bem meditada a possibilidade de o testamenteiro mover essa ação, porque, afinal de contas, é ele a pessoa a quem o testador confiou a execução de sua última vontade. Pode até ter ocorrido de o testador ter-lhe passado instruções específicas para a referida ação. O herdeiro apontado como deserdado não necessita aguardar ser demandado. Pode-se adiantar e pedir a declaração da inexistência da causa descrita pelo testador. Esse herdeiro pode mover a ação declaratória típica pedindo que o juiz declare inexistir a causa descrita no testamento. Não se lhe tolhe a iniciativa da prova, mas a maioria dos fatos negativos não admite prova. Caberá ao réu provar a veracidade da causa, pelo art. 1.965.

A ação não pode ser de cominação, como entende Washington de Barros Monteiro (1977, v. 6:246), mesmo porque hoje não temos mais uma ação especial com essa denominação (cominatória). Seria, no caso, uma ação de obrigação de fazer que também não se amolda perfeitamente à situação. Como a carga da sentença declaratória típica não tem força desconstitutiva, se o indigitado deserdado propuser essa ação cabe, a nosso ver, a reconvenção por parte do demandado para pedir o reconhecimento da deserdação e a exclusão do herdeiro. Assim se conseguirá o efeito desconstitutivo na sentença: a demissão da condição de herdeiro do deserdado. A simples improcedência da ação declaratória não terá o condão de reconhecer a deserdação, em tese. O que pode ser proposto por reconvenção também pode ser feito por ação autônoma. Importante, porém, que, tendo em vista ser a mesma a causa de pedir (art. 55 do CPC), independentemente de identidade de partes, os processos sejam julgados em conjunto, para evitar decisões conflitantes (art. 55, § 1º, do CPC). Pode ocorrer que o deserdado não tenha movido a ação contra todos os interessados. Por isso, nada impede que todos os interessados ingressem no processo como assistentes litisconsorciais, ou movam ação autônoma.

Não acreditamos ser sustentável a opinião de Sílvio Rodrigues (1978, v. 7:239) no sentido de que, tendo o CPC em vigor extinguido a ação cominatória, o deserdado deva manter-se inerte aguardando o processo dos interessados. Qualquer pretensão material terá uma ação que a assegure. E o art. 178, § 9º, IV, do antigo Código, ao tratar da caducidade, fala expressamente na ação do deserdado para impugnar sua imputação, assim como o parágrafo único do art. 1.965 do Código em vigor. A nosso ver, como expusemos, o melhor remédio processual é a ação declaratória de inexistência de causa de deserdação (art. 19, I, do CPC).

Nessas ações, a presença do curador de testamentos é obrigatória, devendo o Ministério Público participar como fiscal da lei, sem prejuízo de outras curadorias que tenham interesse no processo. A causa de pedir na ação de deserdação é aquela descrita e mencionada pelo testador. Não pode ser outra. Nada impede, contudo, que o interessado ingresse com ação de indignidade, cumulada com deserdação, com pedido alternativo ou subsidiário, se houver *causa petendi* para as duas ações. Se o testador deserdou com fundamento, por causa comum à indignidade, a ação será de deserdação. Se os fatos da indignidade forem mais amplos que os fatos de deserdação, descritos pelo testador, pode ser feito o pedido subsidiário. Por exemplo: o testador deserdou seu filho porque foi acusado caluniosamente em juízo por ele. Todavia, não consta do testamento que o filho atentou contra a vida do testador. O interessado poderá propor as ações cumulativamente, já que a procedência de qualquer dos pedidos levará à exclusão do herdeiro.

Como entendemos que o direito de usufruto do cônjuge sobrevivente, colocado no art. 1.611, § 1º e o direito de habitação no § 2º, instituídos pela Lei nº 4.121/62, constituíam herança necessária do cônjuge, o testador, no sistema de 1916, podia deserdar seu cônjuge, declarando uma das causas legais, para afastá-lo dessas formas de sucessão, assim como podia o cônjuge ser ali afastado por indignidade. Tinham legitimidade para excluir o direito de usufruto e o direito de habitação os herdeiros concorrentes, descendentes ou ascendentes. Lembre-se de que o vigente Código também atribui ao cônjuge sobrevivente o direito real de habitação (art. 1.831). Se o cônjuge praticou atos moralmente reprováveis contra o *de cujus*, que a lei transforma em causas de exclusão da herança em propriedade, e que é o mais, também se aplicam princípios de exclusão aos direitos reais limitados, transmitidos por herança, e que é o menos. Os casos são só os do art. 1.814, casos comuns de indignidade. Sua meação, e os bens particulares, são intocáveis porque não decorrem de direito sucessório. Parece que o legislador do presente Código não se apercebeu desse aspecto, ou desejou mesmo restringir o alcance da disposição. Como visto, o Código de 2002 elege o cônjuge sobrevivente como herdeiro necessário, sob certas condições. No entanto, o Código Contemporâneo, nos arts. 1.962 e 1.963, manteve a estrutura do Código antigo, reportando-se aí apenas aos fatos pelos quais pode ocorrer deserdação dos descendentes por seus ascendentes, e dos ascendentes pelos descendentes, nada mencionando sobre outras causas que autorizam a deserdação do cônjuge. Como não se admite extensão ou analogia de disposições punitivas, não pode ser deserdado, em princípio, por exemplo, o cônjuge que tiver praticado ofensa física contra o testador. Para tal, de acordo com o princípio geral, haveria de o legislador ser expresso a esse respeito. Mas a matéria não é isenta de dúvidas, tendo em vista a potente carga moral e ética que encerra.

O testador, ao deserdar, descreve a causa legal, o motivo de sua decisão. Pode, facilitando a ação que se seguirá à morte, indicar as provas ou meios de consegui-las. Cremos que nada obsta a que o testador, em vida, tome providências judiciais cabíveis para perpetuar o fato, possibilitando uma melhor instrução do processo, já que este poderá ser ajuizado muitos anos após os fatos, quando apagadas as memórias, esmaecidas as emoções, desaparecidas as personagens e perdidos os indícios. Nada obsta a que o testador se valha do processo cautelar de produção antecipada de provas (arts. 381 ss do CPC), requerendo interrogatório da parte (futuro deserdado), inquirição de testemunhas e exame pericial (art. 381). Trata-se de mero processo cautelar preparatório, no qual apenas se preserva a prova, nada se decide, porém, estarão presentes os princípios do contraditório. Os interessados valer-se-ão dessa prova judicial se desejarem. Apenas se perpetua a prova que no futuro poderá tornar-se impossível (o processo tem justamente a finalidade *ad perpetuam rei memoriam*). Se a lei confere o poder de deserdar ao testador, não se pode tolher dele os instrumentos para que sua vontade testamentária seja assim cumprida.

39.5 CASOS DE DESERDAÇÃO

São motivos de deserdação os mesmos casos de indignidade do art. 1.814, como reiteradamente afirmado. Assim, o testador pode descrever cláusula deserdativa com base em atentado contra sua vida (inciso I), calúnia em juízo ou crime contra a honra (inciso II) e violência ou fraude contra sua vontade testamentária (inciso III). Importa, pois, recordar tudo que foi dito a respeito dessas três hipóteses no capítulo respectivo.

O art. 1.962 trata da deserdação dos descendentes por seus ascendentes, a saber:

> "Além das causas mencionadas no art. 1.814, autorizam a deserdação dos descendentes por seus ascendentes:
>
> I – ofensa física;
>
> II – injúria grave;
>
> III – relações ilícitas com a madrasta ou com o padrasto;
>
> IV – desamparo do ascendente em alienação mental ou grave enfermidade".

Como a lei não distingue, o ascendente de qualquer grau pode deserdar qualquer descendente.

A *ofensa física* é qualquer forma de agressão contra o corpo da vítima. A lei não distingue, não falando da gravidade da ofensa. Destarte, mesmo a ofensa leve é causa de deserdação. O ato é desrespeitoso. Tanto mais grave será quando a ofensa se reveste de um ato de escárnio, quando o ânimo de ofender moralmente é prevalecente, o que mais se aproxima da ofensa contra a honra, da denominada "injúria real". Arremessar o líquido de um copo contra a vítima, por exemplo.

Nos casos ora examinados, os princípios gerais de direito penal devem servir como subsídio. Não é agressão, portanto, o ato praticado em legítima defesa. Trata-se, porém, de exame de prova cível. Não se adentra no rigor da lei penal que procura proteger o réu, em várias situações. Se houve condenação penal do deserdado, pelo fato mencionado pelo testador, a questão se torna pacífica. Contudo, nunca podemos admitir como peremptória uma afirmação na ciência jurídica. Por vezes, admitir como incontroversa a condenação criminal pode gerar injustiças. Cabe exame do caso concreto. Doutro lado, para essa forma de deserdação não há necessidade de condenação criminal. Não se leva em conta também, para a ofensa física, tenha ela deixado resquício, corpo de delito. Nem se exige a dor. O que se leva em conta é o mau tratamento corporal (Miranda, 1973, v. 58:267). A simples ameaça não constitui ofensa, mas pode constituir injúria grave. Contudo, a exemplo do direito penal, pode ser deserdado o herdeiro que foi o autor intelectual da agressão, praticada por outrem.

No tocante à *injúria*, porém, a lei é expressa em referir-se à "gravidade". Simples desentendimentos não constituem injúria grave. Importa examinar o ânimo de injuriar, juntamente com as circunstâncias gerais que envolveram a conduta, tais como nível social e cultural dos envolvidos; situação em que ocorreu o evento; provocação da vítima etc. A questão da condenação criminal é a mesma da ofensa física: não há necessidade. O âmbito aqui deve ser visto de forma mais ampla. Pode a injúria exteriorizar-se pela palavra escrita, falada ou por gestos. A gravidade ficará jungida ao exame da prova e às condições de que falamos. A injúria deve ser contra a pessoa do testador e não contra terceira pessoa, ainda que muito querida por ele. A interpretação de norma punitiva não pode ser extensiva.

O direito de 1916 se referia à *desonestidade da filha que vive na casa paterna* a qual decorria da dicção do direito pré-codificado que dizia: *"se alguma filha, antes de ter a idade legal para a emancipação, dormir com algum homem"*. A desonestidade de que falava a lei, portanto, não exigia que a filha se tornasse uma rameira. Bastava que a filha mantivesse relações sexuais na casa paterna. Tratava-se de evidente disposição anacrônica para o início do século XXI. Se houver necessidade de se apreciar hoje, num tribunal, essa causa de deserdação, têm que ser levados em conta, necessariamente, o momento histórico do fato narrado, bem como a situação geográfica e social do evento. Mesmo no Brasil rural, diretamente ligado às metrópoles pela tela da televisão, difícil será admitir essa causa, a não ser que a conduta da filha seja de uma total devassidão. A disposição se referia à filha que "vive na casa paterna". Por mais desregrada que fosse a filha que não morasse com o ascendente, não permitia a lei a deserdação... E o Código anterior só falava na "filha", mas o avô podia deserdar, porque o *caput* do artigo referia-se a ascendentes em geral. E, ainda, o dispositivo fazia discriminação à mulher. Pela redação da lei, o filho homem não desonrava a casa paterna, se ali fosse desonesto, no sentido que se reportava a lei; a filha, sim. As palavras do mestre Sílvio Rodrigues (1978, v. 7:240) são absolutamente definitivas:

> *"tal dispositivo representa um resquício rançoso do passado, em que a lei discriminava deliberadamente contra a mulher, vítima de uma civilização em que o homem podia tudo e ela nada; de uma civilização que impunha castidade à mulher solteira, mas permitia, até acoroçoava, a licença no homem solteiro. Porque, a honestidade a que se refere o inciso III do art. 1.744 é a sexual, isto é, a continência imposta à mulher que não arranjou marido".*

Atendendo a essas peculiaridades, o Código de 2002 suprimiu essa causa de deserdação. À evidência, o propósito da lei já não mais resistia às disposições constitucionais atuais. De qualquer modo, a desonestidade aludida pela lei nunca poderia ser aquela recatada, às escondidas, mas aquela em que a mulher se mostrava escandalosamente desonesta, em contraste com a conduta do ascendente testador, é evidente. O testador devasso não podia imputar na deserdação a mesma pecha à filha. Assim devia ser visto o dispositivo da lei no passado.

O inciso III fala das *relações ilícitas com a madrasta ou com o padrasto*. As relações só serão lícitas se houver casamento ou união estável, o que, convenhamos, é difícil ocorrer na prática. Esse relacionamento repugna o senso comum, desequilibra emocionalmente o lar e abala a vítima. A lei reprime-se de dizê-lo, mas desejou significar no texto relações sexuais. Pouco importa que tais relações sejam hétero ou homossexuais. Não há que se distinguir. Devem ser considerados madrasta ou padrasto também os integrantes da família de fato, decorrente da união estável e do concubinato. Contudo, sempre que se fala em concubinato ou união estável, a prova será do caso concreto, pois a construção é eminentemente jurisprudencial.

O último inciso do art. 1.962 fala do *desamparo do ascendente em alienação mental ou grave enfermidade*. Tais atos demonstram o desprezo pelo ascendente, o desamor, a falta de carinho. Se, porém, o ascendente estiver em estado de alienação mental, não poderia validamente testar. A questão reporta-se à reaquisição da capacidade mental. O desamparo é eminentemente econômico, na medida do que podia o descendente amparar. Todavia, não se descarta o desamparo moral e intelectual, da dicção legal. O caso concreto e o prudente exame das circunstâncias pelo juiz ditarão a procedência da causa de deserdação. O testador deve descrever a enfermidade e a forma do desamparo, ainda que sucintamente.

O art. 1.963 trata da situação mais rara de deserdação dos ascendentes pelos descendentes. Existe simetria com o dispositivo anterior, com exclusão, no direito anterior, da situação de conduta desonrosa da filha. Nessa hipótese, portanto, as causas serão:

> "I – ofensa física;
>
> II – injúria grave;
>
> III – relações ilícitas com a mulher ou companheira do filho ou a do neto, ou com o marido ou companheiro da filha ou o da neta;
>
> IV – desamparo do filho ou neto com deficiência mental ou grave enfermidade".

Os castigos físicos moderados, que têm a função educativa, aos menores de pouca idade, não podem ser levados em conta para se inserirem nas ofensas físicas desse dispositivo. No mais, aplica-se semelhantemente o que se disse a respeito do artigo anterior.

39.6 EFEITOS DA DESERDAÇÃO

O efeito fundamental da deserdação é excluir o herdeiro necessário da herança, tolhendo-lhe a legítima. Não se admite deserdação condicional, nem que a deserdação possa ser parcial. Não há meia deserdação. Se o testador não desejar o maior rigor ao ingrato, basta que disponha a outros da parte que não se inserir na legítima. Não deixa de ser um castigo, por exemplo, um filho receber menos que seus irmãos. O herdeiro ou é digno ou não é. Nossa lei não dá margem a interpretação diversa, não havendo norma expressa a esse respeito, como em direitos estrangeiros. A opinião, porém, não é unânime (Viana, 1987:167; Nonato, 1957, v. 2:160).

39.6.1 Os Efeitos Não Passam da Pessoa do Deserdado

Da mesma forma que a indignidade, a deserdação é *pena*. A punição não pode passar da pessoa do culpado. Seus efeitos só podem ser pessoais. Destarte, ineluctavelmente se aplica o disposto pelo art. 1.816, colocado no capítulo da indignidade. Não só pelo argumento da individualidade da pena, como também pelo fato de os institutos da indignidade e da deserdação guardarem perfeita sintonia e similitude. Assim, considera-se o deserdado "como se morto fosse". Seus filhos não são afastados do direito de representação, ainda que assim tenha disposto o testador. Esse afastamento dos representantes poderá ser feito, quando muito, no tocante à parte disponível. Não quanto à legítima. Entender-se diferentemente é não só privar os herdeiros necessários da legítima, como também fazer passar uma pena além da pessoa do culpado. Há, no entanto, quem defenda o contrário. A favor da interpretação aqui dada manifestam-se Orosimbo Nonato (1957, v. 2:163); Carlos Maximiliano (1952, v. 3:152); Itabaiana de Oliveira (1957:176); Arnoldo Wald (1988:160); Sílvio Rodrigues (1978, v. 7:242); Caio Mário da S. Pereira (1984, v. 6:238); Pontes de Miranda (1973, v. 58:276). Washington de Barros Monteiro (1977, v. 6:247) manifesta-se contrariamente a essa orientação em posição isolada. É curial que a culpa dos pais não pode recair sobre os filhos. Também por força da personalidade da pena, o deserdado, a exemplo do indigno, fica excluído do usufruto e da administração dos bens recebidos pelos filhos menores. Reporte-se ao que dissemos a respeito da exclusão por indignidade. O Código argentino, em redação determinada por lei mais recente, é expresso a respeito do direito de representação dos filhos do deserdado, bem como com relação à exclusão dos direitos de usufruto e administração dos bens (art. 3.749).

Objetivando dirimir eventuais dúvidas, se é que ainda as há, o Projeto nº 6.960 sugeriu redação expressa, inserindo-a como § 2º do art. 1.965:

> *"São pessoais os efeitos da deserdação: os descendentes do herdeiro deserdado sucedem, como se ele morto fosse antes da abertura da sucessão. Mas o deserdado não terá direito ao usufruto ou à administração dos bens que a seus sucessores couberem na herança, nem à sucessão eventual desses bens".*

O deserdado não pode gozar de direito algum dos bens dessa herança do qual foi afastado, nem mesmo o usufruto ou administração que decorre do poder familiar em vista dos filhos incapazes e muito menos poderá recebê-los como herança no futuro. A regra é idêntica, portanto, àquela estabelecida no art. 1.816, para os casos de indignidade.[5]

---

[5] "Apelação – **Ação de deserdação** – Propositura pelo irmão contra a irmã – Pretensão de declaração deserdação e exclusão da ré da sucessão dos bens deixados pela genitora das partes em razão da prática de injúria grave, consubstanciada em ofensas verbais e ajuizamento de ações para apropriação indevida do patrimônio da autora da herança – Sentença de procedência – Inconformismo da ré, alegando, preliminarmente que a sentença deve ser anulada em razão da falta de congruência com as alegações e do pedido formulado na petição inicial e prescrição da pretensão autoral. No mérito, sustenta que não restou demonstrada a prática de injúria que autorize a deserdação manifestada pela sua falecida genitora em disposição testamentária. Preliminares rechaçadas. Sentença recorrida que é congruente com o pedido formulado na petição inicial. Prescrição não reconhecida, uma vez que se aplica o prazo decadencial de 4 anos, previsto no artigo 1.815, parágrafo único, do Código Civil, contado a partir da abertura da sucessão. Sentença reformada para afastar a deserdação, uma vez que não restou comprovado que a ré dirigiu as ofensas descritas do item 5 do testamento público, violando a dignidade e a honra da autora da herança. Mero ajuizamento de ações pela ré contra a autora da herança que constitui exercício do direito de ação. Injúria grave não caracterizada. Precedente do C.STJ. Recurso provido para julgar improcedente a ação." (TJSP – AC 1005721-39.2016.8.26.0297, 10-7-2019, Rel. José Aparício Coelho Prado Neto).
"Apelação cível – Ação de adjudicação compulsória – Pedido de declaração de propriedade de imóvel – Processual Civil – Preliminar de intempestividade do recurso – Rejeição – Recurso de apelação interposto no prazo de lei – Mérito – Disposição de última vontade que não atende aos requisitos formais previstos na legislação substantiva civil. Impossibilidade de reconhecer a validade de doação e de **deserdação de herdeiros necessários**, registradas em documento desprovido de qualquer formalidade ou, ainda, da assinatura de três testemunhas idôneas. Existência de herdeiros necessários, a obstacularizar o direito do autor, de ser reconhecido como único detentor de direitos sobre o imóvel. Rejeitaram a preliminar e negaram provimento. Unânime." (TJRS – AC 70077764702, 27-9-2018, Rel. Des. Pedro Celso Dal Prá).
"Ação de deserdação – Ajuizamento pelo pai, que pretende excluir o filho da herança – Indeferimento da inicial – Ausência de manifestação testamentária – **Deserdação** só pode ser declarada em testamento, com expressa referência à causa – Sentença mantida – Recurso desprovido" (TJSP – Ap 1002060-47.2015.8.26.0019, 8-3-2017, Rel. Moreira Viegas).
"Agravo de instrumento – Órfãos e sucessões – Inventário – Indeferimento de habilitação de herdeiro necessário – **Deserdação** – 1 – A deserdação somente pode ser declarada em testamento, com expressa referência à causa. E a ação de deserdação cabe àqueles que forem beneficiados em razão da exclusão do deserdado, devendo ser ajuizada após a abertura da sucessão, ou seja, depois da morte do testador, para que fique comprovada a causa utilizada como razão para deserdar. 2 – Não basta, para o reconhecimento da deserdação, a simples declaração do testador em ato de última vontade, sendo imprescindível a produção de prova em juízo acerca dos fatos declarados através de ação própria, a ser ajuizada no prazo decadência de 04 (quatro anos) contados da abertura da sucessão. A doutrina pátria é assente no sentido de que a ação prevista no art. 1.965 do Código Civil se revela verdadeiro pressuposto da deserdação. 3 – *In casu*, o pedido de habilitação do Agravante como herdeiro necessário nos autos do inventário de seu avô foi indeferido com base em sentença prolatada em sede de exercício de jurisdição voluntária, quando da Abertura, Registro e Cumprimento do Testamento de Eduardo de Souza Martins. E em que pesem as declarações de última vontade em que o inventariado imputa ao Recorrente diversos fatos que, em tese, são aptos ao reconhecimento da deserdação, tais declarações, por si só, não são suficientes para a aplicação da referida pena civil, porquanto não houve sobre os alegados fatos uma cognição exauriente, amparada pelo contraditório e pela ampla defesa. 4 – Recurso provido" (TJRJ – AI 0043898-39.2015.8.19.0000, 12-11-2016, Relª Jacqueline Lima Montenegro).
"Inventário – Partilha – Herdeira – Exclusão indevida – Homologação judicial que não se reveste de imutabilidade – Petição de herança – Prazo prescricional – 1 – Ausentes causas que implicassem a indignidade ou autorizassem a **deserdação**, (artigo 1.814 cumulado com o artigo 1.962, ambos do Código Civil), a suposta vontade do autor da

39.6.2 Diferenças na Situação Jurídica do Indigno e na Situação Jurídica do Deserdado

Após a sentença que acolhe a deserdação, a situação do deserdado é igual à do indigno: ambos são excluídos da herança. Contudo, enquanto tem curso o processo de deserdação (independentemente de existir processo por indignidade contra o mesmo ou outro herdeiro), a situação é diversa. O indigno tem a posse da herança, não se presume culpado e pode até mesmo não ser acionado, consolidando-se definitivamente sua situação de herdeiro.

O deserdado, por outro lado, já tem contra si uma causa expressa no testamento que o impede, de bom senso, que assuma a posse dos bens da herança. Se procedente o pedido de deserdação, nunca terá havido herança para o deserdado, nem posse dos bens hereditários. Ainda que, dentro do prazo decadencial, tome ele a iniciativa da ação, mesmo assim ele carece de *título hereditário*, que só lhe advirá com o decurso de prazo de caducidade, ou da ineficácia da cláusula decretada em juízo. Destarte, publicado e apresentado o testamento, o indigitado não se pode portar como herdeiro. Pode ocorrer que o deserdado exerça a posse material da herança, mas por outro título, seja a posse originalmente boa ou má, mas não por título hereditário. Aliás, o inventariante, testamenteiro e demais interessados têm contra ele, em princípio, os interditos possessórios enquanto não definida sua situação, porque sua posse é injusta a partir da morte do autor da herança. Se o deserdado mantiver a sua posse após a sentença que assim o reconhecer, os demais interessados têm ação de petição de herança contra ele. No momento em que o testamento é publicado e notificado o herdeiro apontado, a partir daí cessa sua posse de boa-fé.

Arcará o deserdado com as consequências de possuidor de má-fé. Se o juiz lhe deferir a posse a título de depositário, sua posse decorre de ato judicial e não do direito hereditário. No entanto, enquanto o deserdado desconhecer o testamento, não pode ele ser reputado possuidor de má-fé, a qual não se presume. Examinam-se as circunstâncias do momento em que cessa sua boa-fé. Pode nem mesmo, *ab initio*, existir boa-fé, se antes da morte o testamento era de seu conhecimento. As alienações de boa-fé, feitas pelo deserdado devem valer, quando existe também boa-fé do terceiro adquirente, sem prejuízo da reposição dos valores aos herdeiros prejudicados. Se caduco o direito de propor a ação ou improcedente a deserdação, sua posse retroage à data da abertura da sucessão. Terá direito aos bens que lhe couberem legitimamente na herança. Tratando-se de bens litigiosos, não podem ser alienados. Pela perda ou deterioração respondem o inventariante, administrador ou possuidores diretos.

39.6.3 Destino dos Bens que Caberiam ao Deserdado

Uma vez que o deserdado é considerado como se morto fosse, há direito de representação de seus descendentes. Se não tiver descendentes, mas irmãos, filhos também do *de cujus*, sua parte acresce à dos demais.

---

herança é insuficiente para excluir o direito sucessório de determinado herdeiro. 2 – A exclusão indevida de herdeiro legítimo e necessário do processo de inventário gera nulidade absoluta da partilha homologada judicialmente, que não se reveste de eficácia ou tampouco imutabilidade frente ao prejudicado. 3 – O herdeiro indevidamente excluído da sucessão tem o prazo de dez anos, a contar da abertura da sucessão, para intentar ação de petição de herança objetivando a parcela do acervo hereditário à qual faz jus" (*TJMG* – AC 1.0112.11.002455-4/002, 27-7-2015, Rel. Marcelo Rodrigues).

"Agravo de instrumento. Inventário – Decisão que determinou à inventariante apresentação de plano de partilha, levando em conta que somente a parte disponível dos bens da falecida pode ser objeto do testamento e os efeitos da deserdação não afetam o filho do herdeiro excluído. Cabimento. Os descendentes do herdeiro excluído sucedem, como se ele morto fosse antes da abertura da sucessão. São pessoais os efeitos da pena de **deserdação**. Inteligência do art. 1.816 do Código Civil. Adequada a inclusão do descendente do herdeiro deserdado na herança, que sucederá por representação seu genitor. Decisão mantida. Recurso desprovido" (*TJSP* – AI 0086580-82.2013.8.26.0000, 3-9-2013, Rel. Salles Rossi).

Se o deserdado for o único de sua classe, recebem a herança os herdeiros da classe seguinte, a não ser que o testador tenha disposto diferentemente. Se a deserdação foi feita em termos amplos, compreende também a parte disponível. Assim será se o testador disser: deserdo meu filho Fulano porque atentou contra a minha vida. No silêncio da vontade do disponente, a vocação é da ordem legítima, *em toda a herança*. Se o deserdado for um dos genitores, sobrevivo o outro, este recebe toda a herança, independentemente do regime de bens. Entendemos, contudo, que esses bens não se podem comunicar, nem ser administrados pelos excluídos, porque anularia a finalidade da lei e a vontade do testador. Pode o testador ter disposto acerca da porção disponível, em caso de não vingar a deserdação. É condição válida porque não atinge a legítima. O testador pode ter deserdado mais de um herdeiro. Cada situação é tratada individualmente. Pode ocorrer que não sejam movidas ações contra todos os deserdados, ou que não se provem as causas referentes a todos.

40

REDUÇÃO DAS DISPOSIÇÕES TESTAMENTÁRIAS

40.1 CONCEITO

Segundo estabelecemos nos capítulos anteriores, havendo herdeiros necessários (descendentes ou ascendentes, bem como o cônjuge em determinadas situações), o testador não pode atribuir no testamento senão a metade de seu patrimônio. A outra metade constitui a *legítima* dos herdeiros necessários.

Pode ocorrer, contudo, que, por inadvertência, desconhecimento, diminuição ou desvalorização de seu patrimônio, fatores alheios a sua própria vontade, ou malícia, o testador venha a ultrapassar a metade disponível. O mesmo pode acontecer nas doações. Em qualquer situação, há que se ajustar a legítima. Aqui se trata de redução nas deixas testamentárias.[1]

---

[1] "Direito civil e processual civil. Sucessões. Apelações cíveis. Ação declaratória de nulidade do negócio jurídico. Testamento. Sentença de procedência parcial. Apelação 1 (autora). Pedido de tutela de urgência formulado no corpo da petição recursal. Não conhecimento. Pedido que deve ser pleiteado em petição autônoma, nos termos do art. 1.012, § 3º, do CPC. Nulidade do testamento. Prova produzida que não demonstrou estar a vontade da testadora afetada ou maculada. Ausência de vícios. Descumprimento de formalidades relativas às testemunhas que deve ser mitigada, dando-se prevalência à vontade da testadora. Alegada nulidade do testamento com base na invasão à legítima. Não acolhimento. Ofensa à legítima que implica apenas na necessidade de **redução das disposições testamentárias**. Validade naquilo que não sobejar a parte dos herdeiros necessários. Inteligência do art. 1.857, § 1º, do CPC. Precedentes do STJ e desta corte. Redução das disposições que deve se dar no bojo do inventário, caso a questão possa ser dirimida por meio de prova documental, ou encaminhada a via própria, em ação específica com observância do contraditório e da ampla defesa. Pretensão de que o balanço sucumbencial seja analisado com base na avaliação dos bens objeto do testamento. Não acolhimento. Exame que deve se dar com base no número de pedidos feitos e acolhidos. Apelação 2 (requerido). Pretensão de que a vontade da testadora prevaleça no que tange ao contrato de comodato. Inviabilidade. Objeto do contrato que não pertencia exclusivamente à testadora, pelo que, nos termos do art. 1.314, parágrafo único, do Código Civil, exigia o consenso do proprietário condômino, no caso, a autora. Inocorrência. Sentença acertada ao afastar a preponderância da vontade da testadora quanto à extensão do contrato de comodato até sua extinção. Alegação de sentença extra petita. Inocorrência. Sentença que não declarou a nulidade do contrato de comodato, limitando-se a reconhecer a impossibilidade de que a vontade da testadora prevalecesse. Alegação de que a sucumbência deve ser analisada conforme os pedidos feitos na petição inicial. Acolhimento. Reforma no ponto. Recurso de apelação 1 conhecido e desprovido e recurso de apelação 2 conhecido e parcialmente provido" (*TJPR* – Ap 0000997-21.2021.8.16.0100, 13-3-2024, Rel. Desembargadora Ivanise Maria Tratz Martins).

Nas doações, o fenômeno ocorre pelas mesmas razões e estão entrelaçadas (arts. 549, 2.008; 1.789, 1.846, 1.847). Também ocorrendo a situação na partilha em vida, permitida pelo art. 2.018, poderá haver redução, já que o sentido é o mesmo (aqui se trata de ação de anulação de partilha por ato *inter vivos*, referida pelo art. 657 do CPC, como veremos). O testamento não se invalida. Contudo, hão que se reduzir as disposições do testamento, para assegurar a garantia da legítima, definindo-se regras para esse fim. Esse é, pois, o sentido do tema, qualificado no art. 1.967: *"as disposições que excederem a parte disponível reduzir-se-ão aos limites dela, de conformidade com o disposto nos parágrafos seguintes"*.

Se não houver herdeiros necessários, não há que se falar em redução, de vez que o testador podia dispor de todo seu patrimônio. E se, ao contrário, as disposições testamentárias não atingirem os limites do disponível, todo o remanescente, não incluído no testamento, caberá aos herdeiros legítimos (art. 1.966). Atendidas as disposições testamentárias, nada se tocando na legítima, o remanescente será atribuído aos herdeiros necessários ou legítimos. A *redução determinada na lei é uma forma de garantir a intangibilidade da legítima*.[2]

---

[2] "Nulidade de testamento. Sentença de improcedência. Recurso desprovido. Nulidade de testamento. Insurgência contra sentença de improcedência. Ausente prova segura da alegada união estável entre a apelada e a testemunha instrumentária. Conjunto probatório que não revela a diminuição ou falta de discernimento da testadora, que contava plena capacidade para dispor de seus bens. Art. 1.857 do CC. Testamento público que se reverte de maior segurança. Depoimento médico em juízo atestando a boa condição física e mental da falecida. Incapacidade que não se presume e não foi comprovada pelos autores, ônus exclusivo deles, a teor do art. 373, I, do CPC. Escritura que observa a legítima e assinala a impossibilidade de assinatura da testadora, justificando sua assinatura a rogo, como dispõe o art. 1.865 do CC. Eventual avanço na legítima enseja **redução das disposições testamentárias**. Art. 1.967 do CC. Improcedência do pedido que se impõe. Sentença mantida. Recurso desprovido" (TJSP – Ap 1000461-04.2020.8.26.0341, 20-9-2022, Rel. J. B. Paula Lima).

"Nulidade de cláusula testamentária com redução das disposições do testador. Alegação de violação da legítima. Improcedência da ação. Violação da legítima que não implica em nulidade ou anulação de cláusula testamentária ou do testamento. Possibilidade de **redução das disposições testamentárias nos autos do inventário**, estabelecida como forma de se prestigiar a vontade do testador, sem prejuízo aos herdeiros necessários e ao beneficiário do testamento. Precedentes desta Corte. Sentença mantida. Não fixação de honorários recursais, ante a ausência de contraditório. Recurso não provido" (TJSP – Ap. 1002009-85.2019.8.26.0022, 4-11-2020, Rel. Fernanda Gomes Camacho).

"Apelação cível concessão do benefício da assistência judiciária – **Ação de redução de disposição testamentária** – Testamento dispondo de parte da legítima dos herdeiros análise dos artigos 1846 e 1857 do Código Civil – Prova do fato constitutivo do direito autoral limites extrapolados caimento da redução consideração do valor do veículo até a abertura da sucessão artigo 1847 do Código Civil reforma parcial da sentença recurso conhecido e parcialmente provido decisão unânime." (TJSE – AC 201900713604 – (23613/2019), 5-9-2019, Rel. Des. Roberto Eugenio da Fonseca Porto).

"Ação anulatória de negócio jurídico – Venda de imóvel por ascendente a descendente – Alegação de que não foi obtido o consentimento do outro descendente, e de que houve simulação, uma vez que o negócio celebrado não foi venda, mas doação – Ausência de impugnação do réu a respeito da simulação – Hipótese, no entanto, em que, reconhecida a nulidade do negócio simulado, subsiste o dissimulado – Inteligência do art. 167, "caput", do CC – **Doação que não pode ser considerada nula, por inoficiosidade**, já que, feita por ascendente a descendente, importa adiantamento de legítima – Recurso parcialmente provido." (TJSP – Ap 0226196-34.2011.8.26.0100, 22-5-2018, Rel. Marcus Vinicius Rios Gonçalves).

"Doação feita a enteado – **Inoficiosidade** – Existência – Civil. Processual Civil. Recurso especial. Doação feita a enteado. Inoficiosidade. Existência. I – A doação dos pais aos filhos importa adiantamento da legítima. II – Doação anterior, feita a herdeiros legítimos, deve ser computada como efetivo patrimônio do doador para efeitos de aferição de possível invasão da legítima, em nova doação, sob pena de se beneficiarem, os primeiros donatários, para além da primazia que já tiveram. III – Raciocínio diverso obrigaria o doador a praticar todos os atos de liberalidade que quisesse praticar em vida, ao mesmo tempo, ou ao revés, contemplar os herdeiros legítimos apenas ao final, sob risco de, pela diminuição patrimonial própria da doação, incorrer em doação inoficiosa. IV – Recurso provido" (STJ – REsp 1.642.059 (2015/0017305-4), 10-2-2017, Relª Min. Nancy Andrighi).

"Agravo de instrumento – Inventário – Decisão que rejeitou realização de perícia – Preclusão – Ocorrência – Acórdão anterior julgou desnecessária remessa às vias ordinárias, para apuração de doações inoficiosas, bastando os documentos juntados aos autos. Alegação de que o Acórdão não faz menção aos valores dos bens; portanto, seria possível realização de perícia. Interpretação incorreta e contraditória. Valores são imprescindíveis para apuração da

40.2 PROCEDIMENTO PARA A REDUÇÃO

Já estudamos que no Direito Romano, desde a época de Justiniano, existia uma porção reservada da herança a determinados herdeiros. A eles, se prejudicados, se concedia ação para as situações em que o testador, sem razão justa, os excluía da sucessão, em favor de terceiros.

É questão moderna, e de ordem prática, saber qual o procedimento a ser adotado para a redução. Se tiver condições, de plano, o juiz pode determinar a redução nos próprios autos de inventário, se acomodados os interesses das partes. Nessa situação, não há questões de *alta indagação*.

Não satisfeito qualquer interessado, ou não sendo possível a redução no curso do inventário, há que se recorrer à ação própria da redução (denominada tradicionalmente de *actio in rem scripta*). Enquanto não aberta a sucessão, não é possível se intentar a ação, porque ainda não há herança.³

---

inoficiosidade. Não haveria como apurar violação à meação e à legítima sem que fossem considerados os valores apontados nos atos de liberalidade. A violação é apurada considerando-se todo o patrimônio do falecido. Assim sendo, a pretensão da agravante já foi abarcada pela preclusão. Seria contraditório decretar a desnecessidade de produção de outras provas e, em decisão posterior, permitir a realização de perícia. Quebra de sigilo fiscal dos demais herdeiros. Agravante pretende verificar se o falecido doou outros bens. Quebra do sigilo fiscal se dá em situações excepcionais. Não se presta a fins meramente especulativos. Agravo não provido." (TJSP – AI 2190690-59.2017.8.26.0000, 6-7-2018, Rel. Edson Luiz de Queiroz).

"**Direito civil** – Apelação cível – Casamento celebrado sob a égide do Código Civil de 1916 – Regime de bens – Separação legal – Doação e testamento contemplando cônjuge após o matrimônio – Possibilidade – Inobservância da legítima cabível aos herdeiros necessários pela escritura de doação – Nulidade da parte que ultrapassar a metade disponível – A nulidade e redução de quota testamentária e doação pode ser requerida em ação própria, fora dos autos do inventário, especialmente quando não houver consenso entre as partes e se tratar de questão de alta indagação – Permite-se no casamento celebrado sob a vigência do Código Civil de 1916, em regime de separação obrigatória de bens, a doação e disposição testamentária em favor do cônjuge, desde que sejam posteriores ao matrimônio – As disposições testamentárias e doações devem respeitar a legítima cabível aos herdeiros necessários, evidenciando-se a nulidade do que ultrapassar o patrimônio disponível – Apelo provido em parte" (TJMG – AC 1.0024.14.121836-2/001, 13-10-2015, Relª Heloisa Combat).

"Ação de anulação de testamento. Testador ultrapassou a parte disponível. Necessidade de **redução das disposições testamentárias**. Exclusão da filha. Sentença mantida. Recurso desprovido" (TJSP – Ap 0026126-12.2010.8.26.0625, 4-9-2013, Rel. Fortes Barbosa).

³ "Apelação cível – **Sucessão** – Procedimento de jurisdição voluntária de confirmação de testamento particular instaurado pela companheira/viúva/beneficiária exclusiva. Pleito inicial que desde logo contempla redução de disposição testamentária a fim de reservar a legítima dos herdeiros necessários. Regularidade do documento impugnada pelos descendentes do *de cujus*. Sentença de procedência. Insurgência dos filhos do *de cujus*. Alegação de existência de vícios formais e materiais na cédula. Rigor dos requisitos de validade de testamento particular, previstos no art. 1.876 do Código Civil, flexibilizado pela própria lei nos arts. 1.878 e 1.879. Documento não redigido pelo testador. Ausência de leitura de seu conteúdo perante três testemunhas. Vícios pouco graves e de aspecto externo. Substância do ato de disposição não atingida. Cédula elaborada a pedido do testador e na sua presença. Gravação audiovisual juntada ao feito que confirma a sua lucidez ao ler/revisar em voz alta seu teor. Inexistência de vício formal apto a invalidar o testamento. Dúvidas levantadas pelos insurgentes acerca da capacidade civil do testador. Não acolhimento. Vontade de dispor devidamente evidenciada nos autos. Prova testemunhal que de forma unânime assevera a lucidez do testador no período de internação hospitalar. Gravação audiovisual que confirma a sua intenção de transferir seus bens à consorte. Ausência de vício apto a contaminar a substância do ato de disposição. Reconhecimento da validade do testamento particular mantida. Razões recursais afastadas. Recurso conhecido e desprovido." (TJSC – AC 0301788-24.2014.8.24.0007, 22-11-2019, Rel. Des. Luiz Felipe Schuch).

"Apelação – Inventário – Testamento – Legítima – Doações em vida – Imóveis – Herdeiro-filho premorto – Impugnações oferecidas pelos herdeiros-netos – **Redução das disposições testamentárias** – Ausência de decisão – Homologação do plano de partilha – Nulidade – Em processo de inventário no qual os herdeiros-netos, que por direito de representação do herdeiro-filho premorto sucederam o falecido avô, impugnaram tanto as disposições testamentárias, quanto o próprio acervo hereditário, composto de inúmeros bens imóveis, é nula a sentença que se limita a homologar o plano de partilha apresentado pela inventariante sem perceber a pendência de várias questões jurídicas a serem decididas antes de novo parecer do partidor – Sentença anulada –. Deram provimento ao recurso." (TJSP – Ap 0619570-36.2008.8.26.0100, 26-4-2018, Rel. Alexandre Coelho).

Interessado na propositura da ação de redução será não só o herdeiro (podendo vir só ou acompanhado dos demais, como litisconsortes ou assistentes litisconsorciais), como também o cessionário de direitos hereditários, os sub-rogados no seu direito por igual direito sucessório (pois a ação é transmissível), bem como os credores do herdeiro lesado (que veem sua garantia quirografária diminuída) (Pereira, 1984, v. 6:250).

O herdeiro que não se interessar pela redução e não mover ou participar da ação não será atingido pela coisa julgada. A redução vai beneficiar tão só os herdeiros que não se mantiveram inertes. Não há coisa julgada material dentro do inventário. O herdeiro que não concordar com a partilha, homologada contra sua vontade, continua com a possibilidade de mover ação autônoma. O direito a essa ação, por conseguinte, não é personalíssimo, sendo passível de cessão (Nonato, 1957, v. 3:373). O cônjuge supérstite meeiro também tem legitimidade para essa ação, se invadida sua meação, uma vez que o testador não podia dispor do que não tinha. O mesmo se diga quanto ao convivente que também tenha direito à meação.

Quando há herdeiros incapazes, caberá a iniciativa a seus representantes. Em seu silêncio, ocorrendo conflito entre a vontade do incapaz e do representante, deve o Ministério Público zelar para que a ação seja proposta por curador especialmente nomeado para tal. Os incapazes não podem transigir ou renunciar a direitos sem autorização judicial. Os credores do espólio não têm legitimação para essa ação, já que todo o acervo hereditário lhes garante o crédito.

Enquanto não terminado o inventário e antes da partilha, as parcelas litigiosas não devem ser objeto de homologação. Após a homologação da partilha, o pedido de redução, julgado procedente, anulará a partilha, ainda que parcialmente. Não se invalida a disposição testamentária excedente, nem o testamento. O procedimento ou processo de redução tem por finalidade reduzir o objeto material do testamento. A *parte inoficiosa* do testamento é tornada ineficaz.

Se os herdeiros, maiores e capazes, houverem por bem cumprir o testamento com parte inoficiosa, o interesse é privado. Nada obsta que deixem de exercer o direito e a ele renunciem. Se, por um lado, a ação por inoficiosidade decorrente de testamento só possa ser proposta após a morte do autor da herança, quando o excesso decorrer de doação ou partilha em vida,

---

"Apelação – Ação ordinária de nulidade de testamento – Violação ao princípio da dialeticidade – Não conhecimento parcial do recurso – Violação da legítima – Demonstração – Ausência – **Redução das disposições testamentárias** – Impossibilidade – Cláusula de usufruto – Ofensa ao direito de propriedade – Inocorrência – A regularidade formal é requisito extrínseco de admissibilidade do recurso, impondo ao recorrente que decline em suas razões os fundamentos de fato e de direito pelos quais impugna o ato combatido – Não se conhece de parte da apelação quando o recorrente abstém de impugnar os fundamentos que embasaram a improcedência de um pedido formulado na inicial – Deve ser rejeitado o pedido de redução de disposição testamentária quando os herdeiros não demonstram a extensão da herança, nem que a cláusula impugnada ultrapassa a parte disponível para testamento, ônus que lhes incumbe, por se tratar de fato constitutivo do direito de titularidade deles – A instituição de usufruto em favor da herdeira que já residia no imóvel não viola o direito de propriedade dos demais herdeiros sobre o referido bem, uma vez que a eles está resguardada a nua-propriedade e o domínio do imóvel" (TJMG – AC 1.0515.11.001893-1/001, 27-4-2017, Rel. Paulo Balbino).

"Dupla apelação cível – Ação de nulidade de ato jurídico – Testamento Público – Legítima – Excesso – Redução – Testamento Válido – Celebrado na vigência do Código Civil de 1916 adiantamento de legítima. Ausência de prova. 1 – Conforme inteligência do art. 1.721 do Código Civil de 1916, pertence aos herdeiros necessários, de pleno direito, a metade dos bens da herança, constituindo a legítima. A existência de liberalidades ultra vires no contamina de nulidade o testamento, impondo-se tão somente a **redução das disposições testamentárias**, a fim de que não excedam a porção disponível, a teor do art. 1.727 do Código Civil de 1916 que vigente à época dos fatos. 2 – Tendo o testamento que fundamenta o pedido exordial sido celebrado sob a égide do Código Civil de 1916, aplica-se a referida regra ao caso. 3 – Diante da ausência de provas de que os autores/herdeiros, foram contemplados com o adiantamento da legítima, impõe-se a improcedência da apelação, mesmo porque os réus não se desincumbiram do ônus que lhes é imposto pelo artigo 333, inciso I, do CPC. Apelações cíveis conhecidas e desprovidas" (TJGO – AC 200992447321, 8-1-2015, Rel. Des. Jeova Sardinha de Moraes).

com base nesses atos pode ser proposta a ação, embora se defenda também o contrário. Carlos Maximiliano (1952, v. 3:39), acompanhado de boa parte da doutrina, acredita que em vida não há como se saber da inoficiosidade, nem quem serão os herdeiros. Não deixa de ter razão, mas sendo ato entre vivos, já existe ação nascida para anulação a partir daí, ou como diz Orosimbo Nonato (1957, v. 3:376), nossa lei, nesse passo, adotou o critério da *atualidade*. Esta é a opinião mais moderna e a dominante em nossa doutrina. Não se nega, porém, que também aqui as ações possam ser propostas após a morte. Ao que propõe a ação cabe provar o excesso. A prova incumbe a quem alega. Nem sempre será fácil na prática, dependendo, geralmente, de uma avaliação indireta.[4]

---

[4] "**Ação declaratória de nulidade de testamento cerrado** – Pleito deduzido pelo herdeiro-neto que, por direito de representação da herdeira-filha pré-morta, sucedera o falecido avô. Sentença de parcial procedência. Disposições que revelam a vontade do testador, sem nenhum indício de mácula. Hipóteses dos arts. 1.900 e 1.909 do Código Civil inocorrentes. Vontade hígida a validar o ato de disposição impugnado. Conjunto probatório que ratifica, de forma inequívoca, que o documento fora firmado pelo próprio testador, por livre e espontânea manifestação volitiva, não pairando, tampouco, nenhuma dúvida quanto à capacidade testamentária no momento de elaboração do negócio jurídico. Testamento conjuntivo não configurado. Coincidência temporal que se admite, sobretudo ante a lavratura de dois instrumentos distintos. Precedentes. Inexistência de concreta invasão na autonomia privada do testador. Ausência de irregularidade e/ou de qualquer vício da vontade capaz de invalidar o testamento. Requisitos formais do testamento cerrado (art. 1.638 do CC/16; art. 1.868 do CC/02). Finalidade de preservação da segurança, veracidade e validade intrínseca do ato. Interpretação, contudo, que deve voltar-se às circunstâncias fáticas apresentadas, sob pena de se valorizar mais o ritualismo à autenticidade do documento. Ato solene que não deve ter como prioridade a forma em detrimento da vontade do testador. Em matéria testamentária, o rigor formal deve ceder ante a necessidade de se atender à finalidade do ato regularmente praticado. Precedentes. Eventual inobservância de uma ou outra exigência que é inábil a inquinar o testamento. Manifestação de vontade claramente expressa que não deve ser desprezada. Inconformismo afastado. Requisitos intrínsecos ou de conteúdo. É lícita ao testador a indicação dos bens que devem compor cada quinhão hereditário (art. 2.014 do Código Civil), desde que se assegure as respectivas quotas hereditárias a cada um dos herdeiros. Redução das cotas legadas dispensável, vez que o próprio testamento cuidou do regramento da proporcionalidade resguardada a cada legatário. Intangibilidade da legítima. Cláusulas que a oneraram com usufruto vitalício em favor da viúva corretamente invalidadas. Partilha em vida. Não configuração. Doações procedidas aos herdeiros necessários e netos em quinhões desiguais, não equivalentes. Caracterização de verdadeira 'partilha doação'. Necessidade de colação para equalizar os quinhões. Inteligência e aplicação conjugada dos artigos 2.002, 2.005, 2.006 e 2.018 do CC/2002 (art. 1.776 do CC/16). Correção de eventual excesso que se afigura imperiosa. Reclamo em face da dita determinação insubsistente. Sentença mantida. Contrato de arrendamento rural firmado entre o autor da herança e um dos herdeiros necessários, envolvendo extensa propriedade. Evidências de que houvera concreta cessão gratuita do bem. Liberalidade *per viam obliquam et in directam*. Frutos civis advindos da exploração da propriedade comum que integram o espólio, porquanto a herança, até a partilha, constitui um todo unitário, sendo sua propriedade e posse indivisíveis, na forma do art. 1.791 do Código Civil. Art. 2.020 do Código Civil que expressamente estabelece que os frutos dos bens da herança devem ser levados ao acervo hereditário. Integralidade dos frutos que integra o montemor que deverá ser depositada para futura partilha. Recurso parcialmente provido." (*TJSP* – AC 1002461-87.2016.8.26.0576, 5-11-2019, Rel. Rômolo Russo).

"Testamento – Ação de nulidade – Pedido de **redução das disposições testamentárias** – Ação de nulidade de testamento, com pedido de redução das disposições testamentárias. Sentença de procedência em parte. Insurgência do réu. Disposições testamentárias realizadas pelo de cujus que invadem a legítima e comportam redução. Deve ser atribuída ao réu a parcela que o testador poderia dispor sobre o patrimônio, observado o direito dos herdeiros, inclusive à legítima. Sentença mantida. Recurso não provido. Nega-se provimento ao recurso." (*TJSP* – Ap 1064640-64.2015.8.26.0100, 28-9-2018, Relª Marcia Dalla Déa Barone).

"Apelação Cível – **Ação de redução de disposição testamentária** – Art. 1.967 e seguintes do CC/2002 – Testadora que legou a integralidade do patrimônio aos colaterais – Existência de companheiro – Regime sucessório diferenciado previsto no art. 1.790 do CC/2002. Inconstitucionalidade. O companheiro deve ser equiparado ao cônjuge para todos os efeitos na sucessão. Tese fixada pelo Min. Luís Roberto Barroso ao reconhecer a repercussão geral do Recurso Extraordinário nº 878.694/MG no sentido de que 'no sistema constitucional vigente, é inconstitucional a distinção de regimes sucessórios entre cônjuges e companheiros, devendo ser aplicado, em ambos os casos, o regime estabelecido no art. 1.829 do CC/2002'. Matéria apreciada pelo Órgão Especial na Arguição de inconstitucionalidade nº 0032655-40.2011.8.19.0000. Existência de herdeiro necessário que traduz limite a liberdade de testar. Violação da legítima. Redução das disposições testamentárias que se impõe para garantir a observância da parte indisponível do patrimônio. Provimento do recurso" (*TJRJ* – Ap 0295952-97.2012.8.19.0001, 31-3-2017, Relª Cláudia Telles de Menezes).

O Estatuto da Mulher Casada (Lei nº 4.121/62) já referido criara na situação já vista do § 2º do art. 1.611 uma herança concorrente para o viúvo ou viúva em usufruto, da quarta parte dos bens do cônjuge falecido, se houvesse filhos deste ou do casal, e da metade se concorresse com ascendentes do falecido. Essa forma de herança, quase imperceptivelmente, colocou o cônjuge supérstite como herdeiro necessário em usufruto. Na convivência com disposições testamentárias, esse direito ao usufruto, no sistema anterior, seria sobrepujado pela vontade do testador, de modo que na partilha havia que se separar os bens que serão usufruídos, ainda que incidam sobre bens dispostos no testamento. O herdeiro testamentário ou legatário, nessa hipótese, pode receber o bem gravado com usufruto. O juiz, na acomodação da partilha, é que deve buscar a solução mais justa e menos gravosa para os herdeiros, observando, no que couber, as regras de redução e a vontade do testador.

Deveria esse usufruto incidir sobre a legítima ou sobre a parte disponível? Como não havia disposição legal, cremos que a melhor solução se coloca no sentido de que a quota dos herdeiros testamentários é que devia ser gravada com o usufruto, até onde bastasse, atingindo-se os legados, se fosse necessário. Esse usufruto tratava-se, também, de herança que não podia ser afastada pela vontade do testador, e o sentido da lei fora procurar deixar livre de ônus a quota dos herdeiros necessários. Como se nota, a lei inseria o cônjuge sobrevivente como herdeiro de usufruto nessa modalidade de herança. No entanto, caberá ao intérprete examinar a questão se o cônjuge falecido, por exemplo, também aquinhoou o sobrevivo no testamento, atribuindo-lhe parte da herança em propriedade.

O objetivo da ação de redução é reconhecer a inoficiosidade e obter a reintegração do bem à legítima. É ação de natureza tipicamente sucessória, porque os bens voltam a reintegrar-se no monte, para sua distribuição aos herdeiros necessários. Se o bem não mais existir, ou tiver sido alienado de boa-fé, deve o acionado devolver em valor atualizado. Enquanto de boa-fé, não deve o beneficiado responder pelos frutos, devendo ser indenizado pelas benfeitorias da coisa.

Em síntese, a ação de redução resolve, em regra geral, o domínio transmitido pelo *de cujus*, no todo ou em parte, na medida necessária para respeitar a integridade da legítima. A substituição pelo preço do excedente só ocorre quando não mais possível a restituição em espécie. Se se tratar de redução parcial, porém, de pequeno valor, não se pode negar a reposição em dinheiro, que atenderá melhor ao interesse das partes e à vontade do testador.

Não há distinção também com relação à natureza dos bens. A ação atinge tanto os bens móveis quanto os imóveis.

"Apelação – Inventário – Doação de bens – **Adiantamento da legítima** – Obrigatoriedade de colacionar os bens recebidos – Valor da colação dos bens será aquele que lhes atribuir o ato de liberalidade – Inteligência do artigo 2004, do Código Civil – Decisão não impugnada ao tempo oportuno – Matéria preclusa – Sentença mantida – Recurso desprovido" (*TJSP* – Ap 0022489-66.2007.8.26.0590, 31-3-2016, Rel. Costa Netto).

"Apelação cível – **Doação de imóvel a um dos filhos** – Patrimônio existente no momento da liberalidade – Compra e venda de segundo imóvel de valor superior – Data da alienação – Momento do registro – Contrato de promessa de compra e venda – Pagamento do sinal – Irrelevância – Legítima resguardada – O imóvel alienado por compra e venda constitui parte integrante do patrimônio da alienante até a data do registro da respectiva escritura, sendo o preço de venda considerado para fins de apuração da parte dos bens reservados à legítima. Comprovado que o valor do imóvel doado exclusivamente a um dos filhos é inferior à metade do patrimônio da doadora no momento da liberalidade, não há se caracterizar o ato como doação inoficiosa – A doação feita pelos ascendentes aos descendentes importa em adiantamento da legítima. Assim, as doações em dinheiro feitas aos autores também caracterizam antecipação da partilha do imóvel comercial de propriedade da genitora, cuja venda se consolidou após a doação feita com exclusividade a um dos filhos, reforçando a validade do ato e o respeito à parte não disponível dos bens – Recurso não provido" (*TJMG* – AC 1.0569.12.002303-5/001, 15-4-2015, Relª Heloisa Combat).

40.3 CÁLCULO DA PARTE INOFICIOSA

O art. 1.847 fixa o critério para a apuração da metade disponível. No caso de testamento, segundo o Código, a parte disponível é apurada sobre o total de bens existentes ao falecer o testador, abatidas as dívidas e as despesas de funeral, adicionando-se, em seguida, o valor dos bens sujeitos à colação.

No caso de liberalidade (doação) em vida, o critério é o estabelecido por esse artigo 1.847. O eventual excesso deve ser apreciado no momento em que foi feita a doação, como se o falecimento tivesse ocorrido naquela data. Como um lapso temporal longo pode ter decorrido desde o ato, a prova avaliatória será, por vezes, complexa. Não se deve esquecer de que o art. 2.004 oferece os critérios para o estabelecimento do valor das doações, como veremos.

Orlando Gomes enfoca o problema de doações sucessivas (1981:83). Nesse caso, a regra não pode ser aplicada isoladamente, sob pena de se nulificar o princípio. Segundo entendemos, porém, as doações devem guardar certa contemporaneidade, porque se busca primeiramente a anulação da doação mais recente, como regra geral. Deve ser feito, no caso, um conjunto de avaliações, levando-se em conta todas as doações. Caberá à perícia fixar os valores, com a devida atualização monetária para padrão da época do julgamento. Para a apuração da legítima devem ser levados em conta todos os bens do ativo patrimonial (móveis e imóveis, direitos e créditos), isso ao tempo da morte do testador, já que tratamos do testamento. Desse montante devem ser deduzidos os débitos do morto, os quais passam a onerar o espólio. Há débitos do espólio que se originam após a morte do testador, aí se incluindo as despesas de funeral. As despesas com advogados, auxiliares do juízo, custas de inventário etc. também devem ser deduzidas como dívidas do monte, suportadas proporcionalmente pelos herdeiros e legatários, uma vez que a todos interessam. Se o herdeiro ou legatário prefere constituir advogado próprio, essa despesa é exclusivamente sua, já que o procedimento não requer diferentes patronos.

Naturalmente, trata-se de uma operação contábil. Há créditos duvidosos do espólio, realizáveis a médio e longo prazo, contas a pagar etc. Na verdade, dependendo da complexidade dos bens da herança, há necessidade de um balanço completo. É sobre a massa ativa realizável que deve ser calculada a legítima. Não se pode ficar na esperança de recebimento de créditos duvidosos e eventuais para a inteiração da legítima. Se esses créditos vierem posteriormente a integrar a herança, faz-se uma liquidação complementar do ativo.

Os créditos incobráveis, seja porque o devedor é insolvente, ou porque há discussão sobre sua existência e validade, ou porque já prescritos, não podem ser incluídos na massa para integrar o ativo e, consequentemente, não podem ser computados na legítima. Contudo, se o crédito é ou não duvidoso, essa é uma questão de fato que fica a critério do juiz (Borda, 1987, v. 2:94).

Do mesmo modo, não podem ser incluídos os créditos sob condição suspensiva que, evidentemente, ainda não integram o patrimônio partilhável. Se há condição resolutiva, a situação é de mais difícil solução porque, com o implemento da condição, desaparecerá o bem da herança. Melhor será que os bens sob condição resolutiva sejam imputados na parte disponível. É risco que vai onerar os herdeiros nomeados e legatários.

Como vivemos em um país sob risco de inflação e tendo em vista nosso passado econômico, todas as avaliações devem ser trazidas cuidadosamente para os valores do momento atual da morte. A avaliação contábil deverá estabelecer um padrão vigente à época da partilha, de acordo com os índices oficiais aplicáveis, ou qualquer outro critério legalmente aceito. Há toda uma problemática subjacente à avaliação imobiliária, que só um técnico especializado pode fazer para auxiliar o juízo. A avaliação fiscal não pode ser levada em conta para o cálculo da legítima, visto que espelha valores fora da realidade do mercado e, por força de injunções legais, heterogêneos entre si.

40.3.1 Doações e Parte Inoficiosa

Embora tratemos do exame da porção legítima e da porção disponível, por força das disposições testamentárias e assim o fazem os arts. 1.967 e 1.968, já mencionamos que as doações, embora negócios jurídicos *inter vivos*, também estão sujeitas à redução da parte não autorizada. A matéria deve ser mais bem esmiuçada quando do estudo das colações, assim como no estudo específico do contrato de doação. É importante, porém, fixar que, sem esse princípio presente no ato de liberalidade em vida, facilmente se burlaria a garantia da legítima. Por isso, a lei estipula que a doação dos pais aos filhos importa adiantamento de legítima. Bastaria que o titular já doasse todos os seus bens, reservando, talvez, alguns para subsistência, ou o usufruto de todos. Para o exame do excesso são utilizadas as mesmas regras já apontadas para o testamento. Só consideramos inoficiosa a doação no que exceder a legítima, no momento da doação (art. 549), porque é essa a época do exame da inoficiosidade estampada pelo legislador. A lei deveria fixar o critério do momento da morte, pela dificuldade trazida pela desvalorização da moeda, como veremos.[5]

---

[5] "Apelação. Ação declaratória de nulidade de adiantamento de legítima c/c colação de bens. Procedência da ação. Inconformismo dos réus. Preliminar. Prescrição. Não verificação. Reconhecimento da paternidade é instituto essencial para que o interessado possa reclamar seus direitos em relação à doação inoficiosa. Mérito. Doação que configura adiantamento de legítima. Ofensa da legítima. Doação inoficiosa. Herdeira necessária reconhecida possuidora de direitos hereditários. Direito à colação dos bens bem reconhecidos. Nulidade dos **adiantamentos da parte sucessória legítima**, ou ainda, perdas e danos, que somente será apurada após a efetiva colação. Sentença parcialmente reformada. (...)" (TJSP – Ap 1001067-49.2018.8.26.0358, 23-3-2023, Rel. Maria Salete Corrêa Dias).
"Inventário – **Discussão entre as partes sobre eventual antecipação de legítima** – Remessa às vias ordinárias que foi bem decidida pela r. decisão agravada. Cuida não só de examinar a possibilidade financeira do herdeiro para adquirir o bem, mas também de produção outras provas, dentre elas a prova testemunhal. Considerações e doutrina aplicáveis. Recurso improvido." (TJSP – AI 2025382-97.2019.8.26.0000, 14-3-2019, Rel. Maia da Cunha).
"Agravo de instrumento – Direito civil – Doação de imóvel por ascendente a descendentes – Art. 544 do Código Civil – **Antecipação da legítima** – Colação – Necessidade – Igualdade entre os herdeiros necessários – Arts. 2.002 e 2.003 do Código Civil – Dispensa de colação – Inocorrência – 1 – Nos termos do art. 544 do Código Civil, a doação de ascendentes a descendentes, ou de um cônjuge a outro, importa adiantamento do que lhes cabe por herança. 2 – Assim, por força do disposto nos os arts. 2.002 e 2.003 do Código Civil, os descendentes devem igualar as legítimas, em virtude das doações recebidas enquanto vivo do cujus, levando os bens recebidos à colação, se esta não foi dispensada por ato de liberalidade do falecido, nos moldes do art. 2.006 do mencionado normativo. 3 – A menção, em escritura pública de doação, de que esta não excede a parte disponível do doador não caracteriza dispensa de colação, a qual não se presume e deve constar de forma expressa e específica e, ainda, obedecer, necessariamente, a uma das duas formas previstas no art. 2.006 do Código Civil. 4 – Agravo de instrumento conhecido e não provido." (TJDFT – Proc. 07002141720188079000 – (1108710), 18-7-2018, Relª Simone Lucindo).
"Doação inoficiosa – **Adiantamento da legítima** – Inobservância do quinhão de herdeiros necessários – 'Negócio jurídico. Doação inoficiosa. Adiantamento da legítima. Inobservância do quinhão de herdeiros necessários. Sentença que declara a nulidade do negócio, na parte em que excedeu a legítima. Inconformismo afastado. Deve ser prestigiada a sentença que reconheceu a nulidade da doação quanto à parte que excede a que o doador poderia dispor por testamento ou ato inter vivos, feita pelo de cujus à ex-cônjuge, em detrimento dos filhos, diante de sua natureza inoficiosa (549, do CC). Sentença mantida. Aplicação do art. 252 do Regimento Interno deste E. Tribunal de Justiça. Resultado: apelação desprovida" (TJSP – Ap 0035998-64.2011.8.26.0577, 4-8-2016, Rel. Alexandre Coelho).
"Inventário – **Bens doados** – Exclusão da colação – Agravo de instrumento. Inventário. Bens doados. Exclusão da colação. Ausência de prova de doação inoficiosa. Possibilidade de ação autônoma para nulidade e posterior sobrepartilha. Recurso conhecido e improvido. 1. O art. 2.006 do Código Civil dispensa da colação o bem doado, se assim o fizer constar o doador. 2. Se o doador agiu com excesso a doação é nula no que exceder e nesta proporção está sujeita à redução para compor o espólio (arts. 549 e 2.007 do Código Civil). 3. No caso sob análise, não há prova de doação inoficiosa, pois não demonstrado o valor do patrimônio no momento das doações, de modo que deve ser mantida a decisão agravada, que excluiu das últimas declarações os bens doados. 4. Nada obsta que os interessados ajuízem ação autônoma para obter declaração de nulidade das doações e o excesso venha a ser objeto de eventual sobrepartilha. 5. Por ora, portanto, ante a ausência de prova da nulidade das doações, deve prosseguir o inventário com a exclusão dos bens doados" (TJMS – AI 1415054-26.2014.8.12.0000, 19-2-2015, Rel. Des. Sideni Soncini Pimentel).

Se o testador dispensou da colação a doação, é como se tivesse atribuído para após a morte sua parte disponível. A situação vai materializar-se com a obrigação de colacionar os bens doados (art. 2.003 ss, ver Capítulo 23). As doações são, portanto, imputadas na *metade disponível* quando não foram feitas a descendentes (terceiros, estranhos ou não à herança) ou quando o disponente doou aos descendentes com dispensa de colação. O excesso, sendo inoficioso, deverá ser restituído proporcionalmente pelos donatários (Itabaiana, 1987:324). Doutro lado, as doações se incluem na porção legítima, como adiantamento desta, se feitas aos descendentes *sem dispensa de colação*. Aí entendemos que o doador se antecipou em outorgar a legítima. *"Nessa hipótese, só se considera inoficiosa a parte da doação que exceder a legítima do donatário e mais a metade disponível do doador"* (Itabaiana, 1987:324). O doador somente poderia aquinhoar, pelo testamento, o descendente com sua metade disponível.

O dever de colacionar os bens não se confunde com a redução das disposições. A colação é feita apenas *ad valorem*, para a apuração do patrimônio disponível. Só haverá redução, propiciando-se ação para tal, se for apurada, nas operações contábil e avaliatória, a inoficiosidade. Tanto que, se o bem já houver sido alienado pelo donatário, o que importa é a colação de seu valor.

40.4 REGRAS PARA A REDUÇÃO

O testador pode ter previsto em sua última vontade uma ou mais formas de redução. Sempre que possível, se atenderá à sua vontade. Daí porque estampa o § 2º do art. 1.967 que o testador pode determinar que a redução prefira os quinhões de certos herdeiros, ou certos legados.

No § 1º do mesmo artigo se dá a orientação legal:

> *"Em se verificando excederem as disposições testamentárias a porção disponível, serão proporcionalmente reduzidas as quotas do herdeiro ou herdeiros instituídos, até onde baste, e, não bastando, também os legados, na proporção do seu valor".*

A opção de reduzir primeiramente a herança disponível é meramente legislativa. O Código argentino, por exemplo, determina justamente o contrário, onerando primeiramente os legados. Como os legados se assemelham a uma doação e geralmente é encargo do herdeiro entregar o legado, talvez esteja aí o sentido prático da preferência.

Nossa lei não estabelece uma ordem de redução dos legados. Nem mesmo os legados de alimentos estão livres da redução. Sempre que for de conveniência, deve o juiz autorizar as reposições em dinheiro por parte dos legatários, já que assim se estará buscando o sentido da vontade do testador. A redução que sofre o herdeiro instituído poderá ir até o ponto de nulificar a deixa, se não completada a legítima. Se forem vários os herdeiros, a diminuição será rateada entre todos. Se houver necessidade de se atingir um legado que consista em *prédio divisível*, o art. 1.968 determina que a divisão se faça proporcionalmente.

A seguir, como se vê, o Código passa a tratar do prédio *indivisível*. Dispõe o § 1º do art. 1.968:

> *"Se não for possível a divisão, e o excesso do legado montar a mais de um quarto do valor do prédio, o legatário deixará inteiro na herança o imóvel legado, ficando com direito de pedir aos herdeiros o valor que couber na metade disponível. Se o excesso não for mais de um quarto, aos herdeiros fará tornar em dinheiro o legatário, que ficará com o prédio".*

A avaliação do imóvel no bojo da herança mais uma vez avulta de importância. Essas regras evidentemente são supletivas da vontade do testador e da vontade dos interessados, que melhor farão se se compuserem.

Haverá situações de difícil deslinde na prática, a começar pela viabilidade de divisão de um imóvel que poderá perder muito de seu valor. Nem sempre será aconselhável a divisão de um imóvel rural, pois pode apresentar-se economicamente desvantajosa. Com propriedade afirma Sílvio Rodrigues (1978, v. 7:215) a respeito:

> *"é verdade que a rigidez da disposição legal não deve escravizar o juiz, quando levar a soluções manifestamente inconvenientes. Isso ocorrerá quando a redução for excessivamente pequena, ou quando trouxer imenso prejuízo ao legatário, hipóteses em que deve exigir ou permitir a redução em dinheiro".*

Quando, porém, tratar-se de prédio indivisível, o § 1º não permite outra solução, na falta de acordo, que não essa da lei. Obedecem-se às proporções de valor e evita-se o condomínio. O § 2º do artigo permite que, se o legatário também for herdeiro, inteire sua legítima no mesmo imóvel, de preferência aos outros herdeiros, sempre que o valor de sua quota e a parte do legado forem suficientes. Evita-se mais uma vez o condomínio. Esse é o sentido dos parágrafos examinados.

Se, mesmo a redução das quotas dos herdeiros e dos legados não bastar para inteirar a legítima, cumpre aos herdeiros prejudicados recorrerem à anulação das doações inoficiosas, nos termos do art. 549, se presentes os respectivos pressupostos. Reduzir-se-ão primeiramente as doações mais modernas (Monteiro, 1977, v. 6:222). É a solução mais lógica, embora não decorra da lei, a qual, porém, não determina que a redução das doações também se faça *pro rata*. Todavia, se as doações forem simultâneas ou contemporâneas, razão não existe e será mais justo que se opere o rateio entre os vários donatários, segundo nos parece.

O terceiro que adquire bem proveniente de doação inoficiosa não tem praticamente condições materiais de suspeitar do problema. Se não há ação alguma em curso, e o bem se apresenta livre de suspeitas, nem que fosse diligentíssimo poderia suspeitar de uma futura e eventual ação por inoficiosidade. Daí porque não partilhamos da opinião de que há presunção de fraude (Maximiliano, 1952, 3. v. 55; Nonato, 1957, 2. v. 390). Essa posição insere um elemento de extrema insegurança nos negócios jurídicos. Muito difícil será para o adquirente investigar se o bem que adquire se inseriu anteriormente em doação inoficiosa. Não se trata de situação perceptível por circunstâncias externas, como a fraude contra credores, por exemplo. A fraude deve ser provada no caso concreto. Nunca esqueça que o intérprete não pode raciocinar, a cada questão, sobre fraudes, pois a má-fé não se presume. Se o terceiro estiver de boa-fé, o donatário responde pela reposição do valor. Se o terceiro, de qualquer forma, foi cientificado da existência do fato, cessará aí sua boa-fé, podendo ser atingido pelos efeitos da ação.

Outra questão é a insolvência do donatário de liberalidade inoficiosa. Discute a doutrina se a ação de redução pode ir buscar as doações anteriores. A insolvência é, contudo, um risco que o herdeiro deve suportar, tratando-se de prejuízo equivalente a créditos não recebidos pelo *de cujus* (Wald, 1988:157). Lembre-se, no entanto, do que dissemos a respeito de doações simultâneas ou contemporâneas.

Se a coisa doada se perde por culpa do donatário, deve indenizar o prejuízo até o montante da inoficiosidade. Se por caso fortuito ou força maior, não há dever de indenizar. Considera-se inexistente a doação.

41

NULIDADES DO TESTAMENTO. REVOGAÇÃO E CADUCIDADE

41.1 NULIDADES EM MATÉRIA DE TESTAMENTO

No volume indicado à teoria geral, tratamos do negócio jurídico e do sistema de nulidades do Código Civil. Aqui já vimos que o testamento é um negócio jurídico, que tem como características, entre outras, o fato de ser unilateral e solene. No exame do negócio jurídico em geral que fizemos (*Direito civil: parte geral*, Capítulo 20), ficou enfatizado que em todo negócio jurídico, quando desejarmos verificar se ele tem vida plena no campo do Direito, devem ser levados em conta três níveis de exame: o da *existência*, o da *validade* e o da *eficácia*. Chamemos esses fundamentos para o campo do testamento.

Sendo o testamento negócio jurídico solene, para o qual há uma série de formalidades, a esta altura já sabemos de sobejo que a *vontade testamentária* só existe se houver testamento. Fora do testamento, não há disposição de última vontade (o codicilo tem seu alcance específico e restrito). Portanto, supere-se o nível de existência desse negócio jurídico de última vontade.

A vontade, em qualquer negócio jurídico, é pressuposto do fenômeno. Sem manifestação de vontade não existe o negócio. Como só existe testamento se a vontade manifestar-se de acordo com as três modalidades legais (testamento público, cerrado e particular, além das formas especiais, que na verdade são excepcionais), sem elas temos que inexiste o ato, porque não há testamento. Por isso, já estudamos que uma escritura pública não é testamento, nem uma carta, nem uma declaração feita perante um juiz, por maiores que sejam os formalismos que guardem esses atos. Da mesma forma, faltando uma formalidade a uma modalidade de testamento, não pode ser ela aproveitada como outra modalidade. Não é válida entre nós a cláusula de conversão. No testamento cerrado, por exemplo, se falta o cerramento da cédula, ele não pode ter validade como testamento particular.

Desse modo, os campos da existência e da validade no testamento estão muito próximos, porque o resultado que o ordenamento lhes atribui é o da invalidade. É nulo o testamento (logo o negócio jurídico não vale), tanto se feito por escritura pública, quanto se feito pela forma pública perante somente quatro testemunhas, número insuficiente no sistema de 1916. Ou com uma única testemunha no sistema atual. Como a vontade testamentária deve vir resguardada pela solenidade e pelas formas da lei, sem elas o testamento não vale: é nulo. Essas nulidades do ato testamentário também são regidas pelas regras gerais.[1]

---

[1] **"Ação de anulação de cláusulas testamentárias** – Validade formal do testamento já reconhecida – Discussão acerca da validade das cláusulas IV e VII, sob principal alegação de violação da legítima de duas herdeiras, em favor da terceira. Sentença de improcedência ao fundamento de que, verificado eventual excesso nas disposições testamentárias após a avaliação dos bens no curso do inventário, bastaria a sua redução. Irresignação da parte autora. *Error in procedendo*. Sentença que se revelou precipitada. *In casu*, o deslinde da controvérsia depende da individualização e valoração dos bens, que estão sendo objeto do processo de inventário, em apenso. Matéria a ser apreciada após a conclusão da fase avaliatória do processo de inventário. A questão relativa à validade e eficácia das cláusulas testamentárias deve ser decidida nos autos da presente ação anulatória, para depois ultimar-se a partilha. Anulação da sentença que se impõe para que se aguarde a fase avaliatória do inventário. Provimento do apelo." (*TJRJ* – AC 0067399-82.2016.8.19.0001, 3-7-2018, Rel. Sergio Ricardo de Arruda Fernandes).

"Art. 535 do CPC/73 - Inexistência – **Incapacidade da testadora** – Ausência de comprovação – Reexame de matéria fático-probatória – Impossibilidade – Súmula 7/STJ – agravo improvido – 1 – Não se constata a alegada violação ao art. 535 do CPC/73, na medida em que a Eg. Corte de origem dirimiu, fundamentadamente, as questões que lhe foram submetidas. De fato, inexiste omissão no aresto recorrido, porquanto o Tribunal local, malgrado não ter acolhido os argumentos suscitados pela parte recorrente, manifestou-se expressamente acerca dos temas necessários à integral solução da lide. 2 – O Tribunal local, analisando o acervo fático-probatório dos autos, concluiu que não ficou comprovada a incapacidade da testadora a justificar a alegada nulidade do testamento. Infirmar as conclusões do julgado, como ora postulado, demandaria o revolvimento do suporte fático-probatório dos autos, o que encontra óbice na Súmula 7 do Superior Tribunal de Justiça. 3 – Agravo interno a que se nega provimento" (*STJ* – AGInt-AG-REsp 983.721 (2016/0243532-2), 1-6-2017, Rel. Min. Raul Araújo).

"Agravo de instrumento – Ação que busca o reconhecimento da **revogação de testamento público**. Citação na pessoa do mandatário. Necessidade de outorga de poderes especiais, inexistentes no presente caso. Artigo 661, parágrafo 1º, do CC. Nulidade da citação. Assistência judiciária. Presunção relativa de necessidade. Recepção do art. 4º da Lei 1.060/50. Possibilidade de se determinar a prova da necessidade. Decisão reformada. Agravo parcialmente provido" (*TJSP* – AI 2203185-09.2015.8.26.0000, 29-1-2016, Rel. Claudio Godoy).

"Anulação de negócio jurídico. **Revogação de testamento**. Alegado vício formal da revogação. Testamento e revogação do testamento lavrados em escritura pública. Validade da revogação. Sentença de improcedência. Intempestiva a alegação de vício de consentimento. Alteração da causa de pedir. Inovação recursal. Recurso da autora improvido" (*TJSP* – Ap 0049034-16.2010.8.26.0576, 15-9-2014, Rel. Flavio Abramovici).

"Processual civil. 1. Recurso especial prematuro não ratificado tempestivamente. Interposição antes do julgamento de embargos de declaração. Ratificação posterior intempestiva. Não exaurimento da instância ordinária. Súmula 418/STJ. 1º recurso especial improvido. 2. Ofensa ao art. 134 do CPC não configurada. 3. Não reiteração, no recurso especial, de alegação de embargos infringentes, relativa a suspeição de desembargador. Incidência da Súmula 283/STF. 4. **Testamento. Validade**. Testemunhas que não teriam assistido à lavratura e leitura em cartório. Alegação de violação do art. 1.864 do Código Civil de 2002 afastada. Abrandamento da interpretação da regra. Matéria fática não cognoscível neste tribunal (Súmula 7/STJ). 5. Alegação de falta de condições psíquicas de testadora. Matéria fática (Súmula 7/STJ). 2º recurso especial também improvido. 1. É extemporâneo, por prematuro, o Recurso Especial interposto antes do julgamento de Embargos de Declaração, inexistente reiteração ou ratificação tempestiva (Súmula 418/STJ). 2. Inviável a alegação de nulidade, por violação do art. 134, II, do Código de Processo Civil, pois, após a conclusão do processo ao Desembargador Revisor, proferiu este despacho dando-se por impedido, em razão de haver sido testemunha nos autos, tendo o processo sido enviado à Desembargadora substituta legal, que efetivamente atuou no julgamento da apelação, não tendo, ainda, ao contrário do afirmado, aludido Desembargador participado da sessão de julgamento, fato consignado no julgamento de embargos de declaração e não questionado no recurso especial. 3. O fundamento exposto pelo Tribunal de origem para rejeitar Embargos de Declaração, interpostos pela autora, não foi deduzido no recurso especial, ficando a matéria inviabilizada (Súmula 283 do STF). 4. Em que pese o formalismo inerente à matéria testamentária, não ocorre nulidade do testamento, por ofensa ao art. 1.864, II, do Código Civil/2002, no caso em que duas das cinco testemunhas (STJ fl. 31/32), funcionários do Cartório em que lavrado o testamento, presentes no Cartório, não tenham assistido à manifestação da testadora propriamente dita, mas assinado em seguida, tendo o Tribunal de origem concluído, à análise das provas, pela exatidão da manifestação válida da vontade da testadora, cuja prevalência somente pode ser afastada diante da existência de fatos concretos suficientes a colocar em dúvida sua vontade, sendo a jurisprudência desta Corte no sentido de que 'o rigor formal deve ceder ante a necessidade de se atender à finalidade do ato, regularmente prático pelo testador'. Preservada a apreciação da prova realizada pelo Tribunal de origem, que não pode ser revista por esta Corte (Súmula 7/STJ). 5. A alegação de falta de condições psíquicas da testadora, afastada pelo Tribunal de origem, constitui matéria fática, cujo o reexame, reservado à Justiça de origem, é vedado a este Tribunal (Súmula 7/STJ). 6. Recursos Especiais improvidos" (*STJ* – REsp 1.352.468 – (2012/0142870-0), 1º-3-2013, Rel. Min. Sidnei Beneti).

O testamento também exige agente capaz, objeto lícito e forma prescrita. Na verdade, em todos os capítulos anteriores tratamos de nulidades do testamento. Examinamos a capacidade testamentária ativa ao analisar o art. 1.860 (Capítulo 31) e vimos que não há equivalência entre a capacidade do agente para os atos em geral e para fazer testamento. Existe, pois, uma disciplina própria para sabermos quem é "agente capaz" para elaborar testamento. Há também "capacidades específicas" para cada modalidade de testamento, ou seja, legitimação (ou melhor dizendo, falta de legitimação para certas pessoas). Quem não possui legitimação para testar sob determinada forma também não é agente capaz. O cego, por exemplo, não tem capacidade testamentária ativa, senão pela forma pública (art. 1.867).[2]

---

[2] "**Declaratória de nulidade de testamento público** – Alegação de incapacidade para testar em razão do comprometimento neurológico e cognitivo da falecida à época. Determinação de suspensão da demanda envolvendo abertura, registro e cumprimento do testamento. Inadmissibilidade. Procedimento de jurisdição voluntária, em que o objeto se limita à análise dos requisitos extrínsecos de autenticidade do documento. Ausência de prejudicialidade ou conexão. Demandas versam sobre causas de pedir e pedidos distintos. Suposto vício intrínseco do testamento não impede seu registro. Cautela pode ser observada diretamente no inventário. Agravo provido." (*TJSP* – AI 2229098-85.2018.8.26.0000, 17-6-2019, Rel. Natan Zelinschi de Arruda).

"Processo civil e civil – Apelação cível – **Nulidade de testamento** – Preliminar de cerceamento de defesa – Rejeitada – Mérito – Ausência de provas da incapacidade – Validade do testamento – 1 – Apelação interposta em face da r. sentença, proferida nos autos da ação declaratória de nulidade de testamento, que julgou improcedente o pedido formulado na inicial, condenando a autora ao pagamento dos ônus sucumbenciais. 2 – Cabe ao juiz, destinatário da prova, decidir a respeito dos elementos necessários à formação do seu convencimento, podendo determinar as provas necessárias à instrução processual ou indeferir aquelas reputadas inúteis para o julgamento da lide, sem que isso implique afronta ao direito de defesa das partes. No caso, a prova requerida é inócua para o fim pretendido, não havendo que se falar em cerceio de direito. 3 – Não restando comprovado aos autos nenhuma causa de nulidade, não há como se reconhecer a invalidade do testamento celebrado pelo genitor da apelante em favor da segunda apelada. 4 – Preliminar rejeitada. Apelação conhecida e desprovida." (*TJDFT* – Proc. 20180110167607APC – (1110931), 25-7-2018, Rel. Cesar Loyola).

"Civil – Processual Civil – Recurso Especial – **Testamento** – Formalidades legais não observadas – **Nulidade** – 1 – Atendido os pressupostos básicos da sucessão testamentária – I) capacidade do testador; II) atendimento aos limites do que pode dispor e; III) lídima declaração de vontade – A ausência de umas das formalidades exigidas por lei, pode e deve ser colmatada para a preservação da vontade do testador, pois as regulações atinentes ao testamento tem por escopo único, a preservação da vontade do testador. 2 – Evidenciada, tanto a capacidade cognitiva do testador quanto o fato de que testamento, lido pelo tabelião, correspondia, exatamente à manifestação de vontade do de cujus, não cabe então, reputar como nulo o testamento, por ter sido preterida solenidades fixadas em lei, porquanto o fim dessas – Assegurar a higidez da manifestação do de cujus –, foi completamente satisfeita com os procedimentos adotados. 3 – Recurso não provido" (*STJ* – REsp 1.677.931 (2017/0054235-0), 22-8-2017, Relª Minª Nancy Andrighi).

"**Direito civil** – Recurso Especial – Anulação de doação de bens do cônjuge adúltero ao cúmplice – Prazo decadencial de 2 (dois) anos – A legitimidade do herdeiro necessário para vindicar a anulação exsurge apenas no caso do falecimento do cônjuge lesado – em todo caso, há legitimidade autônoma do herdeiro necessário do cônjuge que procede à doação de bens para vindicar a anulação quanto à parte que exceder a de que o doador, no momento da liberalidade, poderia dispor em testamento (doação inoficiosa) – transmissão de imóvel com utilização de procuração, em que pese a prévia revogação do mandato – nulidade de pleno direito, que não se submete a prazo decadencial para o seu reconhecimento – 1 – O art. 550 do CC/2012 estabelece que a doação do cônjuge adúltero ao seu cúmplice pode ser anulada pelo outro cônjuge, ou por seus herdeiros necessários, até 2 (dois) anos depois de dissolvida a sociedade conjugal. Com efeito, a lei prevê prazo decadencial para exercício do direito potestativo para anulação da doação, a contar do término do casamento, isto é, pela morte de um dos cônjuges ou pelo divórcio. 2 – Ademais, no tocante ao pleito de anulação da doação do cônjuge adúltero, por dizer respeito à meação da lesada (genitora do autor), coautora da ação, fica patente que o filho não tem legitimação para este pedido específico – O que só poderia cogitar se tivesse havido o prévio falecimento de sua mãe –, hipótese em que, a teor do art. 1.177 do CC/1916 [ao], estaria legitimado como herdeiro necessário. 3 – No entanto, o caso é peculiar, pois é vindicada pelos autores anulação de doação praticada pelo cônjuge alegadamente infiel, já falecido por ocasião do ajuizamento da ação, sendo certo que consta da causa de pedir e do pedido a anulação de escrituras para que os bens imóveis doados passem a constar do acervo hereditário, em proveito do inventário. Com efeito, em vista do disposto no art. 1.176 do CC/1916 [ao], que estabelece ser nula a doação quanto à parte que exceder a de que o doador, no momento da liberalidade poderia dispor em testamento, e como o feito foi julgado antecipadamente, sem ter sido instruído, se limitando as instâncias ordinárias a enfrentar a tese acerca da decadência para anulação da doação à apontada cúmplice, é prematuro cogitar em reconhecimento da ile-

Quanto ao objeto lícito, ao examinarmos exaustivamente as disposições testamentárias; as questões referentes à legítima; aos legados; às cláusulas restritivas; às reduções das cláusulas; à deserdação etc., vimos o que pode e o que não pode inserir o disponente em seu ato de última vontade. Também o objeto imoral, como nos atos jurídicos em geral, não pode figurar no testamento. Contudo, no particular referente ao objeto do testamento, ou seja, nas disposições testamentárias, na maioria das vezes uma disposição nula não invalidará todo o ato. Tal como numa lei composta de vários artigos, pode existir um artigo que seja inconstitucional. Mas isso não faz com que a lei não seja aplicável. Só o dispositivo que fere a lei maior deixa de ser aplicado. Assim também no testamento, pode ocorrer que a vontade se manifestou de forma válida, mas que uma disposição dentro do contexto testamentário seja vedada pelo ordenamento. O negócio é válido e terá eficácia. Não se aplica a disposição ilegal e, consequentemente, tudo que dela depender. Sob o mesmo aspecto, se nenhuma norma testamentária puder ser aplicada por ilegalidade, o testamento se esvazia, passa a ser um corpo material sem qualquer validade jurídica.

O que não pode ser olvidado é que a nulidade de uma cláusula testamentária, por si só, não invalida o ato inteiro. Como a finalidade básica do testamento é dispor de patrimônio após a morte, em se tratando de disposições não patrimoniais, vimos que estas têm um tratamento próprio. Há disposições de cunho não patrimonial que mesmo inseridas em um testamento inválido ou ineficaz podem gerar seus efeitos particulares, porque é tida como suficiente a vontade ali manifestada, como, por exemplo, o reconhecimento de um filho.

Ao lado dos atos nulos, que retiram a validade e a eficácia do ato, coloca-se a anulabilidade, ou nulidade relativa como preferem alguns. A vontade testamentária pode ter sido viciada. Externamente, o testamento se apresenta perfeito. Intrinsecamente, porém, a vontade se viciou por erro, dolo ou coação. O que anula os atos jurídicos em geral também anula o testamento. Já estudamos o dolo no testamento, quando assume a forma de captação de vontade. Só que como a vontade testamentária é essencialmente *revogável*, o cuidado que deve ter o julgador ao tratar de uma anulação desse jaez é verificar se o vício perdurou durante todo o tempo após a elaboração do testamento, de tal sorte que também inibiu a vontade do testador em revogá-lo. Se o autor do negócio testou sob coação, para que o vício perdure e enseje a anulação, mister será que essa coação tenha sido tão constante que o impediu de fazer novo testamento para revogar o ato coacto. Se assim não for, entendemos que o testador desejou que sua vontade, originalmente viciada, perdurasse após sua morte.

A possibilidade de testar acompanha o testador até a sua morte, é "ambulatória", segundo a expressão romana estudada. A consequência de o testamento ser considerado inválido é que não produzirá efeito algum como negócio de última vontade. Serão chamados os herdeiros da ordem legítima de vocação hereditária.

Como a distinção dos negócios nulos e anuláveis traz diferenças, os testamentos nulos podem ser decretados de ofício pelo juiz, podendo a nulidade ser pleiteada por qualquer interessado e pelo Ministério Público (art. 168). A anulação do testamento só pode ser pedida por quem tenha interesse na invalidade do negócio. A nulidade é de ordem pública; a anulabilidade é deferida no interesse de determinadas pessoas. O interesse em anular deve ser aferido no caso concreto. O representante do incapaz tem, por exemplo, legitimidade para pedir a anulação de ato que prejudique o representado.

---

gitimidade ativa do autor. 4 – A transmissão de imóvel efetuada com utilização de procuração, em que pese a prévia revogação do mandato, por não se tratar de vício de consentimento, mas na sua ausência absoluta, não se submete à decadência, constituindo nulidade de pleno direito a atingir todos aqueles que não agiram de boa-fé. 5 – Recurso especial provido" (*STJ* – REsp 1.192.243 – [2010/0077460-9], 23-6-2015, Rel. Min. Luis Felipe Salomão).

O testamenteiro é parte legítima para ser demandado, tanto no pedido de declaração de nulidade como na ação de anulação, por força do art. 1.981, mas é da maior conveniência que todos os herdeiros e legatários envolvidos sejam chamados para a ação (Pereira, 1984, v. 6:259).

Ao lado desses vícios, que estão na origem da vontade testamentária, há outras situações particulares que podem retirar a *eficácia* do testamento. Como o testamento é essencialmente revogável, o próprio testador, com um testamento subsequente, revoga o anterior, subtraindo-lhe a eficácia. Pode ocorrer que o segundo negócio tenha exclusivamente essa finalidade: revogar o ato anterior. Sem qualquer deixa testamentária, operar-se-á a vocação legítima. Há outras situações, como a seguir veremos, que a lei entende que existe uma revogação presumida do testamento, pela superveniência de certos fatos.

E, por fim, o testamento ou determinada(s) deixa(s) podem esvaziar-se de conteúdo, perder a força, ou porque o objeto material não existe mais, ou porque não existe o sujeito para entrar na titularidade sucessória. Trata-se da *caducidade*. A esta altura de nosso estudo já passamos por muitas situações de caducidade, estando clara sua compreensão. Lembre-se do que se falou a respeito da caducidade dos legados (Capítulo 36). Uma vez caducada uma disposição testamentária, cumpre examinar o testamento, para verificar se ainda restam disposições eficazes a serem cumpridas. A caducidade não resulta da vontade do testador, mas de situações de fato, aferíveis a partir da morte (embora a disposição já possa ter-se esvaído em vida, por exemplo, o perecimento da coisa legada).

41.2 REVOGAÇÃO DO TESTAMENTO

Só um outro testamento é que pode revogar: *"o testamento pode ser revogado pelo mesmo modo e forma porque pode ser feito"* (art. 1.969).[3] Codicilo não revoga testamento, nem escritura

---

[3] **"Ação de anulação de testamento.** Sentença de improcedência. Irresignação do autor. Ausência de prova da alegação de que o réu enganou a testadora, fazendo-a a acreditar que havia revogado o testamento público e que essa era sua intenção. Testamento que deveria ter sido revogado por meio de documento público, o que não ocorreu. Inteligência do art. 1.969 do CC. Lei de Registros Públicos que permite a retificação de documento público, de ofício ou a requerimento do interessado, para corrigir erro material. Sentença mantida. Recurso desprovido". (TJSP – Ap. 1005390-23.2018.8.26.0609, 13-10-2021, Rel. Alexandre Marcondes).

"Agravo de instrumento – Inventário – Insurgência contra decisão que indeferiu pedido de **rompimento de testamento**, sob o fundamento de que tal pretensão deve ser dirimida em ação autônoma, porquanto necessária a participação do Ministério Público, a realização de instrução probatória e fixação de ônus da sucumbência – Desnecessidade de outro processo – Questão que não depende de outras provas – Inteligência dos artigos 612 do CPC e 1.973 do CC – Decisão reformada – Recurso provido." (TJSP – AI 2002330-72.2019.8.26.0000, 21-3-2019, Rel. José Roberto Furquim Cabella).

"Sucessões – **Rompimento de testamento** – Suspeição das testemunhas não arguida no momento oportuno – Preclusão – Rompimento do testamento que se dá quando o testador desconhece a existência de filho, sendo irrelevante a data em que houve o reconhecimento judicial. Incidência do art. 1.975 do CC. Pelo princípio da *saisine*, com a morte os bens do falecido passam aos seus herdeiros, de forma que, ainda que um destes faleça antes da partilha, o seu quinhão não retorna ao monte-mor. Gratuidade judiciária. Direito personalíssimo. Se o pleito recursal se limita à majoração dos honorários advocatícios, ainda que a parte seja beneficiária da gratuidade, deve o advogado recolher as custas ou comprovar a sua hipossuficiência financeira. Sentença mantida. Recurso do autor desprovido, não conhecido o recurso do Espólio." (TJSP – Ap 9000164-80.2012.8.26.0100, 26-3-2018, Rel. Alexandre Marcondes).

"Civil – Processual Civil – Recurso Especial – **Testamento** – **Rompimento** – Possibilidade – Nulidade – Existência – I – Na busca da preservação da vontade do testador, o rompimento de um testamento, com a sua consequente invalidade geral, é medida extrema que somente é admitida diante da singular revelação de que o testador não tinha conhecimento da existência de descendente sucessível. II – A prova em sentido contrário – De que o testador sabia da existência do descendente sucessível – Mesmo existindo declaração do testador de que não tinha herdeiros necessários, impede a incidência do quanto disposto no art. 1.973 do Código Civil. III – A nulidade das disposições testamentárias que excedem a parte disponível do patrimônio do testador se circunscreve ao excesso, reduzindo-se as disposições testamentárias ao quanto disponível, nos termos dos arts. 1.967 e 1.968. IV – A avalia-

pública. O testamento pode revogar o codicilo. Qualquer forma válida de testamento é apta a revogar. Assim, o testamento público pode ser revogado pelo cerrado, o cerrado pelo particular e assim por diante. Como a data pode estar ausente do testamento ou duvidosa, já que não é, entre nós, requisito essencial, importante fixá-la, para saber qual o ato revogante e qual o ato revogado.

A lei não impede que o testador faleça com um emaranhado de testamentos válidos, uma vez que a revogação pode ser *parcial ou total* (art. 1.970).[4] Se houver mera revogação parcial,

---

ção do conteúdo da deixa e seu cotejo com as disposições de última vontade do *de cujus*, para fins de verificação de possível invasão da legítima, são matérias adstritas ao curso do inventário. V – Inviável a aplicação da multa a embargos de declaração com o fito de prequestionamento (Súmula 98 /STJ). VI – Recurso especial parcialmente provido, apenas para afastar a incidência da multa do art. 538 do CPC/73, fixada na origem" (*STJ* – REsp 1.615.054 (2016/0190168-8), 10-8-2017, Relª Minª Nancy Andrighi).

"**Direito das sucessões**. Recurso especial. Testamento. Superveniência de descendente. Rompimento. Não ocorrência. Pedido realizado pelos descendentes já existentes. Impossibilidade. Presunção de que o falecido testaria de forma diversa inexistente no caso concreto. 1. Incide a Súmula 284/STF, no que concerne à alegação de ofensa ao art. 535 do Código de Processo Civil, sempre que o recurso somente trouxer lições doutrinárias e jurisprudenciais conhecidas acerca da exigência de que o Judiciário se manifeste de forma fundamentada sobre os pontos relevantes ao desate da controvérsia, sem, todavia, indicar nenhum aspecto em concreto acerca do qual não tenha havido manifestação, ou no qual tenha o julgado incorrido em contradição ou obscuridade. 2. Os arts. 1.973 e 1.974 do Código Civil de 2002 tratam do rompimento do testamento por disposição legal, espécie de revogação tácita pela superveniência de fato que retira a eficácia da disposição patrimonial. Encampa a lei uma presunção de que se o fato fosse de conhecimento do testador – ao tempo em que testou –, não teria ele testado ou agiria de forma diversa. 3. Nesse passo, o art. 1.973 somente tem incidência se, à época da disposição testamentária, o falecido não tivesse prole ou não a conhecesse, mostrando-se inaplicável na hipótese de o falecido já possuir descendente e sobrevir outro(s) depois da lavratura do testamento. Precedentes desta Corte Superior. 4. Com efeito, a disposição da lei visa a preservar a vontade do testador e, a um só tempo, os interesses de herdeiro superveniente ao testamento que, em razão de uma presunção legal, poderia ser contemplado com uma parcela maior da herança, seja por disposição testamentária, seja por reminiscência de patrimônio não comprometido pelo testamento. 5. Por outro lado, no caso concreto, o descendente superveniente – filho havido fora do casamento – nasceu um ano antes da morte do testador, sendo certo que, se fosse de sua vontade, teria alterado o testamento para contemplar o novo herdeiro, seja apontando-o diretamente como sucessor testamentário, seja deixando mais bens livres para a sucessão hereditária. Ademais, justifica-se o tratamento diferenciado conferido pelo morto aos filhos já existentes – que também não eram decorrentes do casamento com a então inventariante –, porque depois do reconhecimento do filho biológico pelo marido, a viúva pleiteou sua adoção unilateral, o que lhe foi deferido. Assim, era mesmo de supor que os filhos já existentes pudessem receber, em testamento, quinhão que não receberia o filho superveniente, haja vista que se tornou filho (por adoção) da viúva-meeira e também herdeira testamentária. 8. Recurso especial parcialmente conhecido e, na extensão, não provido" (*STJ* – REsp 1.169.639/MG, 4-2-2013, Rel. Min. Luis Felipe Salomão).

[4] "Direito civil e processual civil – Apelação cível – Ação declaratória de nulidade de negócio jurídico – Preliminares – Ilegitimidade passiva – Falta de pressuposto processual – Nulidade parcial do processo, por cerceamento de defesa – Rejeição – Ato de revogação testamentária – Interdição do testador – Incapacidade absoluta anterior e contemporânea à celebração do negócio impugnado – Prova – Existência – Anulação do ato – Necessidade – Sentença mantida – Recurso não provido – A *legitimatio ad causam* passiva, em princípio, pode ser definida como a qualidade necessária ao réu para figurar como sujeito responsável, em abstrato, pelo direito material controvertido – O espólio corresponde a uma universalidade de bens e relações jurídicas deixadas pela pessoa física, em decorrência de sua morte, que, ainda que não possua personalidade jurídica, detém capacidade processual ativa e passiva para estar em juízo, nos termos do que dispõe o art. 12 do Código de Processo Civil de 1973, vigente na data do ajuizamento da demanda – Para que configure cerceamento de defesa e, por consequência, ofensa aos princípios do devido processo legal, da ampla defesa e do contraditório, é necessário que a prova, que deixou de ser produzida, caracterize-se indispensável para a solução da lide – Não há cerceio quando, intimada a parte para dizer sobre as provas que pretendia realizar, quedou inerte, demonstrando desinteresse pela instrução, situação ensejadora de preclusão – O negócio jurídico válido requer agente capaz; Objeto lícito, possível, determinado ou determinável e forma prescrita ou não defesa em lei. – Em consonância com a redação do artigo 1.184, do CPC/73, a sentença de interdição produz efeito a partir de sua prolação, entretanto, os atos praticados pelo curatelado, antes desse momento, podem ser anulados, em observância à prescrição do artigo 177, do *Codex* Substantivo Civil, se demonstrada que a causa da incapacidade já existia ao tempo de sua realização – Estando provado, nos autos, que a revogação do testamento, pelo testador, ocorreu quando presente a causa da incapacidade absoluta, deve ser anulado o ato." (*TJMG* – AC 1.0701.13.003456-7/001, 19-6-2019, Rel. Amorim Siqueira).

"Agravo de instrumento – Ação ordinária – Herança – Testamento – Netas excluídas – Rompimento do testamento – Necessidade de dilação probatória – Poder geral de cautela – Manutenção da decisão – A tutela de urgência

sem revogação expressa, o testamento anterior subsiste em tudo que não for contrário ao posterior. Pode o disponente ir elaborando seguidos testamentos, completando os anteriores, revogando-os em parte, em parte confirmando-os. A difícil tarefa perante vários testamentos eficazes é do intérprete, em concluir pelas disposições realmente eficazes quando da morte. O problema será compatibilizar as várias disposições contidas em mais de um instrumento.

Outro problema, porém, pode surgir na interpretação de um único testamento, que contenha cláusulas conflitantes. A recomendação é sempre a de maior clareza possível na elaboração das cédulas. Nesse sentido, como vimos, o parágrafo único do art. 1.970 que é expresso:

> "Se parcial, ou se o testamento posterior não contiver cláusula revogatória expressa, o anterior subsiste em tudo que não for contrário ao posterior".

Destarte, se for desejo do testador revogar totalmente o ato anterior, deve dizê-lo expressamente. Não o fazendo, todas as novas disposições que não conflitarem com o documento anterior permanecem válidas. Se a incompatibilidade for total, cai por terra evidentemente todo o disposto anteriormente. Distinguem-se, pois, a *revogação expressa* e a *revogação tácita*. Ficam tacitamente revogadas as disposições novas que conflitarem com as precedentes. Tanto a revogação expressa, como a tácita podem ser totais ou parciais. Não vale a revogação, se o testamento revogador for inválido. O que é nulo não produz efeitos (art. 1.971). É esse mesmo dispositivo que mantém a revogação no caso de caducidade deste último testamento *por exclusão, incapacidade, ou renúncia do herdeiro, nele nomeado*. O testamento que revoga, portanto, é válido e eficaz. A caducidade de suas disposições não torna ineficaz a vontade manifesta de revogar.

E se o testador revogar o testamento revogatório? A hipótese não está contemplada na lei. Ganharia vida novamente o testamento original, ou seja, repristinar-se-ia o testamento então revogado? Pelos princípios presentes em nossa lei, o último testamento só teria o condão de

---

poderá ser antecipada, desde que estejam presentes elementos que evidenciem a probabilidade do direito e o perigo de dano ou o risco ao resultado útil do processo, conforme disposição do artigo 300 do CPC – Como cediço, o testamento é o ato de última vontade por meio do qual o testador dispõe de seus bens para depois de sua morte, porém a liberdade de testar é limitada à parte disponível quando há herdeiros necessários, pois lhes deve ser resguardada a metade dos bens da herança. – Se demonstrado que o testador à época da disposição testamentária, não tinha conhecimento da existência de outros descendentes, rompe-se o testamento, pois aplica-se o disposto no art. 1973 do CPC: "Sobrevindo descendente sucessível ao testador, que não o tinha ou não o conhecia quando testou, rompe-se o testamento em todas as suas disposições, se esse descendente sobreviver ao testador." – Havendo indícios de que a testadora não tinha conhecimento da existência de suas netas, descendentes sucessíveis, na ocasião da elaboração do testamento, cuja matéria demanda dilação probatória, mostra-se prudente a manutenção da decisão que determinou a indisponibilidade dos bens transferidos aos herdeiros no inventário, em observância ao poder geral de cautela. Agravo de instrumento –. Ação ordinária – Rompimento de testamento – art. 1.973 do Código Civil – Tutela de urgência antecipada – Requisitos – Ausência – Recurso Provido – 1 – Não há o rompimento do testamento, nos termos do artigo 1.973 do Código Civil, quando, ao tempo da lavratura, o testador já possuía outros descendentes. 2 – Ausente a probabilidade do direito alegado na inicial, é forçoso concluir pela ausência dos requisitos para a concessão da tutela antecipada de urgência." (*TJMG* – AI-Cv 1.0287.17.005843-5/001, 13-4-2018, Relª Yeda Athias).

"Civil – **Cláusula testamentária de inalienabilidade** – Nulidade – Inexistência – Norma vigente à época da elaboração do testamento – Código Civil de 1916 – Recurso desprovido – 1 – A cláusula testamentária de inalienabilidade não se encontra eivada de nulidade, de acordo com as normas vigentes à época da elaboração do testamento, estabelecidas no Código Civil de 1916. 2 – O artigo 1.676 do Código Civil de 1916, ao tratar especificamente sobre a cláusula de inalienabilidade, ainda que vitalícia, imposta aos bens deixados em testamento, assevera que a disposição não pode ser dispensada ou invalidada por ato judicial. 3 – Recurso desprovido. Sentença mantida" (*TJDFT* – Proc. 20150710170638APC (1002038), 23-3-2017, Rel. Josapha Francisco dos Santos).

"Apelação cível. **Registro de testamentos**. Inexistindo cláusula de revogação expressa, persiste o testamento anterior em tudo aquilo que não for contrário ao testamento posterior. Art. 1.970 do CC. Negaram provimento ao apelo" (*TJRS* – AC 70052061579, 7-2-2013, Rel. Des. Alzir Felippe Schmitz).

anular o anterior, mas pode o testador repetir as disposições do testamento revogado (nesse caso não há problema interpretativo porque se trata de novo testamento), ou se referir expressamente que é seu desejo a repristinação. Parece-nos que a doutrina que aceita tal atitude do testador está correta. No entanto, é necessário que o testador manifeste expressamente sua vontade de *reviver* testamento pretérito. Tal efeito não pode nunca ser automático (Gomes, 1981:242). Necessário, contudo, que o testamento renascido continue válido, para que volte a ganhar eficácia.⁵

A revogação pode ficar subordinada a condições, se forem lícitas. Pode o testador estipular que o testamento anterior fica revogado, caso venha ele a contrair matrimônio com determinada pessoa, por exemplo.

---

⁵ "**Ação de abertura, registro e cumprimento de testamento** – Procedimento de jurisdição voluntária – Apelação – 1 – Cuida-se de procedimento de jurisdição voluntária, destinado a conhecer a declaração de última vontade do falecido, cuja cognição é sumária, cingindo-se a verificar o magistrado a regularidade formal do testamento e ordenar seu cumprimento. 2 – A sentença recorrida determinou o cumprimento do testamento dos bens deixados por HB, por entender terem sido observadas as formalidades legais, havendo concordância do Curador de Resíduos. 3 – Apelou LAB, suposta herdeira, pugnando pela reforma da sentença, alegando que esta deixou de considerar o Instrumento Público de Revogação ou sobre o rompimento em razão da superveniência de descendente sucessível do testador, na forma do artigo 1.973 do Código Civil. 4 – O procedimento de confirmação de testamento, de jurisdição voluntária, objetiva unicamente a verificação da regularidade formal do testamento apresentado, com posterior prolação de provimento jurisdicional que permita a produção de seus efeitos, nos termos do artigo 735 CPC. 5 – Nega-se provimento ao recurso." (*TJRJ* – AC 0486665-24.2015.8.19.0001, 9-7-2018, Rel. Fernando Foch de Lemos Arigony da Silva).

"Apelação Cível – **Ação de anulação de testamento público** – Prova pericial contundente no sentido de demonstrar a capacidade do testador, por ocasião da celebração do instrumento – Expressão última da vontade que deve ser preservada – Inexistência de cerceamento de defesa porquanto a prova pericial foi produzida e a respectiva impugnação ao laudo devidamente respondida pelo perito – sentença de improcedência mantida – desprovimento do recurso – 1 – Tendo sido realizada prova pericial por profissional indicado pelo Juízo e de forma imparcial, não há razão para se realizar nova prova técnica, mormente quando o requerimento indica mero inconformismo da parte requerente. 2 – Entendendo o douto Magistrado pela suficiência de elementos nos autos capazes de formar um seguro juízo de convicção, desnecessários são os novos questionamentos formulados pela parte, não havendo que se falar em nulidade da sentença por cerceamento de defesa. 3 – Conclusões trazidas no laudo pericial médico que não nos permite outra interpretação, senão a de que o testador estivesse em sua plena capacidade para o ato de celebração do testamento público. 4 – A capacidade de testar é a regra, sendo a incapacidade uma exceção que somente se aplica quando restar cabalmente comprovado o comprometimento das plenas condições de entendimento e discernimento da pessoa, para elaboração de sua última disposição de vontade. 5 – Não demonstrado o vício na manifestação da vontade do testador, a improcedência do pedido de anulação do ato de disposição de última vontade é medida impositiva. 6 – Desprovimento do recurso" (*TJRJ* – Ap 0100453-83.2009.8.19.0001, 10-2-2017, Rel. Benedicto Ultra Abicair).

"Apelações cíveis – Ação de nulidade de testamento – Parcial procedência na origem – Insurgência dos autores – **Rompimento do testamento** – Tese não aventada no primeiro grau – Supressão de instância – Reclamo não conhecido neste ponto – Suscitado vício da cláusula que prevê a divisão do patrimônio do de cujus entre os filhos legítimos e reconhecidos. Vício não verificado. Autora que foi reconhecida judicialmente após o óbito do testador, em ação de investigação de paternidade. Situação que não a exclui do testamento. Recurso dos réus. Alegada a validade da cláusula de conversão de bens da legítima em dinheiro. Sem razão. Afronta ao art. 1.848, § 1º, do Código Civil. Nulidade da cláusula que não afeta a higidez do testamento. Documento válido. Pedido de ambas as partes pela minoração dos honorários advocatícios sucumbenciais. Valor adequado (R$ 10.000,00). Observância dos critérios elencados pelo art. 20, § 3º, do CPC/1973. Pedido de compensação honorária. Impossibilidade. Entendimento do STJ. Vedação expressa no art. 85, § 14, do CPC/2015. Sentença mantida. Recurso dos autores parcialmente conhecido e, nesta, desprovido. Recurso dos réus conhecido e desprovido" (*TJSC* – AC 2013.039682-2, 9-5-2016, Relª Desª Hildemar Meneguzzi de Carvalho).

"**Ação de extinção de gravame** – Imóvel doado via testamento – Cláusula de inalienabilidade, impenhorabilidade e incomunicabilidade – revogação – ausência de justa causa – O gravame de inalienabilidade, impenhorabilidade e incomunicabilidade deve ser respeitado porque assim o quis a doadora do imóvel. Mera facilidade ou conveniência não é suficiente para desconstituir tal gravame, há que ser demonstrada a justa causa do pedido de sua desconstituição, o que não se verifica no presente caso" (*TJMG* – AC 1.0145.12.066299-7/001, 4-9-2015, Rel. Belizário de Lacerda).

"**Revogação de testamento**, e realização de outro, subsequente ação buscando nulificação de tais atos, ao fundamento de não se achar o testador no juízo perfeito, vindo a óbito pouco tempo depois em razão do *mal de parkinson* de que acometido. Perícia *post mortem* inconclusiva, o testamento novo e a revogação do antigo por escrituras públicas, havendo notícia de se encontrar o testador na posse de suas faculdades mentais quando as lavrou. Improcedência corretamente decretada. Apelo improvido" (*TJSP* – Ap 0005929-59.2007.8.26.0037, 16-8-2013, Rel. Luiz Ambra).

41.2.1 Revogação pela Abertura ou Dilaceração do Testamento Cerrado

O art. 1.972 diz: *"O testamento cerrado que o testador abrir ou dilacerar, ou for aberto ou dilacerado com seu consentimento, haver-se-á como revogado".*

A lei estabelece que a abertura ou dilaceração do testamento cerrado implica revogação, se feita pelo testador ou com sua aquiescência. A regra geral é que testamento rasgado pelo testador, ou a seu mando, demonstra sua vontade de revogar. A vontade de revogar não é expressa, mas se manifesta pelas circunstâncias. Se a cédula foi fortuitamente aberta ou dilacerada, não opera a presunção. A questão passa ao campo probatório. Cabe aos interessados provar a eficácia ou ineficácia do testamento. Se não houver acordo entre os interessados, não estando clara a intenção do testador, só a ação, com contenciosidade, deslindará a questão. O juiz não pode determinar o cumprimento do testamento que não se apresenta intacto (art. 735 do CPC). Se a presunção não fosse relativa, não precisaria o Código Civil referir-se à hipótese, porque o testamento cerrado que não se apresentar intacto está nulo. A lei criou, no entanto, uma possibilidade de que valha a cédula. O exame da prova nesse caso deve ser muito rigoroso, porque a situação facilita a fraude. Entendeu a lei não ser absoluta a presunção no tocante a esse requisito de validade do testamento cerrado. Abre possibilidade ao juiz de aparar injustiças. A regra deve ter aplicação semelhante no testamento particular, se este se apresentar riscado ou rasurado, por exemplo. Há de ser provado que tal não decorreu da vontade do testador em revogá-lo. Se o testador riscou apenas uma parte do testamento, e assim ficar provado, é de entendermos que revogou o ato nessa parte.

41.2.2 Revogação Presumida (Ruptura do Testamento)

Há situações em que a lei presume que, se fossem de conhecimento do testador, ele revogaria sua disposição de última vontade. Essa revogação é *presumida*, de modo que o próprio testador pode afastá-la, prevendo as possibilidades da lei. O termo usado pelo legislador é *rompimento* do testamento, que é mais forte do que simples revogação. O rompimento faz desaparecer os efeitos do testamento por inteiro.[6] A primeira hipótese de rompimento, na verdade, subdivide-se em duas.

---

[6] "Apelações cíveis. Ação de conhecimento. Cumprimento de testamento público. **Pedido de rompimento de testamento.** Existência de herdeiro sucessível conhecida pelo testador. Reconhecimento judicial de filiação feito posteriormente à lavratura de testamento. Disposições testamentárias não alteradas pelo testador apesar da certificação de existência de vínculo de parentesco art. 1.975 do Código Civil. Registro válido e eficaz de disposição de bens relativamente à quota disponível. Hipótese de revogação presumida não caracterizada. Não incidência ao caso concreto da regra posta no art. 1.973 do Código Civil. Excepcionalidade da ruptura do testamento. Preservação da manifestação do ato de última de vontade do testador. Recursos conhecidos e não providos. 1. O Código Civil prevê a revogação presumida do testamento quando o testador não tem descendente e lhe sobrevém descendente sucessível ou quando possui descendente, mas desconhecia sua existência. A ruptura ficta do testamento decorre da presunção relativa de que o testador não teria disposto dos bens de sua quota disponível se soubesse da existência de herdeiros necessários ou de outro além daqueles que também beneficiou como herdeiros testamentários. Não verificadas tais circunstâncias, têm se por plenamente eficaz o registro lavrado pelo falecido com ato de últimas disposições sobre sua quota patrimonial disponível. Respeito ao princípio liberal que orienta a disposição de última vontade e que impõe sua preservação. 2. A Corte Superior de Justiça possui firme entendimento no sentido de que 'o art. 1.973 do Código Civil somente tem incidência se, à época da disposição testamentária, o falecido não tivesse prole ou não a conhecesse, mostrando-se inaplicável na hipótese de o falecido já possuir descendente e sobrevier outro(s) depois da lavratura do testamento'. 3. O art. 1.975 do Códi-go Civil prevê que não se rompe o testamento, se o testador, mesmo sabendo da existência de herdeiros necessários, dispõe de sua quota disponível sem os contemplar como herdeiros testamentários ou os exclui expressamente da parte disponível. Hipótese em que caberá ao herdeiro necessário, mas não testamentário, parte da legítima. 4. Recursos conhecidos e desprovidos. Sem majoração de honorários" (*TJDFT* – Ap 07109753020218070003, 10-5-2023, Rel. Diva Lucy de Faria Pereira).
"Inventário – Insurgência contra decisão que declarou o **rompimento do testamento** – Descabimento – Questão que deve ser analisada e decidida no bojo dos próprios autos do inventário, não sendo caso de sua remessa às vias ordinárias – Hipótese em que, ademais, era de rigor o rompimento do testamento em questão, a teor do disposto no art. 1.973, do Código Civil – Instrumento lavrado antes do superveniente reconhecimento *post mortem*

Art. 1.973:

> *"Sobrevindo descendente sucessível ao testador, que o não tinha, ou não conhecia quando testou, rompe-se o testamento em todas as suas disposições, se esse descendente sobreviver ao testador".*

A lei presume que se o testador conhecesse a existência do descendente (de qualquer grau) não disporia pelo testamento, ao menos da forma que o fez. Do mesmo modo, o nascimento de um descendente faz desaparecer os efeitos do testamento. Trata-se do nascimento de um novo herdeiro necessário. A lei presume que a relação com o novo descendente modifica a vontade de testar. Incumbiria ao testador fazer novo testamento. Se não tiver mais condições para isso (insanidade, por exemplo), as disposições do testamento rompido estarão irremediavelmente perdidas. O testamento só poderá ser aplicado se esse descendente falecer antes do testador. Aí não se considera rompido. Destarte, esse rompimento só pode ser aquilatado quando da morte do autor da herança. Se o testador já tinha descendentes quando testou, e após o testamento surgirem outros, não é caso de rompimento (*RTJ-STF*, 45/469).

O mesmo ocorre quando o testador *está ciente* de que não tem outros herdeiros necessários, além dos conhecidos quando da elaboração do testamento. A lei presume que disporia diferentemente se soubesse de sua existência. A questão da prova, no caso concreto, nem sempre será fácil. Deve ser provado que o testador não sabia que existiam outros herdeiros necessários. Sobre esse aspecto, dispõe o art. 1.974:

> *"Rompe-se também o testamento feito na ignorância de existirem outros herdeiros necessários".*

O filho ilegítimo ou, segundo a mais nova nomenclatura, o filho não proveniente de casamento, desconhecido pelo testador, insere-se nessa dicção legal. Assim também se o testador ignora que possui pais vivos ou cônjuge.

A questão é tormentosa, mormente quando o reconhecimento de filiação ou paternidade ocorre após a morte, por força de sentença judicial. A jurisprudência mostrava-se avessa em

---

da paternidade do testador em relação à filha, ora agravada – Redução das disposições testamentárias, como pretendem os agravantes, de que tampouco de cogita, não sendo caso de aplicação do art. 1.975, do referido códex – Inexistência de qualquer indicação de que, à época da concepção do testamento, soubesse o testador ter outra herdeira além de sua então esposa – Decisão mantida – Art. 252, do RITJSP – Agravo desprovido". (*TJSP* – AI 2250627-58.2021.8.26.0000, 8-2-2022, Rel. Luiz Antonio de Godoy).

"Apelação cível – Ação de nulidade de testamento – Sucessão testamentária – Reconhecimento de herdeiro necessário *post mortem* – Não conhecimento do testador sobre a existência de filha – **Rompimento do testamento** – Artigos 1.973 e seguintes do Código Civil – Julgamento *extra petita* – Inexistência – Litigância de má-fé – Não configuração – No particular, verificou-se que o testador não tinha conhecimento da existência de herdeiro necessário ao celebrar o testamento, sendo o reconhecimento da filiação obtido *post mortem*. Feitas tais considerações, não se vislumbram vícios capazes de invalidar o ato, sendo, em verdade, hipótese de ruptura do testamento, consoante a dicção dos artigos 1.973 e seguintes do Código Civil." (*TJDFT* – Proc. 20150111307980APC – (1073820), 15-2-2019, Relª Carmelita Brasil).

"Agravo de instrumento – Inventário – Decisão que determinou que o rompimento do testamento depende de processo autônomo. Inconformismo da autora. Desnecessidade de outro processo. Questão que não depende de outras provas. Artigos 612 do CPC e 1.973 do CC. Recurso provido." (*TJSP* – AI 2035796-91.2018.8.26.0000, 16-4-2018, Rel. Piva Rodrigues).

"Agravo de instrumento – Arrolamento de bens – **Testamento** – Superveniência de descendente – Rompimento – Art. 1.973 do Código Civil – Medida de rigor – Recurso não provido – 1 – Na dicção do art. 1.973 do Código Civil, sobrevindo descendente sucessível ao testador, que não o tinha ou não o conhecia quando testou, rompe-se o testamento em todas as suas disposições, se esse descendente sobreviver ao testador. 2 – Consequentemente, deve ser declarado sem efeito o testamento, uma vez que os elementos de convicção estão a apontar que o de cujus não sabia da existência da herdeira, quando da elaboração do testamento. 3 – Recurso não provido" (*TJMG* – AI-Cv 1.0261.14.000368-0/001, 28-3-2016, Rel. Raimundo Messias Júnior).

aplicar o dispositivo. Hoje, com a nova Constituição, não há que se fazer qualquer diferença em matéria de filiação. O desconhecimento de filho ilegítimo rompe o testamento. Assim também a adoção. Se o testador adotou após fazer testamento, implicitamente revogou o testamento. Se o testador acautelar-se, dispondo tão só da parte disponível e prevendo as hipóteses de possível rompimento, o testamento será válido. Não pode ser levado em conta, porém, o filho proveniente de inseminação artificial ou fertilização assistida, que tenha sido gerado após a morte do testador, se este não contemplou expressa e especificamente essa hipótese.

Não há rompimento, de acordo com o art. 1.975, quando o testador dispõe só de metade do patrimônio, não contemplando os herdeiros necessários então conhecidos, ou excluindo-os dessa parte. Na verdade, como já enfocamos, não tem o testador necessidade de deserdar os herdeiros necessários na legítima. Basta dispor da parte disponível a outrem. No entanto, o texto do art. 1.975 gera polêmica. Na hipótese do art. 1.973, o testador dispõe de seu patrimônio ignorando, não sabendo, ter herdeiros necessários. O legislador presume que, se soubesse, disporia de seu patrimônio diferentemente, por isso o testamento se rompe. Na situação do art. 1.975, o testador sabe que possui herdeiros necessários, mas a eles não se refere. O testamento será válido, respeitando-se a legítima dos herdeiros necessários. Se houver disposições inoficiosas, deve ser promovida a devida redução para ser protegida a legítima.

41.3 CADUCIDADE DOS TESTAMENTOS

Não haveríamos de voltar ao tema, não fosse certa confusão que paira na doutrina. Geralmente, trata-se dos casos de rompimento ou revogação presumida, como caducidade. Na realidade, a caducidade tem seus próprios limites. A caducidade ocorre quando há um esvaziamento da deixa testamentária ou porque o bem já não mais existe (pouco importando a causa, desaparecimento, alienação, perda), ou porque não existe o sujeito (herdeiro ou legatário) para suceder (em todos os casos em que o sucessor não mais existe, não quer, ou não pode receber).[7] Assim, caduca o testamento na parte em que não puder ser cumprido porque há uma impossibilidade material. Se o legatário estiver legalmente impedido de figurar como sucessor, a deixa é nula. No entanto, se o legatário for um substituto e o primeiro nomeado aceitar a herança, caducará a disposição a seu respeito. Do mesmo modo, há caducidade se os herdeiros tiverem falecido antes do testador; se a condição da cláusula se frustrar (não tiver mais possibilidade de implemento) ou se os instituídos sob condição suspensiva falecerem antes do implemento da condição. Tudo isso exemplificativamente, porque as hipóteses são inúmeras. Tudo que esvaziar a disposição testamentária é caducidade, isto é, perda da força, do vigor. Esse o sentido no vernáculo e no direito. Estabelecida a caducidade de uma disposição testamentária, verificar-se-á se outra disposição é aplicada em substituição, ou se o que operará é a ordem de vocação legítima.

Nos testamentos especiais, fala-se que tais negócios caducam quando perdem sua razão de ser, ou porque o viajante marítimo deixa de testar regularmente no prazo legal (art. 1.891), ou porque o combatente não falece em campanha, podendo no prazo legal testar sob a forma ordinária (art. 1.895). Como vemos, também aí o sentido geral de caducidade está presente. No caso, todo o testamento esvazia-se e torna-se ineficaz.

---

[7] "**Apelação cível** – Registro de testamento – Sentença que determina o registro, arquivamento e cumprimento – ilegitimidade do testamenteiro nomeado – inexistência caducidade do testamento – Inocorrência – Não preenchidas as hipóteses do artigo 1939, do Código Civil – Legatária faleceu após o testador – Ausência de caducidade – recurso conhecido e desprovido" (*TJPR* – AC 1386815-6, 23-10-2015, Relª Desª Joeci Machado Camargo).

42

TESTAMENTEIRO

42.1 CONCEITO. ORIGENS

Normalmente, deve ser atribuído aos herdeiros ou ao cônjuge meeiro o encargo de cumprir as disposições testamentárias. No entanto, o testador pode entender ser esse encargo muito pesado aos herdeiros ou ao cônjuge, ou então não depositar neles sua total confiança, acometendo o cumprimento do testamento a uma pessoa especialmente designada para tal, o testamenteiro (o qual, aliás, pode ser um dos herdeiros, o cônjuge, ou um dos legatários). Ainda, se o testamenteiro for pessoa estranha à herança, terá ele maior isenção e maior liberdade de executar a última vontade que lhe foi confiada, já que muitos interesses e muitas paixões entrechocam-se no curso do inventário e da partilha.

O testamenteiro é, na verdade, um executor do testamento. Ao conjunto de funções que lhe são atribuídas pela lei e pelo testador dá-se o nome de testamentaria. A origem do instituto já é controversa. Não nos dão conta de sua existência as fontes romanas. Havia em Roma o *familiae emptor*, pessoa a quem eram confiados os bens de alguém na iminência da morte, pela *mancipatio*, mas só com a finalidade de transmiti-los a terceiros, se ocorresse o falecimento. Outro instituto que indiretamente servia para transmitir a herança a terceiros era a *fiducia*, já vista quando do estudo do fideicomisso.

É costume, no entanto, localizar na Idade Média a origem da testamentaria, como decorrência do Cristianismo. O encargo não teria sido conhecido dos romanos. Há notícia do surgimento do executor testamentário desde o século XII na Alemanha, tendo sido acolhido no velho Código prussiano e passado para todos os Códigos modernos (Fassi, 1970, v. 2:225). Orosimbo Nonato (1957, v. 3:283) conclui que surge o instituto em decorrência de seu desenvolvimento no direito costumeiro e no Direito Canônico, neste último para defesa e maior segurança dos legados pios. A maior utilidade da testamentaria surge quando existem interesses antagônicos na herança, tornando-se importante uma vontade isenta para defender a vontade do testador.

42.2 NATUREZA JURÍDICA

Muito se digladiam os juristas para fixar sua natureza jurídica. Para alguns, haveria um *mandato post mortem* outorgado pelo testador. O autor da herança conferiria um mandato ao testamenteiro para que ele cumprisse sua vontade expressa, no ato de última vontade. Admitindo-se essa hipótese, que tem certo fundamento, temos que ver, porém, que a situação não se adapta ao mandato como contrato, por nós conhecido, já porque só se inicia a atividade do mandatário após a morte do mandante. A se acolher a tese de que a testamentaria é um mandato, forçosamente devemos concluir que se trata de um *mandato causa mortis*, sem relacioná-lo com o mandato tradicional.

Para outros, haveria no testamenteiro uma *representação*, sem mandato. Mais difícil admitir-se aqui essa explicação, porque não existe qualquer forma de representação legal do morto no exercício da testamentaria. O que poderia justificar essa tese é que o testamenteiro exerce uma representação do espólio, que é uma entidade com personificação anômala, com representação processual, mas, entre nós, tal não ocorre porque a lei a defere ao inventariante (art. 75, VII, do CPC). Se, por analogia, aplicam-se à testamentaria alguns dos princípios do mandato e da representação, tal não converte nesses institutos.

Sustenta-se também que a testamentaria é um encargo imposto pelo testador. Porém o fato de dizer que a testamentaria é um encargo, como tantos outros encargos que se encontram no processo, com ligação com o direito material (síndico na falência, curador de herança jacente, curador ao vínculo etc.), não dá ideia exata do conjunto de atribuições do testamenteiro. Aproxima-se também a testamentaria da tutela, por proteger interesses de terceiros. Dizer também que uma figura jurídica é *sui generis* é fugir do problema, por não encontrar uma compreensão melhor do tema.

Trata-se, a nosso ver, em primeiro lugar, de instituto típico do direito sucessório. No direito sucessório, surge o testamenteiro no âmbito da sucessão testamentária. E nessa forma específica de sucessão, o testamenteiro é um *executor do testamento*, nomeado pelo testador ou pelo juiz, que exerce um ofício exclusivamente ligado ao testamento. Cumpre-lhe, também, defender a validade do testamento e a execução das disposições testamentárias. Não temos, portanto, que ligar a testamentaria a nenhum outro instituto. O testamenteiro é o defensor da última vontade do testador.

Como bem afirma Carlos Maximiliano (1952, v. 3:207), a testamentaria é uma função de amigo, na maioria das vezes; não é um encargo público, como tutela, por exemplo. O testamenteiro não está obrigado a aceitar a função. Aceita-a, não sendo dativo, em homenagem à confiança que lhe foi depositada pelo morto e quiçá tendo em vista também a remuneração. Se dativo, pela confiança depositada pelo juízo. Se não se sentir à vontade em pugnar pelo testamento, não deve o indicado aceitar a função. Uma vez investido na função, porém, não pode o testamenteiro afastar-se sem justificação. Isso porque a função é remunerada e sua retirada pode ocasionar prejuízo a terceiros. Quem cuidou de interesses de terceiros deve prestar contas. O caso concreto determinará a possibilidade de renúncia à função após aceita e suas consequências.

Destarte, a função de testamenteiro é voluntária, porque o nomeado não está obrigado a aceitá-la, como estão os tutores e curadores. É personalíssima, privativa da pessoa natural, sendo indelegável, embora possa o testamenteiro nomear mandatários e deva constituir procurador com capacidade postulatória para os atos em juízo, se não for advogado regularmente inscrito na OAB (art. 1.985). É atividade onerosa porque terá o testamenteiro direito à remuneração (vintena), como regra geral. E é função específica do direito testamentário. A figura somente existe em função do testamento.

42.3 DA NECESSIDADE DA TESTAMENTARIA

Se os próprios herdeiros podem cumprir as disposições testamentárias, a questão que se coloca é sabermos se, em havendo testamento, há sempre necessidade da existência de um testamenteiro. Em princípio, verificamos que a nomeação de testamenteiro é faculdade do testador. Pelo art. 1.976, ele *pode* nomear um ou mais testamenteiros. Portanto, não é essencial a nomeação do testamenteiro. Esse deveria ser o sentido lógico do tema. O testador, que tem tanta liberdade nas disposições do testamento, é o melhor julgador para saber se haverá ou não necessidade de um executor de sua última vontade. Da leitura do art. 1.984, porém, e tendo em vista as atribuições que nossa lei dá a pessoa do testamenteiro, verificamos que *"na falta de testamenteiro nomeado pelo testador, a execução testamentária compete a um dos cônjuges, e, em falta deles, ao herdeiro nomeado pelo juiz"*. Portanto, daí vemos que sempre haverá testamenteiro se houver testamento, porque assim desejou nossa lei. Nada impediria que a lei determinasse ao inventariante as funções da testamentaria, na ausência de nomeação pelo testador. Se contra a nomeação de inventariante podem-se insurgir os eventuais interessados, assim também o fariam (e têm o direito de fazê-lo na lei vigente), se tiverem motivos, no tocante à nomeação de testamenteiro.

Ainda que o testamenteiro tenha sido nomeado pelo falecido, ele poderá não ter idoneidade para a função ou ter interesse antagônico à herança, situações que podem não o guindar ao encargo ou podem destituí-lo, no curso de sua atividade. Não tendo elementos para decidir no curso do inventário, a questão da nomeação ou destituição do testamenteiro é levada às vias ordinárias. É de suma inconveniência que assim seja, pois certamente retardará o curso do inventário.

42.4 ESCOLHA E NOMEAÇÃO DO TESTAMENTEIRO

O testamenteiro é primordialmente escolhido pelo testador. Em sua falta o juiz nomeará alguém de sua confiança, ou seja, o testamenteiro dativo propriamente dito.

A nomeação poderá recair em mais de uma pessoa. De acordo com o art. 1.976, o testador poderá nomear um ou mais testamenteiros, para agir em conjunto ou separadamente. Na ordem do art. 1.984, não se encontram os legatários. Poderá um legatário, contudo, e até um estranho, como explanado, ser nomeado para o cargo. No entanto, as respectivas incompatibilidades devem ser examinadas no caso concreto pelo juiz.

O CPC prevê que o testamenteiro seja intimado e preste o compromisso de testamentaria no procedimento de abertura, registro e cumprimento do testamento. O art. 735, § 3º do estatuto processual diz que, após o registro do testamento cerrado, o testamenteiro nomeado será intimado para assinar o termo da testamentaria em cinco dias. Se não houver testamenteiro nomeado pelo testador, estiver ele ausente ou não aceitar o encargo, o juiz nomeará o testamenteiro dativo, *"observando-se a preferência legal"* (§ 4º). A ausência de que fala a lei processual não é a de direito material. Trata-se de ausência no processo. Devem ser esgotados, porém, todos os meios disponíveis para localização do testamenteiro. Não basta a simples ausência na comarca. Não se deve aguardar, no entanto, ausência declarada por sentença. A intimação por edital é mais uma tentativa (e está na lei) de localização do testamenteiro. Por outro lado, é inconveniente que após o registro do testamento decorra período longo sem existência de seu executor. O cumprimento do testamento público também segue o procedimento dos arts. 735 e ss. do CPC. Todavia, quanto à intimação do testamenteiro, o art. 736, que cuida do testamento público, silencia, refere-se ao artigo anterior, também é aplicável como decorrência dos dispositivos anteriores. Nada impede, porém, que o testamenteiro seja nomeado no curso do inventário, quando se tratar de testamento público.

Quanto ao testamento particular, não sendo o próprio testamenteiro quem o apresenta para publicação, deve ele ser intimado para a audiência de confirmação. Àquela altura, já deverá ter assinado o termo, na forma do art. 735, § 3º, uma vez que a intimação do executor do testamento é essencial. Se o testamenteiro não tiver capacidade postulatória, deve constituir advogado para atuar em juízo. Para os atos de processo subsequentes, o testamenteiro será intimado na pessoa de seu patrono.

Não há uma regra geral sobre incapacidade para exercer o encargo de testamenteiro. A regra geral é a capacidade. Eventual incapacidade, ou simples incompatibilidade para exercer o *munus*, deve ser apreciada no caso concreto e no momento do início do exercício. É esse o momento em que se afere sua capacidade. Nada tem a ver a capacidade para receber por testamento com a capacidade para ser testamenteiro. Os arts. 1.799 e 1.801 não se aplicam a ele, embora seja inconveniente que a nomeação recaia sobre uma dessas pessoas impedidas (Pereira, 1984, v. 6:220). Por essa razão é que há opiniões em contrário (Wald, 1988:175). Ocorre que se o testamenteiro tiver algum interesse no testamento, tal deve ser aferido no caso concreto para impedir sua investidura. Interesses contrários ao encargo, como, por exemplo, dívidas contra o espólio, são incompatíveis com a investidura. O mesmo digamos de quem não tem idoneidade moral, o que impediria a administração de qualquer patrimônio alheio, como, por exemplo, ter praticado crimes que tornam suspeita sua conduta perante a sociedade, como estelionato e apropriação indébita. O encargo é pessoal. Cabe tão só à pessoa natural. A atividade é incompatível com a pessoa jurídica. Não pode o testador atribuir a terceiro a tarefa de nomear testamenteiro. Seria inserir uma vontade estranha ao testamento, que é ato de vontade personalíssimo (Nonato, 1957, v. 3:310).

Os testamenteiros podem ser nomeados em ordem sucessiva, para serem substitutos, no caso de não aceitação ou impossibilidade do primeiro nomeado. A regra de substituição é permitida ao testador também nas deixas testamentárias, como visto. Se o testador não se referir expressamente à atuação conjunta dos testamenteiros plurais (art. 1.976), entende-se que os nomeou sucessivamente, porque não se presume a solidariedade.

Logo, o testamenteiro será *instituído*, se nomeado pelo testador; *dativo*, se nomeado pelo juiz. Como enfatizamos, o dativo pode ser alguém ligado à herança, ou um estranho, quando isso não for possível. Se o testamenteiro tiver a posse dos bens da herança, será denominado *universal*; se não a possuir, será *particular*.

42.5 POSSE DOS BENS DA HERANÇA

Dispõe o art. 1.977:

> *"O testador pode conceder ao testamenteiro a posse e administração da herança, ou de parte dela, não havendo cônjuge ou herdeiros necessários".*

Vimos que ao herdeiro cabe não só a propriedade, como também a posse da herança, desde a abertura da sucessão. O inventariante, mormente quando cônjuge, deterá, em geral, a posse direta dos bens hereditários. Desse modo, o testamenteiro só poderá ter a posse dos bens na falta de cônjuge e de herdeiros forçosos. Não pode ser derrogada essa disposição pela vontade testamentária. O testamenteiro, porém, mesmo na falta das pessoas mencionadas no art. 1.977, só terá a posse e administração da herança se assim tiver disposto o testador.[1]

---

[1] "Inventário – Testamento – **Fixação do prêmio do testamenteiro** – Decisão que reduziu o percentual de 3% para 1%, com fundamento no valor do monte mor. Inadmissibilidade. Matéria acobertada pela preclusão. Fixação original, ademais, que atendeu aos critérios estabelecidos no art. 1987 do CC. Valor da herança que deve ser atualizado pela tabela prática do TJSP. Decisão reformada. Recurso provido." (*TJSP* – AI 2015620-57.2019.8.26.0000, 22-3-2019, Rel. Vito Guglielmi).

"Agravo de instrumento – Decisão que reconhece **testamenteiro** como representante de espólio, bem como o intima a prestar contas de ato de disposição patrimonial capaz de frustrar a garantia de execução de acórdão do TCU – Improvimento – I – O relatório médico juntado aos autos não torna irrecusável o reconhecimento da incapacidade civil do agravante, nos termos do art. 4º, III, do Código Civil, tanto que, além da inexistência de notícia sobre eventual procedimento de interdição, aquele formalizou negócio jurídico de procuração, constituindo advogado para representá-lo em juízo. II – Eventual perda da condição de testamenteiro pelo transcurso do prazo para o

A posse do inventariante será sempre qualitativamente diversa da posse do testamenteiro, valendo a distinção de posse direta e indireta. A posse é uma forma de proteger os bens hereditários. De acordo, porém, com o parágrafo único do art. 1.977:

> "Qualquer herdeiro pode requerer partilha imediata, ou devolução da herança, habilitando o testamenteiro com os meios necessários para o cumprimento dos legados, ou dando caução de prestá-los".

O testamenteiro pode vir a ter posse de algum ou alguns bens da herança para cumprir seu mister. Se os herdeiros se recusarem ou se omitirem nos atos que facilitem a tarefa do testamenteiro, cumpre que este peça providências ao juiz. Os herdeiros se utilizarão da faculdade de pedir partilha imediata dos bens, na forma desse parágrafo único, quando entenderem inconveniente a posse da herança em mãos do testamenteiro. Tendo o testamenteiro a posse e administração dos bens hereditários, é sua obrigação requerer a abertura do inventário e cumprir o testamento (art. 1.978).

Numa hipótese, o testamenteiro terá necessariamente posse dos bens da herança: quando o testador tiver distribuído toda a herança em legados (art. 1.990). Exercerá o testamenteiro, nesse caso, também a função de inventariante. Se existem legatários, a posse não passa diretamente a eles, como vimos, porque não são continuadores da posse do morto. Na verdade, existindo cônjuge ou herdeiro necessário, a um ou outro, em princípio, caberá a inventariança, ainda que toda a herança tenha sido disposta em legados (Leite, 2003:709).

---

cumprimento do testamento há de ser verificada pelo juízo de direito competente. III – O contrato de alienação de bens junto aos autos, no qual o espólio da executada foi representado pelo agravante como testamenteiro, demonstra a situação a que se refere o art. 1.978 do Código Civil, de sorte a legitimar a decisão recorrida que determinou aquele a prestar contas do destino da alienação de bem que garantia a execução. IV – Agravo de instrumento a que se nega provimento" (*TRF-5ª R.* – AGTR 0002136-32.2016.4.05.0000 – (145198/SE), 16-5-2017, Rel. Des. Fed. Edilson Pereira Nobre Júnior).

"Agravo de instrumento – Inventário – **Exercício da testamentaria** – Prêmio – Herdeiro necessário – Admissibilidade – Percentual Arbitrado – Decisão Mantida – Recurso não provido – 1 – Decisão que, nos autos do inventário dos bens deixados por Filomena Matarazzo Suplicy, deferiu o pedido formulado pelo testamenteiro e arbitrou em seu favor prêmio de 5% sobre a herança líquida, no patamar máximo, pelo exercício cumulativo da inventariança. 2 – Herdeiro necessário tem direito ao prêmio para administrar e fiscalizar o cumprimento do testamento. Exegese do art. 1.987 do CC, conforme o posicionamento doutrinário prevalecente. 3 – Redução do percentual arbitrado. Ausência de elementos de prova a amparar o pedido e a infirmar a análise realizada pelo Magistrado de origem quanto ao trabalhado despendido pelo testamenteiro. Decisão mantida. 4 – Agravo de instrumento não provido" (*TJSP* – AI 2263522-61.2015.8.26.0000, 30-6-2016, Rel. Alexandre Lazzarini).

"Agravo de instrumento – **Ação de nulidade e anulação de testamento** – Desnecessidade, na espécie, da presença do espólio no polo passivo da demanda. Ação que deve ser promovida contra o herdeiro supostamente favorecido pela disposição e contra os testamenteiros que, por força do disposto no art. 1.981 do Código Civil, compete a defesa da validade do testamento. Presença, ademais, dos herdeiros na demanda, tornando absolutamente inócua a presença do espólio na ação. Precedente. Decisão que atribuiu a um dos herdeiros a representação do espólio reformada. Agravo provido" (*TJSP* – AI 2064709-88.2015.8.26.0000, 21-9-2015, Rel. Donegá Morandini).

"Agravo de instrumento – **Anulação de testamento** – Acordo entabulado entre testamenteira e herdeiro, para alteração de cláusula testamentária, não homologado pelo Juízo *a quo*. Incompatibilidade da função de testamenteira com a alteração de disposição do testador. Decisão mantida. Agravo desprovido" (*TJSP* – AI 2050594-96.2014.8.26.0000, 1-8-2014, Rel. Claudio Godoy).

"Agravo de instrumento. Inventário. Testamenteira. Legitimidade. Ausência de nulidade dos testamentos. Mero erro material. Litigância de má-fé. 1. Consoante disposição do artigo 988, inciso IV, do Código Processual Civil, o testamenteiro possui legitimidade para requerer a abertura do inventário. 2. Mero erro material concernente à indicação do número da Circunscrição do Cartório de Registro de Imóveis não possui o condão de nulificar o testamento, quando suficientemente individualizado o bem imóvel objeto da declaração de vontade, mediante as especificações do seu endereço e número de matrícula. 3. A improcedência das teses recursais não implica, por si só, em litigância de má-fé, caso não evidenciado intuito protelatório ou, ainda, a existência de prejuízos às partes. Agravo conhecido e desprovido" (*TJGO* – AI 201294165844, 2-8-2013, Rel. Des. Alan S. de Sena Conceição).

42.6 OBRIGAÇÕES DO TESTAMENTEIRO

A função básica do testamenteiro é fazer cumprir o testamento: executá-lo (art. 1.978). Deve cumprir as disposições testamentárias no prazo marcado pelo testador, dando contas do que recebeu, persistindo sua responsabilidade enquanto durar a execução do mister (art. 1.980), aplicam-se às presentes disposições o art. 1.135 do CPC/1973. No CPC/2015, corresponde ao mesmo o art. 735, § 5.º. Será ineficaz disposição testamentária que desobrigue o testamenteiro de prestar contas. Todo aquele que gere patrimônio alheio deve fazê-lo.[2]

O prazo para ultimar o inventário e a partilha é de doze meses, após o início do inventário (art. 611 do CPC). Na falta de norma específica no estatuto processual atual, o prazo é o geral para o término do inventário (Wald, 1988:177). Sem grande importância o dispositivo, porque raramente, quando se trata de herança complexa e juízo ou comarca com grande movimento, se terminará nesse prazo. O juiz poderá sempre dilatar o prazo. Na prática, deve o juiz mostrar-se flexível nos prazos, apenas coibindo os abusos.

É fato que a inércia ou ineficiência do testamenteiro pode dar azo a sua remoção. Como toda pessoa que cuida de interesses alheios, tem o testamenteiro o dever de prestar contas. É ineficaz a disposição do testador que o dispensa de prestá-las, uma vez que toda pessoa que administra patrimônio alheio deve fazê-lo. Deve fazer no juízo do inventário, no prazo de 180 dias, contados da aceitação da testamentaria (art. 1.983). Se sua atuação não estiver terminada, a prestação de contas será parcial. Terminada a testamentaria, incumbe prestar as contas finais de encerramento. Conveniente, dependendo da complexidade da herança, que também se faça um relatório da atividade do testamenteiro. Motivos imperiosos e graves podem aconselhar que este preste contas antes dos momentos oportunos. Cabe o exame do caso concreto. A prestação de contas deve ser autuada em apartado ao inventário. Na recusa em prestá-las, qualquer interessado pode propor a ação própria, de procedimento especial, então com contenciosidade. Nessa demonstração contábil, ele deve apresentar as despesas que teve com a administração, contratação de advogados e outros mandatários no interesse e na defesa do testamento. Não devem essas despesas sair de sua vintena, a não ser que se demonstre que agiu com desídia, incúria ou abuso de direito.

Deve o testamenteiro ter meios para defender o testamento e não pode ser obrigado a adiantá-los. O princípio deve ser mantido sob o Código de 2002. Só se glosarão despesas indevidamente feitas que não se achem justificadas e provadas quando então estará autorizada sua remoção, perdendo ele sua vintena. A regra é óbvia, mas o rigor da pena de perda da vintena dependerá do caso concreto. O testamenteiro tem o dever de levar o testamento a registro, se o tiver em seu poder, ou declinar ao juízo quem o detém, para que seja o instrumento devidamente registrado (art. 1.979).

O art. 1.137 do CPC de 1973 dava como obrigações do testamenteiro:

"I – *cumprir as obrigações do testamento;*

---

[2] "Agravo de instrumento – Inventário – **Testamenteiro** – Advogado – O descumprimento das funções e deveres do testamenteiro e sua omissão negligente e danosa com relação ao principal dever, o de fazer cumprir o testamento, acarretam o descabimento do prêmio ou vintena – Fixação de honorários advocatícios que abarca controvérsia a respeito da atuação no inventário e também em outros processos – Questão a ser decidida nas vias ordinárias – NEGARAM PROVIMENTO ao recurso." (TJSP – AI 2097049-46.2019.8.26.0000, 17-10-2019, Rel. Alexandre Coelho).

"Ação de prestação de contas – Testamenteiro – Decisão judicial não impugnada, determinando quais os valores que deveriam ser incluídos no cálculo – Contas homologadas que não levaram em consideração os valores comprovadamente despendidos pelo autor – Correção monetária e juros de mora devidos, uma vez que não houve a entrega dos valores desde logo, nem o depósito judicial – Recurso parcialmente provido." (TJSP – Ap 0832946-76.2006.8.26.0100, 20-3-2018, Rel. Marcus Vinicius Rios Gonçalves).

II – propugnar a validade do testamento;

III – defender a posse dos bens da herança;

IV – requerer ao juiz que lhe conceda os meios necessários para cumprir as disposições testamentárias".

Essas disposições devem servir de norte, mesmo com o atual estatuto que não as repete, porque ínsitas ao direito material. Não são só essas. Não cumprindo suas obrigações, o testamenteiro poderá ser removido, perdendo o direito à remuneração (art. 1.989 do Código Civil).[3]

No exame do cumprimento das obrigações do testamento, deve ser levado em conta o possível. Não está o testamenteiro obrigado a executar o que a lei proíbe, ou o que se tornou material ou juridicamente impossível. O testamenteiro pode pedir ao juiz a alienação de bens perecíveis, ou de difícil conservação. Não pode, porém, nada alienar sem autorização judicial. Sobre o pedido, salvo o caráter de extrema urgência, devem-se manifestar os interessados.

Questão tormentosa é saber se o testamenteiro deve *sistematicamente* bater-se pela validade do testamento. Esse dever está expresso no art. 1.981. Mesmo que o testamento seja flagrantemente nulo, terá ele esse dever? Acreditamos que ele não possa tentar fazer do branco, negro. Em um testamento, por exemplo, em que um cego tenha testado sob a forma particular, seria uma contradição exigir do testamenteiro a defesa do ato. No entanto, a regra geral, sem deixar de lado o bom senso, está com a maioria da doutrina: deve o testamenteiro defender sempre a validade do ato. Se não se sentir à vontade para fazê-lo, deve pedir sua substituição. Assim se posicionam nossos doutrinadores. Contudo, o testamenteiro não pode pedir a anulação do testamento. Para isso, não tem legitimidade, pois estaria traindo a confiança depositada pelo testador. Como bem assevera Barros Monteiro (1977, v. 6:263), se o testamento

> *"contém disposições que possam chocar o testamenteiro, despertando-lhe escrúpulos ou criando-lhe problemas de consciência, cabe-lhe desistir do cargo e não trair a confiança nele depositada pelo testador, ou pela autoridade judiciária que o tenha investido nas questionadas funções".*

Em qualquer ação em que se litigue sobre a validade do testamento ou de cláusula testamentária, deve participar o testamenteiro. Deve propor as ações que se fizerem necessárias para o cumprimento das disposições. Isso ele fará com ou sem o concurso do inventariante, ou dos herdeiros instituídos (art. 1.981).[4] Deve ter ciência em todos os processos nos quais não for

---

[3] "Agravo de instrumento – Inventário – **Testamenteiro** – Vintena – Perda – Impossibilidade – Dispõe o artigo 1989 do Código Civil: 'reverterá à herança o prêmio que o testamenteiro perder, por ser removido ou não ter cumprido o testamento'. Disposições de últimas vontades foram respeitadas e, a despeito da irresignação da agravante, o agravado não foi removido de seu cargo, assim, ausentes as hipóteses legais, não se pode negar ao testador a vintena. Recurso não provido." (*TJSP* – AI 2042609-71.2017.8.26.0000, 9-4-2018, Rel. J. B. Paula Lima).

[4] "Agravo de instrumento – inventário e partilha. Pretensão de habilitação e oneração do espólio com as despesas do testamenteiro. Cabimento. Decisão de origem que indeferiu o pedido formulado pelo testamenteiro que merece reforma. Testamenteiro regularmente instituído para a defesa da validade do testamento e para o cumprimento da última vontade do autor da herança. **Inteligência do art. 1.981 do Código Civil** que autoriza a oneração do espólio. Testamenteiro que possui capacidade postulatório conquanto advogado. Possibilidade de cumulação de funções na medida em que não há conflito de interesses evidenciado nos autos. Despesas que deverão ser objeto de prestação de contas. Honorários advocatícios que deverão observar o patamar mínimo da tabela da Ordem dos Advogados do Brasil. Recurso provido" (TJSP – AI 2064447-26.2024.8.26.0000, 10-6-2024, Rel. Vitor Frederico Kümpel).

"Agravo de instrumento – Direito sucessório – Ação de inventário – Existência de testamento – Homologação de plano de partilha contrário às disposições testamentárias – Impossibilidade – Adequação da partilha à

autor ou réu, sob pena de nulidade, quando em jogo qualquer cláusula do testamento. Em cada testamento, deve ser verificado o que o testador, além das normas gerais de execução, atribuiu ao testamenteiro, dentro do que a lei permite (art. 1.982). Nessas premissas, o testamenteiro poderá figurar como autor ou réu, assistente ou oponente, intervindo, quando necessário for, em qualquer causa em que se discuta o testamento, tanto em primeira, como em segunda instância.

Quanto à posse, o testamenteiro poderá lançar mão dos interditos se a tiver. Caso contrário, deverá alertar os interessados para fazê-lo. Deve o testamenteiro contar com os meios necessários para exercer o cargo. Assim, pode pedir ao juiz que lhe conceda verba, oriunda da herança, periódica ou não, para fazer frente às despesas inerentes a sua atividade. Poderá, também, pedir ao juiz que determine aos herdeiros que o façam. Se houver recusa dos herdeiros no fornecimento de meios e informações para o cumprimento de seu mister, deve-se valer dos meios judiciais necessários.

Orosimbo Nonato (1957, v. 3:344), com base na doutrina em geral, sumariza os principais deveres do testamenteiro:

- reclamar dos herdeiros os meios materiais para cumprir as disposições;
- entregar os legados aos titulares;
- defender espólio em abusos e conservação de direitos;
- inscrever e especializar a hipoteca legal da mulher casada, do menor e do interdito herdeiros (art. 1.136 do CPC, não mais presente no CPC de 2015);
- pedir a nomeação de curador de herança vaga ou jacente;
- interromper prescrição das ações que se fizerem necessárias, ou alertar os herdeiros para fazê-lo;
- exigir caução ao legatário de usufruto;
- cuidar dos funerais do testador e dos ofícios fúnebres;
- sustentar a validade do testamento, fazendo-o registrar, caso o tenha em seu poder;
- promover e zelar pelo fiel cumprimento das disposições testamentárias;
- fornecer aos herdeiros e ao juízo informações e elementos úteis para o andamento do inventário e da partilha.

Acrescentemos ainda aos deveres anteriormente assinalados que compete ao testamenteiro auxiliar o juiz no que estiver a seu alcance, no tocante à discussão acerca da interpretação

---

vontade do testador – Princípio da soberania da vontade do testador – Artigo 1.899, do CC/02 – Nulidade do testamento – Questão prejudicial ao deslinde do inventário – Remessa às vias ordinárias – Artigo 612 , do CPC/15 – Suspensão do curso processo de inventário – Modificação substancial na forma de partilha de bens – Obrigação do testamenteiro – **Defesa do testamento** – Imposição Legal – Artigos 1.980 e 1.981, ambos do CC/02 – As disposições testamentárias devem ser cumpridas tal como lançadas, sendo defeso a qualquer dos herdeiros alterarem o plano de partilha previamente arquitetado pela de cujus em seu testamento – A vontade manifestada pela testadora quanto à disposição de seu patrimônio deve sempre prevalecer, ressalvadas, todavia, as excepcionais hipóteses de nulidade do testamento, previstas no ordenamento jurídico – O juiz decidirá todas as questões de direito desde que os fatos relevantes estejam provados por documento, só remetendo para as vias ordinárias as questões que dependerem de outras provas (artigo 612 , do CPC/15) – O reconhecimento da nulidade, parcial ou total, das cláusulas testamentárias representa questão de alta indagação, devendo ser obrigatoriamente remetida às vias ordinárias, de forma a se preservar o devido processo legal e a possibilitar a ampla cognição jurisdicional sobre a temática – A eventual decretação da nulidade do testamento implicará substancial modificação na forma da partilha dos bens, sendo recomendada, por isso, a suspensão do inventário em curso (alínea 'a', do inciso V, do artigo 313, do CPC/15)." (*TJMG* – AI-Cv 1.0472.14.001159-5/001, 16-2-2018, Relª Ana Paula Caixeta).

da vontade testamentária. Não se esqueça, também, de que o testador pode ter ampliado ou restringido a atividade do testamenteiro. O testamenteiro pode vir a ser responsabilizado nos termos da responsabilidade de direito comum, por perdas e danos, por prejuízo a que der causa, a herdeiros e legatários, ou a terceiros. Se não houvesse disposição especial, as ações contra o testamenteiro prescreviam em 20 anos, no sistema de 1916, a partir de quando cessava a testamentaria ou de quando deveria ela ter cessado. Pelo Código de 2002, a caducidade se dá no prazo máximo de 10 anos.

42.7 TESTAMENTEIROS SIMULTÂNEOS

O art. 1.986 trata da situação dos testamenteiros simultâneos. Diz que cada um deles pode exercer o cargo, mas ficam todos obrigados a prestar contas, de forma solidária, *"salvo se cada um tiver, pelo testamento, funções distintas, e a elas se limitar"*.

O testador pode ter dividido as tarefas entre os vários testamenteiros. Pode, por exemplo, ter atribuído a um a administração geral dos bens da herança e a outro, por ser advogado, a litigância nas ações em que isto se fizer necessário. Se divididas as atividades e cada um tiver se mantido dentro do limite de suas atribuições, cada um prestará contas apenas do que tiver feito. Se não existir distinção de tarefas, ou mesmo existindo, tiverem os testamenteiros agido em conjunto, existe solidariedade em sua responsabilidade de prestar contas. Por essa razão, dissemos a princípio que o testador deve ser expresso na possibilidade de os testamenteiros agirem em conjunto. Na falta de disposição expressa, temos que entender que a nomeação de mais de um testamenteiro foi sucessiva, com a finalidade de substituição. Se, no entanto, mais de um assumir o cargo, a solução é a do art. 1.986. A solidariedade nesse caso é uma garantia maior para os herdeiros.

42.8 REMUNERAÇÃO DO TESTAMENTEIRO (A VINTENA)

O art. 1.987 dispõe acerca da remuneração:[5]

---

[5] "Agravo de instrumento. Inventário. Decisão que remeteu às vias ordinárias discussão sobre a vintena pleiteada por testamenteira não atuante. Inconformismo. Descabimento. Fixação de vintena em favor de inventariante. **Art. 1.987 do Código Civil**. Arbitramento a partir da importância da herança e da dificuldade na execução do testamento. Testamenteira não atuante. Inventário finalizado, restando apenas o pagamento de custas parceladas. Inexistência de efetiva atuação que possibilite a fixação nos autos do inventário, conforme critérios do art. 1.987 do CC. Alegações atinentes às razões pelo compromisso tardio e à capacidade de parte para litigar em juízo. Questão de alta indagação e que depende da produção de outras provas. Impossibilidade de cognição diretamente nos autos de origem. Art. 612 do Código de Processo Civil. Decisão mantida. Recurso não provido" (*TJSP* – AI 2256348-83.2024.8.26.0000, 18-9-2024, Rel. Pedro de Alcântara da Silva Leme Filho).

"Agravo de instrumento. Inventário. Decisão impugnada fixou **vintena a testamenteiro**. Insurgência de legatária. Alegação de que testamenteiro é também legatário. Pedido de exclusão de vintena, por ausência de direito a prêmio. Disposição do art. 1.987 do Código Civil. Arbitramento judicial de prêmio a testamenteiro depende de ausência de fixação em testamento e ausência de cumulação com a qualidade de herdeiro ou legatário. Testadora não fixou vintena ao testamenteiro. Atribuído legado de 30% da totalidade de seus bens e direitos. Condição de legatário exclui prêmio. Indevida fixação de vintena. Presunção que o legado ou a herança o remunerará pelo exercício. Decisão reformada. Agravo provido". (*TJSP* – AI 2066506-55.2022.8.26.0000, 2-9-2022, Rel. Edson Luiz de Queiróz).

"Agravo de instrumento. Inventário. Decisão que fixou o prêmio do testamenteiro em 1% da herança líquida, conforme monte-mor declarado, deduzidas a meação, dívidas e tributos, devendo assim incidir sobre a parte disponível. Inconformismo do testamenteiro. Alegação de que há discussão sobre o real valor do monte-mor e que isso influi diretamente no valor a ser recebido. Prêmio que é fixado sobre o valor da herança líquida. Inteligência do artigo 1.987 do Código Civil. Eventual diferença ou majoração futura no valor do monte-mor que não impede que o testamentário busque a complementação do pagamento no momento oportuno. Valor do **prêmio** que foi fixado de maneira adequada, observando o valor da causa, o trabalho realizado e o transcurso do tempo, não sendo o caso de majoração. Decisão mantida. Recurso não provido". (*TJSP* – AI 2204561-54.2020.8.26.0000, 14-6-2021, Rel. Ana Maria Baldy).

> "Salvo disposição testamentária em contrário, o testamenteiro, que não seja herdeiro ou legatário, terá direito a um prêmio, que, se o testador não o houver fixado, será de um a cinco por cento, arbitrado pelo juiz, sobre a herança líquida, conforme a importância dela e maior ou menor dificuldade na execução do testamento.
>
> Parágrafo único. O prêmio arbitrado será pago à conta da parte disponível, quando houver herdeiro necessário".

Se herdeiro ou legatário, o testamenteiro não faz jus ao prêmio. O testador poderá fixar remuneração mesmo nessa hipótese, se assim desejar.

Se o testamenteiro entender que o encargo lhe é gravoso, poderá recusar a função. Não poderá, no entanto, aceitar o encargo sob o prisma da gratuidade e depois exigir remuneração. Essa atitude revela má-fé.

Se legatário, poderá preferir o prêmio ao legado (art. 1.988). Sílvio Rodrigues (1978, v. 7:262) entende que, se decorrer da expressa vontade testamentária, nada impede que o herdeiro instituído receba também o prêmio. Completa, afirmando que a grande maioria da doutrina entende que o herdeiro *legítimo* não está abrangido pela dicção do art. 1.987. O herdeiro legítimo desempenha um ônus, gerindo patrimônio que não lhe pertence, e a gratuidade é exceção para o exercício da testamentaria.

O prêmio não excederá a 5% da herança líquida, não se computando a legítima (art. 1.987). Vintena é o nome tradicional dado a esse prêmio ou remuneração paga ao testamenteiro. Os valores da herança devem ser atualizados quando do pagamento, sob pena de se tornar irrisória a vintena.[6]

---

[6] "Agravo de instrumento. Ação de inventário. Decisão que indeferiu a fixação **de prêmio ao testamenteiro**. Inconformismo deste, que requer o arbitramento de sua vintena em valor não inferior a 2,5% da herança líquida. Parcial acolhimento. Previsão de atuação remunerada no ato de última vontade da autora da herança, bem como existente concordância a respeito por parte dos herdeiros e legatários em partilha amigável homologada pelo juízo sem ressalvas. Demora no desfecho do inventário que não pode ser propriamente atribuída ao testamenteiro, mas ao inventariante, pessoa distinta. Fixação do prêmio no mínimo legal (1% da herança líquida – art. 1.987 do Código Civil), ausentes razões objetivas para estabelecimento de percentual superior. Recurso parcialmente provido" (TJSP – Agravo de Instrumento 2213051-02.2019.8.26.0000, 15-4-2020, Rel. Maria de Lourdes Lopez Gil).
"Agravo de instrumento – Inventário – **Prêmio – Testamenteiro** – Fixação em 3% sobre a herança líquida – Cabimento, em parte – Verba Devida – Inteligência do art. 1.987, *caput*, do Código Civil – Fixação que, no entanto, deve ser reduzida a 1% sobre a mesma base de cálculo, face à menor dificuldade na execução do testamento e também o relevante valor do acervo hereditário – Precedentes – Decisão reformada – Recurso parcialmente provido." (TJSP – AI 2097502-41.2019.8.26.0000, 4-7-2019, Rel. Salles Rossi).
"Apelação cível – Sucessões – Embargos à execução – **Prêmio de testamenteiro** estabelecido em escritura pública de testamento – Requisitos necessários à execução de título extrajudicial não preenchidos – Ausência de liquidez e exigibilidade – Embora o crédito perseguido pela parte embargada, referente ao prêmio de testamenteiro, tenha sido estabelecido em escritura pública, que configura título executivo extrajudicial, conforme art. 784, inc. II, do CPC, constata-se que a obrigação consubstanciada no título que embasa a execução forçada não se reveste de todos os requisitos previstos no art. 783 do CPC, faltando-lhe liquidez e exigibilidade. Nesse contexto, afigura-se correto o acolhimento dos embargos do devedor, com a consequente extinção do processo de execução. Negaram provimento. Unânime." (TJRS – AC 70077224996, 2-8-2018, Rel. Des. Luiz Felipe Brasil Santos).
"**Testamento – Vintena** – Acordo firmado entre a herdeira apelada e o testamenteiro acerca do valor do prêmio, sem expressa anuência do Espólio – Necessidade de apuração do valor, pelo Espólio não estar obrigado a pagar importância superior à devida, tendo por base a porcentagem de 1% sobre o total da herança líquida – Homologação reformada – Agravo retido não conhecido – Apelação provida." (TJSP – AC 0000433-14.2003.8.26.0094, 15-10-2019, Rel. Alcides Leopoldo).
"Agravo de instrumento – Ação de inventário – Cumprimento de testamento – **Vintena** – Prêmio fixado em 2,5% sobre a herança líquida – Insurgência dos herdeiros – Pretensão de redução – Possibilidade – Complexidade da causa a ser considerada – Redução devida – Recurso parcialmente provido." (TJSP – AI 2224694-59.2016.8.26.0000, 26-3-2018, Rel. Costa Netto).

O Código ressalva uma hipótese em que o testamenteiro pode preferir não receber a vintena (art. 1.988): quando for ele legatário, deve escolher entre receber o legado ou a vintena.[7]

Com o vigente Código, deve preponderar sua regra. A remuneração será a fixada pelo testador, devidamente atualizada. Na falta de disposição do testamento será fixada pelo juiz. Se a remuneração fixada pelo testador for excessiva, tendo em vista as forças da herança, chegando a prejudicar os herdeiros ou legatários, é conveniente que seja reduzida ao limite legal, o que, em tese, não violenta a vontade do testador. O testamenteiro que for meeiro fará, em princípio, jus à vintena, que deve ser paga em dinheiro, salvo acordo em contrário, ainda que haja necessidade de alienação de bens da herança. A vintena não está sujeita a imposto *causa mortis*. O testamenteiro deve pagar, como em qualquer situação de ganhos, imposto de renda.

Quando há herdeiros necessários, a atividade do testamenteiro resume-se à parte disponível; por isso, não se calcula o prêmio sobre a legítima. Se não restar ativo na herança e tiver havido atividade do testamenteiro, mesmo assim, se houver forças na herança, terá o

---

"Civil e processo civil – Agravo de instrumento – Inventário – **Honorários de inventariante dativa arbitrados** em 8% do monte mor partilhável – Irresignação – Desacordo entre os herdeiros – Alegação de valor excessivo – Redução ao parâmetro legal – Minoração para 5%, analogia do art. 1.137, CPC/73 e 1.987 do CC – Reforma da decisão recorrida – Recurso parcialmente provido, para minorar os honorários arbitrado em 8% para 5% sobre a herança liquida. I – Trata-se de agravo de instrumento interposto, contra decisão proferida pelo mm. juiz da vara única da comarca de Ipu, na ação de inventário nº 3974-29.2011.8.06.0095, que fixou os honorários devidos ao inventariante dativo, ora agravado, em 8% sob a herança liquida partilhável. II – Os honorários do inventariante dativo que, face à ausência de regramento legal específico, deverá ser fixada em analogia ao da vintena do testamenteiro, ou seja, entre 1% e 5% sobre o valor líquido do monte partilhável, considerando-se o valor do patrimônio comum e o trabalho a ser desenvolvido. Readequação do *quantum* para percentual capaz de remunerar condignamente o inventariante, sem revelar-se exacerbado. III – Empregar a hipótese, por analogia, o disposto no art. 1.987, do Código Civil: 'salvo disposição testamentária em contrário, o testamenteiro, que não seja herdeiro ou legatário, terá direito a um prêmio, que, se o testador não o houver fixado, será de um a cinco por cento, arbitrado pelo juiz, sobre a herança líquida, conforme a importância dela e maior ou menor dificuldade na execução do testamento'. IV – Na espécie, sopesando a singeleza do trabalho desempenhado pela inventariante dativa e o curto tempo em que foi responsável pela ultimação do inventário, os honorários fixados na origem devem ser reduzidos de 8% para 5% da herança líquida, percentual utilizado por esta corte de justiça, em aplicação analógica do art. 1.138, § 1, do CPC. V – Recurso conhecido e parcialmente provido, para minorar os honorários dativa ao patamar de 5% (cinco por cento)" *(TJCE –* AI 0620071-39.2017.8.06.0000, 17-7-2017, Relª Maria Vilauba Fausto Lopes).

"Ação de inventário – Decisão agravada que fixou a **vintena** do testamenteiro em 1% da herança líquida – Insurgência do testamenteiro – Acolhimento parcial – Dicção do disposto no Artigo 1.138 do Código de Processo Civil – Elevação do prêmio de 1% para 2%, em observância ao trabalho desenvolvido e ao tempo de duração do processo – Recurso provido em parte" *(TJSP –* AI 2203601-74.2015.8.26.0000, 20-6-2016, Relª Marcia Dalla Déa Barone).

"Agravo de instrumento – Inventário – Direito civil e processual civil – Alienação de bem imóvel – **Pagamento da vinten**a – prêmio pelo exercício do cargo de testamenteiro – ausência de liquidez – solvência do acervo patrimonial inventariado – recurso não provido – decisão mantida – A iliquidez do prêmio da testamenteira e, ainda, a existência de outros bens, suficientes para garantir o pagamento da dívida, não impedem a alienação de bem imóvel inventariado (inciso I, do artigo 992, do CPC/73)" *(TJMG –* AI-Cv 1.0024.03.134048-2/014, 2-7-2015, Relª Ana Paula Caixeta).

[7] "Agravo de instrumento – Inventário findo – **Vintena** – Fixação – Descabimento – Descabe fixar vintena em prol de testamenteiro, em inventário findo por decisão transitada em julgado há mais de 10 anos atrás. Ademais, a lei expressamente prevê cabimento de fixação de remuneração ao testamenteiro, mas apenas quando não for herdeiro ou legatário, o que ocorreu no caso, de modo que a fixação de remuneração, no caso, não é legalmente cabível. Deram provimento." *(TJRS –* AI 70082856196, 22-11-2019, Rel. Des. Rui Portanova).

"Agravo de instrumento – Abertura e registro de testamento – Determinação de nova avaliação dos bens – Possibilidade – **Prêmio Provisório – Testamenteiro** – Não incorporação ao valor final a ser recebido – Quantum – Artigo 1.987 do Código Civil – Artigo 1.138 do Código de Processo Civil – Recurso desprovido – Tendo em vista a defasagem das avaliações realizadas, cabível a determinação de novas, mormente quando não demonstrado o efetivo prejuízo a ser suportado pela parte com a medida – Com o arbitramento do prêmio definitivo a ser percebido pelo testamenteiro, não mais subsiste o valor provisório, o qual foi arbitrado antes das avaliações dos bens – De acordo com os artigos 1.987, do Código Civil, e 1.138, do Código de Processo Civil, a vintena deverá ser arbitrada entre os valores de um a cinco por cento da herança líquida, excluindo-se desta a parte relativa aos herdeiros necessários" *(TJMG –* AI-Cv 1.0344.11.002085-8/001, 8-3-2016, Rel. Versiani Penna).

testamenteiro direito ao prêmio, suportando os credores do espólio, proporcionalmente, essa diminuição (Gomes, 1981:264).

Para que seja computada a vintena, deduzem-se as dívidas da herança e as despesas de enterro e funeral. É sobre o líquido que se calcula o prêmio (Miranda, 1973, v. 60:147). A remoção do testamenteiro é penalidade e como consequência perde ele direito ao prêmio, revertendo seu valor à herança (art. 1.989). Do mesmo modo, quem paga o testamenteiro é a herança, uma vez que o prêmio é ônus que pesa sobre o monte. É válida a vontade testamentária, se dispõe que a testamentaria será gratuita. Se o testamenteiro assume o cargo sabendo dessa condição, não poderá reclamar o prêmio. Se não aceitar o testamenteiro assim nomeado, o testamenteiro dativo fará jus ao prêmio, porque a vontade testamentária não foi dirigida a ele e é contrária à lei. Ao fixar o prêmio, o juiz deve usar do critério necessário para evitar abusos, sopesando cuidadosamente o montante da herança gerida e o trabalho exigido e elaborado pelo testamenteiro. Justamente para que se coíbam abusos, se o testamenteiro contrata procurador, seu contrato de honorários deve ser previamente submetido à apreciação do juiz e dos interessados.

Não perde a remuneração o testamenteiro que deixa de exercer o encargo não por remoção, mas por causa estranha a sua vontade, ao intuito punitivo da remoção, como, por exemplo, a morte (o direito à vintena é dos herdeiros), ou falta de condições de saúde para continuar exercendo o *munus*. O prêmio, evidentemente, será parcial e proporcional à atividade desempenhada.

42.9 EXTINÇÃO DA TESTAMENTARIA

A forma normal de extinção da testamentaria é a execução completa do testamento, com partilha, cumprimento de todas as disposições testamentárias, término de todas as ações a favor e contra o testamento e prestação de contas a final. Nem sempre coincide a extinção da testamentaria com o término do exercício do cargo de testamenteiro. Cessa também a testamentaria se o testamenteiro torna-se incapaz, para os negócios jurídicos em geral, como, por exemplo, por falta de discernimento.

Se o testamenteiro torna-se falido, a melhor solução é substituí-lo do cargo, pois há de se presumir que o testador não o desejaria se não tem ele condições de gerir seus próprios negócios. Pontes de Miranda (1973, v. 60:183) vê aí uma aplicação da teoria da cláusula *rebus sic stantibus*. Existe aí uma tácita quebra da confiança depositada pelo testador. O mesmo podemos dizer quando há palpáveis condições objetivas e subjetivas de inconveniência na pessoa do testamenteiro, ignoradas pelo testador como condenação por crimes contra o patrimônio, por exemplo. Com sua morte, extingue-se a testamentaria. Tratando-se de cargo pessoal, não é transmissível aos herdeiros. Estes têm direito a receber o prêmio pelos serviços prestados até a morte do testamenteiro. Nessa hipótese, substitui-se o executor do testamento por aquele designado pelo testador ou por outro de natureza dativa.

Cessa também a testamentaria pela *remoção* do cargo quando se mostrar desidioso ou inidôneo. Remoção é pena. O testamenteiro perde direito à vintena (art. 1.989).

Sempre há que se conceder direito de defesa ao testamenteiro. Situações haverá, contudo, em que a suspensão imediata do cargo se faz necessária, dependendo da gravidade da situação enfrentada. Pode o juiz usar do poder geral de cautela conferido pelo CPC. Se infundada a remoção, sujeitar-se-ão os interessados que lhe deram causa a uma indenização. Sempre que há gestão de interesses alheios, não há necessidade de que a lei o diga, mas a má gestão autoriza a remoção. Isto se apurará no caso concreto. O pedido de remoção processa-se no juízo do inventário, em apartado. Se não há lide, tratando-se de decisão sumária, fica aberto às partes o recurso às vias ordinárias. A remoção pode ocorrer de ofício ou por iniciativa do Ministério

Público ou de qualquer interessado. Pode cessar também a testamentaria com pedido de exoneração do próprio testamenteiro. Só que para a demissão do encargo, ao contrário da aceitação, como vimos, deve haver uma justificativa; deve o testamenteiro alegar uma *"causa legítima"* para a escusa, em virtude das implicações atinentes à gestão de interesses alheios.

A decretação de nulidade ou a anulação do testamento pode vir a ocorrer após já ter havido atividade do testamenteiro. Nulo o testamento, não há, *ex radice*, testamenteiro. Injusto, porém, que o trabalho do testamenteiro até aí não seja remunerado, ainda que modicamente (Borda, 1987, v. 2:559). Pode o testamenteiro ter galhardamente defendido o testamento, como era seu dever. O mesmo podemos dizer se, após seu trabalho, descobre-se que o testamento fora revogado. A questão é de princípio geral de direito e não havemos de procurar sustentação na lei sucessória, visto que aí nada encontraremos a esse respeito.

43

SONEGADOS

43.1 CONCEITO

Vimos que o inventário tem por finalidade relacionar e descrever todos os bens inclusos no patrimônio hereditário. Examinamos a necessidade de serem detalhadas as declarações, porque daí decorrerá a partilha. O interesse na correta e completa descrição dos bens hereditários é do Fisco, em relação ao recolhimento de seu imposto, mas, primordialmente, é de todos aqueles que têm interesse patrimonial na universalidade deixada pelo falecido. Destarte, não só os herdeiros deverão estar atentos ao que consta do monte, mas também os legatários; o testamenteiro, para cumprir as disposições do testamento, com direito a receber a remuneração; os cessionários de direitos hereditários, pois receberão uma porção da herança, sub-rogando-se em direitos do herdeiro; e os credores do espólio, os quais têm no monte a garantia de seus créditos.

Assim, quem, relacionado com a herança, ocultar maliciosamente bens do processo de inventário pratica ato que prejudica todo esse conjunto de pessoas com interesse econômico nesse patrimônio. Desse modo, todo integrante do bloco de interessados diretos na sucessão que, usando de malícia, oculta bens do espólio fica sujeito a uma pena civil, própria do direito sucessório, que o Código denomina sonegação.[1] Primordialmente, a conduta é do herdeiro que

---

[1] "Agravo de instrumento. Decisão que limitou o objeto da **ação de sonegados** aos bens doados e não levados à colação, desconsiderando o valor dos respectivos frutos. Exclusão que se adequa ao art. 2.004, § 2º, do Código Civil, o qual imputou ao donatário tanto os lucros quanto os prejuízos originados pelo bem doado. Recurso desprovido" (TJSP - Agravo de Instrumento 2209736-63.2019.8.26.0000, 28-1-2021, Rel. Rômolo Russo).

"**Ação de sonegados** –Preliminar de falta de recolhimento de custas afastada, tanto quanto de carência. Desnecessidade de propositura de ação de anulação de partilha para discutir a sonegação de bem nela não incluído ou não colacionado. Pena civil que pressupõe a verificação de dolo para a sua incidência. Caso em que a doação feita pelo ascendente foi sempre de todos conhecida e por ninguém antes aduzida, assim no curso do arrolamento, com única representação. Autores que compareceram e subscreveram a escritura de liberalidade. Quadro incompatível com ocultação dolosa. Matéria atinente à colação que, no caso, porquanto não antes discutida, deverá sê-lo na sede própria. Sentença reformada. Recurso provido." (TJSP –AC 0008196-88.2012.8.26.0114, 13-8-2019, Rel. Claudio Godoy).

"**Ação de bens sonegados** cumulada com nulidade de compra e venda – Simulação – Prova – Revelia – 1 – Não se reconhece a revelia quando, havendo vários réus, os demais apresentam contestação, que aproveita aqueles que não compareceram aos autos. Inteligência do art. 345, inc. I, do NCPC. 2 – Considerando que os bens objeto da discussão foram alienados pelos litigantes na constância do casamento, três anos antes da separação fática do casal, não se vislumbra o alegado propósito de sonegação de bens da partilha, nem a ocorrência de simulação. Preliminar desacolhida e recurso desprovido." (TJRS – AC 70076744598, 30-5-2018, Rel. Des. Sérgio Fernando de Vasconcellos Chaves).

deixa de trazer a descrição dos bens do morto, ciente de fazê-lo em benefício próprio ou de outrem, em detrimento de todos os demais interessados na herança. Sinteticamente, Itabaiana de Oliveira (1987:408) define que *"sonegação é a ocultação dolosa de bens que devam ser inventariados ou levados à colação"*.

Independentemente de a conduta do sonegador tipificar um delito, punível no âmbito criminal, a sonegação é instituto típico do direito sucessório. Por meio da ação de sonegados, atinge-se o sonegador unicamente em razão de sua atuação danosa no curso da apuração de bens do falecido. Questões de ocultação de bens semelhantes ocorridas por ato *inter vivos* refogem ao alcance deste instituto.

"Processual civil – Civil – Sucessões – Sobrepartilha – Extinção do processo sem resolução do mérito – Exigência de trâmite nos autos do inventário – Art. 670 do CPC – Honorários advocatícios excessivos – Redução da verba – Recurso conhecido e parcialmente provido – 1 – Sujeitam-se à sobrepartilha os **bens sonegados**, de liquidação difícil ou morosa, litigiosos ou remotos do lugar do inventário. Assim, tratando-se de uma ação estreitamente ligada à partilha anterior, apreciar-se-á a sobrepartilha nos autos do mesmo apostilado processual em que tramitou a ação de inventário do autor da herança, nos termos do parágrafo único do art. 670 do CPC. 2 – Em linha de princípio, mostra-se correta a sentença que fixa honorários advocatícios com base no novo CPC, haja vista que proferida sob sua vigência, porque se é certa a natureza híbrida do instituto, processual e material, é igualmente correta a conclusão de que é a sentença o marco do nascedouro do direito aos honorários advocatícios. 3 – Nessa linha, pautando-se no princípio da segurança jurídica e no fato de que os honorários devem ser fixados com esteio na razoabilidade e na proporcionalidade, evitando-se a imposição de excessos a qualquer das partes, bem como o enriquecimento indevido, tem-se que as circunstâncias *in concreto* (valor da causa no montante de R$ 573.879,17) impõem a aplicação do art. 85, § 8º, do CPC, com a subsequente redução da citada verba para o importe de R$ 10.000,00 (dez mil reais), atentando-se principalmente ao trabalho despendido e à complexidade da demanda. 4 – Recurso conhecido e parcialmente provido" (*TJDFT* – Proc. 20140110091097APC (1003135), 20-3-2017, Relª Sandra Reves).

"Apelação – **Ação de sonegados** – Ausência de expressa declaração de inventariante ou herdeiro de não haver outros bens a inventariar. Falta de condição da ação. Ausente o interesse processual. Inadequação da via eleita. Cabível ação de sobrepartilha. Sentença de extinção mantida por seus próprios fundamentos. Recurso improvido" (*TJSP* – Ap 1042769-12.2014.8.26.0100, 2-5-2016, Rel. Pedro de Alcântara da Silva Leme Filho).

"Agravo de instrumento – **Ação de sonegados** – Recurso interposto contra decisão saneadora – Apenas o herdeiro, inventariante ou não, possui condições para figurar no polo passivo da ação de sonegados. Pena de perda dos bens da herança só cabe ao herdeiro, não ao cônjuge meeiro/companheiro. Exegese do art. 1.992 do Código Civil. Doutrina e jurisprudência. Reconhecida a ilegitimidade passiva da companheira (mera inventariante). Processo da ação de sonegado julgado extinto, com fundamento no art. 267, inciso VI, do CPC. Recurso provido" (*TJSP* – AI 2189676-45.2014.8.26.0000, 17-3-2015, Rel. Paulo Alcides).

"Agravo de instrumento – Inventário – Decisão que deliberou sobre os bens da herança e como serão avaliados. Inconformismo. Acolhimento em parte. MM. Juízo *a quo* que considerou os herdeiros que estavam na administração e posse da herança como pessoas de boa-fé, com direito aos frutos percebidos. Inaplicabilidade do art. 1.214 do Código Civil. Frutos percebidos a partir da abertura da sucessão que possuem regramento próprio, afastando-se a disposição sobre efeitos da posse. Inteligência do art. 2.020 do referido diploma legal. **Ação de sonegados** que não tem o condão de sobrestar o inventário. Agravantes que foram intimados acerca do valor dos bens móveis já vendidos e não apresentaram impugnação específica. Valor gasto com o funeral que, a princípio, não é absurdo. Recorrentes que nem sequer pesquisaram o custo atual de um funeral. Idoneidade do documento apresentado pelos agravados que não tem como ser avaliada, visto que os recorrentes não trouxeram a cópia de tal instrumento. Decisão reformada em parte. Recurso parcialmente provido" (*TJSP* – AI 0102992-88.2013.8.26.0000, 11-7-2014, Rel. J. L. Mônaco da Silva).

"Processual. **Sonegados**. Pedido que tomou por base fração ideal imobiliária doada pelo *de cujus* à companheira e que, segundo a petição inicial, deveria ter sido trazida à colação no inventário. Sentença que afastou a pretensão em tal sentido, mas na sequência considerou estar sujeita ao inventário a outra metade, de titularidade da companheira, adquirida onerosamente no curso da união, determinando sua integração ao monte. Objeto distinto. Julgamento acerca de coisa diversa da pedida, e por fundamento igualmente estranho. Decisão *extra petita*. Sentença anulada de ofício nessa parte. Sonegados. Devolução do imposto de renda. Quantia pertencente exclusivamente à companheira do falecido, sua única dependente para fins previdenciários. Inteligência dos arts. 1º e 2º da Lei nº 6.858/80 e do art. 16, I, da Lei nº 8.213/91. Desnecessidade de informação do montante já levantado para efeito de consideração no inventário. Inocorrência de sonegação. Sentença que a reconheceu, sem recurso idôneo por parte da companheira, mantida nessa parte, ante a impossibilidade de *reformatio in pejus*. Recurso da genitora do falecido, visando a imposição, além disso, da pena de perdimento do art. 1.992 do Código Civil, que não se sustenta. Apelação da autora desprovida" (*TJSP* – Ap 0119865-21.2008.8.26.0007, 10-5-2013, Rel. Fabio Tabosa).

O Código Civil abre o capítulo, conceituando o instituto no art. 1.992:[2]

> "O herdeiro que sonegar bens da herança, não os descrevendo no inventário, quando estejam em seu poder, ou, com o seu conhecimento, no de outrem, ou que os omitir na colação, a que os deva levar, ou que deixar de restituí-los, perderá o direito, que sobre eles lhe caiba".

---

[2] "Apelação cível. **Ação de sonegados**. Cerceamento de defesa rejeitado. Ocultação consciente de bens declarados no inventário inocorrente. Inconformismo quanto à avaliação de bens. Discussão estranha à natureza da ação proposta. recurso conhecido e desprovido. 1. O juiz é o destinatário da prova e sua produção tem por escopo auxiliá-lo na formação de seu convencimento (artigo 371 do Código de Processo Civil). Portanto, não há cerceamento de defesa, em razão do julgamento antecipado da lide, quando desnecessária para a solução da demanda. 2. A ação de sonegados é demanda judicial que encontra fundamento nos artigos 1.992 a 1.996 do Código Civil. Pode ser ajuizada pelos herdeiros ou credores da herança, contra aquele conscientemente deixa de declarar a existência de bens que deveriam constar no inventário. 3. Inexistindo a ocultação no inventário extrajudicial, não é possível o acolhimento do pedido inicial. Eventual inconformismo quanto aos valores dados a bens objeto de partilha deve ser manejado em ação própria, pois a questão foge ao objeto da ação de sonegados. 4. Recurso conhecido e não provido" (TJDFT – Ap 07047522220218070016, 23-3-2023, Rel. Luís Gustavo B. de Oliveira).

"**Ação de sonegados** – Malícia comprovada – Art. 1.992 do Código Civil – Penalidade bem aplicada – Desvio de dinheiros bem provado – Mandas de devolução acertada – Decisão confirmada – Apelo desprovido". (TJSP – Ap 1000460-47.2019.8.26.0634, 19-4-2022, Rel. Giffoni Ferreira).

"**Ação de sonegados** –Decisão agravada que indeferiu o pedido de gratuidade judiciária formulado pelo coautor –Hipossuficiência demonstrada –Coautor desempregado –Matéria atinente ao aditamento do valor da causa, suspensão do inventário e indisponibilidade de imóvel que não foram analisadas pelo Juízo 'a quo' –Recurso conhecido em parte e nela provido." (TJSP –AI 2024409-45.2019.8.26.0000, 8-3-2019, Relª Marcia Dalla Déa Barone).

"Agravo de instrumento – **Ação de sonegados** – Sentença de parcial procedência na fase de conhecimento, reconhecendo que bens doados não foram levados à colação, sem, no entanto, aplicar a pena do art. 1.992 do Código Civil. Fase de cumprimento de sentença. Correção monetária. Correto o entendimento do i. Sentenciante quanto à impossibilidade de retroação à data da abertura da sucessão, por ausência de entendimento quanto à totalidade do patrimônio do cujus. Atualização do valor da moeda pelas perdas inflacionárias devida, não importando em majoração da quantia devida, mas sim na correção daquilo que foi corroído pela inflação. Porém sua incidência só é possível quando o montante for certo. Natureza condenatória da ação. Adequação da decisão recorrida aos termos proferidos no v. Acórdão para que a incidência recaia a partir da data da publicação da sentença. Necessidade de apresentação de nova planilha de cálculo com estes parâmetros. Agravo parcialmente provido." (TJSP – AI 2036168-40.2018.8.26.0000, 27-6-2018, Rel. Pedro de Alcântara da Silva Leme Filho).

"Agravo de instrumento – Inventário – Decisão que rejeitou o pedido de remoção da inventariante – Inconformismo da agravante – Primeiramente, no que toca à arguição de suspeição da Promotora de Justiça, ressalte-se que a referida matéria deve ser veiculada pela via própria, na forma do procedimento previsto na norma do artigo 146 do CPC – Quanto ao mérito do recurso, extrai-se dos autos que a Agravada, Simone Braga Pignatari Siqueira, foi nomeada para exercer a inventariança dos bens deixados pela genitora de ambas as partes, Daisy dos Santos Braga. A pretensão recursal é a remoção da Agravada do encargo – A norma do artigo 622 do CPC estabelece as hipóteses em que o inventariante será removido da incumbência – Na espécie, conforme noticia a Agravada em suas contrarrazões, a matéria relacionada com a **sonegação de bens** já é objeto de ação de sonegados proposta desde 2012, conforme corroborado pela decisão impugnada – Nesse contexto, a questão está em sintonia com o que prevê a norma do artigo 612 do CPC, que faculta ao Magistrado decidir todas as questões de direito, desde que os fatos relevantes estejam provados por documento, e só remetendo para as vias ordinárias as questões que dependerem de outras provas – Portanto, a meu ver, agiu com acerto o Juízo singular ao não acolher o pedido para a remoção da Agravada da inventariança do espólio, por não vislumbrar a presença de nenhuma desídia na sua conduta, ou de qualquer das hipóteses previstas no artigo 622 do CPC, que justifique a sua retirada do encargo – O que se vê dos autos é que a animosidade existente entre as duas irmãs está impedindo que o inventário tenha um desfecho no tempo adequado. Precedente deste tribunal – recurso conhecido e desprovido" (TJRJ – AI 0010086-35.2017.8.19.0000, 20-7-2017, Relª Maria Regina Fonseca Nova Alves).

"Apelação cível – Ação de anulação de partilha c.c. **Sobrepartilha de sonegados** – Sentença de parcial procedência – Imóvel cuja divisão se deu em consonância com a legislação, não havendo nulidade – Frutos civis do imóvel que não podem ser objeto de sobrepartilha – Sentença mantida – Recurso não provido" (TJSP – Ap 0001427-47.2008.8.26.0650, 24-5-2016, Rel. José Carlos Ferreira Alves).

"Agravo de instrumento – **Ação de sonegados** cumulada com pedido de sobrepartilha – Justiça gratuita – Decisão recorrida indefere o pleito, com fundamento no vulto do patrimônio ostentado pela parte autora após partilha realizada em inventário extrajudicial – inconformismo da parte autora – acolhimento parcial – 1 – Embora o benefício da gratuidade deva levar em conta, em princípio, a condição financeira pessoal do beneficiário, o considerável valor dos bens a serem arrolados impede a sua concessão. Autorizado o diferimento de recolhimento das custas apenas ao final do processo, conforme leitura analógica da Lei Estadual de Custas (Lei nº 11.608/2003). 2 – Recurso provido em parte" (TJSP – AI 2038306-82.2015.8.26.0000, 18-6-2015, Rel. Piva Rodrigues).

Fácil que ocorra a ocultação por aquele que tem a posse de bens da herança; mormente em se tratando de valores mobiliários, o possuidor pode, na expectativa de que sua existência seja desconhecida pelos demais interessados, omitir sua descrição. São de lapidar propriedade as palavras de Carlos Maximiliano (1952, v. 3:406):

> *"O desvio de uma parte do ativo sucessório é fácil, sobretudo nos primeiros momentos de dor, confusão e desordem que se seguem à morte, ausentes alguns, talvez a maioria dos interessados, e quando o espólio é constituído de grande massa de bens, da qual os beneficiários respectivos ignoram elementos".*

É uma lição da vida que ninguém ignora e que não pode passar despercebida pela ordem jurídica. Os exemplos podem ser os mais variados, desde os mais simples, aos mais complexos. É o anel de formatura que o *de cujus* confiara a guarda a um herdeiro em vida; é o herdeiro, ou cônjuge, que residia com o autor da herança e, quando da morte, solertemente esconde dinheiro, títulos ao portador, obras de arte etc., sem que os demais interessados suspeitem de sua existência. A conduta sonegativa pode atingir até ações mais elucubradas, como falsificação de lançamentos contábeis para diminuir o ativo do falecido comerciante; a simulação de dívidas para com o próprio simulador ou com a interposição de testas de ferro. Como vemos, a nocividade desses exemplos, parcos em relação à inventividade da malícia humana e aos casos reais, é enorme para os interessados na herança.

Em muitos casos, poderá haver a tipificação de um crime, tais como a apropriação indébita (art. 168 do Código Penal) e o estelionato (art. 171). Irrelevante, porém, no campo civil, tenha ou não havido crime, tenha ou não existido o procedimento penal, o que, quando muito, reforçará a pena civil. Esta só pode ser imposta como decorrência de uma ação ordinária (art. 1.994), obrigatoriamente proposta, e consiste, basicamente, na perda do direito aos bens sonegados, com perdas e danos, conforme detalhes que a seguir veremos. Sem sentença decorrente de processo próprio, não haverá pena civil de sonegados.

O instituto, existente apenas de forma embrionária no Direito Romano, constava das Ordenações, daí ingressando no Código. Sua finalidade é proteger a integridade da herança em prol de herdeiros, legatários, cônjuge e credores do espólio.

43.2 REQUISITOS DA SONEGAÇÃO

A dicção do art. 1.992 descreve o *elemento objetivo*, externo da sonegação, que é a ocultação dos bens, isto é, falta de descrição no inventário, omissão de colação das doações anteriormente recebidas, recusa em restituir os bens à herança ou negativa da existência desses bens (art. 1.993) (Diniz, 1983, v. 6:268).

Não se nega, contudo, que não possa ser apenado aquele que age, ou deixa de agir, desconhecendo a existência de bens, ou não tendo consciência do dever de descrevê-los. Destarte, não se há de entender, como parte da doutrina, que a sonegação decorra tão só do elemento objetivo. Em cada caso, deve existir a intenção de ocultar, o propósito malicioso. Não há que se examinar se o intuito foi beneficiar o próprio sonegador ou terceiro, ou simplesmente uma forma de punir os demais herdeiros. A consciência do ilícito civil é que importa. Assim, como bem lembra Washington de Barros Monteiro (1977, v. 6:303), no próprio termo *sonegação* já existe a noção de ocultar, desviar, omitir. Portanto, a malícia é imanente no conceito de sonegar.[3] Todos os sentidos da palavra na língua portuguesa levam a essa conclusão. Sonegar significa:

---

[3] "Civil. Apelação cível. **Ação de sonegados**. Dúvida quanto à origem de valor. Ocultação de bem intencional não verificada. Penalidade por ocultação de bens da herança afastada. Recurso provido em parte. 1. A colação tem como

"ocultar, deixando de descrever ou de mencionar nos casos em que a lei exige a descrição ou a menção; ocultar com fraude; ocultar, encobrir, esconder, encapotar; tirar às ocultas, furtar, surrupiar; deixar de pagar; ocultar com fraude, astúcia ou habilidade; eximir-se ao cumprimento de uma ordem" (sentidos fornecidos por Ferreira, 1975:1.322).

O *elemento subjetivo*, a malícia ou dolo, integra, portanto, a tipificação da sonegação. Destarte, a mera omissão ou esquecimento não conduzirão à pena. Mesmo porque, em se tratando de simples omissão, já no bojo do inventário, quando alertado o omisso, trará ele os bens à descrição. Sua renitência ou negativa mentirosa de existência dos bens no bojo do inventário o sujeitarão à pena imposta na ação ordinária. Aliás, é a partir daí que se pode arguir de sonegação (art. 1.996). Daí porque, se a questão não foi decidida tranquilamente como simples incidente de inventário, dificilmente o sonegador conseguirá defesa plausível na ação autônoma. Compete-lhe provar que não agiu com dolo.

Embora não se presuma o dolo ou a má-fé, as condições da ação de sonegados parecem inverter o ônus da prova, quando a questão já foi ventilada incidentalmente no inventário. É a opinião de Sílvio Rodrigues (1978, v. 7:301). Desse modo, provado o elemento objetivo por parte do autor da ação, incumbe ao réu indigitado como sonegador provar que a omissão não

---

finalidade equalizar as legítimas dos herdeiros necessários, sob pena de sonegação. O herdeiro que sonegar/omitir da colação bens da herança em seu poder, ou de terceiros com seu conhecimento, perderá o direito que sobre eles lhe cabia, sendo o sonegador o próprio inventariante será removido do posto, além de pagar a importância dos valores que ocultou mais as perdas e danos (artigos os 1992 a 1996 e 2002 e 2003, todos do Código Civil). 2. Na dúvida quanto a sua origem, a cifra encontrada entre os pertences da falecida, há ser considerada como patrimônio hereditário. É necessário ponderar, contudo, que, na pendência de controvérsia quanto à origem do montante encontrado nos pertences da falecida, não há que se falar em sonegação intencional, o que, à exegese do art. 1992 do Código Civil, afasta a penalidade imposta por ocultação de bens, consistente na perda do direito de partilha sobre o referido valor. 3. Recurso conhecido e provido, em parte" (*TJDFT* – Ap 07197173220218070007, 7-2-2024, Relª. Soníria Rocha Campos D'assunção).
"**Ação de sonegados – Prova de malícia imprescindível** – Art. 1.992 do Código Civil – Falta de prova do alegado – Penalidade bem afastada – Lucros cessantes devidos – Sentença confirmada – Apelos desprovidos". (*TJSP* – Ap 1001984-32.2018.8.26.0564, 24-5-2022, Rel. Giffoni Ferreira).
"**Ação de sonegados** – Necessidade absoluta de prova de malícia na espécie – Inteligência do art.1.992 do Código Civil – Penalidade bem aplicada – Sonegação de mais bens e dinheiros sem comprovação – Simulação a respeito afastada – ônus da prova a cargo do preterido – Sentença confirmada - Apelos desprovidos". (*TJSP* – Ap. 1002691-40.2017.8.26.0368, 6-10-2021, Rel. Giffoni Ferreira).
"Apelação –Sucessões –**Ação de sonegados** –Improcedência –Ausente comprovação de que houve a sonegação de bens ou mesmo má-fé por parte do requerido. Consequentemente, tendo em vista que não restou demonstrado que os bens referidos na inicial deveriam constar no inventário, correta a sentença que julgou improcedente o pedido. Negaram provimento." (*TJRS* –AC 70080159999, 22-8-2019, Rel. Des. Rui Portanova).
"Apelação cível – Direito das sucessões – **Ação de sonegados** – Ausência de prova da existência de bens sonegados – Omissão e dolo não comprovados – Ônus do autor – Art. 373, inciso i, do CPC – Sentença mantida. I – A ação de sonegados consiste na ocultação dolosa de bens por quem deveria trazê-lo à colação – Herdeiros ou inventariante – Sendo necessário provar não apenas a existência dos bens sonegados, mas o dolo na ação de ocultação (Art. 1.992 do CC/02 c/c Art. 373, inciso I, do CPC/15). II. Demonstrado nos autos que os bens tidos como sonegados pela inventariante sequer faziam parte do patrimônio do autor da herança, na data do seu falecimento, afastam-se as penalidades previstas nos arts. 1.992 e 1.993, ambos do CC/02." (*TJMG* – AC 1.0281.06.009777-7/001, 21-9-2018, Rel. Washington Ferreira).
"Incidente de resolução de demandas repetitivas – Juízo de admissibilidade – Inventário – **Ação de sonegados** – Sentença de improcedência – Recurso de apelação desprovido – Matéria unicamente fática, que não se enquadra no disposto nos incisos I e II do artigo 976 do Código de Processo Civil. Inexistência de risco de ofensa à isonomia e à segurança jurídica. Incidente instaurado em violação ao disposto no artigo 978, parágrafo único, do mesmo codex. Utilização equivocada como sucedâneo recursal, não tendo este órgão a função revisora. Incidente inadmitido" (*TJRJ* – INC 0059983-66.2016.8.19.0000, 31-1-2017, Rel. Guaraci de Campos Vianna).
"**Ação de sonegados** – Aplicação da sanção que pressupõe a conduta dolosa do inventariante (CC, art. 1.992). Conjunto probatório que demonstrou que o inventariante não omitiu dolosamente os bens imóveis. Ciência dos demais herdeiros. Sentença mantida. Recurso improvido" (*TJSP* – Ap 1000356-78.2015.8.26.0025, 24-5-2016, Rel. Hamid Bdine).

ocorreu com dolo. Parece-nos incorreta a posição dos que defendem aqui a regra geral no sentido de que quem alega é quem deve provar o dolo.[4]

43.3 QUEM PODE PRATICAR A SONEGAÇÃO

Os arts. 1.992 e 1.993 referem-se ao herdeiro e ao inventariante. O inventariante é o principal responsável pela descrição dos bens. Não se duvida de sua legitimidade passiva para a ação de sonegação. Também o herdeiro que deixa escoar o inventário e pratica as ações descritas no art. 1.992.

O conceito de sonegação, porém, não permite que restrinjamos só a essas pessoas a possibilidade de ocultação de bens ou direitos. O cessionário que nega ter recebido bens da herança também pratica sonegação. O testamenteiro também pode sonegar bens cuja posse lhe tenha sido confiada, assim como o administrador provisório. Não podemos negar que todo aquele que detiver bens hereditários sob ocultação, não sendo estranhos à herança, se sujeita à sonegação. O cônjuge supérstite, ainda que não inventariante, insere-se nessas condições.[5]

---

[4] "**Ação de sonegados** – Bens que eram de conhecimento do Apelante, segundo ele próprio afirma em sua petição inicial. Ausência de interesse de agir verificada. Inadequação procedimental. Extinção da ação com fundamento no artigo 485, VI, do Código de Processo Civil. Alterada a fundamentação da r. sentença. Honorários ora adequados. Recurso não provido, com observação." (*TJSP* –AC 1034128-22.2016.8.26.0114, 24-9-2019, Rel. João Pazine Neto).
"Apelação cível – **Ação de sonegados** – Inventário – Sobrepartilha – Art. 1.992 do Código Civil – Prova colhida a demonstrar que o imóvel objeto da ação foi adquirido pela ré, quando esta já estava viúva, não integrando, por isso, os bens do Espólio. Inaplicabilidade do art. 1.992 do Código Civil. Sentença mantida. Apelo improvido. Unânime." (*TJRS* – AC 70072276454, 10-5-2018, Rel. Des. Ivan Leomar Bruxel).
"Agravo de instrumento – Decisão que rejeitou impugnação ao cumprimento de sentença, referente a honorários advocatícios sucumbenciais. **Sonegados**. Devedores alegam que os honorários devem ser fixados em razão do proveito econômico, a ser apurado em sobrepartilha. Improcedência. Honorários fixados em proporção ao valor da causa, em sentença já transitada em julgado. Correspondem às verbas sucumbenciais em ação de sonegados. Eventual sobrepartilha refere-se a pretensão diversa. Credor já iniciou o cumprimento de sentença descontando metade do valor correspondente a acordo realizado no curso do processo. Agravo não provido" (*TJSP* – AI 2141163-41.2017.8.26.0000, 12-9-2017, Rel. Edson Luiz de Queiroz).
"**Ação de sonegados** – Bens de propriedade exclusiva do viúvo afastados da sobrepartilha – Viúvo e falecida casados pelo regime da comunhão universal de bens – Conta bancária em nome do viúvo integra o patrimônio comum e deve integrar a partilha – Recurso provido" (*TJSP* – AI 2254283-33.2015.8.26.0000, 16-5-2016, Rel. Eduardo Sá Pinto Sandeville).
"Agravo de instrumento. Inventário. Indeferimento do pedido de levantamento de 50% dos valores depositados judicialmente pela viúva-meeira. Herdeiros que alegam a ocultação de bens. Partes que foram remetidas às vias próprias (**ação de sonegados**). Inconformismo. Desacolhimento. Bem que integra o patrimônio do *de cujus* a ser partilhado. Descabimento do levantamento de valores oriundos dos frutos pela viúva-meeira. Necessidade de realização da perícia para avaliação dos bens e frutos a serem destinados a cada um dos herdeiros. Meação que deve ser separada por ocasião da partilha. Aplicação do art. 1.023, inc. II, do Código de Processo Civil. Colação de bens. Partes que se acusam mutuamente. Ocultação de bens que deve ser resolvida por meio de ação de sonegados. Decisão mantida. Recurso desprovido" (*TJSP* – AI 0061364-22.2013.8.26.0000, 27-5-2013, Rel. J. L. Mônaco da Silva).

[5] "Apelação cível – **Ação de sonegados** – Recurso interposto pela ré em face de sentença de procedência do pedido, que reconheceu a sonegação de bens descritos na inicial, aplicando a penalidade de perdimento do direito de herdar, nos termos do artigo 1.992 do CC. Sentença reformada. Ausência de dolo. Conforme precedente do C. Superior Tribunal de Justiça, o prévio conhecimento dos autores sobre a existência do bem é fundamento suficiente para a improcedência da ação. Sentença reformada. Recurso provido" (*TJSP* –AC 1023705-11.2017.8.26.0100, 14-8-2019, Relª Viviani Nicolau).
"Agravo de instrumento – Inventário – Decisão que indeferiu a pesquisa de bens em nome da viúva-inventariante – No inventário é cabível apenas a apuração de bens existentes em nome do falecido na data da abertura da sucessão – Obrigação legal da inventariante de relacionar todos os bens do espólio – Art. 620, IV do CPC sob pena de remoção e eventual pena de sonegados a ser apurado em ação própria – Art. 1.992 e 1.994 do CC – Decisão mantida – Recurso improvido." (*TJSP* – AI 2173549-27.2017.8.26.0000, 1-2-2018, Rel. Egidio Giacoia).
"Agravo de instrumento – **Ação de nulidade de testamento** – **Bens Sonegados** – Decisão que rejeitou a preliminar de prescrição arguida pela requerida – Ação de sonegados – Natureza real – Prazo para a propositura da demanda é decenal, nos termos do art. 205 do CC – Contraminuta – Preliminar – Não cabimento de agravo de instrumento

Aliás, terá ele, se tiver convivido com o falecido, situações mais propícias de resistir à tentação de omitir bens do inventário, não informando ao inventariante. Em nosso entender, a dicção do art. 1.993, não distinguindo entre inventariante-herdeiro e inventariante – não herdeiro, não permite outra interpretação (Viana, 1987:200).

Se os bens forem omitidos por terceiros, estranhos à sucessão, aí sim não se falará em sonegação. A ação para reaver os bens com esses estranhos não derivará do direito hereditário, mas será uma ação reivindicatória ou possessória. É o que ocorre com o convivente, quando não concorrer à herança. A indenização que pagarão esses terceiros decorre dos princípios da responsabilidade civil.

O legatário, não tendo a posse dos bens da herança, o indigno e o herdeiro renunciante, não sendo considerados herdeiros, não podem ser agentes causadores de sonegação. Poderão responder, contudo, perante o espólio, como qualquer terceiro que detenha bens indevidamente.

43.4 MOMENTO EM QUE OCORRE A SONEGAÇÃO

O art. 1.996 dispõe que

> *"só se pode arguir de sonegação o inventariante depois de encerrada a descrição dos bens, com a declaração, por ele feita, de não existirem outros por inventariar e partir, assim como arguir o herdeiro, depois de declarar-se no inventário que os não possui".*

No inventário, pois, o inventariante tem até a fase das "últimas declarações" para descrever os bens (art. 636 do CPC). Contudo, o art. 621 do CPC parece alargar esse entendimento ao dizer que *"só se pode arguir de sonegação ao inventariante depois de encerrada a descrição dos bens, com a declaração, por ele feita, de não existirem outros por inventariar".*

Desse modo, pela letra da lei, se o inventariante fizer ressalva ou protesto para apresentação de outros bens se deles tomar conhecimento, como se tornou praxe, não estará, em tese, configurada a sonegação. Entenda-se que cabe o exame do caso concreto. Se nas últimas declarações o inventariante não demonstrou a menor intenção de descrever bens de seu pleno conhecimento, já haverá sonegação. O mesmo ocorre nos arrolamentos, na oportunidade das declarações iniciais, as quais serão as únicas.

Se qualquer interessado tiver dúvidas acerca da conduta do inventariante, deverá intimá-lo para que declare se irá ou não apresentar determinados bens. Geralmente, as questões resolvem-se nesse simples incidente no inventário.[6] Daí serem poucas as ações de sonegados.

---

contra decisões interlocutórias que tratem do instituto da prescrição – Preliminar Afastada – Previsão contida no inciso II, art. 1.015, do NCPC – Decisão mantida. Recurso improvido" (*TJSP* – AI 2187529-75.2016.8.26.0000, 2-3-2017, Relª Ana Maria Baldy).

[6] "Ação de sonegados – Cumprimento de sentença – Assistência judiciária gratuita – 1- **Os bens sonegados ficam sujeitos à sobrepartilha**, de acordo com o art. 669, inc. I, do CPC, e o cumprimento da sentença lançada na ação de sonegados deverá se dar nos autos do próprio processo de inventário do autor da herança. Inteligência do art. 670, parágrafo único, do CPC. 2- Descabe deferir o benefício da assistência judiciária gratuita, pois o recorrente é engenheiro civil, mora em local nobre da capital, é herdeiro de vasto patrimônio e vem utilizando o benefício da gratuidade de forma abusiva. Recurso desprovido." (*TJRS* –AC 70080650781, 14-8-2019, Rel. Des. Sérgio Fernando de Vasconcellos Chaves).

"Apelação cível – **Ação de sonegados** – Inventário judicial de bens – Acordo homologado por sentença – Trânsito em julgado – Divisão dos bens – Expedição do formal de partilha – Sonegação e necessidade de reparação por danos materiais e morais – Ônus da prova – Improcedência – Recurso não provido – 1 – De acordo com o artigo 1.992 do Código Civil ,'o herdeiro que sonegar bens da herança, não os descrevendo no inventário quando estejam em seu poder, ou, com o seu conhecimento, no de outrem, ou que os omitir na colação, a que os deva levar, ou que deixar de restituí-los, perderá o direito que sobre eles lhe cabia'. 2 – Não comprovando os autores, à semelhança do autor

Pode também o inventariante alegar que os bens referidos não foram declarados por se tratar daqueles de liquidação difícil ou morosa, ou situados em lugar remoto, deixando-os para a sobrepartilha (art. 1.040). Contudo, com essa afirmação (que, é verdade, já deveria constar das declarações), os bens já estarão descritos, já não podendo o inventariante safar-se de apresentá-los, ainda que em época posterior. E, se o inventariante alegar que desconhecia a existência dos bens referidos na intimação, implicitamente reconhece a necessidade de inventariá-los. Se declarar que os bens não existem ou que não os possui, fica aberto o caminho para a ação.

A mesma intimação deve ser feita ao herdeiro que se suspeita sonegador. Cumpre ao inventariante, ou qualquer outro interessado, pedir sua intimação. No momento em que o herdeiro declara que não possui os bens, ou se cala perante a intimação, nasce a possibilidade de propositura da ação. Pelas mesmas razões, dificilmente o herdeiro deixará que isso aconteça, sopesando devidamente as penas civis e penais a que estará sujeito. O mesmo procedimento será empregado para com o testamenteiro, cessionário de direitos hereditários e administrador provisório.

Se o apontado sonegador declarar que os bens não são do espólio, dependendo a questão de prova, que não a documental, as partes devem recorrer às vias ordinárias, e a ação de sonegados será uma de suas espécies. Nesse caso, porém, inócuo e inconveniente será mover contra o herdeiro outra ação que não a de sonegados. A ação pode ser proposta mesmo após o término do inventário e da partilha, quando o interessado toma conhecimento da ocultação.

43.5 QUEM PODE MOVER AÇÃO DE SONEGADOS

Os interessados no inventário e na herança podem propor a ação. Assim, podem fazê-lo o inventariante, o herdeiro, o testamenteiro, o credor do espólio, o cessionário de direitos hereditários, o legatário, demonstrando seu justo interesse. O legítimo interesse para a ação deve ser visto sob o prisma da ciência processual, não se limitando a legitimidade ativa aos herdeiros e credores da herança, como parece restringir o art. 1.994.[7] Não há porque negar ao

---

da ação de prestação de contas, a existência de qualquer tipo de vício no acordo homologado judicialmente, na forma do artigo 171 do Código Civil, não existindo qualquer indício no sentido de que as partes foram forçadas a assinar o termo apresentado e registrado em cartório, inexistindo prova, ainda, da existência de sonegação e da necessidade de reparação por danos materiais e morais, deve ser mantida a sentença de improcedência. 3 – Recurso não provido." (TJMG – AC 1.0035.14.004124-1/001, 17-9-2018, Relª Teresa Cristina da Cunha Peixoto).

"**Ação de sonegados** – Suposta subtração de bens à partilha – Imprescindível a identificação do dolo e da certeza da ocultação, o que não se verifica no caso – Inclusão no monte partível dos direitos decorrentes do título de clube de campo, não arrolado por falta de conhecimento dos herdeiros – Recurso improvido" (TJSP – Ap 1000524-76.2014.8.26.0361, Rel. J. B. Paula Lima).

"**Ação de sonegados**. Demanda ajuizada por herdeira pretendendo a devolução de bens do espólio e a imposição da pena de sonegados aos réus. Falecimento do inventariante no curso do feito. Processo extinto sem análise de mérito em relação a este corréu, por ausência de interesse de agir. Parcial procedência da ação em relação ao herdeiro corréu. Simulação caracterizada. Tentativa de burla à regra do art. 1.786 do CC/16. Improcedência da ação em relação aos bens não pertencentes à de cujus ou não sonegados pelo corréu. Sentença parcialmente reformada. Sucumbência recíproca. Recurso parcialmente provido" (TJSP – Ap 0004293-32.2003.8.26.0091, 11-10-2013, Rel. Rui Cascaldi).

[7] "Agravo de instrumento. Inventário. Decisão que não acolheu o pedido de ocultação e sonegação de bens. Insurgência do inventariante. Descabimento. Observância ao disposto no **art. 1.994 do Código Civil**, que exige o ajuizamento de ação própria para a imposição da pena de sonegados. Deste modo, não há como se apreciar a questão suscitada, porquanto necessário o ajuizamento de ação própria. Jurisprudência uníssona. Recurso não provido. Decisão mantida" (TJSP – AI 2146092-73.2024.8.26.0000, 19-9-2024, Relª Hertha Helena de Oliveira).

"Apelação cível – **Ação de sonegados** – Ocultação de bens – Dolo – Comprovação – Recurso desprovido – Os bens sonegados são aqueles que pertencem ao espólio e que deixaram de ser apresentados no inventário ou que não foram colacionados, exigindo-se, para a aplicação das sanções previstas nos artigos 1.992 e 1.993 do Código Civil, a configuração do dolo. Demonstrado o alegado propósito da requerida de ocultar bens do espólio, a fim de prejudicar sucessores do falecido, impõe-se o desprovimento do recurso." (TJMG –AC 1.0000.19.008604-1/002, 11-9-2019, Rel. Edilson Olímpio Fernandes).

legatário a legitimidade ativa para a ação, principalmente quando a sonegação diminuir ou impedir que receba o legado. Ainda, o bem objeto da sonegação pode ser exatamente aquele bem objeto do legado. Aí sua legitimidade é inafastável. Essa situação não é enfocada pelos autores. Todavia, se não se duvida de que o credor tem legitimidade para a ação, com muito maior razão a terá o legatário. As regras das condições da ação e, especificamente, da *legitimatio ad causam* sobrepujam a norma de direito material.

Segundo opinião corrente, o Fisco não tem legitimidade para essa ação. Geralmente, se são omitidos bens para fugir à imposição tributária, tal não implica a aplicação da pena de sonegados, devendo o Estado cobrar o tributo pelas vias próprias (Wald, 1988:194).

43.6 AÇÃO DE SONEGADOS

Renitente o indigitado sonegador em apresentar os bens, as penas da sonegação só poderão ser impostas se decorrentes de ação de procedimento ordinário. A sentença que julgar procedente o pedido aproveita a todos os interessados (art. 1.994, parágrafo único). Isso porque se devolve o bem, ou o valor, ao monte para ser partilhado. Assim, proposta a ação por qualquer interessado, os demais podem ingressar no processo como assistentes litisconsorciais do autor (art. 124 do CPC). Os bens que se auferem dessa ação serão sobrepartilhados (art. 669, I), na hipótese de já ter ocorrido a partilha (o que normalmente já deverá ter ocorrido).

É ação que deve ser proposta no juízo universal por onde tramita, ou tramitou, o inventário. A ação, do ponto de vista do polo passivo, é personalíssima por se tratar de imposição de pena. Nem poderá prosseguir a ação contra os herdeiros do réu no caso de falecimento no

---

"Apelação Cível – Direito das sucessões – **Ação de sonegados** c/c sobrepartilha – Legitimidade ativa – Herdeiros e credores da herança – Extinção do processo em relação ao pedido de sonegados – Prosseguimento do feito em relação à pretensão de sobrepartilha – Legitimidade ativa do credor do herdeiro – Confirmação da sentença e desprovimento do recurso – Com fundamento no art. 1.994, do CC/2002, somente os herdeiros ou credores da herança podem instaurar ação de sonegados. Sendo o autor/apelado credor de um dos herdeiros (mas não do de cujus), carece de legitimidade para deduzir tal pretensão – Lado outro, o art. 616, do CPC/15, confere legitimidade ao credor de um dos herdeiros para instaurar o procedimento de inventário e, consequentemente, de sobrepartilha, bastando a comprovação em abstrato da relação jurídica que traduziu crédito em seu favor – Demonstrada a existência de nota promissória emitida por um dos herdeiros em favor do autor e que há bem imóvel pendente de partilha, na qual o referido herdeiro poderá ser contemplado, deve prosseguir o processo de sobrepartilha inaugurado pelo credor – Recurso desprovido." (TJMG – AC 1.0338.13.011719-9/001, 3-7-2018, Relª Ana Paula Caixeta).

"Apelação – **Ação de sonegados** – Alegação de recebimento, por herdeira, de bem imóvel em doação informal pelo 'de cujus', e negativa de colacioná-lo como adiantamento de legítima – Sentença de parcial procedência – Inconformismo das partes – Descabimento – Acervo documental coligido nos autos que permite a conclusão de que o bem imóvel 'sub judice' foi adquirido pelo 'de cujus', embora a escritura tenha sido lavrada diretamente à ré, ocultando doação, em verdadeiro adiantamento de legítima – Necessidade de colação do valor adiantado pelo 'de cujus' para aquisição do bem, para acertamento das legítimas – Indevida, entretanto, indenização pelos frutos advindos do bem sonegado – Apelo da ré parcialmente provido, desprovido o do autor" (TJSP – Ap 1053697-22.2014.8.26.0100, 10-10-2017, Rel. José Aparício Coelho Prado Neto).

"Recurso especial – Sobrepartilha – **Sonegação de bens** – Art. 535, II, do CPC – Violação não caracterizada – Prescrição – Art. 205 do CC – Conhecimento do bem pela autora – Não comprovação – Reexame – Súmula nº 7/STJ – Ausência de prequestionamento – Súmula nº 211/STJ – 1 – Discute-se a natureza jurídica da ação originária – Se anulatória de negócio jurídico ou sobrepartilha de bens –, para fins de definição do prazo prescricional. 2 – O nome atribuído à ação é irrelevante para aferir sua natureza jurídica, que se define pelo pedido e pela causa de pedir. 3 – A pretensão de incluir bens sonegados por um dos cônjuges à época do acordo da separação, para posterior divisão, enquadra-se em ação de sobrepartilha de bens, cujo prazo prescricional é decenal (art. 205 do Código Civil). 4 – Inviável rever o entendimento do Tribunal de origem, que concluiu pela realização da sobrepartilha em virtude de os ativos financeiros dos cônjuges não terem constado no plano de partilha porque foram sonegados pelo cônjuge varão, ante o óbice da Súmula nº 7/STJ. 5 – A concordância com os termos do acordo de separação judicial não implica renúncia à meação correspondente ao bem ocultado. 6 – Recurso especial parcialmente conhecido e não provido" (STJ – REsp 1.525.501 – (2015/0059235-9), 3-2-2016, Rel. Min. Ricardo Villas Bôas Cueva).

curso da ação. De qualquer forma, se encontrados os bens, após a morte do sonegador, devem ser reintegrados e partilhados. Se os herdeiros do sonegador estiverem de má-fé, responderão por perdas e danos, podendo ser acionados pelas vias ordinárias. O simples fato de terem os interessados concordado com as declarações do inventariante não inibe a ação, mesmo porque o conhecimento da ocultação pode ter sido posterior. Essa ação prescrevia em 20 anos, na falta de prazo específico, no sistema de 1916 (Pereira, 1984, v. 6:286), iniciando-se o prazo a partir de quando a ação podia ser proposta, ou seja, o momento da negativa peremptória da entrega dos bens pelo sonegador, ou da última oportunidade que teve para fazê-lo, no curso do inventário. Na falta de outro termo, melhor entender que a ação é exercitável a contar da homologação da partilha. No atual Código, se aplica o prazo máximo de 10 anos.

43.7 EFEITOS DA SONEGAÇÃO. PENAS

A pena que cabe impor ao herdeiro na sentença é a perda do direito sobre o bem sonegado (art. 1.992). Essa pena deve ser entendida no sentido de que, cominada a pena ao herdeiro, o bem sonegado não será computado para ele, para fins de partilha. Considera-se inexistente esse sucessor para essa partilha.

Se o herdeiro sonegar o objeto de um legado, a dicção legal se tornará inócua, se aplicada gramaticalmente. Lembre-se de que a lei não contém palavras inúteis. Deve o herdeiro indenizar por perdas e danos, computando-se o valor do bem sonegado, se este não puder ser devolvido. A pena atinge tanto o herdeiro legítimo, como o herdeiro testamentário. O culpado restitui a coisa, com seus frutos e rendimentos, como possuidor de má-fé (Maximiliano, 1952, v. 3:415).[8]

Se o sonegador for o inventariante, será ele removido do cargo, independentemente de perda sobre o direito à coisa sonegada (art. 1.993). Como se mostrará inconveniente que o inventariante permaneça no cargo no curso de uma ação que o acuse dessa forma tão grave, deve o juiz, como regra, remover cautelarmente o inventariante do cargo, nomeando substituto,

---

[8] "Apelação. Ação de arrolamento. Sobrepartilha. Sentença de procedência que condenou os demandados à pena de sonegados. Inconformismo da parte ré quanto à pena civil. Acolhimento. A pena do artigo 1.992 do Código Civil requer a presença do elemento subjetivo, qual seja, o dolo inequívoco em fraudar a partilha, para aplicação de tal instituto. Ônus não cumprido pela parte autora, não podendo se presumir, circunstancialmente, a intenção de prejudicar demais herdeiros. Ausência de provas robustas que impliquem na condenação dos apelados à perda da propriedade. Sentença reformada em parte. Recurso provido" (TJSP – Ap. 1003992-93.2016.8.26.0291, 26-10-2020, Rel. Rogério Murillo Pereira Cimino).

"Agravo de instrumento – **Sobrepartilha de bens sonegados** – Decisão que reconheceu a ilegitimidade ativa do agravante, cônjuge de herdeira do de cujus, extinguindo a demanda com relação a ele sem resolução do mérito (art. 485, VI do CPC). Irresignação. Polo ativo da ação de sonegados que está restrito aos herdeiros e credores da herança (art. 1.994 do CC). Precedentes desta C. Câmara e do STJ. Mera participação do recorrente em escritura pública de inventário e partilha que não confere legitimidade para o ajuizamento da ação. Descabimento de aplicação analógica do art. 17 da Resolução nº 35/2007 do CNJ. Decisão mantida. Agravo desprovido." (TJSP –AI 2013512-55.2019.8.26.0000, 15-3-2019, Rel. Alexandre Marcondes).

"Direito civil e processual civil – **Ação de sonegados** – Compensação de bens – Inviabilidade – Sentença mantida – 1 – Na dicção do art. 2.002, do Código Civil, 'Os descendentes que concorrerem à sucessão do ascendente comum são obrigados, para igualar as legítimas, a conferir o valor das doações que dele em vida receberam, sob pena de sonegação'. 2. A obrigação de conferir os bens recebidos por doação não é absoluta, pois, no ato de liberalidade ou após, por testamento (CC, art. 2.006) o doador pode dispensar o donatário da colação, dispondo que a doação saia da parte disponível (CC, art. 2.005). 3. O objeto desta demanda diz tão somente sobre o crédito decorrente do precatório recebido, a título gratuito, por ascendente a herdeiro necessário. Outros bens, não incluídos nesta ação, poderão ser perseguidos pelos meios jurídicos disponíveis. 4 – Recuso desprovido. Unânime" (TJDFT – Proc. 20130111164775APC – (947286), 16-6-2016, Rel. Romeu Gonzaga Neiva).

"Apelação – Indeferimento da petição inicial – **Ação de sonegados** – Extinção do feito sem resolução de mérito – Terceiros não são partes na ação de sonegados – Herdeiro sonegador deverá arcar com as penas do art. 1.995 do Código Civil. Recurso provido" (TJSP – Ap 1003174-65.2014.8.26.0533, 28-8-2015, Relª Rosangela Telles).

usando de seu poder geral de cautela, e aplicando os arts. 622, VI, e 623 do CPC. Se o pedido for julgado improcedente, o inventariante poderá pedir perdas e danos contra quem promoveu a ação infundada. Caso o bem sonegado já não se encontre em poder do sonegador, pagará ele seu valor, devidamente corrigido à época do efetivo pagamento, com perdas e danos (art. 1.995). A ação tem também cunho indenizatório. Não se afasta a possibilidade de indenização também por danos morais.

Não se anulam os negócios de alienação em proteção aos terceiros adquirentes de boa-fé. Se o terceiro adquirente estiver de má-fé, a ação de sonegados pode ter o condão de anular o negócio, condenando ambos, sonegador e terceiro à indenização por perdas e danos. Nada impede esse entendimento, com a colocação de litisconsortes no polo passivo. Há, no entanto, opiniões contrárias. Ademais, como a procedência do pedido na ação de sonegação implica reconhecimento de má-fé, não importando quem seja o réu, sempre haverá indenização por perdas e danos. Se o testamenteiro for o sonegador, não só deverá ele, se ainda houver tempo hábil, ser removido do cargo, por faltar à confiança do testador, como deverá perder a vintena. Não se pode remunerar quem prejudicou os interesses que deveria proteger. Deve pagar também o valor do bem que fez desaparecer, se não houver possibilidade de restituição.

Da mesma forma, em que pesem ponderáveis opiniões contrárias, se o inventariante não for herdeiro, deve ele, se a coisa já não puder ser devolvida, também responder pelo valor do bem, com perdas e danos. Geralmente, tratar-se-á do cônjuge meeiro (Maximiliano, 1952, v. 3:421). O valor deve ser apurado no caso concreto. A simples perda do cargo de inventariante é pena absolutamente irrelevante e secundária para a falta, não sendo esse o espírito da lei. Deve o inventariante indenizar o valor do que o espólio perdeu e do que deixou razoavelmente de ganhar (art. 402).

44

COLAÇÕES

44.1 CONCEITO. FUNDAMENTO

Já está fixado, a esta altura da leitura deste volume, o conceito da porção legítima dos herdeiros necessários. Quando da elaboração da partilha, segundo o art. 2.002, *"os descendentes, que concorrerem à sucessão do ascendente comum, são obrigados, para igualar as legítimas, a conferir o valor das doações que dele em vida receberam, sob pena de sonegação"*.

Para corrigir omissão nesse dispositivo, tendo em vista a nova sistemática imposta pelo atual Código, o Projeto nº 6.969 buscou acrescentar no artigo que também é obrigado à colação *"o cônjuge sobrevivente, quando concorrer com os descendentes"*.

Essa conferência de bens recebidos em vida tem uma finalidade eminentemente contábil. Entende a lei que o que foi recebido em vida, por dote ou doação, integra a porção legítima do *descendente*. E a finalidade vem expressa no artigo 2.003:

> *"A colação tem por fim igualar, na proporção estabelecida neste Código, as legítimas dos descendentes e do cônjuge sobrevivente, obrigando também os donatários que, ao tempo do falecimento do doador, já não possuírem os bens doados.*
>
> *Parágrafo único. Se, computados os valores das doações feitas em adiantamento de legítima, não houver no acervo bens suficientes para igualar as legítimas dos descendentes e do cônjuge, os bens assim doados serão conferidos em espécie, ou, quando deles já não disponha o donatário, pelo seu valor ao tempo da liberalidade"*.

Portanto, a lei denomina colação a esse procedimento de o descendente, bem como o cônjuge sobrevivente e o convivente no regime do presente Código, trazer à partilha o bem anteriormente recebido em vida do *de cujus*, por doação.[1] Colação *"é o ato de reunir ao monte*

---

[1] "Agravo de instrumento. Inventário. Decisão que determinou, dentre outras deliberações, fossem trazidos à colação os bens imóveis que os coerdeiros agravantes receberam em vida. Insurgência que busca ver reconhecida a decadência e o meio impróprio ou, subsidiariamente, que seja respeitada a liberdade de testar do de cujus. Não acolhimento. Preliminares que se confundem com o mérito e com ele serão analisadas. Independentemente do tempo em que a doação de ascendente a descendente tenha sido feita, por importar adiantamento de herança, devem os bens serem trazidos à colação para igualar as legítimas. Discussão sobre a colação de bens para partilha

partível quaisquer liberalidades recebidas do de cujus, *pelo herdeiro descendente, antes da abertura da sucessão*" (Leite, 2003:749). Complementa-se o disposto no art. 544, pelo qual a doação de ascendentes a descendentes, ou de um cônjuge a outro, importa adiantamento do que lhes caberia na herança, isto é, uma antecipação de suas quotas legítimas necessárias. Essa regra

---

igualitária do patrimônio entre os herdeiros que é própria do processo de inventário (art. 639 e ss. do CPC), desnecessário o ajuizamento de ação própria. Questão em debate que não se refere à anulação da doação, irrelevante a alegação de decadência do direito. **Obrigatoriedade da colação** (art. 2002, do CC), ainda que os donatários que ao tempo do falecimento do doador, já não possuírem os bens doados (art. 2.003, do CC). Doação que constitui adiantamento de herança, não dispensados os herdeiros beneficiados da colação pelo falecido (arts. 2005 e 2006 do CC). Precedentes. Decisão mantida. Recurso não provido" (TJSP – AI 2040492-97.2023.8.26.0000, 28-2-2024, Rel. Schmitt Corrêa).

"Agravo de instrumento – Inventário – Decisão que acolheu as impugnações, determinando que a inventariante retifique as primeiras declarações nela incluindo todas as doações realizadas pelo de cujus aos filhos, adequando o plano de partilha e respeitando o equilíbrio dos quinhões e a meação que cabe a ela na condição de viúva, sob pena de incorrer em sonegação – **Colação** que é instituto adequado a equiparar os quinhões dos herdeiros e do cônjuge sobrevivente – Inteligência do disposto no artigo 2.003, do Código Civil – Decisão mantida – Recurso não provido" (TJSP – AI 2285876-70.2021.8.26.0000, 3-2-2023, Rel. Erickson Gavazza Marques).

"Inventário. Decisão que reconheceu a qualidade de herdeira da viúva sobrevivente e determinou a colação de bens doados pelo *de cujus* aos descendentes. Recurso conhecido em parte e desprovido na parte conhecida. Inventário. Insurgência contra decisão que reconheceu a qualidade de herdeira da viúva sobrevivente e determinou a colação de bens doados pelo *de cujus* aos descendentes. Efeito suspensivo deferido. Recurso prejudicado quanto do pedido para que a viúva seja afastada da condição de herdeira, em razão do julgado do agravo nº 2287852-15.2021.8.26.0000 por esta C. Câmara nesta mesma data. **Colação de bens** que decorre de determinação legal, com o fim de equiparar os quinhões hereditários. Inteligência dos arts. 2.002 e 2.003 do CC. Decisão mantida quanto a esse ponto. Recurso conhecido em parte e desprovido na parte conhecida." (TJSP – AI 2007489-88.2022.8.26.0000, 22-3-2022, Rel. J. B. Paula Lima).

"Agravo de instrumento – **Sucessões – Colação de bens** – Decisão atacada que determinou fossem os bens trazidos à colação, motivando o agravo, com alegação de inicial de ausência de fundamentação. Decisão monocrática que não conheceu do agravo, desconstituída por agravo interno. Pelo que até aqui exposto, possível verificar que, efetivamente, houve ausência de fundamentação, uma vez que questões relevantes deixaram de ser apreciadas e integralmente examinadas. Decisão desconstituída. Agravo de instrumento provido. Unânime." (TJRS – AI 70072709587, 22-8-2019, Rel. Des. Ivan Leomar Bruxel).

"Agravo de instrumento – Inventário – **Colação de bens** – Insurgência acerca de eventuais ônus que possam gerar a remoção dos bens inventariados – Pretensão que a colação de bens seja realizada em substância, declarando-se desnecessária a avaliação pericial, bastando a devolução das cotas ao monte mor – Questões não apreciadas no Juízo de origem pela decisão recorrida – Os princípios da celeridade e economia processual não justificam a supressão de instância – Recurso desprovido." (TJSP – AI 2248060-93.2017.8.26.0000, 17-10-2018, Rel. Alcides Leopoldo).

"Civil e processual civil – Agravo por instrumento – Abertura de inventário – Doação feita aos netos – **Adiantamento da legítima** – Não caracterização – Não incidência do artigo 544, do CC – Colação – Desnecessidade – Parte disponível do doador – Interpretação dos artigos 549, 1.846, 2.005 e 2.007, do CC – Legítima Preservada – Recurso improvido – 1 – Agravo por instrumento interposto contra decisão que, nos autos de inventário, compareceu o agravante na qualidade de inventariante dos bens deixados por seus pais, que indeferiu (a decisão) pretensão no sentido de que fosse trazido à colação bem doado por avós aos netos. 2 – A doação feita aos netos, cujos pais sejam herdeiros do doador, além de não caracterizar adiantamento de herança, não necessita, *a priori*, ser colacionada nos autos do inventário do autor da herança, visando à prestação de contas aos demais herdeiros. 2.1. Somente haveria obrigação de os netos trazerem à colação o que eventualmente excedesse à quota indisponível da legítima (CC, 1.846), nos moldes do artigo 2.007, do CC, sob pena de ver declarada nula a doação, segundo o artigo 549, do diploma substancial. 3 – Doutrina: 'Toda doação feita em vida pelo autor da herança a um de seus filhos presume-se como um adiantamento de herança. Nossa lei impõe aos descendentes sucessíveis o dever de colacionar. Estão livres dessa obrigação os demais herdeiros necessários, ao contrário de outras legislações. Os netos devem colacionar, quando representarem seus pais, na herança do avô, o mesmo que seus pais teriam de conferir. Contudo, não está o neto obrigado a colacionar o que recebeu de seu avô, sendo herdeiro seu pai, e não havendo representação' (Sílvio de Salvo Venosa, in *Direito Civil*: Direito das Sucessões. 3ª ed. São Paulo: Atlas, 2003. pp. 362/365). 4 – Enfim. 'A referência a descendentes deve ser entendida como relativa à ordem da vocação hereditária, da sucessão legítima. Se um avô doa um bem a um neto, esta doação não importa adiantamento da legítima, quando apenas concorrerem os descendentes de grau superior ao donatário, ou seja, os filhos do doador, inclusive o pai donatário. O neto apenas estará alcançado pela obrigatoriedade da colação se suceder por representação, no lugar do pai' (Dra. Arinda Fernandes, Procuradora de Justiça). 4 – Demonstrado, no caso concreto, que o bem doado não alcançou a metade do patrimônio dos doadores, mantendo-se incólume a legítima, não há que se falar em nulidade do referido ato jurídico. 5 – Recurso conhecido e improvido" (TJDFT – Proc. 20160020370184AGI (988270), 24-1-2017, Rel. João Egmont).

não é absoluta, pois o doador pode fazer constar que o objeto do negócio seja retirado de sua parte disponível, com dispensa de colação. Há que se examinar, evidentemente, se não houve avanço ilegal na parte disponível. Contudo, se o ascendente, na doação, não fizer expressamente a dispensa de colação, a regra do art. 544 incidirá.

A colação é, portanto, obrigação do herdeiro necessário, que recebeu doação do autor da herança.

Salvo vontade expressa do doador, como veremos, toda doação feita em vida pelo autor da herança a um de seus filhos (ou netos, que concorram com outros netos, por exemplo) presume-se como um adiantamento de herança. Desse modo, tal doação se computará dentro da legítima desse herdeiro, compensando-se com os demais herdeiros do mesmo grau. Trata-se de uma obrigação de trazer o valor. Só haverá dispensa dessa colação quando o testador assim se manifestou de forma expressa (arts. 2.005 e 2.006), determinando que a doação seja extraída da parte disponível. No dizer de Zeno Veloso, a dispensa de colação feita pelo doador destrói a presunção de que este queria fazer, simplesmente, uma antecipação da herança ao donatário, pois fica claro e inequívoco, com tal liberalidade, que o doador quer gratificar melhor e beneficiar mais o aludido herdeiro, destinando a este maior porção que aos outros (2003:424).

No entanto, se foi excedida a parte disponível, a doação terá sido inoficiosa, e procede-se à redução conforme já estudado.[2] A colação fundamenta-se, portanto, na vontade presumida do *de cujus*, e é também uma forma de manter a igualdade entre os herdeiros, como se fora

---

[2] "Inventário – Sobrepartilha – Bens doados a descendentes – **Colação de bens** – Testamento – Dispensabilidade Expressa – Inexistência – Antecipação de legítima – 1- A dispensa de colação dos bens doados deve ser expressa e realizada diretamente no testamento ou no próprio título de liberalidade. Inteligência do artigo 2006 do Código Civil. 2- A ausência de dispensabilidade expressa caracteriza antecipação de legítima. 3- Recurso conhecido e desprovido." (TJDFT – Proc. 07060601520198070000 (1188534), 5-8-2019, Relª Maria de Lourdes Abreu).
"Inventário – **Colação** – Base de cálculo do valor dos bens – Insurgência contra decisão que determinou apresentação de certidões de valor venal atualizadas dos bens doados em vida pelo autor da herança aos seus dois filhos mais velhos, e correção do valor dos bens nas primeiras declarações. Decisão reformada. Escritura de doação que atribui às liberalidades valor certo, que deve ser considerado para fins de colação (art. 2.004, CC). Dispensada investigação sobre o valor atual dos imóveis. Recurso provido." (TJSP – AI 2105007-20.2018.8.26.0000, 13-7-2018, Rel. Carlos Alberto de Salles).
"Civil – Processo Civil – Inventário – **Colação** – Agravo de instrumento contra a decisão que determinou a habilitação do espólio do companheiro da inventariada (pai do Agravante) e a retificação das primeiras declarações. A *de cujus* deixou somente um filho, o Agravante, e na ação de reconhecimento de união estável este e seu pai ajustaram a partilha de bens, ficando o companheiro com o usufruto dos imóveis e o Agravante com a nua propriedade. Houve, pois, a aceitação da herança pelo companheiro e subsequente doação por este da nua-propriedade ao Agravante quanto aos bens herdados. De todo impossível analisar a pertinência da habilitação do espólio se preclusa a decisão que a determinou. Nos termos dos artigos 544 e 2.002 do Código Civil, a doação de ascendentes a descendentes importa adiantamento do que lhes cabe por herança e deve ser trazida à colação por estes na sucessão de ascendente comum, a fim de igualar os quinhões dos herdeiros, considerando, no caso, que o pai do Agravante tinha outro filho. Correta a decisão agravada ao determinar a retificação das primeiras declarações com a posterior avaliação dos bens que compõem o acervo hereditário. Recurso desprovido" (TJRJ – AI 0049197-60.2016.8.19.0000, 3-7-2017, Rel. Henrique Carlos de Andrade Figueira).
"Agravo de instrumento – Inventário – **Colação de bens** – Doação que abrange a parte disponível – Dispensa expressa em testamento – Inteligência dos artigos 2.005 e 2006 do CC – Recurso parcialmente provido" (TJSP – AI 2138973-76.2015.8.26.0000, 19-2-2016, Relª Rosangela Telles).
"**Agravo de instrumento** – Inventário – Decisão que indeferiu pedido de divisão de despesas, entre os herdeiros, com imóvel inventariado – Recurso dos interessados – Alegação de que as despesas com a manutenção do bem foram assumidas pelos agravantes, cumprindo à coerdeira arcar com metade do valor – Descabimento – Até que se ultime a partilha, é o próprio acervo patrimonial quem responde pelas dívidas oriundas de sua manutenção – Agravantes que, ademais, não lograram demonstrar que tais gastos foram suportados com o patrimônio pessoal. Determinação de colação de doação feita ao agravante/inventariante e sua esposa – Alegação de que a doação teria saído da parte disponível da herança – Descabimento – Doações feitas por ascendente a descendente que importam necessariamente em adiantamento de legítima, salvo quando houver cláusula expressa de dispensa no título da liberalidade ou quando constar de testamento, ambos inexistentes no caso – Inteligência dos arts. 544,

uma antecipação da futura herança. Essas conclusões defluem facilmente da leitura dos citados arts. 2.005 e 2.006.

A colação não toca na doação, salvo se inoficiosa, nem aumenta a metade disponível do testador. O que vai ser apurado é apenas seu valor, segundo critério que aqui veremos. O bem doado será inserido, de preferência, no quinhão do donatário.

O vigente Código acrescentou que se presume imputada na parte disponível a liberalidade feita a descendente que, ao tempo do ato, não seria chamado à sucessão na qualidade de herdeiro necessário (art. 2.005, parágrafo único). Assim, será, por exemplo, a doação de um avô ao neto, quando estivesse vivo o filho, este, sim, herdeiro necessário na época da liberalidade. Entende-se que não houve desequilíbrio de legítima nessa situação.

Em sua origem romana, foi uma criação pretoriana, com a mesma finalidade de estabelecer igualdade entre os sucessores. Diz respeito, talvez, também à origem da copropriedade doméstica do direito germânico, onde todos os herdeiros estavam em pé de igualdade (Zannoni, 1974:410). Anteriormente, em Roma, os filhos emancipados recebiam uma parte do patrimônio do pai. Quando da morte, o pretor passou a determinar que o emancipado compensasse com os demais herdeiros o que anteriormente recebera. O doador não pode doar mais do que poderia testar na oportunidade. É regra que já vimos.

A colação, embora inserida dentro das disposições acerca do inventário e da partilha, refere-se tão só aos descendentes, herdeiros necessários. Nada está a impedir, contudo, ao doador, que imponha o dever de colacionar a um herdeiro instituído; porém, aqui a sede é de exame da vontade do manifestante do negócio jurídico. Como se entende que o dever de colacionar é indeclinável, mesmo a renúncia à herança não exime o renunciante. Este estará obrigado a trazer o bem à colação, devendo repor o excedente da legítima mais a metade disponível ao monte, como qualquer outro herdeiro descendente donatário. Porque isso acontecendo, o herdeiro teria recebido mais do que poderia receber por testamento, em prejuízo dos demais herdeiros. O mesmo princípio é aplicado ao indigno, assim excluído da sucessão (art. 2008 do CC/2002 e art. 640 do CPC/1973, correspondente ao art. 1.015 do CPC/2015). Não são herdeiros, mas seus atos não podem prejudicar os demais descendentes que concorrem à herança.

44.2 COLAÇÃO E REDUÇÃO DAS LIBERALIDADES

Tanto a colação como a redução das liberalidades têm por fim a integridade das porções hereditárias dos herdeiros legítimos. No entanto, não se confundem.

A redução de doação inoficiosa ou deixa testamentária excessiva tem por fito defender a porção legítima do herdeiro necessário e só se possibilita quando um desses atos atinge essa porção. Já a colação ocorre mesmo que a legítima não tenha sido afetada, visando tão só manter a igualdade entre os vários herdeiros.

A redução da parte inoficiosa ocorre mesmo contra a vontade do disponente, porque o herdeiro forçoso não pode ser privado de sua legítima, enquanto a colação pode ser dispensada pelo doador, como vimos. Não podendo a questão ser decidida de plano no inventário, será levada para a ação de redução. Por outro lado, enquanto com a redução se traz para o monte o bem ou o valor excedente, com a colação não se traz bem algum: apenas se confere um valor que integrará a porção do donatário, preferentemente.

2.005 e 2.006, todos do Código Civil – Decisão mantida – agravo desprovido" (TJSP – AI 2017655-29.2015.8.26.0000, 28-8-2015, Rel. Miguel Brandi).

Se o *de cujus* dispôs em vida mais do que podia, há invalidade da disposição, da mesma forma como ocorre no testamento, se dispôs além de sua porção disponível. Por fim, enquanto a redução do excesso transmitido possibilita a qualquer herdeiro necessário a iniciativa da ação, a colação apenas beneficia os descendentes, diretamente ligados à sucessão. A colação pode, no entanto, dar ensejo à ação de redução.

São pressupostos, pois, da colação: a doação (ou dote, no regime anterior) de um ascendente comum ou do cônjuge ao outro; a participação do donatário descendente ou cônjuge sobrevivente na herança e o concurso desse donatário com os demais descendentes do mesmo grau, por cabeça, ou por direito de representação, podendo também participar o cônjuge sobrevivo e o convivente em determinadas situações, como vimos.

O art. 2.007, pertencente ao Código de 2002, pretendeu equacionar regras para essa redução:

> "São sujeitas à redução as doações em que se apurar excesso quanto ao que o doador poderia dispor, no momento da liberalidade.
>
> § 1º O excesso será apurado com base no valor que os bens doados tinham, no momento da liberalidade.
>
> § 2º A redução da liberalidade far-se-á pela restituição ao monte do excesso assim apurado; a restituição será em espécie, ou, se não mais existir o bem em poder do donatário, em dinheiro, segundo o seu valor ao tempo da abertura da sucessão, observadas, no que forem aplicáveis, as regras deste Código sobre a redução das disposições testamentárias.
>
> § 3º Sujeita-se a redução, nos termos do parágrafo antecedente, a parte da doação feita a herdeiros necessários que exceder a legítima e mais a quota disponível.
>
> § 4º Sendo várias as doações a herdeiros necessários, feitas em diferentes datas, serão elas reduzidas a partir da última, até a eliminação do excesso".

Para se atingir o valor, o excesso será apurado levando-se em conta o momento da liberalidade, ou seja, verificar-se-á no momento da liberalidade qual o montante do acervo e quanto poderia ser disposto pelo doador na época. Se a redução não puder ser feita em espécie ou não existir mais o bem no monte, a redução será feita em dinheiro. Aplicam-se as regras das reduções testamentárias já estudadas. As partes devem apresentar um plano de redução. Se não o fizerem, assim determinará o juiz que se faça, valendo-se de perícia, se necessário. O § 4º é importante porque fixa um critério cronológico para as reduções: se foram várias as doações aos herdeiros necessários, feitas em diferentes datas, parte-se da mais recente para as mais antigas, até que se obtenha a eliminação do excesso inoficioso.[3]

---

[3] "Agravo de instrumento – Inventário – **Colação** – Se determinada questão envolvendo a obrigação de serem colacionados bens se encontrar provada com documentos, compete ao juízo resolvê-la no próprio processo de inventário, sem a remeter às vias ordinárias – Doação de imóveis a determinados herdeiros realizada por procuração outorgada pelos genitores – Escritura de doação em que inserida a dispensa da colação dos bens – Inexistência de poderes específicos na procuração – Deve ser prestigiada a decisão de invalidade da cláusula de dispensa da colação se o negócio foi feito por procuração sem poderes específicos – Decisão mantida nesta parte – Imóvel doado pelo casal ao noivo da herdeira, pouco antes do casamento havido em 1971, pelo regime da comunhão universal, ainda vigente ao tempo da abertura da sucessão – Situação na qual a herdeira foi beneficiada, em detrimentos dos demais herdeiros necessários – Dever de colacionar tal bem –Decisão reformada nesta parte –. Deram parcial provimento ao recurso." (*TJSP* – AI 2031467-02.2019.8.26.0000, 19-9-2019, Rel. Alexandre Coelho).

"Agravo interno – Agravo em Recurso Especial – Doação – Antecipação de legítima – Inventário – **Bens Sonegados** – Necessidade de produção probatória – Reexame de prova – 1 – Não se admite o recurso especial quando sua

44.3 QUEM DEVE COLACIONAR

Nossa lei impõe aos descendentes sucessíveis o dever de colacionar. O cônjuge também tem esse dever, se concorrer na herança com descendentes, como vimos. Estão livres dessa obrigação os demais herdeiros necessários, ao contrário de outras legislações. Os demais herdeiros da ordem de vocação legítima e os herdeiros testamentários estão livres da obrigação, salvo se o testador dispôs em contrário.

Os netos devem colacionar, quando representarem seus pais, na herança do avô, o mesmo que seus pais teriam de conferir (art. 2.009). Isso porque o representante receberia tudo que receberia o representado. Contudo, não está o neto obrigado a colacionar o que recebeu de seu avô, sendo herdeiro seu pai, e não havendo representação. Quando o herdeiro-pai falecer, não haverá dever do neto colacionar, porque recebeu herança do ascendente-avô, e não de seu pai. Se só concorrem, porém, netos a uma herança (sucessão por cabeça), descendentes do mesmo grau, portanto, terão o dever de colacionar.[4] Aí eles concorrem à herança por direito próprio.

---

análise depende de reexame de matéria de prova (Súmula 7 do STJ). 2 – Agravo interno a que se nega provimento." (*STJ* – AGInt-AG-REsp 1.216.823 – (2017/0320162-7),2-9-2018, Relª Minª Maria Isabel Gallotti).

"Agravo de instrumento – **Sucessões** – **Inventário** – Alegação de que o autor da herança, em vida, teria doado cotas sociais a um filho, configurando **antecipação de legítima** – Questão de alta indagação, que demanda análise fática e instrução probatória – Postulação que desafia o ajuizamento de ação própria, sob o crivo do contraditório e da ampla defesa – remessa da temática às vias ordinárias – Em sede de inventário, a jurisdição se limita à arrecadação dos bens e direitos deixados pelo extinto para posterior pagamento das dívidas e tributos porventura existentes e, finalmente, partilha entre os herdeiros. Assim, as questões que extrapolam esta finalidade e que exigem análise fática e instrução probatória própria, sob o crivo do contraditório e da ampla defesa, tal como a pretensão de que seja reconhecida a suposta doação efetivada pelo autor da herança a um filho, configurando antecipação de legítima a ensejar a colação do bem doado, não comporta resolução neste feito, impondo sua remessa às vias ordinárias, consoante dispõe o art. 612 do CPC/15. Negaram provimento. Unânime" (*TJRS* – AI 70071510812, 9-3-2017, Rel. Des. Luiz Felipe Brasil Santos).

"Agravo de instrumento – Inventário – **Necessidade de colação** – Bens imóveis e montante em dinheiro – Decisão que remeteu às vias ordinárias por envolver questão de alta indagação a ser discutida em ação própria – Decisão reformada em parte – Existência de documentos – Necessária decisão fundamentada do Juízo monocrático a respeito, sem prejuízo de posterior remessa às vias ordinárias – Recurso parcialmente provido" (*TJSP* – AI 2246739-91.2015.8.26.0000, 19-4-2016, Rel. José Carlos Ferreira Alves).

[4] "**Doação inoficiosa** – Imóvel doado à filha em acordo de separação dos pais, sendo o genitor comum das partes. Pretensão manifestada pela outra filha, irmã unilateral da donatária, de invalidação do negócio. Caso que, a rigor, seria de adiantamento de legítima. De todo modo, deslinde de acolhimento de pleito sucessivo para equiparação das quotas hereditárias. Acertada desconsideração do correspondente às prestações que foram pagas depois da separação, quando o genitor deixou de ter qualquer direito sobre o imóvel. Sentença mantida. Recurso desprovido." (*TJSP* –AC 1000237-94.2018.8.26.0322, 25-4-2019, Rel. Claudio Godoy).

"Apelação cível – Ação de anulação de doação – **Doação inoficiosa** – Ausência de prova do patrimônio disponível no momento da liberalidade – Ônus probatório do autor – Inexistência de fraude à legítima – A doação que exceder ao limite que o doador poderia dispor em testamento será chamada inoficiosa e terá como sanção a nulidade da parte excedente, consoante previsão do art. 549, do Código Civil/02 – Ausência de comprovação da doação realizada – Incumbe ao autor provar que a doação é inoficiosa, a partir da demonstração da existência de excesso, a ensejar a declaração de nulidade do negócio." (*TJMG* – AC 1.0611.10.003743-5/001, 2-2-2018, Rel. Pedro Aleixo).

"**Anulação de doação inoficiosa** – Ação promovida pelos herdeiros necessários, sob o argumento de que o valor do bem imóvel doado em vida pelo 'de cujus' a sua companheira ultrapassou a parte disponível de seu patrimônio – Colação de todos os bens, inclusive os doados anteriormente e que não são objeto do pedido de anulação – Necessidade – Meação da companheira ante o reconhecimento da união estável com o doador – Observância – Legítima não atingida pela doação – Pedido improcedente – Sucumbência dos autores – Condição de beneficiários da assistência judiciária gratuita – Irrelevância – Concessão da gratuidade que não afasta a condenação dos vencidos às verbas de sucumbência, suspendendo apenas a sua exigibilidade, nos termos do art. 12 da Lei nº 1.060/50 – Entendimento pacífico do E. Superior Tribunal de Justiça – Sentença de improcedência mantida, ratificando-se seus fundamentos, a teor do art. 252 do RITJSP – Recurso dos autores improvido e provido o da ré" (*TJSP* – Ap 0004849-11.2000.8.26.0068, 10-5-2016, Rel. Alvaro Passos).

"**Agravo de instrumento** – Inventário – Colação de bens – Dever que deriva da regra legal do artigo 2.003 do Código Civil. Bens adquiridos por meio de negócio de venda e compra. Correto afastamento da determinação. Ainda

Como vimos, o indigno e o renunciante também devem colacionar, porque sua doação pode ser de tal vulto que absorva toda a herança, ou grande parte da herança dos demais herdeiros. E a renúncia não pode vir em prejuízo dos demais, muito menos a indignidade (art. 2.008). No entanto, nessas situações, tão só pela colação, não há perda do bem colacionado no tocante à parte oficiosa. A colação não tem o condão de revogar a liberalidade. Há necessidade de que se proceda à redução.

Se o herdeiro que teria de colacionar premorrer ao autor da herança e já tiver transferido o bem a terceiro, este está livre de qualquer conferência, arcando apenas o neto, representante, com esse encargo, numa situação injusta criada pela lei (Pereira, 1984, v. 6:294).

Qualquer herdeiro filho terá o dever de colacionar, desde que concorra à herança: legítimo, ilegítimo, adotivo. Os cessionários dos direitos hereditários desses herdeiros também têm o dever de colacionar, assim como, por outro lado, têm direito de pedir a colação.

Se a doação foi efetivada a descendente casado sob comunhão de bens, tem ele o dever de colacionar todo o bem. Se a doação foi feita metade ao descendente e metade a seu cônjuge, este último, se não for herdeiro (art. 1.829, I), não tem que conferir (Miranda, 1973, v. 60:341). Entende-se que a porção doada ao cônjuge saiu da parte disponível.

A *dispensa de colação* só pode vir no testamento ou no ato de liberalidade (art. 2.006). Não valerá a dispensa feita em qualquer outro instrumento, ainda que por escritura pública. Nada impede, todavia, que a dispensa seja parcial ou condicional (Miranda, 1973, v. 60:340).

Os credores do espólio não podem exigir a colação, ainda que o passivo seja superior ao ativo. Não podem eles atingir a liberalidade feita em vida pelo morto, a não ser que tenha ocorrido fraude contra credores. Também os legatários não estão legitimados a fazê-lo.

Quando o herdeiro donatário for incapaz, seu representante fará a conferência dos respectivos bens. Trata-se de ato de mera administração que não implica alienação.

44.4 MOMENTO DA COLAÇÃO. PROCEDIMENTO

O cálculo da legítima supõe a reunião ficta do que foi anteriormente doado ao descendente. Os valores colacionados são imputados para a contagem do total da massa hereditária. Se o donatário não mais tiver os bens consigo, será apurado seu valor ao tempo da liberalidade, segundo acrescenta o parágrafo único do art. 2.003. Esse valor é visto com relação ao acervo na época da liberalidade. Se houver no acervo bens suficientes para a colação, serão eles computados em espécie.

O art. 639 do CPC diz que o herdeiro deve conferir o bem à colação no prazo do art. 627, isto é, dentro do prazo para manifestação sobre as primeiras declarações. No caso de arrolamento, o fará junto com as declarações iniciais. No arrolamento de alçada, deve fazê-lo tão logo seja intimado. Se o herdeiro, sendo intimado dentro do inventário para esse fim, negar o recebimento

---

que admitido que os bens foram incorporados ao patrimônio dos herdeiros em sub-rogação de imóveis doados anteriormente, o negócio pretérito se deu com cláusula de dispensa de colação, inexistindo indícios a configurar doação inoficiosa. Prevalência da norma do artigo 2.005 do Código Civil. II – Débito relativo a cartão de crédito de titularidade do herdeiro Bruno. Fatura vencida após a abertura da sucessão. Responsabilidade do herdeiro pelo adimplemento, com possibilidade de direito de regresso do espólio caso tenha indevidamente arcado com o montante. Decisão mantida. Agravo improvido, com observação" (*TJSP* – AI 2140184-50.2015.8.26.0000, 24-9-2015, Rel. Donegá Morandini).

"**Anulação de ato jurídico.** Doação de parte de imóvel para ex-mulher na separação judicial. Hipótese de acordo realizado entre o extinto casal onde ele abriu mão de parte do imóvel e ela da pensão alimentícia. Ato jurídico sem irregularidades. Impossibilidade de enviar o bem à colação. Recurso provido" (*TJSP* – Ap 0010965-67.2010.8.26.0008, 3-5-2013, Rel. Teixeira Leite).

de bens, ou a obrigação de os conferir, o juiz deve decidir, de plano, após ouvir as partes (art. 641 do CPC). Se julgar procedente o pedido de colação, o juiz mandará sequestrar os bens para serem inventariados ou partilhados, ou imputará no quinhão do renitente o valor respectivo, se o bem não estiver mais em sua posse (§ 1º do art. 641). Se o juiz não puder decidir à vista dos elementos constantes dos autos, tratando-se de matéria que requeira outras provas, portanto, remeterá as partes às vias ordinárias (§ 2º do art. 641 do CPC). Nesse caso, o herdeiro apontado não poderá receber seu quinhão hereditário enquanto não decidir a demanda, *"sem prestar caução correspondente ao valor dos bens sobre os quais versar a conferência"* (segunda parte do § 2º citado).

É ao espólio que cabe propor a ação de colação. Não se nega ao herdeiro interessado que figure como assistente na causa. No entanto, pode o indigitado renitente adiantar-se e propor ação declaratória negativa, para que se fixe seu direito de não colacionar (art. 19, I, do CPC). Se o inventariante omite-se quanto ao pedido de colação, qualquer interessado pode pedir sua remoção por faltar aos deveres que lhe são inerentes.

O herdeiro que não apresentar espontaneamente o bem, intimado a fazê-lo, pode incorrer também na pena de sonegados, como já estudado.

Quando colacionado o bem, é lavrado um termo no inventário. Podem as partes interessadas concordar com o valor apresentado, dispensando-se a avaliação, se todos forem capazes. Pode ocorrer que só após a partilha se descubra que existia bem colacionável. A qualquer momento, enquanto não prescrever a ação de petição de herança, pode ser proposta a ação para o herdeiro colacionar, acertando-se, então, a partilha. A ação beneficia a todos os demais herdeiros necessários participantes.

A doação ao descendente será considerada *inoficiosa* quando for superior a sua parte legítima, *mais a parte disponível*. A invalidade não é total, só no que suplantar esse cálculo aritmético. Nesse caso, é feita a *redução* até caber nesse limite. Os sucessores nomeados no testamento só recebem se sobrar patrimônio após tais reduções.

Consideremos o exemplo no qual existem *dois filhos*. A doação foi feita quando o patrimônio do doador era de 2.000. O valor da doação foi de 1.600. Há uma parte inoficiosa. Isso porque, quando da doação, o titular do patrimônio tinha como sua parte disponível o valor de 1.000 (a metade do acervo). A outra metade de 1.000 constituía a legítima dos dois filhos, cabendo 500 para cada um. A doação avançou em 100 da legítima do filho não donatário, porque o valor da mesma não poderia ultrapassar 1.500. A inoficiosidade refere-se, portanto, ao valor de 100, que deve ser reposto pelo herdeiro-donatário, em espécie ou em valor.

A jurisprudência do STJ tem admitido a ação anulatória de doação inoficiosa mesmo em vida do doador (Veloso, 2003:416). Desse modo, tem sido entendimento majoritário da doutrina que a ação pode ser movida tanto antes como depois da morte do doador.

44.5 VALOR DA COLAÇÃO

O CPC de 1973 colocara termo a uma polêmica que se arrastava desde a promulgação do Código Civil de 1916. O CPC de 2015 mantém o mesmo conteúdo. De acordo com o parágrafo único do art. 639 do CPC,

> *"os bens a serem conferidos na partilha, assim como as acessões e as benfeitorias que o donatário fez, calcular-se-ão pelo valor que tiverem ao tempo da abertura da sucessão".*[5]

---

[5] "Agravo de instrumento – Inventário – **Colação de bens** – Doação de quotas societárias – Conflito do art. 639 do CPC/2015 com o art. 2.004 do Código Civil/2002, acerca do momento em que se deve proceder o cálculo dos bens – Vigência do Código Civil/2002 ao tempo da liberalidade que deve ser observado – Óbito anterior ao CPC/2015 – Obser-

A questão era saber se a colação seria feita em valor ou em substância. O art. 2.004 determina que esse valor seja o do momento da liberalidade. Talvez seja esse o melhor critério, o do valor, mas ambos darão distorções no procedimento avaliatório. Desse modo, há uma modificação de critério imposta pelo novel Código Civil. O art. 2.004 estabelece que o valor da colação dos bens doados será aquele certo ou estimativo, que constar do ato de liberalidade. Se não houver valor certo no ato, nem estimativa feita à época, os bens serão conferidos na partilha pelo que então se calcular que valesse ao tempo da liberalidade (§ 1º). Não será computado, para a colação, o valor das benfeitorias acrescidas, as quais pertencem ao herdeiro donatário. A avaliação monetária será de rigor, se houver necessidade de comparação ou pagamento com valores contemporâneos. Também caberão ao donatário os rendimentos ou lucros da coisa, assim como os danos e perdas que os bens referidos sofrerem (§ 2º). Tanto as benfeitorias como os lucros e perdas são valores que não integram o valor original colacionado pois a sua origem é posterior ao negócio de doação.

44.6 OBJETO DA COLAÇÃO. BENS QUE NÃO SÃO COLACIONADOS

Vimos que toda doação, sem dispensa expressa, deve ser colacionada. O Código, contudo, abre algumas brechas, não exigindo a conferência. Não é costume que pequenas dádivas sejam colacionadas, embora a lei não as exclua.

Carlos Maximiliano (1952, v. 3:453) enuncia as liberalidades sujeitas à colação, entre outras: doações e dotes; o que o descendente adquiriu com o produto de valores recebidos pelo morto, vivendo em sua companhia; rendimentos dos bens do pai desfrutados pelo filho; doações indiretas feitas por interposta pessoa; quantias pagas pelo ascendente para pensão, dote, seguro de vida ou da coisa pertencente ao descendente; somas não módicas dadas de presente; perdas e danos, multas, indenizações em geral pagas pelo pai por atos do filho; quitação de dívida contraída pelo filho para com o pai, sem pagamento. Como vemos, existe um alargamento no conceito legal de doação no art. 2.002. Entender-se restritivamente dispositivo seria anular o sentido da lei. Percebemos, também, que o filho que permaneceu em convivência com o ascendente autor da herança terá tido sempre maiores possibilidades de ter recebido

---

vância do critério da temporalidade – Aplica-se a regra do art. 2.004 e parágrafos do Código Civil, devendo a colação se dar pelo valor ao tempo da liberalidade, pela presunção de adiantamento da herança – Estando as quotas sociais ainda em poder dos donatários, assiste-lhes o direito de trazê-las em espécie, e não pelo seu valor, no que excedeu no momento da doação, para o fim de igualar as legítimas – Precedentes do STJ – Na colação das quotas societárias os agravantes deverão devolver os lucros e dividendos correspondentes e juros sobre capital próprio (JCP) acaso percebidos, corrigidos monetariamente pela Tabela Prática do TJSP de cada recebimento, sem juros de mora por não se cuidar de ação de cobrança – Recurso provido" (TJSP – AI 2264398-69.2022.8.26.0000, 25-5-2023, Rel. Alcides Leopoldo).
"Ação de inventário e partilha. **Colação**. Inteligência do art. 639 do Código de Processo Civil. Discussão sobre a ocasião adequada para o cálculo do valor do imóvel doado pelo *de cujus* a um dos herdeiros e trazido à colação. Prevalência do princípio *tempus regit actum*. Recurso desprovido". (TJSP – AI 2132874-46.2022.8.26.0000, 5-10-2022, Rel. Christiano Jorge).
"Recurso especial. Sucessão. Bens à colação. **Valor dos bens doados**. Aplicação da lei vigente à época da abertura da sucessão. Aplicação da regra do art. 2.004 do CC/2002. Valor atribuído no ato de liberalidade com correção monetária até a data da sucessão. Recurso especial improvido. 1. Tendo sido aberta a sucessão na vigência do Código Civil de 2002, deve-se observar o critério estabelecido no art. 2.004 do referido diploma, que modificou o art. 1.014, parágrafo único, do Código de Processo Civil de 1973, pois a contradição presente nos diplomas legais, quanto ao valor dos bens doados a serem trazidos à colação, deve ser solucionada com observância do princípio de direito intertemporal *tempus regit actum*. 2. O valor de colação dos bens deverá ser aquele atribuído ao tempo da liberalidade, corrigido monetariamente até a data da abertura da sucessão. 3. Existindo divergência quanto ao valor atribuído aos bens no ato de liberalidade, poderá o julgador determinar a avaliação por perícia técnica para aferir o valor que efetivamente possuíam à época da doação. 4. Recurso especial não provido." (*STJ* – Recurso Especial nº 1.166.568 – SP (2009/0224975-7), 15-12-2017, Rel. Min. Lázaro Guimarães).

doações. No conceito legal, entram as doações feitas por via indireta, o que deve ser examinado em cada caso concreto.

As benfeitorias dos bens doados pertencem ao donatário e não entram na colação. Assim também devem ser entendidas as construções e os acréscimos. Se o donatário construiu no terreno doado, só o valor do terreno será colacionado (§ 2º do art. 2.004). Se a coisa se perdeu ou deteriorou por culpa do donatário, persiste seu dever de colacionar, arcando ele com perdas e danos. Não subsiste o dever de colacionar se a coisa doada perdeu-se sem culpa sua. O seguro sobre a coisa perdida é contrato estranho à herança, não se sub-rogando para fins de colação (Pereira, 1984, v. 6:297; Borda, 1987, v. 1:511). Se o prêmio do seguro foi pago pelo doador, a colação é devida, porém.

Também não se colacionam

> "os gastos ordinários do ascendente com o descendente, enquanto menor, na sua educação, estudos, sustento, vestuário, tratamento nas enfermidades, enxoval, assim como as despesas de casamento, ou as feitas no interesse de sua defesa em processo-crime" (art. 2.010).

Essa isenção apenas atinge os menores. Os valores atribuídos aos filhos maiores devem ser colacionados, embora não se registrem casos na jurisprudência. Entende-se que o maior deva ganhar o próprio sustento. O que recebeu do ascendente foi a título de adiantamento de legítima. Da mesma forma, as dádivas desproporcionais feitas pelo ascendente a um dos filhos devem ser colacionadas, devendo ser examinado o caso concreto. Essa pode ser uma forma de burlar a garantia da legítima dos demais herdeiros filhos.

Quando os pais dão determinada soma aos descendentes para que estes adquiram um bem, um imóvel, por exemplo, deve ser trazida à colação o valor atualizado e não o bem comprado (Wald, 1988:186). Deve ser examinado em cada caso se na remuneração paga pelo pai ao filho não se disfarça uma doação, sem o caráter gratuito. Extravasa o sentido de despesas ordinárias tudo o que, de acordo com a fortuna do *de cujus*, supera o conceito de alimentos. O art. 2.011 exclui também as doações remuneratórias da colação, já que estas têm um sentido de retribuição. As dúvidas acerca da natureza remuneratória deverão ser dirimidas em ação própria.

Se a doação houver sido feita por ambos os cônjuges, no inventário de cada um se conferirá por metade (art. 2.012). Entende-se que cada cônjuge era proprietário de metade da coisa doada. É uma presunção relativa que pode ser elidida no caso concreto. Os acréscimos e a valorização dos bens feitos por conta do donatário não devem entrar no valor da colação, porque não fariam parte, de qualquer modo, da herança. Da mesma forma, os frutos e rendimentos da coisa doada.

Os bens conferidos não se acham sujeitos a imposto, pois o negócio jurídico foi anterior à morte. Se o donatário recebeu mais do que lhe cabia, por força da herança, poderá escolher, dentre os bens doados, tantos quantos bastem para perfazer a legítima e a metade disponível, entrando para a partilha o excedente para ser dividido entre os demais herdeiros (art. 640, § 1º, do CPC). Se a parte inoficiosa recair sobre bem imóvel, que não comporte divisão cômoda, o juiz determinará uma licitação entre os herdeiros. O donatário terá preferência em ficar com o bem se apresentar condições iguais aos demais herdeiros. Se a parte inoficiosa recair sobre imóvel indivisível, que não comporte divisão cômoda, o juiz determinará licitação entre os herdeiros (§ 2º). Nada impede que as partes transijam, com reposições em dinheiro ou em outros bens. Na partilha, é evidente, será imputado ao donatário, preferentemente, o que ele já recebera em vida.

45

PARTILHA. GARANTIA DOS QUINHÕES. INVALIDADE DA PARTILHA

45.1 PARTILHA. CONCEITO. INÍCIO DO PROCEDIMENTO

Terminado o inventário ou arrolamento, quando já existe o quadro completo do monte, acervo ou patrimônio sucessório, seguir-se-á a partilha, isto é, a divisão dos bens entre os herdeiros e legatários e a separação da meação do cônjuge ou direitos do companheiro, se for o caso.

O processo da partilha é, portanto, sucessivo ao inventário, tramitando nos mesmos autos. O inventário, já de certo tempo, pode ser extrajudicial, sendo todos os interessados capazes e concordes e não havendo testamento. Da mesma forma poderá ser a partilha, de acordo com alteração que se fez ao art. 982 do CPC de 1973, pela Lei nº 11.441, de 04.01.2007, cujo texto está consubstanciado no art. 610, § 1º do CPC de 2015. Essa modificação já veio tarde, de há muito por nós reclamada, no sentido de tornar mais célere o processamento de inventários e partilhas. A partilha amigável (art. 2.015 do Código Civil) será homologada de plano pelo juiz, mediante a prova da quitação dos tributos relativos aos bens do espólio e às suas rendas.

Vimos que no arrolamento já se apresenta, *a priori*, um plano de partilha, quando todos os interessados são capazes. Portanto, nada impede que a partilha tenha ocorrido anteriormente ao inventário, ou em época concomitante a este; porém, processualmente, o juiz só tomará conhecimento dela quando ultimado o inventário. Por isso, o art. 647 do CPC diz que com a partilha terá início a separação dos bens necessários à satisfação dos credores habilitados. Esse dispositivo determina que o juiz faculte um prazo de quinze dias para que as partes formulem o pedido de quinhão, após atendido o requisito do art. 642, § 3º, do CPC, que diz respeito à separação de bens aos credores. À vista do pedido dos interessados, o juiz profere despacho ordenando a forma de partilha, resolvendo o pedido das partes e designando os bens que devam constituir quinhão de cada herdeiro ou legatário (art. 647 do CPC).

A finalidade da partilha é, por consequência, dividir o patrimônio apurado do falecido. Por meio da partilha é que vai desaparecer o espólio e surgir o direito individualizado de cada herdeiro ou legatário. Partilhar, em síntese, é dividir. A partilha consiste em dar a cada um o que for justo, ao dissolver a comunhão. O herdeiro, desde a abertura da sucessão, recebe uma parte ideal em proporção a sua quota e, com a partilha e adjudicação, essa parte ideal se materializa. Daí o caráter declaratório da sentença que homologa a partilha, porque não recebem os herdeiros uns dos outros, mas do *de cujus*. Se houver acertos em dinheiro ou em espécie na partilha, o ato tem caráter *inter vivos*, sendo as reposições ou tornas um meio de não alienar a terceiros os bens do monte. Não se confunde, contudo, a ação de partilha com a ação típica de divisão, porque nesta, necessariamente, acaba a comunhão, e na partilha, os herdeiros podem continuar em condomínio, se for de seu interesse, ou se a coisa não permitir divisão. Se os herdeiros, na partilha, se mantêm em condomínio, a ação para extingui-lo será a divisória.

Como reiteradamente visto, a sucessão hereditária transmite a posse e propriedade aos herdeiros tão logo ocorra morte, pelo princípio da *saisine*. Portanto, a partilha não criará direito novo nenhum; apenas vai declarar o direito individual de cada sucessor. Não se trata de ato translativo do domínio, mas de ato declaratório de domínio.

Na partilha, atinge-se o estágio em que cessará o estado *pro indiviso* da herança, quando vai desaparecer a universalidade do patrimônio. Nesse momento, enfim, desaparece definitivamente a herança, não se tratando mais com herdeiros, legatários ou inventariantes, mas com proprietários, no sentido mais amplo.

A partilha pode ser considerada uma ação ou ato de divisão, própria do direito hereditário. Muitos dos princípios das ações divisórias são aplicados na partilha. Mesmo os herdeiros que não se interessarem pela divisão serão atingidos por ela, porque o interesse de fazer desaparecer o condomínio é de ordem pública. Qualquer herdeiro pode requerer a partilha, ainda que o testador tenha disposto em contrário (art. 2.013). Também os cessionários e credores do espólio podem requerê-lo.

A vontade do testador não pode impedir a partilha. É ineficaz, por nossa lei, disposição testamentária que vise de qualquer modo retardar a partilha. Se todos os interessados convencionarem, após a morte, em não fazer a partilha, esse negócio deve ser visto sob a óptica contratual. O prazo de comunhão pactuado não pode ser indeterminado. Se o for, qualquer condômino terá direito de denunciar o condomínio, para extingui-lo.

O cônjuge meeiro, bem como o convivente na união estável também têm interesse na partilha, para separar sua meação, que não é herança, mas está em condomínio com os herdeiros. Tanto o cônjuge sobrevivente como o convivente também podem concorrer à herança, como vimos. Seu direito decorre, no atual sistema, não só do fato de ser condômino, o qual pode, a qualquer momento, pedir a extinção da comunhão, como também porque pode ser herdeiro. Se exercer o cargo de inventariante, funcionalmente estará obrigado a proceder à partilha, assim como procedeu ao inventário (Pacheco, 1980:544).

O legatário tem o direito de pedir o legado a quem estiver encarregado de entregá-lo, o que na maioria das vezes forçará o requerimento de partilha.

Como não existe compulsoriedade no requerimento de abertura de inventário, também não existe obrigação dos herdeiros em pedir a partilha. A Lei nº 11.441/2007 estabeleceu que o processo de partilha e inventário deve ser aberto dentro de sessenta dias a contar da abertura da sucessão, ultimando-se nos doze meses seguintes, podendo o juiz prorrogar tais prazos, de ofício ou a requerimento de parte. Não há uma pena específica pela ultrapassagem desses prazos, o que normalmente se aplica nas legislações estaduais será um benefício tributário. Trata-se, desse, de direito potestativo: enquanto persistir a comunhão, qualquer herdeiro, cessionário ou credor pode pedir sua divisão: a partilha. No entanto, pode ocorrer que, mesmo por meio da partilha, ainda persista o condomínio em alguns ou todos os herdeiros. Contudo, essa comunhão já passa a ser de outra natureza: não existem mais coerdeiros, mas condôminos. Qualquer divisão que se faça a partir daí será por ato *inter vivos*.

Quando todos os herdeiros são maiores e capazes, apresentando eles o plano de partilha, assim será homologado, porque não há qualquer dissensão a ser discutida. Estar-se-á atendendo a um interesse comum. Havendo incapazes, a partilha dependerá sempre da deliberação do juiz, ainda que acolha esboço formulado pelos interessados.

O cessionário de herança está sub-rogado nos direitos que lhe foram transmitidos pelo herdeiro. Por isso tem interesse que se faça a partilha, para que se torne titular de bem individualizado.

Não há prazo para o requerimento da partilha. O § 2º do art. 1.772 do antigo Código dizia: *"Não obsta à partilha o estar um ou mais herdeiros na posse de certos bens do espólio, salvo se da morte do proprietário houver decorrido 20 (vinte) anos".* No dizer de Clóvis (1939, v. 6:259), embora se diga imprescritível a ação de partilha, não o é, justamente porque se trata de um direito potestativo,

> *"quando, porém, desaparece, de fato, a comunhão, porque algum dos herdeiros se acha na posse de certos bens do espólio, durante trinta anos (VINTE ANOS POSTERIORMENTE NO CÓDIGO DE 1916), desde a morte do de cujus, extingue-se a ação de partilha".*

A explicação é que o decurso desse prazo fazia cessar, de direito, a comunhão que, de fato, não existia. Nesse prazo máximo de prescrição, não havia mais o que dividir, se já, por tanto tempo, houve posse localizada, sem impugnação dos demais herdeiros. Existe, na verdade, a consolidação de uma situação de fato. Cessava, porém, o direito de partilha com relação ao bem possuído por esse tempo pelo herdeiro e não o direito aos demais bens partilháveis, se ainda os houvesse. Não se tratava propriamente de usucapião (embora com efeitos semelhantes, tanto que parte da doutrina assim considerava), porque o herdeiro é comunheiro. Destarte, não tem o herdeiro ação de usucapião contra outro coerdeiro. O que importa é verificar, no caso concreto, se o herdeiro possuía o bem, móvel ou imóvel, como herdeiro e não como se o bem fosse estranho à herança. Do mesmo modo, esse prazo de 20 anos se interrompia se, no interregno, fosse pedida a coisa e tolerada a posse por parte do herdeiro (Miranda, 1973, v. 60:242). O presente Código houve por bem suprimir o dispositivo que causava dúvidas. Desse modo, a posse continuada e longa do herdeiro sobre certo bem do imóvel não o converte em proprietário, salvo se presentes os requisitos gerais da usucapião, o que dependerá de acurado exame no processo adequado.

Vimos também que nem sempre será possível ultimar completamente a partilha, enquanto houver litígio acerca de bens hereditários, testamento, petição de herança etc. A parte incontroversa pode ser partilhada. Destarte, podem ocorrer várias partilhas sucessivas, até que exaurido todo o monte partível. A sobrepartilha é hipótese de nova partilha.

Homologada a partilha, o direito de cada herdeiro fica circunscrito aos bens que lhe couberem (art. 2.023). Não obsta a partilha o fato de terem sido atribuídos a certos bens direitos de usufruto ou de fideicomisso.

45.2 ESPÉCIES DE PARTILHA

O art. 2.015 permite aos herdeiros maiores e capazes fazer *partilha amigável*.[1] Esse negócio jurídico poderá ser ultimado por escritura pública, por termo nos autos do inventário,

---

[1] "Agravo de instrumento – Processo de Inventário – **Partilha amigável** instrumentalizada nos autos, atribuindo à viúva o usufruto sobre certos bens e aos herdeiros a nua-propriedade – Óbito da viúva, antes do julgamento da partilha – Decisão agravada que, identificando doação da meação, rejeita a partilha, pretextando não ter sido tomada por termo, não observando o art. 108 do CC – Inaplicabilidade de tal regra, porque não se discute nos autos a constituição, transferência, modificação ou renúncia de direitos reais sobre imóveis – Cuida-se de partilha

ou escrito particular, homologado pelo juiz. Aqui prepondera a vontade dos herdeiros, que podem ser representados por procurador. Não podem, porém, deliberar divisões contra disposições de ordem pública. Será ineficaz, por exemplo, uma divisão de imóvel rural, quando seu fracionamento for inferior ao módulo rural. A partilha por escritura pública também deve ser homologada, para propiciar a expedição do formal. É o que deflui do art. 659 do CPC, que não se aplica só aos arrolamentos. Essa forma de partilha é sempre a mais conveniente, porque acomoda melhor o interesse dos sucessores. Anote-se, como já apontamos, que a Lei nº 11.441, de 04.01.2007, passou a permitir o inventário e a partilha por escritura pública, se todos os interessados foram capazes e concordes, a qual constituirá título hábil para o registro imobiliário (art. 610, § 1º do CPC). O tabelião somente lavrará a escritura se todas as partes interessadas estiverem assistidas por advogado comum ou advogados de cada um deles (§ 2º).

Geralmente, por comodismo, os herdeiros continuam condôminos, para não seccionarem os direitos. Não pode haver nenhuma divergência, porque se trata de transação e exige a concordância de todos os interessados. Não é, porém, como deveria ser, muito utilizada, preferindo as partes à forma judicial. Com a nova alteração legislativa, a situação deverá mudar. Lembre-se, contudo, de que o arrolamento de alçada já traz um esboço de partilha, com a inicial. A partilha é homologada de plano pelo juiz (art. 659 do CPC).

O art. 2.016 exige que a partilha seja *sempre judicial*, se os herdeiros divergirem, assim como se algum deles for menor ou incapaz. Se havendo incapaz quando da morte, quando da partilha já for capaz, tal não impede a partilha amigável. O momento da prática do ato é que rege a capacidade. Quando da partilha judicial, já terão ocorrido as colações e o pagamento ou separação de bens, para garantir dívidas do espólio. Cabe ao partidor organizar o *esboço*

---

decorrente de abertura de sucessão *causa mortis*, em que os interessados, viúva e herdeiros, ajustaram amigavelmente a distribuição do acervo da herança, submetendo-se então aos regramentos da partilha, notadamente ao art. 2.015 do CC – Válido o negócio jurídico, não afetado pelo óbito posterior da viúva – Recurso provido – Decisão reformada" (TJSP – AI 2017827-53.2024.8.26.0000, 4-7-2024, Rel. Carlos Castilho Aguiar França).

"Agravo de Instrumento. Arrolamento de bens. **Partilha amigável**. Insurgência quanto ao indeferimento do pedido de lavratura de termo judicial para cessão gratuita da meação sobre os bens imóveis, com atribuição de usufruto vitalício ao viúvo. Insurgência. Acolhimento. Possibilidade de realização por termo judicial, com a dispensa de escritura pública. Inteligência dos artigos 1.806 e 2.015, ambos do Código Civil. Precedentes jurisprudenciais. Decisão reformada. Recurso provido" (TJSP – AI 2041590-20.2023.8.26.0000, 4-3-2023, Rel. João Pazine Neto).

"Agravo de Instrumento. Arrolamento de bens. **Partilha amigável**. Decisão agravada que indeferiu pedido para que seja realizada por termo no processo a cessão gratuita da meação sobre o bem imóvel a ser partilhado, com atribuição de usufruto vitalício à viúva. Insurgência. Acolhimento. Possibilidade de realização por termo judicial, com a dispensa de escritura pública. Inteligência dos artigos 1.806 e 2.015, ambos do Código Civil. Precedentes jurisprudenciais. Decisão reformada. Recurso provido". (TJSP – AI 2174289-43.2021.8.26.0000, 12-8-2021, Rel. João Pazine Neto).

"Agravo de instrumento – inventário – **partilha amigável** – Herdeiros maiores e capazes – nua-propriedade e usufruto – O Direito Sucessório admite que, em partilha amigável realizada entre partes maiores e capazes, o imóvel objeto de herança tenha sua nua-propriedade atribuída aos herdeiros filhos e seu usufruto à viúva-meeira, mediante termo nos autos, independentemente de escritura pública – Decisão reformada - Deram parcial provimento ao recurso, com determinação" (TJSP – Agravo de Instrumento 2098553-53.2020.8.26.0000, 26-6-2020, Rel. Alexandre Coelho).

"**Partilha amigável** – Determinação de averbação da escritura pública do inventário extrajudicial do falecido marido da *de cujus* nas matrículas dos imóveis. Desnecessidade. Providência que não é impeditiva para o prosseguimento do feito e homologação da partilha. Procedimento, ademais, que é simplificado. Exigência afastada. Recurso parcialmente provido." (TJSP – AI 2165234-39.2019.8.26.0000, 29-8-2019, Rel. Maia da Cunha).

"Agravo de instrumento – Inventário – Decisão agravada que determinou a aplicação do artigo 1.829 do CC para a **partilha em relação ao quinhão da companheira sobrevivente**, em razão da inconstitucionalidade do artigo 1.790 do CC. Inconformismo dos filhos herdeiros. Não acolhimento. Decisão agravada que não viola a inércia tampouco a imparcialidade, apenas aplica a norma jurídica ao caso concreto. Ainda se assim não fosse, houve o superveniente julgamento pelo Supremo Tribunal Federal do RE 878.694 que declarou a inconstitucionalidade do artigo 1.790 do CC. Partilha que ainda não foi finalizada. Necessidade de observância daquilo que foi decidido pela Suprema Corte. Decisão confirmada. Negado provimento ao recurso" (TJSP – AI 2080967-08.2017.8.26.0000, 23-8-2017, Relª Viviani Nicolau).

da partilha, de acordo com orientação dada na deliberação do juiz (art. 651 do CPC, que fala em "decisão judicial"). Mesmo judicial a partilha, se o inventariante ou qualquer interessado apresentar plano aprovado por todos, torna-se desnecessária a intervenção do partidor. Na prática, ocorrem situações de difícil deslinde, quando as partes não chegam a um ponto comum. Lembre-se de que, quando há incapazes, o Ministério Público obrigatoriamente deve opinar.

Nem sempre as avaliações dos bens serão suficientes para determinar o plano de partilha. Se, para deliberar sobre a partilha, há questões que necessitam de outras provas, como já vimos, o juiz remeterá as partes às vias ordinárias. O partidor organizará a partilha obedecendo à orientação imprimida pelo juiz, observando nos pagamentos a ordem determinada pelo art. 651 do CPC:

"*I - dívidas atendidas;*

II - meação do cônjuge;

III - meação disponível;

IV - quinhões hereditários, a começar pelo coerdeiro mais velho".

Feito o esboço, as partes terão prazo comum de quinze dias para manifestar-se. Não havendo oposição, o art. 652 do CPC determina que a partilha seja lançada nos autos. Nada impede que o próprio esboço seja homologado como partilha, mediante termo de ratificação, como por vezes se faz na prática. Isso porque o esboço pode já vir com todos os requisitos do art. 653 do CPC, que especifica o que deve conter a partilha. De fato, o instrumento material da partilha constará de um *auto de orçamento* que mencionará: os nomes do autor da herança, do inventariante, do cônjuge supérstite, dos herdeiros, dos legatários e dos credores admitidos (substitui-se, quando possível, por cópia das declarações); o ativo, o passivo e o líquido partível, com as necessárias especificações e o valor de cada quinhão (art. 653, I, do CPC). Além desse auto de orçamento, haverá uma *folha de pagamento* para cada parte (herdeiros, cônjuge, legatários, cessionários), que declarará a quota a pagar-lhe, a razão do pagamento, a relação dos bens que lhe compõem o quinhão, as características que os individualizam e os ônus que os gravam (art. 653, II). O auto de cada uma das folhas será assinado pelo juiz e pelo escrivão (parágrafo único do art. 653). A partilha será homologada com o comprovante do pagamento do imposto *causa mortis* e com a certidão negativa de tributos da Fazenda (art. 654 do CPC). A essa altura já deve estar nos autos também a certidão negativa da Receita Federal. Em se tratando de imóvel rural, também se faz necessário o certificado de cadastro do Instituto Brasileiro de Reforma Agrária (Lei nº 4.947/1966, art. 22, § 2º). Com o trânsito em julgado da sentença homologatória, cada herdeiro receberá os bens que lhe tocarem constantes de um *formal de partilha,* que é o documento hábil a ser registrado no Registro de Imóveis, e comprova a propriedade do sucessor.

O art. 655 do CPC determina que o formal contenha: o termo de inventariante e título dos herdeiros, a avaliação dos bens que constituíram o quinhão hereditário, a comprovação da quitação de impostos e a sentença homologatória. Em priscas eras, o formal era todo manuscrito, copiado do inventário. Hoje, tudo se faz por cópias devidamente autenticadas. Em breve futuro, certamente, a informática deverá abreviar muitas formalidades, como, por exemplo, a remessa imediata do formal para registro, por via eletrônica, ao cartório de imóveis. O formal de partilha é a manifestação materializada do direito sucessório. É o instrumento que torna sensível aos sentidos o direito do herdeiro.

O parágrafo único do art. 655 permite, por economia, que o formal seja substituído por certidão, quando o quinhão não ultrapassar o valor de cinco salários mínimos. Da certidão constará a transcrição da sentença, com o trânsito em julgado. Essa prática poderia ser estendida para valores maiores, economizando tempo e dinheiro das partes.

O formal de partilha é uma modalidade de *carta de sentença*, a qual se constitui numa cópia das principais peças de um processo, sempre que houver necessidade de sua duplicata. Sua transcrição é necessária, para manter a cadeia de registro dos bens imóveis, permitindo a disponibilidade do bem.

Quando se trata de herdeiro único, ou único cessionário de todos os bens da herança, expede-se um *auto de adjudicação*, com os mesmos caracteres básicos do formal, não havendo, portanto, que se falar em quinhões.

O art. 656 do CPC permite que se *retifique a partilha*, quando houver erro de fato na descrição dos bens, convindo a todas as partes. Também de ofício, ou a requerimento dos interessados, o juiz pode corrigir inexatidões materiais. Trata-se de aplicação do que permite o recurso de embargos de declaração. Duas são as hipóteses: quando se tratar de erro de fato na descrição dos bens, incumbe às partes argui-lo; as inexatidões materiais, por outro lado, podem ser corrigidas de ofício. Muito comum que se transcreva erradamente o perímetro de um imóvel ou suas confrontações, por exemplo. Basta mera correção e um aditivo ao formal de partilha. Se as partes não estiverem de acordo com a mera retificação da partilha, deverão recorrer à ação anulatória ou à rescisória (arts. 657 e 658 do CPC).

A partilha gera efeitos entre os que participaram do processo. Não toca direitos de terceiros para quem é *res inter alios acta*. A partilha nem lhes aproveita, nem lhes prejudica, continuando eles com os direitos que possuem, com relação aos bens e aos herdeiros.

Note que a partilha amigável é homologada, enquanto a partilha judicial é julgada.

45.3 REGRAS A SEREM OBSERVADAS PARA UMA MELHOR PARTILHA

O CPC de 1939 estipulava regras a serem observadas na elaboração da partilha, não repetidas no Código atual, mas que, sem a menor dúvida, devem nortear o juiz, ao ordenar a partilha. Dispunha o art. 505 do revogado estatuto processual:

> "Na partilha serão observadas as seguintes regras:
> I – A maior igualdade possível seja quanto ao valor, seja quanto à natureza e qualidade dos bens.
> II – A prevenção de litígios futuros.
> III – A maior comodidade dos coerdeiros".

Essas regras devem hoje servir de segura orientação doutrinária. A regra do art. 651, IV, do CPC atual, que manda o partidor começar a partilha pelo herdeiro mais velho, não tem na verdade sentido prático maior do que uma ordem cronológica. Não se pode privilegiar um herdeiro com um bem de alta valorização e prejudicar outro com bem de fácil deterioração. Todos os herdeiros devem concorrer no bom e no ruim. Se não for possível a divisão material dos bens, a divisão equitativa exigirá a divisão em partes ideais e poderá ocorrer um inevitável condomínio (que tanto quanto possível deve ser evitado), com a concordância dos interessados. Aliás, trata-se de regra do art. 2.017 do Código Civil: *"No partilhar os bens, observar-se-á, quanto ao seu valor, natureza e qualidade, a maior igualdade possível"*.

A venda judicial de bens, nas hipóteses nas quais não for possível divisão cômoda da herança ou da meação, somente deverá ser feita quando não houver acordo entre os interessados (art. 2.019). A venda em hasta é quase sempre desfavorável. Podem os herdeiros concordar com uma venda independentemente de hasta, que poderá ser mais vantajosa. Os herdeiros terão, de qualquer forma, preferência na aquisição do bem, repondo em dinheiro as diferenças. Podem eles ou o meeiro pedir a adjudicação do bem, repondo em dinheiro a diferença (art. 2.019, §

1º). Se a adjudicação for requerida por mais de um herdeiro, serão observadas as regras da licitação (art. 2.019, § 2º). A sucessão hereditária poderá possibilitar a criação de um condomínio predial, por unidades autônomas.

Essa igualdade em quantidade e qualidade na partilha deve ocorrer em todas as classes de bens e direitos. Os créditos também devem ser equitativamente distribuídos. Todos recebem do certo e do duvidoso. Sempre se mostrará difícil, contudo, harmonizar as regras da igualdade e da não retaliação dos bens (Maximiliano, 1952, v. 3:332).

A outra regra diz respeito à comunidade dos herdeiros. O herdeiro que já detém a posse de um bem deve preferentemente ficar com ele. O herdeiro versado no trato das coisas do campo deve preferentemente receber o imóvel rural, e assim por diante. De nada adianta atribuir um ginete a quem não saiba cavalgar. A regra remanescente – *evitar futuros litígios* – é complemento das anteriores. Atribuir imóveis contíguos a herdeiros que são inimigos é fomentar um futuro conflito. Na verdade, tais disposições da antiga lei são regras de interpretação e adequação da aplicação do direito ao caso concreto, às quais sempre deve estar atento o juiz. Deverá ele, tanto quanto possível, atender aos interesses dos herdeiros, sempre com lógica e bom senso, como em qualquer decisão, por sinal. No momento de deliberar sobre a partilha é que o juiz interpretará as cláusulas testamentárias, com os cuidados já estudados. O partidor auxiliará, verificando se não há quinhões inoficiosos, se está resguardada a meação do cônjuge etc. Na prática, na maioria das vezes, ocorre que os bens móveis, joias, utensílios, recordações de família são partilhados de comum acordo entre os herdeiros, não merecendo sequer descrição no inventário. Não é isso que determina a lei, porém, inevitável que assim aconteça. Cumpre ao herdeiro que se achar prejudicado que faça com que o bem venha a inventário. Quando houver menores ou incapazes, melhor será que se lhes atribua bens imóveis, de preferência, por serem os que mais se valorizam e menos se deterioram (Oliveira, 1987:438).

Pode o juiz recorrer ao sorteio em determinada categoria de bens e entre alguns ou todos os herdeiros, se houver necessidade. Aplica-se o disposto no art. 817:

> "O sorteio, para dirimir questões, ou dividir coisas comuns, considerar-se-á sistema de partilha, ou processo de transação, conforme o caso".

Não havendo outra forma de dividir os bens, será o juiz forçado a recorrer ao sorteio, como forma de inibir litígio pela disputa da herança.

45.4 FRUTOS DOS BENS HEREDITÁRIOS

Segundo o atual art. 2.020,

> "os herdeiros em posse dos bens da herança, o cônjuge sobrevivente e o inventariante são obrigados a trazer ao acervo os frutos que perceberam desde a abertura da sucessão; têm direito ao reembolso das despesas necessárias e úteis, que fizeram, e respondem pelo dano, a que, por dolo, ou culpa, deram causa".

Normalmente, o inventariante é quem administra os bens da herança. Deve por isso prestar contas, já que trata de patrimônio alheio. Contudo, não só as pessoas nomeadas, mas também estranhos que receberam frutos, naturais ou civis, da herança devem trazê-los ao acervo. Em se tratando de herdeiros, os frutos serão somados ao monte, para serem divididos. O possuidor responderá, perante o espólio, pela perda ou deterioração da coisa a que deu causa, se por dolo ou culpa. O prejuízo, destarte, deverá ser imputado ao quinhão do herdeiro causador. No entanto, têm esses possuidores direito ao reembolso das despesas úteis e necessárias feitas na coisa, inclusive com direito de retenção, se presentes os pressupostos.[2]

45.5 PARTILHA FEITA EM VIDA

Embora não seja muito realizada na prática, ganhando novos contornos em face do direito empresarial, o Código permitiu que se faça a partilha em vida do titular do patrimônio, desde que seja pelo ascendente do primeiro grau. Diz o art. 2.018: *"É válida a partilha feita por ascendente, por ato entre vivos ou de última vontade, contanto que não prejudique a legítima dos herdeiros necessários"*.

Duas são, então, as modalidades da partilha em vida: por ato entre vivos, uma forma de doação, e por ato de última vontade, inserta dentro de um testamento. Daí as denominações "partilha-doação" e "partilha-testamento". Em qualquer das formas utilizadas pelo ascendente, sempre deve ser protegida a legítima dos herdeiros. Se o negócio prejudicar o direito de qualquer dos herdeiros necessários, será ineficaz, ficando os bens indivisos após a morte, aguardando as formas ordinárias de partilha.

Assim como no testamento, se sobrevier herdeiro necessário que o partilhante não o tinha ou não conhecia, rompe-se a disposição, como se rompe o testamento (art. 1.973).

Quando feita sob a forma de "partilha-doação", equivale a um adiantamento de legítima. Devem ser obedecidos os requisitos da doação. É útil quando o partilhante-doador já não tem mais condições de gerir seus bens, mas nem sempre evitará as discórdias. Em se tratando de imóveis acima do valor mínimo legal, será necessária a escritura pública. A partilha-doação de bens móveis pode ser feita por instrumento particular (Oliveira, 1987:448). Como se trata de negócio *inter vivos*, como regra geral, não pode englobar bens futuros. Essa partilha *"não gera direito hereditário, apenas se antecede como distribuição de quinhões"* (Job, 1986:732).

A capacidade de partilhar em vida exige a mesma capacidade para os atos e negócios jurídicos em geral e pode ser anulada por vícios de vontade. Na partilha feita sob a forma de doação, há negócio *inter vivos*. Os filhos, ou outros descendentes, são donatários, não sendo

---

[2] "Agravo de instrumento – **Ação de inventário** – Fixação de aluguel provisório para o herdeiro que não utiliza os bens – Utilização e administração exclusiva pelos agravantes – antecipação dos efeitos da tutela – Necessidade – Inteligência do art. 1.791, parágrafo único do Código Civil – Na forma contida no art. 1.791, parágrafo único do Código Civil, até a partilha, o direito dos coerdeiros, quanto à propriedade e posse da herança, será indivisível, e regular-se-á pelas normas relativas ao condomínio que por sua vez, estabelece que os frutos da coisa comum, não havendo disposição em contrário de última vontade, serão partilhados na proporção dos quinhões, sendo que no caso dos autos, mostra-se necessário a fixação de aluguel provisório dos bens, já que o agravado não usufrui de nenhum deles. Não provido." (TJMG – AI-Cv 1.0384.16.006882-9/002, 29-5-2018, Rel. Judimar Biber).

"Agravo de instrumento – **Partilha de bem** – Inventário – Decisão agravada que afastou a inventariante, cônjuge supérstite, da sucessão de bem particular do falecido. Inconformismo do cônjuge supérstite. Acolhimento. O cônjuge supérstite, casado no regime de comunhão parcial de bens, concorre com os descendentes quanto aos bens particulares. Decisão reformada. Recurso provido" (TJSP – AI 2186619-41.2016.8.26.0000, 12-7-2017, Relª Viviani Nicolau).

"Agravo de instrumento – Inventário – Decisão que indeferiu o pedido de alvará para outorga de escritura do imóvel, visto que não houve juntada aos autos do instrumento por meio do qual o falecido teria se comprometido, em vida, a outorgar escritura definitiva do imóvel aos autores – Caso em que viúva meeira e demais herdeiros reconheceram a legitimidade e o cumprimento do negócio – **Partilha homologada** contemplou o pedido de expedição de alvará – Concordância de todos os herdeiros, maiores e capazes – Ausência de prejuízo – Acolhido o pedido de expedição de alvará judicial para autorizar a inventariante a outorgar a escritura definitiva de compra e venda do imóvel – Recurso provido" (TJSP – AI 2228788-21.2014.8.26.0000, 28-1-2016, Rel. José Aparício Coelho Prado Neto).

"**Agravo de instrumento.** Arrolamento sumário de bens. Decisão agravada que determinou a averbação, na matrícula do imóvel partilhado, da carta de sentença da separação judicial, considerando inválida a doação feita pelo *de cujus*, ainda em vida, porque não formalizada por escritura pública. Inconformismo. Não acolhimento. Registro à margem da matrícula da carta de sentença da separação judicial que é de rigor. Imóvel que foi objeto de partilha nos autos da separação judicial. Promessa de doação feita pelo varão às filhas nos autos de ação de alimentos, quando ainda menores. Acordo que não foi homologado pelo mm. Juiz. Negado provimento ao recurso" (TJSP – AI 0243315-80.2012.8.26.0000, 18-12-2012, Relª Viviani Nicolau).

necessário que expressem aceitação, que pode ser tácita, e entram na posse dos bens em vida do partilhante e na propriedade, quando da transcrição do título. Uma vez morto o autor do negócio jurídico é que passam de donatários a herdeiros.

Quando não houver perfeita igualdade entre os vários herdeiros, aberta a sucessão, cada um deve trazer os bens recebidos à colação, para o acertamento das respectivas legítimas. Também a "partilha-testamento" deve respeitar a legítima. Como se trata de ato que terá eficácia apenas após a morte, tal como o testamento, é revogável e pode abranger bens futuros. A forma de partilha será estabelecida no testamento, e esta última vontade deverá ser obedecida tanto quanto não ofenda o direito dos herdeiros necessários. Deverá constar, portanto, de testamento válido. Por consequência, a partilha feita para valer após a morte só se insere em uma das formas de testamento. Não se trata de um testamento com forma especial (Clóvis, 1939, v. 6:265). Nessa modalidade, o ato testamentário será apenas distributivo de quinhões. Se terceiros forem agraciados, estes só concorrerão dentro da parte disponível.

Qualquer que seja a forma de partilha, será nula, se excluiu um descendente, legítimo ou ilegítimo, natural ou adotivo, ainda que essas denominações não devam mais ser utilizadas, já que todos são herdeiros necessários, mormente nas sucessões abertas sob a nova Constituição. Todos os descendentes sucessíveis devem ser incluídos, inclusive os netos que representam filho premorto. Nesse caso, os netos herdarão por representação, caso contrário, o quinhão do filho premorto acrescerá aos demais. Se já tiverem premorrido todos os filhos, desaparece a finalidade da partilha em vida, porque os netos herdarão por cabeça.

Já vimos que o inventário será sempre judicial. Portanto, mesmo a partilha amigável ou partilha em vida não dispensam o inventário precedente à distribuição dos bens. A partilha feita em vida deve respeitar os quinhões dos herdeiros necessários. Só se permite ao pai, ascendente de primeiro grau. Sua origem é romana, permitindo ao *pater* evitar discórdias futuras entre seus descendentes. Na Idade Média, teve utilidade para manter certos bens nas famílias. A expressão da lei civil nova, ao contrário do Código de 1916, não deixa margem a dúvidas: permite-se ao avô ou bisavô a prerrogativa da partilha em vida, o que era obstado pelo art. 1.776 do antigo Código, que somente a permitia, inexplicavelmente, "ao pai". Não pode, portanto, ocorrer partilha do tio para os sobrinhos, ou de qualquer partilhante para estranhos. Ao contrário do testamento, que é sempre revogável, a partilha-doação só admite revogação por ingratidão, dentro dos princípios estabelecidos para esse negócio no Código (art. 557). Pode-se constituir em fraude contra credores, estando sujeita à ação pauliana. Também a sentença que acolhe a partilha em vida é homologatória, a exemplo da partilha amigável.

Os bens que não se incluem na partilha em vida, por não existirem, ou propositadamente deixados de lado, são partilhados pelas formas ordinárias. A partilha em vida pode ser parcial. Quando a partilha tem por fim distribuir os bens após a morte, existe apenas um regramento do que os herdeiros necessários vão receber. O testamento em que inclui uma partilha pode instituir outros herdeiros ou legatários, mas estas são disposições testamentárias que refogem à partilha e não podem prejudicar os herdeiros necessários.

Quando feita sob a forma de doação, o art. 548 exige que o doador reserve para si bens para a própria subsistência. Contudo, o dispositivo não impede que tudo seja partilhado, se o doador tem meios de subsistência ou se resguarda com o usufruto dos bens que lhe proporcionem renda. A partilha sob a forma de doação só ocorre quando se dividem os bens entre os herdeiros necessários. Doações com inserção de estranhos não são partilhas em vida.

45.6 SOBREPARTILHA

Quando, por qualquer razão, feita a partilha, restarem bens impartilhados, devem ser feitas uma ou mais partilhas adicionais. A isso se chama sobrepartilha, a qual implica, também, uma descrição adicional dos bens, noutro inventário.³ A esse respeito dispõe o Código Civil:

> *"Quando parte da herança consistir em bens remotos do lugar do inventário, litigiosos, ou de liquidação morosa, ou difícil, poderá proceder-se, no prazo legal, à partilha dos outros, reservando-se aqueles para uma ou mais sobrepartilhas, sob a guarda e a administração do mesmo ou diverso inventariante, a consentimento da maioria dos herdeiros"* (art. 2.021).

Da mesma forma se procede, embora a nova lei não o diga, se bens hereditários forem descobertos após a partilha e os que, por qualquer razão, não tenham sido partilhados.

Por sua vez, diz o CPC:

> *"Ficam sujeitos à sobrepartilha os bens:*
>
> *I – sonegados;*
>
> *II – da herança que se descobrirem depois da partilha;*
>
> *III – litigiosos, assim como os de liquidação difícil ou morosa;*
>
> *IV – situados em lugar remoto da sede do juízo onde se processa o inventário.*
>
> *Parágrafo único. Os bens mencionados nos incisos III e IV deste artigo serão reservados à sobrepartilha sob a guarda e administração do mesmo ou de diverso inventariante, a consentimento da maioria dos herdeiros"* (art. 669).

E acrescenta o art. 670 que, na sobrepartilha, observar-se-á o processo de inventário e de partilha, processando-se nos autos de inventário do autor da herança.

---

[3] "Agravo de instrumento. Processo civil. Inventário e partilha. Exclusão de imóvel e conta bancária. Ausência de consenso entre os herdeiros e a viúva meeira. Necessidade de dilação probatória. **Sobrepartilha**. Remessa às vias ordinárias. Possibilidade. Decisão mantida. 1. A Lei ressalva expressamente a possibilidade de o juiz determinar a tramitação separada da partilha de determinados bens se melhor convier ao interesse das partes ou à celeridade processual. Inteligência dos artigos 2.021 do Código Civil e 669 do Código de Processo Civil. 2. A solução das divergências havidas entre a viúva meeira e os herdeiros sobre o imóvel e conta bancária exige dilação probatória, não compatível com o rito da ação de inventário, a teor do art. 612 do Código de Processo Civil. 3. Agravo conhecido e não provido" (TJDFT – AI 07463859020238070000, 20-2-2024, Rel. Jose Firmo Reis Soub).
"Inventário. Pedido de reserva de bens para **sobrepartilha**. Indeferimento. Insurgência recursal. Acolhimento. Bens litigiosos. Inteligência dos arts. 2.021 do Código Civil e 669, III, do Estatuto Processual. Decisão reformada. Recurso provido" (TJSP – AI 2093416-22.2022.8.26.0000, 15-5-2023, Rel. Wilson Lisboa Ribeiro).
"Agravo de instrumento – Inventário – Pedido de **sobrepartilha** futura de alguns bens do acervo hereditário – alegação de que são bens remotos – Caso em que o processo de inventário tramita na Comarca de São Paulo, onde estão alguns imóveis deixados pela autora da herança, mas existem alguns lotes de terreno em Mogi das Cruzes e Ilha Bela – Bens a respeito dos quais não há litígio – Proximidade e facilidade de locomoção de São Paulo até Mogi das Cruzes e Ilha Bela que não autorizam a aplicação de regra legal cabível apenas para os denominados bens remotos – Inteligência do art. 2.021, do CC – Decisão mantida – negaram provimento ao recurso". (TJSP – AI 2255960-88.2021.8.26.0000, 9-2-2022, Rel. Alexandre Coelho).
"Agravo de instrumento. Inventário. Pedido de partilha dos bens não litigiosos do espólio, reservados os demais para **sobrepartilha**. Cabimento. Artigos 669, III, e parágrafo único do CPC, bem como 2.021 do CC. Verificada de fato a existência de bens incontroversamente a partilhar. Preceitos que atendem a celeridade da divisão e mesmo sem se prever suspensão, senão reserva de bens em função de litígio que sobre eles se estabeleça. Decisão revista. Recurso provido" (TJSP – Agravo de Instrumento 2133013-66.2020.8.26.0000, 16-9-2020, Rel. Claudio Godoy).
"Agravo de instrumento – Execução – Habilitação de herdeiros – **Sobrepartilha** – Desnecessidade – Legitimidade dos requerentes – Lei nº 6.858/80 – Agravo improvido – 1 – É dispensável a instauração de sobrepartilha, uma vez que a legitimidade dos herdeiros para requerer em juízo o pagamento de valores não recebidos em vida pelo *de cujus*, independe de inventário. 2 – Agravo de instrumento improvido. Agravo regimental prejudicado" (TRF-1ª R. – Proc. 00677789420154010000, 19-4-2017, Rel. Juiz César Cintra Jatahy Fonseca).

Procedendo-se a novo inventário, ou arrolamento, portanto, nos mesmos autos, estes serão desarquivados, se for o caso. Trata-se, portanto, de outra ação de inventário e partilha nos mesmos autos.

Portanto, todos os bens excluídos da partilha ficam sujeitos à sobrepartilha. Muito comum ocorrer que os herdeiros, aguardando uma solução amigável para determinados bens, não os incluam em uma primeira partilha. Nem sempre se declara o fato na peça do inventariante, o que não traz nenhum prejuízo, se não houver quem reclame. Só razão preponderante aconselhará a mudança de inventariante, mormente porque a sobrepartilha pode ocorrer muito tempo após a partilha. Poderá, também, ser incompatível que o mesmo inventariante permaneça, se foi ele, por exemplo, autor de sonegação de bens. Às vezes, os herdeiros não têm numerário suficiente para, de uma só vez, arcar com as despesas e impostos sobre todos os bens da partilha. Muito útil, pois, essa possibilidade legal, que permite que não se retarde a partilha dos bens incontroversos e de fácil divisão.

45.7 GARANTIA DOS QUINHÕES HEREDITÁRIOS. RESPONSABILIDADE PELA EVICÇÃO

O art. 2.023 diz que, *"julgada a partilha, fica o direito de cada um dos herdeiros circunscrito aos bens do seu quinhão"*.

Cuida-se da importância da *saisine* e da partilha. Durante o processo do inventário e antes dele o herdeiro era titular *pro indiviso* da universalidade da herança. O ato jurídico da partilha é declarativo, como vimos, e não atributivo. Por isso que a lei diz que o direito do herdeiro, após a partilha, fica "circunscrito", isto é, delimitado, individualizado, ainda que prossiga a comunhão com outros herdeiros no mesmo bem, a qual pode ser extinta a qualquer tempo por iniciativa de qualquer condômino (e não mais coerdeiro). O efeito descrito nesse artigo em nada altera os direitos transmitidos pelo art. 1.784. Feita a partilha, supõe-se que a igualdade tenha sido atingida. Por essa razão é que os artigos seguintes tratam da perda de algum bem hereditário por força da evicção. Se a perda do bem, por ato judicial, deveu-se à causa anterior à morte, ou à partilha, o herdeiro que recebeu esse bem não pode ser prejudicado. Todos devem suportar essa perda, uma vez que o conteúdo dessa atribuição desapareceu antes da abertura da sucessão. Daí a disposição do art. 2.024: *"os coerdeiros são reciprocamente obrigados a indenizar-se, no caso de evicção, dos bens aquinhoados"*. Divide-se entre todos o prejuízo, já que o herdeiro que perde a coisa, não fosse essa regra, ficaria prejudicado, e a partilha desequilibrada.

O art. 2.026 determina que o evicto seja indenizado na proporção das quotas hereditárias dos demais herdeiros. Todos suportam a perda, como se o bem nunca tivesse sido atribuído. Desconta-se, evidentemente, a quota do próprio evicto, que também suportará a perda em sua proporção. Acrescenta ainda esse mesmo art. 2.026 que, se um dos coerdeiros se achar insolvente, todos os demais responderão proporcionalmente a sua quota, nessa parte não ressarcível, subtraindo-se a quota do evicto. Isso não impede que, posteriormente, tornando-se solvente esse herdeiro, se cobre dele as respectivas partes cobertas pelos demais coerdeiros.

O herdeiro, que vem a perder a coisa, equivale a um adquirente de coisa alheia, a *non domino*. Por isso é que, concorrendo na herança com outros herdeiros, não pode ser prejudicado pela má sorte de ter-lhe sido atribuído exatamente um bem nessas condições. Todos suportam equitativamente essa perda. Essa obrigação é de mútua indenização, na verdade, um reequilíbrio da partilha, se os herdeiros não convencionarem em contrário (o evicto assume o risco da perda), ou quando a evicção ocorrer por culpa do evicto, ou por fato posterior à partilha (art. 2.025). Não se presume, porém, que tenha o herdeiro assumido o risco pela evicção. Isso deve decorrer de fatos irrefragáveis ou de sua manifestação expressa. Pode-se abrir mão do direito de evicção (art. 448). Os herdeiros podem ter acordado a esse respeito na partilha, ou fora dela. Não haverá indenização, se foi o próprio evicto quem deu causa à perda da coisa: se, por exemplo, não se defendeu na ação de reintegração ou não tomou as medidas cabíveis para assegurar o direito à coisa. "*Seria um contrassenso se os herdeiros fossem obrigados a indenizar ao evicto, que por sua própria vontade ocasionou tal situação*" (Job, 1986:794).

Entendemos que mesmo a perda por força de ato administrativo constitui evicção. O mesmo se aplica nessa questão da sucessão. Se o bem foi apreendido por autoridade administrativa porque era furtado, por exemplo, aplica-se o princípio. Também não existe indenização recíproca entre os herdeiros, quando a origem da evicção é posterior à partilha. A situação é óbvia. O que ocorre após a partilha é responsabilidade do herdeiro. Antes da partilha a evicção pode ocorrer por fato originário em vida do *de cujus* ou no curso do processo de inventário e partilha. Até aí, ocorrendo a perda da coisa, há a reciprocidade de indenizações pela perda da coisa. A indenização deve ser calculada de acordo com o valor da coisa, quando da homologação da partilha, devidamente corrigido para a época do efetivo pagamento. A simples correção monetária de valores só leva em conta a desvalorização da moeda. Essa desvalorização só pode operar quando existe um valor-base no tempo, no caso, partilha. Os imóveis, só como um dos exemplos, têm valorização diversa da simples correção monetária. A indenização se fará em dinheiro, compreendendo o prejuízo ocorrido.

Como bem recorda Washington de Barros Monteiro (1977, v. 6:328), no sistema de 1916, essa ação, entre coerdeiros é de natureza pessoal e prescrevia em 20 anos (art. 177). O prazo no vigente Código, como já vimos, é de dez anos. O prazo se conta a partir da sentença ou ato administrativo que concluiu pela perda da coisa. A ação aproveita tão só o herdeiro que a propõe. Pode fazê-lo isoladamente ou em conjunto com os demais prejudicados, se o bem evicto coube a mais de um. Cada um só tem direito a sua quota-parte de prejuízo. A ação deve ser proposta, contudo, contra todos os demais coerdeiros e respectivos sucessores *causa mortis* que se beneficiariam com a perda do autor da causa. O princípio se aplica tanto na evicção total, como parcial do bem.

Quando o herdeiro é demandado pela evicção, é conveniente que denuncie a lide aos demais coerdeiros, "*para que fique bem claro que, se o evicto sucumbiu, não foi por culpa sua, e que a evicção se deu por causa anterior à partilha*" (Clóvis, 1939, v. 6:308). Essa denunciação é feita com fundamento no art. 125, III, do CPC, e não com base no inciso I desse dispositivo. O herdeiro que perde a coisa, mesmo que não denuncie a lide, não está obstado de pedir a indenização proporcional aos demais herdeiros, porque a evicção não é sua, e sim do espólio. A utilidade da denunciação, ou ao menos ciência da lide aos demais, para que nela ingressem como assistentes, se desejarem, é de fixar as responsabilidades, conseguindo que todos os herdeiros sejam alcançados pela coisa julgada que dá pela evicção. Essa é a intenção de Clóvis Beviláqua, ao fazer o comentário. O mecanismo da denunciação da lide no atual Código de Processo pode dificultar a atividade processual do terceiro e desaconselhá-la no caso concreto, mas a questão é meramente instrumental. Importante que os coerdeiros, de qualquer modo, fiquem cientes da ação que pode atingi-los. A garantia aqui tratada abrange tão só os herdeiros, não cabendo aos legatários, nem se estende aos vícios redibitórios (Pereira, 1984, v. 6:313). Essa garantia compreende tão só as turbações de direito.

45.8 INVALIDADE DA PARTILHA: NULIDADE E ANULAÇÃO. RESCISÃO DA SENTENÇA DE PARTILHA

A celeuma causada pelo art. 1.805 do Código antigo, repetido pelo art. 2.027 do atual Código, já foi decantada por todos os autores que se debruçaram sobre o tema. Sob o título

"Da Nulidade da Partilha", o art. 2.027 tratou exclusivamente da anulação: *"a partilha é anulável pelos vícios e defeitos que invalidam, em geral, os negócios jurídicos"*. O prazo extintivo para anular a partilha é de um ano, segundo o parágrafo único do dispositivo do corrente Código.

O legislador de 2002 perdeu oportunidade de redigir mais claramente o artigo. A deficiência da redação legal teve origem nos trâmites do Projeto do Código de 1916. O projeto original falava em *"rescisão da partilha"* e aludia tão só a casos de anulabilidade. O fato é que autores chegaram a entender que o exíguo prazo de um ano se referia tanto aos casos de anulação, como aos casos de nulidade, como ocorre com Carlos Maximiliano (1952, v. 3:497), o qual sustenta que o legislador não distinguiu entre partilha nula e anulável e englobou ambas as situações no prazo ânuo. Outros sustentaram que as partilhas com vícios processuais deveriam obedecer ao prazo da ação rescisória (cinco anos no CPC antigo). Nesse diapasão, boa parte da doutrina, seguindo a lição do próprio Clóvis, embora com algumas nuances, passou a admitir três prazos distintos para três situações diversas, seguindo orientação quase unânime da jurisprudência:

1. Para os casos de anulabilidade das partilhas amigáveis, simplesmente homologadas (vícios de vontade), o prazo era de um ano, de acordo com o citado art. 1.805 e art. 178, § 6º (atual, art. 2.027, parágrafo único).
2. Para os casos de defeito processual, dentro dos princípios da ação rescisória (juiz impedido, incompetente, ofensa à literal disposição de lei etc.), nas julgadas por sentença (não amigáveis), o prazo era da própria ação rescisória (cinco anos no estatuto processual revogado).
3. Para os casos de *nulidade absoluta*, o prazo máximo permitido para a anulação dos atos jurídicos é, em geral, dez anos no atual Código (vinte anos no Código anterior). Argumente-se, porém, que o vigente Código não estabeleceu prazo para os casos de nulidade, o que traz mais um elemento de instabilidade nessa matéria.

O atual CPC, secundando o estatuto processual de 1973, tentando pôr fim à dificuldade, invadiu a seara do direito material e estipulou dois prazos que objetivam atingir a validade e eficácia da partilha, nos arts. 657 e 658.

O art. 657 do CPC diz respeito à *ação de anulação* da partilha amigável:

> *"A partilha amigável, lavrada em instrumento público, reduzida a termo nos autos do inventário ou constante de escrito particular homologado pelo juiz, pode ser anulada, por dolo, coação, erro essencial ou intervenção de incapaz, observado o disposto no § 4º do art. 996.*
>
> *Parágrafo único. O direito de propor ação anulatória de partilha amigável prescreve em (1) ano, contado este prazo:*
>
> *I – no caso de coação, do dia em que ela cessou;*
>
> *II – no caso de erro ou dolo, do dia em que se realizou o ato;*
>
> *III – quanto ao incapaz, do dia em que cessar a incapacidade".*

Como se vê, o estatuto processual consagrou o entendimento, então majoritário, de que o prazo de um ano se referia exclusivamente aos casos de ação anulatória da partilha. Quando se trata de partilha amigável, o que se tem é um negócio jurídico. A homologação judicial é vazia de conteúdo decisório. A homologação não lhe tira o caráter de negócio privado. Por essa razão, nesse caso, é cabível a ação para anular o negócio jurídico. A competência para essa ação é o próprio juízo do inventário. A anulabilidade do ato, estampada no art. 147, é a que se aplica. O negócio anulável produz efeitos até sua anulação. A anulação dependerá da sentença procedente nessa ação. Sendo, porém, a partilha viciada por erro, dolo ou coação, bem como incapacidade do agente, ato anulável, pode ser ratificada e convalescer desses vícios.

Não resta dúvida de que a partilha também pode ser anulada por lesão, vício que foi reintroduzido no ordenamento. A desproporcionalidade dos quinhões pode viciar o negócio quando, ao lado da desigualdade do art. 2.017, se colocam os requisitos da lesão, quais sejam a premente necessidade ou inexperiência e leviandade do herdeiro (Venosa, *Direito civil: parte geral*, Cap. 30; a esse respeito, bem como a respeito dos vícios de vontade em geral). Portanto, há que se incluir o art. 2.027 também como uma modalidade de anulação da partilha (Job, 1986:12; Pereira, 1984, v. 6:314).

O art. 657 do CPC também se refere ao incapaz que interveio na partilha. Só pode referir-se ao relativamente incapaz. O absolutamente incapaz não pode ser atingido pelo ato que participou, mesmo porque contra ele não se iniciará o prazo prescricional na forma como dispôs o CPC. O prazo prescricional ou decadencial para o incapaz só começa a ser contado do dia em que cessar a incapacidade. Como o incapaz é incluído entre os que não possuem discernimento, a não ser que consiga ele a improvável cura da moléstia mental, nunca terá contra si o prazo prescricional, enquanto viver. Desse modo, apesar de o CPC não falar em nulidade da ação de partilha, quando existe participação de agente absolutamente incapaz na partilha amigável, não se iniciando contra ele o prazo prescricional, não há que se negar que tem o incapaz ação de nulidade e não de anulação. A nulidade não prescreverá, por disposição expressa do Código de 2002 (art. 169). O mesmo se aplica às partilhas inexistentes (ver o que dissemos sobre inexistência dos negócios jurídicos, *Direito civil: parte geral*, seção 28.5).

Desse modo, sob o prisma da teoria geral dos negócios jurídicos, ao contrário do que sustentam muitos, não se pode negar que há partilhas nulas, que como negócios jurídicos nulos devem ser tratadas. O prazo de um ano do art. 2.027 do Código Civil e do consequente art. 657 do CPC restringe-se aos casos de anulabilidade. No mais, aplicam-se as consequências jurídicas dos atos nulos e dos atos anuláveis, da teoria geral. Orlando Gomes (1981:326) é enfático em admitir a ação de nulidade na partilha amigável, como uma das formas de sanção para os negócios jurídicos em geral.

Já o art. 658 do CPC trata da *rescisão* da partilha. Essa sentença que decidiu a partilha (decisão com conteúdo, portanto) é rescindível na forma, prazo e modos da ação rescisória (arts. 966 e ss. do CPC). O prazo para essa ação é de dois anos contados do trânsito em julgado da decisão (art. 975 do CPC). Ademais, afora as questões que permitem a rescisória em geral, o CPC ainda aponta, primordialmente, os casos mencionados no art. 657 do CPC (vícios de vontade e incapacidade relativa, preterição de formalidades legais e o fato de ter sido preterido algum herdeiro ou ter-se incluído quem não o seja – art. 658). E também se aplicam, à rescisória, as hipóteses que autorizam essa ação, em geral, estampadas no art. 966 do CPC. Observe, ainda, que o prazo da ação rescisória é de *decadência* e não de prescrição. A jurisprudência vinha sufragando esse nosso entendimento, ou seja, quando existe mera homologação de partilha amigável, a ação é anulatória. A aplicação é também do princípio do art. 966, § 4º, do CPC, que agora é expresso e objetivo.

Os herdeiros excluídos do inventário e da partilha, não tendo dela participado, devem utilizar-se da ação de nulidade ou petição de herança, cuja prescrição é vintenária (Código de 1916); dez anos no estatuto atual (Supremo Tribunal Federal – *RTJ* 108/217, *RT* 567/235, 631/199). Não há que se admitir, pois, que o atual CPC tenha feito desaparecer essa ação de nulidade (com opinião contrária, Monteiro, 1977, v. 6:331; Rodrigues, 1978, v. 7:286; a favor,

Wald, 1988:192). Ademais, a ação de petição de herança, cujo prazo de prescrição não se discute, julgada procedente, irá anular a partilha. Essa ação é cabível, como vimos, quando excluiu pessoas ou bens da partilha.

Assim, podemos concluir que são as seguintes as possibilidades e prazos para atacar a partilha:

1. Existe a ação para anular a partilha, com fundamento no art. 657 do CPC e 2.027 do Código Civil, que caduca em um ano. Essa ação, de rito comum, ataca a partilha amigável, que é meramente homologada. Não ataca a decisão que a homologa. É possível em todas as situações em que o negócio jurídico é anulável e também por inobservância ao art. 2.017, que fundamenta a lesão no negócio jurídico.

2. Quando a partilha amigável se constituir em um negócio nulo (ou inexistente, mas com efeitos materiais), a ação é de nulidade e o prazo extintivo, segundo alguns, é de dez anos (vinte anos no Código anterior). É tranquilamente sustentável também a imprescritibilidade em face do novo estatuto, o que poderá trazer obstáculos intransponíveis na prática. Estamos, porém, diante de texto expresso (art. 169), o que, para nós, não foi a melhor solução.

3. Quando se tratar de partilha judicial, na qual há sentença, no sentido estrito do termo, a partilha só pode ser atacada pela ação rescisória, pela disposição expressa do art. 658 do CPC. Nesse caso, o estatuto processual fechou, em princípio, qualquer outra via. Não se ataca o ato jurisdicional típico, com trânsito em julgado, senão pela ação rescisória. Ou seja, a sentença da partilha só perde eficácia por outra sentença proferida na rescisória. Atente-se que a moderna processualística já coloca em dúvida essa regra. Aqui, o prazo é o decadencial de dois anos, estampado no CPC. Após esse prazo, temos o que a ciência do processo denomina coisa "soberanamente julgada". Assim, a ação de nulidade, em razão da estrutura do processo, não pode tomar outra forma na partilha judicial, senão a da ação rescisória. Há, no entanto, opiniões que discutem e colocam em dúvida essa posição.

4. O herdeiro que não foi parte pode recorrer à ação de petição de herança, não ficando preso à ação rescisória. A ação de petição de herança tem caráter reivindicatório e prazo extintivo de dez anos. É cabível tanto para herdeiro excluído na partilha amigável, como para o herdeiro excluído da partilha judicial. Seu direito situa-se no plano material e não no plano da coisa julgada da partilha, neste último caso, que não o atingiu. Nem se volta ele contra a partilha amigável, negócio que lhe é estranho. A partilha amigável será atingida porque foi satisfeita sua pretensão à herança.

Com a anulação, os bens voltam ao estado de indivisibilidade anterior. Os bens voltam ao monte.

Julgada, pois, insubsistente, outra partilha deve ser elaborada, procurando-se manter, tanto quanto possível, os mesmos quinhões já atribuídos anteriormente. Os frutos e rendimentos recebidos até a anulação serão de boa ou má-fé, dependendo da ciência ou não dos interessados na falha. Se há bens que já pereceram, sem culpa dos aquinhoados, o prejuízo é da herança. Se houve culpa, responde o culpado pelo valor, mais perdas e danos.

Devem ser ressalvadas as situações dos *terceiros adquirentes de boa-fé, aplicando-se o princípio maior da aparência*, já por nós ressaltado nesta obra. Responderá tão só o herdeiro pelo valor do bem. Acreditamos ser perigoso, e criar enorme instabilidade negocial afirmar que as alienações efetuadas, com uma partilha nula, ficam sem efeito (com esse entendimento, contrário ao nosso, Pereira, 1984, v. 6:315; Oliveira, 1987:469). A situação do terceiro de boa-fé, aí, em nada difere daquelas que surgem com o herdeiro aparente e credor aparente, por exemplo, dentre os vários outros casos que cumpre ao direito e ao bom senso resguardar. Daí porque não se pode negar proteção ao terceiro, que não tinha a menor condição de supor que o ato jurídico ou judicial da partilha, no qual fundamentou seu negócio, poderia estar eivado de nulidade. São efeitos materiais do negócio nulo que já não podem ser negados pela moderna técnica do Direito.

46

ENCARGOS DE HERANÇA. PAGAMENTO DAS DÍVIDAS

46.1 ESPÓLIO. ENCARGOS DA MASSA HEREDITÁRIA

Já nos manifestamos à exaustão acerca do patrimônio hereditário. Consiste numa universalidade que engloba direitos e obrigações, créditos e débitos. Por mais de uma vez, citamos que a lei atribui uma espécie de personalidade à herança. Incluímo-la dentre as entidades com personificação anômala (*Direito civil: parte geral*, seção 14.6), ao lado de grupos personificados similares, tais como a massa falida, o condomínio de unidades autônomas, a herança jacente.

A essas entidades a lei atribui uma personificação para fins processuais. A esta altura, já sabemos que a herança, no processo de inventário, recebe o nome de *espólio*. O espólio é o conjunto de direitos e deveres pertencentes à pessoa falecida, ao autor da herança. Trata-se de uma massa patrimonial que permanece coesa até a atribuição dos quinhões hereditários. Até a partilha. Como visto, é o *inventariante* quem representa processualmente o espólio (art. 75, VII, do CPC), salvo nas demandas em que for o espólio autor ou réu e o inventariante for dativo. O estatuto processual atribui também a um administrador provisório a representação do espólio, até que assuma o inventariante (arts. 613 e 614 do CPC). Já passamos pelas funções de administração do inventariante. Na verdade, as atribuições do inventariante extravasam a simples representação processual da massa hereditária. Ele pratica atos de direito material dentro de seus poderes de administração, e não poderia ser diferente.

O próprio Código Civil trata da herança como uma entidade personificada, ao dizer no art. 1.997 que *a herança* responde pelo pagamento das dívidas do falecido. O douto Pontes de Miranda (1973, v. 60:290) critica essa dicção legal dizendo que a expressão é de *"impropriedade gritante, porque só responde pessoa"*. Não atentou, porém, o grande mestre que a lei material se refere aí àquela personificação transitória, necessária para a elaboração do inventário e da partilha, denominada espólio, que a moderna técnica jurídica não pode ignorar. Ao responder o espólio pelas dívidas, responderá cada herdeiro na proporção de seus quinhões, já que a herança é recebida sob benefício de inventário. A maior utilidade do inventário, feito em juízo, é, como examinado, distinguir a massa hereditária do patrimônio do herdeiro, para que este não venha arcar com valores devidos tão só pelo espólio.

Entre os poderes e deveres do inventariante incluem-se aqueles de não só descrever, como também cobrar as dívidas pendentes do *de cujus* e zelar para que os credores da massa sejam atendidos. Portanto, aqui se coloca o problema referente aos débitos da massa, já que os créditos entram como ativo e, enquanto não realizados, serão partilhados como valores positivos. Importa cuidar agora dos valores negativos do patrimônio, do espólio.

O espólio pode conter débitos contraídos pelo morto. Esses são os débitos propriamente ditos da herança. São débitos, cuja origem está situada em vida do *de cujus*. Há, no entanto, dívidas inafastáveis contraídas pelo próprio processo de apuração da herança, do inventário, a começar pelas custas judiciais. No decorrer do processo, dependendo de sua complexidade, haverá necessidade de peritos avaliadores, contadores; advogados para defenderem o espólio nas ações que lhe são movidas ou para mover ações contra terceiros; pagamento de honorários do inventariante, se não for herdeiro; da vintena do testamenteiro etc. Não existe uma classificação de créditos exposta na lei, a exemplo do que ocorre na falência, específica para o espólio. Cabe aos princípios gerais, em analogia com outras situações semelhantes (como é o caso do juízo falencial), estabelecer um quadro de devedores e um quadro de credores. Aqui, nos interessa examinar a situação dos credores do espólio.

Itabaiana de Oliveira (1987:389) prefere classificar as dívidas em duas espécies: dívidas do falecido e dívidas póstumas, havendo, então, duas classes de credores: "credores do falecido" e "credores póstumos"; estes seriam os credores do espólio propriamente dito, porque surgidos após a morte do autor da herança. Tal denominação, porém, não nos dá a exata compreensão.

Outros autores colocam, por influência talvez da doutrina francesa, o pagamento de legados como encargos da herança. Na realidade, o legatário é um sucessor *causa mortis*. A entrega da coisa que se lhe faz não deve ser colocada como encargo de credor. Não se trata de pagamento de dívida. Assim, verdadeiramente, dívidas da herança são aquelas contraídas pelo falecido, onerando toda a massa hereditária até a partilha e descritas no art. 1.997:

> "a herança responde pelo pagamento das dívidas do falecido; mas, feita a partilha, só respondem os herdeiros, cada qual em proporção da parte, que na herança lhes coube".

Todas as dívidas cuja origem se localize após a morte do autor da herança são dívidas póstumas. Aqui se incluem as despesas funerárias (art. 1.998), bem como as despesas judiciais com a arrecadação e a liquidação da massa hereditária. Devem ter aplicação os princípios que regem os privilégios gerais, de acordo com o art. 965.

O princípio maior que ora se reafirma é no sentido de que a herança responde pelas dívidas do falecido. Com o inventário, não pode o herdeiro responder por dívidas que ultrapassem as forças da herança. Esse o princípio do benefício de inventário já estudado. As obrigações do morto transmitem-se aos herdeiros no limite da massa.

46.2 PROCEDIMENTO PARA O PAGAMENTO DAS DÍVIDAS DO ESPÓLIO

Não devemos distinguir quanto ao procedimento, como regra geral, sejam as dívidas do autor da herança ou póstumas. O procedimento vem regulado pelos arts. 642 e ss. do CPC. Ocorre que, muitas vezes, não há necessidade de qualquer procedimento para o cumprimento dessas obrigações, que vão sendo comprovadas documentalmente no inventário. Os credores não têm obrigação de habilitar-se nos autos do inventário. Podem recorrer diretamente às vias ordinárias, de acordo com seus títulos.

Sucede que, não havendo oposição dos interessados no inventário, a satisfação dos credores se fará de maneira muito menos onerosa para as partes. Por essa razão é que o art. 642 do CPC permite que *"antes de partilha"* os credores possam pedir ao juízo do inventário o pagamento das dívidas vencidas e exigíveis. A questão procedimental das habilitações dos credores já vinha delineada no § 1º do art. 1.997 do Código Civil. A habilitação do credor deve ser feita antes da partilha, enquanto permanecem a universalidade e a massa indivisa. Após a partilha, não estará o credor inibido de haver seu crédito, porém terá de fazê-lo contra os herdeiros, proporcionalmente ao que cada um recebeu do monte. Ficará, assim, por demais dificultada a ação do credor, mormente quando a herança se pulverizou em vários quinhões. O credor deverá estar atento para ingressar oportunamente no inventário, ou com a habilitação ou com a necessária ação. Os credores com garantia real não necessitarão habilitar-se.

Note que o credor deve ser do espólio, credor individual de herdeiro não tem legitimidade para se habilitar no inventário, devendo utilizar outro meio procedimental

O estatuto processual refere-se no art. 642 às dívidas vencidas e exigíveis. Contudo, o credor poderá sujeitar-se aos entraves citados se tiver uma dívida por vencer, ocorrendo seu vencimento somente após a partilha. Socorre o credor o art. 1.019, desde que tenha ele uma dívida líquida e certa por vencer, poderá habilitar-se no inventário. Com a concordância dos interessados, o juiz mandará que se faça uma separação de bens para o futuro pagamento.

Se a dívida a vencer não tiver os caracteres de liquidez e certeza, deve o credor propor as ações competentes, quanto antes, tornando a coisa litigiosa. Dessa forma, nada impede que, uma vez proposta a ação, presente o fumo do bom direito, se valha o credor do processo cautelar para que sejam separados bens necessários, caso venha o espólio a sucumbir da ação. Já dissemos que sempre que se controverter a respeito de parte da herança, enquanto não terminar a controvérsia, os bens *sub iudice* não devem ser partilhados. Se o credor for simplesmente quirografário, deve valer-se do processo de cautela para que, no futuro, não venha a ter dificuldades para haver seu crédito, porque, ultimada a partilha e divididos os bens, só lhe restará valer-se contra cada herdeiro. Trata-se da extensão do princípio que já consta do parágrafo único do art. 643 do CPC. De fato, no *caput*, o art. 643 do CPC diz que, não havendo concordância de todas as partes sobre o pedido de pagamento feito pelo credor, deverá este recorrer às vias ordinárias. E o parágrafo único mencionado manda que o juiz separe bens suficientes para pagar o credor, *"quando a dívida constar de documento que comprove suficientemente a obrigação e a impugnação não se fundar em quitação"*. Portanto, havendo início de prova documental do crédito, deve o juiz determinar a separação de patrimônio dos bens do espólio.

No inventário há, pois, uma nítida distinção entre créditos admitidos pelos interessados e créditos não admitidos. Se não há documentação suficiente, não tem o juiz poder de *ex officio* determinar a reserva de bens. Nesse caso é que poderá ser útil ao credor o processo cautelar.

Dentro do próprio Capítulo 27, especificamos que o credor tem o prazo de 30 dias para propor a ação, no caso de ter ocorrido reserva de bens. É o mesmo prazo de 30 dias para o processo cautelar em geral (art. 308 do CPC), também constante no Código Civil, art. 1.997, § 2º, contado da efetivação da medida. Em qualquer das situações, quer com processo autônomo *ab initio*, quer com inadmissão no inventário, o credor terá 30 dias a contar da efetiva separação de bens para propor a ação referente a seu direito.

O art. 643 do CPC estatui acerca da concordância de todas as partes quanto ao pedido do credor. A insurgência de qualquer interessado não pode ser meramente emulativa. Cabe ao juiz impedir esse tipo de irresignação. Cumpre o exame do caso concreto. O herdeiro, ou o interessado, que resistir injustificadamente ao pagamento de um crédito no inventário, deverá ser responsabilizado perante a massa pelos prejuízos a que der causa.

O § 1º do art. 642 do CPC refere-se à distribuição, por dependência e autuação em apenso aos autos do processo de inventário, da habilitação do credor.[1] Ressaltamos a desnecessidade de distribuição que a lei determina. Tratando-se de mero incidente, sem cunho litigioso, bastaria a simples autuação em apenso, como se faz nos processos de falência. No dizer de Hamilton de Moraes e Barros (s.d., v. 9:237), a exigência dessa distribuição por dependência é inovação infeliz nesse Código. De fato, não há necessidade de distribuição de habilitação nos processos de juízos universais, como são o inventário e a falência. Os interessados em manifestar-se sobre o pedido de habilitação variam de acordo com o inventário. Sempre deverão ser ouvidos o inventariante, o cônjuge sobrevivente e os herdeiros. Poderá haver interesse da Fazenda Pública na habilitação. Se houver participação de testamenteiro e de curador, também eles devem ser ouvidos. De acordo com o art. 645 do CPC, o legatário deve ser ouvido em duas hipóteses: quando toda herança for dividida em legados ou quando o reconhecimento da dívida importar redução dos legados. Sempre que houver dúvida acerca da redução ou não dos legados, é conveniente que se ouça o legatário.

O legatário, na verdade, não é responsável pelas dívidas da herança. Sua responsabilidade fica limitada ao valor do legado. Se o legado for absorvido pelas dívidas, caduca o legado. Se a dívida já foi relacionada pelo inventariante em suas declarações e não sofreu impugnações, nem mesmo haverá necessidade de habilitação, ficando autorizado o pagamento. Quando ocorre a habilitação, mesmo não estando o crédito perfeitamente documentado, mas sendo reconhecido sem qualquer outra formalidade para sua quitação pela massa, normalmente caberá ao inventariante fazer o pagamento, pedindo alvará para tal, se a natureza do crédito o exigir.

---

[1] "Apelação cível. Processual civil e civil. Ação de despejo. Cumprimento de sentença. Morte da parte. Habilitação de crédito em inventário. Duplicidade de cobrança. Arquivamento. Necessidade. Recurso conhecido e não provido. Sentença mantida. 1. Ao credor, desde que amparado em prova literal da dívida, é permitido habilitar o respectivo crédito junto ao inventário **(art. 642, §1º, do CPC)**. 2. Ação de despejo em fase de cumprimento de sentença. Requerimento do credor para expedição de certidão de crédito para habilitar seu crédito no juízo do inventário, ainda não ultimada a homologação formal da partilha (art. 642, *caput*, do CPC). 3. 'No caso em que o credor opta pela habilitação do crédito no juízo do inventário, resta obstado o prosseguimento da execução referente ao mesmo título judicial executivo, proposto posteriormente, ante a ausência de interesse de agir. Precedentes do STJ e desta Corte.' Necessidade de arquivamento do feito executório, visando afastar duplicidade de cobranças. 4. Recurso conhecido e não provido. Sentença mantida" (*TJDFT* – Ap 02157223820118070001, 26-6-2024, Rel. Renato Scussel).
"Agravo de instrumento. Processo civil. Inventário. Decisão que não analisou a prescrição de crédito resultante de acordo em ação trabalhista, ante a falta de habilitação do crédito. Insurgência do inventariante. Alegada ausência de intimação para se manifestar sobre a **habilitação do crédito**. Não cabimento. Habilitação de crédito que deve ser feita no próprio juízo do inventário, por dependência, em autos apartados (CPC, art. 642, § 1º). Descumprimento que acarreta o não conhecimento do pedido. Decisão mantida. Recurso conhecido e não provido" (*TJPR* – AI 0067247-11.2022.8.16.0000, 31-7-2023, Rel. Guilherme Frederico Hernandes Denz).
"Direito processual civil – Apelação – Inventário – **Habilitação de crédito** – Procedimento Próprio – Incabível – Recurso conhecido e não provido – Sentença mantida – 1- Existindo crédito representado por título executivo certo, líquido e plenamente exigível, tal circunstância assegura ao credor o direito de habilitar o crédito no processo de inventário por meio de petição incidental que será apensada aos autos do inventário ou, caso queira, pode buscar a satisfação do crédito por meio de requerimento de execução da sentença nos autos do processo que reconheceu o crédito e ainda manejar ação de cobrança face ao inventário, não sendo o requerimento de habilitação de crédito por meio de ação autônoma a via processualmente aceita. 2- Recurso conhecido e não provido. Sentença mantida." (*TJDFT* – Proc. 07027363320188070006 (1158621), 15-4-2019, Rel. Silva Lemos).
"Inventário – **Habilitação de crédito** – Decisão que não acolhe a habilitação, mas determina a reserva de bens para pagamento do credor – Não fixação de sucumbência – Insurgência da inventariante – Procedimento de jurisdição voluntária, que não assume caráter litigioso – Impossibilidade da imposição de ônus de sucumbência – Precedentes deste tribunal – Recurso improvido." (*TJSP* – Ap 1066497-48.2015.8.26.0100, 22-9-2018, Rel. A. C. Mathias Coltro).
"Agravo de instrumento – **Habilitação de crédito** – Ação de inventário – Herdeiros que não concordaram com a habilitação – Decisão agravada que indeferiu a habilitação – Recurso do credor – Acolhimento parcial – A mera ausência de concordância já é suficiente para rejeitar o pedido de habilitação. Cabível, contudo, a apreciação do pedido de reserva de bens. Decisão reformada. Recurso parcialmente provido" (*TJSP* – AI 2059469-50.2017.8.26.0000, 29-6-2017, Relª Viviani Nicolau).

A Fazenda Pública não necessita habilitar-se, porque a partilha não pode ser homologada sem prova da quitação tributária de todos os bens do espólio, e de suas rendas (art. 192 do Código Tributário Nacional). Requisita-se prova de quitação na Receita Federal. Em razão disso, limitado o interesse da Fazenda a uma habilitação de terceiro, tendo ela a garantia, inclusive, de um processo executivo especial, regulado pela Lei nº 6.830/80.

Estando de acordo as partes com a admissão de crédito já exigível, nos termos do § 2º do art. 1.017, o juiz declara habilitado o credor e manda que se faça a separação de dinheiro, ou de bens suficientes para seu pagamento. Feita a separação de bens, o § 3º determina que o juiz os aliene por praça ou leilão, para a satisfação do credor. Nada impede, pelo contrário, aconselha-se, que os interessados vendam o bem mediante alvará, que certamente alcançará melhor preço. Nesse caso, se tornará necessária a avaliação do bem, como regra geral, para a venda por preço maior ao do laudo. Se todos os interessados forem capazes e concordarem, não haverá necessidade de avaliação.

O credor pode requerer a adjudicação dos bens separados (§ 4º do art. 1.017). Adjudicar-se-ão os bens ao credor se todos estiverem de acordo. Mesmo havendo incapazes, não se obsta a adjudicação, com a fiscalização dos interessados na avaliação. O leilão poderá ser muito mais desvantajoso. Com essa adjudicação, ocorre aí uma dação em pagamento, como forma de extinção da obrigação.

O art. 646 do CPC permite que os herdeiros autorizem o inventariante a nomear os bens reservados à penhora, no processo de execução contra o espólio. Isso sem prejuízo do art. 860, que autoriza a anteriormente chamada penhora no rosto dos autos do inventário.

O credor do espólio, uma vez que tem como garantia todo o patrimônio hereditário, pode, na falta de nomeação de bens pelo devedor, pedir a penhora sobre qualquer bem da herança, como faria com relação ao patrimônio do falecido, se vivo fosse. Não se confunde o credor da herança com o credor do herdeiro (ou do legatário ou mesmo do testamenteiro, que tem crédito referente à vintena no inventário). O credor do herdeiro (estranho à herança) fará a penhora no rosto dos autos, na forma do art. 674, para que, após a partilha, essa penhora se efetive nos bens que forem adjudicados ou que vierem a caber ao devedor. Nada impede que o credor da herança também faça a penhora no rosto dos autos, mas trata-se de providência desnecessária, se pode ele já penhorar bem certo dentro do monte e levá-lo à excussão.

Há, também, dívidas que são exclusivas do cônjuge-meeiro, devendo responder por elas sua meação. Lembre-se de que o cessionário de direitos hereditários passa a ter os mesmos direitos do herdeiro.

Se as dívidas absorverem todo o ativo da herança, caberá ao inventariante requerer a instauração do processo de insolvência (art. 618, VIII). Abrir-se-á, então, o concurso de credores, lavrando-se um quadro de credores, com seus privilégios e preferências, de acordo com os arts. 955 a 965.

O fato de um credor ter sido admitido no inventário não altera a natureza de seu crédito; se era quirografário, continuará a sê-lo. A preferência decorrerá da própria natureza do crédito. O fato de uma herança ser insolvente não elimina a existência de herdeiros.

46.3 DÍVIDAS DA MASSA HEREDITÁRIA: DÍVIDAS PÓSTUMAS. DÍVIDAS COM PRIVILÉGIO GERAL

São póstumas as dívidas próprias do espólio. São dívidas da massa hereditária. Serão pagas em ordem anterior às dívidas do falecido, desde que estas não gozem de preferência decorrente de direitos reais. Isso se torna importante no caso de o passivo ser superior ao ativo.

Em primeiro lugar, surge a aplicação do art. 1.998. Do espólio sairá o pagamento das despesas funerárias, haja ou não herdeiros legítimos. Os sufrágios por alma do finado só obrigarão a herança, quando em testamento ou codicilo. Importante é saber da ordem de satisfação dos débitos, tendo em vista a possível insolvência. Observar-se-á a ordem de privilégio geral do art. 965.

O inciso I é uma explicitação do art. 1.997: *"o crédito por despesas do seu funeral, feito sem pompa, segundo a condição do morto e o costume do lugar"*. As despesas com o enterro hão de ser normais. Levar-se-ão em conta as condições do falecido. A herança não pode ser onerada com um fausto desnecessário. O herdeiro que pagar as despesas do funeral tem direito de reembolsar-se, deduzida sua parte, no inventário.

O inciso II trata do crédito por custas judiciais, ou por despesas com a arrecadação e liquidação da massa. Entram aí as despesas com avaliação e manutenção dos bens hereditários. Pagamento de honorários de advogado do inventariante e honorários referentes a ações promovidas pelo espólio e contra o espólio. A herança, porém, não deve arcar com honorários de advogado para acompanhar herdeiro isolado no curso do inventário. As remunerações do inventariante dativo e do testamenteiro também saem do monte. Também recaem sobre o espólio os honorários de advogado contratado pelo testamenteiro, não saindo de sua vintena (Pacheco, 1980:128).

O inciso III fala do crédito por despesas com o luto do cônjuge sobrevivo e dos filhos do *de cujus*, se forem moderadas. Incluem-se aí as despesas com anúncios fúnebres e comunicações.

O inciso IV inclui como despesas do espólio as referentes à doença de que faleceu o devedor, no semestre anterior a sua morte. Cabe ao herdeiro ou herdeiros que arcaram com essas despesas se habilitarem para recebê-las. A dívida onera o espólio, embora a origem seja anterior à morte. A lei, a exemplo dos incisos seguintes, houve por bem criar preferência nesses casos.

Também existe privilégio para quem arcou com gastos necessários à mantença do devedor falecido e sua família, no semestre anterior ao falecimento (inciso V). Se foi um dos herdeiros, não deverá ele arcar com toda essa despesa, devendo ser rateada entre todos.

Os créditos da Fazenda gozam de privilégio especial, como vimos, embora o inciso VI se refira aos impostos devidos à Fazenda Pública, no ano corrente e no anterior.

Finalmente, o inciso VII do art. 965 concede privilégio ao crédito por salário dos empregados e demais pessoas do serviço doméstico, nos seis meses derradeiros de vida do *de cujus*. Esses créditos devem ser atendidos antes dos demais créditos da herança, antes, portanto, dos créditos originados em vida pelo falecido. A matéria ganha importância quando a herança não pode atender a todo o passivo. Inobstante o privilégio, qualquer desses credores pode habilitar-se e/ou recorrer às vias autônomas. Não se altera a natureza da preferência.

A lei que instituiu o divórcio entre nós, Lei nº 6.515/77, dispôs no art. 23 que a obrigação de prestar alimentos transmite-se aos herdeiros do devedor.[2] Veja o que falamos a respeito

---

[2] "Cumprimento de sentença – Herança – Impugnação à penhora – **Responsabilidade dos herdeiros pelas dívidas do falecido no limite do herdado**. Alienação dos bens herdados. Penhora que pode recair sobre pecúnia de propriedade da herdeira. Recurso improvido." (*TJSP* –AI 2261418-91.2018.8.26.0000, 12-6-2019, Rel. Arantes Theodoro).
"Apelação cível – Exoneração de alimentos – Morte do autor/alimentante no curso do processo – Extinção do processo sem resolução do mérito – Extinção da obrigação – Transmissão da obrigação alimentar aos herdeiros do alimentante – **A obrigação de prestar alimentos transmite-se aos herdeiros do devedor**, na forma do artigo 1.694 do Código Civil (inteligência do artigo 1.700 do Código Civil). Desse modo, aplicando-se o artigo 1.694 do Código Civil, tem-se que a apelante, para transmitir a obrigação aos herdeiros, deverá fazê-lo mediante pedido autônomo, em processo próprio. Razão pela qual, correta a sentença que extinguiu o processo, sem resolução do mérito, pela morte do autor/alimentante, reconhecendo a extinção da obrigação alimentar. Negaram provimento." (*TJRS* – AC 70075242446, 22-3-2018, Rel. Des. Rui Portanova).

no estudo dedicado ao Direito de Família. Contudo, em nenhuma hipótese o patrimônio dos herdeiros poderá responder por alimentos transmissíveis, uma vez feito o inventário.

46.4 RESPONSABILIDADE DOS HERDEIROS

Uma vez ultimada a partilha, a responsabilidade de cada herdeiro circunscreve-se a seu quinhão. Se o credor não acionou o espólio, só pode cobrar de cada herdeiro proporcionalmente a sua parte na herança. Não se estabelece solidariedade entre os herdeiros. As questões atinentes à obrigação indivisível dirimem-se de acordo com as regras próprias (Venosa, *Direito civil: obrigações e responsabilidade civil*, Cap. 6).

Como vimos, o legatário não é responsável pelas dívidas da herança. Concorre com as despesas para a entrega do legado, se não dispôs diferentemente o testador. Pode, quando muito, ver seu legado absorvido pelas dívidas. O art. 1.999 determina que, na ação regressiva entre os vários herdeiros, a parte do herdeiro insolvente deve ser dividida em proporção entre os demais. Todos suportam igual prejuízo. Aplica-se o dispositivo toda vez que um herdeiro, por qualquer razão, pagar dívida da herança.

O art. 2.001 determina que a dívida do herdeiro para com o espólio será partilhada igualmente entre todos, *"salvo se a maioria consentir que o débito seja imputado inteiramente no quinhão do devedor"*. Assim, só haverá compensação do herdeiro devedor com o que tem a receber no espólio, se a maioria dos demais consentirem. Melhor seria que a lei falasse no consentimento de todos os demais herdeiros. A maioria pode não impedir uma fraude. Como bem lembra Sílvio Rodrigues (1978, v. 7:313), a lei é imprecisa porque não especifica se a maioria é quantitativa ou qualitativa dos herdeiros. Devemos entender que é a maioria dos "quinhões" hereditários. Quem recebe maior porção hereditária terá mais peso na decisão.

Outra consequência desse dispositivo é que o herdeiro não se pode opor a que se inclua em seu quinhão sua dívida para com o *de cujus*, porque não pode impedir que a dívida seja paga. Esse é o entendimento de Sílvio Rodrigues (1978, v. 7:314). Washington de Barros Monteiro (1977, v. 6:324), a nosso ver sem razão, entende que o herdeiro devedor pode opor-se à

"Agravo regimental no agravo em Recurso Especial – Embargos à execução – **Dívida – Autor da herança – Limitação – Patrimônio recebido** – Interesse Recursal – Inexistência – Fundamento não impugnado – Súmula nº 283/STF – 1 – Tendo o aresto impugnado registrado expressamente que a responsabilidade da recorrente seria limitada à respectiva parcela da herança, não há interesse recursal quanto a esse pleito. 2 – Não havendo impugnação dos fundamentos suficientes para manutenção da decisão atacada, incide na espécie, a Súmula nº 283/STF. 3 – Agravo regimental não provido" (STJ – AgRg-AG-REsp. 508.554 – (2014/0095700-0), 28-3-2017, Rel. Min. Ricardo Villas Bôas Cueva).

"Direito civil e processual civil – Recurso Especial – Omissão, contradição ou obscuridade – Inexistência – Cobrança de dívida divisível do autor da herança – Execução manejada após a partilha – Ultimada a partilha, **cada herdeiro responde pelas dívidas do falecido na proporção da parte que lhe coube na herança**, e não necessariamente no limite de seu quinhão hereditário – Adoção de conduta contraditória pela parte – Inadmissibilidade – 1 – Com a abertura da sucessão, há a formação de um condomínio necessário, que somente é dissolvido com a partilha, estabelecendo o quinhão hereditário de cada beneficiário, no tocante ao acervo transmitido. 2 – A herança é constituída pelo acervo patrimonial e dívidas (obrigações) deixadas por seu autor. Aos credores do autor da herança, é facultada, antes da partilha dos bens transmitidos, a habilitação de seus créditos no juízo do inventário ou o ajuizamento de ação em face do espólio. 3 – Ultimada a partilha, o acervo outrora indiviso, constituído pelos bens que pertenciam ao de cujus, transmitidos com o seu falecimento, estará discriminado e especificado, de modo que só caberá ação em face dos beneficiários da herança, que, em todo caso, responderão até o limite de seus quinhões. 4 – A teor do art. 1.997, *caput*, do CC c/c o art. 597 do CPC [ao], feita a partilha, cada herdeiro responde pelas dívidas do falecido dentro das forças da herança e na proporção da parte que lhe coube, e não necessariamente no limite de seu quinhão hereditário. Dessarte, após a partilha, não há cogitar em solidariedade entre os herdeiros de dívidas divisíveis, por isso caberá ao credor executar os herdeiros *pro rata*, observando a proporção da parte que coube (quinhão), no tocante ao acervo partilhado. 5 – Recurso especial não provido" (STJ – REsp 1.367.942 – (2011/0197553-3), 11-6-2015, Rel. Min. Luis Felipe Salomão).

decisão da maioria, para não haver compensação. Baseia-se esse autor no termo *consentir* da lei, que implicaria prévio pedido de imputação do débito por parte do devedor. A razão do art. 2.001 é equilibrar a partilha, porque, se houvesse compensação automática, os herdeiros não devedores do espólio poderiam ficar sujeitos a créditos menos seguros, menos solváveis do que esse que se operaria pela compensação. O herdeiro devedor seria beneficiado com uma quitação que poderia prejudicar os demais herdeiros, os quais, em tese, poderiam não receber seus quinhões na integralidade, por não conseguirem receber os outros créditos. Por isso que, como regra geral, partilha-se o débito do herdeiro como se fosse de um estranho.

46.5 PEDIDO DE SEPARAÇÃO DE PATRIMÔNIOS FEITO POR LEGATÁRIOS E CREDORES

O art. 2.000 tem pequena aplicação prática e diz respeito também à separação de patrimônios:

> *"Os legatários e credores da herança podem exigir que do patrimônio do falecido se discrimine o do herdeiro, e, em concurso com os credores deste, ser-lhes-ão preferidos no pagamento".*

Os credores podem ter interesse na divisão do patrimônio, com discriminação completa, por se mostrarem as declarações do inventário insuficientes para tal finalidade. O objetivo do artigo é possibilitar o pagamento das dívidas, sem interferência de bens dos herdeiros. Os credores da herança têm preferência sobre os credores do herdeiro. Essa é a noção importante fixada na segunda parte do artigo. O legatário também tem preferência no recebimento de seu legado, aos credores dos herdeiros. O legatário, em síntese, também é um credor especial da herança, com direitos a serem atendidos após os direitos dos credores do monte. Lembre-se de que só recebe depois de satisfeitos os credores da herança e se ainda sobrar o suficiente para atender à legítima dos herdeiros necessários. Essa separação de que trata o dispositivo não altera a situação dos credores legatários. Apenas facilita o exercício de seus direitos. Os legatários e credores da herança não necessitam agir coletivamente; qualquer um deles pode recorrer ao expediente narrado no art. 2.000, operando a separação em favor dele (Leite, 2003:744).

BIBLIOGRAFIA

ALMEIDA, José Luiz Gavião de. *Código civil comentado*. São Paulo: Atlas, 2003. v. 18.

ALMEIDA, Maria Christina de. *DNA e estado de filiação à luz da dignidade humana*. Porto Alegre: Livraria do Advogado, 2003.

ALVES, José Carlos Moreira. *Direito romano*. Rio de Janeiro: Forense, 1971. 2 v.

ALVIM, José Manuel de Arruda. *Manual de direito processual*. São Paulo: Revista dos Tribunais, 1977.

AMORIM, Sebastião Luiz; OLIVEIRA, Euclides Benedito. *Inventários e partilhas*. 14. ed. São Paulo: Editora Universitária de Direito, 1985.

AMORIM, Sebastião Luiz; OLIVEIRA, Euclides Benedito. *Separação e divórcio*. 5. ed. São Paulo: Universitária de Direito, 1999.

AMORIM, Sebastião Luiz; OLIVEIRA, Euclides Benedito. *Separação e divórcio*. 16. ed. 2003.

ANDRADE, Manuel A. Domingues de. *Teoria geral da relação jurídica*. Coimbra: Almedina, 1974.

ARANGIO-RUIZ, Vincenzo. *Instituciones de derecho romano*. 10. ed. Buenos Aires: Depalma, 1973.

ASSIS, Araken de. *Da execução de alimentos e prisão do devedor*. 3. ed. São Paulo: Revista dos Tribunais, 1996.

AZEVEDO, Álvaro Villaça. *Estatuto da família de fato*. 2. ed. São Paulo: Atlas, 2002.

AZEVEDO, Álvaro Villaça. *Comentários ao Código Civil*. São Paulo: saraiva, 2003. v. 19.

AZEVEDO, Armando Dias. *O fideicomisso no direito pátrio*. São Paulo: Saraiva, 1973.

BARASSI, Lodovico. *Le successioni per causa di morte*. Milão: Giuffrè, 1944.

BARBOZA, Heloísa Helena; BARRETTO, Vicente de Paulo. *Temas de biodireito e bioética*. Rio de Janeiro: Renovar, 2001.

BARREIRA, Dolor. *Sucessão legítima*. Rio de Janeiro: Borsoi, 1970.

BARROS, Hamilton de Moraes e. *Comentários ao Código de Processo Civil*. Rio de Janeiro: Forense, s.d. v. 9.

BELLUSCIO, Augusto César. *Manual de derecho de familia*. 5. ed. Buenos Aires: Depalma, 1987. v. 2.

BENKAUSS, Omar Gama. *A adoção*. 2. ed. Rio de Janeiro: Lumen Juris, 1993.

BEVILÁQUA, Clóvis. *Código Civil dos Estados Unidos do Brasil comentado*. 5. ed. São Paulo: Francisco Alves, 1937.

BEVILÁQUA, Clóvis. *Código civil dos Estados Unidos do Brasil comentado*. Rio de Janeiro: Francisco Alves, 1939. v. 4 e 6.

BETTI, Emilio. *Teoria geral do negócio jurídico*. Coimbra: Coimbra Editora, 1969.

BETTI, Emilio. *Direito das obrigações*. Rio de Janeiro: Editora Rio (Edição Histórica), 1977.

BETTI, Emilio. *Teoria geral do direito civil*. 2. ed. (Edição Histórica). Rio de Janeiro: Editora Rio, 1980.

BITTAR, Carlos Alberto (Coord.). *O direito de família e a Constituição de 1988*. São Paulo: Saraiva, 1989.

BITTENCOURT, Edgard de Moura. *Alimentos*. 4. ed. São Paulo: Universitária de Direito, 1979.

BITTENCOURT, Edgard de Moura. *Concubinato*. 3. ed. São Paulo: Universitária de Direito, 1985.

BOMFIM, Edson Rocha. *A ação de alimentos no Supremo Tribunal Federal*. São Paulo: Revista dos Tribunais, 1982.

BORDA, Guillermo A. *Tratado de derecho civil*: familia. Buenos Aires: Abeledo-Perrot, 1993. v. 1.

BORDA, Guillermo A. *Tratado de derecho civil*: sucesiones. Buenos Aires: Abeledo Perrot, 1987. 2. v.

BORGHI, Hélio. *Da renúncia e da ausência no direito sucessório*. São Paulo: Universitária de Direito, 1997.

BOSSERT, Gustavo A.; ZANNONI, Eduardo A. *Manual de derecho de familia*. 4. ed. Buenos Aires: Astrea, 1996.

BOULANGER, François. *Droit civil de la familie*. 3. ed. Paris: Economica, 1997.

BUENO, Ruth. *Regime jurídico da mulher casada*. 2. ed. Rio de Janeiro: Forense, 1970.

CAHALI, Francisco José. *Contrato de convivência na união estável*. São Paulo: Saraiva, 2000.

CAHALI, Francisco José; HIRONAKA, Giselda Maria Fernandes Novaes. *Curso avançado de direito civil*. São Paulo: 2000, v. 6.

CAHALI, Francisco José; Pereira, Rodrigo da Cunha (Coord.). *Alimentos no Código Civil*. São Paulo: Saraiva, 2005.

CAHALI, Yussef Said. *Divórcio e separação*. 8. ed. São Paulo: Revista dos Tribunais, 1995. v. 1.

CAHALI, Yussef Said. *Divórcio e separação*. 10. ed. São Paulo: Revista dos Tribunais, 2002.

CAHALI, Yussef Said. *Divórcio e separação*. 11. ed. São Paulo: Revista dos Tribunais, 2005.

CAHALI, Yussef Said. *O casamento putativo*. 2. ed. São Paulo: Saraiva, 1979.

CAMPOS FILHO, Paulo Barbosa de. *O problema da causa no Código Civil brasileiro*. São Paulo: Max Limonad, s.d.

CAMPOS FILHO, Paulo Barbosa de. *Obrigações de pagamento em dinheiro*: aspectos da correção monetária. Rio de Janeiro – São Paulo: Editora Jurídica Universitária, 1971.

CARNELUTTI, Francesco. *Diritto e processo*. Nápoles: Morano, 1958.

CARBONNIER, Jean. *Droit civil 2*: la familia. 20. ed. Paris: Presses Universitaires, 1999.

CARVALHO, João Andrades. *Tutela, curatela, guarda, visita e pátrio poder*. Rio de Janeiro: Aide, 1995.

CATEB, Salomão de Araújo. *Direito das sucessões*. 2. ed. Belo Horizonte: Del Rey, 2000.

CENEVIVA, Walter. *Anotações à legislação do divórcio*. São Paulo: Saraiva, 1978.

CHAMOUN, Ebert. *Instituições de direito romano*. 6. ed. Rio de Janeiro: Editora Rio, 1977.

CHAVES, Antônio. *Tratado de direito civil*. São Paulo: Revista dos Tribunais, 1984.

CHAVES, Antônio. *Adoção*. Belo Horizonte: Del Rey, 1995.

CICU, Antonio. *Successioni per causa di morte*. Milão: Giuffrè, 1954.

CICU, Antonio. *El testamento*. Madri: Editorial Revista de Derecho Privado, 1959.

CIOTOLA, Kátia Regina da Costa S. *O concubinato*. 3. ed. Rio de Janeiro: Lumen Juris, 1999.

COLIN, Ambroise; CAPITANT, H. *Cours élémentaire de droit civil français*. 8. ed. Paris: Dalloz, 1934.

CORREIA, Alexandre; SCIASCIA, Gaetano. *Manual de direito romano*. 2. ed. São Paulo: Saraiva, 1953.

COULANGES, Fustel de. *A cidade antiga*. Lisboa: Livraria Clássica Editora, 1957.

COULANGES, Fustel de. *A cidade antiga*. 9. ed. Lisboa: Almedina, 1958.

COVELLO, Sérgio Carlos. *Ação de alimentos*. 4. ed. São Paulo: Leud, 1994.

COVIELLO, Leonardo. *Successione legitima e necessaria*. Milão: Giuffrè, 1937.

CUQ, Edouard. *Manuel des institutions juridiques des romains*. 2. ed. Paris: Librarie Générale de Droit et Jurisprudence, 1928.

CZAJKOWSKI, Rainer. *União livre*. Curitiba: Juruá, 1996.

DIAS, João Álvaro. *Procriação assistida e responsabilidade médica*. Coimbra: Coimbra Editora, 1996.

DIAS, Maria Berenice. *União homossexual*. Porto Alegre: Livraria do Advogado, 2000.

DIAS, Maria Berenice. *Manual de direito de família*. 7. ed. São Paulo: Revista dos Tribunais, 2010.

DIAS, Maria Berenice; PEREIRA, Rodrigo da Cunha (org.). *Direito de família e o novo Código Civil*. Belo Horizonte: Del Rey, 2001.

DINIZ, Maria Helena. *Curso de direito civil brasileiro*. São Paulo: Saraiva, 1983. 6 v.

DINIZ, Maria Helena. *Curso de direito civil brasileiro*. 17. ed. São Paulo: Saraiva, 2002. v. 5.

ELIAS, Roberto João. *Pátrio poder*. São Paulo: Saraiva, 1999.

ENGELS, Friedrich. *A origem da família, da propriedade privada e do Estado*. 14. ed. Rio de Janeiro: Bertrand Brasil, 1997.

ESPÍNOLA, Eduardo. *Sistema do direito civil*. Rio de Janeiro: Editora Rio, 1977.

FACHIN, Luiz Edson. *Elementos críticos do direito de família*. Rio de Janeiro: Renovar, 1999.

FACHIN, Luiz Edson. *Estabelecimento da filiação e paternidade presumida*. Porto Alegre: Sérgio Antônio Fabris Editor, 1992.

FACHIN, Luiz Edson; RUZYK, Carlos Eduardo Pianovski. *Código Civil comentado*. São Paulo: Atlas, 2003. v. 15.

FARIA, Mário Roberto Carvalho de. *Direito das sucessões*. 2. ed. Rio de Janeiro: Forense, 2002.

FASSI, Santiago C. *Tratado de los testamentos*. Buenos Aires: Depalma, 1970. v. 1.

FERNANDES, Regina Celi Pedrotti Vespero. *Imposto sobre transmissão causa mortis e doação – ITCMD*. São Paulo: Revista dos Tribunais, 2002.

FERREIRA, Aurélio Buarque de Holanda. *Novo dicionário da língua portuguesa*. Rio de Janeiro: Nova Fronteira, 1975.

FIUZA, Ricardo (Coord.). *Novo Código Civil comentado*. São Paulo: Saraiva, 2002.

FRANÇA, Rubens Limongi. *Princípios gerais de direito*. São Paulo: Revista dos Tribunais, 1971.

GAMA, Guilherme Calmon Nogueira da. *O companheirismo*. 2. ed. São Paulo: Revista dos Tribunais, 2001.

GAMA, Guilherme Calmon Nogueira da. *O biodireito e as relações parentais*. Rio de Janeiro: Renovar, 2003.

GAUDEMET, Jean. *Institutions de l'antiquité*. Paris: Sirey, 1967.

GIRARD, Paul Frédéric. *Manuel élémentaire de droit romain*. 5. ed. Paris: Arthur Rosseau, 1911.

GOMES, Orlando. *Direito de família*. 5. ed. Rio de Janeiro: Forense, 1983.

GOMES, Orlando. *Introdução ao direito civil*. Rio de Janeiro: Forense, 1983.

GOMES, Orlando. *Sucessões*. Rio de Janeiro: Forense, 1981.

GONÇALVES, Luiz da Cunha. *Princípios de direito civil*. São Paulo: Max Limonad, 1951.

GOZZO, Débora; VENOSA, Sílvio de Salvo. *Comentários ao Código Civil brasileiro*. Rio de Janeiro: Forense, 2004. v. 16.

GRISARD FILHO, Wladyr. *Guarda compartilhada*: um novo modelo de responsabilidade parental. São Paulo: Revista dos Tribunais, 2000.

GUIMARÃES, Giovane Serra Azul. *Adoção, tutela e guarda*. São Paulo: Juarez de Oliveira, 2000.

HIRONAKA, Giselda Maria Fernandes Novaes. *Comentários ao Código Civil*. São Paulo: Saraiva, 2003. v. 20.

JOB, João Alberto Leivas. *Da nulidade da partilha*. São Paulo: Saraiva, 1986.

JOHNSTON, David. *Roman law in context*. Cambridge: Cambridge University Press, 1999.

KELSEN, Hans. *Teoria pura do direito*. Coimbra: Arménio Amado Editor, 1979.

LARENZ, Karl. *Derecho de obligaciones*. Madri: Editorial Revista de Derecho Privado, 1958.

LAZZARINI, Alexandre Alves. *A causa petendi nas ações de separação judicial e dissolução da união estável*. São Paulo: Revista dos Tribunais, 1999.

LAZZARINI, Alexandre Alves. *Direito de família*. São Paulo: Revista dos Tribunais, 1993.

LAZZARINI, Alexandre Alves. *Derecho civil*, parte general. Madri: Editorial Revista de Derecho Privado, 1978.

LEITE, Eduardo de Oliveira. *Comentários ao novo Código Civil*: do direito das sucessões. 2. ed. Rio de Janeiro: Forense, 2003. v. 21.

LEITE, Eduardo de Oliveira. *Grandes temas da atualidade*: DNA como meio de prova da filiação. Rio de Janeiro: Forense, 2000.

LEITE, Heloísa Maria Daltro (Coord.). *O novo Código Civil do direito de família*. Rio de Janeiro: Freitas Bastos, 2002.

LIBERATTI, Wilson Donizetti. *Adoção internacional*. São Paulo: Malheiros, 1995.

LIMA, João Franzen de. *Curso de direito civil brasileiro*. Rio de Janeiro: Forense, 1977.

LÔBO, Paulo Luiz Netto. *Código Civil comentado*. São Paulo: Atlas, 2003. v. 16.

LOPES, Miguel Maria de Serpa. *Curso de direito civil*. São Paulo: Freitas Bastos, 1962.

MADALENO, Rolf. *Curso de direito de família*. 5. ed. Rio: Forense, 2013.

MAGALHÃES, Rui Ribeiro de. *Direito das sucessões no novo Código Civil brasileiro*. São Paulo: Juarez de Oliveira, 2003.

MALUF, Carlos Alberto Dabus. *Das cláusulas de inalienabilidade, incomunicabilidade e impenhorabilidade.* São Paulo: Saraiva, 1981.

MARCATO, Antonio Carlos. *Procedimentos especiais.* São Paulo: Revista dos Tribunais, 1990.

MARMITT, Arnaldo. *Adoção.* Rio de Janeiro: Aide, 1993.

MAXIMILIANO, Carlos. *Direito das sucessões.* Rio de Janeiro: Freitas Bastos, 1952. 3 v.

MAY, Gaston. *Éléments de droit romain.* 18. ed. Paris: Sirey, 1932.

MAYNZ, Charles. *Cours de droit romain.* 4. ed. Bruxelas: Boulant Christophe, 1889.

MIZRAHI, Mauricio Luis. *Familia, matrimonio y divorcio.* Buenos Aires: Astrea, 1998.

MONTEIRO, Washington de Barros. *Curso de direito civil.* São Paulo: Saraiva, 1977. v. 6.

MONTEIRO, Washington de Barros. *Curso de direito civil*: direito de família. 33. ed. São Paulo: Saraiva, 1996.

MONTEIRO, Washington de Barros; SILVA, Regina Beatriz Tavares da. *Direito civil.* 43. ed. São Paulo: Saraiva, 2016. v. 2.

NADER, Paulo. *Curso de direito civil*: direito de família. Rio de Janeiro: Forense, 2006.

NASCIMENTO, Walter Vieira do. *Lições de história do direito.* Rio de Janeiro: Zahar, 1979.

NEGRÃO, Theotônio. *Código de Processo Civil comentado.* São Paulo: Revista dos Tribunais, 1990.

NONATO, Orosimbo. *Estudos sobre sucessão civil testamentária.* Rio de Janeiro: Forense, 1957. 3 v.

OLIVEIRA, Euclides de. *União estável, do concubinato ao casamento.* 6. ed. São Paulo: Método, 2003.

OLIVEIRA, Euclides de. *Direito de herança.* São Paulo: Saraiva, 2005.

OLIVEIRA, J. M. Leoni Lopes de. *A nova lei de investigação de paternidade.* 4. ed. Rio de Janeiro: Lumen Juris, 1999a.

OLIVEIRA, J. M. Leoni Lopes de. *Alimentos no casamento e na união estável.* Rio de Janeiro: Lumen Juris, 1999b.

OLIVEIRA, J. M. Leoni Lopes de. *Guarda, tutela e adoção.* 2. ed. Rio de Janeiro: Lumen Juris, 1999c.

OLIVEIRA, José Sebastião de. *Fundamentos constitucionais do direito de família.* São Paulo: Revista dos Tribunais, 2002.

OLIVEIRA FILHO, Bertoldo Mateus de. *Alimentos e investigação de paternidade.* 3. ed. Belo Horizonte: Del Rey, 1999.

OLIVEIRA, Arthur Vasco Itabaiana de. *Tratado de direito das sucessões.* São Paulo: Freitas Bastos, 1957.

PACHECO, José da Silva. *Inventários e partilhas na sucessão legítima e testamentária.* Rio de Janeiro: Forense, 1980.

PAINI, Reynaldo José Castilho. *Reconhecimento de paternidade e união estável.* São Paulo: Saraiva, 1996.

PEREIRA, Antonio Albegaria. *Dos filhos havidos fora do casamento.* São Paulo: Edipro, 1993.

PEREIRA, Áurea Pimentel. *Alimentos no direito de família e no direito dos companheiros.* Rio de Janeiro: Renovar, 1998.

PEREIRA, Caio Mário da Silva. *Instituições de direito civil*. Rio de Janeiro: Forense, 1984. v. 6.

PEREIRA, Caio Mário da Silva. *Instituições de direito civil*. 11. ed. Rio de Janeiro: Forense, 1996. v. 5.

PEREIRA, Caio Mário da Silva. *Reconhecimento de paternidade e seus efeitos*. 5. ed. Rio de Janeiro: Forense, 1997.

PEREIRA, Gustavo Santos Gomes. Herança digital no Brasil. 2. ed. Rio de Janeiro: Lumen Juris, 2020.

PEREIRA, Rodrigo. *Comentários ao novo Código Civil*. Rio de Janeiro: Forense, 2003. v. 20.

PEREIRA, Rodrigo da Cunha. *Direito de família*: uma abordagem psicanalítica. 3. ed. Belo Horizonte: Del Rey, 2003.

PEREIRA, Sérgio Gischkow. *Direito de família e do menor*. 2. ed. Porto Alegre: Síntese, 1993.

PESSOA, Claudia Grieco Tabosa. *Efeitos patrimoniais do concubinato*. São Paulo: Saraiva, 1997.

PETIT, Eugene. *Tratado elemental de derecho romano*. Buenos Aires: Albatroz, 1970.

PINTO, Juliana Mezzaroba Tomazoni de Almeida. *Síndrome da alienação parental*: a implantação de falsas memórias em desrespeito à condição peculiar de pessoa em desenvolvimento. Disponível em: <http://www.jurisway.org.br/v2/dhall.asp?id_dh=6552>.

PIZZOLANTE, Francisco E. O. Pires e Albuquerque. *União estável no sistema jurídico brasileiro*. São Paulo: Atlas, 1999.

PLANIOL, Marcel; RIPERT, Georges. *Traité élémentaire de droit civil*. Paris: Librairie Générale de Droit et Jurisprudence, 1937.

POLETTO, Carlos Eduardo Minozzo. *Legítima hereditária e sucessão contratual*. São Paulo: Revista dos Tribunais, 2024.

PONTES DE MIRANDA, Francisco Cavalcanti. *Tratado de direito privado*. 3. ed. Rio de Janeiro: Borsoi, 1971.

PONTES DE MIRANDA, Francisco Cavalcanti. *Tratado de direito privado*. Rio de Janeiro: Borsoi, 1973. 60 v.

PORTO, Mário Moacyr. Teoria da aparência e herdeiro aparente. *Ação de responsabilidade civil e outros estudos*. São Paulo: Revista dos Tribunais, 1966.

PRATS, Celso Affonso Garreta. *Sucessão hereditária*: vocação dos colaterais. São Paulo: Atlas, 1983.

QUEIROZ, Juliane Fernandes. *Paternidade, aspectos jurídicos e técnicas de inseminação artificial*. Belo Horizonte: Del Rey, 2001.

RAFFUL, Ana Cristina. *A reprodução artificial e os direitos da personalidade*. São Paulo: Themis, 2000.

RÁO, Vicente. *O direito e a vida dos direitos*. São Paulo: Max Limonad, 1952.

RÁO, Vicente. *Ato jurídico*. São Paulo: Max Limonad, 1961.

REALE, Miguel. *Lições preliminares de direito*. São Paulo: Edusp, 1973.

RIPERT, Georges. *La règle morale dans les obligations civiles*. Paris: Librairie Générale de Droit et Jurisprudence, 1949.

RIZZARDO, Arnaldo. *Direito de família*. Rio de Janeiro: Aide, 1994. v. 1.

RIZZARDO, Arnaldo. *Direito das sucessões*. Rio de Janeiro: Aide, 1996.

ROCHA, Marco Túlio de Carvalho. *A igualdade dos cônjuges no direito brasileiro*. Belo Horizonte: Del Rey, 2001.

RODRIGUES, Sílvio. *Direito civil*. São Paulo: Saraiva, 1978. v. 7.

RODRIGUES, Sílvio. *Direito das sucessões*. 23. ed. São Paulo: Saraiva, 1999.

RODRIGUES, Sílvio. *Direito civil*. Direito de família. 24. ed. São Paulo: Saraiva, 1996.

RODRIGUES, Sílvio. *O divórcio e a lei que o regulamenta*. São Paulo: Saraiva, 1978.

RUGGIERO, Roberto de. *Instituições de direito civil*. São Paulo: Saraiva, 1973. v. 3.

SAMPAIO, Pedro. *Divórcio e separação judicial*. 2. ed. Rio de Janeiro: Forense, 1983.

SANTINI, José Raffaelli. *Adoção, guarda*. Belo Horizonte: Del Rey, 1996.

SANTOS, Eduardo dos. *Direito da família*. Lisboa: Almedina, 1999.

SANTOS, Maria Celeste Cordeiro Leite (org.). *Biodireito*. São Paulo: Revista dos Tribunais, 2001.

SARMENTO, Eduardo Sócrates Castanheira. *A interdição no direito brasileiro*. Rio de Janeiro: Forense, 1981.

SCARPARO, Mônica Sartori. *Fertilização assistida*. Rio de Janeiro: Forense Universitária, 1991.

SILVA FILHO, Artur Marques da. *O regime jurídico da adoção estatutária*. São Paulo: Revista dos Tribunais, 1997.

SOARES, Orlando. *União estável*. Rio de Janeiro: Forense, 1999.

SZINICK, Valdir. *Adoção*. 3. ed. São Paulo: Leud, 1999.

TALAVERA, Gilberto Moreno. *União civil entre pessoas do mesmo sexo*. Rio de Janeiro: Forense, 2004.

TARTUCE, Flávio. *O novo CPC e o Direito Civil*. São Paulo: Método, 2015.

TEIXEIRA, Sálvio de Figueiredo (Coord.). *Direitos de família e do menor*. Belo Horizonte: Del Rey, 1993.

TEPEDINO, Gustavo. *Temas de direito civil*. Rio de Janeiro: Renovar, 1999.

TRABUCCHI, Alberto. *Instituzioni di direito civile*. 33. ed. Pádua: Cedam, 1992.

VECCHIATTI, Paulo Roberto Iotti. *Manual da homoafetividade*. São Paulo: Método, 2008.

VELOSO, Zeno. *Código Civil comentado*. São paulo: Atlas, 2003. v. 17.

VELOSO, Zeno. *Comentários ao Código Civil*. São Paulo: Saraiva, 2003. v. 21.

VENOSA, Sílvio de Salvo. *Direito civil*: parte geral. 18. ed. São Paulo: Atlas, 2018. v. 1.

VENOSA, Sílvio de Salvo. *Direito civil*: obrigações e responsabilidade civil. 18. ed. São Paulo: Atlas, 2018. v. 2.

VENOSA, Sílvio de Salvo. *Direito civil*: contratos. 18. ed. São Paulo: Atlas, 2018. v. 3.

VENOSA, Sílvio de Salvo. *Direito civil*: reais. 18. ed. São Paulo: Atlas, 2018. v. 4.

VENOSA, Sílvio de Salvo. *Direito civil*: família. 18. ed. São Paulo: Atlas, 2018. v. 5.

VENOSA, Sílvio de Salvo. *Direito civil*: sucessões. 18. ed. São Paulo: Atlas, 2018. v. 6.

VENOSA, Sílvio de Salvo. *Direito empresarial*. 8. ed. São Paulo: Atlas, 2018.

VIANA, Marco Aurélio S. *Teoria e prática do direito das sucessões*. São Paulo: Saraiva, 1987.

VIANA, Marco Aurélio S. *Alimentos, ação de investigação de paternidade e maternidade*. Belo Horizonte: Del Rey, 1998a.

VIANA, Marco Aurélio S. *Da guarda, da tutela e da adoção*. 3. ed. Belo Horizonte: Del Rey, 1996.

VIANA, Marco Aurélio S. *Direito de família*. 2. ed. Belo Horizonte: Del Rey, 1998b.

WALD, Arnoldo. *Direito de família*. 10. ed. São Paulo: Revista dos Tribunais, 1995.

WALD, Arnoldo. *Direito das sucessões*. São Paulo: Revista dos Tribunais, 1988.

WAMBIER, Teresa Arruda (Coord.). *Direito de família*: aspectos constitucionais, civis e processuais. São Paulo: Revista dos Tribunais, 1993, 1995, 1996, 1999. 4 v.

WELTER, Belmiro Pedro. *Igualdade entre filiações biológica e socioafetiva*. São Paulo: Revista dos Tribunais, 2003.

ZANI, Virgílio. *Le successioni ereditarie*. Turim: Unione Tipografico-Editrice Torinese, 1937.

ZANNONI, Eduardo A. *Derecho de família*. 3. ed. Buenos Aires: Astrea, 1998.

ZANNONI, Eduardo A. *Derecho de las sucesiones*. Buenos Aires: Astrea de Rodolfo Depalma, 1974. v. 1.

ÍNDICE REMISSIVO

A

Abertura
  da sucessão, 23, 23.2
Ação
  de alimentos, 16.7
  de alimentos: obrigação, 16.2 (nota 5)
  de filiação legítima, 11.3
  de nulidade e de anulação, 6.4.3 (nota 6)
  de sonegação: quem pode mover, 43.5
  negativa de investigação de paternidade, 11.3.1
  negatória de maternidade, 11.3.1
  de investigação de paternidade
  alimentos provisionais, 12.2.2
Aceitação da herança, 23, 23.4
Ações de estado, 1.7.1
Administração
  dos bens na comunhão parcial, 15.3.3
  provisória, 20.2.1
Adoção, 13
  adotante emancipado menor de 21 anos, 14.7 (nota 13)
  cadastro de crianças e adolescentes para, 13.6.5
  cumulada com destituição do pátrio poder, 13.6.3
  ECA e o atual Código Civil, 13.7
  efeitos da, 13.6.4
  internacional, 13.6.2
  no Estatuto da Criança e do Adolescente, 13.4
  requisitos, 13.6
Adoção internacional, 13.6.2 (nota 9)
Adoptio naturam imitatur, 13.2
Adultério, 9.3.1.3 (nota 10)
Afinidade, 10.4
Alienação
da coisa julgada, 36.3
parental, 14.8
Alimentante
  morte do, 46.3 (nota 2)
Alimento(s), 16, 46.3 (nota 2)
  à mulher gestante, 16.4.1
  ação revisional de, 16.2 (nota 3)
  aos filhos maiores, pais e irmãos, 16.4.2
  aos filhos menores, 16.4.1
  decorrentes do casamento, 16.4.3
  execução do, 16.7.1
  inexistência de obrigação alimentar, 16.4.1 (nota 17)
  legado de, 34.5
  na união estável, 16.4.4
  renúncia aos, 9.3.1.1
Alvarás, 27.2
Anulação
  de testamento, 30.3.5 (nota 1)
  do reconhecimento, 12.2.4
  hipóteses de, 6.4.1
  prazos para ação de, 6.4.6
Anulação do casamento, 4.4
Aparência e herdeiro aparente, 25
Aquestos
  regime de participação final nos, 15.5
Arrecadação dos bens da herança jacente, 26.3
Arrolamento(s), 27, 27.12
Ascendentes
  sucessão dos, 28.6
Atribuição testamentária à prole eventual, 31.3.2
Ausência, 21
Ausência presumida
  Declaração de, 21.3 (nota 3)
Ausente
  curadoria do, 21.2
  sucessão do, 26, 26.6
Autoridade parental
  conteúdo da, 14.3

B

Beneficiários
  identificação dos, 33.4
Bem(ns)
  comunhão universal dos, 15.4
  da herança: venda ou alienação de, 23.5
  da legítima: cláusula de conversão de, 29.5

de família, 17
dos órfãos, 19.8
excluídos da comunhão parcial, 15.3.1
excluídos da comunhão universal, 15.4.1
hereditários: frutos dos, 45.4
legitimação para a instituição e destinação do, 17.5
que ingressam na comunhão, 15.3.2
regime de, 15
reservado da mulher, 8.3 (nota 6)
separação de, 15.6
separação obrigatória de, 15.2.1
Bem de família, 17
no Código Civil de 2002, 17.10
inalienabilidade e impenhorabilidade do, 17.7
objeto e valor do, 17.4
Biogenética e paternidade, 11.2.3

C

Caducidade
do fideicomisso, 38.3.3
dos legados, 36
dos testamentos, 41.3
pela pré-morte do legatário, 36.6
por indignidade, 36.5
Cálculo
da parte inoficiosa, 40.3
das doações no cômputo das legítimas, 29.1.1
Capacidade
de adquirir por testamento (capacidade testamentária passiva), 31.3
de adquirir por testamento, 31
de testar, 31
para suceder, 24, 25.1
testamentária ativa, 31
testamentária passiva (capacidade de adquirir por testamento), 31.3
Capitis deminutio, 1.6
Características da indignidade, 25.3
Casamento, 2
alimentos decorrentes do, 16.4.3
anulável, 4.4, 6, 6.4
características, finalidades, pressupostos, 2.3.2
causas de anulação e causas suspensivas, 4
celebração e prova do, 5
cerimônia do, 5.2
civil e religioso, 2.3.3
com efeitos civis, 5.5
descoberta de defeito físico, 6.4.2, 6.4.5
direito brasileiro, 2.3
e união estável, 2

eficácia do, 8
filiação fora do, 12
habilitação para o, 3
inexistente, 6.1
legitimação e capacidade, 4.1
natureza jurídica, 2.3.1
nubentes residentes em circunstâncias de registro civil, 3.4.1 (nota 8)
nulidade e inexistência, 6.2
nulidades do, 6.3
nulo, 6
nuncupativo, 5.4 (nota 2)
perante autoridade diplomática, 5.2.2
por procuração, 5.3
promessa de, 2.3.4
prova do, 5.6
regime de bens, 8.1.2 (nota 1)
retificação de registro, 5.2 (nota 1)
sob moléstia grave, 5.4
suprimento de idade, 3.3 (nota 5), 4.4 (nota 7)
violação dos deveres do, 9.3.2.1
Casamento putativo, 7
condições do, 7.2
efeitos do, 7.3
erro de direito e erro de fato, 7.2.1
Casamento religioso, 5.2 (nota 5.5)
Casos de indignidade, 25.6
Casos de nulidade, 6.3.2
Causas suspensivas, 4.5
Celebração e prova do casamento, 5
Cerimônia do casamento, 5.2
Cessão
da herança, 2
de direitos hereditários, 23.5
Citações no inventário, 27.8
Cláusula(s)
da inalienabilidade, 29.2
da inalienabilidade: conceito da, 29.2.1
de administração de bens à mulher herdeira no Código de 1916, 29.6
de conversão de bens da legítima, 29.5
de impenhorabilidade, 29.4
de incomunicabilidade, 29.3
restritivas no Código de 1916, 29.8
Coação, 6.4.1
Codicilo(s), 32, 32.8
Código Civil de 1916
extinção da adoção, 13.3 (nota 1)
legitimação, 11.3.1 (nota 12)
Coerdeiros
direito de acrescer entre, 37.2
Coisa alheia

legado de, 34.2
Coisa julgada
　alienação da, 36.3
Coisa legada
　modificação da, 36.2
　perecimento ou evicção da, 36.4
Colação(ões), 44, 44.1 (notas 1, 2)
　bens que não são colacionados, 44.6
　e redução das liberalidades, 44.2
　momento da, 44.4
　objeto da, 44.6
　valor da, 44.5
Colaterais
　sucessão dos, 28.9
Common Law Marriage, 2.3.4
Comoriência, 23.2
Comunhão
　bens que ingressam na, 15.3.2
　parcial, 15.3
　parcial: administração dos bens na, 15.3.3
　universal dos bens, 15.4
　universal: bens excluídos da, 15.4.1
Concubina, 2.4
Concubinato, 2.4 (nota 6)
　alimentos, 2.4 (nota 7)
　puro: proteção do, 28.8
Cônjuges
　deveres dos, 8.2
　direitos e deveres dos, 8
　erro de direito no casamento putativo, 7.2.1
　meação do, 28.7.1
　sucessão do, 28.7, 28.7.2
Consentimento
　dos pais para casamento de menor púbere, 3.3 (nota 5)
　suprimento do, 3.3
Contagem de graus, 10.3
Conversão da separação judicial
　em divórcio, 9.2.1, 9.4.2
Convivência
　estágio de, 13.6.1
Corretagem matrimonial, 2.3.5
Credores
　pedido de separação de patrimônios feito por, 46.5
Crime
　ignorância do, 6.4.4
Cumprimento do testamento público, 32.3.1
Curador
　de vínculo, 6.3.2 (nota 5)
　quem pode ser, 20.2
Curadoria do ausente, 21.2

Curatela, 20
　tomada de decisão apoiada, 20.9
　interdição, 20.1 (nota 1)
　princípios da, 20.2

D

Declaração de putatividade, 7.4
Defeito físico irremediável ou moléstia grave, 6.4.5
Deficiência física
　enfermo e portador de, 20.9
Defloramento da mulher, 6.4.6 (nota 7)
Delação, 23.3
Descendentes
　direito sucessório dos, 28.4
　representação na classe dos, 28.5
　sucessão dos, 28.3
Deserdação, 39
　casos de, 39.5
　efeitos da, 39.6
　prova da causa da, 39.4
　requisitos da, 39.3
Deserdado
　destino dos bens que caberiam ao, 39.6.3
　efeitos não passam da pessoa do, 39.6.1
　situação jurídica do, 39.6.2
Despesas condominiais, 23.3 (nota 1)
Destituição de pátrio poder, 14.7
Destruição do testamento, 32.2
Devedor(es)
　prisão do, 16.7.1
　dos cônjuges, 8.2
Direito conjugal patrimonial
　introdução ao, 8
Direito das sucessões
　ideia central do, 22.3
　no direito romano, 22.2
Direito de acrescer
　entre coerdeiros, 37.2
　entre herdeiros e legatários, 37
　entre legatários, 37.3
　no usufruto, 37.4
Direito de deliberar, 23.4.1
Direito de família, 18.1
　no Brasil, 1.6
　consequências para o, 21.5
　introdução ao, 1
Direito de representação, 28.5
Direito romano
　direito das sucessões no, 22.2
Direito sucessório
　dos companheiros no Código de 2002, 28.8.1
　dos companheiros, 28.8

dos descendentes, 28.4
Direitos e deveres
   do marido no Código de 1916, 8.3
   dos cônjuges, 8
Direitos homogêneos no Código de 2002, 8.3
Direitos reais limitados, 34.3
Dispensa de proclamas, 3.4.1
Dispensa do processo de inventário, 27.2
Disposições
   a termo, 33.3
   com encargo, 33.3
   condicionais, 33.3
   nulas, 33.4
   por certa causa, 33.3
   simples, 33.3
Disposições testamentárias, 33
   anuláveis, 33.4
   redução das, 40
Dívidas
   com privilégio geral, 46.3
   da massa hereditária, 46.3
   do espólio: pagamento das, 46.2
   pagamento de, 46
   póstumas, 46.3
Divórcio, 9, 9.4
   consensual, 9.4.3
   conversão da separação judicial em, 9.4.2
   direto, 9.4.3
   efeitos do, 9.4.4
   litigioso, 9.4.3
   modalidades de, 9.4.1
   nome da mulher, 9.2.1 (nota 3)
   partilha no, 9.4.2.1
Doação
   e parte inoficiosa, 40.3.1
   inoficiosas, 40.2 (nota 4)
   promessa de, 9.3.1.3
Doações antenupciais, 15.9
Doença mental, 6.4.5
Dolo, 6.5

dos legados e seu pagamento, 35
Eficácia do casamento, 8, 8.1.1
Encargos
   da massa hereditária, 46.1
   de herança, 46
Enfermidade mental, 31.1.2
Enfermo(s)
   e portador de deficiência física, 20.9
   ou deficientes mentais sem o devido discernimento, 20.3
Erro
   de direito no casamento putativo, 7.2.1
   de fato no casamento putativo, 7.2.1
   essencial sobre a pessoa, 6.4.2
   quanto à identidade, honra e boa fama, 6.4.3
Escritura pública, 15.2.2
Espólio, 46.1
   pagamento das dívidas do, 46.2
Esponsais (promessa de casamento), 2.3.4
Estado
   ações de, 1.7.1
Estado
   sucessão do, 26.5, 28.10
Estado de família
   imprescritibilidade, 1.7
   intransmissibilidade, 1.7
   irrenunciabilidade, 1.7
   universalidade, 1.7
Estágio de convivência, 13.6.1
Estatuto da Criança e do Adolescente
   adoção no 13.4, 13.6
Evicção
   da coisa legada, 36.4
   responsabilidade pela, 45.7
Execução de alimentos, 16.7.1
Extinção
   da adoção no Código Civil de 1916, 13.1 (nota 1)
   da testamentaria, 42.9
   do fideicomisso, 38.3.3
Extravio do testamento, 32.2

E

Ébrios habituais, 20.5
Efeitos
   da adoção, 13.6.4
   da inalienabilidade, 29.2.3
   da indignidade, 25.4
   da representação, 28.5.3
   do divórcio, 9.4.4
   do parentesco, 10.5
   do reconhecimento, 12.4

F

Falta de legitimação para adquirir por testamento, 31.4
Família
   bem de, 17
   características peculiares, 1.5
   célula básica da, 1.3
   estado de, 1.7
   inalienabilidade e impenhorabilidade do bem de, 17.7
   moderna, 1.3

natureza jurídica da, 1.4
objeto e valor do bem de, 17.4
Fase
   das impugnações no inventário, 27.9
   de avaliação e cálculo do imposto, 27.10
Favor matrimonii
   princípio do, 6.2
Fideicomissário, 38.3.3
Fideicomisso, 38, 38.3
   caducidade do, 38.3.3
   e usufruto, 38.3.4
   extinção do, 38.3.3
   histórico do, 38.3.1
   modalidades de, 38.3.2
   residual, 38.3.2
   utilidade do, 38.3.5
Fideicomitente, 38.3.3
Fidelidade recíproca, 8.2
Fiduciário, 38.3.3
Filhos
   maiores, pais e irmãos: alimentos, 16.4.2
   menores: alimentos aos, 16.4.1
   menores: usufruto e administração dos bens de, 14.6
   poder familiar quanto a, 14.5
   provenientes de inseminação artificial, 11.2.2
Filiação, 11
   fora do casamento, 12
   legítima, 11.2
   paridade na, 11.2
   reconhecimento de, 12.2
Filiação legítima
   ação de, 11.3
   conceito de, 11.2.1
Formas de testamento, 32
Foro do inventário, 27.5

G

Garantia dos quinhões, 45
   hereditários, 45.7
Gratuidade do testamento, 30.5
Graus
   contagem de, 10.3
Guarda, 13.5
Guarda compartilhada
   e proteção dos filhos na separação por mútuo consentimento, 9.3.1.2

H

Habilitação
   procedimento de, 3.4
Herança,
   aceitação da, 23, 23.4

bens de, 23.5
cessão da, 23
encargos de, 46
indivisibilidade da, 24, 24.2
noção de, 22.4
petição de, 27, 27.13
posse dos bens da, 42.5
renúncia da, 23, 23.4 (nota 3)
sem herdeiros, 26.1
transmissão da, 23
transmissão e aceitação da, 23.3
venda ou alienação da, 23.5
Herança jacente, 26
   arrecadação dos bens da, 26.3
   casos de, 26.2
Herança vacante, 26, 26.4
Herdeiro(s)
   direito de acrescer entre, 37
   herança sem, 26.1
   posse dos, 24
   responsabilidade dos, 46.4
Herdeiros necessários, 24.4, 8
   exclusão dos, 39.1
Hipóteses de anulação do casamento, 6.4.1
Homoafetividade, 18.7
Homofobia, 18.7.1

I

Idade de homens e mulheres, 3.2 (nota 1)
Identidade, honra e boa fama
   erro quanto à, 6.4.3
Identificação dos beneficiários, 33.4
Ignorância do crime, 6.4.4
Imóvel
   legado de, 34.4
Impedimentos
   no Código de 2002, 4.3
   oposição de, 4.6
Impedimentos matrimoniais, 4
   aspectos gerais, 4.2
Impenhorabilidade, 16.3
   cláusula de, 29.4
   do bem de família, 17.7
Imposto
   fase de avaliação e cálculo do, 27.10
Imposto *causa mortis*, 27.11
Imprescritibilidade, 16.3
Inalienabilidade
   cláusula de, 29.2
   conceito da cláusula de, 29.2.1
   e impenhorabilidade do bem de família, 17.7

e outras cláusulas restritivas, 29
efeitos da, 29.2.3
espécies de, 29.2.2
Incapacidade
de testar e vícios de vontade: diferença entre, 31.1.3
em razão da idade, 31.1.1
por falta de discernimento, 31.1.2
relativa, 31.4
Incompensabilidade, 16.3
Incomunicabilidade
cláusula de, 29.3
Indenização
Indignidade, 25
caducidade por, 36.5
características da, 25.3
casos de, 25.6
efeitos da, 25.4
para suceder, 25.2
Indigno
diferenças na situação jurídica do, 39.6.2
reabilitação do, 25.5
Indivisibilidade da herança, 24, 24.2
Inseminação artificial: filhos provenientes de, 11.2.2
Instituto de representação
fundamento do, 28.5.1
Interdição
legitimidade para requerer a, 20.10
levantamento de, 20.13
processo de, 20.11
sentença de, 20.21
Interpretação da vontade testamentária, 33.2
Invalidade da partilha, 45, 45.8
Inventariança, 24.1.2
questões relativas à, 27.6
Inventariante
nomeação e remoção do, 24.1.3
posse do, 24
Inventário, 23.4 (nota 8), 3
citações no, 27.8
da herança, 24.1
e arrolamentos, 27
fase das impugnações no, 27.9
foro do, 27.5
judicialidade e extrajudicialidade do, 27.1
legitimidade para requerer o, 27.4
negativo, 27.3
Inventário e partilha, 27
extrajudicial, 27.1.1
Inventário judicial
aspectos do, 27.1.1
Investigação de paternidade, 12.3, 12.5

Irrenunciabilidade, 16.3

J

Jacência, 26.1
Judicialidade e extrajudicialidade do inventário, 27.1

L

Legado(s), 34
caducidade dos, 36
de alimentos, 34.5
de coisa alheia, 34.2
de crédito, 34.6
de imóvel, 34.4
de usufruto, 34.3
efeitos dos, 35
forma de aquisição dos, 35.1
quem efetua o pagamento dos, 35.2
Legatários
caducidade pela pré-morte, 36.6
direito de acrescer ente, 37, 37.3
pedido de separação de patrimônios feito por, 46.5
Legítima(s)
cálculo das doações no cômputo das, 29.1.1
cláusula de conversão de bens da legítima, 29.5
restrições que pode sofrer a, 29.2
para suceder: lei que regula a, 23.3
Legitimação
para arguir nulidade, 6.3.1
para a instituição e destinação do bem, 17.5
Legitimidade
do cônjuge para suceder, 28.7.2.2
para requerer o inventário, 27.4
Lei nº 5.478/68, 16.7
Lei nº 8.009, de 29-3-900, 17.3
Lei nº 8.560/92, 12.2.1
Lei nº 11.441/07, 27.1
Ligação homossexual, 2.4.1 (nota 12)
Locatários concubinos, 2.4 (nota 9)

M

Massa hereditária
encargos da, 46.1
Maternidade
ação negatória de, 11.3.1
investigação de, 12.5
Meação do cônjuge, 28.7.1
Modificação da coisa legada, 36.2
Moléstia grave, 6.4.5
Morte
do alimentante, 46.3 (nota 2)

Mulher
    bem reservado da, 8.3 (nota 6)
    evolução na posição sucessória da, 28.7.2
    gestante: alimentos à, 16.4.1
Mulher herdeira no Código de 1916
    cláusula de administração de bens à, 29.6
Mútua assistência, 8.2
Mútuo consentimento
    guarda e proteção dos filhos na separação por, 9.3.1.2

N

Nascituros, 20.8
    situação do, 31.3.1
Noção de herança, 22.4
Noivado
    rompimento do, 2.3.4 (nota 5)
Nome
    da mulher, 9.2.1
    dos cônjuges, 9.2.1
Nomeação e remoção do inventariante, 24.1.3
Nulidade
    casos de, 6.3.2
    do casamento, 6.3
    do testamento, 41
    e inexistência do casamento, 6.2
    em matéria de testamento, 41.1
    legitimação para arguir, 6.3.1
Núpcias, 2.3 (nota 1)

O

Obrigação alimentar
    pressupostos da, 16.2
    transmissão da, 16.5
Obrigação alimentícia
    sujeitos da, 16.4
Obrigações do testamenteiro, 42.6
Oposição ao reconhecimento, 12.2.3
Ordem de vocação hereditária, 28
Órfãos, 19.8

P

Pacto antenupcial, 15.2
Pactos sucessórios, 24, 24.4
Pagamento
    de dívidas, 46
    dos legados: quem efetua o, 35.2
Parentesco, 10
    efeitos do, 10.5
    modalidades de, 10.2
Paridade na filiação, 11.2

Parte inoficiosa
    cálculo da, 40.3
Partilha, 6, 9.3.1.3, 45
    espécies de, 45.2
    extrajudicial, 27.1.1
    feita em vida, 45.5
    início do procedimento, 45.1
    invalidade da, 45, 45.8
    no divórcio, 9.4.2.1
    rescisão da sentença de, 45.8
Partilha de bens
    sentença homologatória de, 45.8 (nota 6)
Partilha menor
    regras a serem observadas para uma, 45.3
Paternidade, 11.1, 11.2.3
    averiguação oficiosa de, 12.2.2
    investigação de, 12.3
    provas científicas de, 12.3.1
    provas de, 11.2.2
Pátrio poder, 14.2
    destituição de, 14.7 (nota 14)
Pedido de adoção, 13.6.2 (nota 9)
Perda do testamento, 32.2
Perecimento ou evicção da coisa legada, 36.4
Pessoa
    com deficiência, 20.3
    erro essencial, 6.4.2
    interposição de, 31.5
Petição de herança, 27, 27.13
Pluralidade de sucessores, 33.4
Poder familiar, 14
    alienação parental, 14.8
    conteúdo do, 14.3
    quanto à pessoa dos filhos
    suspensão, perda e extinção, 14.7
    titularidade do, 14.2
    tutela, 19.3
Porção legítima, 29
Portador de deficiência física, 20.9
Posse
    do inventariante, 24
    dos herdeiros, 24
    reintegração de, 23.3 (nota 1)
Posse de estado de casado, 5.6
Prazos para ação de anulação, 6.4.6
Prestação alimentícia: conteúdo e condições da, 16.6
Princípio do *favor matrimonii*, 6.2
Princípios gerais do direito patrimonial entre os cônjuges, 8.1.2
Prisão do devedor, 16.7.1
Procedimento de habilitação, 2.3
Processo, 27
    de constituição, 17.9

de separação por mútuo consentimento, 9.3.1
Proclamas
   dispensa de, 3.4.1
   pedido de dispensa do prazo, 3.4.1 (nota 8)
Pródigos, 20.7
Projeto nº 6.960, 13.8
Promessa
   de doação, 9.3.1.3
Promessa de casamento
   esponsais, 2.3.4
   indenização, 2.3.4 (nota 5)
Propter nuptias, 24.4
Prova
   do casamento, 5.6
   de paternidade, 11.2.2
Putatividade
   declaração de, 7.4

Q

Quinhões
   garantia dos, 45
Quinhões hereditários
   garantia dos, 45.7

R

Reabilitação do indigno, 25.5
Reconciliação, 9.3.3
Reconhecimento
   anulação do, 12.2.4
   de filiação, 12.2
   efeitos do, 12.4
   oposição ao, 12.2.3
   voluntário, 12.2.1
Redução
   regras para a, 40.4
Redução das disposições testamentárias, 40
Regime
   de participação final nos aquestos, 15.5
   dotal, 15.7
Registro e cumprimento do testamento público, 32.3.1
Regras para a redução, 40.4
Reintegração de posse, 23.3 (nota 1)
Relacionamento homoafetivo, 2.3.2 (nota 3)
Remuneração do testamenteiro, 42.8
Renúncia aos alimentos na separação, 9.3.1.1
Renúncia da herança, 23
Representação
   efeitos da, 28.5.3
   na classe dos descendentes, 28.5
   requisitos da, 28.5.2
Reprodução assistida, 11.2.2
Requisitos da representação, 28.5.2

Responsabilidade dos herdeiros, 46.4
Restrição à liberdade de testar, 29.1
Revogação
   do testamento, 41.2
   presumida, 41.2.2

S

Sentença e registro, 13.6.3
Sentença homologatória de partilha de bens, 45.8 (nota 6)
Separação
   de bens, 15.6
   de corpos e outras medidas cautelares, 9.3.4
   e divórcio, 9
   e divórcio: aspectos legais comparativos, 9.2
   judicial: modalidades, 9.3
   litigiosa, 9.3.2
   obrigatória de bens, 15.2.1
   por conduta desonrosa ou grave, 9.3.2.1
   por grave doença mental, 9.3.2.3
   por ruptura da vida em comum, 9.3.2.2
   renúncia aos alimentos na, 9.3.1.1
Simulação de contrato oneroso e interposição de pessoas, 31.5
Situação do nascituro, 31.3.1
Sobrepartilha, 45.6
Sonegação
   efeitos da, 43.7
   momento em que ocorre a, 43.4
   quem pode mover ação de, 43.5
   quem pode praticar a, 43.3
   requisitos da, 43.2
Sonegados, 43 (notas 1 a 8)
Sub-rogação
   de vínculos, 29.7
Substituição(ões), 38
   recíproca, 38.2
   vulgar, 38.2
Sucessão, 22.1
   abertura da, 23, 23.2
   definitiva, 21.4, 26.6
   do ausente, 26, 26.6
   do cônjuge, 28.7.2
   do cônjuge no Código de 2002, 28.7.2.1
   do cônjuge sobrevivente, 28.7
   do Estado, 26, 26.5, 28.10
   dos ascendentes, 28.6
   dos colaterais, 28.9
   dos descendentes, 28.3
   em linha reta, 28.3
   fato que determina a, 23.1

legítima, 22.5, 7
lei que regula a, 23.3
provisória, 21.3, 26.6
testamentária, 22.5, 7
Sucessores
　pluralidade de, 33.4
Suprimento
　do consentimento, 3.3
Surdos-mudos, 31.1.4
Suspensão, poder e extinção do poder familiar, 14.7
Sustento, guarda e educação dos filhos, 8.2

T

Testador
　e sua posição no testamento cerrado, 32.4.2
　vontade do, 38.1
Testamentaria
　extinção da, 42.9
　necessidade da, 42.3
Testamenteiro(s), 42.2
　escolha e nomeação do, 42.4
　obrigações do, 42.6
　remuneração do, 42.8
　simultâneos, 42.7
Testamento(s), 30
　anulação de, 30.3.5 (nota 1)
　ato de última vontade ou *causa mortis*, 30.3.3
　ato personalíssimo, 30.3.6
　ato solene, 30.3.5
　ato unilateral, 30.3.2
　caducidade dos, 41.3
　calatis comittiis, 30.2
　capacidade de adquirir por, 31, 31.3
　conteúdo do, 33.1
　destruição do, 32.2
　disposições não patrimoniais do, 30.4
　especiais, 32.6
　extravio do, 32.2
　falta de legitimação para adquirir por, 31.4
　formas de, 32
　gratuidade do, 30.5
　místico, 32.4
　mortis causa, 30.3.1
　negócio jurídico revogável, 30.3.4
　nulidades em matéria de, 41.1
　perda do, 32.2
　revogação do, 41.2
　ruptura do, 41.2.2
　secreto, 32.4
Testamento cerrado, 32.4
　abertura, registro e cumprimento do, 32.4.3
　ação de anulação de, 32.4 (nota 6)
　atividade notarial no, 32.4.1
　revogação pela abertura ou dilaceração do, 41.2.1
　testador e sua posição no, 32.4.2
Testamento particular, 32.5
　publicação e confirmação do, 32.5.2
　excepcional, 32.5.1
Testamento público, 32.3
　registro e cumprimento do, 32.3.1
Testemunhas, 32
　no testamento no Código de 2002, 32.7.1
　testamentárias no Código de 1916, 32.7
Titularidade do poder familiar, 14.2
Tóxicos: viciados em, 20.5
Transmissão da herança, 23
Transmissão e aceitação da herança, 23.3
Tutela, 19
　cessação da, 19.10
　e poder familiar, 19.3
　exercício da, 19.7
　fontes da, 19.2
　garantia da, 19.6
　incapazes de exercer a, 19.4
　prestação de contas, 19.10 (nota 11)
　requisitos da, 19.2.1
Tutor(es), 19.3
　escusa dos, 19.5
　nomeação de casal para o encargo de, 19.3.1

U

União
　civil: pessoas do mesmo sexo, 2.3.2 (nota 3)
　de fato, 2.5
　de pessoas do mesmo sexo, 18.7
　homossexual, 2.3.2 (nota 3)
União estável, 2, 2.5, 28.8
　ação de reconhecimento e dissolução de, 18.1 (nota 1)
　alimentos na, 16.4.4
　aspectos legais, 2.4.2
　contrato de convivência na, 15.10
　contratos afetivos, 18.5
　dissolução de, 2.4 (nota 6), 18.6
　e casamento, 2.4.2
　e direito de família, 18.1
　expedição de editais e proclamas, 3.4.1 (nota 8)
　incontroversa, 28.8 (nota 11)
　natureza jurídica, 2.4.1
　reconhecimento da, 18.2
　união homoafetiva, 18
Usucapião, 26.1 (nota 1)

Usufruto
   direito de acrescer no, 37.4
   legado de, 34.3
Usufruto e administração dos bens de filhos menores, 14.6

V

Venda
   ou alienação da herança, 23.5
   ou alienação de bens da herança, 23.5
Viciados em tóxicos, 20.5
Vícios de vontade e incapacidade de testar: diferença entre, 31.1.3
Vintena, 42.8
Violação dos deveres do casamento, 9.3.2.1
Vocação hereditária, 28
Vontade
   do testador e limites legais, 38.1
   testamentária: interpretação da, 33.2

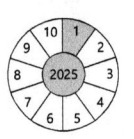